李晓东（晓空居士）著 [晓空]

偶然

北京大学出版社
PEKING UNIVERSITY PRESS

图书在版编目(CIP)数据

偶然/李晓东著. —北京：北京大学出版社，2012.6
ISBN 978-7-301-20731-4

Ⅰ.①偶… Ⅱ.①李… Ⅲ.①李晓东－自传 Ⅳ.①K825.38

中国版本图书馆 CIP 数据核字（2012）第 118261 号

书　　　　名：	偶然
著作责任者：	李晓东　著
责 任 编 辑：	刘　洋
标 准 书 号：	ISBN 978-7-301-20731-4/K・0866
出 版 发 行：	北京大学出版社
地　　　　址：	北京市海淀区成府路 205 号　100871
网　　　　址：	http://www.pup.cn
电 子 信 箱：	zyjy@pup.cn
电　　　　话：	邮购部 62752015　发行部 62750672　编辑部 62752032
	出版部 62754962
印　刷　者：	北京彩虹伟业印刷有限公司
经　销　者：	新华书店
	880 毫米×1230 毫米　32 开本　27 印张　831 千字
	2012 年 6 月第 1 版　2012 年 6 月第 1 次印刷
定　　　　价：	45.00 元

未经许可，不得以任何方式复制或抄袭本书之部分或全部内容。
版权所有，侵权必究
举报电话：(010)62752024　电子信箱：fd@pup.pku.edu.cn

序

偶然。一个偶然的机会,我认识了李晓东先生。相近的年纪与生活背景使我们一见如故。尤其是晓东对于教育事业的一片拳拳爱心,给我留下了极为深刻的印象。

在一次我和他的交谈中,无意中提到北大没有一座学生中心的遗憾。本以为只是聊天中随意谈及的一个话题,没想到晓东一听,当即表示说他来帮我。坦白说,这实在出乎我的意料,因为当时我们仅有一面之缘而已,虽然说都是出于对于国家教育事业的热爱,但是当晓东说他愿意花至少一个亿的资金,为北大建一座世界上最好的学生中心时,我心中就不光是惊讶,还有敬意了。不仅如此,学生中心还要做成"交钥匙工程"。也就是说,一切都是晓东在操劳,北大几乎是"坐享其成"了。这在外人看来似乎是不能理解的事情,然而,随着我与晓东的接触日益频繁,我开始了解晓东这份真诚与决心背后的缘故。

2012年,北大学生中心就要竣工,北大学生的学习和成长环境将更加完善。我和晓东商量,这个学生中心的名字,就叫做"新太阳"。

翻开晓东的自传《偶然》,我看到了如下一段文字:"我曾经想过,自己有了很多的财富以后,可以建立一个基金,以帮助穷苦的人。现在我慢慢地形成了自己的思路:我真正要做的,是教育,教育点亮人生,知识改变命运,我会将自己的财富投入教育事业,去点亮更多孩子的人生,去改变他们的命运。"从这里,从《偶然》,我发现了晓东对北大学生的事情如此关心如此慷慨的原因。

作为共和国的同龄人,晓东说,人生不过就是"无—有—无"这样简单的三个字。普通人也许无法理解这样单纯的字眼背后蕴义的深刻悠远,但对于晓东来说,这却是对他六十年人生浮沉最好的诠释。从出生时的懵懂无知到成为一名少先队员,再到加入中国共产主义青年团;从"文革"时期的红卫兵到参加中国人民解放军,再到退伍从事过各种职业——这些或艰辛或厚重的岁月都可以用个"无"

偶然

字一言以蔽之,"无"是"没有,但这个时期的'没有',归根究底,是因为自己没有;及至下海经商,掘到属于自己的第一桶金,再到成为一位闻名遐迩的亿万富翁,这是'有'的阶段,'有'是有为,'有为'就是有作品,作品会带来财富。财富的增加就是欲望,如果财富能与作品相伴而生,这就是正道的'有为'。"从"有为"再走到"无"的阶段,这个飞跃,作为凡人来说,是一件多么不容易的事情,晓东在向这方面走,想要到达这个"无欲无私"的至高境界,这并非人生的心血来潮,而是对于人生道理的醍醐灌顶般的顿悟。他的慷慨惠施,对于我来说,是非常偶然的,而对于他来说,却绝对不是偶然的心血来潮,而是他的"因缘"和造化吧。

晓东的经历非比寻常。《偶然》记录了晓东六十年的成长历程,其中有童年艰辛、也有戎马倥偬;有年少气盛、也有商海沉浮,而深藏在点点滴滴的文字背后的,是李晓东先生六十余年的尘世感悟,乍现禅机。作为一位普通读者,读来会觉得书很好看:淘气顽皮、嬉戏冒险、天真荒唐、亲情爱情、幸福哀伤、受助受骗、失败成功、真假机遇。六十年生涯诉诸笔墨,娓娓道来,风趣动人的故事和充满哲理的人生感悟。晓东是以"重散文"的新形式、新风格开创了回忆录的写作的新模式,讲述了他精彩纷呈的人生经历,这当中有忘年交、有荷花恋;有天心阁、有辛亥魂;有动物趣、有知交情;有禅宗悟、有奉献心;还有那个"桑叔"、那个"她",简直是一部人生五味的交响诗。他说:"生命就是一条无法调头的道路,永远单行;在歧路繁多的节点上一旦选定,便只能以脚步做尺,来丈量经历的长短,又向着远方风雨兼程。其他的道路上或者也有明媚秀丽,但又何须觊觎,'我的命里注定,我的分中所有',一样有值得观瞻的独特风景。所以,何须瞻前与顾后,不消计较与安排,从过去到现在的种种选择,总会串联起无怨无悔的人生。"

晓东的文字很美。请看如下这段对建筑与自然完美融合的描写:

几乎每一幢房屋都有花园围绕,绿地成坪,草木扶疏,随季节变幻着花香,随时令鸣啭着鸟语。若是黎明即起,推开窗子便可放入满园花开、一畦新绿;庭院与绿相连,浩荡而晴润,像主人的胸怀,无拘无束;而一些临水而建的房子,更是伏于水的森森洋洋中，雾缠绕着朦朦，令人一惊一喜如梦，像被推入云巅之上，矗立于白云深处，当一阵东风吹拂，万里无云时，暮色伴随晚霞降临，漫天繁星仿佛伸手即可摘下；或坐落在水之涯，听取涛声阵阵，望得浪花朵朵，看厌孤帆远影碧空尽，出门一笑，却又是大江横亘；或随地势迤逦而建，以地表之起伏折叠出繁复的层次，或任意借景，以远山为屏障，以水瀑为垂帘。垂帘的背后，是童话幻影中真实的天鹅湖，美丽的黑白天鹅，享受着太阳湖的春夏秋冬、风和日丽，她们会排成一个"一"字形，唱起自己的欢歌、扬起自己的翅膀，踩着平静无波的水面，跳起天鹅的舞步。真的，很少人会看到天鹅在碧水中跳起"华尔兹"的奇美。喂养天鹅的老师傅就曾因此跌掉过他的老花眼镜："不会吧，这只天鹅疯了"……更为远郊的地方，处处有大片的果园，园子的主人用自己勤劳的双手创造那"榆柳荫后檐，桃李罗堂前"……

看着这样直抒胸臆的文字，谁不想去"太阳湖"看看晓东的作品呢？

晓东还是个诗人。他的歌词有大家都喜欢的《幸福万年长》、《家乡美》等等。晓东雅致的诗词为《偶然》增色不少，其中，最让我感动的还是他的近作《未名湖水》和《北大》，前者将北大一双烈士的儿女湖亭双跪的故事写得令人恻然；后者则寄托了晓东或者前辈国人对北大学子的良好祝福和殷切期待。

这是我为一个企业家的自传写的序。我们身处的是对商业英雄大书特书的时代，企业家的自传自然不鲜见于市场。虽然让我们感兴趣的传主未必个个都能面对危机力挽狂澜，处变不惊有如神助，但可以肯定的是，好的自传一定是用心来书写的，态度一定是真诚而严肃的，其中叙述之故事表达的深刻之道理的确让人深省。就如同即将付梓的这一本《偶然》。我相信，《偶然》的出版不仅能够鼓励青少年上进，更希望有更多的人为国家创造更多优秀的作品，为祖国的繁荣富强贡献更大的力量。

赞曰：人生无常住，从商亦偶然，炼得真金好，一步一桃源。

北京大学校长 周其凤
2012年6月于北京

自序·潜心悟语

一日，我在水中潜修，三分钟后，我想醒来，但这时我的"魂"拉着我不让我醒来；五分钟后，我终于强拉着"魂"冒出水面，我写下了那潜于水中的"心思"，今天把它记叙在这里，就叫《潜心悟语》吧。

我走过的人生路，与同龄人走过的路有许多不一样，这个不一样就是我的"偶然"故事，像山泉水汩汩流淌，与之相伴随的是蹉跎和繁华、迷茫和艰辛、玄妙和美好。

每一个人降临到这个世界，都要学习走路，一路走来，每一个脚印都记取了我们蹒跚和迁徙的身影。在这漫漫人生路上，有许多坎坷、跌宕，也有许多欢乐、喜悦。而让我难忘的那些历程中的"偶然"故事，如果告诉我的孩子们和学生们，相信会对他们将来寻找成功之路有所借鉴和帮助！

（一）

那凝我一生感悟的"偶然"二字，是萌发在心里，是心潜于水中，默默地，无声息地祈求、寻找、感悟。

水，可流可静，变化万千，无休无止，无形无骨，随势而赋形——若依盛水之物，水可方可圆；若依地形之变，又可上可下……水让人类第一次正见自身，也让我在水中潜行时有了"偶然"的悟道。那是上古时代，当人们俯身掬水解渴时，又值风平浪静，就发现了水底漂浮着的蓝天白云，山石树林，还有自己的面貌。从此，水成了人类最原始的审视自己的镜子。水让人类认识了自己的模样，水成了人类思考体悟的源头。

水中有什么？水中有万顷之柔，而独独无氧。潜入水中，闭气把氧用尽时，就进入了生与死的博弈。灵魂或开始出窍，或近于弥留，心智明亮极了，心神纯净极了，超凡的心语，六祖倡导的"顿悟"就释放出来了。正所谓"逝者如斯夫，不舍昼夜"，先哲在流水中获得重大的启示和领悟。从此，"以水为鉴"成了人类审视自己、掌握自己的一种重要思维的起源。

(二)

是什么神灵，把我引入魔幻的梦里，挣扎着，跌打着，滚爬着，最后仿佛见到佛陀的光明？

在遥远的千年前，千里外，寺庙内，菩提下，佛陀六天之内，先得四禅定、再得意生身，一昼夜证得六神通，第七天凌晨，抬头看到了天上的明星，即证悟了阿耨多罗三藐三菩提——即悟的是"无上正等正觉"。佛教义理深邃幽远，佛陀身后两千五百年来，无数大德饱学，尚不能一一研究清楚，况我等人耶！然"路漫漫其修远兮，吾将上下而求索"，我因偶然得悟真理，亦会共学同修，共证佛道。

那顿悟中的美妙，是飞逝的过往，烟云，亲情，爱情，曾被撕裂的伤痛，曾被粉碎的往昔，一声破空而来的佛号高呼"放下"，意蕴空灵——难道这就是虚无的明镜，让人叹为观止。

"一切有为法，如梦幻泡影，如露亦如电，应作如是观。"一切无为法，无法言明它，来时如雷电，去时似梦幻，无虚无实、无声无息、无边无际、无招无式，看不见、摸不着，威力无穷；偷不了、藏不得，变幻莫测。要到达放下的"无"的彼岸，惟有苦。

苦为度己度众人，吃得苦中苦，方为人上人，甘做人中人。纵然从无到有，取得了万贯财富，也要走向无的空中，虚渺与无穷。

(三)

冥想之中太玄美，难怪佛陀去了，弥勒去了，达摩去了，玄奘也去了，六祖惠能不识字也去了，我在想，我也该去了。

当你认识到你的肉体不是自己，自性如来才是自己的归宿时，就能钻到芥菜籽里面去，自性如来大能大到无边无际，小能小到玄乎无细。芥菜籽是一个庞大的宇宙，玄妙无穷，你完全可以轻松地进入到芥菜籽里面去游山玩水，随心所欲。

因为，这个人世间没有比她更美的去处了。

那是一种妙不可言的境界：菩提七叶树花智的境界；涅槃往西而去无的境界；漫天飞花阳光璀璨美的境界；农舍冒着炊烟、农夫赶着牛车、牧童吹着欢曲的丰收境界。

人世间每一个人出生来到这世界，从出生的那一天，那个时间，悲伤和欢乐就伴随在你的身边。有的人总想吃少一点苦，多一点欢乐；也有的人抱怨投胎投错了，为什么不投到一家好人家。其实，我们没有必要去纠结出生的选择，应该把选择放在如何"生活"这两个字上面，出生没有选择，生活却有得选择；苦难没有选择，苦难中的省悟和顿悟却有得选择。

当你明白了需要选择的道理后，面临的是明白怎样去选择。有的人早明白、早选择，有的人晚明白、晚选择，有的人一辈子不明白，听天由命；而我这一辈子的选择无他，就是一种"偶然"，既不是听天由命，也不是刻意去选择，只是当你偶然遇到时，顺其自然而已。回味个中道理，挺有些奇妙之感，我把它写下来，可能给关注者，特别是年轻人一点借鉴吧。

目 录

序 周其凤 \ 1

自序·潜心悟语 \ 1

第一章 偶然在本性中起源：童年与少年
　　　　——不一样的小学 \ 1
　　第一节 1949，与共和国同岁 \ 1
　　第二节 慈父严母顽皮梦 \ 17
　　第三节 足球中锋逞少英 \ 32
　　第四节 孤单寄宿独生活 \ 43
　　第五节 饥饿唤醒苦中行 \ 48
　　第六节 勤劳财富五角金 \ 62
　　第七节 死神照面擦肩去 \ 70

第二章 偶然以道德为承载：天心阁之梦
　　　　——孙伯捧出荷花恋 \ 77
　　第一节 书中自有阁中玉 \ 78
　　第二节 天心阁故事王国 \ 85
　　第三节 荷香情深辛亥魂 \ 103
　　第四节 沧桑古阁焕新容 \ 128

第三章 偶然与沧桑为伴：咸嘉湖桑叔
　　　　——水澜之缘 \ 139
　　第一节 小荷才露尖尖角 \ 139
　　第二节 忘年之交桑叔友 \ 172
　　第三节 咸嘉湖畔情未开 \ 193

1

第四章　偶然遇狂热：峥嵘岁月
　　——中学"文革"年代 \ 211
　　　第一节　靖港双抢农忙天 \ 211
　　　第二节　鲁迅战报"文革"年 \ 226
　　　第三节　八月十八入燕园 \ 234
　　　第四节　破旧抄家人心变 \ 244
　　　第五节　走南闯北大串联 \ 254
　　　第六节　死神又临再擦肩 \ 271

第五章　记者生涯偶然走近佛：博大精深
　　——玄妙无限 \ 281
　　　第一节　下乡当兵长安城 \ 281
　　　第二节　记者无冕学海渊 \ 336
　　　第三节　偶种善因结佛缘 \ 364
　　　第四节　退伍工人一片天 \ 420
　　　第五节　偶然又遇人生转 \ 435

第六章　偶然从商：寻找人生从无到有的精彩 \ 453
　　　第一节　生意原本财富牵 \ 454
　　　第二节　外面世界真精彩 \ 474
　　　第三节　有心栽花花不开 \ 500
　　　第四节　无心插柳柳成荫 \ 514

第七章　偶然在禅中升华：顿悟开泰
　　——置换上海博物馆 \ 531
　　　第一节　偶然再续五台缘 \ 532

第二节　顿悟修行慈悲念 \ 553
　　第三节　博物馆置换喜连 \ 563

第八章　偶然在善良中大显：善与商再飞跃
　　——太阳都市花园与太阳湖大花园 \ 591
　　第一节　豫园女孩苦变甜 \ 592
　　第二节　太阳升起新起点 \ 603
　　第三节　梦回水边瓦房恋 \ 618

第九章　偶然与动物结缘：我的猫朋友
　　——与猫为伍，受益匪浅 \ 667
　　第一节　人结猫缘灵犀通 \ 668
　　第二节　动静相宜电视梦 \ 674

第十章　偶然缘续北大：教育为本，天下大道公无私 \ 695
　　第一节　幸遇校长教育先 \ 695
　　第二节　共赴浏阳英雄勉 \ 707
　　第三节　伟人风范真情在 \ 743
　　第四节　公园经济幸福年 \ 756
　　第五节　再临道吾正义天 \ 764

附录　晓东诗词 \ 791

后记 \ 851

第一章 偶然在本性中起源：童年与少年
——不一样的小学

如若生命长河在尽头处泛起的波涛是对人生必然的一次完整礼赞，那么，每个人降生时的一声响亮的啼哭就是人生偶然的最初精彩。即便是四方寰宇的无限广阔，亦是得自于混沌初开时一次偶然的爆炸，更何况被视如草芥的人之化生。偶然是人最初的定义，而这偶然又是在人之本性中起源。本性境界，以善为鉴。正如《优婆塞戒经》中所言，"一意模身，身既成就，有无量意，模身初意，即是善也"。

少年就学会孤独，长大独立赢面足；童年挨过饿，吃过苦，不做古人云"吃得苦中苦，方为人上人"，要做"吃得苦中苦，甘为慈悲人"。只有付出，不求回报，方为人上人。

第一节 1949，与共和国同岁

人的一生，有偶然，也有必然，偶然里面蕴涵了必然，必然里面孕育了偶然。没有绝对的偶然，也没有绝对的必然。一切都是必然的，一切又都是偶然的。正如世人爱用"偏偏"二字说明冥冥之中的安排或是缘分，此时的果都有前世的因来铺垫，让人觉得宿命注定和无可奈何。可是，用偶然的视角看，龙生九子，各有千秋。万物皆依各自不同的轨迹走上生长之路，偶然进入蚌壳中的一粒沙，若无蚌之日日磨砺，也不会成为温润赛玉的珍珠；偶然遗落于石缝的一颗树种，若无韧如磐石之志，亦不能长成黄山上气势如虹的迎客松。大自然生命的奥秘，看似简单，细想起来又是玄妙无穷。

　　每一个人的出生，都是一次偶然的被选。天地之大德曰生。生命何所由来，又向何处行去，古往今来，多少仁人睿士、先贤大德都在摸索探寻如斯终极问题的答案。我虽不能比肩往圣先哲，但是这些永恒的谜一样的问题总会时不时地引发起我的思考，又往往寻不得明晰的答案。也许在生命未形成之前，人们都是宇宙洪荒中游弋飘渺的微尘，偶然被上苍的双手点中，孕育化生，才得以睁开双眼看到这绚烂人世。上苍的这一双手，就叫做命运。那是生命的真理，需要不断地去探究。

　　从呱呱落地，一声清亮而倔强的啼叫仿佛是对整个世界的宣言，可是那时的我们分明无知无识，只是不得已地接受着降临人间这个一生中最初的偶然。而后我们逐渐成长，从手脚并用到站立行走、从牙牙学语到口齿伶俐、从痴顽度日到拥有了对生活的自以为是的观点、从乐于憧憬未来到沉溺于对过去的缅怀与依恋……这时再回想初来乍到这个世界的那个时刻，又恍惚觉得这来临并不见得那么孤寂与清冷，有太多太多偶然与必然交织的生命脉络，其实与自己原本就息息相关。

　　我们习惯把子子孙孙的延续用"血脉相承"或者"香火续延"这样的词语来描述，若稍加品味，这其中颇有些深沉的意味在焉。每个人、每个生命、每个个体的降生都不再是被孤零零地抛置在一个陌生的世界里，而是从最开始，他便与一个家庭、一个家族乃至于整个民族、整个国家甚至全世界、全人类都发生关联，一次具有偶然意味的降生所赋予他的不仅仅是获得了一个会在将来的日子里不断成长的血肉之躯，他还将成为许多在生命长河当中绵延不绝、几乎难以用语言加以概括的事物的载体，他将在自己的人生历程中熟识先辈曾经之熟识，领略前人未及之领略，完成父祖期待之完成。他的所作所为因此并非简单地属于自己，他的所经所历，似乎在人生之初已经被自己所禀受的一切决定，并将被自己的后来人继而传承。在这样的替换与赓续中，生命彰显其巨大的庄严与厚重，体现独特的价值和品性。

　　同样，我的出生虽并无所谓神异，但于我自身而言，仍有些或可一说的奥妙意趣。在讲述我的人生故事之前，我想，应该先向河北的英雄人物们深深鞠上一躬。因为我的祖父，他就在河北这片土地上为革命牺牲了生命。而河北，也曾是很多英烈们为之抛头颅洒热血的红色热土：李大钊、赵云霄、宋洛曙、董振堂、马本斋、狼牙山五壮士……如果说，视死如归是革命军人应有的精神，那么，宁死不屈就是燕赵英雄的光荣传统。

虽然我从未亲见过我的祖父，但我想，如果我的性格中有着勇敢无畏，有着专诚不懈，有着不怕死、不爱钱这些值得称道的品质的话，那么，一定是源自他的血液。

小时候，我最爱听父亲讲述祖父的故事。父亲口中的祖父，是一位秉性憨厚、正直善良、乐于助人，很受乡里乡亲爱戴的长者。生长在黑暗的旧中国的祖父，为争取中国的光明前途，为实现共产主义的伟大理想而英勇战斗，为中国的革命事业贡献了自己的生命。

祖父少年时，正是辛亥革命如火如荼，在中国大地上燃起了反对清朝封建统治的民族革命烈火的时候。虽然身在封建余孽根深蒂固的河北，祖父却在南方各地反对清王朝封建专制的民主革命运动风起云涌的潮流中受到了思想的洗礼，一心要求进步，舍小家别妻儿参加了第一次国内革命战争。加入党组织后，更是全身心地投入到了与国民党反动派的正面斗争当中。土地革命战争时期，时任河北唐山地区工农红军副大队长的他，日夜奔波忙碌，到处发动群众，组建队伍。每次打仗，都是身先士卒，冲锋陷阵，当时的战友们还送了祖父一个外号——"孤胆英雄"。

1928年，我的父亲出生了。也许是因为一出生就被浓浓硝烟包围的关系，父亲对祖父的记忆也大多来自战场上的战火和拼杀。每次父亲说起祖父的英雄事迹，总是会扬起他与祖父同样的剑眉，仿佛亲见父亲横刀立马、笑傲风云的英姿那般骄傲。

1937年，日本侵略者的铁骑踏破了中国的国门，抗日战争爆发了。与国民党反动派的斗争尚未止歇，祖父又投入到了救国保家的民族战争当中。风萧萧，壮士上马奔赴疆场，铿锵杀敌，抛头颅洒热血。晋察冀根据地成立之后，河北成了当时抗日战争的实际指挥中心，也成了日本侵略者们必欲除之而后快的一块心病，祖父与日本侵略者就在这里多次正面交火，激烈鏖战。

在一次侦察敌情的行动中，他与战友潜入敌区，在敌军环伺的险境当中收集了大量珍贵的情报。为了能够为关键情报的传递争取时间，祖父不惜在敌区故意暴露自己，吸引敌军的火力，使得战友在掩护下顺利地将情报传递了出去，祖父却在激战中身中数弹，壮烈牺牲，后来被授予了"革命烈士"的称号。

那一年，父亲才刚刚满十岁。

后来我选择经商，一次与父亲促膝长谈，父亲特别提及了往事。我说过，也许是因为出生在炮声隆隆的战争年代的关系，沐浴在战火硝烟当中成长的父亲从小就是一副硬骨头。那年祖父牺牲后，祖母迫于生存压力而考虑带着父亲姐弟三人改嫁，然而父亲却不愿和他的两个姐姐一样，做个寄人篱下的"拖油瓶"，硬是挣脱了祖母的手，留在了唐家庄大伯家。常年的外侮内乱致使国弱民穷，民不聊生。大伯家也是贫雇农，与当时中国所有的劳苦大众一样挣扎在生死线上。尤其是在日伪的疯狂掠夺和蹂躏之下，劳碌终年，靠天吃饭，却连维持生计都难，年复一年，总也翻不过身来。父亲虽然被大伯视如己出，但是仍然被艰难困苦的生活折腾得焦头烂额。

从抗战开始到解放的整整12年里，唐家庄这一带地区处于敌我拉锯的状态，日本鬼子、汉奸队、国民党、唐山当地的顽固军，还有共产党领导的八路军和游击队，这敌、伪、顽、我四股势力在这一带斗争得非常激烈，老百姓受苦难也最深，经常是一个"军头"的部队过来，人们就惊慌地扶老携幼跑到青纱帐里和外村去躲藏。在父亲的童年记忆里，还深深刻着日本鬼子烧村子、全村大"跑反"的痛苦往事。所谓"跑反"，就是鬼子来了，得到消息之后，老百姓不等鬼子进村就跑了；鬼子走了，老百姓又都回到村子里。那时，父亲虽然只是一个孩子，却已经有多次跟随大人们"跑反"的经历了。这样的磨砺，让父亲有了钢铁般的意志和超凡的心理素质。

1938年夏天的某一日，日军据点里的几个鬼子兵窜到村子里一户姓唐的大户人家闹事。全家人原本藏在一个柏树林子里，却不幸被鬼子发现了。鬼子们个个张牙舞爪、嗷嗷乱叫，端着枪疯狂冲逼了上来，情况非常危险。唐氏兄弟几人义愤填膺，奋起与鬼子打斗，结果有两个鬼子被打死，一个被别村人追杀，只有一个鬼子兵逃回据点。于是，据点里的日伪军荷枪实弹、倾巢出动，附近几个村庄的人们便风风火火地大声嚷着："快跑啊，鬼子来了！"一时间，男女老幼就像炸开了锅似的，慌慌张张地全村大逃亡。

大伯家连我父亲算在一起有七八口人，都要逃到东北十八里外避难，父亲也随着人流跑动起来。鬼子们跑到村庄上，气急败坏地举起手中的汽油桶，向各家的草房上浇去。

晚上，全家人遥望西南方向，半个天空都照红了，人们猜想这是鬼子把村子烧了，大伯母哭着说："这可没有家了，往后怎么活呢？"大家在野田荒芜的草丛里，在长得茂密的庄稼地里，躲上了整整一天，待鬼子走了，才陆陆续续地返回家。

没过多久，父亲就告别了大伯和大伯母，跟了招工的把头走，去唐山的开滦煤矿做童工。

这一年，父亲十二岁。

小小年纪的父亲天真地以为这样就可以不再饿肚子了，只要自己肯吃苦，慢慢会好起来的。父亲像个小大人一样拍了拍自己尽管稚嫩但还是有些力气的肩膀，想着从今以后就可以用自己的肩膀扛起自己的命运，心里暗暗地得意了一把，也算对自己的一次鼓励吧。可到了开滦煤矿那里一看，父亲不禁呆住了，原本像气球一样胀得满满的梦想像被锥子扎了一下，"啪"的一声响后，也跟着开始破灭了。没有像样的驻地，只有破破落落的景象和无精打采的人。矿上几十个面目黧黑的工人全都挤在一间大屋子里。说是屋子，还不如说是个由几片围墙圈起来的棚子更合适，房顶的瓦掉了大半，残存的几片也不甚完整，远远看去，就像一张缺了牙齿的嘴，带着一丝安于现状的得意，也有些令人唏嘘的无奈，对着天笑着，有点破瓦破摔的痞味，屋子的围墙上仅有一扇窄小的窗户，却没有玻璃，只用一块烂得快要腐坏、散掉的席子挡着，炕上连炕席都没有，昏暗中却见它已经被磨得发亮，没有枕头，随便找块土砖垫点高度将就着睡觉。第二天把头就来催班了，起来慢的就用镐把打。到饭房后每人给两碗苞米粥吃，给一个柳条编成的帽子，然后一群人集体往矿井的方向走。那时是用风钻打眼，风钻一响，父亲吓了一跳，以为出事了，掉头就跑，把头立刻给了他后背一镐把，稚嫩的后背被重击后开始像触电一样僵麻，然后火烫的感觉蔓延至全身，脑子嗡嗡地眩晕，双脚因为无力差点瘫软下去。他小小的身体吃力地晃了晃，还是忍了痛跟着队伍从井口的吊车中降下了井。

吊车好像升降机般，大家在黑暗中挤在一起，井壁四边，水声滴滴答答，潮热熏人，湿得难受。吊车飘忽地不住在黑暗中下降，然后

偶然

机身忽然猛地一震,停住了,已经身在深深的地下。四周漆黑一片,只有煤油灯照出一点点的光亮,更显孤独寂寥。

出了吊车之后,父亲跟着大家鱼贯地在洞中前行。洞顶都用很粗的木柱支撑着,洞壁闪烁着黝黑的光。地下流着又湿又热的泥水,洞中流转的是沉重闷热的蒸汽,顶壁间还不住地"滴答滴答"落下水来。如果不留神,稍一抬头便会碰着洞顶,直到这时父亲才知道柳条帽的用处。

初下矿井,父亲并未意识到下井的危险,虽然条件简陋,但是网道纵横,仿佛沟渠般的地下迷宫还是让父亲大开眼界。中午,新老矿工围坐在井下一个稍微宽阔点的权当井下休息室的通道交叉处,喝点清水,吃点窝头。突然父亲被许多贼溜溜的小眼睛盯得浑身发毛,惊叫一声"老鼠"!抓起身边的一块矿石就要打。

"不能打!"身边的一个老师傅按住了父亲抓着石头的手,"它们是'小锤手'!"

"小锤手?"父亲奇怪地看看老师傅,又看看其他矿工们身边跑来跑去的小老鼠们。它们根本不怕人,有的还爬到了矿工身上。

"是啊,'小锤手'啊,它们是我们这些抡镐开山的保护神啊!"

后来,父亲才知道,"锤手"是当地矿工们古老的称谓。开滦煤矿这座有着数百年历史、浸满历代矿工血泪的矿山就是靠"锤手"们一锤又一锤地开凿出来的。新中国成立前,矿主不管矿工死活,事故频繁发生。到处都有遥望亲人归来的"望郎坡",到处都有失去丈夫的"寡妇村",到处都有埋葬矿工骸骨或衣冠的"万人冢"……

老师傅说,别看这些老鼠小,它们除了钢铁以外,什么都啃得动。啃石头、打洞,比"锤手"还厉害!矿工们还认为,如果看见老鼠往煤窑外面跑,那就说明这个煤窑将要有事故发生了,反之如果老鼠往煤洞里钻,那就预示着这几天的煤非常好挖,基本上不费多大的劲就能挖出比以往多得多的煤。"龙养龙,凤养凤,耗子养儿打地洞",而挖煤的营生确实与耗子打洞有着许多共通之处,所以,矿工们都称它们为"小锤手"。

有一次,坑道发生事故,许多矿工葬身井下,幸存者拼命挖掘出口,以求生的希望。就在饥困交迫、精疲力竭的时候,许多老鼠似乎从天而降，它们像救命的小精灵一般，不知从哪给矿工们叼来不少又干又硬的苞谷粒、红薯干、荞麦饼……矿工们吃了之后，又继续挖掘，终于挖开出口，与前来营救的矿工弟兄和亲人们会合。

还有一次，矿井发生塌方，许多被困井下、因空气稀薄几乎窒息而死的矿工们，靠不知从哪里涌来的数不清的"小锤手"们用牙齿啃、爪子刨，在前面开道、引路、打通出口，才得以生还。事后，鲜血淋漓、牙齿掉光、四爪露出白骨的老鼠死了一地。矿工们把它们埋在一起，堆成一座"义鼠冢"。

这些虽然都是传说，但是父亲却开始一点一点地体会到井下作业的艰险与威胁。由于年纪太小，父亲一开始的工作是在昏暗的井下扳道岔、挂钩、给机器注油。不久又负责拖煤，因为矿坑狭窄，搬运煤的时候，必须在高低不平、漆黑不见光亮，还不到一米高的坑道里拖着装满了煤的矿车，常常要趟过稀泥或水，爬上陡坡和通过低得有时必须像牛马一样四肢着地爬着走的巷道，把几百斤重的煤筐拖到地面上。

再后来，父亲每天和那些大人一样，提着煤油灯或者桐油灯，在黑暗的坑道里佝偻着身体，用笨重的十字镐手工开凿挖煤，需要用浑身力气，向着壁上一下一下地掘，煤屑飞溅。落下的大块，便有人捡起，放上煤车推出去。油灯的烟尘加上放炮后的硝石烟尘、硫磺烟尘、矽尘等，一起吸入肺内。当时的煤矿基础设施很差，空间狭小的矿坑内没有照明设备，井下通风不好，空气污染得很厉害，灰尘大到甚至看不清楚身边人的脸。劳动条件又恶劣，放炮声、矿车声、嘈杂声在耳边隆隆作响，随时都有冒顶塌陷、瓦斯爆炸的可能。

每天出矿时，矿工们不仅全身黑灰，连鼻孔和耳朵里也都充塞着黑灰。有一次，父亲在井下干活时被车皮刮倒了，在地上滚了好几个滚，身上被拖破了皮，血迹斑斑地挂着彩，万幸的是没有倒在铁道上，才没有出大事。据说当时流传着这样一首民谣："十来岁的孩子把窑下，饿着肚子挨着打，身单力薄活儿重，压弯腰背地上爬，瘦得童工皮包骨，肥了把头资本家。"这正是父亲当时境况的真实写照。

"黑天进、黑天出，没有太阳的工作。"那时在煤矿做工的工人苦不堪言，实行的是两班倒，白班清晨四点入井，晚上七点多钟升坑。更让人发指的是，矿工们虽然每天从早到黑工作十六个小时以上，吃的却只有窝窝头，一天两个，没有菜，喝水管子里的凉水。一个月的工资仅制钱四五百文，不能买一石小麦。有时候监工还会站在工人们旁边，抽打他们使他们服从管教。可那个矿主资本家，却吃得肥头大耳的，穿着绫罗绸缎，坐在轿子里，作威作福、嚣张跋扈，和穷矿工们形成了鲜明的对比。

我想，也许正因为"肚子里都是煤屑"，饱尝生活血泪艰辛，才养成了父亲刚强、倔强却沉默的性格。

三年后，十五岁的父亲在那样的环境里，终于忍无可忍，追随祖父的脚步，参加了八路军，和其他的同龄孩子一起，边打仗边学习，经历了抗日战争、解放战争的大洗礼。十五岁放下开山锤，拿起了驳壳枪。父亲就像所有小小年纪就参加革命的小英雄们一样，了解中华民族的深重苦难，知道自己肩头的深沉使命，清楚要与之抗争奋战的黑暗力量。九死一生的战斗生涯，用父亲自己的话说："八年抗日战争，三年解放战争，我都经历过，从死人堆里都不知道爬出来过几次。"

至今依然记忆犹新的是，父亲还曾跟我说起过，与他同龄的小英雄王璞的故事。王璞是河北省完山县西部太行山区野场村的一个男孩，十四岁就当上了儿童团长。每天，他带领着儿童团员扛着红缨枪在村口站岗放哨。一天，王璞和小伙伴山虎隐蔽在村南路口的一棵大柳树上侦察。他俩坐在树杈上，看着弯弯曲曲的山外大道，发现有一个穿着白大褂的人偷偷摸摸地走进村庄。王璞机智地和他说话周旋，最后把他引到游击队设置的陷阱处，使其中招，被活生生抓了起来。那家伙经不住吓，一中招就哇哇大叫，把话都吐了出来：原来这是鬼子派来刺探情报的特务。大家都夸奖他是一个聪明机智的孩子。还有一次，王璞用自己制作的"瓶瓶雷"，一个人活捉了两个鬼子和一个汉奸，得到了八路军和村干部的表扬。但是，在鬼子的一次扫荡中，年仅十四岁的王璞和107位乡亲不幸陷入了敌人的包围圈，战斗异常激烈，王璞和乡亲们宁死不屈，坚持和敌人作斗争，但毕竟寡不敌众、武器弹药又匮乏，最后献出了宝贵的生命。

这种大无畏的战斗精神在那个年代的英雄身上都是互通的。因为作战勇敢，父亲从一个孩子成长为河北的区委书记，并认识了同为八路军战友的母亲。母亲也是苦出身，两个人有类似的经历、共同的理想，爱情的种子就这样悄悄地播下了。

1949年春，辽沈、淮海、平津三大战役先后胜利结束，人民解放军横渡长江，进军江南，湖南解放在即。为此，中共中央先后发出《关于准备夺取全国政权所需要的全部干部的决议》和《关于调度准备随军渡江南进干部的指示》。根据党中央的这一战略部署，谨记毛泽东主席《将革命进行到底》的新年贺词，我的父母亲随军南下。

7月底，他们到了长沙市附近。此时，党中央的代表正在同程潜、陈明仁谈判。各项工作都围绕和平解放长沙而努力。通过多次与程潜、陈明仁谈判，程、陈两位将军深明大义，于8月4日宣布和平起义。至此，长沙正式宣告和平解放了。

为庆祝长沙和平解放，欢迎随后的人民解放军入城，作为南下干部的父母深入全市各单位，日夜奔忙地进行一切准备工作。母亲组织群众把各种各样的欢迎标语、画报贴满了全城。据说当时家家户户门前整齐地悬挂着两面红旗。从早到晚，全城到处都可以听到南下干部们组织练习唱歌和排演秧歌的锣鼓声。在酷热的气候和敌机的轰炸下，已经身怀六甲的母亲仍然坚持工作，整整两个通宵未眠。她和同志们一起安装起临时广播，随时播放迎接解放军进城的消息。8月5日晚八点钟左右，人民解放军在万众欢呼声中庄严地开进长沙城。这晚，长沙全市灯火辉煌，五十多万市民彻夜狂欢。

长沙和平解放后，父母作为南下的干部，迅速展开了接管建政、土地改革和筹粮支前等工作。那时，人民解放战争尚未完全结束，国民党还有上百万军队在西南、华南和沿海岛屿负隅顽抗，广大城乡一直存在着散股顽匪。据统计，1949年8月到1950年1月，在湖南先后过境的解放军部队约一百二十万人，骡马近十万匹。城乡驻军和过境部队的增多，自然需要筹集大量粮草支援。所以父亲在长沙干的第一份工作是担任湖南省前线司令部粮食科长，主要工作是在抓筹粮支前的同时，安排好人民群众的生产和生活。

长沙，这座城在我的童年记忆里留下了太过深刻的烙印。我记忆中的长沙，原本是有着"星城"之称的战略要地，自汉朝开始修建城墙以来，在历史上便一直是战略要地，地处地理咽喉，自古便是兵家必争之地。

《西步天歌》中有"轸宿四珠不等方，长沙一黑中间藏"的记载。我感觉长沙就像是一个会发光闪耀的城市，像星星一样璀璨，时刻迸发着青春与激情。儿时在长沙的成长记忆里，各种风土人情，犹如一幅优美鲜活的画卷在我眼前展开：风景秀丽、与湘江珠联璧合的橘子洲头，名人辈出、学术气息浓郁的岳麓书院，引得古今中外多少人心生向往。马王堆汉墓、开福寺、古麓山寺、云麓宫、天心阁、北津城遗址、长沙窑遗址、走马楼简牍、白沙古井、禹王碑、陶公庙、浏阳文庙，这些历史著名古迹，每一处都陶冶熏陶着我们，记录着长沙的古韵文化。

而长沙的"三绝"更是让人啧啧称道：湘绣、菊花石雕和红瓷。湘绣的起源和发展都在长沙，为四大名绣之一；菊花石则产于浏阳大溪河底岩石层中，天然生有白色的菊花图案，其雕品为长沙的一大特色；红瓷器最早出现于1100年前的晚唐长沙窑，之前乃至包括之后出现的瓷器在内，都没有纯正的红色，长沙红瓷堪称绝品。

长沙在一些节日里有很多特有的民俗。陶公庙庙会为赶集的一大特色。农历三月三时，长沙人都有地菜煮鸡蛋的习俗。随着城市化的不断发展，这个习俗已经被很多人淡忘，但在郊县依然保持。立夏时有吃立夏粳之习；惊蛰时农家于暗处点灯，用石灰撒房屋四周及潮湿暗角。小孩点燃一个个爆竹，丢向屋角墙下，边丢边喊。每每想来，皆是有趣。

作为湖南省的省会，这座城凝聚了湖南人个性中所有为保卫幸福家园而迸发出的勇敢与坚毅。抗战期间，湖南人民面对侵略者，爆发出最猛烈的抵抗，保家卫国的衡阳血战，多少湖湘儿女英雄九死一生；在日军强攻中奋起反击，长沙大捷鼓舞了多少仁人志士的士气。但是，也正因为如此，长沙城也承担了革命年代最多的战火与苦难，留下最动人的故事，洒下无数革命先烈的鲜血。

国民党政府的"焦土抗战"导致的"文夕大火"，给长沙古城造成了一场空前的火劫，即便是在解放后，长沙这座历史上物阜民丰的城池也没有完全恢复元气，当时，百业萧条、民不聊生，既要扫除旧社会遗留下来的污泥浊水，又要在废墟上建造起一座社会主义的新家园，任务是何等的艰巨！父亲经常与当地干部一起，深入农村发动群众。当时的湖南农村，既没有公路，也没有任何交通工具，每天翻山越岭、跋山涉水，全靠两条腿，工作和生活条件十分艰苦。

母亲当时分配在长沙市交通局工作，负责修建道路，解决交通运输问题。这些工作内容说起来简单，但是在实际操作中却是难上加难。要知道，当时的整个长沙市都没有一条像样的马路，连接城市四方的几条路要么是陈年石板铺成的破旧不堪，要么是煤灰渣子压实形成的凹凸不平，更不用说公共汽车这样的交通工具了。由于湘江穿城而过，老百姓要过湘江只有小木船，碰到风高浪急的天气要么冒着生命危险渡江，要么就只能在岸边等着浪头平静下来，这给日常生活带来了很大的不方便。母亲看到当地老百姓的这些切身困难，就和她的同事们一起，组织市民翻修马路，还开通了市区公共汽车，开通了轮渡，结束了长沙市民长达百年的木筏过湘江的历史。

一心扑在工作上的母亲，当时已经是身怀六甲行动颇为不便，但是为了不影响工作，直到临盆前一个月，才挺着大肚子回到河北老家，也就是现在的河北省丰润县西魏庄子待产。时近隆冬，北方的白毛风刮在脸上像刀子割一样，那种实打实的寒冷，有种凛冽残酷的味道。推开门的一瞬，冷空气就夹着雪气霜冻漫卷了母亲厚厚棉袍的衣袂，直穿入骨髓，那种寒冷，光是想象，就令人不寒而栗。

后来，母亲告诉我，在待产的那段日子里，习惯了温润的南方的母亲，多年后再历风雪，竟然没有一点陌生的感觉，踏入北方风雪中的一霎，顿感这风雪就是人生的漫漫风尘扑面而来，痛快地洗彻了心灵，不论是怎么样的一个人，是高大的男子也好，抑或是弱小的女子也罢，生于斯，长于斯，居于斯，会于不知不觉的北国风尘中，感受到确是不白活了一回。

1949年十二月初二，就是在这样数九寒天的隆冬天气里，我出生了。老人们都说，冬天出生的孩子就爱"冻手冻脚"，一点都不怕冷。我想，如果这是真的，也一定是继承了母亲血脉里那些不畏严寒的基因，从一出生，我就没有临风畏缩过。老话说，"孩子就是娘的心头肉"，可是一心记挂着交通局的工作的母亲，还没等我满月，就含泪把嗷嗷待哺的我留在了河北，自己又只身赴长沙城，投入了忘我的工作当中。

还好，家里有大妗子，小妗子也是刚刚生了孩子，做了母亲。我的母亲走了，大妗子、小妗子两个人就承担起照顾家中包括我在内的所有兄弟姐妹的责任。可以说，我是喝着"百家奶"，在大家的关爱

偶然

中，自在长大的。走过苦寒，很快就是北方暖意融融的春天。我在大姈子、小姈子两个人轮流的哺育中长到了三岁。那时，我已习惯了风寒，也适应了北国的气候。在北方一望无垠的天空底下，我学会了说话，学会了走路，学会了奔跑，学会了欢跳。我最喜欢的就是跑到北方平坦的"场"上，跑过来跑过去。常常，在春天刚刚抽出嫩芽的树林间会掠过一场清凉的风，这样的童年记忆，是我后来在温润的南方气息里再也没有体会过的。我常常想起在北方成长的这三年，说起来很短，但对我的成长而言，却是个漫长的过程。我常常跟别人说，如果要迅速成熟，那就到北方来，到冬季来。在北方，幼稚的你会随着风雪迅速成长。在北方生活过的即使看似极弱小的人物，也很少有被生活的重担压垮的，只因他们经历了北方冬季的风雪。

承载了我最初的三年成长记忆的西魏庄子，路是乱石块砌筑而成的，石块被岁月打磨得光滑如镜。石头上深深浅浅的印记，写满了历史与往事。转进小村子以后，会看到庄内那条极清亮的小河，村子里有一百来户人家，每家都有一个干净古朴的四合小院，四四方方的，四面有房，中间是院。一般总是北面是正房，东、西是厢房，南面是大门和南房。院墙错落有致地排列着，家家户户都会种上好些槐树、枣树；村民们放羊、养奶牛，种稻米、谷子。小河弯弯曲曲，连接起山坡和树林。这里离丰润县也很近。我的姥爷是个朴实的农民，从不多话，总是默默地埋头干活，没事的时候就吧嗒吧嗒抽旱烟。有时候，他会带上我，踩着石头小路去小河边走走，摘一束在石缝里随风摇曳的野花给我，或是看公鸡昂首阔步踱过，或去镇上走走。黄昏时，一座座小院中冒出炊烟，我闻到了家的味道。这样的记忆画面，多少次在梦中唤出。我长大以后，父母还把姥爷接去长沙住过半年，可惜老人家不习惯离开土地的生活。不多久，又回老家去住了。

我长到三岁，父母的工作稳定了下来，也不用在全国各地到处奔波了。在跟姥姥、姥爷商量之后，他们决定把我从河北丰润接到长沙去。在父母身边的生活，多了与天伦至亲的接触，却也少了在北方的湛蓝天空下跑来跑去的自由。在长沙，我的家住在湖南省总工会的机关大院里，就在现在的长沙市开福区民主东街上。

说起这个机关大院，其实还是很有点历史的：最早是谘议局筹办处建造的房子。1908年12月，湖南巡抚岑春蓂在位于开福区的东西向的东街上设立谘议局筹办处,筹建湖南省谘议会大楼,谭延闿为会办,负责筹办谘议局一切事宜。因而此地被誉为湖南近代民主的发祥地。这也是民主东街街名的由来,过去还曾被称为议会东街。1913年动工,1918年落成,建筑面积达两千五百平方米。1926年北伐军进入长沙,便改为中国国民党湖南省党部大楼,街也改称党部东街。1950年定名民主东街。中华人民共和国建立后,大楼由湖南省政府接管,1953年大修后为湖南省总工会驻地,几经修缮。早在民国时期,长沙的达官贵人、社会名流、最有钱的人几乎都住在这一地区,比如晚清最有钱的"湖南首富"乾益升粮栈老板朱昌琳(前国务院总理朱镕基的叔伯曾祖父)的别墅就在德雅路旁,湖南的最高行政机构抚台衙门就在今天的青少年宫,省政府就在今天的省农业厅。所以这一带民国式公馆建筑特别多,也成为了长沙城的一大特色建筑群。

从蔡锷路拐进去,民主东街统共两百多米长,街的两旁满是两层楼砖木混合结构的民国时期建筑,民国时期讲求"中西合璧、洋为中用",所以这一带建筑大抵是西式的木框窗棂、镂空的花墙,有的是尖顶房顶、方窗、小阁楼,透露西洋韵味,有的却是中式翘檐、门楼、木匾,展示湖湘特色。

在童年记忆中,民主街总是热热闹闹的,白天里往来的人不断,个个神色昂扬、意气风发,大概走在这街上的人们,都沾染了一股奋发图强、勇于革新的民主、革命气息吧。下午,暖暖的太阳照在身上,如同微醺般舒适,我出门玩耍,就看见三三两两的老人们聚在一起喝茶、下象棋,一旁五六个小伙伴在打弹子、玩弹弓。孩子们的喧闹声、老人们下象棋的"笃、笃"声相映成趣。有时候,竹蜻蜓落在了棋盘上,老人们也不以为忤,摸摸孩子们的头,"细伢子真顽皮……"

从民主东街往西走,便是著名的美食一条街——湘春街。各种小吃美食让我至今想起都还是垂涎三尺,湘菜火锅,其色艳、汤浓、味重、香辣无比。长沙臭豆腐,焦脆而不糊、细嫩而不腻,初闻臭气扑鼻,细嗅浓香诱人,具有白豆腐的新鲜爽口、油炸豆腐的芳香松脆。那赫赫有名的"八大名包"——玫瑰白糖包、冬菇鲜肉包、白糖盐菜包、水晶白糖包、麻茸包、金钩鲜肉包、瑶柱鲜肉包、叉烧包,每一种都各具特色,令人回味无穷。还有更令人叫绝的麻仁香酥鸭:湖南创新名菜，注重工艺造型，讲究原料配合，形态美观，色调柔和，集松泡、酥脆、软嫩、鲜香于一体；杨裕兴面条：口感柔韧，煮面条时讲究宽汤、清水、滚开，汤料是用猪筒子骨加老母鸡炖成的，从大众化的肉丝面、酸辣面到高档的蟹黄、瑶柱面，一应俱全。

如果说长沙是20世纪初湖南立宪运动的中心，那么总工会的机关大院在当时就是长沙革命运动的指挥中心。更多的时候，我总是打量着机关大院里的那栋谘议局大楼。气势磅礴、高大雄伟的谘议局大楼坐北朝南，是前后两进的布局。一层到三层都是砖混结构的，数十年的历史在它身上刻下了斑驳的痕迹，仿佛在记录着长沙的现代化和民主化进程。灰白色的门厅和外廊气势恢宏，都是钢筋混凝土结构。半圆形的门洞宽阔明亮，半弧形窗洞以花岗石作窗框，木制玻璃为格扇，极具匠心之巧妙，具有浓郁的西方建筑风格。我一次次地抚摸着大楼四面的砖墙，看着轿式屋顶上栗色的筒瓦，在我小小的心灵中，这栋楼便是最好的房子了。

那时候，祖父想来应该还是意气风发的少年吧，身在与长沙远隔千里之外的河北，因为清朝的腐败与洋人的横行义愤填膺而毅然决然地投身革命；多年以后，我却在南方的一处革命策源地一边聆听着祖父和父亲的革命事迹，一边成长了起来。这里面，有一代人命运的轨迹、行走的历程，更有一种奇妙的"缘"在其中显现着。

父亲很少说起当年华北抗日根据地的艰苦的工作环境，所以我无法了解我的祖父、父亲在那血与火的年代中的详细生活细节。他们的衣食住行，他们的屈辱与抗争，他们的忧戚与欢喜，他们的欣悦与惶恐，我都难以确知。只是在我一生当中，偶尔或是刻意在一些书籍、报刊上看到那段历史之时，心中总是肃然有感。河北原是抗日战争的重要根据地，大规模的武装暴动与星火式的游击战争接连不断，风起云涌，英雄辈出，我爷爷竟能厕身其中，着实令人感怀；长沙虽属和平解放，但由于白崇禧部的阻拦，也经历过十分惨烈的鏖战，我父亲也是其中一员。作为南下干部，我的父母在初入湘时还不是太适应：一是餐餐辣椒，二是气候潮湿，三是地方土话，四是弯弯山路。但是，在长达半个多世纪的岁月里，他们在这里兢兢业业地工作，认认真真地生活，把自己最宝贵的青春和智慧全部奉献给了湖南的革命工作和建设事业，湖南成了他们的第二故乡。当然，湖南的山山水水也养育了他们，特别是浓郁的湖湘文化、风情、习俗，早已融入了他们，改变了他们，把他们催化成了"湖南人"。

拂去岁月尘沙，我依然被他们当年金戈铁马、气吞山河的勇气所震慑；丈量人生足迹，我依旧能触摸到他们那时铸剑为犁、改天换地的心跳和魄力。历史与我的距离仿佛被这些无限拉近，我似乎可以体会到那个时代鲜活的脉动与气息，我与共和国同岁这一事实，也显得具有了许多值得诉说的意义。

在这么一个人口众多的国度里，共和国的同龄人何止千千万万，我无法独占这一殊荣。但我仍不愿将这次与共和国同年诞生的偶然理解为简单的纯属巧合，我总觉得冥冥中似乎有那么一种无可言说的必然：爷爷血洒疆场，父母双亲也早早地参加八路军，为共和国的创建孜孜不倦，播洒汗水，呕心沥血；仿佛青山绿水掩盖下的先烈忠骨筑成了新中国最牢固的基墙，仿佛前赴后继的仁人志士的热血染就五星红旗的风采飘扬。在无数先烈为之抛头颅、洒热血的共和国成立的那一年，我的出生可以说是我们这个革命家庭的必然结果，就像辛勤浇灌的树木，必然要有花香馥郁、果实琳琅来延续草木生涯，就像我的出生必然要传承我的祖父、我的父亲的革命遗志一样。

与共和国同岁的意义，在我幼小的心灵还不甚了了的时候，就已经埋下了深沉的伏笔，1949年对我也有了别具的重要意义。（我总觉得自己该与祖国共命运、同呼吸，同生共长。）因为有一个英雄的祖父，让我从小就崇尚英雄，并把英雄们作为自己毕生的榜样。而我成长的城市——长沙，最不缺的就是英雄的名字。小时候看谭嗣同那令人血脉贲张的感人故事——"我自横刀向天笑，去留肝胆两昆仑"，真是看得我泪流满衫，当时只有一个问号：变法失败后，他为什么不逃走？留得青山在，不怕没柴烧。这道理他不会不懂。

长大以后，慢慢学会思考了，才敢去揣摩他的决心：维新失败，自己可以逃走，但保得自己性命，苟且偷生于一隅，国家却不能逃走。又有何用呢？中国如不能变法，固于旧规，墨守俗则，亡国灭种就近在咫尺眼前。回想"外国变法未有不流血者"，流血后，变法乃成，那么就"中国以变法流血者，请自嗣同始"吧！至此，我才更深入体会到他的精神，不禁为之震撼。

在长沙，这样的英雄还有很多很多：辛亥黄花岗起义，组织百余

偶然

人敢死队并亲任队长,打断两个手指仍战斗不止的黄兴;改革开放初任中组部长,面对全国成千上万的冤假错案忧心如焚,说出:"我不下油锅,谁下油锅"的胡耀邦……

长沙的城市精神,培育了我"心忧天下、敢为人先"的信念,在生死面前,我会本能地放弃计较生命;父母的言传身教、精神影响,让我学着豪爽大度,不去计较个人得失,不在困难前怨恨,要知道,在我的父母看来,怨恨是懦弱的表现;因为在机关大院长大,那里的邻里关系,让我变得讲义气,只要认为是朋友,就会毫无戒意,敞开心扉,朋友有困难,总是倾囊相助。

我感谢命运让我在这样一个让我自豪的家庭出生,身为所谓根正苗红的革命干部后代,我从小受到的是正宗的、传统的教育,是在党的怀抱中长大的。从我记事的那天起,看到的第一面旗帜就是五星红旗;后来,少先队的队旗、共青团的团徽,还有那无数的先烈故事,无不浸染着"红色"。而在我的人生旅程中,富有时代意义的大事几乎全都赶上了:在迈入青春少年时代时,共和国遇到了三年自然灾害,我也靠自力更生的精神渡过了饥饿的难关;到了而立之年,共和国和我一样,开始走向成熟,打开国门,我也在海外奋发,创造属于自己的成绩;直到今天,耳顺之年,除了成熟,更有新的理想与激情等待实现……

与共和国同岁,这是我最骄傲的一个偶然。

但有了这样美好的偶然,又该有怎样的努力,才能不辜负上一辈的目光呢?

而这,或许正是我寻找了一生的东西。

据说,在这个世界上,每三分之一秒就有一个婴儿出生,但有生必有死,生生死死,前波后逐,正如西谚所云:"生命,不过在呼吸之间。"

关于生命与死亡,我最喜欢的,是《庄子·至乐》中的一个故事:庄子的妻子死了,惠子前往表示吊唁,却看见庄子鼓盆而歌。惠子问其故,庄子回答:"其实,当妻子刚刚去世的时候,我何尝不难过得流泪!只是细细想来,妻子最初是没有生命的;不仅没有生命,而且也没有形体;不仅没有形体,而且也没有气息。在若有若无恍恍惚惚之间,那最原始的东西经过变化而产生气息,又经过变化而产生形体,又经过变化而产生生命。如今又变化为死,即没有生命。这种变化,就像春夏秋冬四季那样运行不止。现在她静静地安息在天地之间,而我却还要哭哭啼啼,这不是太不通达了吗?所以止住了哭泣。"

在庄子看来,生死只是一个自然界的演化过程,犹如昼夜的推移、季节的更换、时光的流转。今日由生而死,他日也可能由死而生,周而复始,生命才流转不息。这种说法,似乎与佛家轮回转世之说不谋而合。

人从出生,长大,成为一个有血有肉的人,生儿育女,组建家庭,经历变迁,所有这一切都是生命偶然的奇迹。宇宙间充斥着人类不能掌控和理解的无止境的轮回,生和死,不也正是宇宙中偶然和神秘事件的一部分吗?宇宙真理的运行奥秘,靠着我们渺小人类的智慧和逻辑去揣度,真的是难究一隅的。我们人类之所以恐惧死亡,也许只是因为我们太执著于我们的生命,从一个较狭隘的视角来看待它。但是如果我们从"大空间"即宇宙本身的视角来看,个人的死亡真的是微不足道的。死亡只是连续的生命中不可缺少的一部分。

本性如空,万物为一。心中执"我",轮回不休。

第二节 慈父严母顽皮梦

三岁的时候,我回到父母身边。

我的父亲温文尔雅,我的母亲雷厉风行,都是对待工作极其认真、特别勤劳的人。在过去六十年的人生成长历程里,对我影响最大的,就是我的父母,特别是母亲。他们的言传身教,潜移默化地影响着我的品德秉性。

传统中国社会的家教,对子女而言,一般是"严父慈母":严厉的父亲,慈祥的母亲。严父如同刑法威慑,慈母如同道德教化;一个雷霆万钧,一个春风化雨。他们的关系,正如传统中国国家政治的"德主刑辅"、"恩威并济"、"礼刑并用"、"宽猛相济"的治国理论一样。不过有意思的是,在我家里,父母的角色互换了一下,不是"严父慈母",而是"慈父严母"。

父亲南下后,先是分在湖南省前线司令部任粮食科长,后来去了

偶然

湖南省总工会做工会工作，任处长。母亲生下我后，休息了没几天就回到长沙市交通局工作。小的时候，并不能理解父母将我独自留在河北老家的决定，也是在慢慢的成长中才能体会父母这样做的一片苦心。1952年，在我三岁的时候，父母决定把我接回长沙，于是我依依不舍地离开了自己出生的地方——那个与曹雪芹老家曹家庄仅有一路之隔的小村落，来到了长沙，开始和父母一起生活。还记得和大妗子、小妗子分手时，我哭着不愿走。我是她们带大的，感情很深，我们都在哭，我还希望她们能和我一起走呢。但现实条件不能，我们只好暂时别离。那时候意识里还没有安慰的诗句，我只知道分开和不见是一件难受的事情，我想大妗子、小妗子淳朴的意识里也满是不舍和挂念吧。

那个年代的南下干部，为了信念，可以说是全身心投入工作，父母虽然把我接回了身边，却没有太多时间精力照管我，于是任我在机关大院里和一帮年龄差不多大的干部子弟一起疯玩。

高墙相围的机关大院里不仅保留了一座民国时期的西式建筑，还有一个漂亮的石头花园，园内堆砌有假山、凉亭、鱼池，树木繁茂，花草众多。每天都有人在那里散步，孩子们也喜欢在那里疯玩一番。大门口有一块大石头和一块小石头。水池前面的左边有六口没有水的井，中间有一个纪念碑，上面有一座墙是白色的塔，旁边是一片大树林和竹子。不知为何，来到这样开阔中又装点错落起伏的浮雕小筑之所，我们便会玩性大发，往往是玩得大汗淋漓，乐不思蜀。

由于干部们都是从部队上退下来的，早已养成了办事干练、服从命令、井井有条、秩序井然的生活工作作风。所以，我从小接受的、看到的、听到的，乃至生活习惯，都还是军人式的，渐渐养成了规律的生活、朴素的习惯。这一点，也在我日后成长的轨迹中留下了很深的印记，对我是有很大助益的。记得那时家里的家具就是几张桌子、几把椅子，简简单单。每天天还没有亮，就会被一阵急促的号声惊醒，在起床号中起床，然后用冷水洗脸刷牙，整理好自己的床铺。一天之中，这样的军号声会响上好几次：起床号、吃饭号、午休号、紧急集合号、熄灯号……直到今天，经商几十年的我，仍然没有推杯换盏的应酬习惯，我习惯的，还是那个年代有规律的作息生活。

五岁的时候，隔壁的阿姨家生了小猫，我觉得可爱，就要了一只，很喜欢，天天和它玩。我和小猫交流时，会目不转睛地望着它的眼睛，它也会目不转睛地望着我的眼睛，仿佛在很早很早以前我们已经认识了，就像老朋友一样。和猫的那种眼神交流，像闪电，像心心相印。要和小猫交朋友，就要和它一起玩，逗它开心。猫有一个最大的特性，就是喜欢人替它挠痒痒。一般我是在它睡觉醒来的时候，还有它在外面玩够了，开始安静或者休息的时候替它挠那些它自己抓不到的地方，比如轻轻抚摸它的头顶，给它挠背部方向的脖子处，这时它的耳朵会向后耷拉下来，变得很乖很乖；挠下巴底下的脖子时，甚至能感觉到猫的小骨头，猫也一副很享受的样子，有时候还会伸长脖子配合；挠到类似人胳肢窝的位置时，猫的小爪子会抬起来，让出位置给你挠，很享受。到了后来，只要把手放在它的小脖子上，它就会很自觉地把脖子一歪，等着我挠；或者把爪子伸出来，腿儿伸得老长，就像人伸懒腰时一样，还会喵喵叫着撒娇呢。只要把它弄舒服了，它就会喜欢上你，会在你面前打滚、跳跃、抓小球玩。它很乖，只要我在家，它就在我身边，摸摸它的脑袋，它就不吵也不闹的。我喜欢猫，觉得猫是小老虎，而老虎是生命之王。

　　小猫白天时不是在趴着就是在睡觉，要不然就是吃喝拉撒，一副憨态可掬的样子。除非是在我和它一起玩小球的时候，才会露出活泼的一面，否则看起来就是一副慵懒的样子。不过，猫猫喜欢运动的东西，要是看到蝴蝶飞过，它会腾一下，两脚站立起来抓呢，可厉害了。于是我用纸剪成一只小蝴蝶的样子，用绳子绑上，逗它玩。小"蝴蝶"往右，小猫就往右，小"蝴蝶"往左，小猫就往左。而我提着蝴蝶，忽高忽低、忽前忽后，左摇右摆，就是不让小猫咪抓到它。这么折腾一会儿，吃了一点儿"小亏"之后，它开始动脑筋了，只见它歪着小脑袋瓜，睁着一双水盈盈的大眼，先轻轻地走到"蝴蝶"边等"蝴蝶"停下，然后猛跳起来扑上去，再慢慢地把爪子抬起来看看有没有抓住。当然了，我是不会让小猫抓住"蝴蝶"的愿望得逞的，操纵着蝴蝶，闪躲腾挪，始终不让它得逞，但它还是很专心、很卖力。小猫也很小气，如果我忙着做功课不理它，不陪它玩，它就会不高兴，看来，要爱小动物，就得懂它，花时间哄它。

　　小猫给我带来了无穷的乐趣。我一回到家，它就喜欢往我脚边蹲，喜欢往我身上爬、蹭，用湿湿的鼻子在我身上东闻闻西闻闻。我

偶然

吃饭时、做作业时，它就在我的腿上趴着；我睡觉时，它也枕着我的枕头，四爪平放，非常享受地躺在我的身边，睡到香处，还呼呼地打着呼噜。尽管给它准备了一个纸盒作为睡觉的地方，但它不爱进去，总是赖在我的床上不下来。

每天，小猫咪都会无休止地让我抱它。有一次早上醒来，发现它就趴在我的脑袋边上，昂着小脑袋看着我。有一天，我回到家里到处都找不到它。我急得饭也吃不下，等啊等，天色黑了，下起雨了，我听到门响，赶忙过去开门，小花猫歪歪倒倒地从门外进来，浑身的毛还挂着水滴。我赶忙拿毛巾给他擦拭干净，一把就把它搂在怀里，就连睡觉的时候都不愿意放开。

然而不幸的事还是发生了。没过多久，我因为夜里睡觉不安分，一个翻身，把小猫压死了。第二天我朦胧中醒来，习惯性地顺手一摸，才发现小猫已经被我压得僵硬，凉了，死了。我捧着小猫僵硬的身体哭得很伤心，却已经无力回天！我都还没来得及给它取名字呢。

因为这件事，父亲教育我，无心之失，有时也会造成难以弥补的伤害。简单的话语，因为自己有着清晰的经历，才有特别切身的体会和感受。也是这个时候，我才发现了父亲的话语里包含着对我的殷切希望和如山爱意。

带着一丝歉疚，我去安葬小猫。在我们住的房子后面，有一小片空地，种着树，我在树下松软的地上用手挖了一个深深的坑，我拼命刨着土，忍着指尖处传来的生疼，只希望能把它埋得很深很深，让它睡得舒舒服服。我不想让蚂蚁腐蚀到它，不想让污秽浸染到它，我家的小猫咪永远是漂亮可爱的。硬邦邦的小猫被埋葬在了里面，也许该留下点什么，我想。于是我又找来一块木牌子，在上面写上"我最可爱的小伙伴之墓"，把它竖立在了那个小小的坟前。我站在它的坟前，看着那隆起的小土堆，心像刀绞。做完这一切后我回到屋里，随手打开了书本，可我的脑子里却全是小猫的影子。

小猫的死始终萦绕在我的心头，它时时敲击着我的灵魂，叩问着我的心灵。作为地产商，这么多年，难免碰到动迁难题，我一直谨记父母的教育：不去伤害别人，连无心伤害、潜在伤害都尽量避免，无论是对人，还是对环境。

在那个年代，作为共和国开国将士的后代，机关大院孩子的生活可以说是无忧无虑的。精力旺盛的我，整天除了玩，还是玩。不过那时商品匮乏，不像现在孩子们的玩具，去商店买来即可，为了在有限的经济条件下依然玩得津津有味，只能自己动手制作。没想到，孩提时这一偶然培养起来的动手能力，影响了我一生。长大后，我甚至凭着这幼时锻炼出来的对机械元件的天生敏感，修过飞机。直到今天，我也不怵零件、图纸、陌生的机械。那些物件，一入眼，便具体而生动地在脑子里呈现出来，动手时毫不费力。

我做过水枪，和大家一起打过群仗，也用竹子做过弹弓。那年头，如果你送小伙伴礼物，一把漂亮的弹弓，比任何礼物都珍贵。打架、藏猫猫、抽陀螺、捉知了……我无一不会，无一不熟。

不过，我最喜欢的玩法，还要算收集"洋菩萨"。所谓"洋菩萨"，就是附夹在香烟里的一种硬质彩色小画片，以人物故事为主，一包一张，一般二十四张或三十六张为一套。正面印彩色画，背面印单色说明和品牌宣传，看起来鲜艳夺目，对于我们这群小孩子来说，有着极强的吸引力。那时候，"洋菩萨"就是我们宝贵的财产，如果能在游戏中赢来许多"洋菩萨"，那他在孩子群中往往就能赢得大家的崇拜。记得当时我收集的"洋菩萨"故事有好几套，每天握着厚厚一摞脏乎乎的"洋菩萨"在大院一群小伙伴羡慕的眼光里进进出出，心里别提有多得意了。

玩"洋菩萨"有几种方法，一种是跟小伙伴出同样张数的"洋菩萨"哗啦啦扔在地上，再轮流趴在地上，小手拿着另一张"洋菩萨"拍在地上的"洋菩萨"旁边，谁能将"洋菩萨"拍翻过去，这张就是属于你了。第二种是溜墙根，拿石子在地上画一条线，然后很多人站在线后，把手里的"洋菩萨"按顺时针旋转的方式，往墙的方向扔。谁的"洋菩萨"离墙最近，谁就是胜利者，就赢得其他人的"洋菩萨"。第三种是以打弹子赢"洋菩萨"。

大院的天井是一块平坦的土地。我和小欢、喜子、小宝，就在这块地上打弹子。喜子和小宝是叔辈哥兄弟。我、小欢和喜子同岁，比小宝大一岁。我们都是大院里的孩子，从小光屁股就在一起，后来在一个班级上学。小欢的大名叫冯汴生，可这个名字有些拗口，我们都叫他小名小欢。

弹子是用玻璃做成的小球，一般多是无色透明的，直径大约在一

偶然

公分左右，商店里可以买到。我很喜欢收集那种彩色弹珠，玻璃弹珠里的五彩花瓣在阳光里熠熠生辉，滚动起来万花筒般绚丽，能把眼睛都照亮。五颜六色的弹珠又弹又跳，还发出清脆的声音，可算是视觉和听觉的双重享受。

玩的时候，先在泥地上挖一个小坑。这挖坑也算是个技术活，先用胶鞋鞋跟在地上来回旋转出一个圆圆的凹地，然后再把弹子放在凹地里，踩到泥土里，再挖出来，再好好用手指修修"坑"边缘的泥土，于是一个完美的"坑"就出现了。我们的"坑"一般都选在天井里一棵大松树下。

捡一块石子，在离"坑"三四米的地面上划一条线。一帮人站在线后面发弹子，之后谁离坑最近，谁先弹。谁的弹子先进坑了，就有权用进过坑的弹子来打别人的弹子，打中了，就把弹子赢去了，归他所有了。

打弹子的手势可是有讲究的，错了一点，都会让弹子弹射的效果大打折扣。最有效的玩法，是拇指回缩于掌心，弹子嵌在大拇指背面与食指间，食指稍用力压住弹子。中指、无名指紧紧攥住大拇指最上一节，打时拇指用力从中指间突出，像枪膛里的撞针冲击弹子一样，弹子被弹射出去。这算是标准的手势，也是在玩耍中总结出来的，最易发力，弹子出去后，弹道也最容易掌控。光是手法还不行，所用的打法也很有讲究，总结起来，最常见的有两种：一个采用地滚球，就是弹子贴着地面朝前滚动，打地滚球对地面的形势要有判断力；一个采用手离地腾空，朝对方的弹子发起攻击，居高临下需要定力，手不能抖动，凝神屏息，击打时往往取马步半蹲式，那神态，如果手里拿的不是弹子是枪的话，比警察还要威风。回想起这些，尽是欢乐。

因有输赢，这种玩法事先会审评对方弹子的完整度（由于玻璃弹子之间碰撞会掉玻璃碴），这样大家才不吃亏。小宝是个不吃亏的主，很精明，老是用"麻子"弹子跟我们打，水平还挺臭。喜子跟他打过几回，赢了之后细看，竟是缺了一大块的坏弹子。

喜子不肯吃这个亏，说："小宝，你怎么又拿坏的弹子跟我玩啊，这样我以后都没法跟别人玩，快给我换一个好的。"

"哼，谁让你玩之前不好好看着，现在就知道怪我。"小宝把责任都推给了喜子，似乎这事和他自己没有任何关系似的。

小欢和我在旁边看着也很气愤，因为这样的场景我也经历过。

"小宝你不应该这样。"小欢说。

小宝瞪小欢一眼，说："没你的事，你少管。"

我赶忙不让小欢说了，跟小欢说："毕竟喜子和小宝是叔辈兄弟，他们之间的矛盾算是家事，咱还是别管了。"小欢也不吱声了。

"死小宝，你可真赖皮。"喜子也不敢动粗，不是他打不过小宝，而是因为怕他爸知道后，拿拖鞋打他屁股。可喜子咽不下这口气。

晚上喜子就去小宝家，把小宝的弹子都偷出来了，第二天把弹子卖给其他孩子，赚的钱就请我们吃冰棒。

小宝还不知道，边吃还边谢小喜子道："喜子，你真够意思，冰棍真好吃，昨个打弹子的时候是我不对，我给你赔不是了。"

小喜子嘿嘿一乐说："没什么，没什么，咱们都是兄弟，那点小事我怎么能记得。"

后来小宝发现弹子不见了，琢磨来琢磨去，感觉是喜子干的，不过没有证据。小宝就去向他大伯（喜子他爸）告状，一边哭一边拿腔拿调地说："大伯，喜子把我弹子偷去都卖了。"我和小欢看见，就憋不住地直乐。喜子见状不妙，撒腿一溜烟早跑了。喜子他爸凭空骂了一顿喜子之后，这事就不了了之了。孩提时代，这样的事，想必很多人都经历过，都是让人啼笑皆非的。

因为打弹子比赛的场地通常都会选择在泥地上，而且往往一玩上就是一两个小时，可想而知，回到家里自然就是一身的土，尤其是那双手，脏得不行。为此我还常常受到母亲的训斥，嫌我把手弄得很脏，不卫生。但是母亲工作那么忙，并不能时时刻刻地管束我的一举一动，常常是昨天刚被母亲训斥过，第二天又拖着一身的泥土站在了母亲的面前。三番五次，屡教不改之后，母亲也放弃了，当然，吃饭前是一定会盯着我用肥皂把脏手洗干净的。

和母亲严厉的脾气相比，父亲的性格就比较柔和、朴实、沉静，他穿的衬衫，扣子总是会扣到最上面的一颗，裤线总是一丝不苟地笔直中立。小时候仰望着父亲，总觉得像是一个古典章回体小说当中走出来的温文尔雅的书生。父亲的脾气好，从来不会对我开口大骂，甚至一直不怎么管我，算是典型的慈父。他最大的特点是从不生气着

偶然

急。小时候不管我在他身上怎样爬来爬去的,他也从来没有烦过我、骂过我。我上小学以后,除了送我入学以外,他没去过学校一次。他只是安静地做着自己的事,潜移默化,用实际行动影响我。人们常说"言教不如身教",父亲正是这样,用实际行动来教育、引导着我,教我如何做人,如何做事。我上寄宿小学之前,常常一觉醒来,看见父亲天快亮了还坐在书桌前,伏案看书。他的背影,透出一种张力,不知不觉感染着我……

但是,父亲也有父亲的威严。只不过,父亲的威严,从来不是建立在拳头与棍棒之上,而是在无形的生活点滴当中。在父亲身边成长的几十年里,我的印象当中,父亲从来就没有正式打过我一次。但父亲给我的压力是无形的,就像武侠小说当中,武功修为达到最高境界的"侠士",不用动手就会对身边的人产生强烈的影响。说来也怪,虽然父亲从不打我,但我就是怕父亲的眼睛,有时见我调皮得过分了,他只是拿眼睛一扫,但那眼睛里似乎射出一种光,威严逼人,坚毅刚冷,令我不寒而栗,立刻乖乖走开,绝不敢再犯。

在我的成长过程中,父亲从来不跟我讲那些所谓的大道理,但是,一旦生活中发生了什么事情,能够第一个让我体会到其中所蕴含着的人生感悟的人,是父亲。

父亲也从不干预我的私人生活,非常开明。在我长大成人以后,有一次聊天时,他看似随意地对我说:"希望你有事情能够跟我和你母亲沟通,我们会给一些建议和意见做参考,但你放心,我不会强迫你或替你做决定。"但一直到很多年后,在我和他推心置腹,谈论我想"商业报国"的理想时,我才明白,他看起来柔顺的性格中自有其沉稳刚毅,是一个真正的军人。

正如许多家庭都存在着性格互补,比起父亲来,母亲就显得强悍得多。和父亲的高中文化程度相比,她没什么文化,因此做起事来泼辣利落。她对我的管教很严厉,对我的一举一动、一言一行,都不肯忽视。对我也盯得很紧,我读小学时她少说也去了十几次学校,问这问那,稽查我的各种情况。我小时候心无旁骛,只是贪玩,因此没少挨她的揍。

虽然父亲和母亲的性格差异很大,但他们很是恩爱,记忆中他们几乎没怎么吵过架,令我们这代人羡慕、尊敬。我猜测,其中一个重要原因就是因为两个人都经历过战争的考验吧。那个年代的爱，是简单的，也是无比真诚的。

说起来，我的母亲其实也很平凡，是一个平凡的劳动妇女、一个真正的共产党员、一位对孩子真心付出母爱的女性。她像中国大多数母亲一样，对儿子的要求很简单：勤勤恳恳做事，端端正正为人，健健康康，快快乐乐。当然，母亲也很注意对我的教育，从小对我的要求很是严厉，从不允许我有不道德的行为发生，如果让她知道了，首先不问缘由便是一顿严厉惩罚，让我长长记性。虽然她受教育程度不高，但总反反复复要求我不要伤害他人，要常常怀有一颗感恩的心。

感恩母亲

（一）

感恩每一天，哺育一万年，

十月怀胎岁月，依依呀呀变。

抱着逗着笑脸，走着跑着路艰。

风雨催劲竹，慈心慰树娟，恩泽在人间。

（二）

朗读声，笑语绵，

长明灯，夜无闲，

快快长大文武全，捍卫美好家园。

母亲含辛双眼，消瘦的双肩，为孩儿苦煎，我的心不眠。

应该说，这么多年，我并没有辜负母亲的希望，做任何事都力求做好，对得起人民，对得起朋友，不辜负人，滴水之恩涌泉相报，算得上是个正直之人，能够经得起社会考验。

对于大院里长大的孩子来说，小时候打架是常事。至于打架的原因，无外乎孩子们那些芝麻大点的事，说是打架，其实也不过是孩子之间的推推搡搡、动动拳头。不过，干部子女的文化氛围有一种特殊性，就是子女会受到父辈等级的制约，自动按等级成群结队。那时在我们居住的大院里，有些干部级别比较高，对孩子也疏于管教，他们的孩子便免不了有优越感，成了霸王。我自然没有做霸王的资格，却多少有一些草莽的气质，喜欢打抱不平，于是在那些儿童嬉闹的大小争执中，总少不了我的身影，冲突不断，打架难免。我终究没有撒泼放赖、不顾一切的狠心，打架的时候还暗自想着手下留情，不要闹

偶然

出个三长两短，不敢舞弄器械。那些霸王们却没有这种心思，使气斗狠，棍棒砖头一齐用上。我们自然处于劣势，发起狠来，拳打脚踢，嘴啃牙咬，有时也能让他们挂点小彩，受点小伤。他们不甘心，找我母亲告状，我的皮肉之苦就免不了了。

母亲对这类事件的处理，堪称"执法无私、绝不姑息"，只要是我参与了打架，不管有理没理，她首先就是把我痛打一顿，让我长长记性。到今天我还清楚地记得，她总是一抬手，抽出长长的蚊帐杆打我。她打我时我就四处逃窜、上下攀援、左躲右藏，使尽"逃生"的看家解数。

每当那个时候，我们家的小小房间竟好像有用之不尽的空间，让我这里隐身，那边躲闪。最常见的是我躲在床底下，而且在里面一待半天，她捉不住我，急了就拿竹杆往床下横扫竖戳，我就在那狭仄的天地里辗转腾挪，尽力避免与那竹杆的肌肤相亲，当然，也少不了躲避不及挨几下敲打。

母亲气性大，总是一直打到整根杆子爆裂、断折，再也不堪重用才肯罢休。我当然也是不太服气，很气愤她的不分青红皂白。

其实，我从不会无故打架，只要有理，我就绝不会示软，即便是和比自己个高力气大的人打架，心里也完全不惧怕，所以身上带点小彩简直是家常便饭。但每次打架，分明不是我的过错，凭什么要我受这冤枉气？可是在她那里似乎并没有什么道理可讲，多说无益，徒增烦扰。我对她的敬畏心理与日俱增。不过有时如果下手重了，打伤了我屁股，母亲半夜里还会挑灯为我擦药按摩。边擦药她还会边抹眼泪，她实际上不是不爱我，而是恨铁不成钢。

她总是说："你以为妈打你，不心疼吗？妈是希望你学好。"

我每次看着妈妈心疼的样子既是委屈又是感动。母亲的爱，就这样，处处彰显着，每想起，都会鼻翼发酸。

因为母亲常打我，打得又很凶，我害怕她，现在却大多记不清楚为什么挨打了。只有几次我闯出祸来，记得最为清楚。

还记得那是在八九岁的时候，有一次，她给我五毛钱，让我去附近的商店里打酱油，正撞见路边有人做糖人，好不热闹，一群小孩子团团围住观看。

我心下好奇，挤进人群，看得眼花缭乱，虽断然不敢私自挪用手中的那五毛公款上前去买一个，却也看得出神，双脚像是在地上生了根一般，怎么都挪不开。等到晃过神来，才发现紧紧攥住钱的手不知什么时候已经松开，钱也早已不知去向。

我顿时惊出了一身冷汗，心急如焚找了半晌，哪里还能找得到，周身上下，只有一个空空的酱油瓶陪我四处游荡。我为母亲的威严所震慑，不敢回家；到了夜晚，天擦黑，也不见她来找我，独自一人游荡在外的我，当时甚至对她是我后妈的传言半信半疑，总觉得她这样对我，不像是一个亲生母亲所为，无论如何有些蹊跷。

记忆最深的一次，是在一个寒夜，天上还下着雨，因为在外面打架，把对方小孩头上打出了一个小包，做家长的晚上十点钟来我家告状。那时我已经睡下了，母亲到我床边，揪着耳朵把我拎起来，用竹棍子狠狠地打了我一顿。那次母亲大约真是发了狠，打得蛮重，打得我身上、头上全是小包，对方家长看到也有些过意不去，一个劲地劝我妈说："给孩子一个教训就行了，不用打了。"

可是我妈还是不依不饶，打完以后还把我赶出了家门，让我好好反省反省！

漆黑的雨夜，我一个人走到了附近一个小水塘的边上，在岸边坐了下来，小雨仍在淅淅沥沥地下着，我坐在大树底下觉得自己无比孤独，眼泪禁不住一个劲地往下掉。母亲打我的时候，我是从来不哭的，但那个雨夜，我哭得很厉害。我想，母亲很可能不是我的亲妈，哪有亲妈把孩子打得这么惨的呢？只有后妈才会这样打孩子吧。

我当时这么想着，心里无比委屈和无助，有种不被爱和被抛弃的感觉。我忽然有点讨厌这样的家，离家出走的念头一个劲地盘旋在我的脑海，但小小年纪的我，又能到哪儿去呢？黑夜茫茫，哪里是归宿？没有去处又没有退路，我感到无比恐惧，从来没有的恐惧。我在雨中徘徊良久，走着走着又走回到了家门口，发现母亲并没有关门，结果，又累又痛又困的我，马上爬回自己的小床睡觉了。第二天雨过天晴，母亲看了看我的伤并无大碍，便问道："你认识到自己的错误了吗？我现在打你，过十年以后你再想一想。"

这一句看似无心的"十年"，我不知道母亲是否还记得。但是我确实在十年的时光里，从家里亲戚的口中，点点滴滴，慢慢地知道了些母亲的事，才开始了解我母亲。她的内心其实很善良，在亲戚家族中有很好的口碑，但她的个性却很刚硬，当时整个县里，出来闹革命的，统共六个女的，她是其中之一。小小年纪就参加八路军、打鬼子、入党，据说她打鬼子时用的是双枪，光是那手好枪法，就颇有传说中的"女侠"风貌。她既有中国传统的美德，又有一个特殊时代优秀女性的特点，只是战场上的风沙磨砺让她变得像男人一样直爽、坚定。

实际上，我的母亲和普天下所有的母亲一样，对我，有着深深的爱，是最具代表性的母爱，感天地，泣鬼神；比山高，比海深，就像一杯浓浓的牛奶，即使在最冷的冬天也能给人以温暖，即使在最热的夏天也给人以凉爽。这也就是母亲那份浓浓的慈母之情。

回想过去，母亲为我做的事情数不胜数，而我真正为母亲做的却微乎其微。现在能为母亲做的事就是做好自己，让母亲少一份担心，少一份牵挂。我想母亲还是会一直站在我生命的最高点，为我默默地指引着人生的道路，我在母亲的指引中学会了审视生命的高度、母亲的高度。

工作中，母亲是平凡的劳动者，新中国成立后，她开始从事文职，但因为没有文化，自我要求又非常严格，在工作中有些方面就显得很吃力，工作起来遇到的压力也比较大。特别是在党员学习和汇报会上，她有时需要请有文化的同事帮忙，有时甚至还会发生些不顺心的事，而我少不懂事，不仅不知道帮她分担烦恼，还处处让她操心，自然难免让她一时着急，打我出气。尤其可贵的是，母亲自己没文化，吃过没文化的苦头，所以非常重视知识，希望我能好好学习，而我呢，却只知贪玩，把她的谆谆教诲当做耳边风，这也就难免她恨铁不成钢，失望动怒了。

一直到长大，自己有了子女、有了家庭生活的经历后，方知母亲的不易。母亲持家是一把好手，能将当时有限的家庭收入安排计划得井井有条，还略有积蓄。自从我读小学开始，她一年给我七十多元钱，用来交学费、伙食费，对我弟弟妹妹的看顾也丝毫不差。

尽管我是长子，但母亲对我的教育从来不曾有过溺爱，而是相信自己的子女能在社会上闯荡，相信我能在游泳中学会游泳。虽然我不知道她的童年如何贫苦，也不知道在养育我的时候她有多快乐多满足，但我知道，她是我生命里最重要的人。正是因为她的严格督教，使我养成一种严肃的克己观念，后来的处世接物中，也会记得不薄待人、不对人无礼，这些都是受了母亲的影响。而她给我留下的勤俭节约、善良无私等宝贵的精神财富，让我一生受用不尽。

母亲虽然十分严厉，但我写下这些，却是丝毫没有抱怨的意思，相反，我是以一种感激的心情在回忆。母亲的爱最无私，向你倾尽所有；最伟大，你的一生都要从这里开始；最高尚，对你的付出从来不需要回报；最纯洁，永远都是那么的自然、真诚，不会掺入半点瑕疵。

我那温和的父亲始终没有太大变化，而我那严厉的母亲，到了晚年则有了很大的改变，她老是反省自己年轻时打我下手太重，老是会惦记着："那时我怎么能那样狠心呢？怎么能那样打你呢？"

后来，每当我想下手惩戒儿女时，她总是在一边坚决阻止，并批评我。甚至有时我仅仅是骂孩子，骂得口气重了一点，她也反对，说："有话好好说，别那么大声，把孩子吓着了！"于是我就"以子之矛，攻子之盾"地反驳她："比起你当年打骂我，那我简直算得上温柔了！"

母亲就会说："当年是当年，现在是现在！好孩子不是打出来的！我现在明白了这个道理，还不算晚吧？"

事实上，严厉的家教，对于调皮捣蛋的孩子而言是必要的。在小时候，我们有几个人能懂得父母和颜悦色给我们讲过的那些高尚的道理呢？但是，犯错后的惩罚，是任何人都不能不害怕的。没有母亲给我的那些惩戒，六年级时，我又哪里会"改邪归正"，懂得安静下来学习，安静下来反省？

长大了，也有了点出息，母亲却经常打电话给我，叮嘱我千万不可奢侈，要学会安于过简朴的生活；想给她添点东西吧，总是被她拒绝，说有吃有喝就行了。

总之，在我的成长过程中，母亲一直在用一种近乎临渴掘井式的忠告规范着我的行为，这是一种发自内心的责任和爱。她从我懂事起就告诉我："你要坚强，坚强得足以认识自己的弱点；你要勇敢，勇敢得足以面对恐惧；你要堂堂正正，在遇到挫折时能够昂首而不卑躬屈膝；你要正确面对掌声，在胜利时能够谦逊而不趾高气扬。"

"真正的伟人直率真诚，真正的贤人虚怀若谷，真正的强者温文尔雅。尽可能庄重而不盛气凌人,在拥有未来的同时,永远不要忘记过去。"我想起林肯的母亲曾经说过的这句话,忽然间觉得,我的母亲,在潜移默化当中,也灌输给了我这样的理念。

多年来,母亲对旧衣服情有独钟,永远是一双黑布鞋,穿我们做儿女的丢弃的旧衣裳,这让我这个做儿子的感到羞愧,心隐隐作痛。我便对母亲说:"妈,您辛辛苦苦了一辈子,不要再捡儿女的旧衣服穿,应当买新衣服穿。"我越这样说,母亲越不领情,她说:"你看,这些衣服虽然旧了,还是好好的,洗一洗,还是蛮新的,穿得合身。"说着,母亲还拿起一件没来得及洗的旧衣服在身上比试着让我瞧呢。她把旧衣服像珍宝一样藏在箱子里、柜子里,还经常拿出来看看,一件一件整理。给她买的新衣服,她从来不穿,还数落我:"为什么不把这些衣服捐给那些灾区呢?"

也想过带她去香港看看,她说,那里灯红酒绿的,想到咱们这里还有这么多穷苦农民,待着就堵心。母亲一直神志清楚,耳聪目明,她年纪大了以后,我曾经提议给她请个保姆,她却认为,只要自己能动手,就不该"剥削"别人。我的母亲啊,这么多年,最爱吃的仍然是青皮脆萝卜、一碗白粥,从不吃大鱼大肉。

每逢扫墓时,想起母亲,我会默默流眼泪。她操劳了一辈子,吃过很多苦。年幼时跟她在一起,我却从来没察觉到这些。母亲在世时,每年过年都会叫我们回去,亲手包饺子、烙饼、熬粥,外加一点儿卤菜,招待我们。她做的水饺,咸淡适中,不素不腻;烙的饼则松软香酥。直到今天,我一想起来母亲亲手做的这些吃食,还是会回味无穷、面露馋色。

母亲虽然没有太多文化,但却用最朴实的言行影响着我。母亲走的时候很安详,她给我留下了巨大的财富:宽厚、仁爱、勤劳、俭朴。

辞别暖巢,我以心中的太阳为母爱的晴空,雨天雪天也无所谓。在母爱的晴空下,我又怎能惧怕风霜雨雪呢?在人生崎岖坎坷的旅途上,是谁给予你最真诚、最亲切的关爱?是谁对你嘘寒问暖,时刻给予你无私的奉献?是谁不知疲倦地教导着你为人处世的道理?是谁为了你的琐事而烦恼?是伟大的母亲。母爱是无私的,是永不停息的。没有一位母亲是不爱自己的子女的。不管怎样,母爱终究都是生命中最真挚、最难以割舍的感情。

唐代诗人孟郊的《游子吟》中写道："谁言寸草心，报得三春晖。"美国"9·11"灾难中一位美国公民的生命留言是："妈妈，我爱你！"多少个事实证明母爱的无价。

母爱，永不停息。母亲的真情与温馨时刻感染着我……母亲对我们的恩情千千万万，实数难以报答，但是仍有许多人不知其中深意，对自己的母亲毫无感恩之心。儿女对父母的孝敬应是有实际行动的，只顾自己而不为父母着想，是十分令人愤恨的行为。回想起成长道路上的种种片段：牙牙学语，背书识字，生病时母亲对我的守护，上学前的叮咛，放学后的欢乐与忧愁；春日里的风筝和草地上的滚闹，夏日里的游泳，秋日里的郊游，冬日里灯下伴我读书。这一切的一切，都是母亲对我的爱所构成的温情。谢谢你，母亲！是你教会了我做人的基本原则，是你给予我生命，是你……永远祝福你，我敬爱的母亲。

父亲1984年去世后的第十年，母亲也病逝了。自1952年我从遥远的北方回到父母身边，这几十年里，父母一心扑在工作上，我为了自己的发展也一直在外面打拼，这么多年，几乎难得有一次阖家的团聚。但是母子亲情、天伦之乐的每一个画面，慢慢地、轻轻地，都在我经年的怀想中化作了永久回忆。又是一年清明时，转眼之间，我也已经迈入花甲之年，这么多年来，为母亲扫墓的这条路，我也不知道走了多少遍。古诗中说："清明时节雨纷纷，路上行人欲断魂。"天人永隔、肝肠寸断，这种感受真的非"断魂"二字不能形容。想想母亲十月怀胎，为了让我一出生就能受到最好的照料，又挺着大肚子奔赴冰天雪地的北方老家。而我从嗷嗷待哺到能跑会跳，母亲虽然不在身边，但她心中对我遥远的思念却一直浓浓地包裹着我成长的漫长岁月。失去了才知道这份亲情的可贵；失去了才知道这份亲情的重量！为了纪念母亲，我写过很多诗词，就是想让自己永远记住——我最爱的人。

母亲

冬日冰封寒夜雨，孩儿降临。
一唱山河明，母亲闻啼开怀喜。
长空青燕博云击，木碗热粥填肚饥。

小脸甜蜜,声声梦缠己。
可怜咱家贫如洗,只有孤独我和你。
赤日皓夏背朝西,苍茫大地。
稻花育谷粒,晨早陪伴上学去。
艰辛泥泞不离弃,月光照妈妈缝衣。
憔悴无力,银发肩头披。
一针一线慈心聚,一点一滴痛心里。
秋风茅屋残阳西,傲霜白菊。
一襟清泪洗,远眺天涯望无际。
冥冥苦志心里记,荷花出污花无泥。
苍松不移,菩提祭娘亲。
琵琶有情悲不已,孩儿魂魄随娘去。

如今,我也迈入人生的甲子之年,我想,人生就这样一段段,一天天,从朝日走向暮年,历历在目的往事,又涌上了心间,惟有歉意地道一声:妈妈,您走好……

第三节 足球中锋逞少英

七岁那年,我无忧无虑、自由自在的生活结束了。但与此同时,我也拥有了自己独立的生活,那个时候,"足球"这个小精灵,慢慢地走进了我的生命之中。

事情还得从我开始上学之前说起——

1955年,我的弟弟出生了;1958年,妹妹又出生了,随着弟弟妹妹的到来,父母忙不过来,一天母亲告诉我:"你该上学了。"我懵懵懂懂地回应着母亲。母亲到机关服务社买了一块布,给我做了一个小书包。

第二天,父母牵着我的手,一起把我送到了湖南省地质局子弟学校。学校是1955年由地质部中南地质局创建的,当时只是所寄宿制完全小学,招收干部子弟,全托住校,一至六年级共有十八个班。它处于长沙市中心,坐落在人民中路一六八号,建在黄土岭的小坡上。

记得上学那天,我跟在父母身后,慢吞吞地走进教室,环视一番,发现里面坐着几十个小伙伴,穿着朴素,脸上挂着各式各样的表情,有的甚至还抽着鼻涕,都在好奇地看着我这个新生。老师一声:"欢迎新同学!"大家便齐刷刷地鼓起了稚嫩的手掌。我的学校生涯就这样开始了,而我那忙于工作的父母亲,把我放心地留在学校寄宿读书,转身就回到了自己的工作岗位上。

很快的,我就熟悉了学校环境,融入了孩子们当中。学校实行的是苏式教育,学习简简单单,没有压力很开心,上课内容有语文、算数、唱歌、体育、画画,还有劳动课和自习,放了学以后就是玩,不像现在的孩子,天天背着一个大书包,被作业压得没有时间玩,少了很多童趣。

这所学校对我的培养、影响,我是感激万分的,一直到离开,我才真正理解母校的含义,母校就如同母亲。前两年回老家,我还去看过它,因为那里有我童年的回忆,还有那份永远也说不清楚的怀旧情感。一切还在,景物还在,依山傍水,树木葱茏,环境清幽,宽阔的操场如今已经铺上了绒绒的绿茵,浇上了塑胶跑道,错落有致的教学楼、图书馆、体育馆,一应俱全,红墙白顶的综合楼、造型古雅的第一办公楼、肃穆的李四光广场……郁郁葱葱的大树,鲜红夺目的花朵,无不说明着这里是一处读书学习的圣所。母校早已更名为湖南省地质中学,现在是湖南省重点中学了,还在继续培养着一代又一代孩子。真想和那些孩子们聊聊,也许他们现在不懂,但将来也会像我一样,满怀对母校的感念。

印象中,学校的校舍和桌椅都是全新的,有很多机关子弟,而当时中南地质局的南下干部们非常重视教育、卫生,很注重改善学校条件,我们使用的是统一的课桌椅、床铺、被褥和蚊帐。学校里有洗衣房、烤衣房、食堂,有阿姨给我们洗衣服,去食堂就可以吃饭,伙食也还可以。每个班级有两名管生活的老师,一个管男生,一个管女生,负责我们的住宿、洗澡和饮食。当时这样的学校在湖南省还比较少,舒适得真像家一样。

一天三顿饭,我们都在学校吃,每天吃饭前都要在食堂门口排队,有值日生检查每个人的手,手没洗干净是不能进食堂的。同学们吃饭时有生活老师看着,不许说话、不许挑食、不许剩饭,要加馒头要添稀饭都得先举手。

因为是寄宿学校,当时,学校的每位工作人员,都既要当老师,又要当爹妈；既要管我们的学习和生活，又要管我们的健康和思想。

对于一个小学生而言，学校的一切都是新奇的，强烈地吸引着我，学校非常重视学生的德智体全面发展，广泛开展各项活动。除了上课，还可以参加其他很多活动，像什么合唱队、小乐队、美术组、话剧组等等，每天都过得很充实。体育活动开展得也很生动活泼，印象最深的运动就是足球。

那时候，我个头还可以，也比较灵活，念小学二年级的时候，就被选进了校足球队。刚接触这种运动时，完全不得要领，脚伸出去太快嘛，球就从脚底下溜过，伸出去太慢呢，球又从自己眼皮下溜过了。

而且，更为严重的是，不会踢球的人往往踢不到球，而会频频踢到人。技术越差，踢人越多，跟我一同被选进足球队的小朋友也都跟我差不多，刚开始训练，大家一起踢足球的时候，其实都没少挨踢。想起来，这也算是童年里一种有趣的特殊记忆吧？

在一次放学后，我们几个在球场上很惊喜地发现陈老师穿着一套专业的足球服，从教师宿舍区健步走向了球场。陈老师就是当年教过我踢球的体育老师，个头不高，但是壮壮实实的，倒三角的标准体型，浑身的腱子肉。

他看到我们在球场上东奔西跑、拼命争抢的样子，对我们笑笑说："你们也踢足球啊，来吧，一起玩！"

陈老师说的"玩"，其实就是训练。训练算是玩吗？也许在陈老师那里是这样的，但是对我们这一群刚刚接触足球的小孩子来说，却是苦练基本功的种种枯燥和乏味。

陈老师最常说的，就是基本技术的重要性：技术是踢好足球的基础，如果没有好的技术，即使有再好的战术、再好的团队意识，也不能取得胜利。同时，他也很注意基本技术训练方法的灵活性，比如传球这个基本动作，他让我们时而两人传球，时而三人对抗，时而来个足球游戏，让我们在轻松的氛围中慢慢掌握足球基本功。

陈老师言传身教，往往是话音刚落，就做起示范动作，但见他在操场上灵巧地过人，适时地分球，大力轰门，香蕉球，倒挂金钩……看得我目不暇接，直到陈老师把球传到了我跟前，我才缓过神来。

原来足球还可以踢得这么艺术！当时，我幼小的心灵，着实被震撼到了。

打那以后，我有了一个梦想：在有生之年我的球技一定要超越他。

我们的训练开始变得像模像样了，有了传接球的练习，有了战术讲解，有了分队对抗。

这些技战术训练，都是由陈老师组织的，他个人身披十一号战袍，不仅是这个队的核心球员，同时还是教练、领队。一开始，陈老师只是教我们一些好玩的小游戏，比如用大腿带球前进、在场内任何方向自由跑动、穿插跑动传球、假动作过人等等。我们起先觉得练得苦、乏味，等到逐渐融入这些训练中之后，竟然渐渐上了瘾，一个个别提多投入认真了。

慢慢地，体能训练加强了，而且不管刮风下雨，无论是炎炎酷暑，还是三九严寒，清晨的集训都雷打不动地照常进行。几千米的长跑让人筋疲力尽，还要绑上沙袋跳跃，球艺和技巧训练也越来越难，常常跌倒，腿摔伤，出血，但大家都立即爬起来接着踢，没有人叫苦喊累。因为足球这项运动本身带给我们的快乐，大大超过了那些训练带来的苦累。

足球的基本技术其实不多，就五个，那就是：运球、传球、过人、假动作以及射门！要让球贴着你，不离不弃。当然，踢球还要启用第三条腿，那就是大脑。用脑踢球，是我刚刚摸到足球的边儿就明白的道理。这一点认识，也让我的足球生涯有了特别的营养，成长特别快。

当我们掌握了基本技术之后，老师又开始向我们"灌输"团队意识。他会根据我们的兴趣爱好"因材施教"，有的学生喜欢打后卫，那么老师就告诉他，打后卫需要怎样跑位，需要怎样跟中锋配合，让我们根据自己喜欢的踢球位置来感受团队合作的重要性。

在他的带领下，我们逐渐改掉了以前踢野球的习惯，不会再像以前那样拿到球就疯狂往前带了，也少了很多漫无目的的长传。我们开始懂得了团队配合，懂得了控制节奏，明白了战术配合，知道如何发挥各人特点和场上位置，还有大局观。球踢得也更加有模有样了，团队技战术素养也在场上有了越来越明显的体现。

虽然不够专业，但是已经进步不少了。一开始训练，我被安排在

偶然

了守门员的位置上，因为刚入球队，基本功并不算好，在队中根本找不到除了守门员以外更适合我的位置。我的守门技术不错，不管球跑到哪个角落，都不会逃过我的视线。无论多高多快的球，我都能稳稳地把它接住。其实，做一个好的守门员可不是一件容易的事情，别看大多数时间只是待在球门附近，但要了解对方每一个队员射门的特点。他们如何跑动、射门习惯、和队友配合的规律、我方队员防守时会造成他们进攻路线如何转移，都要很好地熟悉。这一切的一切，如不是常年训练比赛，绝不会有切身体会的。直到后来队中出现了几名守门技术很好的队员之后，我才有机会到场上去用脚踢球。

那一次正赶上训练下底传中，在陈老师成功示范一次之后，他要求每个人都去练习一下。我当时是站在队伍的最前面，所以按照惯例第一个上去示范。中路球员传的球很到位，我快速沿边路向底线处跑去，就像离弦的箭一般，在球快要接近底线的时候，一脚踢向足球。但是，我的这一次在绿茵场上的处子秀，却是一次很失败的下底传中。我没有踢中那个圆滚滚的足球该踢的部位，右脚左前部位百分之八十的地方踢到了地上，只有大概百分之二十的地方踢到了足球，结果，不但球直接出了底线，我的球鞋也撕开了很长的一道口，脚腕扭伤。我当时痛得龇牙咧嘴，陈老师一看情况不对，立刻从场边跑到了我身边，着急地问道："怎么回事？"

我又羞又急，捂着脚上的伤口，连声说："没事，没事！"

其实，这并不是我踢足球以来的第一次受伤，因为当时学校的球场状况哪里比得了现在的条件，为了增加摩擦力，球场表面铺的是炭渣，而且是那种很细的颗粒，不跌倒没事，跌倒了的话轻则擦伤一点皮，重则严重擦伤。那个时候不懂得怎么保护自己，倒地的时候也没有什么保护动作，往往手肘或者膝盖着地，百分百擦伤，然后去用自来水冲冲或者爬起来继续踢。久而久之，一些残留在伤口里面的炭渣没有得到及时的清理，就陷在新长出来的肉里面了，我的手肘以及膝盖里面的肉里至今还镶嵌着几颗初中球场的炭渣。这少年时代留下的特殊疤痕，说起来也算是别有滋味了。

这次失败的下底传中，让我休息了一个星期，脚才基本消肿。球鞋破了，只得花上五分钱去外面补鞋的摊上缝缝补补，又可以继续穿了。那时候，几乎每个队员都有穿着打补丁的球鞋在场上翻飞奔跑的经历。

虽然小伤小痛不断，但是这丝毫没有影响我对足球的热情。那时我正巧看了一部电影《中锋在黎明前死去》。此前我还不知道足球有那么神，后来才知道，这是阿根廷剧作家奥古斯丁·库塞尼的代表作，写于1955年。故事讲的是该国某球会经营不善、负债累累，于是决定把踢中锋位置、受千万球迷喜爱的著名球星别里特兰拍卖给富有的收藏家鲁普斯。除了中锋之外，这个富豪还购入了芭蕾舞演员、人猿、教授、数学家、物理学家、饰演丹麦王子哈姆雷特的明星，并利用这些收藏品到处举办展览，被收藏的人全都成为他的私有财产，失去了自由。买到中锋之后，鲁普斯突发奇想，打算让中锋和芭蕾舞演员"优生"出新一代改良人类品种，然后再将其高价出售。为了逃出富豪的房子，中锋最终掐死了富豪，被判死刑，黎明前上了绞刑台。

电影里的这位中锋，在场上狼奔犬突，凌空飞步一般，能在前面通过跑位不断拉扯出空当，是全队的灵魂人物，个人技术过硬，又能带领全队拿球。看完电影，我的心情就像电影中的主人公刚踢完一场球一样大汗淋漓地畅快，也让我对于球队中的个人位置尤其是中锋有了更深刻的认识。

也许是得自母亲事事争先性格的遗传和我在足球场上喜欢积极抢夺的策略，一场又一场球磨练下来，我的体魄和意志都得到了锻炼。踢中锋，不但自己的技术要过硬，而且还要能够组织配合，防守反攻！在球场上，只要一抢到球，我就立即传给前锋，有时身边没有人，就必须带球在敌阵中左冲右突，晃过对方许多防守队员。但是如果对方把球踢到我方禁区，就得果断将球截断，传给自己队员，或者索性把球踢出场。

从一个守门员到一名中锋，陈老师说得对，靠的就是过人的技术和突破能力，突破对方的防线，寻找和制造战机，射门得分，或为同伴创造良好的得分机会；由攻转守时，也需积极封抢，阻扰对方的进攻组织；随时准备攻防转换，在场上绝对不可以放松懈怠。

对于足球的牵肠挂肚，就像一个必定要赴的约会一般，存在于我的生活中。因为是寄宿学校，每天下午下课之后，我都会第一个冲进食堂，然后端着饭看那些不用上晚自习的同学踢球，吃完饭之后，就加入他们，一起在足球场上来往争抢，挥洒我对于足球的热爱。

偶然

　　这样一踢就踢了三年，一支由一群什么都不懂的毛头小子组成的球队在陈老师的带领下，慢慢有了一点小小的"足球劲旅"的样子。当时还曾数年连续保持了整个长沙小学足球比赛冠亚军的常胜纪录，母校湖南地质子弟学校也被湖南省体委定为"小足球传统项目学校"。那个时候，与兄弟学校的校足球队开展热身赛、邀请赛等等是家常便饭。

　　印象中最深刻的是第一次与第七小学打比赛，抽签分组后，我们狭路相逢。他们看起来个个人高马大，比我们壮实得多了，在场上有一股无形的压迫感，令人望而生畏。偌大的球场，他们队伍一跑上去，就形成一道晃眼的"光晕"。果不其然，比赛开始之后，我们就感觉到了对手身体素质的优势。陈老师在场边一直跟我们喊话，但还是很难执行赛前部署，我们被对手冲得七零八散的。

　　很快，对手就进球了，除了一个罚球之外，还进了一个头球，我们上半场〇比二落后。中场休息的时候，陈老师给我们讲了一下需要注意的细节，那就是比赛的节奏。陈老师说："你们还记得进球队第一天我跟你们说了什么吗？要用脑踢球。用脑去找到比赛的节奏，打乱对手的进攻，打击对手的弱点。"

　　我好像明白了什么，大声说："陈老师，我明白了，我们不能让对手牵着鼻子走！"

　　"对！"陈老师对我露出了赞许的微笑。我们好像一下子又充满了电一般，稍事休息，下半场比赛开始了。

　　经过调整，我们开始逐渐找到了比赛的节奏，组织起了有效的进攻，抓住对手的失误与漏洞。对方开始自乱阵脚，我们很快扳回了一个球，开始更积极的反攻，同伴助攻到了前场，在过掉对方最后一名防守队员后，还得到了一次直接面对门将的机会，只可惜太想发力，将球打高了。

　　球未落地，双方便已经展开拼抢，我迎上去将球截断，带着球直奔敌方球门。但对方很多人一起冲了过来，想要夺球。我看准了他们几个人中间的空隙，使出浑身解数，飞起一脚，一个弧线，球从他们头顶飞了过去，直扑对方球门，球进了，二比二，我们扳平了！

　　轮到对方开球，对方球员将球带到中场后，我一脚夺过球，但有几个对方队员挡在我前后，左扑右闪，我都未能过去。我急中生智，假意要从右边突围，那两个队员上当了，我一个侧踢，队友漂亮地一跃，把球带了过去，立刻来了个漂亮的凌空抽射，对方的守门员防守不及，摔了一个大马趴，球进了！没过多久，终场的哨声吹响，比赛的结果定格为三比二，我们赢了！

到了我五年级的时候，响应国家提出的全民健身的号召，长沙市在全市的中小学范围内提出了加强体育锻炼、组织体育比赛的要求，一场规模空前的长沙市中小学足球比赛拉开了帷幕。陈老师和学校商量之后，决定由我们代表湖南地质子弟小学出战。

球队为此举行了几周的高强度训练，还邀请附近的小学球队打了几场热身赛。那个时候，踢球踢得久了，我们每个人都形成了自己的一套"足球哲学"，虽然没有能力清楚地表达出来，但是从我们遭遇的对手和比赛经验来看，明显分成了两派：一派是我们学校在陈老师麾下的"技术派"；另一派就是以我们当时最大的敌手七小为代表的"身体对抗派"。

跟七小的几次邀请赛踢下来，两派自然而然地形成了一种对峙，我方在陈老师亲力亲为的技术指导下，在比赛中经常能够打出赏心悦目的配合。还记得那个时候在校园中最风靡的一种技术，也是我以前最早学会的一个技术动作——急速带球中将球扣向内侧，躲过防守球员的封堵。另一派七小以一群身体普遍比较强壮的队员为主，如果是在与我方进行身体对抗的时候，总能占得优势。小学高年级的很长一段时间里，我们和他们的对抗比赛成为了校园中一道独特的风景线。

长沙市小学生足球比赛开赛以来，我们过关斩将，一路势如破竹地杀到了决赛。决赛的主战场就是我们学校的足球场。当天，我们很早就到达球场，进去一看，对手已经在那里热身片刻了，陈老师的预测果然不错，与我们狭路相逢的又是第七小学那一群人高马大的队员。

狭路相逢，以往比赛的经验，双方都是知根知底，互有胜负。这次，更是谁都不愿意甘拜下风。

"嘟——"随着裁判的一声哨响，比赛正式开始了。跟赛前大家预料的一样，对手一上来就依靠身体素质强展开了猛攻，前锋、中场轮番轰炸我方球门。但我们众志成城，多次出现队员飞身堵枪眼的情形，一次次化解了对手的凌厉攻势。

偶然

就在比赛进行到十几分钟的样子,我在右边路突破对方一名防守队员,顺势一个闪电般的下底传中,球居然鬼使神差地改变了路线,绕出一个漂亮的"香蕉弧度",飘进了对方球门。队友们欢呼起来,我狂喜着奔跑到场边和陈老师拥抱成了一团。

陈老师在我耳边对我关照说:"要冷静!不要掉以轻心,还是要坚持之前的战术。"

我点点头道:"放心吧教练,我们一定会守到最后!"

领先之后,我们的防守更带劲了,我刚才和教练的对话感染了其他队员,大家众志成城,扎起一道固若金汤的防线,但是在几分钟之后,对手凭借一脚远射扳平了比分。

这个丢球让刚才还无法从喜悦中淡定下来的我们彻底冷静了下来。对手还是那么强大,看来,我们刚才的进球只是侥幸而已,现在要摆正心态,做好下面的防守,决不能掉以轻心啊。在陈老师的指导之下,我们按照既定战术和节奏,一直拖着对方打,到上半场比赛结束的时候,比分还是一比一。

中场休息时,陈老师跟我们统一了思想,就是要做好防守,伺机打反击。下半场开始后不久,我们在对手强大的攻势下又出现了一次后防线上的失误,对手抓住了这次机会,将比分改写为二比一。关键时刻,在比赛结束前十分钟,我们队的同学在对方禁区内的混战中先出一脚,将球捅进了对手的球门。

疯狂的相拥庆祝之后,我倒吸了一口凉气,冷静了下来,比赛还没有结束,我们还要奋战这最后十分钟,守住这个平局,坚持到点球大战,或许还有力回天。场边的陈老师现在也特别冷静,不断通过喊话和打手势提示着大家,比赛还没有结束,要坚持住。

最后的十分钟,是濒临疯狂的十分钟。

球到了我们脚下,就只有一个念头,把它踢得远远的,能踢到空中永远掉不下来最好。

球场的一边没有围栏,下面是一个带点坡度的树林,树林下面就是湘江的一条支流了。我当时的很多次解围都是抱着将球踢到湘江里面去的念头去踢的。这十分钟,是我踢足球以来,在球场上最长的十分钟,到了裁判吹响终场哨的时候,我几乎瘫倒在了球场上。

点球大战即将开始!根据比赛规则,九十分钟后若双方仍旧打平，则进入三球制点球赛，即双方各派三人罚点球，罚进点球多者胜；如果三球制点球赛后双方仍旧打平，则进入一对一点球赛，即从点球赛第四轮起，双方每轮各派一人罚点球，若均罚进或均罚丢，则继续派队员罚点球，直到出现一方罚进、一方罚丢的情况，罚进方胜。

对方先主罚，第一名是校队的主力中后卫，罚向球门右下角的低平球，我方门将判断失误，球进了。

轮到我方第一个队员主罚了，看得出他还是很紧张的，表情异常凝重，脸色有些发白了，他将球踢向守门员的左上方，守门员判断失误，但是球却高过了横梁。场边上的同学一片叹息声，所有的焦点都聚集在了我方门将的身上，我们不敢对他喊加油，怕他听了会慌，只能心里暗自祈祷他能够扑出对方下一位主罚队员的点球。

对方第二个负责主罚的是校队的主力左前卫，这名队员的技术在校队中是数一数二的。尤其是地滚球技术，又快又准又狠，果不其然，他罚出的球也是奔着球门右下角去的，我方门将虽然对球的走向判断正确，但是球的角度罚得实在太刁钻了，擦着立柱滚进了球门。

"噢——"的一声欢呼从边上传来，这个球罚进以后，我看到七小的一群球员已经开始庆祝了，巨大的压力都压在我方下一个队员身上了，我暗自捏了一把冷汗。但是主罚队友的心理素质很好，他将球在罚球点处转了一下，待球静止后，助跑、起脚，球挂球门干净利落地从左下角入网，对方门将毫无反应。

这个时候，轮到对方最后一名队员主罚了。

整个球场鸦雀无声，静得几乎能听到大家"怦怦"的心跳声。

看得出来七小的球员要最后一搏，没有给我们一点机会，将球踢向了球门右下角，我方门将奋力扑救，终于扑出了那一记势大力沉的射门。

二比二！第四名队员罚球开始，就要一对一主罚了，也就是说，这一轮一旦一方罚进，一方罚失，那么比赛就结束了。

陈老师的目光落到了我身上，与陈老师课内课外、球场上下朝夕相处的这三年，我读得懂这目光中的含义。我知道这目光中有深切期待、有心灵助威、有无声呐喊，可是陈老师却什么都没说，只是重重地拍了我的肩膀，把我推上了场。

偶然

从场边走到禁区罚球线，短短的距离，我却像走了半个世纪一般。我想努力地回忆起平时陈老师跟我们讲的点球注意事项，可是脑中却一片空白。更要命的是，我一紧张就会胃抽筋，还没开始罚球，我就觉得我的胃像是整个扭曲打结缠在了一起一样。我用手撑住腹部，屏住了一口气，眼睛一闭，抬脚射门。

顷刻间，球场边欢声雷动，我知道，这一球进了。

我长出了一口气，无论赛果如何，我知道对我来说，这场比赛没有遗憾了。果然，九十分钟鏖战，点球大战折磨，对方这些走身体对抗性的球员一个个早已体力不支，我们依靠这一粒金球取得了胜利！

离开球场前，我站在陈老师的身边，忽然想起三年前，第一次在球场上看到陈老师那过人的技术、飒爽的英姿。我觉得我好像忽然长大了一截，仰望天空，眼里忽然涌出了泪花。

陈老师把我们聚到了一起，兴奋地说道："你们这帮小伢子，都是好样的！"

后来，回想起这一场小学时代轰轰烈烈的足球联赛，其实给予我的远比正襟危坐在教室里的收获更多，比如：跑位不好很浪费机会，必须要有达到目标的位置感；技术不仅要精湛，更重要的是要有大局意识；既要有做策应的心态，给后插上的队友做球，也要占得先机射门，出其不意给对手致命一击……中锋是一时都不能懈怠的，不到最后一刻，就不能停下来。也许在那时，我就为自己立下了标准：靠个人能力领先，但同时，也和左右手、和大家默契配合，这样才能发挥出整体优势。在后来的成长历程中，这少年时踢中锋锻炼吸收的经验，触类旁通地让我用到了其他地方，真真是获益匪浅。

因为整场都需要跑动，会发现每个人都有自己的极限；因为经常跑步，极限来得很快，去得也很快。当人到了极限的时候，会感觉到呼吸艰难，双腿好像被灌了铅，怎么用力都跑不动，这时候就是极限来了，一定要保持住当时的速度，一直坚持下去，比如可以利用注意力转移法，也可以用激励法，让自己突破这个极限。而当突破了这个极限的时候，就会感觉到浑身都很舒坦，跑起来也很轻松。其实，这种极限，既是力量的极限，也是生命的极限，如果顶不住这个极限，那么人就会垮下来；惟有用意志顶住，就能突破极限。

马就特别喜欢突破极限。和人类的马拉松一样，赛马中的长途跑也是马挑战其生理极限的运动。据说每一场赛事，都会有马匹累死。有些赛马，即使年龄已大，比赛时仍会奋勇向前，把自己的生命置之度外，夺冠后脱水而亡。它们是自己要跑。对于马来说，很多金牌是用命拼来的，为荣誉而死。人也是如此，成功往往就在于挑战极限的那一刻。

　　身为中锋，需要动静结合，动中有静，静中有动。动，需要一下爆发出来的时候能做到"疾如风"。静，要"静如林"，静能生慧，静观万物皆自得！放慢速度，调整呼吸，内心宁静，观察场上局势，静，其实是为了积蓄能量，在需要"动"的时候可以气势如虹，瞬间爆发。

　　二年级到六年级，四年的训练，我不但有了一个健康的体魄，还增加了全身的协调性，锻炼了脑子的灵活性，养成了吃苦耐劳的精神。足球，最讲究的是速度，队员堵截争抢，互相补位，紧逼盯人等，都需要快速跑动来完成。"疾如风快如电"，比别人快就能赢球，比别人慢就会输球。我因此迷恋上了速度，速度越快，赢得胜利的机会就越大；要学会把握住最佳状态，把生命体能释放到极致，胜利就是你的。

　　回顾这六十年，我想，我踢的，始终是一个中锋位置。想要有突破，难免会遇到障碍，这时就要善用力气、技巧、经验、胆识……既不能缺少了智力见识，胆色也不可或缺；很多商机判断，反复思考只会错失，机会往往考验人千钧一发的反应，看人在常识状态下，平衡被打破时的那一刻，对真理经验的果断运用！

　　中锋又是一个需要不断进取、不断优化的位置，想大局在控，未必要硬碰硬，左退右进，好身手不只是懂得猛冲，还要兼有刚和柔；此外，急躁了也不行，得看准目标，算好角度拿捏力度；而要期望次次命中，单靠一脚独斗，是没法称英雄的，还要依赖队友协力……所谓临门一脚，小学时的球场可不只教会我怎样射龙门。那赛场上里收获的，岂止是足球运动本身……

第四节　孤单寄宿独生活

　　七岁以后，我开始住校，开始了我孤独寂寞的生活。

偶然

湖南省地质局子弟学校是寄宿学校，离家不算太远，也就五六公里路，但这段路途对于十岁前只知道步行的我，算得上长途跋涉。既不能一个人跑回家，也不愿留在教室里乖乖看书，到了周末时，就只能眼巴巴守在校门口，等着父母来接。当时正值国内大跃进时代，有时候他们因为忙于工作，事多，家里又有弟弟妹妹，便不来接，我就自生自灭般一个人留在学校里玩，也算是乐得个逍遥自在。

当时，学校的每位工作人员，都既要当老师，又要当爹妈；既要管我们的学习和生活，又要管我们的健康和思想。然而说不清是什么原因，越是这样，我就越不甘受管束，什么事都由着自己的性子来。

我自小喜欢体育运动，进入湖南省地质局子弟学校以来，跑步跳绳踢足球，样样拿手，唯独对于学习不上心，没少让父母和老师头疼。由于是寄宿，父母自然是"天高皇帝远"，我就像是脱了缰的野马，打架逃课样样来得。老师的苦心教导，我向来是当做耳边风，尤其是跟班里几个性格相仿的同学混熟之后，更是无法无天起来。五年级之前我一直都是这样让老师们头疼的"刺儿头"。满脑子全是玩，哪里有打架，哪里就有我；哪里有好玩的事，哪里就有我；唯独学习的地方，看不到我的身影。我是想怎么调皮就怎么调皮，到了五年级，一群十二三岁的小孩，正是人最野性的阶段，自以为已经有了掌控人生方向的能力，除了球场上挥汗如雨消磨过剩的精力，就是打架挑衅挥霍年少初生的荷尔蒙，仗着自己在球场上练出的一副强健的体魄，调皮、轻狂、贪玩，老师束手无策，父母鞭长莫及。

天气变化的时候，我看着有的同学的父母来送衣服，也曾暗暗地羡慕。到了后来，周末一般也不回家了，只在每年的寒暑假才回去。即便回了家，父母忙着工作，我就在家里负责照顾弟弟妹妹，洗衣服做饭；学校里有什么事也是自己闷头解决……我知道父母是爱我的，但有多深，其实没底；我也是爱父母的，但却不记得自己有过和父母亲昵撒娇的时刻……

每到星期六下午，许多同学的父母来接他们回家。我一个人站在学校大门口，看着同学们一家三口欢天喜地地走出校门、走回家去，幻想着我爸妈也会忽然出现，以笑容迎接我，以怀抱接纳我。然而，我眼睁睁看着来来往往的人群，一个一个，一双一双，数不清的身影,停不下的步履匆匆,万千过尽,总找不到自己父母的面孔。这是意料之中的结局,但当天色渐暗,大门亭的小圆灯亮起之时,我却总感觉落寞就像巨大的包袱一样压在身上,让我脚步沉重,心中悲戚,不能自已。

有时甚至连着一个月听不到父母的声音,心里感到很孤独,但无计可施,只能让自己变得很强大。

校园里人声渐消,来自长沙地区的孩子都被接走了,只剩下来自海南的、广东的,离家太远的一些同学,三三两两,统共也没几个人,冷清一片。

入学没多久,长沙的冬天就来了,长沙的冷是那种冷到骨子里的。学校里自然是没有暖气的,虽然穿了棉袄,脚却特别特别冷,那股子湿冷,感觉棉袄像能吸水似的,冷冷的,压在身上很重,寒气直往脚里钻。我真想念母亲温暖的胸膛,好想有一双温暖的手牵着我。

每个周末我都会经受这一番千帆过尽,也不见父母身影的失落、伤心,但我仍然坚持站在学校门口眺望,期盼母亲能来接我。校门旁有一个小坡,我就站在那坡上苦等。只有一次,看着看着,真的看到母亲的身影从远处走来,越来越近。因为太过激动,我从小坡上奔下去的时候还摔了一跤,简直是滚到了母亲面前,但我一点也不觉得痛,只觉得能拉着她的手回家,真是太幸福了。

我明白那个年月里父母的苦衷,所以并没有怨恨。在火炉旁哭着哭着,渐渐泪水全无,而厨房的饭香一飘散开来,寂寞委屈,对家的思念,一切的思虑杂念全都抛在脑后,只想赶紧打点那早就开始衔冤抱屈的辘辘饥肠——虽然吃不饱,总比没的吃好。唯食可以忘忧,这些古老的格言,只有在这些时候才能被更加深刻地理解。

过完周末后,同学们陆陆续续从家里回来,多多少少都会带些零食。在那事事讲究"公有"的年代,这些东西显然大多是被我们一群尚且不谙世事的孩童分而食之。每当同学们哄然而上抢吃的时候,我却总是默默地坐在一旁。尽管心里也是馋涎欲滴,却总做出一副无动于衷的样子,显示出一个敏感要强的小孩子独有的那份倔强与矜持。偶尔,同学们会主动分我一点,海南的椰子干、湘乡的红薯干、上海的五香豆、长沙的炒蚕豆……我就把这些小吃放在小口袋里,慢慢品味。当年的那些琐细小事,我总不愿意将它们视若等闲;我性格里的

偶然

坚忍与倔强，未必不是在那时养成。现在想来，命运的确是奇妙，儿时不经意的那些小事，说不定就是日后性格成败中的"因"。

住在寄宿学校，有时总难免动点攀比的小心思。那时开始流行"元宝针"厚毛衣，许多同学都有一件，有的还是彩色的，穿上去神气异常，摸上去滑滑的，好不舒服。而我却只有卫生衣可穿，不由地十分羡慕他们，心底的那点虚荣腾腾乱窜，总希望自己也可以有一件。

我不敢向母亲开口，但有一次跟她上街，终于忍不住，畏畏缩缩地问："妈妈，毛线衣很贵，对吗？"

她一下子明白了我的心思，冷冷地说："上中学就给你打一件。"

我把这个念想牢牢记在心里，全然不顾为了我的这点虚荣，她要费多少周章。

后来我考上了中学，母亲真的为我精心地选了线，计算好针数，亲手给我织了一件毛衣。那些个夜晚，听着她手上两根青亮亮的竹毛线针嚓嚓响个不停，我就觉得无比温馨。衣服织好了，虽然只是最简单的平针手法，没有什么漂亮的花型图案，但针针线线，都是母爱，丝丝缕缕，关乎亲情，让我穿在身上，暖在心里。

我突然想到了孟郊的《游子吟》：
慈母手中线，游子身上衣。
临行密密缝，意恐迟迟归。
谁言寸草心，报得三春晖。

虽然母亲的爱没有诗中这般温柔纤细，但严厉近乎冷漠的言语却丝毫没有掩饰住她对我的爱，这种爱虽不比慈母的暖语叮咛温情，但也丝毫不逊色，甚至教会了我更多，教会了一个男孩慢慢成长起来，变得自立和刚强。

很长一段时间，我都觉得，因为父母的无心缺席，自己的童年过得黯然失色，直到有一天，语文老师在课上给我们讲起了著名文学家高尔基的《童年》。

高尔基的童年充满了无限的黑暗、残暴、恐怖、自私与贪婪，和我自己相比，可以说，高尔基根本就没有实际物质上的欢乐童年，甚至可以说他根本就没有童年。但事实上,事物总是拥有两面性:正因为高尔基有一个如此凄惨的童年,他才看到了与常人不一样的世界,也懂得、明白了与常人不一样的人生目标!因此,他才成为了苏联伟大的文学家!于是,他的童年就比很多人的童年都更有了意义。

而回首我自己的童年,不得不说,在那样一个父母忙于工作、无人过问的家庭里生长,因为缺少父母的呵护,显得颇为孤寂。有时刮风下雨,便会想,他们会不会将我这个在外寄宿的老大记挂在心?这样的境遇,短缺的不是衣食,却让一个敏感的少年心思黯然。因此,我自幼便只依赖自己,无意中养成了独立自主凡事靠自己的习惯,性格也变得比较坚强。

我的父母很清楚,重要的不是给了我多少物质的东西,而是倾注在我身上的关心和爱。我想到查理·卓别林说过的话:"对我而言,我的母亲似乎是我认识的最了不起的女人……我遇见太多太多的世人,可是从未遇上像我母亲那般优雅的女人。如果我有所成就的话,这要归功于她。"母亲那种献身精神、那种专注,灌输给一个男孩的是伟大的自尊。那些从小拥有这种自尊的人将永远不会放弃,而是成长为自信的成年人。你有这种信心,如果再勤奋就可以成功。

时过境迁,再回首1958年,才意识到,那是个多么特殊的年代啊,"大跃进"、"大炼钢铁",真是难为了我的父母。母亲刚上任那会儿的长沙,交通底子薄如纸,路面都是泥结的碎石,坑坑洼洼,晴通雨阻;汽车用的是木炭作燃料,母亲能在"大跃进"期间顶住"左"的干扰,坚持建设,努力减少损失,已经很不容易!两个人都要上班,忙忙碌碌地,还要照顾一个弟弟和一个妹妹,麻烦事儿自然少不了。

自己有了孩子以后,和老母亲有过一次促膝谈心,问她当时真就对我如此放心?母亲说的一番话,让我感动不已。

"和你爸一起,送你到学校寄宿,并不是我们不喜欢你,是为了给你创造更好的学习和生活的环境。学校里会有你喜欢的老师和小朋友,你们可以每天在一起快乐地玩耍,愉快地学习,学校会培养你在人生路上走得更远。如果不寄宿,我们家离学校不算近,你需要很早就起床,你会睡不好,爸爸妈妈每天工作也很忙,可能没有那么多时间来陪你。我们相信,在那里,你会学到独立,学会自立,学到理解,学会尊重……"听到这里,我才领悟,父母当年的一番苦心和长远的考虑。

我不禁感慨:"母爱是伟大的,伟大的母爱是通过生活中的小事坦然反映出来;母爱是无私的,无私的母爱是因为母亲把自己的所有都奉献给了孩子;母爱是真挚的,真挚的母爱是在母亲的叮咛、唠叨和牵挂中自然地流露出来。"

现在想来,正是童年的这种孤寂,给了我很多东西。比如,我从小培养了独处的能力,长大以后才知道,学会独处,在一定意义上是比学会交往更为重要的一种能力。因为人生来就是孤独的,即使没有人陪伴,也要能在空虚的时刻做自己的朋友。在独处时,我还学会了冷静,学会了充实自己,也学会了挑战自己独立思考的能力。现在的我常常为自己留出独处的时间空间,从喧嚣的外部世界中暂时抽身出来,回归到自我的家园,体会着自我的价值、信念、理想以及自我的完整,并且在这种完整中清晰"照见"自我,感受自我的精神力量和道德坚守,然后用这份力量去追求自己的梦想,达成自己的心愿,对抗外部世界的挑战、压力以及尘世间的纷纷扰扰,进行内在的整合。

虽然当时被迫承受这些,有些痛苦,但苦过,也就平淡了,而平淡能让人心静如水。工作这么多年,感受最深的就是:那些紧紧抓住痛苦不能松手的人,常常是没有能力面对现实和接受寂寞的人。人,无论活得多么热闹、多么成功、多么潇洒……都必定要有最低限度的独处时间。有无独处的能力,关系到一个人能否真正形成一个相对自足的内心世界。这也是少年时的这些经历,让我领悟出的道理。

第五节 饥饿唤醒苦中行

三年困难时期,我开始有了痛苦的饥饿记忆。记得1959年那会儿,伙食还不错,大米白面随便吃,但到1960年就不行了,1960年的春天,是一个难忘的春天,大饥荒已经从农村向城市蔓延。这一年开始的三年自然灾害无疑是我们这代人无法抹掉的共同记忆,饥饿,是那三年压倒一切的感觉。天灾加上人祸,全国人民生活十分艰苦,加上苏联老大哥的逼债,更是使这个尚不成熟的国家雪上加霜。在这内外交困的大环境下,我们在物质上本就不富裕的童年变得愈发贫瘠。

饿为何物？现在的孩子，生活在物质极大丰富中，一定不识饿滋味，但是对我而言，那种饥饿的滋味却是我成长中永志难忘的痛苦经历。作家路遥在他的小说《在困难的日子里》，对饥饿有过细致的描写：头晕目眩，五脏六腑像被无数利爪揪扯着，无奈之下，他不得不到田野中去寻找酸枣、野菜和草根充饥。

我想，饥饿这种刻骨铭心的感觉，再犀利的语言也无法穿透。只有生命中经历了，记忆中留下烙痕，才能真正明白。

那种让你五脏六腑悬空、抓心挠肝的感觉，就是饿。

那时我刚过十岁，正是第一次生长发育的突增期，国家虽然保证米粮定量配给，但是少得可怜。那时候小学生的配粮标准是每月二十五斤大米或面粉；中学生二十八斤；工人分劳动强度分别为三十五斤、四十五斤；干部——也就是现在所谓的公务员，定量最低，只有十九斤。

这样的定量在肉、蛋充足的时期当然不成问题，而在连蔬菜也匮乏的那段时期，却是远远不能消除饥饿的折磨。恰恰又碰上学校管食堂的阿姨心术不正，贪污学生粮票，盘剥克扣之下，供应的饭菜量更是远远不足，于是饥饿就成了我们生活中不变的主题。每天早上，都是稀粥配上一个馒头，那是真的稀粥，拿起饭勺，舀起一勺粥，把勺子倾斜，粥的水慢慢沥去，饭勺中剩下的米，真是只有几粒、十几粒而已。馒头又太小了，名义上有三两重，但只有巴掌大，实际分量应该只有一两半。中午吃的米饭也是如此，下饭菜往往是一点腌菜，在肚子里更刮油水，完全不经饿。一周难得吃上一次"香干子青椒炒肉片"，一大锅菜里的肉片都屈指可数。我们无可避免地都以饿肚子为家常便饭。挨饿的滋味，真的不是好受的。

每天上午十点一过，下午三点一过，肚子就闹腾了，但最难捱的时分还是上午的后两节课，早就饿得头昏眼花，看什么都想到吃的，怎么还听得了课？往往头脑中一边听课一边想象着诱人的烙饼。没办法，只有消极怠工了，好在学校由于所有人都缺乏能量而减少了工作学习的时间。这也算是一种无奈的权宜之策吧。

最难受的还要算是冬天。鹅毛大雪一下，刺骨的北风刮起，不用到夜深，亟需热量的我们，小小身子里那一两半米饭就消化殆尽。长沙没有暖气，风钻过学生宿舍的门窗缝隙，呼呼作声，我又冷又饿，

偶然

只能蜷缩在被窝里,听着肚子咕咕轰鸣,牙齿咬得咔咔响。要是妈妈能来多好,我想。要是来上一个又白又大、圆滚滚热腾腾的馒头多好……每天夜里,我都在这样的痴心妄想中入睡,进入无饥无渴、衣食餍足的梦乡。在那些困厄的年月里,不知道有多少次,我都是这样用幻想掩盖现实,用睡眠欺骗肚皮。

冬天,我们一下课就往小学食堂厨房伙房钻,躲在烧饭的大炉旁,看着炉膛里老米糠(稻壳)烧得通红通红,不时有哔哔啵啵的响声爆起,一群红色火星扭动着身躯妖娆起舞,旋又沉寂。明黄色的火苗欢快地跳动,仿佛有着活泼泼的生命。可是它们的欢欣只属于自己,它们的跳跃,它们的光亮与温暖,慰藉不了我孤独、凄凉的心灵,安抚不了我的无声抽泣。何况,那时还有饥饿不断地与我纠缠,不知疲倦。

那年月,"老糠"是最主要的燃料,火力猛,耐力强。伙房里有专门的老糠灶,主炉的炉膛深约二三米,炉膛高半米,一米宽。老糠就堆在灶房的西南角,能有一人多高。食堂柳老伯每次一见我们去,就打开炉门,用铁铲往炉膛加老糠,一次加十几铲,把炉门敞开一个三分之一大小的口,风往里灌,靠着火炉上烟道,火烧得红红的,站在炉膛边,顿时感觉阵阵热量,温暖了小小的身躯,全身都热起来了,冻得发青的小脸上,一会儿就红润红润的,像大大的红番茄。柳老伯看看我们几个孩子,很疼爱地说:"你们几个细伢子,多穿点衣服,看冻得,哎!等着一会我给你们烤红薯。"

一听到"烤红薯"三个字,我们立即就像着了魔一般,愣住不动了,那时候,这样的食物,对我们来说,简直就是天上来的福音一般。

说着,柳老伯用他粗壮的大手摸着我的小耳朵,看小耳朵生冻疮了,又拿起我的小手:"看,满手冻疮吧!"说着,他又转身去拿了几个红薯,把炉膛门打开,用火钳夹着红薯一个个地放到红红的老糠里。柳大伯关上了炉门,搬了一把长木凳,让我们都坐下来,烤着老糠,等着吃烤红薯。柳大伯说:"你们几个都生冻疮了,肯定都是小调皮鬼!"

说完话,柳大伯走进厨房去了,一会儿工夫,柳大伯手里拿着一个长长的青白皮萝卜,也用火钳把萝卜送进了火糠炉里。

一会儿，我们就嗅到了烤红薯的香味，"咕噜、咕噜"，不知道谁的肚子率先叫了两声，接着听到的是多声的"咕噜、咕噜"，此起彼伏，煞是尴尬……柳大伯望着我们的样子，笑着摇摇脑袋，打开了炉门，用火钳一个个地把红薯夹出来，用他肩上的毛巾拍打了几下烤得黄黄的红薯，只是这么一下，远远的，我们就都能闻到红薯散发出来的奇香了，顿时馋得口水直流。

柳老伯又一个个放到我们的手中，看着我们马上要狼吞虎咽的样子，急忙说："小心烫，慢慢吃！"

我手里拿着的，是个头最大的，我把那个红薯掰了一半给柳大伯，柳大伯看看我："你这孩子，还蛮懂得'尊老尊贤'，我不用啦，你们吃吧！"看着柳大伯真的不要吃，我轻轻地咬了一口软软的、香气扑鼻的烤红薯，味道真甜、真粉、真香、真好吃！

"谢谢柳伯伯！"我们几个异口同声地向柳伯致谢。柳伯伯看着我们"呵呵"一声爽朗地笑了。这笑声温暖了我们幼小的心灵，我在想这个人世上还是有好人呐，柳伯伯就是一个好人。

烤红薯吃完啦，我们几个孩子，你看看我，我看看你，摸着圆滚滚的肚子，满足地笑了起来。柳伯看着我们还留在嘴边的红薯渣，也不禁笑出了声。炉膛里白萝卜的热气一点一点从炉门里渗了出来，柳伯打开炉门，用火钳把那根长萝卜夹了出来，放在长凳上，转身从厨房里拿出一把刀，切下一段，萝卜冒着热气，柳大伯拿起我的手，用冒着热气的萝卜，往我肿得像包子一样的冻疮手上一放，一阵巨热，使我冻着的包子手一下子滚烫，冻疮处有发痒的感觉。不一会儿，柳伯拿开萝卜，又切了一块，再贴在手上，三四次过后，我的包子手几乎平了，真神呀！我用惊讶的眼神望着柳伯伯，柳伯伯又用蛤蜊油涂了少许在我手上，再用白纱布扎好，说："明天再来烫一次就好啦！"我的小眼睛红了起来，泪珠掉在手背上，抱着柳伯伯的大肚子，心存感激之情。

第二天，我又去了，如法炮制一遍之后，冻疮真的全好了。自打这以后，我们这几个孩子，一有空就去帮柳伯伯烧老糠。和柳伯伯处熟了之后，有时候我们就跑上老糠堆，踩在上面的感觉松松软软，舒适极了，我们几个孩子，总是玩心大起，在上面又蹦又跳，上翻下滚。每当柳伯伯看见了，就会忙不迭地说：你们快下来，又跑上糠堆，你们看看，弄得四处都是谷糠。"

柳伯伯就在伙房旁边的小屋里住，也就十个平方米，可能是以前放杂物的房间，后来柳伯伯在这里做伙夫，晚上又打更，就搬进去住。屋子里刚刚能转过身来、有一张床、一个装衣服的大木箱子、一个洗脸盆。

我们几个总去伙房，柳伯伯发现唯独我总是黑眼圈，就问："小李伢子，怎么回事，你怎么总是黑眼圈，像个大熊猫啊？"

我回答说："我的床铺靠窗，于是夜里满天星光照得我睡不着了。睡不着的时候常常想爸爸妈妈能在身边，能替我好好盖盖被子，能给我做点好吃的，我数过绵羊，可数了上千，还是睡不着。"

柳伯伯点点头，又摇摇头说："小李伢子，在外面要锻炼自己的独立意识，好男儿志在四方，不要太想家，你明天晚上赶着七点半左右来我这，我有独门药方帮你治治你这黑眼圈。"

"行，柳伯伯。"我回答。柳伯伯既然都能治好我手上的冻疮，所以我相信柳伯伯会有什么特殊的药方，把我这黑眼圈的颜色消去。

第二天晚上我就去柳伯伯那。柳伯伯看我来了，说："小李伢子你来了。我这就给你熬点药。"

接着柳伯伯从老糠堆抓了一大把老糠，又把大粒的糠皮挑出去了，最后只剩下一小把细糠，放在煮粥的锅里，添上水，在灶房里点上了火。

我跟柳老伯说："我不饿，柳伯伯。"那时候我们虽然常常吃不饱，可我们这些小学生还没吃过几次糠。

柳伯伯一笑，说："这个是治失眠和黑眼圈的，李伢子。不过不是那么好吃，我给你加点米。"老伯转身回到屋子拿出了一个白色的小口袋，可袋子颜色早已发灰了。老伯拎着口袋走到锅旁，解开系袋子的黑色绳子，往锅里倒进了点米。1959年的时候不是每个人都能有那么一小袋大米。我说："谢谢柳老伯。"不一会老糠皮混着点大米的粥熟了，老伯让我趁热喝了。谷糠有点粗糙，吃起来有些难咽，但是混上些大米就不同了。

我喝完才想起来问柳老伯："柳老伯，我刚才忘记问了，为什么谷糠能治失眠啊？"

柳老伯打了个哈欠，说："我这工作不分白天黑夜，以前就容易失眠,然后整天就精神不好,去看了一个老中医,他就给我写了个方子,上面写着'杵头糠'三字,我就问大夫啊,什么是杵头糠?老中医跟我说杵头糠就是细的谷糠,谷糠含有大量的维生素和微量元素,具有宁心安神作用。多吃黄瓜,睡觉之前洗个热水脚也有益于睡眠。"

我好像有点懂了,点了点头。

柳老伯跟我说:"后来我一想咱们的枕头多是用糠皮填充的,肯定就是为了让人能够更容易进入睡眠。这世间万物都有它们的用处,细想,你会觉得妙不可言,会觉得生活真是美好。"

我仔细端详着柳老伯这个人,他没有太多知识,满脸的皱纹,经历过岁月的历练,不过他的年龄和经历似乎就是智慧,他的智慧也是这天地间最朴素的。

人生冷暖无常,柳老伯是让我感觉温暖的一个人,回忆起来,心里一热,眼睛都会红一阵子,让人难忘。可以说,柳老伯是我有关小学时代的记忆里最温暖的一团炉火。

那时,很多人都因饥饿而一身浮肿。所有人家的窗台上都放满玻璃缸,里面养着一种藻类植物。很多人就靠这种藻类植物作补充身体能量的食物。人们用大部分时间把空地里的瓦石用筛子筛出来,种菜蔬,还修起了简陋的厕所,为的是把粪便收集起来用来种菜。不久,食堂里开始生产一种"双蒸饭"和"人造肉"。"双蒸饭"是把米加水蒸两次,二两米的饭吸收了大量水变得像一斤米饭那么多。人造肉是用上面所说的藻类植物加上糠秕做成的,名字虽然叫做"肉",但是吃起来"嚓嚓"作响,有时候卡在喉咙里,根本难以下咽,哪里有一点肉的味道,当然没有能真正抗拒饥饿的力量。

虽然生活渐渐紧巴,但恰同学少年,风华正茂,现在回想起来亦不乏乐趣。

五年级的时候,正赶上三年自然灾害,大家分的口粮没有以前多了,再加上食堂阿姨的克扣,我们就更加吃不饱了。

久而久之,我们也是自己琢磨出了应对方法,"偷"些食物果果腹。如今回想,历历在目:在省地质局办公大楼西南侧的丘岗上,有一个叫做子弹库的地方,据说它建于民国时期。数十栋砖筑平房,曾经是用于保存军火的仓库,真正的名字已经没有人记得了,所以当地

偶然

人们都叫它子弹库。

那七八米高的围墙，周围还密密麻麻地绕着一圈又一圈的铁丝网，就像唐诗里面说的，"野渡无人舟自横"，子弹库的围墙里面，没人打理，却生长着丛丛的灌木和棵棵大树，梨树、桑果树、酸枣树应有尽有。

子弹库的周边则是一片坟山，以前是我和男同学们一起玩"工兵捉强盗"的地方。为了填饱肚子，我们没少光顾那里，先爬到树上，再骑到围墙上摘果子。有时看到背着枪巡逻的士兵，我们就和他们笑嘻嘻打个招呼。不过偶尔也会遇到比较凶的兵，有一次，一个兵直接举起枪喀拉喀拉地拉着枪栓吓唬我们，还大喊大叫的，吓得我直接从围墙上往下跳，幸好摔在了泥地上。

我最喜爱的是香泡树，一入秋，原本葡萄般的绿宝石就会变成金灿灿的大果实，坠满整个枝头，远远望去但见一片光明，耀人眼目。而且香泡树在离地一米多的地方开始自然分权，因此只要稍稍用力，就能轻易上树，一级一级地从树丫上登上去，见到像样的果儿，对准果柄猛一折，香泡就沉沉地坠入手中。

成熟的香泡极清香，顶枝带叶，上小圆，下大圆，比柚子小一号，比桔子大几倍。但想把香泡的厚皮徒手剥开，那可是个力气活。终于见到白色的"果球"，撕下一瓣来，剥去外面的瓤皮，晶莹的果肉就露了出来。急急地放入口中，果肉酸中带甜，汁水丰富，沁人心脾，在那个年月算是美味。

一棵香泡树，可以结几十乃至上百个果子，我们四个同学每人分十来个，用外衣包着偷偷溜回宿舍，关上门，把它们放在高低床上头。想吃的时候拿一个大家分吃，止渴充饥，对我们可怜的五脏庙来说，算得上一次香火鼎盛的祭奠。有时吃得多了倒牙，到了第二天拿起筷子，才发现满嘴无力得居然连馒头都咬不动了。

香泡果帮我慰劳过饥肠、解决过馋虫，与我算是有缘。而且香泡树很美，叶子尤其茂盛，常年碧绿，像涂了层蜡，油亮油亮的。香泡树开出的白色的花既多且香，虽然比不上十里飘香的桂花，但也清香阵阵。所以，在我后来营建梦想中的家园——太阳湖大花园时，特地从湖南把它们买来栽种。

那时正是秋天，一树的果实，赤黄丹朱，累累垂系在浓密的绿叶中间,团团如燃烧的火焰。每当夕阳西下之时,披着金黄色阳光的果实与满天的云霞连成一片,艳丽光鲜,仿佛天女织就的锦绣灿烂,让人感受到丰盈和收获,生发出希望和梦想,联想起生生不息、子孙满堂。上海原本没有这种树,许多上海人第一次见到就格外喜欢,我常常在心里为喜爱这些树的人们祝福,祝他们幸福快乐、顺心如意、福禄绵长。在我的心里,这树,本就为幸福和希望而生。

勃勃生机的香泡树,你的香味,永远飘香在我的记忆里。

学校边上山坡地里,还有一个梨园。围墙不高,里面有很多梨树,两米多高,春天开一簇簇细小而稠密的黄花,到了秋天,长满金黄色的梨子,空气中都弥漫着梨的清香,淡淡的,很舒服。傍晚时分,我们感到饿了,便叫上几个同学,趁着夜幕猫进梨园,大家一人脱件衣服就开始偷梨,偷了好多、好多,梨偷回来了我们就锁在各自的小箱子里,一天拿出几个慢慢地吃。好甜,好香!一咬就是一嘴的香甜。只是有一次,吃得太多,偏又淋到了雨,结果梨把我们都吃得闹肚子,一遍一遍往厕所里跑。虽然只有呲牙咧嘴的份,但梨的香甜,在当时也实在算是美食了。用闹回肚子跑几趟茅房来抵,也值了。

"饿"是身体切实感受得到的痛苦,虽然饿大半是因为穷,但饿和穷到底不一样。人家常说,穷极思变,在我看来,饿极也是要思变的。

一个星期六的下午三点,依旧烈日炎炎,我和小宝午睡醒来,说着闲话,实在是闷得慌呀!外面蝉热得不知如何是好,只是在树上机械地"知了,知了"叫个不停。

小欢、喜子一路走来也满头大汗。小欢,光着膀子一迈进寝室门,便神秘兮兮地对刚醒来的我说:"刚才我们两个洗澡回来,经过地里时,看到地里的红薯都已经挖出来了,我好想尝尝新挖出来的早红薯呀!"

我摸了摸肚子,说:"我刚醒,有点饿,中午也没吃饱,现在食堂的阿姨每顿给咱们的饭菜越来越少了,就知道中饱私囊。咱们确实应该弄点红薯,拿回来解解馋。"

"要是被抓到,送到校长那里,校长会关照咱们几个的,我听说上次有人偷红薯被抓到就是扫厕所啊。"小宝一抽鼻涕说。

偶然

我接过话头回答道:"怕什么啊。咱们什么没偷过啊,梨、香泡都偷过。只要咱计划详细了,就不怕什么。"

小欢说:"晓东说得对,咱们可以假装在红薯地周围玩,趁看红薯的李四叔不注意,咱们就用袋子装红薯,然后到学校厨房后面洗,最后吃个痛快。"

小宝咽了咽口水,接着问:"要是偷回来,烧不烧啊?"

喜子平时不怎么说话,一说话就说到点子上,一瞪眼睛说:"有的吃就行了,还想吃烧的。你想被别人发现吗?你想扫厕所吗?"

我想了想说:"那咱等会儿就去。第一咱们要安全出击,绝不能被当场抓住。第二咱得好好分工,一人放哨,三人挖红薯,要保证成功。我一会儿做四个纸阄儿,分别是一个放哨的、三个挖红薯的。大家同不同意?"

大家都点头,不一会儿我就弄好了纸阄,小宝抓的是放哨,正好他胆小,放哨在暗处,而且任务不重。

不过小宝有点害怕,说:"就我一个人放哨,怎么放哨啊?"

我想了一想说:"有人来的话你就学蛐蛐'吱吱'叫,危险消失的话你就学喜鹊'喳喳'叫。要是到时候被发现,就分散跑,谁要是被抓住,不能咬出别人来,听我统一指挥。"

统一完"暗号口径"之后,我们带着学农课上的小布口袋,四个人雄赳赳气昂昂地就去了学校附近的红薯地。

水分好的地,小麦、玉米长得很好。可那种地长出来的红薯不行,一咬就往下滴水,脆脆的,没有一丝甜味,还不如萝卜好吃。学校附近有一片丘陵,那里是沙质土地,公家就在坡上种红薯,那里的红薯据说特别好吃。

我们学农课就曾经在那里锄过草。李四叔住在地旁的窝棚里,负责看护那片红薯地。李四叔长得人高马大,四十多岁,一脸的连毛胡子,嗓门特别大,一说话,顺风一里地外都能听到,所以有个人送外号叫"李大嗓门"。学农课上,我们给红薯地锄草,我们班的女生掰下红薯梗,小心翼翼地正着掰一下,反着掰一下,薄薄的红薯梗的皮儿就连缀成了一条长链,她们将这些长链做成项链、手镯、耳坠。一看见这,李四叔就嘟囔:"这帮死丫头片子,就知道祸害红薯秧,红薯还能长好吗!"其实他拿那帮女生没辙,只是小声说说。不过要看见我们男生这么做的话，就会当面骂我们是"小兔崽子"了，男生看见他满脸的大胡子还是很害怕的。

　　红薯地东边有一排大柳树，大柳树挨着一条小路，我们就是沿着这小路来的。红薯地西边是一片玉米地。被铲断的红薯秧经太阳一晒，都蔫了。刚挖出的红薯就在垄沟里躺着。这一茬红薯是早熟的品种，所以这么早就收获了。

　　我们一个劲儿往袋子里装红薯。我小声说："都装满了吗？"喜子和小欢一点头。我一挥手，四个人就都撤了。

　　我们在学校厨房后面把红薯洗了，我看着那红薯水灵灵嫩生生，一口咬下去水汪汪、甜津津的，当时甚至觉得这是世界上最好吃的东西。我们四个总算过了把瘾。

　　第二天，刚上课，老师说："昨天下午，公家的红薯刚挖出来，就被偷了，是不是咱们班同学干的？"大家都摇头，老师没继续问，就开始讲课，我们四个趴在桌子上一阵怪笑，好在教室人多，声音也嘈杂，老师没听见。

　　下午就三节课，放学了我们四个一起回寝室。

　　小宝说："昨个儿的红薯真好吃，就是咱们偷的太少了。"

　　喜子瞪小宝一眼，说："就属你吃得最多。"喜子和小宝不对付，总是用话挤兑小宝。

　　小欢打圆场说："喜子少说小宝几句，小宝昨天是侦察放哨。鱼过千重网，网网都有鱼，红薯是收完了，不过肯定地里还有剩下的红薯。"

　　我说："那咱一会儿就去捡剩下的，咱们不去也总会有人去拿。"

　　我们四个带着小锹和袋子又去了。

　　太阳不像中午那么猛烈，不过土地依旧炙烤。我用小铁锹拨弄着土地，终于看见红薯了，哇！还是个蛮大的！不一会儿，第二个红薯也就得手了。汗水顺着额头、顺着小胳膊下雨似的流，紧张、恐惧、兴奋混在汗水里。

　　由于是公家的地，收红薯的人都是为了赚工分，都是随便糊弄糊弄就得了，没几个认真干的，所以地里剩下了不少红薯。

　　没多久，我们三个就挖到了不少，虽然大多数都是小的，但也足

偶然

以让我们欣喜若狂。我们见好就收，叫上小宝就走了。我们后来吃的时候发现小的红薯不仅甜，还筋道，也算是意外收获吧。

又过了一会儿，我们望着绿油油的红薯秧，又打起了坏主意。我们估摸着红薯差不多长得足够大了，周六决定再去偷点红薯，打打牙祭，反正闲着也是闲着。

这次去的时候在路上遇见了班上的史老小子，这小子又高又胖，穿着个大红裤衩子，怪显眼的。

史老小子拦住路说："你们几个拿着锹和袋子，是去挖红薯还是去挖土豆？你就不怕我告诉老师，然后你们四个扫厕所，哈哈。"

喜子眉头一皱，说："实话告诉你，我们今个就是去挖红薯。史老小子，咱们平时井水不犯河水，你想怎么的？"

史老小子咧着大嘴，一笑："你们得让我加入，算我一个，我跟你们一起去偷红薯。"

我权衡了一下，看了小欢、喜子、小宝一眼，点了点头。史老小子跟我说："我先回去拿东西，等我一会儿。"

没多久，史老小子拿了一个木把的螺丝刀，也不知道他从哪找到的。不得不说一下，螺丝刀是挖红薯的好工具。

刚到红薯地里，大家蹲下闷头挖红薯。我猫着腰，用手薅了一下红薯秧，接着就有乳白色的浆从红薯秧断裂处冒出来了，然后用小铁锹挖土，突然听到小宝学蛐蛐"吱吱"叫。我立刻就小声让大家都趴下，我们四个都趴在垄沟里了，又用红薯秧掩盖自己。我看到李四叔从窝棚里出来撒尿，撒完尿正在系裤子。"小兔崽子，我都看见你们，还他妈藏，大红裤衩子露出一半来了。"李四叔吼道。我们一听李四叔看到了史老小子，拿着小锹和袋子就钻玉米地了，拼命往玉米地深处跑。我跑的时候，特别害怕，特别怕他追上我带我到校长室，然后全校同学都知道李晓东要扫厕所。好在自己一口气跑回学校，知道李四叔是撵不上我的。虽然没有被抓，但也没挖到多少红薯。到宿舍的时候，满头大汗，一看他们几个都在，喜子和小宝正埋怨史老小子呢，史老小子低着头哭了。

小欢说："史老小子别哭了，喜子小宝你们两个也别说史老小子了。今天是凑巧，李四叔出来撒尿，就看见了。刚才我往回跑的时候，发现有棵李子树，上面结满了李子，咱们不如吃几个李子去。"

史老小子破涕为笑说:"那吃两个李子去。"

喜子看史老小子笑了,就说:"史老小子,你和小宝一样,听到有吃的,就像变个人似的。"

"喜子,我最近也没惹你,你为什么总说我?"小宝听到喜子又在拿他开涮,有点不高兴。

我不希望有内讧,忙着说:"都少说几句,咱还是干正事吧,去子弹库看个究竟。"

几个人说走就走,到子弹库旁边,发现果然有棵李子树。我爬上去,摘下来就往下面扔,让他们在下面接着。"

史老小子咬了一口李子说:"太酸了,太酸了,比醋还酸。"

我一听他这么说,摘了一个,咬了一口,果然很酸。我就从树上下来了,说:"可能这树上的李子还没熟呢,要不咱今晚还是去偷红薯吧?"

小欢说:"嗯,对,咱来个出其不意,夜半劫营,李四叔肯定想不到。吃完晚饭咱再去偷,这次一定多偷点,争取够吃几天的。"

晚上月朗星稀,熄灯以后,几个人翻过学校围墙,小宝的嗅觉发挥了作用,我们毫不费力地找到了红薯地。摸着黑,我们一切还蛮顺利,就要满载而归,突然,背后一阵急促的脚步声,接着我感觉手腕一疼,一只有力的大手牢牢抓住了我:"小兔崽子,下午你们都来一趟了,被我发现了,晚上你们还敢来!"背后的声音传来,毫无疑问,我被李四叔逮个正着。

我借着月光,抬头看李四叔,满脸连毛胡子的李四叔左手抓着我,右手抓着史老小子,就像老鹰捉住了两只正在觅食的小鸡,老鹰观察了许久,而小鸡却事先不知。我倔强地挣扎了几下,但发现这一切在李四叔面前都是徒劳,李四叔越来越紧地攥住我的手腕,就像铁钳钳住一般,我感觉到一阵酸痛,不敢再挣扎。另外三个看到我这个主心骨被抓了,也不知是讲义气共同进退,还是吓得忘了跑了,总归没有一个按原计划逃跑的,都成了俘虏,人赃俱获。

李四叔跟史老小子说:"你这红裤衩子可真显眼,中午我就是看到你了。"

史老小子一下子就懵了,哭着道:"李四叔,是我太饿了,求求你放了我吧,要不学校会让我扫厕所的。本来就他们四个要偷红薯，我是半路遇见他们，然后参与的。还有是李晓东组织的，他是主谋。"史老小子不住地哀求，还把我给出卖了。

李四叔听得不耐烦了，跟史老小子说："你想不想扫厕所？"

史老小子使劲摇摇头。

"那你就别哭，别说话！你们三个把挖的红薯拎着。"李四叔对小宝、小欢、喜子说。

李四叔一声不吭地拽着我和史老小子，他们三个就在后面跟着。出乎意料，我们没去学校，而是到了李四叔的窝棚里。李四叔把煤油灯点着，窝棚里就亮起来了。窝棚是土坯搭成的，里面几根碗口粗的木头撑着，我能感觉到外面的风呜呜地从缝隙里钻进来。虽然是窝棚，却是"麻雀虽小，五脏俱全"，里面有一张床靠着南墙，一口水缸和一个简易的灶台靠北墙，水缸旁边还有一捆柴禾。

李四叔把靠西墙的长条椅子拽过来。"你们先坐下，"接着李四叔问："你们为什么偷公家的红薯，这么大胆，哪个学校的？"

"我们在长沙地质局子弟学校念书。在学校我们天天吃不饱，学校食堂的阿姨总是克扣，我们太饿了，所以才来偷红薯。我组织的，有什么惩罚就惩罚我吧，他们都是我煽动来的。"我很平静地回答，因为我知道即使害怕也不能改变结果，就让一切顺其自然。

"你小子还挺仗义，主动承担罪责。你把红薯从袋子里倒出来，我看看你们挖了多少。"李大叔跟我说。李四叔的话不怒自威，我不敢不听，更不知一会儿他会怎么惩罚我们。

我把红薯都倒在地上，虽然每个人没挖多少，但放在一起能有一大堆。

"你们可真笨，挖的都是小的。"我没想到李四叔竟然笑话我们。

"你们坐着，不许跑，我弄点吃的。"李四叔找了个盆，把地上的红薯装了起来，接着又洗红薯，然后出去把脏水倒掉。

"都怪我，我今天负责侦察，却没发现李四叔。"小宝自责道。

"小宝，天黑没办法事先发现，这不能怪你。史老小子，刚才被抓的时候，你立马就做了叛徒，把脏水泼到我们身上，你可真够忘恩负义、背信弃义的，你缺德不，以后甭想跟我们在一起玩了。"小喜子早就怒不可遏，趁李四叔走开，劈头盖脑地一阵猛说史老小子。

"我当时害怕,是不由自主地说。"史老小子眼泪汪汪地说。

"别怪史老小子了,只能怪他穿个大红裤衩子。"小欢开玩笑地说。他的这句话把我们几个都逗笑了。

李四叔回来了,我们又都不说话了。李四叔往锅里放了两瓢水,把洗好的红薯放在锅里,盖上了锅盖。接着往灶头底下放了一把柴禾,划了根火柴,点着了不知从哪找的一块破报纸,把已经点燃的报纸放在柴禾下面,柴禾慢慢地燃烧起来。添了几次柴火后,锅里的水开了,再过一会红薯的香味就从锅中溢出来了。

过了能有一刻钟的时间,李四叔打开锅盖,顿时窝棚里雾气腾腾。

我们几个咽了咽口水,小宝和史老小子嘴吧嗒吧嗒就没停过。

李四叔把煮好的红薯一个个从锅里拿出放在盆里,端到我们面前说:"吃吧,以后饿了来吃熟的,生吃红薯会坏肚子。"他说完这话的时候,脸上尽管还绷着表情,但眼里却有慈爱和笑意。

偷红薯被抓到竟然还有熟的可以吃,我们不敢相信这些是真的。史老小子最搞笑,看着那热气腾腾、香喷喷的红薯,感动得竟然哭了。

"你小子感情太丰富了。这么盆红薯就哭鼻子。"李四叔哈哈一笑说,"快吃吧,吃完好回学校。"

我们的肚子不容许我们再有丝毫矜持。一阵狂吃之后,个个肚圆,一盆红薯也见了底。李四叔送我们出了窝棚,我们依旧不敢相信这些是真的。

过了没几天放学的时候,我在操场上看见了李四叔,李四叔说:"晚上叫上你那几个小兄弟,到窝棚去!"没想到那天晚上到那后,我们又饱餐了一顿红薯饭。

从此以后,有空的话我们就拿着小锄头、小铁锹,帮李四叔干干农活,李四叔也不忘犒劳我们。我们竟然和满脸大胡子的李四叔成了好朋友。

偷红薯这事距现在已相隔了四十多年,但只要闭上眼,就好像自己刚刚从李四叔窝棚里出来,手掌上分明还沾着红薯皮,嘴里还留着红薯的香甜味。

除了去李四叔那里混红薯饭外,我们还去山上挖葛根。

偶然

葛根也有生长的季节，一片坡上的葛根挖了几次，就没了。葛根粉虽好吃，但是生葛根里面的筋却难以下咽。所以，我们挖了葛根，通常都会交给食堂的柳大伯，大伯把它磨碎了，再加工成我们常吃的葛根粉，虽然是忍饥挨饿的时代，但是我们却能常常在食堂小桌子上尝到难得的美味。

秋梨、香泡、红薯的季节过去了，葛根一年也就只能收一季，盛夏和隆冬，我的小肚皮，还是一样要在饥饿当中无所适从。

前几年故地重游，发现当年给了我很多口腹快乐的子弹库，如今已被夷为了平地，拔地而起了数幢高层住宅楼，这个小区如今叫做"地质家园"。

这样的日子我足足过了三年，后来日子才逐渐好起来。1962年，在城市中掀起了"反对贪污盗窃、反对投机倒把、反对铺张浪费、反对分散主义、反对官僚主义"的"五反"运动。一切都在"向右转"，农村在搞"包产到户"，工厂里在推行"工业六十条"，强调"利润挂帅"、"业务第一"、"物质刺激"、"专家路线"。管伙食贪污粮票的阿姨被抓走了，再加上各级政府认真贯彻执行党的"调整、巩固、充实、提高"的正确政策，从"大跃进"折腾后的混乱和饥饿中稍稍喘息过来，钵子里饭多了，香干青椒炒肉一两天可以吃一次了，青菜鸡蛋汤、海带墨鱼肉片汤也回到饭桌上了，同学们脸上的浮肿开始消退，每个人的菜色脸蛋逐渐又有了血色。

这就是我的童年生活，少不经事的我与共和国一起经历了那段最困难的时期。

经历过饥饿的我，胃口一直很好。日子尽管过得越来越富裕，心中依旧顽固地保持着勤俭节约、艰苦奋斗的价值观。现在请客吃饭，难得看到有人和我一样，总是把碗里每一粒米饭都吃掉，偶尔看见，就会猜想，是不是他也一样经历过饥饿，才懂得颗颗盘中餐，"粒粒皆辛苦"？

第六节　勤劳财富五角金

说来也巧，那时我就读的地质子弟小学坐落在长沙市黄土岭南向的山坡地上，有时饿得难受，我就在坡上徘徊，因为这片山坡上靠近路边的地方，有一间食品店，店铺不大，我在门口徘徊许久却始终不敢进入，在我那时的心目中，对我来说，那简直像是人间天堂一样。与其说是我在食品店附近徘徊，还不如说我是被它飘过来的食物的气息牵着鼻子走呢。

那香气是来自法饼、炒蚕豆等等吃食的。扁圆的法饼算是长沙特产，精面粉调制出的面团，加进一点奶粉，甜酒发酵后腌在饴糖里，然后切块烘烤，托在手上，表面乳白色，底面棕黄色，入口松软，奶香浓郁，酒香醇绵，甘甜无比，口齿生津。虽然小小一个法饼没法真正填饱肚子，但还是很有振奋精神的作用。我舍不得一次吃完，饿得实在不行时才咬一口，一边慢慢品嚼，一边还想象着营养全被吸收在肚子里了。因为总在那里一小口一小口地咀嚼，同学们还给我起了外号叫"小法饼"、"小蚕豆"。

我常常说："人的财富往往得自偶然。"正所谓有心栽花花不开，无心插柳柳成荫。也正是在一次偶然的机遇下，我赚到了一生的第一笔钱，收获了自己的"第一桶金"。

那时，我还在读地质子弟小学。夏日、周末，同学们大都被父母亲接回家了，独留的我从静悄悄的学校走到校门北边的黄土坡坡路上转悠，路边的食品店里会飘出阵阵豆香、饼香、酒香，店门口摆了几个小方桌，几条长板椅，偶尔会见到几个叔叔伯伯从店里打二两白酒，端着一盘花生米、一盘炒蚕豆，边喝着，边咬着，边说着话，我不近不远地站立在行道香樟树下，观看着这一幕幕在学校书本上看不到的小店情景。

我想起自己五六岁时有一天，早早睡下了，爸爸妈妈晚上开完会回到家，带回了一包花生米，放在盘子里，又倒上了两小杯白酒，边说话，边嚼着花生米，边喝着小酒。不知是说话声音还是嚼花生米的声响，或者是花生米和着白酒嚼出的那种特殊的香味把我弄醒了。我睁开眼睛一看，爸妈在对饮，嚼着花生米，我没吱声，只是把食欲刺激流到口里的一点口水咽到了肚里，闭着眼嗅着香味，又沉入了梦乡。

想到这里，又一阵食欲刺激，嘴里的一点口水咕地一下被咽进了肚子里，我下意识地摸摸裤子口袋，空空如也，啥也没有。突然，我听到一阵叫声："细伢子！细伢子！来呀！"

偶然

我转身一看,一个拉板车的老伯伯,拉车累了,坐在车把上擦汗。他看着我说:"帮我推一下车好吗?"

我想都没想,就一口应允:"好的呀!"

我走过去仔细打量一番,发现老伯有五十四五岁左右,头戴竹篾编成的黄色的草帽,草帽下已经银发斑斑,古铜色的脸庞分明是由于受到了阳光的长期照射所致。他的脸上布满了皱纹,每一道皱纹似乎都代表着一个不堪回首的痛苦故事。一身灰布长衫,补丁连着补丁,似乎已经不能再补。可是手却把车把手握得平平稳稳的,眼睛里透露着老练的目光,更有着洒脱爽朗的笑容,一看就知道是经历了人生道路上各种沧桑,洞悉世事的变幻而又充满了乐观精神。

"蛮长的黄土岭,要用劲呀!"老伯关照了我一句。

"放心,老伯,我有劲的!"我点点头答道。

很快我就知道太高估自己的力气了。车斜着向上爬,左一下,右一下,我在车后弓着腰,弯着背,使劲地在旁边用双手用力推着车子后面的边沿,都快使出吃奶的劲儿了,汗水一串串从额头滑落,啪啪地跌在马路上,落地有声。终于把车推上了岭,我早已精疲力竭,大口大口地只顾喘气。老伯伯停下车,招呼我也坐在车把手上,帮我擦掉满头大汗,问我:"累不累?"

我照旧倔强,甩口说:"不累!"

老伯看着我狼狈的样子,微微一笑,又问我:"饿不饿?"

"饿。"我垂下头来,回答得有些羞怯。

他从口袋里掏出两角钱,递给我说:"我看到你在食杂店门口转悠好久了。拿去,买点吃的。"

我慌忙推辞,说:"不要,不要,我可不能要您的钱。"

老伯说:"细伢子,以后每天下午放学后,一有时间,你就来帮我推车,每次两角钱,可以买十个法饼,蚕豆也可以买两大口袋。你这伢子,怎么就不懂事。"

在他慈祥的目光注视下,我推辞不过,况且不争气的肚子又已经开始咕咕乱叫。我战战兢兢地接过这两角钱,恭恭敬敬地向老伯鞠了一躬,说了一声"谢谢老伯",飞一般地向黄土岭下的食杂店跑去。

我一口气买了一毛钱的炒蚕豆,满满地装了一大口袋,又买了一毛钱的法饼,用黄纸包着。吃着甜香的法饼,嚼着可口的蚕豆,我喜滋滋地回到宿舍，结果看见几个同学正在看小人书。我问他们要不要吃，两个同学过来分了一点，另外两个却说不要吃，说，这么难吃的东西，怎么吃？我望着他们，一阵愕然。法饼和蚕豆在我看来已经可以算是人间美味，怎么还有人会觉得难吃？！

  第二天，我在食杂店门口一直等到快天黑的时候，才发现一个黑乎乎的人影，拉着一个黑乎乎的大板车慢吞吞走来。车上货物堆得老高，小山似的。老伯佝偻着背，像一张弓，脸都快贴到地面了。板车忽地打了个趔趄，车轮轧到一块砖头上，我赶忙跑上去帮他一把。那满身的疲累、那满脸的呆滞和麻木，给我留下了非常深的印象。我从老伯的样子就知道，拉板车是非常累的一种体力活。

  从那以后，我经常帮着老伯推车（长沙方言叫推板车，又叫推上岭），逐渐知道他姓刘，就以拉板车为生。两个轮子加几块板，这就是板车。在肩挑手推的年代，那时运货的主要运输工具是木板车，街上很少见得到什么汽车，板车才是运输的主力军。由于荷重太大，常常需要有人在后面推着前进。

  刚开始的时候，我只觉得那是很好玩的事，反正比闷在学校里读书好玩，那时丝毫不觉得自己的力气小，反正用力地推着车，车子就会朝推着的方向走。每遇板车上坡时，老伯就会肩背背绳、手握车把，拼命地拉着板车往前挣，我这个小孩儿则手按车身、拱着车尾使劲地往上推。而刘老伯宽黑又有点驼的背，给我留下的印象很深刻。把车拉到目的地，东西卸下，空车回转时，刘老伯就会抱我上车，坐在他拉着的车上，总有一种睥睨天下的将军般的快意。

  有时候没货的时候，我想自己拉车，老伯哈哈大笑说："还是算了吧，你这小胳膊小腿的，看控制不住车，伤到自己。"不过当时年龄小，执意要拉车，老伯拗不过我，就让我拉板车。路直的话还好；到拐弯的时候，再加上当时的路很窄还是下坡，我就控制不好板车了。好在老伯在旁边把着，我控制不住车的时候，他能帮我一把。

  在此之前，我只知道下坡容易上坡难，认为推板车上坡步履维艰，下坡情形正好相反，从坡上滑溜而下那才叫刺激。但其实，坡高路陡，轻车吃力，重车快，因为重车逼着你往前冲，虽然下坡时重车人不用使劲，但是很危险，如果速度控制不住，稍不注意就有可能滑下坡去，很容易就摔个倒栽葱，让人害怕。因此，必须高度集中精

偶然

力，紧紧把住板车边缘，飞车直下，到了平路才能松一口气。

夏天要头顶烈日，在数里长的陡坡上，双臂使劲用力去推动板车，很偶然的，也会遇到汽车经过，卷起灰尘扑面而来，那就真的是"满面尘灰十指黑"。那一次，我们照例一起把板车装得高高的，再用绳子捆好。到目的地的仓库有几公里路，得穿过闹市区。我们走上了一条长长的土路，这时正是骄阳当空，推了不一会儿，汗珠就一个劲地往下掉，炽热的烈日烘烤得脚底的路面好像要融化了一样，热得发软，热气一直反射到我脚面上。走了一段，老伯找了个树荫处，缓缓停了下来，坐在车把上，用毛巾擦擦汗，喝了几口水。我问老伯，原来才走了一半的路，前面还有一座桥，先歇一下，攒够了劲，才能过那座桥。

歇了一会儿，又上路了，走了不久，果然有一座很陡的桥出现了，老伯减慢了速度，开始用劲往坡上拉，我就在后面使劲推了起来，感觉自己就像在推一座大山，脚步很艰难地往前挪动，头上的汗像雨滴一样往下落。等推到桥上面，只觉得手和脚发胀发酸。下桥了，老伯小跑着往下，不一会儿就到了目的地，而我从后面看过去，他的后背湿了一大片。我则感觉累得像旱天的秧苗，脚直打颤。

推板车，最怕的还要数遇到雨天，当时长沙的有些马路是沙和黄土夹杂的，遇到雨天，陡坡的那一段马路会特别湿，黄土又粘脚，粘车轮，越滚越重，推到后面，会非常吃力，小小的坑洼都是一个大障碍。

"细伢子，快来帮我。"刘老伯喊道。那个雨天运的具体是什么东西，我已经不记得了，只记得轰轰的雷声响过之后，就下起了雨。地上一片潮湿，随着时间的推移，越发泥泞了。我和老伯一起把货物抬到板车上，然后，与他一起再冒着雨送货。

"今天东西很重，你得小心一些，摔倒了，会出事的。"老伯提醒我道。那时我们全身已经湿了，艰难地沿着泥泞的小路往坡上行走，我跟在他的后面，眼睛时时盯着路，很担心自己摔倒。

谁知道接着车轮陷到了烂泥里，我费了好大的劲，身上都弄了一身的泥巴。刘老伯这时回过头来对我笑了一笑，黑黑的脸上露出白白的牙，汗水快速地流淌。这鼓励的笑使我没有歇手，而是一鼓作气向前推，板车轮子一点儿一点儿地向前滚动，终于将车轮推出了烂泥。

晚上回到学校，我才感到自己的脖子疼得厉害，脚也很疼，不过，想到能够和大人一块儿干活，心里就感到自己成熟多了。用自己的双手去挣零花钱，买东西填饱肚子，或者，花两分钱看一本小人书，我感到很自豪。

我还跟他去过窑厂拖红砖呢。记得那次我们一起到了窑厂，那里到处是码起的红砖。只见刘老伯拿起夹钳夹砖头，一夹五块，那砖头的码法极有讲究，靠前了前头重，靠后了后头重，刘老伯当然都往前码，把砖码齐了，再用粗棕绳将砖连同板车扎得牢牢实实，然后，只见他将车扁担往右肩斜着一靠，双手握住车杠，喊声"起"，我在后头一加力，板车就上路了。

经过的路线我已经记不太清了，只依稀记得期间经过了一条长长的上坡路，推这段上坡是一点也躲不得懒的。手腕发酸发软，全身汗得透湿。待到上得坡来，老伯连喊歇气歇气。这时风一吹，凉快极了，也舒服极了。

下坡时，我要到板车前面，用腰靠住车子，双脚用力后蹬，以减低车子下滑的速度。一路上，车轮也偶尔陷进烂泥里，就得垫砖，两个人合力抬车不分彼此。到了工地，刘老伯卸完砖后，我就再给车轮上点油。

后来和他一起劳动久了，就发现拉板车，不光有日晒雨泼、日月劳疾的艰辛，还可能面临着一些生命的危险。刘老伯说他的一个朋友，就因为拖着沉重货物的板车，下坡时撑不住车把，不幸被急速而下的板车压断了左腿。为了生活，他的妻子和儿子只好顶起了掌把的重任。可不到一年，不幸的事又发生了，那位妻子又被压断了右腿。刘老伯说："他们夫妻俩左瘸右拐的辛酸史，一直压在我的心头，成为我永世难忘的回忆。"

我好奇心起，说："反正现在是咱两个歇息的时间，刘老伯你好好给我讲讲。"

刘老伯就打开了话匣子："那还是解放前，打小日本鬼子的时候。1939年，小日本子打咱们长沙，那时候是国民党将军薛岳带兵抵抗。按上面规定是一家至少要出一个壮丁，当时城中到处捉壮丁。被捉来的壮丁要么参加构筑防御工事，要么就是去拉板车。我和那个朋友王行一都被抓去拉板车。因为他在家排行老大，他父亲就给他起名

偶然

字叫王行一。王行一一米八大个,大手大脚,浑身都是力气,比我要壮实多了。

"我们两个负责给军队拉弹药。当时很多弹药都是从重庆运过来的,整列火车里面都是弹药啊。我们很多人就在火车站那里排队拉着弹药去阵地。当时一个人每天拉八趟弹药,上午四趟,下午四趟。每趟拉十箱子弹或者十五箱手榴弹。子弹看起来没多少,但是后来我们有认识字的说子弹一箱一千五百发,六十斤,十箱六百斤;手榴弹看起来很重,但是一箱才四十斤,十五箱也是六百斤。

"我们两个第一天去的时候一人拉着一辆板车。那是我第一次拉板车,从此一辈子就和板车结缘了。刚开始拉板车的时候年轻,没有帮推的,因为那时候我们还年轻力壮。前十天还没什么,可每天都连续拉四千八百斤的弹药,回到家腿肚子都转筋了。那天我们拉着车回家,王行一他在路上,看到路旁树桩上有一堆的蘑菇,白白嫩嫩的,就采回家,让他媳妇做了个菜,还买了一点酒喝。我第二天见到他时他脸煞白,他说他吃了那蘑菇上吐下泻。但战事当前,每个人每天拉弹药的任务是不能因为任何事耽误的,他还是来拉板车。那天下了点小雨,下午拉第三趟的时候,快到地方,下坡时候他就出事了。因为路滑,再加上下坡,他没把住车把,车上的子弹箱就冲下来了,直接压到他左腿上了,鲜血直流啊。那帮当兵的也还有点人情味,找来了军医,军医把腿给他接上了。但军医跟我说'接上了也是条废腿'。

"王行一腿断了,干不了活,可他家依旧要出一个壮丁,就把他儿子抓去拉弹药。那年他儿子十七,个子是挺高,但不壮实,王行一他妻子担心儿子,就自己拉车,让儿子在后面推,即使出事的话也伤不了儿子。没过多久又在同一个地方,王行一他妻子也出事了。

"抗战虽然后来胜了,可没有几个人记得王行一一家三口曾做过什么。"

讲完后,已是夕阳西下,刘老伯站起来,吃力地拉着板车,我帮助推车。

当年拉板车,是多劳多得,不劳不得,没有基本工资,拉一趟就有一趟的钱。考勤制度也不严格,来去自由,不去也行,但是有一条,接了派工单,就要去完成。

每个月刘老伯大概也就十几天有活干,拉着板车到处运货,给周边乡镇送钢筋、木柴等沉重物资。提起他的家人，老伯就叹了口气："我的老娘五年前因为脑血栓瘫痪在床，我嘛，一直靠拉板车给人家送货。每次赚两三块钱，工钱就是力钱啊，一个月下来能挣三四十块钱，每半个月结算一次。老婆在纱厂当工人，拿二十多块钱一个月的工资。孩子还小，我们两口子总得撑起这个家啊。"

我去过刘老伯的家玩，才发现他其实家累很重，上有老母，下有子女，他们的生活其实很清苦。屋子外面杂乱无章地堆放着许多废品，他告诉我："这都是平时拉板车时在路边捡的，我整理一下就可以卖钱。"他下了一大碗面条，先将他的老母亲扶起，一口一口地喂完她后，剩下的面就留给我吃了。在他脱下纱手套准备给老母亲喂面条时，我看到的，是一双布满裂口与老茧的双手。

板车成为他们一家最宝贵的生产资料。一副木质车身，两只橡皮车轮，在他们的眼里，被赋予了更多的生命意义和生活艰辛……后来我更注意到，刘老伯每到一处送货，宁愿扛着东西多跑几步，也要将他的板车停放在不影响其他人出行的地方，他对此的解释是："与他人方便，才是给自己方便。"

刘老伯和"车友"散坐着休息或吃晚饭时，也是我的快乐时光，我常能吃到他们饭盆中一些好吃的东西，有时还会给我买一两粒糖或几片香脆的饼干。

再大些后，我懂事许多，有时会让刘老伯歇着，先将空板车侧身翻过来，分别给两个轮盘上油。车动轮盘，稠稠的黑机油便从长长的壶嘴里流进盘心，这样一会刘老伯就能直接拖起板车上路。

从小学一年级到六年级，我从来没有找父母要过一分钱，他们也没有给过我零用钱。其实，并不是我的出身贫苦，父亲当时一个月的收入将近三百块钱。这段推车经历虽然并不长久，但却在我的脑海里留下了无法抹去的记忆。那是一段艰辛的岁月，带给我的却是自力更生的骄傲：一鼓作气，带着满心的欢喜和收获，推到目的地。虽已浑身是汗，但辛勤劳作的汗水渗浸的不仅仅是我的身躯，还有精神领域里的东西，在最平凡的劳动者世界里得到的升华……另外，我自认有一个优点，那就是从不嫉妒人。自己不才，却喜欢有才的人，且乐意为他人"推上岭"。如今想来，这一性格的直接来源恐怕就是因为我小时候干过推板车的活儿？

偶然

到了五年级时，我推车已经一点一点积攒下了五角钱，在那个年代可算是不小的数目。

一次放假，我回家路过繁华大街的长沙城北民主街，大大的麻石铺砌而成的街上，小摊一个接着一个。我看到一个菜农大叔在卖新鲜的小白菜，许多人围着买。摸摸口袋里那辛苦攒下的五角钱，我毅然决定买上一把，送给爸妈炒着吃，献上我的一份爱。

这种小白菜叫"上海青"，那时不常见，它不像长沙本地青菜，个头要小得多，模样却是柔美动人。一棵一棵排在一起，每一片叶都是碧绿生青，上面挂着几颗晶莹的水珠，更让人看得欢喜。

母亲煮面条的时候，很喜欢放几棵在面上，整碗面立即漂亮起来。味道则是淡淡的清甜，没有一般青菜会有的苦涩。不过也真的好贵，要五角一斤，一把刚好一斤。

我买好后，兴高采烈地拿着它，一路奔跑回家，进门就喊："妈妈，看，我买了小白菜！"母亲接过菜，说："你哪里有钱买菜呀？"我自豪地说："我推车赚的。""多少钱？""五角钱。"母亲只淡淡地说："以后不要买了，机关农场有菜分，不要钱的。"

糟了，我想，做好不讨好。但不管怎么说，这是我自己的劳动所得，一份心，一份情，一份对父母的爱，虽没有得到认同，但我当时想，我尽心就好了。买下这份高价白菜带回家，这是我第一次接触商品，我的"第一桶金"也就这样一把散尽了。

第七节　死神照面擦肩去

无中生有，此是偶然。有归于无，此是必然。

死亡是一个永恒的问题，也是自古以来世界上各种宗教、哲学探讨不休的问题。托尔斯泰就是在严肃地对生死问题进行过一番彻底的自我反思之后，才改变了整个人生的态度，开始追寻宗教、道德等等高度精神性的生命意义。他的《伊凡·伊里奇之死》正是他独特的生死体验的心灵写照及升华。托尔斯泰笔下的伊凡，只是在罹患绝症之后，才体悟到：生命的每一个时刻即是走向死亡的时刻。托尔斯泰如此想象死亡：下沉、下沉，"没有死，只有光"。

日本著名导演黑泽明在1952年制作了影片《活下去》，其中的主人翁渡边，与伊凡有相类似的体验。在他自知患有绝症直至死去的几个月间，探索着仍要活下去的人生意义，并通过积极的善行，完成了一件自我承担的任务，肯定了自我，肯定了人生，欣然地接受了死亡。

不管是谁，我们每一个人面临自己的死亡时，都只能是自我承担。云门禅师说："日日是好日。"人生之旅虽如古潭寒水，深幽冰冷，然而只有领悟过"死"的意义的人，才可能珍惜人生，懂得爱人、做人、求知和责任，懂得何谓人性和生命，才有智慧和勇气去担当一切挑战和痛苦，而使自己活得更有尊严，更有意义，更有生命的质量。

早在我读寄宿小学的时候，我便与死亡打了第一次照面。

那时，我最期盼的便是暑假。每个暑假都有成群的玩伴与我一起任情嬉戏、肆意胡闹，其中的孩子头，也就是我们的首领，大家都喊作"老三"。他们生在水边，对水中的一切把式早已熟谙，捉浪弄潮、出没风波里，是炎炎夏季里每日的必修作业。这让那时才七岁的我十分羡慕，追在他们屁股后面要他们教我游泳，他们也乐得多个水里翻腾、岸上打闹的伙伴，一口应承。于是一个炽热的下午，我就跟着他们一群大孩子去游泳了。

他们最常游水的地方是穿越农场的那条河。那时农场里稻田成片，随着夏日里的微风起伏偃仰，摇曳如缎，荡出一丝清凉，让我们心里生出一片莫名的向往。

那里面埋藏着赶赴河边的必经之路。每至午后，一路上的鸟雀歌唱、昆虫嘶叫，与我们熙熙攘攘的喧嚣声协奏共鸣，融为一体，仿佛我们并非贸然闯入这片天地的不速之客，而是原本就生长于斯，与周边的草木虫鱼有着天然的和谐。

记得那天，我们本是七零八落、不成行伍地走在散发着稻香的田埂上，或掐草为戏，或逐鸟而行。一群麻雀在稻田里寻觅着食物，听到我们的脚步声，呼啦一下，腾空而去，落在不远处的大樟树上。狡猾的麻雀还不愿真的离去，待我们走远，我一回头，这群麻雀又全部飞回了它们的原领地，全然不顾稻田中立着的稻草人。也许它们已经

偶然

明白，那是假人，伤害不了它们。麻雀虽然没有思想，但是它们也有头脑，如此简单的真假，不用思想它们也可以对付了。我正胡思乱想着这些，忽然间却听得大家齐发一声喊，撒开脚丫子向前狂奔而去，挟裹着一阵狂乱的欢笑。

我不明所以，呆立起来，只看见为首的孩子头"老三"边跑边扭过头来冲我喊："快点啊！"边说边挤眉弄眼，脸上尽是戏谑之色，喊两声便又扭过头去，脚下不肯停留。原来已经快走完了稻田区，我一看，和他们相比，落下好大一段路了，顾不得理会麻雀，赶紧抬脚赶去，却早已被他们落下了一大截，眼睁睁看他们渐行渐远，追赶不迭。

一阵疾行后，远远地便可以望见那条河了。刚刚下过雨，河水比平时涨起很多，水面微微皴动，层层叠叠的波纹从各个方面反射太阳炽烈的光芒，银花花一片，晃得我不由眯起两眼。他们已经跑到岸边，迫不及待地扒掉浑身的衣服，七条黝黑精赤的身体，毫无顾忌地裸露在天地之间。他们回头冲我笑笑，便用手举起衣服，一步一步蹚入河中，我看着他们的身体一截一截地没进水里，终于连脑袋也浸在里面，心里不由得泛起阵阵惶恐。正不知所措之时，又看见远远的水面上浮起一个又接一个的黑点，原来这河水深可没人的地方不过几步之遥，他们渐渐全冒了出来。我冲他们狂喊，他们只顾往前走，并不理我，终于远到了我的视线之外。

我一个人站在河边，心里无比忐忑，同时又暗暗生气：这群家伙，说好来教我游泳的，竟把我一个扔在这里，不管不顾。不过也怪自己，只顾着看麻雀，把时间给耽搁了。一时之间，我进退两难，向前走呢，有些胆怯，可是反身回去，又有些不舍。管他呢，他们能过，我也能过，不过就是憋一口气的事情嘛。无奈之下，我心下一横，脱光衣服，顶在头顶，学着他们的样子，慢慢蹚下水去。

下去之后，我才意识到并没有自己想的那么简单。那时我才七岁，个头很小，河水有些凉，而且湍急，我抬脚前行的时候，一只脚立着，竟有些不稳。我竭尽全力维持着自己的平衡，走得跌跌跄跄。水越来越深，已经没过了我的脖子，再走两步势必会淹没我的脑袋，我心里多少有些后悔自己的莽撞，可事已至此，也顾不得许多了。我停下脚步，调整了一下呼吸，待喘息稍定之后，深深地长吸了一口气，壮着胆子迈步向前走。水一下子淹过头顶，夹杂着团团气泡，直奔我眼珠涌来，在没进水里的那一刻，不由得双目一阖，眼前顿时漆黑一片。

我不会游水，更不懂得试着用手划向岸边，心下更慌了，脑海中只浮现出一个字眼：死。死是不是跟这水底一样黑暗？来不及多想，因为胸口已经憋得厉害。不会游水，又不想被淹死，只能用尽全力在水里扑腾了几下，直到两肋生疼，再也忍不住，吐一口气出来，竟立即舒服很多。我舍不得把气一口吐掉，一次只呼出一小口，憋住，憋到忍无可忍，再吐一小口，再憋住。反复了几次之后，长吸的这口气终于也荡然无存，心口腹部再次吃力起来。我觉得自己就像被吸去内里空气、变瘪了的塑料瓶子。

我又憋不住了，不由自主地一张嘴，一口水迅猛地冲进来，咕咚一声被我吞下肚去。坏了，我想。我赶紧闭紧嘴，可是，奇怪，吞水之后竟又好受得多。我来不及思索其中的缘由，拔脚赶紧往前走，忍不住的时候，就再张嘴灌一口水，一口，两口……只感觉人越来越往下沉，只感觉水呛得人好难受，好想能够把头伸出水面透口气，更想有个人能把我拉出水面。可是，"老三"他们都去了哪里？为什么不来帮我？

我不记得那天到底喝了多少口水，总之脑子里一片空白，朦胧中感觉自己被推来推去，但我始终坚持着向前走，就在我感觉自己快要沉下去了的时候，突然，"复行数十步，豁然开朗"，水浅了下来。我的头露出水面了，眼睛、鼻子、嘴都出水面了，我成功了。我长舒一口气，喘个不停，就像临刑前的囚徒忽然间得到大赦一般，发疯似的跑上岸，穿上小背心和小裤衩，追上"老三"他们。我满脸怒气，正待发作，他们却一齐看着我，鬼魅般地哈哈大笑起来。我一下子没了脾气，呆了一会，也咧开嘴，跟着他们笑起来。

站在岸边，再回头看着那河水，明晃晃地，我看着有些瘆人，甚至都无法想象自己居然能从那里活着出来了。

"老三"他们跟我开了这么一个无心的玩笑之后，倒是信守了承诺，开始教我学游泳。而克服了对水的恐惧，我学得也特别快。当天我就学会了狗爬式以及侧式游法,还有扎猛子、睁着眼睛在水里闭气等"基本功"。

"老三"他们都赞我"有种,天生会水"。当我在水里可以双目自如之时,我意识到,水里并非如我刚刚所想一般漆黑一片,只要你不惧它,它就会成为你快乐的"源泉"。再度到水里时,我看见那河水清澈无比,游鱼细石,直视无碍。后来我又学会了蛙泳、自由泳、仰泳、跳水、踩水,水中的各种姿势玩法,别人会的,我也全学会了。

我终于也可以无拘无束地游水了。炎炎的夏日,在一池碧波当中,惬意地畅游着。有时一个人游出去很远,然后静静地躺在水面,全身心地体验着生命的存在和生命的力量。看着蓝蓝的天空,感觉自己被水托着,就像在空中飞翔。那样的感觉和体验,堪称独一无二。

虽然早已时过境迁,但这段第一次面对死亡的恐惧记忆却仍清晰如昨日,如此深刻,想忘也忘不掉。现在回想起来,会对自己当时的慌乱窘迫之态哂然一笑,但在当时,我却真的心有余悸,毕竟是第一次感受到生命面临危险,差不多做了大半年的噩梦。梦境几乎都是相似的:我只顾追赶老三他们,贸然下水,走不几步,脚下一个趔趄,河水登时从四面八方汹涌而来,淹没我的脑袋。急流乱水,我睁不开眼,眼前乌黑一片,黑暗中暗影幢幢,如鬼如魂,张牙舞爪。我心下更慌,手忙脚乱,急迫中抓不住任何物体,哪怕稻草一根、浮萍一叶。水中好像有什么魑魅魍魉,以一种宿命般巨大的力量,把我拽向河水中心,向着收纳死亡的幽都地府前行。我的脖子恍若被传说中的幽冥鬼使拿那勾魂夺魄的锁链卡住,喘不过气,周围的水带着淡然腥臭与泥土沙石,一口口呛了进来。我的挣扎越来越无力,头脑中意识逐渐丧失,似乎连恐惧都已消散。梦里的我,清晰地意识到自己淹死了,还被鱼咬得遍体鳞伤,母亲望着我,只是哭……有时从噩梦中醒来,慢慢睁开眼睛,会发现脸颊上全是泪水。

我从未告诉过父母这件事。尽管阴影笼罩了很久,但对那些大孩子,我并不记恨,虽然他们只顾了自己玩,但他们并没有让我过到河对岸去,下水,是我自己的选择,为什么要去怪别人呢?

生死之擦肩而过，既然如此偶然，我也就没有理由不去珍惜每一次日月轮回、每一个清晨夜晚。也是从那一刻起，我开始懂得了珍惜生命，珍惜生活，最为重要的是，我意识到，想要成功，就要有遵从自己内心和直觉的勇气。再大一些以后，我经常会问自己：如果今天是我生命中的最后一天，我还愿意做我今天原本应该做的事情吗？当一连好多天答案都是否定的时候，我就知道，做出改变的时刻到了。

偶然

湖南省总工会，作者生长的地方

第二章　偶然以道德为承载：天心阁之梦
——孙伯捧出荷花恋

　　就这样，我跌跌撞撞地成长起来，童年岁月里，那些痛苦、欢乐；那些幸福、贫苦……在成长历程中却逐渐成为我一世的牵挂和思念。1957年，挥手作别童年，走进了湖南地质子弟小学的教室，却野性难驯，调皮贪玩；1962年，小学五年级终于归正的我，才开始真正明白那个不一样的童年带给我怎样的一笔人生财富。

　　蓦然回首童年曾经走过的路，成长，确实是一段很艰辛的历程。走过成长的岁月，我们逐步走向成熟。而真正的成长，是思想的成熟、累积的智慧、心智的淡定、生命的启示。当天真无邪的本性还充斥着我们快乐的心灵，当成长的经历还演绎着一部部精彩的戏剧，我庆幸我遇到的，都是那个特殊年代里的好人。

　　直到今天，半个世纪之后的今天，我一闭上眼睛，还是能够看见那时的天心阁和那时生活在天心阁畔的清癯老人。于满目荷香之中雀跃前往、在清新怡人的气息中回首凝望，他就立于天心阁旁，见我前来，笑声朗朗，声如洪钟，为我讲起这天心阁沧桑。他与天心阁一样，在我当时尚未成熟的心胸当中留下了太过深刻的意象，以至在后来的漫长岁月中，我常常将孙伯与天心阁记在一处，再难分辨。脑海中常常出现的，是古阁雄踞，气象蔚然，登临其上，瞰湘流北去，招岳色南来，仿佛置身天际；是孙伯一绺长髯、一袭长衫，三尺书案后，清癯而矍铄的样子。

　　追求学识，不放过巧遇中的学问，学故事中的情、义、胆量，让你学会怎么去做人，怎么去爱人，怎么去奉献。不懂得大爱的道理，没有感情的人，是失败的人。

第一节 书中自有阁中玉

湖南省地质局子弟学校是寄宿学校，由于是寄宿，父母自然是"天高皇帝远"，我就更像是脱了缰的野马，打架逃课样样来得。这样的情况一直延续到小学五年级。那一天，学校组织秋游，我有幸第一次参观长沙第一师范。

我至今清楚地记得，走进第一师范的大门，就看到了富有西洋风味的学校建筑：以黑色为基调，白色的柱子和拱形门窗，青灰的墙面，尖尖的屋顶，还有错落有致的古树绿植点缀其间。整座校园的庄重气息一下子跃入眼帘，不知不觉间，便让人肃然起敬。

校园里走廊迂回，连接一个个教室和庭院，庭院中树木葱茏，花草茂盛，不时间还有三五成群的学生在那里朗读讨论，为静谧的校园增添了勃勃生机。我被这里的一幕幕所吸引了，一种由衷的向往之情渐渐从心底里升起。

老师带着我们走进操场，来到青年毛泽东铜像前，只见那雕塑栩栩如生，面朝东南方，身着青年长衫，昂首挺胸，手执文稿，目光炯炯，面带微笑，正视前方，巍然挺立，成功地再现了人民领袖毛泽东主席年轻时的风采。我不由地心生敬意。想到那个橘子洲头挥斥方遒的毛泽东，那个在国民党军队层层堵截下毫不气馁的毛泽东，那个抗日救国、建立民族统一战线的毛泽东，那个在解放战争中运筹帷幄、决胜千里之外的毛泽东，仰望铜像，我能感觉到一种生生不息的中华民族气节，知难更进的少年刚锐，难以压抑的对理想的崇敬、对祖国的炽热情感。

带队的老师给我们讲解道："虽然第一师范曾经因为遭遇文夕大火而化为灰烬，但现在的建筑大多在新中国成立后依旧而建，使得学府犹如凤凰涅槃，浴火重生，与往日建筑没有太多区别，反而多加添了一层生命力。

"第一师范被誉为'千年学府，百年师范'，前身为南宋理学家张栻创办的城南书院，其历史悠久，文化底蕴深厚独特。正是有着这样的文化土壤，这里才群星璀璨，名人辈出。清代中兴名臣曾国藩、左宗棠；民国开国元勋黄兴、'难酬蹈海亦英雄'的民主革命者陈天华，他们都曾在这里读书。

"湖南第一师范也是毛泽东的母校，毛泽东青年时代在这里求学、从事革命活动。当年毛泽东在长沙求学时考入了好几所学校，但少则一月多则半年就弃学了，唯独在湖南第一师范学习长达五年半，毕业后还工作了两个年头，就是因为这里的文化土壤适合毛泽东茁壮成长。毛泽东就是在此尽情吸吮着湖湘文化之精华而成就为湖湘文化最为杰出的代表。"

看到我们听得入神，老师又更加细致地讲起了毛泽东少年求学的故事："1910年，胸怀大志的毛泽东，想去湖南湘乡以'经世致用'为理念的东山新式学堂求学。当时，他的父亲希望他辍学回家，到湘潭一家米行学徒。然而，年少的毛泽东，对未来却已经有了自己的想法。临行前，他给父母留下这样一首诗：

孩儿立志出乡关，

学不成名誓不还。

埋骨何须桑梓地，

人生无处不青山。

"当青年毛泽东肩挑行李，步行五十里来到那个学堂的时候，等待他的却是一道大大的难题——毛泽东是湘潭县人，而东山高等小学堂却隶属湘乡县。按照当时的相关规定，他不能在这儿就读。然而，年轻的毛泽东没有退却，胸有诗书气自华的他以才气和自信，挥毫拟就一篇入学应试作文《言志》。文章中那高远深邃的立论、华美典雅的词章、纵横捭阖的笔法、意犹未尽的意境，深得当时东山高等小学堂堂长李元甫的赞赏，一时间，惊叹他为'建国钟鼎之材'。在学校部分董事反对收纳外县学生的情况下，李元甫据理力争，坚持己见，称如果不录取毛泽东这样的旷世英才，就辞去堂长的职务。在他的坚持下，毛泽东终于被破格录取。"

我们被老师精彩的故事吸引住了，全都津津有味地听着，老师见我们一副馋样，微微一笑，接着说道："人要有志向，要立志好好读书，毛主席成为共和国领袖之后，仍然关心着我们这一代年轻人，发出了'好好学习，天天向上'这样殷切的希望……"

听了老师的话，我突然顿悟，想明白了一个朴素的道理：只有读书才能改变命运，才能对得起常年辛苦操劳的父母。我不能再贪玩了，要好好读书，做个好学生了。

于是，我结束了那些厮闹荒唐的岁月，开始发奋学习，埋头苦

偶然

读。上课时我专心听讲,老师讲的内容一字不落地记下来,没听懂的内容,下课时也一定会找到老师,打破沙锅问到底地弄个清楚。下课后,我总是把自己泡在阅览室、图书馆里。课本一字一字地读、一页页地啃、一道题一道题地做。做摘录、记笔记、举手发言,一丝不苟。晚上学校熄灯较早,我就在凌晨五点多悄悄起床,到学校的公共厕所里伴着昏暗的灯光读书。冬季的时候,凌晨可真是冷!但我心中对学习的渴望却无比强烈,完全抵挡住了那份寒冷!三更灯火五更鸡,晚睡早起。功夫不负有心人,从那时开始,每次考试,我的成绩都名列前茅,收起了芒刺的我,就像迈入了人生的另一阶段。

以前出了名的叛逆小子,竟然开始认真读书学习了!不要说我的父母,就连与我朝夕相处的同学都觉得不可思议。而我,也在偶尔从教室的窗口望出去看到的云卷云舒当中,体会到了生活的另一番滋味。这所学校对我的培养、影响、鼓励和引导,我是感激万分的。一直到毕业离开,我才真正理解母校的含义,母校就如同母亲,潜移默化地教导我、抚育我,对我后来的经历和成长,都有着如沐甘泉似的帮助和影响。五年级的课业并不繁重,更何况当时学校实行的是苏联式的教育模式,学习简简单单、快快乐乐,而且更加注重实践,我也乐得在这样的氛围和方式中汲取营养。

一次历史课上,我翻开书本,"天心阁"三个夺目的字眼跃入了眼帘,顺着内容看下去,"极城南之盛概萃于斯阁"的《天心阁眺望》一诗提醒了我,书上说的原来正是我们站起身便可隐约看见,立于校门外转角的一处雕梁画栋、斗拱飞檐的建筑。

老师看到我们的表情,微笑着朝窗外指了一下,说道:"同学们,那里就是天心阁,今天的课,我就给同学们讲讲这天心阁的历史吧。"

"为什么要跟大家讲一讲这天心阁呢?因为它与我们生活的这座城市是密不可分的。我先问大家一个问题。有哪位同学知道我们这座城市为什么要叫做长沙呢?"

同学们面面相觑,虽然大家都是自小在这城里长大,但还真的从来没有认真地想过这个问题,当然没人说得上来。

老师见我们一个个丈二和尚摸不着头脑的样子,眨了下眼睛,解释道:"同学们,大家知道,古时候的人为了区分夜空中的星斗,命名了二十八星宿，这叫做'星野'之说。按星宿分野，翼与轸为天上的两颗星宿，对应地上荆州这区域范围，而当时我们所在的这块土地，就对应着天上的轸星宿范围之中的一颗名叫长沙的星星，主管人间寿命，长沙的赐名，对应天上的星象，又正在轸宿的左侧管辖区内，处于各大星官辅佐的地位。因此古人觉得这是天意的归属，这块地方也就顺理成章地被叫做长沙了。

"因为有了这样美好的愿望和期许，长沙历史上贤良辈出，为国家和百姓效力而功劳卓越享有大名的人物层出不穷，大家说说都有哪些人？"

听了老师的话，同学们叽叽喳喳地议论开了。

"毛泽东、周恩来、彭德怀！"我脱口而出。

老师听到我的答案，笑着说："周恩来总理可不是我们湖南人咧，不过，他们却都和我们长沙的一个地方有关系。我要跟大家讲的就是这个地方。

"两年前，也就是1960年的时候，毛泽东主席和周恩来总理一行曾经来到长沙视察，工作之余，到湘江边散步。遥望橘子洲头，百舸争流，万帆竞发，毛主席逸兴遄飞，口占一上联：'橘子洲，洲旁舟，舟行洲不行'，这个上联看起来并不长，但是却动静相对，意境悠远，三个断句，两处用到顶针手法，并且取洲和舟的谐音，应对难度极大。毛泽东思考良久，对身边的周恩来说：'恩来，我一时江郎才尽，请你来个锦上添花如何？'周恩来总理也是才思敏捷，又熟谙地理，了解长沙，竟于百步之内得佳句：'天心阁，阁中鸽，鸽飞阁不飞。'既工整又流畅，整个对联浑然一体，两位伟人相对而笑。"

我们一个个眨巴着眼睛，都听得痴了。我第一次感觉到，课堂里的文化课也是这么的有趣。

原来，老师要讲的就是这故事中与橘子洲遥相呼应的天心阁。书本上枯燥无味的记载在老师口中立时变得妙趣横生起来。想到自己身边就有这样一处深具历史与文化底蕴的所在，同学们都不时起身眺望。

老师了解我们的心情，也并不横加阻拦，只是示意我们安静下来，接着又说道："据史料记载，长沙古城，始筑于西汉高祖五年，也就是公元前202年。不过当时的城墙还未达到天心阁处，以后各代陆续扩建,到宋代已基本确定为天心阁现在的位置。清代又多次重修加固,增设炮台九座,并建月城,使古城墙成半环拱式内双城格局。20年代,拆城墙修环城马路,仅留下天心阁这段古城墙,成为古城长沙的历史见证。"

当时对月城为何物尚属懵懂的我听得一头雾水,一边叹息自己之前没有好好读书,一边又暗暗下决心要到天心阁实地走一圈,好把老师讲的东西好好弄个清楚。

"乾隆十一年(1746),抚军杨锡被主持兴建。阁名引《尚书》'咸有一德,克享天心'之意而得名。阁楼总建筑面积八百六十四平方米,当时为全城最高处。新中国成立后市政府将其列为文物保护单位。栗瓦飞檐,朱梁画栋,主副三阁,间以长廊。整个阁体呈弧状分布。主阁由六十根木柱支撑,上有三十二个高啄鳌头,三十二只风马铜铃,十条吻龙。阁前后石栏杆上雕有六十二头石狮,还有车、马、龙、梅、竹、芙蓉等石雕,体现了长沙楚汉名城的风貌,另外阁内还珍藏了许多名人字画。"

老师讲到天心阁里这些浮雕,都是我们这群小孩子最感兴趣的东西,一个个听得伸头伸脑,全神贯注。

老师见我们听得仔细,自然也讲得有味道,顿了一下,继续讲解道:"天心阁由于地势高,为攻守险要,这里便成了兵家必据之地。其坐落处因地势险要,筑有内外两城,外城分为南北两月城,月城内共设炮洞十一个,据同治四年记载,当时城墙高三十三米,加阁高共计四十八米,为古时重要的军事防御要塞。现遗留城墙长二百五十一米,高十三点四米。天心阁饱经战火,屡毁屡建。1852年太平军西王萧朝贵率部进攻长沙,与清军鏖战,不幸殉难于天心阁下。至今城墙上还留下了一些炮眼。1905年,孙中山、黄兴在日本派遣同盟会会员陈家鼎回湖南组织同盟会机关,其秘密机关一度设在天心阁内。1930年7月27日,彭德怀率领工农红军攻入长沙,也在天心阁向部队作过报告。

"天心阁地处我们长沙地势最高的龙伏山顶,古人视这里为呈吉祥之兆的风水宝地。刚才跟大家说到的天上一颗'长沙星',恰恰对应着天心阁这个位置,所以天心阁曾为古人观测星象、祭祀天神的地方,阁中供奉主宰人间功名的文昌帝君和奎星像,以保长沙文运昌盛，振人文而达天心。旧时前来拜祭的人们络绎不绝，文人墨客也常常登阁吟诗作赋。所以历史上有关天心阁留下了很多脍炙人口的诗词歌赋。最著名的莫过于明朝人俞仪的这一首《天心阁眺望》：

楼高浑似踏虚空，
四面云山屏障同。
指点潭州好风景，
万家烟雨画图中。"

我本身就对历史特别感兴趣，又喜欢古典诗词，对老师说的内容，一笔一画地都记在了笔记本上。

老师接着说："清末政局动荡，当局无暇顾及，天心阁四周城墙上已搭满经商杂屋。动荡频仍的战争岁月里，天心阁旁的'月城'还放置着攻击敌人的大炮。有意思的是，那大炮还是用菩萨熔铸成的。原来，当年太平军一路攻城，势如破竹。为稳定民心，提升士气，左宗棠下令用长沙城郊庙里的一尊巨型菩萨熔铸成大炮对付敌人，打死了西王萧朝贵，也使长沙成为太平军唯一没攻下的城池。"

"老师，您刚才提到的月城是什么？"这是上课一开始就困扰我的一个问题，听到老师又提了起来，我举手问道。

"问得好，"老师赞了一声，继续说道，"这月城啊，其实是古代兵勇屯兵和放置炮台的地方，也就是说，月城的出现表明天心阁已经从祭祀星神变成了战争工事的用途了。这之后，原本以祭祀文曲星而建的天心阁再也无法与战火绝缘，辛亥革命，作为全国'首应'之地的湖南长沙，那些铁骨铮铮的义士就是屹立在天心阁上发出了振聋发聩的革命呼喊；三次长沙会战、常德、衡阳保卫战，主要由三湘子弟组成的中国军队，就是牢牢守住长沙古城墙上的这座谯楼，猛烈地抗击了日军并造成其前所未有的重大伤亡。"

老师愈讲情绪愈发激昂，尤其是提到当时守卫长沙城区的第十师师长方先觉在战前写给夫人的遗书时更是令人感怀："'蕴华吾妻：我军此次奉命固守长沙，任务重大。长沙的存亡，关系抗战全局的成败，我决心以死殉国，设若战死，你和五子的生活，政府自有照顾。务令五子皆能大学毕业，好好做人，继我遗志，报效党国，则我含笑九泉矣！希吾妻勿悲。夫，子珊。'

"此信传开，不少士兵和学生含泪立下了'成则以功勋报祖国，

偶然

死则以长沙为坟墓'的誓言。大家沿中山西路、黄兴路、八角亭、南正街、坡子街一线建设了核心工事,长沙城成为了抗击日军的堡垒。"

"铃——"讲到这里,下课钟声响起,老师合上书本,我们却听得心潮澎湃,意犹未尽。想到这平躺于书本文字中的天心阁竟然离我如此之近,我暗下决心定要亲身去看一次。由于是寄宿制,平日生活老师管得很严,只有等周末了。

天心阁离我们不远,从学校所在的黄土岭路往上,转一个弯就是天心阁,走路也就是不到二十分钟的路程。几年的读书生涯,抬首凝望间,日日相见,天心阁在彼时的我眼中,不过是学校周围的一栋雕梁画栋、斗拱飞檐的新奇建筑而已,幼时的我自然还不能完全领略天心阁在中国人民保家卫国的历史上的成就与意义,但是它却成了给予我童年无数欢乐的所在。

坐落在繁华的市区,天心阁无疑是喧嚣嘈杂中的一片净土。草木竞翠,芳花斗妍,峭拔卓立的山石和斜挑腾飞的楼檐在树木葱郁枝叶的掩映下若隐若现。这儿露出一角金黄琉璃瓦,那儿闪过一块苍青色石岩,待到仔细看时,却又没了踪迹。想是那石上覆的青碧苔藓生生晃了人的眼,以假乱真了吧?有时,我会带一本书,在这宁静的地方,坐着或是躺着,看书或者想事。骄阳高悬的午后,风从树间穿过,处处虫鸣。

有时,我会坐在石凳上看老人们下象棋,看那三十二个棋子整齐放在棋盘上,一半黑一半红。老人们告诉我,棋盘上写着的"楚河"、"汉界"字样,是以下棋比况历史上的"楚汉战争"。随着战局不断深入,原本随和的两个老头,往往会变得严谨认真起来。两张面孔看似平静,但那微微簇起的眉头和不断揉搓的手指证明了他们很不轻松,拱卒、飞炮、走马、走车、小兵过河、将军抽车吃,马吃炮……双方就这样如火如荼地战斗着,每一步都要深思熟虑,生怕一步走错满盘皆输,不敢有半点疏忽。等到一方额头出现细汗,一遍又一遍轻拍额头,胜负也就清晰了。我的象棋下得并不好,远不如军棋。直到现在,我仍然觉得,军棋充满风险,很接近现实生活,棋与棋彼此不知底,就像生活本身的不可捉摸,稍有不慎,便铸成大错。在我和老人们无数次军棋鏖战中,我的战绩不错,往往杀得对方人仰马翻,片甲不留,俯首称臣。每当这时,他们就会乐呵呵地请我吃瓜子、蚕豆,我也会不客气地享受起"胜利果实"来。

　　有时我只是看鸟,看它们出来高歌,把天地都叫喊得热闹。春天可以看蓝天上空一掠而过的鸽子,夏天是听冗长单调的蝉歌,秋天是看林中空地上几只羽毛蓬松的小麻雀,而冬天,冬天太冷,鸟儿或许都归了巢。

　　有时我也会沿着阴凉而爬满了青苔的石阶,一路爬到最高处,数那城墙上的青砖,它们在太阳的光辉照耀下,每一个坎坷都被映照得灿烂。而在那青砖之外,远远地,我眺望着自己家的方向,猜想父母弟妹,他们正在做些什么。那些苍黑的古砖,在我想家的时候镇静地站在那儿。

　　对于那时的我而言,天心阁不过是一个游戏的场所,与玩伴们在谯楼上追打嬉闹,摇落的一串笑声里并没有半点对这座建筑的了解。然而这一次的二十分钟却走得不同往常,尤其是在了解了以前只是平躺于书本当中的天心阁,胸中那股模糊的民族大义、家国情怀仿佛全数凝结到这栋绽放沉静光芒的古阁之上。那个时候的我也并不知道,这栋静静矗立的古建筑将会带给尚属年幼的我一番怎样的际遇。

第二节　天心阁故事王国

　　那时,还没有旅游业这个概念,天心阁上全是苍幽大树,少了人为的"景区规划",兀自生长,却也出了极美的效果。配合着城楼阁台,层次分明,错落有致,远望近观,各有新趣,你不禁要佩服这大自然的鬼斧神工。不同的绿,不同的美,各种高大的柏树、樟树、松树错落其间,我最喜欢的,要算酸枣树了。它们的树皮呈青黑色,是经历风风雨雨的验证。每到秋季,酸枣成熟后,像一个个小红灯笼,挂在枝叶上,把其貌不扬的枣树照亮,红彤彤,非常喜人。微风拂来,轻轻摇曳,把一种幸福堆满你的眼前。每年这个季节,就连很多颜色都剥蚀了、淡褪了、未经精心整理修葺的天心阁也仿佛亮堂了起来,青砖石缝间就连野草也都茂盛得不知不觉,更不消说那些绿意幽深的参天古木,我猜定是有人照料,不然哪能长得如此自在坦荡。

　　那一次上天心阁,我就正遇到有人在阁上担水以浇树育花。那时

偶然

天心阁上尚有水井，只见一清瘦身影，肩头挑着担子，两头各有一个装满了水的木桶。我抬眼看去，是一位五六十岁的老人，原本一袭干净的长衫在担水浇花的过程中已经染上斑斑污迹。毕竟岁月不饶人，老人稍显吃力地举起木桶，一注水流缓缓渗入一棵古木根部，但见他手上青筋毕露，皱纹微起，指关节泛着白色，脸成了绛红色，由于屏力，额头甚至冒出了细细的汗珠。

我见状赶忙跑上前去，伸手托了一下，帮助老人一同抬起了木桶，老人抬头看我，一双眼睛炯炯有神，一副长髯微风掀动，浑身透着一股书卷气，并不像是做惯了体力活的人。老人当下也未多言，只是由着我与他一起做完了阁上担水浇树浇花的活计。原本丛生的野草在他手中归置整理，很快显出一片整齐的青砖坦途。

转眼就日上中天，老人见我做得卖力，朗声笑道："细伢子，来，歇会吧。"

"好！"我正求之不得，放下手里的活计，起身拍了拍屁股。

老人笑盈盈地将我拉到一块树荫之中，彼时正是初夏，长沙已略有暑意，又兼一直劳作，我便出了一身的汗，但是一坐到树荫底下，一股幽深凉意却油然而生。老人不知从哪里摸出了两个香瓜，扔进了还盛着半桶水的木桶之中。

因为是井水，浸在里面的瓜果很快就如同冰镇过一般，吃起来清凉沁口，甜入心脾。那滋味让人恨不得一口就把整个香瓜吞进肚子里去。

老人笑眯眯地看着大口吞咽的我，问道："细伢子，叫什么名字啊？读过书没有？"

我一边哗啦哗啦地咬着香瓜，一边摸着下巴回答道："我叫李晓东，就在那边的地质子弟小学念五年级。"

"呵，读书了啊，写两个字来看看。"老人随手从地上捡起根枯枝，将一头稍微折了一点，蘸满了水，就成了一支笔递给了我。

我拣了块干净的青砖，又拿起老人给我的"笔"瞧了一眼，便一笔一画地写上了"天心阁"三个字，又在旁边写了我的名字。老人端详了半天，朗声笑道："不错啊，细伢子，你这是给天心阁题字啊。呵呵，你姓李，我姓孙，你以后就叫我孙伯吧。"

"好的！孙伯！"我一只香瓜落肚，心里滋味那叫一个美，满口

"孙伯"、"孙伯"地叫开了。

"哎，小李伢子！哈哈。"孙伯一捋胡须，笑呵呵地应着，一张脸虽然布满皱纹，也仿佛像一朵花一样开放了。

未几，过了休息时间，孙伯把一把小小的铁铲交到我手中，指着一丛野草说："细伢子，来帮我铲铲野草，用这个把野草连根铲起来就行了。"

这样简单的活计，对于我来说当然不在话下。三下五除二，我铲起一丛野草，也不顾根茎上还扑簌簌地有泥土掉落，就送到老人面前。老人呵呵一笑，道："细伢子，看不出你小小年纪，活计还不错。"

我也笑了，脸上微微一红，不知是热还是害羞，心里有点小得意。我跟着老人一块，很快将阁上一大片野草清除干净了。我想起前几天语文课上老师刚刚讲过的一首古诗，就问老人道："伯伯，现在除掉了，明年还是会长出来的吧？野火烧不尽，春风吹又生。"

老人抚须点头道："话是不错，不过这天心阁总是要有个人经常来清理清理的，不然还成什么样子？"

"那为什么别人都不做，只有你做呢？"我好奇地歪着脑袋问。

"那是因为这是我现在的工作呀。"孙伯道。

"那您以前是做什么的？"我又问。

"我以前呀，就在二中当老师，教历史。"孙伯摸了一下我的脑袋。

"历史老师？我知道的。我们学校的历史老师刚刚给我们讲过天心阁！"我想起那堂关于"天心阁"、听得大家如痴如醉的课，兴奋地答道。

"是吗？"孙伯笑道，"那你跟我说说你们老师是怎么说天心阁的？"

被孙伯忽然这么一问，我竟有些发愣了，脑袋里开始迅速地回忆起老师上课讲的内容，什么"星野说"、"长沙星"，还有老师写在黑板上的俞仪的那首诗，那些上课时令我印象深刻的内容，一股脑地说给孙伯听了。

"细伢子，书念得不错啊。"孙伯说着递了一块毛巾给我，又道，"饿了吧？把汗擦擦，我带你去吃饭。"

偶然

下了天心阁，穿过阁下拱廊，不远处就有几处小吃摊，都是一色地挑着担子，一头一个炉子，坐上一口热气腾腾的大锅，放下担子，支起一个简易的小棚子，搭几张小桌子就是一个提供吃食的地方了。小贩在那一个个海碗里，动作麻利地撒下葱花、油盐酱醋、虾皮作料。一旁的锅里，开水"啵啵"地冒腾着白色的雾气。

白嫩中透着粉红肉馅的馄饨、晶莹剔透的粉丝、润泽的豆腐千张、金黄喷香的煎饺……像士兵阵列站队似的，整齐排放着。

我闻着这小棚子里特有吃食的馨香、看着眼前这些简单却鲜艳夺目的色彩，不禁口水直流，食欲大振。

孙伯在一旁见到了我的馋猫相，哈哈大笑起来："细伢子，馋坏了吧？来，孙伯今天请你吃个痛快，把你肚子里的馋虫都喂饱！哈哈……"

听孙伯这么一说，我有些腼腆地笑了，伸手挠挠小脑瓜，却也不知道推辞，只好奇地问道："孙伯，这里什么最好吃啊？"

"哈哈……"孙伯再次开怀大笑，转头对小贩说道，"老板，给这细伢子先来碗猪血汤，再配碗重挑光头粉丝。"

"好嘞。"小贩清脆地答应一声，又问道，"粉丝要几两的？"

孙伯看了我一眼，笑眯眯道："重挑嘛，三两。"

当时我小小年纪，也不太明白分量的概念，坐在一旁哪还管得那许多，心思早飞到小贩的开水大锅里去了，只盼着食物快快出炉，好大快朵颐。

"来咯！"约莫过了六七分钟，小贩一声吆喝，把两个大海碗端到了面前的小桌子上。

顿时，一股奇香扑鼻袭来——沸腾的开水，把作料蕴藏的调味功能和猪血本身的鲜美瞬间冲泡而出。

暗红的猪血块，伴着翠绿翠绿的葱花、黄澄澄的虾皮、一圈圈一晕晕的油花，在海碗中欢快舞动；还有另外那碗"重挑光头粉丝"，清透细长的粉丝，在汤水中舒展着，红红的剁椒和白色的蒜泥撒在上面，还有早已煸炒香咸、切得更加细碎的葱姜肉糜，在粉丝间拨散……

我看得眼睛都发直了，肚子不争气地又"咕咕"叫了一声。

孙伯听到了，伸手爱抚地刮了一下我的脸："细伢子，还愣着干嘛？快吃吧。趁热吃，才能吃出味道！这叫色、香、味、意、形、养，快吃！"

"嗯！"我用力答应一声，便埋头大吃起来。

又烫又美味的猪血汤和光头重挑粉丝（三两），被我风卷残云地吃了个精光。

"细伢子，过瘾吧？你看看，小肚子都圆鼓鼓出来了。"孙伯眼角的皱纹都散开了，满脸荡漾着笑意。

听他这么说，我赶忙低头看了眼，小肚子确实是变圆变鼓了，不自觉地拍了一下，"咚咚"响。

"哈哈……"孙伯看着我那副模样，又大笑起来。

一座长沙城，虽然漫无边际，但是一个人的活动范围大致划定，就像一个稳定的三角形，架起我们的日常生活，走到哪里都有熟悉的面孔。小吃摊旁人来人往，但是不时就有经过的行人唤着"孙伯"，跟老人招呼致意。老人微笑挥手回礼，颌下一副长髯伴着笑容微微颤动。我忽然想到，这长长的胡须当中不知道长满了多少的故事啊？

吃完了饭，我还是黏在孙伯的身后，跟着他又上了天心阁。转朱阁，低绮户，循着幽深的石路迤逦前行。说到古阁，其相似之处甚多，以至在游景览胜之时，我竟仿佛又见到了名扬天下的岳阳古楼那飞腾的气势和古雅的风韵。然而用心感受，它们终究是千差万别，风采各异。刚刚铲除了野草之后的谯楼一片青砖铺就的坦途，两边指向天空的飞檐面上有栗色琉璃瓦覆盖，浅色琉璃镶边，栗瓦红梁之间有一线浅黄彩带分隔，在午后的阳光中显得煞是鲜明夺目；屋脊则做成黄色琉璃花格，三十二个屋角上翘分别饰有鳌鱼、坐狮，下吊琉璃龙口，含挂风铃，显得精致精巧，轻风拂过，传来阵阵铃声，在空气里轻悠悠地传扬开去。

在我仰首观望的那一瞬间，一缕阳光正好刺破云层，照耀在天心阁檐廊镶嵌的琉璃瓦上，那种令人目眩的美一下子震撼了我。我忽然意识到，原来在这古阁旁也算是生活了近五年的时间，竟然从未意识到天心阁如斯之美。古阁雄踞，气象蔚然，登临其上，瞰湘流北去，招岳色南来，仿佛置身天际。人常说，天地有大美而不言，所描绘的景色用在这立于天地之间的雄伟建筑上也不为过吧。

在天心阁上，我随着孙伯一步一步地走过去，那些曾经被我和我

偶然

的玩伴们踏过无数次的黑石青砖,忽然间像是有了沉厚的积淀,一块一块,不知道吸取了多少过往和沧桑在等着我去了解、去发现。

说着说着,我们已从从崇烈门到了崇烈亭,不过几分钟的路程,上了崇烈亭,正是可以极目远眺整个长沙城的地方,我像模像样地背起唐诗:"白日依山尽,黄河入海流,欲穷千里目,更上一层楼。"听得孙伯哈哈大笑,说道:"细伢子,背得不错,不过这首诗写的是山西永济的鹳雀楼。可吟咏咱天心阁的诗篇都不甚好,孩子,你可知道咱这天心阁的历史?"

我只能想到那些书上的记载,便央求孙伯道:"孙伯,跟我说说天心阁的故事吧?"

孙伯捻着长须,一段历史就在他的口中徐徐拉开帷幕。

"咱就拿这崇烈亭为例吧,这个亭的前身为午炮亭、国耻纪念亭。清末民初,为统一全城时间,亭中置黄铜火炮一门,每日正午鸣炮三响以报时。1929年,为纪念'济南五三惨案'遇难同胞,拆除午炮,改建为国耻纪念亭,亭中有水泥绘制的国耻地图一帧,租割失地均涂有鲜明的彩色,以唤起民众爱国热情。后来国耻纪念亭毁于'文夕大火'。1946年,为纪念抗日战争'四次长沙会战'中阵亡的将士,当时的湖南省政府在国耻纪念亭的原址建十六杜斗拱、八角歇山顶亭一座,名曰'崇烈亭',即是此亭。"

孙伯叹了口气,接着说道:"今天的长沙人,大都不了解身边曾经发生过的惊天泣地的血战:在保卫识字岭的战斗中,第九团最后的勇士唐永祥、贾兵高举手榴弹与冲上来的日军同归于尽;东瓜山阵地,第三十团团长葛先才组织几十支敢死队冲进敌群拉响身上炸药包阻击敌人。史思华营长在接到命令,可在不得已时向东撤退时,高声回答道:'军人没有不得已的时候!'三次长沙会战,无数热血青年就这样前赴后继、慷慨赴死了,没有一个人选择畏缩与投降。战争是如此残酷,仅岳麓山上就埋葬我军战士忠骨十余万人。遗憾的是,至今没有一个组织或历史研究者去查询这些年青人的姓名、籍贯和亲人。但长沙城,会记住他们,这里的百姓,也会记住他们。"

就是在孙伯一字一句,时而平静时而激越的讲述中,我知道了天心阁的历史,也知道了孙伯自己的成长竟然也是与天心阁一样枝枝蔓蔓,密不可分。

1911年的辛亥革命爆发前夕，革命者准备发难，在天心阁上召开会议，其中就有孙伯的父亲。为了向当时腐朽的晚清朝廷的心脏上射出这一支历史之箭，湖南革命党人准备了许久许久。一句"敢为天下先"，为挽救中国，为结束帝制，为开创共和，向清王朝发起了一波又一波的进攻，擦干了身上的血迹，埋葬了战友的尸体，发起了再一轮冲击。正如耸立在天心阁东城楼下的那座雄伟的浮雕，它刻画的是当年太平军攻打长沙的壮烈场景。上马杀敌，下马吟诗，壮烈时胸中雄兵百万，谦卑时心底大义无言。满腔的热血铸就一副铁的脊梁，瘦削的双肩似乎总想担当起沉甸甸的江山。城楼上发生的一切，都可以看做是潇湘义士们"风萧萧兮易水寒"的最好注脚。

　　从崇烈门到崇烈亭，跟随孙伯沿着天心阁走下来，一段与整座长沙城紧密相连的历史仿佛一幕幕在我眼前浮现。这算是我与孙伯这一段忘年交的一个意味深长的开始吧。不知道是为什么，也许就是冥冥中偶然注定的机缘吧，对于我这个小跟屁虫，孙伯从来都是乐于相待的。

　　天心阁的掌故听得多了，才知道了眼前的天心阁原来远非一栋古旧建筑那么简单，虽然粗粗看去，中国古老的城隘楼阁总是有那么一种极为相似的面貌韵味，待得细细品味，却又陡升天差地别之感。仔细想来，望之相似的是红漆雕栏、瓦槛砖石、雕花窗阁、墨云琉瓦，去之甚远的是厚厚苔藓和重重铁锈掩盖不住的风华气质。

　　就如同这孤拔傲立在市中心的天心阁，孙伯说，最老的城墙砖已经有五百多年的历史。

　　"那不是比孙伯你还大五百多岁！"我脱口而出的话引得孙伯哈哈大笑。

　　孙伯笑完才说："这天心阁呀，有两个前身：一个是位于浏城桥到现天心阁之间的古城墙之上的天星阁；另一个是现天心阁位置上的原文昌阁。天星阁司祭祀天神之职，文昌阁司祭文昌帝君之职，文昌帝君即文昌星，又名'文曲星'、'文星'。"

　　"我知道，我知道，文曲星下凡就是文状元！"我抢着说。

　　"对！"孙伯笑着说，"细伢子，你要好好读书，长大了也考个文状元！"

　　"好！"我重重地点点头，虽然仍然懵懂，但是心底却暗暗下了决心，不辜负孙伯的期望。

太阳西沉，一天的时间竟然这么快就过去了。夕阳像一个鸭蛋黄在天心阁上铺洒出一层橙红色的光晕。我也依依不舍地告别孙伯，踏着一级一级的石阶走下天心阁，走回学校去。回头看见黄昏中孙伯清瘦的剪影，跟我挥手的样子，像是一尊镀了金的雕像，立在那令人迷醉的夕阳光影之中。

自那次上了天心阁之后，每逢周末我都会过来。我跟孙伯从来都没有约定，但是每次都像说好的一样，在天心阁上育满了花草植物的苗圃当中相见。除了帮孙伯担水浇花，上下跑腿之外，孙伯也会跟我讲一些关于植物种植的知识，如何松土、施肥，如何防病、抗病。

因为常常看见孙伯带着一袋在我看来就是垃圾一样的东西培在花草树木的根茎旁边，我很不解，就问孙伯说："孙伯，这些不都是垃圾吗？为什么要放在这里呀？"

孙伯笑着说："李伢子，这你就不懂了吧？呵呵，这些对植物来说可都是宝哩，比如，发霉不能食用的废花生、豆类、瓜子以及杂粮等都是含氮素的肥料，经过发酵作底肥或泡制成溶液追肥，都能促使花木茁壮生长；鱼刺、碎骨、鸡毛、蛋壳以及人们剪下的指甲、头发等，都含有丰富的磷。把这些废料掺入旧的培养土里，加些水后装入塑料袋中放在角落里，经过一段时间的腐熟，便能变成极好的有机肥。若将这些废料泡制成溶液后追肥，可使花色鲜艳，果实累累。发酵过的淘米水、生豆芽换下来的水、草木灰水，以及雨水和鱼缸里的废水等，都含有一定的氮、磷、钾，只要适量使用就会起到促进花木生长发育的作用。"

除此之外，孙伯还教我如何防止植物虫蚁孳生："用大葱切碎后放入水中浸泡一昼夜，滤清后用来喷洒受害植株，每天数次，连续喷洒五天，或者是大蒜捣烂取汁，加水稀释，立即用来喷洒，还有烟草末，浸泡两昼夜后，滤出烟末，使用时再加水搅匀后喷洒受害花木。"

孙伯虽然不是专业出身，但是在养花种树的实践当中却总结出一套相当实用的经验体会，虽然过去了很多年，我却至今都记得。在我后来开辟"太阳湖大花园"项目，治理环境，引进花草树种的时候，这些经验帮了我的大忙，真可谓获益匪浅。

现在回头想想，孙伯也算是一个奇人。不但教书育人，在培育植物方面也颇有心得，且拉得一手好京胡，唱起湖南的地方花鼓戏来也是有滋有味。我随孙伯天心阁上一天劳作下来，虽然身心俱疲，但是一听到孙伯朗声唱起花鼓戏，就什么疲惫都烟消云散了。

日子就这样闲闲散散地过着，长沙的盛夏来临，虽然天气热了起来，但是却挡不住我去往天心阁的脚步。

那个周末，我一如往常沿着七八十级的石阶爬上天心阁，跟着孙伯在苗圃里忙碌了一会，白花花的阳光晒得人都脱了一层皮。日近正午，孙伯像往常一样，让我歇了手，搬了两张竹椅放在树荫之下，又支起了一张小桌子，摆上了茶壶茶碗。

"李伢子，来，喝点茶吧。"孙伯拿来杯盏。

我第一次亲见孙伯泡茶，只见他时而探出身子，时而弯腰捏指，边泡边说道："这个呀，叫做功夫茶，并非一种茶叶或茶类的名字，而是一种泡茶的技法。之所以叫功夫茶，是因为这种泡茶的方式极为讲究，操作起来需要一定的功夫。"

看着孙伯熟极而流的泡茶动作，我忍不住拍手叫好。孙伯接着说："这功夫茶呀，最好是有常德丝弦和湖南渔鼓，在一段段经典优美的唱词声中，喝茶细品，真是人生一大快事啊。"

孙伯递了一碗茶给我，我尖着嘴吹凉了，一口落肚。那时我小小年纪，对于茶道茶艺自然是知之甚少，只觉得芳香沁口、甘醇无比，就忍不住赞了一声："好茶！"

"茶有各种茶，水有多种水，只有好茶、好水味才美。今天这茶可是出了名的君山银针啊！"

"君山银针？"

"细伢子，这君山银针啊，原名银针仙茶，有着悠久的历史。相传在唐朝时只有三株，是居住在君山的白鹤真人种的，当时称为仙茶。传说用沸水冲茶后，当揭开茶盖时，热气蒸腾，就有白鹤从杯中飞起，所以又名白鹤茶。据说喝了这种仙茶可以长生不老、百病俱除，因此仙茶成为皇帝喝的贡茶。解放初期，仙茶在莱比锡的博览会上获金质奖，在会上被外国朋友誉为'金镶玉'。这种茶乍看上去，一个芽尖像一根针，芽尖外面有一层层白白的茸毛，似裹了一层银，于是人们便把它改名为'银针茶'。"

偶然

"这么名贵啊？"捧着茶碗，望着里面澄清碧绿的茶水，我吃惊地说道。

"李伢子啊，你课上学过吧，被唐朝诗人刘禹锡称为'白银盘里一青螺'的洞庭湖君山，吕纯阳'朗吟飞过洞庭湖'，恋的是君山风水之胜；娥皇、女英挥泪成斑，恋的是夫妻之情；汉武帝想求长生不老之药，恋的是君山的美酒；南宋杨么领导农民起义军在此建寨屯兵，恋的是君山的湖汊芦荡之险；我呢，从小就随我的父亲母亲茶收之季去君山采茶，喜欢品茗，当然恋的是君山银针茶。"

孙伯说起小时候采茶的事情，立刻滔滔不绝起来："细雨蒙蒙的谷雨时节，是采摘君山银针的最佳之际。父母携我在当地老茶农的陪同下，踏上了洞庭湖心这座令人神往的小岛，充满生机的茶山，正是未摘春茶的季节，绿油油的茶树上吐出了嫩黄、肥壮的雀舌，生机勃勃、欣欣向荣，一簇簇、一丛丛，堆锦般地铺在一层层梯土之上。身着红妆的采茶姑娘双手鸡啄米似的采摘雀舌，远远望去，宛如绿色地毯上散落的朵朵红花。"

"真美啊！"听着孙伯的描述，我不禁由衷地赞叹道。

孙伯接着仿佛若有所思地说道："'雨前雨后采茶忙，嫩绿新抽一寸香。十二碧峰暮色好，一时收取入药筐。'年年此际，每当洞庭君山采茶之时，这首小诗就要来叩击我的心扉。我想，不见君山采茶景，是难于理解那匠心独运的意境的啊。"

那时我并不明白，在那个世事艰难的时世当中，孙伯何以有这等闲情逸致。也许，这就是一种叫做"赤子之心"的情怀吧。"惟大英雄能本色，是真名士自风流。"一切最美好的都由于它是最真挚的。稍稍有一点流于造作，那价值就降低了。认真说来，世上有哪一件最恒久、最美好的东西不是由于它具备一个"真诚"与"真纯"的"真"字呢？

我们常说，一个人最快乐的时候是小的时候，无愁无虑，一片天真，是人生难得的一段好时光。其实，童年快乐的原因并非因为那时遇不到难过的事，也并非因为那时一定未受过亏待，主要的是因为童年时遇事不去多想，一瞬间就会把痛苦忘记，而去想些快乐的事了。这是小孩子经常快乐的最大原因。如果我们也能使自己不斤斤计较，能及时把痛苦放开，积极地朝前看，不记恨、不自怜，心情一定能够维持开朗与轻快。

我喝茶的习惯一直持续了几十年,直到现在,闲下来的时候,我也会泡一壶茶,像孙伯当年一样。可是,一杯再续,却找不回最初的神韵,那淡而香的滋味、醇而甘的感觉,这转折神似飞速,有可能在一时间丢失了最美好的一样东西,只有自己珍惜这一瞬间的转折。也许那就是一时的幸福,就是在某一个时刻出现的一个感动吧。

说到喝茶,我想起天心阁上那个名唤"映秀"的茶楼,那是孙伯当年卸下白日一整天的忙碌之后说书的地方。

青石地板、白墙红瓦,见证着映秀茶楼的悠久历史。门口右侧有一个巨型的茶壶,壶嘴下方正对着一个大茶杯,仿紫砂壶而制,倒也别致。茶楼其实不大,一色的藤木桌椅,雕花格窗,显得古香古色。老人们往往泡上一杯君山银针,一阵清鲜香气就此四溢开来。也有点一碗姜盐芝麻豆子茶的,将生姜捣碎成"姜沙",放小量食盐,再将炒熟的芝麻、黄豆倒入,加上点毛峰茶叶,滚水一冲,美味便已成就,才五分钱一碗。

我还记得第一次站在门前,听着茶楼里的人声鼎沸,心内向往却许久不敢扣门,总感觉有位严肃的老夫子静坐其中,唯恐莽撞的敲门声惊扰了他。

稍等片刻,身着一袭长衫的孙伯就登场了。一开场,我就被他深深吸引。他往往会先咳嗽两声,惊堂木一拍,说几句引子:"一去二三里,烟村四五家,亭台六七座,八九十枝花。上回书说到……"

那个时候孙伯说得最多的是《三国演义》,滔滔不绝,字字句句好像背得滚瓜烂熟,故事从他的嘴里说出来,抑扬顿挫、声情并茂,而浅显易懂、引人入胜的情节,则把所有听书人的心都收了过去。虽然大家都早已知道了故事的结局和人物的命运,可听到紧张之处大家仍然为之动容,为之叹息,为之流泪,为之大笑,算得上是百听不厌。我喜欢关羽、赵子龙这样的英雄,更喜欢可以未卜先知的诸葛亮,特别是那个刘备三顾茅庐请他出山的故事,我耳熟能详的自己都快能背出来了,这一段故事让我知道:要诚诚恳恳地对待人,诚心诚意地向有才能的人学习,才会得到别人的帮助,才能学到真本领。如果刘备没有诚意,明知道诸葛亮故意躲着他,他就不会一次又一次地去拜访诸葛亮,那么他也不会得到诸葛亮的帮助,成就不了一番事业。可见,做事要有诚意,而真诚待人是一个人的美德。悟出这一点,在以后的商战中,其实对我颇有助益。

他最爱说那关公战黄忠了,这也是我最爱听的段子。茶楼依旧人山人海,茶气缭绕,听古说事的氛围被渲染到了极致。各处坐着的看官们,一边闲谈,一边吃着零食小吃,不远处的中央便是那说书的台子,只见孙伯身子直立着,摆起架势,手微微上扬,眉毛抖动着,神韵渐露,忽见他嘴角微动,唱将起来:"那忠义无双美髯公,周仓和关平二英雄,还有五百校刀手,关云长来取湖南长沙城。"台下喧闹的观众纷纷凝神听着,不发一言,气息和茶壶里的水汽一起涌动,等到孙伯憋足气准备飙高音的时候,更为寂静,这静默的几秒钟,让人最为期待,如果能飙得上高音,那就是一阵翻山倒海的掌声,如果飙不上就是一阵阵让你无地自容的嘘声,先前很多说书人都被嘘声打发回家去了,唯独孙伯他,这么一位业余的说书人没有遭到过一次嘘声,相反,每每唱到高音处,台下观众都会爆出山呼海啸般的掌声。接着开场一阵掌声,孙伯鼓劲再唱,只见他眼睛炯炯有神,粗黑眉毛上挑,青筋毕现,手臂有节奏地挥舞着,字正腔圆地唱着:"来至在长沙府的城外安营下了寨,惊动了远探细作兵,急急忙忙把城进,在帅堂的厅前报军情……"

"关羽和黄忠哪个武功高强?"我突然好奇地这么问了一句。

"关羽关羽!"我的几个跟我同去的伙伴一个劲地起哄。

"这个不好说,据说后来刘备说了句公道话,'云长正当壮年,黄老将军年迈,如果云长和黄老将军这般年纪,定然不是老将军的对手。'当时战长沙的时候,关羽和黄忠老将军初次交战马失前蹄,被俘了,但是英雄相惜,关羽把黄老将军放了,因此第二阵黄老将军箭下留情。"

我忍不住又问道:"那后来黄老将军怎么就归顺刘皇叔了呢?"

"长沙太守韩玄见黄忠箭下留情,竟怒责黄忠通敌,下令将其斩杀,另一大将魏延押粮归来,见此情境,毅然拔刀杀死韩玄,投降刘备,黄忠忠于旧主,决意归隐,但是刘皇叔亲自劝请,最后还是出山了,后来被封为五虎上将。"

"哪五虎?"

孙伯原先就是一位历史老师,讲起历史故事和历史人物头头是道，这也是他作为一个业余说书人，能把书说得这么好的原因。但见他底气十足，说起书来胸有源源不断的墨水，而我们即便是问一万个为什么，他也总能说出一通道道来，引得我们这些小孩瞪大眼睛，竖起耳朵，不停地问下去，直到那夜幕拉开，月朗星稀之时，方才依依不舍地罢休。

孙伯下了台，我和几个玩伴也和他黏在一起，他说在台下其实自己还更自由。说什么，玩什么，全凭即兴发挥，没了那诸般规矩，反而更能出新意。他拉得一手好京胡，我们几人经常会起哄叫他说书唱戏，他京剧、花鼓戏样样拿手。我们开始时只是瞎起哄，什么也不带，后来觉得天天这样不好，就带几个浏阳茴饼前去。孙伯在天心阁浇花护树，每天都要把这一带的花草树木浇个遍，我们几人会帮忙打水挑水。

"孙伯，这水真清，清得可以看到井底。我看到井底有只青蛙。"

"井底有只青蛙，就是你！"我的伙伴这样嘲笑我。

"我可不想和那只青蛙一样，坐井观天，听不到外面的戏。"

"哟，你还想听外面的戏？"

"我要听遍您说的书、您唱的戏，还要听听听，一直听到北京去！"

孙伯笑了，爽朗而又充满愉悦的笑，和天边夕阳一样动人。

和孙伯在一起的日子就是这么惬意，每天有书有戏，我们几个小孩是想点哪一出孙伯基本都会唱哪一出，因为孙伯总是耐不住我们几个人的死缠烂打。"说一段"、"唱几句"成了我们起哄的通用口号。我们知道这是孙伯的生计，别人都要花钱买听，而我们却独享这份福气，虽然中途我会爬七八个台阶去买些小吃回来，可是这钱也基本上全是孙伯给的。

虽然舞台上看起来孙伯沉浸在自己讲述的故事里，一脸的旁若无人，但是台下却是一位慈祥又可爱的老人。那时，坐在桌边喝着茶听说书是要收茶钱的，我们这些小孩子就盘腿坐在地上听。一个个睁大了眼睛，张大了嘴巴，伸着耳朵，惟恐漏掉一句，慢慢地都堆到说书人的桌子下面去了。有时，如果有些已经交了茶钱的茶客忽然有事先走，空下来的位子就会被我霸占下来，坐下来好好地听上一个过瘾。

偶然

有时候，前一拨茶客离座，但是后一拨很快又挤到了座位旁边，就只能乖乖把座位让出来了；就算是运气好，占了一个没人坐的位子，也并不是就万事大吉了，要是不小心被茶博士看见了，那可是要被他们不留情面地赶出去的；但是只要不是在台上无暇顾及，孙伯都会帮我跟茶博士打个招呼，说："这是我的小孙子咧，还不能听我说书咧？"茶博士也就无可奈何了。其实，附近的人都知道孙伯一直是孤身一人，但是看到我是真心喜欢听书，茶博士往往也就睁一只眼闭一只眼，任由我沉浸在那个群雄并起、纵横捭阖的时空当中。回想起这一细节，尤其鲜活，就像发生在昨天。

自那以后，在父亲和母亲之外我仿佛又多了一个亲人。有时，前一天正说到精彩之处，孙伯往往会戛然而止："欲知后事如何，且听下回分解！"我被那个"下回"当中的情节发展吸引得抓耳挠腮，一放学连饭都顾不得吃就要直奔孙伯说书的"映秀"茶楼去听听"诸葛亮到底有没有借到东风"或者"关羽和曹操在华容道狭路相逢之后"的故事。这样一听又是大半个晚上，常常是孙伯书说完了，我也趴在茶客渐稀的方桌之上沉入梦乡。

孙伯走下来拍拍我的头，看着我睡眼惺忪还朦朦胧胧地扯着他的衣袖问"后来呢？"的样子，不禁又好气又好笑，问我："看你一放学就跑来了，又没吃饭吧？吃吧。"说着，伸手从长衫的内兜里掏出了一大把红枣、瓜子，还有碎屑扑簌簌往下落的点心，我如获至宝，一顿狼吞虎咽。看我吃饱了，孙伯就帮我整整衣服，拉着我一起走回学校，一直到看着我的身影消失在学校幽深的走廊之中，才转身走回去。

后来政府来了规定，不准说旧书了，于是我又听到了《林海雪原》、《红岩》之类的革命小说，更是精彩纷呈，引人入胜。《红岩》描写了众多革命英雄，但我最钦佩的是江姐。

当敌人拷问她时，她守口如瓶，坚决不透露党的任何秘密，敌人就把竹签钉入她的手指。想象一下那个画面我就忍不住打一个冷战：削得很尖很薄的竹签，刺进手指后，再轻轻用东西往指甲下面敲进去。要知道十指连心啊，她肯定会痛得汗珠像黄豆一样大小滚出来吧。但是她为什么能那么英勇呢？孙伯这时一句话点出答案："毒刑拷打是太小的考验，竹签子是竹做的，共产党员的意志是钢铁做的。"

是的,惟有拥有视死如归、大义凛然的意志,才能将疼痛置之度外,进而忘却疼痛,达到"无"的境界。只是当时我不曾想到,仅仅时隔几年,十六岁的我就因为充满了斗争、刑罚和死亡的"文革",亲身体会到了血腥的残酷,却也有机会验证了一次意志力的作用。果然,肉体上的痛苦是可以忍受的,这是一场肉体和精神意志的抗争。那些往死里殴打我的武斗人员,希望通过肉体的惩罚征服我,但我用意志顶住了肉体的疼痛,从而越过了肉体的障碍,没吭一声。在我看来,这就是从精神上战胜了对方。

虽然改说了新书,孙伯依旧是长袍、折扇、惊堂木,三尺书案之后仍然风采翩然。那一次,正说道"无情未必真男子",说的是清末民初名将蔡锷跟名妓小凤仙凄美且壮烈的爱情传奇。

"辛亥革命成功之后,成果被袁世凯窃取了,袁世凯一心想复辟当皇帝,而蔡锷将军深受革命运动影响,坚决反对袁世凯称帝,正积极策划回到云南发动起义,但是却被袁世凯监视着,不能离开北京半步。为了麻痹袁世凯,蔡锷将军逛妓院,称病,在妓院与小凤仙相识。两人是一对知己,小凤仙深知蔡锷处境,积极为蔡将军脱离险境奔走,最后蔡将军在小凤仙和老师梁启超的帮助下,借着去日本治病的名义,回到云南组织了轰动历史的护国运动,引发全国响应,袁世凯称帝美梦顿时破灭。"

"我看墓碑上写蔡将军才活了三十四岁啊。"

孙伯点点头:"天妒英才啊,护国运动耗费了蔡锷将军太多的精力和体力,加上之前有病,这场轰轰烈烈的战争也拖垮了蔡锷将军的身体。"

"好可惜!那小凤仙呢?"我禁不住惋惜道。

"小凤仙在北京等消息,可不想等到的是蔡松坡的死讯。小凤仙悲痛欲绝,据说当即写下一副挽联'万里南天鹏翼,直上扶摇,那堪忧患余生,萍水姻缘成一梦;几年北地胭脂,自悲沦落,赢得美人知己,桃花颜色亦千秋'。"

名妓小凤仙,既有青楼女子的妩媚,又有烈女的侠义气魄。在那改朝换代的凄风苦雨中,为掩护蔡锷将军尽心尽力、胆识过人,真是很了不起。我至今还记得孙伯在说到小凤仙得知将军病逝日本的噩耗

偶然

后,声音立转低沉:"山青青,水依依,她毁琴谢知音,一声声如泣如诉,如悲啼。一艘小船载着悲痛欲绝的小凤仙肠断天涯,渐渐远去。"——但我最初听这故事时,一度还疑惑过,一个风尘女子,为什么会有这么大的勇气呢?当然后来想明白了,小凤仙自己,也是一个在战乱的年代里苦苦挣扎、为生活所迫却无法脱身的女子,所以才能与蔡锷同心,在中华民族建立共和的路上,留下了浓墨重彩的一笔。

蔡锷的故事,听孙伯说得多了,有时事情做完了,天色尚早,孙伯说:"李伢子,走,我带你去爬爬岳麓山,拜拜蔡锷将军的墓吧。"

岳麓山的山前水,经过麓山寺后一处古树环抱的石罅中汩汩而出,就成了著名的白鹤泉,小时候爬山爬得累了,便来这里掬上一口,泉水清冽甘甜。泉边的笑啼岩,也是我少年时攀爬嬉戏、玩耍取乐的地方。一路向上,山路陡峭,石阶似云梯,自茂林穿过。以虔诚心境恭身爬行,只见一古树参天,林木繁茂所在,便是岳麓书院。

岳麓书院在山的东麓,"书院之称闻天下,鼓笥登堂者不绝",之所以在中国著名"四大书院"中名气最大,关键在于名人辈出,才俊众多。王船山、魏源、左宗棠、曾国藩都曾就读于此,黄兴、陈天华、邓中夏、蔡和森等革命志士也曾在书院就读,更是给此处增添了耀眼的光辉。

我和孙伯沿着山路往上走,那幽静的环境和厚重的历史沐浴着我,就好像一阕远古的箫声徐徐而来,令我沉醉。山上曲涧边,最好的去处就是爱晚亭。山中各峡谷的溪水在此汇聚,每当春雨潇潇或秋雨绵延,山中水流顺涧而下,宣泄于此,声如洪钟,状如瀑布。而若云收雨散,独剩清涧山泉缓缓而下,送来数点桃花、几片红叶,流水簇拥着它们,欢欢笑笑,触石有声,其情景闲适之极。亭的周围,尽是一棵棵又粗又高的枫树,它们悠静而泰然地耸立在那里,一到秋天,层林尽染,风景如绘,很像杜牧诗中所写的境界:

远上寒山石径斜,
白云深处有人家。
停车坐爱枫林晚,
霜叶红于二月花。

沿着已走出深深路痕的地方继续往上行不多远，在白鹤泉的左后方，就是蔡锷墓。1917年，黄兴、蔡锷二人的国葬是岳麓山上最为宏大的葬礼。长沙人极其敬重这两位英雄，有蔡锷路和黄兴路纪念之。

每次一到这里，原本体会古诗诗境的心情就会立即转化为对湖湘英杰蔡锷的敬仰。蔡锷有"近代军神"、"护国英雄"之誉，是辛亥革命元勋，在其三十四岁的短暂一生中，领导组织过两件非常重大的政治变革，分别是1911年在云南昆明举行的重九起义和1915年爆发的护国运动。尤其是后者，对中国近代史产生了非常重大的影响：他以"为四万万人争人格"作为口号，反对国体变更，进而亲自统领护国军以弱胜强一举推倒袁世凯的洪宪帝制，彻底扭转了近代中国的历史进程，成功制止了中国历史的政治倒退。他的临终遗嘱完全不提家事，而是谆谆告诫——"愿为民望者，以道德爱国"。想当年，讨袁护国运动中，蔡锷身着国民革命军军服，是何等的英气逼人，难怪小凤仙会爱上这个叱咤风云的将军。

可惜这位中国近代史上的一代名将，英年早逝，革命党人将他归葬于长沙岳麓山山腰、白鹤泉上方、岳麓寺后。麻石修饰的墓地基座宽阔，周围筑有石阶，高大古枫肃立，苍松翠柏掩映，香樟浓荫覆盖。整个墓地都被大片的树荫盖住，阒寂无声，只有些深藏于树叶中的虫鸣。花岗石砌成的冢上，立有约六米高的花岗石碑，嵌有铜铸"蔡公松坡之墓"碑文。墓围绕以石栏，二十四块栏板上分别刻着近人的题字和挽文。墓前有两米多高的蔡锷将军铜像，身着戎装且有佩剑，立在一个巨大的基座上，十分雄壮。据说和岳麓山上最大的墓葬——黄兴墓前的铜像一样，都是在日本铸造的。可惜两座铜像均在"文革"中被毁。

麓山寺之后即是蔡锷的墓地。周围云松掩映，这位再造共和的将军可以在这里安息了。

拜祭蔡锷将军墓时，孙伯也会一边洒扫尘除，一边絮絮地给我讲些故事："据说蔡锷是湖南邵阳人。小时候的蔡锷可是一个神童，他七岁开始读书，兴趣广泛，涉猎面非常广，书也读得多。十五岁那年，在地方考童子试中名列第一。后来他进入长沙时务学堂读书，又留学日本。学成归国后，蔡锷成为抢手的青年才俊，成为广西军的头号人物。辛亥革命爆发时，蔡锷因为一举光复昆明，被推举为云南都

偶然

督。袁世凯想复辟称帝时，为了能尽早如愿，就把对自己复辟最有威胁的滇军首领蔡锷监控起来了。为了摆脱袁世凯对自己的控制，麻痹袁世凯，蔡锷就假装醉生梦死、放荡不羁，并且长年混迹在八大胡同，这才结识了小凤仙。等到袁世凯彻底放松警惕的时候，蔡锷马上抽身离开了八大胡同。这才有了1916年蔡锷在云南举行的'倒袁起义'，打碎了袁世凯的皇帝梦。"

我一边听着故事，一边凝望着墓前不知是谁摆放的一束山上采来的黄白小菊花。苍郁的大树鼓动着当年的雄风，松涛涌动。有时一阵清风吹来，发出阵阵呜咽，像是小凤仙在如泣如诉地吟唱："万里南天鹏翼，直上扶摇，那堪忧患余生，萍水姻缘成一梦；几年北地胭脂，自惭沦落，赢得英雄知己，桃花颜色亦千秋。"

我正听得入神之时，只听得头顶上的树叶哗哗作响，原来是突然起风了，乌云密布，阴霾整个笼罩住了我们，大有山雨欲来风满楼之感。云在急急穿梭，孙伯拉着我疾步走进附近一个凉亭，不多时，白雨跳珠，真正是"风声雨声读书声，声声入耳"了。看着被雨洗得发亮的斑驳城墙、苍苔条砖、剥零漆柱，古老却不凌乱。那密集的雨点敲打在古亭琉璃瓦楞上的厚重的声音，似乎在解释这千年以来经历过的历史风雨。

稍事，雨势减弱，我还在兀自出神，不知什么时候孙伯已经走到我的身边，像往常一样，拍拍我的头，说："小家伙，这么大的雨，暂时是回不去了，先到我家去躲躲雨吧。"说起来，跟孙伯结识这么久以来，还真的没有去过他家里呢。我一听孙伯这么说，立刻从凳子上弹了起来，连声说："好啊好啊！"

孙伯牵着我，下得山来，过了天心阁，穿过甬道，眼前就是一排看上去虽然陈旧但是古意盎然的建筑。原来，我一直出了学校就一径奔上天心阁了，根本没注意过穿过天心阁下的拱廊背后是这样的一个所在。正想着就已经来到一户门口，原来孙伯的家这么近。我回头仔细看看雨中的天心阁，那些雕梁画栋、斗拱飞檐倒是有几分相似。走进门就是一个小院子，正中一口白瓷大缸，育着几朵莲花，豆大的雨点打在缸内水面上，除了溅出几点水花而外就隐没了；打在莲叶上却晶莹剔透、嘈嘈有声、四处滑落，像是一张布满泪水的脸庞。我忽然想起孙伯说书时讲到的那些古老而艳丽的美人，总是垂首临窗，千帆过尽地等着那去国已久,却总也不见归来的英雄。正在出神,孙伯猛地一下拉住我,说:"还不快进屋里来!"原来我还一直站在院子里,衣服都淋得湿透了。孙伯把我拉到屋里,找了一件干净的衣服让我换上,看着我还是一脸痴痴的模样,就问:"细伢子,刚才想什么呢?"我一五一十地说了。孙伯听了,起身走到窗边,凝望着院中那一缸莲花,不禁轻轻叹了口气。

从那一声轻轻的叹息中,我仿佛听到了里面无尽的内容……

第三节 荷香情深辛亥魂

自那以后,十一岁的我终于学会不再在周末等待父母的出现。有时间我就会钻到孙伯家里去,孙伯老伴早逝,儿女都已在外工作,自己守着天心阁下的这一处大宅,虽然是一个人住,但是家中却总是一尘不染。

在孙伯家中时,我也时常帮孙伯松土、浇花。尤其是初夏时白瓷缸内荷花打了花苞,院中栀子、蔷薇也次第盛放,换水浇花时,我常常看着水流落在花瓣上溅起的细微香尘,想到小时候读唐诗时读到的"水晶帘动微风起,满架蔷薇一院香",觉得孙伯过的真是神仙一般的日子啊。

更多的时候,周末我一整天都绕在孙伯身边,央他多讲些天心阁的掌故来听。孙伯长衫一抖,仍是一副三尺书案之后风采依旧的样子,就将那些深重的历史娓娓道来了。

"真可惜啊,一把大火烧毁了繁荣的长沙!"这是孙伯每每在跟我说起天心阁的掌故时最常发出的叹息。

1938年的长沙作为上海、南京会战的后方,已经积累了许多的战略物资,商业也是空前的繁荣。7月,蒋介石发布"坚壁清野,焦土抗战"通令。10月底武汉失守。11月,日本侵略军攻陷了湖南岳阳后威逼长沙,11月7日蒋介石召开军事会议,指示时任湖南省主席的张治中:如长沙不保,即实行焚城,彻底破坏。11月9日蒋介石又密令张治中焚城。张治中随即部署焚毁事宜,并规定"以城南天心阁点火为信号"。

11月13日的清晨,长沙城又开始了一天的热闹与繁华。司门口

偶然

里,各商铺前熙熙攘攘,卖报的、拉洋车的、擦皮鞋的、磨剪子、锵菜刀的吆喝叫卖声此起彼伏。

那时的长沙人也讲时髦,到南京理发店烫一个头可以保得八个月;新式的婚礼也穿婚纱,若是行的老法,婚纱照也还是有一张的,到长沙云芳或是凯旋门去照,挂在洞房里等着人来参观。入时的女人穿着旗袍踩着高跟鞋在走,她扭啊扭的全然不知空前巨大的灾难正在袭来——

夕阳渐渐地从长沙城的天边隐去,是夜,城南门外的伤兵医院意外失火(意外还是纵火的信号至今仍是个谜),守在城里的纵火队以为是放火的信号,引发天心阁等放火点一起举火,纷纷拿着火把点燃,全城大火骤然烧起,古城里的建筑一时间也火光冲天,浓烟弥漫,面对突如其来的灾难,长沙城里无辜的百姓们无不哭天抢地,抱头逃窜。大火持续五天五夜,千年的古城焚烧殆尽。一片废墟之中,有凄惶的风吹过夹着呜呜的哭声,那是长沙百姓的哭声,哭声里有对离散亲人、丧失家园的哀号。长沙城区焚毁面积达百分之九十,烧死市民三千余人,烧伤两万余人,数十万人流离失所。这场旷世大火也将天心阁化为灰烬。长沙"文夕大火"与"郑州花园口决堤"、"重庆防空隧道窒息"被称为抗战时期震惊世界的"三大惨案"。坐在茶楼内,天心阁和古城墙及民众遭遇的这些惨烈情景,不停地在我眼前浮现。

那里也是我们的亲人们啊,那血脉相连的创痛令孙伯的泪无声地落下。

以前都是听孙伯说书上那些飘渺隔世的故事,虽然引人入胜,但是心里却明白都是文人墨客的编撰。忽然听到孙伯说起这样曾经实实在在发生在我熟得不能再熟的成长之地的惨烈之事,一种惊心动魄的感受从心底油然蹿升而起,我仿佛听到那些扶老携幼四处散逃的哀号,嗅到那浓烟中饱和着生灵血肉的焦煳味。真的,这阁、这城墙,浸透了前人的碧血,湿沾着无数的辛酸泪水,凝聚了太多的历史沧桑。一场大火将无数酣然入睡中的长沙百姓和世世代代生活的家园推向地狱,天心阁也没能幸免。可长沙人没有屈服。天心阁从文夕大火的狼藉废墟中艰难爬出,他忍着剧痛,用满身的创伤庇佑着孱弱的古城;他又像一部电影,一遍又一遍地向人们讲述着一个城市的战争与和平。来这里登阁楼、上城墙的扶老携幼，前跟后进，或远眺、或近看、或沉思，神情各异，我敢肯定：他们不只是在发思古之幽情，或欣赏"岳色南来，湘流北去"的胜景。不然，你看城墙脚下"文夕大火"、"警世钟"前怎么会有这么多的人精神凝重地久久驻足？我想游人应有欣慰，大火毁的是一座城，灰烬中升腾起的是人类的精神，不然天心阁怎么会依然巍然，长沙城怎么会不断崛起！

俱往矣！无数热血青年前赴后继、慷慨赴死，没有一个人选择畏缩与投降。战争是如此残酷，仅天心阁对面的岳麓青山烈士义冢就埋葬我军战士忠骨十余万人。雨渐渐停了，浸润着英雄精气魂的天心阁，变得更是神清气爽。雨水从绿幽幽的树叶上滴落，这承载了无数悲歌记忆，记录整个湖南风风雨雨历史的天心阁啊，有多少自然的雨水滴落过这古城墙、古楼阁？又有多少历史的雨水沉积成这里的千年文化史话？

孙伯喜爱荷花，周围的邻居都知道。盛夏一过，便是荷花育蓬结子的时节，孙伯就会格外用心，采莲蓬，挖莲藕，不光周围的邻居，连我都能沾光，我常带着一些新鲜的莲籽或莲藕回去交给生活老师，让大家同享这夏日里的甘美果实。

孙伯常常幽幽地转向窗外，凝视着院子中央那一口白瓷大缸中盛放的睡莲，似乎那里有着无尽的故事与传说。这不寻常的举动令我疑惑不解，时间久了，我终于鼓起勇气问孙伯，为何次次都望向那一缸莲花，它究竟代表着什么？

"小李伢子，"跟孙伯熟识之后，孙伯每次都这样唤我，"你知道古人怎么形容莲花吗？'出淤泥而不染，濯清涟而不妖'，这就是有志者的气节！"孙伯朗声说道。我似懂非懂地点了点头。

一说到荷花，孙伯像打开了话匣子一样："花朵也是有气质的，就像人一样，不同的人，不同的脸孔，不同的胸襟，不同的景致，不同的氛围。有趣的是同一种花在不同地点生长，会呈现出不同的气质。就像当年天心阁外的护城河畔，满池荷花，我可以感受到一缕与别处花朵不同的文化气息。虽然后来因为街道拓宽，河道已经不在，但是记忆中，这地方永远是碧玉满池、花香袭人的。"

"护城河也种荷花吗？可流速快的水里应该是养不了荷花的啊。"我挠了挠脑袋，接着孙伯的话头问道。

偶然

"说到这护城河的荷花呀，还有一段往事呢。清朝末年，差不多是1890年的样子，湖南巡抚俞廉三下令将多处历经岁月侵蚀而损坏的城墙拆除，用扒下来的城墙砖连带着将周边的护城河也填平了。仅仅保留下来几段护城河，如天心阁城墙外的河段就成了断头河，方有条件种起了荷花。遥想当年，雨后初晴，微风吹来，荷叶上的水珠来回翻滚，就像波澜的海洋中弄潮的小舟。一层层荷叶随风一起一伏，像一片片绿浪，连接成为一大片海洋。就像那句唐诗的意境——"

"接天莲叶无穷碧，映日荷花别样红！"我抢在孙伯前面说出。

"没错。小李伢子，书读得不错嘛。"孙伯微笑着赞了我一句，继续说道，"荷花开放的时候，彩蝶飞舞，嬉戏其间，赏心悦目；幽香阵阵，沁人心脾。有的还是花苞，像初生的婴儿两只小手紧紧地合在一起；有的才开了两三片花瓣，像位豆蔻年华的少女趴在门口偷看自己喜欢的人，不敢表露自己的全部心迹；有的花瓣儿全都展开了，仿佛待嫁的新娘，亭亭玉立，娇羞欲语，欲说还羞；还有的花瓣已经凋谢，落下来了，漂在水面上，像一只小小的船，小昆虫坐在里面，正在乘风而行！"

听着孙伯说着这如梦如幻的美景，虽然长满一池荷花的护城河已经被填平了，可我能在孙伯的讲述当中体会那种薰风荷香。我想象着天心阁路旁，护城河畔，荷香阵阵当中，多少风华正茂的少年人，曾怀揣各自的梦想，聚集一处，在书卷之中汲取着营养，暑往寒来，终年不辍。学子们一批又一批地聚集又离开，而这块土地却被众多的青年人的热忱滋养，变得醇厚如美酒，清香如书卷。

孙伯看我听得入神，接着说道："天心阁那时是守卫长沙城的卫士，立于城市的边界，只剩下被填平的断头护城河屈曲环绕而过。我的父亲就和其他喜欢荷花的乡亲们在断头护城河中种上了各色荷花。从那个夏日起，护城河开始有点点荷叶冒出了头，蜿蜒成一池的翠羽红衫。

"记得有个年轻人，那时刚刚二十出头，之前因为文韬武略出众，在遴选中脱颖而出，赴日本就读东京振武学校，想以武报国，走从军报国之途。谁曾想这一年返乡探亲，在这护城河中遍植荷花之时，不经意间也种下了'荷花恋'的种子，并且开花结果了。"

"荷花恋？"我给孙伯茶杯里加上热水瓶里的开水，把杯子端给孙伯,央求孙伯道:"孙伯,我喜欢听'荷花恋',你就讲讲这个故事吧。"

"你这么想听?小李伢子。"孙伯不知为何顿了一下,问道。

"是的,我喜欢。"从小我就在咸嘉湖荷花丛中抓鱼儿、摘莲子。当我坐在荷池边,剥好莲蓬,咬上几颗莲子,那清甜中带着微苦的滋味,连带着清风把阳光下温热的荷花泥土香一道送入我的鼻孔里,那种芳香味沁入肺腑,会让我久久陶醉,今生今世难以忘怀。

孙伯呷了一口茶:"小李伢子,你的理由还不错啊。好,那我就给你讲讲。"

"当年那个青年读书人,名叫孙心杰,特别喜欢荷花,有一年夏天他从日本军校返乡,回到了天心阁荷香塘,就是我们城外的护城河,清晨他一个人静静地蹲在塘边一棵大柳树下垂钓。旁边几只蜻蜓落在柳枝上一动不动,任柳枝随风起伏,远处几只白鹭在树下缓慢地踱着步子,像德高望重的绅士清晨散步。在这一动一静之间,他感悟着自然法则的理趣。早晨刚好下了一场雨,天阴阴的,晨风吹过来,多少有点凉意,年轻人裹了裹衣服。他已经钓上来几尾小鲫鱼,鹅毛管做的鱼浮正在上下沉浮,他心里一喜,鱼儿在试探。突然一阵欢笑声传来,紧接着一阵船桨划水声,鱼浮便不动了。

"年轻人心想,谁这么不知趣。抬头一看,轻舟采莲香风近,碧玉佳人笑语临,但见一采莲女子,翩翩入目,端的是美妍动人,举手投足顾盼生姿。'这不就是荷花仙子吗?'年轻人心里嘀咕,一不留神,脚底一滑,大半个身子就掉进了荷塘。小木船上又传来一阵悦耳的笑声,'喂,这位书生,怎么,脚发软了吗?哈哈哈。'

"小船划过来了,这位亭亭玉立的美人儿帮着托了一把,青年人爬上了岸。半边衣服都湿透的青年人只好脱下衣服,小背心拧干挂在树枝上,又洗去小西装和裤、袜等的泥污,也拧干了挂在树上,浑身只剩一条三角裤,他好不羞愧,在美人儿面前只得摘了一片大荷叶挡在身前。那模样确实有些滑稽。

"'小女子叫荷香,姓刘,我本打算和姐妹们乘着清晨凉风一起驾舟赏荷,不知道竟有这么早的垂钓者,扰了您的雅兴了。'

"'我叫孙心杰,如此狼狈,让小姐见笑了!'

"'原来是孙先生,咱们湖南人说,不打不相识,害得孙先生泡了个晨澡,心里过意不去,等下午请你到天心阁茶楼喝茶赔不是,可好?'荷香嗓音清脆地问道。

"心杰听了这话,一阵心热,连连说道:'到时必定恭候,必定恭候。'看来是跌到水里,跌傻了,连话都说反了。引得荷香一阵'咯咯'娇笑。

"'那小女子下午三点,就在天心阁上映秀茶楼等您了。'荷香转身上了小船,荡桨而行,前去与姐妹们会面。心杰还一直望着荷香的背影呆呆出神,仿佛不敢相信自己遇见了一位国色天香的美人儿。

孙伯说到这里,大大地呷了口茶。我赶忙问:"孙伯,是不是男人见到心上人都会不知所措呢?"

孙伯哈哈笑了起来:"小李伢子,看不出你小小年纪,还蛮懂这事呀!"

我有点不好意思,又迫不及待地说:"孙伯,请您继续往下讲。"

孙伯打开挂在烟杆上的黑色小烟叶袋,从里面抓起一小撮小三指烟叶,放在烟袋锅里,烟叶看上去金灿灿的。我赶忙从桌上拿起火柴帮孙伯点上。孙伯狠狠地吧嗒几口,悠悠地吐出烟圈来,一个一个小小的烟圈朝窗外飞去,屋里留下了浓重的烟草香味。

孙伯的双眼又望着窗外院子中央的一缸荷花,那里红白双色荷花正亭亭玉立,开得交相辉映。孙伯继续说道:"心杰看着荷香驾着一叶小舟驶入这满池荷花中,又听到荷花丛中飘来了荷香那轻柔温润的声音:

灿烂的荷花,
盛开在荷塘,
夏天那阳光,
把泥土催香。
划着那双桨,
载着我阿郎,
美丽田野里,
幸福的家乡。

"那是荷香唱的一首《荷花之歌》,那歌声里的韵味和向往,在空中飘扬,正和心杰的想法紧紧缠绕,慢慢地融为了一体,再也分不开。

"到了下午三点,心杰上身是一件衬衫,下身是一条西裤,干净利落。心杰来到了天心阁上的映秀茶楼。那茶楼,白墙红瓦、青石地板,门口右侧有一个巨型的茶壶,壶嘴下方正对着一个大茶杯,仿紫砂壶而制,倒也别致。心杰上了茶楼,四处一看,原来荷香姑娘早已到此,坐在靠近窗口的藤木靠椅上,映着背后那古香古色的雕花格窗,越发显得清丽婉约。心杰不由得看得双眼发直,也不知道说什么好,张口便道:'刘小姐,你,你早来了?久等了吧?'

"荷香看到心杰,起身施礼道:'孙先生,你也来了。我也是刚到而已。'

"心杰落座,与荷香相视而笑。桌上的一壶君山茶,不时发出阵阵清香。

"荷香想起早上的情形,羞红了脸庞,又忍不住掩口笑道:'孙先生定是太爱那池荷花,一早就洗了个荷塘澡。'

"心杰也笑了起来,连声说道:'刘小姐见笑了。早上的事,是我多有得罪,还请刘小姐不要见怪才是。'

"心杰再要张口,只觉得胸中似有千言万语却无从说起,只得望着荷香姑娘,半响才道:'能遇到刘小姐,我们湘女之佼佼者,是我心杰三生之幸。'

"听了这话,两道红霞飞上了荷香姑娘的脸庞,便说:'小女子世代居于此地,孙先生家住何处?'

"心杰道:'我家也是祖居长沙,我曾祖父曾经做过长沙的通判,到我父亲这一代,做了教书先生,也算是世代书香,因家父盼我出人头地,以后做个一官半职,遂将我送至私塾读书,令先生严加管教。除了那些四书五经,我自小就爱读些介绍海外的书籍,自魏源《海国图志》中知道何谓'师夷长技以制夷'。后东渡日本,入了日本振武学堂,希望展从军报国之志!算起来也有两年未曾回过家乡了。'

"荷香听了,不禁心生敬意,道:'你离家多年,只怕是很久没有喝过这家乡君山毛峰茶了吧。何况都是我害得孙先生落水,我斟一杯茶,算是跟孙先生道歉才是。'

"荷香擎起茶壶给心杰倒了杯茶。君山毛峰冲泡到这时才是最佳,此时茶叶已经三起三落,根根茶叶竖沉于杯底,如刀枪林立,似群笋破土,芽光水色,浑然一体,堆绿叠翠,妙趣横生。心杰呷了一口,顿时只觉心神清爽,忍不住赞了一声'好茶'。"

"'孙先生报国之志可敬。今日能结识先生,是小女子的荣幸。以后先生就叫我荷香便是。'

"'荷香姑娘,不必客气,称我大名孙心杰也就行了。还没请问姑娘家在何处?'

"荷香姑娘抿嘴一笑,道:'我家不过是在这长沙城中开一间小小的绣坊,实在不足挂齿。'

"茶过三巡,茶博士这时来加水,看见荷香姑娘,忍不住作了个揖,恭恭敬敬地说道:'刘小姐,来喝茶呀。'

"荷香姑娘还了礼。心杰心里有些疑惑,何以茶博士会对荷香如此恭敬,但是又不好问出口。这时茶博士又送上一壶姜盐芝麻豆子茶,这茶是极有湖南地方特色的,将生姜捣碎成'姜沙',放小量食盐,再将炒熟的芝麻、黄豆倒入,加上点毛峰茶叶,滚水一冲就成了。

"荷香姑娘倒了一杯递给心杰,'这茶虽不如君山毛峰回味悠长,但胜在燥脆松酥有嚼头,倒也香暖可口。孙先生尝一尝。'

"二人几碗茶下肚,又吃了点茶果点心,不觉已是晚饭时分,天心阁茶楼外已是暮色四合,一轮新月如美人眉梢,已经悄然挂在了东边天空一角。

"心杰与荷香心中都觉难舍,表面上却都淡淡的,踩着一路的荷香月影,两个人慢慢踱着步子。心杰道:'荷香,我知北门处湘春街有一处极好的小吃店。我请荷香姑娘吃一碗米粉,算是对我上午的不敬之处赔罪。荷香姑娘意下如何?'

"荷香心中也正不想分别,一听这话,便抿嘴笑道:'心杰,我可是爱吃莲子糕和糖渍藕,那里可有?'

"'有!有!'心杰心下大喜,一迭声地说道,拦下了一辆黄包车,顺着下坡,两人一路来到了城北的美食一条街——湘春街。

"这湘春街,乃是长沙著名的小吃街,靠近北门的城门口,麻石铺路,南北走向,街上粮油、蔬菜、百货、面馆、中药、南杂、烟号、酒店、服装、缝纫、理发及铁木、篾器制作加工坊,应有尽有。这条街上，最有名气的是'和记'的米粉。

"心杰与荷香一路来到这'和记'米粉店。心杰叫了一碗店内最出名的'寒菌米粉'，又到街市上的糕饼店中为荷香买来了莲子糕和糖渍藕。心杰虽然离家多年，对这长沙米粉的美味却是一直念念不忘，那米粉，色白如玉，细软如绸，盖浇的配菜品种繁多，当时有这样四句诗形容这和记米粉：'湘春门外雨濛濛，走马行车味最浓。齐说李家和记粉，青葱之上辣椒红。'

"荷香则是夹起一片糖渍莲藕，色香诱人，软软的，柔柔的，油而不腻，甜而不浓，咬了一口，那真是香到心里，甜到心里。心杰与荷香一顿饭吃完，虽然心中各自不舍，心杰还是起身，与荷香一同离了茶楼，送荷香姑娘回家。

"两人下了茶楼，迎面吹来一股清凉的风，白日的燥热早已消逝了。这清凉的风中，还蕴含着一丝荷花香的味道。在皎洁的月光下，街边有不少乘凉的人，有的一边拿着蒲扇轻轻扇动，一边海阔天空地谈古论今；有的坐在藤椅上泡着茉莉花茶或功夫茶，淡淡的芳香弥漫在空气中。

"二人踩着这细碎的月光树影，从北门向南城门口荷香家方向走去。那时的长沙城虽说不像现在这么大，但从北到南还要穿城而过，也需不少时间，两人边走边说些无关紧要的话。走着走着，心杰只见正对面两只大灯笼高高挂起，不多时就到了南门口一处大宅子门前。

"借着灯笼光可以看到门上悬着一方朱漆匾额，上写着'刘记绣庄'四个大字。一扇黑漆大门，上面尽是青铜色圆点，麻石阶梯，左右侧立着两座大石狮子，着实气势不凡。荷香向心杰施礼道：'孙先生，这里便是我家。请先生入内一叙。'

"心杰本以为荷香家中不过是一间小小绣坊，没想到竟是长沙城中久负盛名的刘记绣庄，是长沙从事湘绣生意的最大一家，手下有上千绣户，这才明白茶楼内的茶博士何以对她如此恭敬。虽然在外多年，可是这刘记绣庄的大名还是听到过的，更兼长沙城内人人都知道这刘记绣庄当家的刘掌柜，既是富甲一方的巨贾，又是衣冠磊落的名士，对手下绣坊内的绣工也是宽宏大量，从无克扣盘剥之事；若是有下属不幸遇到什么天灾人祸，刘掌柜必定竭力帮助，逢年过节还常常发些赏钱，手底下人个个称颂。更听说刘掌柜生得一位千金，精通琴

偶然

棋书画,更曾在法兰西留学,有闭月羞花之貌,没想到就是身旁的荷香。"

孙伯说到这里,窗外的天也快要擦黑了。"小李伢子,听得这么入神,天快黑了,我送你回学校。下次再接着讲给你听。"

我正听得入迷,哪里愿意离开,缠着孙伯接着讲下去。孙伯拗不过我,便又笑着说:"好吧好吧,李伢子,你去买两碗米粉,再买点糖油粑粑回来,我们爷俩先吃点东西喂饱了肚子,我再接着给你讲。"

我乐颠颠地跑到街口小吃摊买了两碗米粉和糖油粑粑等吃食,小心端着回来。我很快就吃完了,用手一擦嘴巴,把小凳子挪到孙伯跟前,等着孙伯吃完再度开讲。

孙伯放下筷子,接着说道:"二人说着便进得园中,刘家这处宅子坐落南城门口,正是长沙商业活动的中心。进门就是一个大院子,一块'福'字照壁立在当中,后面辟了一方池塘出来,一株株花朵亭亭玉立,虽然夜色中看得不甚清楚,但是从那阵阵清香中,一闻便知是荷花了。心杰四顾,院子四角又各辟了一方天地出来,爬藤架下石桌石凳一应俱全。二侧耳房、厢房这时阒静无声,只有后院望去一片灯火通明。

"那时,长沙尚未有发电厂,那光明是来自一种煤油汽灯,点燃之后放出光芒来,比电灯还要亮。荷香即从门房中取了一盏煤油汽灯出来,引着心杰在园中四处逛了一逛。心杰久立于荷池之畔,想起此次返乡这一番偶遇,不禁心生感慨。

"荷香站在心杰身旁,道:'心杰,想来你是很喜欢荷花吧。'

"'是啊。我自小就熟读"莲之出淤泥而不染,濯清涟而不妖,中通外直,不蔓不枝,香远益清,亭亭净植,可远观而不可亵玩焉"。荷花清新淡雅,高风亮节,直教人心生向往之情,永难弃却之爱。'

"这两人边说边进了会客厅。

"荷香笑道:'真是巧了。我父亲也喜欢周敦颐这几句,我也喜欢。'

"客厅左侧正巧写着上面所说的这几句话,为荷香父亲手书,其字既有欧阳询的骨气劲峭,又有王右军之潇洒飘逸。心杰深知字如其人，见荷香父亲不仅是个成功的生意人，更写得一手好字，不禁心生佩服。

"右侧有一幅画是元代王冕的《全荷图》，满塘荷花开得灼灼其华、栩栩如生，正与左侧的字相得益彰。心杰看得连连赞叹。

"荷香说：'这前两进是住房，没什么看头。我先领你去看看我们家的绣坊。'一面说，一面引着心杰向灯火通明的后院走去。

"虽是后院，其实是建了一间极大的房间，一眼望去，大约有百名女工整齐而坐，每人面前一方绣屏，各司其职，一片寂静中仿佛能听见绣花针穿针引线在绣屏中往来的声音。荷香领着心杰一一看去，一幅《狮虎》座屏绣品已近完工，一面是一只仰天长啸的上山虎，而另一面是一只低首夜行的下山狮，一上一下，正面的虎头转到反面变成了狮尾，两面的形象迥然不同。

"心杰瞠目赞道：'这湘绣太美太神奇了，今天我算是真正开眼界了。'

"两个人边说边往前走，心杰看见一幅绣屏后没有人，上面绣的是大观园中，众美围着贾母，于荷花深处的小亭中观雨，图已经大体完成了。

"荷香笑道：'让你见笑了，这是我自己绣的，我每天都会在这个位子绣一会儿东西。'

"'我没想到荷香姑娘也精于刺绣？'

"'生在刺绣世家，从小我父亲就逼着我学绘画、学刺绣。为了学习油画，家父还特地送我去法国留洋两年。在那里，我也能见到咱们家乡的湘绣，尤其是在法国举行的国际博览会上，湘绣多次获得优胜奖，在国际市场上享有独特的盛誉。尤其是像《花木兰》这样的双面全异刺绣作品，精雕细琢、栩栩如生，与油画实在有异曲同工之妙。心杰，你给我留几个字吧，我有空的话就把字绣上。'

"'那小生就献丑了。'心杰半开玩笑地自我调侃了一句，他从小习得王逸少的《兰亭序》，几可乱真，所以才能如此自信。

"不一会儿，荷香拿来了文房四宝。

"荷香磨墨，心杰挽起袖子，刷刷地写下了'荷韵醉游人'五个大字，众绣女更是齐声惊叹。

"荷香看到这五个字有双关之意，不觉双颊绯红，'不想你竟写

得这一手好字。你字写得这么好,我估计你的画也不会差。'

"心杰道:'我没事的时候爱舞文弄墨,改日再请姑娘钧鉴钧鉴我的画作如何?'

"说话间,两个人肩并肩走出了绣房,荷香只望着心杰笑而不答,二人都是一样心思,连天上的月都知晓了,笑成了一弯月牙。如此良辰美景,佳人相携并肩行走,无不羡煞旁人。

"回到院中,二人坐在荷花池边、爬藤架下的石桌旁。荷香道:'心杰,来尝尝我家的君山银针如何?这是我今年谷雨时节与父母亲一起赴洞庭湖君山岛上采的新茶。'荷香去取笔墨的时候已吩咐老管家沏好了茶水放在石桌上。

"'君山银针,茶中极品。又是今年新茶,自是求之不得。'心杰道。

"心杰一杯茶还未喝完,耳边听见黑漆大门一响,走进来两个人,一个温文尔雅,一个仪态万方,荷香早已迎上去,叫道:'父亲母亲,你们回来啦。'又指着心杰道:'这是我认识的新朋友,名叫孙心杰。'

"荷香的父亲本来不过是想点头打个招呼而已,听到孙心杰这个名字,不禁停下了脚步,细细打量了一番,问道:'你父亲可是名叫孙昌林?'

"'是啊。'心杰道。

"刘掌柜面露欣喜,转头向刘夫人笑道,'夫人,这就是我常常向你提起的孙家儿子了。荷香的弟弟就是在他父亲当校长的学校里读书的。我常听说,孙家这个儿子从小有志气,能文能武,还考取了东京振武学校。一表人才,一表人才啊!哈哈……'刘掌柜对心杰说:'我和你父亲是好朋友,你和荷香也算是世交了。你父亲身体可好?我最近又有一段时间没见你父亲了。'

"'多谢刘伯父挂怀,我父亲最近在家专心研究西方的教育制度。'心杰还礼道。

"'你父亲这是要打通中西学术,了不起啊。你这次回来是毕业了还是探亲?'

"心杰拱手说道:'刘伯父,小侄这次回来一来是为探望父母,二来也是看看家乡变化,如果有机会,希望能够学以致用,救国救

民。'

"刘掌柜点头似有赞许之意,心杰接着说道:'振武学校的校规相当严格和苛刻,大概日本的学校风气都是这样,非常重视意志的磨炼和纪律约束。入学要受七条誓约的管束,其中规定要专攻学术,以顺上为要道,耐劳忍苦,起居有节,不准议论课程的轻重等等。学制三年,如今我已读完两年,希望毕业之后返回家乡,一偿我报国夙愿。'

"心杰这番话,刘掌柜听得频频点头。又见他气宇轩昂,玉树临风,与荷香站在一起,颇为般配,心内又是一番欢喜,便说:'今日时间也不早,改日再带小犬小女登门拜访孙老先生。久闻孙老先生热心教育,胸怀天下,颇为可敬啊!我知道你父亲素来也爱荷花,有一小片荷花绣屏乃小女所绣,正好赠给你父亲。'

"'刚才荷香领我去绣房,我已看到。'

"荷香说:'刚才心杰还给我留了几个字。'

"四人边说边进了绣房。

"'后生可畏,真是后生可畏!'刘掌柜看了心杰的字,喜出望外。

"天色渐晚,刘掌柜也不便多留心杰,便送心杰出门。

"'记得代我向你父亲问好。'刘掌柜最后嘱咐说。

"心杰回头道,'侄儿记住了。'

"心杰望着荷香的倩影,心中难舍,不禁脱口而出道:'伯父,恕在下冒昧,不知改日可否邀荷香姑娘一同驾舟采莲?'

"荷香此时已与母亲迈进大门,向房内走去,月影下,心杰看见荷香转身,对着他轻轻地点了点头。心杰见状,心下一阵狂喜。

"心杰回去后禀告父母,将事情的来龙去脉大体说清,为了不让父母笑话,心杰并没有将掉进池塘一事说出。

"孙父戴上老花镜,边欣赏着那块绣屏边赞叹地说道:'我早就要介绍你们认识,谁知道你小子自己就去了,也算是真的有缘了,哈哈哈。'

"孙母放下手中的活说:'真是老天保佑啊,我家心杰钓鱼竟然钓到一份好姻缘。'

"心杰看父母都为此事高兴,心头大喜,望着月亮,看见的仿

偶然

佛都是荷香姑娘的脸庞,一夜辗转反侧,如烙饼般,怎么都无法入睡。"

孙伯讲到这,在凳腿上敲了敲烟袋锅:"太晚了,小李伢子,你该回去了,我送你回学校。"

我抬头看月亮都升到半山腰了,时间确实不早了:"啊,那好吧,我这就走,礼拜三下午我没课,我再来听。"

我看孙伯起身要送我,赶紧说道:"孙伯你坐着,月亮这么亮,我认得路。"

孙伯关照道:"那行,小李伢子,路上注意安全。"

又熬了两天半,礼拜三下午没课,吃过中饭,我就一路奔过来了。那"荷花恋"的故事真真太吸引人我。跑了一段路,到了天心阁,大热天,暑气渐盛。我发现孙伯坐在藤椅上睡着了,于是我也休息一会儿。不到两刻钟,孙伯醒了,装了一袋烟:"我就知道你要过来,我抽一袋烟再说。桌上有水,你自己倒一杯喝。"

一杯香茶下肚,孙伯又打开了话匣子。

"翌日,心杰一早打了电话到刘记绣庄,与荷香约好见面时间之后便早早地来到了荷塘边二人初次见面的地方守候。正是荷花开得最好的时候,熹微初露,粼粼的光波反射出一道道浮光,晨雾中几道阳光照在波光细细的湖面上,像给水面铺上了一层闪闪发光的碎银,又像被揉皱了的绿缎。水面之上,沙鸥飞掠;荷塘当中,鱼儿嬉戏。不多时,这一派安详静谧被清脆的声音打破,一曲在心杰心头不知绕了多少遍的《荷花之歌》又一次回响在耳畔。心杰循着歌声望去,并不见人,只见朵朵怒放的莲花,燦燦地开着。而那歌声,依旧响着。好大一会儿,才在莲花与荷叶之间看到一条小船,在荷花之间穿梭往来,透着那么一股儿灵气。"

"那一定就是荷香姑娘的小船!"我抢着说道。

"没错,"孙伯笑着说,"果不其然,心杰从莲花之间,又一次见到了那一张俊俏的小脸,眉如柳叶,双眸剪水。荷香看见了岸上的心杰,秀美的娥眉轻舒,忍不住笑了。这一次,荷香换了一身红衣,是那种在乡下随处可见的样式,但是在满池荷花的辉映中自有一种无法言喻的美。

"荷香含笑不语,只是轻轻将舟楫靠岸,红粉佳人倩影依依秋波送媚，玉人少年风姿特秀爽朗清举。风动荷香，二人相视一笑。红袖迎着暖风摇曳飘动，低头采莲时，她垂下如玉的手腕采摘莲藕，心思却像柳丝那样纤纤袅袅，柔情脉脉。想到莲藕多丝，并且深藏水中，不就像藏匿在自己心中的那份情思吗？

"荷香伸手挖了一只莲藕，扔在竹筐里，又唱起了那一支《荷香之歌》，歌声在阳光之中是如此动听，俊俏的面容透着荷花颜色。荷香支起竹篙，在幽静的湖面轻轻地滑动着调皮的小舟。

"'心杰，咱们一会儿将这挖好的莲藕拿去市场上卖，然后咱们去吃大餐。'

"'好，静听姑娘吩咐，今天我就做姑娘的仆人，我划船，你采莲藕。'

"二人所收的乃是红藕，是从湖北引种，没有苦味。二人采到中午，已收得满满一竹筐。心杰把船靠了岸，系好。二人抬着筐到了市场上。

"'快来看看刚采的莲藕，又新鲜又便宜，最能清热去火，健脾开胃，补气养神！'心杰在学校的时候常常勤工俭学，早已放下公子哥的身段，所以第一声叫卖是心杰喊的，他也没感觉到不好意思。心杰招徕着来往的人，荷香则负责收钱。

"正值盛夏，很多人想熬一碗莲藕粥解解暑，再加上二人所采的莲藕确实好，价格又便宜，于是很快就卖光了。荷香数了数卖的钱，说道：'这些钱也就够咱们两个饭前的茶水钱，不过我既然说好了吃大餐，那我请你吧。'

"二人去了位于长沙坡子街的火宫殿，找了个临窗的位置，准备来个把酒临风，心旷神怡。二人点了油炸豆腐、馓子麻花、姊妹团子、猪血蹄花，又要了二角竹叶青。二人边吃边说，说起了这护城河中的荷花。

"荷香浅浅笑道：'这护城河中的荷花有一半是乡亲栽种，有一半还是家父手植。家父除了绣庄的生意，平时最爱的就是赏荷、画荷。家父常说，当日这护城河成了断头河，不知道是谁发起在这河中种上了荷花，也算是功德一件呢。'

"心杰一听，不禁张大了嘴巴，连声说道：'荷香姑娘，当日种荷之人当中也有在下的身影呢。'

"荷香回答道：'是嘛？失敬失敬。'

"两人喝得兴致盎然，心杰也趁兴邀请荷香到家中赏画。

"荷香一看心杰家，没有自己家大，但也是一处大宅子，有极大的荷缸、紫薇、爬藤，也都开着花，一番繁花气象，叫人陶醉。

"孙母听到外面有人说话，迎出来。心杰对母亲说：'妈，你看我在路边捡了个大姑娘回来。'

"孙母一笑：'心杰你就知道胡闹，不要对荷香姑娘无礼了。'

"心杰一听，说道：'母亲原来早就认得刘荷香姑娘呀。'

"孙母笑道：'何止认识，我常到他们刘记绣庄买东西，早就跟刘大掌柜说起，还想介绍你们认识呢。没想到你们竟然自己碰上了。甚好甚好！'

"荷香不禁红了脸，做了个万福，答道：'原来您就是心杰的母亲，孙伯母，您叫我荷香就好了。'

"孙母赶忙吩咐做饭的大妈，做下一大桌子菜，拉着荷香的手，越看越欢喜，忙里忙外，嘘寒问暖，只怕饭菜不够，又吩咐厨房炖了莲子羹、莲子猪心汤等等，吃饭时不停给荷香布菜，生怕荷香吃不饱的样子。

"一餐吃毕，二人心中都有说不出的欢喜。自那以后，心杰便常常来到荷塘边，守候着倩影，仿佛荷香在采莲藕的那一刻，把他的心儿也摘了去。心杰期待能永远看到荷香笑脸如嫣，能永远听到婉约采莲歌。"

"后来呢？荷香出现了吗？"我听得如痴如醉，忍不住插嘴问道。

"当然啦，二人再度在荷塘边相见时，虽是几日之后，但是却像过了很久一样。就像《诗经·王风》里面的句子——"

"我知道，我知道，一日不见如隔三秋！"我再度抢话。

孙伯笑道："看不出，你小小年纪，懂得还不少。那一日因为二人相见，荷香心情大好，放眼看去，世界万物仿佛也都变得欢快起来。看那柳树，宛如在风中翩翩起舞；喜鹊也在枝头聒噪，好像在迎接她的到来；石榴花飘落在她的新裙子上，使她的衣服也染上了花香。她一边采着莲蓬，一边唱着歌儿，歌声在风里荡漾，听得心杰人都醉了。莲子清若水，恰似真心，赤诚一片；藕丝虽断犹连，一如深情,哪里能斩断得了?

"心杰执笔为荷香画下了一幅《盛夏荷香图》,画中荷香一身红衣,在满天晚霞当中于荷花丛中穿梭,真是人比花娇,婀娜多窍。

"画的空白处,心杰还题上了一首小诗以示心迹。

清溪一叶舟,

芙蓉两岸秋。

采菱谁家女,

歌声起鹭鸥。

"而荷香呢,就以心杰所赠这幅《盛夏荷香图》为底稿,细细地绘图布线,亲手绣了一幅绣屏,又用上等红木装裱好,送给了心杰。

"自心杰与荷香情愫渐生,从此几乎日日相见,除了登舟赏荷,长沙附近的名山大川都走遍了,岳麓山、橘子洲、洞庭湖、君山,几乎处处留下了这对青年男女互相爱慕的身影。

"荷香为心杰眸底的真情打动,心杰父亲亦携着聘礼前往刘家提及二人婚事。但是心杰却记挂着在日本军校的学业,心中虽有不舍,也坚持定要学成归来再与荷香成亲。时间如流水般飞快逝去。明月渐升,薄雾拂水,望着明朗的织女星和牵牛星,两个年轻人的心,就这样在无边荷塘上跳动到了一起。"

"那心杰回到日本去了?"我给孙伯的茶杯中续满开水,问道。

"是啊,盛夏过去,心杰的假期也告一段落,因为要去振武学校完成最后一年的学业,二人只好鸿雁传书,在书信中一叙相思之情。

"一年时间转瞬即逝。第二年夏天,心杰学成归来,孙家正式向刘家下了聘礼。经过父母之命、媒妁之言,心杰与荷香两人在外湘春街长春巷七号的基督教天主堂举行了婚礼。

"二人因荷结缘,以荷定情,便把家安在了这天心阁下护城河边,年年岁岁守着这满池见证了彼此爱情的荷塘。许多年来,二人居家生活,或休闲出游,都特别在意那弥漫清香的荷塘。白天,在荷塘边多看一眼,多留一刻;晚上,在荷塘边徘徊,畅想。不知是想远离城市的喧嚣还是想避开世间的繁忙,心中总有一种觅得清静的渴望。"

"孙伯,那心杰与荷香后来怎样了?"我忙不迭地追问道。

孙伯说到这里,天已黑透。孙伯抬头看了看,郑重说:"小李伢子,真的不能再耽搁了。我送你回学校,你要听故事,以后我慢慢说给你听。"

我乖乖地跟着孙伯出了院门,回到学校,心里却一直记挂着心杰与荷香的后来。整个星期连上课的时候都在想着他们的爱情故事,心里就像有好多蚂蚁在爬,痒痒地难受。好不容易熬到了周末,我一大早就敲响了孙伯的家门。

这一次,孙伯并未像往常一样在院中摆上桌椅,沏上好茶,而是对我说道:"小李伢子,来,今天我们边走边说。"

"好。"我兴奋地应道,跟在孙伯身后,出了院门,转了个弯,就向着城门方向走去,往前就是天心阁。

我问孙伯道:"孙伯,咱们是要上天心阁吗?"

"是啊。"孙伯点头答道。

我随孙伯过了崇烈门,往上再爬七八十级石阶就是天心阁城楼了。孙伯在前面慢慢地走,边走边伸出手轻轻抚着那一垛垛青石城墙,仿佛这一块块青石皆有生命,可以与孙伯对话一般。我在后面跟着,看着孙伯严肃的表情,也不敢出声,只等孙伯开口。

半响,孙伯开口道:"小李伢子,你知道我今天为何要带你来这天心阁吗?"

"这个真猜不出来。"我挠挠头皮,说道。

"是因为心杰与荷香结婚之后与这天心阁有着大大的渊源。心杰家就在天心阁脚下,有时候心杰和荷香就登上天心阁,俯视他们的爱巢。有时候心杰在天心阁上看到荷香,就大声喊荷香的名字,荷香就和他挥手致意。"孙伯望着下方出神,意犹未尽。

我本以为孙伯说的爱情故事到此就结束了,没想到孙伯话锋一转,说道:"心杰从日本学成归来,一心报效国家。当时正值清末,长沙的维新活动蓬勃兴起,各种政治学术社团不断出现。在巡抚陈宝箴的支持下,1898年春由熊希龄、谭嗣同等建立了湖南维新的总团体——南学会,天心阁便成为其经常集会的主要场所。南学会成员唐才常、秦力山等常来此演讲,传播'开民智、伸民权、一民心'的维新思想。1905年革命党人陈家鼎受孙中山、黄兴的委托,从日本回湘组织同盟会湖南分会,禹之谟被推选为首任会长,办事处设在天心阁三楼。

"因为就居住在天心阁脚下，时间久了，心杰跟这些又伟岸又神秘的人慢慢熟识起来，并成为了革命党人。荷香常常问心杰，'他们是些什么人啊？'心杰便说：'他们都是为国为民的有志者！'

"时光转瞬即逝，不知不觉就来到了1911年10月13日，这一日，湖南革命党人得知武昌起义的消息后，几次在贾谊故居和天心阁召开会议，决定在长沙响应武昌首义，策划起事。不料21日清晨，有关起义的机密被泄露，千钧一发之时，革命党人当机立断，将起义提前到22日举行。10月22日清晨，新军士兵攻打长沙城并取得成功，当时，巡抚衙门前的龙旗换上了象征革命胜利的'汉'字大旗。不久，'汉'字大旗又插到了湖南同盟会最早的秘密联络地点——天心阁。长沙起义是辛亥革命时期全国第一个响应武昌起义的壮举！

"心杰是很早就响应辛亥革命的湖南革命党人，并且他还是部队的指挥者之一。在攻破天心阁的攻坚战役当中，革命党人开始是四面进攻，可由于兵力不占绝对优势，火力分散，攻击缺乏重点，逼得敌人作困兽之斗，敌人占尽地势，革命党人死伤很大，进攻停下来了。

"眼见革命队伍死伤惨重，时间又紧迫，作为指战员的心杰十分焦急。他紧锁剑眉，盯着天心阁城墙上的炮火。直到属下见他暴露在掩体之外，有危险，才将他强行拉下去。

"为了尽快攻破天心阁，心杰等人回到指挥部，陷入沉思。

"想了半天也没有好的方法，心杰转回指挥部，召开军士会议。会上心杰道：'天心阁守军虽然占据地理优势，黑夜中对路的熟悉度比我们要好上很多，但是大家要记得，也仅仅是好上很多。根据天气判断，今天夜里应该没有月亮，会漆黑如墨，所以，天黑，也是我们的机会。'

"心杰的建议获得了大多数人的赞同，于是攻击重新开始。已经身为团长的心杰，本可以运筹帷幄，不必冲到战斗前线上去，然而为了减少部队伤亡，尽快攻占天心阁，心杰不顾幕僚劝阻，手拿勃朗宁手枪，带突击组攻击天心阁北面。一行几人悄无声息地攀上天心阁石阶，无奈敌人一挺机枪炮火一转，一道火墙瞬间在心杰面前出现，突击队无法前进，战友只好对心杰说：'团长，敌人炮火猛烈，说明已经发现我们了，还是先回去再做打算。'

"心杰横下一条心，发狠劲道：'只要突破这道防线，就能拿下

天心阁。此时回头，不但无功而返，连北面这条路都会被敌人封死，更别提进入城中了！今日不成功便成仁，兄弟们，跟我冲！'

"说完这话，心杰将手中枪支一挥，悄声对突击队的战友说道：'听我口令。各部队都有了，准备攻城。'

"话音未落，暮色中，只见心杰冲着敌军火力点大吼一声：'孙心杰在此！'

"城上守军已经听说了攻城的是日本留学归来的孙心杰，没想到孙心杰竟然在战争中暴露自己，先是一怔，接着枪口立刻向孙心杰瞄准，子弹像蝗虫一般涌来，心杰以自己的身躯吸引了敌人的火力，为战友打开了一条突击之路。战友们只听得心杰一声：'攻城！'心杰倒下来了，突击队员们奋力涌上城楼。

"在马上就要迎来胜利的时候，心杰却倒下了，身边的战友们不顾一切将心杰背出了战壕。伤员众多，医疗设施有限，军医想只好先用纱布裹住伤口，可那颗子弹正好在心脏旁，伤到大动脉，血一直往外喷涌。

"当时部队之中只有一位军医，见到心杰流血不止，只能止血，别无他法，但是药和纱布刚一敷上就被涌出的鲜血冲到一边，心杰的半个身体浴在血泊之中，人已经陷入昏迷状态，还在不住喃喃自语，战友们俯下身子，细听之下方知心杰是在念叨'荷香、荷香'，早有战士飞奔到了心杰家中通知家里人都来，希望能见他们最后一面。

"正所谓，人间未遂凌云志，天上先成白玉楼。

"荷香听到此讯，发了疯一般飞奔到天心阁下，早已奄奄一息的心杰看到荷香和他们的儿子前来，握住了荷香的手，却一句话也说不出来，一边年事已高的双亲和年幼的孩子早已泣不成声。

"心杰强撑着最后一口气，对儿子说道：'儿啊，没有父亲不爱自己的儿子，我希望你们一辈子安安稳稳地过日子，不要像我一样……我今日殒身去了，将我骨灰撒在这天心阁下、荷香池中，我死亦无憾！'

"孙伯说到这里，声音慢慢地低沉下去，仿佛话语中含着满腹的心事，接着说道："心杰牺牲以后，荷香变得郁郁寡欢，时常手抚心杰手绘画卷，暗自潸然泪下，那一年夏末秋初、荷花飘零的时候，乡亲们为纪念英雄孙团长心杰，在池塘边建了一个小小的草亭，立了一块英雄之碑，上有'荷花祭亡灵'的诔文，算是纪念辛亥革命首应之战——攻打天心阁的第一位功臣英雄孙心杰的一个去处。

"自心杰走后，荷香像无魂的僵壳飘摇不定，无着无落。恨只恨自己只是一个凡骨俗胎，不能借如来之神手，从死神手中救回心杰宝贵的生命；更恨自己不能偷来观世音手中的净水瓶，使心杰起死回生。

"就在这年冬天，荷香也去世了。临死之前，荷香还在反复喃喃自语：'我若不弃，你便不离。你为何又像这满塘荷花一样弃我而去呢？如果这荷花四季常开，心杰，你就能多陪伴我一时了吧，那样不知道该有多好……'

"心杰牺牲未满一年之期，荷香又撒手人寰，白发人送黑发人，两家老人悲不自胜，眼泪已经流干了，尤其是两人的母亲，如不是顾念心杰与荷香撇下的幼子，几乎要追随一对儿女一同去了。出殡当日，往常热闹的天心阁沿路一片肃穆，两匹三丈缟素从城楼垂落而下，一边写着'英雄孙心杰'，一边写着'节妇刘荷香'。冬风凛冽，吹起出殡队伍前列的白幡，就像两家老人的白发一般，任铁石心肠的人见此情景也要垂泪，也要动容。

"孙心杰与刘荷香的故事不胫而走，传遍了整个长沙城。刘家的众绣女为纪念这对伉俪，齐心协力绣了一幅巨大的《荷花恋》，长沙城内的几位大家也拟了一首《荷花恋之序》绣在了绣屏之上：

夫曾几何时，晚霁云天，初开红萼，亭亭人道芙蓉。荷香佳人立河东，水静烟轻，何来游鱼戏西东？残荷枯梗西池满，哪得闻，鹤影孤鸯？几回叹，花也匆匆，人也匆匆。无缘识得东风。四季悠然轮转，心杰东渡习武功，未许相逢之期，几回魂梦相逢。傲雪凌霜，歌咏如飞，吾心未必由衷。萧萧不见波心棹，说涉江，水远山重。莫凭阑，春恨秋愁，难与君同。

"那心杰和荷香的儿子后来怎样了？"我早已听得泪落如雨，但是还是记挂着故事里这苦命的少年。

"那时心杰与荷香所育一子还未及弱冠之年，父母都去世之后便只身一人外出求学，考上了湖南省立师范学校，毕业后在旧居附近一所学校做了一名历史老师，后来，断头护城河也日渐淤积，政府索性将其填了起来，拓宽街道，那些盛夏时光里破空而来的阵阵荷香就此消失在天心阁下了。所以,心杰和荷香的这个孩子,不管到哪里,都要养一缸莲花。"

"啊?"看着院中那一缸荷花的我这时才恍然大悟。原来孙伯说的正是他的父母亲的爱情故事呀!

抱着孙伯的腰,我流下滚烫的热泪,哭了起来:"我知道了,这故事太让我感动了,我为您有这样英雄的父亲和深情的母亲感到高兴。"

孙伯起身走到堂屋中央,从堂屋正中长条几案上取下供着的两块灵位,拿起一块丝绢,细细地擦拭着,直到一尘不染才放回去。我从来没有注意过,这时定睛看去,灵牌上分别写着"亡父孙心杰之灵位"、"亡母刘荷香之灵位"。孙伯擦了擦眼睛,又说:"母亲死后,我把父亲和母亲的骨灰一同撒在了天心阁下荷塘里,虽然荷塘已经不复存在了,但是我希望他们因荷结缘、因荷相恋的爱情精神能够永远永远地存于天地间!"

我听得痴了,而孙伯说着说着,也像微醺一般,仿佛是在问我,又像是在自问自答地说道:"你知道盛夏的荷花有多香吗?经过一天耀目阳光的炙烤之下,傍晚时分,晚风徐来,池塘里泥土淡而清新的水腥气,还有莲蓬中饱满的莲子,和着满池荷香仿佛约好了一般冲着你扑鼻而来,人仿佛可以用这清香下酒,饮尽生活中所有的闲愁。

"我的父亲最爱在这样的傍晚,抚琴吟诗,酒酣耳热之际,在庭院中摆一张书案,用蘸饱了墨汁的毛笔,在宣纸上勾勒渲染出一幅《盛夏荷香图》;而母亲正在一边把一碗荷叶粉蒸肉摆上餐桌,一边招呼着我们父子俩过来吃饭……

"父亲爱莲、画莲的习惯也遗传到了我的身上,每每翻看父亲遗留下来的多年前的画作,那种带着莲花香气的真与纯,总是令我爱不释手又有难过感喟。我想,我和父亲在心灵上是相通的,因为我们所爱的,不仅仅是莲花的美丽,更有莲花的风骨。"

我对着荷缸磕了三个响头,眼泪长流,告别孙伯,踉踉跄跄地向学校走去。回头看去,孙伯红红的眼眶里也淤满了激动的泪水。

那个时候,我只顾着在孙伯的讲述当中寻找那些令人动容的温婉爱情和耸人听闻的战争轶事,慢慢地在成长过程中,才读懂了孙伯心目中,天心阁所代表的悲凉寂寞与难以割舍。孙伯成长于斯,成熟于斯，苍老于斯，守护着父亲的英灵，就这样在天心阁下度过了一生。所以，才能了解它的每一个表情，一次又一次的上阁和下阁，仿佛都是和古今造物的对话。如果说岳麓书院是长沙的文脉，那么天心阁则是千年长沙的钢铁脊梁，支撑着长沙人心中"富贵不能淫，贫贱不能移，威武不能屈"的独特信念。这是一种精神，渗透着历史的硝烟味儿，糅合在天心阁每一块苍老的城砖中，热得发烫。

  孙伯有时会跟我说："想想那时我像你一般大，转眼就半个世纪过去了。"言语间有对淡淡时光逝去的不舍与不甘。孙伯接着说："每忆及过往，必定会有满池荷香扑鼻而来。老了，儿女又不在身边，虽然放下了教鞭，却拾起了惊堂木，在映秀茶楼说一点历史掌故，聊解寂寞吧。"

  孙伯常说："荷花离我慢慢远了，后来，护城河也被填平了。偶尔看见荷花，也只能是在公园里，总感觉那里的莲少了一种灵性，不如记忆中的莲花来得清雅了。所以，我在家中自己育了一缸荷花，虽然不及父母当年因荷结缘时的灼灼其华，但是我心中的那株莲花，却因为世事的浸润与磨砺，日复一日变得茂盛起来。"

  "采莲南塘秋，莲花过人头。低头弄莲子，莲子清如水。"除了南朝乐府诗集中那些身影绰约的采莲女子，没有人比孙伯更能理解那些荷香相伴的生活，采莲蓬、挖新藕，荷香深处的这户人家，是孙伯自己的童年记忆里最美的段落。也正是因为这个原因吧，孙伯如此钟爱荷花，对于孙伯而言，荷花大约是有着一种不可名状的圣洁与美丽。

  举家搬迁咸嘉湖，临走之际，我突然无比想念孙伯。怀着激动的心情，我拿起笔给孙伯写了一封信：

  敬爱的孙伯：

    您好。告诉您一件事情，爸爸妈妈跟我说，我们家要搬到咸嘉湖边上去了。我一走，就会有很长一段时间见不到您了。一想到这里，我就觉得有些不舍、伤心。这个学期，和您一起在天心阁上玩的日子，我真是太开心啦。谢谢您给我讲了"荷花恋"的故事，那么动人、那么美，我想起来，想到心杰和荷香，鼻子就发酸，眼泪就会溢满眼眶。对了，还有，和您一起浇花，听您讲很多种植花草的知识，也很有趣。还有，您请我吃的"猪血汤"

和"重挑光头粉丝",真是又香又好吃啊,我现在想起来,还是口水直流呢。

　　马上要搬家了,我以后见到您的机会就少了。但是,我一有时间,就一定会回来看您的。

　　祝您身体健康!

　　此致

敬礼!

　　我离开前的一天早晨,再次来到天心阁孙伯家。那天,天气特别好,空气也很透亮,天碧蓝碧蓝的,几朵白云点缀其中,美不胜收。可此时此刻,我的心情却不像那天气一般舒爽,总有些莫名的感伤。

　　当我把亲手写的信交到孙伯手里时,我看到他总是笑眯眯的眼角,有些湿润了。他逐行逐句地看完我写的信后,双手轻轻地把信纸折好,小心翼翼地放入胸前的口袋。

　　"细伢子。你等等,我拿样东西给你。"不等我回答,孙伯就转身进了屋。我望着他有些孤单的背影出神,静静地站在门外。

　　不多时,孙伯走了出来,手里拿着一件半透明的纱质物什。我正想好奇地探前去看,不想他先在手里展开了。

　　"哇!"我不禁赞叹了一声,只见孙伯手里展开的那一尺见方的纱质湘绣上,一副精美绝伦、透着勃勃生机的《荷花图》跃然眼前。细密的针脚、独特的构图和透视、一丝不苟的环境点缀,把荷花的生命力和韵味恰到好处地展现了出来。

　　"喜欢吗?"孙伯见我看得出神,笑着问了一句。

　　我点点头,被那画所震慑,竟然都说不出话来。

　　孙伯抚摸了一下我的头:"细伢子,送给你啦。这就是我给你讲的"荷花恋"里,荷香、心杰合作完成的那幅湘绣作品。"

　　"啊?!"我不禁缩了一下身子,推辞道,"孙伯,这是您爸爸妈妈留给您的传家之宝,我可不能要。"

　　孙伯看着我,点了点头,语气庄重地说道:"细伢子,"荷花恋"的故事,没有多少人听到过,而你却是完整听完的,你和荷花是有缘的!我和你在一起这段日子,也很开心。现在把这幅湘绣给你,是我的心意。你一定要收下,懂吗?"

　　我看着孙伯真挚的眼神,终于认真地点了点头,伸手接过湘绣,抱在胸口。孙伯见我收下，微笑着拍了拍我的肩膀，把我送出大门外，走出很远之后，回头还能看到孙伯的身影，一直凝望着我，许久许久。

许多年过去了，"盛夏、蝉声、清雾、莲影……"仍然是记忆中一幅永不褪色的童年场景。因为心中的那株莲花，我总是不肯委身于俗流，被喻为不合时宜的人。虽然也为此吃了不少苦，流了不少泪，但却始终执着不悔。

多年以后，我重上天心阁时，想起孙伯给我讲的这个故事，感慨万分，写了一首词：

荷

阁东荷花盛斗艳。
红日错，香如悬。
渔舟笑语落满田，
皓阳暑风，绿裙幽帘，子盘饱甘甜。

玉纤摘得胖睡莲。
悠悠咏唱美如仙。
千年沉酣泥潭间。
一朝绽放，清新透涟，谁比虔还妍？

我总认为，较之世俗的那些名与利，内心的洁净与清明才是我真正想要得到的东西。修学佛道之后，才了解原来在佛教中，莲花亦是非常圣洁的宝物。观世音菩萨的六字大明咒"嗡嘛呢叭咪吽"，若翻成白话就是"祈求心中的莲花开放"。根据佛经记载，之所以把莲花喻为佛教的象征，就是因为它具有五种特性：非常的纯净、非常的细腻、非常的柔软、非常的坚韧、非常的芳香。佛经说，如果一个人能将这五种特性在内里开放，他就是一个心有佛法的人。那么，孙伯是不是也算是一个心怀慧根的人呢？

佛学教义太深，我想我这辈子都不可能去参透它，但我决不后悔在心中种下一株莲花。我相信，这个世界本来就是清净的，只是因为我们受到了污染，所以我们才会处在一个被污染的世界里。要想把这个世界变得美好，我们必得先使自己内在的莲花开放，才能对这个世界有真实的、清净的观照，才会有深邃的智慧和广大的心胸，才可以包容、感化和改变这个世界。正如孙伯一般,历尽多少世事沧桑,浮云变化,到老仍然坚守那一缸荷花,坚守心灵的自在、心灵的清明、心灵的善念、心灵的无染与心灵的智慧而不惜奉献了自己的一生,这才是这世上最真实的美丽、最博大的胸怀吧!

第四节 沧桑古阁焕新容

因为孙伯,我懂得了天心阁;因为天心阁,我更了解了孙伯。年幼时的一次偶遇,成了我小学高年级一段至为深刻的记忆。毕业后,我考入另一所中学,虽然仍在长沙,但是离这个我寄宿生活了整个童年时期的地方却越来越远。每一次,我都想着,回去一定要看看孙伯,但是总是因为种种原因未能成行。也许潜意识里,我总以为孙伯就像是与天心阁一样牢固的所在,任何时候都会矗立在那里,不管是现实世界还是我大脑的记忆里。

新兵第二年的时候,我有了一次回家探亲的机会。于是我兴奋又激动地收拾好东西,踏上了回湖南的列车。那次回家,我特意去看了孙伯。

去孙伯家的路上,我走得很快,好像是迫不及待要飞到孙伯家一样。但我脚步虽快,却没有跑,一年的新兵生活让我成熟稳重了很多,即使心里再迫切,我还是很镇定的样子。

快到孙伯家门口的时候,我看到门开着,就走过去,远远地就已闻到一阵荷香。院子里有个人正在给荷花浇水,那人正是孙伯,他似乎瘦了很多,头发也白了些。

我兴奋又有点害羞地叫了声"孙伯",孙伯转过身来,看到是我,先是一愣,然后才满脸兴奋地道:"是细伢子啊,你回来了?"

不知怎么的,听到孙伯这么一句话,一股酸酸的感觉涌上了心头,好像是久别重逢的挚友,我的泪花在眼里打转,差点掉下来。我定一下神,迅速把这丝情绪咽了下去,应了声:"嗯。"

我缓步走近他,孙伯笑意吟吟地过来拍拍我的肩膀:"哟,小子长高了嘛!也长健壮了很多。"

我乐呵呵地说:"孙伯还是这么精神。"嘴里虽是这么说着,其实我已看到他额头上深深的皱纹以及鬓角的白发,他老了很多,精神却还是很好的。

"来来来，细伢子，进屋坐进屋坐。"孙伯忙招呼我坐下，他放下手里的水壶，给我泡了杯君山银针，一股熟悉的清香直扑入鼻。

孙伯也缓缓坐下后，我们开始像过去那样畅聊起来，仍然有着往常的默契，我跟他聊部队的生活，也聊起我们以前在天心阁的日子，心中全是快乐的回忆。他老人家也似乎一下子年轻了许多，也许他一个人的时候是寂寞的。

我在孙伯家吃了晚饭，天色很晚的时候，才依依不舍地离开了他家。那一次，算是我最后见孙伯。而后，就匆匆返回部队了。

一晃又是多年过去，等到我退伍、出国，开始为自己的事业到处奔波的时候，那些在日光下疯长的日子就像蒙上了一层尘埃，更加退到我心灵不常忆起的深处了。然而，小学时偶然见到的夕阳中天心阁那令人震撼的雄伟绮丽，早已深深烙印在我的内心深处了。

所以那次回长沙，莫名而来的第一个念头便是：去看看天心阁，去看看孙伯。虽然明知道后者可能只是一个无法实现的愿望，但是我还是不死心，一定要去实地探访一番。

城市的改扩建步伐带着天心阁一径向城市边缘移动，原本站在城市边缘守护的卫士，如今已经几乎在市中心的位置，孙伯当年居住的老宅也早已在建设的大潮中被拆除。我在天心阁下，来回踱步，不时向人打听当年在天心阁上的茶楼说书的老人的情况。路人多半摇摇头，偶尔的只字片语也难以拼凑出一个完整的故事了，而我却在天心阁下慢慢体味出一种沧桑的感觉。往往当承受了万般困苦之后发现自己的躯体与心灵还是没有足够坚硬，坚硬到将那种沧桑感托起，以一种唯美流露的方式。当看破了这层现象，才感叹沧桑感真的是一件难以捉摸的东西。

这里的阁、廊、亭、塔、碑、大道、宽坪、小径、假山、曲池在我成长的半个世纪时光里似乎一点都没有改变，的确，经历过几百年沧桑风雨的天心阁又怎么会在短短的几十年间变了模样呢？

当然，也不能说完全没变，毕竟，历史早已随韶华之河匆匆远逝，而在我成长的最初年月里，为我打开一扇观看世界的窗口的孙伯早已逝去在时光的烟尘之中了。今天的天心阁作为市区主要的休闲公园，不仅对城墙进行了加固加高，而且新修了阅览室、茶馆，周末闲

偶然

　　暇时，带上一本书，于此静静品味，幽幽的书斋和古老的城池掩映在一起，是一种情趣，更是一种享受。

　　见到树荫下一位手执紫砂茶壶、独坐细品的鹤发老人，我快步走上前去，抱着一丝希望问起多年前有关"映秀茶楼"的往事。

　　老人哈哈大笑，道："你可算是问对人了。想当年，我还是映秀茶楼里的茶博士呐。"

　　我心里一动，又问老人道："当时茶楼有一位说书的孙先生你还有印象吗？"

　　"怎么没有？不过早些年去世了。也好，没受什么罪。儿子女儿都回来了，可惜啊，守着这天心阁守了一辈子，他爹是为了老百姓在这城楼上牺牲了，他呢，就在这城楼旁边守了他爹一辈子，也够了。"

　　"啊？"听到孙伯去世的消息，明明早已有心理准备，心里还是莫名地牵痛了起来。

　　老人嘬了口茶，接着说道："老孙啊，一辈子都耗在这天心阁上了。当时，哪有人管这破城楼啊，就只有他每天早出晚归地修啊弄啊的，不然啊，哪里还有这楼啊，早荒废喽。"

　　"孙伯什么时候去世的您还记得吗？"我着急追问。

　　"八几年吧，也没得什么病，说是在家里给荷花换水呢，累了在躺椅上歇了一会，就再没起来了。我跟老孙，也差不了几岁，命啊。"

　　老人叹了口气。其实，我心里早有准备，但是还是被这个噩耗击中，想到几十年前的一幕一幕，不禁泫然欲泣。抬眼望，背后的天心阁修葺一新，笑脸迎人，而当时的人却早已不知所踪。如今我才真正懂得，孙伯一生执守于天心阁背后的孝行、奉献与执著。他带着巨大的忍耐和爱，守护着父母的那一份情感，用自己的思念，强烈而真挚的感情，一生守候，而正是这样的心，才会在当年，给我讲出那么动人的荷花恋的故事吧？

　　向老人打听了孙伯的安葬之处，我告辞而去。在湘江边殡仪馆后一个公墓园，我一一寻找过去，终于找到孙伯的墓冢。一栏之隔，便是滚滚湘江逝水，隔开了我和孙伯，阴阳永诀。

　　一夕之间，小学时的我与孙伯相伴的时光全数向我涌来，那个在天心阁上苗圃里忙碌劳作的身影，那个在映秀茶楼三尺书案后风采卓然的身影，那个在暮色中牵着我手将我送回学校再回头踽踽独行的身影……我心中涌起无限悲凉，忽然忆及彼时尚且年幼的孙伯，将其父其母的骨灰向天心阁下抛撒的时刻，心中是否也如我一样肝肠寸断、泪落满襟？

如今，天心阁的城楼上，浓浓的硝烟早已散尽，没有刀光剑影，没有铁马冰河，只有一份闲适与宁静。如今那些古炮们再也不用为沙场征战苦，静静地聆听着游客们的肆意欢笑，休养生息。惟留下一池萧索，在竹篁的幽幽和朝市的熙熙攘攘中，让人们去咀嚼那过去的一切。

那些故垒西边的壮怀激烈，我也是在长大之后才慢慢得以领略。想起自己少年的时光，想起孙伯，想起那些惊心动魄的潇湘英雄，我有感而发，提笔写下了这首《天心阁》：

雨洗天心清醉烟，
风过石墙古斑颜。
同是潇湘楚国人，
夜温故书朗无眠。
孩童当把英雄恋，
就像苍松不等闲。
待到祖国召唤时，
好儿女敢为人先。

天心阁正处于长沙市区，在繁杂的中心开辟了一片远离纷扰之地。绿树碧草交相辉映，粉花红朵相得益彰，和着那苍青石苔、黧黑枝干、朱色山石、金黄琉璃、红漆楼柱、青白城墙——各种色彩斑驳陆离，为这古老腐旧的楼台殿阁、砖石墙瓦添上了几笔灵动清新的色调。而那柳暗花明处谈笑风生的耄耋老人和打闹玩笑的龆龀孩童，以及繁花密树间隐约传来的悠扬二胡声，则更为这灵动增加了几分勃勃的春日生机。于是，站在铭刻着沧桑印记的城墙上，扑面而来的不只是数代历史兴衰那沉郁凝重的气息，还有来自现代、来自自然的和谐、怡然、畅快的清爽味道。一时间，仿若古今相交，天人相合，让人恍兮惚兮不知今夕何夕、此处何处。

我喜欢坐落在小山里的那些精美绝伦的石刻，我的朋友却在专注

偶然

于亭坊上的对联，那神态像是在与先贤私语，亦或是有了对生活的一种领悟。

我身旁的一位外地游客还谈起了乾隆时湖南学政李汪度的《重修天心阁记》："会城东南隅，地脉隆起，崇垣跨其脊，青乌家所云：'巽龙入首，文治之祥也。'冈形演迤，遥与岳麓对，上建天心、文星二阁以振其势，后乃额天心于文昌，而省其一焉。"

更有趣的是有一些小朋友一边追戏那些白鸽，一面在吟唱"水陆洲洲系舟舟动洲不动，天心阁阁栖鸽鸽飞阁不飞"的趣联。

据传，这副对联的上联出自橘子洲水陆寺的一个老僧，下联出自明代诗人李东阳。

李东阳的父亲是一个私塾先生，他对儿子的教育非常用心，朝夕督导习字作文，为李东阳后来成为诗文大家奠定了良好基础。李东阳四岁时，当着明景泰帝的面书写了十个尺大的字，受到景帝的赏赐，被视为神童。李东阳十岁时，一天，他随同叔叔来到长沙的水陆寺参加斋宴。席间，一些人都在你一言我一语地品评寺中的联语，李东阳入神地听。忽然旁席有人大声道："诸位，我有一水陆洲的上联，想以天心阁为题求下联，如能如意，愿以佛珠相赠。"大家循声望去，只见一位儒雅可敬的老僧笑容可掬地环视着四周的人们。一会儿，有人应声道："小生请您赐教。"老者道出上联："水陆洲，洲系舟，舟动洲不动。"话音一落，人们议论开了：这上联中有"洲""舟"两个谐音字，且"动"与"不动"形成反义，有点难度。有人认为：天心阁飞檐翘角，便向老僧报出下联："天心阁，阁翘角，角弯阁不弯"（长沙方言中"角"与"阁"同音）。老僧听罢，"嗯"了一声道："还有谁想好了？快快说来。"这时，又有人站起来报出一个下联："天心阁，鸽对阁，鸽鸣阁不鸣。"老僧又是"嗯"了一声道："还有没有？"坐在席旁一直没有吭声的李东阳走到老僧身旁，小声说道："小生献丑，请老先生斧正。"老僧哈哈一笑，心想这小孩真够有胆，便挺身向前跨了两步向众人招呼道："各位请安静，听这位小哥哥的高吟。"小东阳不紧不慢地高声诵道："天心阁，阁栖鸽，鸽飞阁不飞。"话音一落，全场为之一怔，没想到这小伢比前几个人对得更精彩，顿时，四周赞扬声一片。老僧喜出望外，竖起大拇指高声赞道："好！"东阳说："请老先生赐教。"老僧当众从自己颈上取下五十四珠的檀香木佛珠，挂到东阳颈上，众人一阵喝彩。东阳心头一热，满脸透红。老僧这样的褒奖，可谓至高了，小东阳也不曾想能得到这般礼遇，着实有些不好意思起来。抬头望去，只见老僧的眼里尽是满意与欣喜，便知他此举也是发自内心了，如若推辞，也是怠慢了人家一番美意，思虑一番，便收下了。

从此，这副对联便在民间流传开来，而且版本越来越多。2000年5月，原中共中央军委副主席张震重访天心阁，在交谈中还特意提到了这副对联。根据目前已经掌握的资料分析，以这副对联产生的年代排序，它成为了天心阁的第一联。今天竟闻童声之咏，可见传之甚广。

我走近"崇烈门"仰视良久，这时一位"老长沙"轻轻走近，指着前方说："那里曾经有座'守望塔'，塔顶圆球上刻有民国时的中国地图，圆球上雕有一头神情凝重的坐狮，喻意中华儿女不屈外侮，一刻不离地守望着自己的神圣领土，据说可能会重建。"我想：这塔在呀！不过不只是守望，你看公园外琼楼拔地，车如流水，繁花似锦，不是已证明了这塔仍然高高耸立在长沙乃至全中国人的心里吗！

这些年来，我感受过大漠孤烟、长河落日的壮美、小桥流水的灵韵，为什么在我心目中，天心阁是这样地令人留连忘返、与物俯仰？已近傍晚，然而几日不见的日光却在此时从渐薄的云层中钻出了几缕，斜照在飞扬挑起的屋檐上，给那金黄琉璃瓦随意地涂抹了几笔光晕。远处草木含春，近观珠露炫彩，不禁心生感叹：好一个集天地自然精华珍宝于一身的天心阁，好一派百花争妍、绿意盎然的天心之春！

天心阁，树木参天、青藤绕墙。循着幽深的石路拾级而上，向它靠近时，头顶上的树叶哗哗作响，我忽然有种感觉，它好像认出了我，认出了五十年前，在它这里得到过无数快乐的那个小孩。它欣然了，它欢快了，它熟识我了，它还是那么宽厚地迎接着我，而风抚铜铃，似乎也在朝我说着：久违……而在这清幽静谧之处，我再次揣摸天地良心，自认这几十年，所作所为，所言所行，无愧天心阁的无言教诲。

阁楼不远处，茶楼依旧在，只是人面早已不知何处去了。人们汇聚在秦砖汉瓦砌成的古城墙广场上，练太极、跳舞、看书、下棋……现在的古阁古墙才真的给一方带来了福祉。在进一步挖掘保护历史文

偶然

化的同时，扩大天心阁和古城墙的规模，我想如果这个愿景能实现，那么天心阁和古城墙将会给中外游人带来更多福祉，也会为灿烂悠久的中华文化续写出新的篇章。

走出茶楼，登上天心阁最高处，鸟瞰天心阁及古城墙全貌。近处，阁楼栗瓦石栏，檐牙高啄。三层主阁与二层副阁以游廊相连，错落有致。无数石狮各具风采，无数龙首翘望蓝天，无数铜铃迎风作响。斯物犹在，斯人已逝，此时我耳边仿佛又回想起当年在课堂，老师朗声诵读明代诗人俞仪赞美天心阁的诗句："楼高举似踏虚空，四面之山屏障同，指点潭州好风景，万家烟雨图画中。"——三百多年时光轻易逝去，假如诗人看到今天恢宏无比的天心阁，望着气象万千的长沙城，又将会吟出什么样的诗句呢？

湖南省长沙市东南城门（历尽风霜仍巍然屹立的天心阁）

天心阁崇烈门

偶然

天心阁上的崇烈亭

天心阁城墙上的古炮台

从天心阁上俯瞰整个长沙市区

作者就读的八中旁边的三角塘小学

偶然

著名的岳麓山爱晚亭（杜牧名句"停车坐爱枫林晚"写的就是这里）

第三章　偶然与沧桑为伴：咸嘉湖桑叔
——水澜之缘

　　天心阁之美，于古于高于情，维系阁荷。那情、那义、那心，感我肺腑，唤我梦醒，铭我良知，让我受益终生。

　　老天真的待我不薄，1963年，小学毕业的我升入长沙八中；辞别天心，辞别地校，随父母渡湘江穿荣湾，绕麓山西峰转涉山泉福地——咸嘉湖畔高地而新居。从此，又有了新的佳美经历。

　　咸嘉湖，水清澈，草绵延，鱼欢移。夕阳下波粼闪烁，无限水景，让我心旷神怡。特别是那"伙伴"飞兔带引我认识了湖畔边的桑叔。与桑叔结缘，任湖水翱翔，搏击三千里，鱼跃龙门，雁翔浅滩，好不痛快。让我明白何为真，何为诚；让我懂得沧桑的美，自然的美，朴素的美，真实的美，方为美之美。

　　水为情，情为智，不爱水的人甚少；单爱水还不够，要酷爱水，与水相溶，方会明白水可穿石，柔可克刚，水可载舟亦可覆舟之道理；只有一生与水结缘，想水心静，见水增智，人生方可如鱼得水，运行自如。

第一节　小荷才露尖尖角

　　几乎所有人都喜欢在生命的各个阶段时不时地追忆一下自己的童年，因为那实在可以算作一个最顺心适意、最肆无忌惮的时段。现实世界的一切法则尽可以置之罔闻，世俗生活的所有规矩也可以置之不理。孩童就仿佛是上帝的宠儿，得天独厚、独一无二、唯我独尊、万物都为我所用，可以不必为自己有心制造的祸患、无心招引的灾难负责、内疚、自省，哪怕天翻地覆，我自心安理得。

偶然

那时,就算是"只有读书才能改变命运"这样朴素简单的道理我也充耳不闻,一意孤行地过着我那些厮闹荒唐的岁月。可是,这种生活的无拘无束、没有藩篱也使它注定只能是短暂的美好,每个人终将与之挥手作别,被纳入虽也是各式各样、但毕竟可以为社会容忍的轨道。这人所不免的规训看似让人无奈,实际也让我们失中有得,让我们可以更深刻地认识、了解生活,最终找到属于自己的在世间游走的方式,而最重要的当是:怎样才能对得起常年辛苦操劳的父母。

五年级了,我不再贪玩,开始发奋学习,埋头苦读。

上课时我专心听讲,老师讲的内容一字不落地记下来,没听懂的下课一定会找到老师问清楚。下课后,我总是把自己泡在阅览室、图书馆里。课本一字一字地读,一页一页地啃,做摘录、记笔记,一丝不苟。

晚上学校熄灯较早,我就在凌晨五点多悄悄起床,到学校的公共厕所里伴着昏暗的灯光读书。

冬季的时候,凌晨可真是冷!但我心中对学习的渴望却无比强烈,完全抵挡住了那份寒冷!三更灯火五更鸡,晚睡早起,功夫不负有心人,从六年级开始,每次考试,我的成绩都是名列前茅,再也没有下滑迹象。

那时,我很喜欢语文课本上一篇诸葛亮的《诫子书》,其中提到的"静",静是归正的开始,老子说"不欲以静",又说"静为躁君"。"静",是克服急躁、妄动的主宰,是理性思维,"不武"、"不怒"、"不与"是理性行为,是"静"的表现,"静"则是为"治",为"胜",所以,"清静为天下正"。而思想,正是从静中产生的,人有了思想,才有了境界,最高的境界就是道德的境界,仁是道德的魂。《论语》中,孔子对仁的要求是很高的,它既不是指一个人的才能,也不是一般的小道德,而是指大道德,是一个可以由人内心发出,并可以在人世中进行实践的道德要求。在孔子看来,"仁"在道德领域中是一个最高的概念,君子之道的最高境界就是"仁"。

我常自忖喜欢做有故事的人、看有故事的风景、书写有故事的人生。现在想来,这个秉性怕是年少之时便生长出来了。

犹记得小学毕业时,我的成绩足以进入湖南省立重点中学——长沙一中。长沙一中算得上是长沙城里最好的中学，填报升学志愿时，父母和老师都鼓励我选择一中，然而我交上去的志愿上面却清清楚楚地填着"八中"。这下子，父母和老师都摸不着头脑，不知道我为什么会选择次一等的八中，而不是最好的一中。为此，父母和老师联手找我谈了一次话，希望我能够改填志愿。

老师苦口婆心地跟我说："多少学生梦寐以求想进一中，你为什么放弃这个机会呢？"

"老师，我……"当时，我心中有很多触动，却不知道该如何去回答老师的问题。老师啊，我该怎样告诉你呢？一中，的的确确是很优秀，但是，我更放不下八中身后那一片漫江碧透的湘江水啊！

八中与三角塘邻界，与湘江两接，大门正对着湘江。那时，沿江通途比较阴凉，树木生长得很茂盛。学校的围墙外铺着一条沿江大道，大道西边便是滚滚湘江了。从学校后门一出去，就能看到整个一江湘水，每天各种运输的木船和泊船来来往往，热闹非凡。而竹排停靠时的恬静，放排时的奔涌，则如同一幅泼墨画一般。大自然把这静与动竟组合得如此完美。

那奔流的湘江水，漫江碧玉般颜色，是那样的温润剔透，汇合迤逦而下的五岭山泉齐头北去，每到春夏两季，便有大量的竹排、木排从上游放下来，形成一道独特的风景。那时木材销售虽属国营，却常常以一定的价格承包给私人运作，一些生产队、个人也时时有些木材需交给放排工们押送。

有一次，我放学后留在教室奋笔疾书，赶写作业，待到作业簿上密密麻麻爬满字时，夕阳的余晖已经斜过教室的窗户透到了课桌上。我赶紧收拾好书包，往家里奔去。

路过湘江边，正巧看到放排工们砍伐完木材，以绳索编结，借助这千百年来经久不息的流水沿河运送货物的瑰美情景。那水、那夕阳、那余晖，还有放排工们充满活力的劳动场面和汗津津的背脊，令我驻足痴迷而望。

在年少的我看来，排工们的生活是很有情趣的，许多木排都由竹缆前后左右系牢，俨然像个操场。居中央位置有树木油布搭成的小屋，屋边有母鸡觅食，有黄狗向四处睁大警惕的眼睛。每到日当正午，或者暮色四合，他们就在木排上升起淡青色的炊烟袅袅，或者裸

偶然

着晒得黝黑黝黑的臂膀，哼着小调，大摇大摆地走上岸去，寻一家相熟的酒馆，便开始闲话家常，或者天谈海侃。年复一年的水上讨生活，造就他们一副跑江湖人的豪爽，并且又对沿途一路的一切大小事件、仙鬼故事乃至韵事野史都十分熟悉，听他们讲话总能获得一些奇特的哲理与风趣。到了傍晚时分，他们时常是一丝不挂跳进水中洗澡，然后围坐一起畅饮白酒，吆喝猜拳，直至星斗满天，再接下来就是拉起胡琴唱《十八摸》之类的江湖粗野小调了。那夹杂耒阳、衡阳腔的花鼓调充满野性。这时的湘江充满浪漫色彩，那风景如一幕充满生活气息的喜剧，没完没了。

因是这样的大热天，湘江边已然成了消夏避暑的最好地方。这傍晚之际，我看到堤岸边的石阶上已是坐满了人，敞开胸怀，迎纳从水面掠来的清风带来的凉爽水气。孩子们脱得赤条精光下河游水，不到天黑绝不肯上岸，把整条河都搅得热闹非凡。岸边的空地上逐渐摆开竹靠椅、躺椅、凉席、草座，有人还挂起了咸鱼条，更有人挑着白天捕获的鱼虾，在人群里穿梭叫卖。

夕阳西下时分，金色的霞光将整个江面染得一片金光瑰丽，在那气势澎湃的滔滔江流中，有时还能见到一叶扁舟，载着一名渔夫，在江上撒网捕鱼。渔夫灵巧地驾驭着小舟，纯熟地一次次抛撒出渔网，在江面上留下一个又一个大方的圆。

这竹排木排，不仅仅是放排工们到下游处换取酒钱饭钱的资本，而且还是十天二十天内漂泊水上的栖息之所。七八个乃至十几个木排连在一起，人踩在上面有如舞蹈，摇摇曳曳，好不优美。若其中的任何一个散掉，就会影响整个大排的工作，运气坏时，甚至将放排工中的三个五个，送入正值涨水的河底，再也浮不上来。

因此，我看到放排工们的合作是非常默契的。尽管他们大多是二十来岁、年轻精壮的小伙子，却不会因这血气方刚的年纪而意气用事，相处得十分团结。其中照例要有些年纪稍大、经验充足些的经年老手掌舵，站在木排的尾端操控方向。平安无事时，他们因了自己的这点能力受人尊敬，一旦遇上急流险滩，也需承担起相应的责任，若一时不慎失手，撞在堤岸、石头上，落入湍急的水里，便再也找不到尸身，做了河中鱼虾的肥饵。

"呜——"在一众无序的嘈杂声中，那嘹亮的送排号子便显得格外悦耳。它们是如此的粗犷雄壮，是特有的交响诗画。有时响了一点，而课堂又静，便能清楚地听到洪亮的排歌声。

说起这些号子、排歌，上百年前便在放排工的嘴里流连欢唱了，而如今他们的子孙既然接过了他们赖以为生的事业，顺便也将这些抒情达意、整齐力度的号子一并承继下来，似乎在这一片世界里并不曾有过光阴流逝、时过境迁和沧海桑田。

我站在江边，注意力完全被他们所吸引。正值夏末的时候，汛期已过，水亦不是很急，在浅滩的地方，放排人需要拉纤，特有的拉纤号子——木排纤也随之响起。这是这些以水为生的人的"山歌"，里面沉淀着一代又一代人的悲欢离合、喜怒哀乐，并且，如同水流不断、川流不止，那曾经传唱的将继续传唱，那已然发生的将接而发生。这是属于人民的滋育繁衍、生生不息。

他们朝朝暮暮顺水而流，居无定所，心中却大多有所系属。年长识事的，记挂着家中的妻儿老母，年幼一些的，既然正当风流俊朗的年龄，心中满满装载的不免就是与自己情意相投的谁家阿妹。记得那时有个叫小黑的男子，想是在沿河某个地方，说下许多痴傻的话语，使尽无数的乖巧手段，得手了一个相貌美丽、性情可爱的妹子，大家羡慕之余，也就常常拿他打趣："小黑，小黑，讨这样一个老婆，可真是福气！"

他必然憨憨地笑笑，欣欣然地回答道："福气是福气，可也要流水样地花钱啊。跑完这趟，就把她娶回去！"说话的时候，心里也必然暗暗盘算，这一趟下来可以到手多少、置办多少应用家什，还可以在下游地方，寻摸一个怎样的精巧物件，逗她一笑才好呢？

有这个心思的又何止他一个人？这份水上活计既累又危险，却比待在家里务农耕田可以多赚些钱，等个三年五载，手头的积蓄一足，加上家中几亩土地的收成，便可以娶房老婆，过起踏实安分的小日子。这点希望和好处让他们将这份工作的危险似乎看得十分淡然，既然拿着这份钱财，承受些风险也是应当应分，若是命运不济坏了性命，也该坦然接受这个结局，无话好说。为了对未来的那点憧憬与信念，他们把这奔波劳累的生活，过得兴奋热切、兴高采烈，就像生活毫无忧愁，水面永无波澜。一点儿也看不出，这工作的艰辛。

随着夕阳的隐去，傍晚降临了湘江畔，月亮不知打哪里冒了出

偶然

来,放排工们欢乐地从排上跳上堤岸,一个个挥着小背心,哼着"排歌"挤进了码头旁的小饭馆,干起了大碗的"浏阳河",嚼起了大块的毛家红烧肉,吞起了"火宫殿臭豆腐",喝起了刚刚出水的活蹦乱跳的鲤鱼做的"老姜鲤鱼汤"。

我在江边,驻足观望这一切,不禁痴了,时间不知不觉流逝,肚子也咕咕的叫响。看着放排工们那狼吞虎咽的模样,那一阵阵夹带着臭豆腐味的鱼香气直扑鼻而来,口水咕噜一下子掉进了饥饿的肚子。不由自主地伸手往口袋里摸去,却是空空如也。那时我每月的零花钱是五元,如果月底前早早花光了,就只能乖乖快步赶回家去吃母亲烹饪的美食,往往都正好能赶上母亲刚端上桌的小葱拌豆腐、小米粥、大头盐菜,和我最爱吃的粉丝黄芽白香菜锅贴。

今天自然也是不例外,看完放排工,我便乖乖回家去了。嘴里尽是凭空冒出来的"香菜锅贴"的味道,馋得口水都快滴下来了。说起这个锅贴,那可是我母亲的绝活。由于吃过这美味的锅贴,我这会儿就特别想弄清楚,母亲这手锅贴绝活是如何做出来的?

今天回到家时,看到她正在锅灶旁开工煎锅贴呢,机不可失失不再来,我立刻站到她的身旁,自告奋勇对母亲说:"妈妈,我来帮忙。"

母亲看了我一眼,说:"也好,今天你也可以自食其力啦。"说完,母亲大致对我介绍了一下和面的方法。我便开始像模像样地"工作"起来了。

我先是舀了几勺面在盆里,然后接了一碗温水,一边慢慢地往面里加水,一边用筷子搅和,面粉慢慢地粘在一起,变成了大面团。面团很稠很粘,我越搅越慢,真累呀!

母亲看了看说:"水太少了,所以面硬不好搅。"我一听,赶紧又盛了一碗温水,这回我一次性就倒了半碗水进去,面果然好搅了,不一会儿便完成了这道工序。接下来该用手和了,我把手伸进面盆里一揉,不得了了,我的手被面牢牢地粘住了,手和面连在一起,怎么拔也拔不出来,母亲看了看,又说面和得太稀了,又给我加了些干面,让我用干面搓搓手。我将信将疑地试了试,果然,面神奇地一点儿一点儿掉了下来。然后,我又在母亲的指点下翻来覆去地揉起面来,不断地揉,终于把生面揉成了熟面。平时常常看见母亲和面,觉得很简单,自己却忙活了将近一个小时的时间,才终于完成了这个艰巨的任务,看着洒了满桌子的干面粉,我不由地说:"和面真不是一件容易的事啊!"

母亲在一旁听到我的感慨,笑了。

接下来,还要再把面擀出锅盖大小的面皮。我左手拿着面皮,右手拿着擀面杖,吃力地移动着,一会儿面皮擀长了,一会儿又短了,一会儿薄了,一会儿又厚了,一会儿歪了,一会儿又不匀了,半个多小时过去,擀得手掌通红,终于顺利完成。接下来的工作就比较简单了,只需把母亲已经准备好的香菜、五香粉、粉丝、黄芽白、猪油、油渣、油条等丰富的食材拌好,平铺在面皮上,再把面皮卷起来就可以了。然后绕着锅贴一圈,倒点茶油盖上盖,中火煎,闻到饼香味时,打开锅盖,在锅中心处倒入一小碗水,再盖上锅盖烧五分钟,圈锅贴就"大功告成"啦!母亲动作娴熟地用锅铲把圈锅贴铲到面板上,利索地用刀切成八块,我馋得不行,眼疾手快地先抓上一块,翻来覆去看这块锅贴,底是金黄色的,两边露着粉丝、菜和油渣,冒着腾腾的热气,上面是软软的面皮。一口咬下去,脆、软、香,一齐进到饥饿的肚子里,那个舒服劲没的说,这是我那时候最开心的事之一。

除了在湘江边观看放排的独特风景和回家吃母亲的"香菜锅贴",在湘江边的难忘记忆,还有摸鱼和游泳。

记得又有一次,我和同学们一起出完黑板报,回家途中,看着湘江边那碧透的水流,心里便痒痒开了,提议道:"我们去摸鱼吧?"

几个同学也早已蠢蠢欲动,立即鸡啄米似的点头答应:"好啊好啊!"

"我去找篓装鱼。"还没开始摸呢,就有同学自告奋勇去准备收获用的工具了。

又有同学提供起了情报:"我知道有个的地方,那里石头特别多,鱼儿喜欢躲在后面,一摸一个准儿。"

大家你一言我一语,七嘴八舌地说开了。一边说一边朝那个"渔产富饶"的地点跑去。

来到那里,我们发现摸鱼的人已经有不少了:有的把裤管挽过膝、有的则赤着上身跳进水里。河岸上看得人也很多,有的端着脸盆,有的提着水桶,捡拾扔上来的鱼,也有收工回来停在那儿看热闹的。

我和几个同学脱下鞋走下水。靠近岸边的江水还算浅,深的地方刚没膝盖。所有摸鱼的人都弯着腰,双手在岸边浅水处专注地摸。河面上不时传出摸到大鱼的欢呼声。所说的大鱼,其实也就有二三两重,一匹多长。

夏日的傍晚,已然很热,岸边不远处,许多藤蔓从柳枝上垂下来,落成一道道碧绿的门帘子。四周唯有知了声声,天地却仿佛越发地寂静了。我们脚踩着河里圆圆的鹅卵石和细沙,传来特有的舒适感。

我们一个个开始弯下腰,双手顺着水流,攀附着水底稍大的石块边缘,左右开弓,缓缓移去。间或里,指尖传来一丝滑溜溜的触感。鱼儿"现身"啦!

这个时候,绝对不能着急反应,如果鱼儿在水里一哧溜转身逃走,你是追不上的。得保持着节奏,让鱼儿感觉不到有外来的侵袭。它缓缓地朝另一侧游去,便会正好乖乖地钻入你的另一只手。

我耐心地等着鱼儿调头,可它偏不,那也没关系,我双手继续悄悄向它靠拢过去。双手十指不能并拢,留有适当的空隙,让水流透过来,鱼儿不会察觉异样,待到鱼儿发现时,已经晚啦!它已经牢牢地被我掌握在股掌当中!

"有啦。"我直起腰,从水里捏出一尾鱼来,朝边上拿篓子的同学轻轻一甩,鱼儿便乖乖地"入网就范"了。

边上一个同学也不断地把一尾尾欢蹦乱跳、一寸大小的鲫鱼甩过来。"哎呦,大的。"那提篓子的同学突然叫了一声,不敢怠慢地伸过篓子去接,他不动还好,因为之前人家早就瞄好了,他一移动,反倒落偏。

"嗨,跑了。"果不其然,心急吃不着热豆腐。刚才的惊喜顿然消失,而河岸上则爆发出了一阵嬉笑声……

我热爱水,夏天的湘江,对我有无穷的魅力,记忆中,除了和同学们放下后一起"摸鱼"之外,"游泳"自然也是不能缺的!我喜欢"浪里白条、搏击碧透"时那种以柔克刚的轻俊潇洒,以为只有这样才能让青春活力展示得淋漓尽致。

盛夏的长沙城，照例热得像蒸笼一般，闷得人浑身湿透。

一放学，我就飞一样地奔向湘江，跨过木排，跳入江中。从东游到西，从西游到东，顺流逆流，来来回回地不断翻腾中，想象自己像孤雁划破长空，如利剑斩断溪水。累了，蛙式换成了侧式，侧式换成了仰式。若有风起，顷刻间天空黑云满布，沉甸甸地压在江顶，不一会儿便大雨倾盆，玻璃跳子棋大小的雨点就砸了下来，打得江水里鱼逃虾散，江面上水珠乱弹。这时我自然也是不肯出水的，就那么任凭雨水打在脸上、胸上和小肚子上，又痛又痒，像蚂蚁咬过、像蚂蟥吻过、像水蛭吸过。俗话说骤雨不终日，这样的雨持续不了太长的时间，再过一会，卷地风来忽吹散，顿时云开雨霁，一条七色彩虹高高挂起，像一条宽宽的丝带把浩大的天空拦腰扎系，把那害羞的云仙，妆点得秀丽端庄、潋滟绝伦。

不过，在放排季节，在湘江游水需要很小心。每年都有淹死孩子的传闻，我也有同学被淹死过。因为木排都停在江边，这时候就得到江中间去游泳，胆大的就喜欢到木排下面去玩、抓鱼，也有的是不小心游水游到了排底下，或者被卷入排底，由于湘江本身有流速，竹排和木排往下走时会形成漩涡，这时候如果方向迷失了，那就任你有多高的游泳本领也出不来了，就会被水中木排压住，闷在下面活活淹死了。为了不至于进去了出不来，我牢记一个经验：那就是无论如何不能慌张，不能顺着竹竿游，横着游，一定能出去。排就这么宽，即便会被逼着喝几口水，还是可以游出去的。

我还是要感谢游泳这个运动，是游泳使我有了一副好身板。

但是有一次，一个同学游着游着就找不到人了，我想他或许是到了排下面，于是我也毫不犹豫地飞快钻到木排底下去了。顷刻间，我的心便提到了嗓子眼上——他果然被排下的那股涌动的暗流吸了进去，一分钟过去了，两分钟过去了，我终于抓住了他的手，带着他从木排和船舷的夹缝处冒了出来。同学们连忙七手八脚将那溺水的男生拉上了岸，掐人中的掐人中，捏后跟筋的捏后跟筋，忙碌了一阵，他"哇——"地一声吐了一大滩黄水，终于活过来了。

上岸后，每个人都累得筋疲力尽，这时的我已经受到饥饿的重击，幸好，走不多远，便是长沙著名的小吃街——湘春路。

湘春路南北持续两公里长，说书先生只要一说到三国时关公战长沙,就会提到这条路。传说,当年关公领五百名校刀手进发长沙,在飞马舞刀、直取守将杨龄后,一路追到湘春门外安营扎寨,两军在此摆开阵势。关公战黄忠,主战场就是在这里。

麻石路的湘春街,南北两公里长,街上粮油、蔬菜、百货、面馆、中药、南杂、烟号、酒店、服装、缝纫、理发及铁木、篾器制作加工作坊,应有尽有。

原来近代民主革命家、中华民国的创建者之一的黄兴将军的家就在湘春街上的紫东园,庭院广有百亩。父亲去世后,黄兴调任长沙湘水校经堂,与继母、妻子儿女居于园中。据说黄兴投身革命前曾回家与继母相商,欲卖园革命。继母说:"革命能救世人,此园只养我们一家,便卖了它吧。"

人流熙熙攘攘的湘春街上,还有一座基督教堂,红墙、绿瓦,绿树掩映着巨大的十字架,是湖南省迄今为止规模最大、保存最完善的一座近代中西合璧的宗教建筑,同时也是20世纪初西方宗教文化传入湖南的象征。靠北门的城门口那里,有个叫吊桥的地方,因为那下面曾经是原来北城墙的护城河。

这条街上,最有名气的是"和记"米粉,据说创立至今将近百年,那米粉,色白如玉,细软如绸,盖浇的码子品种繁多。当时有这样四句诗形容这和记米粉,"湘春门外雨濛濛,走马行车味最浓。齐说李家和记粉,青葱之上辣椒红。""和记"有名到了什么程度?1958年4月12日下午五时左右,毛主席在黄克诚将军和省委书记周小舟的陪同下,视察火宫殿,席间吃了一小碗米粉,这碗米粉的粉皮,就是特地从湘春街上的老"和记"取的。

还有一物,叫做炸糖油粑粑,也是我热爱的一大湖南小吃。一个火炉、一个锅子、一个小推车、一个木支架,设施再简单不过,做出的糖油粑粑却似人间美味。新鲜出锅的糖油粑粑圆溜溜、油亮亮,金黄脆嫩,甜而不浓,油而不腻,软软的,柔柔的,色香诱人,香中带甜,甜而带香,甜到心里,香到心里,引人胃口大开,恨不得一口气就全部吞下。

每次游完泳,体力消耗都是极大的,再加上被那排上传来的阵阵香味逗引,上岸的第一件事就是要找个地方填饱肚子。当时去得最多的,要算得上是班上一位邓姓女同学家里开的"邓氏白粒圆店"。

这邓氏"白粒圆",既好看又好吃,用料十分讲究,从不用含杂质的碎米磨浆,而是选用优质整粒白米为原料。煮浆搅糊,干稀适度,据说是一斤大米制作六斤白粒圆。所以她家制作的白粒圆,筋力好,形状圆,个头小小的,水滴状,如人的拇指尖般精巧,泛着浅黄白嫩的光芒,柔柔滑滑,像一串散落的珍珠。但说它柔嫩,却又不失韧性;说它光滑,却又不失细腻。价钱却便宜,才几分钱一碗。对于汤汁和佐料,她家也十分注重,从不用清水作汤,而是用肉骨头熬出来的原汁。

时常在放学回家的路上,我们一众同学会路经湘春街她家的小食店,一到那儿,就挪不动步子了。她总是笑笑,然后就会请我们进去坐坐,吃上一碗"白粒圆"。每次见我们去了,她就会扎起小围裙,把大米放进石磨里,磨成米浆搅成糊,再装到模子里,那个模子的端头有许多小圆洞洞,上盖后,用一只手压米浆,一会工夫,就挤出一粒粒圆圆的米浆粒,再用一块板在米浆粒上一刮,落于冷水之中的就是颗颗如玉般的白粒圆了。再倒入大锅中煮,不久水就开了,冒着白白热气,米浆粒在水里乖乖的浮着,看着很是可爱。这时,她就会用一把漏空的竹勺子,将热浪中的白粒圆舀出来,置于白瓷碗中,加入骨头汤。配的佐料也很讲究,有猪油、精盐、味精、榨菜丁、辣椒粉、葱花、酱油等七八种,最后再滴上几滴小磨麻油,端到我们的桌前。那真是热气腾腾,活泼鲜香,吃起来油香葱香阵阵扑鼻,热乎乎,辣丝丝,入口即化,味道鲜美可口,口齿留香。那真是:

一碗清香玉,

粒粒汤中洗。

一匙七八颗,

落肚滚入急。

每当肚子填得饱饱后,我便会一路走到五一路轮渡站,坐上渡船,到了对岸,再走路到荣湾镇,离家也就不远了。当年的荣湾镇,哪里有如今的高楼大厦,入眼皆是古朴农舍竹篱斜护,青瓦白屋,荫翳香樟,石径弯弯,菜畦横纵,完全是另外一种更贴近自然的渔家生活景致。

或许是那宛如《清明上河图》一般热闹、安详的景象在我心中留下的印象太过深刻,中学的一次全校作文比赛当中,我就用我手中一

149

偶然

支拙笔,将荣湾镇的一番风物好好描绘了一番,结果不但拿到了全校作文竞赛的最高分,还作为榜文贴在校园的壁报栏上,让我好好地风光了一回呢。回想起来,颇有一番滋味。

时至今日,我还记得我在文中描绘的那一番景象:当我立在轮渡的甲板之上,望着湘江一路向北流去的方向之际,便会想:那里是我的故乡,荣湾镇,就像一个素雅的女子,被静谧的皓月包裹,才下眉头,又上心头。

说起湘江,不能不提荣湾镇。

荣湾镇,就静静躺在湘江西岸,被这滔滔南来,汩汩北去的江水环抱,在轮渡上,看着湘江两岸赤壁如霞,白砂如雪,垂柳如丝,樯帆如云。船工的号子从江边隐隐传来。如果是雨天,那晶莹的雨珠,在轮渡之上扯起银线;如果是黄昏,沐浴着辉煌的夕阳,枕着哗哗的涛声,在青山绿水之间,接瓦连椽之下,我的小镇子到处弥漫着田园牧歌般的气息。

在湘江航运兴盛的数百年间,江里白浪滔天,百舸千帆,络绎不绝;码头边,船帮会馆巍峨壮观,娘娘庙、城隍庙、老爷庙,香火旺盛;长沙城里,五行八作,旌旗飘扬,各色人等,熙熙攘攘;一场连一场的庙会,此起彼伏的吆喝声,学校里孩子朗朗的读书声,使荣湾镇作为湘江上游重要的中转码头,一派繁荣兴旺。只可惜,一场大水过后,古老的关城荡然无存,仅留下城隍庙和船帮会馆,在西风残照中诉说着往日的繁华。

随着航运的兴衰起落,镇子上的人有的放下水路上的买卖,有的拾起农田里的耕作,沿着小学,重新建起两摆子的新街。有点钱的,外面一律青砖到檐,青瓦盖顶,白灰抹面,垛墙叙伸,铺板作门;后面是严实高耸的封火墙,围着内部青石铺砌的小天井院;房内,是相通的门廊,红漆的柱子,雕花的格窗。钱少点的,即使以土坯砌墙,也要保留湖南民居的特色。前面的码头,樯桅林立,河水悠悠;中间的关城,商铺一家对一家,一家挨一家;后面的新街,一街两行,接瓦连椽,比屋连墙。且看那一座座城隍庙、娘娘庙、老爷庙、花戏楼、船帮会馆点缀其间,古韵悠然。新街宅院修得最好的是刘长宗的家,门前双座石狮威严森然,房顶飞檐翘角,砖墙一砖到顶,青石条台阶,红漆柱子,铺板门,木格窗,几进院落,有拱门、厅堂、天井、走廊，有几排厦屋、一个小花园、一个绣楼，还有三开间的正房。

而我，一听见放学的铃声，心儿就马上飞到了这条街上，一天到晚只知道跟小伙伴们在湘江里打江水，在街头看妹子还有媳妇为针眼大的事情当街吵架，以及在大树下听老人讲古经。这些，都是童年无尽的乐趣所在。

"吱嘎，吱嘎"，水车在磨房前悠悠旋转；"嗵，嗵"，油房里传来榨油的沉沉锤声；"叮当，叮当"，火星在铁匠扬起的铁锤下四处飞溅。

到了赶集日，特别是腊月间，方圆四五十里的人们都会涌来，卖的、买的、讨价还价的、凑热闹的，一股脑儿地把小街挤得严严实实。两鬓斑白的老人，将新鲜的渔货在寒风中冻成了硬邦邦的"冻鱼"，鲤鱼、鲫鱼、黄鸭叫，应有尽有，老人一边给来往的买鱼人称鱼，一边高声说道："这鱼啊，拿回家用盐腌一下再煎，别提多下饭了！"

还有那卖吃食的，心灵手巧的大妈，总是在街边支起一个小摊，和好白面，揉成一个大疙瘩，再拧下来许多小疙瘩，然后搭上小擀杖，擀成小小圆圆的薄饼，包上白糖、芝麻，下到油锅里炸，最后夹到盘子里。那种香、酥、甜、糯、津的滋味，一下子就把我的哈喇子都勾出来了。

当然，最得小镇人欢心的就是集上的大戏台，一到集日，不知从哪冒出来的一帮土演员，就"咦咦呀呀"地粉墨登场了。我看过印象最深的一个花鼓戏，就要数《夫妻观灯》了。《夫妻观灯》是传统花鼓戏。小镇这样那样的庙会较多，给钱寻下家，给眼睛过寿。求神拜佛赶会的人，其中的一些趣事，少不了被编入戏词。经草台班子不断修改完善后，经常能引起小镇观众的评头论足，也算是当时的一景。

戏里的男主角，就是在镇上小学里教书的徐老师，三十多岁，身材修长，戏服一穿，胭脂一打，在戏台子上一亮相，配着下面的乐声动作一摆，要多精神有多精神。他唱起王小，落落大方，声音洪亮，观众离多远都听得清清楚楚，明明白白。配角小李子，生得贼眉鼠眼，八字眉毛，会拉板胡，会打快板，在戏里往往演反角。他演咬文嚼字的师爷、作恶多端的恶霸、装腔作势的狗腿子、流里流气的兵痞

偶然

等等，往往演得活灵活现。扮王小妻的女主角，当仁不让的是台柱子小花，扮相俊，人气旺。

表演时，王小妻要有一个动作，一脚踩在王小弓起的腿上，一脚翘起，手挥彩帕，观看远处花灯。当小花大大方方地踩到徐老师腿上时，往往招来观众善意的笑声。

后来，街上人一直传说，小花要招工了，小花要推荐上大学了，可始终没有结果。家里早早地给她瞅了一个对象，是河对面当兵的。听说在昆仑山上守兵站，一站的兵都坚持不下来，只有他守到最后转了干，当了大官。在小镇人心目中，小花配他绰绰有余，可这人转干后当了陈世美。河对面退亲后，小花表面上仍是一副大大咧咧的样子，但在跟大家排戏时，却有点心不在焉。歇息时，小李子放下板胡，丢下快板，给小花来了段小插曲。

但见他撇着戏腔，摇头晃脑，手舞足蹈，对着小花说："小花呀，太爷我已经上任三天啦，今天出去溜达溜达吧？"

小花"扑哧"一笑，拱手作揖，也用戏腔对白："不知太爷意往何处？"

小李子挥一挥手："咱们下乡查看民情是也！"

有了这段《七品芝麻官》的对白，再接着排戏时，小花的表情自然多了，戏也排得顺利多了。没几天，小花又与西边乡里一个干部定了亲。消息传来，小李子对小花酸溜溜地说："咱小花眼头高呀，净找干部。你好好一朵花，应当往牛粪上插呀！"

小花瞪了小李子一眼，瞅了瞅其他排练的女子，对小李子笑道："我眼花了，不知道牛粪在哪里呀！"

小李子眉毛一扬，弓起右腿，左臂后扬，右掌先拍了一下腿背，又拍了一下胸膛，精神抖擞，一本正经地对小花说："有请小花！"

小花脸上笑着，嘴里蹦出一句花鼓子："干猴儿你快滚，跟你我嫌损。干活没得劲，睡觉垫死人嘞。"

每每看到这里，台上台下的众人哈哈大笑。而我也在这笑声当中慢慢明白了，在这里的人民的精神里，兼有闯水路的豪爽、种庄稼的勤劳、过日子的踏实。他们有爱、恨、情、仇，有喜、怒、哀、乐，其中的故事，如同戏剧一样，或耳闻，或目睹，感动之余，让我忍不住自那时起便拾笔记录起这宛如《清明上河图》又胜似《清明上河图》的家乡景象。光用看到的景象、听到的声音，都无法描述这种景象，唯有用成长的整个生命去经历，才能体会完全。

咸嘉湖畔，荣湾镇子的生活，其间美妙，说不尽道不完。我最喜欢的，便是这样的赶集日，大戏台上唱得热热闹闹，商品琳琅满目，人流也很多，整个市场一片繁荣的景象。

这个时候，平时一脸严肃的母亲往往也会不禁展开笑颜，也是我觉得最开心的时候。所以，一到集日，我就迫不及待地催着母亲带着我一同前往。而每一次，母亲也是乐呵呵地带上我出门，沿着清澈无波的咸嘉湖一路向着荣湾镇走去。

但是，那一次却有些不同。到了集上，母亲没有像以往一样在大戏台前听得起劲，她好像有心事，站了一小会之后，嘱咐我说："自己在这里老老实实地听戏，我到镇子边上办点事。"

"妈，我跟你一起去！"我一听要留下我一个人在集市，立刻着急地嚷嚷，非要粘着她不可。

母亲看了看我，叹了口气，拉着我向人群外走。我恋恋不舍地望着身后鸣锣开场的大戏台，然后转过身跟着母亲向着镇子边上走去。母亲一路上都很沉默，不知道在想些什么，而我看着她严肃的表情也不敢多问。

沿着咸嘉湖走出三里多地，前面的景色已经跟荣湾镇上的样子大不相同了。那时，"文革"的浪潮还没有将这里破坏殆尽，山坡上长满了密密的树，对我而言，那山坡上、林地里，充满着神秘和未知，仿佛每一棵树每一朵花都有着灵魂，都栖息着小小的精灵，让我想一探究竟。我沿着路，跑来跑去，左钻钻，右钻钻，心里满是好奇。妈妈看着我忙碌的身影，嘱咐我："在路上走，不要往树林里跑，树林里有可怕的大灰狼！"

妈妈这么一说，我还真信了，有点小怕起来，回到她身边，拉着她的手，乖乖地跟着她走。眼睛还不时往两边的树林看，看看里面的小鸟，还有其他小昆虫……

不一会儿，我们就到了一个山坡前，妈妈停下脚步，我也顺着她的目光望过去。山坡上，一对青年男女正在劳作，身边开垦出的几亩山地已经冒出了绿油油的苗头，一棵棵小苗整齐有序，好像能看出主人勤劳能干的双手。母亲向他们挥一挥手，喊了一声："毓秀！"

偶然

听到叫喊，那原本蹲在田间，正在将一块块石头垫在刚垒好的田埂边的女孩抬起头来看着我们，想必是已经在烈日下劳作了几个小时，她后背的衣服已经湿透了，头发也被汗水浸成一缕一缕的，但她的脸上，却丝毫看不出疲倦，而是有种难得的兴奋，一阵风吹来，拂起了女孩额前的头发，在阳光下，女孩微微一笑，远远挥手应道："魏姐，你来啦？"

这时候，女孩旁边的男子也忙不迭地起身，放下了手中的铁镐，跟着女孩一同从山坡上下来。母亲一把拉住了女孩的手，声音里满是怜惜："毓秀，前天在单位遇到你父亲，他跟我说起来，我才知道你在这里，吃了这么多的苦……"

母亲说到这的时候都有些说不下去了，一向坚强的她竟然有些哽咽。毓秀倒是坦然，也不应母亲的话，只拉过身边的男子对妈妈说："魏姐，这就是我的丈夫，谢尚文。"

母亲不再言语，心里却明白，这就是女孩父亲口中说的那个右派了。女孩的父亲是一名老红军，对于女孩的选择一直不能认同，为此，女孩搬出了城里的家，来到这荣湾镇边上的山地，跟着谢尚文一同开山搬石，在山坡上建起了小屋，屋前屋后，种瓜种豆，还开辟了一片小菜园子，里面的丝瓜、豆角隔着篱笆都渗出带着绿色的清新气息。

毓秀站在母亲身边，一边指点着眼前的田地，一边骄傲地介绍着："尚文说了，以后不光能吃上自己种的菜，等明年开春，再播一茬油菜籽，就能吃上自己榨的油了！"说着，目光就落到面前的年轻男子身上，男子一身烈日下锻造的古铜肌肉，一张笑脸却像满是稚气的孩童一样天真，呼应着女子的目光。

我瞧着毓秀那晒成古铜色的透露着健康气息的脸颊，她那轻松活泼又充满了朝气和自信的语调波荡着我的心灵。当时只是觉得，他们在做一件很有趣的游戏，包括种田、种蔬菜瓜果、在阳光下劳动，都是很好玩的。我开心地拍着手，道："毓秀阿姨，我也要种田，肯定挺好玩的！"

母亲瞪了我一眼，道："哪里好玩了。这是天底下最辛苦的活儿！"这句话现在想来，很可能也是故意说给毓秀听的。

在我诧异的目光中，母亲继续说道："从城里被下放到乡下，可

154

不是什么多好玩的事情！城里多好，生活安逸，不愁吃穿。你到了乡下，没有自来水，没有商店，没有学校，什么都没有。每天天不亮就要起来干活，太阳下山了才能回家，一年四季没个休息的时候，也不挣钱，吃的方面也是最艰苦的。"说着，她还有意无意地朝毓秀看了一眼。

"哦"，我低下了头，原来，在我小小的脑袋里，我根本无法想象下乡干活是一件多么辛苦艰难的事情。

毓秀好似没听见母亲刚才的话，仍是一脸乐呵呵的样子，她抹了抹额头上的汗水，倚着锄头，转过身望着我："魏姐，这是你儿子吧？长这么大了？呵呵。一看就很有出息，未来一定能做大事。"

听她这么一说，我心里挺高兴，立刻喜欢上了这个阿姨。

母亲转过头，看了我一下，然后对毓秀说："他啊，调皮得很。"

"男孩子嘛，总归会调皮一些，男孩子调皮好动才聪明么。"毓秀阿姨笑眯眯地看着我，怜爱地说道。

母亲不说话，看着我的眼神却是意味深长。

"这样吧，魏姐，难得来一趟，中午就在这吃饭！尚文，我们一块回去吧！"说罢，她一手拉起母亲，一手拉起我。

尚文高兴地应了一声，又像想起了什么似的，说道："毓秀，我去摘一点菜，马上就来！"

毓秀和尚文住的地方就在离山坡地不远的小屋当中，两个人在炉灶旁边忙乎了一会，敞开的厅里上了八仙桌上就摆满了热气腾腾的饭菜。丝瓜、豆角都是新鲜摘下的，在碟子里还是一副湛清碧绿的样子，不由得让人食欲大开。面对着怡然轻松的小园子，这一顿中饭吃得好不悠哉舒爽！

但是，耳边听着母亲和毓秀、尚文偶尔聊起的内容，却不那么轻松了。慢慢地，我听懂了一些，原来，尚文原本从省城的师范大学毕业之后，留在市里中学当了一名教师，毓秀是他的大学同学，原本说好一毕业就结婚的，后来，不知道什么运动开始了，尚文提了几条意见，被打成了什么右派，下放到农村去接受贫下中农的再教育，毓秀二话没说，不顾父亲的阻拦，毅然决然跟着尚文来到了这个小山沟里。

偶然

我问母亲："什么是右派？"

母亲严厉地看着我，呵斥了一声："小孩子，别插嘴。"

我原本还挺好奇，母亲这么一说，也就不敢多话了。

毓秀对我母亲说："当时尚文被下放到荣湾镇五大队一小队当社员，由于当过中学教师，在当地小队，马上被选为'学毛选'辅导员。天天除了下地上工干活外，早上开工前半小时，就得辅导大家学习毛泽东著作。'老三篇'背得滚瓜烂熟。所以一小队在尚文带领大家学习毛泽东著作后，就被选为大队的学毛选的先进小队，自己被选为学毛选的积极分子。就经常参加公社与大队组织的各种政治活动。

"当时在毛泽东为首的党中央领导下，对于农田的基本建设，一到冬天，每个公社的有劳力者，一律下河堤作岸，从河底五六米深河底挑上岸。一二百斤重的混担子，从五六米深的河底，挑上岸，还得走五六十米远的距离，所以其劳动强度之大，真是现在一般人难以想象。由于长期从事重体力劳动，真正成就了强壮的身体。当时农村医疗条件很艰苦，一般看病只能在大队的医务室去看。"

我好奇地竖起耳朵听着，大人说的事情，虽然不是全都明白，但还是觉得挺有趣的。

阿姨继续说道："为了节约开支，当时全国流行针灸治疗法，每家每户都发了干针五支，由于尚文在大学时就学会了运用耳针疗法为人治病的缘故，所以大家知道后，就把各家的干针，全交给了尚文。每天上午上地与大家一起干活，下午为全大队病人治病。想起来这段因缘，也实在太奇了。居然一个只用干针疗法给人治病，却比人家正规医生还灵。因此就被公社的公社医院给了个'处方权'。什么叫做"处方权"？就是法师开的医药方子去买药，可以到大队小队报支，这在当时可是一件了不起的大事！"

毓秀说到这，微笑地看着尚文，脸上满是自豪，尚文就回应她憨憨地笑。可以看出毓秀是真的很爱尚文，而尚文也是真的爱她。她跟尚文一起过着这种地的生活一点也不抱怨，反而是快乐。

毓秀又是不无感慨地说道："真正的爱情是不受世俗牵绊，勇往直前的；真正的爱情是不怕磨难，越挫越坚的；真正的爱情是年年岁岁相依相亲，风风雨雨携手相伴的。虽然居住在大山边上，房屋非常简陋。晚上飕飕的凉风从山上扫过来，让人感觉有一股寒气直往心里灌。但是有了尚文在身边，多少个日日夜夜，多少风风雨雨，他们都共同走过了。"

这样的爱情，这样平凡的幸福，多多少少是让人羡慕的吧。

吃罢午饭，尚文又扛着"富桶"，挑一担空箩筐，下地去了，临走前嘱咐毓秀好好陪着我们坐着。田地在山脚下，并不远，从屋子里居高临下，正好看得一清二楚。田里的稻谷已割得五分之四了，谷把子有规律一把一把地放倒在田间，太阳灼人，割得早的谷把子上的露水已干了。

搬开田边一处的谷把子，露出一块空地，把"富桶"放好，双手紧捏谷把子，高高扬起，然后重重地向"富桶"的桶壁砸去，"嘭"的一声，把子上的谷子纷纷脱落，掉在桶内，再度扬起，砸下，扬起，砸下，直至谷把上的谷子脱落完为止，然后另去拿来一把，扬起，砸下，周而复始，直至"富桶"里的谷子盛满一大半。不好操作打谷时，用撮箕把桶内的谷子撮到箩筐里，撮完后，再把"富桶"往前拖到有谷把子的田间，重新开始打。

太阳光白闪闪地，亮得刺人的眼，皮肤似火烘烤一样有着阵阵的灼痛感，谷把子砸向"富桶"后的稻叶，在晒干后变得格外的碎裂，随着"嘭"的一声而向上飞扬，直冲你的脸鼻，沾在你的汗脸、脖子、手臂处，痒痒的，难受极了。头发被烤得滚烫，额头的汗水直往下流，流进眼睛，在一阵热辣辣的刺痛感中，几乎睁不开眼，只得闭着眼睛赶紧打完手上的一把，然后退到一边用湿帕子拭去咸咸的汗水。

只打了几把，才喝了水的口又干了，跑到田冲的水井里大喝一气，清凉甘甜的井水丝毫不能解渴，真恨不得把井里的水全部喝干。回来时，肚子像是一个大水袋，里面的水直晃荡着，发出"咕咕"的响声。虽然胀得很，但还是想喝。尚文是个勤快而踏实可靠的男人，这一点母亲一看便知。

毓秀的声音里面满满的都是骄傲与温柔。母亲叹一口气，拉着毓秀已经被磨出老茧的双手，说："毓秀，我明白了，其他的话，我也不多说了。有空，回去看看你父亲，他也老了。他嘴里不说，可我明白，他很惦记你。"

秋日的黄昏来得总是很快，还没等山野上被日光蒸发起的水汽消散。太阳就落进了西山。霞光照在蒸腾的白色雾气上，给人一种压迫而沉闷的感觉，仿佛闷热永远都不会消失。但不过多时，山谷中的岚风带着浓重的凉意，驱赶着白色的雾气，向山下游荡。而山峰的阴影，更快地倒压在村庄上，阴影越来越浓，渐渐和夜色混为一体。母亲起身，跟毓秀和尚文道声别，带着我回去了。

乡间的道路崎岖而泥泞，很不好走。母亲走着走着，便蹙紧了双眉。

我抬起头，看着母亲带着鱼尾纹的眼角，问道："秀阿姨为什么不回家呀？她不怕苦吗？"

母亲拍拍我的头，说："傻孩子，你还小呀。你不懂得。"

我不服气，大人们总是用这样的话来搪塞小孩子，我心想道。我倔强地问："为什么我不懂呀？我已经不小了！"

母亲牵着我的手，道："大人的事情只有大人明白，等你长大了，你就懂了。"

越说我不懂，我就越不服气。小孩子的情绪总是摆在脸上的，母亲瞥见我一脸倔强和不快，无奈地叹了口气。这是为我的烦扰而叹气，还是为了毓秀阿姨呢？我的小脑袋里始终无法理解，一个人为什么放着安逸舒适的日子不过，而选择那么艰苦的生活，甚至不惜和家里闹翻，这一定是为了什么很重要的、需要守护的东西吧。但是，有那么重要的东西吗？我不懂。

末了，母亲说："那孩子有想法，总是好事，决定了的话，旁人也不好多说。只是盼着他俩将来的日子会过得好一点。"

后来，听我在镇上念书的一个小哥们说，尚文还给他们教课呢。原本荣湾镇四周的土地完全是被湘江大山硬生生挤在一个偏僻窄缝中的，除了可以产几颗谷子的良田没多少值得骄傲的地方。略微让人值得庆幸和安慰的是，这块土地上的文化传统和根基还比较厚实，少年儿女以读书求学为惟一的出路，近几十年来有成千上万的学子从这里走向全国和世界。

一个有文化的故乡，固然贫瘠，也有令人留恋的地方。小城从东到西只有一条长三里三的主街有点县城风貌，其他偏街小巷仅是从主街挤出去的一片或一堆房子，不太有街道的架势。这么个小城镇，在70年代还聚集一两万居民，并像全国各县城一样拥有电影院剧场体育场百货店中小学校,等等,可谓麻雀虽小五脏俱全。在小城出生长大的男儿女孩,都似乎比那些生在农村、乡镇的人高一等,毕竟是生活在县级政治文化经济中心啊,城里人和乡下人的差别连政治教科书都承认的。

惟一让小城人骄傲的是位于镇西的中学,当时全国各种运动开展得如火如荼,哪有老师能安心上课,只有尚文在劳动之余,到学校来给还坐在课堂上的学生讲讲课,学生们才不致耽误太多学业,周围的农民啊,对尚文真是爱戴有加。在广袤的农村,由于缺经费、缺好教师,不少学校教学难以为继,而这个学校却越办越火,孩子们享受到了超过城里学校的优质教育,小学、初中与城里的示范学校在同一起跑线上竞争,入学率、升学率、普及率一直名列全县前茅。在这所学校,即使个别不摸底细的家长选择了城里学校,经过一段时间比较,他们也会一个一个地把孩子重新送回来。

后来,母亲也隔三差五地去看看毓秀,毓秀和尚文也会托人带来很多新鲜的蔬菜啊、稻米啊之类的。后来有一次听母亲说:"毓秀跟他父亲现在关系缓和了。"大概是日久见人心吧,毓秀的父亲知道他们的事情,对尚文的人品、才华等都了解清楚了,认可了尚文,认为尚文是可以给女儿一生幸福的人啊。又过了几年,省城里来了工作组,和市里学校的党组织一同来到了荣湾镇,开了大会,宣布给谢尚文平反,不但给尚文恢复了公职,学校也表示,一定要尚文回去工作。尚文跟毓秀商量了很久,最后还是决定扎根在这片土地上,不走了!

我记得为了这事,母亲还专程去毓秀和尚文家里,想劝劝他们回城里。母亲觉得他们毕竟吃了这么多年的苦,现在终于熬到头了,既然机会来了还不赶快回去。尚文却憨憨地笑了,擦一擦额上的汗,说:"魏姐,城里的日子我也生活过,农村的日子我也生活过,最后还是选择这里,毓秀跟我都是一样的想法,这片土地有我们太多的汗水和心血了,我们离不开啊!"

母亲沉吟了一会儿,也没说什么。我想,每个人都有自己的执著,都有自己的目标,母亲大概是认可了这份坚定的信念了吧。

正说着,罩在山顶的一大片灰云陡然变脸,先是把明朗朗的太阳遮去,紧接着由疏而密的大雨发出哗哗的脆响——这种夏季阵雨在农

偶然

村见过不少，清纯的山雨洗尘，几道岩缝中涌出银白色的潺潺溪水，一丛丛紫红色野花在雨水冲洗下更加鲜艳夺目，松涛声湿润柔和，此起彼伏。

我和母亲站在毓秀和尚文的身边，在雨后透明的青光中纵目远眺，白雾托起的翠碧山野令人心旷神怡。大山主峰挺立在金灿灿的阳光里，有种雄伟和威严，给人力量和鼓舞。就是在那个时候，我忽然有一点模糊地意识到，这大概就是劳动的快乐和喜悦吧，劳累一天的人们，只要看着这片自己守护的山水、树林如此美丽，自己辛苦耕耘的地方焕发出勃勃生机，心里都会美滋滋的，充满了收获感。

尚文和毓秀把我和母亲让进了他家的院子中，掇了两条粗木凳子给我们坐下后，便去灶台上忙活起来。"农家饭食粗糙，没什么美味，随便吃一顿吧。"母亲不愿夫妻二人忙碌，婉言谢绝，但实在推不过一片好意，就答应了。

我瞧着灰泥砖地面，湿润的石面透着泥土的芬芳，这就是农村里最朴素的味道。院子很简陋，只有竹子搭着的矮棚，院外低低的土墙，锄头、铲子等农居斜靠在墙上。耳边传来了刀勺声，渐渐的，一股炒丝瓜的芳香气息飘进鼻孔，在这静谧的傍晚，一切都是那么静好和安逸。

不多时，晚饭便做好了。粗木桌上摆着几只大粗碗，四副竹筷。我循着香气，打量着眼前的菜肴，有漂浮着剁椒的鲜鱼汤、炒丝瓜、用新稻煮的米饭。鱼是下午从河里打上来养在水塘里的，丝瓜是院子外的瓜棚里现摘下来的，米则是刚打下来的稻谷。这些菜在现在看来算不上是丰盛，甚至还很简陋，但在当时的农村里，却是不易得的。这些完全取自于自然的新鲜食材，是现代都市里生养的年轻人没有体验过的。

过了数十年，我每当想起这桌晚饭，总是不胜唏嘘。那种香味，混合着田里的泥土味和炊烟，闻起来觉得分外幸福和满足。我瞧着尚文和毓秀那安详的表情，心想，这就是爱情吧，这种爱情也是幸福和满足的吧。

这个幼年时我误打误撞所了解到的爱情故事，成了我一生追求的实业梦想的起源。那个时候，并不明白像谢大哥这样的人的选择，为什么会有人甘于那种"面朝黄土背朝天"的辛苦生活？为什么会有人宁愿守着半亩方塘、一池荷花,就这样一辈子走下去?那时,年少的心中,朦胧地,感觉到这大概就是爱情的力量吧!

就这样,毓秀和尚文终于把自己永远地留在了荣湾镇,留在了这个位于咸嘉湖边的小镇子。他说:"我这里的事情还没做完呢,我要为当地农民做一点事情,等到功成圆满的那一天,我才会考虑其他的事情。"

当地的村民都清楚地记得,是尚文带着大家建起一座150千瓦的水电站,让村里用上了电灯;尚文和毓秀亲手开垦、亲自栽培的核桃树和苹果树让村子逐渐富了起来;尚文带领大家修的数十公里路现在成了通往县城的主要道路,而尚文自己也成了当地有名的种植大户和养殖大户,实实在在地为荣湾镇做出了贡献!

这就是当年发生的一桩往事。这在当时尚属年幼的我的心中,种下了一颗爱情的种子,我并不懂得为什么有人会甘于做一名农民的命运。后来,我深刻地理解到,也许正是当地的一种无欲文化的深厚底蕴,让这个师范大学毕业的高材生就这样甘于过一种这样的生活。

这是一种自己的选择,是一种价值观念的体现,也是一种自我价值的体现吧——朴实的快乐与劳动的满足,这才是中国劳动人民的传统美德当中"乐天知命"的精髓,就像双抢时期,田里的老农看着刚打下的一担谷子时的那种微笑的神情,付出辛勤劳动之后收获的那种喜悦和满足;就像我与母亲第一次在尚文家做客时,看着刚剪下来的丝瓜,清洗、削皮、烹制,看着身边的人把丝瓜送入口中,绽放满足的微笑时的那种快乐。

在时光的砥砺中,很多童年往事都像云烟一般散尽,只有毓秀和尚文的这片片断断的、我当时尚不能理解的爱情故事,深深地烙印在了我的脑海之中。长大之后,我渐渐明白,能和自己心爱的人在一起那是一种实实在在的幸福。人们对幸福会有各种各样的理解,毓秀和尚文的理解很简单,只要没有人生可怕的惊涛骇浪,没有令人揪心的生离死别就是一种幸福。

只要把握住自己能够把握的东西就行了,人生没有永恒的幸福,幸福只是某段时光某个时刻而已,就像她与他的厮守与偕老。或许没人同意这种微不足道的幸福观,只有像毓秀和尚文这种经历过那种痛苦遭遇的人才能真真切切地体会到什么是幸福。

161

偶然

毛主席有一首词，我一直记在心中："独立寒秋，湘江北去，橘子洲头。看万山红遍，层林尽染；漫江碧透，百舸争流。鹰击长空，鱼翔浅底，万类霜天竞自由。怅寥廓，问苍茫大地，谁主沉浮？"

那景物，让我这一辈子也难以忘怀，从那一刻起，我便深深地爱上了八中这个学校。于是，我坚持了自己的选择，放弃了位于长沙城市中间的一中，固执地走进了湘江边上的八中。也就是在这样的美景之中，我离别了我的小学时代，开始了我归正后的中学生活。但是在湘江边夏季游水的生活，一直都没有终结。八中的地理位置很好，就在湘江中路上，坐东朝西，坐落在风景秀丽的湘江之滨，雄伟的湘江北大桥东南侧。学校不大，带着如水般的安静与秀气，安静地坐落在江边，长满不高的法国梧桐，枝繁叶茂。

记忆中的中学生活是美妙的，八中的校训是"明理自强"，那时老师们总是号召学生"读书不忘兴国，兴国不忘读书"。我日夜发狠读书，儿时顽劣嬉闹的习气愈加收敛，每天都学习得很晚，第二天一早又赶到学校去上早自习。幼时那种纵横驰骋天马行空的个性开始融入到正途上来。我就像一块干海绵，吸收着知识海洋里的充足养分，我写的作文总是全校的榜文。世上的是很奇妙，总能相互转换，因为成绩优秀，能游刃有余地完成好自己的学业，我又开始将相对空闲的时间投入到学校的各种活动中去——那里仿佛是我的又一个天地舞台。从初一开始，我就是校学生会的"大头兵"。到初三时已经是主管宣传、文体、纪律、学习等多项工作的学生会副主席了，小到黑板报、大到校报、校刊、学校活动、演出，都归我管，同时担任团支部书记。我还加入了校排球队，都说排球很容易上手，最好打，但是开始打了才知道没有什么东西是触手可及的，就连看似最简单的发球都那么难掌握。我训练得很认真，每天都要垫球几百甚至上千，有时甚至会用手击打头顶的树叶以模拟发球动作，刚开始几星期，把自己的手都给打肿了，真是疼，连写字都不利索了，特别是右手，有点不听使唤。很快我就学会了怎么做手势，怎么接球，我兴致勃勃地练了起来，后来还代表学校参加过全市中学排球赛。

排球相比小学时踢的足球，更加体现战术和战友间的配合了。训练时就是这样，有时是几个人围成一圈，传垫扣球，有时则是六个人组成一队，与他人隔网相争。由于我弹跳力很好，高位扣球是我最拿手的本领,不过,只有掌握了各种扣球方法,才可能与同伴配合好,组成多变的集体战术。

扣球动作,看起来很简单,实际上并不那么容易。为了能在跳起后的最高点击到球,手臂得练得像鞭子一样,这样才能用最快的速率挥动后自然张开。为了练习徒手挥臂动作,我把实心球悬挂在适当的高度,每天都做不起跳的徒手挥臂练习,然后再学习上步起跳练习。基本功的训练比较单调,但又是必不可少的,记得当时的教练循循善诱地教导:切不可操之过急。如果养成了错误的扣球定型,不仅会影响扣球的效果,而且还会造成不必要的伤病,再说,改正一个错误动作比学习一个新动作要难得多。

记得有一次我们校排球队打友谊联赛拿到冠军,除奖杯外,我们队员每个人都获得了当时国家最好的双喜牌球衣球裤和排球鞋。穿上这套神气的球服,照了一张相给母亲看,母亲高兴地说,"这才是我们家的好孩子!"赢得母亲这句赞扬,我知道了一份辛勤、一份收获的道理。

后来我曾这样总结过,这"仕途"的顺遂与自己年少积累的秉性、品质不无关系。母亲说我像转了性,变了一个人似的。那时母亲已经不再打我,我也渐渐地敢以玩笑的口吻,问一些当初自己心中的疑虑。

有一次,记得是八月十五吃月饼,父亲去北京开会了,弟弟妹妹也已经睡熟,只留下我和妈妈两个人就着如洗月光,一边赏月吃月饼,一边说话。

我问她:"妈妈,记得我五六岁到八岁时,经常要挨您的打,有时候打断几根竹蚊帐棍都不解您的恨,为什么呀?我还听有个阿姨说,您是我的后娘?"

母亲微微一怔,抚着我的头说:"小时候,你特别顽皮,经常和院子里孩子打架,又贪玩,不着家。你看别家的孩子多乖,而你老是让我操心,妈是因为恨铁不成钢,才打你!你怎么不是我亲生?你是我身上的肉,哪个母亲不疼孩子?打你是让你改好!看,从小学六年级到中学你归正了,妈这几年打过你吗?"

我点点头说:"没!"

又有一年中秋,我一边望着天空挂着的圆润的大大的月亮,一边

偶然

在回想我小时候的那些顽皮的事：好玩、好强、好争个侠义小英雄，有些事其实明明不用动拳头就可以化解的，为什么一定要打得两败俱伤，回家还要挨母亲的狠打呢？母亲的每次狠打，其实并没有使我收心，遇到不平事，我照样出头打架。我自认为自己不是小霸王，是一个与小霸王对手的侠兄侠弟，我保护了那一些机关里的弱势群体，因为我不管你是比我高，还是比我大，只要你欺负人，我不要命也要和你争个高低。

记得有一次，教我游泳的十二岁的小歪被十四岁的刘四一掀倒在地，刘四一骑在他的身上，用很粗的木条抽打他。小三拼命地叫我去救他，我在打弹子场听到了小三叫喊声，一阵百米冲刺的疾跑，看到刘四一正在挥木条打小三，我扑过去，把刘四一扑翻在地，一手抓住他的衣领，一手挥拳打在他的头上。刘四比我高出两个头，力气也比我大很多，一阵惊愕之后，刘四一看到是我这个小李子，便用劲推开我，从树丛边捡起一个馒头大小的卵石朝我头上一砸，顿时，我一阵头晕，身体一软倒在地上。刘四一一看我倒了，额头上显出一个鸡蛋大的包，吓得撒脚就跑了。

小三扶起我，回到家，我母亲看见我脸色苍白，用手抚着额头，立刻问道："怎么啦？又打架了？"小三忙解释："阿姨，这次是那个大个子刘四一欺负我，小李子来救我，反而被那个刘四一用石头把头伤了。""哦，是这样，让我看看！"我母亲拿开我的手，"这么大一个包，痛不痛？"我看着母亲不那么凶的眼睛，怯怯地说："痛。"我母亲白了我一眼，拿来碘酒帮我搽上，又走到池塘边的草地里，扯了几根草，用擀面棒把这几棵草捣碎，放在碗里，往里面倒入一点高粱酒，轻轻地把这些草敷在我的额头大包上，一阵清凉，顿时没有那么痛了。母亲说："这是土三七，专治伤，以后你呀，真的要乖一点。"这次我十分地庆幸，母亲没有打我，额头上的伤三天后就痊愈了。

我在想，谁家父母不疼儿。在我们无法无天、任性胡闹的那些日子里，他们不过是想帮助我们走上正常健康的人生轨道，而那些巴掌拳脚，那些棍棒竹杖，实实在在地落在我们身上，也实实在在地在他们心里布下无限痛楚。我从心里懂得了，妈妈真的是恨铁不成钢，才狠狠打我，那是她心里苦呀！我原谅妈妈了。

在中学，我是从"基层"做起的，与众多同学的表现颇有不同。在做每一件事之前，我会有自己的筹划和判断，一旦付诸行动，则会忘却一切，抛弃一切，忘我地投入和付出。即便是孤身一人，我也会欣赏那种孑然一身独行于大地时空中的豪迈。我坚信只有全心投入和坚忍不拔才能逼近梦想，前行的道路上，哪怕荆棘漫步，风浪滔天，也绝不言弃。长大后，我藏在内心的一句格言就是：一个人如果有了精神的支柱，明确了人生的目标，就要勇于为自己的目标不懈奋斗，在命运的撞击下，哪怕碰得头破血流，我也会在所不惜，绝不回头。

我愿意尽可能地去多承担一些事情，不避琐碎，一些别的同学不屑为之、不肯为之、看起来费力不讨好的事情，我也尽力把它做好。事虽细小，功不唐捐，在其中我照样可以得到收获与历练，可以说，这习惯我躬行践履，受益终生。

宣传工作素来重要，尤其是在当时的环境中，这让我既感到了压力，同时也激起了我更大的兴趣和干劲。在我看来，做好宣传工作，重点是要吃透宣传部门自身的职能定位和现实需求，同时拢住人心，带好队伍。当时的宣传形式有很多，比如墙报、板报、校园报纸，还有种种文艺和体育类活动。虽然只是区区一个中学的宣传工作，对宣传素材、稿件质量要求却很高，导向性、趣味性，两手抓两手都要抓紧，否则不足以达到"振奋人心"的宣传效果。因此，每次我们都会开动脑筋，挖空心思来想一些比较新奇的创意，增加内容的丰富性，并结合实际加强宣传形式的趣味性，因地制宜，因时制宜，因事制宜。后来在"文革"期间，由于我们的宣传工作做得相当出色，我还作为一个红卫兵的代表去了北京，受到了毛主席的接见。

从带队伍的角度而言，学生会的副主席虽然算不得什么领导，但是手底下也确实带领着一批人马一起开创过"事业"，这样的经历毕竟特殊。所以，对于那时的自己也是一种难得的锻炼和磨砺。大家都是同学，并无严格的纪律要求，这样的队伍很容易出现"一盘散沙"的局面，缺少战斗力。这对我来说，是个新的挑战。用如今的时髦话说，这是第一次真正考验我的个人"领导力"的时候。面对这一难题，那时我便开始在实践中探索自己的解题之道。作为领头人，必须要有主见，能够在纷繁复杂、众口纷纭的现状中拨出一条路来，能够

偶然

尽量站得高看得远，带领众人一往无前；同时要能够身先士卒，标风高立，为大家做好模范和榜样。下课了，同学们都赶着回家，而我常常留下来，把全校重点墙板写好，然后学习、体会那些同学们写得好的励志文章，再排好版贴在墙板上，待第二天早自习时间，许多同学都会细细阅读、交流。慢慢地，给我写稿的同学多了，到后来，稿件太多，登都来不及登了。看到同学们在关心和热心于学校工作，形成了"比学为主，学好知识为国家出力"的风气，我内心开始涌现喜悦感、自豪感和成就感。

此外，做一个小"领导"，还要善于发现人才、选拔人才，人尽其才，才尽其用。这些理念虽颇是朴素，但那时我想，只要我身先士卒、事事争先，同学们在感召下就肯定会一同前进。果不其然，同学们为我这种甘于付出的热情激励，工作热情空前高涨。殊不知，这些理念也不知不觉在我日后的商业管理中成为自己始终未曾丢弃的制胜法宝，在实际功效上，未必输于哈佛工商管理的案例教条。

可以说，升入中学后一路的顺风顺水，对我来说是一把双刃剑。老师的青睐有加，同学的众星拱月，我像是《骄傲的将军》那个故事里的主人公一样，一身行头上插满了胜利的旌旗，也插满了骄傲的资本。十四五岁，正是成长过程中虚荣心最强的时候，那些今天看起来不过是虚名的荣誉，对那时的我而言却是大过天的重要东西。

老师会常常教育我说："虚心使人进步，骄傲使人落后。"那时的我哪里听得进去这些话，做一个小小的"领导"，对自己的行为看得过分了不起，哪怕是做了一点点鸡毛蒜皮的小事都会自以为是，骄傲得不行，还以为自己有多么了不得，还记得用妈妈的话来讲，就是尾巴翘上天去了。

记得有一次，长沙街头新来了一位目盲的算命先生，传说他虽然双目失明，但却比明眼人更加洞察世间万物，只要掐指一算，便能未卜先知，断言祸福。

我年少轻狂，闻听此言，颇有几分不信邪的胆气。毛主席说"人定胜天"，我自然也就认为人的力量是无所不能的，所谓自然命理、神鬼仙道，都是骗人的鬼把戏。那时正是所谓彻底清除半殖民地半封建社会遗留下来的一切污泥浊水的时期，易学研究作为传统文化的一项，不可避免地受到了批判。身为新中国一代，很多人不信风水啊算命啊这一套。时至今日，我周围见到的年轻人，却都爱谈星座、改名、看相、风水等等，让人忍不住心生感慨。

作为在红色革命教育中成长起来的一代人，我曾经也一度将玄之又玄的阴阳五行、天地分合、命理时运视为封建迷信，心有抵触。不过那时"文革"尚未开始，算命还不是后来破字当头的"四旧"、典型的"封资修"，算命先生虽不至于被抓起来打成"反坏右"，但是在当时"志比天高"的我的眼中，什么半仙之体的算命先生，我自是不屑一顾，反而跃跃欲试，想要亲自拆穿他。

于是，我带着几个同学，在长沙街头找到了这位算命先生。仔细打量，只见他双目微微地闭着，若有所思。他的气息很匀很稳，面目平静，似乎在熟睡，又好像在沉思。他十分瘦弱，颧骨高高突起，身上瘦骨嶙峋，沧桑的脸庞布满了刀刻般的皱纹，看得出他没少遭受磨难苦楚。但是他犹如老僧入定般的平静确实有震撼人心的力量，我们的嚣张气焰瞬间就像遇到了一池静静的湖水，不知何故地矮掉了半截。

我是领头的，虽然有点畏惧，但还是壮了壮胆，走上前劈头问道："谁让你来这里算命的？"语气虽然很强硬，可声音却在颤抖。

老先生朝我的方向扬起头，脸上带着一丝若有若无的微笑，慢慢地说道："我不过赚几个吃饭钱，何必要经过允许？"

他的话很慢很轻，但声音里好似有一股强大的力量，让我一时语塞。我又气又恼，想看看他是不是真瞎子，一个箭步冲了过去，双手扒开他的眼睛，只见他的两个眼窝深陷，一片混沌，黑白交浊，根本看不见眼球，果然是个盲人。

我好像又有了勇气，质问他："你看不见，怎么可能算得中？难道真的有鬼神帮你？"

他微微一笑，淡淡然道："人世间本来就没有鬼神，即使有鬼神我也没有见过。算所依者，《周易》也，而《周易》记载的就是上古对事件征兆机缘的看法。上古之时，天下部落散布，每个部落都有一巫，记录分析部落的事件人情，上至天时灾难，下至一人一事的成败兴衰。一代又一代的巫们在经历了无数岁月之后，终有大贤出世，将这观察得来的事例总结成了阴阳卦象的玄妙概念。而阴阳又与金木水火土之五行相结合，遂有阴阳五行说。而其关键便在于平衡。是以调

偶然

阴阳、顺四时、序五行,这是天地之大道,自然之根本,并非怪力乱神啊。"

一番话,完全超出我们当时的常识理解范围,又似乎很有道理,生生将我们一群小鬼头给"镇"住了。

我和我的同学们呆立在那里,半晌无言,好似醍醐灌顶,眼界一下打开了。原来在我眼中玄乎其神的所谓命理竟然可以有如此的真意,想来我之前的观点太浅薄无知了。有个同学听到这里,竟然不自觉地蹲到了他身边去,主动"投诚"了。这位瞎子伯伯不再言语,但却伸出手示意那同学把手递给他,一边还问起了他的生辰八字,然后就掐指点算,白眼翻眨,念念有词。

后来他挨个认真地摸了每一位同学的手,偶尔发问:"弟兄几个?""排行老几?"

我们便一个个老老实实地回答。

人生真的是天命安排好的吗?"命学"、"命理"、"易学"、"易经",真能解答人生命理的问题吗?

如今几十年过去了,这位老先生给我同学算的内容我已记不清楚,但他说我的那一番话,至今牢牢记得。

他先说:"你不是本地人。"

我一听就懵了,自认自己长沙话讲得好得很,怎么会一下就被他猜出来?我好奇地问他:"你为什么会猜到?"

瞎子伯伯说:"你的长沙话尾中有北方的口音。一般人听不出来,可我听出来了。"

原来,相和术之间,更多的是推理关系,是技和术、灵与巧的综合体。中国自春秋战国开始即有发达的相术,技之所到,无不以经验作为基础,依赖的经验,包括了前人智慧和术士个人心得的发挥,既是传统,又是创新。

然后,他在我的手心手背摸索了好一阵,问了生辰八字,不断地点头,一言不发,不说好也不说坏,弄得我心里直犯嘀咕。好一会儿他才又开口问道:"排行老几?"我答:"老大。"沉思片刻,他忽然又摸了摸我的头,然后说道:"唔,寅时生,五行缺火,六亲少靠,自饮酒自还钱,是个单打鼓、独划船的寒土命。"

乍听此言,觉得特别悲凉,但同时,又顿生出一种豪气来。

一个目不能视物的盲人，何以只根据我的出生年月日时，排定四柱八字，判定命运沉浮？但他对我的性格判断，又着实准确。

瞎子伯伯详细给我解释了一番，原来，我属牛，从五行上来分析，十二生肖中牛为土；我于冬天出生，属寒土命，所以一定会经历孤苦。

"按易学的阴、阳计算，缺阳者寒孤，寒孤者，单打鼓、独划船也。按易学数象，阴阳相生相克的自然原则，冬天生的男孩比较聪慧，有领袖才干。"

我又问："为什么呢？"

瞎子伯伯解释道："十月怀胎一朝分娩，最后三个月是胎儿长脑的时间。这个时间天寒，负压高，氧气被负压压到了下层，长脑时氧多，当然聪明啰。"

我"哦"了一声，好像有点明白了。

人命禀于天，有表候于体，相的意义首先是可以肯定的。高明的相术，其实就是一种非常细致的观察和逻辑推理。人们身上所承载的个体信息，并不一定非要从言语中获得，总有一些是表露在外的。有的算命先生，有悟性，听师父讲解命理、命学后，可以靠对外部信息的逻辑推理，来推断出对方的个人资料。这可是一种了不起的"感知力"。

易学，其实是道家老子之学，对相的分析除了经验之外，还必须依赖丰富的辩证学问，比如老子擅长逆向思维，"反者道之动，弱者道之用"就是其中的重要理论。在老子看来，有无相生，难易相成。这就是一般的相术难以企及的层次了。易学，需要深刻地运用局部和整体的关系，阴阳五行与逻辑学、统计学、比较学、象数学的关系，易象和相理的关系，以及心与相和神与相等关系问题，触类旁通，才可达到相术的真谛。

我又忍不住发问："同年同月同日同时生的人，命运是相同的吗？"

老先生的回答很有辩证性：第一，同年同月同日同时生的人，从逻辑上来考虑，用四柱算命学演算出来的结论，应该是一致的，命运应该是相同的，但是，首先，男女是不同的；第二，因出生环境不同，自然会持有不同的价值观；即便是同一屋檐下长大的双胞胎，因后天环境的迁移，他们对于同一命运的理解也是不同的，所以各自命运的具体表现也是有差异的。

经过这件事以后，好奇的我便对佛经、易经，还有老庄哲学产生了浓厚的兴趣。而我这一生，独来独往、独闯天下、自力更生、孤身走我路，也确实将这句话印证得分毫不差。回看这几十年，我甚至不曾进行过股份制合作，原则上，不喜欢借助他人的力量，唏嘘之余，不禁感叹。而这位老先生的点拨，是我与佛理命缘的初次邂逅。

我对单打鼓、独划船的另一种理解是，没有人会陪我走一辈子，所以要学会孤独和独立；没有人会帮我一辈子，所以要学会单独奋斗一生。这正如海德格尔的分析，人的存在本质上就是孤单独特的，因此不得不在各自的人生旅途上，做他/她种种生命的（尤其是道德的或宗教的）抉择。

如果我的命果真必须"单打鼓、独划船"，那么，我的整个少年时光，其实都是在磨练我的自理能力、责任心、适应能力和受挫折能力。感谢我的父母，让我早早离开他们，离开无微不至却会弱化人的意志的照顾，给了我更多的锻炼机会。当时的寄宿学校里是没有电话的，从日常的饮食起居到学习与生活，都要学会自立，即便三年自然灾害的饥饿时光，我也将自己照顾得不错。遇到困难独自处理，有了烦恼独立面对，因为在集体中生活，少了父母长辈的保护迁就，少了对家长的过度依赖，多了同龄人之间的交往碰撞，多了独立自主的选择，自由活动的空间大了，自己支配的时间多了，个人选择的机会广了，因此，培养起了自控能力、自律意识，以及健康人格。

再以后，无论是走南闯北跑采购，还是一个人远渡重洋，我收起骄傲的锋芒，但是步伐却从未退缩过，我那五彩斑斓、充满活力的生命历程也就在此从容展开了。

1964年，在那个特殊的时代背景下，我们开始了文字大批判。电影《武训传》、《清宫秘史》是最先被批评的对象。接下来是《桃花扇》和《谢瑶环》，还有《李慧娘》。在课堂上老师先讲一下，然后看电影或电影剧本，接着就是课外讨论。我们根据自己的领会加上自己的看法，大家有时争论个面红耳赤。那时的依据主要是用马列主义文艺的理论和辩证唯物史观，以及毛泽东《在延安文艺座谈会上的讲话》为尺度去衡量，从这个角度出发去看待一切历史现象、古代文学作品和古代作家，再写成一些高度形式主义的豪迈篇章。往往看得自己也是热血沸腾，恨不得用这样的理论批判分辨出所有文艺作品的好坏。

那时我对文天祥极其钦佩，也因此写过几篇相关的文章，其中一些被发表在校报上。在我看来，文章本是一身道德修养的蕴积、一腔浩然正气的喷薄，"为文"与"为人"必然声气相通，断不可背道而驰、截然分别。而文天祥恰是二者结合的光辉典范，让我在读其文之时，每每掩卷遐想，直欲穿越时空，与这位铁骨铮铮的义士举杯共盏，把酒倾榼：

辛苦遭逢起一经，
干戈寥落四周星。
山河破碎风飘絮，
身世浮沉雨打萍。
惶恐滩头说惶恐，
零丁洋里叹零丁。
人生自古谁无死？
留取丹心照汗青。

一首《过零丁洋》，写得慷慨悲壮、器宇轩昂、淋漓酣畅，让人不能释手、频频吟哦。我敬佩他那种虽万千人我独往矣的气魄和胸襟，那种在乱臣奸佞当道的政治环境下依然能够为了自己的理想和信念而不惜付出一切的伟大精神。刀光剑影，鼓角争鸣，荒烟古道，烽火边城，孤臣泪，遗民心，成败已无需度量，得失也不必计算，纵然前途坎坷、性命攸关，也照旧潇洒、超逸依然，没有凄凄楚楚的呻吟和哭泣，只有一种人间正气，贯彻寰宇、盈满人间。只有这样的一种"知其不可而为之"的执著，才彰显和昭示着生命的张力；只有这种敢为天下先的勇于担当的气魄和胸襟，才能够成就一番震烁古今的事业；只有这样的笔底波澜，才能书写一曲不朽的传奇。想吾乡前贤如左宗棠，扶梓出关，戡定西北战乱；共和国开国领袖毛泽东，同样于亡国灭种之飘摇时刻以过人的聪明智慧和胆识谋略，终救万民于水火中，成立了新中国；这种毅然决然的精神，或者是古往今来仁人志士成就一番大事业的必需元素，不可或缺。

便是在这样的阅读与感悟中，在这样的磨砺与实践中，我逐渐看到了不同的世界，体悟到了迥异于一切过往的心境。典籍记载的前贤英烈，现实生活的风起云涌，无不激荡着我的少年血，让我壮怀激烈。那时我们并不能预知，在随后的日子里将被怎样的波浪裹挟，那时我们并不了解，我们的豪情意气，竟消耗于那场震动全国的"浩劫"。

第二节　忘年之交桑叔友

1962年，我父亲调任咸嘉湖任当地一家医院的院长、党委书记，我和母亲弟妹也随父亲一起搬到了咸嘉湖畔。

说到这咸嘉湖，其实是岳麓山的后山山泉以及天然雨水汇到了西北一块洼地形成的江。如今，岳麓山水被直接引入了湘江，咸嘉湖已然不复存在。咸嘉湖之美，是依山而美，山水养活了一群群鱼儿，那鱼，也就变得灵性起来。常常有山鸟掠来，驻足喝水。有了湘江，有了岳麓山，田地又肥沃，人文汇聚，慢慢就形成了镇。

每次想起咸嘉湖，不由便念及桑叔。咸嘉湖畔，明亮、纯朴、悠闲、从容的桑叔。在他逐年老去、鬓发变白的晚年是否还会袖了手，在冬日的太阳底下，静静地晒着？不知道他以后的日子里，是否还会记起我们这些早已经长大的旧日顽童？转瞬几十年过去了，在我人生的整个童年记忆中，最让我难忘和感动的，莫过于桑叔了。

我认识桑叔的时候，正是大饥荒时代。很多家庭，一年到头连点油星都看不到，每个人都馋荤腥，馋得不得了。贫穷、饥饿和对生活的无奈，使得很多原本善良的人，变得斤斤计较。回想起来，桑叔对于我们这帮孩子的"无欺"，让我真正体会到了一个好人内心的那份质朴与纯真。

夏日时光，一路冲下山后，我就会去咸嘉湖玩水。这湖让我感到亲切、高兴，它很快便成为我和几个同龄伙伴的天下，我们一有空闲，便下湖游泳、探险、摸鱼，好不快活。

咸嘉湖的西侧是西湖渔场，属于公社管理的范围，东侧才是开放式天然水域，可自由捕鱼、玩水。每年暑假回去，我最爱干的就是和一大群孩子一起去渔场的水库游泳。

这里水流既多且清，桥梁也随处可见。有些桥的桥墩用砖头、石块筑成，或草草造就，或冲刷而成，罅隙很多，便成为很多鱼的藏身休憩之所，也是我们抓鱼的好去处。我们顺着桥墩，慢慢地潜身下去，拿手往这些未被填满的空隙里乱摸，若这空间是封闭的，与外界没有联通，里面的鱼当然无处可逃，手到擒来。这是我那时最乐此不疲的游戏，也正是为此，我与桑叔结识并终成莫逆。

那天我照旧潜水抓鱼，忽见一个身影向我游来，一把抓住我，把我拖出水面。我正在兴头上，为了自己的欢乐被莫名其妙地打断，心中不免烧起些无明业火，冲他喊："我抓鱼呢，你拉我上来干啥！"他却毫不生气，笑道："细伢子，水性不错呀，可以在下面潜这么长时间！"

我浮出水面，抬头一看，把我拉出水面的人，头上戴着一顶破草帽，露在帽沿外边的头发已经有了些许风霜的意味。肩上搭着一件灰不灰、黄不黄的褂子。整个脊背，又黑又亮，闪闪发光，好像涂上了一层油。下面的裤腿卷过膝盖，毛茸茸的小腿上，布满大大小小无数个筋疙瘩，被一条条高高鼓起的血管串连着。脚上没有穿鞋，脚板上的老皮怕有一指厚……腰上插着旱烟袋，烟荷包耷拉在屁股上，像钟摆似的两边摆动着，脚边还有一把原本握在手里的锄头。

原来，他正在湖边整理菜地，见我下去久了，迟迟没有上来，怕我出什么事，赶紧下水，哪成想我非但无恙，反而正玩得欢快。我明白他的这番意思，知道这是出于好心，也没了怒气，恰恰他也是下水摸鱼的好手，遂引为同道中人。从这以后，我们这伙孩童天天跟在他屁股后面厮混，他也将自己半生抓鱼的经验倾囊以授，令我获益匪浅。

当年的桑叔不到四十岁，个头不高，显得清瘦但很壮实，长年的风吹日晒，皮肤显得有些黝黑。他在家排行老三，老大老二早年都病死了，而他却一直很壮实。据说，他家祖上原本也是有些田地和渔场的，不知何故，到他祖父那代起，家道就败落了。桑叔读过几年私塾，故识得一些字，在生产队里还当过一段时间的会计。因为性格耿直，管账原本就是一件容易得罪人的差事，桑叔索性辞了职安心住到湖边，做一位快乐的湖边隐士。他的老伴桑婶也进过几天学堂，有个儿子正在城里读技工学校。他们一家人在湖边住着祖辈传下来的几间小屋，在湖边种着几分菜地、几分水稻，闲来便捉鱼，一家人以此为生。桑叔在劳作之余就忍耐着我们的聒噪，带我们在水中掀弄、岸上折腾。不知不觉中，我们练就一番水畔生活的真本领。

其实桑叔家里很穷，住在湖畔简陋、低矮的茅草屋里，虽然拾掇得很干净，但茅草屋既不遮风，又不挡雨，秋风一来便"茅飞渡江洒江郊"，大雨一倾盆便是屋外下大雨，屋内下小雨，"床头屋漏无干处"。全家只有两床薄薄的被子，我不知道他和桑婶冬天是怎样过的。但即便如此，我们摸到的鱼，桑叔从来都分得很清楚，卖的钱也照数目给我们。鱼要是剩下，他就用柳条穿起来，我们几个孩子一人一串带回家给母亲烧。

桑叔对我今后的人生影响颇大，小小年纪的我那时就感悟到，这个人世间，像桑叔这样的好人有许多、许多，我也要做个好人，像桑叔这样的好人，好好待人。

桑叔捕鱼很有一套。《三十六计》中有"打草惊蛇"之计，桑叔就会带着我们，用"狗刨式"来"打水惊鱼"。鱼受了惊吓，往泥里窜，大些的鱼且要两只手一起从两边压住，大拇指按住鱼的嘴巴，才能让这些欢蹦乱跳的大鱼俯首帖耳。

有天下午，桑叔悄悄地跟我说："今天我教你摸鲶鱼，鲶鱼很狡猾，鱼身又很滑，一般是摸不到它的，它喜欢在这桥垛深水的石缝里玩，记住，动作要轻，要掐住它的腮帮，千万记住了！"

我点点头，深深地吸了一口气，随着桑叔摸着桥垛潜下去，潜到五到六米处，桑叔向我暗示，用手指了指一条蛮大的石头缝，我用左手轻轻地从左侧缝中进，右手从右石缝中进，桑叔叫我轻轻地摸，我真的轻轻地，轻轻地摸，从鱼身摸到鱼头，摸到一条好大的滑滑的鱼身子，我用右手卡住它的嘴和腮，用力卡着，鱼醒悟过来了，死命地反抗，但是"孙猴子怎么逃得过如来佛的手掌心呢？"几番挣扎，它累了，我露出了水面，狠狠地换了一口气，游到岸边，仔细一看，好家伙，黑不溜秋的鲶鱼，足足有两斤重。我从柳树上拆了一根最粗的柳条，把它给穿起来了，这下它老实了，一动也不动地躺在草地上，嘴一张一合地喘息着。

我在岸边看了许久，桑叔还没出来，我头皮一紧，不会出什么事了吧？我急忙向桥垛游去，刚到桥垛，桑叔呼啦一下蹿出水面，两只手卡着一条比我那条大一倍的鲶鱼，喘着粗气。我感觉到桑叔力气尽了，帮他拖着鱼一起游到岸边，桑叔拆了一根更粗的柳条，把那条鱼王给穿好，和我那条绑在一起。我的天呐！足足大一倍多，我问桑叔有多重，桑叔左手一条、右手一条掂量了一下："小家伙，行，你的两斤半，我的五斤半。"

"这么准？我才不信。"我狐疑地又瞥了一眼。

桑叔乐道："好，我们去称称？"

我赞同地点点头，走在去荣湾镇上的大道上，不时有人在说："这条鱼真大啊！"

"哎，拿鱼的，这两条鱼卖吧？"忽这时，边上有人喊了一声。

桑叔看看我，征求着我的意见，我响亮地回答："不卖！"

于是，桑叔也跟着回答了一句："对不起，自家吃的。"

桑叔把小的鱼给我，让我拿着也威风威风，我提着两斤半的大鲶鱼，一抖一抖地走着，鱼的大尾巴拖在地上，那种感觉，前所未有的神气劲，就像英雄得胜凯旋归，就像突然长大了十岁，嘴角不自觉地挂起笑容。

又有一次，我正要回家，看到一位大叔担着两箩筐刚刚打完的新米回家，一身大汗，坐在路旁歇脚，脸上却是挂着甜甜的笑容，当时我想：这个大叔伯累得冒大汗，为啥看着新米还傻笑呀？直到此时，我才明白了收获的喜悦。那种感觉，只有辛勤劳动之后收获的人才懂得，是辛勤之后，独有的欢笑。流泪撒种欢呼收割的喜悦，只有亲身经历，才能真正体验到。

那是我从娘胎里出来，第一次尝到人生收获的甜蜜，特别是我在水中摸到一条这么大的鲶鱼，对我这么小的一个孩子来说，很难得，也很少有，在我幼小的心里埋下了深深的水乡情。

走进鱼店，桑叔称了称两条鱼：大的五斤五两整，小的二斤五两整，不多不少刚刚好。望着桑叔，我只有信服的眼神。告别鱼店，桑叔带我走进豆腐店，要了一板豆腐，一板六块，用纱布各包了三块，一袋递给我，一袋他拿着，出门碰上了送菜回咸嘉湖的同村大老王，坐上了大老王的骡车，一路颠簸着，桑叔一会儿跟大老王说事，一会儿抚摸着我的头。夕阳下，晚风起，柳絮飘飘，骡车慢悠悠地在泥路上前行，陶醉在这田园恬美的风景之中，人会感悟到：人生是多么美好，而人生最美好的理由，就是充实地活着。随着一阵晚风，小燕子

偶然

都带着虫子飞回了家家户户的屋檐下，尽管依依不舍，我也该回家啦。

在岔路口，要分手前，桑叔才告诉我：豆腐烧鲶鱼最鲜，回家让我告诉我妈，先把鱼煎黄，再加水，加豆腐和鱼一起煮，熟了放点作料，就可以吃了。我点点头，一只小手握着一只大大的、热热的厚手，心里想说，没说出来，那句话应该是："您真好！"要知道，那时正是三年自然灾害时期，谁家都想多囤点吃食，活鱼，那可是改善伙食的好东西啊。望着远去的骡车和桑叔那远远的身影，提着桑叔给的豆腐和鱼，我的眼圈都红了。

几十年后，每每想起此事，总会生出一些感慨来，有时也在想，敢于冒险潜入深水的人，才会有出人意料的收获，想要摸到大鱼就不要害怕两手抓到污泥。

还有一次，我抓到一条一斤重的"黄鸭叫"，"黄鸭叫"一般才十几公分长，这么大的"黄鸭叫"，真的很少见。但在跟它的搏斗中，我的手让它背鳍上的硬刺刺出血了，生疼生疼的。桑叔见了，教我一个绝招，让我往伤口上撒一泡尿。过了一会，疼痛居然悄无声息地消失了，又可以下湖摸鱼了——有时捕鱼不小心受了伤，桑叔也会教我一些偏方止血，这些看起来有些邪门歪道的民间偏方，总有其意想不到的功效。或许，这是因为，这些相生相克本身就是阔大无垠的自然中一个小小的组成部分？

至今依然记得当年桑叔为我们做老姜烧鱼时的情景。那时候油少，但是这个"老姜烧鱼"，别具鲜味，五分钟后就可以吃了。像这种"黄鸭叫"，肉质细嫩，少刺多肉，十来条一烧，便足够一群人佐一顿饭。

老姜烧鱼就是用柴火把锅烧烫，先把鱼抹盐腌一下，几片生姜将整个热锅擦一遍，再将抹好盐的鱼贴到锅上，锅底加草生起大火干烧，不多久，热锅便把鱼块烧得喳喳响。那时没有油，桑叔就用鱼腹内的鱼油代替。桑叔一边烧一边向我们传授诀窍：一开始火不宜过大，也不宜把鱼翻个，这样鱼肉容易碎。等到鱼煎得发黄，飘出浓浓的香味时，桑叔才往锅里放入辣椒、青椒、花椒、大蒜、葱头和苏叶，然后，冷水沿着锅边慢慢倒下去一余，盖上锅盖闷起，锅底再加大火。一会儿工夫，鱼香便充满了整个屋子。待到火候差不多时，桑叔再次掀开锅盖，加入盐粒和葱花。做好之后，装进大瓦盆端上了桌。桑叔为我们每人盛上一碗鲜鱼汤，自己也端着热气腾腾的一碗。

我们几个小伙伴早已急不可耐端起便喝，"好鲜！好鲜！"一边喝着一边望着桑叔和桑婶，心中欢喜得上了眉梢。看着我们这个样子，桑婶说了句"你们慢慢喝，我去看烤红薯好了没有"，转身便去了厨房。

桑叔坐在桌子边，慢慢喝起了鱼汤，看着桑叔喝鱼汤的样子，让我想起了我爸也是这么喝汤：端着碗，吹吹凉，轻轻一口，慢慢咽下，再吹吹凉，再慢慢喝上一口咽下。

我们在看着桑叔喝汤的时候，虽然桑叔没有说什么，我知道，他肯定心里在说："好喝，好喝，这美味，真是一种享受。"

桑叔意识到我们在偷偷看着他喝汤，忙笑道："你们几个细伢子，没有发烧吧？眼巴巴地瞪着你们桑叔的样子看啥子喽，快喝汤了！"

说完话，桑叔又往我们碗里加汤，为我们每人的碗里加了条鲫鱼："吃鲫鱼要小心，鲫鱼味鲜，但细刺太多，要小心把鱼刺捡干净，把鱼肉放到嘴里，用舌头试试有没有刺，然后再咽到喉咙里。要细细品鲫鱼肉的甜津润泽。"

我们照着桑叔的方法做，把鱼吃得干干净净，鱼肉一点都没有浪费，而且没有被鱼刺卡到。

这时，桑婶端上几个好大的烤红薯，一阵香味直扑上来。

"好家伙，好烫！"摸着足足有半斤多重的烤红薯，我惊叫起来。

桑婶赶忙拉起我的手："没烫着吧，还好。慢点，像我这样。"一边说着话，桑婶一边把烤红薯轻轻地在桌子上滚来滚去，一会儿就不烫了。

桑婶这才将烤红薯掰成两半，边吃边说道："像我这样，先咬一半，慢慢咽，怎么样？来试试？"

我们照着桑婶的方法做，只一会儿烤红薯下肚去了。我还是吃急了点，有一块烤红薯贴在食道里，烫得一阵心慌。桑叔赶紧让我喝点汤，我急急地喝了一大口汤，烫的红薯就滚进了胃里，舒服极了！爽透了！

177

偶然

桑叔桑婶很爱我们这些孩子，我们也对他们很亲厚。天气晴好的日子，吃完饭，时间还早，我们就会搬了小凳，在菜地前的小院子里团圈坐着，头上是丝瓜架，听桑叔桑婶拉拉家常，天空从头顶树叶缝隙里漏下，微风把树影摇碎，零乱了一地。几只蜂，环在我们身畔，营营扰扰地飞。阳光静静地绽放，一朵黄色的丝瓜花落下来。

桑叔一家勤勉、辛劳，但却平和、简单、快乐、满足。其实，他们住的是会漏雨的草房，下湖打打鱼，种了点水稻。他总是说，解放前没有地，得租地种，现在好了，不会饿着肚子，就已经很满足了。

有时桑叔也会跟我们说起解放前的种种艰辛、磨难、不堪，但说到最后，总是摇摇头，环视四周，露出满足的笑。

他还很喜欢和我们讲讲古，其实就是咸嘉湖的前世今生啦。原来这咸嘉湖原先叫韩家湖，明初洪武年间，韩姓人家在此置业而得名。当时韩家湖外漾湾堤破败，当地人韩炳幸用巨石重修了湖堤，既坚固又平坦，使得"杨柳亭嘉荫蓊然，行旅称便"。湖南巡抚王文韶曾撰碑记，对此善举大加称赞。民国初年，教育家胡文典在此创办咸嘉小学校，韩家湖遂改称咸嘉湖。我对于咸嘉湖历史的最初了解便是源自于桑叔和桑婶了。

有时候，我也会一个人坐到半山坡上，西边可以看到夕阳，往东可以把整个咸嘉湖尽收眼，远远地看着桑叔的房子，心里惬意极了。

如今回想起那段时光，只觉欢腾、明亮、喜悦、纯朴。悠闲、从容的桑叔，晚年是否还会袖了手，在冬日的太阳底下，静静地晒着？现在，又有多少安贫乐道的快乐人？现在，又有多少人能够有桑叔这般朴实的胸怀？甚至还会有人讥笑桑叔的"迂腐"。安贫乐道早已被人们忘记了。所以，现在的人们不快乐。他们的不快乐源于他们的不满足。他们始终没有满足的时候，再不像从前的那般时光。

那个时候，我们不光是跟着桑叔下河捉鱼，在春、秋水凉下不得水的时候，我们还会跟着桑叔一起钓鱼。我的钓鱼技术也是大半来自桑叔的真传。我那个时候虽然年纪小，最多的一次却也钓了十余斤，正所谓"名师出高徒"吧。

桑叔的钓鱼技术在咸嘉湖畔可是有口皆碑的。天渐渐凉了，已经不能下水抓鱼了，但是，我这个贪水的本性难改，周日在家也待不住。早饭后我母亲带弟妹去市区买东西，我赶紧把作业做完，牵着那条永远也不想离开我的"灰兔"黄毛狗,顺着山坡往下飞奔而去,很快就来到了桑叔居住的房屋边,门没关,我叫了声"桑叔",没有人应,走进屋里,只见桑婶一个人在纳鞋底,我叫了声"桑婶",桑婶应了一声,放下鞋底就要给我去倒茶。我拉着桑婶的手说:"桑婶,我不口渴。我找桑叔。"

"哦,小家伙,来我告诉你。"说着桑婶把我拉到屋外的打禾场上,向南边一指,说,"看,你桑叔不就在那里吗?"

我顺着桑婶指的方向一看,哦,桑叔正躲在竹芦杈子后面呢!

我问桑婶:"桑叔这是在做么子啰?"

桑婶悄声对我说:"在钓游鱼啰。"

我会心地对桑婶一笑:"桑婶,我晓得了。"

我告别了桑婶,带着灰兔,向桑叔埋伏的地方出发了。

桑叔看到我走向他了,一边用手一高一低地轻轻挥动着向我示意"轻着点",我立刻懂得了桑叔的意思,用猫下腰、轻脚步的动作回应桑叔"我晓得了"。当然,我那只聪明的"灰兔"也放轻了步伐。

我走到桑叔身边,对着他的耳朵,小声说道:"桑叔,鬼子进村了,要一枪一个吗?"

"你个调皮鬼,好好坐着,看桑叔怎么钓游鱼。"

"哦,你是怕鱼看到你,采用芦苇伪装起来。"我轻声说。

"算你聪明。"

桑叔的赞扬,我每次听了都很高兴。我坐在桑叔身边,"灰兔"则老老实实地趴在我旁边。这架势,真像《地道战》里拉开了阵势打鬼子埋伏。我心里嘀咕:"桑叔真的有好多好多奇招啊!"

说时迟那时快,桑叔的小竹鱼竿挥了起来,一会一条游鱼摔到我们后面,接着二条、三条、四条,好多游鱼摔到了我们后面,真神了,看到欢蹦乱跳的游鱼,"灰兔"在蠢蠢欲动,我用手压着它的头,盯着它的眼,嘴里说:"你给我老实一点。"

"灰兔"接到了我的指令,乖乖地趴着,没有弄出声响。桑叔停止挥飞竹钓竿了,我要帮桑叔去捡游鱼。桑叔悄声说:"小李伢子,莫捡,等会一起捡。"

接着,桑叔又从一个瓦缸里倒出几把"活蛆"撒向水面,桑叔说:"游鱼都是一群一群的,前面几十条已经钓完了,打上鱼饵,下

179

偶然

一群就会到,你看着点。"

我说了一声:"遵命!"

桑叔爽朗地笑了,竹钓竿又挥到了湖里,一会儿,一条、二条、三条……又是几十条。这群游鱼又钓完了。桑叔把竹钓竿交给了我,并向我讲述道:"这钓游鱼的钓钩其实是没有倒刺的,游鱼在水中游的速度很快,吃鱼饵也很快,这饵不是虫,是白色的小鸡毛,咬住了,却吞不下去,游鱼也很聪明,就会往外吐。等它吐时,已经上岸了。鱼儿离不开水,一离开它就没招了。"

"噢,原来是这样啊!"我恍然大悟地点了点头。

桑叔又教道:"刷游鱼,要这样,慢慢地拖,第一下拖一节,第二下再拖一节,拖住游鱼了,就往后一甩,没有拖住再拖第三节,或者第四节。"

"好桑叔,我明白了。"我向桑叔敬了个礼。

这时,天空来了一大朵乌云,把个本来就阴沉沉的天弄得更阴沉了,桑叔见状,自言自语地说:"要下雨哒,李伢子,发点狠哦。"

说着,桑叔又向水面撒了三把活蛆,我挥起了竹钓竿,虽然没有桑叔那么麻利,但也是有板有眼的,一会功夫,几十条游鱼甩到了后面,活蹦乱跳,还真像那么回事。

我等着桑叔的夸奖,桑叔却忙着把身后田野里散落的全部游鱼捡到鱼篓里去,转身对我叫了一声:"李伢子,拿上鱼竿快走。"

我应了一声。等我们跑到桑叔家门前的禾场上时,一阵大风夹着豆点大的雨横扫而来,三步并成两步地,我们跨入了桑叔的茅屋。

"好险呀,差点又淋成一个落汤鸡。"我伸出大拇指,对迎上来的桑婶说,"桑叔真是活神仙也,鱼钓着了,雨却没淋着,看,这阵雨多大。"

桑婶扶着我,端详了一眼:"冇淋着,天帮忙。"

桑叔把鱼篓子交给了桑婶,桑婶揭开鱼篓一看:"嗬,钓得还真不少。"

桑叔对着桑婶把我给夸了一通:"咯这李伢子啰,第一次学甩游鱼,一甩就几十条,咯这伢子,眼睛快,一教就会,有长进!"桑叔夸我的时候,是高兴的,听得出来,我学得快,他教得也高兴。

听见桑叔的夸奖,我欢喜地嘻嘻笑出了声。门外,我的那只顽皮的"灰兔"在雨中狂奔,可能它也感觉到了主人高兴,也在寻着机会"同乐"一下啰。

桑叔给我和桑婶每人倒上了一杯茶,提着鱼篓进了厨房。桑叔则点起了他的一支短短的烟枪,吧嗒吧嗒狠命地抽了起来,烟斗里的紫色烟雾很快便缭绕到了整个房间。

我问桑叔:"刚才钓鱼时为啥不抽烟呢?"

桑叔反问我:"这烟味好嗅吗?"

我说:"不好嗅。"

"这就对哒,"桑叔说,"你小李伢子都不喜欢嗅,那游鱼呢?"

"哦。我知道了。游鱼不光怕响声,怕看到人,也怕嗅到烟味。桑叔想得真周到啊,真周到!"

桑叔狡猾地对我讲:"记住了呀,做事一定要周到,再周到啰!"

我马上一个"遵命!"把这个桑叔交给我的"周全之道"铭记于心了。后来我明白,简简单单四个字,要做到,真的不易,非得对所有环节有深入细致的了解才行。

话还没说完,桑婶端上了一大锅生煎游鱼汤。我先帮桑叔和桑婶各盛上了一碗,桑婶又端上了一盆烧南瓜,一碟烧辣椒。这游鱼汤很鲜,正是游鱼繁殖的季节,鱼腹中有许多鱼籽。

我又问桑叔:"鱼产子不是都在春天吗?怎么游鱼秋天也产子?"

桑叔回答说:"游鱼不同于鲫鱼和其他鱼,游鱼春夏秋天都产子,现在是秋天,鱼籽特别多,吃起来也特别鲜。"

"这可不是红锅子烧鱼,这还是小李伢子两个月前送来的两瓶糠油煎的鱼,当然味道不同啰。"桑婶听到我跟桑叔的对话,忍不住说道。

我记起来了,夏天吃了桑叔的红锅鲫鱼后,回家跟我妈讲起桑叔一家的事,我妈就让我拿了别人送的两瓶米糠油带给了桑叔。谁知道桑叔桑婶那么节省,都两个月了还留着没有吃完呢。

吃完了饭,天也放晴了,"灰兔"也沾了它自己"乖乖"的光,吃了一碗鱼汤泡饭。摸着饱饱的肚皮,我带着"灰兔"告别桑叔桑

181

婶,他们把我送到门口,还一再对我说,下次再来玩啊。

下周放学,我又去了,帮着桑叔草屋顶上添稻草,和好草泥抹墙缝,给冬黄芽白浇草灰肥,用砖块修补有损坏的禾场。秋天,桑叔禾场旁的桑树叶黄了、落了,矮篱笆边上的黄菊花开了,一朵一朵好鲜艳,摘下一朵放在鼻上嗅一嗅,好清香,远处打稻场上在收晚稻,瘦瘦的麻雀叽叽喳喳走向打稻场。桑叔望着远处,说:"今年收成比去年好了。"

秋去冬来,我几乎每周都会在咸嘉湖畔的桑叔身边消磨半天时光。咸嘉湖的冬天格外冷,可能是因为没有成片的大树遮风,也可能是湖水冰封,不停地在释放冷气……冬天无事可做,虽然天很冷,但是寒假是最无聊的,桑叔便叫我去钓冬日鱼。

当我到达桑叔的草屋,桑叔早已整装待发了,穿着一件灰棉袄,脖子上系着一条线巾,为了抵御寒冷,下身穿了两件卫生裤,外面又加了一条两截裤,两条裤脚扎得紧紧的,还有一双白色皮鞋,看起来分外抢眼。

桑叔说:"这鞋啊,是我那在丝绸厂当修理工的儿子孝敬我的。"他头上戴着的那一顶杨子荣帽,则是我孝敬他的。

看着桑叔全副武装和焦急等待我的样子,我开怀地笑了起来。从来没有看过桑叔这么正式过,以前不是泥脚子,就是赤胸露怀的,再不就是一件破布衣服一披就上阵了。

桑叔见我一直笑,说:"还笑,再笑鱼都跑光了。快!"

"遵命!"我又是调皮地一笑,跟着桑叔走到了凸桥下边。这里的水最深,也是夏天我和桑叔一块摸鱼的地方,最深的地方有七八米。桑叔把我带到这里来,看来有一些特别。

桑叔把个铁秤砣吊在鱼竿头上,把套杆一节一节用黑色的工业胶布连接在一起,加起来统共有个七八米长,再用秤砣去敲湖上的冰面,还好冰不是很厚,几下子就砸开了一个手掌那么大的洞,这还不算完,桑叔收回钓竿又伸出去,在离第一个冰洞大约十米远的地方又砸了一个洞。

然后桑叔拿出准备好的鱼饵——研磨的蚕豆糠米团,放在了一个塑料盒中,用蚊帐夹子牢牢地夹在鱼竿头上,再轻轻地垂到冰洞当中,这算是打窝子了。我和桑叔一人守着一个洞,桑叔说:"小李伢子，今天我们来比赛，看谁先钓上鱼来。"

都放好、收拾妥当后，桑叔开始往烟斗里装了一袋烟，我问："桑叔，这你不怕把鱼给熏跑掉？"

"伢子，冰封住了水，鱼都在七八米上下的地方，它嗅不到咧。"

一袋烟的时间过去了，还好天公作美，虽然寒意还是那么浓，但还是有一抹太阳露出了笑脸，照在身上还暖暖的。路上行人，不时会停在桥上往下看看。

"你们在做么子？"有人看得疑惑就干脆问一声，"那个桑老兄，你又在搞么子鬼名堂啰？"

桑叔一看是熟人，"嘘"了一声，把鱼钩装上老蚯蚓，慢慢地放下去。我也学着桑叔的样子，把鱼钩放下去了。鱼浮子静静地立着，一动也不动，五分钟过去了，十分钟过去了，二十分钟过去了，三十分钟过去了，浮子始终一动不动。

我有些怀疑桑叔这所谓冬钓了，你想嘛，天气这么冷，人躲在屋子里都不愿意出来，鱼会出来吗？想着想着，突然我的鱼浮子送上来了，这预示着有鱼上钩了咧。我手里用力一提一带，手感中这条鱼一定不小，我心头一阵喜悦，还来不及向桑叔报告，桑叔先发声了："伢子呀！我咯里有鱼咬钩啰！"

我也顺着桑叔的话语大声回应道："桑叔，我这里也咬上了！"

七八米长的鱼线，一点一点地往上拉，冬天的鱼比夏天的鱼力大，费了老半天的劲，又怕它上不来，又怕它把线弄断，不能太急，又不能不急。终于在冒了半身汗的情形下把这条冬鱼拉出了冰面。

"嗨呀！桑叔快看，这么大的鲤鱼唷！足足有三斤！"

桑叔也把他的那条鱼拉出了冰面，一样的大小，也足有三斤的样子。我把鱼装进鱼篓子里，砸开靠近岸边的一大块冰面，放于水中。其中一条看起来明显肚子胖胖的。我问桑叔，为什么这两条鱼一条胖胖的，一条瘦瘦的呢？

桑叔望着我说："伢子，你猜猜看。"

"一条吃得多，一条吃得少！"我想当然地答道。

"不对！"桑叔很快否定了我的答案。

我略一思索："哦，我知道了。一条是公的，一条是母的。"

偶然

"这就对了。胖的那条是母的,肚子里有子。瘦的是公的,肚子里没子,就瘦。"桑叔笑道。

我忽然有一丝惆怅:"好可怜,这对夫妻不是要被我们吃掉了吗?"

"唔,你这小伢子还有些怜悯之心呢,这是自然规律,你不吃它,别人也会吃它。"

桑叔说得对,你不吃它,别人也会吃它的。

看到我们钓上来一条接一条的大鱼,桥上停下来看的人越来越多了,还真有点人多热气高的感觉。一会功夫,我和桑叔又各钓上来一条。鱼不停咬钩,我和桑叔也小心地甩竿、起钩。到中午时分,桑叔钓起四条大鱼,我钓了三条,真是一次丰收的冬钓之旅。

迎着冬天响晴的太阳,我和桑叔走在结了冰的田间小路上,滑滑的。我一手提着鱼,一手扶着桑叔,就这样有说有笑地向家里走去。

回家路上,桑叔说:"鲤鱼背上有根筋是发的,回家让你妈把它给刮掉,抹上盐,放在外面冻冻,煎冻鱼,很下稀饭。"我心想,桑叔记性真好,记得我最喜欢喝稀饭。

与桑叔分手后,我回到家,把鱼篓里三条大鱼交给我妈,我很骄傲地说:"妈,这是我钓起的鱼咧!"

我妈却一千个不相信,侧这头看我:"夏天你摸鱼我信你,这大冷天哪里有这么大的鲤鱼钓呢?"

我有口难辩,只好对我妈说:"不相信?这样吧,有空你去问问湖边的桑叔吧。"

我妈也无可奈何,只淡淡笑道:"那好吧。"虽然嘴上这么说,我知道我妈是肯定不相信的,不过按照桑叔说的方法做的冻鱼煎出来,果然好味道。

严冬终于过去了,几声炸雷,几道闪电,春天驱散了寒眠,大地回暖,咸嘉湖久违的青燕开始飞绕,白鹭又站到了湖水岸边,小鱼又从深水中浮上了水面,看到了站在水中的天敌白鹭也毫不躲避,此时此刻,它们太需要温暖的时光了。白鹭也乖,只顾磕着田螺,对小鱼嬉戏在水面难得一顾。

春天,明媚的阳光在雨后展露笑脸,一阵阵清风把柳树吹出了绿芽,闷了一冬的山岗一派欣欣的景象,潇潇的春雨,淅沥而下,雨滴调皮地落在枝丫上,顺着树干蜿蜒而下聚到一起,在草丛中一边捉着迷藏一边勾肩搭背呼兄唤弟地,一路欢闹着挤到山沟沟里,汇成一条条小溪,在山涧里快乐地不知疲倦地浅唱低吟着。更热闹的是,在春雨的滋润下,树木披上了密密匝匝的盛装,引来了多情的鸟儿,许是回到了自己热恋的故乡,遇到了钟情的伴侣,它们兴奋地绕着树"叽叽喳喳"叫个不停,有的在云空盘旋飞舞,有的在树枝上嬉戏欢闹,有的躲在枝叶间窃窃私语……

这一个春季的周日,我行走在田埂上,带着快乐的"灰兔"。当小草还屈服于风雪的淫威怯怯地匍匐于地的时候,柳树就结出苞儿,鼓起了鹅黄的小嘴亲吻着还有些料峭的春风。特别是那些果树,在春风的温馨抚慰下,争先恐后地开了一树树灿烂的花,桃红李白,姹紫嫣红,远远望去似美丽的云朵在半山腰漂浮,又仿佛团团焰火在熊熊燃烧,把山坡烘得地热热闹闹,让人心生向往情不自禁地挪动脚步去亲近他。人还没到树下,浓郁的芬芳便直入鼻息,不由地深吸一口气,刹那间,甘甜的花香沁人心脾,那种美妙的感觉不可言喻,整个天地只教你松了一口气,开怀舒心,一切都是如此地完美。

看到桑叔的时候,他正在给稻田放水,我看到了迎水而上的鲫鱼,成群结队,还不时拍水发出"噼噼啪啪"的水声。

"桑叔好!"我的问候让正在劳作的桑叔特别高兴,"桑叔,春天终于来了。"

"春天来了,春意满园呀!"桑叔接着我的话说道。

我愕然道:"嗨呀,我的桑叔呀,看不出会作诗呀!"

桑叔伸手刮了一下我的小鼻子:"不许取笑你桑叔啊,你桑叔可只读了两年私塾呀。"

"哦,我知道了!长沙有句俗话,口里冇的味道的时候,说几句调皮话,那叫调味!哈哈,桑叔,冇的取笑你的意思哟!"

桑叔把我叫到鲫鱼渡水处:"咯里是鲫鱼拌子的地方,想不想试试钓春鱼?"

"好的啊,"桑叔说的正合我意,"桑叔,钓春鱼要打窝子吗?"

桑叔说:"不用,春鱼饿,见食就咬。"

我按桑叔的安排坐成对角,他在南,我在西。装好蚯蚓,就放于

185

偶然

水中，食还没落底，就看见浮漂不见了，轻轻一带，一条五六两大小的鲫鱼就钓上来了；换上鱼饵再放下去，又咬上了。短短一上午的时间，我和桑叔每人就钓了装满整整两个鱼篓的鲫鱼，没办法再装了。

"钓了这么多，过瘾了吧？"桑叔看着我，问道。

"过瘾，真过瘾！"我说。

"一篓鱼差不多有十斤了，不钓了好吗？"桑叔提议。

"好。"桑叔说的话我当然赞同。不过，我请桑叔帮个忙，送我一程。桑叔满口答应了，两根绳头，中间挂着十斤鲫鱼，桑叔陪着我抄着小路，把我送到了家。

我妈早已迎出家门，接过了鱼，又让桑叔进屋喝杯茶。桑叔一边喝茶，一边向我妈夸我，说我会做事，能干，将来肯定有出息。我妈则是一直向桑叔道谢："多亏有你这样俭朴又实在的人帮助我咯伢子，很感谢桑小叔。哦，对了，我想证实一件事。去年冬天，他拿回家三条大鲤鱼，他讲是和你一块在咸嘉湖里钓的，可是真的？"

桑叔笑起来，说："这个我可以作证。伢子和我一块在桥底下钓的。还有许多咸嘉湖的乡亲们可以作证咧！"

"那就好了。我就是怕我这个伢子讲假话，那就不得了。"妈妈听桑叔作证，终于释然地笑了。

喝完茶，桑叔谢绝了我妈留他吃饭的邀请，要回去整理他钓的鱼。我一路送桑叔直到山坡下，我挥手跟桑叔道别，大声说："刚下过雨，小心路滑。我的桑叔！"

桑叔没有回头，远远地摆了摆手，算是回答了我。

不知有多少次，我一个人坐在湖畔柳树下，远远地看着桑叔整洁的草屋，看着桑叔在担粪浇菜，桑婶散着谷米喂鸡。我在想，如果有一天，我能够像桑叔一样，在这秀美的湖畔也有一间草屋，过着像桑叔一样的辛勤快乐的日子，那会有多好呀？

而咸嘉湖畔那一抹猩红的落日余晖，更是让我百看不厌的。桑叔抽着旱烟，我抱膝坐着，湖面如镜般平坦，深呼吸，有几丝鱼鲜的气息，偶尔能看到一条大鱼跃出水面。头上是几近傍晚的夕阳，不远处是青青的岳麓山，四周是长势茂密的蔬菜作物，高高低低，错落有序。

桑叔养的几只鸡儿，在静谧的柔光里，悠哉悠哉地啄着什么。飞鸟在夕阳的余晖里迷人掠过，划出一道道优美的曲线。苍天之下，碧水之上，心游其间，仿佛万古之中只有这一片宁静。风，携云而至；云，压日而落。几乎是一刹那的时间，夕阳便映红了满天的云彩，而彩云则把波光粼粼的湖面映照得缤纷绚烂，水波顺风荡漾开去，一直延伸到看不见的远方，那温柔的色泽让人心情舒缓极了。此时的桑婶，嘴里往往哼着轻快的歌谣，为我们生火做饭。

我和桑叔坐在湖畔，看着桑婶忙碌而欢快的身影，袅袅炊烟带着饭香，便悠悠转转地升腾起来了。

隔着炊烟，我发现湖畔的阳光格外温馨明亮。总让人感到无限的暖意，有阳光就有明媚，就有心情舒畅。

桑叔拿过两把小木椅，我们就慵懒地坐着，任由阳光暖暖地拥在身上，宛如雪夜里的一床柔软的暖衾。整个人都舒展了，心也开始空灵起来。浑身上下弥漫着太阳的香味，心底每个角落顿时明亮了，不由自主地欢愉着、酣畅着、放松着。

有时幸福真的很简单，一缕阳光、一杯清茶、一些熟悉的老歌而已。这个冬天，我只铭记了这太阳的暖。

"桑叔，原来坐在湖边晒太阳这么舒服啊！"我仰头，贪婪地享受着傍晚夕阳的余晖。小小年纪，也知道了亲近自然的一份感觉。

桑叔掏出烟斗敲了敲椅脚，淡淡笑道："小李伢子，那是因为你心静下来了呀。"

"心静？"我纳闷道。那时的我，对桑叔这话的体验不是很深。

桑叔划拉一根火柴点上烟斗，紫色的烟雾升腾而起："小李伢子，你看着湖边水静、树静、风也静，我们坐着，什么也不想，什么也不求。心自然就静下来了，都静下，就和周遭这些相融了。这个时候，你就体会到了。"

我恍然大悟："原来是这样啊。"

桑叔看着我的样子，笑了。这个时候，桑婶把饭炊上，把水也烧开了。拎着黑黝黝的茶壶和瓷杯过来给我们泡茶。

水雾升腾而起，茶杯啵啵作响，也不知桑婶用的是什么茶叶，馨香已经在沸腾的水里冒上来了。这湖畔，空气清新，饭香和茶香一齐钻入鼻孔，我感觉整个人都轻快起来。

我端起茶杯，吁了一口，清香怡人，非常解乏。桑叔笑着道："小李伢子，喝茶要先举杯轻轻闻上一下，然后再喝。"

我申辩道:"闻过啦!我还没拿杯子,它香味就自己钻入我的鼻子啦。"

我的话逗得桑叔、桑婶哈哈大笑。

"还自己钻入你鼻子,哈哈……"桑叔重复着我说的话,直乐得合不拢嘴。我挠着脑袋,也不太明白他们为什么笑得那么开心。直到我自己成人有了孩子,听到童言无忌的话后也这样哈哈大笑之后,才有些体会。

"来,小李伢子,吃饭了。"桑婶做好了饭菜,端了上来。我们三人就坐在湖畔,用一张简单的小木桌当饭桌。

饭菜摆上来了,鱼丸子、香菇、节瓜、苦瓜、空心菜、紫苏,都是常见的家常菜,但经桑婶巧手一番或汤或焖或炒或炸,便是有了特殊味道的"桑家菜式",让我大开眼界。

看着清澈纯净,闻着淡雅幽香,抿着苦尽甘来,真是一种难以言表的精神上的享受。清茶在手,浓情在心,悠长久远。

"桑叔,你再给我讲讲摸鱼的技巧呗。"我大口吃着菜,忍不住又问道。

桑叔喝了口老酒:"桑叔摸鱼的技巧啊,都让你学光咯,你可以出师了。"

消磨时光的同时,我和桑叔也把一段淳厚朴实的忘年友情磨得锃亮,谈笑中充溢着袅袅的饭菜香味。

桑婶又端来一碗鱼汤,给我盛上:"来,李伢子,趁热喝。"

我看着汤碗里那白浓的鱼汤,鲜香的滋味这下子是真正的"自己钻进鼻孔"了,汤上漂着碧绿的葱花、姜末,喝上一口又烫又美味。

"好喝,好喝!太好喝了!"我忍不住赞道。桑叔、桑婶看着我,眼里尽是慈爱。

桑叔又摸出一把零食放在桌边:"吃完饭再吃这个。"看着我眼馋的样子,他笑着叮嘱道。有时候,捉的鱼多了,桑叔会送到荣湾镇上去卖,卖的钱,买米、买盐、买油和日用品,还有分给我们的棒棒小零食糖。

就这样,夕阳下,湖畔边,暖意融融的晚餐,桑叔、桑婶和我,美好的画面定格在这美无边的景致中。

这样的日子一直过了数个寒暑,我从小学升入中学,学习压力逐渐大了起来，母亲也开始限制我出门去玩耍的次数和时间。只有盼星星盼月亮，终于盼来了寒假。我找出放了一个冬天、落满灰尘的鱼竿，整装待发要去咸嘉湖畔找我的桑叔。

刚走到门口，远远看见平时和我关系很好的一个小伙伴气喘吁吁地跑过来，上气不接下气地说："快去，快去，桑叔要走了。"

我一听，顿时吓一跳，鱼竿都没拿稳，一下子掉到了地上。我心里着急地火烧火燎地，都没有问他到底是怎么回事，就捡起鱼竿，跟他一起向桑叔家中跑去。远远地，就看到桑叔的茅屋门前停着一辆拖拉机，旁边人来人往，进进出出，一幅忙碌的样子。走到门口，我叫了一声"桑叔"，桑叔正从屋里搬了一张破旧的乌木桌子迎出来，那张桌子，正是平日里我到桑叔家里玩的时候，跟桑叔、桑婶一起吃饭的桌子，我预感到肯定是有什么不好的事情要发生了。

果然，桑叔一见是我，立刻将桌子放到一边，说："小李伢子，桑叔跟你桑婶今天要搬到城里去了。"

我一听，心里明白桑叔这一搬走，再见可就难了。鼻头一酸，眼泪就不听话地落了下来。桑婶也迎出来，见我淌眼抹泪的样子，不禁心疼了起来，撩起身上穿的围裙给我擦干了眼泪，说："李伢子，哭么子咧？你桑叔、桑婶又不是不回来了，快把眼泪擦了。"

"桑叔、桑婶，你们真的会回来吗？"我不放心地又问道。

"真的。"桑叔拍了拍我的肩膀，说，"桑叔什么时候骗过你呀。"

得到了桑叔的承诺，我破涕为笑。桑叔家东西不多，几张桌椅、竹床，一辆拖拉机的车斗都没有堆满，很快就搬完了。

临别的时刻，我心中万般不舍，还是说道："桑叔，再见。"

桑叔的目光好像凝固了一般，粗眉微蹙，就这么呆呆地望着前方，眼神空洞。我和桑叔虽然心里明白迟早都要走，可没料到竟是如此仓促。

"小李伢子啊，走后就再也不能陪我聊天了吧，往后的日子会寂寞很多的啊……"

桑叔把他常用的鱼竿送给了我，说："小李伢子，我这半辈子钓鱼的绝活都交给你了，多钓几条大鱼给桑叔看看，别忘了。"

"当然，"我一本正经地答道，"只要看到它们就好像看到桑叔

偶然

你一样。嗯……桑叔，我一定会想你的！"

　　我珍惜地把桑叔的鱼竿紧紧抱在怀里，忽然我像想起了什么似的，拿起自己刚才放在地上的鱼竿，擦去上面的灰尘，郑重地递给了桑叔。我说："桑叔，我也没有什么东西可以送给您的，这根鱼竿陪伴了我和您一块钓鱼的很多日子，我就把它送给您吧。"桑叔嘴角浮起一丝淡淡的欣慰的笑，接过我的鱼竿，百感交集。其实，我心里明白，桑叔这次搬家走了，以后要再回这里也不容易。这支鱼竿是桑叔留给我的纪念，也是这些日子以来，桑叔和我的深厚感情的最好见证。装着桑叔的几件家具物什的拖拉机突突作响，开拖拉机的老赵头喊着："老桑头，该走啦！"我抱着桑叔的腰，喉头哽咽，依依不舍，怎么也不愿意放手，"桑叔、桑婶，你们都是最好的人！"我哽咽地哭喊。桑叔、桑婶抚着我的头，也是难过得一句话也说不出来。以前经常在书里看到一句老话："千里搭长棚，天下没有不散的筵席。"分别近在眼前，我才明白了这句话的深意。其实，我应该为桑叔感到高兴的。听咸嘉湖边的乡亲们说，桑叔的儿子出息了，在丝绸厂从一个修理工被提拔成了车间主任，还有了一套宽敞的三居室的住房，把桑叔、桑婶接过去一块住，既能帮他们看看孩子，又能一家人三世同堂共叙天伦，也是人生一件快事。

　　如今，几十年已经倏忽而过，我对桑叔依旧念念不忘。桑叔带我抓鱼的旧事更是频频入梦来，已经植根于我的内心，生长在我的肺腑，桑叔的情和意，如一轮皓月始终高挂在我的灵魂上空，每一忆及当时与桑叔、桑婶分别时的情景，我都不禁心有余戚，咸嘉湖平静无波的水面如同灵镜一般，映照着当日我的依依不舍，恋恋难分。

　　每有所感，就觉心中有万语千言，那时的我来不及对桑叔、桑婶说的话，如今都化成长章短句在我提笔写下的这首诗词之中。

　　　　送别咸嘉桥
　　　　（一）
　　送别咸嘉桥，莫逆来相交。
　　出水成双鲛，搏击楚天遨。
　　渔舟波澜高，满池荷香花儿笑。
　　草屋暮色绕，羡慕在逍遥。

举杯千千少,分离还太早。
一声您走好,小鱼万尾摇。
　　　　（二）
痛是心里烧,难忘把手教。
声声言行导,渡船远去捎。
慈心善肠道,谁说天涯真情少?
麓山枫红了,白鹤归天巢。
老当少泪掉,东风伴君召。
莫道渡江远,记挂山水谣。

　　后来,机缘巧合,我寻觅到了淀山湖——太阳湖这一方辽阔的水域,每忆及过往,尤其是随着桑叔一起钓冬鱼的那种快乐,就忍不住寻出一根鱼竿,在冬天的湖面上也砸开一小块冰面,跃跃欲试。可是,从来没有像小时候那样,钓起过一条冬鱼。

　　童年、故乡,那些毫无心机的纯真岁月,当时只道是寻常,阅历渐多之后,才恍然发现,我们的半生追逐,不过是在追寻那时原本便埋藏在心底的梦想。或许,存在于我记忆里的那一条条活蹦乱跳的冬鱼,就是我曾经见证过的人性最美最善一面的绝佳指代吧。

　　　　冬鱼
潇潇雨牵暮色临,
咸嘉湖茅屋灯明。
千年麓山云泉下,
小舟独行沧桑隐。
可教潜鱼孤身近,
喜得冬轩迎鲤亲。
朴实珍贵三尺远,
西峰越过湘水滨。

　　虽然当年的我还很顽皮,但桑叔的言行让我朦胧中明白了一条准则,那就是:做一个善良的人。什么是善良?词典上的解释很简单:纯洁正直,没有恶意。

　　可以说,这条准则影响了我的一生。虽然童年处在一个在饥荒的时代,但我感到庆幸,永远也不会忘本,我曾经生长在咸嘉湖畔,曾经有一位深深地影响过我的桑叔,还有许许多多影响过我、帮助过我的善良的人们。的确,儿时的成长环境,环境中的人物,不经意间会影响到人的一生。

而桑叔带我抓鱼的故事更是频频入梦来,这只能证明我对那段生活的记忆之深、珍惜之重。它已经植根于我的潜意识,生长在我的情中、意中,闪烁在我的心里、梦里。后来,我创作了一首《家乡美》,写给我的咸嘉湖,写给桑叔。

啊!家乡美!
最美是那家乡的水,
清晨太阳照,莲花水中睡,
金珠银珠一串串,
月儿向湖坠。

啊!家乡美!
最爱是那家乡的水
阿哥水边坐,琴声柳树醉
阿姐阿妹洗衣忙来,
笑声多清脆。

家乡美!家乡美!
最美是那柔柔的家乡水,
水边的风儿轻轻吹,
天空的燕子悠悠的飞,
远方的游子请你快快回。

啊!家乡美,
最美是那家乡的木
天天都唱歌,天天都欣慰
一方水土一方情,
生在心里的恨。

这首歌后来还意外地荣获MTV金奖。咸嘉湖,我的家乡水,我心中因桑叔而变得圣洁的地方,在欣赏了许多人为风景之后,我的灵魂深处,更想念那一片空间,它干净、祥和、宽阔、纯自然。

不知有多少次,我会一个人,独自坐在湖畔柳树下,远远地看着桑叔整洁的草屋，看着桑叔在担粪浇菜，桑婶散着谷米喂鸡。我在想，如果有一天，我能够像桑叔一样，在这秀美的湖畔也有一间房屋，过着像桑叔一样的辛勤快乐的日子，那该有多好？

不过，我要修建的可不再是土砖砌墙、茅草覆顶的小屋，我要盖起高大的红砖瓦房，掩映以垂柳，荫蔽以青杨——在我那时的心目中，瓦房意味着舒适与高贵，意味着财富与荣誉。所以，当我第一次看到太阳湖的时候，童年追忆，梦中冥想，不知多少往事一齐涌上心头。

第三节　咸嘉湖畔情未开

从1962年随父母搬到咸嘉湖畔，直到1964年快要升初二时，父亲又被调回总工会，我们家也随之又搬回了民主东街，这一段时光，咸嘉湖顶上的天总是湛蓝的，河水总是清澈的，灵魂也还是干净的。

除了桑叔一家人，在我年少的情怀中，咸嘉湖还与一个美丽的倩影密不可分。那时，她还是一个出水芙蓉般的懵懂女孩，只可惜生活的动荡、历史的变迁，注定她无法得到同龄孩子拥有的家庭温暖。

父亲调任疗养院的院长时，当时有一个副院长是四川人，长得清清秀秀的，夹着公文包，戴一副金丝边眼镜，永远是整齐的分头。听父亲说，他出身贫苦，是由单亲母亲带大的独子，因为发誓要报答母亲养育之恩，发奋读书，学习医学。他是国民党员，解放前在一个司库里面当医院院长，解放后没有走，留了下来，曾经在北京协和医院工作过，医术很高。他家就在我家隔壁，我叫他伯伯。他也喜欢养狗，我养的那只名叫"灰兔"的狗比他家那只"北京"犬大一倍。

副院长的妻子是上海人，很是温柔婉约美丽，身上穿的衣服从来都是一点褶皱印子都没有的，伯伯也是，穿得非常考究，衣服裤子每次都像熨烫了似的，裤子中间的缝是笔直笔直的，衣服也笔挺笔挺的。他们屋里也收拾得非常干净，地板拖得照得见人影子，桌椅板凳擦得一点灰都没有，连那桌子四周雕花沿板那些凸凸凹凹的缝隙里都没有一点灰。注重生活细节，卫生一丝不苟，是他们高素质的一种体现。他们有两个女儿，非常讲礼貌，大女儿尤其漂亮，和我一样大。她说话非常的好听，细声细气斯斯文文的，笑得也好看。那笑容，像春天。

有一次，副院长他们家请我们家人去吃饭，他那漂亮的太太亲自下厨做菜，切豆干时动作麻利娴熟，那做饭时的背影，也是别有风韵的。我还清楚记得，那天的主食是冬瓜猪肉饺子，咬一口，馅儿松嫩，微带冬瓜清香，不肥不腻，清淡而鲜美可口，和我母亲惯做的芹菜、韭菜饺子的味道大不一样。也许是因为以前从来没有吃过冬瓜馅的，又或许当时饿了，那口齿留香、满嘴生津的滋味，真让人觉得是从未有过的好吃！

那个美丽的大女儿第一次离我坐得这么近，就坐在我的斜对面，我只要一抬头，就能默默地看到她可爱的脸庞。多么好看的一张脸啊，五官精致、白里透红，我盯着她看，几乎都不想眨眼了。有一个瞬间，她的眼神飘来，恰好撞到了我的视线，那柔软而黑亮的眼神立即闪躲开去，双颊也腾地泛上了红晕，长长的睫毛低垂下来，她赶忙低下了头去。

饭总算吃完了，大人们开始喝茶。我们小孩子起身离座，大女儿带上她的小狗，我唤来我的"灰兔"，我们一前一后，向咸嘉湖西山跑去。大概是跑得有点气喘吁吁，她的两根麻花辫子也有点散了，在风里轻轻拂着。

她选了块平整的大石块坐下，然后侧过身去，打散辫子，用手指重新梳理起来。

我歪着头看她，发现她披着头发真是更加好看了。

很快她就把辫子重新编好了，我站在她边上。北京犬和"灰兔"在疯，在追逐飞奔，她在看着山下静静的咸嘉湖，我在看她，心里不禁又一次感叹她美丽的脸庞。

当时的我，碍于男生女生的关系，不敢和她主动说话。看着她，也只是偷偷多看几眼。咸嘉湖很安静，她突然回过头来望着我，我也望着她，她有小鹿一样无辜而美丽的眼睛。空气清冽，像有一只冰凉的手放在我的脖子后头，压得我不好意思说出话来。

过了一会儿，还是她先开口道："别傻站着了，坐呀。"

我稍稍有些紧张地在她旁边坐下，山风轻轻地吹着，一不小心，我就嗅到了少女的淡淡清香，那说不清的清香，带着香香的粉的味道，夹杂着汗和体香，糅合在一起，变成了少女独有的清香，侵入肺，沁入心，借着风儿我深深地吸了一口她的清香。她叫梅，她说她自己就是一朵腊梅花，小小的，没有艳，只有淡淡的清香，也许这散发出来的清香中间残留着梅的味道？

"嗯，李同学，你在嗅什么呢？"她微笑着问我。她的普通话说得很标准，声音也很好听。

"我在嗅那山风的清香。"我有点不好意思地回答道。

"山风香吗？"她好奇地看着我问道。

"山风不香，有了你，山风就香了。"我也不知道自己这是怎么了，好像胆子一下大了许多，又好像那些话都是自己从嘴边滑出来的。

"唉，你这人就是这样在学校吹捧女孩子的吗？"她看着我，摇了摇头。

"我是第一次。"我脱口而出地说道。

她微微偏着头"审视"了我一眼："真的？"

我认真地说道："当然。"

她羞涩地摇了摇头，半晌说不出话来，只呆呆地看着我，突然，甜甜地笑了。

不知不觉，夕阳西下，暮色已四起，山脚下咸嘉湖畔，炊烟袅袅，空气中飘荡着湖山特有的那种清新气味，空气中除了那丝丝缕缕的清香，似乎又多了一种只可意会、不可言传的迷人气息。她突然背起了李商隐的诗歌来："夕阳无限好，只是近黄昏。"背完，叹了口气，说："太阳是美好的，可是总是要下去的。"我觉得她很"文学"，很文绉绉，一时想不出来能说些什么让她高兴，只好说："太阳升起、落下，都是客观存在的，我们要用积极的眼光看太阳升起的那一面，就会看见一个不同的世界。"

那年我才十三岁。有时我带着狗出去玩儿，溜溜达达逛到离我家不远的咸嘉湖山坡地上，会见到他们家的小狗野在外面。我家"灰兔"体型比较大，生性好斗，看到有其他狗，它都想过去和别人咬一咬，只要我的狗一放出去咬她家的小狗，两只狗一开始"汪汪"吠叫起来，梅就会推门走出来，快步赶来，把她的小狗抱到手上。我也会立即喝停"灰兔"。刚开始时，我们只是站着闲聊几句，后来她就经常来找我玩了。每次来找我，她都穿得漂漂亮亮的，洁白的短袖衬衣，红裙子，连凉鞋都是那样洁白。我们带着狗，一起去咸嘉湖边。总是我和"灰兔"跑在前面，她抱着小北京犬跟在我后面。我下湖抓鱼，她会高高兴兴地跑来跑去，她那只小北京犬也跟着闹腾，叫得可欢了，有时我会冲她发发脾气："都怪你家小狗，叫得那么响，害得我都抓不到鱼了。"她就好脾气地把小狗带远，一直带到树林里，把

偶然

它拴在树上。只要我抓到鱼，她就会开心地笑着，喊着，帮我用柳条穿起鱼。我很喜欢看她笑，鼻子两边会现出两道小笑纹，眼睛也会微微眯缝成好看的弧形。桑叔、桑大妈特别疼爱她，每次都留她吃饭，吃完还让她带上十几条鱼回家。

在我看来，虽然年龄上她还比我小一个月，但懂的东西却很多。有一天，她给我拿来一本书："《西厢记》，你看过这本书没有？"我接过来一看，原来是剧本，"没有。"她把书留给我看，"你看完了这本就告诉我，我再拿其他的给你。"

我点点头，又问她："你怎么有这些书？"

她瞥了我一眼，自豪道："都是我妈的藏书，我妈妈喜欢文学，喜欢浪漫，喜欢一切美的东西。她有很多这种书，她结婚以前，是上海的越剧演员，很漂亮，知书识礼。她看了很多书，后来她不唱戏了，但大多数时间，她都会重新翻看它们，我觉得她就是生活在剧本之中的。这书好不好看？"

我机械地说："这是资产阶级的东西，但我们可以批判地吸收……"

她摇摇头："我觉得它们就是很好看的小说，有很好的文笔，很诗意……"

"嗯，按现在的说法，就是'革命的浪漫主义'！"我赶紧改口。

她看着我，"扑哧"一声，笑了出来："那你还想'批判'地看吗？"

我点点头，在她的影响下，我看完了《梁山伯与祝英台》、《杜十娘》、《碧玉簪》……

她像是点燃了我心中的一团火，幸福燃烧起来，我感觉那段时间里，每一分每一秒都是甜蜜的，但谁也没有想到的是，第一次见面时她说的有关"夕阳"的一番话，居然一语成谶，幸福果真是短暂的。

山雨欲来的局势下，父亲所在的医院也派来了工作组，动员大家站在运动的最前列、大胆检举、勇敢揭发、反省自己、向党交心……一时间，医院里大字报铺天盖地地沸腾了起来。

很快，一个个"坏"分子就被揪了出来，副院长伯伯被理所当然打成了"历史反革命"。那段时间，一进医院大门，就能看见铺天盖地的标语，都是打倒伯伯的，他的名字被倒过来挂在那里，还打上了红叉。人们说他是国民党特务、反动学术权威，因而，不得不离开教学岗位，做一些辅助性的工作。

然而，噩梦远没有结束。因为副院长曾经是国民党员，所以对他的进一步调查就必须更彻底，一定要查到祖宗八代。这种隔离审查，使得大部分街坊都像躲避瘟疫般远离他们。那时，"历史反革命"就是大毒草，是大坏蛋，既然是毒草就必须坚决地把它除掉。记忆中，似乎开过好几次批斗大会，看得我目瞪口呆。只见他被一些人押了出来，头戴高帽，挂着"历史反革命"的大牌子，跪在台前，很多人上去揭发，有的上去压低了他的脑袋，有的上前厉声地训斥，并高叫打倒某某某反革命。他完全是一副狼狈不堪的样子，衣服被扯得凌乱不堪，头发也失去了往日的光泽，眼镜也不时地被打落在地。他只是低着头，很多照片散落一地，我瞄过一眼，似乎是那位院长年轻时穿西装打领带的照片，还有一些是结婚照，照片上副院长妻子穿着旗袍高跟鞋。那些照片成了最大的"罪证"，"说明你们还在念念不忘过去腐朽的资产阶级生活方式，同志们，这些照片就是他们保存的变天账！"我听到一个女声尖利地嘶叫着。

口号声、叫骂声和耳光声，都向他的头上砸去。他们使他的身体向前几乎折成两截，按住他的头颅，抓住他的双臂，从背后伸向天空。从那以后，邻居家出奇的安静，两个女孩也很少出门了。从那年夏天开始，街坊间的孩子们也发生了分化，家庭成分好的和成分不好的孩子们，再不在一起玩了，在巷子里碰到，也都不理睬了。

当时，一旦被打成"历史反革命"，瞬间就上升为敌我矛盾，他也由教授变成了阶级敌人，丧失了做人的尊严。除了被批斗，还要进行劳动改造，据说他要负责清扫医院的厕所，后来更变成了清扫整个街道的厕所。

伯伯其后的境遇更坏。不久以后，我已经不复认得那个衣服破旧、牙齿脱尽，整日挂着扫帚站在厕所门口，有人出入就进去打扫一次的老人，就是曾经英俊修挺的伯伯。他已经没有昔日望着我的慈祥微笑，对所有的人弯下腰，不时地用因寒冷和劳作而裂了口子的手抹去鼻涕，眼睛里全是广漠的茫然。那一年他刚满四十岁，生命已经像旧照片一样褪尽了颜色，模糊了。1963年，也许是因为再也无法忍受下去了，他选择了自杀，而那时，我们称之为"自绝于人民、自绝于党"。据说之前他只嘱咐妻子：明天小菜少买一点。

我还记得母亲告诉我伯伯死讯的那天，外面阳光很灿烂，室内衬得有些暗，以致母亲从外面走进来时，我一时没看清她面目。母亲告诉我，伯伯上吊了，又说："不许你欺负他们家妹妹！"当时的风尚可是"对敌人要像严冬一样冷酷无情"啊。据说后来伯伯的妻子躺在床上病了很久，是母亲扶起了她，反复劝慰，要她想长远些，这才慢慢走到阳光下面。

梅的父亲去世后，过了好几天，她都没有出门遛狗，更没有来找我。跟着又是一两个星期，梅都没有再出现。我开始失魂落魄了，总觉得什么地方不对头，吃饭也吃不好，老想着她到底为什么不出门了，是不是生病了？想问问母亲，又不敢，只能每天傍晚的时候，带着"灰兔"做幌子，在她家附近转悠。然后慢慢逛到西山上，流连好一阵，再快快地回家。

后来，我实在忍不下去了，就旁敲侧击地问母亲："她家现在情况还好吗？"母亲摇摇头，说"大的小的都病倒了"。

当时我一听，心里"咯噔"一下，吊了起来。

好在过了几天，梅和小北京犬又出现了。那是一个下午，是她家出事以后我们的第一次见面，快傍晚了，我正在自己房间写东西，突然听见"灰兔"狂吠的声音，紧接着便是她那只小狗的尖叫声。我从桌上抓起一个苹果就冲出了门，看见梅正从暮色中走来。不过当她走到一定距离的时候，就站住了，忧伤地望着我。我走上前去，把苹果递给她，然后说："去西山上看看湖吧？"

梅不出声地点了点头。

还是坐在那块石头上，这一次，她没叫我坐，我自己坐下了，她变得比以前沉默寡言了，突然，她的眼圈开始红了，不一会儿，就哭成了一个泪人。可是，那时的我，因为害怕被人看见，扣上"小资产情调"的帽子，硬是没敢替她擦擦眼泪。只是心好像很是悸痛了一阵，人变得无比慌乱，我简直不记得自己在谁的面前曾这样局促不安。

我只能徒劳地劝她："别哭了，不要流泪啦，看开一点，看远一点，父亲走了，已经是事实，没办法改变，生活还是要继续，我们还是要向前看。"她默默地望着我，点点头，把视线投到远远的咸嘉湖湖面上。

后来还是她自己擦干了眼泪，轻轻顿顿地说道："爸爸去世那天，妈妈的眼都哭红了，她搂着我们哭，说如果不是为了我们这两个孩子，她就活不下去了……"

她停了一会儿，又转身看着我问道："我妈妈说，我们很快就要搬家了，离开这个伤心地，你会记得我这个女孩子吗？"

我也看着她的眼睛，认真地点了点头，说道："我会记得的。"

她又问："那你还会常来这里坐坐吗？"

"会的。"我点点头。

她愣了一会儿，悠悠叹道："那就好。"

说完她冲我点了点头，就起身缓缓离开了。

我一个人坐在那里，想起那第一次聊天，也是在这样一个暮色苍茫的时候，也是在这个地方，那时的梅，是多么甜美活泼啊。

梅的父亲被火化以后草草就地安葬了，她的母亲很快就改嫁了，在她搬家离开的前一天，我们又在西山上见了一次面。

"可惜我们明天就要搬走了，搬到离岳麓山很近的地方，那就看不见咸嘉湖了。"她怅然若失地站在那里，望着山脚下出神，"想到马上就要走了，真的很舍不得这个地方。"

我想，当时在我的脸上，应该也是怅然若失的神情吧，但我还是努力安慰她："嗯，我们还是可以一起玩的，我们可以去岳麓山玩。"我许诺说："我会抽个星期天，去找你的。"

她低下头，我看到她长长的睫毛耷拉着，不禁一阵心痛。

两个人呆呆地站了一会儿，头顶上，很白的云低低飞过，在我们眼前化了。还是她抱着狗，先转身离开，我好像是想过要说一句什么的，却终于什么也没说出来。然后，我就傻傻地看着她的背影离去，心中一阵无所谓疼也无所谓不疼的抽紧。我一个人站在原处，任风吹干我头上的热汗。

再后来的一些日子里，我会一个人走在西山的小道上，特别是当暮色苍茫、炊烟袅袅的时候，就会想起我们一起度过的那些日子，想起第一次见到梅的情景，心里就会涌起一种莫名其妙的感伤，常常会有一种想流泪的感觉。往往在这样的日子，我就会趁晚上的时候，躲在被子里，把她留给我的那本《西厢记》拿出来读一读……

偶然

　　在她搬到岳麓山脚下后，每到休息日，我们常相约一起去爬岳麓山。每次一听到"灰兔"的声音，她就会抱着小狗出来。她很细心，知道我喜欢喝江南那花香袭人、甘芳满口的茉莉香片，每次都泡好，灌在行军壶里，带给我喝。

　　我们上岳麓山，沿山路缓行，清晨的岳麓山极美，茫茫苍苍，似雾似雨又似纱的白云笼罩着一座翠绿的大山，亦真亦幻，美不胜收。如此景致，真是让人心驰神往。

　　"你带了些什么？"登山前，梅兴奋地问我。

　　"没什么，就水和馒头，还有两只苹果。"我拍了拍背上的书包。

　　"我也是。"她一脸灿烂的笑容，"我常常爬岳麓山，和同学一块，既可以欣赏美景，又可以锻炼身体。一举两得呢！"

　　青葱的山、翠碧的树、潺潺的水流。山间隐约有小径上下，我们沿着小道一路前行，绕石穿林，健步而上。我痛快地呼吸着山林清新湿润的纯粹气息，感觉襟怀也轻松开阔起来……

　　路旁林壑幽美、古木参天，在翠竹奇石环绕之间，各种深深浅浅的绿色沿路铺开，青枝绿叶的颜色浓得好像就要流出来，像是专等着人来欣赏一般。山涧泉水叮咚，虫鸟幽鸣。这里的山涧，长年流淌着大股的泉水，涧陡水急，激越地绕着石川而流；水流卷起清风，风里夹杂着清香和甘甜。我和梅贪婪地享受着这一切。

　　峰回路转，别有洞天。抬头四望，轻飘的云雾缠绕在树林缝隙间，远处的山水都笼在一层薄雾里，隐隐约约，深深浅浅。鸟儿的啁啾鸣叫远近传来，仿佛蓬莱仙境一般。我想若是闲居在此山中，坐在亭台中观书弈棋，人闲花落，鸟鸣山空，真胜却天上人间。

　　我和梅好久不见，自然有许多话要说。说说行行，停停歇歇。不久就来到了半山亭。亭台古朴典雅地依着斜坡，点缀着清幽的山谷。再前行不多远，就到了麓山寺观音阁右侧古树环抱的石岩下，著名的白鹤泉了。

　　"呵呵，原来我们走得这么快！梅，我们在白鹤泉边吃点东西吧？"我建议道，不等她答应，就迫不及待地打开随身包裹。

　　梅开心地点点头："嗯，正好可以休息一下，白鹤泉曾被誉为天下第一流的名泉，有'麓山第一芳润'之称，相传还有一对仙鹤常飞到这里饮水，在这样的地方吃东西，才叫做风雅啊！"说着摸了摸书包,"可惜没啥特别好吃的。"

"没事,这最美的景色,已经是'秀色可餐'啦!"我半开玩笑道,梅会意而笑。

在麓山寺后,被古树环抱的白鹤泉大股大股地从泉眼里突突喷涌而出,泉水清澈见底,我们在泉边的石头上坐下来,从书包里翻出食物,津津有味地吃了起来。

"哎,你知不知道,白鹤泉为什么这么清?"我问梅。

"知道啊,它是天水,它这么清亮,是因为整个岳麓山脉和山脉上的植被、厚厚的山泥山石净化了天水,所以它才这么甘甜。"梅流利地回答,说完,还仰头看向山顶,仿佛要验证自己的话,望着满意的绿。

"据说毛主席年青的时候,不管春夏秋冬,坚持在岳麓山锻炼身体,渴了就饮白鹤泉水。"我对白鹤泉兴致正高,继续说起它的掌故来。

"嗯,毛主席读书时特别喜欢上这里来玩。橘子洲头、岳麓峰顶、爱晚亭下、白鹤泉边,常常成为他和同学相邀露宿的地方呢!"梅也直是点头应和,"想象一下,当夜幕降临大地,热血青年围坐在一起,或者高谈阔论,抒发情感,议论时事人生;或者评书读报,交流心得,心忧祖国和民族的前途命运。到深夜,才各自找一个地方,露宿到天明,再互相唤醒,跑回学校去上课。这是怎样一种不羁而又浪漫的革命精神啊!"

我们都相互从对方眼里读到了对那个年代、那些伟人的憧憬,相视间,默契一笑。

我嚼着馒头,不禁有点口渴,不由自主地俯下身去,掬一把清澈如镜的白鹤泉水,入口清冽甘甜。沐浴着山风,喝一口清泉,只觉得一切疲劳和烦恼顿时消失得无影无踪。

"山泉凉,当心喝坏肚子,下面爱晚亭边上有个茶室,白鹤泉水那么清澈,据说,煮开以后,蒸汽盘旋而上如白鹤舞蹈,不如我们去喝杯热茶吧?"梅碰碰我的胳膊。

"好呀!"我欣然应允。

那次,我特别慷慨地要了最好的贡茶君山银针,我想,只有它才最配得上岳麓山上的白鹤清泉。

君山银针的色、香、味、意、形、养,样样俱佳。每片茶叶长短

偶然

一致、粗细均匀，白毫完整，芽身金黄，和绣花针相仿，这大概也是它的名字"银针"的由来吧。

服务员把茶叶放进杯内，用翻滚的开水冲了下去，立即加上盖子，不到两分钟时间，揭去杯盖，只见杯内的茶叶开始徐徐下沉，有的慢慢上升，有的几起几落，好像在杯中"跳舞"，再过几分钟后，茶叶都竖在杯底，好像春笋出土，又好似松针林立，满杯的茶汤杏黄明净，宛如玉液琼浆，馨香扑鼻……我不由好奇地端起茶，慢慢品了一口，滋味甘醇，满口清香，白鹤泉水的风味神韵如同这茶一样浸入我的心底……

从岳麓书院后门穿出，这里两山收缩，形成一条幽静美丽的峡谷，叫清风峡，行到山穷水尽的地方，豁然开朗，只见两口池塘碧绿如玉，池塘的尽头便是凌空欲飞的爱晚亭。它坐西朝东，三面山峦耸翠，红柱飞檐，古朴素雅，我们会在那里并肩坐上一阵，聊聊天。

她会问我："最近还参加排球队训练吗？"

如果正巧和外校打比赛赢了，我告诉她，她会带点崇拜地看着我，然后轻轻叹口气："我爸爸打篮球也打得很好……"

我总是不知道该怎么接话。

我看她瘦了好多，问她："是不是学习太辛苦了。"

我知道那时她在师院附中读书，那是一所重点中学。她咬咬嘴唇，摇摇头。我很想告诉她，要是她再这么瘦下去，我会很担心，但我说不出"担心"两个字，只点点头。

过了一会儿，她又会凝视着地上的石头幽幽地说："爱晚亭，这里的石头和西山的石头一样呢。"

我就跟着她看那左右溪涧环绕，前后怪石嶙峋的半亩如镜方塘，林荫葳蕤，倒影在水中，池中有金红色的鲤鱼数尾，游荡碧水中。那活泼泼的锦鲤，似乎就在林荫中穿梭了。

她看着那满池的鱼，似乎看呆了，一会又说，"那时在山上看咸嘉湖，也知道湖里有很多鱼，但离得太远了。现在在这里看，好近啊。"

她看起来那样忧郁，我只好随便问些不痛不痒的问题，比如，学校里一切还好吗？读书还好吗？妹妹好吗？她会一直点头，说"都好"，只是她那美丽如画的妈妈，身体一直不好，病恹恹的。

1964年，我初二了，父亲又被调回总工会，我们家也随之又搬回了民主东街。因为学业紧张，课外活动又多，去岳麓山下她的学校看她的机会也越来越少了。其实，无论是与自然的亲密无间，还是与人的友好交际，都是缘。而缘起缘生，承载一切的，归根结底，是那片厚重而神奇的土地——长沙。记得那次我带了几斤水果，拜托一位同学去把她叫出来，她远远走来，黑黑的头发衬在红色的毛衣上，皮肤白皙得耀眼，只觉得她的美简直鹤立鸡群，不可方物。

她也来我学校看过我一次，那次我正好在操场上打排球，就有那么巧，球滚到了她脚下，她手里拿着那个排球走到我跟前，把球递给我，笑了笑。

我接了球，一扬手扔进场内，问她："你怎么跑这里来了？"

她看着我，带点歉意地笑着："路过这里，我这就走。"

队友们在急不可耐地叫我："快来，等着你发球呢！"等我一场球打完，看她，还乖乖静静地抱膝坐在场边呢。那副样子，让人怦然心动。

1964年、1965年，运动开始多了起来，我只抽空看过她两次，再去问，说是被当做"可以教育好的子女"，已经下放到了农村。

听说后来她父亲被平反，但她已经嫁在了农村，再也没离开。听她妹妹说，她其实是个外柔内刚、极好强的人，在农村的表现很好，一不怕苦，二不怕死，时时处处不落人后。

我再没有见到过她，她的皓齿艳唇、爱笑、爱动、矫健的身影，他们一家的故事，终于消逝在了尘烟里。

很多年后，我想起她，就会想起站在树下等待的自己，想起那个抱着小狗，姗姗地从暮色中走来的女孩。

梅

梅傲何碍润花美，
无奈早春回。
怨在孤单寒中魅，
洽是天高，
山问江水。

嘉陵峨眉重叠翠，
东坡忘情醉。

偶然

牵手爱晚白鹤飞,
悠悠剑溃,
鸦点杜鹃随。

　　那个时候,未必懂得何谓情生、何谓意动,也许只是在面对一个柔弱的女孩时一种本能的要保护她的冲动,虽然我的一副肩膀当时也不能算是坚强,却多么希望可以为这女孩撑起一方晴空。当生活的巨大变故倏忽而至,我只想可以挡在她身前,使她看不见悲伤,仍旧笑颜如花。每次神思至此,心中便升腾起一种凄楚,在蓦然回首的回忆里则更加笼上一种凄凉。它在红烛摇曳间,在江河云低下,在白头僧庐中,在一颗感伤的心灵的上空缭绕升腾,若即若离,挥之不去。

　　老子说:"天道无亲,恒与善人。"意思是说,善良的人因为有简单的信仰,不动摇,不放弃,自然会被大道青睐。但是,当时那个特异的社会时空却将这一切狠狠撕裂,掷到一边。

　　看遍世态炎凉,阅尽社会变迁,多年之后的今天,我再念及咸嘉湖畔的女孩,已经不会再去追问造成这悲惨命运的始作俑者,只有那年少时转瞬即逝的情怀,一点一滴地凝结、扩散,萧瑟如古道渐凉的西风,凄美似秋日欲颓的残阳,永远注定是一种在时光打磨和世事变迁中潜滋暗长的感伤。

　　多年漂泊岁月,年少时的记忆却日渐清晰,无论是桑叔还是女孩,每每忆及,都是一番沧桑感受充溢心头。小时候以为,沧桑不过是迁客谪宦们在风吹雨打下黯然绽放的笔墨文章,不过是凌云志难遂者艰辛跋涉里怅然流淌的思乡之情,不过是四海漂泊者在经年的风霜中凝成的几分愁绪和几番浮沉。时至今日,才能清晰地体会到沧桑深处,有着几许人情世态看透的倦怠,几许忧古思今的感慨,也有几许云深不知来处的彷徨和几许感伤醇美的意境。

　　少时的回忆,似乎永远都成了一种酸涩之外的凄美,然而,我固执地以为这种情怀都是一种哀而不伤的个性,在困顿中透着一种九死无悔的坚韧,在无奈中透着一种始终不渝的奋进与抗争。不光在少年时的我心中流淌,也在许多感伤的灵魂中缓缓地飘动,尽管无尽的忧伤淹没着他们的心灵,然而一种柔软而坚韧的信念都一直存在,我一直抱定这信念,即使是在天翻地覆的变动成为生活里的不速之客时,这种信念也从未动摇过。

作者童年岁月中美丽的咸嘉湖

古老的咸嘉湖桥

偶然

湘江垂钓

湘江古色一角

湘江竹排一角

湘春街的一角

偶然

岳麓山云麓峰石碑

岳麓山上麓山寺

岳麓山上白鹤泉

长沙市民主东街(作者生长的地方)

偶然

如今的麓山路

距湘春街不远的开福寺

第四章 偶然遇狂热：峥嵘岁月
——中学"文革"年代

宁静让人间美好，宁静是大自然恩赐的福分。而狂风持续，波涛汹涌，则是人间之灾难。从咸嘉湖的宁静突然步入1966年的动荡，让十几岁的我看到和感觉到人与人斗争的无限残酷，让我过早地看到了这个世界多变和丑陋的一面。在那些山河变色的无因无由的日子里，我甚至差一点魂断火车北站，与人间永别。

但是，偶然就是偶然，那偶然之间的机缘之中有个好心人，把我拉回到"活"的天地里，让我死里逃生，感悟了那九死一生的滋味，大难不死的心悸与苦涩，还有死后余生那种希望的甘甜。

对我而言，那是一个怎样的开始呢？如果非要找出一个原点，那应当是1966年6月，我们正在长沙西北方的靖港乡参加农村水稻双抢，突然公社广播里传来了中央领导的讲话。

就这样，"文化大革命"开始了，我们从靖港回到学校，开始了史无前例的这场运动。

孟子说："故天将降大任于斯人也，必先苦其心志，劳其筋骨，饿其体肤，空乏其身，行拂乱其所为，所以动心忍性，增益其所不能。人恒过，然后能改。困于心，衡于虑，而后作。征于色，发于声，而后喻。"为什么儒家教人跌宕之后一定要担大任呢？跌宕起伏，倍感风险，经受考验是成长的必需，不担大任，担小任难道不可以吗？无声无息不可以吗？隐姓埋名普度众生不是更潇洒轻松吗？

第一节 靖港双抢农忙天

"双抢"指的是在炎热的夏季抢收抢种，收割早稻，抢栽晚稻。

偶然

是季节性的农活,也是那个年代最苦最累的农活,身在其中的人们,体力的透支几乎到了极限,但也透着播种收割的无限劳动欢欣。

少年时代的"双抢",是暑假、是毒辣的阳光下,一群只穿短裤、皮肤黧黑的孩子逡巡在村庄的角角落落,变换着各种玩法的时光。咸嘉湖边的水田里,桑叔桑嫂忙着抢收抢种,而帮不上什么忙的我,就和小伙伴忘乎所以地玩。

有时候,为全家的晚餐挣"和饭",如水牛一般,整日地悠在河里,掏蟹洞、摸螺蛳、河蚌;会划着小划船,到咸嘉湖的水草下去抖虾米;也在水田里追逐摔打,不到短裤湿透、满身是泥不罢休。

有时候,听话一点,会和小伙伴一起给乡亲们送茶和点心。一般都是冷饭加腐乳,有时候,会买一些糖油粑粑等糕点。我们用篮装好,盖上毛巾,戴上草帽,踏着狭窄的田埂,在阔大、辽远的田野上,寻找劳动的那块田坂。

在洞庭湖—咸嘉湖这一带,乡亲们通常把木头做成一种四角形的扮桶。有力气大的,用肩膀"吭哧吭哧"地扛着放到自家的地头,在太阳还没有出来的时候,家里的大人和小孩用镰刀割翻了好大一片早稻,稻穗整齐地排列组合,一束一束的,看上去煞是美丽。

在家里为主劳力的,就是一脸黝黑、为夫为爹的那个,操一把稻穗,狠狠地向扮桶摔击,那咚咚的声音传出去好远,远得乡村的天空透不过气来。汗水已经把衣服全部打湿了,沾衣沾背地不爽。索性把衣服三下两下地脱下来,我们看到了那古铜色的肌体,喷发一种坚韧。

做堂客的,边给男人递着稻穗,边细心地捡起掉落的禾线子,争取颗粒归仓。家里的老妈妈在做饭,那炊烟缭绕处,是晒干的新稻草飘出的亲情。往灶膛里添过一把新草的老妈妈,战战兢兢拿起耙谷的耙子,去毒日头底下翻晒儿子挑回的新谷。篱笆旁边,一只骨瘦如柴的黑狗,伸长舌头呼呼地无可奈何。酷暑的热,却藏着劳动丰收的快乐。

老话说得好:"小暑吃水,大暑吃谷。小暑南风十八朝,晒得南山竹叶焦。"

"双抢"的日子正是一年当中最热的日子。我的父母,虽然不用在烈日下劳作,也会常常感叹"好汉不挣六月钿啊",说明了"双抢"之苦。但是,不经历"双抢",就不能感受到劳动的伟大和崇高,不会深刻理解"粒粒皆辛苦"的含义,我为自己曾经有过这份经历而感到自豪。

　　"文革"刚开始时，我和同学们正在帮农，在距长沙大约一小时船程，相传为曾国藩练兵之地的靖港"双抢"。靖港其实是湘江上的一个半岛，但看起来，胜似全岛，它离洞庭湖咫尺之遥，是洞庭湖到湘江往长沙走的一个要塞，曾是三湘物资集散的繁荣商埠，美名"小汉口"。

　　为何曰"靖"？

　　据清顺治年间《长沙县志》记载："唐李靖驻兵于此，军令严整，秋毫无犯，百姓德之，名其水曰靖港，以志不忘。"原来，靖港是有着上千年水运历史的港湾和商埠，日有千人作揖，夜有万盏灯移，船去船来繁盛，月浩鱼虾风起。

　　在这个"中国历史文化名镇"，现在我们能看到明月湘江，看到小家碧玉，看到青花瓷坛，看到犹如历史脉络般麻石铺就的街道，而在四十多年前，我们初中学生从长沙城里到望城的靖港搞"双抢"，要自己背上一张席子、一条毯子、一个小枕头、一条毛巾被打成的背包，从长沙码头坐上一个小时船，再排着队步行一会才能到。当时的靖港镇，百十来间旧房子，一条麻石街道，一阵风就走过去了。

　　"帮农"是中学很好的传统，学生与农户一对一地帮助，我们帮农民收获和播种，在此过程中我们也得到锻炼，识得农家劳作之苦，体味那盘中餐的粒粒来之不易。这对我们的一生都有很大裨益。

　　靖港是以栽种水稻为主，可想而知，"双抢"任务是何等重了。

　　那时，轻活重活全是学生自己干，蛮锻炼人的，我干过拔秧、捆秧、抛秧、插秧、割禾、扮禾挑谷、挑粪、挑柴等农活。割禾时我割伤过自己的小指。扮禾时，手臂内侧被禾磨烂，血红血红的，好痛。

　　"双抢"中最累的就要数割稻、插秧了。在那灼灼的烈日下，大家弯着腰，低着头，挥汗如雨，望望遥不可及的地头，沉闷而丧气。一不小心，锋利的镰刀会割破手指，简单地撒尿消毒后，缠上布条，继续蜗行。插秧，得两腿居中，每六株一行，每株秧得粗细均匀，小半手指过泥为宜。行与行要平整，列与列要对齐。我腿比较粗，身体比较重，脚印也比较大，再加上自己不够用心，所以，插的秧如水蛇腰，歪歪扭扭，而且，往往是"插秧在最前边，割稻在最后面"。这是非常常见的景象。

偶然

每天，我们同村民们一样，像是投入到一场紧张的战斗。

天刚蒙蒙亮，约莫五点多钟，就起床，到秧田里拔秧，回来吃过早饭后，就到田里去插秧。得头顶烈日，冒着汗，戴着草帽，底下却又被水烤着。因为每每到了这个季节，水田里的水温就渐渐地烫起来，蚊虫萦绕，吸血的蚂蟥不断地爬满小腿，特别是天快要下雨的时候，蚂蟥特别多。但是为了抢收抢种，就是下雨，也要冒雨插稻。

记得蚂蟥第一次吸住我的腿时，我吓得在稻田里一蹦三尺高，一个劲地拍打它，却怎么也打不下来，无奈下就用手去拽，结果是越拽吸得越深。血顺着腿向下流。"啪啪"的拍打声引起了满田人的大笑。

旁边的村民告诉我："别用手拽它，用手里的秧苗蹭下来。"我一试，果然灵验。后来，每逢蚂蟥吸血，我不再害怕，找个树枝、草棒什么的把它蹭下来，但它们叮住吸血的痒痛感至今忘不了，想起来还有些瘆人。

这插秧既是体力活，也是个技术活儿，看似简单，实质充满了学问和窍门。插秧开始的第一天，队长把我们几个交给一位妇女，让她安排我们与妇女们一起插秧，我们到了地里后，先学习出秧。我们学着她们的样子，拿起一把秧放在左手的手心里，然后用左手的拇指和食指把秧顶出，果然出来了一小撮秧，这样又反复做了几次，渐渐地学会了出秧。

学会了出秧，就开始学插秧。左手拿秧把分秧，右手的中指与食指夹住秧苗，将秧插到泥里，大拇指不能参与夹秧插秧，否则秧苗会歪倒浮在水面上。我用左手出了一撮秧，右手往里插。

可是一插，秧苗全散开了，她们看见了便说："插得太浅了。"我一听，把秧苗从泥里拔了出来，又重新插，可是这次只剩个小秧苗尖在上面露着。没等她们说，我就知道插深了。于是，我又拔了出来，终于第三次插得不深不浅，秧苗直直地立在那里。

练习几次后，我们都站在耙好的水田里，一字儿排开阵，插得快的在左手第一位领头趟。她们一人带一人，将我们几个学生分别夹在中间，两边都是插秧高手，我们插秧才不至于从南歪到东，从北歪到西。

插秧开始，男社员打头阵冲锋在前，女社员不甘示弱急起直追，他们龙争虎斗，把我们这些学生扔得远远的，直让我们急得脸红心跳。尽管如此，我们毫不气馁，一步一个脚印地学插秧，我们插的田块南北长度不足一百米，一上午插一趟秧，还是在社员们的帮助下才插完的，可我们已累得直不起腰来了。下午，上工的哨声响过，我们这些新"农民"硬着头皮，又加入了插秧行列。

插秧要靠真功夫，不仅要求速度快，而且株距和行距都不能打弯，一趟插六棵秧，双脚拉开一定距离，从前往后退，而且双脚只能在泥里拖，如果拔脚倒走，行距肯定保持不了笔直平行。这些都不是一日之功，非长久底子打下的基础不可。插下的秧苗要横平竖直，后面的人则紧跟其后，不然，一旦落在后面，面子上难堪不说，想撵上都难。

开始时，我很羡慕那个领头趟的村民，心想自己什么时候能学得像她一样。只见她拱背弯腰，左手抱苗，右手捏住几棵稻苗快而稳地将其插入水田中，从左到右，一排插满再插一排，倒退而行，动作娴熟、又稳又快。

起初我还有点手忙脚乱，只能尽量紧跟他们，保证速度，不掉队，眼睛直盯着跟前的秧苗，两腿迅速地向后移动（这与当今在工厂流水线上的作业似乎有点相像），也不管插得好不好。

没过多久，我插下的秧苗居然也挺像那么回事儿了，受到了社员们的夸奖。我大受鼓舞，更卖劲地插起来。再到后来，我都可以领头趟了。

我排在第一，插得也很直，一亩地那么长的趟子，弯着腰，头也不抬地插到底。后边的同学跟着我，唯我"马首是瞻"，我快，他们就快，我慢，他们也慢，有一种很自豪的感觉。

大家低头弯腰，左手握秧把，右手"刷刷刷"地在水面上飞舞，不一会儿，只见白茫茫的水田里，一片片绿油油的秧苗充满生机地"立正"在了稻田上。

一路秧苗插完，可以登上田埂伸一伸酸痛的腰背。站起来的那一刻，突然发现能伸直腰站着，是件多么幸福的事啊！

刚开始那几天，每天都头晕脚软的，连换衣服洗澡的力气都没有，后来也就渐渐习惯成自然了。

插秧虽不花费什么力气，腰却极易累得酸疼，但这时万不可立起休息，一旦有了第一次，停下歇歇的欲望便会如深沟大壑，再难填满，分人心神，扯人后腿，渐渐就会落在人后。

215

偶然

所以，我总是弯着腰一鼓作气，将一畦插完才站直休息，中间只是咬牙坚持，免得再而衰、三而竭、终于意志溃败。而将注意力集中到插秧上后，一心所念唯在于此，眼界之中不见其他，慢慢地也就习惯起来，浑然不觉其累。所以我最喜欢插秧，虽然腰痛，但我插得齐和快，在同学们组织的插秧比赛中常常拔得头筹。

插秧的那些日子里，"面朝黄土背朝天"，从天不亮直插到太阳落山才收工，在田里要干上十几个小时。我们这些从没干过重活的学生，也不知靠着什么硬是撑了下来。如果有人问我，插队时什么活最累，我一定毫不犹豫地回答："插秧！"

但意志在磨练中坚强，插队经历培养了我吃苦耐劳和坚韧不拔的精神，使我在以后的生活道路上，受益匪浅。

很多年后，我偶然读到一首有关插秧的诗：

手把稻秧插满田，

低头便见水中天。

六根清净方为道，

退步原来是向前。

想起当年情景，心中顿时涌起难以名状的况味，不由得感慨，果然青山翠竹无非般若，生活种种皆可参禅。

收割稻谷的活儿也很累。一块田的稻子割光了，腰也伸不直了，小腿上的皮肤被太阳晒得脱了皮，每天收工时，被汗水湿透的衣服没有一处是干的。由于田里有水，所以要边割边把稻子抱起分堆，全是稀泥的稻子，抱起行走是很困难的，搞得全身是泥。

刚开始，我喜欢抱起稻子跑，村民提醒我："不要跑那么快，等下就没力了，还怎么打稻子！悠着点哦。"

所谓打稻子，就是围着方方的打谷桶，双手抱起一把稻谷，高高地举起，重重地往桶壁上摔下去，如此一来，饱满的稻谷就散落到桶里面了。待到桶里稻谷快满的时候，用箩筐装满稻谷，再一人一肩地挑起足有两百多斤重的担子，往生产队的晒谷场送。有的则用长长的八九公分粗的圆竹竿挑起垒捆起来的稻谷秸秆（也足有两三百斤重，但是体量更大了），往集中堆放的田块里送，一路上洒下劳动丰收的喜悦汗水。这些秸秆是生产队集体圈养的耕牛过冬的辅粮。

惟有偶尔的夏日午后，最怕突然来的雷阵雨。天才刚刚暗了一暗，呼的一下就起风了。雷声开道，轰轰烈烈，突如其来一场雷阵雨，像水一样泼下来的时候，我们会从田里逃起，去不远处的农民家躲上一会儿雨。

那禾场坪里还晒着稻谷呢，老妈妈是断然收拢不赢的。只看见乡间羊肠小道上，是奔跑的农民，头上的斗笠掉了，懒得管它呢，不要急坏了晒谷的老妈妈。

紧赶慢赶还是打湿了一些稻谷，这时，老天爷像是在开玩笑，哄地一下又出太阳，那毒辣劲比刚才还恶了几分。骂一句，你这个狗日的天，可忙坏老子了；马上又呸呸两声，我的个天爹爹呀，还靠着你有个好收成呢。

空闲下来，我们也会在农民家的农田屋后种些菜。用木棍、竹枝之类扎上藤架，栽上扁豆、丝瓜之类，有时候晚上吃完晚饭，就挑水挑粪，猪粪兑上点水，给小白菜、丝瓜、毛豆施肥，给它们配好土。绿绿的藤蔓一直攀援到屋顶，把农家的韵味推举到极致。

"双抢"一般要持续半个月。那段生活虽然又苦又累，腰都酸得直不起来，腿晒得全部脱皮，人瘦了整整一圈，但回忆起来，却让我觉得很是温馨、开心。

那时我们一个班有四十多人，我是团支部书记，也是班主席，我们一个班都在一个生产队里。当时下乡劳动，是去帮助那个生产队里的那些孤寡老人，或者劳动力少的家庭"帮扶互助"。

记得我们曾经帮过这样一户人家：一个老头，儿子去世了，媳妇带着一个小孩，还有一个老伴，没有劳动力。我们就像今天的志愿者一样，跟生产队好说歹说，借了一头老黄牛，可是牛有了，接下来应该怎么做，我们都没有头绪。

这时，生产队里走过来一名汉子，只见他肩上一个牛轭子，带着后面的犁，卷起翻飞的泥。扶犁的汉子嘘嘘地催牛儿快快地走，不要耽搁了农时，误了下莳的农事。黄牛儿累不动了，就地翻滚在水田里，任汉子喊破喉咙也不起来，还用那长长的尾巴甩汉子一身一脸的泥浆。

汉子无奈地把牛儿牵到一口水塘，水塘边一棵浓浓的垂柳，有一片暗暗的树荫。黄牛呀黄牛，你就好好地吃些新鲜的稻草，好好地在水塘里打几个滚。安顿好牛，汉子端起一个缺了一个口的包壶，咕咚

偶然

咕咚喝下一气凉水，最后还顺路抽一支劣质的香烟，一路渺渺去秧田里扯秧。

我们在一边看着，也学着汉子的样子，肩起一个牛轭子，带着后面的犁，开始做起剩下的活计。很快也就做得顺手了。

这样的日子，身体上的疲惫是可想而知的，一年里只怕至少都是要坚持熬过多半个来月的，那真是性命攸关的大半个月。让人想起，总有不寒而栗的感觉。好在现在已经大部分实现机械化了：收割用的是收割机，插秧也改进成抛秧或者是撒播。

但那毒日头还在，稻谷还是要晒干，那些农活还是要人工去运作的。当然，那汗水还是要继续地流。

"双抢"的时候，学校不设食堂，我们都被安排在农民家吃饭，家家户户轮流派饭。因为干活干得累了，饭就吃得格外香。平时只能吃一小碗的，那会儿都能吃下一大碗，就点儿简简单单的咸菜下饭，喝几口开水，那滋味就是极美的了。

米是刚刚收割完新打的，大家也许并不知道，长沙土产谷米就被称作"靖港米"，饭质适口无砂砾，清代即盛名远扬。清朝、民国时期，靖港米已经远销南京、上海等地。所以，当时的长沙学生帮农，一般都去这"湖南四大米市之一"的靖港。

那里有一望无际的万顷良田，那里用新米煮成的米饭也格外好吃，嚼着新米饭，嘴里浸着几丝独有的余香，心里充满了喜悦，因为咀嚼的是一种付出后的回报。

菜虽然简单，但也十分下饭。煎辣椒，就是我最爱吃的一道菜。

乡亲们往往选肉厚、个大的青椒为原料，去蒂洗净，放入烧红的锅中翻煸，待水干、皮黄、锅底冒烟之后转中火（那时家家缺油，做的都是这种红锅子菜），数分钟之后黄皮开始泛白，青椒开始泛香，再将火调至文火，放适量的盐，用铲捣至椒成丝成块，最后加点蒜末、豆豉煸炒一回出锅，绵软又香辣。写到这里，我仿佛都闻到了香味，馋虫又被勾起。

有的老乡手巧，一根瓠子也能整出两盘菜来，一盘极其简单的清炒瓠子，一盘豉香瓠子皮。

清炒瓠子，将瓠子皮洗净切丝，瓠子肉切条，热锅，倒入瓠子，不断翻炒至柔软，起锅前放点盐就行了，清甜可口；豉香瓠子皮，只需放入瓠子皮辣椒丁豆豉爆炒，出锅时加盐调好口味即可，很脆且爽口。有的老乡见我们辛苦，还做炒鸡蛋给我们吃，再加一个汤，搁点辣椒，搁点青菜。

夏夜，一群人端着饭碗在院中边吃边絮絮叨叨，听草虫低鸣，偶合流萤飞舞，这便是一天当中最惬意的时刻了。吃完之后，一身大汗，这时拿个盆接了水，冲个澡，只觉浑身舒爽，汗也出的痛快。

往往等大家吃完晚饭，夜幕已经降临，太阳在西边，西边皆是水，夕阳落下去，一水的金光粼粼，看得人痴恍。伴着落日夕阳，余晖潇洒，遥望远山如黛，江水在斜阳的照射下"半江瑟瑟半江红"。偶尔江面上飘来了一队渔船，江上的舟客喊几句号子，唱几句嘹亮的渔歌，隐隐约约断断续续，裹在风里飞向天际，唱的可是那《渔光曲》？虽然听不分明唱的是什么，但却感到了生机与活力。

渐渐近了，那悦耳的渔歌，就像奔腾不息的湘江水，不断从耳边传来，"只要我俩齐努力哟，生活就会苦变甜。"这真是最朴实的真理啊！他们凭着一条船，逐水而居到处为家，"万里碧波千帆尽，乘风破浪戏鱼龙。"在劳作中赢得收获。江面越来越宽，但平静与安详却依然如故，只有一只不安分的鱼鹰掠过水面，划出了一道波纹向一旁荡去，一层、一层……

"水边幽禽聚远沙，岸边禾黍伴蒹葭，看无限野草闲花，江山如画。斜阳渡，群山暮，倦鸟归巢绕芳树，风儿清，水儿清，皋陌微风入袖中。"

在这稼穑劳作之余欣赏一下黄昏落日的情景，倒也别具一番风味。

"山静似太古，日长如小年。"渐渐，静谧的夜色笼了一切，然而月亮一出，深色的天幕就淡去了，就像主角的出场让我们忽略了背景一样。月光穿透夜晚凉爽的空气直抵地面，人们就在这个时候，惬意地手摇扇子，沐浴在如水的月光里。

此时，整个村子都在月色朦胧中变得温柔起来。看月亮升起，浩瀚的银河横贯苍穹，群星时隐时现，于是这条天河便烟波浩渺，水雾朦胧。野花淡雅的清香随风飘来，混和着泥土的气息。

万籁静寂，只有思想之舟在悄悄漫溯，淡去一切世俗的光环，让我们的心灵得到一次彻底的涤荡。

当人们都从田畈里撤退，鸡鸭进了各自的笼子，知了的嘴巴一张张闭上，夜幕也渐渐降下后，大家就懒洋洋地坐下来，一起唱歌，或者是去请"见多识广"、腹笥宽博的老胡子爷爷给大家讲述那些在岁月的积淀中流传下来的如烟往事和奇闻轶事。

讲得最多的当然还是与靖港相关的儿女风流。有一位张爷爷，是当地的一代"家长"，已过耄耋之年，据说平时就爱给村子里的孩子们讲故事。可以说，村子里的年轻人都是听着这些故事长大的。

他特别喜欢讲述从他父亲那里听来的关于那个令毛泽东"独服"的晚清名臣曾国藩的诸般事迹，对我尤其具有吸引力。

他会如此这般绘声绘色地讲道：

"这个曾国藩，小时候，也像现在的同学们一样，要读书，要考试，当然，也要背课文啦。一天夜里，他又在做这样的功课。手捧一篇文章，摇头晃脑地念呀念。

"时间悄悄流逝，眼看夜色越来越深，天上的月亮都被云儿遮住了，小油灯一闪一闪地昏昏欲睡，曾国藩依然没有背会那篇文章。这可气坏了一个人！那人躲在屋檐下，蘸湿手指头，捅破窗户纸，睁一只眼闭一只眼瞄着屋里的曾国藩，已经很长很长时间了！他一直在等待，等待曾国藩背会文章翻身上床呼呼大睡，自己便可入室偷盗。"

"哦，原来是一个贼呀！"同学们恍然大悟。

不过，接下来张爷爷讲述的情节真是富有戏剧色彩：

"贼人终于等不得了，忍无可忍，跳将出来，愤怒地对曾国藩说：'这种水平读什么书？'然后把那篇文章从头至尾背诵一遍，扬长而去。"

"这个贼也太聪明了吧？"马上有同学"质疑"起来。

夜幕下，田埂旁，一群小孩围坐在张爷爷身旁。月牙儿洒下皎洁的光，悠闲听故事的氛围愈发浓起来了。

"是啊，"张爷爷点点头，"是有点夸张。但是，让我们从另外一个角度想一想吧，它告诉我们的其实是一个老生常谈却常谈常新的道理，即一分耕耘一分收获，勤奋永远无敌。"

听到这里，大家都沉默了，虽然曾国藩年少时天分并不突出，但后来多厉害！到底还是勤奋创造了奇迹啊。

而曾国藩靖港大败的事，也是张爷爷津津乐道的。

大家听得心痒痒，一个劲儿地追问："后来呢？"

"后来怎么样,曾国藩最后打败太平军了吗?"

"张爷爷,你快点说嘛!"

一声声追问,把整个气氛都推向了高潮。田埂边,青蛙叫、虫儿鸣,还有凉风淡淡吹来。张爷爷的"故事会"渐入佳境了。

大家围坐在老人身边,略带着焦急的语气,请求他快点把故事讲完。这位张爷爷头发虽然花白,但仍然精神矍铄,只见他拿起身边的茶壶,慢慢地啜了一口,看着我们渴望的神色,才慢慢悠悠地说道:

"曾国藩是从我们湖南一个偏僻的小山村以一介书生入京赴考的,中进士留京师后十年七迁,连升十级,三十七岁任礼部侍郎,官至二品。紧接着因母丧返乡,恰逢太平天国巨澜横扫湘湖大地,他因势在家乡拉起了一支特别的民兵队伍——湘军,历尽艰辛为清王朝平定了太平天国运动,因此被封为一等勇毅侯,成为清代以文人而封武侯的第一人,后历任两江总督、直隶总督,官居一品,死后被谥'文正'。曾国藩还培养出一代名臣李鸿章,创办了中国第一个近代军事工业企业'安庆军械所',开创了送幼童去国外留洋学习先进技术的先河。

"尽管曾国藩的一生没有跳出封建社会的历史局限性,他倾尽毕生精力维护的清王朝也在不久后走向了灭亡,但是他身上众多优秀的意志品质仍然值得我们借鉴和学习,尤其是他的恒心和毅力。"

我们听得一俯一仰,张爷爷见状乐了,呷了口水,才接着道:

"曾国藩创办湘军,将队伍做大做强不是一帆风顺的过程,其中所经历的困难、艰辛和耻辱只有他自己清楚。曾国藩于衡阳出师后不久,在靖港与太平军激战,结果湘军水师全军覆没。曾国藩颜面尽失,竟两次投水自尽,被部属救起。'靖港水战'成为曾国藩人生的转折点,随后湖南军政两界对其百般讥讽和掣肘,使得曾国藩心灰意冷,萌生退意,在得到左宗棠的当头棒喝后,才重新燃起战斗的勇气。后来他在那里苦练水军,'靖港'也因此名扬天下。"

张爷爷讲到这里,口渴了,又喝了一口茶。我们静静地等他喝完茶,于是眼睛直勾勾地看着他,准备听下面的故事。可他喝完一口茶之后,吧嗒了一下嘴,又喝了第二口茶,然后是第三口茶、第四口茶……

一个同学看着张爷爷一直喝着茶,他也舔了下嘴唇,轻轻地问道:"张爷爷,后来呢?"

"后来?什么后来?"他故意卖起关子。

我也是忍不住地追问:"就是曾国藩呀,他后来是不是就一帆风顺了?"

"哦,你是说这个后来呀,你想知道吗?"张爷爷反问道。

"嗯,我想知道。太想知道啦!"同学们一个个紧着回答,还生怕回答晚了。

"那你们都想知道喽?"张爷爷又问我们。

"嗯",我们一个个忙点头。

月上树梢头,稻田阵阵香。我们坐得有些乏了,起身换换姿势,踢踢腿、伸伸懒腰,接着等张爷爷的下文。

张爷爷好像很满意我们的回答,点了点头,慢慢悠悠地说:"想知道曾国藩后来的事呀,"说着还故意停了一下,看了看我们一个个渴望的样子,才说道:"你们明天晚上再来听吧!"

"啊,张爷爷不呀!"我们立时着急起来,慌不迭地嚷嚷起来。

"张爷爷你就说吧,怎么能讲到这里就不讲了呢,我们很想听呢。"

我们都像热锅上的蚂蚁,急得团团转。

张爷爷很是受用我们那副猴急的样儿,这才点点头,于是,故事又开始继续下去了:

"直到曾国藩攻下武汉城,京师和湖南官场才对他的态度有所改观。短暂的胜利后,曾国藩带领湘军来到江西作战,从咸丰五年到咸丰十年这五六年的时间里,他在江西、安徽一带的军事行动一直停滞不前。这期间,江西官场对曾国藩始终抱有不信任和排斥的态度,与此同时,湖南左宗棠也与曾国藩因政见不同交恶,朝廷因曾国藩手握重兵而心存顾虑,派满人多隆阿领军前来配合作战,实则进行监视。随后,曾国藩三次败在石达开手下,他再一次投水自杀未遂,兵败之后朝廷对此不闻不问,就这样被朝廷冷落了一年多。内忧外困使得曾国藩得了严重的神经官能症,加上老毛病牛皮癣又犯了,每天奇痒难眠,茶饭不香,五十岁不到的人,连豆腐块大小的字都看不清,随时都可能病死。面对这一切,曾国藩用湖南乡下俗语激励自己:'好汉打脱牙齿和血吞'。他将一切痛苦深深地埋在心里,独自承担。"

张爷爷沉了口气，让一个同学给自己剥开一颗果仁，放嘴里嚼了嚼，才把最好听的一段娓娓道来：

"最为精彩的是有一次幕僚给朝廷拟奏折说湘军'屡战屡败'，曾国藩提起笔来，将'战''败'两字易了一个位置，变为'屡败屡战'。这一字之易，体现了一个截然不同的精神气概：决不屈服，决不退缩，不达目的誓不罢休。这种信念正是支撑曾国藩勇敢走下去直到最后胜利的精神支柱，也是曾国藩品质的精髓。

"曾国藩能够做到屡败屡战，其'恒'的根源在于自己的内在素质，包括待人接物、修身养性等等。俗话说，小中见大，见微知著，曾国藩为自己写了一册《治心经》，坚持每天写日记，在日记中反省当天的言行，每当做的与册中不同时，便检讨自己的过失。期间他也因为没有能够坚持自己的计划而懊恼过，也面临各种诱惑动心过，但是他逐渐明白，要想成为一个有'恒'的人，就必须做到'慎独'、'克己'。他时常勉励自己：'从前种种譬如昨日死，以后种种譬如今日生。'也因此将自己的号改为涤生，意为洗涤过去，获得重生。就这样经过多年的磨练，曾国藩的性格逐渐变得完善。其实这世界上没有什么事能够一步成功，曾国藩的'恒'其实是从无恒到有恒的艰辛历程。

"曾国藩的一生都在践行着'恒'的精神。在战场上他出生入死、屡败屡战；在生活上勤俭朴素，身体力行；在学业上他孜孜不倦，笔耕不辍。因此也成就了那个建树丰功伟业，被后人誉为道德榜样，留下洋洋洒洒数十万言《曾文正公全集》的一代名臣。"

说到最后，张爷爷往往会引用曾国藩的话说：

"美服可以没有，佳肴可以没有，华宅可以没有，但不能没有书。你们啊，应该捧起的是书本，多看好书，书中自有黄金屋啊！"

"养天地正气，法古今完人。"每每听到这些故事，我心中总会飞扬起一丝飘逸徜徉的感觉，有一种说不出的兴奋和愉悦。

故事讲完，我们就在禾场歇息。农家的禾场，宽敞，比房屋占的地盘都要大上几倍。一年四季，棉花、稻谷、黄豆，常在这里暴晒。夜幕很深的时候，蚊子就来了。漫天飞舞，几千只，几万只，黑压压一团一团的，那些蚊子会跟着人的脑袋走，也许是因为人的脑袋上有热气？

偶然

　　总之，每一个人头上全是蚊子盘旋，小小的，花翅膀，那可不是一只两只蚊子，而是一群蚊子在头顶上嗡嗡嘤嘤。我们就拿上脸盆，里面抹上肥皂去网蚊子，一网就是一脸盆。

　　网完以后，挖一个土坑，把这些蚊子埋了，然后再涂上，继续网。临睡前，我们会在禾场的一角燃起一捆稻草熏蚊子，这是老百姓从生活中发明的土法子。烟雾缭绕，估计别人都不习惯，可我很喜欢，因为烟雾散去后整个透着一股干爽劲。

　　如是折腾一番，就该睡觉了，那时睡的多是木板床，用两条长板凳，把堂屋的两扇门卸了搁上去。有的同学还会在四个角用竹竿撑起蚊帐，但其实起不了多大作用，蚊子仍然到处在飞，咬得我们浑身都是包。

　　刚躺下时，往往睡不着，我就躺着抬头看天，数星星。禾场渐渐静了下来，偶尔会听到一只鸟疲倦或兴奋地叫上一声，一只青蛙从草丛里啪嗒跳出。

　　空气是那么的清爽洁净，也许因为是从月光中滤出来的。昏昏然睡去，睡到下半夜，特别凉快，常会做些夜凉如水的好梦。

　　朱柏庐《朱子家训》中写道：一粥一饭，当思来处不易；半丝半缕，恒念物务维艰。

　　还记得过去看过的阿凡提的故事：

　　阿凡提有四个儿子，他们都不太孝敬年迈的父亲，而且很懒。他决定好好惩治他们一下，分别给每个儿子说：

　　"亲爱的孩子，我是最疼爱你的。现在，我要告诉你一个秘密，不过你千万别让另几个知道。我在我们家果园的一棵树下埋了一罐金币。等我死后，你悄悄把罐子挖出来，那是我给你一个人留下的遗产。但是，请你千万注意，别把树根刨坏了，先在树根下浇一点水，再轻轻一挖就能挖出来。"

　　于是，四个儿子开始偷偷地孝敬起父亲来，而且变得一个比一个勤快。

　　没过多少日子，阿凡提终于瞑目了。一天夜里，四个儿子来到果园，准备掘出埋藏的金罐。大家一见，知道了怎么回事，于是，决定四个人平分遗产。

　　他们按照父亲说的，每棵树都浇上水，开始挖起来，把所有的树根都挖开看了,却没有找到金罐,在最后一棵树下,找到了一块石头,石头上刻上了这么几个字:"要用自己的劳动换来美好的果实。"

世界上最美好的东西,都是由劳动、由人的聪明的手创造出来的。勤劳是中华民族的优良品格,中国人民历来视勤劳为安身立命之本,强调"民生在勤,勤则不匮"。

几千年的大汉文化,就是从农垦开始的,农人没有诗人的浪漫,更没有明星的风采;但是,农人有种坚定的信念,用双手去挖掘生存所需的最基本的东西。勤劳和汗水就是农人的最好见证。

他们脚踏实地,不追求奢侈的物质生活。喜欢在平淡中去体会生活的滋味。他们没有文人般傲视一切的性格,也不会像城里人一样爱追求纸醉金迷的生活。他们一年中的唯一希望是自己双手种下的梦想能开出更旖旎的花朵。

农人的智慧就是:勤劳是生存的根基。我觉得这是一种世上最可爱的智慧、纯洁的智慧,没有掺杂任何杂物的智慧。

不知如何去耕种,又如何去珍惜和去创造呢?在劳动中,收获的是果实,是成就感,更是希望和快乐!

可以说,劳动、勤奋是人们获取幸福的唯一源泉,是创造物质文明和精神文明的唯一途径,是创造财富的永恒真理。时间只有在农人勤劳的耕作中,才能结成金黄的麦穗。金秋的季节从来不会忽视农人的汗水。

"丰收"这个词是对农人坚定信念的一种回报。这也是农人快乐的资本。只有人的劳动才是神圣的。一切乐境,都可由劳动得来;一切苦境,都可由劳动解脱。千千万万不要忘记了这是为人的根本啊!

在靖港"双抢"的辛劳时光,倒是让我想起了孔子所说的"君子之于天下也,无适也,无莫也",这句话的意思是,天下没有不适合君子的生存环境,没有不适合君子所做的事情。想做一个"仁"之君子,生存在这个社会上,必须具备很强的适应能力。

能东能西,能南能北,能寒能热,能暑能湿,能苦能甜,能悲能乐,能富能贫,能贵能贱,能高能低,能上能下,能伸能屈,能文能武……没有不适合的环境,没有不能做的事情,为了他人的利益,可以四海为家,可以不计较任何的名与利、贵与贱,在孔子看来,这样的人才是君子，这样的君子则一定能够立足于天下。

第二节 鲁迅战报"文革"年

我们的日子就这么在劳累和轻松间交杂着度过，直到那天下午。我们照旧在地里插秧，却突然被学校号令停下手中的活计，去禾场聆听中央的广播，一则由上而下的"重要通知"。

那时我十六岁，是学生会副主席，也是班上的团支部书记。我带着同学们全部停止了双抢，心里还觉得很可惜呢，因为秧还没有插完。

大家全部集合起来，站着或坐着，听了半个小时领导人的报告。那时并不明白这通知的巨大历史意义，更不知道它将彻底改变自己在未来一段时期里的生活，只记得它十分冗长晦涩，让我们听得云里雾里，主要大意似乎是严厉批判某个"提纲"。直至播音员念到"夺取""领导权"几个字眼时，才听得一位村干部"哎呀"一声，"毛主席要咱革命嘞！"

后来回想，那一天正是1966年5月16日。

广播里，播音员抑扬顿挫地念道：

"全党必须遵照毛泽东同志的指示，高举无产阶级文化革命的大旗，彻底揭露那批反党反社会主义的所谓'学术权威'的资产阶级反动立场，彻底批判学术界、教育界、新闻界、文艺界、出版界的资产阶级反动思想，夺取在这些文化领域中的领导权。"

持续十年之久的中国"文化大革命"由此启幕。

虽然对这一突如其来的政治号令不甚理解，但那时觉得既然是毛主席的通知，又是学校召唤，那一定是发生了大事，得速速回去。吃完午饭，匆匆打理完衣物，下午就准备开始返校。

随着广播中播出中央领导人的讲话，全国范围内掀起了轰轰烈烈的"文化大革命"运动。我们也要离开靖港了，提前结束了"双抢"，看着自己插上的翠翠的秧苗，看着自己收割的金黄色的稻谷，看着打稻机木桶里颗颗的粮食，看着含泪送我们离去的老乡，真有一番别样的情感。

除了与朝夕相处的乡亲们一一告别外，我们还去了几个帮助的重点对象家里，帮他们最后挑满水缸，打扫除尘。最后，我们不由自主地聚在了张爷爷家的小院里，大家面面相对、默默无语，曾经共同劳作的日，共享安宁的夜，多么令人陶醉和怀念！虽然日子过得很艰苦，但老乡们对我们是多么照顾！教我们学会了插秧和收割，学会了吃苦和受累……

最后一次紧握双手，那种场面是我一生中最为难忘的一次。

男儿有泪不轻弹，最后与老乡分别时我们仍依依不舍，也缺少了昔日的欢声和笑语，心情格外沉重，惟有眼泪代替了一切。再也按捺不住内心潮水般的失落和感伤，我的眼圈红了，同学们的眼圈也都红了。

泪水洒在田埂上，洒在靖港河里，真是难舍难分啊。收拾起简单的行李，老乡们目送我们打起背包离开，我们一边走，一边还频频回头向他们摇手："下次我们还会再来的，等着我们，大伯！大嫂！"而在目送我们远去的老乡队伍里，又有多少人悄悄抹去脸上的泪珠……

傍晚回到学校里，只见校门内外站满了同学。教学大楼从顶楼到一楼，一条巨幅标语直垂下来，上边只写四个大字："暴风骤雨"。

每个字儿都差不多有一层楼那么大。楼顶上还站着许多同学，挥舞着红旗。看来，革命之风已先我们一步刮进八中校园。

我这才觉得大事临头，心怦怦乱跳，面对着这在霎那间爆发的"文革"，学校的停课、动员，大家都感觉到了新鲜和纳闷，但一时却也说不清是兴奋还是惶恐，是怅惘还是欣喜。时值黄昏，我们站在大片变幻不定的天空下，在莫名的兴奋中徘徊不定，心中充满了大事将临的预感。

那时尚不知道，停课闹革命、史无前例的"文化大革命"，正是从这一天开始的。在那篇著名的《五一六通知》中，毛泽东亲笔写了一段话："混进党里、政府里、军队里和各种文化界资产阶级代表人物，是一批反革命修正主义分子，一旦时机成熟，他们就会要夺取政权……"

就在这一年，不但刘少奇、邓小平等国家领导人，而且包括荣毅仁等大批企业家都被彻底打倒；也就在这一年，国务院决定把公私合营企业全部改为国营企业，市场流通也被全面限制。

偶然

随之而来的，长沙八中也进入了彷徨时期。

霎时间，大鸣、大放、大辩论高潮迭起，"知识愈多愈反动"、"读书无用论"充斥校园，大字报糊满了校园的墙壁。这个时期学校的门窗七零八落，校舍公物破坏严重，个别师生代表赴京参观，接受毛主席接见，后来学生教师形成两大派，先后辩论、武斗数次，整个校园处于混乱状态，正常的教育教学工作无法进行。

历史往往有其吊诡一面——当年积极响应领袖号召、热血沸腾地参加革命以防止"资产阶级复辟"的我，绝对不会想到，自己会在十几年后肩负起为中国私营经济"复辟"而冲锋陷阵的重任，想来也是令自己感慨。

凡事总有机缘，一件或许本不被人瞩目的些许小事，可能会触动大千世界。几片轻盈如鸿毛、倏忽间即可被雨打风吹去的纸张——北京大学聂元梓的第一张大字报，在全国掀起了惊涛狂澜。

承平岁月下的狂热被激起，在祖国的时空里鼓荡，无论是杏花春雨的江南，还是骏马秋风的塞北。我作为学生干部，作为革命之后，似乎顺理成章地成为"文革"大潮中的一朵浪花。

1966年5月29日，北京清华大学附属中学，红卫兵组织诞生了，这名字的寓意是保卫红色政权的卫兵。1966年6月1日，毛主席批准广播北京大学聂元梓牵头写的那张冲击校党委和北京市委的大字报，聂一时成为毛泽东亲自支持、树立、执行他的"对反动派造反有理"革命路线的一面旗帜，而大字报也在一夜间风靡神州大地，成为那个时期流行文化的先锋。

潮流所趋，学生会宣传工作瞬间变得异乎寻常地重要起来，成为八中乃至整个长沙学校战线瞩目的焦点。那个时候我们年轻人的想法很简单，就是听毛主席的话，参加"文化大革命"，而我们的宣传工作的真正走向，高潮源于一个新组织的建立。

有一天，开完宣传例会，突然有位同学提议：我们干脆成立一个"鲁迅战斗队"，以笔为枪，激扬文字，针砭时弊，凭书生之风发意气实现我辈之理想。建议一出，立即便得到了同学们的热烈响应，我也认为这是一个极好的主意。

那时我的职业理想，一是做一个医生，因为我喜欢救死扶伤的崇高精神；二就是做一个像鲁迅那样的名作家。

我喜欢读毛主席的书，也喜欢读鲁迅的书，尤其是那些短篇。鲁迅是"文革"中硕果仅存的作家，毛主席又说他的骨头是最硬的，横眉冷对，所以，以他的名字来命名战斗队，最是恰当不过，于是当即拍板："从今天起，光荣的'鲁迅战斗队'正式成立！"

当时共有108个同学加入"鲁迅战斗队"，每个同学都宣了誓，我们是在毛主席像前宣的誓："我们是毛主席的红卫兵，我们誓死保卫毛主席，打倒牛鬼蛇神，打倒走资派！"

这样一来，包括我在内的同学们似乎一下子寻找到了存在感，觉得重任在肩，因而工作热情异常高涨，仿佛历史果真将由我们来创造。

记得当时熬夜赶制言辞犀利的大字报成为家常便饭，后来竟形成一套标准化的流程：有头脑、有观点的同学先撰初稿，我作为"领导"加以审阅，最后再交给擅长书法的同学一气呵成，之后大家一起抱着这精心完成的作品去校园乃至城区醒目的墙壁上去张贴。

自此，以战斗队为先锋，八中的宣传工作以星火燎原之势迅猛发展起来。八中的宣传战线不仅受到全校师生的赞誉，也在长沙的兄弟学校中打出了不小的名声，只要是中学生，都知道有"鲁迅战斗队"。

初期的半个月里，我们尚可以沉浸在突如其来的话语狂欢中，将平日里同学们"敢怒不敢言"的人和事统统掘出来，逐个上报批评。大体批评对象无非是上课对毛主席或者现行大政方针有过微词的老师，也间或指向一些被传生活作风有"资本主义倾向"的校领导，最常见的文句是：打倒反动学术权威某某某；坚决抵制走资派某某某。那时运动成风，法制缺失，极少会有人去问津所谓事实、证据，大凡有一些风影便会捕捉进来，上纲上线，大肆渲染。我也写了一些文章支持"文化革命"，认为是开放新天地；此外便是表决心，要如何忠于毛主席。

如此这番轰轰烈烈地经过了半个月后，便有长沙市委与八中党委的几位领导找我们谈话，大意是说眼下全国情势复杂，不可自乱阵脚，免得错伤了好人。这一番话毕，似乎意味着刚刚打出些声势的"鲁迅战斗队"就要偃旗息鼓了。

孰料，山重水复疑无路，柳暗花明又一村，仅仅距离这几位领导谈话六个小时后，又有几位自称是长沙市委、八中党委以及"文革"

偶然

委员会的领导找到我们几位宣传骨干,大力肯定了我们"卓有成效"的工作,态度坚决地支持我们继续把"大鸣、大放、大辩论、大字报"的四大事业进行到底。

记得为首的一位领导,在听到我们转述上一拨领导"不可自乱阵脚"的指示之后,立时怒不可遏:"天下大乱,才能天下大治!'文化大革命'看起来是乱了自己,实际上是乱了敌人!"在"敌人"两字上,他特地加重了声音,使他因激愤而变得诡异的声调愈发显出了几分怪诞。说完之后,他将手中燃尽的烟蒂狠命扔在地上,用脚碾了又碾,仿佛那个刚跟他亲密接触过的烟屁股就像他口中的敌人一般罪大恶极,需要处以极刑,令之粉身碎骨。

一连几日,我们几个战斗队队员都心有惶惶,不知所措,辨不明究竟孰是孰非。周末我见到父亲,把这个事情讲给他听。父亲沉思片刻,缓缓道:"两派斗争,过不了多久就会有分晓。"

说罢,又停了停,转向我说:"但是你不要陷在里面,这是政治,政治是很复杂的。"

政治是很复杂的。这句看似轻描淡写的话,让后来走上社会的我一生警醒。

果不出父亲所料,第二周周中,便有消息传来,说第一拨找我们谈话的几个领导已经被打倒,沦为"地富反坏右"了。自此,鲁迅战斗队又得以"复工",但这样的结局,是耶?非耶?

不过那时,我们还是被革命激情鼓舞着,裹挟着,教室就成了我们"鲁迅战斗队"的"总部"。

当年的"鲁迅战斗队",其中负责写文章的有十多个,都是学校的学习尖子。我们打算自创报纸一份,用来宣传我们的革命思想,报纸就叫《鲁迅战报》。拿到批条后,我们买来油印机、蜡纸,办公用品一应俱全,几张课桌一并,我们的"战斗队"就开始正式"战斗"了。

铁笔、钢板、蜡纸,这些工具是拿来干什么的?如果现在询问二十岁以下的孩子,估计没有几个人可以回答出来。这也难怪,现在的孩子们生活在电脑时代,印刷术非常发达,他们已经没有用铁笔刻写的记忆和经历。

我们那时候办报,甚至老师准备考卷,都需要刻蜡纸,将白纸上的字刻进那种涂蜡的、颜色类似于水泥的特制纸。刻写时,得先把蜡纸放在一块长方形的钢板（又叫刻字板）上，再用带着铁尖的刻笔（铁笔）一横一竖地操作。刻蜡纸需要一定的力量，不把蜡纸刻透是印不出字的，所以刻写速度很慢，刻一千字不会少于两个小时。

刻好后，再将蜡纸蒙到油印机的纱幕下面，油印机的底板会放上一叠白纸。油印时用一个涂了油墨的滚子在纱幕上滚动，从上到下滚动一次，即可印一张，需要多少张，就得让滚子从上到下滚动多少次。油印五百份报纸，要花费两个小时。

经过刻苦练习，我刻蜡纸的水平是校内最好的，刻出来的字方方正正，不过右手的中指却被铁笔压出了深深的印痕，双手也经常沾满不易洗掉的油墨。

虽然我是同学中有名的"笔杆子"，但我对字体也是依然很用心的，平时留心《人民日报》、《文汇报》这类大报的字体动向、社论与文艺版字体字号的区别。我发现，中国的字体使用，其实是有很强的政治含义的，"文革"期间更是如此。我发现收笔处是否挑起、挑起的角度、笔画疏密的安排、横竖粗细的比例、字句段落间的结构和间隙都是非常有讲究的，当时甚至想，我们的小报，要是能达到《解放军文艺》的水平，那该有多好啊。后来我经商后，有些人惊讶：你的书法功底这么好？！其实不然，我只是对汉字的间架结构有很多经验，那正是刻蜡纸练出来的。

《鲁迅战报》一出来，立即在校园里掀起轩然大波：有的赞不绝口，有的却冷嘲热讽嗤之以鼻，还有的抓住某篇文章或某个段落上纲上线围追堵截。学校在慎重其事地开会研究后同意每月拨给经费三十元，钱虽不多，但也已经是表达了对我们报纸的肯定。

虽然总体而言，那些苦涩不安又混杂着莫名的狂热兴奋的岁月，如今回想起来很荒唐，但那些年实实在在的宣传工作不仅令我的领导能力得以增强，更促使我开始爱上读书，爱上写作，为文字的魅力所蛊惑。大大小小的方块字看似简单，连缀成文，却可以含不尽之意，见于言外，状难写之景，如在目前，让人领悟到千岁之前的悲欢离合，欣赏到万里之外的清风明月。这种魔力由何产生，我百思不得其解，只是抓住一切机会沉浸在翰墨场中，为那字里行间起舞的精灵们疯魔。我这一生对文字的喜爱大约也是始于那时。

因为报纸取得了不错的战绩，我们被陶醉，被鼓舞，大家的积极性都特别高。我们阅读毛主席的文章,每个人都写了大量的笔记,主力队员们撰写了两百多篇文章,我一个人就写了八十几篇。从稿件组织,到蜡纸刻印,最后再在长沙城里散发,所有这一切,我们都认为是在向毛主席靠拢。那初期的幼稚的心,只有用心中"横眉冷对"的鲁迅来寄托;那被革命气氛激起的躁动,只能用毛主席语录、用火辣辣的豪言来抒发。

"鲁迅战斗队"紧跟《人民日报》1966年9月5日社论的主张,"要文斗不要武斗",因为毛主席反复地告诉我们,无产阶级"文化大革命"是一场触及人们灵魂的大革命;又说,实现这一场大革命,要用文斗,不用武斗。但不久,发生了一件让我疑惑、反思的事——

随着我们的队伍迅速壮大,甚至还加入了好几个"娇滴滴"的女同学。她们一人领上一叠报纸,走到长沙城里散发。可是有一天,一个姓李的女同学在城里散发报纸时,被对立派的人发现了,他们先是骑自行车挡住了她的路,接着一伙人冲过去把她抓住了。他们打掉她手里的报纸,对她拳打脚踢,她被放回后,头上多了好几个包,嘴都被打肿了。这个女同学长得白白净净的,平时很爱笑,笑起来清脆动听,那天下午开始她就变得沉默了。大家看着她,都很心痛,突然,我感到了一种沉重、一种觉醒和一种朦朦胧胧的疑虑。

因为气愤自己的同学被打,我带上几十个同学去寻找对立派报仇,结果在城里转了好几天,都没有找到他们的踪影。渐渐地,愤怒被另一种情绪代替了。我开始思考:毛主席不是提倡,在"文化大革命"中,要充分利用大字报,进行大辩论、大鸣大放,动笔、动口吗?那些牛鬼蛇神、地富反坏右,不是都已经被打倒了吗?我的女同学,她不是坏人,更不是敌人,她没有武装,为什么对方要把她打成那个样子呢?这难道不是一种残害行为吗?

慢慢地,自己的思考延伸到了其他方面:"大破一切剥削阶级的旧思想、旧文化、旧风俗、旧习惯",可是,为什么要焚烧书籍、砸毁古迹?这不是要毁掉历史吗?中国那么悠久的历史,创造了无数的财富,毁在我们手上,我们何以对得起祖先?

"要把反革命的修正主义分子、资产阶级右派分子、资产阶级反动权威,彻底打倒、打垮,使他们威风扫地,永世不得翻身!"学生停课闹革命后,很多老教师被打成"牛鬼蛇神",校长也被定为"修正主义教育路线的忠实执行者"，成为轮番批斗的对象。其实，校长是个浓眉大眼、很精干的男人，五十开外，平时总穿一身洗得有点发白的蓝布解放装，我在学校里经常见到他，每次迎面碰上，我都会问候，"老师好！"他也会亲切地回道："同学好！"

我突然想起，那天在大礼堂召开"批判会"时的情形来。我远远望见校长躬腰曲背，双臂反剪成"喷气式"站在台上。人们给他戴上个纸糊的高帽子，胸前吊着一块大牌子，那块牌子上面白纸上黑色的毛笔字写着"反动走资派某某某"。"走资派"就是"走资本主义道路的当权派"，名字上则用红笔打上了叉。

造反的老师带头发言揭发校长搞封资修、搞四旧、打击迫害教师、员工的丑恶嘴脸。台下同学们响亮地喊着口号，愤慨之情溢于言表，有两个同学索性冲上台去，抬起脚，从背后照校长的腿弯上狠踹一脚。校长年纪已经不小了，腿一软，当即被踹得跪倒在了台上。又有人把校长的头往前一拍，嘴里喊着"低头！"于是，校长的脑袋向前耷拉下来了。时间长了，校长的脸就开始苍白如纸了。

批斗会结束后，同学们架着校长先在学校内游行示众，然后让他戴着高帽挂着牌子，手里拿上一个破盆，用一根木棍敲着，被人推搡着在校外转着圈地喊：我是走资派，我有罪，我向毛主席请罪！这时围观了许多老百姓，我也在围观的队伍中，却听到一个老大娘叹了一口气，嘟哝道："二十多年前，打土豪分田地，就是这么干的，这校长也是土豪？！"

是啊，中国是五千年文明古国，为什么现在学生却可以打骂教师、批斗老师？这不符合中华民族的传统！随便抄家、打人，这是不合法的，为什么如今却如此轻而易举？打死人也不用负责，这又是为什么？

每当我的脑海里浮现出校长那苍白的脸、李同学那双哭得像核桃一样的眼、那流着血的嘴角，心就忍不住颤抖了。

我不禁联想到了这样一则故事：

从前有一个国家，一国的人都得了癫狂病，整天闹呀、叫呀，干一些荒唐至极的事。这是为什么呢？原来这个国家有一眼叫做"狂泉"的井，谁要是喝了那里的水，立刻就会变得癫狂起来。而这一国的人除国君外，全都喝"狂泉"的水，所以一个个都疯疯癫癫的。

偶然

　　这个国家的国君之所以没有得癫狂病，是因为国君另有一口专供他一个人饮用的水井。然而全国的人都得了癫狂病，在他们眼里，无病的国君与众不同的样子倒成了一种病态。因此他们商量好，大家一起动手给国君治"病"。这些人轮番给国君拔火罐、扎针灸、熏艾蒿、服草药，能用的办法全用了。国君实在不堪忍受这种折磨，只好到"狂泉"去饮水。

　　国君喝了"狂泉"的水以后，马上就得了癫狂病，也变成了疯子。于是，这个国家从上到下，无论国君还是臣民，都一样癫狂；无论大人还是小孩，都一样荒谬。所有的人都一样疯疯癫癫，这样，大家反而都高高兴兴、心安理得了。

　　"狂泉"只不过是一个寓言故事。不过，它却告诉我们：在举国上下只流行一种荒诞的意识、只贯彻一种错误的做法的情况下，一个有健康头脑和正常行为的人，要想在众人颠倒黑白的环境里坚持公正的原则，的确是极其困难的。

　　反思"文革"那些年，人们似乎集体忘记了"仁"，仁，《说文解字》说："仁，亲也，从人、二。""二"不是数量，是多人的意思，我中有你、有他、有人们，且溶入你、他、人们之中而曰亲，所以，无我曰仁；学习的目的是为了他人曰仁；做事的目的是"为人民服务"曰仁；处处对别人有礼曰仁。

　　因为"破四旧"，不知"里仁"，心中没有了仁爱之心，又怎么能处处为他人着想和服务呢？

第三节　八月十八入燕园

　　佛说，前世五百次的回眸才换得今生的一次擦肩而过，是偶然，亦是机缘，我与那所上承太学正统、下立新学祖庭的巍巍上庠——北京大学结下了厚缘，三生石上缘，非因梦幻。

　　不过，与燕园这一段偶然得之的缘分还是要往前稍稍回顾一下：

　　1966年8月，全国已经是一盘棋，8月8日，中国共产党八届十一中全会召开并通过了关于"文化大革命"的十六条。随后的几天，在北京的大街小巷出现了两件过去没有的事情：一件是人们排着长长的队伍开始抢购毛泽东著作；另一件是全国各地的红卫兵作为毛主席的客人陆续云集北京。

为了进一步鼓励红卫兵造反运动,毛泽东主席决定8月18日在天安门城楼上检阅各地的红卫兵组织代表。那时,对于一个十六岁的孩子来说,北京是什么地方?是首都!是伟大领袖毛主席居住的地方,是何等令人向往的一个地方!

不久,传来了振奋人心的好消息,我们学校要选派红卫兵代表上北京!这可是开天辟地以来的大事,全校师生敲锣打鼓,又是庆祝又是表决心地热闹了一番!

既然是代表,那理所当然地要大家进行票选了。条件很简单,也极其苛刻,就是平时表现好、阶级觉悟高的红五类子弟。选代表很民主,每人一张纸,认为哪位同学符合条件的,就写上谁的名字,最多可写五个名字。得票最多的几位送到校方去审查。幸运的是,我的名字就在上报名单之中!接下来就是一颗红心、两手准备的等待。

约摸过了两天之后,学校终于贴出了大红喜报,每个学年有三至五人榜上有名,全校共有二十多人入选,全部都是红色家底、革命后代、贫下中农的后代,三代都必须是红色的。我是其中幸运的一个。回家找出了两套部队的绿军装供换洗,只是没有红领徽和五角星的帽徽,扎上宽皮带,打上绑腿,穿上军鞋,还真像要去从军的红小鬼。藏好母亲给的五元钱,我就返校打好背包,包里还放进了刚发下来不久的红皮《毛主席语录》。

离校那一天,每人发了一条红布黄字的红袖章,上面可是毛主席亲笔题的字:红卫兵。又带上几包饼干,这时全校师生都来送行,人们扯着横幅、挥舞着红旗、敲着大锣大鼓,欢送我们这二十多位第一次上京的年轻学子。

我们戴起红卫兵的袖章,开始了人生第一次长途旅行。当我们拿着车票从长沙车站进站时,检票入口已经是由长沙市中学生红卫兵站岗了,他们见人就问:"你是红五类吗?红五类的进来,黑五类的滚蛋。"做梦一样上了火车,车厢里很挤,原本三人的座位上挤了四五个人,挤得已经再也塞不下一个人了。座位下面躺着人,厕所里面也塞着人,不管你挤在哪个角落,想挪位子,只有从人们的头顶上爬了。

尽管这样,认识的、不认识的都紧紧地挤在一起,谁也不怨谁。因为我们心中只有一个共同的信念——到"文化革命"的中心北京去取

偶然

经,到毛主席的身边去,去接受毛主席的检阅。那个新鲜劲就别提了,一路上谁也不睡觉,看长江大桥成了我们第一个愿望,等到半夜才从大桥上通过,黑咕隆咚的什么也没有看清,但仍然兴奋得不得了。

车过河北省邢台地区,当时距离3月8日凌晨的连续地震才几个月,夜色中只见一些断壁残垣。天明了,看见华北平原上,望不到边的麦子地里,有一排排北方特有的低矮的房屋,靠南有许多大窗户,而北方只有两个小窗口。车过保定,当时是河北省的省会,稍作停留。再到丰台又等了不少时间,当时在各个大站都有半小时停车,各个站台都有叔叔阿姨提着壶送水,只要你将茶杯伸出车外,就有人给你斟满。也可以下车去活动下筋骨,上完洗手间后再被严严实实地塞回车厢。傍晚才进入北京车站。因为不太能活动开,到了北京时,我的双腿胀得很难受,脚面都肿起来了。

进京了!进京了!我们到伟大的首都北京了!我终于见到了车站巨大的广场,特有的双钟塔!

1966年8月10日,我们来到北京城,下车集合队伍后,红卫兵接待站当时把我们当做是毛主席家乡的客人,为了斗争的需要,安排我们进京后的第一站是去往北大学习,用军用卡车把我们运送到了那里。

初到北京,一切都是那么陌生而又新鲜。车窗外宽阔的街道上行人很少,车也不多,有时还能见到几匹马拉的木头大车在街上跑。我们怀着激动的心情,放眼看着开阔无比的天安门广场。首先映入眼帘的是天安门城楼,重檐歇山式屋顶,上覆黄琉璃瓦,成排的斗拱、大小梁枋以及天花藻井上绘有金龙彩画和吉祥图案,正脊、垂脊末端有鸱吻和仙人走兽,楼内六十根巨柱排列成行,方砖铺地一平如砥,南面有菱花格扇门三十六扇,色彩绚丽。

在封建时代,天安门是北京城最高的建筑,通高九丈九尺,象征着皇权至高无上,加上正脊的鸱吻,通高三十三点七米。城台用四十八斤重一块的大城砖筑成,建在近五尺高的石筑须弥座上,整个城台高三丈九尺。城台上建有木结构双檐城楼,宽九间,进深五间,面积达两千平方米。城台下有五个券门,中间是正门,最高大,过去只有皇帝可以进出;其余四个依次减小,供不同级别的人进出。

天安门前有一条玉带般的金水河,河上建有七座秀丽的汉白玉石桥,城门前后的两侧各有一对雕刻精美的华表和石狮。这些精心的设计装饰和天安门融为一体。广场中央,矗立着三十七点九四米高的人民英雄纪念碑,西侧是庄严宏伟的人民人大堂。古老的文化,宽敞的广场,雄伟的建筑,开阔的长安街,浑然一体,气势磅礴,使天安门显得更加庄严雄伟。

从天安门归来我又去到心中景仰已久的北京大学。这次参观北大,于我而言,并非简单的相逢旋即离别,而是心灵与精神的交融印证。穿过那座闻名天下、古香古色的大门,看到的是灰瓦红廊。踏入北京大学的土地,心中陡然升起一种似曾相识的感动,顿时被她那弘深丽雅的气质所吸引,一股热流在心底涌流,青春、激情、生命、憧憬,在这里交融汇通。8月初的北大,经过八届十一中全会上毛主席的指示,聂元梓已正式受命成立"北京大学文化革命委员会"筹备组织,代替业已失势的"工作组"统领"文革"工作。因此,满园皆是红色的旗子,红色的袖章,绿色的军装,绿色的活力,这简单的交叠的色彩却在那时那刻演绎成一幅动人心魄的画面,萦绕在每个人的心间。

我来到未名湖边,未名只一湖水,在三湘四水的云梦泽国,顶多算片池塘,然而我却觉得这水灵气泛然。清澈的水,映着蓝莹莹的天,偶尔几朵白云划过天心亦划过湖面,虽未激起任何水波,却在我心中漾起圈圈涟漪。8月的北京,正是炎热之都,然而站在这清澈足可鉴人的湖边,自有一股沁入心脾的清凉,涤荡着我的身心。

十六岁的我,并未在湖边有着究察天地古今的思绪,只是在一种浑融圆满的境界中留下了自己的身影。站在湖边,看着挺拔伟岸、庄严静穆的青松,似乎超然独立于这喧嚣纷扰的世界,保持着自己的那份宁谧祥和、稳重自若。阳光从长空热烈地撒下,在松针尖芒上闪烁着,光芒闪耀处仿佛幻化出一个个的大千世界,愈发使整树青松显得法相庄严。此时此刻,我心底油然升腾起一股敬意,对这青松之持重沉稳,也对广阔无限之生命和宇宙苍穹,我毕恭毕敬地深深地鞠了一躬。同行的伙伴中有几人见我如此,或是同样为这氛围所感动,也随着鞠了一躬;更多的,却是忙于指点江山,似乎数十年间这学府经历的沧桑变化助人豪情。

走到苍松下,手抚摸着这百年苍松的斑斑树皮,我在解读这挺拔而屹立不倒的佛松,它见证了多少英雄事,多少战斗史,多少莘莘学子从他身边走去,从军抗日,打倒反动派,据说其中有八百多英烈用自己的生命和鲜血换来人民的共和国。

这是我与北大的第一次邂逅,却在心底埋下了一颗梦的种子,让我数十年来,游走红尘,遍历世界大千,心中始终珍留着一份难以言说的情怀。如今,苍松翠柏,依然如故,只是更加地耸入云天,更加地茁壮坚强,风吹云动,天却未动,水拥舟移,岸却未移,已过耳顺之年的我能够与北大再续前缘,这份心情实是溢于言表,非笔墨所能形容。

当年我在内心中将自己对北大的这份奇异的感觉不断反刍体味,看着滚滚来去的万千人流,仿佛对这片神圣的土地独存赏鉴。那是一种相知相识的会心之感,就像溯游从之而许久求之不得的佳人突然在眼前言笑晏晏,就像忽然间浊流荡尽直见清源,就像生命中屡屡出现的匆匆过往会如清风盈怀般让人领略看似恬淡实则醇厚的人生意蕴。佛家将时间分为过去、现在和未来,时间流动不息,但那卓然颖悟的时刻无异于永恒。

"千年石上苍苔碧,落日溪回树影深",涤尽尘滓,荡尽枷累,生命中的灵光跃现,绰约依然。这或许就是古人于诗词歌赋中屡屡想传达给世人的独特的人生韵味,独到的人生感觉。当年的伯牙鼓琴子期善听早已成为往事,然而互为知音的风神气度却永远地鼓荡在宇宙时空中,久久不绝。

8月份的北京还很热,我们住在北大的教室里,课桌就是我们的床,每个人打开带来的背包,衣服一脱,就可以睡觉了。一个教室里面住上二三十个人,吃的是馒头咸菜小米粥。

因为接到通知,第一次接见安排在8月18日,还有一些时间,先去了卢沟桥、圆明园接受国耻教育,再到天安门去照相。还记得映入眼帘的那一排排排列整齐、鲜艳的红旗在风中猎猎地飘扬,在宽阔的空间衬托下,给人一种宏伟、庄严的感觉。那时的人们对毛主席的感情确实不一般,真是疯了一般地要见他,这种心情恐怕是我们现在的年轻人难以理解的。我在天安门就看见一队一队的红卫兵,络绎不绝地前来,在毛主席像下宣誓。他们的背影、神情,我看得出神。之后,我们又到革命军事博物馆参观,然后是逛颐和园、中山公园、北海、天坛(当时历史博物馆和故宫不开放)。然后是王府井、大栅栏,该去的都去了,可逛的地方都逛了,后来就干脆自由活动了。

我趁机去看了离城约二十公里，与香山毗邻，隐藏在北京西北、西山余脉寿安山南麓，一片浓密的松柏林中的卧佛寺。这寺庙始建于唐朝，因一尊巨大的释迦牟尼铜铸卧佛而出名，清朝雍正皇帝曾经称它为"入山第一胜境"、"西山兰若之冠"。传说，唐贞观十九年，玄奘法师从印度带着大量经书和佛像回到长安城，唐太宗李世民率领数万僧众出城迎接，盛况空前。此后，中国掀起修建寺院的高潮，有人就在这个地方修建了一座寺院，成了卧佛寺的前世。

从玉泉山到香山，快近北辛村的地方，有条岔路忽然转北上坡，这就拐上了去卧佛寺的大道。寺是向南，一带山屏障似的围住寺的北面，顺着两行古柏的马道上去，骤然间便到了一处花木扶疏、古树参天的所在。一座鲜明的琉璃牌楼顿在眼前，汉白玉的须弥座，三个汉白玉的圆门洞，黄绿琉璃的柱子，横额，斗拱，檐瓦。再过一道白石桥，经过山门殿，迎面是一座天王殿，里面供的是四大金刚。再进去是三世佛殿，之后就来到了卧佛殿。

殿前有一棵伟丽的娑罗宝树，前檐的大匾上写着"性月恒明"，步入卧佛殿，见殿内高悬着清朝乾隆皇帝御笔题写的"得大自在"匾额，意思是佛祖释迦牟尼修道成功，已经获得了最大的自由。在汉白玉莲花台座上，静卧着一尊释迦牟尼铜质实心佛像。它铸造于元代至治元年（1321年），据元史记载，是"用工七千，冶铜五十万斤"才铸造成功的。它身长一丈六尺，重十万八千斤，据说是为了纪念唐僧往返十万八千里西天取经的艰苦历程，是中国现存最大的铜铸卧佛。大佛作侧身睡卧状，头西足东面南，左手平放腿上，右手曲肱托头，体态安详自如，这种姿势据说叫做"吉祥卧"，是释迦牟尼圆寂前的姿势。佛的身后环立着十二尊泥塑佛像，他们就是佛祖的十二大弟子，人称"十二圆觉"。传说这是佛祖释迦牟尼在逝世前，在娑罗树下向他的弟子们嘱托后事，作最后一次教诲的情景。佛教称它为"佛祖涅槃"。看着慈祥的卧佛，我想，人有立、坐、行、卧，佛也如此，真是有意思。

有些地方，邂逅过后，留驻在心的只有对风景的淡淡回忆；有些地方，却会让你刻骨铭记，直击心灵。还记得第一次见到如此巨大的佛像，不由得产生一种神秘、雄伟且带有一些肃然敬畏的感觉。这被时光雕琢出的信仰之美，经历数百年的风雨，依旧坦然忘我，自得其乐。

偶然

那一日，我头顶阳光，脚踩阴凉，踏步其间，廊柱将阳光投射成为一缕缕的白条，那精致浮雕和暗绿苔藓，似乎将时光凝固，整个世界变得分外安宁，只有放生池中的莲花，在艳丽绽放。我感觉自己无时无刻不被一种力量拥抱。似乎无论走到哪里，都逃不出佛的目光，为什么要逃呢？不如面朝佛笑，拥抱平和吧！那一次，我不由自主地明白了"虔诚"这个词的意境。

寺内还有百余棵上千年的侧柏，有两人合抱的三百年以上树龄的银杏，有北京最古老的腊梅，有枝繁叶茂的银杏，在台阶上洒下斑驳的树影，使卧佛寺更增添了几许深邃、清幽和雅致。据说1921年春，老舍重病期间，还在这里养过病呢！足可见此处环境的得天独厚之处。

可惜，那时我看到的卧佛寺，是它最后的好时光。1967年，因为宣扬破旧立新，卧佛寺被加上封资修的罪名，和许多其他宗教建筑一起，受到了致命的冲击。后来看资料，据不完全统计，北京全市6843处文物古迹中，有4922处被毁掉，各类文物538000件被毁掉，这些都是永不再生的国宝！也许正是有了这样的心痛之结，才埋下了我日后为抢救青铜器，用3.3亿元置换了上海博物馆的伏笔。

在北京的其余时间，我便留在北大，和北大的红卫兵们交流。当年我们个个穿了军装，我身上的那套还是我父亲给我搞来的，从军装到挎包，从军鞋到军帽，一应俱全。

后来我们大家被编排好了队伍，每天下午在北大附中，在一名解放军的指导下开始排练，二十几人的横队，得手挽手地齐步走。我还记得我挽着的那一位，是北大附中的学生，而我的另一只手挽着的，则是来自我们学校的团队。解放军叫我们在两座楼之间的水泥地上一遍遍地练，一边走一边就着脚步高呼：毛主席万岁！毛主席万岁！毛主席万岁！一直练到步子整齐、喊声整齐，队列走得笔直。

终于来了通知，说是不用练了，第二天毛主席就接见外地到京的红卫兵代表！可以见到我们心中的红太阳、日夜想念的伟大领袖了，那一晚，我们兴奋得压根没睡觉。

那次接见的时间我还记得清清楚楚，是在1966年8月18日，凌晨五点。那天，北京晴空万里。

红卫兵运动的高潮，正是始于这一天。这一天，在天安门广场举行了庆祝"文革"发动的大会,北京和外地的百万红卫兵、师生参加了大会,这也是毛主席在天安门城楼上第一次接见百万红卫兵,所以在中国历史上是一个极为不寻常的日子。

凌晨一时,我们就自燕园一路向东南,经西直门、西单,一行人来到天安门广场上,在统一指挥下,等待着毛主席的检阅。天安门下,巨大的广场上聚集了越来越多的红卫兵,万头攒动,摩肩接踵,联袂成风,挥汗如雨,是一片红色的海洋,是一片张扬奔放的天空。虽然一夜没睡,但大家想到要见毛主席,谁也不觉得困,每个人都兴奋异常。

清晨五点钟,太阳刚从东方地平线上射出万丈光芒,毛主席就来到了人群如海、红旗如林的天安门广场。他穿着一套缀有红帽徽、红领章的草绿色人民解放军布军装,军帽上那颗红星闪闪发光。他先是从天安门城楼下走过金水桥,然后一直走进了我们的队伍当中,同周围的许多人紧紧握手,然后向我们在场所有的人招手致意。

这时,广场上沸腾起来,人人双手高举过顶,向着毛主席跳跃着,欢呼着,揩着眼泪,我也跟着一起欢喜地喊道:"毛主席来了!毛主席到我们中间来了!"这时广场上开始有人放声欢呼:"毛主席万岁!万岁!万万岁!"欢呼声浪一阵高过一阵,震荡着首都的天空。

上午7点30分,庆祝大会开始。在《东方红》的乐曲声中,毛主席和林彪等出现在了天安门城楼上。这时,全场万众欢跃,无数只举着红色《毛主席语录》的手伸向天安门,百万双闪耀着革命豪情的眼睛仰望着毛主席,我想,当时也定有百万颗火热的心飞向毛主席吧。一种说不出的激动和兴奋,一种发自内心的淳朴的敬仰之心,促使我们不知疲倦地挥舞双臂,声嘶力竭地呼喊主席好,浑身颤抖,眼角湿润。

那次接见,还特意安排了1500名来自全国各地的红卫兵代表登上天安门城楼。他们分别站在东、西平台上,唱着《大海航行靠舵手》、《东方红》等歌曲。毛主席接见他们时可热闹了,城楼上城楼下的欢腾融为一体,"毛主席万岁"的欢呼声、歌曲声响彻城楼和广场的上空。

毛主席一个一个地接过他们的本和笔,签上自己的名字。就在这时,一个女红卫兵给毛主席戴上了"红卫兵"袖章,毛主席高兴地接

偶然

受了,并亲切地与她握了手。现场广播说:"北京师大女附中的红卫兵宋彬彬给毛主席戴上了红卫兵袖章。"城楼下,人群早已成了欢腾的海洋。

毛主席看着宋彬彬,和蔼地问她:"你叫什么名字?"

她马上立正,字正腔圆地回答:"我叫宋彬彬。"

人群又是一阵欢呼,大家齐声叫着:"毛主席万岁!毛主席万岁!"毛主席笑着对人群摆摆手,大家很快安静下来,毛主席转身又对着宋彬彬问道:"是不是文质彬彬的彬?"

她再次敬礼回答道:"是。"

毛主席笑眯眯地说:"要武嘛!"

宋彬彬立正敬礼,红着小脸。

这时,城楼上下又是一片沸腾。大家摇着旗高呼:"毛主席是统帅,我们是毛主席的红小兵。"在"毛主席万岁!毛主席万岁!"的背景欢呼声中,现场女播音员说:"敬爱的毛主席,您的话我们记住了。"

看到城楼上下欢呼、沸腾的场面,毛主席高兴地说:"这个运动规模很大,确实把群众发动起来了,对全国人民的思想革命有很大的意义。"

当时,我只觉得自己就像波涛汹涌的大海中的一片小小树叶,身体轻飘飘的,头脑晕晕的,在百万人组成的人海中拼命挣扎,挤过来又撞过去,全身汗水流淌,既高兴极了又非常紧张,因为一不留神就有可能被挤倒在地爬不起来。大家都一样,嗓子喊哑了,汗水流尽了,鞋被挤掉了,衣服也被撕破了,最后被从东面倾泻而来的人流挤出了天安门广场。

极度的兴奋使我们一刻也不能平静下来,大家三个一群、五个一堆地互相询问着看清毛主席没有。看到了毛主席的,便有声有色地描述起毛主席的样貌、神态,使那些说没看清毛主席的同学羡慕得伸长了脖子直咽口水!

那是一个被普遍的革命壮志和淳朴信仰激荡着的时代,那时年幼的我们随泛滥的激情而奔走,来不及运用理性。事后看报纸才知道,那一次,毛主席在天安门城楼上待了整整六个小时。

那一幕激动人心的场面，广播里不停地播放着，电影纪录片没几天工夫就来到了各个校园，中学生们热血沸腾了，整个中国沸腾了。接着，各大报纸又用头版头条发表了毛主席的《我的一张大字报》和中央文革小组接见聂元梓、蒯大富等学生"领袖"的消息。"红卫兵"这个时代的特有名词便应运而生，从此在全国、全世界出了名。破四旧，横扫一切牛鬼蛇神的运动一夜之间就席卷了大江南北和长城内外。

那时最常听到的同学间的对话是这样的——"知道红卫兵吗？"

"毛主席在天安门城楼戴上了红卫兵的袖章！"

"知道红卫兵是干什么的吗？"

"誓死保卫无产阶级专政，誓死保卫毛泽东思想！"

还有什么比这更令年轻学生们热血沸腾？这些火热的话语烧得人骨头发烫。

8月18日大会后，红卫兵运动迅速掀起。在"横扫一切牛鬼蛇神"、"打倒反革命黑帮"、"破四旧、立四新"等口号的鼓动下，红卫兵纷纷杀向社会，揪斗领导干部和知识界的名人，随意打人、抄家、毁坏文物古迹。

我们发誓，今生一定要忠于毛主席，紧跟毛主席，把无产阶级"文化大革命"进行到底。第二天，哪里也没去，就到各院校抄写大字报，从北大一直抄到清华、人民大学，手都抄得发麻了。

少年不识愁滋味，十六岁的我将全部的热情投入到热火朝天的事业之中。回想那个8月，每天疯狂地练着队列，和一群中学生欢笑着，幻想着；走过天安门的时候，我们忘乎所以地高呼着，连领章袖章被挤掉了也全然不在意。那时候，年轻气盛的我们，坚定而疯狂地相信，自己便是世界的主人，固执地以为我们可以喊出中国的未来。

接受完毛主席的检阅，每个人心中都有一份难以言说的激动。我们决定连夜赶回长沙，继续坚定地推进"文化革命"，继续与这个国家一起演绎疯狂。

我与同行众人依依不舍地离开北大，行走中屡屡回头凝望这片校园，刹那盘桓，这里的一人一物、一草一木，仿佛与我倾盖如故，逗引着我心中的离情别绪，挑拨着我渐行渐远渐浓郁的眷恋。时至今

243

偶然

日，我都无从解释我与北大乍见之下即生成的这份情感，它来得突然而奇特，存在得持久而深远，我只好说，这其中冥冥中有注定的因缘。

那时候，带着十几个同学，站在北京大学校园中对着古松鞠躬的少年人，大概还不知道那些热火朝天的举动日后被称作了"浩劫"、"动乱"。现在看着我讲述我一生故事的年轻人们，想必也有自己的热情，有期待、苦恼和迷惑吧？这些又有什么好畏惧呢？这就是青春。

美国著名汉学家史景迁教授曾说："历史的一项功用，乃在于提醒世人，大千世界的万事万物能够不可思议到何种程度……历史的另外一项效用还在于，它得以显示人们在面对极端匪夷所思的情形时其反应是何等的实际。"

1917年，卡夫卡写了一个八千多字的短篇小说——《万里长城建造时》："我"，一位刚满二十的平民百姓被征修长城，这是来自皇帝的命令。为什么及如何修，是"我们"这些平民百姓所根本不知道的。而且我们"实际上是在一一研究了最高领导的命令以后才认识了自己本身的，并且发现，没有上级的领导，无论是学校教的知识还是人类的理智，对于伟大整体中我们所占有的小小的职务是不够用的。在上司的办公室里——它在何处，谁在那里，我问过的人中，过去和现在都没有人知道"。某些"高级官吏，由于一场美好的晨梦的激发而心血来潮，匆匆召集一次会议，又草草作出决议，当晚就叫人击鼓将居民从床上催起，去执行那些决议，哪怕是仅仅为了搞一次张灯结彩，以欢庆一位昨天对主子们表示了恩惠的神明。而在明天，彩灯一灭，就立刻把他们鞭赶到黑暗的角落里去"。

我所经历的"文革"，恰恰印证了作家大胆的想象力。

有人说过，一个天才的如椽巨笔往往超越自己的时代和社会。卡夫卡的作品确如一面能超越时空的深邃魔镜，映照出人性，以及社会最久远、最复杂、最幽暗的方方面面。

第四节　破旧抄家人心变

1966年8月1日，毛泽东亲自写信给一度被宣布为"反革命"而被强行解散的清华大学附中红卫兵,表示他本人"最热烈的支持"。这个组织宣告:他们"要抡大棒,显神通,施法力,把旧世界打个天翻地覆,打个人仰马翻,打个落花流水,打得乱乱的,越乱越好!"8月18日,毛泽东穿上军装,出现在天安门城楼上,在百万青少年的欢呼声中戴上了红卫兵的红色袖章,成为红卫兵的最高司令官。漫长的导火线终于燃到了尽头,爆炸声中,红卫兵的抄家运动开始了。社会上众多地、富、反、坏、右、资本家被抄家,好像当年打土豪分田地一样,四处传来某处红卫兵抄出地主家的变天账,某处抄出反革命分子家埋藏的武器弹药、军刀匕首等凶器,某处抄出资本家大批金银财宝,某处抄出国民党委任状、军装之类的消息,无不显示阶级敌人在"梦想变天,反攻倒算"。

出于对这帮"剥削阶级害人虫"的义愤,我们"鲁迅战斗队"也开始躁动起来。经过大家讨论,决定事不宜迟,必须马上行动,不能落在运动的后面。犹记得那时的自己是头戴绿军帽,身着绿军装,腰间系着宽大的武装带,铜扣闪闪发亮,左臂佩鲜艳的大红绸袖标,上面用黄的丝线绣了"红卫兵",手握红宝书。那无疑是一段梦魇一般的经历,无论对于事件的哪一方,都堪称一场劫难,以至于如今,我捉摸不定要用怎样的笔触来回顾这段历史。

1966年一个夏日的午后,长沙刚刚经历一场雷阵雨的冲刷,霎时万里晴空,阳光普照,倘若没有放眼可见的白墙红字,倒也是一座安详静谧的星城。

这样难得清凉的午后适合极了一个美美的睡眠。这些日子,为了响应党中央将"文化大革命"进一步深化的号召,"鲁迅战斗队"全面更新了市区主要干道的大字报,将矛头集中指向"走资派"和"现行反革命"人员。全队全员参战,无论男女,一律上街刷墙写字贴报,每天只容得三四个小时的休息时间。

长沙地势低平,每到夏日逢暴雨来袭,即使不发生洪涝,也常会干道积水,尤其在那个城市排水系统还远不完善的年代,道路街区又多是泥土,大雨一过,整个城市便陷入瘫痪。我们就在过膝的泥水里连日浸泡,连日奋战,不少同学的腿脚都因浸泡过久、水蝇叮咬而溃烂,一些女孩子甚至是带着例假也不下"火线"——现在想来幼稚而残忍的行径在那时却是那样地天经地义、令人亢奋,仿佛苦难越深,对"革命"便越虔诚，对党和毛主席便越忠诚。

谁说中国没有本土"苦行"的宗教？在那个时代，政治，便是中国人的宗教。

"革命任务"又快又好地完成了，我们这些"革命小将"的身体也几乎垮掉。趁着这天难得的凉爽，这些本没有午觉习惯的长沙伢子们午饭一过也都呼噜噜倒下一片。

迷迷糊糊约莫过了半个多小时，耳边突然传来一阵不合时宜的尖厉叫声："报告司令！"我由梦中惊醒，勉强睁眼一瞥，果然是小六。这小子刚十四岁，因为家庭成分定成了上中农——离富农半步之遥，涉险过关当了红卫兵，因而对"革命"分外积极上心，生怕在政治觉悟上落在贫农之后。年纪虽小，性子却机灵好斗，很快便进入了"鲁迅战斗队"的核心领导层，算是我的左膀右臂。那时我手下有很多人，他们会向我报告，说哪家是资产阶级，哪家是特务，哪家是过去国民党的家属，小六就是其中一个"眼线"。

"有什么情况？"我知道他这般匆忙，必定是又从"革委会"探听到什么消息。

小六一头的汗，顺着额角淌下来，也顾不得拿衣袖擦一擦："革委会说了，太平街有个历史反革命，今天必须抄他的家，让他在革命群众面前现出原形！"

"又要抄家？今天？"我迟疑了片刻。

"对！就今天！就现在！"小六一副一刻都不能耽搁的着急样子。

说话间，其他"战斗队"队员早醒过神来，纷纷开始整理行装，有人去学校要卡车。那时大街上不时有满载抄家物资的卡车呼啸驶过。只要是红卫兵要车，学校、街道、周边工厂，乃至社会用车，都会给我们。不一会儿院子里车声隆隆响起，我知道一场战斗又将到来。

抄家大规模进入"文化大革命"的运动谱系当中大约始于"八·一八"毛泽东接见红卫兵之后，在精神领袖的支持与鼓舞下，红卫兵运动愈加猛烈无畏起来，破四旧和抄家如瘟疫一般席卷整个中华大地。对于刚刚进入"革命"队伍的青年红卫兵，抄家还纯乎是一个全新的生命体验，抄什么？怎么抄？是否使用暴力和武器？这些问题看似有政策规定，却又不甚明晰，实践之中大都由血气方刚的红卫兵们随自己的感觉拿捏，过激情形在所难免。

"文革"之后偶遇一些其他地方参与过抄家的红卫兵和工宣队队员才知道，当时还是有许多人家在被抄家过程中因"负隅顽抗"被打伤甚至打死，绝望自杀的亦不在少数。也是在知道这些之后，我才得以在心中略舒一口气，感谢青年时代的自己心底留存的善念，未让我的一生留下无法弥补的悔恨。

卡车停了下来，抬眼一看，只见在一个胡同口处，一个中年妇女向我们打招呼，然后把我们领进那条胡同，拐了几个弯，走到一个小四合院门口。两扇红漆木门紧闭，大门两侧分立两个石雕门当，漆门上方探出六个方形户对，煞有威严。这"门当户对"惯指男女双方的社会地位和经济情况相当，结亲很适合。常人却不知"门当"与"户对"应拆开来解释。

"门当"即大宅门前的一对石鼓，有的抱鼓石坐落于门础上，因鼓声宏阔威严，厉如雷霆，百姓信其能避邪，故民间广泛用石鼓代"门当"。"户对"则指置于门楣上或门楣双侧的砖雕、木雕，形状有圆形与方形之分，圆形为文官，方形为武官，"户对"大小与官品大小成正比。"户对"一到五品可以为六个，六到七品可以为四个，以下只能为两个。由是观之，这家主人身份显非寻常。

更令人纳罕的是，视线跳过中式围墙一望，里面却是二层砖砌洋房，现在想来应是典型的民国时期建筑，大大的拱形花窗还颇有些巴洛克式味道，整体简洁雅致，线条柔和且无雕琢之感，当是一座西式建筑佳作。

可惜，当时的大背景下，哪里容得下这"反革命"的、"奢靡腐朽"的旧宅？

在那个氤氲的年代，一切事物，无论美丑，统统都失去了评判的意义。不是审美标准变了，而是"审美"这个词被神奇地"取缔"了，所有的实体与精神、思想与情感都自觉或不自觉地被纳入政治话语的漩涡当中。越是古色古香、美轮美奂的建筑，越要毁掉，否则，何以响应"破四旧""横扫一切牛鬼蛇神"的宏伟号召？

红卫兵们看到这豪门宅院当下便怒气十足，围了上去敲门，敲不开就用脚踹，很快就将大门撞开，高喊着"舍得一身剐，敢把皇帝拉下马"，我们就排着队进去了。

偶然

院子一角空地上种了些瓜豆和淡紫的牵牛，地上有花影。院子正中端坐着一位老人，年纪很大了，七十多岁，头发已白，瘦瘦的，却不靠不倚，目光直视，颇有几分威严之气。倒是家中男女老幼十多口人闻声陆续来到院子，他的孩子们一大群，儿子都四五十岁了，孙子也都很大了，十几岁，都立时便被这阵仗惊呆了，像一根根木头，呆呆地站着，我告诉他："我们是红卫兵，来抄家的，你就在这坐着，也别干别的。"二十多个红卫兵二话没说，便开始逐间屋子搜寻。他们涌进屋里，翻箱倒柜抄出许多古旧书画。他们把搜出来的东西扔得满院子都是，然后声嘶力竭地喊叫，说这是"破四旧"的革命行动。不多时，女人孩子便开始哭闹，眼神里全都写满了惊疑和恐惧，惊疑甚而多过恐惧，仿佛都在发问：为什么和平解放这么多年还会有这样的事情？

他们哪里知道，这个看似朴素的个体性质问正成为那个时代留给后人最大的问号。

一时间，满院杂乱。转身看去，却发现惟有老人端坐正中，双眼微张，龙头拐杖斜倚在身旁，不言语，不阻拦，仿若这一切早已在意料之中了。

我那时是中学的红卫兵司令，就在门口坐着。我拉了把椅子凑到老人身旁，想了想，说："这些都是暂时封存，将来还是会还的。"

老人静默半响，下颚一收，缓缓说道："当初没有没收我的所有财产，你们现在要拿就拿去吧。"我一问，才知道这位耄耋之年的老人曾是国民党湖南守军少将副军长，打过仗，带过兵，经历过大场面，解放前投诚，没去台湾，为共产党打开了城门，因而受到了政府宽大优待，保留了家业。

他看着我们翻箱倒柜，挺淡定的，只是眼神里略有一种惆怅。我看着他，那时的我，因为要响应毛主席的号召，横扫一切牛鬼蛇神，总觉得造反有理，但看着这样的一位老人，又觉得他很是有点气节。我双手摩挲，很有冲动想告诉他，这些都是暂时的，运动总会过去，但心里却分明毫无底气：九百六十万平方公里的土地上，哪个能确知这混乱的年代何时是个尽头？我想告诉他，这个不是政府针对你有心加害你，是中央为了巩固社会主义成果的一时之举，但却半天张不开嘴——个初中孩子哪里摸得清那风云莫测的政治权变？哪里看得清那波谲云诡的运动风向？于是，呆坐于斯，只能无言了。

　　因为我们"鲁迅战斗队"信奉文斗，所以，待人还算和善，抄家也都守纪律，我自己并没有打过人，这一点，让我在如今回想起来，不致过于内疚、沉重。尤其在抄家时，我们并没有昏了头，每天临出发前都会学习一遍"三大纪律八项注意"，召开全体会议，申明纪律，所有查抄物品全部交给国家，如果发现有私藏物品的，严惩不贷！基本上可以说我们"鲁迅战斗队"是两袖清风地"战斗"，没有发现过违反纪律的行为。

　　红卫兵们边抄边列清单，老人一家带着孙子坐着，那孙子拿惊讶的眼光望着我们，然后走到墙边，靠在柱子上看着我们。大约过了半个小时，地上便堆满了"战利品"。其实并没有什么值钱东西，不过就是些毛毯、丝被以及瓷器、字画之类。孙子小声告诉自己的爸妈，说什么东西都拿走了。这些东西被我后来统一摆放在学校后面的三间教室里。政策一明朗，旋即便都一一归还给老人了。

　　走前，我让老人在被抄财产清单上签了字。他的儿子问我们，以后会不会退给他们。我说不知道。老人的头沉在那里，没再吭声。接着几十个红卫兵一窝蜂地退到大门口，在大门上刷糨糊贴上了"痛打落水狗"的标语，一边还喊着"拿起笔做刀枪，集中火力斗黑帮，谁要敢说党不好，马上叫他见阎王"，"革命不是请客吃饭，不是做文章……革命是一个阶级推翻另一个阶级的暴力行动"。然后在一片此起彼落的口号声中把抄出来的东西堆上卡车，包括他们家那些紫檀木的上好家具，整整堆了一卡车。临离开时突然起了风，吹得满天的暗云在夕阳里奔跑。在回校途中，我在卡车上迎风站着，脑袋却有一种麻木感。

　　回到家后，和母亲兴致勃勃地说起了这件事，以为是参加了"革命行动"。母亲却责备我："别人家的东西，你抄去干什么？！"

　　我却振振有词地说："他是反革命，过去是投诚的国民党少将。"

　　母亲反问："哪怕他过去是大资本家，那也都是过去的事了，你抄去干什么呢？"我一下子哑口无言了。

　　那天晚上吃完晚饭以后，母亲把我叫到身边，拿出一本《中华人民共和国宪法》，说："你去破'四旧'，我不反对，但不能去抄家、打人。这本书,你好好看看。"

虽然那时对宪法似懂非懂,但我却真切记得我抄过的每一家人,那些眼神,那些恐惧着的孩子们。那一年,真是很长的一段日子,也许是看得太多了,这么多年过去,我都没法忘记那些眼镜后面的闪闪泪光,那些淌血的嘴角,那些被剃掉一半的头发,那些在八月的骄阳下缕缕行行的银白头发,那些湿成一片的汗水,那些抖得像寒风中的叶子一样的嘴唇……

又有一天,我们收到来自街道的检举信,那时街道也有造反派,往往是街道积极分子和警察做眼线,让我们红卫兵打头阵,他们则不肯当面得罪他们的邻居,所以藏在后边。我那时已经意识到,红卫兵有点被人当枪使的感觉。可是人已经到此,也不能不进去。我们进去的那家姓刘,男主人是湖南医学院的脑外科教授,戴副眼镜,白白净净的,看起来挺斯文。50年代末从国外回来,不到四十岁,被打成右派。老婆是上海人,他自己是湖南人。我们进去后先直呼其名,问是不是右派?情况属实后,就开始抄家。他们家住在公寓里面,两室一厅,房子还比较大。

我们打开衣箱和衣柜,新的和旧的衣服被抛起来,然后落在地上,脚踏过去时留下被踩碎的樟脑丸的气味。我们撕碎绸和纱,留下布的。有同学找到了几双旧皮鞋,有跟的砍掉跟,没有跟的拦腰折断,用的是他们家切菜的厨刀。我们移开家具,用铁棍反复敲击地面和墙壁,却什么也没有,没有金条,也没有发报机。我们打开锁着的抽屉,取出有限的现款……

我们开始抄的时候,他就坐在那里,手里抱着一个小孩子,那孩子满脸是泪,但不敢哭出声来。另有一个大孩子,先是站在那里,后来也坐下了,看得出家教很好,并没有哭闹。他家没有多少东西,有几百块美金,有一辆英国进口的三枪牌自行车,那时三枪牌自行车是市面上最叫得响的一个牌子,商标就是三杆枪,据说它的材料来自一战后剩下的武器,解放前,一辆的价格是九十块银元,很多人只能望而兴叹。此外还有进口的缝纫机、金表、一些摆件什么的。

他淡淡然地说道:"你们要拿什么就拿吧,这车你们要,也拿走。"之后,他不再多说什么,我们就开始拿了。当时,同学们非要拿那辆自行车,我说,这自行车,他要骑着上班的。立刻有人反驳我，说这是资本主义的东西。于是自行车也被扛上了卡车，然后便是成捆成箱的泛黄的书被搬了上来，塞进卡车。

我不知道，我的眼中，是否闪过一丝愧色。

一方面，我相信党中央的号令是正确的；另一方面，从个人情感上而言，我却感到疑惑。我觉得我们这样做，蛮伤他的心的。有一段时间，我一直会回想起那个下午，他那副知识分子式的、苍白的、逆来顺受的眼神，我感觉到，他并不害怕，但却渗出一种绝望，一种"你们要怎样就怎样"的绝望。他看上去，就像个影子。

记忆中，类似于此的抄家还发生过十几次，每一次都有不同的场景，每一次都带给我不同的感受。有的人被抄家时表情严峻，眼神很坚毅，昂首挺胸地站在那里，那咄咄逼人的眼神使得我们这些小"造反派"好像都不敢正眼看了；也有一些高级干部，显然已经在精神上和肉体上都遭受了严重的折磨，大都是表情呆滞，精神颓唐，眼睛浑浊无神，看上去就知道他们精神已经垮了。只是抄家的规则越来越让我这个参与者捉摸不透，"文革"的正义性、合法性也随着秩序的接连破坏不再那样经得住反问。

有一次，鬼使神差，我竟独自去了被我们抄过的一位富户遗孀家。她家的大门半掩着，我在门缝中瞧见了在屋门台阶上坐着的她，脏衣垢面乱发如柴。我站在她家门前的十几分钟里她没有挪动一下，呆滞的眼神仿佛也未曾有过闪动，就像是泥塑的一般——我逃也似的离开了那个地方……但每每想起，至今总有一种很酸楚的感觉。

十六七岁是人一生中最美好的年华。十六七岁的花季本应在校园中度过，享受无忧无虑的欢乐和友情，然而在"文革"中，却有成千上万稚气未消的花季少年因为出身问题，饱受心灵的折磨。

有一天，有人告诉我："我们'鲁迅战斗队'外围人员中，一位姓赵的女孩，因为父亲是个编剧，也被抄家了。"我想起那位女孩，她长得很漂亮柔弱，也很清纯，但此后我再见到她，总感到她的眼神中带有一丝忧郁。她不再爱说话，做事怯生生的，总像有什么心事。我想，这件事对她的打击一定是致命的，她的心灵一定受到了极深的伤害。

后来，因为有造反派在路上拦住了她，给她剃了个阴阳头，她竟然万念俱灰，寻了短见。死讯传来的那个晚上，我彻夜难眠，我想，为什么一个蓓蕾初开的少女，在这个世界上竟找不到属于自己的容身之处，最终离世而去？我在扼腕长叹的同时又扪心自问，在她感到最无助的时候，我们为什么没能帮她打开那封闭的心扉？

但她的死，还是给整个"鲁迅战斗队"带来了无形的震撼，大家在沉默和思索中开始重新审视社会和自己，现实和理智逐渐替代了以往的幻想和偏激。

几十年过去了，"文革"对人性所造成的摧残至今仍令人隐隐作痛。我常想，当初如果没有这场浩劫，我们这一代人就不会失去太多的学习机会，也不会卷入恶的地狱，女孩也不会死了……

每次抄完家，我都会让他们签字，看对不对，单子就留在了我们这里。这些被抄的物资，1967年年底中央下了命令开始退还，1968年"革命委员会"成立后，成立了清退办公室，一直到我当兵走之前，仍在持续退还。被抄的人家，只需说，这是八中队伍抄的，就可以去八中找；还的时候，会把单子一并还给他们。因为我亲自带队抄了十六家，我就一一上门通知他们去领回。他们自己搞来车子，到学校后，我们把门打开，清退给他们。

我们这支红卫兵队伍，对财产数量还是写得比较清楚的。绝大多数完璧归赵，当然也有个别的东西可能拿混了。当年，除非特大财产，比如一大箱金条，国家才会没收。我们那里，抄出来的财产，最多也就是一二十根金条。那时三间教室，塞得满满当当的，每家物资，我都写了牌子，标明来自哪一家。清退时，他们自己去找，我们在一旁监督。金银珠宝都放在学校大保险柜里，门上有锁，贴着封条，谁也不敢动。

前一年抄的东西，一年后又归还，我有点纳闷，但同时觉得这样才是正确的。抄家的时候，我内心就感觉到不是滋味，当时想，这样做，是不是有点不太合乎情理？为什么在一个宪法载明保护个人财产的共和国里，一些公民，甚至只是一些未成年的非公民，就可以明火执仗地抄走另一些公民的财物，不仅不受制裁，反而受到保护？许多老人在抄家之后故去，是不是因为他们的精神被摧毁？而这难道不是在伤害别人？因为很多都是他们家族祖宗传下来的东西，并不是什么反动武器。拿了别人的东西理应退还，所以清退时，我真有如释重负的感觉。做人，永远不应该借势欺负人啊，否则，良心会不安，灵魂的深处也会不断叩问自己。

而今我偶尔会去回想反思那段历史，为何自己能够有幸在其中保有一份底线的理性。一本记录"文革"的书中写道：每个人都用自己的人品与天性参与这场中国人被迫的自我劫难。我颇为认同。记得"文革"时母亲曾多次不厌其烦地反复叮咛我：一定要把抄走的东西登记造册，保存完好，将来一定是要还的。现在想来，于我而言，这"人品"与"天性"的形成多半要感谢我善良的母亲。在社会道德扭曲、传统秩序坍塌的时代，是这可贵的家教维系了我作为人的基本的底线，也潜移默化让我渐渐懂得了什么叫做"仁"。

英国作家、诺贝尔文学奖获得者威廉·戈尔丁写过一部著名长篇小说《蝇王》，借小孩的天真来探讨人性的恶这一严肃主题。

故事发生于想象中的第三次世界大战，一群六岁至十二岁的儿童在撤退途中因飞机失事被困在一座荒岛上，离开了文明社会的规则和大人的管束，起先尚能和睦相处，后来由于恶的本性膨胀起来，变得野蛮和残暴，互相残杀。这是一部寓言式的作品，但是其中写到的孩子们怎么分派、争权、残杀等等，在平常的生活中也时时可以看到，"文革"时期更是如此。这是伟大作家对人性的深刻洞察。

在中国传统的儒家思想中，"人之初，性本善"几成金科玉律，《蝇王》却试图告诉我们：在人性的深处，隐藏着可怕的"恶"，一旦文明的规范消失了，"恶"就会冲破压抑，像魔鬼一样迸发出来。

其实，人生来也许就是善与恶的统一，人性中既蕴含着善，也埋藏着恶。在文明、理性占主导的环境下，人性中的恶是被压抑的，人类社会也才会生存，才能延续。而一旦环境恶化，文明被颠覆，理性被抛弃，人性中的恶就会寻找各种薄弱环节冲破压抑，蠢蠢欲动，蔓延爆发，进而毁坏人类和人类社会自身。《蝇王》中的孩子们是这样，"文革"中的我们，也是这样。

《大学》里面提到"一家仁，一国兴仁；一家让，一国兴让；一人贪戾，一国作乱"。这句话最根本的，是要从我自己做起。自问自己"文革"所作所为，没有为自己谋过私利，报过私仇，虽然在大环境下，也跟着做了抄家这样伤害他人利益的事，但我毕竟没有忘记，对人要以"仁"相待。

第五节 走南闯北大串联

时间日渐推移,进入了1966年的冬天。湖南的冬天格外地清冷,每逢月夜,剪一烛灯火,凭几临窗而坐,室外月光一清如水,夜静更深,漏永宵长,清清凛凛的寒气中透着一股萧索。对烛光闪烁而冥想,忽觉万籁有声,细索皆无,神游极表,思接太玄,于此静谧中体悟由历史深处走来的旷古的荒凉与厚重。月轮高悬,照此亿万斯年,天地宇宙,古往今来,生死息寂,岁月更迭,尘世变迁,方悟唐王勃"天高地迥觉宇宙之无穷,兴尽悲来识盈虚之有数"。

但同时,在中央的支持下,中国的大江南北、长城内外,一场轰轰烈烈的全国革命大串联才刚刚开始。当时,全国的学生,不分小学、中学、大学,也不管是学生还是教职员工,自由组合,祖国大地,天南海北,愿意去哪就去哪。各学校也打破了年级、班级的界限,可以是一个组织,也可以是几个人,一个人也可以去串联。全国各地都有红卫兵接待站,免费吃住。

其实早在1966年下半年,便有北京大学的学生"串联"、"点火",号召群众学生起来成立"红卫兵"组织,打倒走资本主义道路的当权派。大串联之风在全国越演越烈,给铁路运输造成了极大压力,火车上的人非常多,把车厢挤得像沙丁鱼罐头,连行李架上、座位下面甚至厕所里都挤满了人。这时候,还出现了全国第一支步行串联队伍——大连海运学院的十五名红卫兵学生。他们从1966年8月25日开始,举着"大连—北京长征红卫队"的红旗,历经一个月的艰辛,行程两千余里到达北京。

当时,南来北往坐火车、轮船串联的红卫兵已造成全国交通的拥挤不堪,中央却束手无策。大连海运学院的这一举动,既达到了红卫兵大串联的目的,又减轻了运输压力。于是《人民日报》1966年10月22日发表了社论《红卫兵不怕远征难》。社论说:"大连海运学院的革命学生,不坐火车汽车,徒步行军进行大串联,这又是一个很有意义的创举。我们衷心祝愿这些革命学生长征演习的胜利,并且希望各地的革命学生,在自愿和可能的条件下,也这样做。"同时社论还进一步激励青年学生:"无产阶级革命事业接班人,一定要经过艰难困苦的磨炼。他们决不能做温室里的花朵,经不起风吹雨打,而要做高山上的劲松,勇于迎接暴风雨的挑战。""我们青年一代,一定要永远忠于毛主席,忠于毛泽东思想,忠于党,忠于人民,把'红军不怕远征难,万水千山只等闲'的革命传统,继承下来,千秋万代传下去。"

于是,一股步行串联风在全国悄然刮起。而在那个"激情燃烧的岁月",年轻人的心气最容易被点燃。那些日子,学校的教室基本空了,这股步行串联之风很快就把我刮得坐卧不安,蠢蠢欲动了。1966年12月,为了进一步斗争和思想教育的需要,我们开始进行步行串联。我们中学的代表和湖大学生代表共计150人,联合组成了井冈山大队。取名"井冈山",意在追慕井冈山精神,缅怀前辈英烈们的事迹,寻红军艰苦战斗的英魂,对自己进行更深刻的教育。150人的队伍,年龄有大小,身体有强弱,浩浩荡荡开赴井冈山,行进途中颇有些当年红军进军井冈山的风范和豪情。

从长沙到井冈山有一千多里地,很多都是山路,我们从长沙一路步行,晚宿早起,各自背着裹着衣服和被子的背包和口粮,晚上累了就在途中歇息,伴着肃寒的冬夜入眠。第二天一早,天一蒙蒙亮,听到鸡鸣就起床,冒着清凛凛的寒气继续前行,"鸡声茅店月,人迹板桥霜"。早上起来之后先步行三十余里,然后停下来在接待站吃早饭,那时沿途各接待站都搭了棚子,不用交钱,用罢早饭,披着满身风尘继续踏上征程,再行五十余里吃午饭。午饭后又是五十里的山路,才准备吃晚饭。每天就是一百三十余里的路程,全部用双脚来丈量。

日复一日,时重一时,我们每天吃得都很简单,只求果腹。饥饿是最好的厨师,尽管只是"红米饭,南瓜汤,烧辣椒,酸菜汤",大家却都吃得津津有味,很香很满足,每餐吃完都是盆光钵净。当年毛泽东曾经与人合写过一首诗,跟我们步行串联的情况倒是有些相近:"翻山渡水之名郡,竹杖草履谒学尊。途见白云如晶海,沾衣晨露浸饿身。"我们也是翻山渡水,竹杖芒鞋,披风顶云,晓行夜宿,忍饥挨饿,一路前行。

走着走着,出汗了,加上闷在身上的军装,真是奇热无比。不久,许多人脚底下都磨起了血泡,也不多讲究,就是拿一根针,烫一烫用火一烧,把血泡刺破,包起来后穿上鞋,忍痛继续前行,再起泡

偶然

再刺再前行。150人，没有一个没有血泡，没有一个人掉队，没有一个人喊痛，没有一个人打退堂鼓。后来有的血泡化了脓，痛得要命，一直挨到井冈山，才打上针，慢慢好了。

走到后来就不再觉得痛了，井冈山的毅力和精神在感召着我们，前辈英烈的伟大事迹鼓舞着我们不断前行。联想到现在，很多年轻人怕军训，怕吃苦，相对而言，也许那个年代的我们，有着更多的信念；那时候的人，总体而言很纯朴，不怕苦，叫苦叫累是丢人的事儿。

我们先是到了大垅，算是井冈山区。红军时期，为了冲破国民党经济封锁，在那里建立了红色圩场，进行商品交换，发展地方经济，逢农历二、五、八赶圩。我们被安排住进一栋砖木结构民宅，在楼上木地板铺草而卧。没有电灯，我们只能去买了一支手电筒。第二天又是翻山越岭，到达茅坪，那儿也是一处革命圣地。越往前走，发现路上的红卫兵越多，尤其多的是来自江西、湖南两省各县的中学生，他们手捧毛主席语录牌，大家成群结队，日夜兼程，向井冈山前进。

每每有大路、小路两条路可选时，我们总是选择在碗口粗的毛竹林间穿小路，据说可少走几里路。

每每见到江西老表就问："到某某地，还有多远？"

老表总是说："没多远啦，还有一泡里！"一泡里是十里的意思，后来发现老表讲的一泡里，起码有两三里的误差。

也是在那时，我有了第一次饿着肚子夜行军的经历，而且是在又陡又滑的山路上。犹记得，一弯残月挂在山头上，黑森森的松林发出海浪似的涛声，山风吹着汗水浸渍的衣服，周身上下冷飕飕的，尽管又饥又困，大家还是强打着精神，跌跌撞撞翻山越岭，有时还要摔上几个不小的跟斗。

最终我们到达了井冈山，山里天气很怪，时晴、时阴、时雨，在登井冈山主峰的路途中，离倾泻而下的水帘飞瀑不远处，还经过了一个山洞，隐蔽在山谷幽深之处，两侧怪石嶙峋。洞口标示为：红军游击队活动处。洞口高三米，宽四米，深约十米，洞口一块平地，筑一个土坛，用卵石铺写"红军万岁"。据说这里是井冈山斗争时期，红军造币厂和红军重伤病员养伤的遗址。

红军造币厂原来设在上井村的一个农民家里，主要制造根据地内通用的"工"字银元。1929年1月底，井冈山失守后，造币厂和一部分红军重伤病员就转移到这里。红四军十一师师长张子清也曾在这里养过伤。当时是红四军向赣南出发前夕，张子清因伤口化脓步履艰难，三十一团的同志要求抬着他随军下山，可张子清不同意，执意不肯走，只好把他和五十余名重伤病员安置在这山洞里继续养伤治疗。从此，后人亲切地称此洞为"红军洞"。我钻进去看了看，发现可容上百人，还能依稀看到当年红军烧饭用过的石灶和摊过地铺的痕迹。

再往前行不久，终于登上了闻名遐迩的黄洋界。黄洋界离茨坪约十七公里，峰峦叠嶂，地势险峻，气象万千，云雾茫茫。仅几步之遥，已难辨人影。1928年8月30日，红军一营兵力在此处，击退白军四个团，毛主席因此赋词《西江月·井冈山》，树有胜利纪念碑。旁有古树，立牌文曰："一九二八年，毛泽东同志和朱德同志同井冈山军民一道，常到宁冈挑粮，上井冈山时，在这里休息。"

站在黄洋界顶，视野顿时开阔，万里江山尽收入眼底。我们150人群情振奋，心潮澎湃，每个人的心底都涌起一股激流，不约而同地在山顶欢呼，呼声掠过树梢，穿过群山，透过密密的竹林幽篁，浸入潺缓起伏的溪流，在井冈山脉的群峰之巅回荡，荡气回肠。视野中目力所及的一切似乎都在跟我们一起呼喊，所有声音凝成一股巨流，与我们的青春热血和昂扬奋发糅在一起，更增添了我们的无限豪情。我们那一颗颗青春的心跳跃得比井冈山的最高峰还要高。我想这大概就是一种天下视野，家国情怀。当年的毛主席是不是也站在这个地方，有着和我们今天一样的感受和豪情：

山，快马加鞭未下鞍。惊回首，离天三尺三！
山，倒海翻江卷巨澜。奔腾急，万马战犹酣！
山，刺破青天锷未残。天欲堕，赖以拄其间！

那时我们相信我们正在想伟人之所想，悟伟人之所悟，要以天下为已任，与苍生共呼吸，将个人有限的力量投入到为人民服务、为远大理想奋斗的无限时空中，铸就辉煌；我们相信自己对于时代大潮与形势正有着足够清醒的认识，也因此不为私利所惑，不为流言所阻，不为一时一地之得失而斤斤计较，成就伟大事业；我们相信尽管江流滚滚，天地悠悠，我们用伟大的理想，不懈地努力，在广袤的时空、

偶然

浩渺的宇宙中,终将吹响最嘹亮的号角。

徒步跋涉,千里壮游,那是属于我们的青春岁月。我们自觉心中正持有交织着爱与隐忍的巨大悲悯——那是一种虔诚而广博的悲天悯人、雄视古今的情怀,是一种跨越了时空的无私和伟大。这情怀正如弘一法师的偈语"华枝春满,天心月圆",浑圆融通,通灵透彻,有着一股清隽永恒的无言之美,这也正是中华民族在这万古洪荒中屹立不倒,延续血脉的重要原因。曾挽巨澜擎天手,更建高瓴笔如椽,只有大手笔、大视野,才能书写大篇章,所以,我们义无反顾地收拾好往昔的欢声笑语苦辣酸甜,打点起青春的行囊,不知顾后、唯想向前地征行,就算前路中会面临更多的挑战与磨难,我们也有信心不卑不亢地面对一切快乐与忧愁、坦途与艰险。攀峰之高险,岂有崖巅;搏海之明辉,何来彼岸。

下山后接下来是一段盘盘曲曲的公路,我们去了大井村参观,因为那儿有毛主席住过的八角楼,还有一块毛主席坐过的大石头。然后沿原路到小井,小井出来,始有小路,后渐消失,因仅人工略加开凿,且行人稀少,阶深草茂,几乎寻不到路,我们惟攀藤而登,小心翼翼。为了走近路,大家进入一片树林,后来不见路径,遍地杂树,行走艰难,挥舞一根木棍开路,终到公路。

到达茨坪,发现那里好似一块盆地,四周是山,沿山一圈是街道,分布着机关、商店、民居,中间是农田。我们沿街走遍全城。商店中有方竹出售,觉得很是新奇。

当晚我们150名长征红卫兵,住在茨坪中学的校舍里,把桌子拼起来,铺上草,打散我们的行军被,一排排,一行行,就像当年红军小战士的床。床安排好了,井冈山红卫兵接待干部叫我们吃饭,一间间老表家的堂屋,大都在七八十平方米,可坐几十人,长条凳,大方桌,桌上已摆上了热气腾腾的南瓜汤、青椒豆干烧猪肉、红烧米豆腐、油淋辣椒、清蒸腊猪头肉,嗅着香香的江西特色菜,同学们胃口大开,大家排着队到大木桶里盛饭,红米饭透着田野的气息,虽然粗糙一点,但可香可好吃了。

我吃着吃着,不由想起了当年红军中流传着的几句话:"红米饭,南瓜汤,扛着步枪打老蒋,别看咱红军个子小,打得老蒋四处逃。"

红军当年就是在这样艰苦的环境下，打退了蒋介石的四次围剿，取得了保卫井冈山的红色革命根据地的胜利。在中国战争史上，井冈山战役就是以少胜多，以弱胜强的典范。对我们红卫兵来讲，来到井冈山，看到黄洋界，听老红军讲起过去，惟有站在这山岗上，才真正体悟到这天，这地之间，浑然英雄灵气环绕，气势非凡。"顶天立地"，这个词，过去只是听说，不曾亲眼所见，此时此刻，你在其中，让真实感染，让灵性飞度，古人说的"采天地之灵气，聚日月之精华"就是这个道理了。上山时，我的双脚已经多次打起了血泡，而到达这井冈山的心脏、中心——茨坪，仿佛双脚的泡已不知了疼痛，荡洗双脚时，泡已收脓，只留下了疮疤和隐隐小痛，隐隐小痒，勾着你那根最小最小的疼痒神经。倒到课桌床上，拉上被子，头一贴上木枕，梦乡就把我拉到怀里，飘然而去，好像飘得很高，很远。

　　山涧清泉，云雾缠绕，布谷鸟的鸣叫把我又一次带入沉沉的香香的臆幻之中，很是甜蜜。

　　清晨，起床号鸣响，井冈山迎来了严冬第一次洒脱的阳光。

　　腊月初八，相传明朝皇帝朱元璋在做混混时，讨到了米饭、菜、肉杂，他把这些混杂物都置于大铁锅里，就在腊月初八这一天，加入腊八豆一起煮，煮出了有名并流传几百年的腊八粥。

　　这天早晨，我们吃到了比粥再稠一些的腊八饭，湖南话叫菜肉饭，有菜，有腊八豆和腊肉。腊八饭很入味，很好吃。

　　饭后，后面来了全国各地的长征队伍，长长的队伍在等着进入茨坪。小小的茨坪，只见小红旗飘扬，满是晃动的红卫兵，当时特有的一种时代感和热情激荡着我们的心胸。

　　四十四年后的今年，我又一次登上井冈山，写下了一首词——《再上井冈山》：

　　井冈一轮明月，五指峰黄洋界。

　　万顷碧泉飞瀑泻，杜鹃尽染战士血。

　　山峦叠苍松越，风啸竹海人杰。

　　星火横空颂英烈，九洲大地叩谢！

　　从茨坪再次出发，有的同学想去南昌起义的地方看看；有的同学想下煤矿，据说赣州就有一个，他们想去体验生活；还有的想渡河回家。

　　大家开始各自分头串联，走到赣州以后，我突然想起年长学生在

偶然

井冈山上说过的一句话来，说是参加过井冈山斗争的黄埔军校生中，有半数以上血染沙场。

我对同学们说："我不陪你们去煤矿了。我想去广州，广州是中国近代和现代革命的策源地，著名的三元里人民抗英斗争、黄花岗起义、广州起义都发生在那里；孙中山在那里创办了黄埔军校，毛主席在那里创办了农民运动讲习所，培养了大批革命骨干力量。我尤其想去黄埔军校看看。"

广州，这个亚热带城市，一百多年前，道光皇帝的钦差大臣林则徐在此销毁外国人的鸦片烟；其后，为推翻清帝制，志士起义，七十二先烈为一个共和国的梦想捐躯沙场。对我来说，广州的魅力主要在于它曾经是中国革命的中心，也是孙中山共和运动的首府。

不料大家集体反对，说那里太远，劝我一定要跟着他们行动。

我却说："试试看吧。"我一个人背着包，遇到一个农民，向他问路，他说最近的路，是从赣州这边翻过山，就可以到汽车站，在那里只要坐七八个小时的汽车，就可以到广州了，但翻这座山要十个小时。

于是我一个人，清早背起背包，带上一点馒头就开始走山路。开始路还平坦，以后则是一路上山。先是绕山而行，路宽仅一米，一边悬崖，一边石山，时有泉水流过。继而路宽，两旁杂树，亦有竹林，林间蕨类植物丛生，小鸟在树丛中鸣叫，一片美丽的山野风光。在全无人烟的山道上，记得碰到过一个三十多岁的妇女，担着担子，看见我穿着军装，背着背包走，和我擦肩而过的时候开始加紧脚步小跑，一溜烟地离开了，也许怕我是一个小土匪？

现在想想，那时候自己真是胆大。幸好一切顺利，我走得飞快，七八个小时就到了接待站，大家看我风尘仆仆的样子，也没人向我要钱，我就搭上车去广州了。

广州天气炎热得很，进入广东省境内后，就发现沿途看到的树木叶子是越来越大，已是隆冬，却还是郁郁葱葱的，芭蕉树丛叶片碧绿、巨大。我此前从未见过的甘蔗田比比皆是，像玉米和高粱一样密密挺立。沿途还时不时看见举着红旗背着行囊的红卫兵长征小队，车上像我这样的学生一看见他们，就从车窗内探出身子向他们欢呼，向他们招手，车厢内外激情一片。

一到广州市，发现广州接待站出乎意料地清洁，我们吃得好，睡得也不错，接待员还一个劲地要我提宝贵意见。虽然时值"文革"，广州却没有真正"破四旧"，比如广州市区里有条"先烈路"，纪念的可不是共产党烈士，而是国民党的黄花岗七十二烈士、十九路军将士公墓等。

广州美称"花城"，果不其然，即使在寒冷的冬季，广州依然满眼绿色，万紫千红。很多人家屋前屋后，厅堂房内都摆满了花，当地人告诉我，以往每年除夕前三天，都会自发形成花市，数里长街，吐艳争芳，人潮涌涌。

"年卅晚，行花街，迎春花放满街排，朵朵红花鲜，朵朵黄花大，千朵万朵睇唔哂。阿妈笑，阿爸喜，人欢花靓乐开怀……"

不过因为"文革"的关系，我去的那年，迎春花市被停办了。尽管如此，满街的紫荆花和木棉花，还是让人觉得似乎置身于春天。

正是在广州的街头，我第一次看到了那俊秀艳丽的紫荆花，如此灿烂，真的可以用如云如霞来形容，一阵风起，紫红花瓣纷纷扬扬飞下来，好像下起了花瓣雨，也把这座古老的城市装点得万分妖娆！

路上的行人们穿着宽大的棉绸裤，木拖板，手里摇着大蒲扇，据说那些穿人字拖鞋的就是华侨。广州的建筑风格也很独特，既有南国风味，又有明显的西洋风格，中山路上沿途商店都有遮阳道，有时一阵急雨袭来，不用打伞。据说广州的冬天就是如此，一日数晴数雨。公交车上乘客寥寥。急雨扑打车窗，水雾迷蒙中见街灯明灭。难忘那珠江两岸，椰子树高高成行，棕榈叶迎风沙沙作响。我梦游似的漫步在珠江畔，一一领略南国风情：那美丽动人的夜景、美味可口的南方小吃、鲜嫩多汁的南方水果……虽然吃的菜是水煮黄芽白、水煮白菜，对于习惯浓烈口味的我来说，实在难以下饭，但那甘蔗和香蕉令人口舌清甜。我还尝鲜了广州特有的木瓜、菠萝、杨桃，无不是清新爽口、甘甜汁美。

第二天，我就坐上车去了黄埔军校。黄埔军校对我来说一直是一个很向往的地方，因为历史上大部分的国共两党高级将领都出于此，这个军校对中国近代史产生的影响不可估量。那时我们大家都知道，天下黄埔是一家，黄埔军校记载着一段激励着整个中华民族奋发图强的历史，亲爱精诚、不怕牺牲的"黄埔精神"曾激励和鼓舞过多少救

偶然

国救民的革命英雄啊。黄埔军校更是国共两党将帅的摇篮,很多英雄都是黄埔军校出来的。特别是黄埔第一期至第五期的学生,像国民党的著名将领杜聿明,共产党的毛泽东、周恩来、叶剑英、徐向前、陈赓,他们在国共两党中都起着顶梁柱的作用。

　　来到黄埔军校校址,我不由自主地屏息凝气,对着这所叱咤风云的名校投去憧憬的目光——

　　黄埔军校坐落在广州东部珠江江心,一个树木葱郁、山峦起伏、形状狭长、四面环江的小岛——长洲岛上。

　　岛不大,面积不足十平方公里,四面珠水环绕,黄埔军校横立江头,岛上青山叠翠、林木葱茏,白鹭低飞,阡陌道路,错落相接。放眼望去,一派水乡田园风光,极具岭南风情。岛上有很多古炮台,其中白兔岗炮台,据说是我国近代海军发源地之一。清政府的炮台、林则徐的悲叹、孙中山的"天下为公"、林觉民的《与妻书》……一幕幕辛酸史,一段段报国志,都承载于长洲这个小岛上。

　　还未走到黄埔军校的门口,远远就看见了那块写着"陆军军官学校"的横匾,这横匾是由清末的谭延闿挥毫写的。字体苍劲有力,十分朴实,令人不由得肃然起敬。走进黄埔军校这片具有划时代意义的土地,却发现这所群英荟萃、名将辈出、战功显赫的世界四大著名军校之一,并无特别之处,里面的建筑是那么的简朴,惟教室、宿舍、操场、围墙。校舍很简单,几排二层教室与办公室用与之垂直的连廊连在一起,看来很适合广州多雨的天气。营房地势宽敞,视野开阔。营房门口迎面悬挂着"党纪似铁,军令如山"八个大字,使人一看便知当时的革命队伍是非常强调纪律的。

　　二楼是学生宿舍和教官的办公地方,有校长室、教授部、总理室等办公地方。宿舍里竹子架起的双层床铺,一个铺挨着一个铺,特别紧凑,条件挺艰苦的。给我印象最深刻的,便是简陋的教授部了:几套略见残旧的桌椅,一个用木头做成的已见沧桑的书架,一个大窗户。

　　看着书桌上那些备课本和那些废物利用的文具,我似乎看到了那些教授认真伏案工作的样子。就连蒋校长的办公室也简朴得徒有四壁。与这些一比,总理室的装饰却显得十分雅致。当年孙中山作为黄埔军校的国民党总理,经常来学校演讲视察,这里是他办公和小憩的地方。只见总理室的桌子上,一张精致的绣花桌布衬托着桌上美丽的花瓶，配上花梨木和紫檀木做的椅子，看起来柔和、舒适。

而正是这种艰苦，让人感觉，这就是一个军校。也正是因为有了这样的气质，才能养育出一批又一批的优秀军校学生吧！这种艰苦也让我再次回味了一番军校大门书有的一幅醒目的对联：升官发财，请往他处；贪生畏死，勿入斯门。横批是"革命者来"。据说这是1924年，黄埔军校创建之初，孙中山先生为该校题的。这幅门联和眼前的简朴，确实体现了孙中山创办黄埔军校的宗旨，即要造就大批不贪生、不怕死、不谋私利的将领和士兵，以挽救民族危亡、振兴中国。

在一代又一代的黄埔人心中，这是对他们一生坚守的"黄埔精神"的最朴素诠释——从军校创办之初的东征、北伐到后来的抗日战争，为国家民族牺牲的师生不胜枚举。每场战役，无不有黄埔师生的血；每个战场，无不有黄埔师生的骨。无数师生用自己的鲜血和头颅，铸就了这座军校的赫赫战功和威名声誉，也铸就了一段鲜活的历史。

学校旁边八卦山上有孙中山纪念碑，"亲爱精诚"是孙中山题写的校训，两边的石级与山顶的纪念碑组成一个"文"字，暗合他的名字。纪念碑侧的总理训词，后来成为了国民党的党歌。

黄埔军校的肃穆，让我无法掩饰内心的景仰之情。当年，多少热血青年不约而同来到这个小岛，怀着一份向往、一腔热血和一个追求。从这里不仅走出了国民党的众多将领，也抚育了共和国的开国元帅。

尽管后来同室操戈，但他们都曾为信念、民族和国家而执著、忠诚和奋勇！在那样一个军阀混战、军事割据的年代里冒着风险投身革命，真要有那种舍家纾难、气吞万里如虎的豪气才行！我似乎又听到了当年响彻云霄的黄埔校歌："怒潮澎湃，党旗飞舞，这是革命的黄埔！"

然后我又去了寂静肃穆的东征阵亡烈士墓地，那里长眠着237位在东征战斗中捐躯的国共两党英魂。真是青山处处埋忠骨，英魂流芳翠绿间。我面对英雄们的雕像，穆然肃立，深深鞠上一躬，心里默念：祀英烈，缅英雄，默在心，立壮志，洒热血，为人民。

在广州，我住了好几天，除了看看那铺天盖地的大字报，还参观了中山纪念堂、农民运动讲习所等革命纪念地。

农民运动讲习所位于繁华的中山四路四十二号。这个讲习所因为办在番禺学宫（孔庙）里，外观非常有意思：红墙黄瓦、飞檐斗拱；

石雕木刻，陶瓷彩塑，超凡脱俗。院内木棉、菩提、龙眼、九里香等古树挺拔葱郁。风吹过，古老树叶在大殿的飞檐边哗哗响动，装点了它的庄严肃穆、古色古香。据说是明清时期番禺县培养儒生和祭祀孔子的主要场所，占地面积约一点五万平方米。虽然是革命遗迹，但六百多年古老学宫的气息仍然从建筑的每一块砖缝间弥漫出来。

"农讲所"的正门悬挂着周恩来1953年题写的"毛泽东同志主办农民运动讲习所旧址"的横匾。学员宿舍内，除了部分架子床外，多数是竹木搭成的通铺。当年所长毛泽东的办公室兼卧室，室内陈设也十分简陋。东南角有一张木板单人床，床前放着一对湖南常见的方形竹箱，是存放衣物和书籍的用具。

在靠西边窗下，放置了办公桌和椅子。办公桌上摆着学员的笔记本、书报和文稿以及墨砚、笔架、毛笔等文具。不禁使我遥想起当年毛泽东在这样简陋的环境中孜孜不倦地工作和学习的情景。他就是在这里的讲堂，发表了农民运动演说，传播着中国革命的思想种子，培育出了广东这块近代革命热土！

"农讲所"是"学革命道理、学军事、学怎样发动开展农民运动"的。1926年5月至9月，毛泽东在这里主办第六届农民运动讲习所，古老的番禺学宫成了革命的摇篮。当时共开设了政治、经济、文化、军事、历史等二十多门课程。毛泽东讲授"中国农民问题"、"农村教育"、"地理"三门课程，并编辑了《农民问题丛刊》。周恩来、萧楚女、彭湃等共产党员任教员，分别讲授政治、经济、文化和军事等方面的课程，还聘请了社会知名人士郭沫若、何香凝等来做专题演讲。农讲所学员来自全国二十个省区，共三百多名。

他们在这里学习农民运动的理论和方法，接受严格的军事训练，还到海丰、曲江等农村考察农民运动。他们毕业后奔赴全国各地，领导农民开展反帝反封建斗争，播下了许多革命火种，对中国革命做出了重要贡献，在中国革命史上写下了重要的篇章。如果没有"农讲所"的星星之火，何以燎原而成"秋收起义"？毛泽东正是在这里培育出了农民的精神，日后才能率领贫苦农民打土豪分田地，走向二万五千里长征，走向延安，最后，走上了天安门城楼。

除了接受革命圣地的熏陶，我还去了风景秀丽的越秀公园看五羊，在熙熙攘攘的人民公园看南戏。著名的白云山，自然也登高一望。遍山滴翠，繁花满地，身边白云氤氲，修竹苍松，错落掩映，风起处隐隐有涛声；还游了游流花湖，南国风光，尽收眼底；晚上还去了红红绿绿的霓虹灯下逛夜市。

见识过一番南国的花城风光后，我登上去长沙的火车。当时的广州车站，秩序很乱，车站里，人山人海，到处都是人，到处都是来自五湖四海的红卫兵。他们又要奔往五湖四海去，去寻找属于他们的梦。很多人都上不了车，很多人从窗户往车上爬，我也从一扇微开的窗户钻了进去。车上一片狼藉，和今天的春节返乡列车相比，有过之无不及。

因为上海是党"一大"开会的遗址，1967年初夏，我又串联到了上海，那是我第一次到上海，对上海的印象相当不错，马路上车水马龙，人流摩肩接踵，高楼鳞次栉比。

在上海，复旦、交大、同济这三所老牌名校的大字报是必看的，那时我住在同济大学招待所，55路公交车直达南京路，正是在同济大学食堂，我吃到了甜中带酸的糖醋带鱼。同济校园内到处汹涌着大字报、大辩论的惊涛骇浪，贴满了"彻底批判资产阶级反动路线"和"打倒资产阶级反动学术权威"的大字报。

上海当时是中国最大的繁华都市，我坐着哐当哐当响声高亢的有轨电车到处游逛，街头广场，只见一条条巨幅标语从楼顶垂下。我参观了中共一大会址、宏伟的人民广场、人民公园的跑马场以及那块"华人与狗不得入内"的牌子。上海货当时是全国驰名的，所以我也去了热闹的第一百货商店和琳琅满目的豫园，只见商品种类繁多，顾客熙熙攘攘，秩序井然；也参观了万吨水压机，深深为中国的工人阶级感到自豪。尤其是那奢华的南京路，不得不多写几笔。小时候就听父母说起过，"十里洋场"指的就是这南京路，上世纪20年代开始，南京路就以商业繁荣而著称，近代上海华商投资开办最大最豪华的旅馆国际饭店、号称"远东第一流华丽影院"的大光明电影院、当时最好的一家皮货店第一西比利亚……都开在这条马路上。此外还有各种高级舞厅、咖啡馆、酒家、菜馆等等，呢绒西服、地毯公司、珠宝玉器店也是比比皆是，"不夜城"之名，绝对货真价实。

而淮海路，这条法租界著名马路，就相当于今天纽约的第五大道或者巴黎的香榭丽舍大街了。这条当年是、现在仍是上海最具风情的

偶然

街道上，种着许多法国梧桐，亭亭如盖。

后来碰到一个湖南衡阳在同济念书的朋友，听他好好解读了一番万国建筑文化：1843年11月17日，原英国陆军上尉巴富尔作为英国首任驻沪领事，发布了宣称上海开埠的通告。一开埠，来上海的洋人自然与日俱增，这么多洋人总得有地方待吧，总不能都像巴富尔似的，每个月花四百两银子租上海人的房子。于是巴富尔就向上海道台宫慕久提出，要一段黄浦滩，专供洋人居留。

当时的黄浦滩"一片泥泞，三数茅屋"，1846年，洋人在外白渡桥至金陵东路之间修筑马路，称为bund，中文翻译为外滩。这"外"字，既指出了乃是外国人聚居的地区特征，也含了城外的意思。

不过这位宫道台可是做梦都没想到，这片荒滩竟有着无可预计的远大前程。在它成为整个上海的经济命脉之后，鉴于它的地理位置优越，英、法分别在这段北起苏州河口外白渡桥、南至金陵东路，总共大约一千五百米长的弧线北端、南端设立领事馆，外商洋行、银行、报馆也云集此间。花了将近一个世纪的时间，这里鳞次栉比地矗立起各种风格的大厦，有英国古典式、英国新古典式、英国文艺复兴式、法国古典式等等。

直到今天，外地人、外国人初来乍到上海，首件功课还是去外滩拜会一下老上海十里洋场熏出的骨子里的气派。记得年轻的我刚到外滩，立时被那些万国建筑"硬邦邦"的气质给迷住了。

整块的花岗石垒砌的外墙、挺拔的石柱，经风经雨，毫不怀疑，它们完全可以一直这么屹立下去。环境和人的关系，从来都是相辅相成、互相影响的。当年出入此间的男人们的行头，据说也如是这般的硬挺。裤线烫得笔挺，雪白衬衫领子浆得挺刮，身板更是平展展。

从中山东一路西侧一号绵延至三十三号的二十四幢建筑，大都建于1937年之前。这些建筑，各有前尘往事，各有风光无限。好比中山东一路十二号，上海市人民政府所在地，曾经是英国人自称"从苏伊士运河到远东白令海峡最华贵的建筑"——汇丰银行。外滩三号，上海市民用建筑设计院大楼，则是一幢新古典主义大楼，有六层之高，顶层上还建了一个标志性的巴洛克塔亭，据说是上海第一幢钢框架的大楼。中山东一路五号，日清船运大楼，绿色铁门刻着"一九二一"，大门旁是古罗马爱奥尼克立柱、修整的花岗石块贴

266

面、方形窗框、挑檐下窗框上凹凸有致的浮雕图案，简直是日本近代西洋式建筑风格与欧洲古典风格滑稽的混合。

而久闻其名的和平饭店，远远望去，外墙上的花岗岩石贴面有着强硬的、说一不二的线条，纵然夕阳正好，金光华美而妩媚，仍然无法柔化些许。这份霸气应该是后天沧桑历史累积出的体量，或许也离不开先天，来自"每一件事都一定要做到上海第一"的业主秉性遗传吧。这倒让我想起了一则旧闻，当年花六百五十万银两建造起这幢十三层高楼的维克多·沙逊因为参加"一战"空战负伤致残，成了个跷脚。跷脚归跷脚，谁让人家当时富甲一方呢。1935年，隔壁宋子文的中国银行想造一幢三十四层的大厦也被他横加阻挠。"这是英租界，在沙逊大楼附近造房子，不准超过我这大楼的金字塔顶。"中国银行不服，沙逊为此大兴诉讼，官司一路打到英国伦敦，结果蛮霸的沙逊反倒获了胜，中国银行被迫让步，三十四层削去一半只造了十七层，其中还有两层造到了地底下，硬是比沙逊大厦矮了三十三公分。

初萌的民族自尊心一直到中国人自己解放自己后才得到了盛放，1949年，沙逊大厦被沙逊当做资产偿还了早已入不敷出的沙逊洋行所欠下的土地税、管理费、水电费、职工工资等。1956年，沙逊大厦连带其中四至九层的华懋饭店统统变成了和平饭店。30年代享誉上海文坛的散文作家曹聚仁曾在生前感慨，"我是在华懋饭店变成和平饭店以后才踏进那大门的，变成和平饭店以后，我们乡下人也可以堂而皇之坐在那儿吃面了！"把自己比作乡下人，曹老先生当然是自谦，但是当年的华懋饭店门槛确实很高，卓别林、萧伯纳来上海时，鲁迅过来看望，门口服务生见他穿了长衫，竟然将他拒在了门外。

那黄铜旋转厅门挤且逼仄，大堂则因为对比强烈而显得陡然宽敞起来。乳白色意大利大理石铺成的地面，头顶上是豪华典雅的老式古铜镂花吊灯，穹顶有用彩色玻璃镶嵌的图案，壁灯线条流利、钢栏杆、古廊柱、大理石，而那暗漆细条木板地光泽犹存，走起来富有弹性却又纹丝不动。

外滩万国建筑的门前，往往有一对威武石狮，正门就在两只石狮中间。旋转门极其逼仄，局促间，便被推进了八角形门厅，一进入，却是从地到顶，总有二十米高了。这是为了营造里外天壤之差，别有洞天之感吗？这些老建筑里都有升降式老式电梯，发出沉闷的声音，

偶然

圆圆的按钮早已被上上下下的手抚成了没有上下之分。铜制门，门上的玻璃些微模糊，照不分明。电梯上的指示灯做成半圆形的时钟模样，指针如箭般迅疾，箭头到处，黄灯亮起，从0到5，再从5到0，恍惚里似乎已经都走过了，又刷一下地倒流。不知不觉，海关大楼铿锵有力、声震云霄的雄浑钟声就响起了，映衬着黄浦江江水推波逐浪，钢铁巨轮穿梭而行，时光仿佛突然变得凝重起来。

对上海人来说，这外滩，就是情和梦，是爱和恨，是过去和未来。在外滩万国建筑的最高处，看落日西沉及万家灯火初上，俯瞰这极具殖民地色彩的城市轮廓，简直是最好的城市景色之一——繁杂大千世界网络的正中心。

为了了解著名的法租界，我买了份上海地图，一路按图索骥寻访。

上海表面挺热闹非凡的，但一进入卢湾、徐汇的原先法租地界，到处是安安静静的小马路。不过两三百米的马路，两旁种满法国梧桐，在一幢幢法式别墅间绕啊绕，绕到迷路。在斑斑驳驳的墙上，手指一路拖过。路旁的一栋栋房子有着红色的瓦顶，窗子的两边有藤蔓般卷曲而上的柱子，小小的突出的铸铁阳台上，攀满了微微发黄的常春藤。

先到了绍兴路上，很多法式的、西班牙式的建筑。家家楼上一方小阳台，现在是搁了拖把扫帚的，倒过去几十年，没准有烫了大发卷的摩登女郎探出身子跟隔壁抹了发油的小开有一搭没一搭地说说话。据说法租界时期这条路有一个颇为奇怪的名字——爱麦虞限路。这爱麦虞限，应该是个法国名人的名字？解放后，这里成了出版社一条街，但仍是静寂，行人稀少，与不远处拥挤的淮海路似乎是两个世界。

从复兴路到永嘉路一段，极为僻静，那些建筑本身精致到了清秀。待到淮海路北边一段，才是最养眼的一段，这里有当年上海西区最高的建筑，以前的华懋公寓，现在的锦江饭店，这一段茂名路又叫做锦江一条街。再有就是著名的三层高兰心大戏院，意大利文艺复兴时期府邸式建筑，是上海滩30年代最具现代感的剧院。有没有注意过它的英文名字呢？很奇怪的拼写——Lyceum，据说是亚里士多德创建的学府吕克昂之意，为什么要给这样一个衣香鬓影的娱乐场所取用这么个学术味浓郁的名字呢？真是不懂。

268

短短一段锦江一条街,一南一北却有两个上海最著名的影剧院,除了长乐路口的兰心,另一个就是淮海路口的国泰电影院,它是由英籍广东人卢根于1930年投资法币十五万元建造,三层法国风格建筑,外墙用的是深褐红泰山砖,白色嵌缝,端庄古丽。

其实,最最难忘的,感受最深的是上海一波三折的"弄堂文化"。虽然门脸处是法租界的漂亮房子,但只需往后绕一绕,深走几步,便能看到密密麻麻破旧不堪的传统石库门老屋天井。灰红相间的清水墙面、雕有"腾蛟起凤"的门楣,钉着几十年前门牌号码的黑漆大门……那时弄堂里住的大多是下中农,一个破搪瓷脸盆里种一大把太阳花。有什么高兴事了,那笑骂声简直是惊天动地。行走其间的都是些用篮子兜了菜、黄焦脸色的劳动妇女。

清晨,一缕晨光刚撒进弄堂的时候,许多女人,也有男人就拎着红漆马桶走出了家门,倒了后就在门前开始了"洗刷刷、洗刷刷",犹如一曲交响音乐,据说这"哗哗哗"刷马桶的声音已经回响了将近一百年。然后便是家家芭蕉扇对准煤球炉,标准的生火做饭。弥漫烟雾熏旧了墙、熏黄了原先精细雕花的门楣。这也许可以解释,为什么上海很多老字号餐厅,都是始于弄堂的吧。

比如著名的"梅园村"酒家,当年就是在北京西路二百四十弄内,以八张小桌起家的;"吴越人家"第一家面馆,最早就开在淮海路的小弄堂里。据说就连上海菜这个菜系,也是在起源于20世纪初期的"弄堂菜"基础上,吸取宁波菜与苏锡菜特色,再经不断改良,终于形成自己风格的。在上海的弄堂口,可以很轻易地找到面店、生煎馆,下午清闲,服务员人手一张报纸噼里啪啦,念念上面新闻,倘是有顾客应个声,更是摇头晃脑地说个兴致。

就是在和服务员聊天的过程中,我听说了那条颇具神秘特色的"四马路",从大马路(即南京东路)向南的第四条路。据说海派文化的发源地,就在四马路。

好奇的我立刻动身去了那里,哪里有什么袅袅婷婷的旗袍背影,倒是有不少传单,在夏日的天空中像冬天的雪片一样飘落。像我一样来沪大串联的外地红卫兵四处游荡,游行的队伍一拨接一拨。到了下午,游行队伍剧增,人潮汹涌,混成一片,无数面鲜艳的红旗随风飘扬,人们拉开着横幅标语,挥动着手中的彩旗,锣鼓喧天,口号声此起彼伏。

路过外文书店时，我进去看了一眼，从拐角处的小门走上楼梯，到二层，便是它的门市部，有一些影印的外文书籍。

鲁迅先生经常光顾的北新书局，巴金创办的文化生活出版社，大名鼎鼎的中华书局和商务印书馆……这里成为海派文化的发祥地，也是理所当然的。

不过大部分时间，我还是以近乎崇拜的心情参观革命历史遗址，因为知道虹口公园内有鲁迅先生的墓地，便专程前去公园拜谒。墓前草坪上有鲁迅的坐像，墓碑上有毛主席亲笔书写的"鲁迅先生之墓"。站在鲁迅墓前，遥想先生在夜色如磐、风雨如晦的旧中国，以三寸之笔为投枪和匕首，同旧世界和反动势力进行殊死的斗争，被毛主席称作新文化运动的伟大旗手和民族英雄。心里立下誓言，要以鲁迅先生为榜样，也以纸笔投入"文化大革命"的风暴之中。

对我们这一代人来说，毛泽东是我们生活中天然的一部分。我们对他的爱，与其说是一种感情，毋宁说是一种习惯，那时，有多少学生，不想"做毛主席的好孩子"呢？而"做毛主席的好孩子"，最直接的表现就是对毛泽东青年时代的直接效法。

毛泽东青少年时期的活动可以用"读书"和"行走"来概括。他遍览群书，博闻强记；他曾强迫自己在分文不名的情况下出游，沿途打工，维持生计，因为困苦没有退路，得以看到社会的真实面貌。行走强健了他的体魄，他常常不避风雨，反而在其间欢呼鼓舞，在自然力量面前感受天命所钟的幸福。相传他赠给晚辈亲属的语录，第一条就是"天将降大任于斯人，先必劳其筋骨，苦其心志，饿其体肤"的孟子教诲，他少年时有诗"会当水击三千里，自信人生二百年"，以庄子北溟大鹏自喻。用他自己的话说，他是"打着一把雨伞云游四方的行脚僧"，僧人云游，必定兼有清贫、济世诲人和反叛世俗的特点，而这深深地影响了整整一代人。

当时的中华大地上，就行走着大批这样的学子。这是这种大串联最早的初衷，尽管很快变了形。

第六节　死神又临再擦肩

1967年7月，我经历了一次生与死的洗礼。

那是一个动荡的年代，一切都不安分，看似平静的生活却波澜暗涌，偶尔遇到一点风浪，可能会掀起巨潮。随着时间的推移，"文化大革命"愈演愈烈，唇枪舌剑、纸上谈兵已不能使许多狂热而疯魔的人们满足，流血暴力事件时有发生。湖南的红卫兵分成了两大派：以打砸抢武装暴力为运动形式的"造反派"和以大字报文斗为代表的"文革派"。我带领的"鲁迅战斗队"本就是以笔为阵，又坚信以理服人，反对以势欺人，自然加入了"文革派"。"文化革命"进入了战火的阶段，两派之间关系一度紧张，势同水火，冲突不断，一度惊动了中央。

周恩来总理指示，两派各派代表十八人赴北京参加接见和谈话。我因为是学生干部的身份，而且工作比较突出，自然被选为"文革派"中的中学生代表，进京"赴会"。孰料，尚未进京，就在途中遭遇了"鸿门宴"，差点把命丢掉。

当时，我们"文革派"代表一行十八人兴高采烈地乘坐一列火车，而且聚集在同一节车厢。大家在车上指点江山，激扬文字，说古往今来，谈天地宇宙，满怀豪情地往北京进发，憧憬着抵京之后的种种蓝图。"同志们，我们很快就要到北京了！见到敬爱的毛主席了！"同行的小王兴奋地站起来，"为了表达我们激动兴奋的心情，不如我们一起唱首歌吧！"

"好啊好啊！"我立即起身响应，"我们就唱首《跨过鸭绿江》！"

整节车厢的气氛都热烈起来了，振奋的歌声飘扬而起："雄赳赳气昂昂跨过鸭绿江，保和平为祖国就是保家乡。中国好儿女齐心团结紧……"

"轰——"不等歌声落下，外面一阵巨响。火车刚行至长沙北站，突然间，整节车厢剧烈的震动起来，然后便停滞不前了。就在我们止住了声音，满腹疑惑时，下一瞬间便是天旋地转，整节车厢都晃晃悠悠起来。

我们不由得心下一紧，接着看见火车车厢被从地下整个拔起，不

偶然

断上升,接着又是"咚"的一震,砸在地上。我立马明白过来,心想:坏了,多半是遇到造反派了!要糟糕!透过窗外一看,整个景物都变得倾斜了!"造反派用吊车截住我们的车厢了!"小王惊恐地叫了一声。

惊慌、无助、焦虑……各种情绪伴随着我们,约摸过了半小时,车厢斜斜地停住了,外面有人在喊:"都给我下车!我们是长沙工联的!"

一听到"长沙工联"这几个字,我顿时心下一颤。这"长沙工联"的全称是"长沙革命造反派工人联合委员会",是当时湖南省最有影响的造反派组织。

"下车下车!快!排好队!"他们一帮人拿着枪强令我们下车,然后用黑布蒙住我们的眼睛,将我们带上一辆大巴车,像押解犯人一般把我们押到省建六公司地下室里,关起了禁闭。

到了地下室,我们才被摘下蒙眼的黑布。本来在自己的地盘上无限风光、威风八面的"文革派"首领们,这时却被关了禁闭,英雄落魄,虎落平阳,一时心中愤怒、惊惧交织,竟不知如何是好。

南方多雨,正值梅雨季。本来是充满着无数诗情画意、孕育无数诗兴文思的雨,这时候却成了我们的磨难。外面下雨,水就往地下室里渗流。听着外面淅淅沥沥的雨声,一小股一小股的水潺潺流进地下室,此时,大家只是无可奈何,木然面对这无边苦海。地面积水越积越深,我们只能在水中昏昏沉沉睡去。

南方潮湿,蚊虫历来多,地下室里更是它们"得天独厚"的滋生之所。本来就不安稳的睡眠,又常被叮咬打断,浑身都是包,肿痒难受,再经地下室的湿气一浸,更是"雪上加霜"。不过,也有好心的工联守卫于心不忍,会偷偷为我们点上蚊香驱蚊,一边点放蚊香,一边做出"训斥"我们的样子。我们十八人每天就在这样的环境中苦守,大家倒也能相依为命,相互鼓励。不过更为残酷的,还不是潮湿和蚊虫。

每天工联人员都来提审。对待我们这样的"异端"自然不会客气,而可怜的哀求只能激发他们更狂暴的兽性。他们总是用皮带铁头和枪托,对着我们毫无顾忌地抽打猛敲。

被关押的地方离天心阁并不远,那段日子里,我竟常常回想起小时候在天心阁上听说书的事来,儿时听来的英雄人物的故事,如今竟成了精神上的有力支持。

　　我想起了文天祥的故事：当年，元朝统治者发现利诱和亲情都未能使他屈服后，就变换手法，用酷刑折磨他。他们给他戴上木枷，关在一间潮湿寒冷的土牢里。牢房空气恶浊，臭秽不堪。文天祥每天吃不饱，睡在高低不平的木板上，又被穷凶极恶的狱卒呼来喝去，过着地狱一般的生活。由于他坚决不低头，元丞相孛罗威胁他说："你要死，偏不让你死，就是要监禁你！"

　　而文天祥毫不示弱："我既不怕死，还怕什么监禁！"

　　正是在囚禁的孤寂岁月里，他写下了不少感人肺腑的爱国诗篇。他死前曾问监斩官："哪边是南方？"

　　有人给他指了方向，他就向南方跪拜，说："我的事情完结了，心中无愧了！"于是引颈就刑，从容就义。

　　文天祥死后，牢卒在他的袋中发现一首诗："孔曰成仁，孟曰取义，唯其义尽，所以仁至。读圣贤书，所学何事？而今而后，庶几无愧。"

　　一想到文天祥的故事，打我时，我就能做到一声不吭。那时候打人者也就丢手走了，也许是瞧我没有什么反应，打来无趣。

　　这种日子，真叫度日如年，我们切实地体验到了什么是"煎熬"，每天都盼着白天赶紧过去，然后我们能回到那逼仄的地下室中稍作休憩，狭小湿暗的地下室竟然成了我们的寄托空间。

　　日子一天天过着，我们一天天数着，白天受审挨打与晚上水中休憩的交替中，几乎无暇、也不敢想自己将要面临何种命运，能否从这里逃脱，捡得一条性命。从前一腔热血从事的"革命"事业，在这命将不保的情形中，显得那么遥远；那些风华正茂的日子，那激情燃烧的岁月，已被这禁闭的牢笼隔离成杳不可及的前世。我们将何去何从？

　　第十五天中午，工联把我们十八个人全部带到当时建六公司的劳动模范刘正良五楼的家里（刘当时是省建六公司工人、全国劳模、"工联"成员，时任省总工会副主席），让我们在那儿闷声闭嘴。

　　我们都不知道发生了什么事，只能照样执行，过了几分钟，突然听见楼外枪声大作，隐隐约约有叫骂声，又过了一会，只听踢踢踏踏的上楼脚步声，随后是咣咣咣，用枪托打门的声音。

偶然

我们在室内全闭着气,一动不敢动。"走,不在家!"门外传出一阵声音,紧跟着又是一阵急促的下楼脚步声。"好险呀!"不知谁颤颤巍巍地叹出了一句话。估计他们走得远了,大家才齐齐地深舒了一口气。我们都以为事情应该过去了,心虽然在怦怦怦地跳,却相对放松了一些。

不料,下午三点,又听见有人敲门。来人说:"工联阵营中的另一派孙自来纵队司令,在攻打湖大时,中枪身亡。"

这个孙自来,是"长沙青年红卫兵"的司令。这个组织是一个以打砸抢为主的最铁杆的造反派。当时是孙自来组织了几百人去攻打湖南大学,被守卫湖大的学生用枪打死了。

"孙司令为革命牺牲,难能可贵,我们要用那十八个人来给他祭灵!"来人的意思是,灵堂已设好,他们要拿我们这十八人来祭灵!工联领头的刘正良听得不妙,连声阻拦,与他们谈判。

磋商半天之后,我们还是难逃厄运。十八人被带到了孙自来灵堂前,强迫跪下,这不明之灵,哪个愿跪?可工联枪托在膝盖后弯一砸,不由得不跪,只等前来追悼者。这一跪,就是大半天。各路来"祭灵"的人,络绎不绝。

"战友"的亡故,激起了他们心中极大的愤怒和仇恨,我们成了他们发泄一腔怒火的活靶子。来一轮追悼者,就没头没脸地打我们一顿,皮带铜头和枪托雨点一般落在身上,他们越打越怒,力气越足。

他们一边打一边咒骂:"你个联动分子!我打,我打死你,给我们孙司令祭灵!"我当时穿着军装,理着光头,让这些人理所当然地认为我是联动分子。其实当时的我,还只不过是个中学生,根本不是什么联动分子。

我咬牙坚忍,只记得整个晚上前前后后一共来了二十几轮追悼者,我们自然也就被硬生生殴打了二十多遍。有的人被打得头大如斗,面目全非,血流满面;有一个女学生,衣服被打得满是窟窿(七月炎夏只穿单衣),背部都被打烂了。痛楚从伤处辐射,遍布全身,直到痛得全无感觉。

其中有一轮,打我打得最为凶残。红卫兵用铜头皮带抽我的后背。打了一阵,掀起衬衫说,背上的条状伤痕分布不对称,接着又抽打伤痕较少的半边。"我看你服不服!服不服!"那红卫兵见我一声不吭，越抽越愤怒。我的后背让皮带铜头开了三道怵目惊心的血口子，血水直流，在我身边的地上汇成一滩。

我咬牙坚持，一声不吭。那红卫兵怒不可遏，换下手中皮带，操起步枪，反转枪托，朝着我的后脑勺就是猛地一下。"砰"的一下，忽然间，耳边嗡的一声响，眼睛猛地一黑，我再无知觉，倒在地上。

在我倒下的时候，已经有几个人再也起不来了，他们被真正的"祭灵"了！

我昏死过去后，造反派们准备撤走，幸亏当时有个老工人看见倒在一旁的我，说了一句："这里有个昏倒了，还有气。你们这该整的也整结束了。快抬医院吧！"说着，他便招呼几个人一起来动手抬我。毕竟是人命关天的事，在老工人的牵动下，几个人把浑身是血不省人事的我送到了长沙市第一医院。

等我再次醒来的时候，已经是在医院的病房里了，朦朦胧胧中，我只感觉周围都是昏暗的，只有眼前的上方亮着奇怪的灯，我找不见我的手和脚，好像我已经被医院里的麻醉师给注射了麻药。我想要喊出声，却几乎听不见自己的声音，我是怎么了？！

"醒了！醒了！醒了就好！"我听见有个熟悉的声音在我耳边响起。我想转一下头，看一看自己到底是在什么地方躺着，四周的灯突然一下都亮了，我躺在医院急救病房里一张雪白的床上，不大的屋子四面也是雪白的。

"总算是醒过来了！"原来刚才的那个声音是我的母亲，得知我被打得昏死过去，送医院急救，我妈便心急火燎地赶了过来。这会儿，她在床边紧紧抓着我的手，眼睛里含着泪水。

我伸手要给她擦一擦，她却赶紧转头藏起自己的泪水，不让我看见。我使出全身的劲儿挣扎，一阵钻心的疼，浑身缠满了纱布，手上还有两处医用胶布的贴合，估计是给我打点滴时候弄的。

我妈抱着我，泪水一直不停地流。她一边哽咽一边爱抚地摸着我的额头，爱怜地问道："傻孩子，那些造反派那么凶，那么打你，你怎么都不吭一声呢？你都不疼吗？你一声不吭，他们是越打越起劲的啊……"

我看着妈妈的眼睛，有些吃力地说道："我也不知道，我只是觉得，他们这么平白无故地打我，我不能向他们屈服……我当时没想那么多，知道什么说什么，不知道的就一句也不会多说。他们打我的时候，也是扯些无聊的东西，我就觉得不能向这些人低头，他们要打就打，让我屈服，做不到！"

妈妈看着我，眼泪又滴了下来，直唤了我几声"傻孩子"。而我心下却安稳了许多，只是头重重的，来不及去想这事件，乃至这近一年的时间中所有事件的来龙去脉。我们不过是为了那个光明而伟大的目标奋斗，有何罪孽，又何以至此？我不知道，周身的痛楚阻止我理性地思考，我只想躺在那里，木然享受这宛若重生的感觉。

出院后，我回想这十几天的生死之劫，心中的迷惑越来越多：这场革命，结果究竟如何尚属未知，却已经让我们徘徊了一次鬼门关——这是否值得？如果说我们经受的苦难，竟是这伟大革命必不可少的代价，但这对我们这些独立的个人生命来说，是不是太过残酷的不能承受之重？

有一天饭后，喝完母亲熬的治伤中药，我们几个从死亡线下出来的难兄难弟在一道说话。湖南大学一个张大哥盯着我问："小李，跪在孙自来灵柩下，我就在你身边，打完你才轮到打我，我听得到，皮带、枪托打了你三十多下，而你没有吭一声；打我的时候，说老实话，我即便咬紧了牙关，那一下皮带打下，背上马上火辣辣巨痛，还有更甚的，皮带扣打下时，那不单是巨痛，而是撕裂的惨痛，我无法忍耐了，因为我已经彻底地崩溃了，只好大叫起来：'哎哟……'我越叫，打我的人喊道：'你还敢叫，狠狠打！'紧接着一阵几条皮带一齐打在我身上，我一会就昏过去，不省人事了。你比我小这么多，你怎么忍得住？"

面对张大哥的追问，我想起了当时的场景：皮带、皮带扣、枪托的抽打砸打，哪里会不痛，痛得铭心。但是，我也不知道为什么？心里一个信念，任你抽打，不外乎就是一死，又何惧这点疼痛呢？如果这点疼痛都不堪忍，又谈什么"面对死亡，放声大笑"呢。从小学过的英雄人物，英雄主义，有哪一个不是把生死置之度外，慷慨就义，洒热血，抛头颅，没什么可怕的。

特别是我在天心阁上跟说书的孙伯学到的梁山英雄、三国英雄、辛亥英雄、抗日解放英雄精神，想到这些，我就忘却了痛，心里在默默地说着："你打吧！不过就是皮带，皮带扣，枪托打呀！打吧！"我真的放松了，忘却了，反而不觉得痛，牙也不咬了，眉也不紧了，更不要说有疼痛的喊叫声，全没了，只感觉到，一下，二下，三下……然后就什么也不知道了，倒在地下，失去知觉。失去知觉那一下，我清醒地知道，重重的枪托打在后脑壳上，血从枪托砸开的脑壳裂口上流到脸上，滴在地下，大约滴了十几滴，又一枪托打下时，我感觉到昏沉沉的，地下血和泥土混合了，我不想让身体倒下去。但是，这个时候，它不听我使唤了，失去了支撑的重心和力量，就慢慢地倒下去。有一个声音在说："嘿，老大，你看这小联动分子倒了，终于倒了。"

昏死的那一瞬间，倒下去的那一时刻，我最后意识中的是光亮，好亮，好亮，如雨后初阳洒落大地；如东风吹去乌云，夕阳映红了咸嘉湖，波光粼粼；如黑夜漆漆，一阵炸雷带来的闪光划亮天空。我就在光亮之中"逝去"。回想起来，真的好美，好美。

死亡，就是这样的吗？如果是，我已死过一次了，感觉了一次死亡的灵界，光亮照着生命"逝去"。

"张大哥"，我把他从思绪中叫回，他望着我，连说道："对的，我看是对的，如果我也像你这样想，我也顶过去了。以后我知道了，其实生命多么脆弱，死亡有光亮相陪伴，我也会觉得很美，很值得。"

我惊喜地问他："张大哥，真的，我说的你赞同了？"

"当然，生死之间，有这么多，这么大的感悟，小李，大难不死，必有后福。"张大哥的表情非常认真。

"什么福呀？"我问，有点不明所以。

"什么福？当然是快乐之福，我也不知道，话是这样讲的。"最大年纪的醴陵老师宋大哥，插言说，"当你死过一回，又回来了，你最会珍惜生命的每一天，所有珍惜者有福，就是这个道理。"

我和张哥异口同声地说道："宋兄不愧是前辈，姜还是老的辣。"

"过奖过奖了。"宋哥谦逊地双手握作了一个揖。

哈哈，几个小兄弟的笑声，很久很久，没有听到的笑声冲出了窗门外，母亲在厨房做馅饼，一手白粉，带着一阵韭香走进来对着我们说："看来你们哥几个伤快好了？"

我们几个站起来，伸伸胳膊动动腿，嗨，真的好了……

我当兵以后，在部队时，长沙法院外调干部来找我外调时讲，他

偶然

们这些打我们的人后来又抓了另外好几个无辜的人枪毙了,来为孙自来祭灵。多悲惨的事件,法院把这些有血债的坏人全枪决了,以正天法,为惨死的那些亡灵伸张了正义,也为我们这些被打得九死一生的同学们伸张了正义。

佛家有涅槃的传说,那浴火的凤凰需经过死亡时痛苦的挣扎,才能完成再生后绚丽的蜕变。对我来说,这次历险或可作如是观,它让我从那场风暴的狂热中解脱出来,开始冷静地思考周边发生的一切,也渐渐开始反省并重新定位自己的人生。虽然为当时的环境所限,这样的思索往往肤浅而不能深入,但于我而言,这终究有其不可替代的意义。可是,我们的国家,我们的民族,能否在这动乱之后,获得涅槃式的新生?于此,我不遑多想,我不过是茫茫海水中的一茎苇叶,参不透历史的迷航。

生活就如同咸嘉湖的碧波荡漾,平静时如一面照彻人心扉的灵镜,却同样也会掀起暴风骤雨式的狂澜。一九六六年,这一场席卷全国,甚至后来影响到全世界的红色运动——"文化大革命"——伴随着《五一六通知》蓬蓬勃勃地开展了起来。那运动仿佛一个巨大的漩涡,将所有人被吸纳进来,几乎无人可以例外。怀着对毛主席的无限敬仰,怀着对共和国的无上珍爱,我同他人一样,坚毅地走入其中,闪念而过的疑虑和困惑来不及沉潜与积淀,人就已经被逐流随波。或者,在历史的大力前,个人永远是这般的无力抗拒,无可奈何。

而今,这段历史已经渐行渐远,其是非功过也逐渐明晰,我也无意在此纠缠,只是我沉浮其间的种种经历,为我乃至整一代人留下的印记,将无法磨灭。

我很喜欢《现代启示录》这部电影,它不仅描写了越战的残酷和非正义,还将主题引向对人性、对战争、对现代文明的深层哲学思考。当威尔德上尉乘着巡逻艇,沿着湄公河前行,从他的视线中记录了沿途所目睹的士兵们丧失人性,无所不为,一个个都好像天生杀人狂,基戈尔中校率领的"空中骑兵队"一边播放着瓦格纳的音乐,一边俯冲向北越的和平村庄,进行着毁灭式的杀戮,残酷的战争把人性中最美好的东西摧毁殆尽。

这部电影总是让我想到我所经历过的十年浩劫,想到"人之初,性本善还是性本恶"这样一个议题。

人是什么？人的本质又是什么？"人之初，性本善"，心的本来面目，也就是人与生俱来的天性，是善。这个"善"，应该是个道德的标准，比如善与美、正义与崇高、正直与勇敢。"德行，内外之称，在心为德，施之为行。"

禅说，人到无求品自高，人有所求，求多了，贪念就多了，贪念多了，就不善良了，就会去伤害他人，压榨他人，欺负他人，甚至枪杀他人。人性于是变异成了恶。其实，无论是儒家的人性学说、道家的人性学说，还是中国佛教哲学的佛性说，都有很多健康、正确的观点，比如孟子说："恻隐之心，仁之端也；羞恶之心，义之端也；恭敬之心，礼之端也；是非之心，智之端也。"有"四心"，是人；无"四心"，非人，说得多么言简意赅！"文化大革命"为什么要破这样的"四旧"，反这样的孔孟之贤呢？难道是要把人都变成无德、不善的乌合之众吗？！"皮之不存，毛将焉附"，一个没有仁心本性的世界，"大同"、"友爱"、"和谐"、"美好"，又能置于何地呢？

"启示录"是《圣经》中的用语，越战与"文革"，启示殊途同归：现代科技文明对人的影响也许是非常有限的，只要条件发生变化，人性被彻底压抑和扭曲，人心中的黑暗与阴影就会浮现出水面，伴随着原始兽性慢慢升腾，毫无阻挡地发展。在残酷面前，每个人都有不同的应对，有人展现善的一面，有人展现恶的一面。而在善恶之间的痛苦挣扎和折磨，那种人性化的东西，才是最为吸引人的，也是最为宝贵的。

影片中，杀人如麻的柯兹说道："你想过真正的自由么？那种凌驾于他人的观念甚至自己的观念之上的自由。""文革"期间，正是疯狂的"自由"凌驾于道德之上、仁爱之上。为什么道德会缺失？经历过"文革"的人也许会明白：恐惧。

《现代启示录》的恐惧是来自战争，"文革"的恐惧则来自秩序的颠覆与无理性。

有一位哲人曾经说过："我们本来应该奔向草原，却不幸走进了马厩。这句话说的，正是人性的迷失。"

从十二岁归正，从十六岁参加"文化大革命"，从第一次溺水的生死劫，到第二次的死里逃生，我看到了，人可以战胜的虚弱，和人可能被吞噬的恐惧，人的脆弱与疯狂。我也知道了，中国是个文明古

偶然

国,几千年祖先传承的道德、仁、义、礼、智、勤、信、善的道家文化、佛家文化、儒家文化……诸子百家文化切不可丢,而是要更加发扬光大,让我们这一代、下一代、世世代代,正正当当做人,勤勤俭俭创造工作,友友爱爱幸福生活,让中华民族更加强大,更加美好!

在孔子及历代儒家那里,仁都是"仁、义、礼、智、信"的五常之首,仁爱是儒家学说的核心观念,"文革"之所以使人变得残忍、狂妄、跋扈、暴力,也许也是因为当时的孔子学说已经被打翻在地,众人践踏。

"文革"结束很多年后,我读到了巴金的《随想录》,他在很多篇章里,毫无保留地深刻剖析了自己的灵魂。但,是什么让他能对"文革"反思,倡导"讲真话"?据说,巴金出生于成都一个封建大家庭。但他那仁爱的母亲,是他人生的第一个老师。他从母亲那里懂得了爱,懂得了宽容。巴金幼年的另一位老师是轿夫老周。老周总跟他说:"要好好地做人,对人要真实,不管别人待你怎样,自己总不要走错脚步。""火要空心,人要忠心。"成年后的巴金,一直在思考这个问题:是什么精神和力量,使瘦弱的老周在那样困苦的条件下,讲出这番深刻的道理?

这就是仁义、道德、忠爱。而恰恰是这些,正是中华民族的精神之根、为人之本。

那么,什么是孔子的"仁爱"?"仁者爱人",意思就是要亲爱他人,对他人有同情心,对他人尊重。首先要孝亲,从爱父母、爱兄弟、爱家庭做起,还要"己欲立而立人,己欲达而达人","己所不欲,勿施于人",由孝亲扩展至社会上的一般人;"泛爱众",用爱心去对待别人,达到"博施于民而能济众"的理想境界。

我用孔子的"仁爱"观教育自己的孩子,也教育自己:用爱心去待人,尊重他人。从自身做起,加强自身修养,取消人们之间的差别,达到人我的融合统一,借以协调好人际关系,实现互爱互助。

第五章 记者生涯偶然走近佛：博大精深
——玄妙无限

1968年，"文革"开始收尾，我们中学生开始了返校闹革命，党中央毛主席发出了"当兵"和"上山下乡"的号召。当时我们学校里面，只要是够年龄、出身符合条件的全部报名当兵，但体检和政审完成后，报名的几万人里面只留下八百人。

3月，江南正是一年春好处，杂花生树，草长莺飞，独独我们无缘这动人春色，告别父老兄妹和同学，西行大西北，黄土高坡，八百里秦川，仰首望朗空皓月，体验军营锤炼、秦汉文化的熏陶。那时正值"春风归大地，细雨濛天际。岐山遇周公，西安雁塔迷"。

难忘军旅，十八岁驰纵。这次的偶然让我明白，人生要活得有意义，就要学玄奘法师，为了弄明白弥勒佛口传的《瑜伽师地论》之奥义，九死一生西天取经，大无畏精神高尚无比；十年印度学法成就，万般荣耀时，不忘祖宗，爱国爱民族，归国普度众生。此精神可贺、可贵，不愧为鲁迅先生赞扬的有一根铮铮脊梁的中国人的榜样。

人世间的道理千千万，佛家的道理是道理中的道理。佛家教人忘却自己度自己，忘却自己度众生，度众生只教人生死忘却，大慈大悲俱生。玄奘为弄明白弥勒佛成佛之道，置生死度外，西天取经，历时十七年，终于成正果，明白了《瑜伽师地论》就是"忘却，忘却，再忘却，慈悲方容生"的道理，美好更伟大。

第一节 下乡当兵长安城

折腾了两年的热烈终于悄悄安静下来了。

随着1966年5月"文化大革命"正式开始掀开波澜，我们的成长经

偶然

历也有了一次巨大的扭转,当年9月,全国大中学校即中止招收新生,全部停课"闹革命"。因为"文化大革命"是从学校开始的,全国范围的大停课,就好像是一次"全国大停电",所有的学校都被搞瘫痪了。从1966年到1968年,这是"文革"最火热蓬勃的时段。在"文化大革命"的影响下,高考停止了,许多中学毕业生既无法进入大学,又无法被安排工作,九州大地、处处河山都被那股红色大潮淹没、裹挟,每个人都如同一叶小舟,跌宕浮沉,出没风波里,不知道驶向何方,也找不到靠岸的港湾。我们年轻人尤其如此,大家打着革命的旗号杀向了社会,阶级斗争成了我们的"主课",按当时的说法这就叫"结合实际",跟"阶级敌人"面对面斗争,属于"刺刀见红",更有利于培养革命接班人。

在"资产阶级司令部"面前,我们可谓所向无敌,把学校和社会折腾得鸡犬不宁。从"破四旧"到揪斗"走资本主义道路的当权派",从"革命造反"到全面"武斗"的展开,"文化大革命"的局面仅仅经过一年左右的时间就开始发生倾斜,似乎越来越偏离"最高统帅"策划这场革命的初衷。国民经济面临崩溃,全国多数行业、领域面临瘫痪。于是"由天下大乱到天下大治"的"最高指示"传递了领袖有意要收紧一下"文革"这匹有如失控野马的缰绳的信息。

而我在经过大串联等一系列运动的志气昂扬、血脉贲张之后,看着文斗上升为武斗、摇旗呐喊变成拳脚相向,面对着学校停课、机关无法办公、工厂不再运转这样社会全面瘫痪的景象,似乎再也没有可能保持对那个曾经毫不怀疑的革命理想的绝对信任,但它到底存在着怎样的问题,一时之间又断然说不清楚。所以,当喧嚣过后,沉寂之时,静下心来想想,总不免陷入无解的困惑,陷入阵阵令人不安的迷茫。这些偶然的反思没有也不可能有结果,我感觉自己就好像被线拉扯住的木偶人,便无法停下自己的脚步,只能一天一天,一切照旧。

那时,班上有个同学,是附近三角塘小学校长的女儿,我称呼她为"容"。那所美丽的学校始建于1938年,在开福区湘雅路上,就在我就读的八中的旁边,紧邻风景秀丽的湘江风光带。

湘雅路,沥青路面,窄街小巷,两面纵叠交错的颜色,很是幽静。民国风格的小院子、小房子精致细巧,一色的二三层洋楼,带出一种与众不同的洋气,类似现在的上海衡山路。人们就懒懒散散、悠悠闲闲地坐在屋檐底下,聊天吹牛,实实在在地生活。我们两家相距不算太远,有一段路可一起同行。有时一天的校内活动结束,我会先把她送回家,一路上,看老树枝叶繁茂,看家家户户院子里种的红花绿草开始竞相现出生机模样,满眼的花红柳绿,就觉着心里有些隐隐的快乐。这样的快乐能延续很久。

　　生长在湘江边的她长得极美,因水而温婉,又因水而灵慧,如水般柔软清净。或许是因为浸润着家世久远的书香,她自有一番浑然天成的大气。皮肤白皙,身体苗条纤细,头发乌黑,有张像鹅蛋一样圆润光洁的脸庞。她的眉毛弯弯的,像柳树的叶子,很好看。她的眼睛很明亮,鼻梁又高又直,嘴唇红红的小小的,像熟透挂着露珠的樱桃。说话时声音不高也不低,气质优雅淡然。让我不由得想起那句"蒹葭苍苍,白露为霜,所谓伊人,在水一方"的诗来。同学们私下评选她为校花,真是花一样美丽。她喜欢穿素净衣服,尤其喜欢洁白的衬衣,那样洁白,那样挺括,用"涤良"布料做的。两条长腿笔直,走起路来步伐轻快。她没事的时候,会来我家玩,有时我也去她家坐坐。她家很朴素,有一个小院子。门前有一架紫藤,夏日开出葡萄似的成串花朵,颜色淡些,也更优雅。院中有花圃,绿成一片,春夏时苍翠芳香。

　　回忆是甜蜜的:记得在同行的路上,她会跟我说起前一晚刚看过的书。她说的是普通话,而不是长沙话,她的普通话讲得很好听,也许和她父亲是小学的校长有关。平时在学校里,她就是广播站的播音员,还经常被选去联欢会上报节目、运动会上念稿件什么的。

　　有好几次,我听得都入迷了。往往暮色四起,空气中开始飘荡起烧菜煮饭特有的那种香味,我还舍不得和她说再见。

　　"你那么喜欢看书,作文又写得那么好,自己以后也可以当作家呀。"我笑着建议她。

　　"我离作家差远啦,"容羞涩地摇摇头,不好意思地说,"你别乱取笑我了。"

　　我见她的模样,忍不住继续夸道:"谦虚使人进步,你这么谦虚,进步肯定很快。"

　　"不过,我确实喜欢写写东西,我觉得用笔写下的世界就变得很有诗意。"她黑而闪亮的大眼睛认真地盯着我瞧。

偶然

"世界可是客观存在的呀。"我提醒她。

"但每个人感受到的世界是不同的,用诗人的眼光去看世界,就会看见一个诗一样的世界……"她的眼神这时飘向了远方,看得出有点出神了。

虽然和我相比,她的"小资产阶级情调"多多了,但我们出于对文学的共同爱好,拥有很多共同语言,在沟通上没有任何隔阂。很多时候,我们的沟通不需要更多的语言,一个眼神,一个动作,一句话,都可以心领神会,传递比语言更多的内容。把我和她联结在一起的东西,就是书籍。中国古典文学、西方文学,都是我们共同的话题。我们读的书都是当时社会正统舆论所不提倡的,或者甚至直接就是禁书范畴内的。但我们之间没有隔阂,依旧读,依旧毫无障碍的交流。她的父母都是读书人,算是书香门第,她家里的书比我多多了。我可以从她那里借到许多书,更多的时间是在她家里读书。

我们阅读同样的书,谈论同样的话题。任何一方如果找到了这样的书,都会介绍给另一方。在交换书籍这个方面,我们有很多默契。只是,她向我介绍的书多,我介绍给她的书就少了些,有些相形见绌。

别看在我面前的她活泼开朗,其实,她是个特别内向、文静的淑女,看见陌生人就会局促不安。上课时,老师要是叫了她名字提问,她一站起来说话准会脸红。每当看到她羞红的脸,我的心里总会柔柔一动。她的语文成绩是全班最好的,尤其是作文,写得极好。记得有一次学校举办了以"我的家乡"为主题的征文比赛,我那时写了一篇题为《回家》的文章,虽然也荣登榜文,但和唯一一个一等奖的她的文章相比,还是有些距离的。记得当时我写的是那时回家,需要坐摆渡船过湘江的经历,描写了一番湘江的美景:

"湘江,这条湖南的第一大河,因为有着'日夜江声下洞庭'的奔腾气势,成为中国古典诗词中出现最多的河流之一。毛主席就是在这里的橘子洲头,看到了一幅漫江碧透,百舸争流的壮丽图画。

"而水,只有有了水,一座城市才有了灵性。晚风轻拂,波光粼粼。那波光的闪烁碰撞中,传来了一阵阵天籁之音。你听那翻滚的潮汐,涌动着湘江激越的情思;那'叮叮咛咛'的水声,仿佛是心灵碰撞的声音。

"……湘江是湘人的故乡,是心灵的家园;是我们心中最美丽的母亲河,也是湖湘文化最有力的生命之河!"

她写的那篇获奖作品则题为《看湘江北去》。时隔这么多年,我还能回忆起其中的精彩:

"人们常说:一江春水向东流。可是湘江却是一江之水向北流。春天的湘江带着山泥,微微泛黄;秋天的湘江则江流趋缓,水见清冽。它缓缓地流过城市中心,向北而去,经过九曲十八弯,在岳阳楼千年目光的注视下汇入洞庭,流入长江。湘江水,以其甘甜乳汁抚育了一代又一代三湘儿女,孕育了无数华夏英才。

"湘江不似长江般宽阔悠长,却也同样承载着众多历史的徜徉。江水中荡漾着古代楚地的文化血脉和民风世情,孕育出了博采内外众家、广为交融的三湘四水湖湘文化。是勤劳勇敢的湖南先民们率先发明了栽培稻子,他们生息在这片土地上,耕耘种菜、养鸡喂鹅,硬是把居住条件恶劣的荒蛮之地变成了鱼米之乡,过起了如桃花源般的静好生活。美丽的山水文化形成了无欲文化,因为无欲,他们的生命自然显出一种刚性,有了'壁立千仞'的峻拔,有了'无欲则刚'的傲岸。这其中,却也蕴含着一种惯于发扬主观能动性,敢为天下先的性格特征。

"然而,侵犯美好家园的敌人出现了,无欲的农民们失去了生活,'楚虽三户,亡秦必楚',他们奋勇起来捍卫,于是就有了牺牲,有了英雄主义奉献精神,有了国家民族利益高于个人利益的集体主义价值观,有了个人对国家盛衰民族兴亡的强烈责任感和使命感!从一次革命到二次革命,再到'无湘不成军'的骁勇善战湘军,他们都是湘水养育出的楚地子民,那不畏强暴、英勇无惧的强悍民风,正是经这片水土孕育而成的。看到这片水,就会想到这地的人。

"这才是湘江北去的真正含义。"

她的文章,不但文笔优美,而且贯通历史和人文精神,眼界和意识都高出一筹,令我佩服不已。

自那以后,我便常常叫她把她写的东西拿给我看看,她拗不过我了,就给我看几篇。每一篇的文笔都没得说,看得出,构思上费过很多心思。

"为什么你能写得这么好?有什么诀窍吗?"我有点儿羡慕地问

她。

"只要有了诗意的眼睛,就能看到生活中的诗意……"她喃喃自语,说着还微笑了一下。

我不依不饶地追问道:"你总说'诗意'、'诗意',到底什么是'诗意'?"

"按以前的说法,就是'诗意';按现在的说法,就是'革命的浪漫主义'。"她调皮地冲我笑着。

我似懂非懂地点点头,她看着,抿着嘴笑了。

还记得在我养伤的那段日子里,她经常来探望我,陪我谈天、说话。她会搬把椅子,轻轻地坐到我身边,双手放在膝盖上,告诉我她从书里看来的故事。

一本《飘》,我几乎是从她那里听完的。那时我就觉得,她的胆子可真大!因为在当时,那些书可是只能偷偷看的,资本主义社会的东西在中国早就成了禁忌,凡是沾一点"爱情"的东西都会被当做资产阶级腐朽堕落的东西给禁了。按当时的观点,《飘》不仅是"黄色小说",甚至算得上"腐朽没落"、"作风不正"。但是我被主人公斯佳丽曲折悲哀的婚姻故事给深深打动了——起初,斯佳丽爱上了阿希礼,但阿希礼却选择了善良的玫兰妮。出于妒恨,斯佳丽嫁给了玫兰妮的弟弟查尔斯。南北战争爆发后,阿希礼和查尔斯应征入伍。查尔斯不幸去世,斯佳丽成了寡妇。战后,斯佳丽同弗兰克结婚。弗兰克不久去世,斯佳丽再次成为寡妇。瑞特向她求婚,她答应了。但瑞特认为斯佳丽依然暗恋着阿希礼,二人感情破裂。经过一系列变故,斯佳丽终于明白了父亲曾经对她说过的一句话:"世界上惟有土地与明天同在。明天,又是崭新的一天!"她决定守在她的土地上重新创造新的生活,期盼着美好明天的到来。"你为什么喜欢这个故事?"我好奇地问她。

"因为我喜欢斯佳丽这个人物,她的个性以及她的爱情故事。"容抿起嘴,凝视着搁在裙子上、两只紧紧交叉握起的白皙的手。

"她是坚强、自信,对生活充满激情,却也吝啬、迷信、欺侮弱小,还无意地把几个人送上西天。她的爱情也不是充满诗意和浪漫情调的那一种啊,而是现实的和功利的。她为了达到目的,甚至不惜使用为人所不齿的狡诈伎俩。"我不是很同意容的看法。

"现实中人无完人，文学中也应如此吧。她是爱慕虚荣，自私而势力，似乎总是在追求物质上的满足，但她不矫揉造作，在生活面前，那种不靠幻想的务实态度很令人敬佩啊。在那个风云突变的乱世中，能够在备受创伤和打击之后，不留恋以前豪华高雅的生活，坚强地站起来，下地摘棉花，不惜让自己娇贵的双手长满老茧，而目的只是为了让住在塔拉的人不再挨饿。你不觉得有点伟大吗？她不是品格上完美无缺的女主角，但她有的只是鲜活的人性，真实的生活！"容显然有点激动了，她站起来，一下子走到了窗台边上，背对着我。

"我却觉得，《飘》真正所要传达的是：珍惜身边美好的，不要等到失去了才去争取。可惜斯佳丽一直要到爱女夭折、玫兰妮去世，瑞德因为彻底失望而要离开之后，才能明白。为什么身边已有的，她却不珍惜呢？瑞德那么爱她，她却对阿希礼单相思……人生命运真是充满偶然，斯佳丽是一个不屈服于命运的人，她想要的东西，一定要得到，不得到不罢休，但是命运的安排不是这样的，不是你想得到就能得到的。这样人生才是有苦有甜的。我觉得这个人物的骨子里是倔强，她什么都试过，什么都打拼过。这本书是强调要强、个人奋斗的，不是强调宿命论的，但在展示她的个性以及个性决定的命运时，却让我们不得不感叹人生，似乎还是随遇而安才好。"我一口气说完了自己曾经认真思考过的东西，真像写了一篇读后感呢。

容听到这里，不由自主地点了点头，似乎也同意了我的说法。"嗯，生活好像和她开了一个玩笑，她需要为自己的执拗和任性付出最惨痛的代价，但在一切都随风飘逝之后，她成熟了。《飘》是她的一部成长史。"

那段时光，真是平静和安宁的，让我想起了小学时，在天心阁上听说书人讲故事的时光。我真的要感谢身上的伤呢，给了我这样一个好机会。它不仅让我和她有了很多深入交流的机会，更让我远离了"红色世界"，不再受到那么多关于文斗还是武斗的困扰和刺激。每次她走后，"战友"们总是对她赞不绝口，对她的美，更对她的温柔和宁静。

有一次她来看我时，带来了一支红色半开的花，将它插进茶杯里，放在窗台上。房间，似乎一下被那艳红点亮了。

她甚至让我感到了家庭的温馨，我不知道这种感觉是怎么产生

偶然

的。因伤痛发高烧的时候，我渴望一个人来拥抱我，我首先想到的是自己的母亲。但是，母亲永远是忙碌的，我想到了她，这真是太奇妙了。莫非她像我的母亲？她甜丝丝的微笑，细声慢语的腔调，都让我想起了母亲。

1967年，人们是在混乱中度过的，普通居民也成立了联防队，各个胡同口都封闭起来了，居民轮流值班，我们就是在这种形势下迎来了中央下达的"复课闹革命"的通知。1967年10月14日，在新中国的教育史上，是一个值得记住的日子。这天，中共中央、国务院、中央军委、"中央文革"小组联合发出《关于大、中、小学校复课闹革命的通知》，要求全国的学生全部返校复课，边上课边"闹革命"。那时又多了一个口号就是：抓革命、促生产，复课闹革命。此前一年有余，因为"文化大革命"的爆发，所有学校的招生和课程运行均陷于停顿状态，处在所谓"停课闹革命"时期。这个通知发布后，自11月起，大部分中小学生陆续回到课堂，新生也开始入学，这就是"复课闹革命"。而受冲击最严重、政治形势也最复杂的大学一时很难复课，于是多数大学生们被发配到军垦农场或部队农场接受"革命锻炼"。

这天下午，我正和"鲁迅战斗队"的几个同学在教室策划后续的"文革"运动。

忽然，有个同学跑到教室，兴冲冲地跟大家喊："快去看，中央有新指示要复课闹革命啦！"

我们几个一听，心里一紧，连忙起身赶往操场，远远地就看见贴满了大字报、政策指示的公告栏前早已经挤满了老师和学生，人山人海。我们左冲右突，费了很大力气才从人群中挤到公告栏前，只见那里正贴了那张誊抄的中央通知。我们赶紧凝起神来，逐字逐句地仔细看，旁边却早有同学读出声来："全国各地大学、中学、小学一律立即开学……一边进行教学，一边进行改革……"

响应国家号召，我们"鲁迅战斗队"立刻来到办公地点集合，打算解散。我们把油印机、刻版机都整理好、封存到储藏室里去，然后，把桌子上的东西都整理好。有同学建议，说我们战斗队的全体队员应该照一张合影，留作纪念；有的说，我们在"战斗"中增进了友谊，建立了感情，大家应该喝上一杯。一阵嘻嘻哈哈之后，还是容回家去取来了茶叶，以茶代酒，她给我们每个人面前的茶杯里倒上茶水。

我捧着杯子站起来说道："让我们在今后的日子里，同甘共苦，同舟共济，干杯！"

大家都站了起来，把手中的搪瓷茶杯互相轻轻地碰了碰。我仰起头，把近半杯的茶水一口喝了下去，同学们也各喝了一大口。

喝完这杯茶，就意味着弹指一挥间，我们由放到收，重新走上正途。为了迎接"复课"，我带领战斗队的同学们打扫起了学校、教室。有很多教室在两年中被造反派搞得没了玻璃缺了门，在我们刷了一遍石灰，修了一下门窗，清除掉满墙的大字报后，学校又变成了学校的样子，大致恢复了两年前的外观。

环顾学校，似乎没什么需要再做的了。这么说来，又可以进课堂读书了，一时之间，我心里竟有些放松，有些喜悦，从十六岁到十八岁，这混乱的局面总算没有漫无终止，安定澄清的日子好像就在眉睫之前。可转而一想，又有些惊慌，这些年脱离学校，各种运动前后相接，时间在一片缺乏实质内容的狂热中不被觉察地悄悄溜走，算起来我也到了高中毕业的年龄。工厂不招工、大学不招生，不闹革命，我还能干什么呢？

这份通知便这样简单地结束了我的红卫兵生涯，轻易得让我有点手足无措。一群心智远不够成熟的年轻人，在热情如火的年代，随着红太阳的指引，毫不悔吝地挥洒着青春的血汗与眼泪，这种激扬所成就的异样的浪漫，由于产生它们的那段独特的历史而混杂了一种难以言说的沉重。而当历史的洪流不再如此汹涌，革命的史诗无法继续谱写，隐身在群体之中的个人，就无法避免地要独立面对自己的人生与命运——我们不过都是普普通通的人，浪漫过后，需要慢慢在时代的缝隙中发现自己的生存空间。

"走吧。"容轻轻地说了一声，催促发着呆的我一起走出了校门。街上行人已经寥寥无几，昏暗的路灯隔三差五的，有的明，有的灭，路面上交替投下我们的身影。虽然还不到晚上九点，但丝丝的冷风充满了寒意，街道显得格外的冷清与寂静。

一路上，两人似乎没有什么话可说，又似乎根本就不用说。

复课闹革命后，学校变得干净了，老师们也都回到了学校。同学们闹革命的兴趣也不大了，也许是闹不动了。上午，老师和学生要上课；下午，进行军训和各种活动。上的数理化课虽然没有人听，但老师还是要照本宣科；文科的课都是学习毛主席著作，背毛主席语录。比如上英语课，老师把伟大的导师、伟大的领袖、伟大的统帅、伟大的舵手毛主席万岁，万万岁，翻译成英语，教我们读写。这种课谁想上就上，不愿上，老师也不点名，课后也不留作业。虽然我们不再批斗老师，但老师们的眼神呆滞了许多，脸上的笑也难得一见，原先教我们俄语的女老师很年轻，但现在，那双水灵的眼睛似乎镶了一道黑边儿，两个眸子黑冷得冰珠子似的。老师和学生的感情好像隔了厚厚的一层板，没有以前那么亲了，这距离，隔得是那么遥远，虽然同在一间教室里，却是咫尺天涯，似曾相识又陌生。学生有时提问，老师便表现得唯唯诺诺的，也许是当年被整怕了……而我们这些学生也像是一时失去了方向，显得有些盲目迷茫，无所事事。

而"文化大革命"的动乱也使得中央意识到，他们需要寻找一个办法将我们这批年轻人安置下来，以免情况失去控制。指示萦绕耳边，"我们也有两只手，不在城里吃闲饭"、"广阔天地，大有所为"的口号激荡全国。这些灌输式的宣传让我们这些刚刚结束红卫兵运动、心神未定的青年学生再一次热血沸腾。不久就听到大人们议论说：毛主席和党中央有指示了，知识青年要上山下乡了，那时我并不理解"知识青年"这个词的含义，所以也没往心里去，但是过了些日子，学校内有关上山下乡的各种消息就多了起来，说什么的都有，当时由于"文革"，从初中到高中，六个年级的学生都没有毕业，全国几百万，难道都要去农村吗？大家议论纷纷，有的还表现得很热情。

很快，在党的指示下，许多年轻人自愿下乡去农村，席卷全国的上山下乡热潮由此展开。从那天开始，各学校都开了同样内容的上山下乡动员大会，学生们开始作上山下乡前的各项准备工作，一时全国掀起了知识青年上山下乡的热潮。政府也开始有组织地将中学毕业生分配到农村去。我们的邻居、父母的同事中，绝大多数家庭都把自己的孩子送到了农村。刚刚恢复没多久的"复课"又名存实亡了，学生们去学校，无非是去登记下乡的地方，再由学校教育系统统一安排。教室再次恢复了寂静。

上山下乡，我不知道在那些同学少年的心目中，这条路是主动选择还是被迫接受，我只暗自庆幸，在这样一个人生的节点上，我有机会面对两个截然不同的选择——1967年底，国家恢复征兵了。那时的我们，一会上课、一会停课，经历了太多的反反复复。虽然这次算是比较正常的复课，又可以重新回到学校，坐在宽敞明亮的教室里，但我心里却有着很多的疑问：学习有什么用呢？将来毕业了，还不是照样下乡、当农民？

"是下乡去，接受农民的再教育，还是从军去，接受部队的再教育？"我父母似乎看出了我的疑问，建议似的问我。众人去处春固好，小径也分三分春，每年的靖港"双抢"，让我对农民的生活有了比较充分的体会，出于对未知的好奇与向往，我不想去重复这已有的经历，而更加乐于在没有事前预定的生活中磨砺自己、扩展自己，去发现生命的各个侧面，去绽放人生的种种色彩。那时的口号是"工业学大庆，农业学大寨，全国学解放军"，军营就像一块庞大的磁铁强烈地吸引着我的心。既然上大学无望，何不去部队发展？我如是想到。

我没当过兵，当时的报纸、广播上说解放军是所大学校，我想参军也等于上大学，再说父母都是当兵的，爷爷也是当兵的，从小就喜欢军人，喜欢看打仗的电影，尤其是喜欢看书的我，从小就在充满了革命英雄主义的文学作品中熏陶，羡慕英雄人物，更是希望有一天自己也能成为书中描写的英雄人物。所以，我当然想去当兵啦！我不满足于未来的可想而知，我期待着遇招接招、过关斩将，我相信走进军营可以给我一份全新的阅历，让我人生碰撞出更多的火花。如今有了应征的机会，怎不踊跃报名呢！

于是，我与我那些混迹农村的红卫兵伙伴们分道扬镳，毅然决然报名应征，参加体检。

漂亮的容却不得不回到学校，但她仍然隔三差五到我家坐坐，有一次，正碰上我母亲在家。她随口问道，"你为什么不去复课闹革命？"女孩听了，脸一红，低下头去轻声说道，"工厂照样在停工，我们回到学校也没有恢复文化课，只是在学校无所事事，偶尔到街上贴几张大字报。"那天她找了个理由很快离开了我家，从此就很少上门玩了。

因为已经决定去当兵，我打算不再回学校上课。2月，留在学校的

偶然

最后一天,我才突然意识到,自己就要离开这所学校了。而2月,又似乎并不是一个悲秋伤离别的季节。我漫步在学校的操场上,围着球场走了一圈。教室里的那些桌椅,宿舍楼前的那棵大树,还有墙上的壁报。那时,雪白的墙上曾贴满了大大小小的大字报,装饰成那个年代最激情的梦。它们留给我的不仅仅是回忆,它们承载了太多太多……学校里,没有同学伤离别,也没有同学谈未来。我只记得自己角角落落都走了一遍,一个人。一切都那么熟悉。不知不觉,学校生活已经结束。这是一种依依的留恋?还是一种无声的告别?

不知不觉,我走到了容的家门前,我踌躇着叫了她一声,她很快出门来见我。从她家出门往左转,就是三角塘了,穿过那里蜿蜒几百米的狭长小巷子,眼前便是湘江了。空气很好,琳琅鸟语,大片大片的阳光洒在江面上;风景也很好,我们在湘江边沿着长长的沿江大道慢慢地踱步,极目远眺,空气中隐隐约约弥漫着草木的清香。青青大麻石铺成的路面,参天的大树,这样一个清新与安静的所在,曾经给予我多少快乐!它见证了在那片天空下发生的年轻的事情,见证了在那片天地下和那个年代的年轻人生活和思想的方式。

清寒的二月天,我们坐在湘江边的木排上,看湘江北去,我不禁回忆起读书时在江中游泳的热闹图景:排夫们放着排踏歌而来,那排歌清越嘹亮;夏天江水清澈,见得到底。我不由自主地将目光投向江面,搜寻着,回味着,似乎想从那长流不息的江水中找到一丝一缕当初的痕迹。然而,一切的一切,早已随着那滚滚流水,一去不复返了。

望着那一江春水,我突然感到,自己的昨天也已经如同那逝去的流水,成为永远的过去。而自己所做的这一切,都是被一种看不见的力量所支配,无法摆脱也不可抗拒。那么,这股力量是什么呢?

"我想起你写湘江的那篇文章,写得真是好啊。"对着波澜不惊的江面,我突然很想深深叹一口气。

"是啊,那时候,根本没有想到有一天,我会深深地怀念这里的一切。"容的声音是那么的低沉,大概,离愁别绪也在她心中慢慢酝酿吧。

湘江的水静静流过,视野分外开阔,我长长呼吸了一口江面的空气,"人生,过得真是快啊,一晃两年就过去了。"谁说少年不知愁滋味,为赋新词强说愁?这惆怅的愁,分明在胸中汩汩浮动啊。

"嗯,记忆总会淡去,留下来的只是情感。"容叹了口气,长长的睫毛印着柔和的江风,似乎有些湿润了。

湘江的微风轻轻摇曳岳麓山的树木,浅吟低唱的音乐似乎发自天籁。我们一起去湘春街转了转,石头路面也罢,热闹街景也好,似乎都还依着原样。照例去了班上女同学家开的小吃店,坐在熟悉的小凳上,照例要了两碗"白粒圆"。这一次,我格外多放了辣椒,辣得都有些受不了了,那涌上来的泪水,不知是为了别离,还是为了这纯粹的辣。

那晚,她执意要送我回家,华灯初上,天上下起了小小的雨,映着容的目光清澈寂静,她在路灯下微微扬起俊俏的侧脸,光线在洁白的肌肤上流转。告别时,她轻轻一吻印在了我的唇上,柔柔的接触,我无法形容那时候的感觉,只感觉这是最纯净的情感,别无他意,只是好像不舍而忘记还有什么可以做。

我想起这些,心中会抹起一丝淡淡的忧伤。

由于我的体格健壮,军医大致地检查了一下,拍拍我的肩膀说这是标准兵,就过关了。因为体检、政审合格,我很快收到了图案鲜明、印刷考究的入伍通知书。上方居中是毛主席穿军服的头像。左边是两条"最高指示":"没有一个人民的军队,便没有人民的一切","提高警惕,保卫祖国"。右边正文是这样的:你坚决响应伟大领袖毛主席"提高警惕,保卫祖国"的号召,积极报名应征,以实际行动保卫伟大领袖毛主席,保卫我们伟大的社会主义祖国,是非常光荣的。现批准你服现役。拿在手里,它就像一张奖状一样。

后来听带兵的首长说,那时主要是看家庭出身和"文革"的表现,黑五类子女绝对没门,"文革"中打砸抢分子不要,参加保守派红卫兵的优先。于是,陕西,这凝结着厚重历史、蕴藏着儿女风流的土地,便滋育出我生命中又一段难以忘怀的记忆。

知道自己能当兵后,我兴冲冲地去找她。在学校的教室里找到了她,看见她时,我却觉得,她看我的眼神有点不对劲,但我也说不出有什么不一样的地方。

她目光流转地看着我,问道:"你有事情吗?"

我愣了一下,回答道:"没有。"

"那放学后我找你有点事。"她低下头,我轻轻嗯了一声。"放

偶然

学后在学校大门口等。"说完,她就快步走回了教室。

下午我走到学校门口,看见她已经站在那里等着我了,我走到她身边问她:"你有什么事?说吧。"

可她却用眼睛看着我,好一会才说:"你能送我回家吗?"

我感觉自己快要被她的眼神吸进去,有些慌地答应了一声:"可以呀。"

以前我们读书时经常一起回家,因为是顺路。以前一路上,我们有好多话要说,但是这次,她却一直沉默着。我心里在想,她有什么事要对我说呢?她不时用眼睛瞅我,却一言不发,但我却有了新发现,她的眼睛,似乎会说话……

她终于说话了,轻轻问道:"你去当兵后,会不会把我给忘记了?会不会给我写信?"

"当然不会忘记你的,我们可以写信。"听我说这话,她立刻笑了,笑得是那样甜。受她感染,我也笑了。

以后的事实也说明了这一点,后来我们保持了一年多的通信联系。

"我听说,新兵连训练会很辛苦,小心身体啊。要好好干,克服生活上的困难,不要怕吃苦。"说到这里,她的眼睛有点湿了,我也被她的话感动了。那时我们都不知道,这一次的离家,将是多长时间,也不知道,还能不能回家。虽然具体离开去当兵的时间还没有确定,但我们心里都明白,离开城市、家乡和亲人、朋友的时间,快到了。

我们缓缓地走着,那天,我们彼此间都说了许多互相鼓励的话。不久,走到了一棵大树下,她突然停住了脚步,站在那里,看着我,只微微一笑,也不说话。密密层层的枝叶上方,是澄净的蓝天。一片叶子旋转落下,边缘擦过她细瓷一般白皙的面颊。许久她才从衣袋里拿出一张自己的相片,将那照片捏在手里,轻轻一笑,棱角分明的粉红嘴唇抿出一个优美的弧度。然后转眼低眉说道,"送给你留作纪念吧",把照片递给了我。

我怔怔地看着那照片,照片上的她梳着当时流行的麻花辫,穿着白衬衣,亭亭玉立。照片背面写着一行工整娟秀的钢笔字:送给我心爱的班长。

忽然间,我心中一阵纷乱。而她抬起眼望着我,那双漂亮的凤眼眯起来,眼梢微微上挑,眼眸清清澈澈的,却包含着她对我的关心和情谊，我当时的心情不知是什么滋味。我深吸了一口气，将照片接过，小心地压进上衣口袋里。我感觉，她离我很近，我甚至能感觉到照片上她的体温。

我不好意思地说道："我没有特别的礼物送给你，我要真诚地谢谢你，给我讲了那么多故事。"

她像湖水一样的眼睛望着我又笑了，笑得十分灿烂，一切都是那么默契，那么自然而然。我们又走了一会儿，不一会儿，就看见她家门前的那棵大树了，再拐过弯，就到她家了。我想和她说再见，又觉得有点依依不舍，突然，她一把拉住了我，我们面对面，靠得很近，我觉得这样有点不大好，但不知怎的，又有点舍不得离开，她的脸离我是那么近，突然，她的嘴唇落在了我的左脸颊上，我从来不知道女孩的嘴唇轻轻地一点，居然是暖暖的，软软的，而且，竟会是这样一股气息，不知道怎么形容那气息，令人醉醺醺的、甜丝丝的。但突然，就觉得有了个人可以信任依赖一样，心里很踏实，很温馨，很……甜蜜。

诧异之下，我也能听见彼此的心跳，好快，好大声。

她抬头望着我莞尔一笑："你心跳得好快。"说完，她松开了手，"不管你到什么地方，不要忘了远方还有你的朋友。"说着，她转身奔向自己家，没有再回头看我。她的那一笑，深深地留在了我的心里。

这张相片我一直珍藏着，看见相片我就想起了她，想起了那些朝夕相处的求学日子。那张照片，后来陪着我，走过许多地方。而她，因为父亲是知识分子，后来只能下乡去了农村，再后来，嫁了人……

那段时间，我很少出门，父母下了班后也会早早回家，想来大家都很珍惜这段时间吧，都想和亲人在一起多待些时间。我们这一代人，眼看就要离开生活十几年的城市，即将去一个非常陌生的地方生活，那个地方是个什么样子，根本就不知道，学生时代即将成为过去，学校也要变成回忆，心情复杂，无法形容。那时我还不知道，我和她的故事，至此就结束了……

2月初，发了军装，棉被、茶缸等，1968年3月，我正式参军入伍。部队开拔那天的天气特别好，万里无云，一大早，我在床上还没有睁开眼睛，就听见母亲在厨房淘米的"沙沙"声，锅盖碗勺的碰撞

偶然

声、炒菜的声音，一看表，还不到七点。在这寂静的早晨，这些熟悉的声响显得格外悦耳。母亲特意煎了荷包蛋让我吃下，面对着那黄白相间、香鲜可口的荷包蛋，我却引不起往昔极佳的食欲，只略略吃了一些，而后又吃了点饭。一家人在默默中结束了早餐。该说的都说了，该做的也都做了，事实上，从接到我被录取当兵的通知开始，母亲就开始帮我收拾东西。临出发前，母亲还一边唠叨着"部队不比上学，部队里会很苦……"，一边再翻了一次我的军包，看看还缺什么。而父亲则是不住地教导我如何处理当兵时出现的问题。也许受了他们的感染，我也有一些伤感，跟在母亲的身后帮着收拾东西，就像一个怕迷路的孩子紧紧跟随在母亲身后一样。而母亲则是不住地叮嘱：不要打架、不要跟老兵顶嘴……

"一人当兵，全家光荣。"同学们、战友们、爸妈兄妹，一直欢送我到火车站。一路上很热闹，锣鼓声早就响起来了，气氛也很热烈，大部分都是送行的人群，鞭炮声响成一片，当时我激动地流下了眼泪。直到现在，当我写到这段时，回想起那时的场面，眼泪也止不住在眼眶里打转。四十年过去了，但那场景就像发生在昨天，永生不能忘怀。

那天我穿着绿军装，戴着军帽，在我的四周围满了送行的人群，密密麻麻乌压压的一大片，热闹非凡。前来送行的既有白发苍苍的老人，也有抱在怀里的婴儿，而那些孩子们也紧紧地跟在大人们的身旁，似懂非懂地听着话。围成堆的亲朋好友都把要远行的孩子围在中间，用心叮嘱着。我们这八百学生兵，像一群即将杀上沙场的战士，既兴奋又激动，也流露出隐隐的忧伤。

"儿行千里母担忧"，连一贯坚强的母亲，这时也早已泪眼婆娑，一手却紧紧握住我的手，生怕抓不牢，我会一下子不见似的。倒是我这个做儿子的，在不断安慰着双眼通红的母亲，为母亲擦拭着眼角的泪水。

"妈妈，您放心，在部队我会照顾好自己的。"不说还好，说了这话反而让母亲的泪珠止不住地往下流，擦拭眼泪的手帕都快要湿透了。虽然已经是3月，但风中仍有寒意，一阵风刮过，母亲散开的鬓发中，我突然发现夹杂着几根白发，雪白雪白的，特别地惹眼，我的心感到颤了一下，又像是被针扎了一下……

听得见火车的隆隆声了，母亲松开了我的手，那双布满老茧的手轻抚着我的脸，深情地望着她的儿子，这个从小就不听她的话天天调皮捣蛋经常惹祸端的儿子……

母亲的手颤抖着，母亲的手好温暖！

我握着母亲的手，她把用手帕包的十几个鸡蛋塞在我的手中，直直地看着我的眼睛，轻轻地嘱咐着我："好好干吧！孩子！注意自己照顾自己，离家这么远，离妈这么远，这么远啊！路上饿了吃……"

这是我真正意义上的第一次出门远行，也是我第一次看到母亲的泪水。

环顾四周，那些新兵既有兴奋的，也有伤心的，还有紧张的，更有睡意朦胧的，当然还有已经开始结识朋友的，可所有的家长却都是一个表情——担心和伤心。我看到有一位母亲紧紧地抓着自己的儿子双肩，嘴里不停地交代着什么，眼泪就在眼眶里转着。

列车进入车站，这时喇叭里传来一声"列队上车，准备出发"的口令，大家仿佛才从浓浓的离别气氛中惊醒过来，知道分别就在眼前。看着所有的人在拥抱中分离，我才发现，原来，人是在离别中成长的。

鞭炮声、锣鼓声、呼喊声、豪放的笑声与低低的抽泣声，不绝于耳，但突然，我却觉得天地都变得寂静非常，天空静静的，连大地都静静的，无数双眼睛里噙满了眼泪，默默地等待那最后的一刻。

这时，父亲拍拍我的肩膀说："你一定会成长为一个男子汉的。"我用力点了点头。在震耳欲聋的锣鼓声中，我朝着父母和前来送行的亲朋好友挥了挥手。这时，就像是谁下了命令一样，所有的孩子们都用军礼向家人告别，我把腰挺得直直的，转身登上了列车，胸前的红花好像突然变得越发鲜红起来。

站在车门边，向着父母、弟妹、同事和红卫兵战友挥手告别，同时也告别我懵懂而热烈的青少年生活。当时，虽然我已经年过十八，是个大人了，但部队生活仍然是个神秘的未知数。

随着列车速度的加快，家长沿着站台跑着同我们挥手告别。我也挥着手中的小红旗，依依不舍，心里既有喜悦，又有难过。三月天，还凉凉的，但春天，毕竟已经来了呀。

随着列车一声长鸣，我们乘坐的列车开车了，就在列车启动缓缓

297

偶然

　　行驶的一刻，车上车下的人们沸腾了，相互招呼着道别祝愿。父亲朝我招手，大声喊了一句："儿子，到部队一定要好好干！"

　　"爸，妈，你们回去吧，多保重身体！"我也对父母挥手喊着。我想努力克制住自己，不掉下眼泪来。风，沙沙地吹着，复杂的心情使我的喉咙哽得很难受，泪水就像落叶一样在眼眶里打着旋儿，使我的视线模糊。我想离他们更近一些，身体在前俯时，泪珠终于冲过最后一道防线，本不想被家人看见的眼泪还是这么不争气地不顾一切地滚出了眼眶。泪水流过因兴奋而变得滚烫的脸，带来丝丝凉意；脉脉的泪水又像断了线的珠子，噼啪噼啪落在了我的衣服上。真想将此刻永远凝结在我的脑海里……

　　纷乱间，透过站台熙攘的人群，我突然看见一个红色的身影，在离我最远的站台上，一直张望。微风轻轻地扬起她红色的裙裾，那不正是我最喜欢看容穿的一件红色连衣裙吗？那个身影是容！忽然间，我觉得时间和空间在那一瞬开始凝固。在汽笛开响的那一刻，我的心似乎被某种东西击了一下，痛得让我无法呼吸，无法挥起沉重的手臂。

　　容站在还料峭的春风里向渐行渐远的火车望着，在人群背后，她睁大眼睛望着我，眼睛很亮，眼珠子乌溜溜水盈盈的。两人目光相对，我总觉得自己看见她一颗泪汪在眼眶里，就是不肯往下掉。这一刻，也许是短暂的离开，也许是无期的等待，我知道，无论多么不想说"再见"，却无法挽住时间的脚步。而容就站在那里，那一身裙角飞扬的红衫如同一团燃烧的火，把我的心灼痛了。那个瞬间，我的心里一下子空了。

　　车轮开始转动的时候，容跟着列车小跑，我心里又着急又担心，赶忙对她挥了挥手，大声说："回去吧！"我知道，我和容，从一开始时空就决定了我们的命运，即使再美好，再亮丽，也将在不久的风里被撕成碎屑。

　　容挥动着手中那白底绣着小红花的手绢，随着列车渐行渐远，容的单薄的身影就像是一面在风中飞舞的剪影，那剪影一直萦绕在我的眼前，直至站台的尽头。我向她最后挥了挥手。她站在清澈透明的阳光中，渐渐变小。铁轨很亮，耀眼，通到很远。直到她的踪影消失了，仿佛连同我自己也一同消失了，剩下的只是我孤单的影，不，还有一滴滴落下的眼泪。

望着送行的人群在我模糊的双眼中渐渐远去、消失……瞬间，我突然意识到，此刻开始我真正长大了……

列车开出了长沙站，我心里想：长沙，可爱的家乡，我们就要再见了，真有点难舍难离的感觉。亲爱的亲人、朋友、可爱的家乡，离我们越来越远，再见了亲人、朋友、家乡，祝福我吧。渐渐，长沙消失在我的视野里。

整列车里全是学生兵，个个衣着整齐，精神饱满，戴着大红花，目光里满是遮掩不住的青春朝气，并时时流露出为即将到来的日子所激发的紧张兴奋、骚动不安。我突然觉得自己选择从军是命中注定，车厢里那蓬勃的豪气让我认为自己天然得便应该做一个战士，去斗争，去磨炼。我心里顿时一片安宁。

我们坐的是闷罐子车，它就像一个长方形的罐子，罐子里面的地板上铺着麦秸，麦秸上面铺着席子，我们白天就坐在席子上休息，晚上展开入伍时发的棉被睡觉。每个罐子上面有两个小小的天窗，两边各有扇大铁门，如果关上门和窗子，里面就黑乎乎和夜间差不多了。整个车厢里，只有从高高的窗户中投进的一道光亮。随着列车"轰隆轰隆"的前行，那道光会在车厢里或明或暗地撒下变换的色彩。不过一天中的大部分时候，两扇铁门都是开启着的，只用铁链拦起。

我虽然是第一次坐"闷罐子"车，但早就知道这种列车，电影里"雄赳赳，气昂昂，跨过鸭绿江"的战士们就是坐这种列车，好像那时的部队都是靠这种军车专列运兵的。虽说没水没电没厕所，但打扫干净，把行李铺开，坐卧自由，倒也舒服。特别是几天几夜的长途跋涉，坐闷罐子车还是不错的，也并不觉得有太多不便。就是路上文化生活太枯燥了，没广播没报纸，前方到哪一站也不知道，完全蒙在鼓里。好在大家都带了些过期的报纸杂志，白天除了学习毛主席著作，就是阅读浏览这些报刊，消磨时间。晚上睡觉，大家要轮流值班放哨，要提高警惕，看好煤油灯，注意全车厢的安全。虽然有些辛苦，但心情是愉快的。在整个旅途上，我始终情绪饱满，兴致盎然。白天除了睡一会儿觉，绝大多数时间都坐在车厢门口观看车外的风景。

列车开动以后，指导员给我们上了第一堂课——为人民服务。然后告诉我们目的地是陕西岐山。此后，来自不同学校的人彼此打着招呼，告诉别人自己学校的名字，聊着相熟的人、事。经过了将近一个

299

偶然

小时的兴奋,车厢里逐渐沉寂了下来。

火车沿着平汉路一路直向西北,直到我们的眼帘中涌入另一片天地。火车一进入陕西,便觉天地为之一变:湖南的山都是丘陵,一个坡接一个坡,不时能看见一条小河、一个小村庄。但到了陕北高原,就完全不是这么回事了,车子跑着跑着,便是一片一望无际的原野、麦田、秦岭山脉。

在中国版图正中央,秦岭是自此向东最高的一座山脉,也是惟一呈东西走向的山脉。它是南方和北方的分界线、是长江黄河的分水岭;它和黄河并称为中华民族的父亲山、母亲河,是华夏文明的龙脉。也许正因为有秦岭的气候屏障和水源滋养,才会有周、秦、汉、唐的绝代风华。中华民族最引以骄傲的古代文明,正得益于这样一座朴实无华的由巨大花岗岩体构成的山脉。

火车路过秦岭时,是车上的战友先提到的,说这是川北出川入川的必经通道。它横横地立在四川和陕西之间,难怪太白先生当年唱出"蜀道难,难于上青天"的句子来。以前蜀人要出川,中原人要入川,都必须翻越险峻的秦岭。秦岭,在古代就是一个天然的屏障,没有多少人或者军队能够穿越,比十万大军还有效果。

我的运气很好,能在白天经过,饱览了秦岭的秀美风光。秦岭东西绵延千余公里,列车走了整整大半天。怎么会有这么高的山?山脉还是白茫茫的,那种感觉豁然开朗:云横秦岭,山脉壮观、雄伟,白茫茫的山头、云雾缭绕,一脉群山耸峙,一脉苍翠无涯,分野中峰变,阴晴众壑殊。我虽然见惯三湘大地上的山山水水,还是被这雄峙的气势、深广的胸怀所震撼,顿时觉得太舒服了,太伟大了。我兴奋于秦岭的苍翠,更激动于秦岭的雪景。

3月的秦岭,没有冬季的荒凉,没有夏季的浓密,没有秋季的硕果,在3月这个阳光与雪交融的季节里,在3月的柔和春光里,秦岭依然是一片银白世界,一尘不染。这大自然的魅力,如此种种将这个秦岭画了一遍,不留下任何一丝痕迹,生动而又静谧。雪不是太厚,独特而美丽,恰到好处,很安静,呈现出一派难得的水墨自然风光,看起来就像一幅画卷,非常漂亮。在那高山之巅,一边是地上草木已经开始抽绿的嫩芽,一边是耀眼的白莹莹的雪,终年不化;一边是阳光,一边是白雪,山寒,雪不融,阴阳界面从中间划空而过,宛如两重天。我突然想起了苏东坡的词来：高处不胜寒。山如此，人生呢？也许人和山一样，一旦到达高位，就容易成为众人注目的焦点，被人品评，被人臧否。看来越是位居显要处，越要经常反躬自省，低调做人，唯此，才能融入大众之中。

在穿行的火车上，凝望着迎面而来的崇山峻岭，目不暇接，思绪飞扬，本就兴奋的心愈发激动。而恍然间，火车翻过一个山坡，一片小平原扑面而来。黄土高坡，一坦平原。我的眼睛正饱经峭壁巉岩，哪里想到这山山萦绕之处会有这样的别样洞天，心底不禁暗暗叫绝：这雄壮的连天绝壁，出自怎样的神工鬼斧、精心雕琢，这清丽的川原风景，又是谁家的丹青妙笔、随意点抹？还有，不知道怎么去形容沿着火车一路的那些风景以及那些居民，令人好生地好奇，他们住在那么高的地方，生活会是多么的不便？虽然已是阳春，当地人还穿着大棉袄。记忆最深刻的就是看见一位老年妇女，蹒跚地向前走着，身后可能是她家的房屋，很沧桑很破旧，但很有味道。她穿着很旧的衣服，两旁是完全落掉了叶子还没有重新长出来的老树，一个个清晰的线条，像画家妙笔生花的手中精心安排编制的场景，直叫人心里发出赞叹。

过了秦岭，就进入陕西界内。黄土高原雄浑苍茫，连绵起伏的山峦，支撑起沟坡峁梁的雄浑，大山深处的村庄，或依沟底平川一字顺排，或靠地处避风的阳湾簇拥一团，或屈于地势而分散零落。那一孔孔窑洞错落有序、排列整齐，点逗出着苍凉原地上的人伦生机。这是另样的天地，这是迥异的神韵，这里的壮阔自然而然地令人心胸开朗，欲与天公试比高低，这里的野旷天低，让人不由自主地志气凌云，伸手攀摘星辰。这片土地，因此才属于宗周文武，开基创业、修化立德，成八百年不绝之基业，属于汉武秦皇，雄才伟略，扬厉铺张，铸数千年不朽之功勋；这里有着中华民族最阳刚、最大气的乐章，黄钟大吕，赫赫锵锵……

从长沙出发，整整两天两夜，列车终于载着我们抵达陕西渭南火车站。这之后，稍事休整，我们换坐上军车，又跑了几百里路。眼前风景极有黄土高原特色，和南方的天地完全不同了。南方都是山丘小岭，这里却是大开大阖的大山与平原。汽车慢慢爬上一个很高的土坡，开到几十米高才到坡顶，上面是坦荡如砥的原野。阳光斜照在高坡上，黄土坡呈现出金子一般的色彩。视野一下子变得宽阔起来，我们第一次看到一个立体的世界，一个有层次、有色彩、全方位的世界。放眼望去，有成片成片的农田，有星星点点的村庄，还有闪着银光的铁路线……宛如一块巨大的调色板，在阳光下显示出五颜六色的光彩和无规格的形状，一座座房屋像一个个火柴盒，田里的耕牛如同一只只小蚂蚁。

3月的陕西，黄土地，视野是极其豁然开朗的：一片浩然的田野，无边无际，耕种的农民与牲畜构成了一幅幅生动的画面。有时在三面绝壁的塬上，可以见到农民赶着毛驴在翻犁土地。当时，我们被这场面震慑了，谁也不再说话。大概就在那个时候，那道景象凝固成一幅全息照片，一幅被阳光和风塑成的黄土高坡照片。它的磅礴气势，永久地贮存进我的记忆里。

汽车继续沿着弯弯曲曲的路向下滑行，终于落到了平地，再开不久，便到了岐山县城。四周是静悄悄的麦田，还有孤零零的农舍。大约在百米以外，有一条宽大湍急的河流，河中掀起混浊的浪花，这就是著名的渭河了。隔河南望，远处淡蓝的雾霭中，浮现出逶迤的山峦，空气纯净得像透明的水，可以看见山巅的积雪。

岐山县不大，正好是我国鸡形版图的心脏，属陕西省的关中平原，是大后方。那时的岐山，安静得近乎原始。如果不是看到原野上立着红色的毛主席语录塔，几乎看不出是什么年代。村庄、小路、脚上沾满泥巴的老汉，一些身着土布衣裤的农民，三三两两蹲在充满柴禾味儿的村头说话，旧铁烟筒个个都懒洋洋地冒着青烟，整个关中塬上，白皑皑、雾蒙蒙的。

我看见路旁窑洞门口，一个扎着小辫，穿红花绵袄的小女孩端着一海碗热汤面在吃。指导员告诉我们，岐山的臊子面全国有名，它的做法颇讲究，面团要和得特别硬，壮汉借助大木杠的力学原理，狠劲夯压，压平扑上面粉，折回，再压，反复手工操作，最后压出的面像宣纸一样薄，再用大铡刀铡成像丝线样细的面条。臊子汤更有讲究，要选用新鲜五花猪肉，切成丁；木耳也要选厚的；黄花菜最好是新摘的；土鸡蛋要摊成金黄色的薄饼，切成小菱形；葱姜蒜各切成碎粒；嫩韭菜要切成小段，再加上红萝卜、豆腐。吃的时候放醋，油而不腻，酸而爽。这番介绍把我们说得个个都馋了。

到了岐山脚下，渭水河边的新兵训练基地，只见营房不小，有课堂有宿舍，还有一个大操场。清晨，农民们赶着牛车，从四面八方向大路上汇集，从陡坡上滑下，四下里就传来木制车轮的摩擦声。那声响尖涩古怪，由远而近，又由近而远。也许是木头车轮太沉重，摩擦声像巨兽在吼，传遍了四周的原野。湖南人把送子当兵看成是一件很光荣的事情，当年征兵的时候长沙报名的人特别多。我和小冯是小学同学，竟然分到了一个排。不过，始达驻地就开始的为期三个月的新兵训练，让我来不及过多地流连风景，缅怀古昔。

新兵训练的主要科目是队列、射击、投弹、刺杀、内务整理、紧急集合及学习军械常识和条例条令。每天的作息时间都严格按正规军队生活的程序，以军号为令准时施行，目的是让我们这些刚刚穿上军装的新兵，尽快缩短由老百姓到职业军人之间的距离，尽早在军事政治素养方面适应部队生活的需要。

部队是兰州空军集训团，我们要在陕西省岐山县进行长达三个月的集训。陕西位于黄土高原，干旱少雨，而岐山这块宝地却出奇的草木旺盛。

4月，正是小草从地底偷偷钻出来的季节，它们努力地呼吸，肆意地生长，享受着造物者所赐予的最好的礼物。那时候大家还不到二十岁，青春正好，仿佛世界只要去追寻，就能够拥有。大家每到周日都会出去玩，如脱缰的野马一样享受着自由自在的时光。

左盼右盼，又盼到了周日，我们几个人决定去周公庙看看。周公庙离我们部队驻地没多远。我们几个吃过早饭，就出发了。几天前刚下了一场透雨，几万亩的大山一片苍翠，像个江南小姑娘的脸蛋，捏一把都能捏出水来。流泉声咽，泉水穿过峭立的崖石，和山上的雨水、露水汇在一起，形成几股溪水，从山上"哗哗"地泻下来，从我们脚边流过。掬一口溪水，初觉清凉甘甜，然后是沁人心脾。这溪水可能几千几万年就形成，养育着这方土地上的儿女。在晨风中，我们听着路两边树上的鸟儿叽叽喳喳地叫个不停，呼吸着这略带土地芬芳的空气，边走边聊。

一起同行的小红忽然说道："你们知不知道。这岐山，有个特别的说法，叫做不是山，又是山。"

"你为什么这么说呢？"同是战友的小刘不解地问道。

偶然

"因为岐山才三十多米高,而凤凰山高一千七百多米,岐山跟凤凰山相比简直小巫见大巫。"率先开腔的小红果然是早有准备,很是振振有词。

小刘却还是不服气,又抛出了另一个问题:"嗯,你说的挺在理。谁知道周公是谁啊?"

"我只知道周公解梦。"战友小王插嘴道。

"周公解梦那是封建迷信吧?"小红接嘴也很快。

小王将信将疑地点点头:"嗯,大概是吧,不过我也不太清楚。"

"那周公庙是属于佛教还是道教啊?"我们的讨论有时候听上去显得有些好笑。

山行路间,树影摇曳,日头微晒,不时有鸟儿啼叫着飞过头顶,倒是很有踏春聊故的气氛。

小刘想当然地做结论道:"当然是道教了,你没看周公是中国人嘛。"

"来到这之后,我总听说凤鸣岐山四个字,也不知道什么意思?"一直倾听的我忍不住了,提出了这个萦绕在心中已久的问题。

"顾名思义,大概是有凤凰落在岐山这里吧,还叫过几声。"小红像是看到了那幅图景似的。

我们几个人你一言我一语地说着话。

突然看见前面有一个背着柴草的老人,我赶紧快走几步,走到他跟前,跟他说:"大叔,我来帮您背。"

那大叔抬头看我,略微一笑说:"不用不用,我还能背得动。不过估计再过二十多年这身子就不行了。"那大叔个子很高,五十多岁的样子,面容却很清癯。

我甩了甩胳膊,说道:"我来背吧,我们都还是小年轻。"说话间,我就把柴草从他肩上卸下来,扛在我肩上。

那大叔见拗不过我,就笑着放下柴草,交给我,说道:"那就谢谢你啦,小伙子,你们一身军装,是附近空训团的吧?"

同行队伍中,之前一直没发话的小冯这下来了兴致,他好奇地问道:"大叔,您怎么知道我们是空训团的啊?"

那大叔哈哈笑着:"附近就你们一支部队,口号还叫得震天响,所以我猜你们是空训团的。"

我就随口问他道:"大叔您姓什么啊?是这周公庙附近的人吧?这周公庙里现在有没有道士了啊?"

那大叔爽快地回答道:"我姓姚,附近村子的,村委会让我们轮流给周公庙看房子的,最近轮到我了。现在还哪有什么道士啊,破四旧的时候就把庙里历朝历代的石碑用大卡车运走,都拿去盖桥、盖学校了,哎!然后'文化大革命'开始没多久,就来了一拨外地的红卫兵,说是要砸庙,见到道士就说他们是在搞封建迷信,还将几个道士打伤了。这帮道士一看过不到太平日子,念不了经、修不了道了,于是就分分东西,各自散了,有的道士索性就还了俗。不过附近村子里来周公庙上香祈愿的人不少,于是大家就轮流来守护周公庙。"

我生来就爱听故事,兴奋地问道:"姚大叔,您给我们讲讲跟这周公庙有关的故事吧。"

姚大叔慈祥地一笑,说:"没几步就到庙里了,到了咱们歇歇腿再说。"

不一会就到周公庙附近了。我往周公庙望去,只见建筑古朴、古木森森。顿时我想起了家乡的天心阁,虽是不同风格,但都是古香古色,好像充满了无数的故事等待着我们去解读。

首先映入眼帘的是门前的一棵大树,葱茏苍翠,与碧蓝的天际相称,令人身心欲醉。树旁,有清澈的水流从东南向西北潺潺流入大门。两个石狮子满头卷发,蹲坐守护在周公庙门口。

姚大叔语气略带神秘地问道:"你们可知道这石狮子代表着什么?"

我稍稍思考,迟疑地说道:"石狮子是看家护院的吧?"

姚大叔满意地看了我一眼,点点头说:"嗯,对。狮子是祥兽,可以驱除邪恶。不过这石狮子也有讲究,多是一雄一雌,成双成对的,而且一般都是左雄右雌,符合中国传统男左女右的阴阳哲学。放在门口左侧的雄狮一般都雕成前爪玩弄绣球,门口右侧雌狮则雕成前爪抚摸幼狮。"

这时,我不由得想起不知哪一本书上说过:石者实也,狮者思也,石狮子言思前人创业后人守成之不易也。

就这么一边搜索着以前所学,一边缓缓踏进庙门,走在石板路上，左右两侧满目槐柏参天，老枝曲折蜿蜒。穿过了几间偏殿，眼前一个气势宏伟的大殿出现在眼前。

殿前两边的楹联写着"自古勋劳推元圣，从来梦见有几人"。十四个大字写得俊逸潇洒，我顿生向往之情。姚大叔把我们领进大殿，殿里供着一个塑像，那塑像正襟危坐，手执圭板，头戴王冠，目光凝视，神采奕奕，似有无限的威仪，虽有些老旧，不过神韵犹在。

姚大叔像回到了自己家一样熟悉，他从塑像脚下飞快地找出几个蒲团，扔给我们一人一个，我们都学着姚大叔的样子盘腿坐下了。

我忍不住先开口说道："姚大叔，这供的神像是周公吧。您给我们讲几个关于这里的故事吧？"

姚大叔倒也爽快，点了点头，说："嗯，确实是周公。你们想听什么啊？"

小冯接口说："姚大叔，你刚才说红卫兵来砸庙，那您就先给我们讲讲那段吧。"

姚大叔说了一个"好"字，于是，他话匣子就打开了："以前有城里坐车来的红卫兵要砸周公庙，他们是坐军用的运输车，也不知他们是从哪借的车。车一停，红卫兵都从车上跳下来进了庙，有手里拿着东西的，也有空手的，总共能有三四十号人，一阵喧嚣。

"那红卫兵为首的头头站在高处，掏出红宝书，对红卫兵们说：'同志们，我们谨遵毛主席的教诲，我们是光荣的红卫兵战士。这周公庙是封建主义的残余，千百年来毒害了多少人，愚昧了多少人；周公是封建主义的卫道士，地主阶级的代言人，压迫剥削了好多贫下中农，孔老二就标榜他的假仁假义到处行骗，红卫兵小将们，听我号令，咱们开砸，毁了这个旧世界，才能建设新世界。我们要扫清这里的一切牛鬼蛇神。冲啊！'那头头一摆手，后面的红卫兵小将他们就往庙里冲，红着眼，就像是去杀杀父仇人一样，有的去砸东西，有的去抓道士。那头头只是背着手踱着步子，观赏着他的手下精彩的战斗。"

我们一个个小新兵蛋子很快就被姚大叔说的精彩开头吸引住了，动作整齐划一地挺直了身子。

姚大叔看我们的认真劲儿，说得也更投入了："还好那天在周公庙里面上香的老乡比较多，他们没砸多少就被周围的老乡拦住了，求他们不要砸了,有人就去找村长去了。村长满脸大汗、气喘吁吁地一路跑来了,就把那伙红卫兵的头头拉到了一边,问他:'红卫兵小将,你们是什么组织的?'

"那头头一瞪眼:'我是彻底捣毁孔家店革命造反联络站的人,我们要彻底捣毁孔家店!毛主席说革命无罪,造反有理!我们要向旧世界宣战!孔老二把这周公周鸡蛋当成偶像,所以我们要把他的庙也砸掉,砸开封建主义的层层大门。'说完话那头头就是右手往下一挥,一个杀头的动作。

"村长看他这么说,脑门直冒冷汗,赶忙随口编了几个理由说:'周公他们家祖上以前日子也不好过,被人追杀,从西跑到东。周公他跟你们一样,也是造反派,伐了商纣王,夺了商纣王的江山。周公还可能是咱们周总理的祖先。你们要慎重啊,不要太激动啊。'

"那头头用食指指着村长说:'哼,你要是敢骗我,你这个村长就干不了多长时间了,知道吗?'

"村长又老实叨叨地说:'我这芝麻绿豆大小的一个村长,怎么敢骗您呢?我这些话都是千真万确,要是有半句虚言,你们就是游街批斗我,我都心甘情愿。我们把这周公庙当成仓库,平时可以在这放一些杂七杂八的东西,所以我才求你们别砸了。再说你们砸东西还费力气。'

"不知那头头对周公是造反派表示同情,还是对村长随口说说的周公是周总理的祖先有些忌惮,想了一会儿,大声说:'同志们,听我号令,住手。'

"村长怕他们这次走了之后,哪天再来砸东西,就跟他们说:'你们大老远跑来的,一定很累了,我请你们吃柿子,刚熟的柿子。'

"那头头说:'村长请我们吃柿子,我们该不该领他的情?'

"就听三四十人喊了一声:'该!'

"三四十号人,村口的柿子就让他们吃了一半,临走的时候,村长又给那个头头用袋子装了不少柿子,算是送走了那帮红卫兵。若是那天周公庙被他们毁了的话,你们今天就不用来看周公庙了。"

小冯听了有点义愤填膺,说道:"哼,那红卫兵头头不是什么好人,真是可恶至极。"

我也觉得那些红卫兵有点不可理喻,就说:"那伙红卫兵太过分了。不该砸东西的,砸了就没了,都没法恢复。不分青红皂白,一刀切的破四旧难道真的对吗?您还是给我们讲点别的故事吧。"

姚大叔叹了一口气,用手遥遥指着那塑像说:"嗯,给你讲讲这大圣人周公吧。周公姓姬,名旦,是西伯侯周文王的儿子,周武王的弟弟。"

旁边小冯马上就扑哧一声笑了:"你这大叔,真有意思,周公不是姓周吗?你怎么说他姓'鸡',还是'鸡蛋'?"

我懒得纠正小冯,只好打断他,说道:"小冯,你别笑别打岔,听姚大叔说。"

姚大叔清了清喉咙,说:"周公的封地在周,也就是咱们脚下这块土地,所以他才被称为周公。周公的姓是左边女字,右边一个臣字,那个'姬'。旦则是日字底下有一横。你们记住姓氏中有女字旁的,大多是很老的姓氏。"

我恍然大悟,接道:"您姓姚,姚字也有女字旁,肯定也是老姓。还有姜姓、魏姓。"

姚大叔点了点头:"嗯,你这现学现卖还很成功。我们常说以德治国,却不知道以德治国的提出者和实践者就是周公。周公勤政,爱民如子,传说他即使正在吃饭或洗头,听见有政事要处理,也会吐出吃到嘴里的东西,挽起头发接见来人。周公爱民如子,百姓自然也就敬重他。周公死后,人们为纪念周公建立了这周公庙。"

我听得来了兴致,唐太宗李世民不是说过"以铜为鉴可以正衣冠,以人为鉴,可以明得失,以古为鉴,可以识兴替"嘛,古往今来的政治家都注重向历史学习,像毛泽东主席就非常重视历史知识的学习,他在《改造我们的学习》这篇文章里还专门强调过,要加强历史的学习,要从中国的实际出发研究中国革命问题。想到这里,我急切地说道:"这周公真是鞠躬尽瘁,死而后已啊。姚大叔,那你好好给我们讲讲吧?"

姚大叔想了想:"那得从周公的曾祖父的故事开始说起。周本是中国西部的小部落,大概也就能有几千户,开始的时候被少数民族犬戎不断骚扰。戎狄进攻周族,想要夺取财物,当时的周族首领古公就把财物给了他们。

小冯这下来了劲:"打住,姚大叔,这古公是投降主义啊,犬戎来了,古公就把东西给他们,什么时候是个头啊?怎么不去跟犬戎他们斗到底?"

姚大叔摇摇头道:"那是鸡蛋碰石头啊,当时他们实力还不够,所以古公才不打啊。犬戎贪得无厌,后又来进攻,要侵占周族的土地和人口。民众非常愤怒,想要抵抗。古公说道:'民众拥立我做君主,是为了让我为你们谋福利,让你们吃得饱,睡得暖,而且安全。如今戎狄来攻,是为了我的土地和臣民,那么反抗的话,会给你们带来更大的灾祸,你们要为我而战,就要有很多人的父子被杀死、很多的妻儿子女将受到更大的痛苦,通过这种办法保住我的位子,我不忍心这样做。如果有愿意跟我走的人,我们可以去寻找一块新的土地重新开始生活。'于是古公带领着家人、随从和部分愿意跟随他的人开始不断迁移。"

我听了,深表同意,忍不住点头插嘴说道:"这古公不为一己私利,而为自己的部落利益考虑,打不起,咱们还躲不起?不意气用事,能屈能伸,这才是真英雄,大丈夫啊。"

姚大叔呵呵地笑了,环视着大家说道:"你说得对,父是英雄儿好汉,不光他厉害,他的子子孙孙也都很厉害。不过咱们还先接着说古公,古公走到岐山的周原就停下了。他们发现周原适于狩猎与农耕,水源丰富,气候宜人,土肥地美,甚至连长出来的苦菜都是甜甜的;周原这块土地又有岐山山系作为天然屏障,易守难攻,可以抵抗外来的入侵。经过卜筮的人占卜之后,卦象是大吉,古公和族人商量后就决定在这里开始新的生活。"

小冯又不满了,连连摇头说道:"他们太迷信了,干什么事之前还要算卦。"

我忍不住反驳他道:"你不能苛求古人,不能用现代的标准去要求古人。你还常说'左眼跳财,右眼跳祸',那就不迷信了?"

小冯没话说了,只好咧嘴一笑。

姚大叔哈哈一笑:"因为姬姓生活在周原上,姬姓的部落从此就自称为周人。以前留下没有走的百姓不堪犬戎的压榨,全都扶老携幼到周原复归古公旗下。其他国家的人听说古公仁德,也多归附,于是人越来越多。周原的人口,第一年仅有三千户,到了第三年竟增加到一万五千户之多。于是古公改革旧有的风俗，营造城郭房舍，让人们分别居住，并设置五官，各司其责。人民安居乐业，都歌颂古公的功德。

"周由于几代人勤于政事，重视发展农业生产。转眼文王出生了。历来有名望的君主或贤人出世，据说出生总会发生一些异常的事情，例如出生的头天晚上有白虎赤龙飞降庭内，或者出生时有青云紫气缭绕室中，而后人总喜欢将这样的事情称之为'祥瑞'。在周文王出生的那天晚上，周文王的母亲梦见了一种奇异的怪兽，这怪兽长得形似马，状比鹿，尾似牛，且头有独角，遍身龙鳞。"

急性子的小冯又忍不住打断了姚大叔的话，说："啊，这是什么怪物啊，太吓人了。那个东西不会是四不像吧？"

姚大叔耐心地解释道："四不像是头脸像马、角像鹿、颈像骆驼、尾像驴。我刚才说的那个是麒麟，传说麒麟与龙、凤、龟合称为四灵，乃毛类动物之王。

"他妈妈梦见麒麟这事还不算怪，在周文王出生不久，更有一只火红火红的凤凰落到了房上。凤凰是我国古代传说中的神鸟，为百鸟之王。

"凤凰性格高洁，非晨露不饮，非嫩竹不食，非千年梧桐不栖。周人敬天畏命，对凤凰是极其崇拜的，认为凤凰是一种天鸟，可以代表天的意志，有圣贤的君主将要出现，凤凰才会降临人间。最为奇异的是，传说这只凤凰口里还衔着一卷丹书。那丹书上面说：'一个人若心存敬畏，喜好仁义，则能吉祥如意；若消极懈怠，为所欲为，则自身难保。一个国家，若能以仁德治理，则能永世长存；不能以仁德治理，则很快会灭亡。'"

小冯赶忙接嘴道："我曾听我爷爷说过一个关于火凤凰战恶龙的故事。"

姚大叔这下来了劲，大概也是想歇歇嘴，说道："说来听听，我还真没听说过这样的故事。咱们刚才的故事你们先记住讲到哪了，一会儿咱再接着讲。先听他讲的故事。"

小冯当仁不让，清了清嗓子说："很久很久以前，有一座城市本来很祥和、安静，人们幸福快乐地过着日子。话说一年年近春节，突然电闪雷鸣，乌云蔽日，瓢泼大雨一连下了七天七夜，人们以为是惹怒了天神，是天神降罪惩罚自己，于是就去庙里跪在地上向神谢罪。

突然一条大恶龙出现了,用大尾巴把神像掀翻,大龙吼道:'你们每年春节都要供奉一个七岁的小孩儿给我享用,否则的话,就继续降雨九九八十一天。'说完恶龙便隐入云中,消失得无影无踪了。"

小冯讲的故事,是凤凰涅槃的母题,我们很快也都提起了兴趣,听着他继续往下说——

"不过有一个猛士,他听说在城市的东边有一座凤凰山,山上有两只神鸟,一雄一雌名曰火凤凰,它们彼此忠贞不渝,心地善良,好助人为乐。猛士不愿意看世人受苦,就自告奋勇地去请火凤凰为人间除魔。历经千难万险,终于找到火凤凰,火凤凰义不容辞地同意他的请求,因为铲除邪恶就是它们降临人间的目的。火凤凰和大恶龙在山上大战七七四十九天,都没有分出胜负。雄凤凰最后只好牺牲自己,燃烧自己的心,换取全部的能量爆发,以此和恶龙拼搏!"

小冯的故事进入高潮,我们都不出声了,一双双眼睛都盯着他。外面有一阵凉风吹来,像是要缓解一下我们高度兴奋紧张的神经。小冯深吸一口气,描述起那凤凰战恶龙的战斗场面来:"整个天空都昏暗了,天旋地转,直打得碧雾朦胧遮夜月,金霞灿烂又映天光!最终,雄凤凰和恶龙同时化为灰烬。雌凤凰看丈夫死去,心碎欲裂,不忍独生,也燃烧了自己的身躯。当人们赶到山上的时候,突然发现有两只火凤凰在灰烬中重生。我爷爷说这就是凤凰涅槃。嗯,我的故事就讲到这了。"

小冯说完,看看我们,见没人鼓掌,还有点不好意思呢,他挠了挠头,吐了吐舌头。

还是姚大叔带头鼓励,赞许地说道:"他讲的故事还真不赖。这出叫凤凰涅槃,浴火重生呐!挺好挺好。刚才咱们的故事讲到哪了?"

我立刻捡起话头:"姚大叔,您刚才讲到文王出生后有着种种祥瑞,有凤凰落在房上。又是一个关于凤凰的故事要来了吧?"

姚大叔点点头,说:"哦,那我继续讲。这回这个凤凰故事呐,是我们陕西岐山特有的,和刚才这位小战士的'凤凰涅槃'故事有点不一样哦。"

很久没发话的小刘和小王齐声道:"姚大叔,您别再卖关子啦!快给我们讲吧!"

姚大叔笑着道:"看把你们给急的。周文王的爷爷古公刚刚完成了周原的建设,这天突然听说儿媳为自己生下个小孙子来,而且有这样那样的祥瑞,喜出望外,于是马上赶回家探看。古公怀抱着这小孙儿,喜欢得不得了,见他长得龙颜虎肩,一派仁君的风范,真是越看越喜爱,不由得欣喜地说出一句话来:'我大周国要想兴旺昌盛,就看他的了。'于是便给他取名为昌。姬昌就是西伯侯,也就是周文王。

"也就是在周文王即位的那一年,传说有人看见在周朝国都岐邑北边的岐山上,有只五彩的凤凰停在高高的枝头上放声鸣叫,引得百鸟朝贺。这样奇异而壮观的景象,传说只有远古的舜帝在位时才发生过。凤鸣岐山这件事通过口耳相传,马上传遍了整个周国。而周国人同时又想起了古公亶父所说的'兴周者昌'那个预言。于是,所有的周国人都意识到,也许,这位带着祥瑞光环降生的君主,将带领着周国开创出一条不同凡响的兴盛之路。"

我听出点门道来,忍不住打断姚大叔:"这故事里面的人物,好像《封神榜》啊!"

"没错,封神榜里的人物原型,很多都在我这个故事里。"姚大叔不无得意地说道,"文王积善行仁,礼贤下士,广罗人才。文王更拜姜子牙为军师,向他询问军国大事。一时之间周国国力大盛,竟然使天下三分之二的国家都向周朝臣服。"

"忧劳可以兴国,逸豫可以亡身,这句话用在周和商两个国家上,再恰当也不过了。到了商朝末年,纣王无道,他一方面终日沉湎于酒色之中,宠爱妲己;另一方面拒纳忠言,滥施酷刑,还剜了叔叔比干的心。而且还自恃商是大国而发动了旷日持久的征伐战争。"

商朝的故事我以前就读过许多,商纣王是历史上的暴君,他置国家大事于不顾,整天花天酒地,过着醉生梦死的生活。我不禁感慨道:"这商纣王骄奢淫逸,凶恶残忍,是个十足的大坏蛋,怪不得丢了江山。"

姚大叔接着说:"因奸臣向纣王进谗言说'西伯侯到处行善,树自己的威望,诸侯都向着他,恐怕不利于大王您'。商纣王于是编了个理由,把周文王骗到商朝的首都朝歌,画地为牢,将文王囚于羑里。后来文王历经千难万险,才被放回来。这段你们要是听过《封神榜》就肯定知道，我就不一一细说了。"

小冯抢着道："我听过《封神榜》，纣王还杀了文王的儿子伯邑考，还把他的肉做成丸子，让文王吃。纣王太残忍了，像个畜生一样。"

姚大叔摇了摇头："文王后来由于操劳于政事、年老体衰而死。文王的儿子武王发誓要为父兄报仇，发兵东征。周武王在进军到距朝歌七十里的牧野地方举行誓师大会，列数了商纣王的许多罪状，鼓动了军队要和商纣王决战。这时候商纣王才停止了歌舞宴乐，和那些贵族大臣们商议对策。这时，纣王的军队主力还在其他地方，一时也调不回来，只好将大批的奴隶和俘虏来的东南夷武装起来，凑了十七万人开向牧野。可是这些纣王的军队刚与周军相遇时，就掉转矛头引导周军杀向纣王。结果，纣王大败，连夜逃回朝歌，眼见大势已去，只好登上鹿台放火自焚。周武王完全占领商都以后，便宣告商朝的灭亡。"

小冯大概是盘腿坐久了，腿麻了，这会儿站起来一边活动着腿脚，一边忿忿地说道："纣王这个坏蛋罪有应得，俗话说'善有善报，恶有恶报，不是不报，时辰未到，时候一到，立即全报'，这句话在纣王身上就灵验了。"

姚大叔说："纣王是死掉了，可是对如何处置殷商遗民和殷商上层贵族的问题，武王一时拿不定主意。于是他首先问足智多谋的姜太公。姜太公说：'不光杀掉殷纣，连敌对的殷人一个也不能保留，统统杀掉，以绝后患。'周武王不同意，摇摇头说：'杀掉殷人，其他族群会心寒的，那样只是赢得军事上的胜利，却会失掉民心。再说殷朝统治近六百年，基本每一个部落都和殷朝联姻的，到时候人们念及兄弟姐妹，造起反来怎么办？'

"武王又找来召公商量。召公说：'有罪的杀，没罪的留下。'武王说：'不行，杀人还是不好，我得想个更好的办法。你帮我把周公请来。

"周公进入大帐：'大王，找我何事？'。

"武王紧皱眉头：'我在为如何处置殷人而头疼。'

"周公一笑说：'大王不必着急，我早已为您想好对策。让殷人在他们原来的住处安居，耕种原来的土地。争取殷人当中有影响有仁

德的人。这样的话,远方的人听说我们的仁德,也会来归顺我们,就像水之归下。'

"周公这种给殷人以生路,就地安置,分化瓦解的政策,深得武王的赞许。武王说:'有这样的气度,可以平定天下了。'武王采取了周公这个方法,很快社会又重新恢复了生产与秩序。周公的建议是什么?就是我党使用的统一战线啊,团结一切可以团结的力量。"

大家都被姚大叔逗乐了。我插话道:"嗯,周公这个方法好,既不杀人,又争取了有影响力的殷人,可以说两全其美。"

姚大叔接着说:"嗯,古人说不战而屈人之兵,善之善也,就是说尽量要少杀伤人命。由于日夜操劳,武王身染重病,在临终前把年纪尚小的成王托付给周公,要他好好辅佐成王。周公监国的第七年,还政于成王,并告诫成王不要贪图安逸。在国家危难的时候,周公不避艰辛挺身而出,担当重任;当国家转危为安,走上顺利发展的时候,毅然让出了王位,这种无畏无私的精神,始终被后代称颂。"

我忍不住感慨:"周公这个人真是好样的,既能担当重任,又不贪恋权势。诸葛亮跟他差不多。有趣的一点是,当时他甘居配角,而后来人却把他当主角来尊重。"

姚大叔笑了笑:"没想到,你还会举一反三了。周公的儿子伯禽去鲁国做国君,临走前,周公这样叮嘱:'你知道做君王的道理吗?凡是处在尊贵地位的人必须尊重臣民,他们才会顺从君王的美德来规劝进谏;必须打开无所避讳的大门,谦让安静地依靠臣民。对于进谏的人,不要阻止他们,不要吓唬他们,要广泛听取采纳他们的意见,才能选择到合理的内容。'这是什么?言论自由啊。"

我们几个听姚大叔说得这么幽默,都笑出声来了。

午饭我们就是在周公庙吃的,是姚大叔做的臊子面,陕西的臊子面就像上海的小笼包、绍兴的臭豆腐、新疆的烤羊肉一样出名。姚大叔做的臊子面光看着就让人有吃的欲望,面条和猪肉丁躺在油汪汪的汤里。我们几个拿起筷子就狼吞虎咽,"哧溜,哧溜"地吃着面条,然后大口大口地喝着面条汤。那滋味,至今想起来都要流口水。

回到部队后,我反复想着姚大叔讲的东西,我感到中国那些先贤的伟大。古公、文王、武王和周公他们以四海为量,以百姓之心为心,他们的巍巍业绩和那博大的胸襟将继续穿越历史的长空,闪烁着璀璨的光芒。他们的精神是中华民族的骄傲,更是人类文明的荣耀。

虽然千年的历史奔腾而过,这片土地人固已非,物亦不是。风流总被雨打风吹去,纵花丛树底一一寻遍,这被推为圣人的佐相那不可企及的太平功勋,何由见得?但此间风景如画,"凤鸣岐山":周武王姬发会同诸侯灭掉天怒人怨的殷商纣王,定都镐京(西安)分封天下;秦始皇的先人共计三十六代秦君中,有十九代都建都于岐山不远处的雍城(凤翔县);摘走秦嬴皇冠的刘邦在进驻长安之前同样经由了这条光辉路线,明修栈道暗度陈仓,接着进据咸阳争得了天下……

无数纵横之士,都与此地有关,莫不是因为这里风水极好?别看这岐山不高,才八百多米,却有千年苍松,有清清山泉。古代称岐山为凤凰山,是南岳七十二峰之一。"快驰白马追狮子,须识灵禽即凤凰"的诗句,描写的就是岐山的山势,确实像一只张翼向前飞翔的凤凰,两侧山峦如双翼将凤头围住,两胳之下流水将凤头环绕,好一个山环水抱藏风聚气的格局,不得不让我们对古人选址的能力心悦诚服!

陕西,当我们站在这片古老的土地上,忍不住就会想起在此建都的盛世唐朝,历史上最开放、最繁华、最兴盛的朝代——唐代之首都就在于此。陕西的房屋布局很是适合中国人的审美观点,房子大多是坐北朝南,连马路都是东西的和南北的。而陕西人又是那么的古朴与大方,那里的人民就像陕北民歌一样,粗犷而又不失其细腻美感。

每每回忆起在岐山新兵连度过的时光,总觉得就像发生在昨天一样,六十岁的某一日,在军营里的一幕幕重新在脑海深处慢慢凸现出来,从远到近,从模糊到清晰,歌声、哨声、号声、枪炮声、哨所、营房、器械场、作训场、打靶场、团长、连长、班长、战友……一切一切都历历在目,于是我提笔作诗一首:

　　　　歌凯
人生甲子匆匆还,沧桑岁月流大海。
花开花落谁问去?碧水残香夕阳在。
岐山周公滴水未,黄土高坡叹秦淮。
风华战友天开泰,情深义重奏歌凯。

锤炼诗句的时候,人仿佛又回到了那个让我魂牵梦萦的地方:我们站在猎猎飘扬的军旗下,站在神采飞扬的训练场上,走在青春的季节里,花一般的年龄,火一样的军旅色彩,火热的青春犹如烟花一样

偶然

绽放在军旗上,瞬间的美丽开放在火热的军营里。

不过在那特殊的历史时期,我们的训练生活多了一些如今看来奇异可笑的环节。比如除了要听连长、指导员给我们讲我们部队的任务及重要意义,还要学习毛主席的建军理论和林副主席的军事思想。还有新兵连的必修课——早请示晚汇报、饭前敬祝主席万寿无疆。所以在发放红领章和帽徽时,还搭了上一套毛主席像章和"最高指示"——《毛主席语录》。

每天早上起床后的第一件事,就是全排列队向毛主席早请示,大家整齐地用左手将"红宝书"捧在胸口,向毛主席像行注目礼,带队的领说:"首先,让我们衷心敬祝——伟大的领袖、伟大的导师、伟大的统帅、伟大的舵手,我们最最敬爱的毛主席——"此时,众人放声齐喊"万寿无疆!万寿无疆!!万寿无疆!!!"然后才能安排当天的工作和训练。而晚上熄灯前,又要以班为单位面对毛主席像立正站好,汇报一天的思想情况,就像信徒们对着"主"忏悔虔诚忏悔。这样的"仪式"一直持续了一年多,后来也不记得何时停止的。

那段日子,现在回忆起来,是非常紧张而又艰苦的。每天早晨六时,当广播喇叭里传出第一遍嘀嘀哒哒的军号声,接着新兵宿舍楼道里一声哨响,就听到值班排长的一道高音亮嗓喊声:"起床了!全体操场集合!"大家像上了弦似的,"噌"地马上从床上蹦起来:穿衣、穿裤、穿鞋、拿腰带、戴帽子,一系列的机械动作,先后有序、主次分明。动作快一点的人可以去厕所解小便,慢一点的人只好憋着。几分钟内迅速小跑赶到门外列队参加早请示。过后,每班留下一个小值日回房整理内务,其他人员则去跑操。跑操,就是跑到操场出早操,大家迈着铿锵的步伐,"一二三四"的口号声响彻营房上空。那时"喊操"口号是与当时国家的政治气候结合在一起的,喊得最多的是:"提高警惕、保卫祖国、加强战备、准备打仗。""团结紧张、严肃活泼。"

紧张而又艰苦的新兵训练则由队列训练开始,训练场设在营区的一块平地上。环视新兵连营房墙壁上"团结、紧张、严肃、活泼","严格训练、严格要求"的大字标语,我们从中预感到了军训生活的基本规则和真实内涵。

队列动作,是每个新兵必须要过的关;队列训练是所有训练科目中最经常、最枯燥、最劳累的一个训练科目,从停止与行进间各种转法训练到向左转、向右转、向后转;从一二一、一二一的队伍行进,到齐步走、跑步走、正步走、踏步走再到打靶,一天下来,两条腿累得又酸又痛,而其中训练最苦的要算踢正步。

按照班长要求,最先练习的是摆臂,要求刚劲有力,将手准确无误地摆到冬常服第三个扣边,夏常服第四个扣边的位置。为做好这个姿势,我们经常一练就是一个多钟头,胳膊摆得连吃饭的筷子都拿不起。第二步动作是练习踢腿,分成原步踢腿练习、一步一踢练习和手腿结合正式练习,每个环节都非常艰苦,牺牲掉我们无数精力、无数汗水。炎炎烈日更是加重了训练残酷,几乎所有的新兵都把自己的鞋踢破了,有些甚至腿都肿了起来,没一个人可以像正常人一样走路,一个个全都像腿上负伤的伤病员。

有时候,头上烈日曝晒,让脚下水泥地也一并发烫,我们却要站立在上面,做固定踢脚动作,摆臂、踢脚、定格,身体的重量几乎全在另外一条单腿上,一练就是半小时一小时。两条腿却要像木棍一样挺直,一个半步动作要做几分钟甚至十几分钟,如稍有弯软,就会遭到班长兼教官的严厉训斥,有时还会冷不防从背后踹上一脚。大家都筋疲力尽,却都一股气憋着,没人叫苦叫累。这种默默无言、并肩训练的氛围,让一切苦痛都不再难以忍受,反而坚强意志、催生豪情。

有一天,天气特别热,军装又一点风也不透,汗水浸透了衣服,潮湿的衣服被高温烤干了,再被汗水浸透,又被烤干。到了下午,衣服上已经结满了盐霜,变得有一点硬了。突然,一个战士晕倒了,卫生兵很快提着药箱匆匆忙忙赶来,让我们帮着把他抬到树阴下,仔细查看。晕倒的战士身材高大微胖,汗水湿透了衣服,看来他是中暑了。卫生兵赶紧把他的衣服解开,拿草帽为他扇风,针灸人中穴、灌"十滴水",待他稍微苏醒了,又给他喝了一些盐开水。

"回营房休息吧!"排长说。

他坚决地摇摇头:"不!轻伤不下火线。"一个小时之后,他站立起来,重新回到了队列里。

正是如此严格的要求和严酷的训练,才使我们这些像散沙一样的新兵,逐步养成了遵守纪律、服从命令、训练有素的军人素养,形成了整齐划一的军人作风和庄严威武的军人形象,实现了由老百姓到职业军人的艰难转变。

印象最深的还要数射击练习,需要连续几个小时趴在地上练习瞄准、屏息、扳机、射击等环节,有时我们冒着被训斥的风险,偷偷在腹部垫上一块纸板或一把野草,一旦让狠心的教官发现,不仅会被毫不留情地扔掉,还要遭到狠狠的训斥。

投弹训练也不轻松,为了提高成绩,胳膊练得红肿胀痛,穿衣服吃饭都很困难,但还要咬牙坚持训练,直到最后实弹考核,终于达到了优秀的标准。

白天如此辛苦,夜里还要轮流站岗放哨,还隔三差五夜里或早晨搞紧急集合。这紧急集合每次都是没有一点征兆和迹象,每次都可谓是搞"突然袭击",有几天,夜里和早晨还各搞一次呢,这是最令人"啼笑皆非"的时刻。铁打的营盘流水的兵,当兵的人行李简单,一个"背包"几乎就是全部,一床被褥、一个挎包、一个水壶、一杆枪,干净利落。而打背包这看似简单的动作,要在从号声响起、有可能正睡眼惺忪的三分钟内完成,没有经过严格的训练很难做到。那些天,每个人的神经都处于高度紧张的状态,到了晚上熄灯号吹响后,谁都不敢踏踏实实地睡觉。

还记得新兵连第一次搞紧急集合,是在多日的恐慌中的一个晚上零点三十分,我们新兵个个都在熟睡中,一阵急促的号子声划破了寂静的夜空,把我们从睡梦从惊醒,只听得排长、连长、指导员在门口用命令的口吻喊:"快,起床,快,打被子。"命令一下,各班的通铺上乱成一团,还发出各种惊慌失措的声音,又听到领导在训话,不准发出声音。黑暗中我迷迷糊糊,晕头转向,本能地从床上蹦起来,慌乱中我先把大皮鞋穿上了,再穿裤子,却怎么也穿不进去,只得脱了重穿,穿上衣服后再打起背包,带着枪支,不到几分钟,就匆匆忙忙手忙脚乱地站到门前的操场上。再一看,真是洋相百出,有的战士张冠李戴,穿错衣服了,有的战士背包打得不紧,被子的一头在地上拖着,惹得大伙儿窃笑,自然而然地要挨批评。这时连长进行整队:立正、向右看齐、向左看齐。然后就说:"接到上级命令,现在正有股敌人秘密潜入附近村里,为了歼灭敌人,我们兵分两路进行围剿,一排二排往东进发,三排四排往西进发,然后将敌人消灭。"

连长话音刚落,我们就开始跑步,然后卧倒。卧倒时不管是什么环境必须趴下去，一会匍匐前行，一会又到山麓下作隐蔽状……到了最后两支队伍会合，连长进行点评，说这次战役打得很好，全部歼灭了敌人……这时，我才恍然大悟，这是一次演习，不是真有敌人侵犯。

这时候，趁着灯光，连长就检查起各排各班的行装。我看到我们这支准军人的队伍已被折腾得丑态百出、狼狈不堪：有的怀抱着已经散开的背包，两手抱着被子；有的跑丢了鞋子；有的摔得满身是灰……看了这支溃不成军的队伍，连长再次训话：平时没有好好训练、准备，养兵千日，用兵一时的话一定要懂。我们听了一个个垂下头。由此看来，我们与一个名副其实的军人之间，还有相当大的差距呢！而部队就是从这些小事抓起，改变着人们的习性，由涓滴而至大成，把我们这些未经约束的年轻人，变成细密严谨的军人、吃苦耐劳的好战士。

后来班长告诉我们睡觉前要把东西放好，衣服、鞋子、挎包等都要放在相应的位置，紧急集合就会从容不迫。通过这次紧急集合，对我教育很大，激发了我的训练热情，下苦功夫进行练习，为了练习紧急集合快速打背包，我大白天蒙上眼睛翻来覆去捆背包。练到后来，我打好一个背包只需要几十秒钟了。每次紧急集合，我都是最先到达集合场。

到部队的第二天，我便写了好几封信给家里，自然也写给了容。她的回信很快，信是连里的文书直接送到我们班长手里的，老练的班长一看那清秀的字，就知道是女生写的。

当时因为我机灵活泼，班长很喜欢我，半开玩笑地对我说："你女朋友给你来信了。"

我一愣，赶紧说："我没有女朋友，不信你把信拆开念给大家听都行。"我当时相信，这信里不会有什么暧昧的内容，无非就是了解一下我在部队的基本情况而已。当然，班长没有真的把信拆开念给大家听，不过信里确实没写什么，只是介绍了一番她那里的基本情况。

作为知识青年，容下乡的地方是在岳阳君山农场。容在信中讲到八百里洞庭的美景，读起来，那波澜壮阔的画卷便鲜活地展现在眼前——

"这里离岳阳很近，只相隔一湖洞庭湖水，若再往北走，就是长江了。洞庭湖的湖光山色真是引人倾倒，它衔远山，吞长江，浩浩荡

偶然

荡,横无际涯。风和日丽的时候,湖面上水波不兴,风平浪静,像一面没有打磨过的铜镜;黄昏时,天边轻飘飘的云层无际无边,透露出微许的月光,轻轻地能听到秋虫发出的鸣叫,皎洁的秋月与洞庭湖的湖水交相辉映,远远望去水天一色,好似剔透的银盘镶玉……"

读到这里,我已经完全被她所描绘的洞庭湖美景所感染了。忍不住也提笔给她回了一封信,仁者乐山,智者乐水。她讲洞庭湖的美景,我便向她描述起秦岭的山脉雄奇——

"容,你知道吗?在我这里,放眼看大秦岭雪山的感受吗?一座山脉居然能够改变中国大陆的自然格局,其地位的显赫得足以令人崇拜。而还是这同一座山脉,孕育滋养出一个日后创立千秋伟业,统一全中国的古老族群,面对这时的秦岭恐怕任何人也不得不肃然起敬了。秦岭像是一条横贯东西的巨大屏障,巍峨雄浑,气贯中原,将整个中国分为南北两半,也是黄河与长江的分水岭。

"最妙的是秦岭的雪景,看吧,山上的矮松越发青黑,树尖上顶着一簇儿白花。山尖全白了,给蓝天镶上了一道银边。山坡上,有的地方雪厚点,有的地方草色还露着;这样,一道儿白,一道儿暗黄,给秦岭大山脉穿上一件带水纹的花衣;看着看着,这件花衣好像被风儿吹动,叫你希望看见一点更美的肌肤。等到快日落的时候,微黄的阳光斜射在山腰上,那雪雾好像忽然害了羞,微微露出点粉色……"

如此这般的书信往来,各自介绍着我们身边的所见、所闻、所感,充实着我们各自的生活。她也很会关心我,做事细致入微。十天半月地给我寄来一些物品,包括一版一版的邮票。我就用她寄来的这些邮票不断地给她寄信,汇报自己的训练、学习。她写给我的信很长,总有好几张信纸,文采很好,很感动人。后来的几封信,她的情绪显得欢快许多,告诉我农场大自然的美。

"像往常一样,我早早就醒了,走到窗前,打开窗门,丝丝的冷气便涌了进来。天已经亮了,透过小小的窗口,只见远处的树木山峰在一片云雾中,若隐若现,隐隐约约,如同披着一层薄薄的轻纱;近处屋顶的烟囱,一股股浓烟笔直地伸向天空,显得格外的宁静与安详。置身在这么一个地方,仿佛到了一个虚无飘缈的境界。

"农场畜牧队有牛、猪、马,鸭棚有成群鸭子、大量的鸡。在家里只洗个手帕的我,如今每天要给负责饲养的几十头母猪担饲料。那些猪很能吃,每天扁担压得我肩膀特别疼!但是我没有叫过苦。每天早晨七点起床,喂猪、放猪、喂鸡、孵小鸡、养鹅。有很多快乐的回忆,也有很多苦恼的事:最难的就是每天放出去的猪总是看不住,在这里,丢头猪可是件大事!有时候猪撵不回来,急得我直哭……"

读到这里,我忽然眼前浮现出容撵猪的模样,觉得特别有趣。

"我们睡在农舍里,冬天很冷。早上舀水刷牙的时候尤其冷,漱口时如同含了一块冰,只觉得牙根发紧,刚一入口便急不可耐地把它吐出来;沾了水的毛巾,也似乎失去了往日的柔软,擦在脸上只觉得生痛。

"我们村长的儿子很能干,他最爱说的一句话是:'全世界什么最干净?泥巴!'只见他用锄头背把翻起的土块轻轻一敲,把高的地方锄一下,将土带到低的地方,左右一拨拉,一小片土地立即平平整整地呈现在眼前。我握紧锄头,也学着他的样,拿起锄头就跟着干起来。可是要把那较高的土填到较低的坑却是那么难,一锄头下去,使重了,高的是去掉了,可下面却被挖了个坑;使轻了,只削去一层土,高的还是那么高,低的还是那么低。而且,手中的锄头,开始时并不觉得重,可没锄多久,却变得越来越沉,难于使唤。我锄了一会儿,就感到手有点酸,腰也有点僵,汗珠也从额前沁了出来。现在是真正明白了'锄禾日当午,汗滴禾下土。谁知盘中餐,粒粒皆辛苦。'的寓意。

"希望你在当兵的道路上,全心全意地迈步前进。我也会在泥巴中深深扎根,扎穿地球扎到老!"

时常我读着她写来的信,双目泫然,每每这时,我也会抽出钢笔,写信告诉她我在部队的生活:

"每天出操归来,就是洗漱和整理内务,整理内务主要内容之一就是叠被子,这绝对是新兵的一项基本功。每天要下苦功的就是整理内务,整理内务是很累的,主要是用手一下下地压被子,直到被子被压出形来,叠出来方方正正的。我们刚刚接触时,摸不到头绪,以前在家的时候,从来不会叠四四方方、像豆腐块一样的被子,多亏我们班长非常耐心,一次又一次地示范、手把手地教我:先把被子展开,铺平压实,用胳膊肘顶好四周被角,用双手拍成有棱有角。我很快就学会了。开始一会还觉得很好玩,可一上午下来就不是滋味了。胳膊被累得酸酸的，可是没有人叫苦，大家都很努力，谁也不想落在后面。压好了还要检查，班长拿着块木板比划，要求每一只角都成九十度的直角，每一个面都垂直、整齐，全班的被子要在同一条水平线上。一些反应比较慢的新兵怎么也叠不好，每次检查卫生时就会让他们重叠……"

她在信中有时会回忆我们在一起的日子，说那是她长这么大，最快乐、最值得怀念的一段生活，在记忆中留下了许多值得回忆的事情，每当想起来都是思绪万千。字里行间流露着一种真情，只有我能懂，可惜我们都只能面对现实。

这封书信写完后，我们的通讯暂时告了一段落，我的训练生活变得忙碌起来，容的境况也有了些改变。

那个时候，空军地勤比陆军地勤待遇高，我在部队的生活标准是每月十二元，早晨喝粥、吃馒头，中午吃米饭馒头，晚上吃窝头，星期天吃顿包子算是改善了。大米和馒头定量，吃不饱再吃窝头。那时的菜也非常单纯，在冬季只有大白菜、白萝卜和粉条，当然炒菜时，会加一些肉。不算丰盛，但足够填饱肚子，经历过为了自己的碌碌饥肠四处寻摸吃食的我，在这方面已然十分知足。

有时部队也会请来当地苦大仇深的农民忆苦思甜，除此之外，新兵连的生活是很单一的：毛主席著作天天读，军事技术天天练，半天学"毛著"，半天走正步。

陌生的环境、艰苦的条件、短暂的时间和繁重的任务，决定了我们要承受苦与累的折磨，好在我原本就不是温室里长大的花草，在承受劳累与饥寒，忍耐艰难与困苦方面具有一定的优势，因而也就有了面对考验的信心和勇气。新兵连的训练时间虽短，但其中的苦辣酸甜只有身临其境的人，才能感觉到刻骨铭心、回味无穷，苦尽甘来、受益匪浅。

那时，为了帮助我们，部队派了些老兵来担任班长，我们的班长为了能让我们有更多的时间为群众做好事，悄悄地把我们换洗的衣服洗好叠好。战友们在班长的帮助下，均受感染，争着为他人做好事，班长春风化雨般的教育和引导，帮助我们树立起了做人和当一名合格士兵的标杆，使我们受益终生。而我在学校念书的时候，就曾经是学生会的副主席；所以在部队里，我也算得上比较优秀，没给父母丢过脸。虽然是学生兵,部队优待,把我安排在食堂做事,但我却主动"学雷锋"。休息时,主动抬着保温桶去打开水,提水桶冲厕所,拿扫把扫地……

当时部队驻扎在关中平原上的小镇阎良,很小的地方,只有人民路一条主干道,其余都是些泥泞小路,三十分钟就能从这一头走到那一头。镇上有家小照相馆,我穿戴整齐后去那里照了张相,冲洗出来后寄给了父母、朋友,当然也寄给了容。只是她的来信却慢慢少了,后来再写信给她,就不再回了。

那时,农场的生活十分艰辛,在大城市里长大的容平时在家里衣服都没洗过,到了农场,下地种田上山砍柴,喂猪养鸡等农活她都要去做。不过,最难过的还是精神的孤独和苦闷。当地的居民虽然对她很友好,但他们在思想上很难理解容,一起去的知青也都渐渐地走了,只剩下容一个人,容越发无人说话。到了晚上,一个人躺在床上,看着半轮孤月照着湖水,一肚子的委屈与恐惧便渐渐将容包围。不久,容的父亲去世了,容的精神几乎崩溃,整日恍恍惚惚,萎靡不振。这时,村长的儿子慢慢走近了她,虽然他的腿有些微残,却心地善良,一直默默关心着容,在容最苦闷的时候,常常过来帮她干活,晚上陪她说话,一点一点,不知不觉地融化了容。一次,容生病了,躺在床上,思念父亲,忍不住独自喝起酒来,一个人喝得酩酊大醉,一种无能为力的绝望感将容包围。这时,刚好他来看容,让容不由产生了一种亲人的感觉。不久,容怀孕了,只能无奈地结了婚。容是在1970年结婚的,而那时,我还在陕西。有时,我会在想,这会不会是冥冥之中命运的安排呢?上苍让我偶然认识了容,又失去了容。

容

玉婷从来晓无语,只道容入雨。
羞涩桃红眉弯低,一曲澎勃,一淡青黄逸。
眸鸭点清神如韵,睫闭惊无凝。
笑语雀枝歌欲比,残留回忆,变迁叹梦已。

阎良地处渭北平原腹地,位于西安市东北方向五十公里处,临潼以北渭河北岸的荆山脚下,北靠荆山,南临渭水,车程约一小时。城区不大郊区广阔,很多老百姓还住在窑洞里。一条石川河、一条清水河,静静流淌。到处都是树,很宁静祥和,秋天的时候,满眼都是酸

偶然

枣树,小孩子放羊的时候总是会摘上很多。只是到了冬季,叶子枯黄,就有点荒凉了,远没有如今有着"中国西雅图"之美誉、国家航空高技术产业基地的现代化"飞机城"气势。

不过,当时的阎良,却是一片飞地、一个军事重镇。五十年代中期,因为毛主席从战略的高度,圈定了这个小镇,遵照他关于要建设强大空军和国防工业建设的思想,国家开始在阎良建设航空工业基地——1956年,一七二厂即后来全国最大的飞机制造企业,西安飞机工业(集团)有限责任公司在此建立,从此,西安阎良成为年轻的中国航空工业成长的摇篮。所以那么小的弹丸之地,却有一个军用飞机场。一七二厂是当时中国唯一一个集科研、设计、制造、装配、检测、试飞于一体的飞机工厂,早前和苏联合伙,后来苏联的专家都撤走了,就自主搞,后来搞出了运七、轰六、飞豹(FBC-1)等飞机。当地没有什么风景名胜,只有汉高主刘邦的一个亲人的墓冢。

自然,这样一个小地方,使用的厕所里肯定没有今天普及的抽水马桶,而是粪坑一样,非常脏。于是我主动去洗厕所,这个工作,实话实说,没人爱干,何况我天性喜爱洁净。第一次洗厕所时,在视觉上、嗅觉上都使我难以承受,心理暗示的作用更是使我忍受不了,胃里也开始翻江倒海,恶心得几乎呕吐却又呕吐不出来,太难受了。但我最终克服了这些,把它打扫得干干净净,还用石灰给它除味。

这一切不但是自觉地干,还都是抢着去干的。我想大概是因为年轻人都想进步,又想通过积极的劳动,获得部队领导的表扬。记得那时的我,特别喜欢得到表扬。领导在台上点名表扬一次,就是再苦再累也心甘,而且还不觉得吃力。

当新兵最难忘的事,就是颁发领章帽徽了。到部队不久,要佩戴领章、帽徽,那天场面不大,但是非常感人。先由教导员讲话,他讲了许多话,诸如应如何干好,把优良传统发扬光大等等,直到今天我仍能清晰地记住一句话,那就是"从你们今天佩戴上了红领章和红帽徽开始,你们就是一位真正的军人了。"紧接着就是点名,当点到我时,我大声喊:"到!"一个正步姿势出列,双手握拳,掌心朝上,抬至腰间,慢跑到主席台前,一个标准的军礼,从队长手中接过领章和帽徽,当时我心情非常激动,"一颗红星头上戴,革命的红旗挂两边"。

离河滩不远处,便是渭河冲刷出来的一座小山,山上满山遍野的都是野枸杞,枸杞喜阴,总是长在背对着阳光的地方,红红的,在绿叶陪衬下尤为惹眼,十分圆润可爱。摘一颗尝尝,酸中带甜。

除了枸杞,渭河滩上最让人难忘的就要数是"落花生了"。这里的沙土地是花生的最佳生长环境,到了初秋季节,就到了花生收获的日子,渭河边上淳朴的乡亲们就开始辛勤地收获劳作。

花生好吃,可有谁知道这粒粒果实背后的辛劳呢?当时部队为了增加军民友谊,加强军民关系,常常把新兵连拉到附近农村,分散住到农民家里,说是驻训,其实就是帮助村民劳动,和贫下中农打成一片。

十月初冬,我们这些新兵蛋子就去帮助那些家里没孩子、已经做不动体力活的孤寡老人收花生,在信里,我告诉父母,这也是我最喜欢做的一件事。

"因为花生是种在沙地上的,只要用力拉得脚下的沙土渐渐松动,就能把那花生秧长长拔起,当然,干活时为了增加效率,用的是锄头,不是手。我学着当地农民的动作,把右手放在锄杆的下面,左手则放在上面,然后抓紧,再举起锄头锄下去。锄头渐渐在我手中变得得心应手,一上一下舞动着,只需一锄头下去,接着左手用力一拔,一串串、一颗颗肥沃的花生破土而出。双手紧握的锄由下往上用力一挥的举起后,再利用一股暴发的力量往下一压一按又再往上一提,锄便进地,花生也就随之而起。若是遇到下雨,我们也照做不误,弯蹲着身体,用一双手紧握着花生的藤蔓往上一拔,便见一颗颗一枚枚丰盈而又宝满、水润且又亮白的花生出离了地面,令人好不欢喜,甩甩上面还带着特殊清香的沙土和雨水,放在带轮子的架子车上。

"土地慷慨,花生秧下长着一串串丰满的花生,我们就用架子车一筐筐、一车车地拉走。花生在装车时,也是很有讲究的,要装得又多又结实,不至于在半路掉了或塌了。我们充分发扬部队团结协作的精神,合理分工,秩序井然。几个人挖,几个人装车,又有几个人拉车推车。配合得毫无缝隙,效率自是提高很多。老乡们看着我们这些新兵蛋子麻利的干活劲儿,也是乐得合不拢嘴。

"新鲜的落花生,颗粒饱满洁净,咬开壳,红皮子花生米就一粒

偶然

接一粒迫不及待地蹦出来，塞一粒进嘴里，满口立时是新花生的鲜美微甘，还有沙土深层的湿润气味。通常那些个大饱满的花生是要晒干收藏起来的，只有小的、嫩的才用来煮盐水花生，村里的女人们会将挑剩的花生拿到井边，反复用井水彻底洗掉上面的沙土，清洗干净以后，我们就帮着把鲜花生从藤上摘下来，再用手将花生挤开一个口，以便在煮的时候更加入味。

"然后在盐水里泡上好一阵，再放在大缸里煮两个小时，不需要太多的作料，只要水和一点盐，就能煮出独特美味的盐水花生了。晚饭后给每人盛上一大碗当点心。吃在嘴里，软硬适中，既香甜又可口。虽忙，却也其乐融融。累了的时候，还可以站在或坐在地头吃着花生欣赏一下四周广阔而美丽的风光。清风吹过，可以闻到脚下泥土的芳香。

"在家吃着花生时，根本不会想起拔花生的情景。那是一件很令人兴奋的事情：眼前一大片沙地，绿油油的花生苗相围一起，风儿一吹拂，绿浪起伏荡漾着，绿苗叶舞动着，上面还有晶莹的露水，而你根本不知道地底下究竟藏着多少的宝贝。当你按捺不住兴奋的心情顺手拔起一株，那无数颗落花生，就像一群害羞的小姑娘从藏身处走出来，还捂着嘴偷笑。"

当时，我们班十二个战士分别住在两个农民老乡家里，我住的那家老大爷姓王，七十多岁，黝黑的皮肤，瘦且高的身材，一身普通的蓝灰色衣服、一双布底圆口鞋，手中没有拐杖，身板显得很硬朗。额头上满是深深的皱纹，脸庞、下巴上长着银白色的短髭。他的老伴去世得早，孩子们都去支边了，他一个人，把我们当自己儿子看待，对我们可好了，我们也把他家的零活全包了，什么挑水扫院子，反正看得见的能干的我们都干。

看我们在沙地上劳动得热火朝天，王大爷笑嘻嘻地说："谢谢你们啦，待会儿饭煮好了，我再来叫你们。"说完便先走了。才傍晚时分，他就来到河滩边，"走吧，去吃饭，都煮好了。"大家一起随着他，推着车，向村子里走去。

天空还很亮，可是窑洞中间的煤油灯已经亮上了，显然是为了我们而提前点上的。远远望去，那一盏盏发出幽幽光亮的煤油灯，像一粒粒逗点，亮在黑夜的窑洞里，那么温暖，那么亲切，那么自然。

那些晚上，总能吃到咸香的大锅煮落花生。因为母亲爱吃花生，自己家里也常做。用嫩花生煮，真是人间美味。吃过晚饭，我们就一起盘腿坐在炕上，剥着花生，和老乡们聊着天。煤油灯发出昏黄的跳跃的光，照亮了每个人的脸，照亮了整个窑洞，使我们所有人笼罩在一种朦胧柔和的温馨中。我们这些年轻的学生兵往往会要求老乡们讲故事给我们听，或者是轮流讲故事。一旦喝过了茶，抽燃了旱烟，老乡们就会给我们讲一些生动有趣的民间故事，常逗得我们笑得不行。往往这样的故事会在一些日子后被我们要求再讲一遍。他们讲的多是乡村戏曲里的故事，还有各种不知来处的传说，等他们歇嘴了，我们也会应邀出场，我就讲过"天心阁"上听来的三国故事。有一次，一位在我身旁的老农突然插嘴："诸葛亮为什么要去气死周瑜？"连我都不知道该如何回答。

就这样剥着花生，听着故事，欢声笑语时不时从简陋的窑洞里飘出。窗外寒风凛冽，屋内却春意盎然。

记得有一位老农，年纪也大了，身体似乎不太好，经常躺在炕上休息。但村里人都很尊敬他，因为"他是识文断字的"。一口浓浓的陕西方言，还时常夹有那么几句文言，他问过我们："有人说父母在不远游，你们为什么要离开家乡到这里来当兵？"

我回答道："《三字经》里说：幼而学，壮而行。上致君，下泽民。"也许是因为我听懂了回答对了，老头笑了。

有一回，我饶有兴致地问老乡们："你们是怎么参加'文革'的？你们对'文革'怎么看？"

老乡们回答得很实在："文革"这几年老天爷照应，地里的庄稼不错，忙着挣一家几口的口粮还来不及，哪能去闹"文革"啦。"文革"嘛说实话就是毛主席领了好几帮队伍在闹革命还轮流出场。但咱老农民闹不明白就这么个闹法？！俺就知道天天要吃饭，民以食为天。你信不？不信？那就先饿你三天。

这些闲聊其实类似于说书，是中国老百姓几千年来重要的文明传播方式。"文革"那会儿一般无书可读，很多年纪较长的老乡也不识字，但通过这种口口相传，东听一点西听一点，他们懂的，可完全不比我们少。

就说村里有一位王大爷吧，别看他与村里的其他老汉没有什么两

偶然

样,但他可是村民们尊敬的抗日英雄。"他打过日本鬼子,简直是个大人物,但他一回家就做农活,扛粮食袋子,推土车,耕地也是能手。他就是个老庄稼人。"

每次把烟袋锅点着,使劲吧嗒两口,几股青烟冒出后,王大爷就会在我们的要求下,打开话匣子,讲他自己一辈子的故事。

"咋,又摆龙门阵了!"邻居们笑着说他。

"今日个心情好,让我给娃们说说,大老远来了,也不容易。哈、哈、哈。"王大爷爽朗地笑起来,他的笑声顷刻间漫过这个窑洞的角角落落……

"那时候打鬼子,第二天天刚亮,日军飞机就来报复,我们为了保留实力,只能白天休息,晚上行军。一旦进入村落,除了站岗放哨人员,其他人立即进入房间休息,村里鸦雀无声,日军飞机无法发现。

"因为敌军追得急,我们每天行军四五十公里。行军路长,生涯艰难,一般只能喝水啃干馍,没有一点油水,甚至没有盐。每天天亮后见到村落,想着要休息了,就愉快。可有时军队为了多赶路,会持续行军。我累得有时站着就睡着了。"

王大爷的故事很快就吸引了我们,一个个抬着脑袋盯着他。

"那时我们专门损坏日军的铁路。每天晚上,我们或一个连,或一个班,赶几十里地,把铁轨拆毁,甚至将铁轨抬回营部。日军对我们非常头痛,想了许多措施,才发现了我们暗藏的营地,前来偷袭,我们连夜向山区撤离。离开营地不远,日军就追来了,在后面打枪,一路紧追不放。

"我随军队爬了整整一夜山,累得气喘吁吁,两腿沉得像拖着石头,实在想躺下睡一觉,但后面的日军枪声使我不敢停,拽着马的尾巴才上了山。"

"后来,国民党又来蚕食我们陕北解放区,我又随军队保卫陕北。以后就一直在这里扎下了根,娶了个好婆娘,可惜她生病,死得早,留下几个孩子……"说到这里,老人也许是想起了早逝的老伴儿,叹了口气,嘴里不停地叨叨着:"可怜的人呀……"

不过,黄土地上生活的人们,正如厚实的黄土一样,憨厚实在,民风淳朴,但又不失大气,很快,老人就从沉郁情绪中摆脱了出来。

"八百里秦川,秦腔吼起来,我给你们来段秦腔吧?"

说着,老人运了运气,就吼起秦腔《单刀会》关云长那一段:"你道他兵多将广,人强马壮,大丈夫敢勇当先,一人拼命,万夫难当!"

他这一吼,粗犷豪放,左邻右舍会唱的不会唱的全都吼了起来。我们这帮学生兵就噼噼啪啪拍手,高喊:"好!好!"

在陕西待久了,在青纱裹蔓的夏秋季节,在山川沟壑间,在山峁、谷梁、溪水边,在玉米田里,随时能听到有风托着秦腔飘过来,或粗犷豪放,或柔软婉约,从旷野传来,在天际头顶盘旋,空灵而铿锵。也许正是因为有了秦腔,西部的原野才不再空旷。

而有关"陕西十大怪"的民俗,我也是先从闲聊中知道的:一是面条像腰带,二为锅盔像锅盖,三称油泼辣子是道菜,四是泡馍大碗卖,五作碗盆难分开,六叫帕帕头上戴,七为房子半边盖,八是姑娘不对外,九为不坐蹲起来,十是秦腔不唱吼起来。

后来,和老乡们一起生活了一段时间才发现,"陕西十大怪"其实是在陕西这块黄土地上,由于气候、经济、文化等多方面原因的影响,而逐渐形成的一种独特的生活。

先来讲讲这第一怪,"面条像腰带"。陕西人好吃面,名目繁多,不下千余种。我吃过的就有臊子面、麻食面、炸酱面、油泼面、长面、短面、细面、宽面等。当地有一种宽面条,像皮裤带似的,宽度可达一二寸,长度则在一米左右,厚度与硬币差不多。住在王大爷家那会儿,每天中午几乎都吃面条,偶尔过节什么的,才会吃米饭。也许是因为做米饭就要炒菜,而面条就容易些?印象中,王大爷总是喜欢做烩面,炒一种菜,下面片,然后把菜倒进面条里,搅匀了,就可以吃啦。舀上一碗有汤有菜的面,浇上些淌着油的油泼辣子,一边吃面一边喝汤,一碗面下肚,再饱也想要再来一碗。晚上常吃的则是糊汤面,熬了玉米糊糊,再在里面下面条,等都熟了,就了酸菜和辣椒来一碗,再惬意不过,又好吃又暖身。

那时我很年轻,一顿饭能吃半斤八两。一根面条一大碗,觉得挺稀罕的,至今不能忘怀。后来在陕西还看到论根卖的,一根一元钱。面条论根卖,关中地区八百里秦川,盛产小麦,面食品种繁多,在当地最普遍的还是这种大宽面条。农村老乡家境好些的,端一个耀州产的特大白瓷青花大碗。穷一点的,端一个陶瓷大海碗。青花瓷碗也罢,陶瓷海碗也好,都像脸盆一样。面条上浇上油泼辣子,蹲在墙根前、树荫下,吃得津津有味,满头大汗。

这第二怪,称作"锅盔像锅盖"。陕西关中地区把饼叫锅盔,里酥外脆好捎带。要说起这第二怪,那可是历史悠久。传说在先秦,秦军一统六国,四处征战之际,由于军中士兵所携带的干粮容易发霉变质。于是,军中的伙夫就发明了今天的锅盔。当地老乡吃的饼极大,"大饼像锅盖",绝不是虚言。锅盔到底是什么模样呢?锅盔的大可是一般人所无法想象到的。锅盔整体呈圆形,直径尺许,厚一寸,重五斤。用料取发麦面精粉,压秆和面,浅锅慢火烘烤。锅盔外表斑黄,切口砂白,酥活适口,能久放,便携带。在陕西关中地区,烙制锅盔用的锅可不是一般的小锅,而是用来做十几人饭菜的大锅。这样的锅直径约在七八十公分,而且这样的锅上面用的锅盖也是隆起的,所以说烙好的锅盔就像锅盖一般大小,一般模样。

锅盔制作工艺精细,素以"干、酥、白、香"著称西府。做锅盔用的锅一定得用生铁铸成的大锅,做锅盔用的面必须用当年收成以后上好的麦子磨成的面粉,经发酵后,让面醒过劲儿。然后经过师傅揉、摔、捏、拍、捻、压、擀等多道手法,使面糅合得十分均匀。这时,师傅操起一根鸭蛋粗细的擀面杖,慢慢地把面团擀成一张大饼的模样。圆圆大饼,直径在一尺左右,又圆又厚,黄里透焦,焦里透黄,咬着酥脆,吃着香甜,不愧有陕西十大怪之一的美名。

第三怪,"油泼辣子是道菜"。陕西关中地区吃辣的水准是当仁不让的。而且,陕西关中地区吃辣吃得精细,吃出了文化,这点恐怕川人和湘人都无法达到。关中地区的农村,等到秋后人们在辣椒收获之后,用针线把辣椒一个个串起来,挂在干燥、通风的屋檐下。秋后在农村,家家户户的屋檐下,总是悬挂着一串串红彤彤的辣椒,如果谁家的辣椒挂的越多,则证明了这家人必然是红火、富裕的人家了。有时候,去相亲的姑娘们总是爱瞅一瞅屋檐下的辣椒,以此来断定未来婆家的家境状况如何。如果在平时,家里来了客人,没有好的酒肉款待客人,这些都是可以原谅的。但是,吃饭时候要是没有了辣椒,那么必然会遭到客人不满和讥讽。他们必然见人就嘟嘟囔囔:"这家人太啬皮咧!也真会过日子,吃饭连个辣子都没有。"

有个周末,王大爷说:"走,带你们去吃biang-biang面!"据说这名字是由于面团在摔打过程中发出的声音而得名,还有一种说法是一位潦倒秀才为了换面吃,造字而得名。他把我们带去了他侄女家,让我亲眼见识了这种像裤腰带的面条。

他的侄女是个手脚特别麻利的陕西女人,只见她先在面盆里舀上几斤面粉,然后加上少许盐,用温水化开,倒在面盆里搅和,等搅好后倒在案板上,就开始搓揉了起来。她家的案板很大,足有两米长、一米宽吧。一会的功夫,就把面团揉得很光滑、很筋道的样子,然后放在盆里,让面"醒"一下。

趁这个时候她开始摘洗豆芽、青菜,等都洗干净了,切上几段大葱和西红柿一起炒了。最后再泼上一碗油泼辣子。然后开火烧水,从盆里拿出揉好的长条状的面团,拎起来,扯住两头,在案板上边扯边摔打。在上下翻飞之间,面团顷刻间被摔打成裤腰带般的长条面片,面团在摔打过程中biang-biang作响,不绝于耳,十几分钟过去了,面片渐渐地占满了案板。这时她取来一把菜刀,把面条切成宽约二三寸,长度在一米上下的条。水烧开了,开始下面条了,如腰带般的面条下入沸腾的开水中,犹如白色的水龙在锅里翻腾。经过三"滚"后,豆芽、青菜也下到锅里,熟了! 开始捞面了,她示意我自己来,结果第一次捞,半天没捞上来。面条实在太长了!最后在漏勺、筷子的帮助下,费了好大劲才捞出了一大碗面条,仅仅只是一根面条!然后盐醋一一加上,浇上事先炒好的菜,再舀上一小勺油泼辣子倒在碗里,我迫不及待大口吃了起来。入口极有韧性,极耐咀嚼,香、辣,非常好吃!我一边吃一边恍然:"油泼辣子是道菜"的说法,想必就从这样的面条做法里来的了。

第四怪,唤作"泡馍大碗卖"。陕西的羊肉泡馍是一绝。要把"色白不生,皮黄不焦,入汤不散"的饼子撕成黄豆粒大小,往滚烫新鲜的原汁羊肉汤里一烫。那口味,粗重汤浓、肉烂酥香、馍筋光滑,麻、咸、辣、香!记得吃羊肉泡馍的时候,老乡讲,要慢慢地掰开,掰得越细,羊肉泡馍就越好吃!吃羊肉泡馍,我的体会是,必得自己参与这个过程,不能斯斯文文地享受,而是要粗鲁豪放地敞开着吃。可以站在凳子上,可以蹲在地上,但必须是要一个大海碗,唏溜唏溜地喝得山响,那才够劲够味。想必吃过的人都感同身受,要不然,也不会有这泡馍大碗卖的说法了。

第五怪,"碗盆难分开"。关中地区把饭碗不叫饭碗而叫老碗。由此可见,这个"老"字并不是代表了老碗的历史多么悠久,而是碗中"老大"的意思。其实老碗在饭碗当中,老碗绝对也是碗的家族中当之无愧的"大哥大"。

说起这老碗,产地耀县,属于青花粗瓷。虽然,这老碗表面打眼一瞅有点愣头愣脑。但是,骨子里却透着一种朴实和憨厚劲儿,这就像关中人的秉性一样。正宗的关中地区大老碗,碗深而圆,其容量起码有一般吃饭用的小碗七八个之多。关中人吃饭无论是青壮年、老人、孩子还是妇女,一律都用老碗。用这样的碗绝对省事,一次就能盛够,绝对不会再来第二次。关中人吃饭图的就是个热闹劲儿,他们喜欢一起扎堆儿吃饭,人们把这叫做"老碗会"。有时候,谁家的饭好吃,都会给别人家孩子毫不吝惜的盛上一碗。比起那些关上大门,在自家里偷偷地享受的美食的南方人来说,关中人则显得豪爽和洒脱了几分。当一群人三三两两地蹲在大门外,各个捧着自己的老碗,一边晒着暖洋洋的太阳,一边山南地北谝着闲传,也就是唠闲磕的意思。

而今,生活好了起来,人们平时吃的零食和副食也多了起来,所以人们的饭量也没有以前那么大了,饭碗也越来越小了。因此,陕西关中地区的老碗逐渐成为了历史。

第六怪,"帕帕头上盖"。陕西有个民谣,是这么唱的:"陕西农村老太太,花格帕帕头上戴。防晒防尘又防雨,擦手抹汗更实在。"每当漫步在关中地区农村乡间的小道上,时不时地看到头顶手帕的老太太手拄着拐杖,迈着三寸金莲慢悠悠地踱步。头顶的手帕,成为关中地区老太太区别与其他地方老太太最显著的特征。要说这老太太头顶手帕的历史可不是一天两天了,这是陕西关中地区由来已久的风俗。由于关中地区地处西北,这里日照强烈,干旱少雨,而且风沙天气较多。所以农村妇女在辛勤劳作的时候,都要头顶着手帕。

说起这一方小小的手帕的作用,那可是大发去了。手帕既可以防止强烈的日光对皮肤的侵害,又能阻止尘土进入到头发,而且头发也不能被风吹乱。当在外劳作,没有随身携带毛巾的话,手帕又可以擦汗抹灰,实在既实惠又美观。其实,老太太们带手帕也是和以前的生活联系起来,由于以前生活比较窘困,人们没有钱来卖美丽的帽子。

所以便宜实惠的手帕，就成为勤劳朴实的农村妇女的必然选择。今天，当人们生活富裕起来以后，千奇百怪的帽子逐渐取代了手帕。手帕也成为古老的历史中一道风景。

第七怪，"房子半边盖"。关中民居，一草一木一砖一瓦都笼罩在灰黄色的格调中，苍茫、厚重、朴实。在山坡地边上，房子都是一边盖，是一种直角三角形一般支撑起来的单斜坡房。单面门窗，背靠高墙，冬可挡寒夏可遮阳，冬暖夏凉。一般一排盖三间，一间厨房，一间住老人，一间住晚辈。据说这种盖法还能将雨水都聚集在自家院落里，这对当地十年九旱的气候来说非常实用，可以"肥水不流外人田"。

当然，著名的窑洞也是比比皆是。那个年代的窑洞还比较简陋，有的傍山而建，利用山坡地形顺势挖出一孔孔土窑洞；有的平地而箍；还有的沉入地下筑成大井式院落，一孔孔，一排排。窑洞的门往往是个半圆的孔，由于透光性不强，洞里往往显得很是阴暗，家具一般不多。土炕、灶台、团子，眼前的这一切，我都很陌生。土炕是什么？土炕就是床，和床不同的是它是用泥坯做成，下面留有烟道，做饭时烧火的余热可以用来取暖。我们七八个人睡在一个大炕上。团子是什么？团子就是玉米面窝头……不过家家户户的土炕都干净利落，想象的潮湿和泥土味道一点都没有。

一排一排的窑洞、一架架纺车、一匹匹织成的土布、一串串金黄色的玉米、一串串通红的尖辣椒，还有那石磨和石碾子，都让我切身地感受到黄土地特有的粗犷豪放，淳朴憨实。

第八怪，"姑娘不对外"。陕西有歌谣是这么唱的："长安建都十几代，人杰地灵春长在。风调雨顺生活好，陕西姑娘不对外。"陕西关中自古人杰地灵，土地广袤肥沃。因此生活在这片土地上的人们衣食无忧，所以长久以来养成的封闭意识，关中地区的保守在全国是出了名的。关中地区对于自家姑娘的保守意识，那更是出了名的。自古就有关中地区姑娘不对外的传统。关中人绝对不让外人占着半点便宜的，因此从严格意义上说，关中人自家的姑娘只限于在关中地区内部交流，而很少和外地人通婚。

由于关中地区自古就是风水宝地，共有十八代帝王在此建都，多少年来一直浸淫着封建主义思想，关中地区的姑娘一般比较传统和守旧；同时由于长安十八代帝王在此建都，所以天子脚下的臣民就更显得牛气了一点，底气更足了一点；再加之，平日辛勤地耕作足以温饱无忧，尽情享受老婆孩子热炕头的天伦之乐；因此，关中人更愿意在自我封闭的小圈子里面，享受着自由自在的生活，而不是为了事业，离开家乡而四处闯荡。

关中地区的姑娘由于生活在这样相对封闭的环境里。于是，结婚就是父母之命，媒妁之言。一般都是靠着七大姑、八大姨的亲戚关系，四处打听，然后选择一个比较满意的人家将闺女嫁过去，这样也是做到知根知底了。

坐在炕上和老乡聊天，有时便能听到他们对娶媳妇的梦想。男青年们总是说"讨个姑娘八百块"，那时候人均收入都不高，当兵的一个月六块钱，工人也就是二十多块钱的工资。八百块，可要存上不少日子了。看来，"抬头嫁女，低头娶媳妇"，当时农村男子娶媳妇，仍是不易。据说不仅要彩礼等，家里还要准备好"三转一响"，才能把媳妇娶进门。当时所谓的"三转一响"即是自行车、缝纫机、手表和收音机，算是奢侈品了。

第九怪，有凳不坐蹲起来：刚到陕西那会儿，每到吃饭的时候，我都会惊讶地发现，当地人有凳不坐，而是喜欢蹲在凳子上吃。

我问他们："为啥不坐着吃？"

"蹲着吃自在。"当地的老乡一边大口吃着碗里的食物，一边乐呵呵地答道。这让正襟危坐的我倒有些不习惯起来。

陕西关中地区喜欢蹲在凳子上吃饭、抽烟、聊天，在别人看起来很遭罪的事情，但是在关中人看来这是关中地区的享受。在关中地区的农村，在闲暇时候，一般上年纪的老人都喜欢不穿袜子，光脚穿着布鞋，嘴里叼着一根哈烟袋，手里捂着收音机，蹲在凳子上，一边喝茶，一边抽烟。在这样的氛围中，他们感觉到的是一份自在和欢畅，远远比那些正襟危坐、道貌岸然的人幸福得多。因此天性随意的关中人更愿意自在地蹲着，做一个快乐无忧的下里巴人，也不愿意很拘束地坐在凳子上，去享受阳春白雪的高雅生活。也许关中人天生与黄土的亲密地接触，使他们更愿意接近和亲近黄土地。

陕西农家，很少有凳子椅子可坐，一进门，主人就招呼你上炕，如果你坐在炕沿上，主人会主动劝你脱鞋，你要是客气，那会让人觉得你瞧不起人家。在当地有句老话："三十亩土地一头牛，娃娃老婆热炕头。"男人耕作回来，热炕上盘腿一坐，抽锅旱烟，吃一碗女人端来的油泼面，再躺下舒展一下筋骨，全家人其乐融融，有滋有味，足见陕西人对土炕的喜爱和眷恋。

　　土炕炕膛的暗道和炉灶的灶壁相连，每次烧火做饭，火焰顺暗道流进炕膛，火炕始终保持着温热。硬邦邦的炕上没有床单，只铺一张芦苇编的席子，席子下铺些麦草。冬天躺在炕上，十分温暖舒适。那时候我们刚刚十八九岁，光着膀子睡，也不觉得冷。

　　最后的第十怪，叫做"秦腔不唱吼起来"。在十大怪中，最怪就是秦腔吼起来。秦腔产生于民间，生动的反映出人民的愿望、爱憎、痛苦和欢乐，反映他们的生活和斗争。秦腔的很多剧目都是表现我国历史上反侵略战争、忠奸斗争、反压迫斗争等重大的或富有生活情趣的题材。

　　由于秦腔音乐反映了陕甘人民耿直爽朗、慷慨好义的性格，和淳朴敦厚、勤劳勇敢的民风。因此秦腔有着深厚的根基。在陕西关中地区的农村，每逢过年过节的时候，对于辛勤劳作一年的人们来说，最大的享受就是听一场秦腔。如果有老人在过大寿时候，儿孙们要是能请上一个戏班子，美美地唱上那么一回，那可是莫大的荣耀了，这可得让十里八村乡亲起码唠叨好几个月。

　　秦腔并不是阳春白雪，而是下里巴人都可以亲近的艺术，当人们辛勤劳作，高兴的时候，可以放开嗓子吼上一段，高亢的吼声激荡长空，回荡四野，让人心中豪迈之极。如果在悲伤的时候，悲愤地吼一段秦腔，苍凉悲戚，低沉婉转，山川为之动颜，草木为之悲戚。秦腔就像一根脐带，一头连接着秦人的未来，一头连接着秦人的过去，为生活在这片黄土地的人们，提供着思想的乳汁。

　　秦腔的唱腔、道白、板路、脸谱、身段、角色门类自成体系。秦腔也称"乱弹"，唱腔音色高亢激昂，要求用真嗓音演唱，所以保持了原始豪放的特点。秦腔的演出地点最好是选在露天的场所，那样才能有秦腔的味道，更体味到秦腔的精髓。正是因为秦腔具有独特的艺术风格，所以吸引着这片土地上的人民。秦腔的唱腔，用宽音大嗓，直起直落，给人以高亢激越、粗犷朴实之感。看秦腔时候，尤其看到秦腔中的"黑头"吼声地动山摇的时候，你才会此刻真正认识到秦腔的豪放，这也是关中人的血性。如果在婉约秀丽的江南，是永远不会发出这样雄浑的声音的。即使是在仅仅秦岭相隔的陕南地区，民间戏曲的唱腔曲调都柔美婉转得多。在那片方圆天地，台下一声声地叫好，更激起了台上演员的表演欲望，尤其是演员的水平得到观众的一致认定，观众就会自发在台下鸣鞭放炮，给演员披上红绸缎，这可是对演员最高的褒奖了，于是在这样热烈的气氛中，一个接着一个的高潮连续不断……

对当过兵的人来讲，新兵生活无疑是整个军旅中最苦的日子之一，但也是最难忘的一段经历。在户外，在教官洪亮的声音里，头顶着烈日，感觉却挺好，觉得来到陕西，值！看到了青绿山脉，看到了一望无际的麦田，看到了房子一边盖……这段经历也让我深深体会到，解放军的确是所大学校，有规律的生活的确能改变一个人生活习性。军旅生涯那铁一般的纪律，改变着我的意志，摸爬滚打锻炼出我的胆略和体魄，从那一刻起，在我身上开始发生着脱胎换骨的变化。新兵训练，让我离一个真正的军人越来越近。如果说，我现在的身上仍有坚定、纪律性、和一种大无畏的精神，那么，应该感谢那一个偶然。偶然当兵，却成了我人生的一个加油站。

第二节　记者无冕学海渊

新兵训练结束后，我就被分配到了西安市的航空修理厂当地勤兵，修了几个月的飞机。修飞机是一门很深奥的学问，也不是轻松的活计，那时由于物质整体匮乏，"拆东墙，补西墙"犹如家常便饭。新兵要由老兵带。带我工作的老兵是一名中共党员，而且他的飞机专业维修技术水平很高，经验丰富。在别人忙着背《毛选》、热衷政治运动的时候，我就去钻研业务，向老同志和指导员学习。

第一天来到机场的机库工作，我特别兴奋，终于近在咫尺地看到了飞机了！银光闪闪，流线机身，仰头看去，自有一番呼啸云天的骇人气势。还记得当年有一首"地勤战士之歌"，歌词有这样几句："迎着晨风，迎着朝阳，我们送战鹰去出航……"在这里，地勤战士把战机称为骄傲的"战鹰"。在机库前面的机场跑道上，一架又一架的"战鹰"发出震耳欲聋的声响呼啸着飞上瓦蓝的天空，这时，眼前的"战鹰"足以使你热血沸腾。

　　修飞机和工厂车间不一样,很多工作都在露天里,刚开始的时候,我天天拿一个扳手上班,风钻是我常使用的工具。飞机蒙皮被太阳烤得像火一样热,踩在上面,隔着鞋子都烫脚。碰到在机身下的活还好一些,虽然地面热,但躲在下面,起码还有个阴凉地方,最苦的是得在飞机机身、机翼上爬上跳下,实际上就是在阳光下暴晒,再加上机身上的热量反射,那滋味的确不好受。

　　修飞机需要的是镇定而细心。在飞机飞行达到五十、一百或两百小时时,飞机就被拉到我们的机库内,我这个地勤兵的工作,就是根据飞行条令条例的规定,根据其所达到的不同飞行小时进行定期检修维护,就好比医院对一个患者的全面体检,飞机上的机械、军械、无线电、电气、仪表等等全部检修合格后,飞机就可以被拉回机场继续参加飞行和战备执勤了。

　　后来我被安排进入飞机机械车间工作,老兵对我说,机械是飞机的"骨架",骨架的维修工作质量,关系到飞行员和飞机的安危。经老兵这么一介绍,我还真有点紧张了,责任重大啊。不过,老兵很自信,给我又打气又鼓劲,如同工厂里的师傅带徒弟一般。于是,我开始了一段车、钳、刨、铣、磨的生活。顾名思义,车就是使用车床的,还有刨床、磨床、铣床等等,其实钳工的技术是最高的,全凭人发挥,干了几个月后,基本啥机械故障我都能修。有时候,一时不能很快维修好,而飞机出场要求的时间又不能耽搁,这就得加班加点甚至废寝忘食地干了,往往机油抹了一身一脸,但却在战友老兵和首长眼里落了个手脚勤快、不怕脏不怕累的好印象。

　　我的这种勤勤恳恳受到了部队领导的欣赏。不过,由于我高中时就是红卫兵队伍里的"笔杆子",一块黑板报全校第一,一到部队,又成了部队宣传队的骨干,常常写一些诗朗诵、话剧和宣传稿,在团队报纸、墙报上也写了不少文章。那时连队的一块黑板报、一把笤帚,你要是能抓牢,肯定有出息的。团部首长注意到我的这点才能,要调我到司令部作宣传兵,阴差阳错,终究没有调成,但我接下来的工作,同样与文字有关——或者,可以说,它带来了我一生中与文字最为亲密的时光。

　　而这次与文字的结缘同样出于偶然。1969年年中,我所在部队组织军宣队对《西安日报》社进行军管,正在兰州军区空军部队服役的我,因为对舞文弄墨的那点爱好,常常要一根笔杆子,写得一手好文章,被领导相中,便被选拔派到报社做记者。还记得那天,指导员找我去连部谈话,他先引用毛主席一句最高指示说:"没有文化的军队是一个愚蠢的军队,而愚蠢的军队是不能打仗的!"接着又道:"领导经过考虑,决定派你去《西安日报》社工作一段时间,听说你能写点小东西,你要用你手中的笔,把我们战天斗地的好人好事写出来。这是一项艰巨的任务,它不像稻田里的体力劳动。这是一项辛苦的脑力劳动,你是来自城市的中学生,文化上有一定的基础,我们要牢记,笔杆子、枪杆子,革命成功靠这两杆子,希望你去了那里好好工作,不要给我们丢脸,听明白了没有?"

"指导员,我恐怕不行,我在学校里没学到什么……"我有些诚惶诚恐地说。

"世界上没有谁是生而知之的,实践出真知嘛,我这个指导员还不是一步一步干出来的呀,没问题,边干边学,我相信你能干好!"指导员在我肩膀上拍了一下,"好好准备一下,明天去那里正式报到!"

本来身穿一身挺拔整洁的空军军装,我已经很自豪了,现在怀中又揣上了被称为"无冕之王"的记者证,心里别提多美了。

那时林彪的女儿林豆豆也经常来,来培训我们怎么写文章,据说她酷爱写作,曾在高考时写过一篇散文《雨后扬州》,获得高分,广受称赞。那时候她已经写得不错,1965年进了《空军报》社工作,经常下基层做调查研究,文章频频见诸报端。她曾写过很多出色的人物通讯,其中使用第二人称、怀念空军原司令员刘亚楼、发表在1965年5月13日《空军报》第三版上的那篇散文——《刘亚楼叔叔永远活在我们心里》,写得朴实无华,充满感情,读来相当感人。我在《西安日报》社那会儿,她已经当上了《空军报》的副总编辑,《空军报》的报头就是她请毛泽东题写的。

她个子不高,走到哪儿都被前呼后拥着,但她本人却低调、平易、朴实、话不多,说话措辞非常自在、沉着,到底是名牌大学北大中文系出来的学生。我那时还学习过她写的万字长文《根深才能叶茂——父亲教我怎样学会写文章》。这篇文章最初发表在《空军报》

社的新闻业务学习资料《空军报通讯》上。文章的内容实在具体,谈主题、结构、源于生活、高于生活等等写作体会。这在当年假大空盛行的时代,已经算是不易。但是我忽视了一点,其实这本身也说明了一种特权:别人那时恐怕没有这种权利,来写作和发表这样实在的文章。在这篇我曾经视为写作教科书的文章里,林豆豆写到,她爸爸教她怎样写短文、怎样读书、怎样搞好写作实践、怎样注意形成自己的文章风格;在基本功方面,怎样做到三过硬,即思想过硬、生活过硬、技巧过硬;她爸爸还指出,不要怕搞文科出问题犯错误。

这些创作体会让我感到很新奇。各种日常的工作也使我必然在文字的密林中辗转腾挪,磨炼我的笔头功夫;报社的图书馆更是让我与众多的世界文学经典厮磨,培育了我基本的文学修养,使我得以在那么多高人巨匠的词源笔阵中任情遨游;更为重要的是,《西安日报》社的记者这个"无冕之王"的身份,而这,对我未来的生命历程来说,或者更为重要。

那时红色大潮一统天下,人们突然发现,原来书籍里面还有那么多封资修的东西。一时间,后来耗费了我好多不眠夜晚(挑灯夜读到凌晨)的精神食粮大多被付之一炬。图书馆关闭了;私人的图书除了烧掉的,大都堆集在一些空房中,用封条封了,任凭虫蛀或霉烂;学校的图书室也被工作队封存了。说是封存,其实那里的书已经所剩无几了,所以,能读到的书很少。书店里摆的大多是马恩列斯毛的著作,当然,也会有《鲁迅全集》及各种单行本,但翻译过来的外国著作则少之又少——它们大多都被作为资本主义的毒草,铲除之唯恐不及,怎肯放之任之,让其流毒在外呢?

现在的年轻人恐怕很难想象,那全中国都没有书籍、八亿人统一一个思想的日子,是怎么一回事,那真是年青一代打发日子最艰难的年月。没有流行小说,没有电视,甚至没有收音机!能见到的多是充满各种口号的政治读物,或是一些塑造高大全艺术形象的革命文学。

而报社图书馆的藏书则特别多,几万册藏书中,恰恰有不少解放前出版或者内页盖着"专供内部批判用"蓝色印章的著作。禁书,这真是一个奇怪的称号,这些书的字里行间到底被施加了怎样的魔法,竟能坏人心术?而那些有资格"内部批判"的人们,又是经由了怎样的修炼，才能做到出涅而不缁，出淤泥而不染？

《二十四史》、《唐诗宋词》，这些久违了的中国古代文学、根本无法一一过目的线装书，还有大量的外国文学作品！这些书就像伊甸园中的禁果一样，强烈地吸引着我，让我疑惑其中到底描绘了怎样的魑魅王国、魍魉世界。诱惑就像滋生的蔓草，一旦绵延，不知不觉间便会茏葱一片，我不敢光明正大地拿它们翻看，却可以在借阅其他图书时，从附近的架子上悄悄拿起一本，偷偷扫上两眼，又急急放回去。做贼心虚，拿之前要战战兢兢地扫视四方，放下之后仍不免忐忐忑忑地脸红心跳，而匆匆忙忙扫过的几眼不过是管中窥豹、尝鼎一脔，看不清真相，尝不出味道，只让我心中疑云更加浓密：这书，好像也没什么太大不了，以至于不敢示人的吧？

图书馆来来去去的过客，自然不会注意到我的这些小动作，但这却逃不过那个来自空军的女管理员的眼睛。只是我一写完稿，有时间，我就来这里徘徊，日复一日，跟她早已混得稔熟，即便我翻看禁书被她发现，她也不以为意，只是笑一笑，伪作不见。我的胆子因此日渐大了起来，若馆里只有我们两个，我便放开手脚，毫不忌惮，对那些禁书任情浏览。她也好像成为我的盟友，在我只顾看书忘却其他的时候，看见有人走进图书室，就咳嗽一声提醒我一下，为我放哨把风。

我忘却了自己的革命任务，一人孤坐，翻阅着那些积满厚厚灰尘甚至布满蛛丝的被人遗忘的书页，仿佛进入了另一个世界，长期被压抑的读书热情一下子得到了释放，可以说是求知若渴。那知识极度贫乏，头脑却异常狂热的年代啊！

有一次，闭馆时间眼看就到了，我正津津有味地看着一本书，沉浸其中，浑然不觉流年暗中偷换。忽然，我眼前光线一暗，一个声音同时响起："同志——"

我大吃一惊，以为这是不知哪里来的不速之客，正发觉了我的作奸犯科，一时手忙脚乱，藏书不迭，却听见那人咯咯地笑了起来。我抬头一看，原来是她。

我为自己刚才的窘态感到不好意思，只好讪讪地笑着。她停下笑声，走到我面前，说："该下班了，你要是还有什么资料没查完，就继续查吧，记得走时把门锁上。这是钥匙。"

我还没回过神来，那钥匙就在手中了。我如获至宝般使劲看了一眼那把钥匙,受宠若惊,抬起头来,只见她一脸默许的微笑。我禁不住语塞,只傻傻地连声应着:"好的好的,谢谢谢谢,我查完马上锁好门走。"

当天晚上,我吃完晚饭,又溜回图书室。细心确认同事们都走了、四处再也无人之后,我才轻轻将门打开,从里面插上插销,走向书架,看着满满当当的书,仿佛面对一片辽阔大海,日月之行,若出其中,星河灿烂,若出其里,其中珍宝琳琅,珠华满目;又好像经历了"山石荦确行径微"之后,洞天石扉訇然中开,良田美池豁然开朗。我心里竟一时慌了起来:阶梯处处,皆可登攀,歧路万千,条条可行,我该先看那一本?

犹豫片刻,我努力克制自己激动的心情,拿下一本久已心仪的书,在图书馆的大书桌上如饥似渴地看了起来,一直到天色渐晚。正想去开灯,突然意识到,要是开灯,岂不正暴露自己?

就这么回去,我可心中不忍。于是,我把吊灯拉了下来,找了张报纸将灯罩卷起,再去开灯,不妙,灯光还是会往外泄。我赶紧关上,急迫之中,计上心头,到书架上搬下一堆书,高高地码成一圈,把灯光团团围住,再在圈中摊开一本书,就着那一簇直径半尺的灯光,一页一页看宝似的翻看,埋头苦读。架上的书长期没有人动,已经有了一些灰霉味,混着墨香钻进鼻子里,我只觉得如饮醇酒一般,心旷神怡。我扑在书籍上,就像饥饿的人扑在面包上,高尔基的这句名言人人皆知,但是,或者只有在那书籍极度匮乏的年代,才能理解这种如饥似渴。

虽然书上霉味扑鼻,有些书页也朽了,书中的故事却不朽。书的种类繁多,许多平日见不到的都见到了,惊喜加上些微冒险,反倒比在白天更多了趣味。有时我甚至觉得自己坐在书堆里,像是贼守着财富。灯光使人物变得神秘,村妇、教士、贵族和士兵,战争与和平的种种,以及宁静的森林风光都来自另一个世界。

从那以后,我晚上常常"夜袭"到图书室,偷偷饱览群书,那为我开方便之门的女管理员有时候也一起去,让我不至于独学而无友。猛一下面对这么多书,真是什么书都读,历史、自然、小说……我博览全书,什么书都看,因为在那之前,在学校,我从未有过如此机会。

偶然

我投身书海,在文字的水纹浪影中徜徉,寻找珠玑,发掘宝藏,丰富自己的知识与阅历,疏瀹五脏,澡雪精神,升华自己的趣味和情操。第一次读《红与黑》的体验非常深,主人公的个人奋斗经历给我的心灵带来一种震撼,同时也隐约体会到了一种长期被压抑的人性的回归。我为于连不择手段追逐高位终究丧命而扼腕;我还为《茶花女》里玛格丽特的深情婉婉却只能遗恨绵绵而喟叹;我真得感谢大仲马,他通过《三个火枪手》告诉我,朋友是什么,友情是什么;《欲望三部曲》中,金融家通过自己的努力其兴也沛焉,其亡也忽焉的命运引发我不断地思索,而那些不甚了了的商业名词对我来说既新鲜又迷惑;莫泊桑的短篇小说最为我所喜爱,写得非常流畅,对人情世态的深刻体察凝结在引人入胜的故事设计里,让我叹为观止。因为全部摆放在一个书架上,我全部读完。

最喜欢的则是《基督山恩仇记》,小说叙述的是一个复仇的故事。基督山伯爵是一个爱恨分明、有恩必报,同样有仇必报的人,"我爱爱我的人,我恨恨我的人",他逃出牢狱的唯一目的便是报恩和报复。但最终,在面对曾置自己于死地的敌人面前,一个人应该怎样做?"宽恕"——大仲马给出了自己的答案。

我觉得这部作品最吸引人的地方,是让我明白了两点:第一,幸福是需要等待和充满希望才能得到的,人生不可能一帆风顺,各种挫折、困难都会出现在我们的人生里,但是只要我们对生活抱有希望,那么任何挫折都会被我们打败。第二,冤冤相报带给人的,只能是愈加痛苦。人拥有生命毕竟不是为了复仇的。当复仇的剑铸为宽恕的犁时,一个人才能懂得生活是幸福的。不能抛弃复仇的人最终也宽恕不了自己!

当复仇使我们不幸时,宽恕使我们落泪。

痛苦消融在人性中,便生出完美。

想直面人生,必须学会宽恕;想勇往直前,必须放弃痛苦。我们没有理由不善待这个世界,毕竟如基督山所说的:"人类的智慧全在这两个词语中,那就是:等待和希望。"

那一年多的时间里,我天天晚上都在图书馆里度过。这难得的机会让我倍感珍惜,我读得很快,有时看了兴奋,一晚上能看完一本。很多次,读着读着,一看表已经一两点钟,窗外月白风清,月光穿过玻璃窗洒在一排排古旧的书架上，万籁此俱寂，只有我翻书的沙沙声偶尔划破阒静。那几万藏书，为我打开了无数通往更广阔天地的小窗，那里有异域风景，有人情冷暖，一切的一切都让我感同身受。当然，令我印象最为深刻的书，主要还是感情为主的小说。

那时候，我还不知道男女感情是怎么回事。虽然已经十八九岁，正是情窦初开的好年纪，但我还从没有谈过恋爱，更没有女朋友。看到书中的动情描写，会情不自禁耳红心跳，怎么会有这种感觉？怎么会有这样的故事？有时深更半夜，那个女孩也会悄悄进来，说是白天天热，脱了件外衣，忘记在这里了，然后拉开抽屉，自言自语，哦，原来衣服塞在这里面了。披上衣服，她却也不走，说是也想看会儿书。她离我那么近。有一个瞬间，似乎有一种突如其来的奇妙感觉，心里似乎有花开的声音由远而近。但很快，书页翻动，不知不觉，杂绪已被挡在白纸黑字之外。

现在想来，可以说，那一年，是一段时间比较集中的学习过程，是一次重要的补课，相当于进了一个书院，学习了一年。我就像在初春的田野上奔跑的孩童，对一切都充满好奇，充满探究未知的渴望。那些书在给我收获新知的喜悦之时，也留给我许多当时解不开的困惑，我知道，这需要我用一生的阅历来寻得最终的答案，读万卷书，到底是纸上得来终觉浅，行万里路，才知道世间诸事要躬行。

那时候我每周在完成任务的前提下，周日便会身着绿色的军装，并揣着记者证到处走走。在那个特定的年代，能拥有一张记者证是莫大的荣誉，你可以想象，当你掏出记者证的时候，别人马上会现出崇敬的目光，你的自豪感就会油然而生。你可以免费坐车，更可以出入一些比较重要的场合，进而顺利地完成采访任务。

一个周日，我搭了一趟部队去乾县的方便车，去了离西安八十五公里外的乾陵。陕西地处黄土高坡，自然多弯弯曲曲的山路，再加上当时路况不好，早晨六点半上车，到了八点半，车子才东摇西晃到了乾县。我在乾陵附近下车，跟司机他们道别之后，我走了好一会儿，只看见乾陵就在远处，可怎么走也走不到，不由想起了一句俗语——望山走死马。

路过一片苹果园，也不知是什么苹果。树上的苹果都熟透了，红彤彤的，像醉红了脸的姑娘，一个个不安分地挂在树上。我真想摘下一个

343

偶然

尝尝,可又想到了三大纪律与八项注意,毛主席要求我们不能拿百姓一针一线,于是摘一个苹果尝尝的想法就顿时烟消云散不复存在了。苹果园尽头是一个土坯房,院子周围却打扫得干干净净,没有一根杂草。突然有一条狗朝我蹿出来了,我一点防备都没有,吓了我一大跳。好在有铁链子拴着它,它只是狂吠着,似乎想驱逐我这个陌生人。

老乡在炕上趴着,听到狗叫,他就坐起来,回头看是谁进院里了。我想我如果要一走了之,屋里人肯定以为我是来偷苹果的,我索性进去讨碗水喝,省得被别人误解。我走了几步,进屋了,跟那个在炕沿的上坐着的人说:"大伯,您好,我是过路的,我想讨碗水喝。"

那老乡站起身来,从屋里水缸里舀了一瓢水给我,我发现他体格健硕,头发没几根白的,但他脸上的皱纹似乎告诉我,他能有六十多岁了。

我忙答谢道:"大伯,谢谢你。"

那大伯看我一身军装,说的陕西话也不正宗,不像当地人,就问我道:"小哥是哪里人啊,在附近当兵吗?不在队伍里,你来这里做什么啊?"

我有问必答:"我是湖南人,本来是在岐山当兵的。但领导看我文笔不错,就让我到《西安日报》工作。周日我没事出来四外转转,找找创作灵感。刚走了好长时间的路,口渴了,就上您这讨碗水喝。"我说完,怕他不相信,就把证件掏出来给他看看。

那大伯翻开记者证,扫了一眼说:"确实是解放军而且是《西安日报》的记者,嗯,李晓东,能文能武,年少有为,不可多得啊。我之前是在乾陵文物管理所当主任,姓郭,现在六十多了,上几年退休,在这住,看管着外面那片果园。不过没事的时候我也去乾陵去帮帮忙,几十年的爱好放不下啊。"

我听他这么说,认为他肯定对附近比较了解,就问他:"您对这乾陵很了解吧?我正想去乾陵转转。"

那郭大伯笑着回答道:"哦,你问乾陵,你算是问对人了,我在这乾陵工作过十五年,有什么事我还不知道?!乾陵是唐朝皇帝李治和武则天的合墓。好在这里离城市比较远,人烟稀少,所以以前造反派来的次数就比较少,乾陵被破坏的情况就不那么严重。我特别怕他们一时冲动砸了乾陵,掘了祖宗的坟墓。如果是那样,那将是不可饶恕的错误。"

我听他这么说,心里挺难受,不想跟他说这么沉重和敏感的话题,就转换话题问他道:"郭大伯,我婶子呢?"

"你婶子去俺们闺女家了,今儿中午你就在我这吃,馍现成的,一会我再烧个鸡蛋西红柿汤。吃完饭之后,我领你去乾陵,我给你做向导,包你满意。我在这乾陵工作过十几年,闭着眼睛都能上去,什么地方有什么建筑我都能背下来。说来我也好久没去乾陵了。"郭大伯说着领头走进了厨房。

"我自己带了些吃的,就不麻烦你了,大伯。"我很不好意思,自己下乡采访一次,怎么能叨扰老人家呢?于是我赶忙走到他身旁,想拦住他。

"你一个小青年,正是身体需要营养的时候,不吃热乎的东西,一会就会饿。你别推脱了,我像你这么大的时候,我能吃五个馍、三碗汤。你坐着,我去做汤。"大伯说着话,就手脚麻利地来到了灶前做汤,后来,这也是我这辈子喝得最多的一种汤。从南到北,咸的辣的,不变的是那红红黄黄的颜色。只见大伯取来几个西红柿洗净切块,然后又取出两只鸡蛋打匀。在锅里加水,放入两片生姜一起煮。水开后加上西红柿,再把鸡蛋倒入,加少许盐,端出锅前还点上了几滴香油。

我吃了两碗汤和四个馍,就饱了。郭大伯扔给我一个草帽,他又去摘了几个苹果用袋子装了起来。然后我们两个人就甩开大步,前往乾陵了。我惊奇地发现,他六十多岁了,比我走得还要快。

初秋,天依旧很热,下午一点,也是太阳最毒的时候,土地被烤得直冒烟,路边的柳树却都像睡着了一样,弯着腰,低着头,唯有树上的知了不甘寂寞依旧叫个不停。我们戴着草帽在路上走,乾陵离我们越来越近。

郭大伯边走边说:"陕西流行着一种说法'西线的黄土埋皇帝',自西安城往西至咸阳一带,仅帝王陵墓就达二十七处之多。所以,即便是看看帝王的墓群,也能感觉到飘荡在悠悠两千多年历史长河中的昔日帝王之气。

"陕西的陵墓大体有两种造法:一是唐代以前诸陵,它们大都以

345

土石堆积而成；另外一种就是自唐太宗以来依山造陵，它们大都通过挖土掘石而成。依山造陵可能出自陶彭泽的两句诗'死去无所道，托体同山阿'，哈哈，这是说笑，你可别尽信。这两种造陵的利弊以及对应的哲学思考我们暂且撇开不谈，仅从游览的角度考虑，我认为陕西有四座陵墓是必去不可的，它们分别是：秦陵、茂陵、昭陵、乾陵，分别埋葬着秦始皇、汉武帝、唐太宗以及唐高宗和武则天。"

郭大伯仿佛在说着无上妙法，我赶紧从斜挎包里拿出笔和本子来，边走边记。

郭大伯接着侃侃而谈："当你站在远处眺望乾陵时，你会发现，乾陵就像一个悠闲肃穆的睡美人，以至于人们认为乾陵是武则天仰面朝天躺在大地上的绝妙象征。乾陵北面最高，南面其次，中间是凹地。"

在郭大伯的指点下，我仔细一瞧，发现还真是那么回事。北峰像是武则天的头，两个烽火台分别像是武则天的胸部一样，中间的凹地是她的腰部，南面是她支起的膝盖，这简直是太神了。

郭大伯就像一个循循善诱的老师，他接着说："古代墓葬的学问大得很，不是一句话两句话就能说清的，看你这么有好奇心，我多给你讲讲。乾陵承唐朝'以山为陵'的传统，依梁山而建，坐北朝南，利用梁山北峰和南面两个山峰作为布局的骨架。北峰海拔一千多米，呈圆锥形，即墓室所在地。南面两峰，东西对峙，构成陵园的天然门户。北峰为石灰岩质石山，东有豹谷，西有漠谷，更凸现出其巍峨峭拔。"

郭大伯滔滔不绝，妙语生花。我一看是遇见行家了，只是张大了嘴巴，手底下不停地记着，不愿意放弃他所说的任何一句话。

他说得虽多，但我听着却毫不腻烦，全因他讲得具体而专业，信息量很密集。我记得也是不亦乐乎。

只见郭大伯如数家珍地说道："乾陵它是唐代第三个皇帝高宗李治和我国历史上唯一的女皇武则天的合葬墓。二者既是夫妻，又先后称帝，而武则天甚至一度更换国号。这种情况不仅在中国历史上，即使在世界历史上也是绝无仅有的。乾陵位于唐长安城的西北方，在八卦的乾位上，因而得名，就连乾县也是因为乾陵而得名的。那么，你知道武则天为什么要把高宗李治的陵址选择在梁山上呢？在乾县的民间流传着这样一个神奇的故事：高宗病逝后，武则天诏令当时闻名朝野的大术士袁天罡和李淳风，让他们为高宗选择风水宝地。二人各自遍游九州，半年后回来交差，都说把陵址选在了梁山上。武则天便派使臣去察看。到了那里后，二人不约而同地走到了主峰的半山腰，说这里就是选好的风水宝地。

"使臣问有何凭据，袁天罡说我在这里埋下一枚铜钱，李淳风说我在这里钉下了一颗铁钉。使臣开土一看，铁钉正好钉在铜钱的方孔之中，在场的人无不感到惊骇。使臣回去后，将所见所闻如实地汇报给了武则天。武则天听后，亲自前往御驾观看，登上梁山之巅，巍巍峨峨，南可望太白、终南，东有九宗山，北为五峰山，西接翠屏山。站在梁山的顶峰，八百里秦川一览无遗，尽显王者之气。武则天不由心中大喜，重赏了袁李二人，并决定将陵址就选择在这里。乾陵建于公元六八四年，仿唐长安城设计。经过二十三年的时间，工程才基本完工。"

说话间我们已走上了乾陵的石道上。

郭大伯介绍说："咱们这是从南向北走，司马道相当宽阔，直通北峰啊。"

确实，我以前就注意到过，中国很多陵墓前都有一条大道，但为什么又叫司马道呢？我不由得停下笔问："郭大伯，什么是司马道啊？"

郭大伯哈哈一笑，说："司马道，又称神道，就是咱们脚下的石路。司马道是陵前修建的道路，与墓道不同，谓神行之道。主要是秦汉以后，墓主建造陵园之后引导接近陵冢的道路。刚才忘了你是外行，我一会讲起其他东西的时候，会用简单的语言给你讲透彻。在中国历史上，陵前石刻的数目、种类和安放位置就是从武则天下葬乾陵开始才有固定制度的，一直延续到清代。

"你看两侧排列的雕刻精美、神态生动的石雕。从南往北有八棱柱形华表、翼马、朱雀各一对，石马五对，戴冠持剑的石人将军十对，北门外有石马三对。四个门外各有石狮，中国古代历来的石狮子是以爪子下面是绣球还是小狮子来分辨雌雄，而武则天为突出男女平等，所以乾陵的狮子爪子下面却什么都没有。

"按照中国古代皇陵的陵寝制度，阴宅仿照阳宅，乾陵的地面建筑全部仿照唐时长安城的皇宫建造。外围应该是高大的城墙，城墙内的宫殿也严格地按照一条纵向的中轴线分布，那四座烽火台就是起着报警作用的，曾有大量军队日夜守护。可惜时光流逝，风流总被雨打风吹去，守陵的将士们早都化为尘土，唯有这乾陵的建筑大多都屹立在这里。

"50年代末，陕西文物管理委员会对陵墓进行了考古勘查。我就是负责勘察的人员之一。"

难怪说得如此头头是道啊，原来是碰上了真正的行家！我停下手中的笔说："没想到您，不光有学问，还这么厉害，参加这么大的项目。"

郭大伯谦虚地连连摆手，"哪里啊，就是因为做这个工作，险些被批成黑五类，学问不顶饭吃，哎，不说这个了。当时我们文物管理所工作很辛苦的，在山上有时候一待就是几个月，风吹雨打之后，可能什么都没找到。"

"那这乾陵被盗过吗？"也许是好奇心作祟吧，我突然想出这么个古怪问题问郭大伯。要知道，在中国历代帝陵中，乾陵是唯一两种性别的皇帝——唐高宗与武则天合葬在一起的皇陵，在世界上也是仅有的。要是被盗了，那就太可惜了！

"在我国历史上，挖乾陵一事，早已有之。一千多年中，这里就没有断绝过盗墓者的身影。小毛贼多如牛毛，正史里不记载，野史里也懒得写。历史上有名有姓的盗乾陵者，就有十七次之多，比较大的盗掘活动有三次。但是又都因各种原因中途停止而未盗成功。"郭大伯一边说，一边还掰着手指头。

"都有哪三次啊？"我忙接着问。

"唐末的黄巢、五代的温韬、民国的孙连仲。反正一到天下大乱的时候，盗墓的就多了起来。唐末农民起义，黄巢声势浩大，攻陷长安后，他为了筹集粮饷，动用四十万起义军在梁山乾陵西侧挖山不止。直挖出了一条深四十米的'黄巢沟'，挖走了半座大山。所幸因为军中无饱学之士，不懂乾陵坐北朝南的结构特点，他们挖错了方向，结果没有挖到墓室的宝藏。"郭大伯虽然语气平静，却还是能听出万幸的语气来。

"幸亏他们没有文化，这乾陵才幸免于难。"从武则天下葬后一直不断有人想挖开它的根本原因,看来就是贪图陵中随葬的大量宝物,为人一世,如何做到没有贪心,真是非常重要呢。"再说五代时候的耀州刺史温韬,他是个有官衔的大盗墓贼。当时天下大乱,他率领兵丁一股脑儿掘开了十几座唐陵,发了一笔横财。这小子贪心不足,便驱动数万人于光天化日之下挖掘乾陵。不料挖掘过程十分不顺,遇到的天气总是狂风暴雨,温韬以为是李治武则天夫妇显了灵,受了惊吓,这才绝了发掘乾陵的念头。

"到了民国初年,天下战乱不止,国民党将领孙连仲亲率一团人马,也想学学孙殿英炸慈禧和乾隆墓的样子,在梁山上埋锅造饭安下营寨,用军事演习作幌子,炸开了墓道旁的三层岩石,最后却也没能捞得半点好处。"说到这里,郭大伯轻轻吐了一口气,竟是如释重负的表情。考古工作者的拳拳热爱之心,溢于言表。

"那也就是说,乾陵现在安然无恙呗?那这乾陵也算风水宝地了。"我接着郭大伯的话头说。

"说来也巧,1960年,几个农民放炮在山上炸石头,一不小心竟炸出了武则天的墓道口。这个墓道口是真正的国家级绝密,盗墓贼们找了一千多年也没找见,黄巢四十万大军挖了几年也没挖出来。目前,许多专家认定乾陵是唐十八陵中惟一未被盗掘的陵墓。理由是乾陵墓道完整,而舍墓道,从石山腹部另凿新洞入地宫,难度很大,我虽然岁数大退休了,不过我一直关注和乾陵有关的事。据我所知目前尚未发现新的盗洞,至于事实是否像人们希望的那样,只有等到打开地宫的那天才能得知了。"虽然出于保护目的,郭大伯明显不希望乾陵被打开,但他难免也有几分好奇呢。

我忍不住跟郭大伯说:"郭大伯我问您个问题,为什么国家不开展挖掘乾陵的项目呢?"

郭大伯动情地说道:"作为一个考古工作者,我当然想知道陵墓里面埋藏着什么秘密,但我更知道古代陵墓是不能随便就挖的,其中一个重要原因就是技术水平还未过关。五十年代北京十三陵中的万历墓被挖掘,不仅没有得到保护,而且遭到了很大的破坏。随便开掘,就等于杀鸡取卵,得不偿失。现在国家文物保护政策是'保护为主,抢救第一,合理利用,加强管理'的方针,对帝王陵一般不主动去发掘。此项文物保护政策是从国内外的教训中吸取的。当今世界各国的

偶然

文物考古机构,对于保存状况较好的大型遗址和墓葬,都制定政策,尽可能地保持文物的原生环境,一般不进行主动发掘。

"中国帝王陵自古而来是秘而不宣的,对于帝陵不可主动发掘,贸然打开,墓里的文物将会顷刻发生变化,如此发掘等于破坏。在以前挖掘其他陵墓的时候,我亲眼看到墓室里的农具,从左边拿到右边,瞬间就没有了,这就是文物出土之后的变化。再说,祖先留下来的遗产,不能让我们这一代都给发掘了,要给子孙后代留着。"

听得兴起的我竟然忘了看风景,这会儿,新的疑问又上心头,"咦,郭大伯,这马怎么长出两个翅膀啊?"我边走边问郭大伯。

"这叫翼马,也可以称为天马。帝王陵前天马的设置,无疑是为了显示皇家的富有。接下来,你看到的这组为鸵鸟石雕。中国不出产鸵鸟,到汉代才传入我国。后来,中亚各国曾多次赠送鸵鸟。物以稀为贵,鸵鸟被视为吉祥的象征,也被称为朱雀。值得注意的是它的造型特殊,为镂空浮雕。鸵鸟腿长颈细,如果刻成圆雕肯定不牢固,如果刻成一般浮雕,又缺乏立体感。这种镂空浮雕解决了上述两种缺陷。乾陵开创了鸵鸟石刻的先例,以后历代唐陵均沿袭了这一做法。我们现在看到的这十对石人为执戈将军,是象征参加葬礼的文武百官。他们脚蹬皮靴,腰束宽带,表情温和,乍一看大致相似,但如果你仔细看,你会发现它们之间有着微小的差别。

"乾陵巨大的石刻群是一奇。乾陵营建时正值唐朝的上升期,国力充盈,陵墓之规模宏大,建筑之雄伟富丽,堪称历代唐陵之冠。历经千百年悠悠岁月,只有记录着历史沧桑的巨大石刻群默默地列置在司马道两侧,守卫着陵墓。这百余件精美绝伦的大型石刻,正代表了唐王朝高度发展的封建文化和石刻艺术,是一座唐代石刻文化的露天博物馆。"听了郭大伯一番堪比导游的解说,使我了解到了颇多的知识,实在有意义。

"郭大伯这个是什么?"我们走到一块大石碑前面时我问他。连我都对自己的无知有点不好意思了,但郭大伯却非常耐心地继续为我上课。

"这叫无字碑。自古道'人过留名,雁过留声',多少人为了留名,费尽心机为自己树碑立传,然而古者富贵而名磨灭者不可胜计。在历史上却有无字碑,正因其无字,所以特别引人注目。这只雕刻着八条龙而没有一个字的无字碑,高约七米,总重量约一百吨,这样一座巨大的石碑上却没有一个字,其原因至今还是一个未解之谜。有人说她的儿子中宗李显在立碑时很为难,称武则天为皇后吧,她确实堂堂正正地做了多年皇帝;但称她是皇帝吧,她的政权又是'武周',这样将不利于李唐的一统江山和声誉,所以李显在无奈之下为母亲立了一块无字碑。还有一种解释,说是女皇武则天一生破旧立新、天马行空,不受儒家纲常礼教的羁绊,因此,她知道后人对她的评价肯定是褒贬不一的,所以,武则天她索性为自己立了一块无字碑,是非功过任后人随意评说。"

在当时的我看来,这块无字碑不仅是乾陵的象征,更是女皇武则天的象征。这个中国历史上第一位,也是唯一的一位女皇帝,能在当时封建社会成为万万人之上,即便于现代社会,已非易事,何况是远在千年前,以男人为中心的环境里。

郭大伯又指着对面那个石碑说:"那块叫述圣记碑,全碑共七节,故又称七节碑,由七节组成。据说其意取于七曜,即日、月、金、木、水、火、土的合称。七节碑高七点五米,重近九十吨,碑座上刻有各种花纹。碑文八千余字,颂扬了高宗的文治武功,由武则天亲自撰文,后中宗李显书写,你看看,现在字大多模糊不清了。碑刻成后,还在字画上填以金屑。现在靠近一些,仍可看到个别字的金饰。再往前是朱雀门前的石狮子一对,这对蹲狮三米多高,形体高大,昂首挺胸,前肢挺拔,肌肉突出,巨头、卷毛、突目、阔口、利齿,巍然蹲踞在陵前,雄风威武,令人望而生畏。"

我忍不住又问道:"那武则天和李治就埋在山头下面吧?"虽然乾陵是唐高宗和武则天的合葬墓,但我发自内心地觉得,唐高宗的多病与孱弱让武则天注定成为这里的主角,这个女人,也许真有值得让一个王朝为她陪葬的本事?

郭大伯赞道:"对,你说得对极了。咱们歇一会,把苹果吃了,然后就上山去领略一番胜景。"

郭大伯扔给我两个苹果,我们两个坐在石道上开吃。那苹果就像一个长满雀斑的青春丰满的小女孩的脸,透着一丝丝的粉色。山地昼夜温差大,一冷一热,就会形成那种斑点。咬上一口,慢慢咀嚼,酸甜可口,而且果肉紧实,有咬头。

偶然

我一边咀嚼着那番津甜,一边口齿不清地问道:"郭大伯,这苹果的名字是什么,怎么这么好吃?"

郭大伯道:"这叫秦冠。"

我好奇地问:"郭大伯,这秦冠苹果是怎么得的名字啊?"

郭大伯笑着解释:"这个苹果是新品种,是陕西农科院的果树专家利用金冠苹果和鸡冠苹果作为亲本杂交选育成功的,最近正式命名为秦冠。抗病能力很强,容易坐果。名字的意思大概就有陕西苹果之冠的意思。墓里那两位,虽贵为皇帝,不过肯定没吃过这么好吃的苹果,哈哈。"

吃过苹果,我们就登山。走到半山腰,我跟郭大伯说:"山路不好走啊,可真累啊。"

"走一里山路要比走十里平地还要累。坚持住,到山顶再歇着,到时候一览众山小。"郭大伯关照道。

登上乾陵山顶时南望秦岭,则苍山负雪,如冰雪佳人。脚下的黄河像是一条黄色的丝带从天际而来,又到天际而去。千古江山,英雄无数,尽随流风而去。

我闭上眼睛冥想着,天神在青天,一手拉着武则天,一手拉着李治,他们终于远离人世间的种种痛苦与纠缠,不必为权力和斗争所纠结,不顾众人的目光,一起飞翔在这茫茫宇宙之中,与那青山,与那黄河一般永存。

除了乾陵,在休息日,我也会去临潼玩,临潼位于西安市的东边,秦岭余脉骊山山麓下。只不过算得上是一个小城,但它却是十三朝古都西安的东大门,历史渊源深厚,历经周、秦、汉、唐,一直都是京畿之地。因为城的东面有临河,西面有潼河,所以叫做临潼。

这里曾是仰韶文化时期母系氏族部落先民生存繁衍的地方。烽火戏诸侯,周幽王为爱妃褒姒一笑失江山的故事就发生在这里。

这里曾是早于咸阳成为先秦建都的地方。秦始皇历时三十九年修建了气势庞大的陵园,被现代的一位农民一镢头刨出了他的千军万马,"世界第八大奇迹"——秦兵马俑让临潼名扬世界。

这里也是"项庄舞剑,意在沛公"的"鸿门宴"发生的地方。

盛唐时期皇家园林华清宫所在地就在这里,唐玄宗李隆基和杨贵妃恩爱缠绵、沐浴温泉,"水滑洗凝脂"。而杜牧的《过华清宫绝句》中"一骑红尘妃子笑,无人知是荔枝来"的名句,也让临潼再次名扬天下。

1936年西安事变中张学良、杨虎城将军在这里对蒋介石实行兵谏,从而使我国形成抗日新局面。而蒋介石钻入骊山山缝逃生,让临潼名震全国……

太多曾经决定或改变历史走向的故事发生在了这里,临潼也因为这些历史著名景观而名闻遐迩,成了中国屈指可数的旅游胜地。

去临潼的一路上,正是万物萧疏的初冬。在那山沟沟的两边峭壁之上,我看到了漫山遍野的树和低飞的鸟儿,那是石榴树、柿子树、山楂树,枝繁叶茂、硕果累累。一株株硕大的柿子树上,浓密的绿得发暗的树叶缝隙里,点缀着一个个红得发亮的果子,它们垂下来,一直垂到黄土地上,半透明,玲珑秀气,在淡淡的一层白霜下,仿佛一砣砣赤金一样逗人喜爱,特别美,宛如夜空中的繁星,令人眼亮,令人遐想。那样小的柿子,我还是第一次看到。"可爱的小灯笼一样的柿子们,温暖着我思乡的眼睛。"我在后来的《临潼游记》中这样写道,这篇散文被发在了《西安日报》上。后来才知道,这就是著名的火晶柿子,是临潼特有的水果,由枣子树与柿子树嫁接而成。那天我在路边顺手摘了一个,个小皮薄,晶莹剔透,吹弹可破。摘掉带叶的把把,放在嘴边,尖起嘴,就这么慢慢地一吸,"哧溜"一下子,就剩下了一张薄薄的皮,难怪当地人称它"一口吸"了。没有核,只觉得一股说不出的甜味儿带着清凉从舌头滑向肚里,凉丝丝、甜丝丝,完全没有普通柿子涩口的感觉,如沐春风,如饮醇醪,浑身上下说不出的舒服。

到了临潼,自然要去洗澡,依骊山、背渭水,华清池内湖水碧波荡漾,湖岸垂柳依依。盛唐时代,皇帝李隆基于骊山脚下,华清御汤,携贵妃杨玉环醉酒、笙歌、泡温泉、避酷暑,一眼温泉水,泡出千年传唱的唐玄宗和杨贵妃缠绵悱恻的爱情故事,为后世野史作者留下大量素材。往事如烟,温泉尚在,来到华清池,一千三百多年前留下的遗址,已不见其旧日的繁华,难免升起一丝丝伤感。

然而闭目冥想,想象当年金碧辉煌的亭台楼榭前,唐明皇和杨贵妃,舞一曲霓裳羽衣,歌一曲长恨绵绵。"七月七日长生殿,夜半无人私语时。"彼时,女子如花般娇羞,男子尽现他的柔情蜜意,那诺言，天地为证，日月为鉴。月光之下，美若天仙的杨贵妃在池内沐浴，飞珠四溅，水雾弥漫，大殿内轻纱飞舞，那景象该是何等美丽啊！据说这里的温泉，水温常年保持在四十三度，被称为"与日月同流，不盈不虚"，既有单间的浴室，也有大众的大水池，池中的水异常清澈，能映出窗棂的倒影。

自古红颜多薄命，纵然是万千宠爱于一身的杨贵妃，也难逃这样的命运。安史之乱时，六军发难，一朝天子被逼赐死杨贵妃。从此，昔日万般恩爱的男女，一个魂归天际，一个却在人间苟且偷生。"在天愿作比翼鸟，在地愿做连理枝"，海枯石烂的诺言终究敌不过男人尊贵的皇位，他并不是个真正的情种，爱美人，却更爱江山。上穷碧落下黄泉，执手泪眼，杨贵妃在离去之时，到底心中是否有恨？那答案，自是没人知晓了。

而千年之后的我，漫步在这华清池的遗迹中，依然能够感受到那种悲凉。而今，一切都已随风逝去，二人都已作古，只有《长恨歌》里那千古风流的爱情，历经千年还依然在传唱，真可谓"此恨绵绵无绝期"。

从华清池后面往上走，可以直接攀缘上林木苍郁、远望似骊马的骊山。这座有着帝王霸气的山，海拔并不高，也就是一千多米吧。但周、秦、汉、隋、唐等王朝都在这里建了离宫。沿着山上曲曲折折，不足二十公分的斜面小道，扶着路边的树木向上不一会儿，大约在三百米左右高的地方，就能看到一个小山凹。据说当年西安事变时，蒋介石从住处逃往骊山，逃跑时就躲藏在这里。

那是在1936年的12月12日凌晨五时，临潼镇一片寂静，骊山还是黑乎乎的。东北军一个连的部队突然悄悄地进入骊山脚下的华清池围墙内，原想迅速通过已经摸清的路线，到华清池山坡最后那排屋子里把蒋介石抓住。不料，被机警的蒋介石卫队发现了，双方展开激战。

蒋介石在睡梦中突然被枪声和喊声惊醒。他浑身颤抖着，披上睡衣，跑出门来。前院枪声正紧，他扭头往后门跑，门锁着，好在有侍卫帮助他爬上后墙，他从墙头一栽，跌到一个乱石沟里，脊骨摔伤，忍着疼痛，爬起来就往后山跑，结果跑掉了一只鞋。那里山体陡峭，他逃命慌不择路，四肢并用也爬不上去，最后还是由他的侍从背着他，艰难地拉着荆棘往上爬，找到一个山凹藏了起来。

捉蒋部队冲到蒋介石的卧室，不见人影儿，但衣帽、假牙都在屋内，被褥尚温，到车库见他的坐驾也在，判断人未跑远。报告张学良，张学良命令立即搜山。结果在骊山一个山洞里，把灰头土脸的委员长给拉出来了！

这个山洞不大，刚好我也能钻进去，于是也去躲在里面哈腰蹲下，感受感受。洞内十分狭窄，很是不舒服。真不知道蒋介石是怎么找到这个处所的，没想到，蒋介石这么没有品格，居然会躲在这里面，而且是屁股翘在外面被抓出来的，如果是我，肯定不会钻进去的。

离小山凹不远的西边山中，建有一个白色的高四米、宽两点五米的巨大的钢筋亭台，这亭子是方方的，军事工事一样建在山壁之下，背靠岩山，四根水泥柱子支撑着个平顶的水泥亭盖。亭子前面聚集了一些游人，正七嘴八舌地议论着捉蒋介石时的情况。亭边山壁上的字已经被刮去，也没有什么说明，亭上只写了由郭沫若手书的"捉蒋亭"。

驻足于"捉蒋亭"平台上，我思绪翻滚：一场激烈、曲折、复杂的西安事变，最终以蒋介石答应停止内战而结束。张学良、杨虎城两位将军在民族存亡的紧急关头，不顾个人安危，毅然决然举行华清池兵谏，他们的伟大义举，有大功于抗战事业，是中华民族的千古功臣，就像这高高耸立在骊山上的"捉蒋亭"一样，那无处不在的浩然正气可与日月比千古。一时间感觉，这亭子，就是为张、杨二将军所立，它是一座丰碑。

再往上行，看着身后蜿蜒的山路和山下越来越小的房子，颇有些成就感。山上遍布的石榴花增加了不少气氛，山峦的大尺寸构架，大气、深远，置身其中，有心旷神怡之感。骊山西峰山顶，就是当年周幽王烽火戏诸侯的地方，不大的地方，留下一座烽火台。曾经，周幽王为讨妃子褒姒的一笑，点燃山上的烽火，最终亡国。这或许是中国古代真实的"狼来了"的故事。周幽王之死，留下了一座警示后人的烽火台，也为后世美妙女子留下了"红颜祸水"的附注。那些见证兴衰的烽火台，久已不见踪影，只有满山的苍翠草木。从山顶面向北方向下望去，临潼县城美景尽在眼底。远观，方方正正的小县城，古典的建筑，熙熙攘攘的人流和车马，穿行在狭小的街道上。近看，山麓

偶然

下的华清池,被一片绿树环抱,红墙黄顶的亭阁,亮闪闪的池水,点缀着华清池的斑斓。再向远方远眺,宽宽的渭河水曲折向东流过一望无际的关中大地,地与天连成一片,显出无限朝气。

没事的时候,我也常常去陕西省博物馆(现西安碑林博物馆)参观。那时博物馆设在具有九百多年历史的"西安碑林"里,穿过文昌门,走不远就是。以前这里是孔庙,一片灰砖灰瓦的老建筑,所以一进门就见"泮池",那曾是秀才洗笔的地方。大成殿则在1950年就已经被毁坏了,这个看上去既朴素又萧然的地方,却树了两千多块历代名家的书法石碑,是收藏我国古代碑石时间最早、数目最多的地方。

当时的博物馆为了自保,一度封门,不公然对外。完全是借了记者的身份,我得以不时进入参观。因为几无游客,反倒给彼时的碑林平添上了一份"宁静致远"的韵味。

在那些静静伫立的石碑间,先贤们的书法名作如同有了灵魂的活物,无不让人心驰神醉。灵动如王羲之、雍容如颜真卿、秀逸如赵孟頫、狂放如张旭、精巧如怀素、遒劲如柳公权……石块虽不会措辞,成碑后便有了灵气,三千余方石碑浸染岁月沧桑的墨色,成为这世上独一无二的石质历史书库。

告别碑林里的往圣先贤,沿着城墙向西,转过一条青石巷,就是书院门文化一条街了。这条街的得名,缘于街中间声名显赫的关中书院,这可是明清两代陕西的最高学府,也是全国四大著名书院之一,明朝万历年间的理学家冯从吾创办,一直延续到光绪末年,为陕西培养了不少人才。

整条街由青石板铺成,"书院门"这三个大字据说还是颜真卿的真迹。虽然"文革"还在如火如荼,牌楼边的宝庆寺塔却不动声色,走在这样的青石板铺就的小街上,自能体会到一份沉静的来自古老传承的文人气质。街两旁都是些小店铺,卖些古旧图书,泛着淡淡的岁月沉淀出的书香,是淘书人的必逛之地。泡在里面,往往能以意想不到的价格从中淘出一些当时市面上并不常见的好书。虽然只是短短的一条街,但要逛一圈下来,少说也得花上大半天的光景,其实即便是如此,也常常是走马观花。如果时间允许的话,顺着路边一间一间地看过去,真是妙趣无穷。

作为记者,采访作为我的分内事,不仅提供给我接触各色人群、直面诸类事件的机会，也赋予我许多特权，让我见识到一些当时普通人难以领略的风光。比如，在"文革"期间只有八个样板戏可看的时候，我们可以借采访之机，看到众多所谓仅供批判的电影。在用思想与行动毁灭一切文化的"无产阶级文化大革命"中，我却欣赏到了世界芭蕾舞经典名剧《天鹅湖》。

有一次，我和同事受命到西安儿童艺术院的后台采访，我们取了两张凳子，就坐在走道上观看演出。开始的时候，是那时大家耳熟能详、政治加艺术的经典剧目《红色娘子军》。"向前进、向前进，战士的责任重，妇女的冤仇深"，在这感人的歌声中故事拉开了帷幕：20世纪30年代的中国海南岛。从恶霸南霸天府中逃出来的丫鬟琼花，在红军党代表洪常青的帮助下，从一名苦大仇深的农村姑娘，逐渐转变成一名有着坚定共产主义信念的娘子军战士。

沉郁、悲壮的风格把我迅速带入了舞台上所展现的如火如荼的革命战争年代——吴琼花不甘忍受压迫，冒死冲出牢笼；椰林寨里，洪常青为醒来的琼花指出光明之路；娘子军营地，琼花激动地抚摸红旗，向人们控诉地主恶霸的万恶统治……这一幕幕感人至深的舞蹈画面，深深打动了我的心。特别是当舞台上出现洪常青大义凛然、舍身就义的场景时，更在我的心灵深处掀起了巨大的波澜，崇高的革命英雄主义精神构成了无与伦比的震撼。

随后却是供观众"批判"的《天鹅湖》，一面是夸张渲染的革命激情，一面是细腻委婉的诗意篇章，这一瞬间天悬地隔的转换，竟让我有些不能适应，根本不敢正眼去看。

此前我对芭蕾舞的认识，是从一部电影里得到的。那个年代，电影是革命的。"文革"期间，允许放映演的电影寥寥可数。国产片大约五部，《地雷战》、《地道战》等等。外国片更少，苏联的片子，只有《列宁在十月》和《列宁在1918》两部。由于反反复复地看那几部电影，后来我可以把其中的每一个细节、每一句台词都铭刻进大脑里。《列宁在1918》这部电影，我也反复看了许多遍。"面包会有的，一切都会有的！"除了瓦西里的台词，还有这部影片中无与伦比的《天鹅湖》片断。

《列宁在1918》是一部关于革命和暴力的电影，而片中《天鹅湖》的两个精彩片断——"快乐的小天鹅舞"和"王子与白天鹅双人舞"却歌颂着爱情。而且,是那样的芭蕾,不是《红色娘子军》,不是《白毛女》,却是《天鹅湖》……女孩子穿这么少,男演员可以抱着她吗?好像不对,好像应该批判。但是《天鹅湖》这个故事本身真好,真美,真是一次美的享受,有什么好批判的?又为什么要禁止?!

没看多久,我就被深深吸引。在此之前,中国大地上鲜有这种起源于意大利、成熟于法国的高雅舞蹈。除了极个别舞蹈家外,听说只是在上海和天津的租界中,有流亡的白俄芭蕾教师,教授一些富家女孩跳这种舞,算是一种艺术熏陶。那个年代,生活没有多少色彩,生命缺乏个性,一切都似乎封冻着。思维是坚硬的,审美是坚硬的,生活也是坚硬的。然而,身体却是血肉做成,单调枯燥没有性别的日子,突然闯入了曲线,生活仿佛也因此有了一丝温暖、一丝柔软。活泼明快的"四小天鹅舞"一扫沉郁的气氛,仿佛看见天真烂漫的小天鹅们欢快地在湖畔嬉戏;白天鹅与王子的双人舞,如泣如诉,柔肠百转;魔法师的独舞如幽灵般恐怖、阴森。高难度的"凌空越"、"迎风展翅"、"三百六十度旋转"把全剧推向高潮,伴着柴可夫斯基天籁般时而雄浑、时而低吟的音乐,珠联璧合,浑然天成,又总是扣住心弦。

我睁大了眼睛,磁石般被钉在了椅子上,心如撞鹿,好奇又大胆。这穿短短洁白芭蕾舞纱裙、身姿曼妙的小天鹅们欢快地在舞台上轮番演绎,让我无暇斜视,如醉如痴:她们以立于脚尖的姿态将人体的挺拔之美展现到极致;胳臂像天鹅般柔美,手指尖似乎能滴下水来;从手指尖到脚趾尖,全身都拉到一个最漂亮的线条上。

我觉得她们身上有种说不出的美。天鹅,不对,是女孩,原来可以那么美。美得眩目,美得柔软,美得不可思议!修长的双腿,跃动的足尖,舞鞋轻盈,舞姿曼妙,足尖轻灵,修长的曲线,天鹅般舒展,舞裙像白莲花般开放,如梦似雾。更让人不忍眨眼的是,怎么会有如此式样的舞裙?蓝灰色中山装的天下,突然石破天惊,居然可以这样穿!

如果说,琼花飞跃的造型,红军女战士的集体刀舞,以及英姿飒爽的"穿足尖鞋"的中国娘子军让我体会到女军人的了不起,那么,看"天鹅湖",则让我了解到了什么是"美":不仅人美、湖美,故事更美。但过分美丽的东西总让人觉得忧伤,就好像我们惧怕着诱人春色一夜之间竟化为一分尘土、二分流水,我沉浸在那曼妙的舞剧中,同样禁不住忧从中来,并又有几分困惑:在这如此禁锢的年代,这样美的女孩、这样纯真美好的故事能否真实存在?这么美的东西却要横加批判,到底意欲何为?

这些难得的机会都让记者这个工作成为"无冕之王"。在报社,我写过很多新闻、通讯和人物专访。我甚至去了离西安很近的咸阳,采访过后来在1975年成为我国历史上第一位也是最年轻国务院女副总理的吴桂贤。

十三岁时,也就是1951年,她就成了新中国第一家国家纺织厂——陕西西北国棉一厂的第一批工人。1958年入党后,由于她表现非凡,厂领导决定把她调到赵梦桃小组去,担任赵梦桃所在小组的党小组长,赵梦桃任工会小组长。当时的赵梦桃已经是纺织女工的骄傲:全国劳动模范,党的八大代表。不幸的是,赵梦桃突然患了癌症,病重期间,陕西省委正式以她的名字将其所在纺织生产班组命名为"赵梦桃小组"。赵梦桃去世后,吴桂贤对自己要求更严了,处处事事起带头作用,小组年年出色完成生产任务,年年被评为先进标兵,以赵梦桃小组为代表的西北国棉一厂班组的生产和管理经验,一时传遍全国纺织系统。她在国棉一厂结婚时,我奉命去做专访,并参加了她简朴的结婚典礼。采访时我才知道,她和丈夫是经人介绍认识,第一次见面时,女方因为腼腆,一眼都没有看对方,连对方长什么样都不知道。两个人恋爱了六年才结婚。这六年里,两个人没有一起看过电影,没有在外面吃过一餐饭,甚至没有一起压过马路。领结婚证时,吴桂贤也因为太忙,实在抽不开身,就写了个条子,说自己同意结婚,让厂党委开了个证明,然后对方拿着她的工作证去把证给领了,他们甚至没有拍过一张结婚照片!

除了采访"名人",普通士兵的细琐故事,我也能以小见大,写得活泼生动。这些短小、主题明确的文章,我自觉还能够较好地驾驭,领导的评价也较高。可是,像每一个志不在小的青年人一样,我心里一直都有宏大目标,就是要写出一篇像模像样的"大文章"。

恰巧,就有这么个机会落在我头上。

早在1966年8月12日召开的八届十一中全会上,毛泽东就引述了

偶然

陈独秀在1927年应瞿秋白所约而写的《国民党四字经》中的一句话："党外无党，帝王思想；党内无派，千奇百怪。"整个"文化大革命"时期，帮派不断解体与重新组合，帮派斗争时缓时急。上所好之，下必甚之，直到1972年，"文革"照旧闹得熙熙攘攘，天下大乱。几乎每一个单位都分出派系，互相攻击甚至武斗，一些工厂因此无法开工。流而不反、愈闹愈烈，造成的后果或是倡导者始料之所不及，于是，中央就不得不要求各地派系消除隔阂恩怨，不要闹矛盾，团结一致，生产复工。我采访的时候，会把两派的人都叫来聊天，在他们互相指责的时候，告诉他们，"在工人阶级内部没有根本的利害冲突，在无产阶级专政下的工人阶级内部，更没有理由一定要分裂为势不两立的两大派组织"。其实，又有什么大不了的事？彼此都没有仇，发现自己的善心，就会善待别人，不去计较，不去伤害别人。

因为这样的形势需要，报社主编就要求我以此为主题，尝试着写我的第一篇报告文学。报告文学是从新闻报道和纪实散文中生成并独立出来的一种新闻与文学结合的散文体裁，要求以文学手法及时反映和评论现实生活中的真人真事。

那事情是这样的：1969年，当地纺织工厂中有一对情侣。两人两情相悦，只是还没结婚，但却被卷进了派系斗争的漩涡，女孩是保守派的代表，男孩自然是对面一派造反派的核心。两派正闹着，这分歧的立场让这对恋人陷入了无尽的苦痛与折磨，情感上绾就的同心结，在接连不断的摩擦中渐渐松动，重归于好，似乎再无可能，天涯陌路，又怎能断然割舍，女孩终于承受不住这样的纠结，心灰意冷，觉得生无可恋，想用一口井水，了结自己的生命以及一切的解不开、舍不得。男孩发现女孩跳井后，把她从井里救了出来，一个人的死而复生，换取两个人的共同反思与精神升华，二人由此统一思想，消除隔阂，终于走进婚姻殿堂。

刚听到这个故事时，我按捺不住心中的喜悦，摩拳擦掌，跃跃欲试。那个时候报告文学可不容易写，我知道自己水平有限，也知道这个任务的分量。为了把故事写得真实可感、有血有肉，在一个多月的时间里，我几进几出纺织厂，采访当事人，采访工人干部，回到报社后就伏案写作，一词一句细细揣摩，攒足了劲锤炼精品。一个月后，我终于写成一稿，来来回回读了好几遍，对自己的第一篇"大作"自我感觉十分良好，就兴冲冲地交给总编。总编拿起稿件就看了起来。我坐在总编的对面，心里无比忐忑。

看了一会儿，总编就大大地给我泼了一盆冷水，他严厉地说道："小李，你写的是什么东西啊？！明朗的、跃动的时代主旋律呢？鼓舞斗志的正面事件呢？报告文学写人物，要把人物立起来。你笔下的人物，不是具有新时代新风貌的新人典型！报告文学要有灵魂，你这个稿子太浪漫主义了，什么浪漫啊，爱情啊，没有一个振奋人心的灵魂主线，很小家子气。这样的文章，是不能写出'文化革命'轰轰烈烈的大形势和团结向上的精神风貌的。文章只怕还得重新写过。"

我一听，脑袋"嗡"的一声，觉得自己一个多月的心血全成过眼烟云，很不甘心，就缠着总编帮我具体把错误指出来。总编一一给我说了几个他认为不恰当的地方，写法、思路、谋篇……一处一处，都是那么有理有据，我不禁汗涔涔了，自己只是凭着一时的心气与激情写下去，哪里想到写作会有这么多的门门道道，会有这么复杂的九宫八卦、七巧连环？我开始质疑自己在文学方面的功力了，这固然是由于自信的受损，同时也使我对自身的认识更加明确、客观。

后来，总编建议我好好学习一些报告文学作品。当时的报告文学，必须恪守"题材决定论"、"主题先行"、"三突出"，在内容和形式等方面，与我看过的那些世界名著之间，存在着很大的不同。我认真地学习了有关"铁人"王进喜、好医生李月华的报告文学，心里总觉得，真正的"真善美"，也许可以换一种写法？

比如，在我看来，要把那对年轻人写活，首先要抓住他们的特点，写出他们的个性。毕竟他们不是劳模，也不是英雄，只是普普通通如你我的群众。所以我着重写了他们白天搞派系斗争，晚上回复相爱的人的身份，互相关心的几个例子。

我也曾努力表现人物身上的时代特征。但在我看来，能够反映时代特征的主题是一个字——"乱"，如何能从这个"乱"来表现人物的革命精神和思想风貌呢？我想写的是那个时代的实际情况，我想挖掘的是人物的精神世界，我觉得精神世界的矛盾与痛苦恰恰反映了人物的时代特征。

"一部报告文学的感召力有时并不比政策条文小，除了普通读者喜欢看，还要领导干部们能从中受到启发，对他们的决策有建设性。

所以,报告文学家一定要具备四大素质:政治家、思想家、社会学家,最后才是文学家。"主编的一席话,彻底打消了我尝试的自信。

很多年后,有次听到一位著名的大学中文系教授谈论报告文学,他认为尤其是"文革"时期的那一批,不能算是文学,或者最多算是准文学,理由是:忌讳太多。忌讳太多,就顾忌太多,就没有法子写出可靠的生动的人物了。

很可惜,在我的年轻时代,没能遇上一位重视艺术的老师,我对文学的鉴赏力,全凭天性。但我至今对那位总编充满感激。因为他让我及早知道,自己并不适应用那样的形式写作,虽然当时令我相当痛苦,但毕竟无需违背我自己的审美。

不过事隔多年之后,我的记者梦圆于成功创办企业内刊。在我看来,一个企业,办不办内刊,本身是一种态度,而且反映了老总的态度。至于内刊如何报道企业自身,则是另一种态度,同时也反映了老总的视野。我不给自己领导干预的机会,让那些年轻的内刊编辑们想怎么办就怎么办,对他们,我唯一的要求就是:让我们"新太阳"这个企业,发出自己的声音。

在那本内刊里,我倒是"徇私",灌注了自己对于养生的热爱,也算是对多年中医爱好的一个总结。在我看来,养生并不是养老,而是在自然环境里面道家修身养性的行为。我所开发的高端别墅本身,也是关注生命自在境界的。这和中医养生观,有不谋而合之处。在我看来,人更多关注的,应该是自己生命的质量,而买我们"新太阳"别墅的这些客户,应该更多对生命进行思考,所以养生,提倡的并不是怎么吃,怎么穿,而是全方位的对生命本身的呵护,不是一般肉体意义上的长生,而是对心灵精神的呵护。所以,道德就需要提升,欲望就需要遏制。这个情怀,就是我的办刊理念。

而那位坦率直露的总编,在我的文字生涯中,总是能在我志气高昂到有些不自量力的时候为我痛下针砭。对《西安日报》的军管结束之后,我回到部队的宣传部工作,这总编还是我的上级,任部队宣传部部长。一个偶然的机会,我看到他在报上发表过的一首词,觉得很有功力,得知他有这方面的才能后,便去请教。言谈之间,他为我讲述了填词的一些基本要素,比如在他看来,词不难写,但关键是要体味到"词"的韵味,而在填词时要再度体现出"词"的这种韵味。这就需要多读多背唐宋人的"词",从中体味"词"的真谛。

但想学会填词,首先就要会辨别字的平仄声调,要懂得基本的格律知识。此外还要学会辨别词句的节奏和轻重音节。除了平仄律格、音步节奏以外,还有"语气"这一要素,也是不容忽略的。因为一个句子是否流畅,不仅取决于节奏的安排,还取决于语气的安排,这两个要素决定着诗词句子的语感。

他建议我先从模仿开始,先不去考虑平仄律格的问题,从"节奏"和"语气"两个方面着手,开学填词,说是这种写法叫做"借",就是"借其形,蕴其味"。"词当以抒情达意为要务,而主要的方式便是融情于景,借助场景渲染氛围,表达情愫;词的意脉不应太过显明,当在跳跃的意象中显现情感的一致;词的平仄不必刻意深求,但无大过即可,用词要纯熟,豪华落尽见真淳,不必太过花哨……"

我遵循这些简单而颇中肯綮的原则,以当时所见的美景为内容,试着写一些自己觉得比较有意义也比较喜欢的给他看,共写了有七八十首。评价却是,词中的激情值得肯定,但是总体显得比较稚嫩,文笔不够好,文学修养到底不足。

是啊,虽然自己有这么多年的写作经验,但毕竟没读过大学,只是野路子出身,全凭自己的暗中摸索,没有系统的知识储备,没有专业的学科训练。这样的我,能把《西安日报》办好吗?能提高自己的写作质量吗?此间距离,难道只能等时间来缩短?报告文学的失败,即因于此,诗词写作的幼稚,这也是根本原因,若要在文字工作的这条路上走下去,在不久的将来,我就会捉襟见肘,兴趣爱好毕竟不能取代明智的职业选择。我突然意识到,当记者,也许只是一个阶段性的体验,并不能作为我的职业生涯。

而这时宣传干事的工作也越来越乏味了,日复一日,不外乎采访先进人物、五好战士、优秀共产党员等典型人物,写出来的文章也免不了四平八稳、套路一致,缺乏创造性。如果说我刚到部队时是在文字这条路上爬山、不断上行的话,那么现在,工作的局限已极显明,自身的不足完全暴露,我已经到了山腰台地,四顾平坦,再向上爬却已经力有不逮。

我开始为自己的写作才能而忧虑不安,甚至萌生了提前退伍的念头。正巧那时,伤病强烈地复发了。而这些,决定、改变和影响了我之后的人生道路和轨迹。

一直觉得,取和舍,就是人生的高等智慧。有位哲人说得好:如果你不能成为大道,那就当一条小路;如果你不能成为太阳,那就当一颗星星;决定成败的不是成功的大小,而是在于做一个最好的你。那么,怎样做呢?就是要懂得取舍。但要想做出正确的取舍,就得对自己有正确的判断,所谓"自知之明"。

"自知之明"出自《老子》:"知人者智也,自知者明也。"人,应该要有自知之明。今天的舍弃,是为了明天的得到,不要计较一时的得失。"塞翁失马,焉知非福"就是一例。而自知无知,才能轻装上阵,才会有求知的动力。凡事不以物喜,不以己悲。让自知之明带给我们真正的自信,它不随外物的变化而起伏,不因自身境遇的不同而喜悲。自知之明是我们平衡内心、平衡自己与外部世界的法宝。想要得到取舍的智慧,那就要尝试着有自知之明吧!

第三节 偶种善因结佛缘

一、大雁塔:千年佛法犹自证

初到西安,这座古城那厚重磅礴的文化积淀就像一本巨书在我面前打开,除了四处游历、日常采访和写稿,就是如饥似渴地品读西安这一座城池所承载的十三朝皇廷遗迹、民风见闻。说是古都,真是名不虚传,当时报社所在地就是一处老房子,灰砖灰瓦,挑梁画栋,西安人把这种老房子也叫做四合院。当然,和北京的四合院不同,西安四合院有两到三进,一个层层递进式长方形的结构,典型的"深宅大院",幽深典雅。报社的传达室、编辑部都在这些古色古香的房屋里面,门窗一推开便是悠悠的"吱呀"一声响,像是从时光深处传来的一声讯号。只有报社办公楼和图书室是新建的。第一次走进报社的院子,尽管时过境迁,那些精细的雕花门窗、古朴的砖瓦仍在散发着古朴典雅的历史气息。

到报社报道的第一天,总编就操着一口陕西普通话向我们骄傲地介绍起这座古城。总编也是军人出身,又是陕西本地人,言谈中难掩对关中这片土地的一股浓厚的热爱之情。也就是在他的这些只言片语当中,我听到了大雁塔、大慈恩寺和玄奘的大名。

"玄奘?是不是就是《西游记》当中的唐三藏?"我冲口而出。

"可不就是。"主编听到我的问题,也来了兴致,立刻滔滔不绝起来,"玄奘是唐僧的法号,这唐玄奘可真是了不起,到印度取经取了十几年,回到我们这里就开始翻译,这一翻译又花了十几年。大慈恩寺里那个大雁塔,就是当年唐玄奘为了存放经书花了两个月时间建起来的。"主编一脸的自豪与骄傲。

"两个月时间就建了一座塔?"我觉得难以置信,忍不住又问主编。

总编微微一笑:"当然啦,两个月嘛,这是民间的传说,当然会有夸大的成分,但是唐玄奘的成就可是有目共睹的。这样吧,你现在不是有记者证吗?有机会去看看吧。大雁塔啊,就在那个方向。"

顺着总编手指的方向望出去,可以隐约看到一座锥形塔楼高耸的尖顶,在西安当时尚属清洁干净的空气里安详耸立。我心中暗想,原来这就是唐三藏的故地了,于是暗下决心要去好好游览一番。

第一个休假的周末,我跨上报社配给的"三八大杠"的自行车,从报社直奔大慈恩寺。当时《西安日报》社在南四府街,离现在的报社所在地太阳庙门也很近,出了报社沿着朱雀大街北段,转个弯过去到了友谊路一直走,就是雁塔北路,大雁塔就在这条路上。西安的路都是横平竖直的,所以,虽然是初到这城市,一座对我而言崭新的城市里自己摸索,但是我从来不怕迷路。

到了雁塔北路,就能清楚地看见大雁塔了。其实,只要进了西安四面城墙围起来的"皇都",无论从哪个方向都能看到大雁塔庄严耸峙、高入云霄的身影。

离大雁塔越近,我的思绪也越加纷繁起来。我想着,这大雁塔,这数千年来它就守望着长安,珍藏着玄奘法师西游的传说。它庄重大气的塔影下,走过了多少新科进士?它厚重伟岸的身躯上,刻下了多少光耀中国的名字?它狭窄的楼梯上,踏过了多少仕子祈望平步青云的脚步?它屡遭重创,而又一次次地坚强挺立,见证了多少风云变幻、世事沧桑?

如果说西安有什么我最想去的地方,那便是玄奘当年住持的寺庙

偶然

大慈恩寺里的大雁塔了。自行车骑了不过三十分钟，我就到了大慈恩寺的面前。

昔日长安南郊的大慈恩寺，曾是长安城里一大景观，壮观无比，其间小桥流水，花草争艳，烟水明媚，亭榭竞巧，楼阁争辉。每逢节令，皇亲国戚，士庶百官，到此游玩。皇帝赐宴群臣，文人饮酒作诗，百姓泛舟赏菊，之后寺庙一拜，祈福消灾。唐朝诗人许棠这样形容朝野共庆的欢乐景象："满国赏芳辰，飞蹄复走轮。好花皆折尽，明日恐无春。"从天子公卿到平民百姓，进香者的烟雾缭绕在富丽堂皇的大慈恩寺的上空，晨钟暮鼓和那朗朗的诵经声在长安城中回荡。

时过境迁，眼前的大慈恩寺几乎出了西安市，三面被农田和村舍包围着。大慈恩寺也比我想象的小得多，似乎和一般的寺庙没有太多的区别。大雄宝殿也并不高大，我很难想象这曾经是"长安第一寺"，惟有从那雄踞中央的大雁塔上才能联想到大慈恩寺昔日的辉煌。

一眼看去，山门三间，坐北朝南，中间门外上方额题"大慈恩寺"，两边还有门联，我在寺门外停好自行车，仔细读着，上联写着：登临出世界七层摩苍穹；下联是：唯识耀华夏师尊大乘天。两边还有题注：住持宽宗献，青文撰，黄伯贤书。两旁方壁上书：国土庄严，利乐有情。门槛两旁有五级台阶，两侧浮雕双龙。门前置一对石狮，高两米。山门两侧各增一大门，是供游人出入的。

其实，当时"文革"刚过，庙里除了洒扫庭除的僧人之外，香客都很少，更不用提来游览的人了。很难想象，这座历史上曾盛极一时的皇家寺院，也会有门庭寥落的一天，让人感喟时光巨轮碾压下的变迁。巍峨壮丽、气象宏大的太极、大明、兴庆三座宫殿都在后世毁于战火，而唯一留下来的，见证了人世浮华、世事变迁的，只有大雁塔。一千多年以后，这座塔仍然耸立在那里，甚至成了千年以后的长安——古都西安的象征。

大慈恩寺以大雁塔为中心，周围鳞次栉比地排列着无数楼台殿阁，殿阁之间的空地上都栽种着牡丹花。此时未到牡丹花季，看不到天香国色的盛况，可是仍然能让人体会到这皇家寺庙景色之美。

走进大慈恩寺，我抬头望去，但见三开间青瓦歇山顶形制的山门建筑，正门上还悬着"大慈恩寺"匾额。因为有记者证，又是一身空军装，寺里修行的和尚对我也分外客气。刚一走进寺门，就有一个看着格外年轻的小禅师迎上来，我双掌合十施礼，小禅师也还了礼，问我说："施主是来参禅问道还是游览参观？"原来是这大慈恩寺的知客僧人。

但是我只是刚进部队不多久，十九岁，对佛教也只有一点点从书上看来的粗浅的理解，更谈不上"学佛参禅"了，不过是对这唐朝古迹感兴趣，特地来看看，小和尚这么一问，我反而觉得有点惭愧，便说："我只是随便看看。"

小禅师微微一笑，一路引着我从山门到钟楼、鼓楼，再到大雁塔脚下，一边还向我做着介绍。

"施主刚才进来的地方，就是山门，大慈恩寺山门有三间，分别象征着'无作门'、'无相门'、'空门'，是为三解脱，而常以空门象征佛教，出家人有遁入空门之说。"

进了山门，迎面就是两棵古木在侧，一棵青松，一棵银杏，三个人合抱都抱不过来，历经风雨的沧桑，依然是那样高大，那样粗壮，那样挺拔，那样精神。看到它，我忍不住问小师傅："这棵大松树到底有多少岁了？"

小和尚微笑说："说起来你可能不相信，我也是听住持说起过，这两棵树是唐朝玄奘师傅在此担任住持时手植的，算起来，到今天也有一千多年了。"

"哦！"我吃惊地张大了嘴巴。一千多年的风雨沧桑，佛寺毁灭又重建，历经更迭，只有这两棵巨树屹立不摇，正如小师傅口中时常提及的玄奘法师的精神一般啊。

两棵巨树后，就是大慈恩寺的钟楼和鼓楼。

我们一边走，一边说，跟随小禅师踏入山门，只见青砖铺地，左右竹影拂墙，很是可喜，更增添了几分寺院神秘肃穆的气氛。前行有苍松夹道，道中有三米高的铁香炉一座，左右是两方座歇山式钟鼓二楼对峙而立。寺内环境清幽，很难想象离它一墙之隔外，就是西安闹市。

"这就是传闻中的钟楼和鼓楼了，"小禅师向我娓娓道来，"西鼓东钟，做晨钟暮鼓之用，这也是大慈恩寺的大型法器。我们这些寺内僧人都是闻钟声起而早课，闻鼓声聚而晚课。东侧钟楼内大钟为明代

偶然

嘉靖二十七年铸造的'雁塔晨钟',西侧暮鼓为近世所造。"

这古朴的大钟啊,遥想千年之前,晨钟悠扬,穿过林梢,阳光普照,回响在雁塔苍穹;暮鼓咚咚,颂经声声,曲江烟村,香火不灭,如此境界又有几人能领悟呢?

绕过钟鼓楼的后面,小师傅向我说道:"这大慈恩寺位于西安一处高阜之地,北望大明宫、渭水如带,南对曲江、秦岭诸峰。今大慈恩寺是利用原唐大恩寺的西塔院旧址建起来,从南至北依势而上,经山门、钟鼓二楼、东西配殿到达第一个高阶上的大雄宝殿、藏经楼,藏经楼之后就是处在全寺最高点上的大雁塔,此后逐级而下,进入后部的玄奘纪念堂。轴线两侧则依地势布置方丈房、僧院、寺管院等。慈恩寺建筑高低就势,错落有致而尊卑有序。"小师傅在说到一些关于佛教的问题时,虽然简单,却已解开我许多迷惑不解之处了。

"原来还有这样的说法。"常听到"长幼有序"这句古话,没想到居然在寺庙建筑上还有体现。来之前,还以为大慈恩寺和大雁塔是分开的呢,实际上二者是一个围墙内的两个部分。不同于法门寺的先有塔后有寺,大慈恩寺则是先有寺后有塔,因为两个主要历史人物——唐高宗李治和唐三藏法师是先后建筑的寺和塔。以大雁塔为南北分界点,大雁塔以南约五分之三区域为大慈恩寺部分,大雁塔以北约五分之二区域为大雁塔部分。

在大慈恩寺里漫步,只见园中石象,略有印度风格;屋檐下的青砖,做工极细致。想象着平日里,这寺院里又是怎样的繁华。想必是,进香者络绎不绝,浓得散不开的烟雾在气势磅礴的大殿中缭绕着飘向澄明的空中,诵经声和浑厚的钟声惊起大雁塔上停留的鸟雀。当然,每到科举殿试放榜时,大雁塔上总会挤满春风得意的登科者,塔内已布满墨迹的墙壁上少不了又会添上新进士的雄诗壮词。

一边想着,心中对大雁塔的向往又多了几分,向大雁塔的方向又加快了脚步。

也许是因为身在寺中,我说不清楚那种佛门清净之地予我的感觉,但是听着小师傅的介绍,心中忽然涌起一种莫名的崇敬之感。

"大慈恩寺,"我心中默念着这予人颇多慰藉的寺名,转头问小师傅道,"小禅师,这寺名为什么要叫大慈恩寺呢?是因为皇上钦赐,才能在寺名前冠之以'大'字吗?"

也许是寺内少有人来,小师傅难得碰到一个人与他说话,因此说起这大慈恩寺,也是滔滔不绝:"冠之以大还是因为佛法无边,慈恩广大吧。"

小师傅说着,恭恭敬敬地双掌合十,接着说道:"大慈恩寺的兴建,不能不说到文德皇后。名垂青史的太宗贞观之治,除了有赖于房玄龄、魏征这样的良臣辅佐,也和后宫文德皇后的支持分不开的。文德皇后是皇太子李治的生母,也是长孙无忌的姐姐。她常常感念先主得江山不易,总结历史上宦官后戚作乱的教训,让太宗不要重用其哥哥长孙无忌,而推荐太宗重用魏征、房玄龄等贤臣。她还采写古之妇人得失事,写就《女则》三十卷,以教后宫,深得太宗赞许。文德皇后虽然尊贵显赫,但其'仁孝恭俭、少好读书,赞成内政、裨益弘多,训诸子常以谦俭为先'的贤良品性,德孚朝野,为李唐家族及世人所敬重。

"唐贞观年十年六月,文德皇后崩,十一月葬昭陵。到了贞观二十二年某日,太子李治在春宫想起其母文德皇后,风树之切,刻骨冥深,不能自已,遂而一心思报昊天,追崇福业。于是命所司于京城内'挟带林泉,务尽形胜'的旧废寺,妙选一所,奉为文德圣皇后愿寺。

"于是这座处在唐大明宫南北轴线南端,从大明宫高地上可以望见、南面曲江的隋代旧寺有幸被选中。至当年十月,大慈恩寺即将建成,奉太宗皇帝敕旨,度僧三百人,另外还请了五十名大德'同奉神居,降临行道',同时正式赐新寺寺名为'大慈恩寺',并增建翻经院。"一番话说来娓娓悠长,但小师傅静心解释,言语平和,让我对一些疑问有所了悟,一时甚为感谢。

"翻经院?莫非就是唐玄奘翻译经书的地方吗?"我联想到了玄奘,忍不住问。

"是啊,就在这里。"说着我和小师傅已经到了大殿院,翻经院就是其中最重要的一间。小师傅说:"玄奘法师西天取经十七年,回到长安之后,当时还是太子的李治下令说:大慈恩寺工程'渐向毕功,轮奂将成',但僧徒尚缺,奉太宗皇帝敕旨,度僧三百人,别请五十名大德'同奉神居,降临行道';同时正式赐新寺寺名为'大慈恩寺',并增建'翻经院'。很快,翻经院宣告落成,'虹梁藻井,丹青云气，琼础铜沓，金环华铺，并加殊丽'。随后，太子治复令玄奘法师自弘福寺移就大慈恩寺翻经院继续从事佛典翻译，充上座，纲维寺任。"小时也曾看见寺庙，往往不知其意，只是以为是烧香所在。这次有缘听到详尽的佛学介绍，真是开阔了不少眼界。这也是我第一次真正接触到佛学，感觉很新鲜有趣。小师傅虽然年轻，口才却极好，学识甚高，我听得都有点入迷了。

　　过了大殿院，藏经楼法堂之后的第二级高台，一块方形石矶上，就是全寺最雄伟的中心建筑大雁塔。早就耳闻，这座中国四大名塔之一是古城西安的标志性古建筑，承载着巨大的文化内涵。它给我的印象是：方形锥体的塔身设计气势非常恢宏。塔，本就是我非常喜欢的一类建筑物，而大雁塔让我尤为赞赏的是它从下到上的缩进比例很协调，给人厚重坚固之感，显得格外端庄古朴！

　　"这大雁塔的兴建就与玄奘法师大有关系。当时太子李治从长安弘福寺请玄奘法师来到大慈恩寺翻经院继续从事佛典翻译，并主持寺内事务。此后，大慈恩寺在玄奘的主持下，增建慈恩寺大雁塔，最终成为长安三大译经场之一，开始了其一生光彩轮焕、民族文化脊梁般的成长历程。"看到这美轮美奂，如法如律，庄严神圣，雄伟壮观的佛教建筑，确实让我感到了一次心灵的洗涤，一种震撼。这使我对佛教也有了新的认识。

　　"小师傅，你怎么知道得这么多？"我听得津津有味，忍不住赞道。

　　"施主过奖了。我说的这些东西，其实在雁塔下的碑文当中都有记载。我每日看着看着，时间久了，自然就记住了。"

　　进得塔底，著名的《大唐三藏圣教序碑》就在一层南券洞门两侧。

　　小禅师在碑前停住脚步，对我说道："这块石碑上的文字是由唐太宗撰写。最早由唐初四大书法家之一的褚遂良所书，称为《雁塔圣教序》，后由沙门怀仁从王羲之书法中集字，刻制成碑文，称《唐集右军圣教序并记》，或《怀仁集王羲之书圣教序》。我刚才跟你说的东西，都是从这里看到的呢。"

　　唐太宗、褚遂良、王羲之，哪一位的名字不是彪炳青史，却都因大唐圣僧玄奘因缘际会，凝聚在这一方小小的石碑之上，细细看去，笔法精绝，笔势遒劲，字里行间流露出"端庄杂流丽，刚健含婀娜"

的韵致，确是后世学书者难以达到的境界。

"再往前，就是大雁塔了。"小师傅双手合十，恭恭敬敬地对着大雁塔作了个揖。

走到大雁塔下，只见这座七层的砖塔线条简单，古朴凝重，看上去略有印度塔的特征，它是玄奘亲自设计的，旨在提醒人们记住佛教的渊源。檐角有风铃，从塔顶间或有成双的雨燕瞬间飞过。这大雁塔为砖仿木结构，塔砖排列整齐，转角处对缝连接，做工相当细致。难以想象明朝重修时的工匠们是如何控制此精度的！看着这座自我入陕以来便一直矗立于我眼前的高塔，我忽然间有种恍如隔世的感觉。望着那沧桑一身的斑驳，好似看着一个睿智的老人在微笑，澎湃的心海忽然一下静了下来；恍如佛在诵经，那不知何处传来的缥缈古典乐曲如梵音瞬间使我心静如止水一般。

小禅师又介绍："这七层浮屠，每层都装有四个小巧而精致的小窗户。一层有个禅房，禅房里放有佛经、佛像，其中有如来佛像和观世音菩萨的佛像等。塔的门框上，有优美的线条，雕刻的图案还是唐代的建筑图案。"

我们一面说，顺着楼梯向上攀登，每层都是叠涩出檐，间以两层菱角牙子，各檐角悬挂风铎；塔顶以青砖叠涩收顶，上置宝刹；塔内施木质楼梯，盘旋而上，各层四面皆有券洞，登至顶层。四面神望，长安胜迹，历历在目。到了第七层，举目远眺，西安市市容尽收眼底。此时已是暮色四合，一缕斜阳仿佛也为这雁塔的满身沧桑所勾留，停驻在这雁塔之上、慈恩寺中久久不愿离去。

看着天色将晚，我辞别了小禅师，要回报社去。小师傅一直将我送出山门外，还一直说，欢迎我再来看看。

迎着残霞满身，我跨上自行车向报社骑去。这一次虽然登上大雁塔，我却并不满足，记挂着这座玄奘法师曾于此藏经、讲经、译经的皇家寺院，心里决定下次一定要早点前来，好好地看上一遍。

周一回到报社正常上班，我就跟主编汇报了我在大慈恩寺的见闻，也说起了在暮色苍茫中，看着那满身斑驳的大雁塔，我心中涌起的不甚清晰的沧桑感受。主编拍拍我肩膀，说："好，下次再去好好看看。我跟大慈恩寺的方丈宽宗法师是朋友，下次你就直接过去找他，跟他好好聊聊。"

偶然

听了主编的鼓励,我更有了干劲。报社的工作不算太忙,周末一大早我就又跨上了自行车飞奔大慈恩寺而去。

进了山门,我直接走到了寺院左边,一排传统风格的庭院,不时有一两个僧人进进出出。地上树影斑驳,很幽静,清风拂过人的面庞,十分惬意。看到一个年轻的僧人出来时,我双手合十,问他方丈宽宗法师在哪儿,他向我指了指前边的庭院:"那里就是方丈起坐修习的地方。"

不一会儿,来到方丈禅房,早有知客僧人通报了大慈恩寺的方丈宽宗禅师,宽宗法师迎出门来,法师时年大概四十多岁,身着一身杏黄僧袍,身形挺拔、衣袂翩然,面貌清癯,一双眼睛却是炯炯有神,淡淡威严中又透出慈悲之色,脸上带着冲远恬淡的笑意。

宽宗法师向我双掌合十,道:"施主有礼。"

我向法师介绍了自己,又说明了来意,宽宗法师颔首说道:"我和张主编也算是故交了,难得你对大慈恩寺有这份心,先到我禅房歇息,稍后我引你看一看罢。"

法师修为何等深厚,对我态度虽并不过分热络,却也让人感觉如沐春风。

走入法师禅房,迎面便是一座大炕,春寒尚未散尽,早晚还是有些凉意,但是为了响应国家号召,厉行节约,炕头早已熄了火,只铺着一层薄被。我伸手摸了摸,根本就不足以御寒,又不烧炕,这早晚的寒意该如何抵挡?

宽宗法师却甚是坦然:"出家人以苦为乐,并不贪图享受。这乃是修行的一部分啊。"

除了一个炕头,对面一张书桌,厚厚一叠经书和散放着一些法师手抄经书的手稿之外,禅房内并无长物。法师说:"寺内生活艰苦,也没什么东西可以招待你,只有一壶茶水不错,你尝一尝罢。"

早有小沙弥奉上茶来,杯中浓茶酽酽,茶香幽幽。宽宗师傅说:"这大慈恩寺驰名远近的有两样,一样是雁塔内供奉的碑刻经文,另一样便是山后泉水泡出的好茶。"

我自小就爱喝茶,自从到了西安,条件所限,一直都没喝过,没想到今天在大慈恩寺却得偿所愿,我高兴地说:"那就先谢过宽宗法师了。"

禅师说道:"这可是西安名茶,有个名头,叫长安红。"

"西安也出茶叶?"我问道。

"世人皆知西安是古都,是诗城,是汉家宫阙,唐宋诗篇,却不知西安也是我国真正意义上的茶都啊。"宽宗法师感叹。

法师给我斟了一杯茶,又从写字台上的香炉边拿起一根檀香,向着烛火点燃了,插在香炉里,一阵青烟袅袅燃起,跟着便有一阵禅香扑鼻而来。

法师道:"虽不是什么举世无双的好茶,但是品茶还是有些讲究,泡茶可修身养性,品茶如品味人生。古今品茶都讲究要平心静气。点燃这支香,来营造一个祥和肃穆的气氛,名叫'焚香除妄念'。苏东坡有诗云:'戏作小诗君勿笑,从来佳茗似佳人',虽有趣味却不似我佛门中人,我略改几字,正是'从来佳茗有禅意'。品茶要一看、二闻、三品味,这长安红,茶香清幽淡雅,必须用心灵去感悟,才能够闻到那春天的气息,以及清醇悠远、难以言传的生命之香,这就是慧心悟茶香了。"

"原来品茶也有如此讲究。"我不禁叹服。

宽宗法师说:"其实品茶就如同参禅学法一样的道理,一个人面对青山绿水或高雅的茶室,通过品茗,心驰宏宇,神交自然,物我两忘,此一乐也;众人相聚品茶,互相沟通,相互启迪,可以学到许多书本上学不到的知识,这同样是一大乐事啊。"

喝完一杯"长安红",我与宽宗禅师走出禅房,漫步寺中,眼前就是大雁塔了。这已不是我第一次立于塔底,但是仰望着这座塔,并不十分高,却沉稳古朴,厚重庄严,正如它所担负的使命,追荐冥福,寄托哀思,胸中还是涌起了无限感慨。

我们先是绕着古塔走了一圈,在塔下有一片不大的塔林,是历代慈恩寺高僧的骨塔或舍利塔,走下石阶,有一块无字的石碑,碑身上三片黑亮的圆心分外醒目,那是多少祈祷的人们双手与额顶站立膜拜曾经留下的印痕啊。我悄悄走过去,把自己的双手和额头贴在上面,闭上双眼,在那短暂的瞬间,我仿佛聆听到了大雁塔下的佛唱——我佛慈悲!一千多年后,矗立在这里的仍然是这座塔,但是人事浮华都已大江东去,什么帝王将相、才子佳人,千古风流人物也不过成了一捧黄土、一座残碑。

偶然

　　从前只是登临仰望,从没细细看过这塔内的景致。我与禅师此次一同进入大雁塔塔底的石门,抬头又看到门楣门框上精美的线刻佛像各式砖雕。两侧的石碑刻着太宗皇帝撰写的《大唐三藏圣教序》和高宗皇帝撰写的《述三藏圣教序记》碑文,都是著名书法家褚遂良的笔书。

　　我细细看去,忍不住点头赞道:"铁画银钩,果然名不虚传。"

　　宽宗法师抬了抬下颌,微笑说道:"里面还有呢。"

　　说着,我们已进到大雁塔的第一层,只见四壁处处都是题句,仔细察看内容落款,竟都是些名动一时的人物。

　　我边看边道:"这便是雁塔题名了吧?"

　　宽宗法师微笑:"这个你也知道?不简单啊。"

　　我有些不好意思地说:"自从到了西安之后,我就看了很多相关的资料。当时,进士及第之后,杏园赐宴,曲江流饮,雁塔题名,谁人不知呢?不是说'名题雁塔,天地间第一流人第一等事也'吗?"

　　我与禅师二人一路向上,一路观看塔上古迹,一路说说谈谈,不知不觉已经上到塔的最高一层。

　　从塔窗看出去,千门万户、紫陌红尘的长安城便在远处,令人胸中不由得又生出万千豪情。那里有飘着如酥小雨的天街,有照耀万户捣衣的明月,有金井栏上的络纬秋啼。

　　之后,我便常常到这大慈恩寺来。方丈大师时常在晚课之前与我漫步寺中,两个人慢慢一路行来,顺便指点指点周围各个楼台殿阁的特色和来历。一间一间配殿地看过来,一尊一尊神佛地拜过来。方丈对大慈恩寺的认识绝非寻常人可比,所以与他一路走下来,确实获益匪浅。

　　方丈大师慢慢熟识起来,可以说,大慈恩寺的各个角落我都看到了、看过了,他们背后的故事我也在了解中、领悟中。

　　说起大慈恩寺的建制,宽宗法师更是说得头头是道:"钟鼓二楼之后是形制为硬山屋顶、各五开间的东西配殿,东为观音殿,西为地藏殿。这是佛教寺院建筑'伽蓝制'的规定的制式。除了有遵循宗教教义的意味之外,也起到了向第一级台阶之上大雄宝殿的过渡作用。"

　　我与宽宗大师沿着两层共三米多高的大殿院前阶而上,阶中都是汉白玉盘龙浮雕。

"这汉白玉，历史上就是只有皇家寺院才有的建制。"方丈大师言语中不无自豪。

汉白玉的石阶之上就是大慈恩寺的中心建筑之一的大雄宝殿。殿身五开间歇山屋顶，雕梁画栋异常精美，两侧山墙上金色悬鱼异常美轮美奂。

在大雄宝殿前，大师止住步伐，对我说道："这大殿里供奉的这尊佛祖三身佛像系明成化二年所塑，肌理丰满，神情安详，雍容大度。"

我抬眼望去，佛祖像两侧东为伽叶佛、西为阿难佛。稍后的东侧为普贤菩萨塑像，象征真理；西为文殊菩萨像，意在智慧。另外东西两侧还有玄奘、庆友等十八罗汉像。从佛祖像两侧出大殿北殿门，在大殿供奉的佛祖神像背后，即大殿北门照壁上塑有立在鳌头之上的海岛观音菩萨像，一派南海观音菩萨说法道场的蓬莱仙境。大殿里弥漫着一股庄严肃穆，古老又熟悉的宗教气息，谁都能感到进入大殿之后那份宁静的气场，这大概是我等凡俗夫子永远也无法企及的另一个彼岸世界。

宽宗大师又引我步入大雄宝殿之后的大殿院，大殿院是包括大雄宝殿、东西偏殿、二层的藏经楼法堂及三圣殿在内的第一级高地上建筑院落。大殿院东西两侧是由伽蓝堂、财神堂等组成的硬山式偏殿；院北为五开间两层悬山式屋顶的藏经楼法堂，上层藏有玄奘法师在慈恩寺勤奋不辍十六载翻译出的佛教经卷。

下层为法堂，法堂内通往二层的楼梯间平时锁闭，不对外开放，那里面尘封着从玄奘法师圆寂之后，就再也没有人敢信笔释疑的佛宗密卷么？斯人已去，年年岁岁，晨钟暮鼓，风霜雪雨，花开花落，寂寞黄卷难掩千年的失落。

原来大殿院东北、西北各有一小门通向北面的大雁塔，东北角为般若门，西北角为维摩门。"般若"意为通过智慧到达涅槃之彼岸；"维摩"是佛教菩萨名，是一位神通广大的大乘居士。出两门直抵大雁塔下，宗教象征意义十分明确，代表着通向极乐世界的路。今两门已不存，成了绕殿而过的通道，法堂西山墙上遗存有封堵痕迹，几近荒朽的木作门楣至今仍在，给人留下了一个大大的问号。

偶然

我忽然想起第一次来到这里的时候,接待我的小禅师曾经对我说起,这大雁塔曾是玄奘法师为藏经而夯土而建,泥塑之后,向内掏空而成,并不像如今可以供人登临,当时小禅师并未说出个所以然来。

既然碰到了宽宗法师,我自然不肯放过这个机会,便问道:"大师,据我所知,当时玄奘法师所建慈恩寺浮图塔是不能供人登临的。我们今天看到大雁塔的样子了,肯定不是玄奘法师初建时的模样了。这是为什么呢?"

宽宗大师微微一笑,个中原委便向我娓娓道来了。

"原来玄奘法师从西域游学归来之后,于唐永徽三年,也就是652年,以'恐人代不常,经本散失,兼防火难'为由,拟在大慈恩寺建造一座石质佛塔供奉从西域请回长安的经像及佛祖舍利,高宗听说后,提建议说建石塔恐有技术难度,以砖造为宜。于是玄奘法师亲自带领众僧,于寺之西塔院,仿西域'窣堵波'塔样建造了五层的砖塔,其最上层为石造,珍藏经像及舍利。"

"按师傅刚才所说,这大雁塔是玄奘法师一力所建?"我愕然道。

"没错。当时大雁塔所在的大慈恩寺是唐代高僧玄奘专门从事译经和藏经之处。玄奘法师从天竺取回佛经,曾在慈恩寺主持寺务,唐高宗由于玄奘所规划浮图总高三十丈,以工程浩大难以成就,又不愿法师辛劳为由,恩准朝廷资助在寺西院建五层砖塔。大雁塔仿西域窣堵坡形制,砖面土心,不可攀登,每层皆存舍利。玄奘法师亲自主持建塔,历时两年建成。

"因砖表土心,风雨剥蚀,五十余年后塔身逐渐塌损。武则天长安年间,女皇武则天和王公贵族,施钱在原址上重新建造,新建为七层青砖塔。不过啊,我在这寺里待的时间久了,也听过老一辈的僧人说起过,大雁塔也曾经增高改建成十层,但是因为修葺维护太过困难,后来,也就是在五代时后唐时期,又进行改建,降至七层。"

我赶紧问道:"七层不是正好对应佛家所说的'七级浮屠'吗?"

"是啊。所以现在各处寺院皆没有超过七层的佛塔了。这大雁塔,到了唐末以后,由于慈恩寺寺院屡遭兵火,殿宇焚毁,只有大雁塔独存。后来西安地区发生了几次大地震,大雁塔的塔顶震落,塔身震裂。这样一直到了五百年之后的公元1604年，也就是明朝万历二十三年，在维持了唐代塔体的基本造型上，在其外表完整地砌上了六十厘米厚的包层，使其造型比以前更宽大，即是现今所见的大雁塔造型。"

宽宗大师话音未落，恰好禅院之侧树林中传来一声鸟鸣，越发显得这空落的大慈恩寺的宁静致远，"真是'蝉噪林逾静，鸟鸣山更幽'啊！"我不禁感叹。忽然，我又像想到了什么似的，向宽宗大师问道："大师，那这塔为何要叫做'大雁塔'呢？是真的与雁有关吗？"

"关于这名字的来历，我等佛门中人确实有一个说法。玄奘留下的著作《大唐西域记》中记载的他在印度所闻僧人埋雁造塔的传说，解释了最可信的雁塔由来之论说。《大唐西域记》卷九载：在摩伽陀国的因陀罗势罗娄河山中，有雁塔，相传雁投身欲开悟小乘教徒，也许这一纪事就是雁塔名称的出处。"

"大师，那快说来给我听听。"我最爱听这类典故，因此迫不及待地说道。

"相传很久以前，摩揭陀国的一个寺院内的和尚信奉小乘佛教，吃三净食即雁、鹿、犊肉。一天，空中飞来一群雁。有位和尚见到群雁，信口说道：'今天大家都没有东西吃了，菩萨应该知道我们肚子饿呀！'话音未落，一只雁坠死在这位和尚面前，他惊喜交加，遍告寺内众僧，都认为这是如来佛在教化他们。于是就在雁落之处，以隆重的仪式葬雁建塔，并取名雁塔。玄奘于公元629年至645年间，在印度游学时，瞻仰了这座雁塔。回国后，在慈恩寺西院，建造的这一座仿印度雁塔形式的砖塔，就叫做雁塔了。"

"实际上，正式以'雁塔'称呼慈恩寺塔是唐代以后的事情，而最初给慈恩寺塔下定义却是个叫张礼的人。他在《游城南记》中说：'其云雁塔者，《天竺记》（即《佛国记》）达亲国有伽叶佛伽蓝，穿石山作塔五层，下一层作雁形，谓之雁塔，盖此意也。'而这个定义颇具附会色彩，因为慈恩寺塔的形状与达亲国伽叶佛伽蓝塔并无相同之处。且《佛国记》流行于南朝宋时，唐人不据其中之故事命塔，莫非专待张氏笔墨乎？但不管怎样，自此之后终于约定俗成，'雁塔'之名于是乎流行起来。"

偶然

历史真切与否暂且不去管它，我想起从雁塔北路一路过来时，也见过一座形制相类的佛塔，就问宽宗法师道："西安市内还有一座小雁塔，与大雁塔有什么关系吗？"

"那座小雁塔，是在荐福寺内，也是唐代另一名僧义净，效法玄奘，西天求法，于高宗咸亨二年（671年）由洛阳出发，经广州取海道到达印度，经历三十余个国家，历时二十五年回国，带回梵文经书四百多部。神龙二年（706年）义净在荐福寺翻译佛经五十六部，撰著《大唐西域求法高僧传》一书，对研究中印文化交流史有很高的价值。后来在长安荐福寺内修建了一座较小的雁塔，由于慈恩寺塔叫作大雁塔，荐福寺塔叫作小雁塔，一直流传至今。"

"哦，原来如此。"我一拍脑袋，"那时的大雁塔便是我们今天看到的样子吗？"

大师说道："不忙，你听我慢慢说下去就知道了。唐中宗神龙年以后，新科进士从曲江杏园宴罢后，登临雁塔及雁塔题名也就成了大唐以来最是星光灿烂的文化盛事，多少文人仕子，踌躇满志，或者光耀门楣，或者胸怀大志，无不祈望从此登临后，扶摇直上九万里。

"两宋以后，雁塔题名一度衰落，宋熙宁年间，大雁塔遭遇失火，墙体剥落，始见唐人题名；明嘉靖三十四年十二月关中大地震，雁塔塔体砖墙震落而不倒；到了明清时期，雁塔题名重盛，只不过题名者的身份已经不单独是进士了，还有乡试中榜者，题名也就从塔壁变成了刻制专门的雁塔题名碑，罗列于大雁塔南侧。"

说话间，我们已来到大雁塔之后的玄奘纪念堂庭廊上，大师指着一幅民国年间一张老照片，"这张照片就清楚地反映了当时雁塔题名碑林立的样子，感觉可能不太好，仿佛进入到一个巨大的荒冢之地，所以如今已经拆除，集中保存了。"

"原来如此，"我恍然大悟，"一座大雁塔尚有这么多说不尽的历史，那曾修行于此、建造雁塔的玄奘法师更是令人敬仰了！"小时候，我是从我国著名古典神话小说《西游记》中，了解到唐僧师徒四人上西天取经的故事，后来长大才知道，与孙悟空、猪八戒、沙僧这三个徒弟不同的是，唐僧在历史上确有其人，他就是唐朝最伟大的僧人——玄奘法师。他徒步五万多公里，历时十七年，远赴印度取经。玄奘的西行之路，是一条由信念、坚持和智慧浇铸而成的求知之路。

享有如此赞誉的玄奘，到底是一个什么样的人呢？

当我提到玄奘时，我发现宽宗法师的眼睛一亮，映着大雁塔顶徘徊不去的夕阳，法师的脸上有一种静谧又安详的神色。许久，法师缓缓说道："李施主，玄奘法师事迹，不胜枚举，且不说舍身求法十七年，九死一生；且不说大慈恩寺开坛弘法，呕心沥血，译出经书一千余卷。你可知道，如今在印度，知道玄奘法师的人可以说百分之百？因为印度人视玄奘法师为他们的导师，认为没有玄奘法师就没有印度文化和历史研究的今天。现在印度很多历史遗迹的发掘，就是依照玄奘法师的《大唐西域记》上的记载进行的。在唐代，李世民认为玄奘法师是'法门之领袖'，这个尊称很高。梁启超先生、鲁迅先生也都给予玄奘法师很高的评价，鲁迅先生称玄奘法师是民族的脊梁。当然，玄奘法师还是伟大的翻译家，这是公认的，他还是旅行家、探险家、思想家、佛学家。"

想当年，玄奘上表要求出国时，因为唐太宗刚登基不久，严禁百姓僧侣外出西域，所以玄奘的要求没有得到批准。又过了一年，长安地区闹饥荒，秦陇一带遭霜雹灾害，朝廷允许京城百姓离开长安外出就食。玄奘混在饥民人群里出了长安，开始了西行印度取经的艰苦跋涉。了解了他的经历后，再处身在大慈恩寺中，内心就会由衷地充满肃穆之情。历史上的玄奘是《西游记》中的唐僧不可比拟的，因为有了他，盛唐气象才不仅仅只是诗歌的风流，而更多的是追求智慧与真理的坚毅风骨。而没有玄奘，也就没有大雁塔。

那么，我们常说"玄奘西天取经"，而他真正要去西天求取的是什么经呢？

听到我这样问，宽宗法师显得很高兴："这个问题我也苦苦追寻了很多年，从佛家的典籍记载来看，玄奘法师西去取经最大的动力当属一部百卷本《瑜伽师地论》。"

"《瑜伽师地论》？"这对我来说可是个新鲜的名字，"法师，那这部《瑜伽师地论》说的是什么呢？"

法师摇头叹道："这部经书相传为弥勒菩萨口述，伽叶尊者手记，当时玄奘法师译出百卷全本，又有《瑜伽师地论释》，全数收藏在大雁塔下珍密室中，只可惜这一场运动啊……不过还有残卷现存寺中。简单说吧，这《瑜伽师地论》就是一部化心经典，化贪欲、贪心

偶然

为不贪,是凡人得以按弥勒教诲修佛化心,化到无私无欲境地,才得大慈大悲之心。"

说到这里,宽宗师傅转头问我:"你觉得玄奘是个何等人物呢?"

我一时语塞,心中虽有万千感触,却不知道如何道出,只得说:"唯一句高山仰止,景行行止啊。"

宽宗法师说:"舍身求法,民族脊梁啊!"

看到大师如此修为高的人也对玄奘如此敬重,我胸中心潮起伏,像汪洋大海上涌起的阵阵波涛,一遍一遍冲洗着为世俗所垢染的心灵。以前,只觉得玄奘是一位圣僧,却从没想过他历经千难万险,所为何来?而与宽宗法师的交流就像一道闪电,在那刹那空明澄净中,我方才明白,这其实就是一种大慈大悲的精神,以自己的千辛万苦来求得度化众生的方式。玄奘大师的人格是顶天立地的,他的精神是深邃无比的,他的事业是经天纬地的,他的形象是光辉灿烂的,他不愧是我们中华民族的脊梁。

宽宗大师常说:"我为大慈恩寺与玄奘大师具有这样一份深厚的因缘而感到骄傲、受到鼓舞、得到鞭策。我们的责任是:宣传玄奘大师的光辉事迹,学习玄奘大师的高尚情操,继承玄奘大师的利生事业,把弘扬和研究玄奘大师的法相唯识学思想当成我们一项永远的功课。弘扬光大玄奘大师的精神和学说,在自身修证的同时,用'无缘大慈,同体大悲'的精神教化众生,为净化社会,为社会安定、祥和尽一份力量,做一个无愧于玄奘大师的正修正行的僧人。"

突然想起,此前在慈恩寺,曾经看到过一种叫柽柳的植物,和柏枝很相似,查了资料才知道就是《红楼梦》里斗草时提到的"观音柳",据说是耐旱固沙的植物,生长在戈壁被称为红柳。这些树也许是玄奘法师西行时的见证,我想:有它们陪伴着,在暮鼓晨钟里,大雁塔应当不会寂寥吧!

我忍不住告诉宽宗大师:"我喜欢这座寺庙。"

宽宗法师双手合十,反问我道:"施主何出此言呢?"

我恭恭敬敬地还了礼,说道:"其实我也说不清楚,上次到了这里,登上了玄奘法师当年藏经的大雁塔,一下子心里觉得很安宁。"

方丈的态度很平和:"你现在看大雁塔,觉得它很壮观,可我当初来这儿时，它却是残垣断壁，荒草丛生，狼群出没。从那时起我们已经修缮了好几次，现在是最好的时候。可听长辈们说，玄奘大师那时，大慈恩寺甚至可以和皇宫比美。你根本想象不到吧？我们认为永恒的东西，其实都不会永远存在。"他顿住了，好让我有时间消化他的看法。"你知道吗，两千五百年前佛陀刚开始说法的时候，他和弟子只能睡到树下，靠化缘为生，根本没有庙。"

"啊？"我惊讶得张大了嘴巴。

佛陀苦修，度化世人。那以后，我一有空就去拜访慈恩寺的方丈宽宗大师。在他那里，我学到了很多东西。

"我只是对佛好奇，对佛法其实不太明白，希望能够得到师父的教导。"

他教导我说："其实善也有正善和伪善，"他打了一个比方，"一个人看到一个小孩在路上，突然一辆车撞了过来，这个人不假思索跳到路上，把小孩推了出去，自己却被撞倒了，这个是正善，是真正的慈悲心，在他救人的那一刹那，他并没有去考虑个人的得失，只是下意识地就这么做了，这是因为他前世的修行或者他今生的修行让他有一颗慈悲之心。

"如果你在路上看到一个乞丐，你随便施舍了一点东西，但是内心却在想我这样做是为了得到好报，这是世人的功利心。这种善就是伪善，或者说是小善。"

他摇摇头说道，"佛就是对这个世界的觉悟，"他指了指他身后的佛像说，"佛是在我们的心中，我身后的只是一个雕塑而已，因为世人都需要一种象征，所以才会有佛像。"

那时候，报社有规定不准采访和尚，所以大多数时候我们就是聊聊天，喝喝茶，有时我也留在那里吃顿禅饭。他吃素，不吃肉，记忆中他只吃黄黄的、黑黑的高粱面窝窝头。我硬是咽不下去，只觉得噎嗓子，但他却吃得津津有味。

"您为什么要选择当和尚呢？"突然间，我忍不住问道。

法师笑道："你问我为何做和尚，其实也是非常偶然的事情，我是陕西人，小时候家里很穷，靠讨饭为生，晚上在城门洞里，我经常冻得发抖睡不着觉，有时醒来看见旁边就有冻僵的尸体。后来我父母都饿死了，我叔叔连自己的几个孩子都喂不饱，就把我丢在一座庙门口，让和尚收留了我。从那时起，我起码有了饭吃，头上有个屋顶遮风挡雨，我活了下来。现在说来，其实正是佛家'慈悲为怀'，我才捡回来这一条命，常受佛法熏陶，以自己吃苦来给世人做榜样，以苦为乐，非常从实，寻找佛理，六根要净，意念要正，修好品德，不打诳语，佛门有'六正'，修炼自己成为正道之人，弘扬佛法，把佛的无私的观念带给大众。因此，我大慈恩寺住持之后，才越来越敬重玄奘，除了要做好自己的修行，更多的是懂得了佛门的道理，无私的道理，都能够放下，都能够慈悲为怀，都能够善良待人，这个世界就美好了。这不，解放后，我们的日子也好多了。"

"你既然信佛，佛为什么不保佑你过更好的日子？"

"佛陀说，苦就是人生。关键是如何看待苦。对我来说，没有吃的才是苦。"

我更加疑惑了，皱着眉问："那么，佛法到底是什么呢？"

"佛法其实是一种心灵的解脱，学佛就要认识到佛教里的因果和六道轮回。"

我不是很确定地说道："因果我大概了解，但是为什么会有六道轮回，如何对这种东西产生信仰呢？"

方丈回答："其实佛教最终要做的就是要超脱因果和轮回，明白这个道理的人很多，但是能做到的就非常少，学佛需要你去信仰，而信仰又完全不够；信佛的人并不一定就懂佛，有些人把佛当做神来供养，这和佛教的宗旨是完全背离的。每个人的内心都有佛性，佛并不是高高在上，佛在心中，靠磕头膜拜是成不了佛的。"

那时，因为佛教有助于发展中国与周边国家的友好关系，尤其是同日本、斯里兰卡、缅甸、柬埔寨、越南和老挝，所以有时还会有外国佛教代表团来参观，虽然是在"文革"后期，但寺庙看起来一切还很正常。僧人们的寺庙生活仍是：剃头，吃斋，念佛，做法事。有几次我旁观他们念经，觉得那真是充满了智慧，充满了仁慈，充满了光明、清凉、安慰的一种言教。

虽然那时的我不是很明白方丈的一些话，但我久久地凝视着大雁塔，发现它已经矗立在我心中。大雁塔是玄奘精神的写照，承载着他毕生弘扬的佛法。我突然想起了我喜欢的作家鲁迅写过的一段话来："我们从古以来，就有埋头苦干的人，就有拼命硬干的人，有为民请命的人，有舍身求法的人……这就是中国的脊梁。"舍身求法的人，首先就是玄奘吧。他留给我们的，可不仅仅是那些佛经，抑或是眼前的这座大雁塔，而是一种精神——对理想永不放弃、对信念始终坚持的精神，英雄主义和奉献精神共同组成的爱国主义，这也正是中华民族自古传承的精神啊！

每一次从大慈恩寺回到报社，每一次念及大雁塔与玄奘大师，每一次思索着宽宗禅师曾与我说过的那些旧事与真知，我都会难以抑制心头涌起的莫名激动，于是我拿起手中钢笔，将这些日子的所观所思都化作笔端流淌的涓涓细流。我知道，我的感悟不及宽宗法师和我说到的十分之一，与当年负笈西行的神僧玄奘更是差之千里了，可是，我却希望我些微的感悟能够给报纸的读者带来些微的震动，让他们也能看到一个矗立在《西游记》之外的顶天立地的玄奘法师。

文章写好了，我交给主编，主编看了大加赞赏。可是，由于一些特殊原因，这些文字当年没有能够付梓。无奈，我只好将文章深深雪藏在旧纸堆中，这一藏，就是将近半个世纪。

如果说，西安这座古城承载了我青春的记忆，那么大慈恩寺内的这座大雁塔就是这记忆当中最值得回味的段落。2011年的11月，我终于有了几天空下来的时间，第一个念头就是回西安看看，看看大雁塔，看看玄奘。

四十余年的时光，还是将我带回了这里。如今的大慈恩寺已非当年可比，外围规划得井井有条，干净整洁，出乎我的意料。绕寺建起了两个广场，在大雁塔的脚下又多了两个好去处。而整个大雁塔景区也成了国家AAAA级景区，由大慈恩寺、大雁塔以及南北广场、东西两苑组成，占地约五百亩。大唐不夜城与大慈恩寺的正门相对而立，那些仿唐仿古建筑群在大雁塔古朴的陪衬下，有些古色古香，有种非常特别的韵味，温暖、亲切！而到晚上灯光闪亮，或灯火辉煌、或灯火阑珊、或低转潜回、或曲径通幽、或激扬、或婉转悠扬……大慈恩寺北是现代西安的标志性景观之一——音乐喷泉。喷泉定时开启，建筑、环境、灯光、音乐、喷泉交织融合在一起，你中有我、我中有你、水乳交融、浑然为一体。

一路走来，看完最前面的一组由玄奘、慧能、空海等唐朝名僧为蓝本的青铜雕塑，脚步已到了南广场，停在了玄奘高大的铜雕塑像前。铜铸的玄奘手持锡杖,气宇轩昂,身披袈裟,面容肃穆平和,从容安详,威仪四方。他迈着坚定的步伐,好像正奔波在西行取经的路途上。看着他作前行的身子,是那么的坚毅与稳重;遥望着远处的目光,是一种不达使命不归的精神;那随风飘起的衣衫与紧握的禅杖,仿佛在告诉我那取经路上的辛苦与艰难。据说,中国古代历史上前后共有一百七十人远赴西方求取真经,其中平安返回的只有四十三人,大多数人都牺牲了。在这样的背景下玄奘能够置安危于不顾,舍生忘死万里跋涉去实践某种精神追求,的确值得人们永远敬仰。不过,他最终完成了,完成了一个民族信仰的实现。而他的这种精神,是不是中华民族一直所拥有的,一直在延续的呢?是不是在告诉世人面世的态度呢?是的,我相信。所以,通往大雁塔的门开在他身后。

南广场相比北广场小了很多,不过它却有玄奘大师的光华驻留,魅力依然充足。游人们,总要站在玄奘面前照张相,这是应该的。而更多的人,总是笔直地站在他面前,用庄严的思考状与他以目对话。此时,阳光好似被遍布在塔寺四周的气氛挑起了激情,使我本来准备投入思考的思维转向了寻找一片荫凉。于是,悄然地穿过人群,作别远去的玄奘,拐向了东墙边,进了大慈恩寺。

一进寺,清脆的鸟叫声顿时吸引了我,好久没有听到这么多的鸟叫声了,马上就感觉清静娴雅。而那些苍松、大殿、佛像、香雾缭绕,隔断了外界的喧闹和浮躁,耳畔依稀可闻悠悠木鱼声,仿佛有种佛法无边,慈悲为怀,普渡众生的感觉。山门面阔三间,坐北朝南,中间的是空门,东边的是无相门,西边的是无作门,象征着入门三解脱,这也是为什么人们常将出家做和尚叫做遁入空门的缘故吧。中间门外上方门匾上"大慈恩寺"几个金光闪闪的大字是江泽民同志亲自题写的。山门依旧,却不知斯人是否如故?如今的大慈恩寺早已不是四十余年前那个门可罗雀的所在了,冬天的风总是稍稍有些冷,然而寺院外面已经是人潮涌动了。香客、游客、还有寺内的僧人,不论脚步走到何处,总能在参天古树投下的斑驳光影当中看到人影幢幢;而我也从当年那个十九岁的对佛门清净地只有点滴之悟的毛头小子变成了今天一名虔心礼佛的佛门居士。

寺院自山门入内,有宽三米多的神道,自南向北,直通大雄宝殿。神道两侧向南依次为一进钟、鼓楼对峙,二进云水堂、客堂分列两侧，三进达大雄宝殿后，向北为法堂、大雁塔、玄奘三藏院。

进了寺门，跨过那依然高高的门槛，早有知客僧人迎上来，合掌施礼。我也双手合十，道一声"阿弥陀佛"，诚恳问道，"师父，我想拜会寺里方丈大师，不知可否通报一声？"

"阿弥陀佛，今日寺内有场法事，方丈增勤大师不便见客，还请施主见谅。施主如不介意，就由我陪着施主在寺内一观如何？"

"那最好不过了。我四十年前也是大慈恩寺的常客，大慈恩寺现在被雁塔北广场、南广场围在其中，音乐喷泉、人声鼎沸，如此之'闹'，不妨碍你们安心修行吧？"

知客僧人微微一笑："这要看怎么去认识。释迦牟尼佛这样讲过，'娑婆(指人类世界)无有清净地，自心无波便是禅。'不管你在闹市区也好，在山林里也好，如果心能静下来，不被外界影响所惑，你就会平和安静；如果你心不安，心不静，就是在山林里，你的烦恼、你的妄想，还有很多很多的事情，也会让你待不住。"

说得有道理！不禁让我对他刮目相看，这时，僧人径自往前缓行："如今这寺内已经重修和新建了很多建筑，我带施主一块看一看罢。"

"好。不过我想先去大雁塔看看。"

寺院内人声鼎沸，早不复当年门前冷落车马稀之景。慈恩雁塔参差榜，杏苑莺花次第游。踏着木制楼梯，我和知客僧人笃笃而上，时光仿佛倒流……

如果时光真的能够倒流，我多想重回大唐，十载寒窗考取个探花郎，曲江宴罢后也来大慈恩寺和同科进士一起题个名，从此巡抚四方，留名在青史。这是一个多么伟大的时代啊，李白、王维、杜甫、吴道子、阎立本、褚遂良、颜真卿、柳公权等，李唐贞观、开元两朝盛世，在中国历史上留下了雄浑浓重的一笔。

大雁塔东西两侧皆可拾级而下，其北面是新建的仿唐建筑玄奘纪念堂，为三组院落组成的建筑群体，由中院玄奘纪念堂、东院佛教展厅、西院讲堂三院组成。纪念堂内供奉着玄奘法师塑像一尊，供人瞻仰。

大雁塔主轴线以东是塔园，松柏苍翠，修竹茂密，曲径入园，四时花木摇曳如画，禅房静寂，自然就想到了"曲径通幽处，禅房花木

偶然

深……万籁此俱寂，但余钟磬音"。塔园南侧寺院一角，是大慈恩寺塔林，存有数座历代高僧的灵塔，以及从原大殿院门处迁移到此的几通明清进士题名碑、重修大雁塔碑等等。边上有一经幢，上刻玄奘法师亲译的《般若波罗蜜多心经》中"色不易空，空不易色。色即是空，空即是色"一句。经题中的"心"字，作核心、纲领讲。这或许也是最为常人所知的佛经了。不过，知之易，行之难。

大雁塔轴线以西有牡丹园、牡丹亭，传唐时慈恩寺就植有牡丹，花开时若国色天香，远近闻名。今之牡丹园也是意在复现唐时牡丹园胜景，最是春日来赏牡丹的好。牡丹园以南直到山门外墙范围内皆为方丈院、僧院。修竹掩映中，偶见僧门半掩，一身穿青色布衣的小和尚神情淡定，盈步而过，身后僧衣飘然，隐没于涌动的游人之中，留下一段了却的风尘和笃定。什么是空？我们也许以为自己懂得，却又无从说起，这谜一样的世界……

时过境迁，现在的大慈恩寺，占地面积不小，很多新修建的建筑拔地而起，新造的寺院建筑保持了修旧如旧，造旧如旧，一点也不显突兀。其中就有大慈恩寺西部，今人为纪念玄奘法师而兴建的纪念工程——玄奘三藏院。

因为是时代作品，自然更是规模庞大，气势恢宏。玄奘三藏院大约有三进，地宫金碧辉煌，供奉佛陀舍利、玄奘法师顶骨舍利、贝叶经、唐代佛像等珍宝，使千年古刹更具魅力、更显雄伟壮观。中间庭院的空间最大，正面的大殿就是安奉玄奘舍利头骨的地方。

三藏玄奘三藏院中的重要建筑有光明堂、般若殿和大遍觉堂。光明堂共有刻铜和木雕壁画三壁，讲述从玄奘大师出生、出家到西行求法直至取到真经、告辞回国的前半生的经历。

般若堂讲述玄奘法师在印度得道成功后载誉东归，所经各国都是迎来送往，后奉诏入京，唐太宗派房玄龄率领高官在城南朱雀门外举行隆重的欢迎仪式以及唐太宗在洛阳仪鸾殿召见玄奘大师，气氛非常和谐融洽，太宗劝大师还俗辅政，大师婉言谢绝，申请翻译经卷。后唐太宗批准以国家出资在慈恩寺建造大雁塔，用以安置从西域取回的佛经和佛像，其中最醒目的便是一本《瑜伽师地论》。

与我同行的寺内知客僧向我介绍道："此原系印度佛教论书。又称《瑜伽论》、《十七地论》，为印度佛教瑜伽行唯识学派及中国法相宗的根本论书,亦是玄奘西行取经法之最大原因。"

想当年,玄奘在慈恩寺译经十多载,经文流畅顺达,为后世千万年恩泽。在我看到《大唐西域记》的时候,确实惊异于玄奘的博闻强记,敬佩不已。然则独自一人,为探寻真经,逃离大唐,四处躲避官兵追捕,夜宿玉门关外,晓汲边塞清泉,不为高昌盛情所困,不为大漠艰难所动,义无反顾,至今念来尤令人感慨不已。何止敬佩二字可以概括!个人的人格力量如此,求经为解救天下众生,其慈悲之心,足以光照千古。

四十余年时光过去,如今法宝出土,遥想我还在《西安日报》做记者时,常常都会到大慈恩寺来,却从未有缘得见这激励玄奘西天求法的最大动力。当年,只在与宽宗法师只字片语的交流中获知这部经典,而这中间漫漫的四十余年时光,对于玄奘,了然于胸的我开始懂得,这多卷相传为弥勒菩萨口述的佛门经典,其实正是玄奘精神的最佳写照。

"瑜伽师地,意即瑜伽师修行所要经历的境界(十七地),论释眼、耳、鼻、舌、身、意六识的性质及其所依客观对象是人们根本心识——阿赖耶识所假现的现象;禅观渐次发展过程中的精神境界,以及修行瑜伽禅观的各种果位。以分析名相有无开始,最后加以排斥,从而使人悟入中道。"今天我们用这样的语言来诠释当年玄奘在青灯下、古佛旁逐字逐句译出的佛家经典,而在我看来,《瑜伽师地论》所记载的正是玄奘一步步度化的过程,从"走近佛"到"走入佛"再到"成为佛",玄奘依此完成了自己修佛的过程,这也是玄奘不顾千难万险,要到西天求取真经、普度众生的最大动力。

对佛祇、对众生,《瑜伽师地论》为大乘佛教瑜伽行派立论,也成为玄奘法师呕心沥血创立唯识论的根本依据,典籍内容浩繁,百卷内容,阔如烟海,然而细细品读,却恰为修佛之人入我佛门搭建起一级又一级台阶,拾级而上,就是"化心"的过程,将自己那颗凡俗之心、凡欲之心步步净化,化为无上,成就大慈大悲的"无欲之人"。

我突然想起来,在联合国教科文组织确定的《世界文化名人录》里,中国只有两位入榜:一位是孔子,另一位就是玄奘。虽然一千多年过去了,但我认为玄奘法师还是一块不怕火炼的真金。而这大慈恩寺,这玄奘法师译经的地方,塔还是当年的塔,脚下正走着的路有可能就是当年玄奘法师走过的路,难免有时空交错的感觉。这块土地,正是我心中的圣地,每每想起,都会带给我感动和力量,因为这是玄奘法师曾经"战斗过"的地方。

想到这里,我对知客僧师父说:"《瑜伽师地论》才真正是一部'化心'经典,玄奘十七年求取真经,就算是只得这一部,也值得了!"

师父合掌道一声:"阿弥陀佛。施主有此见解,真是佛门度化之幸。"

我忙施礼回道:"阿弥陀佛。不敢不敢,我不过佛门一个居士,何谈佛门之幸?"

此时,放眼寺院的庭院中,草上是一层白霜,无风,但是空气凛冽。回头看看东边的天空,湛蓝,有一轮红日,没有光芒,太阳轮廓清晰,低低地挂在远方。想来千年前的景象也不过如此。

一边说着,我与师父的脚步也未停,不觉已走进大遍觉堂,首先看到的是一尊青铜铸造的玄奘法师像,像高三点六米,根据《大慈恩寺三藏法师传》中的文字描写"端严若神,美丽如画"而创作设计,作者突破了以往的造像规律,从大师的气质上进行刻画,玄奘法师眉目疏朗,慈悲中透出坚毅和威猛,表现了"法门领袖"、"民族脊梁"的光辉形象。在玄奘大师青铜像前面的镀金宝塔中,供养着玄奘大师的顶骨舍利。

出得院来,仰头看看天空,太阳被房屋遮住,并看不见,然而光芒还是有的。空气新鲜,然而依然风冷,阳光如千年一般冷冷地照着,草上的霜已经没有了。流年岁月,不过如此。而院子外的大雁塔安然矗立,宝相庄严。在寺院里随便走走,有人在大雄宝殿前跪着上香,有人在作揖磕头。大殿中人来人往,求佛拜佛的人不少。一处偏殿中有新立的菩萨像,为各色玉石拼贴而成,裙裾流畅。沿慈恩寺两侧,有许多出售旅游纪念品的木质小亭,还立着不少反映唐代民俗的雕塑,形象生动。

看看如今的大慈恩寺,与往昔已截然不同。往事了无痕迹,今天的大慈恩寺,就像古城西安的一颗璀璨明珠。每天从早到晚,寺内的僧众如盛唐时佛教一样,行、住、坐、卧都如法如律,来往参拜的国内外游人及信士如鲫,喜悦非常。而那四面七层、层层皆有珍藏的大雁塔，外表面依然简朴清寂，四面各有一门相通，但只有一门开放供游客出入。在新建筑物的烘托中，在四周苍翠的松柏映衬下，这座古刹显得格外肃穆。

此时太阳已升到中天了，照在脸上，稍稍有一丝热意。当那光辉照在大雁塔时，这座古塔愈加雄伟、古朴、壮观。在第一层，我还看到了铜质塔心标记，估计是近年来为测量塔身偏移量所制。据说几百年来大雁塔塔尖倾斜度已达一米多，经近些年努力纠正，目前正以每年一毫米的速度回正，完全纠正过来需要一千年。二层、三层收藏的是佛塔及舍利子。顶层天花板藻井周围是这样几个字：唐僧取经还需游西天拜佛前人赞，据说是一首头尾相衔接的诗。顺着木梯登上大雁塔，站在塔顶，举目环望，古老的西安正焕发出迷人的魅力。现代的高楼大厦和浑厚的古城墙遥相呼应，远眺是养育了这座两千多年古都的辽阔沃土。据说大雁塔至今仍是古城西安最高的建筑之一。想到当年金榜题名的学子都会爬上塔顶庆祝一番，而今远观三秦大地，近瞰整个西安城，也依然令人有那么几分飘飘然的感觉。

漫步寺中，再也不似当年可以叩响一间禅房，便有知客僧人引我去见住持宽宗大师，想来宽宗法师早已作古，那么当年他吩咐小沙弥给我递上的那一杯"长安红"如今又该向何处寻觅呢？

我忽然觉得，我执意追逐的玄奘法师的踪迹不也就像这一杯"长安红"吗？"不羡黄金垒，不羡白玉杯，不羡朝入省，不羡暮入台，千羡万羡西江水，曾向竟陵城下来。"陆羽一首《六羡歌》流传千古。而今一品长安红，又怎能不让人慎终追远，追思玄奘这位成就于西安这么一个韵味悠长的历史文化名城中的千古伟人呢！

"玄奘去世后，便一直安葬于此吗？"许久，我问身边的僧人师父。

师父说道："其实也不完全是这样。玄奘圆寂于陕西铜川玉华寺，之后迁法身于此，举国痛吊，后经高宗皇帝恩准，迁葬于白鹿原上的云经寺，后因高宗每见玄奘舍利白塔便心内难过，又迁至陕西长安护国兴教寺中。"

"玉华寺，云经寺、兴教寺。"默念着这些对我来说尚属陌生的名字，心中却逐渐勾画出一个完整的玄奘成长的生命历程。玄奘，我轻轻诵读着他的名字，他是那样勇敢无畏，坚忍不拔，充满智慧。对他的了解越多，越觉他伟大。对我来说，这一次，寻找那逝去的过去，已经远远不是一次简单的旅行，而将是一次精神之旅。

二、玉华寺：漫漫菩提路尽头

我在西安找到当年的老战友，一番追忆往昔，峥嵘岁月之后，我也道出了此番来到陕西追寻玄奘足迹的来意。老战友二话不说，就帮我找了辆车，从西安出发沿包茂高速一路向北一百三十公里，便来到了海拔一千五百米高的玉华山。

这区区一百三十公里，四轮疾驰不过一个多钟头的距离，可是遥想千年之前，那些木牛流马的时代，从都城长安前往这里，也算得上是百里迢遥了。这条曾经印下玄奘足迹的古道，是禅道，也是神道。一千四百年以前，没有日行千里的汽车，只有蹄声悠扬的马车。在黄土路上，马蹄声"哒哒哒"地走上一天，也就一百华里，这一百三十公里的脚程，足够一辆马车走上三天的了。

所幸，沿途皆是千顷红枫、万亩青松为主调的森林风光。峰峦叠嶂，翠谷纵横，气势磅礴，景色旖旎。可以想象，如果是在盛夏到此，必定是绿荫浓郁、静幽凉爽；因此有"高寒清迥，远胜骊山"之美誉。

唐玉华寺遗址就位于玉华山下的川道中。玉华寺是唐初三代帝王的避暑行宫，也是一个佛教圣地。追访玄奘足迹，此地必定不能不来。玄奘曾在此处译经讲学四载，并圆寂于此。他在玉华寺与窥基法师一同翻译了有十大论分别注释的《成唯识论》一书，并以此为理论基础，创建了佛教的"法相宗"，玉华山因此成为法相宗的发祥圣地，也是其祖庭。法相宗，是因剖析一切事物的相对真实和绝对真实而得名，这一佛教宗派强调不许有心外独立之境。

我到达这里，时值11月，空气中早已有寒意弥漫。同行的司机和我一同沿着新开辟的山路向玉华寺遗址走去，一路上一直叫冷。确实，离玉华山越近越感觉得到那股寒意的浓重。如今，辟成了旅游胜地的玉华山中已修筑了新路，我们一路走去，却并不是上行，反而都是斜坡，顺着山势，高低起伏，两边入冬的古木，枝干皆成黧黑色，在晨雾氤氲中看过去，仿佛一笔泼墨绘就的山水卷轴，令人恍然有如在"横看成岭侧成峰"的画中游走一般。

从景区门口直驱而入，有一条水泥路通往山上。路不甚宽，两辆轿车可谨慎相向而行。顺着这条路我们驱车东去。开始映入眼帘的是一片片、一方方的庄稼地。再向前行，山坡上的地块愈来愈小，小到有的只能种几十棵玉米、三五棵南瓜，但不管地大地小，一方方的已然成熟的果实，都给人以清新怡人的感觉。

进入玉华寺山门，一股冲虚之气自两边山岭逶迤而出，左青龙、右白虎，后山山泉龙潭路，确有仙人之气；沐紫气，润天泉，怀大地，育灵晶。

此处地势虽好，但却人迹罕至。即使是在旅游产业已经如火如荼，稍微有点名气的古人都被开发得面目全非的今天，玉华寺作为玄奘法师晚年生活和译经的最重要的道场，却还是一如千年之前的幽谷安详、丛林静谧。

山门内的旅游接待中心旁边有一个停车场，我让司机师傅停好车，一个人向接待中心走去。一间偌大的办公室，只坐着一位工作人员小王。看得出来，对于我这个突然出现在这人迹罕至之地的不速之客，他也显得有些吃惊。待我说明来意，他又有些欣慰起来，一迭声地说："太好了，太好了，我带你进山。"

沿着山路，我们向玉华寺走去，一路上，他告诉我说："玉华寺，其实以前就是玉华宫。宫么，分为东宫和西宫。西宫实际名为紫微殿，据说是当年唐太宗李世民避暑游乐的主要场所。规模宏大，建筑精巧别致，与优美峻奇的自然景色相衬映，如'阆苑仙境'。在隋唐时期，帝王避暑四大胜地中，玉华宫修建最晚，规模最大，风景最美，名列四大行宫之首。"

我欣然问道："那这宫改为寺是什么时候的事？"

"具体的时间啊，我记得不清楚。大概就是唐太宗李世民去世后第二年吧，他儿子，也就是李治将玉华宫改建成了玉华寺，里面还设立了太宗祠。"

未及进山，耳边便听得"叮咚"作响之声，我对小王说："这必定是山中有泉水流下，叮咚作响。"

小王笑道："可不就是。老师傅果然是有经验。"

果然，越过一个山坡，眼前景观豁然开朗，顺着山路逶迤而行。路的左侧，山岭连绵不断，山坡上芳草萋萋，柏林片片，三五座突兀的崮顶在苍翠中巍然屹立，裸露出壁立的岩石，使大山那倔强的性格发挥得淋漓尽致。路的右侧是一条较深的山谷。山谷有陡有缓，在略为平缓的谷底，可以看到挂满果实的果树，有核桃、柿子、山楂等。

在稍陡的地方，便是涓涓细流，潺潺泉水。百鸟的啼鸣，秋蝉的欢唱，不时地伴着山风吹进车窗，使人走马观景，也能享受到大自然的恩赐。

弯弯的山路，忽左忽右，忽上忽下，就像挂在绿色屏风上的一条飘带。明明看到前边已经没有路，突然一拐，飘带显出，开始攀登羊肠小道。

在山里，我不禁感叹："这里真是个寒凉之地啊。难怪当年要把避暑行宫建在这里。"

小王应道："是啊，这里山清水秀，悬崖飞瀑，夏有寒泉，地无大暑。当年的玉华宫可不得了，沿川道东西走向而建，楼阁殿堂连绵数十里。东有东宫，西有西宫，中间建有正宫，三大宫殿富丽堂皇，交相辉映，在大唐负有盛名。只可惜这些巍峨的建筑群毁于'安史之乱'，但是这里毕竟记载了大唐王朝由盛到衰的一段历史啊，只可惜，如今知道这段历史的已经并不多了。"

小王说着，便有些落寞。我能体会，作为一名工作人员，自然是希望这里可以游人如织。从留下的遗迹仍能想见当年玉华宫的宏大气魄，就连唐代的大诗人杜甫都曾游览过玉华宫，留有"溪回松风长，苍鼠窜古瓦。不知何王殿，遗构绝壁下。万籁真笙竽，秋色正潇洒"的绝唱。

大概因前几天大雨刚过，山路湿漉漉的，有小小的溪流顺路流下。我敢说这是世界上最小的溪流，小得如果你不仔细观察，就看不到它的存在。但就在这湿漉漉的小道上，它却真切地在世界上流动着、跳跃着。或在坡陡处哗啦哗啦地轻声作响，或在平缓处漫过你的鞋底，亲吻你的鞋面，或在草丛中羞怯地掩蔽起自己的脸面，让游人像一个相思的男子，像撩去姑娘的面纱一样，好奇地、轻轻地拨开草丛，探寻它的所在。

曲曲折折，峰回路转，我们终于来到了泉水的近前。循着一阵淅淅沥沥的水声望去，石崖高耸，三十米高的一道瀑布从巨石上凌空飞下，缕缕白丝挂在空中随风飘舞，这便是玉华宫著名的"飞泉瀑布"。

在坐东朝西的岭上，一股泉流从山顶幽深的洞隙中淙淙涌出。蹲下身子细细看来，泉水是那样的清澈。双手捧起饮入口中，泉水又是那么的清凉，仔细品来，甜丝丝的感觉便很容易地在你的味蕾上体现，使你不由得想起它堪与甘冽醇美的佳酿相媲美。泉水从孔洞中涌出直落百米左右，哗哗作响着跳入池内，白色的水花泛起，如珠如玉，一簇簇、一簇簇地翻腾着、跳跃着。泉的南侧，立一石碑，上刻"驻銮瀑"。

珊瑚谷底瀑布跌落处形成的大水潭，水清见底，名曰"灵露泉"，这就是玉华河的起源处。置身其间，顿有"崖顶飞瀑晴亦雨，碎珠洒面夏如秋"之感，而瀑布以海相沉积岩和苍松翠柏做背景，天然为一幅美妙山水画。冬季，这里瀑布成为冰塔，流动的美转化为凝固的美。远看似玉佛稳坐，近观如玉莲似珊瑚，据说珊瑚谷由此得名。悬挂瀑布的石崖上凿着石窟，有佛龛洞窟多处，南边石窟下有栈道遗构。北边小径可登石崖之顶，其上有筛月湖。

"真是美啊！"我不禁感叹。"暂游已骇非俗骨，久往直恐成真仙。"来到这样一处圣境，待上片刻，就已让我梦回大唐，神闲气定。

抬头看去，山岭之上，一轮煌煌的日头当头照着，水溅日光，如珍珠似美玉，我为这景色勾连，便对小王说："我在此处小憩，再去探寻正宫的神秘。你还有事情的话，请先回去吧。"

俯视玉华宫残景，亦给人宁静平和的感觉。稍作休憩，我只身一人来到兰芝谷内玉华宫的正宫，最早名为肃成殿。千年时光之下，肃成殿早已人去楼空，只剩下在山壁岩洞中依势而建的宫殿的断壁残垣，于初冬的空山之中静静存在，像一声时光当中幽幽的叹息。

沿着从谷底搭建的之字形的木梯缓步而上，听着一声声因为年久失修而发出的"咯吱咯吱"的声音，虽然木梯曲折，不足百级，但我爬到殿内，已是气喘吁吁。

刚到殿门，便有一股寒凉之意扑面而来，满眼皆是落满尘埃的旧物，只有中间一个供桌还有一个香炉，一缕禅烟袅袅娜娜，迎着一侧的光亮，仿佛薄暮。

"难道这里还有其他人吗？"我如是想。

果然，不多时，一个白发老者踩着木梯，也来到了这个位于崖壁之上的佛殿中,看到我,他有些惊讶,双手合十问我:"阿弥陀佛,我乃是玄奘之伴童。不知施主来此何事?"

借着崖壁一侧照进来的些微阳光,我才得以近距离端详这位白发飘逸的师父。他的眼神极其澄澈,和蔼的神情和微笑犹如邻家爷爷般慈祥,看上去甚至很平凡,但却浑身由内而外散发出来一种无形的力量,却让你心甘情愿把自己的身心都毫无保留地托付给他。

"老师父,敢问法号如何称呼呀?"我恭恭敬敬地合掌问道。

"我乃玄奘伴童,就称我一声老顽童吧。哈哈,别看我白发飘逸,实为童心也。"

"为何?老师父何出此言呢?常言道:六十年白毛、白胡,当为八十年呀。"我心中不解,张口问道。

"是呀,"鹤发老人抚掌说道,"人老心不老呀。想当年,玄奘五十九岁时来到玉华宫翻译佛典,日夜不息,心急呀,心血熬之过多,短短六年之后,六十五岁就圆寂了。但是玄奘大师律己谨严,对门下弟子却一再讲,注重五行平衡养生,阴阳平衡行事;养身先养心,所以才可较之为重要,施主可知'返老还童'?"

我恭恭敬敬地回了礼,说道:"知道啊,师父,心不老,天天返童也。我可不能跟您比呀。我是普普通通一个佛家居士,久慕玄奘的大名,这次就是寻访玄奘足迹,慕名到此的。"

老者向我微笑道:"阿弥陀佛施主真是有心人。这下你可找对人了。"

我赶紧顺水推舟道:"师父,跟我说说玄奘在玉华寺的事情吧。"

师父从旁边拾起一个小木凳,递给我。我接过来,落座,师父则坐在旁边一个蒲团上,慢悠悠地跟我说起了玉华寺内的玄奘往事。

"玄奘法师就是在这里译经的呢。当时我师玄奘,久怀新译《瑜伽师地论》和重译《大般若经》心愿,上表高宗皇帝,请求去玉华寺译经。高宗皇帝心里知道玄奘一心向佛,久居长安,俗务缠身,也不是长久之计,于是显庆四年十月,六十岁的玄奘法师同门徒高僧一行前往玉华寺。同玄奘一起到玉华寺的,除高足神昉、嘉尚、普光、窥基等人外,还有大德弘彦、释诠、大乘钦、靖迈、玄则、玄觉、宝光及大学者沈玄明等。

"《瑜伽师地论》?"自从于大雁塔立下追访玄奘足迹的誓愿以来,这已经不是我第一次听到这部佛门经典之名了。既然遇到这位号称是"玄奘伴童"的老顽童,何不借此机会弄弄清楚呢。

心意已定,我便问道:"常说玄奘大师译经,但从来不知大师所译都为何经呢?老师父既为玄奘大师伴童,一定知道得最清楚不过吧。"

鹤发老人笑道:"施主还真问对人了。几十年来,我在此处研读玄奘大师所译佛门经典。一是《大般若经》,此经乃是玄奘法师在玉华寺译经卷十四部中最大的一部,也是法师一生所译佛经中最大的一部。这部经卷全称叫《大般若波罗蜜多经》,意为'智慧到达彼岸',其主旨在于阐明宇宙万事万物都出于'因缘和合',故其'自性本空',后世称其为'空经'。"

"那《瑜伽师地论》呢?"我忙不迭地问道。

"这二嘛,便是《瑜伽师地论》了,这部佛典可了不得啦,共一百卷,乃是弥勒菩萨口传所造,是唯识宗的根本论典。玄奘法师及其高足窥基所创建的法相宗,乃至与法相宗相对的法性宗,都是在这一理论基础上建立起的佛教哲学体系。经玄奘法师译成的汉语《大般若经》和《瑜伽师地论》,无论名相安立,还是文字贯练,无不准确恰当,真是'一语之安,坚如磐石,一义之立,灿若晨星',还矫正了旧译中的许多讹谬,开辟了中国译经史的新纪元。"

"原来都是如此皇皇巨著啊!"我忍不住感叹道。今人不见古人月,今月曾经照古人。由此看来,玉华山是上苍给人间最后的心灵栖息地。这里的每一道褶皱,树上的每一个枝节,都飘浮着圣佛的气息啊。

老顽童合掌恭敬道:"不止于此。经过四年的艰苦努力,于唐龙朔三年十月二十三日,完成了这部二十万颂约六百余万字的皇皇大典的翻译工作。译成当日,玉华寺,就在这正殿内举行了隆重的请经仪式。"

"老师父,除了这两部,玄奘法师在此处可还有其他译著?"我又问道。

"还有,在玉华寺译成的其他十三部经卷,都是玄奘法师在翻译《瑜伽师地论》和《大般若经》的前后,抽空插译的。

偶然

"也正是在这里,六月下旬的一天,太宗召玄奘法师闲聊时,玄奘请太宗为《瑜伽师地论》作序。太宗一口答应。太宗不顾体弱,用了整整一个月的时间将一百卷《瑜伽师地论》译稿看完。题写了著名的《大唐三藏圣教序》。太宗在《序》中高度赞扬玄奘法师舍身求法,西天取经历尽艰辛的大无畏精神,赞颂他'总将三藏要文''译布中华'的不朽胜业,是'将日月而无穷','与乾坤而永大'。太子李治奉闻圣文,也写了一篇《述圣记》,给予法师以很高评价。第二天,在玉华宫庆福殿举行了隆重的宣《序》仪式,太宗尊玄奘于上座,使弘文馆大学士上官仪宣读御制经《序》。太宗御笔《大唐三藏圣教序》文笔典雅,文辞精美,其盛举传为千古佳话。"

"原来我在大慈恩寺看到的圣教序碑上的碑文竟然是在这里完成的?"我说道,心里不禁对这冥冥中的一种机缘有了几分感叹,我又问道:"师父在这里几年了?"

"我啊,从玉华寺景区开始建设就在这里了,平时我都在玄奘纪念馆,偶尔会来这里打扫打扫。"

听着老师父的话,心中叹服,不只是对老师父,也是对舍命译经的玄奘法师。我说:"如此说来,玄奘法师一生中共译出多少佛门经典啊!"

"玄奘从印度取经归来的十九年中,前后共译经论七十五部,总计一千三百三十五卷,每年平均译经七十卷。不知是预感到来日无多,还是为了将损失的时间弥补回来,法师在玉华寺的工作几乎可以用狂热来形容。虽然他在玉华寺译经只有四载,却年平均译经一百七十卷,这还是他身体状况大不如前的情况下的成果,可见其为弘扬佛教、鞠躬尽瘁的精神。后世人将玄奘与东晋时代的翻译家鸠摩罗什并称为中国译经史上的两大译圣。如今,印度失传的许多经卷,在我国仍可找到。由于玄奘法师在玉华寺译经中所取得的巨大成就,人们又将他称为'玉华法师'"。

有一种精神,穿越历史的云烟,日久弥新;有一种怀念,历经时代的风雨,更臻醇厚。我低声问道:"老师父,我早已听闻玄奘法师是在玉华寺圆寂而去,但不知当时情况到底是怎样的?"

"这你问我可就问着了,我可是玄奘伴童啊,这些事情,我知道得最清楚。

"晚年的玄奘法师，由于长期过度劳累，健康状况每况愈下。正月初八，有一位高昌籍的弟子玄觉，夜间梦见一座高大庄严的佛塔突然崩塌，惊醒之后不知主何凶吉，就去问玄奘。玄奘说：'这个不关你的事，是我辞世的预兆。'

"一千四百年前的公元六六四年，是正月初九的傍晚，玄奘在肃成院房后跨越一小水渠时，不慎失足跌倒，擦破小腿皮肤，遂被抬回寝室治疗，看似伤势并不严重，但从此后玄奘病势愈重，气息微弱，沉沉昏睡，时有谶语梦话。"

这位蹚过湍急的大河，越过炽热的沙漠，翻过冰冷的大雪山，穿过茂密的森林的人，却没能跨过一条小水渠，这或许就是生命的槛，越不过。有什么事情比生命即将终结还让人伤心的呢？是的，我们在自己的哭声中来到这个世界，又在别人的哭声中离开这个世界，生命的离别总让人悲伤。但是这是我们凡人的看法，对于我们来说很悲伤的事情，得道高僧玄奘又是什么态度呢？他怎么看待因损得病这件事情，怎么看待死亡这件事情，怎么看待生命的门槛这个事情呢？

"一日，玄奘从梦幻中醒来，向守护在身边的玉华寺寺主慧德法师述说梦中备受佛神欢迎款待景况，又叫随身高僧嘉尚抄录他一生所译全部经论的目录，以及他敬造的俱胝佛像、弥勒佛像各一千帧素像等。嘉尚抄录完毕逐项念给他听，玄奘听罢，闭目合掌，自感欣慰，便告诉门人说：'我的无常期已到，很想舍弃一切，请让有缘与会者一起前来吧！'于是，玄奘将自己的衣物资财，慷慨分赠给周围的人，还叮咛众人要广造佛像，大宏圣教。嘱咐众僧人翻读所译经典名目，又叮嘱死后不要葬在宫、寺附近，寻个山中清净处埋掉。"

我屏息聆听，听到玄奘法师受损，虽然心中难过如翻江倒海，却一点也不敢打断老师父的叙说。

老顽童说着，声音里渐渐有些悲切之意："没过几天，玄奘设斋供众，将生前所有财物布施一空，然后请画师兼塑工的宋法智于嘉寿殿竖起菩提像，把骨架搭好。他对所有在场的弟子说：'我这毒身我已经厌恶了。我在世间应该做的事也已经做完了。既然不能久住尘世，希望用所修的福慧回施众生。我发愿，能跟大家一起上生到弥勒菩萨身边去侍奉他。等弥勒菩萨下生时，随他下生，广做佛事，以成就无上菩提。'

偶然

"夜已极深，黑暗如墨难以化开，寺内瞻病僧明藏禅师见玄奘闭目默然合掌良久，随后以右手缓缓支着面颊，左手放在左腿上，两腿微屈，向右侧身而卧，一动不动。弟子问：'法师，您是不是已决定得生到弥勒佛净土？'

"'得生！'这是玄奘留下的最后两个字。"

说到这里，老顽童脸上早已是两行清泪："此后，玄奘便不饮不食，祥怡寂然。明藏禅师轻轻拈取新棉细丝，小心翼翼地停置在玄奘鼻下仔细观察，几乎看不出一丝动静。"

说完，鹤发老人恭恭敬敬地向院内佛龛施了一个礼，那正是供奉着玄奘坐像的神圣福祉。

因为出家后，在不断的修学和实证过程中发现，同一本经译出来的都近似，但又有所不同之处，玄奘法师为了求究竟，舍生忘死赴西天取经，经过了"九九八十一难"终于取得了真经，并且舍生忘死又返回祖国，不贪不嗔不痴报效祖国，译出的经文数不胜数，留给后人修学之用，并创立佛教新学派"法相唯识学"，进入了一个前卫科学的顶峰。而他的死，我听得双眼泫然欲泣，也向着法师佛龛双手合十，拜了下去。

老师父带我一路前往玄奘上师圆寂之处，那里遗留了大量珍贵的佛教文物遗迹。

我们一边走，老顽童一边指点给我看一旁的诸多物景：那石崖上原有石窟佛龛八处，龛内佛像已失，仅存一石座，另遗存古碑刻有宋代张缙《游玉华山记》。石窟前，一孤石耸立，高约丈余，石顶面平阔，边缘有两棵翠柏扎根石缝，郁郁葱葱，这便是传说中的玄奘讲经台。

讲经台本是位于这丘陵高坡，立于其上，可以俯瞰整个玉华寺，一泓将寺分成东西两部分的灵露泉，泛着粼粼波光，沐浴在有些西斜的阳光中。这梦里的精神栖息地，这留有玄奘法师圣息的山山水水！

风鼓起老顽童师父宽大的僧衣，他整个人如一尊欲飞冲天的巨鹰。脚下那一整片恢弘的佛塔佛殿，曾是玄奘的道场，他是万人的精神之师。

我想起方才恍惚所见玄奘上师讲授《瑜伽师地论》的一番景象，忍不住问老顽童："我一路行来，都听到有人提起《瑜伽师地论》，我在大慈恩寺中也曾亲见,但还是不知这到底是一部怎样的经书?"

老顽童目中又再度湿润:"《瑜伽师地论》正是耗尽我师毕生心血的学说,在我师之前,曾有北凉昙无忏、刘宋求那跋摩、梁真谛等人译《瑜伽师地论》五识身相应地、意地的异译,非但内容不完整,且文字晦涩难读。我师玄奘耗尽毕生精力,将其百卷尽数译出。中有无数甚深奥义,因是弥勒菩萨口授,我且说一个与此有关的故事给你听如何?"

我自小就爱听故事的瘾又犯了,听到老顽童这样说,我马上点头说:"老师父,那快讲来我听。"

"印度曾有一高僧,名无著,是第四世纪最著名的佛教圣者。他进入山中闭关,专门观想弥勒菩萨,热切希望能够见到弥勒菩萨出现,从他那里接受教法。十二年又过去了,他竟连一个梦中得见都没有。这下子他完全死心了,决定永远离开闭关房。当天下午,他遇到一只狗躺在路旁。它只有两只前脚,整个下半身都已经腐烂掉,布满密密麻麻的蛆。虽然这么可怜,这只狗还是紧咬着过路人,以它的两只前脚趴在那个人身上,在路上拖了一段路。"

"莫非这只狗是弥勒法身?"我喃喃自语。

"别忙,听我说下去再做论断。"老顽童接着说道,"无著心中生起了无比的慈悲心。他从自己身上割下一块肉,拿给狗吃。然后,他蹲下来,要把狗身上的蛆抓掉。但他突然想到,如果用手去抓蛆的话,可能会伤害到它们,唯一的方法就是用舌头去吮。无著于是双膝跪在地上,看着那堆恐怖的、蠕动的蛆,闭起他的眼睛。他倾身靠近狗,伸出舌头,想要将那些白蛆一一舔舐。就在这时,光轮闪耀,他睁开眼睛看,那只狗已经不见了;在同样的地方出现的正是弥勒菩萨的真身。

"'终于看到了。'无著说,'为什么从前你都不示现给我看?'

"弥勒菩萨温柔地说:'你说我从未示现给你看,那不是真的。我一直都跟你在一起,但你的业障却让你看不到我。你十二年的修行,慢慢溶化你的业障,因此你终于能看到那只狗。由于你真诚感人的慈悲心,一切业障都完全祛除了,你也就能够以自己的双眼看到我在你面前。如果你不相信这件事,可以把我放在你的肩膀上,看别人

能不能看到我。'

"无著终于明白慈悲的力量广大无边,清净和转化了他的业障,让他变成能够适合接受弥勒的示现和教法的器皿。于是,弥勒菩萨把无著带到天界,传授给他许多崇高的教法。"

看我听得几乎痴了过去,老顽童话锋一转,又说道:"这《瑜伽师地论》就是弥勒讲述,无著以笔记录而成,详述瑜伽行的观法,主张客观对象乃人类根本心识的阿赖耶识所假现之现象,须远离有与无、存在与非存在等对立之观念,始能悟入中道。弥勒佛一身躬行救苦救难、大慈大悲,佛门众生都尊其为希望佛,都相信只要不放弃美好的追求,矢志不移地坚持心中的愿望,终究都会结出善果。我师玄奘法师从戒贤学,回国后与弟子专弘唯识。弥勒之学,兴旺于初唐,流传于日本、朝鲜等国。"

圣僧谷间坐,空冥闻禅声。千年朗月照,心灯映菩提。老顽童师父说的这一点,其实我是了然的。自我寻访玄奘足迹以来,对于上师以身弘法,顶礼大乘的精神,我早已与之心有戚戚。玄奘初接触大乘,当时还得了不少小乘僧人的诟病,斥责他偷学外道谬论。十年中他以对佛教经典的熟知,令人折服的口才,与王家贵族无人可及的关系,尽全力改全唐信奉大乘。

老顽童说完,我也陷入甚深沉思之中。其实,《瑜伽师地论》以浩浩百卷篇幅,所要阐明的也无非就是这个道理,修佛无须空谈,只需践行。想走菩萨道就要先具有菩萨的种性,培养广大的心胸,眼光放远而实践则要拉回当下。菩萨道的前阶段可以说是为了培养慈悲心,菩萨菩提,悲所建立。如果尚未具足菩萨种性,就奢谈开悟、成佛,不外是戏论而已。走菩萨道时,要认清自己的目标和所处的阶段。

想到这里,抬头正见顶上一轮白日,一道光芒刺破云层,破空而来,却并不耀目,而是带着一种温润如玉的色泽,也微微驱散了这寒凉之地的阵阵冷风。而此时,塞满我心胸的只有四个字:高山仰止!

赶着回市区的我虽然听得意犹未尽,也只能合掌作别了老师父。沿着木梯一级级走下去,我回头看看师父的背影,我的内心都深深为之震撼。这位耄耋老人羸弱的身躯下,到底蕴含着什么神奇的力量,守着玄奘曾经译经所在的道场有什么魅力,让那些踏遍万水千山朝圣的师父和居士们，从此停下了脚步，对这个各方面条件还很简陋的地方，一见倾心，不离不弃？

是玄奘法师法流的清净传承？是玄奘法师的无量慈悲？是玄奘法师为法舍身的果敢坚毅？还是玄奘法师"虽千万人吾独往"的气概？

我也不敢妄断，但是在这个老人面前，一切的富贵都显得贫寒，一切的权势都显得卑微，一切的华丽都显得造作，一切矫饰都显得愚蠢。我想，大概只有这样的人，才称得上是"极高明而道中庸"；只有这样的人，才是充盈天地间的大丈夫；只有这样的人，才值得拥有世间所有的珍宝。

一路行来，因沟深路远，游人较少，林木更为茂密葱郁，显得更加幽静。正如北宋诗曰"当时此地最清凉，九成翠微不足数"，"得非遍选天下胜，莫如此地无烦喧"。只身群山环抱中，耳听千顷松涛，踩着细碎的阳光，和着山野鸟鸣的清新，一个人慢慢行走，慢慢感悟。

玄奘纪念馆就修建在玉华寺的湖畔，这里有世界最大的玄奘石刻坐像和目前全国之最的记叙玄奘生平的百米汉白玉浮雕。踩着湿漉漉的小道下山来，道旁长满了一棵棵、一丛丛的酸枣树，我不时地停下来，从上边摘些酸枣，享受大自然那酸酸甜甜的恩赐。我是一个好静的人，但面对着如此山中美景，边走边欣赏对面的一座山峰，那山峰底端种些茂密的林子，中部疏密有间地生长着浓绿的松柏，峰的顶端突起，颇有造型，上边挺立着的几棵绿树颇有意境，远远看去，就像一幅用水墨或泼墨、或淡抹的国画屏风，让人观后赞叹不已。

虽然离开了那个地方，但那心、那情，却好像仍在瀑布边、残殿内流连忘返地徘徊。那山、那水、那人，就好像还矗立在自己的面前、流淌在自己的脚下，行走在自己的身边。那意境，就像一汪清澈透明的、凉爽甘甜的甘泉，静静流淌着、流淌着，一直流淌进自己的心田……

但我转念一想，经历千年的岁月磨砺，再光华的宫殿也无法阻挡时间和命运的背叛，昔日的宫殿固然片瓦不存，但玉华宫会记住玄奘。我相信，来过此处的所有人，他们每个人的心中都有着"玉华佛缘"。

三、云经寺：佛门思及便泪垂

去罢玉华寺，我马不停蹄地赶往云经寺。如今它已颓变成一个很不显眼的寺院。因此当时问了当地好几个司机师傅，都说并不知道这个寺庙的所在。然而在唐代历史上它曾和唐玄奘三藏法师有着密切的关系，是一个不该被历史遗忘的角落。迫不得已，我只好又打电话给我的老战友，他也很热心，辗转通过陕西省旅行总社找到了一个曾经在考古队待过一些年头的专业人士，姓吕，彼此一说起来，原来都是对玄奘很是倾慕的人。二话不说，我们就奔着云经寺来了。

一路上，吕师傅说起玄奘和云经寺的渊源也是津津乐道。

原来，玄奘法师圆寂后，曾迁葬于云经寺。这云经寺位于西安市城东白鹿原西麓畔西安市灞桥区红旗街办湾子村北，背靠白鹿原，前俯浐河，远望少陵原，极目秦岭，绕城高速特大桥，西康铁路，近在眼前，景色宜人，环境清幽。

"说起这白鹿原的来历，也有一段掌故可说。"吕师傅一边开车，一边和我闲聊。

"那说来听听。"我黏着说道。

"说到这白鹿原，就要提到上古周朝的一位天子，他本是西周最后一位天子。他在位期间，剥削严重、地震、旱灾相继发生，广大人民流离失所。他曾发动对周边少数民族的进攻，也以失败而告终。此人宠爱褒姒，曾闹出'烽火戏诸侯'的笑话，为了立褒姒之子伯服为太子，他下令废掉王后申后，废掉申后所生的太子宜臼，由此引起变乱。申后的父亲申侯联合曾、犬戎等部落攻周，幽王被杀于骊山下，太子宜臼继位，是为周平王。本已没落的西周王室，经过攻杀幽王的战争，更加衰弱。当时，今关中地区，犬戎等族的势力越来越大。因之，周平王继位的第二年，决定迁都洛邑。这天，周平王一行大队人马离开了镐京，浩浩荡荡地向东方前进，当行至杜伯国东部，渡过浐水之后，队伍稍事休息。这时，忽见东南方的原坡上奔跑着一只白鹿。白鹿是稀罕之物，人们都注目观看，平王也不住称奇。史官当时记下了这一见闻。此后，人们便把浐水与灞河之间的原坡称为白鹿原了。"

我笑道："那这白鹿原可真是称得上是一处古迹了。"

"不错不错。屈指数来，也有将近三千年的历史了呢。"吕师傅不无自豪地说道。

沿路行来，景色日渐幽深，我不禁感叹道："可以想见，千年前，这里应当是一处不可多得的行修圣境啊。"

"果然是老师傅有见识。说起来，我们今天要去的云经寺原本知道的人就不多，更别提要去云经寺看看了。不过这云经寺在玄奘的生命历程当中还是相当重要的。在隋、唐时期，云经寺规模宏大，占地约百余亩，建筑宏伟，香火茂盛，是当时京城周围的一座著名寺院，很有名气。不过现在荒废了，可难找了。我也是很多年以前做考古发掘时偶然看到过，心里有个大概的印象。"吕师傅说。

不过也难怪，我此行目的本来就是要寻访玄奘足迹，就算是再难找，也想要亲身到此看一看。

虽然距西安市仅15公里，但是一路问来一路行，走了快一个小时，才来到云经寺所在的湾子村。车子七拐八拐，来到一座年久失修的庙宇之前。倘若不是山门门楣上"云经寺"三个字，我几乎不相信眼前所见。这处地方位于白鹿原的半腰，四周乱树高下，荒草葳蕤。除了荒烟蔓草几乎掩住寺门，再也看不见一点点云经寺当年的盛况。昔日气势恢弘的云经寺已难再现，展现在眼前的云经寺，是20世纪80年代，在古寺旧址上修建起来的仿明清重檐硬山式的建筑群，青砖砌墙，仰瓦铺面，灰陶花脊，青砖台沿，明间为四扇六抹花格窗式门。

我抬眼四处望去，除了天空上一个煌煌的太阳，望望那天空，那么高，那么宽，把人的心都给弄得开阔了，让人不由得肃然起敬。只只大雁飞过，留下美丽的瞬间，渲染了一种凄凉美，更是把天空映衬得更高不可及。

我叩门许久，无人来应。吕师傅则干脆绕道后山上，从后门直接进去了。原来因为天气渐寒，寺里住持广莲禅师去原下的城里采买炉子和煤炭去了，只有一名居士，与我闲闲地聊起这云经寺曾有过的风光无限。

"这云经寺始建于隋文帝开皇四年，是隋文帝为沙门法经所立，历经千年风霜至今犹存。隋唐时期该寺规模宏大，是佛教'临济宗'的活动道场。关于云经寺一名有两种说法：第一种说法，唐太宗李世民依：'烘可为云，骑可为经，策可为寺'遂定名为云经寺。第二种

偶然

说法，武则天幸临此寺，沙门宣政向武则天进《大云经》，经中有女主之符，因此改为大云经寺，此寺中宝阁，崇百尺时人谓之七宝台，寺内有二浮屠，东西相值，东浮屠之北塔号三绝塔。

"别看现在这寺庙败落，当年在姚秦时期的著名国师鸠摩罗什的首座弟子云水法师还曾在此寺讲经弘法五十余年呢。"居士说起来有些自豪。

"鸠摩罗什，那也是与玄奘齐名的以为佛教翻译家呢。"我也如数家珍地说道。

"对啊。唐时，玄奘法师从印度取经归来，先后在此寺内翻译经文，并加以分类，人们又称此寺为分经寺。玄奘法师玉华寺内肃成院圆寂后，葬玄奘法师于白鹿原畔云经寺内。"

居士接着又说："我还看过一个记载，当时送葬玄奘法师之日，善男信女数以万人，整个京城长安震动。"

我想居士所说的，大概是唐代道宣法师《续高僧传》当中的记载："玄奘法师敕葬之日，京城僧尼幢盖往送，素盖素幢浮空云合，哀笳哀梵气遏人神，四俗以之悲凉，七众惜其沉没。乃葬于白鹿原四十里中。皂素弥满。苕然白塔近烛帝城。"

"后来，由于云经寺处在长安的东郊，与大慈恩寺遥遥相望。当早晨的太阳升起时，高宗看着冉冉升起的太阳，泪水潸然而下，臣下问他为何悲伤，他说，当我看见太阳升起时，就想起玄奘师父，不由得就伤心落泪。文武百官见此情形，认为总不能老让皇上伤心流泪，恐伤圣体随奏请高宗皇帝，寻下别敕。令改葬樊川。五年后，在总章二年迁葬于少陵原畔兴教寺中。"

"居士，那白塔现在又存何处呢？"我赶忙问道。

"唉，闹日本鬼子那一年，被他们一个飞弹给炸了。几十年来，村子里的老人都不放心，让这白塔就这样倒了。前两年，村子里的人一齐捐了钱，在原本白塔所在的地方建起了一尊玄奘纪念碑。"居士向院子当中一指，"就在那里。"

那是我进得寺门就看到的结跌而坐的玄奘塑像，面色祥和，双目微闭，似已入定，行深于般若波罗蜜多之中。我深深合掌而拜，心中一片空明，就如同这头顶山梁上的幽深白日，一路从玉华山一直照耀着我到此。

正说着，忽然听到寺门"吱呀"一声响动，居士探头一看，向我说道："广莲师父回来了。"

我向广莲师父说明来意，师父高呼一声："阿弥陀佛，施主这可真是功德一件！"说着便引我四处走走看看。云经寺如今已经不是当年大小，一眼便可尽览。身后山梁之上，柿子结了满树。耳边是一首佛歌，若远若近，直抵人心。

广莲师父悠悠地说："这白鹿原在此处犹如一条卧龙状，而云经寺犹如卧龙前一颗龙珠。再看此地的地形：白鹿原在此处一弯，好像一簸箕状，又好像一把太师椅，后边高原，两侧地势缓缓而下，后有靠背两侧有扶手，真不愧为风水宝地，我们这座云经寺背靠高原，坐东向西。原本寺院两旁还有扶手，可惜如今已损毁殆尽，令人惋惜之极啊。"

广莲师一边厢说着，一边厢引着我在寺院各处参观。云经寺的山门是一座的青砖蓝瓦的建筑，山门上铭刻着"古云经寺"，其两侧分别刻着："有缘得登三宝地，无信难入四圣门"的楹联，紧邻山门右侧为"送子堂"，山门外左侧存放着唐代旧物——赑屃碑座、佛造像碑头。山门后即是三进院落，弥勒殿、菩萨殿、大雄宝殿，大雄宝殿后边是年久失修已近坍塌的古窑洞。左侧是药王洞，右侧为厢房、斋堂，西北方向有佛塔三座和往生殿。

进入后殿时，天色已近黄昏。天气肃杀，枯树落叶散满庭院。我们沿石级而上弥勒殿一间，殿内弥勒佛坦胸露腹，慈眉善目，满脸笑容。我顿时心生仰慕，欲前去参拜，定睛一看，却是弥勒殿内的泥塑。

"其实弥勒也是西元前6世纪人，与释迦牟尼同时。生于印度波罗奈国劫波利村，波婆利大婆罗门家。他生而相好庄严，聪慧异常。按印度的习俗，生了孩子要请相师看相。当时相师惊异地说：'此儿具足轮王相，长大必然要当转轮圣王'。没想到，这话很快传到国王耳里，满朝文武惶恐异常，怕国内要发生政变，急欲觅得此子，加以杀害。其父预感大祸临头，即将其匿藏于舅父家中。及长，舅氏虑其祸终不能免，即令其见佛闻法，从佛出家。弥勒由于从小生活在经济富裕的族氏家中，出家后，依然交游族姓，喜爱穿着。如国王将一件金缕袈裟供佛，佛将它赐给诸比丘，大家看到这般华丽的袈裟，谁都不敢要。唯弥勒受之,并天天穿在身上,到处乞食。引起一些比丘议论,他听了根本不放在心上。"广莲师如是说道。

"那倒是一位潇洒率性的菩萨啊。"我忍不住有感而发。

广莲师笑道:"就连弥勒本人都在《楞严经》里说:'忆我往昔,有佛出世,名日月灯明,我从彼佛而得出家,心重名利,好游族姓',《法华经序品》中文殊也说他'心常怀懈怠,贪著于名利,求名利无厌,多游族姓家',确实潇洒啊。"

"玄奘都曾迁葬于此,说明唐时云经寺还是香火鼎盛啊。为什么今天如此凋敝呢?"

说起这事,广莲师有些黯然:"这百多年来,战火纷乱,也不是由人力所能决定,不过,因果循环,报应不爽,佛祖佑护,我相信终有一天,寺庙能够复兴。"广莲转头又指着后山跟我说道:"这后山也是庙产,倘若机缘有定,我希望能在后山斧凿一座弥勒佛像。阿弥陀佛。"

我顺着广莲师手指方向看去,云经寺的后山,不高,也不够雄伟,却是秀丽中略显苍凉。枫叶不知何时已经变了颜色,静静地燃烧了起来,闪着或红或黄的光,在整个山中孤零凸显出来。也有的树略显稀疏,依稀里现出一条小路,像是舞女的手臂,隐隐约约地露出一两线肌肤。后山脸色俊青,略显陡峭,棱角分明。山脚下一条冷清的小路,零星的几户人家把小路显衬得更为凄清。路两旁一簇一簇地长着竹子,很是稠密,碧青的竹叶连在一起,远远看来,像是一条青丝裙带,给后山增添几分秀色。

我忽然想到,千百年以来,这后山就见证着云经寺的历经风雨,几度佛劫,几修几毁,香火虽未完全绝迹,但是却已从鼎盛时期的三百僧人,已凋敝零落到仅有二位女尼和一位照料饮食起居的居士。

弥勒殿后为菩萨殿,在菩萨殿前两侧的走廊上分别竖立着"云经寺简介碑"和"善男信士功德碑",殿内香烟缭绕,法相庄严,莲台上端坐着身着金装面含慈祥的观音菩萨。菩萨殿后的台级上是五间阔的大雄宝殿,整体建筑古朴大方,青砖硬山式结构,进深四椽,前带回廊,明柱漆红,四檐高翘,屋脊六兽,各具形态,仰面蓝瓦,明间为四扇六抹花格窗式门,梅花格窗,泥金大匾,极具沧桑,殿内经幡法幢,木鱼磬鼓,装饰一新,烛台香炉,法器俱全,莲台上三大佛,法相庄严,肃穆清净,两旁十八罗汉,各具情态,栩栩如生。宝殿内窗明几净,一尘不染,几缕清烟,几声经音,清幽之极,此情此景,莫不令人恭敬有加。大雄宝殿后的窑洞前存放着大明正德十五年(1505年)云经寺记事碑的残碑三块。

大雄宝殿左侧的药王洞已不是窑洞了,而是在窑洞前的平地上盖起的五间大殿,殿中供奉着药王孙思邈,其整体建筑为现代样式。殿前竖立着大约明代左右的半截碑。大雄宝殿右侧是由面向南边一次排开的斋堂和厢房。厢房的右后边是往生殿一间,往生殿前竖立佛塔三座,皆为近年来修建。苍翠之间三塔耸立,直上云间,清净之中几分庄严,令人顶礼而拜,也是近年才修建的云西塔(释果清法师塔)、释常琴师父塔和陀罗尼经塔(释常鼎塔)。

而千年前那因迁葬玄奘上师而树立起来的白塔却早已毁于战火,曾经一座皇家寺院的建制,暮鼓晨钟,遥遥相闻,如今白塔倾颓,钟楼、鼓楼也早已倒塌。一切都已不复存在,而当年在大明宫内为帝王讲经弘法的玄奘师父呢,他的肉身去了,高宗皇帝下令迁葬于此,每每在悠悠宫墙内东眺,是否会看到云经寺高耸的白塔,想到其下静躺的玄奘上师,是否也会为他燃一支禅香、掬一捧眼泪?这么个伟大的僧人,一身历尽九死一生,多么虔诚、多么纯净,可是自己对待他,却多少有点心狠吧。如此想着,高宗转头看到自己的龙案,每日在此批阅奏折,也曾见到玄奘上书,一次奏请能赴家乡少林寺,译经问禅,高宗不准;一次上书奏请能以宽大为怀,对待僧众,高宗不准;就连他最喜爱的弟子,也被高宗腰斩了……

漫步于云经寺中,青砖绿苔,小道幽静,翠柏苍松,清香扑鼻,木鱼钟磬,清音满耳,缕缕芳香,令人肃然而静。往事越千年,千古名刹,历经风雨,承载着一代又一代,只是不知何时才能重现唐时的盛景呢?

也许只有不畏艰难,不惧凶险,勇猛精进,紧持之以恒,修身弘法,惩恶扬善,以普度众生为乐,以教化众生为己任,使众生享乐离苦,而度己度人光照于后的先哲精神,同时激励着一代又一代的来者,薪火相传,远离邪恶,弘扬慈善,善待生命,幸福生活,才是唯一的途径吧。

四、兴教寺：真身灵塔佛光起

与吕师傅作别云经寺内广莲、广琛二位女师父，下一站便是玄奘圆寂之后迁葬之途的最后一站——少陵原上的护国兴教寺。

其实，单是在那繁华的长安街上，就能看到东边高出的少陵原了，只是在高楼的掩映下，显现不出它的气魄。它在西安市区以南、长安区稍偏东，东边有浐河，西边则是潏河。原面开阔，却不是完全平坦如砥，而是高低起伏，洼地较多。它北望长安，南接秦岭，地势高亢，站在原上视野开阔，自古就是一处供人游览的好地方，单是好听的名字就有好几个，比如鸿固原、凤栖原。

车行一段时间，到了一个萧索的小村落，横在少陵原下，那是樊川的东江坡村。樊川是古人的叫法，它由横穿其间的潏河冲积而成，把少陵原和神禾原从中分开，从此两原只能隔川相望。据说樊川的景色在唐代时相当秀美，稻蔬桃柳、烟水明媚，如今樊川仍是阡陌纵横、绿树成行，不过在接近城区的地方，高楼明显多了许多。

长安城南凤栖畔，兴教寺在少陵原畔偏南处，身后的原坡植被丰茂，面前的终南层峦叠嶂。兴教寺就坐落在山岚深浓的断崖中间，好像悬挂在那儿。远眺它，高踞于险峻突起的孤峰之上，与曲江隔江对峙，近看又犹如一只展翅的凤凰。寺庙周围，有几座富有色彩的山峦，像正在开屏的孔雀那艳丽迷人的尾巴，环抱着它。

说起兴教寺，吕师傅倒是熟门熟路，是因为兴教寺香火鼎盛吧。千年来虽也几经尽毁边缘，但是最终仍然傲立樊川，在香积寺、华严寺一宗之中，位列"樊川八大寺"之首。说到这里，吕师傅也颇为感慨，这一路，从云经寺到兴教寺，他虽不像我一颗虔心向佛，当时说起玄奘也有了颇多感触。我想，兴教寺的香火鼎盛不能说与玄奘法师没有关系，历史上它是一座辉煌的皇家寺庙，唐高宗总章二年为从白鹿原迁葬玄奘法师遗骨在此建塔，随即建寺。唐肃宗题塔额曰"兴教"，寺遂得名。如今，因为玄奘法师真身灵塔的守护，兴教寺也称得上是一座国际寺庙，常年海内外瞻拜法师灵骨的香客、游客络绎不绝，香火旺盛。我虽已来过多次，但走近时，依然怀着虔敬。

如果不是站在少陵原上，你很难想象这里究竟有多美。这种美不像高山飞瀑般雄浑，也不似小桥流水样婉约，而是温柔、广阔、厚重和绵长，让你在梦里还能反复琢磨。

追访玄奘法师足迹的这一路行来，位于此间的兴教寺也是最让我心动的寺院。清风抚摆柳，万树皆点头，一条河从山中飘过，像一条纯洁的经幡在兴教寺边上随风起舞。沿路一对已经被人忘了年龄的古柏，俨然像守寺士兵，屹立挺拔。听当地老人们讲，自从有人在这里居住，古柏就有了，很久了，多少代，谁也不知道它有多少年了。我手抚柏树，那龟裂斑驳中有多少历史的尘埃遗迹，是否也曾经在玄奘法师真身的光芒之中肆意飘散呢？

曲径通幽处，禅房花木深。山光悦鸟性，潭影空人心。万籁此皆寂，惟闻钟磬音。时过境迁，曾在战火和风雨中年久失修的残瓦断椽，连带那古代工匠精湛的工艺，先进的绘画技艺，墙壁上那栩栩如生的佛像，仍让后人望尘莫及。庙檐下的佛像雕刻的是那样的漂亮真实，让后来多少工匠看后都瞠目结舌，自叹不如。大殿上还是那样壮观，站在大殿中央，似乎还能听到兴教寺暮鼓晨钟回荡，那殿前神几上的袅袅禅烟次第腾起，扑鼻檀香，方圆百里的信徒初一十五前来拜佛。

从原头往下走，在古柏掩映中，一座佛塔高高耸立，隐约可见半坡的寺院。寺院依原而筑，由低到高，红色的围墙，随着地势高低起伏变化，使佛寺显得多姿多变。

这座坐落在少陵原南端，一块凸出的半坡上的千年古刹，建筑密集，掩映在寺庙周围几棵苍劲的参天大树下。袅袅升起的香烟，在林间穿梭，伴着规律的磬声、钟声及和尚的诵经声，到此就如天上仙境。

长长的一道矮墙呈暗红色，从墙内探出森森柏树呈陈旧的黑绿色，隐现出塔尖。绕过围墙，我来到了灰砖砌就的凸字形的三洞拱门的前面。山门遥望秦岭，俯视樊川，中间是为正门，由淡灰色的古砖砌成，上面是蓝色的琉璃瓦顶和各式花纹图案，门的上方镌刻着"护国兴教寺"几个鎏金大字，拱形的两扇门是朱红大门，显得古朴庄严，两旁的两个小门，样式图案色彩，都与正门完全相同，只是规模缩小，低了些，窄了些。两步石阶，门外没有狮子，古朴无华。

进了兴教寺，好一派古朴典雅的清凉之地，院内一派幽静、肃穆气氛，古木参天、松柏森森，哪怕已是初冬时节，仍有一股青翠之气弥漫在空气中，使人顿去杂念，心中豁然开朗！进门迎面就来到了"大雄宝殿"前，这是寺内最雄伟的建筑和全寺的中心，踏上高高的

偶然

基座,看着朱红的格子门,各扇门上巧妙地把"兴教寺"三个字篆刻成花纹图案。走进殿门,迎面是一尊高大的释迦牟尼佛坐像,金色的佛像,大耳垂肩,面目慈祥,披着一件红色的斗篷,有三个成年人那么高,抬头仰望,顿生敬慕之心。回视大殿东西两侧,深棕色的十八罗汉,姿态各异,形神兼备,栩栩如生。

大雄宝殿前的香炉里香烟缭绕,不时有信徒燃高香顶礼膜拜。人群中不时有情侣、母子、父女等,烧香礼拜后虔诚地环寺观瞻。我点上香烛,安在大雄宝殿前面的烛台上,暗暗发愿:愿我所点的烛光,照亮佛堂,照亮法界,照亮心的天空。

拜佛,就是表示对佛的真诚之心;就是表示我们愿意把自己放在佛之下的位置;拜佛,就是我们愿意接受佛的教诲;拜佛,就是我们愿意放下我执的高傲和我心的高扬;拜佛,就是我们知道我们自己本身需要佛光的普照;拜佛,就是我们愿意把我们的脚步向佛法校正;拜佛,就是我们终于看到了佛身的广大和佛法的无边……

每次来,我必到大雄宝殿以西供奉玄奘法师的三藏塔院瞻仰。向西穿过圆形的月门,郁郁柏林间有三座佛塔,这也是全寺最高的建筑。树木衬映中,玄奘法师巍巍的砖木舍利宝塔居中,矗立在青松翠柏之间,宝相庄严,满带微笑。

四角形的淡灰色砖塔,共有五层,宽大的基座,往上逐渐缩小,直到顶部攒成一个圆圆的尖顶,伸向高空,塔的四角挂着四个风铃,在微风中嗡嗡作响,望着这凌空的高塔,敬仰之情油然而生。他在佛法的交流和传播上,不是也树起了一座永不磨灭的高塔吗?

他的两个大弟子窥基、圆测二位法师的三级宝塔各居东西,高约七米,金身威严,庄重无比。上刻"基师塔"三字的,就是唐朝开国武臣,老百姓的门神,凌烟阁二十四功臣之一的尉迟恭之侄窥基大师的浮屠。他也是著名的"三车和尚",记忆中,他是因聪慧和俊美,由玄奘相中,并由唐太宗指定代替皇上出家的。东侧三级塔为"测师塔",圆测大师是朝鲜半岛人,为新罗国王之孙,亦是玄奘的重要译经助手之一。

三座佛塔一高,两低,对称布局,如三巨人相携而立。三塔与大雁塔外形相似,与江南的楼阁塔完全不同,或许这就是南北差异。我虔诚地合十含胸,口念弥陀,绕塔而行。

风雨剥蚀，岁月磨砺。青砖塔身多处已成土色，墙隙灰泥也已剥落，塔檐上有些许青苔，整个塔身颜色浅杂，如苍老的面容。默默安睡在这座灵塔之下的，就是我此行魂牵梦绕的玄奘法师啊。千年之前的尘埃落满灵塔，一片片落叶舞过，如同满天神佛之手拂过玄奘法师的墓碑。塔上飞来的尘土厚厚累积，其中也蓄满了这千年以来飞落的花草种子，在塔上尘土之中，在塔上砖缝之侧，生根发芽，一层一层的塔石，一道一道的塔缝，仿佛化石，又仿佛年轮，在塔上刻下了时光的遗迹。

即便是塔上那看去仿佛一模一样的草，也浸透了历史的厚重与沉郁，阴湿的砖面已经青苔密布，砖缝间则生着一丛丛参差不齐的野草，在那野草丛中有两枝素净的小野花，乳白色，花蕊处微微泛着些蓝色。淡淡的香，浅浅的蓝。那千年之前便落下来的草籽，已经在时光长河中垂垂老去了，就算有风吹送，也化不开那一抹厚重的墨绿色；而那些近百年间才生根在塔上的草籽，则是一抹深绿色，经受了时光的浸染，却还是兀自生长；只有那些年轻的草，像是刚刚探出头的年轻人，翠绿翠绿的，一副少不更事的样子。我想，它们大概不知道这塔下的灵骨肉身，就是曾经九死一生取经弘法，又为译经心力交瘁的玄奘法师吧。

塔下的千年麻石铺就的甬道已经十分古旧，暗暗的墨青色，时光流逝而刻在上面深深的痕迹。慢慢地，慢慢地，向远方延伸。我和吕师傅到达这里的这个清晨，还迷蒙着仿佛烟雨江南般厚厚的雾气，像一幅年代久远的水墨画，让人觉得淡定而又朴实。寺内古老的房子，青灰色的屋檐，滴水的檐角，矮矮的墙角爬满青苔，散发着潮湿的气息。

沿着麻石甬道，我在玄奘法师的真身灵塔下久久徘徊，慢慢地走，慢慢地走，就这样一直没有尽头。别看走在这青砖绿瓦、苍松翠柏的寺院中，可是我感觉就像置身于无际的虚空中，这种空静的感觉，真是不能用言语来表达。闭上眼，清爽的风从我身边吹过，带着山里特有的湿润的气息，吹得我的心也细细碎碎地在风中展开。忽然觉得时光倒流，回到那个开元盛世的唐朝，我成了一个诗人，站在护国兴教寺里，长衫迎风而立。淡淡的烟，淡淡的雾，淡淡的景，淡淡的人。那雕花的乌木窗框后，怕曾有如玄奘法师般坚忍的僧人，当窗对月，夜下奋笔，抄经不辍。

偶然

青砖砌成的三宝塔不算高大,很是简朴,但在其下徘徊,心情肃然。玄奘圆寂后,其弟子,于阗人窥基著成《成唯识论述记》,完成了唯识宗理论奠基之作,另一弟子新罗人圆测也在西明寺等地译经弘法,成为玄奘门下另一支系——西明系的代表。二法师圆寂后,陪葬少陵原。当年玄奘师徒入住慈恩寺,仿天竺风格建一座五级佛塔,武则天增至十级,今保留七级,即大雁塔。而我见过的佛塔大都是七级或十级,但兴教寺这三座塔却在我心中特别有分量。

这静立在少陵原畔的灵塔,虽然隐默无声,但海内外谒者不断,而每谈及玄奘法师,无不为之动容折服。三座塔檐角间青草摇曳,静坐塔前,可以遥想当年玄奘只身万里求法的艰辛,回国后千人译经的盛况。往事已矣,但是佛经还在,那种精神还在。

恍惚中,自己已经移步,三座佛塔的北面是玄奘的纪念堂,那门正对这里洞开。在殿堂内红色的温暖光辉中,我看到玄奘大师和窥基,圆测在一起,他们穿着红袈裟,正在翻译典籍。在汉地,这是极少见的精美如生的新佛塑。在他们身后三面墙壁上镶嵌有木制浅浮雕,刀法细腻而神似,其取经故事的情节正出自《大唐西域记》。

再穿过一个镌刻着"清幽"二字的月亮门,来到大殿的东边跨院,看到一座木制的小楼,"藏经楼"三个金色大字赫然入目。这是全寺最秀美的建筑,这里喧闹之声明显减弱,真有点清闲、幽静之感。

隐隐约约地听到笙箫钟磬的声响,这儿更显得幽静。我循着声音走到了藏经楼的西南角,只见两层屋脊的飞檐,犹如飞鸟的翅膀,翩翩而动,使人只觉得飘飘然,似有羽化登仙之感。声音听得更真切了,笙箫钟磬的音乐中,僧人诵着佛经。好奇地走进楼西北角,这是一间文物小商店,诵经声正是从那台录音机里传出来的。

兴教寺的寺院并不大,我以步度,南北约为一百二十米,东西长有两百四十米。它以巧取胜,以秀见长,小巧的布局,秀丽的风光,使全寺别具特征,由低到高的几个主要建筑之间都用花墙小圆门沟通,既能增加全寺层次,也使人觉得寺院并不小。

我又依依不舍地漫步了一遍兴教寺,青色的墙,青色的檐,青色的路,青色的梦。那笼罩在这条麻石板路上的,有千年时光里走过的僧人、居士、百姓的足迹,走过暮鼓晨钟,走过日升月落。如今只有一个清晨山中乍起的云雾在眼前迷离、飘散。

见我出神，吕师傅也在一边静静沉思。也不知过了多久，室内古树之上一声鸟啼才将我从这神思环游之中拉回。我转头一看，兴教寺的知客僧已在我身边默立良久，见我回过神来，知客僧人合掌施礼，向我说道："阿弥陀佛，施主，我寺住持宽池法师有请，请您到方丈禅房一叙。"

我并没有问知客僧为何方丈要与我一叙，也许这一路行来，我早已习惯了这一份冥冥之中的机缘，只身跟着侍僧穿过长廊，穿过寺中大殿旁枝叶墨绿，如伞似盖的百年龙柏树，穿过一间四面来风，八方迎雨的飞檐雕花的古式钟亭，走进方丈禅房。宽池法师欠身示坐，侍僧搬来了椅子，就在我们欠身坐下的一瞬间，东南西北，四个方向突然同时爆发出绵密猛烈的鞭炮声。这声音，如同海啸山崩一样，好似滚滚惊雷般地从遥远的地方传了过来，格外响亮清脆。

宽池法师笑道："不必惊慌，施主有所不知，这是我们今日大殿重修上横梁的日子，所以燃鞭放炮，讨个彩头。"

在鞭炮声中，可以想象，兴教寺厚实的洒金红门外，黑压压的人头攒动，踵趾相接，但无人高声说话，没有打闹喧哗声音，只有一片寂静的肩膀和人头。善男信女们，或貂裘裹身，或衣衫褴褛，他们都个个手捧金纸缠绕的高香，一脸兴奋，怀着虔诚的祈祷心情，瞻拜玄奘法师的灵骨舍利。

鞭炮声渐渐息了，禅房里一片空灵的寂静。宽池法师拈了三根香，很轻很凉的晨风里变成三点吐烟的火星，插进香炉。宽池方丈满目含笑地注视着我。

他会在菩萨的金像面前祈祷什么呢？就像我问宽池法师："玄奘当年求的又是什么呢？"

宽池法师解释道："玄奘一生克己，不恋权榻；他将自己的生命与毕生精力，都毫无保留地交给了这个国家和热爱他的人民。他们不是在求助菩萨神仙的力量成为自己的一人护佑，因为，十七年的漫漫求经路，他本身就是伟大的力量的体现者，他借寺庙之地，向冥冥上苍，无限苍穹表达自己的心愿——一个永远为国不为己的心愿！一定是在向远古和今朝的岁月祈祷之中，寄托自己的宏伟志向的情怀。这种情怀就是可歌可泣的爱国主义精神啊。"

也许，只有身为佛门中人的住持方丈能够真正理解玄奘舍身求法的精神。

宽池法师说，几十年里，他见过太多太多的有权有钱的人，都在菩萨的金身像前，在古亭的钟声里，低下他们不可一世的骄傲的头颅。他最清楚，在那一刻里，他们脸上的表情几乎全都是一样的，但是，他们心里想着的，祈祷的，却是千差万别的。每个人在菩萨面前，为谁祈祷？许下什么样的愿望？是这个世界上最难揣摩和猜测的，那是一个人心底的秘密——没有无耻与高尚之分，没有伟大和渺小区别。

"也是出于一种奇妙的机缘吧，我在兴教寺几十年，倒是第一次见到像施主这样在灵塔下徘徊不去的人啊，因此才想到请入禅房。"宽池法师说着，给我斟满一盏普洱，茶具均极考究，小壶小盅犹如玩具。更有小童伺候煮茶。

茶香乍起，如嚼橄榄，舌根微涩，数巡之后，却欲罢不能。我端起茶盏，口中却问宽池法师："每临塔下，我都想着同一个问题，像玄奘这样集诸多优秀品质于一身的人，史上几人可比？"

宽池法师微笑说道："各种人物都有侧重，玄奘是最全面者。他不但是视听貌言行俱佳的美男子，也是将才华、品质、意志结合得最为紧密者。其才华包括善悟、强识、博闻、雄辩，其品质包括忠诚、坚毅、胆识、包容；其意志百折不挠，始终不渝，从不停歇；而在这些品质下，他的学术成就无与伦比。其六十余年的人生，真是浓缩的人生啊！"

我端起温润如玉、几可透光的茶盏一饮而尽，宽池法师笑道："你看，你所追访的玄奘上师的精神不久正如你刚才饮下的普洱吗？一度藏之于云南，藏之于岁月，藏之于天边的人民，然而因为它的香，高锐而持久、内敛而浩荡、古老而新鲜……终于迎来了这彰显的一天。玄奘的精神也终有再度彰显的一天！"

与宽池法师的一席禅语对答，于我仿似醍醐灌顶般，这一路以来参不透的、摸不着的仿佛都渐渐有了痕迹可循，然而这无上妙音却任我想破脑袋也不知如何表述，少顷，我只得说："宽池法师，在我看来，这正是'兴教寺'寺名的题中之义吧？"

宽池法师露出赞许的微笑，说道："不错，中国佛教经过玄奘等人的西行求法，穷本探源，已得佛教的全部精义，从此佛学也日益昌盛于中国。此后佛教对中国文化的影响很大，如绘佛画、塑佛像、建寺塔、做道场、放焰口等，就曾经给中国的绘画、雕刻、建筑、音乐等艺术带来了创新的发展。再者，玄奘归国后，将沿途各国的风土人情以及政治、历史、宗教上的遗迹轶闻，写成闻名中外的《大唐西域记》，并被译成多种文字流传开来，为研究中亚、南亚史地和社会风俗以及中西交通史、文化关系史等，提供了极宝贵的资料，可以说，无一部具有很高的学术价值啊。"

当年，玄奘法师为了求得真经、普度众生不惜以肉身殉佛般的精神走完了这漫漫菩提路，而今，出于一些奥妙的机缘，我也沿着他当时的足迹走完他生命最后一段的轮回变迁。

要离开少陵原时，心底突然涌起了阵阵不舍之情。是啊，只有在这里，才可以纵情地让目光在大地的纹理间游移，感受清风穿林的舒畅，聆听古刹悠远的回响，体会川原默默无声的厚重力量。回头环顾，兴教寺掩映在古柏丛林中的佛塔，在夕阳中更显得清晰、高耸。兴教寺上空漂浮的焚香的烟雾，更增添了寺院神秘的色彩。如今，历经千年的兴教寺正如一耄耋老者，精神矍铄地端坐在少陵原上，俯瞰樊川、放眼终南，聆听着一个又一个朝拜者孜孜不倦的诉说。

返回的路上，车窗外，川中的潏河卷着橙黄的河水向北奔腾，远处少陵原的脊梁如山。回忆四十多年前在大雁塔下那个对佛理懵懂无知，只是听着天籁梵唱觉得心里安宁的自己，如今的我也开始看一些佛理方面的书，开始去了解一些最基本的故事与道理。

"南朝四百八十寺"，这是杜牧当时当地的约略估计，今日中国大地上共有多少寺庙，很难统计。我一直都很爱去寺庙，也去过相当一些。寺庙首先是宽敞的，庙里又总会种上好些苍松翠柏、梅兰竹菊，郁郁葱葱，衬托得充满勃勃生机。有的寺庙建筑很华丽，有王府那样富有华贵的气息；有的只是用了普通的砖头，房瓦也只是普通的土瓦，但它们却都拥有笼罩一切的宁静，以及让人心定而静的朴素。僧人们而那些栩栩如生的佛菩萨的雕塑，也常常使我产生神奇的联想：他们好像真的在倾听虔诚信徒们的祈祷，随时都会从神坛上走下来，给我们以爱抚。每每离开时，心里多少静了一些。

在我对佛教感兴趣之后，才了解到寺庙在佛教中的位置。佛教有

偶然

三宝：佛、法、僧。佛指的是佛陀；法是指佛陀教人追求幸福的方法，也就是佛陀讲的经；僧是寺庙里的出家人。寺庙是佛教的重要标志，它告诉世人在这里有完全不同的生活方式——我们追名逐利，渴求情爱，认为这些能够使我们幸福；而僧人们恬淡清静的生活，禁欲苦修，以求从世俗的苦海中解脱出来，获得最终的自由。

在寺庙用餐，也是一种洗心的方式，桌上菜肴全是素菜清汤，没有一个荤菜，都是清清淡淡的。刚开始，我吃了几口后，便吃不下了。慢慢习惯了，发现自己还是很喜欢吃的。清清淡淡的菜肴，清清淡淡的生活。

在五台山，在峨眉山，我都曾躺在草地上，闭着眼睛，尽情享受着无限的风光，嗅着大自然的味道。睁开眼睛抬头望天，白云悠悠，远离了尘世喧嚣，难得忘却了诸多烦恼。凝视着天空的飞鸟，心就离开尘世的纠结，而是专注在这美丽的风景之上了。寺庙庵堂，真是一个隐蔽身、心的避难所。

每次去过寺庙，感受其隔绝红尘的气氛后，回到红尘，总觉得有些什么，不太一样了。遥想当年玄奘在白马寺翻译经卷，高僧断了俗念，不再有名利思想，无欲则刚。玄奘肩负取经背篓，足蹬麻鞋，一盏佛灯照亮征程。

梁启超先生曾谈到：一千多年前，中华学子西行求法的留学运动中，以一人孤征者为最多，而玄奘之独往独来，最足为此精神之代表，是"前无古人、后无来者"，是"千古之一人"，他把玄奘法师称为历史的一个标杆。而玄奘法师的精神对当代社会的启示也有很多方面。比如他的爱国主义精神，就是一种不朽的精神。他在印度完成求法之后，国王想留他一起治理国家，他却说他九死一生、不远万里来到这里求法，不是为了图安逸，图享受，图江山，他求法的目的是报国，是普度中国的众生。现在很多年轻学子到国外学习，被一些优越的条件所吸引不回国了，很可能就把报国之心忘却了。

当历史事件像风卷残云一般地被时间带走以后，人类的目光可以借助理性的力量，去透视隐藏在每一个事件背后的最有价值的东西。印度僧王达摩帕尔说："玄奘依然活在每一个印度人的心灵深处，倘若没有他珠玑般的著作，我们印度的历史就不会完整。"

在佛教东传的历史中，从被动的"接"到主动地"取"，文化在玄奘西行的道路上轰轰烈烈的碰撞融合，这是一个优美迷人的历史文化大动作，作为佛教中国化的典型符号，鲁迅先生说："玄奘是中华民族的脊梁，是民族精神的代表。"这是中华民族的精神密码，将外来文化的精华消化，吸纳到自己的肌体中，成为自己的一部分，这是中华文化绵延不断的秘诀。

五、净土寺：守护梦中千年身

我曾在大慈恩寺细心阅读唐太宗撰写的《大唐三藏圣教序》碑文，其中所写："玄奘法师者，法门之领袖也。幼怀贞敏，早悟三空之心；长契神情，先包四忍之行。松风水月，未足比其清华。仙露明珠，讵能方其朗润。故以智通无累，神测未形。超六尘而迥出，只千古而无对。凝心内境，悲正法之陵迟。栖虑玄门，慨深文之讹谬。思欲分条析理，广彼前闻；截伪续真，开兹后学。是以翘心净土，往游西域。"

正是在洛阳净土寺，玄奘"栖虑玄门，慨深文之讹谬。思欲分条析理，广彼前闻；截伪续真，开兹后学。是以翘心净土，往游西域"，文内"松风水月，未足比其清华。仙露明珠，讵能方其朗润"。是说净土寺的松、水和风光条件，虽不足以比得上陕西的华清池，但其独特的仙露，却培育出了像玄奘法师这样的明珠。

佛学大师玄奘首次在净土寺剃度出家之处的赞誉和肯定，使净土寺永远在历史的典籍中留下闪光的名字，"翘心净土，往游西域"。道出了玄奘大师由洛阳净土寺出发到西域求法去经的历史真相，连天下闻名的少林寺，也没有如此能有唐太宗亲撰碑文提到"翘心净土"的荣耀。

就是在这方碑文中，我动了一定要去拜谒净土寺的念头。国内叫净土寺的寺庙有多处，年代多在洛阳净土寺之后。可能由于缺少可发掘的文化典存，那些地方大兴土木如今香火复盛。根据玄奘出使西域创作的《西游记》可谓妇孺皆知，而作为玄奘启蒙受戒的洛阳净土寺，却沦落民间人不知。可能是洛阳地方名刹古寺众多，净土寺虽然古老而闻名，但还是稍逊风骚未及重视。

驱车从洛阳市区一路行来，正是北方初冬时节，地上的梧桐落叶还没有扫尽，枝上的树叶还没有落完，道旁的梧桐树却已经摆脱了自

偶然

己沉重与快乐的负担。春天它急着发芽和生长,夏天它急着获取太阳的能量,而秋天,累累的果实把枝头压弯。现在,它宁静了,剩下的几片叶子什么时候落下,什么时候飞去,什么时候化泥,随它们而去。

这是一个云疏气朗、风和日丽的初冬日子。是个好天气,太阳出来了。有哪一个太阳比北方初冬的太阳更亲切、更妩媚、更体贴呢?道路两旁所有的庄稼地都腾出来了,大地吐出一口气,迎接自己的休整,迎接寒潮的删节。农民也变得从容。什么适时播种呀,龙口夺粮呀,颗粒归仓呀,那属于昨天,也属于明天。今天呢,只见个个露出笑脸,户户冒着柴烟,门口就摆着自家苹果园里长出的苹果,大红大绿,庄重安然。

出古洛,越龙门,南行不过二三十里,过了几个村落,就是净土寺所在的白元乡水牛沟村。洛阳龙门口南伊川白元乡有著名的"五里三寺",即夏宝村的清凉寺、水牛沟村的净土寺和白元村的金山寺。清人张文德有《春日游净土、清凉、金山诸寺》诗:"晚来汲露煮茗芽,古寺无人犬护家。座上真文余贝叶,阶前云气绕昙花。蒲团半纳随藜枝,舍利多珠隐木瓜。为问老僧何处去,白云深锁众峰斜。"

三寺所在地理位置十分独特,从远处望去,一尊巨型观世音菩萨仰卧伊河东岸。观音头朝龙门,脚蹬金山,头部前方有村曰"土门",按当地口语称"头门",意为佛头之门。土门遗址出土有六千多年前的"伊川缸",上面绘有日月运行,一年四季的历法图案。

清凉寺位于观音眼角之下,佛泪下落,清凉无比。观音脖子部位有村曰"夏宝",地方口语即称"下巴(儿)"。观音腹部位置是净土寺,佛脚的位置是金山寺。遥遥望之,奥妙无穷。

一路上,同行的司机师傅滔滔不绝,长在这样钟毓灵秀的地方,说起儒释道来也是头头是道。师傅从一进村口,就遥望着此地的地理环境对我说道:"道家讲究阴阳,僧家注重轮回,万物生长要有气,因此一个理想的风水宝地必须是个聚气的地方。气遇风则散,遇水则止,因此好的风水环境必须是藏风得水之地。这种环境也就是我们常说的:左青龙,右白虎,前朱雀,后玄武。它说明的是这样一种地理单元:三面环山,水口紧缩,中间微凹,山水相伴,朝抱有情的地理环境。名寺必依名山,名山必有奇景。净土寺的位置,正在阴阳聚会、生生不息的部位。"

我从事建筑行业多年，对他所说的内容也是深有感触，果不其然，净土寺的选址，北依龙门山，正照隋唐东都洛阳城正中轴线上。南临定盟泉溪水，水流其门，环境幽雅，气聚风藏，是理想的修行之地。特别是寺院的建造处，恰好位于巨型观世音"丹田"之处。

然而这些却都不是我此行的目的，此行我只是为了一瞻玄奘度过生命最初近二十年时光的一座佛寺。为玄奘的成长打下最初的积淀，这佛寺该是怎样的一番恢弘气象啊。

净土寺，一个很有佛缘的名字，自唐而来，它盛名于册，声显于世，更兼有玄奘法师在此初度空门的玄秘，让我自然在心中更多了几分期待。

净土寺在隋唐时为皇家寺院，名为东都净土道场，坐北朝南依山势而建，寺前自东向西有溪流绕过。寺院被村庄包围，杂隐于村宅民居之中。只有来到寺院近前，才能看到净土寺的山门。

谈起净土寺，五十多岁的司机师傅如数家珍。他告诉我："这里原叫鸾浴沟，当时没有村落，方圆三百多亩的土地都归净土寺所有，最盛时有三百多名僧人。民国时期附近几个村子里迁来了一批人，村子才改名水牛沟。新中国成立前后，净土寺建筑仍有一定规模，寺院从前到后一共分四进，分别是山门、天王殿、中佛殿、金刚殿、后大殿，再往上去是和尚的墓地。可惜1958年的时候，前面的三个殿都被扒了。"

说话间，已经进得村口，在众多热心乡亲的指引下，我终于找到了这个传说中的净土寺。鼎盛时期，净土寺广有良田千亩，寺内僧人田间劳作，除了庄稼作物，也种些苹果、葡萄，自给自足，还能帮助和救济些周围贫苦的百姓。而今寺院面积仅剩六亩。寺前有街一条居民百余家，商户小馆十多家，平时冷落无人光顾；逢集日街上来人也寥寥无几。

没有金碧辉煌，没有雄伟壮观，一个坐北朝南、古朴陈旧的院落出现在我的面前。肃立门首，端详良久，推开朱红色的大门，穿过一丛丛松柏，踏着石板拾级而上，映入眼帘的是五间砖木结构的大殿。隋唐风格的石质廊柱，龙凤牡丹跃上殿脊，雕梁画栋，飞檐翘角，残砖断瓦，印证着千年风雨。虽说历经沧海桑田和岁月侵蚀，寺东北的卧佛殿，正东的禅佛殿，东南的涅槃殿和三圣阁也是残损不全。但是当我站在寺院中，依稀能感受到昔日的盛景与繁华，游离在苍穹间的，是不绝于耳的诵经声和氤氲缭绕的香烟。

寺中据说只有一位女僧如琛禅师常在，见我前来，双掌合十施礼道："阿弥陀佛。"也并不问我打哪儿来，要往何处去，陪着我在寺中一边行来一边说着些净土寺的旧日事迹。

漫行于净土寺的石阶小路，遥想当年，玄奘西行求法十九年，历尽千难万险。他在沙漠中迷路，四天四夜，滴水未进；他被劫数次，其中一次险些被强盗作为供品祭了河神娘娘；天山顶峰，雪崩突来，险象环生，防不胜防。他一次次战胜了困难，也战胜了功名利禄的诱惑：国王的奉承，至高的荣誉，美女的诱惑——他把这一切同样看成是修道的一部分，甚至不得不以绝食的方式以求继续西行。正如佛教所说，大千世界是禅堂。他每克服一个障碍，就在觉悟的路上前进了一步。

念今追远，敢问人生，路在何方？我想，也正在我们自己脚下。

下阶出寺，不知不觉间竟有了轻盈走莲、踏云飞腾的感觉。环顾四周，天净无风，一色深蓝，西边出现了一抹五光十色的晚霞，古老的净土寺大殿在霞光的映衬下更添了几分神秘和庄严……

第四节　退伍工人一片天

要留在部队获得较好的发展，入党是一个必须要解决的问题。1968年3月我当的兵，在宣传部干了一段时间后，我的工作成绩和写作能力得到了首长和战友的赞同，那年的年底，仅仅八个月的时间，首长就同意我参加党支部生活，因为我的文笔还不错，还让我写了一个连队党支部的年终总结报告。在全团推选入党积极分子时，我们八千多士兵、八百多长沙兵，我第一个被推选了上去。由于连队就是一个党支部，团部和连部都批了，说我是一个坚强的战士，而且是五好战士、优秀战士，够资格加入共产党；支部大会讨论通过了，报团部批准，就这么两个程序，你也是党员，都知道这个。已经快是共产党员的我，正在满心欢喜地准备宣誓、正式为党组织接纳之时，申请书却在团部卡住了。

连队领导替我咨询了情况，向我传达："有人举报你爷爷在抗日战争时期历史问题不清楚，是叛徒，团部希望能够暂缓入党，先核实情况。"

我非常纳闷："爷爷怎么会是叛徒呢？！"

"那要通过知情人来说清楚，证明你爷爷不是叛徒。"领导如是说道。

我连忙向父亲去信询问此事。父亲回信说，爷爷所在部队在解放后番号几经变更，现在只有原军领导能了解过去情况。父亲让我去找四十二军的军长，姓肖，在北京。他早就退休了，据说我爷爷曾经和他一起参加的红军，他是大队长，我爷爷是副大队长。

把这些情况向领导汇报以后，团部派人去做了调查。找到了那儿，因为是将军大院，没让进去，说是他年纪很大，病重谢客。我父亲那时候都五十多岁了，想来肖将军也该八九十岁了。领导希望我再提供一个知情人，可惜血战岁月，爷爷的战友都已为国捐躯，那些陈年往事于是再无明证。

因为历史问题说不清楚，我入党的事情拖了下来，后来很多人入了党，我的入党问题却一直没有说法。

正当我纠结苦闷之时，"文革"早期被武斗派殴打落下的旧病复发了，腰痛不止，医生说是腰椎间盘突出，要开刀，后来又说，刀可以不开，但得回家休息。这让我不得不立即做出了复员回乡的决定。

我郑重向团部提出了申请。政委三番五次让我仔细考虑，不予批准。没办法，我只能给我父亲写信，让他以老干部和家长的身份向政委写信说明情况。我怕他也不支持我的决定，就假意威胁：如果你不给政委写信，我就要当逃兵了。父亲耐不住磨，总算答应给政委写了一封信，请部队允许我复员。政委接到信之后找我谈话，非常遗憾地说："如果你父亲不写这个信，我是不会让你走的。我们实在太看好你了。"

不错的职位，领导的看重，这一切都让我的前途看起来平坦无阻，可在经历过这么事之后，我明白这条康庄大道的局限，那里并没有吸引我进行到底的远大前程。而且我坚信，一个工作，只有自己真正喜欢，才能真正干好。所以，尽管我周围的人几乎全都质疑我这一决定是否理智，可无论如何，我去意已定，虽千万人吾往矣。

偶然

　　我那几个结拜兄弟，婉转地问我为什么一定要离开，他们还以为我犯了错误。我对他们付之一笑，说我挺好的，只是我想回家了，于是就早点复员。若干年以后的战友聚会，他们看到我，一致赞同我走得非常正确，还说，那时我们要是跟着你走就好了。他们在那里混了一辈子，当了一辈子的兵。舍弃，也许正是为了更好地拥有！

　　回顾往昔岁月，从学生到军人是一种"涅槃"，从军营到社会，更是一次"浴火重生"。因为当过兵，后来到了工作岗位以后，总觉得自己不能给部队丢脸，工作就是军训一般。也因为怀着这种最朴素的激情，不知不觉，我也把军人的战斗作风带到了工作中——好男儿要以天下为己任，这正是部队教给我的最重要的一课。

　　部队生活，是我人生经历中的一次重大学习；军事化教育也使我了解了很多部队的良苦用心，自己的思想也有了飞跃性的发展。曾经，我可是激扬文字、指点江山的狂妄书生。经过部队几年锻炼后，我自觉变成熟了很多，比如，经历了部队上那种严格的作息时间后，再也没了以前读书时睡懒觉的习惯；入伍前的我，喜欢用诗词中的豪言壮语来诠释自己的理想，喜欢引用很有气魄的诗歌，甚至脱口而出。但到了部队后，我慢慢知道了以前很多都是空谈，没有意义。所有的理想都是从脚踏实地开始的。与其说什么，还不如实在做点事情。因为历史原因，自己没能读上大学，但在部队，等于读完了大学。虽然自己期望的目标没有得到，但我真的感谢从部队学到的一切，感谢部队培养了我，感谢部队让我变得愈发坚强！

　　虽然已脱下军装，但我骨子里还是一名军人，军旅的绿色情结已浸入我的血液和骨髓。尽管因为种种原因，不得不提前离开，心头总有一丝不易被察觉的怅然萦绕。我爱我的部队，我爱我的战友。虽然以前也有"鲁迅战斗队"的同学情，但和战友情仍有不同：同学之间，感情大多是因为有私交而产生的。战友之间即使没有私交，也会有很深厚的感情，因为要一起训练战斗的缘故吧。

　　我已把军人情结悄然藏在心灵中最纯洁的家园，这种情结已从有形变为无形。

　　所以，最后与部队完全脱离关系的那一天，我很认真地再叠了一次军被，欣赏着从前的"面包"，变成今日的"豆腐块"；在和战友昔日用餐的食堂里，我最后品尝了一次炊事班做的饭菜，它的味道，我在多年后还能记得；我慢慢穿上了军装，看着镜子里的自己，和刚入伍时相比，曾经懵懂的少年，变成了一个日后能禁得起风吹雨打的男人；离开之前，我着装整齐地来到昔日的训练场，正是在这里，我和战友们一起摸爬滚打，曾经累过、伤过、痛过，一起欢笑过。如今，静静地凝视着正在训练的新兵们，我忍不住缓缓抬起手臂，向他们敬上了最后的军礼！

当我坐在开出驻地的大巴上，望着渐渐远去的西安城的古老街道，厚实城墙，心中充满了不舍与眷恋。当那回家的火车已经驶出了车站，身后的一切渐渐远去，不舍的泪水竟再也无法控制，如潮水般涌出。是悲伤还是眷恋？我真的难以说清。回头看看那曾经让我终身难忘的地方，发自内心地说声："再见了，部队；再见了，我亲爱的战友，愿你们好人一生平安！"

有人说：有些东西当拥有它们的时候，往往无视它们的存在而不去珍惜；当失去的时候，才真正知道它们存在的价值，并为失去它们而惋惜。对这句话，我深有感触。当我身着军装时，没有感觉它与众不同，一旦脱掉，立刻觉得它是那样的绚丽和漂亮，它照射的军人是那样的威武和庄严。拼则而今已拼了，忘却怎生便忘得，缘尽于此，离开总是必然，可这几年间的点点滴滴，又怎会从记忆中轻易抹去。听起来已经熟悉而亲切的关中话，一起同甘共难的战友、同事、老乡，培育我坚韧性格与豪迈情怀的军营，林林总总，都会成为回忆中一道永远亮丽的风景。现在我每次上街融入人流中，看到身着军装的官兵在我面前走过时，我都会注目专门多瞧上几眼，我对军人这一职业有着极其特殊的情感。

在西安的时候，喜欢看书的我最喜欢游逛的地方便是那里的旧书市场，业余时间还去废品收购站逛逛，我管这叫"淘宝贝"。此外，书院街、八仙庵、化觉巷等几条长街上那些专门卖古旧工艺品、旧书画的地摊对我来说，也不啻是一块乐园。地摊这一交易形式始自何时，谁也说不清楚，反正自古就有，"文革"时也不例外。早上是最热闹的，尤其到了双休日。卖家往往在地上铺一块油布或几张报纸，上面摆卖的东西可谓五花八门，基本上都是一些古董旧货，有名人字画、珠宝首饰、古旧瓷器以及旧首饰盒、旧钟表、旧家具、旧唱片、旧砚之类的杂货。然后便领首垂目蹲在一边，只用眼睛的余光扫视着

偶然

行人，绝无像其他商贩那样高声叫卖的。买家则悄悄穿行于地摊之间，尤其是稍微内行一些的买家，即使看到自己中意的东西也绝少直接询价，而是顾左右而言他，和摊主打哑谜，绕来绕去半晌，方才绕到正题。

我以很低的价钱淘到过许多小玩意，但最令我百看不厌的则是那些世界名著，虽然周围有我这样爱好的战友不多，他们甚至觉得，旧书似乎不太卫生？但在我看来，没有读过的书，永远都是新书。看见喜欢的就买下来，然后回宿舍往床上一躺，津津有味地看。现在我回想起来，发现那些日子全是靠看书打发过来的。

那时的市场里有很多公私合营的书店，卖旧书的很多，教科书、杂志、小说，什么都有，其中还有不少是解放前出版的书。大规模抄家之后，那些"四旧书"多到不值钱，名著通常都是几块钱一本，有时甚至几毛钱一本，一套才几块钱。我买了《鲁迅全集》等很多书。每每如获至宝，细心加以保存。不认识的字很多、不懂之处很多，但不敢问别人，只能求教《新华字典》，几年过去，字典也快被翻烂了。吃饭属于物质享受，博览群书则是一种精神享受，如同品尝美味珍馐，汲取不同的思想营养，欣赏不同的风味。看一本书，记住一句话即是收获；听一个人谈话，记住一个观点也是收获。是读书，开启了我观察世界的一扇窗口，弥补了我中学时代的阅读空白。

为了看书和买书，周末除了中午找个小店吃上一点东西外，我能在书店里待上一天，也许，那时的阅读背后，有一种振兴中华的人生理想？结果，复员回家时，我的五大箱行李竟全是书。

书真是一件奇妙的东西，可以摆脱时间，超越时空，把死者的声音传进生者的心中，不论他们之间有多长的距离。一本书写出以后，完全不能预知一百年、两百年后是些什么样的读者在阅读它。这书，究竟是为谁而作的呢？随便翻开一本百年前的小说，你能因为此刻拿着它就断言它是为你而作的吗？显然不能。

缘分呢？显然也不是为某个人而设的。比如，你认识了一个人，并和她相知。此前，你不会知道她将成为你的记忆。你认识她，完全是一种碰巧，他并不期待你的走近。我们都知道，期待，是要有对象的。有她的时候也许你已经存在，也许还没有。比如一个人爱上了比他小十几岁的另一人。缘分，怎么会对未知有一个测算呢？又怎么会为一个尚不存在的人而存在呢？

　　有时，我凝视着封面上的名字，这名字表明曾经有这么一个写书的人，这表明他已经死去或他即将死去，可纯粹的文字却得以永生。它永生在这本书的扉页以及每一页，也因此永生在所有读过此书的人们的记忆中。

　　有没有想象过那些人呢？那些在封面上有一个名字的人？人已逝去，名字却浮离出来，这个人写书时所处的环境早已灰飞烟灭，那个时代的读者也纷纷弃世而走。这本书应该仅仅属于它的环境、它的时代和它的作者，那这书为什么不一同逝去？为什么万事皆休，唯书永存？

　　世代变迁，物是人非，一切随风而去。这本拿在我手里的书孤零零地保存下来，那个人当初为谁而作此书已无关紧要亦无从知晓，现在的事实是这样的，这本书落在一个或许多个陌生人的手里，这个或这些个陌生人和当初那份时事、那个作者，经由这本书相遇了。

　　这是非常偶然和不可思议的相遇。再比如，你去游玩，在荒草丛中发现一截断碑，它重现于当代，并让一个陌生人看到了，可这个人又怎么能知道曾经有过的故事？

　　看一本书、读一块碑、听一段音乐一首歌，都是你使它们重获知音，你成了那些已死的魂灵的听者。可惜，这个人却永远不会知道那么多年以后，还会有人看他倾听他的想法。一百年后又会是谁和我一样，静静看这些书听这些歌，心灵同样颤抖呢？

　　那个人，书的封面、唱片的封套、碑上的名字所代表的那个人，现在在哪里？死后的世界无人可知，就连生时的世界同样不为人所知。我们每天都活着，作为一种存在的形式，可是我们知道的多么有限。现在我在打字，现在你在读报，我们只能集中于这些，而就在此时，这个世界是否正有人一见钟情？而战争，是否正在进行？这个世界每天都在涌现，每天也都在湮灭。我们所说的生活，只是旁观一些与己无关的事，仅此而已。

　　是否正因为这样，种种保留形式历久不衰？CD、书、字画、古玩……我们在阅读这些历史见证的同时大量炮制。在我们向未知的死亡飞去时，弯弓搭箭，将自己的作品射向后世，射向未知时空，让它脱离时间之掌，毫不停留飞向不可知的未来岁月，会击中谁的灵魂，谁知道呢？终于，这个人，这个时代，留下了一点线索，与每一个今

偶然

天同在。

等我回到家一年以后,调查结果出来了,我爷爷是烈士。结论出来了,但是,我已经离开了。

于是,我带着这军旅生涯在我身上、心中留下的一切痕迹,开始我全新的征程。生命就是一条无法调头的道路,永远单行;在歧路繁多的节点上一旦选定,便只能以脚步做那量地之尺,向着远方风雨兼程。其他的道路上或者也有明媚秀丽,但又何须觊觎,我的命里注定,我的分中所有,一样有值得观瞻的独特风景。所以,何须瞻前与顾后,不消计较与安排,这些领取而今现在的选择,总会串联起无怨无悔的人生。

而我偶然落下的腰部旧伤,竟打开了我通向中国传统文化的入口。

从部队回来以后,我先是留在长沙治我的腰病,那因为大西北的天寒地冻而复又发作的腰痛并未缓解,我四处求医问药,竟毫无办法。偶然一次经人介绍,找去了地处岳麓山下湘江之滨的湖南省中医药研究院,那里有一位著名的老教授——刘炳凡。他帮我看了看,用手摸了摸我的腰椎,坦然而自信地对我说:"不用担心,这不是椎间盘突出,只是老伤发了,这腰痛病是伤、湿所致。你只要好好地跟着我重新治疗就能根治。"说着就从药缸里拿出四颗黄豆大小的白珠子,放在胶布上,贴在了腰的两边。如此坚持了六个月,隔天找教授换一次药,整整九十次,最后疼痛就完全消失,腰痛病好了,直到今天,一次也没有复发过。后来我才知道,原来那白色的珠子是一味中草药,叫做茅蒿菜,又叫做夜下珠、地下明珠,可以活血化瘀祛湿强筋。就那么坚持贴着,好些年的腰痛病愣是给治好了。

多年沉疾一旦祛除,我不得不相信中医药的神奇,也因此牵连想起许多与中医药结缘的往事。早在读书时,我的爱好就十分广泛,除了每天完成固定的学业外,还喜欢参加运动,小学时候就是校足球队的主力,经常参加比赛,到了中学又参加了校排球队、跳高队。运动在带给我酣畅淋漓的快感的同时,也常在不经意间给我添些病痛。有一次跳高的时候,扭伤了腿,膝关节肿得像个馒头般大,晚上回到家,母亲用花园里的新鲜三七捣碎加上高粱酒敷在关节上,我心底暗暗怀疑这简简单单的土方子是否真能奏效,第二天早上却不禁大吃一惊,红肿竟已完全退去,晚上又敷了一次,第三天居然彻底痊愈。这是第一次让我见识到中草药的神奇威力。

真真地体验过了中医药的神奇后，我就喜欢上了中医。自此，我与中医结下了不解之缘，闲来也看许多中医学方面的书。比如一直在解读《黄帝内经》、《本草纲目》、《孙思邈病案》、《张仲景医注》等等，背得汤头歌诀，粗通望闻问切。在这些典籍的浸淫中，我深深地认识到，人为五行之秀、天地之心，其生老病死、举止动息，本身即是浩浩宇宙、茫茫自然的一个组成部分；那维持星移斗转、动植蕃息的永恒规律，也需要我们去顺从、去遵循。时至今日，我被推为养生协会主席，对中医也一直有所关注，虽研究了有好些年，却也不过得其皮毛，总也不敢自负精通，中医养生的神理深不可测，精髓浩瀚如海，又岂是轻易能吃透的。但作为兴趣爱好，还是很有意思的。好比天冷了，学一下《黄帝内经》是很有必要的。"冬三月，此谓闭藏，水冰地诉，无扰乎阳，早卧晚起，必待日光，使志若伏若匿，若有私意，若已有得，去寒就温，无泄皮肤，使气亟夺，此冬气之应，养藏之道也。逆之则伤肾，春为痿厥，奉生者少。"从中可以领会到生长收藏的道理。

而中医作为中国文化的一朵奇葩，是在渊博宏深的传统文化中孕育，以此为契机，我进而学习了《论语》、《孟子》、《道德经》等儒道经典以及佛家的禅学。儒家的弘道进取、道家的无为清净、佛家的空灵妙悟，三教在其最高的层面上不过是殊途同归、百虑一致，提示我们在天地间、在人群里的安身立足之道。这些前哲往圣的诸般言论，在我人生的轨迹里，惠我实深。

不过，得与失是一体的两面，是分不开的，失也好，得也罢，有时发生在瞬间，仅仅就是一念之差。有得必有失，有失必有得，还真的是真理！

因为十分喜爱中医学，有一年，当我得知一个位于上海青浦的药厂打算出售时，我就毫不犹豫地买下了，经营三年，投资大概一亿多元，但最终却没有做好这一件事。后来我自认放弃，转给了另一个企业，亏了四千万。那时药厂的生意很红火，竞争也没有现在这么激烈，新药的利润也高，那么，我为什么会亏损呢，为什么会做不好呢？

我很努力地去学习，不断去解读制药业，买的书放了整整两三柜

偶然

子，头两年，我天天在读这些方面的专业书，天天向教授请教制药这个行业，无论药还是中药原理，我都能说得透，也做了很多确确实实不错的好品种出来，更通过了国家药监局的GMP认证，国家只要求二级标准的，我们都达到了一级标准。我那个工厂，做得相当漂亮，无论哪个领导来看了，都夸赞说是一流的……花了那么多心思，为什么没有成功？

后来我把失败原因归结为：第一，我对这个行业并不是很熟悉，我只是凭着一腔热情来做这件事，如果我特别精通它，我就会知道如何规避一切风险来取得成功。有时候，热情也会干坏事。

第二，好比一个硬币的两面，如果从天命的角度来解读，这个项目与我的五行相克。制药这个行业属水。为什么呢？因为化学的东西都是通过水提炼的，溶化也好、化解也好，用到的都是水，用不到火。既然药是水做出来的，它就属水。而我的命，我本身是属牛的，十二月初二生人，是土命，本来已经含水、土，再加水，太多的水就会冲垮土，自然会失败了。

第三，如果从人事的角度来解读，则失败跟药物行业潜规则也有一点关系，这里面黑幕的东西不少。比如，新药推广的渠道成本很高，上游四五千家药厂的竞争太激烈，必须以金钱开道，人脉为靠山。而我们的做法都是根据科学规律、市场规律办事，定价也是按照市场来的，没有其他的潜规则。我认为产品优质、市场接受就可以了，其实不是这样的。十块钱的东西可以在外面卖到两百块钱，而我们的药，十块钱的东西顶多卖到五十块钱。两百块背后所有的潜规则，我当时不了解，不知道里面还有那么多章章节节。经过这次失败之后我对市场上的补品之类的东西，觉得特别虚拟化，因为我清楚，它里面的东西，物不所值。后来看到报纸上登了，五毛钱的成本，居然可以卖出三百块钱！

如果说失，就是在创办药厂的时候我走了一些弯路，这失败，主要是输在时间成本上，而不是资金成本。我浪费了近三年的黄金时间，而那三年，恰恰是中国房地产发展的黄金时间，这个时间是不可追回的。

但如果说得，我认为，我得到了自己的良心，没有昧着良心办事。同时，我也明白了什么叫五行，金、木、水、火、土，是构成万物的五种基质，"行"指的是一种自然的运行。一个人不是什么都可以做，什么都可以成功的。好比水的本性就是流，当鲧以堵的方式来治理洪水时，因为这是违反自然规律的行为，就失败了；而禹因势利导治水，顺了水性，顺了自然之性，自然就成功了。大自然的真理性就在于只可顺势，不可逆势。现实中比较明显的例子，莫过于人类对自然资源的破坏因而遭受到的环境恶化、气象无常的自然惩罚。总之，遇事依循自然，因事而治，一定会比盲目胡为要来得顺畅。

从部队回来后，复员分配又让我面临选择。我父亲问我，是去当干部还是去当工人？到了退伍办，退伍办见我曾经在报社当过记者，又在司令部做过，也问了我同样的问题。当时，说是市委宣传部要人，区委宣传部也要人，我都可以去。

但我想要当工人。在干部家庭长大的我，在部队里又参与了许多机关工作，自谓对这种生活已比较了解，但我从没做过工人，工人的生活是如何的，我不知道。我有冲动，想知道当工人是怎么回事。在我看来，惟有自己当了工人，才会知道，才会懂得，"工人阶级是领导阶级"的真正含义。因此，就像当初放弃上山下乡选择从军一样，这次我放弃了去机关做干部的机会。在那个年代，洁白光亮的搪瓷日用品曾经是人们生活中的最爱之一，放置茶壶、茶杯用的花彩搪瓷茶盘也受到大众的欢迎。想到修机器和修飞机的原理差不多，我选择成为长沙市搪瓷厂的一名机修工。

我执拗地想要体验人生的不同可能，想要让自己的生活变得漫无崖涘、海阔天空。尽管我对当干部一事看得很淡，但我还是觉得，在部队那几年，对自己而言确实是一种锻炼，可以站在一个比较高的层面上看问题，这也为以后事业发展中作出各项决策打下了基础。

写到这里，有必要介绍一点搪瓷的知识，恐怕现在的年轻人，可能都不知道搪瓷是什么玩意了吧！搪瓷，实际上是在金属材料制品上涂覆上一层或多层无机玻璃质材料（这种材料俗称"搪瓷粉"），然后经高温烤制而成的复合材料制品。

要知道，在上世纪70年代，搪瓷杯可是一种非常时兴的物品。它物美价廉，既实惠又实用，在生活用品十分紧张、又大力提倡厉行节约的年代，自然受到了人们青睐。那时，无论是厂矿企业，还是机关部门，都常常把它当做慰问品、奖品或纪念品来发放。杯身上赫然印

偶然

有一个鲜艳醒目的大"奖"字,让人一看到就对它的主人油然而生一种敬慕之情。

厂里的支书对新去报到的我豪迈地说:"我们厂的产品是要出口的。"

那厂里有五个车间：落片制坯车间、搪烧车间、美术喷花车间、珐琅水粉制造车间和产品检验包装车间,每个车间又分有多种工序。在厂里劳动了没多久,我就对工人们良好的产品完成计划佩服得五体投地,非常有整体性。在有条不紊的分工合作中,有的车间生产珐琅粉,有的车间喷花,有的车间搪烧,一派欣欣向荣景象。

一车间负责将洋铁皮落料,在丈方的铁皮上,如何可以切割出更多的圆坯,这是个数学问题。落成圆铁皮后,在冲床上压成碗状或杯状,这些工作都由手工扶着铁皮在冲床上做,冲掉手指是经常有的事。做成毛坯的碗杯,送到二车间搪烧,师傅用钳将轧制的杯子等制品在各色搪瓷浆里浸透,出来转甩一圈,刮一下盆边(我们看到的搪瓷盆都有个蓝边,就是这样形成的)。然后放上传送带,经过两轮温度有上千度的高炉热烘,使搪浆坚实地附在铁皮上,劳动强度之大,不言而喻。有一首歌谣道出了搪瓷厂工人的辛苦：三揪两甩加筛,赤膊短裤拖鞋转,炉台前热后面凉,一年四季尘满面。

我负责搪瓷厂喷花车间的机器检修和故障排除,每天在车间流水线上一百多个喷花姑娘的一排排身影里穿梭。搪瓷制品的花色都是先由设计师设计,设计完后制版,制完版以后喷花,工人用模板喷制出来后再入高温烤炉定型而成的,喷色推花是为了增加产品美观度,也很辛苦。要先用喷枪按照图样喷上颜料,再用热风机烤干,噪声隆隆,粉尘弥漫。当时的喷花工段还都是手工操作,女工们坐在火炉旁生产,温度很高,相当艰苦。车间虽有吸尘设备,但喷花时仍有珐琅粉(矽尘)飞散在空气中,空气里总是黄烟滚滚。吸进肺里,时间长了就会患"矽肺"病。一到夏天,车间里没有空调,心灵手巧的女工们汗流浃背仍劳作不止,那些最终固定在脸盆、饭缸上的美丽花样,实在是她们青春血汗的凝结。

那时,搪瓷花色的发展也无可遁逃地融入到了时代的洪流中。比如,毛泽东的"老三篇"(《为人民服务》、《纪念白求恩》和《愚公移山》)就被印在茶盘上过；而毛泽东的故居韶山,因为是那时万民所向的圣地,因此和红旗、向阳花、火红的太阳、满天霞光一起,成为最激动人心的图案。"毛主席万寿无疆"、"战无不胜的毛泽东思想万岁"、"大海航行靠舵手"等标语也紧跟时代地出现在了茶盘上。在那个年代,在搪瓷厂工作的职工都觉得自己很幸运,因为能生产出搪瓷的主席像章,每人都能搞到几枚甚至几十枚,分给亲戚朋友,十分引以为荣。

不久,厂领导了解到我在部队做过宣传,又让我兼上了给广播台写稿的工作,于是,我就在维修设备、检修气泵、抽风机、灯之余,待在一间蛮大的空调机室里伏案写稿。那房间足有两百多平方米,有一张小小的办公桌,桌上有一盏散发橙黄灯光的台灯。我就在灯下为广播台写稿。机器嗡嗡的,一直开着,七十分贝的噪声震耳欲聋,写得入神时却充耳不闻。那段时间,我是真正做了一回工人,每天油垢满身。有时候下班,别人都走了,我还要跟一个湖北来的技术老师一起修理、维护设备。

部队里的那段文墨生涯让我意识到自己文化修养的不足,所以,在我做工人的这段时间里,我也有意识地进行学习,不断丰富、充实自己。从西安带回来的那些书便成为我做工之余,孤灯长夜的慰藉,茶余饭后的消遣。

闲暇的时候,我还常去瓷厂附近的公共水塘钓鱼。那水塘只有小小一港,不及咸嘉湖宽大,但往来便利,正可以供我做濠梁间想,慰藉我对水的相思之情、渴念之意。水流云不竞,心在意俱迟,塘虽不大,但平静时光磨如镜、风起时涣然生文,足以让我执竿静坐,消磨掉一个一个的上午、下午,甚至整天。得鱼不得,何必在意,甚至有饵无饵也无需挂怀,那些沉静的时光,那偷得浮生半日闲换来的野鹤闲云,足以让人表里俱澄澈;其中的妙处,或许只能悠然心会,难与人说。

钓得久了,就到附近的农民家中,在他们依山傍水、土墙茅顶的低矮房屋里吃饭。那些生性淳朴的人儿,对我这样的不速之客十分热情,忙前跑后,招待起来如飨贵宾,待到饭菜上桌,几例简单质朴的家常青菜,清新可爱。

他们必为这饮食的简陋心有不安,满脸歉疚,搓手笑道:"米也是刚打的新米,菜是自家地里种的,现拔现摘,吃个鲜生,只是我们

偶然

这里没有油,只能做红锅菜!"

"红锅菜"几个字,从字面上看起来似乎还不错,有那么一点色彩光鲜红油闪动的意思。其实理解错误,完全不是这回事情。那么,"红锅菜"到底是什么菜呢?正因为没有油水垫底,只好把一口铁锅烧到通红,然后下蔬菜进去,浇点盐水,丢几个干椒皮,嗤啦一声,把植物中那点水分逼出来,就算完事。那年月,菜油是稀罕物,吃油是很奢侈的事。猪肉更是过年才能打的牙祭。即便是在传统油菜大省湖南,油料单产和总产都不高。而农民每月只有一两毛钱的收入,一个月到头总共不过五六元钱,他们舍不得买油,由于缺油,"红锅菜"曾是农民餐桌上的家常菜。吃得久了自然索然无味,拿来招呼外人也觉体面不足,但也无可奈何。我知道他们生活的艰苦,吃完饭也留些钱做些补偿,他们照例要言语笨拙地推辞一番,在我的再三要求下,才颇不好意思地把钱收起。这实在是一群憨厚可爱的人民。

那时候,我心里就想,啥时候老百姓的油够吃了,生活就好了。我也曾在心中暗暗发誓,哪一天自己有能力时,一定要买足够的菜油送给他们,让他们再也不吃红锅菜。尽管吃的是红锅菜,日子过得很苦,却给我留下了太多美好的记忆。

一年之后,在工厂里,我已经跟工人们打成一片,又调到了离家较近的省机电局工作,是负责技术的,先在工艺科开始跟着师傅学修车,小修,中修,大修(即现在的一保,二保,三保)都会。

后来经常去野外施工、供变电,翻山过河,哪里有需要,就到哪里架电线,安装变电装置。架电线、立杆子的活儿很艰苦,宿舍就是帐篷。那个时期的电线杆几乎都是处理过的木头做的。白天我就挂着电工的四大件登高架电线,弯腰拧开关,钳子螺丝刀一排儿吊在我屁股上,走村串寨送去光明。

有一年,我到常德市桃源县八字路做架电线工程,发现那个地方宛如童话的世界,梦幻的故乡。历史学家陈寅恪先生认为:"陶渊明《桃花源记》寓意之文,亦纪实之文也。"然而,桃花源在哪里,一直没有定论,不过,来到了桃源,看到这里的山水与乡民,我相信陶渊明的桃花源就是在这里。沅水如绿色的带子,从西边的山里泻来,用九十九公里的柔情、依恋,轻柔地抚摸着这片土地,然后才朝北面的洞庭湖飘去。背靠武陵,面向洞庭,这片土地,既得山的俊伟,又得水的韵律,古树参天,修竹婷婷,寿藤缠绕,花草芬芳,有石阶曲径、亭台牌坊装点,奇山异水交相辉映,宛若人间仙境。"人过方竹林,轻踩碧潭路,环上木栈岭,迎面桃花春。"在这里,我真正领略到了陶渊明笔下的意境:武陵人"缘溪行","林尽水源,便得一山","山有小口,仿佛若有光";"从口入","初极狭,才通人","复行数百步,豁然开朗","有良田、美池、桑竹之属","鸡犬相闻"。水平如镜,水绿如靛;群山夹岸,形态变幻,如象,如狮,如龙,一条条小径直通竹林中的吊脚楼人家,那里有鸡鸣、有狗吠,还有老牛的嗯哞声,河里漂着小划子渔船,上面还有鸬鹚悠然自得地在用嘴梳理着打湿的羽毛。

桃花源里可耕田,举世无双。因那著名的《桃花源记》,我喜欢上陶渊明这个人。作为隐士的陶渊明,内心依然是"猛志固常在",他一方面继承了庄子逍遥自由的思想,另一方面又有自己独立的隐逸人格,与庄子相比,更为淳朴和适性自然。他在《桃花源记》中所畅想的人间乐园——远离尘嚣、宁静富饶、古朴和睦的桃花源,让当时的我越发感慨万分。外界仍在"文革"怪力乱神之中,这里却是渔舟条条,水鸟阵阵,时间、光阴和地球的一切都仿佛凝固了,陶渊明描写的桃花源胜境"不知有汉,无论晋魏"在这里重现了,不得不使人产生超然物外、回归自然之感,恍然身处一个真正的"世外桃源"了。

美好社会,人人追求;世外桃源,谁不向往!但,我问自己,什么才是真正的桃花源?陶渊明是因为迫于对社会的无奈与惆怅,铺笔描绘了一幅桃花源美景,以寄托他的希望。他也通过自己洁身自好、辞世归隐的行为为世人保留着桃花源这样一个梦想,维系着人们对美好社会的追求。

但是,《桃花源记》也告诉了我们,桃花源向世外是追寻不到的,必须在现实生活中追寻。要在现实生活中追寻,就必须明确意志,守住心中的桃花源,并要有承受巨大压力,付出巨大代价不懈追求的勇气。追寻理想虽然艰辛,但其实也不复杂,就是不要随波逐流,不要同流合污,坚守正道。

桃花源也许不止是世上的这一处地方,更是心中的一种意境。

劳动创造价值。做了工人以后,我每月的工资是三十八块五毛

偶然

钱,与那些农民比起来,已经算是相当不错的收入。那时我每天在家吃饭,又不懂得抽烟,每日里竟没什么太大的花销。周围的工友们见我生活简朴,以为我这样的克制,是心里有点什么小算计,或是要实现一个怎样的伟大目标,就拿我开玩笑:"小李,过得这么节省,是不是存钱娶媳妇啊?"

我冲他们笑笑,并不回答。他们只是图个嘴上快活,对我工钱的用处其实不想刨根究底,但是若能细心一点,便可以注意到,每次发工资之后,我就会骑车穿街过巷,一直钻进天心阁南边约两百米处、城南路与黄兴路交叉路口南门口的一个小胡同一户陈旧的木头房子里——那是我在部队里结识的"五兄弟"中老三的家。

我们同一年参军入伍,天天都能见到,周末时就聚在一起玩,大家都是长沙人,一口韵味十足的乡音把我们联系到一起,你往我来的交流中,又觉得脾性合拍、性情相投,常在一起高谈阔论,发表各自在走向成熟的过程中必然产生的那些并不成熟的想法。既然相得甚欢,一次觥筹交错之后,五个方当最好年纪、脑袋里有很多浪漫念头的年轻人,便依了书上读来或者耳朵听来的规矩,饮一圈酒,磕满地头,拜了把子。我年纪最长,是为大哥。

我那时候住在自己家里,"蹭"父母的饭吃,也不抽烟,不需要花什么钱,而老三的家境比较困难,奶奶年事已高,多有病痛,妈妈有癔病,做不得工,下面还有一个正在读书的小妹。全家四口人的生计,全靠他父亲一个人三十多块钱的工资维持,开不得源,截不得流,日子十分紧张。身为大哥的我,既然有了这个能力,扶持一下自然义不容辞。于是,每月我都从工资中拿出二十块来,送到他们家中,送到那个老实巴交、连谢谢都不会表达的父亲手里。他们每次都竭力留我吃饭,不论我怎样推辞,这或者是他们唯一能表达自己心意的方式。吃的,同样也是红锅菜。

这种情况一直持续了两年多。后来奶奶去世,老三转业回家,开始工作,与父亲一起撑起整个家庭的负担,生活才慢慢得到改善。这两年多的时间里,每次走出他们家那两间陈旧的砖木房中,我都长舒一口气,心里唏嘘不已。这些质朴善良的人民,辛勤劳苦,靠自己的力气与汗水换口饭吃,活得无愧于天地,自当见佑于鬼神,到底是怎样的原因,让他们如此困顿?那时我解读不出让他们如此窘迫的深层原因，我只发自内心地想到，一旦有机会，尽自己的力所能及去帮助他们，是我，也应该是每一个人都要担负的责任。

很多年后，无意中我看到一则故事，讲述取舍的境界：有两个禅师，都是开悟了的人，一起外出行脚。两人在路上忽然看到一个死人，一个说"阿弥陀佛"，就挖土把他埋掉；另一个却扬长而去，看都不看。

于是有人去问他们的师父：这两个人的表现是相反的，究竟哪个对呢？师父回答：因为人死后都会变泥巴，摆在上面变泥巴，摆在下面也变泥巴，都一样，所以，埋的是慈悲，不埋的是解脱。

埋也对，不埋也对，取也对，舍也对。《金刚经》有文："法尚应舍，何况非法。"当然，这种大彻大悟很难有人得到，舍也好，取也好，最高境界恐怕不是你在权衡了各种利弊得失之后，作出的一种判断，而是在你看薄了名利，看薄了自己，看薄了世间一切"法"的程度上，一种随意的"舍"。这种舍，还是舍弃了你视为珍重的、费尽心力得到的、追求一生的"法"这个层面的东西。的确，"舍"掉"取舍"，比判断后作出取舍，更难。

第五节　偶然又遇人生转

在机电局学会开车、修车以后，单位里看我能干，能跑能颠，1975年，将我调入供应科做采购业务员，经常出差去北京找国家建委汽车司配件处买进口车的配件，乃至跑遍全国购买各种设备、汽车零件等等机电配件。那时，供应科是个专业性比较强的部门，我边学边干，在实践中逐渐成长起来。

在那个年代，去外地都是要开介绍信的，记得第一次去开赴外地出差的介绍信时，心里不免有些打鼓，虽说也去过很多地方了，但是单枪匹马地去全国各地跑采购，倒不是说有什么恐惧心理，而是对工作是否能顺利开展，真是一点谱都没有。而且物资采购部门动辄巨额资金付出，这不是可以犯一次错的地方，因而有些心怯。此外，即将面临的最大挑战不是工作，而是人。

当时是计划经济时期，作为买方，业务员出门办事像孙子一样，绝非好差事。而所谓购买这个工作，是要把单位急需的东西买回来，

偶然

买不回来就是无能。而有的工厂生产出来的产品是计划性的，产品也是统配的，工厂原则上无处理权，遇到突发的急需状况，就只有"开后门"，找领导去买。在那个年代，只有批到条子，才能买到。纵使放在仓库里，也不卖，甚至成了积压产品，也无人问津。这就是当时计划经济的弊病。

在我心里七上八下、忐忑不安，拿着介绍信刚要走出办公室时，领导突然对我说道："李晓东，出了远门，过马路，要小心啊。"当时略有无助和茫然的我，听到这句话，觉得十分温暖。是啊，从熟悉的家乡冲到缤纷的大城市，即便自己只是一叶小舟，可只要把好舵，掌握好航线，一样能顺利返航。这句简单的叮嘱，让我感受到了一种力量和自信。

揣着一张薄薄的介绍信，以及一份填满规格、型号和数量的物资表，我走南闯北。在计划经济年代，所有物资的流通都是要计划审批的，都要先经过上面批准。所以往往首先要跑的是市政府，到相关部门打批条，记得好像有计委、建委什么的，多数时间是乖乖站在门口干等，说几十遍您好、麻烦您。一整天累到两眼冒金星，方才明白这活儿的辛苦。还有，刚开始的时候，总是担心万一买错了，公家一大笔钱要不回来怎么办？

在交通状况落后的当时，有时我从长途车站下来，没有公交车，着急的时候只能花钱搭乘手扶拖拉机，有时候怕人家下班，只好一路步行去办事。最糟糕的莫过于走在异乡陌路上忽遇大雨，或是天色已暗却迷了路。顶着风雨，迎着夜路，我一如既往地坚持到底。那时候去提货，往往会因为落后的过磅设施耽误了提货时间，但如果不能在规定的时间内运走，计划调拨单就会过期作废，货就会被别人提走。所以每次出门，都要如同打仗般地到处联系车，即便八竿子远的关系也去找，有时我还自费为过磅的师傅们买来热包子，请他们加班为自己过磅。如果没有事先安排好路线，提货时让司机跑了冤枉路，还会挨司机骂……

尽管那还是个封闭禁锢的年代，也吃苦受累了一些，那时我一出差就是几个月，出差每天只补贴五毛钱，自己在外头还要贴钱打点帮忙的人，但这段经历却培养我成为一个优秀的采购人员。比较强的适应能力、适度的灵活性与包容性和口才让我做起采购人员来简直是如鱼得水，出色的工作业绩也得到了领导的认可。虽然也有过一些辛苦的经历，但同时也赋予了我更敏锐的商业头脑。比如，同一型号的产品，最少要有五家作为对比，最后我再筛选价低质优的厂家。

这段可以四处出差的经历，也使我偶然接触到一些文化事物，这同样引起我的极大兴趣。

即便是在那个年代，在那些大城市里，特别是北京，与全国其他地方比起来，文化生活依然算得上是丰富多彩。

那时候是1975年，"文革"已经快结束了。突然一阵风，好像各部委都在放"内部电影"。据说这是为了响应江青的指令：看电影，找黑线，按"纪要"的口径对号定罪。出于这种"批判性地观看"，才让我们看到了这些电影，一直看到了1978年十一届三中全会在北京召开。

那段日子里，每每一个人去北京出差，有时需要等单子、等设备，还要跟领导沟通，催货。在等货到的日子里无事可干，我就去大礼堂看那些内部电影。电影还分内外？凡是经历过"文革"的人都不会奇怪。不光电影，那几十年间有太多的"内部"，比如"内部图书"、"内部文件"、"内部供应"等等，不一而足，都是仅供特殊人物享用，一般人享用不到。推而广之，"内部电影"就成了高档的精神享受。

那时，京城的某些单位或私人通过各种渠道搞到拷贝、联系场地进行放映，因其只在一定范围内流通，与电影院里的卖票放映不同，即被称为"内部电影"，放映的也多是些拷贝尚未公开或是几十年前的老电影。有时候在银屏两侧的墙上打出幻灯字幕，两侧字幕上的字是一样的。看字幕需要眼睛离开银幕，头不断摆动，很影响观看效果，但无意之中倒让我学了一些外语单词。有时候没有字幕，有人站在一边翻译。既有说英文的欧美片，也有说粤语的港片。

内部电影的放映尽管有些地下操作的味道，但却轰轰烈烈、红红火火，有时一票难求，有时持票的观众多达几百甚至上千人，同一"单位"集体观看的固然有之，九流三教、鱼龙混杂的聚集也不罕见。这种内部电影的票子，用钱买不到；谁有内部电影的票子，被视为特权。当然，这些放映在管理上毕竟不是那么严格，不少普通人，居然也能鱼目混珠，钻身进去"蹭"看。那时想走点后门儿，送电影

偶然

票就行，比现在的名烟洋酒还有魅力。看内部电影，在那个特殊时期，是作为衡量一个中国人社会身份高低的标准。我父亲的老朋友们恰恰都在北京当局长一级的官儿，我就找他们，他们都慷慨给我票子，有时一天甚至可以看两到三场。

因为不对外，究竟一个北京城，有多少内部礼堂，谁都没谱。但大家又都知道，一般军队、国家机关、工厂、科研院校等单位，只要有礼堂就少不了内部影院，有时突然就得到消息，哪个地方几点放什么电影。急忙赶去，门口人头攒动，接到票后窃喜，挤进门去。放映电影时，往往过道上都挤满了观众。简陋点的礼堂，有时连侧面的大门都关不上，甚至不乏站在门外用砖头垫脚扒窗户看或只听声不见影的"观众"。

这些内部电影，可以说是我在继《西安日报》社图书馆之后，无意中撞见的第二个文化宝藏。那时看到电影的机会少之又少，我平生看过的第一部电影是在60年代公映的一部希腊影片《伪金币》，在当时看来，还带有少许"色情"成分呢。主人公是位画家，一个作画的镜头前景就是女模特儿正面袒裎的上半身。这也许是新中国历史上绝无仅有的一次，而且是真人，并非画作。此片是由几个小故事组成，按现在的话来说，像是纪实性的故事片。当时受到的教育是：这片影片具有现实意义，既揭露了资本主义世界不同阶级的现状，也批判了资本主义社会的阴暗面。

《伪金币》的最后一个故事给我的印象非常深刻。它讲述的是一个雕刻匠，雕刻了一枚假金币（因为是"金币"，当然面值很大），雕刻匠想测验一下一枚假金币会产生怎样的结果。他走到一个瞎子乞丐面前，将这枚金币扔向了瞎子讨钱的礼帽，但这枚金币并没有扔准，却扔到了帽子的外面，金币顺着人行道向马路滚去，这时的瞎子从黑色的墨镜边缘，看清了这是一枚金币，他收起了乞讨的帽子，飞快地跑向马路牙子，捡起了那枚金币。

瞎子乞丐并没有用这枚金币去改善自己的生活，而是去消费不远处一个没有执照的马路妓女，平时这个穷瞎子，经常调戏这个为了生活浪迹街头的妓女，此时妓女大怒，一个穷瞎子乞丐，连吃饭都要行乞，却敢瞎着眼来妓女身上找便宜，妓女十分厌恶这个瞎子。瞎子不慌不忙地掏出了金币，在妓女的眼前晃了晃，妓女看见明晃晃的金币，将瞎子领到自己家中。

在妓女的住处，妓女吃惊地看到，那个整天戴着一副墨镜的瞎乞丐，竟然是一个正常人，一个假瞎子。一晚风雨，瞎子得到了满足，但他不肯轻易地把一枚金币交给妓女，一枚金币实在太多了，女人并没有足够的钱找给他，两人从争吵发展到扭打起来，自然引来警察的盘问，一个是没有执照的妓女，一个是睁着眼睛的瞎子，两个社会底层的穷人，同时被铐进了警察局，因为他们从事的职业没有执照，瞎子还是个睁眼的骗子。

而引起这起不幸的，却是一枚"伪金币"。

这部理应"被批判"的电影对那时才十三岁的我来说已经不啻为丰盛的视觉盛宴，遥远的希腊街景、文化风情让我心里怦然激动了很长时间，然后坐井观天地认为这就是世界上最杰出的电影艺术，登峰造极，无以复加。而在部队时，又对所谓的内部电影有所风闻，但我所在的师机关竟没有资格放映，因为据说这是军级以上首长才有的特权。真实也好，谣传也罢，内部电影因此被蒙上了一层神秘的面纱，让人妄加揣度，想窥视一下其背后也许丑陋骇人、也许艳照四座的玉面真容。

所以，当我在北京知道有这样的机会时，便千方百计地弄票，迫不及待地去领略它们的庐山真面目了。

以现在的眼光来看，当年的"内部电影"绝对算不上什么稀奇之物。譬如说《刘三姐》，仅仅因为是在"文革"前（1961年）拍摄就被归入"内部"，使得人们趋之若鹜，托人找关系，但求一观。不过这部电影给我的感受很深，刘三姐刚烈的个性，爱憎分明写在脸上，唱起歌来也是气宇轩昂直逼云霄。那时的电影都很单纯，没有什么特技的渲染，一切都一目了然，那眼神那神态一分一毫的流转，传递的感情都逃不过观众的眼睛。

国外电影则更加火爆，多年的禁锢使人们尝不到"洋荤"的味道，一个个饥不择食，无论哪个国家出品，也无所谓艺术水准，从索然无味的广告片到内蕴深刻的经典名著，从30年代的默片到最为晚近的彩色故事片，没有什么不堪入目，入目即能大饱眼福。犹记得那部法意合拍、根据法国小说家雨果的小说改编的电影《巴黎圣母院》：场面恢宏，气势磅礴，人物众多，故事情节跌宕起伏，具体生动。影

偶然

片中的女主角爱斯梅拉达与丑陋的敲钟人卡西莫多的动人故事打动了多少人的心！但我看的时候却很诧异，显然，这部影片和当时的国际国内"阶级斗争新动向"无关。不过有个说法，说是为了批判性了解各国电影的动向；也有说是为拍样板戏电影作参考。虽然从来不曾说出口，但我当时却觉得，西方文化经典描写得都是人性，但在"文革"时代，讲求的却是"革命审美"与"阶级文学"，是用政治思想来解读人，而不是研究人，了解人，了解人性。

1971年以后，香港电影也通过一些特殊的渠道走进了一些内部影院。七毛钱的彩色宽银幕电影《侠骨丹心》豪气干云："国家飘零，江山轻别，英雄儿女真双绝。玉箫吹到断肠时，眼中有泪都成血。"《云海玉弓缘》则让我看到爱情不可思议的力量。片中的主人公，对任何人都可以心狠手辣，惟独对爱，痴心执著，这样的设置堪称极端，着实令人唏嘘。因为是第一次看彩色武打片，所以我一直对于这两个片子印象深刻。所谓侠义，其实是民间最坚持的精神力量；武侠，难道不是成年人的童话吗？当时，这两部片子的视觉效果更是让我感觉十分震撼；五毛钱的彩色普通银幕喜剧电影《三笑》，几乎是场场爆满，它采用了《四季歌》和《天涯歌女》等江南小调，是我们久违了、也是在"文革"中被禁唱并被斥之为"黄色歌曲"的，听来却如此动人，配以传统的戏剧表演，别开生面。我反复看了好几遍，陈思思的大眼睛一闪一闪的，在我心中留下了很深的印象。那时很多影片还没有字幕，就在幕后安排两个人同声念词，缓急既难以控制，对不上的情况也就时有发生，惹得观众们哄然大笑。

对电影，我是特别地喜欢，它们是那么新奇，让我兴奋，我也由此知道许多许多的真理和美妙。电影是艺术的教育表现手法，这个定义一点也不错，每一次看，每一次新鲜自己的灵魂；每一次想，每一次都体会到不一样的东西。每次看电影，我的情感都非常投入，会随着影片中的主人公和其他正面人物的喜怒哀乐一同变化。每看一场电影，既像是给自己上了生动的一堂课，又像是让自己享受了一餐精神上的美味佳肴。电影潜移默化的作用，使那时的我进一步懂得了应该爱什么、恨什么，做什么人、不做什么人。

在那物质、精神生活都极度匮乏的年代，电影充实了我的生活；在思想和生活都极度压抑的岁月里，电影带给我朴素的欢乐。前前后后，我看了大概有几十场内部电影。这些电影冲破了单调而乏味的一统文化的藩篱，为我们斜逸进了墙外红杏，泄露出了境外风光。它们为我们打开了全新的视界，让我们从铺天盖地的集体性名词中释放出来，注意到属于个人的心灵密境与灵魂生长。

在我看来，"文革"造成的经济损失、知识上的损失固然大，但最严重的还是心灵上、灵魂上的创伤，这是最难医治的。靠什么来医治？电影！它恰恰是一个真正的"灵魂工程师"，能起到一些美育作用。看电影，能体验到不同的人生情境，一部好的电影，不仅仅可以给我们带来喜怒哀乐的情感反应，还会在这种情感共振的过程中净化我们的情感生活，乃至净化我们的灵魂。即便是在"文革"一片荒芜的世界，我们的情感里仍然有某种很隐秘的地带，那是我们忽视的精神家园，看不见、摸不着，但是电影会激发出这些，达到心灵的慰藉。如果说，哲学是把世界上千姿百态的事物抽象成物质和精神两大类，那么电影艺术就是把哲学抽象成的物质和精神演绎成千姿百态、栩栩如生的事物。电影艺术源自生活，又高于生活，它可以更深刻地揭示人类的真善美，可以更深刻地揭示人的个性、人的本质，或者某一段人生、某一段历史。

这其中，给我印象最为深刻的一部黑白电影是宽银幕法国故事片《塔曼果》（Tamango，1957年），它是根据法国作家梅里美的同名小说改编的，主题是黑奴反抗白人黑奴贩子的斗争经过。非洲一个黑人部落酋长把他部族里的一些黑人当做商品，与白人船长交换枪支与酒。黑人武士塔曼果与其他黑人一起，在船上被戴上镣铐，备受虐待。塔曼果忍无可忍，动员黑人同胞反抗，并亲手扼死了鞭打他们的白人。黑人奴隶们叫着"白人只能卖活人，不能卖死人"而起义了。

影片的结尾，在震耳欲聋的炮声中，起义的黑奴们全部惨遭镇压壮烈牺牲。船上浓烟滚滚，一片沉寂，白人船长神色沮丧地立在驾驶台上。这时，豪放粗犷的黑人歌曲突然响起，在海空回旋。那激昂浑厚的歌声，揭示出起义的黑奴虽然失去了生命，但他们的精神终于在壮烈的反抗中赢得了自由。他们英勇不屈的反抗精神，在歌声中更强烈而深沉地印在了我的心里。

塔曼果们捍卫自由的鲜血，深深感染震撼了我。面对为自由抛洒的鲜血，殖民主义者惨无人道的罪恶活动与非洲黑人的悲惨遭遇，黑

偶然

人奴隶反抗殖民主义者的视死如归的革命精神，我想到了人性，是的，人性是爱自由的。自由是一个属于全人类的永恒话题，为了它甘愿失去性命的勇士们，将长存于任何时代的时空之中。

而作为一个典型的那个时代的中国人，在通过书本、电影大量接触到西方文化后，我忍不住反思起"文革"期间的种种反法治、反民主、反人道的法西斯暴行来。亲情，友情，爱情，血脉缘，金兰契，三生约，何需淹没在所谓民族、国家乃至全人类的历史进程中？即便它们只对单独的个人有其意义，也未必便没有独立存在的价值。想到这些时，我才觉得自己是在真正审视、体贴着人性。

饶是如此，经历过"文革"十年动乱环境的我，思维、意识难免带有深刻的"时代烙印"。这让我在走出国门，融入西方社会的最初几年里，不得不花大力气来调整自己，以期适应资本主义社会"的思维方式。这也是个痛苦的过程，不得不经历的过程。值得庆幸的是，你们，新一代的年轻人，无需再经历这样的蜕变。

曾经看到过这样一则故事：一支登山队准备攀登一座峻峭的雪山，做了充足的准备，并聘请了一位经验丰富的老登山运动员做向导。队伍出发后一路前行，颇为顺利，然而，当他们快要到达峰顶的时候，向导告诉他们必须放弃这次攀登活动，因为天气突变，有可能会发生雪崩。眼看就要到达山顶了，队长无论如何都不愿意放弃，因为一年之中只有这几天适合攀登此山，放弃就意味着一年的精心筹备付之东流。老向导深知此事的利害，不能让队员冒险，但队长此时已被登顶的诱惑所辖制，完全听不进向导的话。无奈之下，向导只能独自下山了，而队长带着队伍继续前进。结果，除了及时放弃的向导之外，其他人全部遇难。第二年，向导独自一人成功登上山顶，仰天长叹。

得失失得，何必患得患失；舍得得舍，不妨不舍不得。人生也许就是这样一个不断放弃，又不断得到的一个过程。

陕西岐山周公庙内的周公雕像

陕西岐山顶上的凤凰台

偶然

陕西乾陵上的无字碑

西安市老街

西安古城门

偶然

西安大慈恩寺前的玄奘纪念铜像

西安大雁塔

陕西铜川的玉华宫山门

陕西云经寺（玄奘最初迁葬于此）

偶然

陕西云经寺内的舍利塔

护国兴教寺

护国兴教寺的白塔

偶然

兴教寺玄奘塔（玄奘现今安葬的地方）

河南洛阳净土寺（玄奘最初出家的寺庙）

著名的西安临潼华清池

偶然

河南洛阳净土寺（当年玄奘出家之地）

第六章 偶然从商：寻找人生从无到有的精彩

一个人降临人世间时，叫做赤条条而来，什么都没有。人生成长的道路就是从无到有再到无的过程；无是天道，有是人道，人要生存，要体现其作为人的价值，就要从"无"经过奋斗创造"有"，再把这个"有"放下来，归回到本来的"无"。这个"有"就是我们常说的"欲"，有"欲"就会有所求，求的过程又深深地孕育着有心和无心之道、偶然和必然之道。

人生的道理确实很值得研讨、探索、求证。人生又会有无数的十字路口的选择，茫茫大地路，向东、向西、向南、向北，没有人会知道哪条路上平坦，哪条路上崎岖，往往都是命运的安排，冥冥之中你会不由自主地走向那一条唯一的命运之路。你能说，一千四百年前玄奘去西天取经不是冥冥之中的定数？那苦，那难，那死亡，那希望，那险丽，玄奘不去，就会偶遇吗？当然不会，这就是偶然选择而成就精彩人生的经典。从部队回到地方，我开始了人生另一条路的探索，不当干部，当工人，碰撞到商业，"赴香港沐商雨，飞温哥华寻西理，小小乾坤天地，有藏无限疆域"。

我这个人生呀！读书为长知识，当兵为增勇气，做记者为练笔，当工人为制造产品，当商人为创造财富；当财富多了时，一不要炫富；二不要享受；三不要豪赌，而要放下，取之于民，回归于民，方为商贾之正道。当你明白了这一道理，因果快乐会伴随着你；就像玄奘为普度众生付出了全部，与世长辞前，他看到了"漫天花舞、彩虹横空、彩蝶翩飞"的美好景象，他对弟子们说："我终于明白了，佛陀的因果论太对了，太美了。"这就是正道之人生，从无到有再到无的美好！

第一节　生意原本财富牵

忆起年少时的懵懂与放肆、青春期的躁动与狂热、军营里的摔打与磨炼、工厂里的劳作与奔波、天南海北的空间转移、几次三番的职业替换，都让我的生活看起来热热闹闹、精彩缤纷，远离平淡。

岁月的河流蜿蜒过几多愁绪，几多欢乐。漫过浅沙铺成的河道，流失掉的只是如水般现实的光景，而在河床沿下的粒粒细沙却如记忆般铺就曾经。风拂夜，月照灯，异域的味道里谁在行吟，谁在悲唱；叶铺地，雨湿樟，记忆的殿堂里谁在说，谁在听，谁在成长。

然而，犹如狂热的夸父追不上太阳的足迹，羲和驾驭的日车永无停息地轮回碾展，东隅桑榆的位移变换里，我也渐渐接近而立之年。时光依旧按着自己的节拍和节奏，一点一点，滴滴答答地向后走去……

二十几年的岁月里，我有过埋首书海的时光，在文字的神妙组合中拓展自己的心灵空间；亦有过面朝黄土背朝天的生活，在无垠无际的稻田中挥洒汗水，体会人生之不易，稼穑之艰难；我圆了自己金戈铁马的军营梦想，在渭水流经的那片土地上，朝朝马策与刀环；我最终进入机器轰鸣、朝气蓬勃的工厂，成为伟大社会主义国家领导阶级中的一员……

人生似水流，在不同的时间流入不同的容器而获得相异的形状，际遇迥然的命运轨迹。那么，现在，我是不是要让我随后的生命定型于此？

而正在我对自己提问的同时，我也嗅到了社会上渐渐弥漫开来的一丝新鲜气息。就像久经寒冬忽逢东风扑面，就像看过萧瑟的眼睛，突然撞见清露晨流、新桐初引，我的心里也生发出一股莫名的兴奋。

那个时候，广播里不停地播着这样一段话："1978年底召开的三中全会，将整个国家从狂热的革命情绪中扭转过来，报纸上登出了《实践是检验真理的唯一标准》，邻居、同事、同学头上顶着的'地富反坏右'的大帽子一顶顶摘下来。"

这些变化，春风润物一般润泽了经历了十年"文革"之后人们干涸的心灵。而商业环境的变化最为引人注目，仿佛数声惊雷，万物萌动，一夕春雨，草木群生。那些潜在的或是新生的商业契机，今朝都到眼前来，让人豁然开朗，境界大升。

三中全会之后，改革开放的春风吹拂了整个神州大地。

我的脑海里，至今还能响彻起那个年代，广播里播音员抑扬顿挫的报道声："1978年之前的很长一段时期，个体经济都被看做是资本主义的'尾巴'，没有生存的空间。十一届三中全会以后，国务院发了新通告，这政策犹如春风，吹绿了各地的集贸市场和小商品市场。

"中国改革开放之旅，就是创建社会主义市场经济体系的过程。而市场经济中，狭义的市场，就是商品的交易场所，市场是商品经济的催胎素、是产床，那时，老百姓的所谓商业生活仅仅是种几蔸小菜，养几尾鱼虾，1978年时，长沙的人均收入还不到两百元。"

"穷则思变"，改革开放的春风在长沙人的心里荡起，一门心思求发展，万众一心奔小康。市场，不再是个人们"谈虎色变"的禁区，先是在郊区建起了一批农贸市场。

那时经常可以看到：一小群一小群衣衫破旧的农民背着蛇皮袋，靠着墙根，小心翼翼地走在城市街道的边上，在长沙的河东或者河西徜徉。

这种景象让我无法不激动，因为我从中看到中国农民的当代命运，看到他们挣脱贫困的渴望。想想几十年旧体制的禁锢，这多么不容易！由于改革开放，在人的基本权利方面的平等程度，前所未有地提高了。一股春风，直接吹入了农民们的心田。

小商贩多了一些以后，大家都出来做生意。

我还清楚记得：邻居阿姨做得一手好针线，又会踩缝纫机，当时刚刚开始出现个体户的时候，她就试着做了一些，先是帮人加工衣服，一件收一块五到两块钱，一个月下来的收入据说很不错。

阿姨并不满足，决定做服装的买卖，租了一间门面房，去广州、常熟等地批进服装来卖。慢慢的，越来越多的人开始下海，国营的企业也开始参与其中，比如包个餐馆什么的，做生意的人越来越多了，个体户一下子激活了这个波澜不惊的计划经济国度。商铺里的货也多了，什么都有，比过去要繁荣很多。

1979年，如沐春风的神州大地，全国一批批"个体户"如雨后春笋般冒了出来。那时，做一个个体户是要有勇气的，因为除了户口以外，你可能什么都没有。自1980年起，小贩获发执照在街道上经营，

偶然

是1957年以来的第一次。

当时，单位里几个同事对这一现象发引引发了一阵讨论。记得一个同事这样说道："你们听说了吗？事实上，政府对于这些'个体经济'，颇为赞赏；官方承认他们的服务，胜于国营商店，而且也提供了就业的机会。1980年8月13日，《人民日报》在第一版，对街道商贩加以表扬。"

另一个同事响应道："没错，报纸里还说，中国的宪法并没有对这些法律的'规限'作严谨的界定。报纸上也时时有包产到户的喜讯，有鼓励个体户发展的新闻：万元户开始出现并受到大家的追捧。"

大家恍然意识到：这再也不是那个"宁要社会主义草，不要资本主义苗"的时代。路边多了不少门面房，有些人甚至不惜辞掉"铁饭碗"，只为成为门面房的主人。街道倒没有出现什么变化，还是原来的老样子，因为那个时候还没有开始搞地产。

我在边上听着同事讨论，心中却也是有触动的。我当时在机电局的供应科工作，常到各地出差，对整个社会风气的变化感受得尤其深刻。而广州的景象对我冲击最为猛烈，作为最早开放的地区，它一时成为国内商业的桥头堡，私营工商业百舸争流，与我大串联瞻仰黄埔军校时所见所闻已大不相同。

安静的街道繁忙起来，大街小巷比肩而立的全是摆满成衣、收音机、电视、空调的店铺，货柜前港商、粤商讨价还价，全国各地云集于此的采购者们不通粤语只能站在一边着急；火车站里商贩来来往往，背着成包成捆的货物，龇牙咧嘴地奋力往火车上搬，仿佛搬弄着自己的命运……

那会儿去广州，是必去珠江岸边的。那里有被誉为"南国商业鲜花"的百货商场南方大厦。它矗立长堤，构成广州繁华盛景之一。如果碰巧赶上节假日，开门之前，门外就已站了几百位像我这样的外地顾客等待进场，大厦里是人山人海，平时也有很多时髦女孩来买化妆品和衣服。

那时的晚上，广州人的娱乐节目不多，而且大商场晚上开门也少见，于是，销售大量平价物美"精品"的灯光夜市便受到了人们的欢迎。一个西湖路夜市，使广州成为整个中国的商业中心。

它毗邻港澳，喇叭裤、牛仔裤、超短裙、蛤蟆镜……许多当时轰动了整个社会的时髦服饰，均可在西湖路网罗到手，其风头之盛是国营商店无法比拟的。

湖南虽深处内陆，变化却依然很明显。

长沙街头消失了很久的小摊贩重新出现，浏阳茴饼和浏阳豆豉的叫卖声声声在耳。湘江上来往船只如列列江鲫，载出湖南的粮食、棉花、胚布，带回来自广州等地的收音机、喇叭裤和邓丽君的磁带。社会就像从久久的捆缚解放开来，尽情地舒展筋骨，舞弄腰身，街头巷尾，一片欢嚣。

1978年之后，"真理"这个词，开始在中国的大地上变得神圣。人们在真理的襁褓中，察觉到日常生活的美好。真理给人以智慧，也给人以找寻"美"的勇气。

那时候，最时尚的青年一般都是穿着喇叭裤，披着长发，再戴副蛤蟆镜。所谓喇叭裤，因裤子形似喇叭而得名。它恰恰有这样一个张扬的名字，像大声朗诵给这个时代的青春宣言，像民众向往个性与自由的旗帜。它的大腿是紧绷的，屁股完全被扣住了，连股沟的线条也看得清清楚楚。最奇怪的是裤脚，像两只喇叭，稍稍一摆动就晃来晃去。

龙门乍开，江鲫争跃，在这迅猛的时代变革面前，每个人都为眼前突然阔大的世界吸引，试图寻找一条崭新的出路，追寻更富足更多彩的生活。看着这些，我心里也渐渐不能平静："好风凭借力，送我上青云。"这看起来可是一次难得的可乘之机，只是这熙熙攘攘的乱渡争流中，我能不能最终寻得一个属于自己的港口、一处根基？

过去，在极左年代，人们只有两条路，要么去拿工资，要么在农村里拿工分，至于第三条路，那是想都不敢想的。

改革开放以后，就很自由了，你可以到处做生意。而到上世纪80年代初，全国城镇个体户已达到了几十万人。我一下子看到了这里的市场前景。我的头脑中整日盘旋着创业的梦想，心中涌起了在商场上试一试的冲动。

然而，在士、农、工、商四民各别的传统社会中，商是排在最后并且时不时遭到打压的末业，我们那时所熟悉的工、农、兵、学、商的划分法里，它依旧殿后。

偶然

我不敢贸然下决定,但又不忍错过这前所未有的大好时机。

于是,我一边在机电局继续跑业务,一边私下里做些贸易生意,在广州卖出棉麻丝绸,买入电子产品回湖南行销,来回两趟都不至于空着手,聚沙成塔,滴水汇海。就这样,我在一次次小规模的送往迎来中,一点一点积累财富。这时我当然没有想到,商业,这个在"工农兵学商"中排在最末的领域,竟成为我后来的安身立命之所。

不久之后,我就意外地获得一个不可多得的机会。我在从事物流行业时,在长沙市稍微接触了一些生意朋友,一家熟识的企业要建一座办公楼,需要在每个房间装上空调,量上需要一百多台,让我帮忙采买。那时候,还没有私人家里开始装空调呢。

那时候,中国还很穷,买米买面,买什么东西都要凭票、排队,甚至还要加点人情关系(一直到后来邓小平开始搞菜篮子工程,那时候买东西才不要凭票),一个月工资十几块,有时候有钱都买不到什么东西。

在那样的情况下,便可想而知,"冬暖夏凉"的空调,可是人见人爱的紧俏货,在物质尚属匮乏时期的人们的生活中是一件绝对的奢侈品,更是非一般关系不得见。当时三四百块钱一台的黑白电视机就是奢侈品,谁家有,别人都是竖起大拇指——太了不起了!

长沙的夏天很热,很多家里连风扇都没有,晚上睡不着觉,只能用扇子慢慢地扇。那时要买吊扇,都要托去深圳出差的朋友买。因为1979年那会儿改革开放,深圳是特区,广州又靠香港,只有那些地方才有这些电器卖。

这一批三菱牌壁挂式空调大概需要一百一十二台,很大的量,我利用之前跑业务建立起来的关系,调动了行业内的货源、渠道、销售,在广州调货。那时候这样的货很少,刚好听说广东顺德电器一条街到了一批,我赶忙赶去那里。

那个时候,顺德被称为中国的"家电王国",因为毗邻港澳,与港澳交往比较早,当地人有很多亲戚朋友在港澳和海外,当他们回来探亲时就会带回各种各样的家电产品,特别是体积小、方便携带、实用的电饭煲、电风扇等产品,可以说,顺德简直就是庞大而完善的家电产业链。

而且顺德因为地处富庶的岭南平原,交通便利,气候宜人,物产丰富，日子比较好过，人心思安，这样的环境就形成了顺德人纯朴、诚信、务实、低调、抱团的性格。从地缘分析人群素质，也是很重要的一项从商基本功。

顺德商人的心态就像顺德菜一样平和，不走极端，他们敬畏市场，坚信只有在提供合格的使用价值的前提下，买卖才能持久，骗得了一时，骗不了一世。

早在清朝末年，"顺德帮"就小有名气，广州等地的钱庄多聘请顺德人作账房先生，因为顺德人的守诺。刚刚和他们合作那会儿，我的资本少，他们信任我，先不收我的货款，派人送货过来，等我交完货收好货款，开一张"付委"（即现在的支票）给他们。他们会把我的利润差价退给我，在当时，这种行为算是非法，抓住了就是按"投机倒把"罪论处。

后来和顺德商人合作久了，发现他们对市场既有敏锐触觉，对财富又有着执著渴望，还有坚韧不拔的精神和破釜沉舟的勇气，兼备了农民的朴实、商人的精明和文人的儒雅。

这批空调的转手，使我获得了七万多元的差价收益。这在当时是一个不小的数目，这出乎想象的顺利让初探商海的我惊喜之余，也开始进行反思。那时候我就觉得做生意蛮好的。而在偶然的引导下，供应科的工作让我接触到商业，为我积累下不算浅薄的经验，也让我感受到商业独有的魅力。

在这之前，我一直在思考，自己到底做什么好，眼下，这么好的机会来了，如果我做了，也许就成了。我感觉这些年的经历似乎都在为眼下的自己造势，到如今已是箭在弦上，不得不发。像汽车配件，这些东西都是我在行的，我可以从北方、上海，到处调货。

那时还不兴"下海"这个词，但我这样的，被认为是最早下海经商的"弄潮儿"。正式下海前，我的工作相当不错，稳定，享有各种福利，也就是俗称的"铁饭碗"。

其实需要我干的事情并不多，真有点虚度光阴，不需要采买的时候就按时上班，走进办公室前先到传达室拎一把热水瓶，跟老门卫开几句玩笑，然后从写着自己名字的信格里取出当日的《人民日报》，一般来说，整个上午都将在读报中度过。那时的报纸就三大张，翻里翻外看，我觉得真是没什么事情可干。一辈子，我的青春年华，就在

偶然

这已然熟悉的办公环境里面么?

1982年,国家颁布规定,允许个体工商户注册企业。我就知道,属于我的时期,来了。我终于下定决心,放手一搏!

这一年春天,心怀梦想的我考虑辞去公职,结束"脚踏两条船"的经历,全身心冲浪商海。当时的领导挺器重我,知道我要主动放弃"铁饭碗",既为我惋惜,也感到不可思议。

领导当时很愕然地问我:"小李,毕竟你端的是国家的'铁饭碗',似锦的前程,多少人求之不得呢!一旦'下海'失败,又丢了这里的工作,将会'竹篮子打水一场空'。不妨先停薪留职,先试试自己本事?"

我回答领导说:"我考虑了很久。我明白,工资是挺重要的,我当兵也算工龄。就这样离开了可以让我一帆风顺的单位,连我自己都不知道,在未来的前方,究竟有什么在等待着我。可我就是这样一种人:要么不去想,不感兴趣的事也不做,但一旦想好了又有了兴趣,就下定决心去做,而且一做到底,不管别人怎么说,十头牛也拉不回。既然选择了远方,就不能回头,就要义无反顾地坚定地走下去!"

领导看着我坚定的眼神,许久,终于默默地点点头,拍拍我的肩膀:"好啊,小李,你和别人还真不一样。我相信,你一定能做出一番了不起的大动静来。"

最后,我毅然拒绝停薪留职,拒绝保住一份饭碗。我知道自己的本事,既然卖空调能赚七万块钱,再卖,肯定是没有问题的,我对自己,有这个信心。做大事,还是不能要退路,有了退路,就是给自己留一条负累的尾巴。

为了不让家人担忧,我也没跟他们说,独往独来初涉商业江湖。

1982年下半年,怀揣着七万元本金,我去了工商局注册公司。考虑到五行喜忌,取名时要补偏救弊,我这个人命里缺火,尤其喜欢东方初升的太阳,东方即是火嘛,又想着要做实业,就给公司取名为湖南省东方实业有限公司。工商局的工作人员一看,这样的名字几乎没有,立刻就给予登记了。

这是湖南乃至全国最早的私营企业之一。

我还记得当时去登记,负责的工商局工作人员一听,笑着说道:

"已经下了文件,允许私人登记企业,成立公司。国家鼓励这个,您就放心吧,马上就能把所有手续办出来。"他翻了一下记录簿,还补充说,"像您这样成立公司的,在长沙只有几十家呢。"

那时经商不像今天,到处都是同质化的商品,只要有东西,不愁卖不出去,摆个地摊都能发财,可很多人不敢。同学们都找我买电视机,我的又便宜又好,全都是进口的。所以我没有感到过任何压力。因为一碰到商业,一开始操作,就赚钱了,自然也就一直做下去了。

初涉商场,我印象最深的,就是生活节奏一下子变快了许多,一切都在高效率地运转着,人忙忙碌碌,一刻不停。

在以前,组织是真正的甚至是唯一的主体。个人不需要多费脑子,凡事都找组织,听从安排。而单干后,一切都要自己打点,开始时我不免有一种空荡荡的感觉:我的大脑意识到了我的自由,但是我的身心尚且不足以承受这种自由。不过,有一点是很清楚的:一切得从零开始,得从另一个崭新的起点开始。

那时,内地对开公司、对市场,都不太了解,虽然有工商管理课程,但没有商学院,我当时有时间看书,边看边学一点。

1983年,广州工商管理专修学院成立了,我赶紧去了那里报名修读函授课程,拿了所有的资料、课本后回家读书,做了作业后再寄过去给老师批改。我把那些书全读了,那时候是市场期,我学到了诸如商业空间、商业预测、经商之道……不胜枚举。

第一次看这些书,有很多不懂的地方,我之前并没有基础,看到这些东西的时候感觉很新奇。我就在实践中摸索,一点一点去了解。但我对经商本身却始终有感觉:"经商,不就是买卖嘛,没有别的,买进来,卖出去。"

原来在机电局供应科的时候,我认识了很多供应商,还成了好朋友,现在他们知道我"下海"了,纷纷慷慨支持。

他们对我说:"小李啊,货呢,你可以先拿走,签个字就好,卖完再给钱。"

这真是巨大的信任!别人买,是钱到了再给发货。而我,有时一车托运来的十几二十个箱子,全部都是空调,还有日本的美能达复印机,总值将近几十万,他们也完全信任我,从不担心发了东西给我,到时候我还不起钱,把这些东西骗走。

偶然

到底什么是信任？为什么大家都这么信任我？我想信任没有别的，就是一种感觉，是别人从内心中对你人格的打分。

信任和不信任都是从一些鸡毛蒜皮的小事中产生的，比如：有时他们让我代买一支笔，我一定会记得带给他。但凡和我一起做过事、聊过的人，他们就会竖起大拇指如此这般地说道："李晓东靠谱，从来不会骗我们的。他办事，特别放心！"

我想，这就是信任吧，它是金钱、权利等无论如何也换不到的。

这也是我第一次真正认识到个人信用的价值。在以后几十年的商战中，事实一再证明"人无信不立"。一个人没有信用，连在家庭都不能立足，何况在社会上。

我的儿子曾经这样问过我："只有我一个人讲诚信，到时候人家都骗我，怎么办？"

"当别人都不诚信，你诚信，大家就会都来找你负责这件事，你就变总裁了。如果是你，你愿意把重要事情交给谁？肯定是交给言出必行的人啊，那样你的事才有保障。所以当别人都不诚信，只有你诚信，你就大有机会。"我的回答，让儿子直是点头。

当然，只凭感觉，有时也会造成损失。

在长沙，我就遇到过一位客户，光顾几次后以熟客为由拿走了我的空调，就是一直不给钱。每次我去找他，他就推说忙，后来索性避而不见，货款就此变成了呆账、坏账。

当时的我，其实血气方刚，但看见对方说"还不了"的时候像害了牙疼病似的直撮牙花子，说自己遇到了困难，一副要命有一条，要钱一分没有的架势，我想，譬如朋友问我借了十万八万，算了。

于是我说："好，送给你算了。商业上，确实有尔虞我诈的现象，但是骗得了一次，骗得了两次，能继续骗下去吗？不可能。"

中国的古训里就有"做生意就是做朋友"的说法，靠的是人情关系。独木难支大厦，成功，不在于你知道什么或做什么，而在于你认识谁。惟有真朋友，会在关键时候帮你一把，可能会直接促成你事业的成功。

跟朋友相交，我只有两个要求：不背叛我，这是第一点。

做人要有自己的底线和原则，当朋友对你的背叛超过原则时肯定不能原谅。幸运的是到目前为止，好像还没有人背叛过我。

第二点，君子之交淡如水。私下是朋友，到了生意场上的时候，也要亲兄弟明算账。

儒家认为，朋友是人与人之间除了亲情之外最重要的人际关系。在我看来，友情是一种情谊，就像当兵时候的"五兄弟"，那是一种互相心灵相通的感觉。对朋友要待之以诚，友情应该建立在互相欣赏、互相了解的基础上。因此，在与朋友交往的时候，要坚持自己的主张，不盲从，不随便附和。这样的友情，虽然看起来像水一样平淡，但是却可以更加长久。

不过，朋友也是有阶段性的，每个的人不同阶段都会有不同的朋友，很难有几个朋友是一直在路上的。每个阶段的朋友都会带给我们不一样的感受。虽然走过了不同阶段，对那些曾经同路的朋友心存感激与不舍，可是每个人都有自己的路要走。

没有永远的朋友，也没有永远的敌人。

对于商场上认识的朋友，我奉行要有"通财之义"，因为人生的过程难免会有顺境、逆境，会有起起落落，当一个人处于低潮、逆境的时候，他最需要的是我们及时的帮助，所以这个时候不能吝啬。但在帮助朋友时有一个原则要记住，就是要"救急不救穷"。

什么是急？他突然间遇到了一个困厄，比方说父母突然身体出状况，需要一大笔钱，这个时候我们应该支持。

但是到了所谓的"穷"，却还是有饭吃，有工作的地步，这时再借钱给对方，反而会使人滋生惰性，会因为帮助而愈来愈堕落。当一个人思想贫穷的时候，尤其不能用经济去支持他。

上世纪80年代，随着深圳特区的创立，改革开放从深圳开始，然后延至广东一些外来口岸，广东成为中国经济改革的前沿阵地，当时的广东就是中国的希望，也是市场经济的风向标，真的是气象万千。那里的人们都很有活力，因为他们有奔头了，他们都在从事商业，包括制造业，香港也在那里设厂，然后往整个内地推进。

初期阶段，每次跑货，我都亲自去广东。去的最多的地方除了顺德，便是佛山、沙头角。1980年，深圳经济特区正式建立后，也常常去那里。

当时，在佛山那边常听当地人说："亚洲有四小龙，广东有四小虎，顺德是其中之一。而佛山，虽然既不是特区，也不是沿海开放城市，没有任何特殊政策，但是经济搞得非常活，创造了多个全国第一，是全国瞩目的明星城市。可以说，当时广东经济最活跃的地方，就是我们佛山。"

现在我回想起来，佛山真是一个非常好的城市，包容性特别强，和佛山人做生意也非常好沟通。

至于当时的深圳，最让人向往的地方就是盐田区沙头角镇上的中英街。街长约二百五十米，宽三四米，一边属于深圳，另一边属于香港。那时到沙头角，还需要再办边防禁区"特许"通行证。

虽然街并不长，却挨挨挤挤了三百多间店铺。就连两个同中英街相连的村子也几乎家家都有铺面。每次去中英街，我都会去买些香港的免税商品。街上什么都有得卖，贵到录像机、照相机、金首饰，便宜到衣服、斑马牌圆珠笔、电子表，甚至连力士香皂、味精、饼干之类的日用品，都有人抢着买。

在我的生意做得颇有起色的时候，我和湖南省计算中心的同志们在深圳建立了一个办事处，专门为他们采购计算机。那时候，一台计算机是要塞满一个大机柜甚至一个大房子的大家伙，价格昂贵，得从日本、美国进货，一般都用于有特殊需求的单位。为此我在深圳的中心镇，也就是现在的华侨城买下了一幢农民的三层小楼，在那里设立办事处，那时的华侨城，全称叫做宝安县光明华侨畜牧场沙河分场。

因为靠近戒备森严的边界线，农场的四周只是一片杂草丛生的田野和荒地。最宽的一条马路，也就是最早的深南大道，仅够两辆卡车对开。刚开始，每十天半个月就得跑上一次。以后熟络了，就打电话、发传真，他们就会给我发货。

当时，全国都是从广东进货，因为口岸最开始就是从广东打开的，所以我接触过很多的广东人，普遍印象是：做生意特别精明。

我第一次去广东早在"文革"大串联期间，即使在那个年代，广东也比其他地区要发达一些，商业味很浓。到了改革开放，什么新奇玩意都是先在广东露面，然后慢慢在全国普及开来。

一路随便溜达下来，便可看到琳琅满目的商品：小到电子表、蛤蟆镜（墨镜）、喇叭裤、可口可乐，大到收录机、电视机。它们在由粮票、油票、布票、自行票等限供票据所构成的社会主义供求关系中显得弥足珍贵。

时间追溯回到1980年。当时还在供应科上班的我，去广东调货，那是我第二次去广东，发现广东已经开始打开门户。商店特别多，电视机、录音机，什么都有，已经普及了，而在我们湖南，还没有个影儿。我以很便宜的价格买下了一台17寸的黑白电视机，800块钱左右。要知道，在当时，常见的还只是北京产9寸黑白电视机，一台价格在600元左右。就连上海，也没有大电视机，只有广东有大尺寸的日本货。

虽说这台电视机屏幕不大，黑白影像，频道单一，只有中央电视台、湖南电视台、长沙电视台等寥寥几个台，接收的电视节目无论从数量还是质量，在现在看来是那样的可怜与贫乏，可它却带给我们家人和周围邻里、上至老人下至孩童无尽的欢乐与情怀。一到晚间，来看电视的人真是车水马龙，川流不息，每次"散场"后，家人总要花不少时间清理客厅。

那时，也只有在广州，能看见价值999元的大的三洋牌立体声收录机，当时，一台单波段小收音机的价格普遍在十元钱左右，带短波的价格在20到30元。因为拥有电视机的家庭还非常稀少，收音机就成了人们欣赏文艺的主要途径，它几乎是通向外面世界的唯一渠道，经常能听到一些特别优美的中外电影音乐。我经常在晚上夜深人静时躲在被窝里收听广播剧，这种乐趣简直是无法形容。

还记得引起全国收听热潮的作品是刘兰芳播讲的《岳飞传》。这部作品的巨大吸引力也促使了很多家庭购买收音机。那时，人们说"听小说"，实际上主要是听评书。

自从我买了录音机之后，我就整天用它来听歌，听邓丽君、徐小凤。

邓丽君的声音是那么的干净清纯、温婉又不失甜蜜，不过在1984年以前，听邓丽君的"靡靡之音"还得是偷偷摸摸的。随着环境渐渐宽松，听她的《甜蜜蜜》、《小城故事》，也不再和"可耻"联系在一起了。

我想，邓丽君唤起的是对美好爱情的追求，此前没有谁这样歌唱过爱情。最喜欢的是那首《何日君再来》。据说这首歌创作于1936年，是40年代流行一时的情歌，感伤、绮丽，很多大牌明星像周璇、李香兰都唱过这首歌。

偶然

好花不常开,
好景不常在。
愁堆解笑眉,
泪洒相思带。
今宵离别后,
何日君再来。
喝完了这杯,
请进点小菜。
人生难得几回醉,
不欢更何待;
……

这真真切切的是一首有着唐诗宋词遗韵的小曲,浓浓的离愁弥漫其间,在我看来,它咏唱的是人间最美的真情。什么是抒情的歌?邓丽君唱的歌,才是真正的情歌!邓丽君提醒我们,自己首先作为一个人存在,有尊严和情感。

常常有朋友托我购买录音带、录像带,每次去进货,都要进上一汽车。那时深圳刚刚改县为市,准备建立特区。我有时候一个月去好几趟深圳。我去深圳,其实是冲着香港去的。

在深圳,只要装上一个接收器,就能收看到香港的电视台,比如香港台、无线、亚视。虽然家里有电视,但在长沙,肯定看不到香港这一类的节目。而看香港电视,深圳无疑得了天时地利。它与香港新界仅一河之隔,新界四个强大的电视差转台使得深圳上空完全覆盖在香港电视台的电波之中。

当时内地的文艺作品里连爱情都不能写,我们这一代人整个精神状态封闭了十多年,在看香港电视之前,我并不确切知道外面的世界是怎么回事。有时候深夜才到深圳,胡乱吃点东西,就一直盯着电视的光影画面看到天亮。播什么看什么,连广告都看得津津有味。

我不在深圳的时候,就拜托办事处的工作人员帮我录下来,然后带回长沙看。那段时间看了很多电影,一边看一边还学会了粤语。

那时的货物运输基本都靠铁路,中国铁路五大干线之一、纵贯南北的京广线繁忙无比,工业化浪潮通过京广线的贯通而在珠江上奔流。每天,每隔三五分钟就有一次疾驶的列车,载着南来北往的过客呼啸而去。

如果说，广州那个时候是商城，那么长沙，那个时候则是纯粹沉睡的城市，还没有成型的市场，古城还很平静。即便是上海，仿佛也变成了一个没落贵族，是一个在旧的计划经济体制下的一个陈旧的城市，还没有注入活力。市区充斥着破旧的厂房、落后的设备、堵塞的交通。

广东这片土壤很神奇，既保留中国传统文化比如世故人情，又受到西方先进文化的影响，也许正是因为这个原因，这里才会出现康有为、梁启超、孙中山。

因为很多广东人都是生意人，非常有商业头脑，当然特别注意人与人的交往，非常务实、开放、敢于冒险尝试，同时又讲究诚信，从来不夸夸其谈。

在我心目中，广东的商业文化坚韧和淡定的结合，一方面，这一方水土既充满坚韧和冒险精神，另一方面，又是含蓄、温婉的，如和风细雨般柔和。

我在我的广东朋友身上学到的是广东人主动的生活方式，他们会去争取自己想要的东西，包括个人的事业、个人的幸福。他们也比较包容，包容使这个地方感觉更开放，更创新进步。

湖南东方实业公司成立以后，我抓住了国家提倡办公自动化的契机，那时候内地还没有，广州那边开始进口。我从广东买入复印机、印刷机、台式的大型电脑等电器和电子办公用品设备在湖南经销，同时在湖南采买胚布和染布供给香港转口贸易商销往海外。

我沉浸在这份全新的职业给我带来的挑战和兴奋里，无畏无惧。就像老子说，赤子毒虫不螫、猛兽不据、攫鸟不搏、骨弱筋柔而握固，终日号而不嘎，初生婴儿哪曾亏损的元气淋漓，他外表柔弱的身躯内蕴藏着无限的生机与力气。我的公司规模不大，我的涉商经验亦不深，但我自信凭着一股坚忍不拔的闯劲，总有一天可以见到水滴石穿、绳锯木断、石底的种子长成大树参天。

那会儿市场刚刚放开，国内对境外的一切充满了兴趣。记得1983年我从广州又买回一台彩色电视机，邻居朋友都跑来看新鲜。收录机开始走进大街小巷，邓丽君的《甜蜜蜜》充盈耳边。一些人的钱包鼓起来了，开始装空调、冰箱。长沙街头，绿灰两色的单调穿着日渐淡去，缤纷的衣衫，轻曼的音乐，共同装点出一个活力之城。

新兴市场带来新商机。那时，从事家电和办公用品贸易的商家并不多，利润很是可观。我长期跑贸易，还款速度快，在进口商人中逐渐树立起了信誉，很多经销商都直接将设备赊给我，许我销售完之后再还款。礼尚往来，我也按时结账，从不拖欠。

那时商业环境很不规范，合同并不普遍，获得这样的信任并非易事。这使得公司货源充足，进货价格低。同时我的货物都是日本原装的，质量比较好，很快就得到了市场的认可。

1983年，随着公司规模的扩大，我在位于芙蓉区的长沙主要的商业街解放路买下了一栋二层小楼，请了几十个员工到广东去跑货源。后院是公司仓库，一楼则用作铺面，大仓库和铺面都塞得满满的。因为堆满了价值数百万的产品，摆满了三菱空调、松下、索尼的打印机等电器，类似二十年以前的国美，店内交易的顾客或是看热闹的观众络绎不绝。

我向一位来访的好友曾这样介绍道："现在，我已经开始做全省的销货，外省一些地方也来拿货。他们不再到广东去，就直接来我这里拿，有差价，即为批发。比如小匹量的空调机，1.5匹的，能覆盖十五平方米，耗电也小，一个大热天就能卖出几千台；一台空调机，拿货价是在一千二百块钱，卖两千块钱，一台能赚八百块，就有几百万的利润了。0.75匹的最小型，我也卖得不错，很多单位都来买。到了1983、1984年，也开始有个人来买了。"

朋友赞道："晓东，你真了不起啊！"

因为是很要好的朋友，他这样的称赞，的确是发自肺腑的，我也不客气，继续介绍说："从1981年开始筹备，1982年初涉，年利润迅速攀升至八百多万元，交税也是全省交得最多，一年上交三十多万。整个湖南省，虽然像我这样规模的民企有十几家，但我是跑得最前的，做得最好的。80年代，八百万是什么概念？！那时候普遍只是万元户，一万块钱就已经很好了。在长沙，我也算是一个人物了。"

很自然，我先被吸收进了长沙市的工商业联合会，经由他们推荐到中央。当时，全国工商联执行委员会是由全体会员代表选举产生的，我被批准成为全国工商联中央执委。那时候委员全国只有三十多个人，湖南省只有我一个作为代表。

这个身份让我这个工商联里年纪最小的"企业家"受到了更多的关注,我记得一位老企业家握着我的手鼓励我:"近代史以降,各路湖南籍大人物次第登场,深深影响了这个国家的走向,湖南人总是那么精明,有野心,善于在人群里振臂一呼,善于站在时代的高处,握住一个国家的关键词。"

几乎所有的外省人都认为湖湘文化是大文化,长沙是一座领导之城。这种对城市的赞誉,让我深感与有荣焉。

记得那时的全国工商联主席是著名的"红色资本家"、"中国首富"、曾担任中华人民共和国副主席的荣毅仁,和他一起开会时,他说:"小伙子你很有前途,将来有困难,一定要知会我。"

荣主席也拿他父亲的创业经历来鼓励过我们:"我的父亲荣德生是中国'棉纱大王',小时候家境贫苦,平日为邻家挑送热水,赚来几个铜板以贴补家用,十几岁时就去钱庄当学徒,后来靠办工厂一步步建立起荣家的事业。

"一个人必须奋力奋斗,才能事业有成。要勤、俭、敬、信,勤奋学习,俭朴生活,有敬业精神,讲诚实,信用第一。"老人如是教导。据说荣家的祖训是"发上等愿,结中等缘,享下等福;择高处立,往平处坐,向宽处行",这一人生格言道出了经商做人处事的真谛,就是看事要高瞻远瞩,为人要低调平和。

记得荣毅仁主席还说过类似这样的话语:"私有制是社会发展的动力。"

当时听了这句话,觉得有些大胆,现在回头思考,确实,改革开放能取得如此辉煌的成果,原因固多,然而其中最重要的一点,恐怕就是在维护大公的前提下承认个人利益,把个人的"私"字(私欲、私念、私利)放到了一个恰当的地位吧。

担任全国工商联中央执委,让我认识了一大批曾经最为优秀的中国民族资本家(那时的中国还没有私营经济,其他工商联委员都是老一代资本家),他们曾经办过纱厂、开过银行、布匹染厂等,作为其中最年轻的一员,我从他们身上学到了后来影响我一生商途的重要一课,是他们教会我三个重要关键词:品质、诚信、市场,是经商之本。

尤其是诚信,老人家们给我上的最重要的一课就是——诚信。我

偶然

还记得他们这样说过:"诚信就是企业的生命,做生意要重信、守合同;搞市场经济要有利可图,但决不能唯利是图,要做到经济效益与社会效益并重;在商业活动中自觉维护国家主权和荣誉、维护企业的信誉和个人的人格。"

这些教诲深深刻入我的心海,在我和父亲一番促膝长谈时,无意中我也表达了对自己这样的要求,最终,说服了父亲。

那时,出于对商业的偏见、出于对铁饭碗的向往,我的家人大都不理解我为何辞职经商。虽然父亲听到年利润八百万这个数字的时候,大吃一惊,很是骇然(那时普通干部的月工资只有四十几块,全家一辈子也赚不到一百万)。

母亲惊愕之余,劝我见好就收,守根固本就已足够。但我经过这两三年的经营,越来越发现自己对商业兴趣很高,猛龙入江,正是乘风破浪之时,岂肯罢手?

我父母都是南下老干部,商业即是投机倒把的观念在他们心目中根深蒂固,商人也被贴上了"无商不奸、唯利是图"的标签。

父亲质问我:"家里不愁吃穿,要那么多钱也没用,你何必要去做那投机倒把的勾当?"

"您也知道我的所作所为,行得正,光明磊落。现在国家也放开了政策,我还是想选择自己喜欢的事业。"我毫不心虚地回答道。

父亲哪里能不懂得儿子呢?!只是他心里也有一个难以解开的心结呀!

他长长地叹了一口气:"唉——可我也想过,我革命了一辈子,不要什么钱,从来就觉得能过日子就好。如今家里反倒出了你这么一个小资本家,死了以后我怎么有脸去见马克思呀!"

"爸爸,事情也不这么看。我们国家现在不是鼓励创业经商吗?建国初期,周总理也曾经赞誉荣毅仁为红色资本家。只要经营守法,中央还是大力鼓励一部人先富起来的!"

"那些大道理,我懂得的不比你们年轻人少,可还是从情感上难以接受啊!"

我立即向他陈述了我不同的看法:"天地之大,固然无奇不有,一隅之内,未必丰盈充足;何况风土有别,此无彼有、此优彼劣的情况时有发生。天之道,损有余以补不足,若无商贾流通其中,富足之处或者积存腐朽，贫瘠之所竟至一货难求。人们的衣食住行所需、养生送死之具，正如古人所说，待农而食之，虞而出之，工而成之，商而通之，自古至今，商即是整个社会中不可或缺的一环，商人亦是凭借自己的眼光心智，以时储积，又相机而动，看起来好像不劳而获，实际每一分利润都耗费大量的心血，何况途旅往来，黎明即起，戴月而息，也不过是竭尽能尽力，赚钱全凭辛苦，以投机取巧为名，抹杀一切商人，实在是有失公允。

"要说无商不奸，那更是一种误会。市侩九流，或许有人要奸弄滑，使些不正当的小伎俩、小手段，但这终究是大器难成，真正的商人却绝不会如此。车无辕不行，人无信不立，大商终需以信义行天下，才能广结宾朋、广开门路、广纳八方来客，广开四海财源，不义而富且贵，也能浮云视之。至于为富不仁，更是未必了，对于一般个人来说，仓廪实而知礼节，衣食足而知荣辱，富润屋之后才有可能德润身。只要心存善念，财富非但不会引人堕落，且会在关键的时刻发挥更大的作用。心地仁慈，身无长物，面对困难时终是有心无力，而宅心仁厚又有充足物资，积善行德之时只会相得益彰。"

我说得一时兴起，父亲却听得哑口无言。他表达了他的另外一层忧虑：政策环境易变，商业总归凶险，等闲平地尚起波澜，何况这百废待兴的改革之初，未来形势，谁能逆料得确切？若我不慎失手，失败了怎么办？

我知道他所说的不无道理，但澎湃的心潮怎会因这三言两语而打消？父亲见我执念已深，知道多说无益，便不再阻拦。

父亲站了起来，慢慢地踱到我面前，若有所思地望着我："看来我也是真的老了，中国接下来的事业，还得靠你们年轻人呀！希望你好自为之，不要走得太远了，让我这个老头子……"

我看着父亲，坚定而自信地道："您不用担心，我坚信，只要一颗有一颗平常心、善心，无论遇到什么情况，都能化解的。"

父亲望着我许久，终于露出微笑，点了点头。

与父亲的那次交谈，也让我更加明确了自己经商何为的定位。三十年来，我的事业不断发展，我和商业的缘分也演绎得愈加美妙，我对财富、对商业的看法已大异于从前，但是，做一个"善的商人"，这是我对父亲、对自己的一个承诺，岿然不动，一日不移。

偶然

正如唐代名相张说所讲，钱财"一积一散谓之道，不以为珍谓之德，取与合宜谓之义，使无非分谓之礼，博施济众谓之仁，出不失期谓之信，入不妨己谓之智"。怀大善、任大智才能做大商、得大利，最终成大事，成大写之人。

然而，就在公司经营红红火火之时，一个小插曲不期而至。

由于我良好的商业信誉，三菱空调的承销商给我的价格比较低，货量也大，在长沙乃至在个湖南，空调等办公设备大多由我承销。

树大招风，以前承销三菱空调的一个经销商，眼见我挤占了他的货源，不由得妒火中烧，却又不肯寻找自身原因，纠集了几个小混混，三天两头来店里闹事。

一个夏天的中午，烈日当空，天气十分炎热。这经销商见我多次容忍，又带一帮人前来捣乱，轻车熟路。一伙人刚进门面，看见琳琅满目的货品堆满货架，来来往往的顾客摩肩接踵，心中越发恼火，三三五五分作几群，横胳膊竖腿地聚集在店里店外，堵塞入口。领头的经销商搬把椅子，趾高气昂地坐在店堂中央，大放厥词，扬言我若不出来和他理论，就把店面掀翻。

店内的顾客被他们拦截在内，不得出去，只好立在一边观看，门外边的长沙市民眼见一场好戏，越聚越多。众人窃窃私语，以为这里少不得要有一场好打。

我一看这般情况，不由得血气上涌，想都没多想就走下楼来。那经销商正斜躺在椅子里，睥睨斜视，一副无赖模样。我只觉得他面目可憎，恨不得一拳打他个七荤八素，但是，不成，这是在我的店里，真动起手来，只能影响公司的形象。

周边的小混混料不到我竟这么坦然地走出来单刀赴会，一时不敢轻举妄动，店里店外的观者也安静下来。

我立在那经销商面前，调整心情，冷静地说："你来我这儿不是一次两次了，这件事必须有个结果。要动手呢，我也可以叫人来，只是打起来恐怕只能是我们各有损伤，解决不了事情。你若是条汉子，我们约个时间，一对一，单挑。"

他其实早就有些气短，只是在众目睽睽之下，抹不开面子，故作豪爽地拍拍胸脯，说："晚上七点，湘江宾馆门口见！"说完立起身来，挤出人群，匆匆离去。

晚上我如约到了湘江宾馆，瞅瞅表，七点快到了。尾随来看热闹的群众也聚集了一些，我来回踱着步，静静等候他出现。七点刚到，就见一个人急急赶来，给我传话，说那经销商抱病，不能赴约，以后就算和解。众人听得这个消息，哄然一笑，渐渐散了。我长出了一口气。

此后，他再也没到店里来捣过乱。

这，就是那市场经济草创的年代，整个市场就好像一盘没有规则的棋局，大小棋子横冲直撞，全然不顾所谓的马走斜、象跳方，基本的秩序只能靠从业者的道德水准来维持。

虽然俗话说："天上野鸭到处飞，到手的便是盘中餐、席上菜。"

但我想，纵然在必要的时刻大行不顾细谨、大礼不辞小让，终究不能为了一己利益不择手段，一切行事都有其必须把守的底线，正是这底线使人得以区别于禽兽，使人得以为人。

"破釜沉舟"是中国古代战争史上以少胜多的经典战役，是中国文学史上历时两千余年仍脍炙人口的成语典故。故事出自《史记·项羽本纪》：秦军围赵于巨鹿，项羽率领楚军前去救援。在两军人数相差了十五万，极其悬殊的情况下，项羽召开了一次全军战前动员会议：

"我们即将渡河，去和秦军作战，大家一定要有不胜即死的决心。为了表明我们的决心，我建议，我们将所有的船只渡河后都沉入河底，将我们煮饭的釜甑都铲破毁灭，不再留在身边。我们每个人只许带三天的干粮和饮水。我向你们保证三天之内，我们必将大破秦军，夺取他们的装备和粮食，并在巨鹿城内接受赵王准备的丰厚宴食。"

项羽的话，无疑吊起了楚军对秦作战的积极性。这是决定一场战争胜利与否的第一要素。

项羽在绝了自己后路的同时，也彻底绝了楚军的后路。没有了后路的楚军在面对强秦的时候，只剩下了拼死一战。

基本完全抛却了辎重的楚军渡河的效率大大提高。这为项羽反击秦军提供了必要的时间支持，同时也为项羽赢得了超出秦军预料之外的战机。后来楚军在项羽的率领下，个个英勇无畏，以一当十，大败秦军，缓解了巨鹿之围。项羽就此在诸侯中树立起威信，为后来称霸天下奠定了基础。

在《孙子兵法》中有所谓置之死地而后生（即破釜沉舟）的策略，其实就是把机会成本变为零的策略，结果反能赢得战争。当年的我虽然还不明晰，却偶然碰触到了这一商业玄机，拒绝停薪留职。

现在的我，常常鼓励年轻人，要把过去的成功当做新的起点，这其实也是一种把机会成本从主观上变为零的策略。佛教道教常说，财富是拖累，这也可以看成是把人们的机会成本（财富、家庭等等）从主观上变为零的一种策略，否则，念经修行，也许都难以做到心如止水。

第二节　外面世界真精彩

大块载我以形，天地容我存生，在这无垠无际的空间世界里，人之生也有涯，能够脚不停息地四处游走，对这短暂的生命来说，不啻为一种极具意义的生活方式。

一苇可航的一道流水，即可分割出不同的风土，半日即至的十里之内，就会有迥然而异的人情，更不必说那落日以西天涯外，渺茫扶桑东更东。

生而为人，没有扶摇而上九万里的垂天之翼，做不到朝发苍梧暮北海，也没有羽化飞升的修行，可以泠泠然御风而行，但是，只要有时机，又有谁不希望身如不系之舟，茫茫大海任意浮沉，谁不渴望可以身行万里遍天下，饱览沿途变换的风景？

我自小便不是可以蜗居一地的性情，寻仙不辞远，好入名山游，一有机会便想在更多的地方印下自己的足迹，不论名都大邑，还是僻野乡村。

三十年间，我熟悉楚湘大地上无数的山洼水曲，领略过"气蒸云梦泽，波撼岳阳城"的壮阔；我攀爬过黄土高坡上层叠的沟沟壑壑，见识过黄河落天走东海、万里写入胸怀间的气魄；我感受过数百年皇城的宏博帝王之气；我体会过新兴城市令人咋舌的变革；我追寻过诸多先哲往圣、昔日英雄的足迹，踩踏过远上寒山石径斜，看过朝朝暮暮的潮起潮落，在不断的行走中度过一个又一个的月望月朔……

我在这片生我育我的土地上放任自己的脚步，不曾想过有一天竟能突破它的局限，去碰触更为广阔的世界；我更不会想到，我走出大陆，走出国门，走得越是遥远，便越是能接近自己的内心，明了何处才是自己的最终归宿、扎根之所。

我的立志从商，为我提供了这样一个周游世界的奇迹，让我只身离国万里，也让我最后明白牵扯着自己这只高空飞翔的风筝的不断之线，到底系在哪里，握在谁的手中。

在机电局做业务的时候，我走南跑北，结识下各行各业的许多朋友，她便是其中一个。先是业务往来，久之自然交好，常在一起闲聊；大学学外贸的她，对出国闯闯一直有着浓郁的兴趣，尤其对有着"湖之国"美誉的加拿大十分向往。

她告诉我："那边森林广布，资源丰富，但地广人稀，本国需求较少，大量木材、矿产等待出口，或许是个不错的商机。"

我听完并没有太在意，只附和着说："有机会的话倒是可以一试。"

说者无心，听者有意，过了一阵子，她又找着我："现在有个机会到加拿大去，我一个定居加拿大的亲戚，向我们发出了邀请。我们几个人一起去后，可以自己创业，自己做事。"

昔日戏言，今朝忽到眼前来，这不期然就撞个满怀的时机，让我都来不及犹豫，我必须尽快做出决定。是任它静静溜走，还是把它紧紧攥进手心？它来得如此突然，如此悄无声息，使我怀疑这到底该算是冥冥之中的成全，还是对命运的又一次考验。

创业他邦，直面商业的最前沿，我心里并没有太多底气，那曾经在脑海中一次又一次浮现也越来越清晰的未来图景，突然间变得模糊，变得若即若离，又不即不离。

当时"文革"刚结束不久，1981年才刚刚放开自费出国留学政策，托福考试也于这一年进入中国，但由于信息不对称、手续繁琐复杂、经济原因等方面因素，真正能自费出去的人还是凤毛麟角。出国远没有形成后来的那一种风潮，我们还属于第一批弄潮儿。虽然曾经去过香港，但香港毕竟是中国神圣领土的一部分，算不得出国。后来听说出国投资开公司的，我是湖南省的第一例。

一切都属未知。把未来尽数交付于此，是不是也将会使它脆如槁木、薄如蝉翼？我左思右想，抽丝剥茧般分析眼前形势，试图找到哪

偶然

怕仅仅不绝如缕的一点确定，然而，没有。

日月逝矣，岁不我与，到底是个心高气盛的年龄，既然有那么一个机会，我心一横，去看看吧。如果顺风顺水，走上条平坦顺畅的康庄大道，自然是好；要是路途崎岖，摔个跟头，退回到祖国这片表里山河的土地，无限风光在险峰，也算是难得的一份阅历。当断则断，瞻前顾后只会寸步难行。

我们找到了另一位对出国也有兴趣、冶金专业出身，对矿业非常熟悉的朋友，一起前往北京办理签证。时为1985年，签证的困难早有耳闻，我们英语又不行，心里也颇有些惴惴，但接下来的顺利却大出意料。

接待我们的是一位中年白人女性，她面色和蔼地问我"为什么要去加拿大"一类的例行问题，并无刁难。

我如实回答："因为加拿大是一个文明和现代化的西方国家，还有良好的文化。"

当她看到资金证明，得知我们在国内有较丰富的商业经历，此行主要目的为投资之时，脸上竟浮现出了一丝惊讶，因为那时候中国没什么人选择去加拿大。

"加拿大欢迎你们。"她最后收下签证材料时，微笑着对我们说了这样一句话。

毕竟是改革开放初期，国人面对狂潮般涌进的各种商品，大开眼界之余有些心魂不定，各色的经营机会也使他们沉溺于国内市场，一时无暇外求。签证官的诧异因此不难理解，这样的理由在她这里恐怕算是闻所未闻。

"加拿大内需不足，迫切要打开国际市场，在这方面也有一些政策上的优惠，她摸清我们的意图后，很快就会说好的！"在签证官身后，朋友这样提醒道。

我正将信将疑，便听签证官开口问道："你们去加拿大，是要做什么？"

我从容地答道："我们想做外贸，加拿大的产品、木材等。"

果不其然，如朋友所料，签证官听说此话，立刻道："好，做外贸好。"话音刚落，即刻办理。

在此之前，我都没有指望会签证成功！

我们签的是一年有效,可以续签的工作签证。作为"能对加拿大经济、文化、艺术的某一领域作出贡献,并且具有特殊才能,有自己创业经历"的自雇移民,从此,我们就需要自己去异国他乡独当一面打天下了。

这顺利也让我心下窃喜。看来,有关这个国度的一切传闻并非虚妄,那里有丰富的资源正寻找去处,中国因迅猛发展而产生的巨大需求,正可为之提供归宿。有供有求,这有余与不足分明可以形成完美的契合,纵然此行有些仓促与冲动,又何惧找不到施展手脚的时机?

1985年10月,北京国际机场。我在登机时再次回眸,广阔的停机坪,起起落落的客机,让我第一次有种离别故土的惆怅。

进到机舱落座后,我还是有些恍惚,看着窗外,久久不能释怀。

"对不起,先生,请系好安全带。"不容多想,思绪已经被打断了,起飞前,空乘小姐对我说的话至今记忆犹新。

伴随着发动机的巨大轰鸣,飞机震颤着驶上跑道,加速,再加速,然后腾空而起。轮船要一帆风顺,可飞机却要逆风而上,也许雄鹰振翅的一生,不是逆风就是逆流?

透过舷窗,我努力朝候机楼方向张望,希望看到母亲的身影,她肯定还在那儿,隔着大落地玻璃目送这架波音七四七客机起飞。就在刚才,我是头也不回地朝安检处走去,因为我没有勇气再回头看她。

被隔在国际出境线另一边的人们,正朝我们这边挥手,还踮起脚尖翘首眺望。我突然想起"文革"时父母在火车站送我去参军的情景,父亲早在一年前的1984年去世,母亲一下子衰老了许多,但她仍然支持我远走。当年背井离乡,如今远渡重洋。

耳边仿佛听到母亲的殷殷嘱咐:"放心去吧,儿子,去实现你的梦。"

我再次朝候机楼投去搜索的目光,希望再看他们一眼,飞机慢慢轻扶蓝天了,此时,巨大的候机楼已变得像一所矮小的民宅,又变成了火柴盒,一会儿连火柴盒也没有了,大地被迅速地推远了,变成了一块大沙盘——被切成条条块块的大沙盘。

北京一点点变小、变远、模糊、朦胧,直到完全消失在视野之中。

双眼突然湿润了,难道是舍不得老母舍不得家?仿佛是但又不全

偶然

是。当拿到商务签证时,我不是满怀兴奋、喜悦和骄傲的心情接受家人的祝贺吗?

怎么这一切现在全都荡然无存,变成一腔落寞惆怅了呢?一种难割难舍的情怀,不停地在心头涌动,排遣不开。难道这就是故土难离,这就是对这块生我养我,而我也为之付出了青春的大地的眷恋之情?

我有生以来头一回感觉到,这块黄土地像磁石般地吸引着我,其力量是那样强大,以至于要"挣脱"它的时候是如此痛苦、如此困难。

但见窗外无边的云海时而如堆棉铺絮,静如玉池;时而银装素裹轻飘漫舞;时而如海浪滔天,变化万千,望之令人神迷心醉。

那时中国和加拿大之间还没有直航,只能绕道纽约,所以我们的飞机是先飞旧金山,在旧金山经停后飞纽约,再从纽约转到温哥华。

犹记得看了一会儿云,我感到疲惫了,迷迷糊糊睡了过去。当早晨的霞光穿过飞机的舷窗,透进机舱时,睡了一夜的我,睁开眼,一下看到旧金山大桥,以及地下蚂蚁一样多的小汽车,真是觉得叹为观止。要知道那时的中国,大多数人骑的还是自行车,原来,同一片天空下的另一个地方,竟是这样的。

加拿大是个非常美的国家。当温哥华近在眼前时,许多人都在注视窗外,我也向下张望,只见覆盖山头的皑皑白雪与变幻的云彩交织在一起,云蒸霞蔚,交相生辉。

海岸线绵延纵伸,曲曲折折,荡青漾翠。沙滩连绵广阔,恬静幽穆,真像一幅迷人的画卷。在飞机上看到如此壮观的景色,我情不自禁地对坐在我身旁的一位刚认识的女乘客说:"It is so beautiful. I love this country!"

一路漂洋过海,终于抵达温哥华,我开始了为期三年的加拿大之旅。正如苏东坡所说,"人生到处知何似,恰似飞鸿踏雪泥;泥上偶然留指爪,鸿飞那复计东西"。

我不知道我将在这异国的土地上留下怎样的印痕,那时我只相信,只要有心,海角天涯,各自风光都明丽,何处不可为尚友之地;南北西东,是处青山皆妩媚,所行皆可是安身之所。

不过,在此住上三年后,很多人(包括我在内)都会觉得这是世界上居住条件最好的城市之一。虽然后来我去过许多国家和城市,这个观念都没有太大改变。

出国之前,靠着做电器生意,我已经积累了一定的财富。我们三个人一共带了十几万美金,折合人民币约一百多万。

"晓东,你英文怎么样?到了那边,中文可派不太上用场哦。"朋友说道。

我笑道:"我在中学学过英文,成绩还不错,加上看过大量的外国电影,生活中一般的口语对话,还是能应付的。当然,完全流利地交流,肯定是不行的。"

"看来我们在那边需要请华人翻译。"

学外贸的那位朋友的亲戚,在当地经营旅行社多年,一切环境皆很熟悉,在他的帮助下,我们安顿了下来。出于对故乡湖南的怀念,公司的名字即取作"南湖国际投资有限公司",办公楼租在温哥华downtown(市中心)临近唐人街的一个写字楼里。

如果说,加拿大是一个海纳百川的国家,那么风光无限的温哥华就是加拿大的一颗璀璨明珠。这么多年过去,总也忘不了温哥华的海湾、森林和皑皑白雪的山峦。温哥华是少有的都市生活和自然风景联系得如此和谐的城市。

山清水绿,天高云淡,纵然是坐在万米高空的飞机上,也能清晰地看到温哥华这座城市是苍郁一片,连月亮也显得特别清新圆大。她很美,地广人稀,注重环保,污染少,空气通透明净。

一盆盆挂在窗边的灿烂小花把街道点缀得十分和谐,很有欧洲风情。乌鸦偶尔会从头顶飞过,发出的叫声给人空旷之感。幸运的话,会有一只或几只雪白的鸽子站在你身旁,它们似乎从来没有对人产生过畏惧。歪着小脑袋,用一双好奇的眼睛直盯着你看,样子很是讨人喜欢。

来到温哥华时恰是10月,清新的空气,大树的花香,田野里散发的阳光的味道,海的咸爽气息,都和家乡的味道如此不同。天是一种非常澄澈的蓝,海水则如蓝宝石一般。两旁的行道树都比香港的要更高一些,笔直排开,气势立显。驱车路过,常常能看见市政工人们修剪树枝的身影。

上面的人负责剪树枝,下面的人捡拾起来放入拖车后的粉碎机碾碎直接倒入拖车内,事情做得干净利落。这里的树木往往被修剪成墙一样的屏障,成为别墅前一道美丽的装饰,配上鲜花和草坪,把街道妆点得十分干净美观。

枫树,是加拿大的国树,连这个国家的国旗都以枫树的叶子为标志。这也是一种高贵而骄傲的树。在生命将尽之时,它并不垂头丧气地接受这个不得不然的结局,而是积聚起最后的力量,成就壮丽而无憾的死亡,就像一生戎马的将军,在其弥留之际犹自枕戈抚节,唱出步行夺得胡马骑的少年十五二十时曾经吟唱的军歌嘹亮。

10月,枫叶正红,成荫的枫树,也给了我们这些初来乍到者最初的心灵震撼。无论码头路边,还是田间山脚,这种树随处可见,树树皆顶一头霜叶,飞扬跋扈地闯入视野。

连为一片的树林,枝枝相覆盖,叶叶互交通,望去仿佛眼底顿生一场扑不灭熄不掉气势汹汹的火灾,看得人心惊胆战;缀作一点的孤树也并不孱弱,就在自己生长的地点,奋力以直挺或者斜刺的枝干为臂膀,把一树的叶子托成一朵绯云,摇曳在一晴如洗的碧空上……

它意味着永不冷却的热情,指示着毫不停息的坚强,启示着生命之光不应为任何的原由而失去绽放的力量;它提醒人们老当益壮,宁移白首之心,穷且益坚,不坠青云之志,它以自焚式的激情呐喊,喊出最激励人心的声响。历一番严霜,它便多一份透亮,直到红成绛紫,红得深入骨髓,红得透彻心扉,它才肯安然地脱离枝头,把一具美丽异常的尸身,交给飒飒秋风来舞弄,交给皑皑白雪来掩藏。

我最喜欢的是温西区那一条条和第四大道垂直交叉的小马路,道路两旁耸立着有些年头、枝干粗壮的枫树,它们一字排开,好不壮观。秋季是整个加拿大最好的季节,虽然短暂,可红黄相间的秋叶,是大自然最让人赏心悦目的时装。茂密的金黄色枫叶在阳光下灿烂着、摇摆着,从夏到秋,它们如此优雅,慢慢地变黄,慢慢地绽放整体的秋色。

为枫叶所激荡得澎湃不已的心潮略微平静之后,我才有心情细细观察这片土地,体味它的风神情韵,探索它的筋骨思理。我们租住的公寓位于Richman区,这个有着众多华人居住的新型小镇,类似我们现在常见的那种城乡一体化的小镇。

公寓整洁清新,纤尘不染。记得到温哥华不久就进入了冬天,赶上了温哥华少有的一场大雪。公寓内暖气充足,我们着单衣坐在地毯上欣赏雪景,看着落地窗户后的松树披上银妆,别有一番情趣。窗后就是一个树林,大自然显得如此贴近。

有一次,我突然发现林子里蹿出一个非常俏皮可爱的动物,激动地打电话跟朋友说:"温哥华的小熊怎么会这样小巧可爱啊?"

朋友笑着告诉我:"这是北美特有的动物浣熊。确实非常可爱,可也很淘气,饿了会找你乞食。"

多少次,当我懒洋洋地从梦中苏醒,走到窗边,见雨露清晨,雨水打湿马路。温哥华的雨真的是绵绵的、柔柔的,一声不响,润物无息,就是落在树叶上也只是低低发出微微的沙沙声,远处偶尔传来几声乌鸦的鸣叫。湿润的空气里,海鸥在睡懒觉,红肚皮鸟儿在梨树和樱花树之间叫早,令心情渐始安宁。

每天,从住所到公司,一路车程,一路美景,山水漂流,鸟鸣悠悠,过眼之处,满是诗意。这景致美得甚至让我觉得自己福禄微薄、消受不起。这里几乎除去道路与建筑之外的每一寸土地,都为植被所覆盖,或是芳草连天迷远望,或是平林漠漠烟如织,抑或是水光潋滟晴方好,无不使人心旷神怡。

而掩映这一切的天空,更是天天碧蓝通透,没有任何的污浊尘粒点染,让人极目看去,心随片云天共远,胸次全无一点尘。天蓝、水蓝、树绿的温哥华,美得想让人一股脑儿投身融化进去。

植被覆盖率如此之高,源于这里的人们对其无微不至的保护,砍伐之后必有补种,偶有损伤,也即时修补。

人人既视整座城市为家园,对其中的一切也自然小心在意,林木如此,水体亦然。周边的海洋资源极其丰富,但捕捞、经营都节制而规范,来来往往的渔船,并没有造就一个充斥着垃圾与腥臭的海滩。

朝朝暮暮的潮涨潮落、总是清洁碧透的海水抚慰着一个同样清洁的沙岸。流经城市的内河,流入时波清而水洌,流出时竟半点不变,仿佛蜿蜿蜒蜒几百公里的行程,所到之处并无人烟,因此不受尘埃半点侵。山水也好,海水也罢,都是湛蓝的,如此特别的透着亮度的一种颜色,没有污染,光是看,便已然陶醉。

当地的华人如此这般向我们介绍说:"温哥华的饮用水源来自水库,都位于北部海岸山脉的峡谷中,这样的地理环境是得天独厚的:

偶然

水库的全部流域与人类的活动几乎完全隔离的，流域内没有一个人类的个体在其中居住，并且整个流域的面积对公众是完全封闭的。因此，地面上人类导致的对水质的污染是很少的。

"另外，流域的降水气团主要是从太平洋上来的，整个流域的地表都是被茂密的森林覆盖的。水经雨水、山水、雪水而来，经过大山上面土壤的渗透，树木、花草的慢慢过滤以后，再下来的时候几乎可以直接喝，很干净。"

而星罗棋布的湖泊，一泓泓湖水静谧而安详地坐落在山间林际，如镜如鉴，收纳着横空掠过的飞鸟的身影，也任天光与云影悠然地徘徊，徘徊又向前。很难想象，一个国际闻名的大都市，经由多少年的人工斧凿，竟依旧宛如天然。

在温哥华生活一段时间后，便切身感受到这里的公交系统非常之便利，既造福了温哥华人，也造福了子孙后代，使他们免受由于个人汽车的过度消费而带来的污染、能源和交通事故的困扰。在温哥华，私家车才是奢侈品。温哥华的老人、学生和不少上班族几乎全部倚赖公交系统而生活，非常环保，也乐得成为一个同城人互相接触的地方，很接地气。

Richman区是大温哥华地区华人最集中的地方，华裔人口占Richman人口的百分之六十以上。唐人街离这里也不算太远，有华人聚居的地方就有唐人街，温哥华的唐人街是北美第二大唐人街，不长不短的一条路，十分干净，其中一段仍保留着鹅卵石路面，店铺林立，有杂货店、茶餐厅、银行、书店……

据说早在清朝乾隆年间，已经有华人移居此地。街上大多数的商店都由香港人经营，也有小部分上海人，竖着一块块汉字的标牌，令人有一种置身中国的错觉。虽说不用讲英文也行得通，但老板大多只会说广东话，不懂普通话。

当然，这里的特色产品仍是字画、中国功夫、杂碎、中国娃娃，也有会计、建筑、法律事务所。每隔一段时间我就来唐人街吃顿饭，随便找一家店，从容不迫地坐下来，要一壶乌龙茶，一碗熬得香香的广东例汤，或者是一个叉烧包，也可以是一碗油鸡饭，闲情逸致地慢慢品尝完，再带点中国风味小吃、买份报纸回去。

倒也不是吃不惯西餐，但时不时的总有一种想吃中餐的嘴馋。或许这就是一种根深蒂固的血脉关系吧！虽然，这里的所谓中餐，做得并不十分地道，大都是以广东菜或上海菜为基调改良的。

无论是小炒还是自助，大都就是鸡鱼肉虾。蒸烤溜煮，生熟夹杂，酸酸甜甜，除此之外，再无其他新花式样，实在没有几分真正的中国味道。对于我这个吃惯了重油重色重味的湘菜爱好者，对这些所谓的中国菜总是觉得淡而无味的。

在国外的中国人一般都很怀念自己的家乡菜。

有一次，我胃中馋虫作祟，突然很想找一家正宗的湖南餐馆，于是匆匆来到了唐人街，一路寻觅过去。

一家湘菜馆很快入了眼帘，那餐馆的装饰倒完全是按古色古香的中式风格布置的，仿红木的雕梁画栋，大红的招牌、大红的菜谱，还有大红的桌布，桌椅自然是中国式的圆桌或方桌，摆着碗筷而不见刀叉，墙壁上挂着字画、蜡染工艺品。十几张桌子铺陈开来，很有几分喜色。

服务员十分热情地为我泡上了花茶，这是我到温哥华以后第一次喝到的来自中国的浓香甜美的花茶。

餐馆标榜的口号是：传承湖南千年美食文化，自称"辣，可不一样"。翻遍菜谱，几乎都是长沙的家常菜。招牌菜是"剁椒鱼头"、"干锅啤酒鸭"等，还有臭豆腐、腊肉、茄子煲、辣椒炒肉等。不过，等到菜一道道端上，我就发现，这里的湘菜不仅不够辣，而且还有点酸甜……

于是，我开始往菜上倒辣椒。大概是因为老板看我一勺一勺地加辣，有点好奇，立刻跑来问我是不是中国人。我说是，想了想，加了一句："哦，我是湖南人。"

"以前来我这里的，可都是从中国广东来的。"老板回答道。

"其实，辣是一种层次异常丰富的口感，比如四川的麻辣、云贵的酸辣、湖南水灵灵的鲜辣，江西那种咸辣，还有陕西那种干辣。你这里的菜，不仅不够辣，做得也有点粗糙哦。"

"那……您能给我们示范一下吗？" 老板听我说得头头是道，谦虚地请教道。

我也不客气，卷起袖子跟着老板进了厨房："其实湘菜的精髓就是做得精细，追求原味，比如，菜要切得好点，像这牛肉，就不能一

偶然

股脑儿大块地剁，得细细地切成小丝儿，不要勾芡，不要放糖。炒的时候还要多拌，湘菜就得入味。调料要简单，基本的油盐、酱油、辣椒、味精就可以了，不要去弄别的调料……"

老板边听边记，不时地点着头。待到我真刀真枪地把一盘正宗水煮牛肉端上台面时，他迫不及待地夹起一筷子就往嘴里送，刚尝了一口，便立即竖起大拇指。

后来，每周我都会去他的餐馆吃饭，老板每次也请我喝个啤酒什么的，一起聊天小饮，谈谈见闻趣事，也算是一景。

聊天中，他告诉我："我在唐人街的历史已经有十多年。很小的时候，就随亲人移民到了这里。因为家里条件不算很好，没有受高等教育，加上华人那时的弱势地位，所以一直也没有什么大的作为。年轻的时候，他也出去闯荡，但结果不尽如人意。三十岁后就没有雄心壮志了，安心地在唐人街开了个湖南小餐馆混。"

在我如今已过花甲的年纪，回望这次温哥华之行，最大的收获或许并不是后来挣到的千余万加元的金钱，而是这个美丽的城市勾起了我对建筑的强烈兴趣，也加深了我对这一行业的理解。这使我在随后的人生历程中受惠匪浅。

事实上，刚进入这座城市，我就被这里形形色色的建筑所吸引。那时温哥华的downtown已然衰落，市中心多为黑人居住，白人则渐次迁徙到周边兴起的新型小镇里。

这些星罗棋布的小镇地域极开阔，有足够的空间供他们发挥装饰，随喜好装点自己的家园。作为一个移民占据大部分人口的国家，居民的民族成分本就复杂，英国、法国、意大利，来源不一，口味各别，建造的房屋因此式样繁多，千变万化，层出不穷，继承了欧洲建筑的长处，又根据周边环境等各种因素加以合理的变通。

市中心有一部分砖石建筑，郊区小镇则以木建筑为主，坚实牢固之余，颇有些从自然中来又向自然中去的韵味。

温哥华市属于BC省，而据说BC省最贵的豪宅区在西温哥华市，简称西温，西温最豪华的住宅区，在英式庄园区。没事时，我就坐车去那里参观豪宅、拍照。

那里的豪宅最大的特点除了宅子大、建筑外形很英国、院子大以外，还有着很考究的英式花园，即使是围墙，也由修剪得很有形、很有特点的大树围成。

因为地大物博,即便不是豪宅,也会被他们的居住环境所震撼。在这里,看不见灰尘,更没听说过什么沙尘暴了。所有居住区的绿化做得都特别好,走到哪儿都是一样。也正是这种建筑与自然的完美融合让我最叹为观止。

因为这里的气候四季如春,所以别墅都是木板房建造的两层楼,只有那些办公大楼才是钢筋水泥的。房屋的数量似乎是固定的,很少看见有破土动工搞基建的。即使翻修房屋,也都是木板结构,像是在搭积木,很快就会盖好,没有空气污染。

我最喜欢加拿大的这些小木屋了,密度很低,精致的房子就建在林中、湖畔边上,人与自然达到了和谐统一,他们把绿作为一个生活品质的基础。房子精致地掩映在高高树丛中,很多家庭的后院都有一个游泳池。加上以山地为基本地形,可谓清一色的山间别墅。

在这里,给你的感觉就是树比房子多。道路平坦而宽阔,地面见不到砂土,所以即使刮风,也不会起尘。几乎每一幢房屋都有花园围绕,绿地成坪,草木扶疏,随季节变幻着花香,随时令鸣啭着鸟语。

若是黎明即起,推开窗子便可放入满园花开、一畦新绿;庭院与绿相连,浩荡而晴润,像主人的胸怀,无拘无束;而一些临水而建的房子,更是伏于水淼淼中洋洋,雾缠绕中蒙蒙,令人一惊一喜如梦,像被推入云巅之上,矗立于白云深处,当一阵东风吹拂,万里无云时,暮色伴随晚霞降临,漫天繁星仿佛伸手即可摘下。

又或是坐落在水之涯,听取涛声阵阵,望得浪花朵朵,看厌孤帆远影碧空尽,出门一笑,却又是大江横亘;或随地势迤逦而建,以地表之起伏折叠出繁复的层次,或任意借景,以远山为屏障,以水瀑为垂帘。

我一直很喜欢大自然,过去在长沙的时候,美丽的湘江边、咸嘉湖畔,是我常常流连的地方。但长沙的水没有这么蓝,周边也就稀稀拉拉种了几棵树。

温哥华的环境建设则做得相当不错,不仅美观,而且也实用,把与自然的关系处理得相当和谐,是有山有水、花草繁盛的花园城市。我暗暗感叹。这里,让人不仅享受到了现代生活的种种便利,且满足了性本爱丘山、复得返自然的志趣。

偶然

这让我想起我年少时候被咸嘉湖畔桑叔的茅草房激发的梦想,我想以红色砖瓦取代那灰头土脑的泥墙,而又不失房前房后种瓜种豆的农家风味。但此时,面对着温哥华如此众多虽由人造、宛如自然的建筑,我顿时觉得,我那大瓦房的想象,是多么的幼稚可笑,不值一提。

每到周末或是闲暇时候,我就让我的助手开着小车,一个方向一个方向地拓展游玩范围,让他带我去每一个别墅小镇上看看。

我们坐在车上随兴之所至,任意而行,沿路走马观花真是莫大的享受和消闲。我曾在灯塔公园里等待夜幕降临时灯塔上航标灯的闪光,也曾在塞浦路斯山滑雪场途中的观景点俯瞰狮门桥上空的朝霞;新西敏市菲沙河边的旧街区,像一首忧郁的轻音乐,而巴纳比山顶盛开的樱花,告诉我春天来了……

在各处的小镇浏览之余,我也观赏各类房屋到底如何构建,探索建筑与农业的结合;遇到自己激赏的,少不得要停留半日,细细揣摩,有时实在经不住诱惑,想进去看个究竟。

每每你敲开房门,道明来意,房屋的主人大多也十分乐意看到自己的涂抹装点受到欣赏,往往热心接待、耐心讲解,我便如获至宝般仔细打量内部的装潢设计,大开眼界、大饱眼福。

留在家里的往往是些老头老太太。他们的年纪很大,都在六七十岁了,还喜欢自己动手整理草坪,但都很有气质。他们说话都非常的慢,好让我容易听懂。温哥华的绝大多数住宅都没有围墙,这也是当地住宅的又一个显著特点。这也从一个侧面更加验证人与人之间的信任。

加拿大人的礼貌和素养,在很多日常生活中的细节里都有体现。第一次在温哥华坐公交车,也给我留下了深刻的印象。那天下着小雨,十多个人排着队,其中有一个坐着轮椅的残疾人。车慢慢驶来,停稳,向马路牙子稍作倾斜,车门打开,自动翻出一个踏板,正好对接高出的地面,司机下来连残疾人带车推上去,然后把车固定在司机后面专门的位置上,司机再下车绕到驾驶位,最后大家再上车。我一看表,三四分钟都过去了。所有人都在雨里默默地等,没有一个人显得不耐烦。

又有一次,我想去附近的公园玩,需要坐几站公交车。到了车上,我赶快在后排找到一个位置坐下。过了三站,车上上来一位五十来岁的妇女,拉着栏杆,这时,车上的人很多,已经没有座位了,她只好站在离门不远的地方。我注意到她穿了一双高跟鞋，车一开动就摇摇晃晃地站不稳。

这时候，我看见坐在离车门较近的座位上的一个年轻的女孩站了起来。她很漂亮，大概十七八岁，圆圆的脸蛋，姣好的容貌再加上青春的气息，看起来清新纯洁。金色的头发卷卷的，自然地披散在肩上，穿着粉红色的上衣，黄色的裙子，肩上挂着一个红色的大书包，脚上是一双运动鞋，手上还抱着一本线装书。

她热情地说了句什么，大意应该是请您过来坐这里吧。那位妇女有点不好意思地说："谢谢你。"

但她并没有马上坐下。她的年纪并没到老年，在中国，一般不会有人给她让座吧？我这么想着。

这时，我听见女孩又说道："还是我站着比较好，您穿高跟鞋，稳定性不好，我穿运动鞋，平稳性很好。您坐吧！"

说着，女孩站到了司机旁边。那位阿姨又一次不好意思地说："谢谢你，谢谢你……"

女孩高兴地道："不用谢，不用谢……"司机也朝女孩笑了笑。

女孩站了整整半个小时后，在当地的大学前下了车，原来是当地大学的学生，这件事情让我感到有点惭愧，我是一个来自文明古国、礼仪之邦的年轻人，为什么当时就没有给这位妇女让座呢？

虽然我从小受到的教育就是要尊老爱幼、助人为乐，那个瞬间，我想起了父亲曾经说过的古人的话：勿以恶小而为之，勿以善小而不为。意思是说不要因为坏事小就做，也不要因为好事小就不做。让座的事情虽然很小，可也能反映一个人的品德修养啊。

再后来，我发现在加拿大，如果问路或打听什么事情，也都会得到很热情的回答。

一次，我向一位白人中年妇女打听一个地址，她一听，先是告诉我很远，然后便详细地告诉我行走及乘车路线，也许怕我听不明白，等我走出几步以后她又追了上来，告诉我等她办完事后可以专程开车送我去，我再三婉言也没有谢绝成。

此外，不论是去航空公司、保险公司、银行，还是书店、商店和餐馆，人们都那么认真，和蔼，服务得体，但却不是那种职业性的或是拉买卖的笑脸。

偶然

每到用餐时，都会在餐厅看见加拿大男人"绅士"的一幕，尤其是晚餐时分：在点了蜡烛、气氛温暖的餐厅，男人殷勤地替女人拉开椅子，女人说声"谢谢"，在自己的位置上坐了下来。在等她入座、安置她坐好后，男人才会走向另一个位子上坐下。

用餐的过程中，他们有时交谈，有时互相凝视，陪伴他们的是一支又一支动人的乐曲。这种绅士素养，没有丝毫表演性，完全是出自个人素养的一种生活态度。

通过这一系列的见闻，我不得不回过头去反思：过去在中国，我们总认为资本主义国家是没有雷锋精神的。这种说法在我的"眼见为实"之下不攻自破，原来，西方也是有雷锋的。这是人的本性向善，不受任何地域、文化、国籍的影响，有人生活的地方，就有这样的友好和关爱流露出来。

在那三年里，我经常到处拍照，去看他们的小房子是怎么做的。那里的木房子幢幢都像艺术品，几乎没有雷同重复的设计，就像孩子们玩的积木，可以随心所欲地按自己的喜好搭建，显得风采各异，美不胜收。

特别是那些纹理各异、材质悬殊的木料，在建筑的结构里，忽然像有了生命似的，显得是那么的神采奕奕，可亲可爱。加拿大没有户籍制度，居民们也没有所谓安土重迁的观念，自由迁徙，因此，我们沿途常常可以看到房屋出售的告示。

对于这些房子，我们更是得其方便，常常假买者之名入内观览，看得较其他要更细致，也有更多的心得与收获。

记得有一次，我们看到一幢拱形屋顶、以白色大石为主要建材的房子，十分精致，敲门进去，接待我们的是一对老夫妇。两人以一种老年人特有的和气与絮叨，不停地我们介绍这房子的修建过程与风格特色。

他们热情地告诉我："这房子融合西班牙、意大利乃至法国建筑的风格，当初请专业的设计师设计，我们在此居住多年，心里其实恋恋不舍，但无奈年事已高，想要在两年之后去与儿子同住，你若有心要买，可以先登记一下，两年之后必会优先与你联系……"

我们为这种独特的"预售"逗得发笑，我一边听他们的喋喋絮语，一边观察房屋的内部结构与室内装潢。果然是一个精心打造的作品，与外围用大石砌垒不同，内部都是以小砖建构，门窗、柱子，每一个细节都打磨细致，看上去利落、干净。我不由得佩服建造者的心细如发，不由得慨叹，建设自己的家园，怎可粗放地率意而行？

又有一次，在海边山坡上。我看到一幢特别漂亮的房子，从外表看没有一丝木头的痕迹，好像是用石头或砖砌起来的，可实际上，问过才知道，这确实也是木结构房屋，之所以有其他材料的质感，只是因为使用了不同的贴面。

屋主老夫妇告诉我："房子可以卖给你，大概几万美金。"

我那时候买不起，就只能看看。打开大门，首先映入眼帘的，是一盏炫目的水晶吊灯，接着是一尘不染的地毯、富丽堂皇的家具，整个装修布置温暖舒适，满墙的照片大部分是他们荣耀的祖先，可以看到上一个世纪的照片，也许是因为老人的祖先是这片土地的早期进入者和开拓者吧。

外面是个小花园，打理得清新雅致，让人眼前一亮。后院则是一个绿草茵茵的庭院，中间筑有一个很大的亭子，坐在里面看着海，吹着海风，说不出的舒爽。

老头坐在那里喝着咖啡，挺悠闲的。我上前刚与他聊了几句，老太太就端上来了简单的食物，烤牛肉很香，配上黄油面包，虽然没有中国大餐丰富，但也吃得相当满足，别有滋味。吃着、聊着，看着海，谈着天，人生活在这里，真像活在世外桃源——岁月静好，无限美妙。

这是我第一次看到梦一样的生活景致，我不禁叹问自己：为什么中国人无法拥有？这梦一样的生活，为什么只有老外有？我开始思考这个问题。这样的建筑，也必定是极美的，与周围的环境完美地合一。住在那儿，感觉生命与自然的契合。在这里仰首夜观星空，畅想拥抱寰宇，无比惬意。

湘江水波涛汹涌、咸家湖静影沉璧。曾经，在咸嘉湖里玩累了休憩的时候，我做过一个梦，梦里咸嘉湖畔低矮的茅草房——儿时的家园，都变成了大瓦房。那时，最常见的是茅草房，大人们挖起当地的泥，把稻草切成二十公分长，拌在里面，把泥、水混好，用脚踩踏结实。

看过电影里酿葡萄酒的画面吗？在一个大木桶里面，放着很多葡萄,很多人去踩,把葡萄踩碎。制作泥砖也是一样的过程。把生泥踩成熟泥,熟泥就是捏小人一样的,捏捏就熟了。然后用手掰起来,放到底下撒了薄薄一点细沙的小木盒子里面,放平后再拿出来,就是一块二十公分长、十二公分宽的长方形泥砖。

用这些泥砖垒砌好四周的墙,再砍出几根圆木搭在上面,覆上茅草,小茅屋就建成了。茅草屋的建造过程虽然简单,但对我来说却有说不来的乐趣。每每有人家盖房,我总是一路小跑过去观看。有时我也帮忙踩砖,尽管两脚乌黑,但依然欢快酣畅。

住在这种草房里,夏天是很凉快的,草不怕大太阳晒,再怎么晒,草也不会掉下来,唯一的缺憾就是不太遮雨。如果下大雨了,稻草就会漏雨,要重新剪草,重新建。墙面如果被水冲刷,泥就碎了,整装房子也就潮湿了。

比草房好的就是瓦房了,烧的砖砌的房,上面盖的是瓦。在我们那里,人们很难拥有大瓦房。只有有钱的人家才能盖得起用红砖瓦、黑砖瓦、灰砖瓦砌成的瓦房,斜斜的房顶,木格子窗。如果谁家盖起来了一座这样的房子,会惹得方圆数里内的人羡慕不已。

那时的我,多么希望自己可以快快长大,我要赚足够多的钱,为桑叔在湖畔盖一所神气的大瓦房,让他们告别困苦的生活,让他们老两口住在里面安享天年。我会常来看他们,从湖里摸出一条大大的鲶鱼,为他们炖上一锅香喷喷的鲶鱼豆腐葱花汤……

但我心目中的好房子——瓦房,又怎么能和别墅相比?!它们可比我梦中造的房子好上千百倍,简直是另一重天地!加拿大的见闻,让我对城市建设、对房屋,有了新的认识:房子不见得越高越好。但是配套环境一定要做好,道路一定要修好,绿化一定要搞好,基础设施要配套,环境更要治理好,这样的房子,比高楼大厦更吸引人。80年代,我们中国的大部分房子还没有像欧美的这些别墅房,既不经典,也不精细和艺术化。上海有一些老别墅,但都是城市别墅,不是乡村别墅,少了份生活气息,少了份悠然恬淡。

在加拿大,我学到的一点就是:建筑不应该只是搭起一个可以遮风避雨的住所,它可以成为一件凝结着智慧与美感的艺术品——就这样,有朝一日可以做出属于自己的建筑作品的愿望,取代了我童年时萌生的大瓦房梦。

游历一番,有自己的所见所闻所感之后,我想这样的建筑自然不是缺乏文化、仅有一膀子力气的普通工人所能胜任。温哥华的建筑工人大多具有高的学养与水准,其中不乏白人,他们的薪水也比较高。

记得那时,一个餐厅的侍者大概只有一小时三加元多的薪酬,负责粉刷墙壁的建筑工却有五加元多;与我同赴加拿大的那位学冶金的朋友,在国内想是做过这个活计,不肯浪费了自己的这般手艺,每到节假日便跑出去做个粉刷匠,顺便赚点零花钱。当然,他出门的时候跟我们的托词是说他要出去游览,参观。

加拿大是一个真正的移民国家,虽然远在几万年前,在欧洲人未到加拿大之前,已经有印第安人和爱斯基摩人住在这块辽阔的土地上。

据说"加拿大"这个名称就是采自印第安语"Kanata"一词,意思是:有许多茅屋的小村。听上去简单清新又富有诗意,让人恨不得一头扎进去。

除了这些土著人,所有从世界其他地区来这里定居的人都是移民,移民的历史已超过四百年。最早的欧洲移民来自法国,后来英国移民逐渐占了多数,二次大战之后,来自其他国家的移民也逐渐增多。时势造英雄,由于历史的原因,造就了加拿大的多元化民族组成。在加拿大,你几乎可以找到世界上每一个主要的民族,这种多样化,既带来了丰富多样的文化,又使得各种文化必须和睦共处。

而这里的人们也在这好山好水的滋养下,更像是洗濯去了忿戾争斗之心,对素不相识的陌生人也不疑虑,热情而好客。记得第一次面对陌生人友好打招呼时,我还有点不习惯呢。那是一位白人母亲牵着两个孩子走过马路,两个天真的孩子笑眯眯地朝我扬起了小手:"Hi——"的一声,友好而放松。而我却只机械地抬了抬手,算是礼貌性的回应。

而那些几世定居或者离乡背井方才几个十几个年头的华人,遇见我们这样的后来者,为了那点同本共根的念头,少不得要问一句:"君自故乡来,应知故乡事?"探询万里之外那片念兹在兹的土地如今已是何等模样。由于同胞的人数少,所以基本上华人之间都相互认识。

华侨们一般都对我们非常热情,譬如有一家餐馆,就经常会请我们去他们家做客吃饭。

还记得他们住在郊外一幢二层小房里，彼时我还没有接触过很多加拿大家庭，对这种舒适的居所很是羡慕和赞叹。后来我才意识到，这只是一个很普通的中产家庭。

当时因为国内经济没有什么特别大的发展，人民生活水平还处于一个比较低的阶段，当我们看到的加拿大人每年都有二三万加元的年收入时，都觉得已经很不错了。

那时我也认识了一些短期出访两年的四十余岁的访问学者，当时他们每月收入近四百加币，这笔生活费是国内近一年的工资，为了省钱，他们周末有时会带我去附近的家庭院子里参加售卖活动，很多人光顾，到处找可以带回去的玩意。

一般来说，加拿大人没有保存东西的习惯，一些东西，只要他们认为没有用，就会丢掉；他们丢的时候会很仔细地区分，比如其他人能用的，他们就会把它放在路旁，而且一定是洗得非常干净，让你拿去就能用的。据说在加拿大，很多移民因为穷，都喜欢去捡东西来用。我认识一位华人朋友，家里从沙发到床到茶几，全部是捡来的，没有人认为有什么丢人的。

有一次，我和一位当地华人逛街，他想找一张单人床，我们走了好几个街区，都一无所获。"再找一找，咦……"他忽然发现前方摆着一张单人床，赶紧奔了过去。

"嗯，还不错，"他捣了捣，"只是不知人家还要不要用？"

"那你敲门问一问。"我建议道。

我们赶紧绕到前面，朋友犹豫了一下按了门铃，一个四十岁样子的加拿大人走了出来，朋友赶快笑着问道："I see an old bed in your back yard, Do you still need it?"（我看见你的院子里有一张旧床，你是否还需要？）

那人笑眯眯答道："Oh, It's free, you can take it."（这不要钱，你可以拿走了）说完返身回去了。

我帮朋友搬回他家里后，却发现床的原主人开着车跟了十多里路到了他家，我们以为人家反悔了，结果是因为朋友忘了拿四颗螺丝，人家专门送上门来。当时他感动得几乎掉下泪来，但这对于加拿大人来说，是理所当然的事情。

他们在做这些事情的时候，非常细心。我后来注意到，比如婴儿车，他们就会丢到那种专门收废品的垃圾箱里，有时还会在上面贴个纸条，警告你不能给婴儿使用，甚至细心到根据周围住户的特征写上汉语或阿拉伯语。

这一系列细节，让我体会到了加拿大普通人民的一种难能可贵的"责任感"。他们对"废弃物品"如此精细的维护和打磨，不单单是为了自己之前用的舒适，还出自对将来"二度主人"的一种责任感、一种爱心。我发觉，这也是加拿大居民间形成的生活文化，已经深入到他们的意识中，每家每户都是这样做的，在细节中流露出礼貌、流露出关爱。

总体而言，温哥华是一个让人觉得相当友好、亲切的地方，这种友善应该来自于爱好交际、思想开放的居民。

隆鼻碧眼的白人，似乎也没有想象中必与生俱来的种族优越感，待人温和而友善，乐于一起聊聊天，把对彼此国家与文化的诸多好奇交换来解答。

这里的民众，并无家族聚居的传统，也无村落集中的习俗，各自的住宅孤零零地矗立在平地或山间，没有时时造访的朋友，也没有隔篱呼取尽馀杯的友邻，平常的日子尚可，遇到三五节令，或是有特殊意义的纪念日，就不免觉得冷清。

于是，在我对这些情况尚不熟悉的时候，常常为在住宅门口看见这样的告示牌而诧异：开今天是我生日，欢迎过路朋友前来饮酒！"

初见这个的感觉，并不亚于小时候读的侠义小说中，剪径的绿林好汉突然跃出喊一声"此路是我开，此树是我载"这样的情节带来的那种震撼。为这种豪迈的性情所吸引，这样的酒会我也参加过一两次，主人见有人来都十分高兴，热情款待，桌子上堆满了林林总总的吃食，可以随便喝饮料、吃东西，想吃什么就去拿什么。这让我心里暗忖：真是相逢何必曾相识。

与北美许多华人聚居城市相同，温哥华是一个移民城市，早期移民多是欧洲白人。虽然如今在有句话说，先有中国城，再有温哥华。但实际上，我那会到温哥华的时候，华人并没有现在这么多，中国氛围也不像如今这么强烈。再加上那会儿，刚刚走出封闭的中国对西方世界几乎是一无所知，因此，初到温哥华，这里的一些人和一些事，

偶然

对我这个"大老土"的冲击，完全可以用"震撼"两个字形容。

一次，我在斯坦利公园散步，流连在这里的印第安人图腾柱群中。我已经记不清这是第几回来到这里看这些图腾，每次，它们都让我感到一种来自历史深处的敬畏，一种文明社会所没有的力量与神秘。走进斯坦利公园，走进这些图腾柱，仿若走进时光隧道，走进历史深处，很难想象，二百多年前，这个现代城市还是属于他们的。

"嗨！来一个苹果吧！我自己种的。"突然，一句热情的招呼将我思绪打断。

我回头一看，一个穿着花格子衬衣、大喇叭裤，将头发梳成许多小辫子的小伙子，站在我面前对着我笑，手中拿着一个与笑容一样灿烂的苹果。我很喜欢这种笑容，走在温哥华街上，经常能遇上这种笑容。有时只是一句简单的"嗨！"有时只是一个满含善意的注视，却常常能消除我在异国他乡的陌生感。

"谢谢！"我接过苹果，对他说，"这个苹果真不错！"

"哈哈，是吗？"小伙子开心得放声大笑，"这是我自己种的，你看！"

我沿着他手指的方向看去，不远处的树林下，有着一个简易的小木台子，上面放着几个大筐子，里面装的正是跟他手上拿的一样的苹果。

"你是中国人吧！"小伙子说，"我女朋友也是中国人！"

"是的，我是从中国来的！"我一边说，一边跟着他回到木台前。台子后面，有一个和小伙子一样穿着色彩浓烈的衬衣与牛仔大喇叭裤、梳着无数小辫的姑娘，正给路过的人发苹果。

"安妮，这是我认识的中国朋友！"小伙子对身边不远处的一位漂亮华裔姑娘说道，显然，这就是他的中国女朋友。

安妮对我招呼："你好！我叫安妮。"

"你好！我叫Li。这些苹果真是你们自己亲自种的吗？"我笑着问。

"是的，安德鲁和我有一片果林，我们在那里种了一些苹果树，那里是我们两个人的伊甸园！是吗，安德鲁！"说着，安妮冲着安德鲁扭头一笑，安德鲁使劲点了点头，会心而笑。

"伊甸园？"我反而有些不明白了。安妮看着我疑惑的样子，笑得更厉害了："Li，你今天还应该对我说生日快乐！"

我越发茫然不解了:"生日快乐?"

安妮又笑了笑,说:"我和安德鲁说好,每年我生日的这一天,便把苹果拿到街上给大家吃!"

"啊!那祝你生日快乐!"虽然心里非常惊讶,但我的脸上依然保持着平静。

那天,我和安妮聊了许久。安妮是一个典型的中国移民后代,她的父母都是广东台山人,所以安妮会说广东话。幸亏,我的广东话也很不错,比我的英语好多了,到后来,我和安妮便一直用广东话交谈,而一旁的安德鲁只能时不时地耸耸肩,对着我们笑。

"你们都是大学老师?!"当我慢慢了解他们后,对他们的职业大感惊讶,"安德鲁你是人类学教授,而安妮是研究印第安文化的!?"

他们笑着对我点头。

他们在自己的院子里种一些苹果树,每年秋天苹果成熟的时候,在安妮生日这一天,他们就会摘一些在路上散发给路人,同时,还有一张"绿色和平"的宣传单。

当安妮将这张单子递给我的时候,我依然满脸疑惑,不解地望着安妮。安妮笑着说:"这个你随便看看,知道就可以了。"

后来,我才知道,原来安德鲁是一个反战主义者,因为不愿去越南参战,1972年的时候从美国来到温哥华读书。

在此前一年,有一群年轻人在温哥华的一间地下室聚会,强烈抗议在阿拉斯加的核试验,这便是如今很出名的"绿色和平"组织。安德鲁来到温哥华的第二年便加入这个组织,而他和安妮正是在一次保护土著文化的活动相识的。

那时,我根本不知道"嬉皮士",更加不知道嬉皮士为何物。及至后来,在一张嬉皮士的招贴画中,我看到画上的人的头发与安妮和安德鲁的一样,梳成无数个小辫,既像印第安土著人又像非洲人,身上的衣服也是紧身的衬衣和大喇叭的牛仔裤,色彩浓烈个性十足。我一直不能确定安妮和安德鲁属不属于嬉皮士,但他们总是会让我想起招贴画上的那行字:do your own things(做自己的事情)。

其实后来,在温哥华,我遇上许多像安妮与安德鲁这样的人,他们真诚热情,他们朴素乐观,他们平和友善,而最让我感慨的是他们

偶然

总是特异独行而又安静平和，在这个城市中，你看不到达官贵人的高高在上，也看不到巨商富贾的趾高气扬。在这里我第一次深切体会到平等与自由，尊重与诚实，在这里我第一次认识到，原来人是完全可以按着自己的方式生活的。

夏天的时候，温哥华人很喜欢在后院开一个聚会。在吉他的伴奏下，大家合唱着一首又一首歌曲。我坐在那里，喝着茶，对他们的好感伴着歌声长了翅膀。

记得有一次，正好是母亲节，邻居老太太请我们上她家去吃自己烤制的蛋糕，还有咖啡和饮料。

老太太对我们非常好，递给我蛋糕时还拥抱了我一下，当我的脸贴到她那松弛、温暖的脸时，我想到了远在祖国的母亲："今天是母亲节，您还好吗？不要想我，不要为我担心吧，我在这里很高兴呢！"

这城市给我的诧异远不仅此。有一次我去逛公园，远远即看见一群人，排成长队，似乎在领取什么。出于好奇，我赶上前去，又吃了一惊，原来是政府的工作人员正在发放午餐，那排队等候的，想是当地的无业人员。这样的情形，在我印象里，只属于旧时代乐善好施的乡下财主，哪知在这里竟是政府出面打点。

我站在一边，细细观察了很久，那些失业人员，领完午餐，吃饱喝足，自去寻个安稳地方，小憩酣眠，仿佛刚刚经历的一切应当应分，丝毫无损于个人的尊严。这种心安理得，又让我惊异了。

所以，当有一天，我看到路边有"FREE BBQ"的牌子，远远地看见有一排人。好奇心起，也想尝尝免费的午餐味道究竟如何。拿好盘子，有一个女孩往我的盘子里盛上薯片，还问我是要热狗还是要汉堡，我拿了一个热狗的长条面包，再去对面的BBQ大烤箱那里去等烤肉饼。一个大妈正在烤肉饼和香肠，她微笑着问我："需要什么？"

我说要肉饼，她便把刚烤好的肉饼夹到我的盘子里，我又把肉饼夹进了面包，没几口就吃完了，真是太好吃了！

这时又来了一位中年白人男子，穿着打扮很整齐，背着个巨大的塑料袋子，花花绿绿煞是好看，仔细一看，里面全是空易拉罐，原来是咱们俗称捡破烂的。他放下袋子，也来吃东西。大家和他打招呼，一样热情地给他拿东西吃。看来这里真是人人平等啊。

还有一次，看到市政府门前发放救济金，中午左右，门前就聚集了许多男女，有老的，也有年轻的，大家排着队，等着领救济金。

我信步走到街心，眼看着每个人极忍耐地在灼热的太阳下等候着，有一位，当几张崭新的钞票递到他手中的时候，他擦一下头上的汗，笑了，这正是纯朴当地人的典型反应，有钱领自然开心。

这点也有些出乎我的意料，在我看来，排队领救济金，是需要抛下最重要的自尊的。不过，无论是领救济金也好，还是在排队领面包的人群里，大部分人都穿得衣冠楚楚。

"你觉得加拿大的社会福利制度怎么样？"有次我和一位正排队等领救济金的男人聊天。他看起来消瘦、疲惫。

他神情泰然地告诉我："还不错。我们买不起房，但是政府会拨专款盖一些社会福利房。虽然面积比较小，但是功能齐全。只要收入在贫困线以下的居民都可以申请，然后会按照家庭人口分配大小不同的福利房。"

"那为什么您会来领救济金？"我有些纳闷地问道。

男人耸了耸肩膀："我失业了，在加拿大，只要你完全没有收入，政府就会发放社会救济金。"

"那每个月会有多少呢？"我继续问。

"每个人每个月大约能领到八百加元左右。"他扬了扬眉毛，似乎觉得这笔钱不错。

"这笔钱您怎么使用呢？"

他想了想，说道："首先要从每个月领取到的社会救济金中扣除掉社会福利房的房租和水电费。然后，剩下的救济金的主要部分其实是食品券，现金并不多。"

我仔细反思了一番这样的制度，发现它既能保证被救济对象的温饱，也能起到帮助弱势群体、稳定社会的作用。加拿大当时刚从70年代末的经济萧条中苏醒，各项工业方兴未艾。但是由于利率太高(百分之十)，连存款都给百分之七的利息，所以失业的人还是不少。

对方又向我介绍说："加拿大是北欧式的社会主义制度，社会福利很好，退休金、养老金等等一应俱全，失业者完全不必担心生活没有着落。所以即使无事也不必无事生非，政府会发救济金。"

后来，我走访了不少在加拿大待了大半辈子的老华侨家庭，走访

偶然

了加拿大部分大饭店、酒吧、学校与医院,总的感觉是加拿大好像已经进入了马克思主义理论学说中那个"共产主义社会制度"的境界。

我告诉国内的朋友:"在加拿大大街上,如果有环卫清洁工工作马虎偷懒,马上就会有过路人上去指责他不该这样。理由是:拿着国家的钱却不给国家好好做事,这是最不道德的行为。由此,在马路上你看不到电话线路维护工偷工减料,也看不到三五成群的线缆铺设工在工作时间内围聚在一起吹牛皮,这种事一经发现就被炒鱿鱼回家。"

朋友愕然:"这么严厉?!"

我又说道:"加拿大妇女需要工作到六十岁才能退休。在这之前,用工单位不能因为她的家庭出现变化而辞职该女职工;也不能无理由地随便更改她的工种。不然那妇女要是打起官司来,企业必输。像加拿大国际航班上,空姐都是四五十岁的当地女性,她们在这个行业里可能已经干了几十年。"

朋友有些恍然地说:"看来,要了解一个国家,还真得去生活过才知道。"

我点点头:"加拿大也是一个按需分配的国家。税收制度很完善,如果要增加一点税收,会反复向市民强调说明。不少税收用于儿童和老人,政府特别注重学生的教育方面和老年人的看病方面。因为收入高者交税就多,收入低者交税就少,贫富不均现象不严重。"

"那怎么区分富人和穷人呢?"朋友更加好奇了。

我解释道:"唯一能反映出来的只是一个开名车、住大别墅,另一个是开一般车、住小别墅。收入低者不恨收入高者,因为收入高者时常会为所谓的穷人以及慈善机构捐资。街上没有乞丐,伤残人有自动门和电梯,几乎人人都生活得很满足。少有所养、老有所依这一在传统中国被视为理想社会的情景,在这里已然实现,而我们这个以共产主义为目标的国家,却仍有成千上万的人衣食不足,相较之下,岂不惭愧?我心中顿时迷惑不解。这对于我来说,是很深刻的一堂认识真正社会主义的教育课。"

说到这里,我和朋友都沉默了。

在温哥华的很多公寓里,会在地下室里设上一间二三十平方米的小作坊,叫"情趣室",不仅钳子、锤子等常用工具应有尽有,同时钉子、板子等建材也一应俱全。谁家里有用不完的材料也都会放进来。有的人会买桶油漆，放把旧椅子，留张纸条：本人不会油漆，谁能帮忙？几天后就会无声无息地出现一把漆好的新椅子。

家里人写信问过我："你对加拿大的印象怎么样？"

我回信告诉他们："最突出的感觉是人少。"

确实如此，我是从人口最多的国家一下来到了人口密度最小的国家。当时的加拿大，总占地面积是世界上第二大国家，仅次于苏联，人口却才两千多万。

也许是因为人少，才会特别注意发挥人的作用。在加拿大，我真正意识到人是宝贵的，不容许对人的浪费。我坐过那种海上公共汽车，一艘可乘坐一二百人的大船，包括驾驶、靠岸、开门、关门、启航等等，只有一个人管理，而且船在行进中，他还有功夫看报纸。

因为一切都自动化了，靠岸的专用码头设计得非常巧妙，好像进入一个严丝合缝的船坞：这边的几扇门自动启开，乘客纷纷下船；那边的几扇门自动地徐徐启开，乘客纷纷上船。看到这种现代化的交通工具，使人深深地感到："他们这里一个人的工作要代替多少人的工作，还节省了乘客大量的时间！"

我到加拿大的前一年，也就是1984年，Mulroney率领保守党参选，击败自由党的Turner，当选为总理。同年，美国的里根也连任成功，北美从此进入了四年的保守执政期，经济也继续上扬。与此同时，中国开始大步改革，吸引了不少北美人的注意力。当时，由于苏联还在，亡美之心不死，所以中国、罗马尼亚是很受当地人民喜爱的国度。电视台上有新闻、访问，都是关于中国的正面报道。很多加拿大人都跟我说，他们想到中国去旅行。

由于外语水平有限，我更喜欢在华人聚居的地方或者华人街流连。就像逃空虚者闻人足音而喜，那一口乡音，哪怕不那么纯正，也足以勾起我的故国之思，让我倍感亲切。

我跟他们交流来此地创业之初的举步维艰，心中也暗暗思量："我到底能不能在这里寻找到自己的立足之地，停泊到可以庇护身躯的港湾？"

人们常说："思路决定出路，眼界决定境界。"这话非常正确。想让自己的事业更上一层楼，就要站在更高的地方，多看多听多接触

偶然

新事物。

有这样一个哲理小故事:唐太宗贞观年间,长安城内的一个磨坊里,有一匹马和一头驴。它们是好朋友,马在外面拉东西,驴在屋里推磨。

贞观三年,这匹马被玄奘大师选中,出发经西域前往印度取经。十七年后,这匹马驮着佛经回到长安。它重回磨坊会见它的驴朋友。老马谈起这次游途的经历:浩浩无限的沙漠,高耸入云的山岭,莽莽苍苍的森林,神奇的国度……

驴子听了惊叹道:"你有这么丰富的见闻呀!那么遥远的道路我想都不敢想。"

但是,老马却说:"我们跨过的距离是大体相同的,当我向西域前进的时候,你一步也没有停止。不同的是我走出去,看到了一个广阔的世界;而你被蒙住了眼睛,一生就围着磨盘转,没走出这个狭隘的天地,所以你一辈子也没有看到过外面美丽的风景。"

这则故事,在我游历加拿大后再去看,所得的启发是非常大的,因为自己有了了解外面世界的经历。

山外有山,楼外有楼。不管你现在是一文不名,还是功成名就,你都要看到世界上比你强的还有很多。只有始终保持一个广阔的视野,大脑才能不断装进新东西,才能最终成就事业,立于不败之地。

第三节 有心栽花花不开

在加拿大安定下来之后,我们立即开始四处寻觅商机。

一起出来创业的朋友提出这样一条建议:"我们一来到加拿大,最先接触到的便是木材——加拿大的木材我们早有耳闻,它们枝干粗大,木质坚硬,在国际上久负盛名。我们不如就做木材吧?"

另外一位朋友马上就否定道:"这条路并不可行,这里有由木材商联合建立的加拿大木业协会。对外的国际贸易都由协会统一出面谈判,然后经加拿大木材出口交易中心发往世界各地。

"政府在此过程中提供价格与产量的指导,并通过税收来控制原木的砍伐量。我打听过,这出口税高得吓人,加上原材料的价格和运费,成本已经远远高过了国内的木材,根本讨不到便宜。"

我听后点头道:"国内刚刚打开国门,房地产还没有起步,对优质木材的需求并不大。我们只好先放弃这个机会了。"

那位女士则说道:"另外的丝绸市场,包括服装市场,我调查过了,不在中低档范围内,高档范围内的贸易,我们进不去。"

我们没有太多的逗留,迅速做出放手的打算,这算是一次知难而退。而这浅尝辄止,也没有让我碰触到加拿大更为深层的商业结构,让我仍对未来心存渴望,充满信心。

很快,我们把目标转向了矿产——加拿大百分之八十的矿产品出口,矿产出口额占加拿大全部出口额的百分之二十。这是我们此行最初最核心的计划,我们也为此做了大量的准备。

如果说开放初期,国内房地产市场尚未发展、对木材需求不大的话,各色金属矿产在这工业复苏的时期无疑是最为紧俏的资源。我们有学过冶金的伙伴,对国内的相关行业十分熟悉;我在机电局的工作也为我积累了不少人脉,只要手中有矿,销出应该并不困难。万事俱备,只欠东风,我们唯一要做的,是联系到当地的矿商。

照旧是朋友的那位做旅行社的亲戚,为我们敲开最初的门路。他的父母都是上海人,迁居至此,一次举足竟成为归不去的放逐,使他生于斯长于斯,半生已过,犹未曾踏上过上海那片演绎过无数繁华梦的沃土。对故乡的这份怀念让他对我们尤其热情,不仅让女儿在我们公司为我们做翻译,且不惜动用自己多年经营建立的种种关系,为我们牵线架桥。

他告诉我们:"加拿大矿产协会的上一任会长正好住得离这儿不远。在加拿大,没有国营公司,全是私人的,矿产协会掌握所有的矿产买卖,等于掌握了所有的矿产公司、全加拿大的矿。虽然他刚卸任,但影响尚存,若可得他相助,就一定能水到渠成。而这位前会长对中国文化有着浓郁的兴趣,每年都去中国旅游,也因此和我的旅行社有着长期交往。"

我们自然不失时机地表示了诚意:"如果真有这样的机会,我们公司将负责全程安排,一力承担。"

一连几天的时间,他都为我们与前会长的这次会晤奔前跑后。说服这位赋闲在家的老人接受我们这多少有些突兀的邀请已经耗费他许多心力,我们会谈安排的一些具体而微的工作,他也不惜指点,比如，他笑吟吟地告诉我们，这位会长喜食澳洲大龙虾。

凡事预则立，不预则废。我们紧张忙碌的准备，换来一次轻松愉快的会餐。前会长感受到我们的诚意与热情，他们要卖，我要买，何乐不为？于是一口应允为我们联系矿商。

一切都进行得太过顺利，让我看不到一丝的危机，更来不及去想前面是否依旧一路坦途，还是隐藏着坎坷。在会长的引荐与调节下，我们与当地的矿商很快达成协议。与此同时，我也与成立于1950年的中国五矿集团公司了建立联系。他们得知有这样的机会，喜出望外，一口应承只要有货，照单全收。

毕竟是大宗矿产贸易，需要报加拿大政府审批。我陷入了漫长的等待，每天的心情，就像盯着一棵自己亲手栽植的小树，迫不及待地要看它绿叶成荫子满枝，看它亭亭如盖；就像传说中望夫归来的女子，梳洗罢独倚望江楼的时候，眼睁睁看着"过尽千帆皆不是，斜晖脉脉水悠悠"。那段时间，日长如年，焦急着"青鸟不传云外信"，想到生意毕竟成了大半，又有些欣喜。

然而，接下来的事情大出意料。

一天早上，那位旅行社的朋友找到我，面目沉重。我不知就里，心中正胡乱猜疑。

他有些为难地开口说："铜业协会的人告诉他，矿产的事，恐怕不成了。这算是战略物资，政府要有所控制，这么好的富矿不允许出口中国，能批给我们的是含铜量很低的矿石。说到底，是对我们国家有偏见啊。"

他叹了口气，接着又道："他们总以为我们国家穷，还沉溺在对共产主义的狂热之中，总以为我们的一党专政就是充斥着暴力的独裁，给了我们富矿，我们就能发展经济……"

我的心情早已跌落到万丈深渊，任他在耳边抱怨不已。这近一年的时间里，我起早贪黑，料想到了这笔生意的每一个细节并为之付出了巨大的努力，力保每一环都万无一失。矿商满口应承，销路畅通无阻，连库房什么的都已搞定了，谁曾想却卡在这样一个关节之上。眼看到手的收益，竟像养熟的鸟儿毫无预料地腾空而去，只留给我一个捉摸不透的怅惘。古人说："空持罗带，回首恨依依。"大抵如此。

加拿大政府并没有给我们一个明确的答复，朋友的那番话都是推测,但也大致符合事实了。后来了解加深后,才知道加拿大的政府经常干预企业经营。因为加拿大土地幅员辽阔、人口稀少且居住分散,政府全面介入公路、铁路、电力及其他发展项目,政府对公司、企业及其经营规模等的影响也很大,加拿大公司的决策也更多地受到政府调控的影响,因此,在加拿大做生意必须注意搞好与加拿大各级政府的关系。

只有在这些时候,我们这些漂流海外的游子,才能意识到异国之人那客气的笑容背后隐藏着怎样的冷漠与疏离;只有在这些时候,我们才清楚地明白,自己的命运原来与整个的民族、国家息息相关,紧紧地联系在一起。

圣诞节渐渐临近,整个温哥华都弥漫着节日的氛围。忽然之间,所有的店铺都装扮得十分花哨,以各种近乎谄媚的方式向人群示好;所有车辆的鸣笛声都变得莫名兴奋,吵闹而聒噪;所有人突然堆出一脸夸张的笑,仿佛整个的面部肌肉再也拼不出别的线条……整个世界像染上了魔怔,正自得其乐地手舞足蹈,全然不顾那扭曲的身形早已不堪入目,丑陋得可笑。

看着这异样的、充满了矫揉造作的喧嚣,突然间觉得十分厌恶。百无聊赖之中,信步闲逛,顾不得猜测擦肩而过的步履匆匆是忙着奔向怎样的快乐,也无心体会周围处处存在的欢声笑语到底因何而起又因何而落。正如年少时喜欢的鲁迅所说,人的悲欢是不能相通的。此刻,我一无所有。

没有前行的方向,索性放任脚步,直到它不自觉地在一个大超市的一排货架前停留。

架上满满地摆着瓷制餐具,青白色的面釉泛出柔腻而清亮的微光,下面映衬着各式各样的交错纹络、虎豹图形、古装仕女、折枝花鸟。天蓝海碧、柳绿桃红,各种颜色经面釉覆盖之后,仍是那么的明丽鲜艳,活脱脱地冲入瞳孔,扑入眼帘。

这满目的瓷器让我烦躁的心稍稍宁静,看着他们我有一种亲切之感。我认得出,它们是来自湖南醴陵的釉下彩,算是我的同乡。一般来说,釉下彩就是用各种彩料在成型的胎体上直接绘画纹饰,然后再施一层透明釉,经过1200—1250℃左右的高温一次烧成。

几十年前,那个少负不羁之才、早已流誉乡曲的熊希龄为抵制洋

偶然

瓷的入侵，不仅东赴日本学习工艺，且创立湖南醴陵瓷业学堂与湖南瓷业有限公司，使醴陵瓷业由此大盛，最终享有世界声誉。看来，时至今日，这片乡土仍沾其泽惠，其产品漂洋过海，在这里与我萍水相逢。

我站在货柜前看得发呆。这瓷器颇为抢手，过往的温哥华人为这绚丽的色泽吸引，都要拿个一两套，放进自己的购物车里。

我顺手拿起一套，看了看标签，又是吃了一惊——54头（即饭碗、小汤匙、菜碗、深碗等加起来共五十四件）竟然要136加元，这哪还是餐具的价格？

我虽平时对瓷器关注不多，但国内价格水准如何也能知其大概，这差价实在大得离谱。不过，在西方看来，中国的瓷器和玉石一样，说多少价都不过分。

说到瓷器，我还是很喜欢的。中国的瓷器在世界上是很有名的，就连英语的"中国"，这个名词也是用瓷器来替代的。可见瓷器在中国的位置是多么的值得骄傲。在那个年代，中国瓷器那可是少有的可以引以为豪的物件。

看着这晶莹润泽、高贵典雅、薄如纸、白如玉、明如镜、声如磬的釉下彩，我心头一亮，浑身竟然不自觉地颤抖了一下。这会不会是我等待已久的时机？来不及多想，我赶紧抄下了这些釉下彩的型号与价格。

回去之后，我立即联系湖南工艺品进出口公司的朋友，咨询产品报价，54头只要6加元，与这里136加元的售价不啻天壤之别。随后，我又对这家"销品茂"（Shopping Mall，超大规模购物中心）进行调查，发现他们并非从湖南直接进货，而是经香港转口，供应商的报价竟达88加元。

我喜滋滋地在心里打起了自己的算盘："6加元进货，2加元利润，我完全可以以8加元的报价供货，这巨大的价格差距足以让这家'销品茂'毫不犹豫地抛弃原来的供应商，他们没有理由不转而跟我合作。"

我从低沉的心绪中振奋起来。托关系找到这家"销品茂"进口部的总经理，幻想着自己的这番话传入他耳朵里将是怎样的振聋发聩，期待着他脸上浮现出怎样一个震惊到极致的面容。

我迫不及待地讲述完自己的意图，描绘出这瓷器贸易的来龙去脉，向他表示了效忠，并表示能让他赚大钱，我只赚2加元一套，报价八加元，而且我了解到，他从香港进货时88加元。

可这回这个效忠不但不灵，还碰了一鼻子灰。他竟无动于衷，冷静得出奇，说："你说的这些，我们何尝不清楚。但我们与香港那边有五十年的合作协议，你的报价再低，我们也不会接受。"

这拒绝直白得让我如同像在平地上平白无故地闪了一跤，不明白这其中到底隐藏着怎样的奥秘，商人重利，他给出的这个理由实在轻易得让人难以置信，但话已至此，我也无可奈何。

我忽然觉得自己刚才那番兴高采烈的演说，就像一个过气的演员在台上演了一出轰轰烈烈的大戏，自己全心全力，观众却早已离席，筋骨疲竭，口干舌燥，换来的不过是满地的剩脂残粉、破碎衣冠。

为了解开谜团，我通过香港朋友了解供应商的背景，原来这家"销品莫"与香港的供货商不仅是大半个世纪的合作伙伴，还是儿女亲家，关系根深蒂固，旁人岂能插手？

香港的朋友一语中的道："纯粹的商业往来，固然是以追求利润的最大化为旨归，但人与人的关系，怎可简单的'以市道交'，亲人的相敬相爱，朋友的切切偲偲，知己的意气相酬，等等等等，都有可以凌轹金钱的内涵所在。仅从利益出发考虑问题，正是疏不间亲。"

我释然道："摔这么一个跟头，也算是自己活该了。但我对这巨大的进出口差价仍念念不忘，还是想打破这种盘剥的不公局面！"

朋友笑了："有时间，你可以去周边的'销品莫'逛逛，看有没有机会。"

"早逛过啦！"我迫不及待地说道，"我发现，来自中国的各色商品不在少数，价格同样高得惊人。而它们经过的路途也与釉下彩大致相似。这其中尽管有如此让人不平的盘剥与暴利，当地'销品莫'与港商之间，经多年贸易往来建立的联结毕竟一时难以松动。不瞒你说，我还动了自己开一家直销'销品莫'公司的念头呢。"

香港朋友努了努嘴说："这主意倒也不错，如果有属于自己的'销品莫'，其中的商品又可以直接从国内进口，那你拥有的巨大价格优势岂不足以保证你立于不败之地？而这将不仅为你带来巨大的财富，也会使这里的消费者受惠，使中国的产品更广泛地进入温哥华的

偶然

千家万户。"

　　心动总要付诸行动，主意一定，我便开始核算开一家普通"销品莫"的成本。房屋租赁、配套设施、货物成本、人工雇用，粗粗一算，没有两千万加元根本举步维艰。我不甘心，但我所能想到的亲朋好友也都没有这个能力。正苦无计策之时，我想起了在全国工商会结识的一位颇有名声的银行家，向他求助或许可解这燃眉之急？慌不择路的我并没有多想，立即给他写信说明情况。

　　他倒是很快给我回复，但是非但没有给我提供帮助，反而在我这已经算得上四处碰壁的头顶上，又浇了一盆冷水。

　　他淡淡然地说："华人在加拿大，做点小生意，养家糊口，也就够了，顶多就是在唐人街上开家餐馆。"

　　我知道他说的这些并非虚妄，这一年多的经历也让我意识到加拿大的商业结构十分稳固，资本垄断、家族体系等等，早已围成坚固的铜墙铁壁，容不得异军突起。但我那时正心烦气躁，见他如此灭自己威风，不免吃一肚子气。

　　我一度高涨的心情重又跌落。这一年多的时间里，我丝毫不敢懈怠，摸门路、找关系，三思而行，事必躬亲，算得上励精图治，可是，为什么这日之不足、继之以夜的不停赶路，最终竟兜兜转转，回归原地？自己马不停蹄地跑沙跑雪独嘶，一阵欢蹦乱跳，哪曾想在日暮之时似乎已经走到穷途末路，四面望去，但见风烟弥漫、边草无穷，没有一个可以歇足借宿的野店荒村。

　　我无比迷茫，像一只失灵的磁极，找不着北。我不停地检省自己，试图察觉出是哪一个环节出了破绽，然而，想得再多都属徒劳，我面对的似乎是一题无解的代数，没有答案。我百无聊赖地彷徨过一天又一天，直到那个夜晚，在我钟爱的渔人码头，我突然间，醍醐灌顶，得到了灵光顿悟。

　　我住的小镇，位于温哥华市中心与渔人码头的中间地段，每天我都乘坐半小时左右的大巴士到downtown的公司去上班，闲暇时则信步走上十几里路到渔人码头去，看一路美不胜收的风景。

　　坐在渔人码头边看海，有一种说不出的静谧感：海，真是塑造大地奇观的艺术家之一；海，令人产生无限的遐想。我从小住得离湘江不远，也许就是由于这种与生俱来的天性，从年幼起我就特别向往有朝一日真能见一见大海。现在见到了，整个人立刻回复了孩子般的童真，温哥华的海水，又是那样的湛蓝，令人心胸开阔，精神为之振奋。

迷人的大海赶跑了烦恼，数不尽的畅快全飞进我的脑袋。一望无际的大海，浪花一波波从远处涌来，带来充满活力的喜悦，透过岩石透过细沙，飞进我耳里。

海水拍打着美丽沙滩，好像正在演奏着动听的音乐；海风轻轻拂过我的脸庞，好像在跟我说话；海沙被风吹着，好像在和着音乐跳舞。在沙滩上漫步，看着宽阔无边的海洋和天上飞来飞去的海鸥、海燕，心里很是开心，什么都没去想，只觉得自己也像那飞翔的海鸟一般，正在遨游天际。

最爱黄昏的时候看海，漫步在沙滩上，西方一片光彩夺目的晚霞，映照在海面上。夕阳西下，那美丽的景色，我想就连诗人、画家都不容易形容、描绘，因为它很快就沉没于天边，留下的点点滴滴，只能让人回味。码头处停满了渔船，好像是久别归家的孩子，终于回到了母亲的怀抱，安宁入睡。

当地人每到假日就在平静的水面上划独木舟，阵阵波纹让如画风景更为生动，思乡的心情也会变得宁静淡远。由于这里的海洋资源丰富，有些当地人以打渔为生。

当傍晚落日的余晖照耀着码头时，一艘艘满载着新鲜鱼货的渔船在这里停泊，渔夫们会将刚刚捕获的新鲜鱼、虾、螃蟹等，堆放在渔船和滩头上，任人们挑选。整个码头都很干净，完全没有鱼虾市场的刺鼻味，因为加拿大政府规定，捕捞回的鱼虾一定要先做急冻处理后再出售。

仔细一看，发现很多船只的售卖窗口旁还贴着各种不同鱼虾的烹饪方法，这点让我觉得非常贴心。虽然我不好海鲜，但是看到这样新鲜的海鲜还是会有口舌生津之感。

当然，因为总体上人少，码头上并不是想象的那么繁忙，一天中的大多数时候，码头都是静静的，数十艘停靠在码头的不同种类、不同颜色、不同大小的渔船让港口布满怀旧的老电影气息：碧蓝的天空、白云、偶尔飞过的海鸟，渔船还有蔚蓝色的海水，这一切的一切都让我着迷，如果我是画家，我想这样的景象可以创作出一幅完美的富有勃勃生气的作品。

偶然

　　码头上有一些游人在优哉游哉地散步，码头附近有一间间小咖啡馆、酒吧、卖冰淇淋的小铺子和一些美食小店。用新鲜鳕鱼炸成的鲜炸鱼排加上薯条，是这里传统的也是最受欢迎的渔港休闲美食。我更喜欢静静地坐在岸边的咖啡馆，户外阳光下，左顾右盼一阵子后，闻着海的清新，看着海边的景色，喝一杯咖啡，然后看看书，过个懒散的下午。

　　而那时，最常跃入我脑海的就是海明威笔下的圣地亚哥，八十多天没有丝毫收获时的那种煎熬与困惑，一个人独自在海上漂泊，那是一种如何的孤独，如何的乏味。

　　此时此景，回味《老人与海》的精神，感悟是深刻的。站在渔人码头，吹着来自海边的风，看着这一幅美丽的画卷，我感叹大自然的杰作，同时也慨叹人生的境遇。在苦苦追求却不能得梦想中的结果，在努力奋斗却不能到达理想的彼岸，在无奈中无奈。

　　人可以失败，但不可以被击败，外在的肉体可以接受折磨，但是内在的意志却是神圣不可侵犯的。不管他多少次没钓到鱼，他始终是乐观执着的。他看似一个孤独的英雄，但却有着闪光的希望。而实际上，他从未惧怕，从不孤独，他是真正的英雄。

　　隐隐约约的，我感觉到一股力量，一股来自老人的力量，我仿佛看到他在与大海搏斗，与马林鱼搏斗，与鲨鱼搏斗。是的，搏斗。正如这茫茫人海，正如那些伺机以待不怀好意的那些人，以及我们苦苦奋斗获取的手中猎物，我们能做什么呢？去搏斗，不管最后怎么样。我的精神受到鼓舞，又重新得到能量。

　　有时，能看到一两艘小渔船向大海驶去，在离岸边并不很远的地方泊下来，在波浪中飘摇，上下起伏着。那渔民一网又一网地把网撒下去，在辛劳中收获着自己的喜悦，不禁让人想到那"孤舟蓑笠翁，独钓寒江雪"的诗句来。

　　这里的海鸥并不多，仅零零星星的几只在雾中飞翔，显得形只影单，而且并不鸣叫，仿佛怕打破这海边的宁静似的；偶尔有一只俯冲下来，那是发现了浅滩中的小鱼或小虾，瞬间又腾空而起，向更远处飞去了。随着那波浪一轮又一轮地向岸边涌来，渔船、海鸥、海浪、海风，配合着那哗啦哗啦的响涛声，一切都显得如此温柔，如此和谐，如此意味悠远。

生活在这里的老外们也都很悠闲、友善，过他们的生活，做他们的生意。有时会有老外经过，笑着对我说："Hi——"

我也跟他们说："Hello。"

有一些外国人知道我是中国人后，会要求和我一起照相。那时候的温哥华，几乎没有多少亚洲面孔。也有的行人远远走来，不时会朝我这里瞧瞧，当然我无法知道他们心里是怎么看我的，但这些都不是我在乎的。我也没有忌惮地观察他们，看他们脸上的表情。

时而三五人群在嬉戏打闹，时而一家子快乐融融。有一次，我的身旁是两位学生打扮的白人少女，旁边停着一辆自行车，她们不时瞥我一眼，轻轻在咬耳朵，风吹拂着她们的长发，串起了一个个属于花季跳动的音符。

"您在这里干什么呢？"其中一个女孩终于忍不住，主动问我道。

我笑着告诉她们："我是在深呼吸，吸收最好的蓝色能量啊。"

还有一次，我一个人躺在沙滩上，面对着天空，天空是傍晚特有的蓝灰色，海风轻轻柔柔的，我有点昏昏欲睡，心中无悲无喜，感觉自己平淡的像无数细砂里的其中一颗。这时，一位老人牵着小女孩的手走来，小女孩蹦蹦跳跳的，就像活泼可爱的小兔子，天真稚嫩的小脸蛋，逗得老人的皱纹也笑开了。

突然，她走到我身边，看着我问道："你是不是很孤独？"

我摇摇头，只对她笑着说了个"No"。

在这样美丽的环境里，其实是很能感受到生活中的乐趣的。虽然表面看上去，我孤身一人，像是一个孤独者，但在思想上，有风的陪伴，有行人的陪伴，也有声音的陪伴，更有思想的陪伴……我一点也不觉得自己孤单。

在温哥华的那些日子里，每次，如果被一些杂七杂八的事情纠缠，心里仿佛揣了一团乱麻，心情难以平静的时候，我就会抽空到海边走一走，在渔人码头一个人待一待，散散心。

那天晚上正是如此。一天密云，酿成了傍晚时分撒落的一场好雪。吃过晚饭，朋友们随意地读书看报，各有各的消遣，我一个人立在窗前，隔着为灯火映照成暗黄色的玻璃，看着片片飘落的雪花把世界万物装点得如梦如幻，突然间想出去走走。

偶然

在这里,自然没有可以雪夜相访的挚友,也不可能经过哪处小桥、独叹梅花瘦,但这座美丽的城市,这样静谧的夜晚,怎会缺少发人兴触的景致?

我加了件外套,推门出去。雪已经在地上积了厚厚一层,踩上去咯咯作响,稍稍有些风,并不是很冷。我朝着自己平时喜欢去遣散心情的渔人码头走去,黯淡的路灯照出一条悄无人行的小路,路两旁草地覆盖着白雪向比遥远更远的远方伸展,一直延伸到幽阒而黑暗的虚空之中。我走在其中,忽然感到自己的渺小,感到天地苍茫、宇宙洪荒。

"路出寒云外,人归暮雪时。"我记起了曾经读过的诗句,也恍然记起,眼下按旧历算来,已经是年关将近的岁暮,是无数天涯游子抛开身上的一切羁绊、不顾任何的路途险阻都要回归故里的时节。

这是一种奇怪的执著,它让人们为了在自己的桑梓之地度过那一个短暂的时间节点不惜代价;这执著又是那么的可以理解,一夜连双岁,五更分二年,这节点虽转瞬即逝但意味着除旧迎新,而那片故土,不仅埋藏着自己无数的昔时记忆,而且生长着念念难忘的父老乡亲。

而我,耽溺在自己的成功梦里,已经多久没有传一丝音信,慰藉在家中无时不在牵挂着的我的亲人?人穷则反本,在这接连不断的挫折之后,在这四顾无人的夜晚,我心里顿时涌出对遥远家乡的无比思念。

不知不觉间,我已经走到了十几里开外的渔人码头。这里虽每日有渔船进出、有生意市井,但却清扫得干干净净,清新的空气里流动的是海水天然而舒适的气味,没有半点腥臭掺杂,地面上也无垃圾遗留,让不知情的人根本想不到这里竟是鱼虾之肆。大雪的掩藏,使得这里更加成为一个清洁世界。

空气中吹过一阵略带咸味的海风,吹到我的脸上。我深吸一口气,把那风的气息吸到了心田,然后又缓缓地吐出来,感觉到一阵阵的舒服。我站住身子,眺望着远方。沉寂的海面上停泊着的渔船此时只能看出暗暗的轮廓,偶有几只仍亮着灯火,透出清冷幽谧的光线。临近海边,风比刚才显得大些,我略微有些冷,也似乎更加清醒。

冬夜的海面,似乎被一层迷雾笼罩着,就像我的未来前景,似乎一切都在朦胧之中。看不清远处锚地停泊的轮船,一切都在混沌状态,分不清哪里是海,哪里是天,模模糊糊的。海风并不强烈,但毕竟是冬天，寒意还是很明显的。波浪一个又一个地向岸边涌过来，此起彼伏，发出哗啦哗啦的声响。

我就这么看着海水不停地来来回回，把沙滩上的小石子和细沙拖上来，带下去，一波接一波，一浪连一浪，永无休止，陷入了沉思。

当海水涨潮的时候，该是海的地方，还是海。海要是怒了，不论你活了几千年，活了几万年，你都拿它无可奈何。它给了你文明，它也能带走。站在海边，我想起以前自己一年挣几百万的辉煌。可是，这对于大海，又算得了什么呢？你的欢喜，你的忧伤，它都一视同仁。你最大的笑声，也会淹没在它的咆哮里；你哭干了所有的泪水，落进海里，它还是海。

海滩静静地在着，没有一丝的声响，又仿佛是在回忆着自己辉煌的昨天。是啊，倒推一个月、两个月，那时这里是多么红火浓郁的景象啊。初秋，天气和暖，游人如梭，欢声笑语，音乐阵阵，人声鼎沸，简直成了一片欢乐的海洋。可是，现在呢？天气冷了，再没有人在户外活动，海滩只能静静地在着，没有了晚上住帐篷的情侣，没有了欢闹，没有了沸腾，没有了繁华，一切都重又陷于平静。此情此景，总是让人浮想联翩。叹青春易老，叹繁华易去，叹好梦易醒，叹好花不常开，叹好景不常在。

人终将归于平淡的，当铅华褪尽、青春不在的时候，我们仍要有颗平淡与平静的心面对这海、这鸥、这船、这风、这雾。而我，我应该是太过沉浸于自我之中了，我想。

我为自己设想的一个蓝图所吸引，每天为之疲于奔命，却没有停下来想一想这蓝图到底是自己一厢情愿做出的幻梦，还是确实可行；我固执地相信付出一定会有回报，却想不到当执念太深，自己为那海市蜃楼般的前景所操控时，早已错过了太多的风景。

我时时刻刻想的念的，只是对财富的追求，我造次于是颠沛于是的，只是收益与成功，而当我痴念于此、不愿乎其外的时候，便无暇从容地体会这个城市内在的律动，也就找不到进入它的真正途径。

我不断地在心里发牢骚、抱怨，不满足。看事情容易看到一件事的负面，甚至这个事情没发生之前都会自己先在心里想象那些负面的将来……一个不懂得知足的人，怎么能达到内心的平静？又怎么可能体会到热情、喜悦、幸福、满足？看来，我最该学习的是，是如何懂得感恩。

如果，就像这海，这海滩，始终保留一颗平淡的心，便总会使自己感到幸福吧。

我一个人漫无目的地在海边，想着自己的心事……我想自己应该感恩生活，感恩阳光，感恩花朵，感恩沙滩，感恩海水，感恩空气，感恩美好的一日三餐，感恩因为活着而感受到的，所有一切。虽然眼下的日子不太顺利，但是仔细想想，生活给了我更多的是福分。我应该用心去聆听它的真实声音，失败挫折是人生舞台的课题，酸甜苦辣是过日子必然的滋味，成长的路上需要经历这样的过程。

凡事放宽心，眼界放阔些，自然就能拥有平静的心态，一事一物的偶然产生，都有它存在的意义。问题的显现，只是为了让我发现它，并了解更多。而随之而来的各种正面和负面的情绪显现，也是为了让我更多地发觉自己，了解自己，并找到处理问题的方法。

顿时，我恍然大悟！

那天晚上，我是带着一颗微笑的心回到住的地方的。也许是在海边，磁场被净化后，有一些事反而更清晰了吧。

朋友们问我，这么晚，都去做了什么。

我的答案里就只有一件事——看海。

海是博大的，年轻的朋友，如果你能经常望望大海，总会让你有所收获。你可以在海边做做深呼吸，吸收大海能量，呼出身体里的浊气和负面能量。相信海洋的力量，面对着大海，只要我们相信，就一定能得到启示。

这样想过之后，接下来的日子里，我的心里宁静了许多，开始反思自己一年之中的轻举妄动，开始对这个城市的商业结构进行客观分析。

我告诉自己："这里存在着各种垄断，他们已经有自己的网络、渠道，这些都是几十年、上百年定下来的商业渠道，又成功经营了这么多年，一切都已固定。"

新来如我这样的小字辈，想打进去，着实不容易。此外，那时的加拿大人，对中国人的信誉度也不是很了解，再加上中间有很大的利差，不免让对方对质量产生怀疑。没有这些千丝万缕的关系，要打开他们的缺口谈何容易，这里有对华人特别是中国的内在的冷漠与隔离，使我们这些炎黄子孙的创业难上加难。

这里人口太少，需求量不大，商业增长点并不很多，这里的起居饮食、日用伦理，都是那么的沉静而温婉……我想，我已经试过，仍然走不进去，就应该及时转身了。

一起来创业的朋友都得出这样的结论，他们抱怨说："几个项目都无功而返，为了让公司能有事可做，必须想办法运作起来！"

我提议说："我们去请谈铜矿合作时认识的中国五矿集团公司派驻当地从事外贸的那位经理，和我们合作做铜的期货。怎么样？"

当时世界上有色金属期货交易市场正风起云涌，除了一些老牌大型金属交易商，某些发展中国家的也参与进来了。他的公司负责在美国、加拿大买铜，我们就委托他帮我们通过伦敦金属交易所进行自营非套期保值的期货交易业务，我给了他十五万美元的本金买期货，那时，恰逢国际铜价从低至高的上扬时期，一度盈利颇丰。

我还记得那天晚上，我走到他身边坐下，看见他全神贯注地盯住自己面前的显示器。

显示器上，一条条波动极大的曲线，一列列密密麻麻的数据排列其中。我掏出烟盒抽了两支烟，递给他一支，我知道对他们这些从事金融行业的人来说，压力太大，抽烟有助于缓解压力。

我笑着开口问他道："抽根烟吧，现在情况怎样？"

他也不推辞，含笑接过，叼在嘴上，等我替他点上烟之后，才回答道："情况很乐观。"

这时，一个朋友正好推开门走了进来，向我打了个眼色，表示有话要对我说。于是我拍了拍他的肩膀，笑着说道："今天时间也已经不早了，你先回去好好休息一下吧。"

说着，我站起身来便离开了。我所不知道的是，这一离开，此后就再也不曾见过这位五矿的操盘手。

原来，在那天收盘的时候，一路增长到了三十八万，我赚了二十多万美金，可以结款时，我却找不到他了，他赚了钱，连本金一起卷款跑掉了（可不止我一个客户），据说逃去了美国。虽然通过各种渠道找过，最终不了了之。

期货这一金钱游戏的试验，也宣告失败。

我想起这样一则古老的谚故来：在亚洲，有一种捉猴子的陷阱，

偶然

他们把椰子挖空,然后用绳子绑起来,接在树上或固定在地上,椰子上留了一个小洞,洞里放了一些食物,洞口大小恰好只能让猴子空着手伸进去,而无法握着拳头伸出来,于是猴子闻香而来,将它的手伸进去抓食物,理所当然地,紧握的拳头便缩不出洞口,当猎人来时,猴子惊慌失著,更是逃不掉。

没有任何人捉住猴子不放,它是被自己的执着所俘虏,它只需将手放开就能缩回来。心中的欲念使我们放不下,内心的欲望与执著,使我们一直受缚,我们唯一要做的,只是将我们的双手张开,放下无谓的执著。

经商之道亦然,拒绝太多的刻意执著,呼唤对偶然的耐心等待。

太多的求不得,只是因为求之太急,求得太迫切。为了一个固定的目标搜肠刮肚、呕心沥血之时,其实往往是被一片蒙眼的树叶,障住了林林总总的大千世界。

殊不知,众人以神法道,万物以生证道,山水以形媚道,没有什么可以孤零零地存在于世,没有什么可以切断与周边的诸般关联。当一心一意只是盯住自己的欲求之物,而忽视它所赖以生存的四围环境,其实也将无法认识它真正的内涵,只会与它渐行渐远。

所以,佛说放下心机,不用执著,当五蕴皆空已经照见,我们自然而然地会——开门见山。

第四节 无心插柳柳成荫

生活一如既往。我清扫掉自己的烦躁情绪,每天上班,下班,尽管看起来仍然是商海无边,尽管似乎无论昂首前行还是回头转棹,都靠不了岸。

"天将降大任于斯人也,必先苦其心志、劳其筋骨、饿其体肤、空乏其身、行拂乱其所为。"亚圣的这段名言时时挂在我的心头,让我把眼前这暂时的不顺看得淡然,让我心平气和地做眼下应为、能为之事,潜心等待峰回路转。

"浅水中的潜龙勿用,有朝一日遭遇风云际会,何惧不能飞龙在天?金鳞又岂是小小一潭池水中物?"

但我没想到这机会来得如此偶然。很多事情确实是踏破铁鞋无觅处，得来全不费工夫，很多时候，苦苦搜寻的时机，果然是众里寻他千百度，蓦然回首，她自在那灯火阑珊处盈盈浅笑、翘首驻足。

闲暇的时候，我喜欢到公司旁边的唐人街漫步，或是到附近的中式餐厅小坐。这里往来的或是已经数代定居于此的华人，或是如我一般客舍如家家似寄的前途未定者，但既然萍水相逢、尽是他乡之客，大家也就为了这个共同的身份，少了许多固执与矜持，不管相识已久还是素昧平生，坐在一起，便聊个天空海阔。

"听你口音，是南方人？"这样的搭讪毫不新奇，我早已听熟，抬头看时，是一个中年男人，正面带笑容地看着我，眼睛中闪烁着几分他乡遭遇故国之人的那种惯有兴奋。

"是啊，我是湖南人。"我一边回答，一边赶紧招待他坐下。

他接口说："我父亲是湖北人，那我们倒算是一江之隔的老乡呢。"

接下来聊的也无非是一些惯常的话题。他询问我国内现在的情况，深以未曾到过祖国的大好河山为憾，我也尽力描绘改革开放之后中国整体社会环境的变迁，这与他脑海中对传统中国想象的差别不啻沧海桑田。

他问我此行的目的，我也把这一年多的波折叙述得轻松而平淡，我问他的职业，他告诉我他经营别墅外墙装饰，已有多年。

他兴致勃勃地说："最近我们装修的几套房子都很漂亮，你要有兴趣，倒是可以去看看。"

我工作正很清闲，无可无不可，便随他去了。那是市郊中的一套别墅，背山面湖，几百平米的占地，十分气派。院墙不高，但很精致，樱花红的花岗岩墙面与大片的草坪相辉映，色调活泼而不轻佻。果然是经过一番精细的设计，我想。

他见我对着墙面凝神，赶紧上前来介绍，语气中不无得意地说："这是来自意大利的高档石材，一平米要三百多加元呢。"

又是一个高得离谱的价格，但我听惯之后，倒也处变不惊了。我微微一笑："这样的材料，其实国内也有，品质并不差，价钱却低不少。"

他听到却激动了起来，忙不迭地问我："那么质量、价钱如何？有没有可能拿到样品。"

偶然

我稍显为难道:"我只是随口一说,对这些细节的问题还真无法回答清楚,不过,我可以向国内相关行业的朋友咨询一下。"

他迫不及待,一时竟有些失落,再三叮嘱我道:"好好,你尽快问!切不可忘记。"

我被他这种因着急而产生的轻微神经质逗得心底暗笑。

受人之托,忠人之事,我回去后立即联系山东的朋友,果不其然,我面对的又是一个巨大的差价,虽然直到这时,我还没有意识到这是一个难得的商机。山东CIF报价只要十二加元,也答应给我们寄送样品。

我赶紧把这个消息告诉了他,他听到报价时已经吃了一惊,看到样品时,更是遮掩不住内心的狂喜——这样品完全符合他们的质量要求。

"那我们完全可以从国内直接进石材!"他言之不足以表达激动之情,早已手之舞之、足之蹈之,并要求我极力襄成此事。

我这时才恍然想到,这笔交易若是做成,将不仅给他节省巨大的成本,也会给我带来巨大的收益,一口答应全力斡旋此事。他告诉我他们公司眼下急需一批大理石货柜,希望我可以由此开始,进而扩展到全部的石材供应。

我重又询问了货柜的价格,给了这样一个价格:"我的报价是一货柜两千加元。怎么样?"

他却这样答复我:"李先生,我多年行走建筑行业,知道这个价格并没有太大的水分,这样,我给加到三千加元,每月订购一百个,信用证由我们来开。怎么样?"

我为他这种豪爽的性情感动,且又有利可图,立即拍板签了合同。

最初时,只是经营货柜,每月可有十多万加元的收入,而当整个流通过程都已熟悉之后,经我引进的石材品种不断增多,数量也逐渐加大,最多时一个月竟有一百余万加元的进账。这样,一年下来,公司总共有一千多万加元的收入。我们公司开张以来顺利做成的第一笔生意,就是这样纯粹在无意中得之。

财富,难道不是偶然来的吗?偶然是无心,无心插柳柳成荫。人生原本便不是贯穿着呆板的因果律,让我们种下此因,便必然获得一个预期的结局;生活中的点点滴滴,前前后后之间本也不必有内在的关联,它们只是零散的断章碎片,大部分经不过时间的淘洗而终于遗失，也有那么一小部分，在某个特定的时空之内，碰触出一片开阔的天地。

无需惊讶，也不必欢喜，这难以明说、莫可名状的偶然才是人生的真谛；利刃斩不断水流湍急，猛志固常在的勇士，阻不断春夏秋冬的轮回，奈何不了廉颇老去，贤者顺势而为，智者因时而动，不外如此，不过如是。

做上石材生意之后，作为原料供应商，我更是有机会近距离地观察这里房屋的建造过程。那段时候，我常常跑去工地观看施工过程，遇到喜欢的建筑，甚至整天整天地在那里厮混。

最让我诧异的是，工地上忙碌的除了建筑工人、建筑设计师、规划师、景观师之外，还有美学师，一个我闻所未闻的职业。他们要比较图案色彩，很严谨。一套房屋的装潢，他们往往有几套设计方案，开工之间即将各色石材、瓷砖等实品，吊到现场依图纸一一摆弄，直观地感受各个设计的不同效果，确认所用建材的质地、颜色与周围环境是否协调，耐心比对，择善而从。

看惯了老家乡下人家建房的随意与粗糙，哪里想到建筑需要这样的精打细磨，也因此明白了这里的房屋建造何以会有在初见之时就让我怦然心动的效果。

石材生意做成之后，公司逐渐走上正轨，订单越来越多，我虽然时不时地参观周边建筑、泡装修工地，生活毕竟轻松了许多。但是，旭日初升的清晨，或者温暖适意的午后，我总止不住脑海中飞驰的思绪，渐渐的，我对温哥华这个城市以及我近三年的生活有了日渐增多的反省。

无可置疑，这是个美丽而惬意的城市。在这里生活就像是在一片宁静的河面顺水行舟，两岸青山迎送，一路风光明媚，可以自由地欣赏每一个黎明时的日出江花红胜火、每一个半江瑟瑟半江红的日落。

这里不需要心急如焚地赶路，这里不接纳马不停蹄地奔波，这里的时间仿佛早已停滞，让人恨不得寄语羲和快着鞭，这里让人筋骨酥软，这里让人髀肉复生。

这样的生活，我总觉得，缺少了些什么。忽然间，我无比怀念那令人心潮澎湃的香港速度——其疾如风，其徐如林，侵略如火，不动如山；生命需要停憩的港口，但暂时的停泊是为了调理修饬、重整山

偶然

河,迎接前行路上的江流急、风波恶。

一张一弛才是人生该有的正常节奏,静若处子的韬光养晦只是养精蓄锐,斩将搴旗的功绩毕竟需要脱如狡兔时的势不可挡来书写。不管风吹浪打,胜似闲庭信步,未及不惑之年的我毕竟需要乘风破浪,耐不得浅水停舸。

而温哥华的一切,却是那么地宠辱不惊。政府办公,号称有完备的流程与周期,结果一个简单的审批可以拖到几个工作日;交易伙伴之间的商谈,也据说有其不可更易的过程,明日复明日,明日何其多?

这个城市的一切都太慢,慢得没有节奏,这样的城市或许适合饱经世事的人消遣余生,但对那个年纪的我来说,只是浪费。而且,三年的商海沉浮,也使我对这里的商业环境有了基本的认识。我们也经常跟老外交流,有时候我们去拜访他们,他们也会来拜访我们,对老外不说完全了解,至少也知道一些皮毛。

加拿大是一个彻底的移民国家,但是主流社会,是由所谓的白人把握的,白人对中国人非常尊重,尊重到你有时候会产生错觉,确实,他会跟你交朋友,很客气,但不会跟你交深朋友,骨子里有一种很明确的选择。

这里并非没有机会,但需要耐心的探索;这里不是不能获利,但毕竟人口较少、需求不足,发展比较缓慢;这里大宗进口的多是高层产品,大部分的中国货物难以达标。

中国产品对于加拿大普通人尤其是所谓的"西人"而言,就仿佛不存在一样,中国对西方世界的影响,如果不是说可以忽略不计的话,至少非常之有限。而不和白人打交道,你是无法体会他们对诚信的理解的,在加拿大生活,想要找一个说谎的白人,真的非常难;在法庭上,一个白人的证言,毫无疑问就是事实本身;在加拿大,和白人打交道,只要他允诺的,他就一定会做到,无论遇到什么样的困难,而且这种允诺往往只是电话里的一个单词,没有任何书面凭证。

有时候你以为很随意的一句话,却包含着最基本的诚信。白人的特点是,不看你说,只看你做,一次不讲诚信的行为,就会让人家一辈子不愿意和你打交道,售出一次劣质产品,就会让人家一辈子不买中国货。华人,这个特殊的身份,又使得我们进入已然根深蒂固的商业体系难上加难。在当时的加拿大,资本都被大公司控制,华人在那儿没有一个是做大事业的。

这是我感到无论如何无法真正深入融进加拿大这个社会的最根本原因。他们的文化、商业、已经形成了一个加拿大人的特殊的"生态系统"。这里有他们的原则,他们的特点。很难用其它标准和逻辑去归纳,所以无论怎么去做,始终都觉得自己还是一个"异乡客"。

江山信美,终非吾土,却是"锦城虽云乐,不如早还家"。游历一番,生活一番后,我便做出了去香港的决定。

1982年,当我第一次来到香港的时候,就被维多利亚港的美丽和繁华所折服。

与现在国际交通的频繁便捷不同,出国在那时还是一件颇为"小众"的事情。80年代中期,中国还处在改革开放之初,一切都还在慢慢地摸索、适应,民间自发的出国行为少之又少,以商业为目的的出国更是难以想象。

尽管国家在很多方面已经放开限制,甚至鼓励一部分人能走出国门、接触世界,但久病沉疴,岂能痊愈于突然而来的一剂猛药,观念上的隔阂并非一朝一夕就能改变。而我也没有一步越至国境之外,最早为我打开视界的,是那个被称作东方之珠的小窗口——香港。

当时,大街小巷的卡带机中无不飘散出邓丽君那带着台湾腔的"靡靡之音",特殊的时势赋予了她特别的意义,她甜润柔腻的声音竟成为一张量表,成为改革开放初期对外交流最为直观的标记。

大家从僵硬单一的文化氛围中释放出来,为那些歌曲中细密婉约的抒情痴迷沉醉之时,也禁不住揣想歌词中描绘的那些纸醉金迷却充满诱惑气息的世界,那些与我们隔绝已久、曾经被我们想象为"水深火热"的地方,到底在演绎着怎样的"小城故事"。

耳边弥漫着这令人心境要当的歌曲,眼前又遍是喇叭裤、蛤蟆镜一类舶来品引领的新潮服饰,我的心中也充满好奇。于是,借着在外跑生意的便利,我办过几次去香港的签证。

香港是一个优良的深水港,曾被喻为世界三大天然海港之一,英国人早年看中了香港的维多利亚港有成为东亚地区优良港口的潜力,不惜以鸦片战争来从清政府手上夺得此地,以便发展其远东的海上贸易事业,从而展开了香港成为英国殖民地的历史。

中日甲午战争之后,英国又逼迫清政府于1898年签订《展拓香港

偶然

界址专条》，强租界限街以北、深圳河以南的九龙半岛北部大片土地以及附近二百三十多个大小岛屿（后统称"新界"），租期99年。

对于香港，相信每一个人都是了解甚深，从80年代传入内地的流行歌曲、新潮服饰，还有那开遍大街小巷的放映香港电影的录像厅，都向人们诠释了一个神秘富饶的香港。

可以说，以前的香港对于内地人的影响是非常大的，那时，最为流行的那些电子表、随身听、喇叭裤等等，让全国的小青年们，都以能拥有一件港产的东西为时尚。众多城市的个体户，纷纷跑到广州深圳等地，去进一些所谓香港产的水货，然后回到各自的城市去练摊，俗称"倒爷"，也造就了中国最早一批富裕起来的人。

而香港20世纪80年代繁荣的影视发展，也影响了大陆一个时代的人，晚至六七十年代出生的人，有谁没看过港产的《霍元甲》、《射雕英雄传》、《再向虎山行》等影视剧？那时候，谁嘴里都会哼哼几句根本不知道词是啥意思的粤语歌曲。

不过对于我而言，这个城市还是很陌生的，一到香港，我就发现那里的很多习惯受到了英国的影响，到底以前是英国的殖民地，像开车靠左行驶；最普遍使用的汉字书体是繁体中文，报纸沿用古代文字书写的形式，是竖排由左至右。

很多繁华的道路两旁都是殖民时期的建筑与现代高科技大厦的混合体，大厦如林，酒楼栉比，东、西文化兼蓄；在马路两旁的街道上，有着一些灯箱广告。上面用繁体字写着按摩松骨的字样，和我在电影里所看到的，完全一模一样，在川流不息的人群里，每个人的脸上都带有一种焦虑，至少看在我的眼中是如此，完全见不到内地人拎着个鸟笼闲逛的场景。

我为眼前的一切深深震惊了——

这是一片全新的世界，这里的一切与我以前经历过的截然不同；这里将整个世界的色彩折射得光怪陆离，让人目眩头晕，这里的路上街头，来来往往的人群全部步履匆匆，每个人都像在一股无形大力的推动下前行，仿佛分秒的松懈就会错过一个美妙的前程……或许，这紧张快速、锐意进取的生活，才是商业社会的正常节奏，我想。

中环，香港最热闹的商业圈则非常拥挤，林立的高楼大厦，狭小的街道，而走在马路上的人群，就像是沙丁鱼罐头似的，密密麻麻。

旺角则有很多酒楼,一走进那些酒楼,就感觉好像进了菜市场一般,喧闹无比,这里面的人哪里是在吃饭啊,倒像是为了扎堆在一起聊天。说的那些话我都听不懂,有些粤语的词我勉强记得几个,但是有些桌子上讲的潮州话,在我耳朵里就犹如天书一般了。

当时香港的法定语言是中文和英文,而政府的语文政策是"两文三语",即书面上使用中文白话文和英文,口语上使用粤语、普通话和英语。香港华裔人口中主要使用广东话,而非华裔人口则多以英语作交际语,香港大部分居民都并非本地原居民,一百多年来从中国内地以至世界各地迁居的人,都会把自己故乡的语言带到香港。

在很多餐厅,你都能看到有老外似模似样地拿着筷子吃着中餐,也像旁边的人那样大呼小叫着,这让我一下子就喜欢上香港这地方了,它处处充满了生活的气息。

"香港有什么好玩的地方?"记得在去之前,我问已经去过那里的朋友。

朋友颇为熟悉地告诉我:"香港是以服务业为主的地方,玩的地方应该挺多的吧。据说赌马比较流行,你有兴趣,也可以去试试看。兰桂坊那边,酒吧挺多挺热闹的。"

到达香港的第二天晚上,我确实去了兰桂坊,它位于中环云咸街与德己立街之间的一条短小、狭窄、呈L形并用鹅卵石铺成的街巷里,街巷满布西式餐馆和酒吧,在香港声名很大。

据说,兰桂坊酒吧街缘起于70年代初期,当时一位意大利籍商人在这里开设了一间意大利服装店及餐厅。很多在中环上班的"优皮士",下班后想找一个地方谈天,这家餐厅便成为他们欢乐时光的聚脚处。其后,有些电影在这里取景,兰桂坊渐渐成为一处有品位的消闲之地,很多有身份的人都喜欢去兰桂坊那边的酒吧喝酒。

我走到兰桂坊,感觉到气氛马上和中环截然不同,这条用鹅卵石铺设的小路,洋溢欧陆情调,两旁酒吧、餐厅林立。我随便进了一家英式酒吧,可能由于去得比较早,里面的人还不是很多。要了一瓶啤酒后,我就找了个靠门的角落坐了下来,这样有助于养眼。

一直到夜幕渐深,酒吧里的人才多了起来,有的后到的客人已经没有座位,就要了一杯酒水,倚在走道边,闲散地观看表演。酒吧里的歌手倒是挺会把握气氛,演唱的乐曲时而节奏激越,时而又很婉约

偶然

缠绵。

也是来得很巧,那天晚上正好有一场热舞表演,虽然吧池中间的辣妹跳着火辣的舞蹈,可我的心思却完全不在那上面。我在想的是,香港真是繁华得可以让你迷失,在这里,你也许会得到许多东西,包括你想要的和你不想要的,但同时也有可能会让你失去一生中都极为重要的东西——自己。

不过,在维多利亚港,我真正确定了自己——我要什么,我会成为怎样的人。香港一定是属于夜晚的,因为白天太匆忙,一切都让人无暇顾及。

我到达维多利亚港时已是落暮时分,太阳在夜幕中隐去,月亮悄悄地从林立的摩天大楼之间爬上来,活色生香的城市开始苏醒了。

华灯初上之时,维多利亚湾更是熠熠生辉,俨然一颗璀璨的明珠。缓缓的汽笛声悠扬回荡,漾漾的水波闪映着香江的灯火辉煌,让我这个初来乍到的造访者竟有些意乱神迷;面对这样繁华的国际都市,谁会想到,百余年前,这不过是个罕有人知的小小渔港?

夜色下的维多利亚港,在两岸色彩各异的灯火辉映下,显得如此风姿绰约、柔情万种。那璀璨的灯火和着海浪、海风一起光怪陆离,这一幕印在我心里成为我对香港"火树银花不夜天"的深刻印象。

暗蓝色的海水柔碧而又深邃,远处的群山已融入缀满星星的苍穹。看着水中摇曳的万家灯火,那繁华盛世跃入眼帘,一半虚幻一半真实,奢华中透着几分高贵,雍容中蕴含几分明丽。

那种体验,无疑是一回荡涤尘埃般的精神享受。那充满了勃勃生机的动感之都,有着"不夜城"之称的东方明珠,在我的心中过于迷离,似乎失去了真实。

海风温柔地吹拂而来,此刻已没有了白天的喧嚣与郁闷,而心情还是宁静不下来,随着波涛翻涌。灯火灿烂之下,依然红尘滚滚。那是令人沉迷其中、痴心不改的如梦红尘,任潮起潮落、云卷云舒,人人都怀着光荣与梦想,眷恋不已。

略带腥味的海风迎面扑来,恍然间,我被巨大的失落击中。这里的车水马龙,这里的花月春风,都与我无关,我不过是一个匆匆而来又将匆匆而去的过客,既无根底,也留不下任何的痕迹。这里没有什么属于我,这里我甚至不如空气中的一粒微尘,不如香江里的一颗水滴。

不过短短百余年历史，沧海桑田的变幻固然来不及发生，这小渔港的变化却足以让所有人瞠目结舌。

60年代起，以出口导向型经济为主的区域经济模式在东亚迅速蔓延，劳动密集型的加工产业急速发展，依托沿海区位和国际经济的良好形势，一些地区率先发力，引导了那个时代的东亚经济，香港亦趁机崛起，成为"亚洲四小龙"之一，从此之后，黄金遍地。而70年代末，随着内地的改革开放特别是经济特区的设立，香港获得了另一次飞跃的时机。

一衣带水的珠江，让香港成为了中国接触世界的窗口，也让辽阔的大陆成就了香港吞吐世界的依托。欧美韩日新加坡的最新产品、澳洲南美亚非拉的矿产材料，都由此输入内地，转口贸易的巨大利润空间，让这里处处充满了财富的气息，让这里的一起都渗透着不可思议，都充溢着神奇……

这繁华瑰丽的维多利亚港、这香港的整个奢华背后，是财富。是千千万万个富豪支持了维多利亚港的摩天大楼。走在灯红酒绿的三十里长街上，我想，如果把他们的财富比成海水，那么我当时连维多利亚港的一滴水都不是，但是，在不久的将来，我要成为这里的一份子。

也许是为一种未知的力量所牵引，我去了香港香火最旺的黄大仙庙里参拜。黄大仙庙原名啬色园，是香港香火最鼎盛的庙宇之一。这个园名"啬色"，颇堪玩味。"啬"字源出于道家始祖老子的《道德经》："治人事天莫若啬。"韩非子解释说："啬之者，爱其精神，啬其知识也。"引申开来，即"以德化礼教劝善"。

说得更加通俗明白些，就是"普济劝善"之意。至于"色"字，按道家学说，"色"是"天玄地黄大自然之本色"。《太原经》说："从玄立德。"玄为道藉，乃道家本色。啬色园寓道、释(佛)、儒三教于一家，其宗旨是："以道家本色，兼奉儒家之仁礼、释家之慈悲，以笃行普济劝善之事功，而实现其本色焉。"

黄大仙庙地处洼地，处于九龙塘东侧高楼大厦的包围之中。这一带好像是平民区，因为房子陈旧，路面很窄。路边有汽车修理铺，需要维修的出租车就停在车铺前，工人在马路边干活。此外，还有护老

偶然

院以及许多小商铺。去的那天正逢农历过年前，进入黄大仙的必经之路又是一条坡度很陡的窄路，真是人山人海，水泄不通。

原来，这是因为黄大仙庙非常灵验，但是求来的签果，都只是解今年的运势，不包括明年或者以后永远如此，所以，农历过年前后，是黄大仙庙香火最鼎盛的时候，善男信女纷纷前来求问一整年的运势。

香港真是个矛盾体，从城市到人。香港人的观念新，紧追趋势，可公寓门口摆香坛的也是一大把。

这个黄大仙，本名黄初平，出生于浙江金华兰溪市，以前原是个牧羊人，传说十五岁得到路过的仙人指点学道，在赤松山一个石洞中潜心修炼，四十年不食人间烟火。因为长期隐居于此，故又称赤松仙子。他出山后往西行，在民间惩恶除奸，治病施药，百姓称他为黄大仙。他到香港后，除为百姓治病送药外，常为人家看风水，特别灵，据说根据他指点建房子的，都发了大财。

黄大仙祠是他死后很久很久，人们为怀念他，在1921年才兴建的。据说在香港人的心目中，黄大仙几乎成为每个人的救世主，他可以保佑平安，也可以为你化解不幸和灾难，更多则是能为你带来好运和钱财。在黄大仙祠里，你可以寄托一切憧憬和幻想。许多香港人都相信，黄大仙非常灵验，尤其是那些大富豪。

黄大仙庙的建筑布局是按照1937年黄大仙殿前占卦，严格根据五行八卦原理设计而成的：飞鸾台（铜亭）属金、经堂属木、玉液池属水、盂香亭属火、照壁属土。所以作为游客一般都是从黄大仙大殿开始祭拜起，求签卜卦也是在大殿前进行，其余供奉诸神的殿堂都比较小，香火比黄大仙殿弱很多。在庙宇中到处都有提示，黄大仙日常参拜主要是"五供"：香、花、灯、水、果。

香港人相信只要献上香或供奉花，便能得到黄大仙的注意，祈求所愿必能实现。

另外，工作人员介绍说："清水也是上佳的供品，因为道法自然，我们提倡节约能源、把宝贵而有限的资源用于其他地方。"

但也有人甚至拿了全烤乳猪前来供奉；至于香的数目，"一"、"三"这样的单数是最合适的。

当我拐过院墙来到正门牌楼入口时，看到的是热闹非凡的场面，你来我往，摩肩接踵，有的手持能带来好运的风铃，风铃上方有几面三角形的小红旗,下面如同分叉的树枝悬着几个小铃铛,哗啦哗啦摇了一路。

蜂拥而来的售卖香火者也让我体会到这里的红火,正门的一侧是请香的地方,买完香准备进门参拜的人,大都一脸的虔诚,上完香出来的善男信女们,则是一脸的满足。既然黄大仙能让香港人发财致富,也许也能帮自己实现心愿?

黄大仙祠是佛教、道教合一的,同时有孔子殿,以迎合那些崇拜孔夫子的信众,而佛教信徒则可至三圣殿里,膜拜供奉在关帝君与八仙旁慈悲为怀的观世音菩萨。高挂的厚重牌匾足见其历史之源。香客争先点燃手中的供香,虽然求拜时的姿态各异,但目的是相同的。

据说他的签文十分灵验,求签的人很多,要排长队,上完香,磕完头,我也加入其中,试图缓解一下这种去从无定的心境,奢望着可以听到一丝冥冥中的启示,教我如何安置此身。先是走到放签筒的地方拿了一个签筒跪在地上,面向黄大仙虔诚地作揖,求签。我求了一支签,求事业、财运。求完签以后,放回签筒到原处,就拿着签的号码到解签处去解签。那里一排排全是解签人,走到一个六十多岁的老先生那里,他向我招手,示意我到他那里去,我犹豫了一下,进去了。

在他那张桌子前的凳子上坐下后,他问我:"你的签多少号?"

我就把签的号码报给了他,他又问:"求什么?"

我回答道:"求事业、财运。"他从旁边木架的一排格子里,按照号码拿了一张纸出来,然后就跟我讲解起来。

我已经记不得具体的签文了,只记得那是与苏轼这个身世沉浮却总能随遇即安的传奇人物有关的一个故事,说他一次偶然还乡,在嘉陵江畔携故友垂钓,竟得三鳃鲈鱼,喜出望外,取出家中珍藏已久的陈年佳酿,对酌痛饮,题墨联诗,直至酒倾肴罄,酣醉淋漓。

我无从知道这个简短而颇具英爽之气的故事是否查有实据,但这又有何妨,人们早就乐于将许多新奇有趣的传闻轶事归结到这个可喜可敬的人身上。这是上签,解签人说。自古至今,人皆需益友以成其德业,不论相知日深,还是倾盖如故,无心结下的友谊,都可能成为缓急之时的莫大助益。良友比邻,自然相帮提携,高朋满座,怎少精谋良策,尽人识君,何惧人间行路难,交游遍地,莫愁前路无知己。

这签,倒是有一番美好内蕴呢。

联系到后来,我真正走出国门,不正是因为与一个朋友的一番机缘吗?

时隔六年,再次来到香港。中环的兰桂坊,一入夜便人头攒动,本地的中产、外籍人士、来自世界各地的游客,将两条狭窄的小巷挤得满满堂堂。在这里走一趟,对香港国际化都市的头衔体会顿深。而我也在香港,发现了新的自己。

作为中国实行改革开放政策后,最早走出国门的一群人之一,我曾经漂洋过海,来到遥远的异国他乡,凭借不懈的努力,闯出了自己的一片天下。如今,带着报效国家兼施展个人抱负的雄心,我又选择重归故土。而香港,正成了我回归中国的落脚处。

在加拿大经商的经历,使我对西方文化有了较深的理解和体会,与此同时,我又不妄自菲薄,对中国自己的文化保持着自信和热爱,就这一点而言,在自己事业的发展中我就有了比外国人和其他国人得天独厚的优势。

而香港中西合璧的城市气质无形中契合了我的人生经历,我也想为这个城市注入新的活力。对于香港,我永远有一份特殊的感情:这里不再只是异乡,而是永恒的第二故乡。它有着更丰富的时机、更充沛的活力、更广阔的发展空间;最重要的是,它有着与我更为合拍的内在律动。

一别数年,照旧展眼繁华与熙攘,照旧遍地是行色匆匆的人群,我看到这熟悉的一切,心中涌出无限欣喜。我不知道将会面对怎样的形势,也不知道会遭遇何种故事,但我相信,在这生气蓬勃的地方,我总会有属于自己的传奇。

早在几年前,我就领略过这里的转口贸易的生机,温哥华之行更让我明白这其中蕴藏的巨大利润,因此,我首先便从此入手,寻找切入商业的契机。而这一次局面的打开,居然又是因为朋友的助益,让我不由不相信,我1982年,初次到来时抽中的那支签,是冥冥上苍给我的启示。

朋友聚会的时候,一位在港的老友给我介绍了一位广东顺德的朋友。我多年在广东打拼走动,对广东极为熟悉;他常年往来日本,经营丝绸生意,而我在加拿大时也接触过丝绸贸易,但当地商家不理会中国在丝织业上的真积力久，对苏绣云锦一概置之不理，坚持从意大利引进所谓高端产品，我只好作罢。我们两人因为有这许多的共同话题，相谈甚欢。

他兴致勃勃地告诉我："鄙人是日本丸红株式会社的代理，丸红株式会社1858年创立，是日本具有代表性的五大综合商社之一。"

我怀着敬意对他点了一下头，但他却不无遗憾地又说道："遗憾的是，我对大陆环境不够熟悉，常常苦于找不到稳定的货源。"话至此，他语气又是一变，问道，"李先生，刚才与您一番谈话，我感觉您对大陆的丝绸业非常熟悉，不知有没有兴趣做我的供货商呢？"

"当然可以啊。"我没想到几年前做下的功课，竟在这时发挥了作用，一口应允。

一切都非常的顺利，我轻车熟路地联系到了丝绸产地。顺德的这位朋友给我每吨生丝八万元的价格，每月订购一百吨，信用证八百万美元。我从其中获得每吨一万美金的利润，每月一百万美元。一年下来，就是一两千万美金了！按当时的汇率，换算成人民币的话，足有一两亿的资金！

尽管这机会看起来来得轻易，来得顺畅，我却不敢等闲视之。在这期间，我又阅读了大量与丝绸相关的书籍，无论是其原始生产还是商业流通，都有所涉猎。

储备了充足的理论知识后，我亲自到丝绸产地的工厂里学习工艺、了解流程，同时接触贸易运转的一切环节，包括选择品种、洽谈合同、市场调研、发货交货、信用证办理等等。可以说，借助这笔丝绸生意，我对香港转口贸易的基本进程了如指掌；我尽最大努力学习，尽量做得专业，从丝绸的贸易层面，直至整个印染行业的深刻理解，"两衫两布、两布一模、两布三涂……"这些专业术语，由从未听闻到耳熟能详，只用了短短两个月的时间，我生怕被这迅雷急雨般的市场节奏淘洗，被这灯火繁华的维多利亚港湾遗忘。

这种努力、这种力求尽善尽美的追求，也成为我此后一贯秉持的态度。三百六十行，无论从事什么职业，都必须对其有具体入微的了解，惟其如此，才能看清其中的窾隙，才能切中内里的肯綮，才能提刀独立，为之踌躇满志，恢恢乎其于游刃必有余地。活到老学到老，干一行爱一行，这些陈熟的套语其实正因其简单而颇具深意，值得每

偶然

个人用一生的时间来实践,去坚持。

在香港做生意闲余,受当地的"亚洲金融中心"的氛围影响,我也参与过做外汇,炒日币。80年代的亚洲经济强权是日本,日本当时的出口能力相当强,不但出口汽车、家电到美国,而且还创造了大量对美国的贸易赤字,创造了大量的外汇存储,给美国带来很大的经济压力。

当时有外汇分析师这样给出建议:"在日本出口达到最高潮、最旺盛的时候,美国政府要求和日本、英国、法国、德国联合签订了一个广场协议,按'广场协议'的条款,协议五国将联手实现主要货币对美元的有序升值,以矫正美国估值过高的局面。"

投资者询问他:"如果日本签字确认了,这就送了一个非常清楚的信号给国际金融炒家,那就是日币要升值了,于是很多投资公司开始大量购买日币,当时有数百家金融公司开设有保证金炒汇的业务,大量的国际热钱涌进日本炒日元,越炒日币越升值。是不是呢?"

"没错。"

就是在这个时刻,我也开始参与实际买卖。虽然我看到了里面所包含的巨大的利益,但究竟,利益与风险共存。

在投资公司,按一比五的资金杠杆,我用五十万元可以炒价值五百万元的日元。买熟了以后,再加钱进去,在我账面上大致赚到两百多万的时候,那家公司却倒闭了,非但拿不到钱,本钱也没能完全退回,只拿回来二十多万。我从此罢手。

用二十多万的代价,我试了试金融市场风险投资,至少知道了这是怎么一回事。比如,外汇是施用杠杆交易,只需投少量的资金便可收获到和大量资金一样的效果,是以并不需要许多的资金;外汇风险比期货的风险要小,因为期货有强制平仓,而外汇则没有这样的规则。

点到为止,一向是我恪守的人生准则,也是能让我洁身自好的有效利器。

即便是在赌城拉斯维加斯,我给自己的设定是一万美元。这一万美元,有着无数萌生和泯灭的可能性。当现实的谜底为零,全部输光后,我淡淡笑了。输完就完,我不会再去填钱;赢来的钱则大家吃喝。这就是试市场,要知道它,了解它是怎么一回事。但钱财毕竟是身外之物,玩玩而已。

就这样,我在香港安定了下来。这号称亚洲第一大金融、服务、航运中心的大都市,让我有了新的一轮蜕变和升华。香港社会廉洁、治安优良、自由的经济体系以及完备的法治闻名于世。它是继纽约、伦敦之后的世界第三大金融城市。

香港还连续十八年获得评级为全球最自由经济体系,经济自由度指数排名第一,同时为全球其中一个最安全、富裕、繁荣和生活高水平的城市,素有"东方之珠"、"美食天堂"和"购物天堂"的美誉。

这里有独一无二的深水港地理条件,汇聚世界的潮流文化。美食、购物、服装、金融、教育、旅游,无不博彩中西文化之长,又由着港人的消化吸收,发挥出独到的魅力和功能来,吸引全世界如织的游人和消费者。

由这独特的人文、地理、环境所造就的香港,对于全世界来说,都无愧于东方明珠的美誉。它在这一方水土,体现着香港的价值,创造着香港的价值,贡献着香港的价值。

这一番辗转反侧的空间位移,开始于斯,也终结于斯,在这三年有余的时间流逝里,该得到的我已经得到,该丧失的也早已丧失。生命的公平或者即在于此,不属于自己的,终经不住岁月的侵蚀而层层剥落,丝毫不管你的惨淡经营,不顾你呼喊得声嘶力竭;而辛勤所得,或者偶然邂逅的收获,都将伴随着自己走向未来的生活,在某个恰当的节点,碰撞出星星之火,演绎成燎原的热烈。

这番经历,让我想起这样一则小典故——

一场战争结束后,一位农夫和一位商人在街上寻找财物。他们发现了一大堆未被烧焦的羊毛,两个人就各分了一半捆在自己的背上。归途中,他们又发现了一些布匹,农夫将身上沉重的羊毛扔掉,选些自己扛得动的较好的布匹;贪婪的商人将农夫所丢下的羊毛和剩余的布匹统统捡起来,重负让他气喘吁吁、行动缓慢。

走了不远,他们又发现了一些银质的餐具,农夫将布匹扔掉,捡了些较好的银器背上,商人却因沉重的羊毛和布匹压得他无法弯腰而作罢。突降大雨,饥寒交迫的商人身上的羊毛和布匹被雨水淋湿了,他踉跄着摔倒在泥泞当中;而农夫却一身轻松地回家了。他变卖了银餐具,生活富足起来。

选择与放弃,取和舍,这是一种心态、一门学问、一套智慧,是生活与人生处处需要面对的关口。需要契合特定的时间与空间,昨天

偶然

的放弃决定今天的选择,明天的生活取决于今天的选择。

只有学会选择和懂得放弃的人,才能赢得精彩的生活,拥有海阔天空的人生境界。学会选择,学会放弃,并且懂得在最恰当的时间和空间里,做好每一个选择,走好每一步,只有这样,才能真正把握当下,活在当下。

第七章　偶然在禅中升华：顿悟开泰
——置换上海博物馆

人生实际上是由一系列的偶然组成。重大的偶然升华，恰恰是顿悟后的洗礼，明白"禅"的道理，"有"在"无"中闪光，取"有"于"无"的海洋。

是偶然，在不断改变一个人的命运，让人从辉煌跌向低谷或者由黑暗走向光明。喜也罢，忧也好，就是这一个又一个的偶然，编织成我们的人生，而人生就是这无数始料不及的偶然组成的必然。

因此，当偶然突发而至时，相信这上天给予你的人生暗示，珍惜与把握住现在，认真地做人、做事：就让我们对擦身而过的机遇一笑而过，对有幸降临的机会感恩而不自傲，以随遇而安的态度面对未控事件，以积极进取的态度面对现实中的一切。

如果顿悟而明白了这"禅"的道理，你就敢于驾驶人生的航船，朝着对岸的那盏点亮的航灯，不惧艰险地驶入惊涛骇浪之中，最终到达彼岸。没有无量的勇气，没有明白航灯的位置，没有具备相当的实力，如果贸然前往，以身试法，很可能碰得头破血流，湮灭于汪洋大海中。每一年，多少苍生就是这样无畏地去了，弃生于不明不白之中。所以，我特别赞同这样一句话——人啊，要么不要来到这个世界，当你来到这个世界，你就必须明白做什么人，怎么做人。

马克思提出过劳动财富论的真理，劳动是财富唯一创造者。当你走在有为的人生道路上时，最好别去做虚无商业，买空卖空；最好别去损他人而肥自己；最好是遵循君子爱财取之有道的规矩，做产业、做作品，做大众喜欢的商品，做有益于国富民强的商品，做不破坏大自然的商品。总之，当你心中装满了大爱，你就不会去损人利己、损公肥私，而是吃亏是福，谋在大爱中，菩天就会帮你去实现付出和投入的回报,美好而圆满。

第一节 偶然再续五台缘

上一章我已经讲述过1991年的采购保温管事件。说起来,保温管事件确实是我的损失,可是当时的我只想着损失,却忘记了,正是因为邀请现代公司的接洽人员去五台山游玩,才有了那样的一段佛缘。而我正是怀着一颗景仰的心、虔诚的心,登上了"四大佛教名山之首"的五台山,前往那里的禅院求道参禅。

去五台山的时节正是初冬,12月的五台山别有一番景致。开车上山那天万里无云,天色就像纯净的、瓦蓝瓦蓝的珐琅,空气中没有一点水汽和烟尘。看着这样的美景,眼睛都像被洗过一般。远望五台山,波涛起伏,青翠欲滴,明晰可辨,就像一幅美丽的山水画。山景由近及远,依次展开,从绿变蓝,逐渐淡出,融入蓝天。这天际线的变化,堪称完美。我贪婪地呼吸着饱含负离子的山区空气,呼吸道和肺部似乎被清洗得干干净净、清清澈澈、透透亮亮。人在五台,对身体和心灵而言,都是一次真正的排毒。

五台山是智慧化身文殊菩萨的道场,寺内的文殊菩萨塑像高大慈祥,慈眉善目,五髻发型,手持慧剑,骑乘狮子,莲花底座,似口中念念有词。五峰耸峙,松竹苍翠。正是:"大圣堂,非凡地。左右盘龙,唯有台相倚。岭岫嵯峨朝雾已,花木芬芳,菩萨多灵异。最高峰北台,石径崚嶒。缓步行多少。遍地莓苔异软草。定水潜流。一日三回到。"其顶终年有雪,四时天气清凉,故也称"清凉山"。山上大片大片层层的白杨、青松成林,风来枝摇叶动,给人一种愉悦的清寒洗礼。相传在远古时期,五峰山气候恶劣,常年酷暑,百姓苦不堪言。文殊菩萨讲经说法化缘到东海龙王那里寻求帮助,发现散发凉气的大青石,随后带回放在五峰山谷。即刻山谷草丰水美,清凉无比,故取名清凉山。

山上人来人往,熙熙攘攘。香客众多,香火兴旺。空气中充满了浓烈的香火的气味。据说鼎盛时的五台山有三百六十多座庙宇,至今仍保存了近百座。林徽因去过的佛光寺,顺治皇帝出家的清凉寺,龙泉寺旁的杨老令公墓塔,恍惚间,已是在时光隧道中穿行了。

且不说登山远眺，太行逶迤远去，晋北平原坦荡伸展，一片雄伟开阔的奇观，也不必说满山起伏的苍松翠柏，犹如一条宽广迷人的生命之被覆盖在巍峨的雄山之上，单是曲曲弯弯的山路上俯拾皆是的前贤遗迹和文殊故事，便足以使人沉浸陶醉，流连忘返。

　　我们一行人兴致勃勃地观赏了汉寺魏塔，唐亭明柏。山树的掩映之下，寺院楼阁构筑得别出心裁，自然与人文景观交相呼应，巧妙融合，深山古刹的风光别具一番诗情画意。因为是冬天，刚冽劲风，更透出千年古刹劲直清刚的气质。悠远历史和完美技艺唤起的热情覆盖了所有严冬的寒意。一路梵声入耳，禅香扑鼻，心里顿觉清净非常，每一个毛孔好像都舒展开来。我们好似走入了天外仙境，佛国净土一般，内心充满了神圣与安宁。

　　站在五台山藏佛的首府——灵鹫峰的"菩萨顶"上，万里蓝天，几朵白云，伸手可触。北方的山没有滞滞涩涩的阻断感，一眼望出去，山峦起伏，远接天际，极其开阔，令人心旷神怡。居高临下，鸟瞰全容，远山近岫奔来眼底，真是"千嶂尽去，万里无碍"，让人有身在山中不知山、不觉顶天立地之感。另一侧，五山林立，气势雄伟，云雾缭绕，红黄白的寺院散落在其间，翠霭浮空，白塔竖立，梵刹禅林，金碧辉煌，青松屹立，风铃声声。这几千年的佛家圣地，充满不为人知的灵气，显得那么神秘，又那么令人痴醉。

　　望着望着，忽然，内心一泓潜流涌动，这苍茫天地间，人是渺小的如同草芥蝼蚁一般，就连一声咳嗽也被消化吸收在天空里，无声无息，这样渺小的人活在世上，那么短暂，又这么可怜，却还要自相伤害，自相残杀，真是所为何来呢？！

　　下山的路上，偶然看到林间一条小径，通向一片寺庙群建筑，依托山势，高低错落，层次分明，于是进去看个仔细。

　　这寺叫做南山寺，一抹红痕，是南山寺的围墙，全都倩巧玲珑，伸展似龙蛇。寺门不大，像是普通人家的院门，门旁一幅楹联"万圣今朝清真地，五岳光中自在天"。进了庙门，抬眼便是庄严的一百零八阶石级，尽头立着一个颇有气势的牌坊，上书"不灵有神"。走过性空门，忽然出现一个小道，沿石头阶梯上去，又是一层平台和大殿。就这样疑是山穷水尽，又见柳暗花明，走了一院又一院，过了一殿又一殿，寺中有寺，院中套院，十九处院落处处有特点，院院景不

偶然

同，石桥碧树，流水殿阁，步移景换，相得益彰。特别是琳琅满目的石雕，构思绝妙，线条流畅，据说整个寺院里，有一千四百八十三幢石雕作品，非常精美。

南山寺的三百余间殿堂楼阁，既是一座石雕艺术宝库，又有园林品味。偌大的寺院，重重叠叠，只有我们一行四五个游客，深院重殿里传来一阵阵钟磬木鱼声，更显得古寺的幽静。在寺院的最高层的殿堂里，左右禅堂分别挂着一副对联，左边是"佛门常会龙门客，禅林时聚翰林人"；右边是"不嫌淡泊来共住，若怕清贫去不留"。从这两幅楹联，就可见这座寺庙的高逸，古雅。

在锅炉房，烧水的尼姑给我们烧开水泡茶喝，等水的间隙，我问一位看上去年纪约六十开外的尼姑："师父可有子嗣家人，何故出家？"

她没有面对我，像是自言自语般地呓道："出家人不谈人情俗事，相互间亦不探询风尘身世，一心向佛是原由，施主你不懂。"

"我知道，看破红尘，摆脱纷争与俗欲，求得平和与顿悟，是为出家的初衷。"我自以为是地替她回答。

"是的。有家有室是前缘苦业，出家一切皆空。"那位尼姑一脸平静。

"尊寺住持法师是谁？高寿？现可在寺院？" 这个无心的随口一问，却让我们偶然得见在这南山寺修行的住持女尼。一打听不禁大惊，这位女尼不是别人，正是1946年震惊中外，激起反美浪潮的"沈崇事件"的当事人。

沈崇出身福建名门，是清代名臣沈葆桢曾孙女，林则徐的外玄孙女，世家之女，名门闺秀。1946年12月24日晚上，沈崇却在北平惨遭两名美国士兵凌辱。这一事件激发了国人压抑已久的义愤，怒火爆发，激荡起了全国的反美游行示威。从此之后，心如死灰的沈崇断发入佛。我们邂逅之时，她已经是年逾七十的老人了。

我不禁感慨万千，真是造化弄人，天命无常。名门闺秀，如花的年华，她本可以有甜蜜的爱情，有温馨的家庭，有成功的事业。可是两个丧心病狂的美国大兵，硬生生地截断了她人生无限美好的可能，迫使她在众目睽睽之下承受揭开伤疤之痛，这是怎样的一种残忍？这是怎样一种生命不能承受之重？尘世中沉浮的我们不懂，也不忍想。

从千金小姐，到被众人指点，再到入寺苦修，与青灯古佛长伴一生，谁人闻此不会扼腕长叹？

可是，在五台山出家的她谈起此事时却平静得好似一潭古水，沉静无澜。让我想起站在哲蚌寺门前面对拉藏汗兵马的仓央嘉措，手捻佛珠，坦然淡定。当年哲蚌寺前的仓央嘉措，看见他信徒眼泪的瞬间，他是不是第一次感受到了佛的力量？感受到就是他的信徒也值得他为之守护信仰？所以，那个奢求"不负如来不负卿"的年轻人，终于放下了悲欢荣辱，坦然安定地微笑。

几十年的清修参禅，五台山尼姑庵的沈崇也已经豁达超然。几十年佛门生涯后的她，慈眉善目，无欲无求。这红尘间的恨怨愤苦，似乎再也不会成为她的困扰。

远处是前来礼佛的人们，屋外是虔诚祈福的修行人，坐在简单的禅房里，她好像在看着窗外，又好像什么也没有看。

她微微一笑，说起了红尘往事："这不单单是美国大兵的错，也有我自己的错。当时他也不过是喜欢我，如果我能冷静地制止他，不要反应过度，只需要一句'我们可以慢慢交往'，也许就不会造孽。说来说去，一饮一啄，皆有定数，不必怨天尤人。"

她那经历岁月的声音，轻柔入耳，但其中充盈着坦荡、淡然；她的表情，好像一泓深水，看不见波澜，也看不见红尘的干扰，清澈却又深不可测。她的话，如霹雳雷电让我震撼，又如清凉泉水流入我心。我一字一句地咀嚼回味着她所说的每一个字，念念如斯，幽幽禅思，这庵外的残红尚未落尽，庵内的修佛之人却已淡了一世的繁华尽落。犹记得王维的"行到水穷处，坐看云起时"、"隔窗云雾生衣上，卷幔山泉入镜中"，加上友人的"眼底沧海浅，衣上白云多"等，皆为空灵妙悟之佳句，发人深省。

是否，有人在唐宋间，用文字悄悄地穿越三生三世？偶然，一抹无名的幻想，那踏唐风宋雨，穿越魏晋风骨而来的女子，淡妆翠眉，不加胭脂，不施粉黛，不点朱砂也倾城；一袭白色素衣，清颜淡淡，只唇齿间留一抹醇香；衣袂飘飘，与那青山叠翠相拥，晕染出一幅美丽而清雅的水墨画卷。

告别沈崇，我心头涌起的并非怜悯而是一种苍凉，心字微语，吟诵着过往曾经……却不知道，悲剧发生前那二八年华的少女，是否会

偶然

在那氤氲秋心的湖面，轻投石子，慢荡涟漪？是否会在风侵雨过，秋寒乍起，落下去岁的寒凉，拈拾一串逝水的风音，用一纸素笺写意着人生与彼岸？是否会用一种独特而隐忍的方式，来清简内心，澄明清透与斑斓的世间，红尘深处？

我在夕阳的余晖中作别沈崇师父，转身向庵外走去。一院晚风，带来禅院晚课开始的鼓声，太阳就仿佛一颗舍利的光芒，在这尘寰，无非就是一季烟雨，淡淡而来，淡淡而去。掬一捧秋水，拈一缕秋香，品一壶佳酿，更是尘心默默，心有风过，而不起波澜。我心想，若是沈崇师父执笔，绘画出那些桃红柳绿，也只不过是趋于繁简的凄清寂寥吧？

也许正是由此经历吧，如今的沈崇师父，说起心境空灵，虚怀若谷，则万物藏焉，此乃至高之境界。动佛理禅心，看着那渐行渐远的背影，其实正是旧日的自己。佛心如是，禅意如初；如水相合，若空非空。

灾难的发生，要多少机缘巧合才能促成，没有彼便无所谓此，没有因无便所谓果，没有偶然便成不了必然，又如何分得清谁对谁错呢？更何况，分清了是非，强使人知错，并不能消解已有的仇恨和愤懑，更不能消解已经发生的孽债。圣人常思己过，庄子齐物我为一，阳明先生以为心外无物……古圣先贤，神佛真人，都在告诫我们，以人之心为己心，才能襟怀坦荡；原谅别人、成全别人才能解脱自己、成全自己。总希望自己求财得财，求子得子，稍有不顺就怨天尤人，甚至不择手段，殊不知在怨怼、刻毒之时，多少人生美景，生命机遇已经悄然而逝。正如泰戈尔的诗句：如果你因为错过太阳而流泪，那么你将错过群星。

未来五台山之前，我总以为出家人是因为穷困才不得以到寺庙中谋求一份职业，混口饭吃。可是每每问及山间相遇的僧侣为何出家，他们总说是源于心中对佛的向往与喜欢。起初我很费解，但旋即释然，以世俗之心度佛徒之腹岂有正解？庄子曾有"子非我，安知我不知鱼之乐？"之语，我亦可以慨然：我非僧，安知僧之不知出家之乐？他们既有坚定而单纯的信仰，又有风景如画的山林，礼佛清修其中，亦是人生一大乐事。纵有千年的光阴亦如露如电，转瞬即过。

当天在禅寺中，晚餐吃的是山西佛家做的素饼，咸菜和小米粥，味道淡薄，但是慢慢地嗅来，却别有一番清香四溢的甘甜，细细嚼来，仿佛一朵青莲在唇边绽开。一边吃着简单的素斋，我的脑海总浮现出远远的禅影随风的幻影。

饭后，我端着一杯清茶，坐在禅寺大厅玻璃窗下，暮色四合，一轮明月正在对面山峰上兀自升起，天地间的一切安详且静穆。忽然一阵古琴飘入耳门，琴声旋律错落，时而像描绘壮丽山河的英姿，时而像倾诉沧桑道路的坎坷。人世的喜怒哀乐、悲欢离合，月亮的朔望满亏、阴晴圆缺，仿佛都只有这静怡肃明的五台山才更加让人感同身受。

聆听着平缓柔和的梵歌天籁，那么委婉低沉，行云流水般流淌在心里，我已经感觉不到喧哗和骚动，只觉得自己的心情，恬静安详的像是佛前一炷清香，轻盈地上升，淡化，弥漫缥缈着庄严。

我循着琴声的来处慢慢走近，只见一老师傅坐于石亭内，抚琴吟声。看到我的来访，老师傅对我说："施主，妨碍了。"

我赶紧回答："不妨，请问师傅，这么冷的天，在此抚琴不冷吗？"

老师傅笑道："冷在天，热在心，侵入肤，难入心。"

我是第一次听到这样的回答，急忙问："师傅，肤冷了，心哪能不冷呢？"

"如果你把心封闭了，还冷进得去吗？"师傅突然反问我。

我竟又一次不能答，只得说道："是的吧，不然师傅咋能不冷呢？"

师傅看我一脸愕然，让我坐下来，停下抚琴的手，并用他那苍老的一双手握住了我的手。师傅的手是热热的，一股热流连接到了我的心，顿时，我的手、我的心也热了起来。

师傅接着问我："敢问施主，姓什么？"

"我姓李。"我轻轻报上自己的姓氏。

"贫僧法号慧心。"慧心师傅作揖微微点头。

我不知为何，也是重复了一句："慧心……"

慧心师傅又问："李施主懂佛音，我想问，佛音是什么？"

我思考了一下，答道："只是听着入耳，什么是佛音，我的认识是站立在天上不落的声音。"

偶然

慧心师傅听到我这样说，眼睛一亮，握着我的手一紧。

"吾生有慧心也！"

师傅一语惊醒梦中人，我忙问："慧心大师，我有慧心吗？"

师傅肯定地说："是的，可能你前世与佛有缘吧！我讲个故事给你听吧。"

"愿闻详细，愿闻详细。"我高兴地应允。

慧心师傅开始娓娓道来："有一次，印度佛教团访问五台山，其中一名来访琴王，叫普施和尚，闻听五台山慧一和尚古琴了得，要赛一次。你知道佛家不讲比赛，只讲交流，在访问团坚持下，最后举行了一场'古琴交流讲经大会'，附近几省大的寺院里的和尚和民间的居士都来了。10月的黄昏，夕阳洒满山野，橙红橙红的暮色中，五台山显得格外静怡，大殿内外，座无虚席，一直连绵到山顶都站满了僧人。古琴交流大会开始，首先是印度佛教团普施和尚演奏的佛曲《菩提树下》，曲词大意是佛祖释迦牟尼走向菩提树的过程中，看到众人皆骨瘦如柴，病体怏怏，衣不遮身，食无粒米的惨象，心如撕裂，在菩提树下，悟道中冥想到了解救劳苦大众的金刚经的渡像，共渡众生，普救天下的精神意念。普施和尚轻声经语，伴古琴佛音，曲音发散一出，异国风情，佛陀源地，当然非同一般。那指法拨、勾、抚、拉，声声扣人心弦，烟雾带来了冥想，随着词意的发散，琴音把僧人们带到了两千五百年前那故事的场景中，佛祖的故事让人随着他走向菩提树下的步履一步一步走回明镜台上，佛祖当年一声声浸透思虑的呼吸仿佛在众僧耳畔回响，就连心跳也跃入了全新的佛的殿堂。"

我听着听着，慢慢闭上双眼，仿佛也去到了那个盛况空前的景致里。

慧心大师见状，眼神一动，继续说道："一阵'阿弥陀佛'，普施和尚大师结束了《菩提树下》的古琴弹奏，听那'阿弥陀佛'声，就可判断，他成功了。

"当时我师傅慧一大师合掌闭目净心倾听，后来师傅告诉我，普施大师的琴音惟妙惟肖地展示出，离他走进佛的心，已经不远了。

"古琴交流大会的主持接着宣布，请五台山，慧一和尚演奏。慧一和尚演奏的词曲意思是，一个贫寒家庭走出的孩子，偶尔一次见到一行穿着袈裟的僧人，念着佛语，去布道，孩子不由自主地跟着袈裟行,步入了出家的行列,苦心修佛,解读佛经,普渡苦海,从孩童到九十岁,心随魂去,几经辗转,被琴音唤回,看到的是佛光普照,禅机天下,万物升泰。

"慧一所弹奏出的琴音,不似普施百转千回,只有真实、坚贞、勤勉、沉郁,凡俗之人冥冥之中的寻觅与顿悟,从走近佛,走入佛,又走出佛,无欲、无心、超然无限,恰似水波山声,天籁地音无限相和,恰为漱音。在慧一的演奏中,众人皆玄而忘机,心中只有作为僧人对无边佛法的崇敬与弘扬的宏愿。更出奇的是,一曲静寂,雀鸟飞满了殿顶,晚蝶也摇起了翅膀,一阵西风把暮云吹出了一个空隙,一束紫霞,洒满在殿堂的门窗,映入殿堂,滴滴斑润,把闭目静怡中的所有人惊讶得眸开口呆。

"就如禅的目光,轮回的紫气,明明白白地告知师傅们,居士们,世人们,佛学的真谛是'无心'呀。琴音早已停下,全场任然陶醉在回荡中,冥想着,看似远,实则进,近在咫尺。这场交流,谁胜谁败,已在不言中。

"印度僧人也不禁拜服,叩问慧一琴艺之秘。慧一则笑言道:'何来秘与不秘之说,如大乘佛教度人,希冀人人得生,天下大同,更何况这区区一琴声。'

"慧一大师欲将将其琴艺倾囊以授,便扶起台上古琴,手抚琴尾说道:'伏羲之琴,一弦,长七尺二寸。琴头为额,额下端镶有用以架弦的硬木,称为岳山,又称临岳,琴底部有大小两个音槽,为龙池、凤沼,上山下泽,有龙有凤,象征天地万象。岳山一侧镶有硬木条,为承露。自腰以下,为琴尾,镶有龙龈,用以架弦。两侧的边饰便是焦尾。'"

"好。"我听得入神,忍不住轻赞了一声。

慧心大师不动声色,接着道:"满座僧人皆听得痴醉,只见慧一大师架起古琴,接着说道:'声欲出而隘,徘徊不去,乃有余韵。此琴名为灵机式大圣遗音琴,虽未敢自比绿绮、焦尾、春雷、冰清、九霄环佩等,但也深得古琴真昧。琴弦长,而有余音绵长不绝等特点,所以才有其独特的走手音。右手有托、擘、抹、挑、勾、剔、打、摘、轮、拨剌、撮、滚拂等;左手有吟、猱、绰、注、撞、进复、退复、起等。'

"印度僧人普施和尚此时听得忘我,双手合十说道:'恭聆大师教诲,但不知慧一大师师承何派?'

"慧一说道:'不敢妄论师承,只是我师教导有方,曾听他说:吴声清婉,若长江广流,绵延徐延,有国士之风。蜀声躁急,若激浪奔雷,亦一时之俊。京师过于刚劲,江南失于轻浮,惟两浙质而不野,文而不史。也算都有涉猎吧。琴为之乐,可以观风教,可以摄心魄,可以辨喜怒,可以悦情思,可以静神虑,可以壮胆勇,可以绝尘俗,可以格鬼神,此琴之善者也。'

"普施和尚又道:'大师古琴修为,令人叹服。可有秘诀相授,普施先行拜谢!'

"只听慧一从容回答:'琴者,唯两字尔。琴者,情也;琴者,禁也。春秋时期,孔子酷爱弹琴,无论在杏坛讲学,或是受困于陈蔡,操琴弦歌之声不绝;春秋时期的伯牙和子期"《高山》、《流水》觅知音"的故事,成为广为流传的佳话美谈;魏晋时期的嵇康给予古琴"众器之中,琴德最优"的至高评价,终以在刑场上弹奏《广陵散》作为生命的绝唱。此皆宁静致远,淡泊境界。'

"普施和尚听到此处,不禁泪流满面,连满座僧人也感同身受,一时间,天地清和,风清月朗,焚香静坐,心不外想,禁止于邪,以正人心。"

慧心师父讲完这个故事,双手一扬,指尖拂过古琴之处,如金石声,直抵人心。我只觉觉内心受到极大震动,一时间沉浸其中,竟不能回神。想来,当日听到慧一大师古琴奏响的僧俗众人大约也是同此一般感受,以琴传声,如镜临物然。

"如此说来,禅师如此深厚琴艺也是得自慧一大师的真传吧?"我双手合十,恭恭敬敬地向慧心禅师问道。

"何以敢称琴艺,我不过得我师万分之一而已,区区琴技,不足施主挂齿。"慧心师父谦道。

"慧心禅师,您太谦虚了。我虽并非子期,但也听得出师父琴中碎石裂金之声,令人动容。禅师犹此,不知是否有幸得见慧一大师?"

慧心师父却面露悲戚,半晌才道:"施主有此心意,我师定然甚慰,只是我师在那次斗琴之后,不久便因心力太过耗损,已圆寂了。"

虽然如此，慧心师父却并不呼天抢地，大放悲声，想来是因为参详佛理日久，早已勘破生死了吧。然而，对于慧一大师，我却仰慕之心甚深，一直央求慧心禅师能够跟我说说大师生前之事。

大概是见我诚恳，良久慧心禅师方开口说道："我师俗名姓高，山西太原出生。我师曾告诉我说，因为出身贫寒，小时体弱多病，后来舍给了一个游方僧人，这才慢慢好了。五岁的时候就随这个云游和尚希松和尚来到五台山。慧一出家的原因只有两个字——'苦欢'。师父耳聪心灵，为人特别勤实，寺院里几十上百个小和尚当中，就数他起得最早，睡得最晚，无事时就喜欢到这座亭子里来读经书，颂经歌。十多岁时，已经弹得一手好古琴，整个五台山上千和尚中，古琴他总是排第一。"

听到这里，我不禁开口问道："慧一大师自幼便能操琴，不知这其中有没有什么秘诀？"

慧心禅师笑道："施主，你这个问题，我在随我师父慧一大师学琴之初也曾经问过。"

"不知道慧一大师是如何回答的呢？"我急忙问道。

慧心禅师微微仰了仰头，"我师父只说了两个字：静坐，"禅师接着道，"六祖（禅宗六祖慧能大师）言于一切时自净其心，可能否？如其不能，不可沉空守寂，即须广学多闻，识自本心，达诸佛理，和光接物，无人无我，直至菩提。"

见我反应不甚明了，禅师继续解释道："因为早年曾被军阀部队抓了壮丁，后来，他逃离部队重回五台山，人们记得，他经常挂在嘴边的一句话是'好人好自己，坏人坏自己'。懂得了这一层道理，每日琴房前见我师，我师开示了净土宗信愿行的修持方法，通过窗户看去，我师寮房之中除了淡薄的衣单，外无长物。"

我感慨道："佛门讲求四大皆空，慧一大师真是深明此理。"

"不错，正如我师生前常说，空空空而已。"

我又好奇地问："为何要念空空空？"

慧心禅师眼中流露出怀念之色："我师命运多舛，但他说，别人骂我也好，夸我也好，说我孬也罢，不孬也罢，这一切都会如梦幻泡影，转眼成空。业海茫茫，难断无如色欲；尘寰扰扰，易犯唯有邪淫。拔山盖世之雄，坐此亡身丧国；绣口锦心之上，因兹败节损名。今昔同揆，贤愚其辙。近人欲念愈滋，淫念愈旺，苦哉！《楞严经》云：'淫欲乃生死之根本也。'操琴最重要者便是'无欲'啊！无欲便是空！"

"无欲。"我反复咀嚼着慧一大师传给慧心禅师，慧心禅师又不吝赐教于我的秘诀。

慧心禅师接着说道："就在这操琴台之上，我师一曲琴毕，大笑着连念三声佛号，安然而逝，享年九十一岁。圆寂后，寺里本来要按规矩在第七天将他火化，可是，当地群众感念他生前的大恩大德，推举代表强烈要求保留遗体。于是，寺里就把盛装法体的陶缸安放到后墙外。不知是谁还特地在缸上搭了一个遮风挡雨的小草棚。奇怪的是，村里的牛哪里的草都吃，就是从不去吃那围棚边的草，也从不到缸边去蹭痒痒。三年六个月之后，当人们打开这口缸时，看到了一件奇迹！陶缸内，我师父慧一三年前坐化时所穿的袈裟早已化成黑色的粉末，法体所戴的菩提佛珠的串绳也早已烂掉了，珠子散落一旁，朽烂不堪，然而，肉身却保存完好，甚至还长出了长长的指甲，喉结也清晰可辨，他面容安详，宛如正在闭目禅修。"

"肉身舍利？！慧一大师真是修为深厚的得道高僧啊。"听到这里，我也不禁拜服。

禅师点头："李施主，你我算是有缘。你可知古来琴操有所谓五不弹：第一，疾风甚雨不弹。疾风声枯，甚雨音拙，所以不弹；第二，于尘市不弹。尘市喧闹，嘈杂不静，俗气又重，所以不弹；第三，对俗子不弹。市井粗俗之人，不解雅趣，不识风情，难体琴道之妙，自然不为知音；第四，不坐不弹。心意抒发，气定神闲，不可有浮躁之气；第五，不衣冠不弹。操琴是心灵艺术。既为心灵之体现，自然要郑重自然、清净洒脱，洁净身心。是以五不弹，施主你可明白了？"

"师父，我生来愚钝，这次来到五台山，皆因我有一颗向佛之心，既然禅师说与我有缘，还请大师指点？"我恭恭敬敬地向亭中操琴的慧心师父一拜，真心说道。

"施主，此言客气了。操琴不外象形、谐声、会意三端，学佛问禅，也同此理，若无向佛之心，断断不可，但若不解意趣，也是枉然。你却说说,你在我的琴声中听到了什么?"慧心大师微笑说道。

"正是佛音,如佛静思,如佛行施。"

"好。"慧心大师朗声笑道,"我生可教。这支曲子正是叫做《菩萨行》,你所说如佛行施,很切。"

"大师,我听此曲,正如一首唐诗所说,颇有'明月松间照,清泉石上流'之感啊。明月青松之间,仿佛有佛陀身影,真想就此度化随他而去啊!"

"阿弥陀佛,"慧心大师高呼一声佛号,接着说道,"这曲《菩萨行》,言菩萨自度度他,自他平等,不如此修,与本性不相应。度生本来不易,众生不肯接受还要找麻烦。大乘佛法开头难,从初发心到初住难走,初住以上的境界,愈走愈容易。以念佛法门而言,得到理一心不乱,可以到圆初住以上境界。平常把人我是非利害丢得干干净净,即能得一心;如仍然有人我是非,不但理一心得不到,事一心也得不到。你既有此心,又能领悟到这一层,的确与佛有缘。"

我内心一震,这已经不是第一次有人说我有佛缘,这些年来,常常有人对我说起这句话:"施主,你有佛缘。"而且经常是我们一行几人,不对别人说,却总是对我说。也许,我是真有佛缘的。但是这佛缘究竟是什么呢?告别慧心大师,坐在床沿上,向着大师的话语,那蕴含的机锋禅意,我久久不能入眠,我在想,佛心、无心、佛音、无音,美妙到如此境界,还有什么可比拟呢?

五台山,一个最具有文化震撼力的佛教圣地,置身于此,谁也无法逃避思想的叩问,心灵的检讨。虽然很快,人就离开了实在的菩萨道场,但是我的心灵深处,却有了佛喻的人生道场,人生不过数十载,且又匆匆流逝,有一颗平常心最重要,拥有了平常心,就能大梦回醒。

五台山之行给我的冲击与震撼,不断催生着我向更深处去体味生命、体法天道、体会禅意。它为我心中奔涌待出的泉流又增添了力量和底气。

  清凉山
 走进清凉北,风铃唤醒谁?
 间间黄粱玉翘,沉香袅袅飞。
 弦音源起菩翠,梵文玄奘西蜕,

偶然

僧人不觉晓。冥想魂不离,但愿重归回。

山已醉,鱼入水,沧桑魅。
红尘无悔,花不凋谢恨已没。
月无残缺圆美,人不凄零缘随,
恩是恩可为,情是情尊贵,清凉山慈悲。

我再一次意识到"佛缘"这件事,是在香港万佛寺。

万佛寺建在半山,地势较高。背靠青山,远眺大海,掩映于绿树丛中,风景甚佳,它也是香港最有影响的寺庙,创建于1949年,建成于1957年。创寺住持月溪法师,一生极富传奇色彩。他俗姓吴,原籍浙江钱塘,后来迁到云南,出生于富裕家庭,学识非凡,毕业于震旦大学,精通英法两国语言,涉猎西洋哲学,特别擅长作词和弹七弦琴。十九岁时,受佛法感召,毅然出家,为表心诚,竟然于佛像面前自燃左手无名指及小指,还在胸前肉上燃起四十盏灯供奉,同时发下三大誓愿:其一不贪美衣美食、乐修苦行,永不退悔;其二遍阅一切三藏经典苦心修禅;其三以修所得,演说示导,弘修大法,广利众生。自燃双指后法师被称为八指头陀,日夜苦参用功。据说一天夜里,他听到风吹梧桐叶声而顿悟。其后,他云游四方,到处讲经说法,踏遍名山大川。他一生著作多达九十余种。1965年圆寂,肉身密封木箱内达八个月之久而不朽。弟子依其遗训,制作成肉身菩萨,供奉在弥陀殿,是香港仅有的一座。

之所以称此寺为"万佛寺",是因为建寺以来,感恩的信众便不断供奉小神像,使得它成为一座拥有一万几千尊佛像的寺庙。这些神像各个不同,有些是黑色的、有些则盖以金箔,而且每尊神像的姿态各异,这象征着佛祖修成正果的各个不同阶段和过程。

第一次去这个"香港闹市中的清修地",我起了个大早,走上去的路很长,要四十五分钟。沿路有很多小亭子,有很多卖香甜豆腐花的,还有很多卖香的、卖花的。

爬了四百多级台阶后,只见寺庙门口镌有一副对联,我轻声读道:"安适观,观安适,无人在。无我在,问此时自家安在?知所在自然安适;如来佛,佛如来,有将来,有未来,究这身如何得来?已过来如见如来。"

就在我观看对联的时候,忽地,钟声婉转,一声接着一声,如浪潮,在天地间扩散。举目望去,身后山势依稀可辨,如鞍俯卧,驼峰耸立。云雾不断地扩展着,飘动着,升腾着,有的像雪白的棉絮层层叠叠地飘落在山峰中间,有的像长长的绸带悬在空中,有的撞碎在山崖上,像涨潮时的海水在岸边溅起无数朵白色的浪花。这时,我才发现自己的四周竟是一片沸沸扬扬的云海。

而远处,太阳正从海天一线处,缓缓升起,最初只是一枚红丸,那红色加深了,范围越来越大,把邻近的云也照得发亮。这时,东方的天空发红了,在重重叠叠的峰峦最东端,红得最浓、最艳,好像正燃烧着大火,而且在蔓延扩大。就在这一刹那间,那红绸帷幕似的天边拉开了一个角,出现了太阳的一条弧形的边,并且努力地上升着,变成了一个半圆形,就像刚刚从铁炉里夹出来的烧得通红炽热的铁,而且放着强烈的光,把周围的红绸帐幕撕得粉碎。

我的双眼被这强光刺激着,微微感到疼痛,可我仍然盯住它,就像怕它跑掉似的。那半圆形不断上升,越来越圆,像一个火球在天边跳动着,最后终于挣脱了海平面,层层堆积的云雾尽染波光粼粼的海面。

就在这仿佛万丈光芒中,我仔细端详着眼前这座气势宏伟的庙宇,古朴干净的院子,沐浴着晨光,像遁世者的天地,淡然矗立在这繁华红尘之间。虽未进庙,却已经感受到那种超脱凡俗的韵味。

而这一切,又是如此贴切、熟悉,记忆中,似曾相识,似乎自己曾经日日置身于此。平淡的日子里,却也咏颂着天底下一样的经文,并不影响把上天的福祉带给一方生灵,同时,把人们虔诚的谟拜献给佛祖;同样的香烟袅袅不绝,消散在山顶上寥阔的空中。

香港空气潮湿,尤其又是在海拔较高的地方,禅烟缭绕中,一团团雾气也慢慢聚集了起来,我撇开众人,独自在寺中徜徉。什么都没想,什么也看不清,心里却一点都不觉得空,我不知道这算不算一种境界。或许是因为这里的安静,因为有一首情景交融的诗,或许是因为这里能带给人一种说不清楚的安详。

原本还是日出江花红胜火的清晨,雾气一聚,不多时,淅淅沥沥的小雨就来了,反倒让这万佛寺更显宁静,如果满院红花盛开,虽也无声,但一定显得热闹,更映衬参佛的心境。沿着寺内一道石壁步步

偶然

行来,每隔三五米就雕刻着一尊佛像,虽然不大,刻法拙朴,形象各异,神态清晰。我不禁一尊一尊他仔细看过去,我叫不出这些佛像的名字,却为万佛寺感到不俗。在别的很出名的大寺,像南京的栖霞寺,我也见地类似的石刻,更大,更精美,数量也更多,但是,却没有这里的让我感动,思古幽情掺着丝丝禅意,浅浅地袭来。我愈加觉得,参禅拜僧跟寺院佛像的大小没有太多关联,最重要的东西恐怕还是只能在心中。

佛是没什么不知道的,他一定知道,这骏山古寺,还有人心静如水,诚心拜谒;如果他真是公平的,那么,普照的佛光是不会漏掉这样的一些角落的。

在依山建成的佛堂大殿,站在安静的大堂中间,思绪不知怎么一下断了,不知在想什么,不知该想些什么;本来也不是为了什么来的,而此刻却非要确定自己心中的念头。看来,俗人终究是俗人,生怕佛不知道自己所求,生怕自己的欲念一次又一次重复着破灭,而没有一丝转机。不愿相信自己信佛,却阻止不了内心不断生灭的欲念,以及向人倾诉并获得力量的渴望。一时间,思绪又变得纷乱了。

就在那恍恍惚惚、不知不觉的感觉之间,我向着大雄宝殿内的佛像深深拜了下去。心内高呼一声"阿弥陀佛",佛祖定然知道我今天来,定然知道我一路在想什么。

我忍不住自言自语道:"想不到香港还有如此一个好处所。"

只听一个声音说道:"不是处所好,乃是佛缘妙!"

像忽然醒来似的,我这才发现,一位老僧正在边上拨弄着香烛。刚才这句话就是他说的。

他看起来已有七十多岁,见我望来,双掌合十道:"师弟,你来了?最近你是去到哪一个寺庙了?"

我半疑惑半纳闷地看着他:"我不是到这儿来了嘛!"

"师弟,前世,我们在一起几十年,礼佛课诵修持,你不记得了么?"那老僧直接而突然地说道,"你过去就是大和尚,而我和你有缘,一面就认识了。"

他这么一说,我倒有点不好意思起来,点点头:"大师您现在是这里的住持?"

老和尚白眉一挑:"是住持,也不是住持,佛祖面前一尘埃而已！"

"唉，连你这样的高僧都是尘埃。那我们这些凡夫俗子，在佛祖眼里就更不算是什么了！"我半是自嘲地说道。

"错！"老和尚微微一笑，摇了摇头，"在佛祖眼里，世人皆是一颗心！"

"那么，你不会觉得太清苦，太寂寞了吗？"我看了看周围，问道。

老僧寂然摇头，道："没什么。"

"没什么怎么理解，我可不可理解为无所谓或者无奈呢？"我忽然间像是有股子打破沙锅问到底的架势。

老和尚还是一样地淡然无波地说道："师弟何苦执著于此，没什么就是——没什么。"

其实在前两句，我就发现我的提问太浅薄，对面的老僧修行不浅，他已经把我牵进禅味十足的佛家谶语了，能不能继续交谈下去，就看自己的悟性了。

我跟在他身后进了庙宇，将一炷香递给我，我在宏大的佛祖像前，点上香，正打算下跪膜拜上香的时候，他牵住我，说："师弟，你可以不下跪，过来，我们聊聊。"说完，他把我拉进了禅室。

"为什么我前世会是大和尚呢？"我纳闷道。

"因为你的心。我看你的心，有这个容量，有佛的容量，所以，你不要去给菩萨下跪，大和尚不给大和尚下跪的。"

他这么一说，确实，回想起来，我对与佛有关的东西，看到，就觉得非常亲切；每每听到佛经的唱颂时，觉得身心得到抚慰；而当我静坐发呆时，心灵就很放松；佛像大抵慈颜欢笑，广视众生，看了就顿觉心胸豁然，快意开怀。原来，是因为我有佛缘，我才可以与佛这样相近、这样相融？

老僧看出了我在思忖，他笑了，他说："师弟，前世之事你虽已忘怀，但你却是个难得的与佛有缘之人，从你一进来我就看出来了。"

我心中一动，仿佛有道光芒，也许就是早上来时看到的海面上云蒸霞蔚时腾起的那道阳光吧，一瞬间我觉得心明眼亮，连窗外潺潺雨声都忽然止歇了。

我和老僧继续深聊，除了认定我是他同修持，共礼佛的师弟之外,他并没有告诉我为什么觉得我是个难得的与佛有缘之人。其实这是我最想知道的,他给我说了不少佛学禅理,我知道老僧其实是让我自己想,怎么想就怎么是。

我问老僧:"香港如此富丽繁华之地,你却身处在这么清寒的寺里,难道真的就没想过走吗?"

其实以他的修行和辈分,什么寺都是去得的。这回老僧正面回答了我:"真正的修行就是清心寡欲,心不旁骛,越是远离尘世喧嚣,就越有利于悟道,而随着修行的加深,身外的欲望就越少,内心却变得更殷实,对肉体的生存要求就越低越淡。许多高僧能素食苦行几十载,道理就在于此。"

对于苦行僧人,我历来是叹服的。在五欲六尘之中修行,什么是因,什么是果,其实都清清楚楚,只不过我们不会以目观之,而苦行僧众却以他们的艰难修行开心智,脱凡尘。

我们交谈时,老僧的眼睛一直看着外面。这双眼清澈,有神,宛如搁在神龛上旧鼎里的半鼎水。

我一会儿听得明白,一会儿又捉摸不透,但大体上明白,我们还是在谈一个关于修行的问题。

"人人都有欲望,修行本身就是僧人的欲念,只是俗人的欲望更具体更多一些。在尘世里生活,这件事本身也是修行,比如你今天失去了点什么,那么肯定有人在这同时得到了点什么。如果你失去的东西很珍贵,那么它对别人的帮助也就越大,这有什么不好呢。人每天都要工作,工作的结果一定是使他人受益,这也正合佛旨。高尚的人在俗世红尘中生活其实是一种真正的修行,只是他们不会意识到,也不愿认可这一点而已。高尚的人的幸福是伴随着心灵的升华一起增加的。"

老僧说完,闭眼而不视我,我似乎有些感悟,因为我已不再问自己今天是为什么而来,其实我今天本来就不为什么来的,可自从踏上进山的第一级台阶,思绪就不停地搅动,一直到了山顶,拜见了老僧,听了许多似懂非懂的话,心境却反而更加清明了。

我觉得我明白了寺庙为何多建在山里。进的路程本身就是一个抛弃杂念的过程,累意一点点增加,眼前的景物一点点变得更开朗,到了山顶,再见到清苦参佛的僧人,谁会没一些感悟呢。清清静静的眼中，明明朗朗的心里，还有哪里能容下一己私念呢？

我边想边顺着老僧的目光看过去。殿外就是个山崖，蒙蒙细雨还在下，远处的景物不很清晰，山崖下有大片的松树林和田地，田那边有公路和铁路，因为离得远，汽车火车似乎都是无声地移动着。目力能及的地方，还有一条一年四季静静的海和海岸边大大小小的村落。

俯视万类，心胸豁然开朗，颇有超凡脱俗的感觉。我很想把这种感受告诉老僧，甚至想告诉他我的一些感悟。侧脸望去，老僧的目光却依旧平静，平静得仍像佛龛上的半鼎水。

老僧其实就是佛，他的心里是什么都知道的。

那日的雨一直未停。傍晚时分，我坐在窗前，想再次听到山顶上庙的钟声。可钟声一直未响，也许寺里老僧今日与我这个施主谈了半天，有些倦意，早早地歇息了。

星云大师曾经说过："大家信佛不一定要出家，也不需要每天吃素，只要心中怀有慈悲，就是有佛性在身了。"

也许，众人与佛祖都是一个根源，不过众生没有觉悟，佛祖觉悟了。佛法不是佛发明的，而是世界的真相。禅宗是"直指人心，见性成佛"的，直指什么？指着你，告诉你："你就是佛。"

你就是佛——我们能看能听的这个功能就是佛性，孙悟空七十二变、一个跟头十万八千里，这种惊天动地的功能和我们每天刷牙洗脸、穿衣吃饭的功能是一个功能，只不过他能力大，神奇，我们能力小，平凡。

现在有什么？现在有你。所以，要想七十二变，先体会穿衣吃饭。禅宗直接向人指出了佛性，原来，成佛是顷刻而成的。佛，就在每个人心中。

  苦恋西天
走过西山西草地洒落下缠绵，
夕阳西落残辉带领你见佛面，
菩萨端坐殿堂袅雾中的经典，
倾听盘脚和尚诵经中的真言，
摇动着转经筒不为轮回明天。

邂逅的你粘贴着烟闭眸佛缘，

偶然

山不转水转看不见佛塔山眠,
拥抱过尘泥只为读懂你一点,
十万匍匐磕头仅为一睹真颜,
哪怕触到袈裟感悟一刻温怜。

甘做焚灰一颗只为在佛旁边,
像枯木逢春雨露翠芽如少年,
不理会行沙落颠寻求那灯眼,
行书知多少梵文临摹千千卷,
皈依在大火中提炼不近不远。

虽然我爱你但惆怅仍留心间,
莲花座上清澈的观音水滴源,
洗不去那人世红尘中的眷恋,
日日夜夜年复一年寻觅梦殿,
菩萨何时让我脱离苦海深渊?

不论是雪域还是草原在西天,
清凉凉的水沁于滚热的心田,
稀薄的神风包裹冷冷的厌倦,
让佛塔山上那盏不灭的烛焰,
点亮千千万黑暗中挣扎苦恋。

后来,我与老和尚成了忘年之交。我们常常聚在一起谈天说地。他很喜欢和我谈禅,他说:禅就是我们的"心"。这个心不是分别意识的心,而是指我们心灵深处的那颗"真心",这颗真心超越一切有形的存在,却又呈现于宇宙万有之中。即使是看似平淡的日常生活,也到处充满了禅机。

禅学,真是一门思想的学问,简单的几句话,就能把我们的烦忧净化,引导我们走入纯正喜乐的世界。禅学对我们有什么用处呢?是希望让我们都过上好日子的吧?运用到生活上,不但可以提高生活的艺术,扩展胸襟,充实生命,并且可以使人格升华,道德完成,到达"于生死岸头得大自在"的境界。禅学里是不讲权、利之争的,只寻求生命与真理的奥义。比如,在我们的观念中,对一切的存在总以为都可以用名词来分别,并且轻易地就落入二元对待的关系中。事实上,心灵的内容,往往无法断然地加以绝对二分。譬如"有"、"无"二者,一般人的理念就是截然相对立的两种意义,若有即非无,若无即非有,"有""无"不能并存。可是在思想心灵的状态中,亦有亦无,非有非无,仍然可能是一种存在。

五祖弘忍为什么没有选择上座弟子神秀继承大法,而是选择了在舂米房中工作的惠能,就是因为神秀境界虽然很高,但是仍然落于有心有为的层次。唯有超越了"有"和"无"才能到达最高的禅心。

残阳西
断了凡心,
寻来宁静,
寺番动无隐,
禅宗风清古琴,
端详闭眸悟醒,
舍不得离娘亲,
难忘深情,
竹梅近,
孺子冥,
根已深佛门净。

青山行,
牧笛磬新。
篱笆记,
杏花抚鬓。
小童捧出茶蜜,
师傅合掌阿弥。
盘坐入地,
沐春天气息皈依。
青燕回,
泥窝湿润,
远眺残阳已西。

偶然

学佛之道，在于自己能发大智慧，获真醒觉，如鸟能飞，自由翱翔，不被种种成见欲望所牵，对生活的种种遭遇能接纳、包容与承担，才是真佛如来。所以一个人若死读经典，只不过是道学者，不能发现真正的自己，旷达地生活。如果一天到晚被种种欲望所羁绊，那必然是欲望的奴隶。

一天，一个小沙弥问一位得道高僧："师傅，你悟道修行、修身养性有什么秘诀吗？"

高僧答道："有。"

"那么你的秘诀是什么呢？"小沙弥继续问道。

高僧回答："我感觉饿的时候就吃饭，感觉疲倦的时候就睡觉。"

"可是，这算什么与众不同的秘诀呢？每个人都是这样的。"小沙弥愈发奇怪了。

高僧解释："当然不一样的！他们吃饭时总是想着别的事情，不专心吃饭；他们睡觉时也总是做梦，睡不安稳。而我吃饭就是吃饭，什么也不想；我睡觉的时候从来不做梦，所以睡得安稳。这就是我与众不同的地方。"

小沙弥似有所动，往后仰了仰身子。

高僧继续说道："世人很难做到一心一用，他们在利害得失中穿梭，无法用一颗平常心对待浮华的宠辱，产生了'种种思量'和'千般妄想'。他们在生命的表层停留不前，这是他们生命中最大的障碍，他们因此而迷失了自己，丧失了'平常心'。要知道，只有将心灵融入世界，用心去感受生命，才能找到生命的真谛。"

小沙弥这时方才懂了，不再言语，了然地点着头，眼神都变了。

由此可见，无杂念的心才是真正的平常心。这需要修行，需要磨炼，一旦我们达到了这种境界，就能在任何场合下，保持最佳的心理状态，充分发挥自己的水平，施展自己的才华，从而实现完满的"自我"。

人们常因为功利心而疲于奔波，其实我们应该学会以一种平常心来对待世事，将功名利禄看穿，将胜负成败看透，才能感受到生命的真谛，才能活得更轻松。

放下成见，放下执著，放下贪欲，放下别人对自己的苛责，放下憎恨与不满，让心灵真正能发出自由之光、智慧之泉。那就是觉者，就是禅，就是成佛之道。

第二节 顿悟修行慈悲念

前些年，北大邀请我去学校做演讲，我不由想起了自己创业历程中最经典、最妙不可言的几件事，它们无一不验证了生命中关于"偶然"的奥妙。接下来，我会一一道来——

侨汇房生意之后，我自己也搬进了其中的一座小别墅。

既然打算留在上海奋斗，我便开始着手寻找合适的出租房，好做办公室。骑着自行车逛了几天后，一个偶然的机会，我来到了镇宁路上，在这个曾经的法租界高级地段，我见识到了一幢又一幢幽深的宅第，这些老洋房无不散发着一股海上迷梦的浪漫气息，承载着沪上的沧桑故事和独特风情。我好奇地询问与猜测，那些房子曾是谁住过的，又有过什么美丽的故事传说。

原来，镇宁路上的老洋房大多建造于30年代到40年代，有的来自张作霖的旧部，有的则曾是李鸿章小儿子的物业。一番寻找，我看中了一处二层老洋房。那是一幢颇具现代派建筑风格的花园住宅。灰肃瓦、平屋顶、白粉墙、玻璃砖、转角窗、圆柱体楼梯间、弧线形阳台和薄薄的横线条雨棚，无不显示着现代式建筑特征。房子的主人是当年码头上运货的老板，风里来雨里去，用自己的辛劳积攒起洋房的一砖一瓦，路人望之，无不起敬。

房东告诉我，曾经，室内、过道、庭前铺设的地毯都是从美国进口的，传说当年光此一项，就需两百根黄金。地毯尚且如此价昂，整幢洋楼的造价便可想而知了。这30年代的老房子见证了曾经的奋斗、打拼，也记载了过去的辉煌。我之所以选择租用这栋洋房作为办公室，大概是因为对辛劳心有戚戚，对老上海热烈向往吧。仿佛身居其间，就更能真切地读懂脚下那些深厚的历史印记，而往昔老上海的光荣与梦想，也都将经此重现传奇生命力。

我工作的地方离家不远，一方面交通方便，另一方面可以让我在夜晚中找到宁静的一隅休憩心灵。日子继续着，平和安静。

事实上，与老洋房的偶然相遇，却让我偶然体会到了"顿悟"。

偶然

　　那是1991年的5月，那天清晨，我六点钟就起了床。按老习惯，我凝站在窗边，远眺这座正在苏醒的城市。东方清澈的晨曦透过窗棂撒入屋中，夹杂着细如牛毛的微雨，窸窸窣窣，滴滴答答，清洗着整个大上海，将眼前的天地包裹在清晰而又朦胧的氤氲里。我不由自主地仰首陶醉，张开双臂，闭上眼睛，尽情地呼吸、冥想。我想花儿应是何等娇艳，草儿应是何等清新，虫鸟应是何等兴奋；我想不撑伞的路人该怎样欢快，孩子该怎么雀跃；我想阳光雨露何以这般水乳交融。我依稀听见远处传来市政大楼报时的《东方红》；我仿佛看见学校门口父母将孩子的衣角理了又理，嘱了又嘱；我似乎嗅到一缕旷远、悠长的气息——清凉中有一丝暖意，是黄浦江在隐约召唤么？是上海在委婉诉说么？哦，是了，"东边日出西边雨，道是无晴却有晴"，我似乎触到了大自然的吐纳，生命的状态都得到了更新。

　　突然，一个瞬间，茶香消散了；清晨似有还无的雾气不见了；整个世界陷入了深深的寂静——是一汪飞速回旋的深水，将我卷入、吞噬。尘封的旧时记忆之门，悄然打开。旋转中，我的思绪也在飞速转动，一如呼啸而过的电车，一如加速放映的电影，一如狂风闪电。

　　我仿佛又回到了我深爱的三湘四水，牵肠挂肚的长沙城。站在爱晚亭上眺望那一片橙黄的橘子洲头，在漫江碧透的婉秀清水旁放声歌唱；我仿佛又在魂萦梦牵的湘江中畅游，感受那轻柔的水流像母亲一样轻摸爱抚；我似乎又看到了老三和那群孩子在前面猛跑，我穿过那片没了我头顶的小河，挣扎着透出水面；我恍若又回到了饥饿和孤单的童年，蹲在伙房大路旁难过地哭泣；我想起了我的母亲，她的严厉、她的坚强、她的慈爱、她的温暖、她的关怀；我又似回到了儿时的咸嘉湖，钻入深深的湖底，摸出一条活蹦乱跳的大鱼，兴奋地浮出水面，到桑叔家吃香喷喷的老姜烧鱼；我好像又回到了那个火红而动荡的年代，被抄家的瘦弱而颤抖着的老人，冰冷地下室里的毒打，徒步的远征，北大肃穆的青松，天安门广场上万众齐呼的热烈与疯狂；我想起黄土高原上的军旅岁月，那苍凉悲壮而又威严庄重的别样风景；我的思绪又飞向了加拿大，那里一样有秀美的水、善良的人；我想起商场上的拼搏与得失，风雨之中的愈挫愈行。

　　这许许多多或温馨、或纷繁的记忆一时在脑海中碰撞交织，我感到自己身处一片混沌之中，这丰丰富富的悲苦与喜乐、得失与成败，在时间的编织下成为了一道解不开的谜题,横亘在我面前,让我感到迷惘和困扰。

思绪奔流,回忆奔流。昔日种种,历历在目。茫茫寰宇,渺渺一介。沉沉浮浮之际,我得到了什么,又错过了什么?我放弃了什么,又抓住了什么?我仿佛得到了所有,又仿佛错过了所有。我仿佛放弃了所有,也仿佛抓住了所有。我无法回答,但我迫切地在追问:我从何处来,又往何处去?我突然感到一阵从未有过的惶恐。

我陷入了混沌的状态,极度地清醒又极度地迷糊。我清醒地看着生命中经历的一个个具象在我眼前飞闪而过,但混沌缠绕着我,我努力感受着它们给我生命带来的影响,却无法觅得这一个个具象存在的意义。我经历的每一秒钟,都是这个世界馈赠给我的,而这些馈赠最终又将给我带来什么?我仿佛看到自己,在一个白茫茫的世界中踽踽独行,追问自己,追问世界。

突然间,我感到一股神秘的力量为我打开了一扇门,我看到一种明亮而柔和的光芒在逐渐驱散我心中的黑暗,推开紧锁的藩篱,将我包裹起来,浑身觉得温暖而轻盈。我飘然间听到一个轻柔而深沉的声音在我耳畔低语,虽听不清他在说什么,但好像却又什么都明白了。那些曾经的故事似乎都变了一番模样,过去许多看重的、费尽心力孜孜以求的名与利,都变得好似过眼云烟一般飘渺;那些曾被我忽视的、蕴藉在人心里的温柔和情意,成为我眼里最为珍贵的馈赠。一路走来,风风雨雨中,也曾遍体鳞伤,备受身心的煎熬,感叹命运多舛,但对真善美的向往从未迷失。那些陪伴我成长的笑容雕刻在了我的心里,那些明媚的瞬间定格在了我的脑海里,那些命运中的轨迹显明在我的心灵中。这些,都是我永远不变的底色。纵使斗转星移,物是人非,纵使世事流变,沧海桑田,我亦是我,我亦非我。一瞬间,我感到像是得了某种启示,让自己仿佛从自己织就的蚕茧里突破束缚,打破锢禁自己的躯壳,化蛹成蝶,在新的宇宙里翩然起舞。我犹如站在世界之巅上远望,再也没有浮云遮隔我远望的双眼,苍茫大地,一览无余。

菩提树下,尘埃荡尽,复归赤子,涅槃重生。

我感到一种从未有过的平和与寂静——我看见一个安宁祥和的世界:良田美池,桑竹相间。阡陌交通,鸡犬相闻。男人女子,与世无

偶然

争。黄发垂髫，怡然自乐。这就是陶翁笔下的桃花源。

"天下万物生于有，有生于无"，千百年前的老子便已揭示出宇宙万物的一般规律——这便是"无"，这便是"道"。人的一生亦要遵循这一天道，这是宇宙的真理。从无到有，亦要由有归无。呜呼，生亦何欢，死亦何苦。然而人生又不是虚无。人们总是在"有"、"无"的运动变化中追寻着合目的性——"善"。成，是为了善；败，亦是为了善。善是丈量天地的标尺，善是和谐人际关系的良药。而善落实到行动之根本便是对他人好一点，让他人过得好一点。

原来道理其实很简单。

我，懂了。

我，悟道了。

人生就如一场梦，如梦如痴，美的，善的，恶的，丑的，都在梦里演叙；顿悟就如大梦突醒：梦中认为美的，不美了；梦中认为丑的，不丑了；梦中纠缠不休的那档子事，放下了，不想了，也不值得去纠缠了。例如，小时候我顽皮，经常与邻居孩子打架，被母亲打断无数根竹竿的痛苦历程，一直放于心底，记恨母亲太狠，这一刻没了记恨，只怪自己太顽皮，惹得母亲生气；母亲的慈爱之心是恨铁不成钢，恨我不懂事；就如小学六年级后，我归正后，母亲再没有打过我一次一样，怨恨尘飞烟灭，代之的是对母亲的更加虔诚的怀念和感谢。为了教我行正道，母亲痛打不孝之子，这要让母亲承受多大的内心压力和心痛的忍力。过去为什么只会顺着想，为什么不逆着想想呢？过去只会为自己的感觉着想，为什么不为别人的感觉想想呢？

顿悟使我改变了几十年根深蒂固的观念：对世俗的观念，对价值的观念，对人的观念。

过去看世界是太灰色，现在看世界有晴也有阴，有暗也有明；过去看世界，世界太不平，总令人愤愤，现在看世界，月亮有圆也有缺，缺时你看到，圆时也看到，不是很公平吗？如果非要说不公平，很多时候是自己一叶障目不见泰山，可能那天夜晚月正圆，你在公园湖畔堤岸青石板小路上观月听湖，好不惬意，而我关在小屋里为某件想不透的事而惆怅……这可以说不公平；但是反过来，你有一晚月圆时加班，而我悠闲于自然之风月中呢？所以对于大自然而言，对于上天而言是公正的；说到人，那多变性和不定因素太多了；难免碰到不如意的人和事；你何苦那么在乎和认真，一笑而过不就规避了所谓的不公平、不公正了吗？

所以顿悟使我霎时认识到，这个人世间，原本就是沧桑的，你想寻求不沧桑，那是不可能的；就看你如何面对沧桑了。"沧桑就是我们前面说的不公正"，如果你把不公正和沧桑看成是一碟下酒的小菜，连嚼带喝地吃进肚子里，不就啥也没有了吗？如果你还觉得有什么，我们学回弥勒佛，容下天下难容之事不就得啦！把那些难忍之苦甘当成甜不就得啦！佛经说：当一个人将难吃之苦，当成好吃之甜，他就超度了、释然了，称之为佛心。这便是"顿悟"。过去几十年，我受的教育是渐进地进行思想改造，一朝一夕是改造不好了；就如唐朝神秀和尚倡导的那样，为了名利，你要敢于将以吃苦为乐，以委屈为荣，这就是古语中"吃得苦中苦，方为人上人"之典故的由来，来自佛家一派，六祖对立面神秀法师的观念。正因为如此，几百年后，中国北佛派以神秀为代表的思想派衰落了；而以六祖慧能和尚为首的顿悟，"无欲"、"无妄"、"无私"的观念派南方佛学派繁盛起来，只因六租慧能的观念更近真理和公义。

我的顿悟最大的变化，还是那"心中一下子涌入了一个完整的"善"；佛家说善，后面定加一个"哉"，叫"善哉"。什么意思呢？"善的因会结善的果"，"善的树会开善的花"，"善良的祝福是美好的"。

顿悟的最后，仿佛大肚弥勒佛在东方的泰山对我淡淡然地说："从此，你的心里就充满了善良，做一切事都以善为本吧，美丽的菩提树会降临到你的花园，当你看到他时，他正盛开着菩提花，七个花瓣的菩提花，阳光下，万只彩蝶飞临花丛中，把个湖畔和山林装点得分外壮丽。一辆辆丰收的马车装着果实和粮食，赶车的小沙弥唱着'菩萨行'的歌，迎着西垂的残阳和暖意融融的晚霞徐徐行进。"

那歌词是这样的：

菩提花，蝴蝶雨，丰收陇上行。

满车果实新，鸟儿报喜惊，斜阳已垂西，暮烟叹黎弥。

远寺一鸣钟声祭，烛火香腾唤单驿。

禅歌逸，鱼木声声觅。

超度梵经袈裟衣，菩萨慈悲颂无际。

偶然

寺庙的僧人们在丰收的日子里,帮助务农收割的果农、粮农收割丰硕的果实;农民会把收获的一小部分送到寺庙,供养那些出家修行的和尚。《菩萨行》的起源,就是来源于这个故事。

过去几十年,我一直对佛经中"放下屠刀,立地成佛"这句经典不甚理解,认为,一个刽子手,会放下屠刀吗?会成为善良的佛吗?我认为坏人要变成好人,好像没有什么可能。顿悟时,这个观念发生了变化:在佛的世界里,人是可以改变的;拿刀杀人的人,弃恶从善,放下屠刀,当然可以成佛;当然,这是比较难;这个根本的改变,顿悟可以让你做到,但是顿悟一半是天,一半是自己;有的人修了一辈子的佛也没有出现过顿悟,这是天意;个中的学问,就连佛陀也没有解决,翻遍千万卷佛经也寻找不到为什么。

我认为,这个玄学题,归根结底就是一种实实在在的顿悟,是释迦牟尼在菩提树下七天七夜不饮不食求来的佛陀真身。

过去我也一直认为六祖慧能和尚不识字;他顿悟的偈子是:菩提本无树,明镜亦非台,本来无一物,何处惹尘埃?在我的想象中,我认为慧能和尚不识字而旁通,是不可能的,这个故事是后人杜撰出来的。顿悟时,让我明白了,慧能和尚是真的,不识字不影响思维、不影响明白道理,这就是顿悟的天意,不可理喻中的自然之道、佛学之道。

而从慧能开始,大家开始明白一件事情:一切的浮华文字不过是表象,真正的智慧存乎人心。字句叫人死,精义才是让人活的。"闪光的学问有时候会降临于人间无聪人身上。"六祖慧能和尚继承和传承佛法一生,他提出的"无"的世界、"顿悟"的世界、"不局限"的世界、"三重"的世界,为佛学作出了巨大的贡献。虽然他未写下一字,但口口相传至今,也会到永远。

慧能悟禅最精辟的思想实际上很简单:"真实与遥远"。真的你看到了,遥远的你也看到了,你就明白了。有什么比明白了更伟大呢?!我顿悟时明白了:"没有比'明白'更伟大的事了。"

当"顿悟"回来的时候,一切原本的所视之物都变了。仅仅是几分钟后的时间,当我再次慢慢睁开了双眼时,桌子上的茶冒着袅袅的热气,窗外一抹阳光驱除了晨雨,整个房间无限光亮;我疾步走到窗前,向南方的天空寻望,弥勒佛刚才真的来了吗?远处几朵白云挂在天空，没有任何痕迹，果真是来无影，去无踪……但是，我原本那纠结的思想和观念又真真切切地改变了……

恰如大梦初醒时、久旱逢甘霖。我四体通泰，内心感到说不出来的愉悦，慢慢睁开眼睛，阳光和煦，微雨细细，苍松翠柏，有鸣啾啾。上海，已从睡梦中醒来。

顿悟就在此时降临：嘈杂和轰鸣中，一声清脆的禅家摇器之声透了出来，如初生的旭日驱散浓重的黑暗。瞬间，轰鸣不再，时间静止，那时的情境，大概正应了六祖慧能的禅语："迷闻经累劫，悟则刹那间"，瞬间千帆过尽，瞬间妄念俱灭。正如六祖在偶然听到《金刚经》时内在沉睡的禅心打的一个激灵，从此踏上茫茫参禅求法的路途。

修禅有所谓顿悟和渐悟之分。渐修、顿悟，悟是顿的，是刹时的发现。"迷闻经累劫，悟则刹那间"、"一刹那间妄念俱灭"，顿悟是人的思维的突变或飞跃。悟是顿悟创造的，是与生俱来的，由自己出发，清醒地看到自己。洞山禅师在渡船看到了自己的倒影，恍然大悟倒影并不是真正的自己，真正的自己是"正在看那个倒影的人"。顿悟就是完全突然地明白了事件的整体和细节，以及从全新的境界角度认识到事件所反应的本质，更高维度地明白了道理，这个明白不是指知道什么是道理，而是指心完全明了道理是什么。

悟是一个人在生活中发现圆满的自处和回应之道。

悟这件事情，无关文字，只在启示，是一种内在自发的自我省悟过程。就像拉开窗帘看到青山绿野一样，必须亲自去看。星云大师说："禅是悟的，不是学的；知识可以学，禅不可以学；禅悟是从自然中流露的。"

对生命的彻悟，必须由自己亲自体验，不可能假手他人。知性的了解并不能带来彻悟，因为那只是一个知性的概念。

行走坐卧皆是禅，一念一举皆是禅，何处青山不道场？悟道更是一种生活方式，那些不知所云的谈话、出人意表的行为，隐居深山古刹、不沾荤腥的生活，不是真正地去"悟"。悟，不拘于某处，不限于形式。佛祖释迦牟尼之所以选择在菩提树下静坐悟道，最后顿悟，是因为对他来说，菩提树只是他亲近、熟悉的一个地方：他就降生在尼泊尔与印度毗邻的蓝毗尼一棵菩提树下；菩提树旁的水池是他的母亲沐浴的地方。他选择在那棵菩提树下修行顿悟，不代表那是特定的。

"佛法在世间，不离世间觉，离世觅菩提，恰如求兔角。"所以六祖慧能不但主张人人都可以成佛，而且主张不用背诵佛经，不需累世修行，只要认识本心，就能成佛，即所谓"顿悟成佛"。他要求人们在现实中寻求顿悟；顿悟无处不在，无时不在，无事不在，亦无处不在。不一定在菩提树下，也不一定在寺庙佛堂里；行住坐卧、吃饭、砍柴、担水、劳作，在日常生活中，都可能发生顿悟；因此在家也可以修禅，不一定要到寺庙去。这就是六祖慧能倡导的"生活禅"——在生活中修禅，在修禅中生活。

顿悟，就是让人停顿下来，就是使思维静止下来，如同看电影时，按一下静止的键纽，进行中的影像就静止不动了，被"定"在那儿了。在这样的状态中，时间凝固了，空间也凝固了，被原本流动的意识之流所遮掩的深层精神中的某类现象，在定中显现了出来。

观念的根本性改变，就是顿悟、觉悟。我的觉悟就是，我懂得了人的根本是什么，根本就是善和恶。过去我对有些事很计较，是因为，我对别人，不如对自己那么好。顿悟发生了，我知道了善是什么，所以，为什么还要跟别人去计较？为什么还要记着别人的仇？明白了以后自然就会改观对很多事物的一些看法，于是，胸怀大了，看问题深刻了，能容下事了。

善是博大的，顿悟了以后，就知道怎么去做事，怎么去为人，它就像黑暗之中一盏明灯，照亮你的心，照亮你在迷茫之中的一段路程。为什么六祖慧能会说："菩提本无树，明镜亦非台，本来无一物，何处惹尘埃？"慧能是个有大智慧的人，他说的主要意思是，世上本来就是空的，看世间万物无不是一个空字，心本来就是空的话，就无所谓抗拒外面的诱惑，任何事物从心而过，不留痕迹。这是禅宗的一种很高的境界，领略到这层境界的人，就是所谓的开悟了。没有，就是无，既然无，就不会去想，心里就不会装下那些东西，一切烦恼来源于欲，有欲望才会有烦恼，人如果没有欲望，也就没有了烦恼。

"悟"的原义为悟性、醒悟、觉悟等等。"顿悟"，意思是"去发现你的本性"。在这里"发现"这个词并不是指用眼睛看，而是指用整个身心去感受、去发现。

修行有三境：第一境，看山是山，看水是水。第二境，看山不是山，看水不是水。第三境，看山还是山，看水还是水。一旦刹那间达到第三境，便已是"顿悟"，达到智者的境界，这就是禅法"成佛"的概念。境界虽然成佛了，人却还是那个人，不过是堪破了人世间的道理罢了。

顿悟之后，我立下如此志向：洒尽热血创奇迹，不为自己为人民。

现在想来，当时的顿悟是一份上天对我的赠与和眷顾，想来皆是那些冥冥之中结下的因缘，在那个神秘的刹那结成的果。少时长沙街头的算命先生告诉了我佛理命缘的真谛奥秘，游历过的青山古刹让我又被这无边的佛法所吸引，而那五台山之行，更是让我有醍醐灌顶之感，悟到了与人为善，不怨憎、诚待人的真道。而忆起我那四十余年的人生经历，风雨摔跌，从商以来的成败得失，为这颗菩提之种提供了生根发芽的土壤，造就一壶佳酿的原浆琼汁。那个奇妙的早晨就好像是一位智慧的使者，将我带入了一片星垂平野的崭新天地。看似不可思议，却又水到渠成。也许真是因为自己有前世慧根？后来我把自己的顿悟经历告诉了万佛寺的老和尚，他当时饶有深意地问我："你自己的体会是什么？"

我微微思考，回答道："过去对事物的观念在奔流中发生了变化，变得不再计较了，知道善很重要，看重情义了。过去心里纠结的事情也都显现了出来，我看到了自己过于计较的私心，以前有些事，是自己太计较方寸间的得失了。"

老和尚点点头，微笑道："嗯，这就是顿悟。它让你看到了以后应该怎么做。人生从无为到有为，过程却是善。所以是不侵害他人利益的有为。看来，顿悟使你放下的是名和利，拿起的是善和无。"

从此之后，看山还是山，看水还是水，却又别有一番风光霁月的俊朗天地。这也就有了后来置换博物馆的佳话。倘若那时我还没开悟，想来自己未必会愿意促成这样一桩在当时看来十足"赔本"的生意。

断桥

彻夜烛火点亮断桥边，

偶然

参天菩提斜落山水涧,
溪流洗弃崖壁水卷帘,
暮亭序魏碑恋曲千言。

古琴弦音站立于苍天,
相识送别秋雨绵绵远,
忽闻山寺铜钟声声悬,
孤雁飞去呜呜渐渐奄。

相约来年今日要相见,
菩叶黄落满断桥两边,
提果瘦却被风在追撵,
秋蝉歌缠绵声声如咽。

雷鸣唤不醒沉睡山岩,
闪电照不亮黑夜无限,
你就像那香殒的画仙,
给我的爱痛苦像孤雁。

断桥磨出了斑斑痕茧,
山溪望穿了濛濛双眼,
寒露冻残了我的眷恋,
来来往往有谁会可怜?

红尘原本就如临深渊,
等不来的春天月不圆,
写不完的情话梦里眠,
送走的灿烂无悔无怨。

披上了袈裟与佛结缘,
拥抱了无果方知甘甜,
剪不断牵挂一份祝愿,

点一柱禅香陪伴永年。

我想分享一则小故事，不知您是否也会突然顿悟呢？

道一十二岁时到南岳衡山，拜怀让禅师为师，出家当了和尚。

一天，怀让禅师看道一整天呆呆地坐在那里参禅，于是便见机施教，问他道："你整天在这里坐禅，图个什么？"

道一皱着眉毛，头也不回地说："我想成佛。"

怀让禅师拿起一块砖，在道一附近的石头上磨了起来。

道一被这种噪音吵得不能入静，就问："师父，您磨砖做什么呀？"

"我磨砖做镜子啊。"怀让禅师浅笑着。

道一看了一会儿，终于还是忍不住问道："磨砖怎么能做镜子呢？"

怀让禅师突然反问道："磨砖不能做镜子，那么坐禅又怎么能成佛呢？"

道一哑口无言，不知该如何回答，想到之前做的事，自己都不由觉得好笑，良久，才又问道："那要怎么样才能成佛呢？"

怀让禅师也不直接回答，又作比喻道："这道理就好比有人驾车，如果车子不走了，你是打车呢，还是打牛？"

道一沉默，没有回答。

"你是学坐禅，还是学坐佛？如果学坐禅，禅并不在于坐卧。如果是学坐佛，佛并没有一定的形状。对于变化不定的事物不应该有所取舍，你如果学坐佛，就是扼杀了佛，如果你执著于坐相，就是背道而行。"怀让禅师终于点破道。

道一听了怀让禅师的教诲，如饮醍醐，通身舒畅，终于彻悟。

第三节　博物馆置换喜连

顿悟是缘。这种感觉，难以用语言描述。因为每个人的生命历程多有不同，它需要与你的时空契合，与那一瞬间相融。当你面对抉择、做出判断时，风口浪尖，各种诱惑和搅扰蒙蔽着心和眼。那个时刻，自己是最孤独的，成败往往只在一念之间。需要顿悟，需要属天的智慧！或者说是一种神秘的"缘分"，否则，不可能在艰难的抉择

偶然

中获胜,这其实就是充满我生命历程的——偶然!

一个偶然瞬间,我做成了上海文明史上最值得记录的一件大事!回首再看,期间充满许许多多耐人寻味的奥妙之处,"她"是那么美好、神奇,既出意料之外,又在情理当中。在我的人生经历中,这样的事并不算少,但这一次,却特别值得铭记。因为这是我在上海立下自己"坐标"的起始,一切,都发于一个"缘"字。

幸运的是,我的人生中充满了这样奇妙的机缘。它们构筑起了我丰富多彩的人生旅程。来到上海后,这机缘如同命运之手,一步步指引着我向前走、向前奔跑。商海沉浮、波诡云谲,它始终不曾离我而去,反而愈加清晰,让我点点滴滴地感受到欣喜和自信,加添我生命的力量!我想,每个成功的人,都能或多或少地感受到这只"无形之手"。

我总是没来由地坚信着,上海一定是个可以给我惊喜的地方,比如那个清晨给我的顿悟,比如这之后美丽的故事和故事中的知交。又比如抉择之后的种种赞誉……有了那样特殊的生命经历,我越发感激上苍对我的厚爱,让我能够领悟到这层超然大千世界之外的·"灵性",它如此神奇、简单、圣洁,拥有它,参悟天地间的玄妙成为可能,有了它,我才能傲然而淡定地走在这个纷繁复杂的世界里。

事情还得从一次偶然的机会说起——上海博物馆出让。

我是个爱四处跑的人,对文物的兴趣早在西安当兵时就已经培养下了。在我看来,文物,是先人留给我们的东西,是古老文明最真实的载体,典籍史册或许可以美化歪曲,文物不会欺骗我们。只要看着它们,就会油然而生一种自豪和认同,这是我们的根。所以,没事的时候,我就去上海老博物馆转转。在我看来,与其说是参观博物馆,不如说是拜谒,拜谒一位博学的长者。数千年的文明被他幻化为无形,却又真切地制作成各种各样的标本,装在他的口袋里,只待你去轻轻扣响老人家的门环,他的门禁是虚设的,或是走马观花,或是心领神会,却要看各自的造化。我很幸运,能得着那些超越了时空的启示,看着那些积淀千年的宝贝,竟生生感受到一种召唤、一种亲切、一种生命的契合。它们在我眼里,仿佛活了,向我诉说千年的历史,帝王将相、帅士封侯、古韵墨迹、跌宕风云……一幕幕画卷徐徐展开,一声声叱咤耳畔响起,我感受到的绝非是古董文物,而是一个个穿越时空,唤起我生命共鸣的精彩故事!

　　这些宝贝中,我最喜欢看的,要算是青铜器了。它不但是凝结了古代能工巧匠的智慧心血结晶,还灌注了历史的风云变化。千年文明古国,带着与有缘人风云际会的美好启示,静静地卧匐在博物馆一隅,只为等候着你的到来。惊鸿一瞥间,多少故事在顿悟中传达,多少感动在内心中涌起。

　　上海,不是一个出土青铜器的地方。但这座城市却收藏着世界数一数二的青铜器,据说主要是晚清以来江南几位收藏大家的一批流传有绪的名品,如著名的大克鼎等,使来到这里的人们径直登上青铜器铸造技术的巅峰,领略商周文化的一个精彩面向。那时候上海博物馆设在河南南路十六号,原来的中汇银行大厦内。

　　大厦有十五层高,采取法式立体结构而建,红砖清水外墙,十分洁净稳实。正面高塔直耸云霄,是由中国建筑师黄日鲲及法国建筑师赖安吉爱共同设计完成。博物馆那沉稳而不失质感的灯光打在穿越了千年历史的青铜器上,留下深深浅浅的影、斑斑驳驳的痕。

　　温润而略带古意的门把手,轻轻握上去,有种历史的厚实感。仰首凝望,老市长陈毅的题词清晰可见,在如此近的距离和敬虔的角度去阅读,那儒雅大气的"上海博物馆"几个大字,似乎都活了,灵动中不失沉稳,飘逸里带着凝思,与这庭楼结构的建筑浑然一体,以独到的气质,低调而又华丽地静静伫立在繁华的外套群楼间,不张扬,不喧嚣,只待有缘人留足、步入、欣赏、凝望、爱上……

　　推门而入,首先映入眼帘的是六根环形而立的立柱构成的展厅,铜器、陶瓷、书画……所有珍藏领域的代表物品罗列在眼前,光滑的水磨石阶梯,拾级而上,仿佛是这座凝固的艺术楼宇里的音符,给人几分神秘、几分猜想。

　　我在这老建筑里踱步,赞叹着历史,也感慨着上海。这是一座怎样的城市?它有着国际时尚大都市的风貌,还囊括着万国建筑博览会的头衔,既是共和国经济工业中心,又是文人墨客笔下一个个精彩绝伦的冒险故事上演的舞台。它包罗万象,吸引无数人投入它的怀抱。我也是其中一员,漫步向前,我感受到了那份特殊的"缘"在悸动,它在悄悄地跟我说着什么,似乎有什么事,要在我的生命里发生了……

偶然

那些穿越千古的青铜器覆满历史的风尘，静静地躺在玻璃橱窗里，聚光灯轻轻洒在它们身上，彰显出点点活力和生机。它们是活的，以一种独有的方式，拉伸着它们生命的张力，扩张着岁月的气息，与时代完全合一。它们守望了那么多的岁月，它们迎接访客们好奇与赞叹的目光。每件青铜器都带着自己荡气回肠的故事，于历史的喧嚣中优雅地沉寂着，注视着来来往往的过客，仿佛在诉说着什么，又仿佛在期待着什么。我看着这些充满灵性的古物，它们在橱窗里，透过玻璃，把那道悟性和善缘穿透出来，传递给我，让我感受到奇特的暖意。历史的沧桑巨变，在我眼里都是一幅幅曼妙的画卷，一曲曲动听的旋律，它们带着千年灵性，凝固在锈迹斑斑的青铜表面，散发着故事的幽香。我的血液在燃烧，那天性里对它们的喜爱正在觉醒。

我在一件件珍贵的藏品间流连忘返，沉醉在对于时空风云变幻的遐想与深思之中。

"妈妈，你看，这是什么，怎么像小怪兽？"一个满脸稚气的小孩指着商周青铜器询问带他来博物馆的母亲。

他的母亲疼爱地笑着，回答道："那是青铜器，是祭祀用的，人们用它盛满东西，然后祈福，祈求生活美好。"

"什么叫祭祀啊？"好奇的声音继续追问。

"祭祀啊，那是古代人为了求上天达成自己美好的愿望，用各种美酒和食物献给神仙的仪式。"妈妈怜爱地刮了一下他的小鼻子。

"那、那……神仙会吃吗？"孩子的问题总是那么可笑。

"会啊。"妈妈笑着答道，"要不然怎么会有那么多人献祭呢？"

"噢！原来这些铜器是神仙吃饭用的碗啊！"

"哈哈哈！你这个小脑袋瓜想象力还挺丰富的嘛！"妈妈被他逗得前仰后合。

幼稚的问句，慈爱的回答，总给我一种在岁月里穿行的错觉。

"这是魏晋南北朝时的青铜鼎，距今已近两千年历史。你看，它的造型依然是那么饱满，古代能工巧匠的手，着实让我们汗颜啊。"一个充满磁性的男中音，打断了我的思绪。

回头一看，只见一位白发苍苍、气度非凡、温文儒雅的老者走入我的视野，他好像看到了我对着青铜器发呆，不知道在遐想着什么，于是走上来，陪我一同观看，耐心讲解。那时候，我只是为他的博学折服，也为他身上散发出的儒雅气质心存敬仰，却不知道我们两个的偶然相遇，竟至改变我之后的人生轨迹。这也许就是那说不清道不明，却又在我的生命里起着重要作用的"缘"。这一场相汇的缘改变了我在上海的命运，看似轻描淡写的初始，却孕育了美好而长久的友谊，和我事业上的又一次巅峰！实在是感谢，这样的"缘"！

那位老者细细的黑框眼镜下，有着一双不大却平和深邃的眼睛，穿一件白色衬衣，个头不太高，理着干练的平头，看上去像个很斯文的学者。

我看到他平和内敛的笑容，一瞬间就有了亲切和熟悉的感觉，如痴如醉地听他介绍了良久，竟忘记请教姓名，过了好一阵才想起，赶紧说道："今天我真是受益匪浅了，听您这位专家介绍了这么久。连怎么称呼您都还不知道呢。惭愧惭愧。"

"他是我们马馆长。"不等对方回答，旁边一个年轻女孩调皮地插了一句，轻快地跑开了。

我顿时瞪大了双眼："您、您是马承源馆长？"

老者谦虚地笑了一下，以示肯定。他有一种大学者的气质风范，内敛笃定、沉稳谦柔，却又不失风骨和傲然，绝非一般泛泛之辈能够模仿。我对他微笑致意，很快，他向我介绍起了自己的故事。

"我听说过您！您是我国著名的青铜器学者和古文字学家！"我兴奋地说道，像个孩子似的。

"一个称呼而已，谈不上谈不上。"马馆长连连摆手，"痴迷古玩而已，1946年的地下党员，国民党《中央日报》上的'共匪'！"

马馆长幽默地说着自己的"历史罪证"。我一下便被他逗乐了："马馆长，您是为青铜器痴迷一生的识宝伯乐。不是听您这么说，大概谁想不到，您曾投笔从戎，男儿定当带吴钩，收取关山五十州啊！当真是文能提笔安天下，武能上马定乾坤！"

"哈哈哈！"我们异口同声爽朗大笑，打破了所有陌生和隔阂。

同时，我对马馆长的一种敬佩之情，也不由地从心底油然而生。

也许是因为他在我父辈的年龄，又有着和父母类似的经历；也许是因为他对于青铜器的痴迷让我感动；又也许仅仅是因缘际会，我和马馆长一见如故，像多年的老友至交，长谈不止。因着他娓娓动听的介绍,我对这些承载千年历史的宝物增添了更加深厚的感情。我不知道,这些铜器,竟然还可以那样去解读、去感悟。

"空间所限,我们现在展出的物品,其实仅仅到馆藏文物的百分之一点二而已。只能精挑细选了。"马馆长不无遗憾地说道。

"百分之一点二?"我被这个数据震惊了,情不自禁地环顾了一下四周,的确,这座中汇大厦,建筑年代已经有些久远,里面的空间布局,逐渐不能容纳上海馆日渐增多的藏品。

"呵呵,一叶知秋。每个年代的古玩文物,都凝结着那个时期的历史文化,可以举一反三,触类旁通……"马馆长告诉我鉴赏文物的独特方法。

那些青铜器在马馆长眼中,不单单是文物而已,更是他的孩子,他讲它们的故事,百无厌倦;他看见大家喜欢它们,心存欢喜。老馆长仿佛一位时间老人,如数家珍般地为我讲述起这一件件青铜器皿背后的故事与奥秘,我在他的指引下踏上了一场时光之旅,像少年时畅游湘江一样游历着历史蜿蜒的长河。我如饮甘露,努力地汲取着马馆长话语中的知识,这些知识不是死的,是活生生的,能够直接进入到我的生命里面,我可以只听一遍,就牢牢记住,而且,我的感情、热爱,也深深融入到其中。

"你看,这里离外滩近吧?其实这曾经是杜月笙的银行,是中国由大亨开办的第一家银行。解放后国家收回,才有了现在的上海博物馆。"马馆长操着一口上海普通话,微笑着讲述博物馆的历史。就像那封存已久的佳酿被掀开了封印,一缕缕浓郁的幽香沁入心脾。上海滩叱咤风云的大亨、十里洋场的暗流涌动、30年代的人文情怀……一件件都透着独有的风韵,又如带着温暖的历史画卷,铺展在我眼前,点燃我心中的渴求和向往。

我环顾四周,墙壁已然斑驳,潮湿中带着挥之不去的阴郁。这样的墙壁,这样的老房子,纵然有深厚的历史积淀,可是当真能保护这数千年的珍品不受侵蚀吗?我自问,很是担心。想到此,一丝不安从内心深处蹿了出来。那些文物在我面前仿佛都活了,它们在倾诉、在哭泣、在用一种渴望的目光看着我。我听到,隐隐约约中有一个声音,在空灵之处淡淡回响。我不由自主地感觉到,我必须为它们做点什么,这,似乎是使命和召唤!

老馆长浑厚低沉的声音听起来竟有些惆怅，他凝视着这些宝藏的眼神里似乎也隐藏着什么忧虑。在我的询问下，他介绍说，上海博物馆藏品评估几百亿，可是这栋老博物馆，温度、湿度都没法控制，只能眼睁睁地看着这些价值连城的国宝在这样的条件下，锈迹斑斑。他的连连叹息，好像那逐渐消失的历史一样沉重。他眼里流露出一种难以言喻的爱，像父亲看着孩子，深情而专注。这样的爱，不是工作或者职位或者别的什么给予他的，而是发自内心的真正热爱。我可以从他的眼神里读出来，他对这些文物保护和修缮的渴望有多迫切！

随着我们交谈的深入，马馆长又给我讲起了他自己的故事，故事称不上传奇，却极是动人。当然，他自己的故事，肯定也是和这些文物息息相关的，他是早已将工作和这些文物视如己出了。像被赋予了生命一般，那故事里的图画，随着他的讲述，已然让我历历在目：

"1952年，上海博物馆在新中国成立后第一天开馆，我是她的第一位参观者。怀着自幼就有的、对历史和文物的热爱之情，新中国的这座博物馆带给我的是巨大的振奋和欣喜，还有深深的自豪。从那一刻起，我就祈盼着，能够进入这座神圣的殿堂工作。可以终日与那些文物、历史耳鬓厮磨……1954年，我27岁，自身努力和机缘巧合下，终于如愿以偿，调入上海博物馆工作。报到那天，我早上七点多就奔到单位，眼巴巴地盼着开门，心中充满了迫不及待的喜悦和归属感。这是我一生'得其所哉'的地方！"

听他讲到这里，我也由衷地笑了，因为我能体味到他那种"爱被满足"的感觉。这，也是一种缘分吧。

"1954年……"我默念着这个年头，那还是为了建设不顾一切的年代，"您之前随解放军重回上海，您当时也参加的是恢复生产的工作吧，怎么就放弃了呢？"怀着一丝不解，我忍不住地问道。

马馆长幽幽地叹了口气，看着我，轻轻说道："不瞒你说，我只要一看见青铜器，哪怕只是一眼，就会在那个瞬间忘掉世界上的所有，就好像天地间只有自己和青铜器，它会带着我走向远古，走向许许多多的神秘和美丽，它们是那么的醉人，那么的有灵性！也只有这个时候，我才会心甘情愿地承认自己是渺小的，在祖国浩浩的历史长河中、在古人智慧凝结下来的'时间琥珀'前，感受到自己是多么的卑微……"

偶然

时隔多年，我早已淡忘了马馆长后面的话，但是，他看青铜器的眼神，还深深镌刻在我的心底。因为我和他一样，也是痴迷着青铜器，痴迷着历史，痴迷着这段永远不会磨灭的文化。也只有这样有着相同爱好的两个人之间，才能体会到对方的心境。这就是那种缘分！也只有这样的顿悟，才能在后面促使我做出这一生里非常重要、非常成功的选择！

"那个年代，群魔乱舞！"马馆长说起往事，还有些许惆怅，"我那时还被打上'白专'的罪名，受过党纪处分，甚至被打成'反革命修正主义分子'、'黑秀才'。但是，这些都不重要，再怎么批判、罢官，只要文物征集工作还让我做就行。"

从他的谈话中，我能够想象出来，这位老学者是怎样几十年如一日地忘我工作，是怎样从民间收集大量的文物，又是怎样从"大跃进"的锅炉口抢救下了无数的珍宝。

"马馆长，您对上海博物馆的建设真可谓是呕心沥血！"我由衷地感慨。

马馆长轻描淡写地挥了下手，对自己的工作和付出毫不在意，似乎有意要岔开关于他自己的话题，笑着说起另外一段轶闻："有一次，北京来的红卫兵小将找上门来，我们没有办法，只好赶紧在博物馆自己装模作样地组织'闹革命'，以保护馆藏。他们过来一看，我们那'阵势'，找了半天没找出茬来，气呼呼地走了。"

"哈哈。"我被他的话逗笑了，马馆长说起这段趣事时眼中闪过的狡黠，让我对他又增添了几分亲切。这真是一个有着大爱、大智慧的男人。他对文物的爱，催生出这样的智慧。

"那是一个疯狂的年代，每天都有年轻学生，穿着绿色军装，扎着武装带，带着红袖章，胸前别着毛主席头像的小徽章，手里拿着红宝书。整天走街串巷，无事生非，揪住什么小辫子就要大肆发挥。但是，他们太年轻了，生长在红旗下的他们只知道这里曾经是杜月笙的银行，却不知这里曾承载了上海滩一代人的梦想；他们只知道青铜器可以熔炼成"钢铁"，却不知这些宝贝究竟是经历了多少坎坷才存活至今，怎可轻言放弃？！"马馆长说得激动了，眼角里竟闪出一丝泪光。

我听着那时候的故事，却想起了自己年轻的时候带头抄家的不堪往事……

"恍如隔世了吧。"我感叹着,默默地告诉自己。

然而忘记历史意味着背叛。听着他的讲述,我忽然间似乎看到,冥冥中,有一种神秘莫测的力量将马馆长和这些文物联系在一起,借着马馆长对文物的痴爱,有惊无险地保护着这些充满灵性的宝物。而也就是在这一刻,我感受到那股力量,也将我包裹了进去,唤醒了我的使命感。

"那时候上海很混乱,一位位收藏大师被抄家……"

我的思绪再次被马馆长的叙述带回了博物馆,我继续听这个儒雅的历史学家甚是激动地讲着他经历的疯狂过往……

我记得,他说过的一段关于李鸿章家族最后一位收藏家的故事,尤其感人肺腑。

"李鸿章五弟的孙子李荫轩,1911年生于上海,自幼喜好文物古玩,常年究心于考古学、掌故学、鉴赏学,精通中外历史。那是怎样的一个人物啊……有学识,又有家族渊源,为人还特别谦卑,是真正的大家风范!"马馆长说起收藏大家来,有着与对文物如出一辙的爱,同时,还有大学者间的那种惺惺相惜,"大约从1930年开始,李先生开始着手中国青铜器的收藏。上海的古玩市场、寄售商店是他常去之处。每到一处,从来没有多余的话,看好了就买,买好了就走,人们甚至称他是'神秘人物'。"

马馆长说起这位李先生,可谓绘声绘色,一个收藏大师活灵活现的身影,就在他这样的娓娓道来中,在我眼前栩栩如生地出现了。

我全神贯注地听他讲述着。

"这可是真正的行家里手!在收藏界,只有真正有'积累'和'底蕴'的大家,才能做到如此地步。不受外界干扰,拥有独立判断的绝对自信和把握!几乎每一次出手,都能有所斩获。"

"嗯嗯。"我听得津津有味,忙不迭地点头问道,"看得出来,您非常欣赏李先生。"

马馆长微笑着,继续说道:"他对青铜器的鉴赏自有独到之处。在他收藏的两百余件青铜器中,极为重要的有数十件,在反复考证后,他还写下考证文章。这可不是一般收藏者写的那种收藏心得和感慨,那是真正的、极有价值的考证论文!有理有据,每件东西的出处都有可考之处，可谓旁征博引，奥妙无穷！这些考证文章在'文化大革命'之前，他都拿给我看过，那的确是下了真功夫的！没有一点水分！"

马馆长眼中闪起精光，却很快又黯淡下去："李先生的这批收藏，在'文化大革命'前的几十年间一直保存完好。抗日战争期间，为了免遭日本侵略者的掠夺，他花费了很大的精力。闪转腾挪，里面的艰辛难以用语言表述，最后终于在那炮火纷飞的年代将这批文物保留下来。但万万没想到的是，'文化大革命'开始后，上海西区那一片花园洋房集中的住宅，被挨个儿地抄了家，李先生家里自然也在劫难逃……"

我心悸地看了看周遭静静蛰伏在橱柜里的文物，感受着它们的呼吸，似乎看到了那个灾难日里的一抹阴影。

马馆长皱起了眉头，那段往事像一枚毒刺，再次戳疼了他的心："一天，一队红卫兵闯进了乌鲁木齐南路衡山路的李家花园，看到满屋是古董，纷纷嚷道：'四旧！四旧！砸掉！砸掉！'他们又摔又砸，把那些珍贵的西洋瓷器一件件从阳台上扔下去，摔个粉碎；年代久远的古代钱币，在他们手里一掰就是两瓣！这是一种无知和野蛮造成的践踏！看着这些年纪轻轻、又凶又不讲理的红卫兵，李先生气得脸上红一阵白一阵。不幸中万幸的是，这一次红卫兵并未发现他收藏的青铜器，但谁也不能保证下一队红卫兵不会搜到！"

听到这里，我的一颗心也吊了起来，回想起自己过去年轻时也曾有过的冲动，一阵羞愧涌上心头。

马馆长没有注意到我的表情，继续讲述着李先生的故事："就这样，在那个中午，李荫轩为了保护毕生所藏的价值连城的文物古玩，做出了一生中最重要的一个决定，打出了他一生中最重要的一个电话。"

"他是要把自己收藏的文物都捐给博物馆吗？"我忍不住抢问道。这样的收藏大家，这样爱文物如生命的人，在那种时刻，最能信任的，也只有和自己一样的马馆长这样的知音了吧！

马馆长看了我一眼，肯定地点了点头："我现在还很清楚地记得他当时说的话，电话里，他说：'马先生吗？红卫兵要抄我的家，我的青铜器全部捐给博物馆，你们赶紧派车来，否则就来不及了。'接到他的电话后，我马上和几个同事一起急急赶到李家。一进他家门，里面的景象顿时让我们惊呆了，只见房间里一片狼藉，李先生夫妇表情木然，地上堆满了各式青铜器，都是流传有绪的名品佳作啊！"

马馆长的声音里透着深入骨髓的痛："铭文记载周成王时代，平灭商纣王之子武庚叛乱的小臣单觯、记载周康王命明公领导伐东夷的战争的鲁侯尊等等，共有一百多件，极其重要的也有几十件之多！望着一屋子的珍宝，我倒吸冷气，庆幸没有落到造反者的手里。因为当时处于'特殊时期'，博物馆无法接受在这种特殊情况下的捐赠，所以只能用代为保管的名义收下。于是大家一齐动手，造清单、数藏品、装卡车，运到上海博物馆。

"整整两天一夜，我带领的上海博物馆的十几位同志忙得满头大汗，六轮大卡车来回跑了六趟！等到最后一车装车完毕，把一份份藏品明细清单交到李先生手上时，同志们早已个个饥肠咕噜辘辘、头脑昏昏了。但我们都是欣慰、开心的。因为能亲手保护这些珍宝，那种无上的光荣和使命感，早已让我们忘记困乏……卡车发动时，李荫轩送到门口，紧紧握着我的手，说，'我的这些东西，今后要请你们多多费心了……，当时我很自然地点头承诺，因为我的心早已到了那些文物上面，从接手的那一刻起，我就想着，要怎么保护他们！"

马馆长的话让我丝毫没有怀疑，因为那种对文物的爱是发自内心的，骗不了别人，也绝对伪装不出来！要不然，李先生也不可能在临危之际托付如此重任给他。

"后来呢？"早已听得一颗心紧紧揪起的我赶忙问道。

"再后来，李先生夫妻被赶到花园旁边的一间原来属于园丁住的房间里住，整幢洋房被房管所接收。"马馆长的话里，充满了友人已逝的酸楚和无奈。"1972年李先生逝世前，还念叨他那些藏品，对夫人邱辉讲，'这个东西就捐给上海博物馆，只有那里能够保存这个东西。东西放在博物馆，我顶顶放心！'"

"难怪刚才我看到许多青铜器展品介绍的牌子上，都注明了'李荫轩、邱辉捐献'的字样。"我这才松了松不自觉间听得绷直的身体。

"是啊，这些铜绿斑驳的古物，上面不仅凝聚了几千年前祖先们的智慧，还有着这些令人尊敬的收藏家的滴滴心血啊。当时我和馆长商议，以政府的名义与红卫兵组织联络，说明文物是国家的财宝，不要破坏，提出由博物馆'代管'。"

我从马馆长的言语里，读出了真正有良知的知识分子的那种坚毅和隐忍，不由动容。

那段日子，他和工作人员一起，日夜守在博物馆，随时准备出动，清点、鉴定，向藏家和里弄居委会说明情况，并出具收据、清单。很多的文物，都是他用自己微薄的工资买下来，然后无偿地捐献给博物馆的。

"有几年更是疯狂，红卫兵竟然要拿青铜器炼钢铁！咱们现在想想多荒唐，可是那时候真的就会有人相信，真的有人会把这么珍贵的宝贝朝炼钢炉里扔！"

直到今天，我还记得那时候马馆长说这段话时的气愤和激动，书生的"失态"不是为了自己，是为了那些牵扯着他的文物。

"那的确是个疯狂的年代，不是我们不相信，只是我们太狂热了吧。"我喃喃自语，是在回答馆长，也是在回答自己心中的反思。

"搜罗和保藏那些遗存下来的前人文化遗产，几乎是我的良心本能啊！不过好在还有不糊涂的人。我出钱用自己的工资收购这些文物，真的就是从炉子里把它们抢回来，那时候都会去想，掉到炉子里的，即使是我自己，也比是这些宝贝强呀！收回来之后，就藏起来，等到'文革'结束之后，再归还博物馆。"

说到这里，马馆长把我引到一件汉代青铜蒸馏器面前，那是1958年大炼钢铁年代，他费了几天几夜的工夫守候在炼钢炉前捡到的，还用它试验蒸馏出高浓度白酒呢。

看着眼前这件宝贝，我再次打量起了马馆长，他对文物的热爱，化作行动，被这一件件摆在眼前的珍宝活生生地验证着，没有半点折扣。

我不禁由衷地感慨道："您这位本应在书斋里潜心学术的专家，即使在最困难的时候，也不忘保护文物。"

"工作职责使然，没什么大不了的。"马馆长轻描淡写说道。

然而我却知道，他对文物所做的那一切，绝不能简简单单略去——"文革"期间，他忙于在炼钢炉前围追堵截，凭慧眼征集了许多珍贵文物，救下了大批的珍宝馆藏。他也曾受朋友李荫轩之托，赶在红卫兵前去抄家之前，将珍贵青铜器转移；他曾经巧施高帽手段，敲锣打鼓赶到拿走了文物的造反派家里，表彰他们将文物交给了国家管理；他还曾在炼钢炉前的毁铜烂铁堆里发掘出了汉代的蒸馏器……

想到这些，我既心痛如割，又感动不已。今天，我们在博物馆陈列室里看到商鞅当年统一度量衡时制造的方升，铜鼎里镌刻着一段任何史书里都未见记载的战争，春秋早期龙耳尊、春秋时期的鲁原钟、东汉婴座熨斗……这些足以光照千秋的青铜器当年都曾经差点毁于一旦呵。看着博物馆的浅米色大理石立面、一匣匣水晶剔透的玻璃橱窗柜里的珍宝，每一平方厘米、每一尊文物，它们背后都凝聚着一代代博物馆人的泪水、汗水，承载着一个个令人动容的故事，这一切的一切，都是那么来之不易……

在马馆长和同事们的全力抢救下，上海博物馆先后抢救回青铜器、陶瓷器、金银器、石刻造像以及丝织品等各类文物珍品三百余件。如果没有他，也许上海博物馆就不可能有国内文物库藏"半壁江山"与青铜器藏品"世界第一"之誉吧。

"幸好我们工作人员的努力，加之从大炼钢铁时代开始，上海作为一个庞大的工业基地，民间过来的破铜烂铁源源不断，我们上海博物馆从中淘金，倒成了国内青铜器方面首屈一指的博物馆。"他呵呵笑着。

马馆长就是用这样一种普通又不普通的方式，使得无数的国宝从熊熊炉口逃脱了劫难。他的一生，都与这些文物、都与上海博物馆浇铸在了一起！如今，这些文物虽然没有侵略者的强夺，没有了红卫兵的无知践踏，但却遭遇了另一个棘手的问题——化学腐蚀。

由于各种原因，博物馆的文物修缮保养经费有限，当他看到当年耗尽心血建设和保护下来的宝藏就这样慢慢地被岁月侵蚀毁坏时，怎能不黯然神伤、烦苦忧愁？

从他的笑容里，我读到了真挚，读到了热爱，看到了他全身心痴醉于工作和文物中几十年不曾变过、懈怠过的精神。这一刻，我心中的那个声音、那个召唤，或者说那份"顿悟"的缘，已经很清晰地映现出来了，听到内心的诉求，我自然知道该作何抉择了！

于是，我问道："我也知道老博物馆现在正在招商置换，不瞒您说，我这次来就是听说了这事情，所以先来看看。老博物馆置换需要

偶然

多少钱?"

马馆长重新上下打量了我一番,也许他看出了我眼中的诚意,犹豫了一下,说:"最少两个亿。"

两个亿,并不是个小数目。作为一个商人,我心里如何不明白?但此时此刻,此情此景,我却丝毫没有想到拨打心中的小算盘,而是想到,这么多国宝文物,确实亟待保护!

这就是缘,那上天给你安排好、需要你去做的大事,什么都是刚刚好,感情、时间、物质条件,都预备好了,需要的只是自己做一个决定。可能外在看来,有很多不合逻辑的地方,但我相信这种顿悟,是会给人带来更大成功的!如果一切都靠理性去分析,做不成事情。

两个亿对我来讲虽然是个较大的付出,但这两个亿所能带来的,是我们民族文化宝藏的传承,是为炎黄子孙留存下一份历史的载体,也是对这位有情有义的老馆长一生情怀的激赏与感动……

我的内心已然做出了决定!

我仿佛能看见在明亮宽敞的新馆里,一件件厚重而光辉的宝物自豪地彰显着我们悠久的历史和灿烂的文明,一位母亲领着一位小男孩,对他说:"这是我们智慧勤劳的祖先留给我们的宝贝,你应该为自己是一名中国人而感到骄傲和荣耀!"

我又仿佛能看见,一位老师领着一群学生,对他们诉说着青铜器的悲欢离合,我的眼眶不知不觉间湿润了。一如今日马馆长于我的言说,让学生们经历与我今日一样的感动与震撼。我仿佛能看见,一位沉浮人世多年的中年人,在青铜馆藏面前默默伫立,体会着历史的厚度和人生的重量。他的生命,与这些文物牵引、浇铸到了一起,永远地流传下去。

真希望全中国人都能来看!这座新馆,这座马馆长内心祈盼的新馆!它虽然还在蓝图中,但是,一定会被孕育!会诞生!

想到这一幅幅美妙的画面,我当即做出了决定:那就帮帮这么有情有义的馆长!也算完成他的夙愿,以及今天他和我,还有这些文物珍宝间那份特殊的缘分!使命和心灵在召唤,做出这个决定后,我的内心激动之余,还有无比的平安和踏实!

"好,我就买下来。"我的声音不大,但是很坚决。这里面有着厚重的使命感,我很清楚地领悟到,这件事,必须由我来做,也一定会做好!

老馆长眼里写满了激动与喜悦,还带着一分难以置信。他怔怔地看着我,久久说不出话来。短短两小时的会面,却能让我做出这样的决定,马馆长的眼里有喜从天降的兴奋,为了新馆的资金筹募问题,他之前是操尽了心思,突然有人如此果断地做出了出资承诺,惊喜之情,溢于言表。

那庄严而神圣的使命感再次涌上我的心头,在这样的召唤和感动下,我感到了一份义不容辞的历史重担正在等待我挑起。这是使命更是荣光,是荣光更是挑战。这个重担的分量可以想见。然而这一刻,我只感觉自己是一个普普通通的炎黄子孙,在为延续历史的血脉略尽绵薄之力,以赤子之心面对着使命的降临。缘,妙不可言,做大事,除了你有条件,还要看能不能感受和顿悟到这样属于天的启示!我相信,我抓住了!我会牢牢抓住不放!

马馆长也像个孩子似的笑了,突然,他像是想起了什么,说道:"对了,我还要征求其他几家要买的单位,两亿的标底是否要,征询他们的意见是必不可少的。"

这时候,我隐隐有些担心,生怕被这些单位"抢走"。但是,我又深信,我的感觉不会错,这就是我的使命,它一定会最终到我手里,由我去完成!

"哈哈,马馆长,您真是爱文物如子啊!"面对马馆长的一系列动作,我也哈哈大笑起来,他对文物的爱,真是无时无刻不在流淌。

两双真诚的手紧紧地握在了一起。那一刻,我们心意相通;那一刻,我们共同许下了延续历史的庄严承诺;那一刻,我们共同创造着偶遇的奇迹。我们彼此的梦想在那一刻得到了升华。内心中,都燃起了难以言喻的默契和开心。

五天后,马馆长告诉我,市领导已经批复了我们的计划。

我微微一怔,很快就释然地笑了。之前那种超然的感觉没有错,它,就是我的。这份使命,没有人可以拿走,而且,还出奇的顺利、快速。

我想起几天前和摩托罗拉上海公司的老板聊起租办公楼的事情,他对老博物馆很有兴趣,甚至拍板,只要老楼安全有保障,这么好的地段,我们根本没有理由不租用嘛!

偶然

想到黄浦江畔即将形成的第一个商业写字楼，想着即将搬进新家的那些青铜器鼎、古玩字画，我就愈加兴奋了："好呀，那咱们准备准备就签约？然后就可以动工了！"我还是相信自己之前提到的"军人的速度"，军人做事，怎可拖沓？更何况，是这样一件大好事，有缘分参与其中的大好事！

然而，马馆长似乎丝毫没有应和我的激昂，他略带犹豫地又说道："另外，需要向您说明的是，因为文物比较多，上海博物馆新馆不仅是文化的宝库，而且代表上海市的形象，市领导希望它做得更精致一些，所以可能需要追加五千万资金……"

我听得出他的踌躇，虽然他是为了文物的利益，但是在他看来，商人的眼里，毕竟不会做亏本的生意，而两点五亿在他看来，似乎就足以亏本。

马馆长解释着原因，我可以听出他声音里的愧疚，但我也听出了他对文物的爱，以及他对我的歉意。

"不瞒你说……"马馆长像是下了决心似的，忽然间，语气中透出一份果断，他看着我，异常诚恳地道，"追加五千万资金确实有些突然，但我们之所以提出来，也是经过了反复斟酌。考虑到这些文物、这些珍宝、这些老祖宗传下来的东西确确实实需要维护保养，我们就干脆向您提出这样的不情之请，希望您能够'资助'这五千万！"

"资助……"我稍稍一愣，确实没有料到马馆长会用这样的提法。"资助、资助……"默默念叨两次后，我的眼前渐渐看到了一副神奇的图像：无数绚丽多彩的鲜花，凸显着勃勃生机，散发出清新怡人的芬芳；轻盈婀娜的蝴蝶，在花丛中一只只飞过。这些花、这些蝶，不是凡尘的样式，是一种生平未见、令人叹为观止的美！——我想起来了，这是不知曾经何时，我读玄奘法师生平传记后，在潜意识里，凿刻下的玄奘圆寂涅槃图。在他传奇斑驳的一生中，临终之际，他看到的是这样的景象，进入极乐世界。正是他一生走来，种下的"善因"，才能得到这幅美景的"善果"。

猛然间，我再一次地顿悟了，尽己之力去保护那些文物珍宝，难道不是需要我去种的"善因"吗？区区五千万，如何能将这样属天而来的启示夺走？我还有什么可摇摆犹豫的？

而眼前，如此诚挚真切的老馆长，他的真诚、真心也早已感动了我。我当即就承诺："好，您不必多说了，我非常理解！成交！"

马馆长一愣，呆呆地看着我，直到我再次肯定地朝他点点头，他才再一次地用力抓住我的手，久久握住不放，我清楚地看到，他的黑框眼镜后面，有晶莹的东西在闪动。

"谢谢……谢……"他的声音有些哽咽了，我读得懂，他是为那些文物终于有了新的归宿而欣喜落泪、为花费多年构筑的心血看到更加宽广的前景喜极而泣，这个岁数的男人，这样身份和学识经历的男人，怎会轻易落泪？真真是对那些"精灵"超乎想象的爱所致的了！

我默默地看着他，透过他已微显伛偻的后背，目光落在那些馆藏珍品上，似乎也体会到了他倾注在那上面的爱。一层层、一叠叠、一摞摞地凝固在上面……

直到二十年后的今天，故人早已不在，我想起当初的马馆长，想起那时候老旧的博物馆，还会由衷地感谢命运的安排，让我遇见他，让我听到他讲的那般动人的故事，让我与中汇大厦结缘。这份感悟和经历，是弥足珍贵的，是伴随一生的财富！

偶遇邂逅、相遇相知是人和人之间美丽的偶然，能够遇到马馆长这样一位学识渊博而又对文物古籍一片赤子之心的长者，是我的荣幸。而能够和他一起开创一番利国利民的事业，更是机缘这位圣洁的女神对我的眷顾和怜爱吧。每每想到此，我都会感恩上苍对我的眷顾，也欣慰当初没有做出令自己后悔的决定，听从了内心声音的呼唤。

其实，在我最后一锤定音，做下这个项目之前，曾经出现过一个动摇我的巨大因素，那就是所谓的"理性分析"和"经济规律"。

签约前一天晚上，我正在书房准备着明天需要用到的资料，窗外，风雨交加，噼里啪啦的雨点声和树枝被风搅动的摇曳声呼扯着，这样的夜里，总是会让人心里莫名地产生些异样。

"叮咚"一声，门铃骤然响起。

"嗯？"我心里微微一颤，谁会在这个时候突然登门造访？没有预约，一般情况下我是概不见客的，这是多年职业生涯养成的习惯。我的朋友们也深谙此道，而陌生人，更不可能在这样的雨夜……

"是托马斯先生。"阿姨在书房门外轻轻说道，告知来客身份。

偶然

"托马斯？！"我内心好一阵惊讶，这位叱咤金融界的大忙人，居然会在这个时候来找我？况且，按照他们外国人的习惯，更不可能事先没预约你，就找上门来呀？肯定是无事不登三宝殿了，能有什么样的特殊状况呢？

我抬手看了看腕表，已经九点半了，来不及多想，刚准备下楼去客厅，门却开了，只见金发碧眼的托马斯风尘仆仆、一阵风地闯进来。

"No，No，No，李，我要和你好好谈谈，这太疯狂了！"西装革履、头发梳得一丝不苟的欧洲美男子，此时显得有些仓促，袖领处还有一丝丝雨水痕迹，想是一路急赶所致。

这位汇丰银行亚洲区的投资分析师，一向以沉稳泰然示人，眼前这副情形，显得有些小小的"狼狈"。

"托马斯，今天是什么风把你这位大忙人给刮来啦？"我微笑着引他到沙发边坐下，点燃待客专用的烧水酒精炉，不疾不徐地问道，"咖啡还是茶？"

托马斯连连摆摆手，开门见山地说道："李，我的朋友，上海博物馆置换项目，你真的准备用两点五亿元拿下？"

原来托马斯夜间突然造访是为此事，我顿时有些了然，也难怪，这位金融骄子，对上海滩的焦点事件，自然是有着特殊敏感度的。

"有什么问题吗？"我笑着回答我的这位外国友人。

"当然有！我的朋友，很大的问题！"托马斯忽然间激动地从位置上站了起来，"我来给你做个最简单的SWOT分析……"

托马斯神情激动，仿佛是看见什么很危急的事情即将发生一般，我从容地给他倒上杯功夫茶："别急，我的朋友。我心里有数。"

"李，你听我说！"托马斯坐回沙发，整了整领带，带着投资决策时固有的那种精明和犀利目光，干练地讲起他的观点来，汇丰银行亚洲区投资分析师的身份，此时彰显无遗，"我用自己在哈佛商学院上学时最基本的SWOT三点分析法给你做个参考，你就会打消这个荒唐的投资想法！"

"SWOT三点分析法？"我第一次听到这个名词，忍不住好奇地反问了一下。同时感觉这位外国友人的夜间造访并不是想象中那么随意，他或许是发现了我这次投资中很大的疏漏或问题，才忍不住有此

"雨夜之行"。

我点点头,端起茶杯喝了一口,问道:"托马斯,我想听听你的意见。"

"李,我从三个方面给你分析。"托马斯此刻像是坐在办公室给员工上课一般,拿过纸笔,在上面点点画画起来,讲起了他最为擅长的投资分析之道,"首先是市场需求因素。中汇大厦地处优势地段,你买下来后,出租自然不成问题,租户肯定是有的……"

我松了一口气:"既然你都这么说了,那怎么还急匆匆地跑来劝我放弃呢?"

"问题在后面两点,我的朋友。"托马斯皱起眉头,"嘶嘶"地在纸上画了两个问号,"虽然租户问题不存在,但是,我的分析方法里还有另外两项:利润点营收和风险掌控。"

托马斯眼里满是严肃,看着他的神情,我的笑容也收敛了,不再那么从容。我知道,我的这位朋友是严谨而负责任的,多年的职业素养造就了他这种性格,专业分析师的意见是不得不尊重的。我点头示意,请他继续往下讲。

见我的表情也开始变得认真专注,托马斯的急躁情绪终于有所缓和,他端起我给他泡的茶,抿了一小口,说道:"李,我们让数据说话。上海博物馆,建筑面积一万七千平米,你两点五亿元拿下,均价在每平米一点四七万左右,没错吧?"

我点了点头,不知道这位大银行家葫芦里卖什么药。

"OK,你买下这座老房子,肯定还要装修、加固,对吧?"托马斯见我进了他的思路,语气中的自信更增添了几分,"按照我的经验,这后期费用,大概要人民币八千万。换句话说,你的总价将达到三点三亿,均价也水涨船高到一点九四万每平米!你知道现在在上海,同样地段的新建楼盘,均价是多少吗?"

他看着我,这个问题显得很严厉。

"四千元。"我很熟悉地报出了这个数字,几天前马馆长也说过,这似乎是个铁定赔本的买卖。

"五倍!五倍!你用了整整五倍的价格,买了栋危房!按照经济学规律,高于市场价三倍的东西,就已经是极大风险了!"投资分析师激动地叫了起来,"李,你怎么会做这么愚蠢的事情?"

偶然

　　托马斯的话让我心头微微有些顾虑，数据确实是最有说服力的。这一刹那，我的头脑被商业规律和严谨的数据分析占据了，之前对博物馆的情怀和故事，还有与马馆长的结识之缘，在那一瞬间，几乎要忘却……

　　"李，更大的问题在第三点风险掌控上。按目前的市场价，这栋大楼你拿下后，年租金在每平米一美金左右，用空间换时间，收回成本，大概需要七八年时间。七八年时间啊！仅仅是收回成本！"托马斯的表情显得颇为痛心，仿佛是看到了一场砸在他自己手里的活生生的失败投资案例，"这笔资金，你用到别的领域，根本不需要七八年的时间回本！资金占用率太大了！No！No！No！李，风险很大，我的哈佛商学院专业决策系统提醒你，这是必须列为不选择项目中的内容！"

　　窗外的风雨更大了，看着托马斯那蔚蓝深邃的眼眸、急切关心的表情，我确实产生了怀疑和犹豫。

　　但是，内心中那最深处的声音，那顿悟中的"善缘"，却让我站在另外一种从未有过的眼光、维度和境界来看待这个"一无是处"的商业分析案例。

　　这偶然的善缘，本来就弥足珍贵，我自己的人生经历、和马馆长的结交、对青铜器的热爱、对博物馆那些故事的痴迷，让我在冥冥中有了另外的一种"判断依据"，它是否定常规逻辑、知识和哲学的。它源自我们五千年传统文化中的"大义"、"大爱"，它开宗明义，简约舒雅，却又无比强大，胜过一切。回顾我来到上海、参观博物馆、偶遇马馆长、爱上青铜器这一点点、一滴滴的经历，我更加清晰地悟到，这一切，都是那份"大爱"在引领，我的原则，不会因为金钱和商业分析准则而动摇，它让我有巨大的信心，不去考虑那些经济学知识，这善缘、这大爱、大义是远远胜过三点三亿资金的！

　　"托马斯，谢谢你的建议。但我，还是决定要投。"我和这位外国朋友静静地相对而坐。窗外，风雨依旧，似乎在述说着托马斯对我不可理解的心声。

　　"噢，李，你们中国人真是……太疯狂了。为什么？"托马斯瞪大了碧蓝的眼睛。

　　我微微一笑，只说了一个字："缘。"

"缘？！"分析师摇晃着脑袋。

托马斯在台湾工作多年，汉语已是相当精通，对中国传统文化也颇有造诣，但此时听我说到这个字的时候，还是有些犯了迷糊。他撇撇嘴，放下手中纸笔，好奇地睁大眼睛盯着我，突然间像个孩子，一言不发，迫切地等待着我的下文。

我微微闭上双目，却不着急解释，只说道："托马斯，我的朋友。现在请你先闭上眼睛。"

"啊噢？"他很不解，迟疑了一会儿，才愣愣地模仿起我的样子。

"用心来感受。"我提醒他，"集中注意力，就像你工作时那样。"

火炉，雨夜，茶香，窗外风拂风落……

静谧中，我感受到那冥冥中的感动舒舒缓缓地流淌下来，传递向我的外国友人。向他解释我们中国的"大商之道"，我需要这股奇妙之力的相助，才能将我们千年传统文化的奥义完整地告知他。

许久，我才开口道："托马斯，你的哈佛教材里那些经典案例分析方法，从常规来看，是正确的，但是，我们中国千年传统中的'大商之道'，是不从数据、商业逻辑出发考虑问题的，它讲究的是'大爱'、'大义'、'善缘'和'因果'，强调从商者，要胸怀仁义慈爱，对普罗大众、大千世界所有生物、自然，都怀着敬畏和爱心，从这些为出发点去做事，这样种下的'因'，才能结出好的'果'。它站的维度和层面很高，有时候是超越人正常的感知和逻辑思维的，直接在你的心灵里起作用……"

我顿了顿，微微睁开眼，我的朋友正全神贯注地听着，显然，他也动容了。

"这份大爱、大义；这份善缘，它在一个个故事里，进入我的生命，我很清楚，它是感动我、召唤我来做这件事了。所以，在这里，我是要用它，来胜过常规的商学院知识了。我们中国传统文化，五千年的延承，博大精深，很多东西，如果直白地讲出来，从字面去理解，会缺失很多，所以我在这里邀请你和我一起静静感受它的奥妙之处。"

好一会儿，托马斯才点点头，又摇摇头，说道："噢，你们中国的哲学太玄妙了，我想……你讲得可能有道理，但是……我有点吃不准，没把握，不是很懂。"

"你马上就会懂的。"我举起茶杯，对着我的朋友，一饮而尽。

很快，我花两点五亿元高价买下上海博物馆的消息震惊了上海滩。像托马斯一样，许多同行都不看好我的决策，毕竟，以如此巨资买下一座旧楼，听起来确实让人惊讶。更何况，当时的中汇大厦，总体建筑已经向延安路倾斜了十六度，被定义为危房。在后来的修复过程中进行了压密灌浆处理，即打洞，把混凝土灌进去，使之不再下陷。但饶是如此，那已经倾斜的十六度，却不可能再矫正了。工程进展期间，托马斯来过现场观看，每次也都是耸肩摇头……有人认为我糊涂了，有人在等着看我的笑话。但我的内心很平静，我的眼里，有比这两点五亿元更加弥足珍贵的东西。那些是无法用金钱去衡量的文化，是透着灵性的历史积淀，是充满爱意和友谊的人文情怀。

如果说最初的决定是因为感动，那么我后来意识到的"珍贵"，才是博物馆置换让我受益最多的东西，重要的不是利润，也不是出租率，最重要的是我意识到，时间是最宝贵的东西。

这还要感谢摩托罗拉公司上海区老总和我的闲聊。

当时，美国著名企业摩托罗拉公司的上海区老总找到了我，想让我帮忙在上海介绍写字楼供他们租用。他们一直在苦苦寻找新的办公楼。可那时，上海市中心区基本还没有专业写字楼，其他可供出租的办公室也大多已出租殆尽，如果搬到更远的地方，却又失去了寸土寸金的地段优势。因此当他听说我正在重资置换上海博物馆的消息时，即刻前来向我询问。

他饶有兴致地问我："你们大概需要多久能够完工？"

时间，在商场上就如金子一样宝贵。我自然是深知这样的商场铁律，必须要尽可能的快，不能让他们等待太久。要不然，很多变数会导致事情无法完成。

我的头脑开始旋转，保温管生意的失败记忆浮现在脑海。我不能为了赶进度忽略了建筑的质量，让这样一座历史的瑰宝变成一座豆腐渣工程，但时间确实像一面大钟在催促着我。

"八个月，最多九个月。"我根据自身实力与经验做出了较为准确的估计。

他的眼里闪露出惊喜的目光，大手一挥："如果能够在八个月完工，我们的新家就一定安在那里！"

对呀！八个月！的确，我们的成本可能会远远多过新建一座楼，但是，新建楼房需要至少两年，二十四个月的时间，如果一天每平米的租金是两美金，那么，我们做旧楼改造就可以提前至少十四个月把写字楼出租出去。十四个月就是四百二十天的租金，四百二十天的知名度，早就不是表层的金钱价值所能衡量！这，也是我买下博物馆，幸运女神对我的一个额外奖励！

商人重利，那是经营，是投机，不是我梦想中的大商。

同样，如果是将感动看成所有，应该也不是最明智的商人吧。就像当年和父亲说的，天下莫柔弱于水，而攻坚强者莫之能胜，因为水善利万物而不争。商人的目的，是将财富取诸社会，然后，用财富创造更大的财富，最终达到回馈的目的。

大商不可不言利，但是，大商也绝非只为利。

两点五亿的投资，新馆开工了，国宝们有了新的家园；与此同时，八千万的投入和八个月的日夜奋斗，熠熠生辉的阳光之下，一栋崭新的现代化大楼，沪上第一家成功置换的甲级现代化商务写字楼——中汇大厦，傲然挺立在了上海的街头。竣工开业的那天，我们并没有举办盛大的仪式，没有喧天的锣鼓和鞭炮，只有完成使命的安然，和内心的踏实，还有发自生命中深层次的喜悦。

这里曾记录着一段厚重的历史，这里即将迎来一段崭新的未来，我想，没有什么比简单而庄重的仪式更适合标记这个时刻的了。简朴的仪式过后，时任黄浦区区长的周太彤找到我，激动地说我这是"香港速度"，为上海人民做了件好事。

"没什么，共和国培养了我，既然今天我有这样的条件，没有理由不这样做！我想，每个对我们悠久历史文化有责任感的人，都会这么做的。"我诚恳地回答。

中汇大厦开张后，交通银行、摩托罗拉、里昂信贷银行、荷兰银行、格力高、北京银行等四十余家著名跨国公司、一系列知名商家先后慕名前来入驻，出租率很快就达到了百分之百，成为1993年沪港最成功的投资案例之一。

偶然

当这一切发生之后，托马斯再次激动地找到了我，他一改往日的沉稳，紧紧抓住我的手臂，大声说着："太不可思议了！李，这么短的时间，你的大楼年租金已经涨到两美元，还不算底楼的商铺，三年！只要三年，你的投资就会全部收回来！天呐！这就是你说的'缘'吗？这就是你们中国商人的'大爱'、'大义'、五千年传统文化里的'仁义德商'吗？太厉害了！中国，太神奇了！'大商之道'，太神奇了！"

我笑着回答他道："比起你的哈佛商学院案例分析来怎么样？"

托马斯调皮地笑了笑，不做回答，却向我竖起了大拇指。

在商业上成功的背后，我更要感谢的，就是文章开头说的，那种面对选择，毫不犹豫听从内心呼声的"顿悟之缘"！

短短三年，我就收回了全部投资。这次置换非但得到了上海各界的美誉，消息还不胫而走，远渡东瀛岛国，在那里同样引起巨大反响。当时，日本富士电视台更是对此作了深度专题报道：《置换旧楼创造的奇迹——奇迹是怎样产生的》。

富士的著名财经栏目主持人手冢范一在节目中情不自禁地这样感慨道："上海，远东第一大都市，每天，我们都可以看到那里翻天覆地的变化。新机遇、新人物、新奇迹……但是，我们还从未见过像李先生这样的范例，我个人认为，如果考虑到李先生当时所处的市场软硬环境和实际情况，能在那么短的时间内，做出那么多业内人士和专家都不看好的选择，并且在极短时间内取得如此震惊四座的成功，即便称之'前无古人后无来者'也毫不为过！李先生是用什么做出判断，让他做到了哈佛商学院经典案例分析都挖掘不出的商机呢？李先生自己是这么说的：我没有做什么特殊的事情，也没有使用什么高深莫测、世人尚不知晓的商业知识，我只是坚持了中国千年传统中'仁义之商'、'大爱'、'大义'、'善缘'这些最简单，但也最难坚守的东西。悟善缘，则种善因，得善果。就是这么简单。

"真是令人钦佩啊！李先生的奇迹，中国传统文化的奇迹，他颠覆了经济学规律，改写了哈佛商学院的经典教科书案例！"

外界和传媒对我这个公司决策者的胆略和眼光，以及收购置换的速度、质量给予了高度的评价，甚至我也被市场赞誉为"第一个进上海吃螃蟹的企业家"。言下之意，是在称赞我的商业眼光和勇气。如今，中汇大厦市值已超过十亿人民币，涨了三倍。但在我看来，这段经历是偶然的机缘创造的美丽，是一片无心插柳所收获的绿荫。很多时候，我们都忽略了这超然物外的感悟，只执著于看得见摸得着的商业利益，却失去很多充满色彩的经历和旅程。

当时，在黄浦区买下一座新楼的价格也不过五千万，以两点五亿买下一栋破旧不堪的老楼，无疑是一桩不划算的买卖。而且中汇大厦已经十分陈旧，大楼整体向北倾斜十六度，压密灌浆加固不仅成本高昂，而且风险巨大。这个每平方米改造费四千七百〇五元、整体耗资八千余万人民币的工程，总造价一下子便被抛到了三点三亿之巨，这样的数字，在那个改革开放刚刚开始的年代，完全是违背托马斯所分析预测的那些"经济规律"的，在常人眼里绝对不是一个好的项目。

但这些不是我的标准。我看重的是青铜器的故事、博物馆的故事、马馆长保护文物的故事、我偶遇马馆长的故事。我不得不再次提醒自己，这，真的就是缘，妙不可言……

有故事的事情，透彻而明亮，是一种缘分和机运，是一份感情和人心，是一种神秘而感动的力量。没有故事，不成经典。博物馆置换工程背后的故事，值得我用两点五亿元来收藏，值得我顶住风险来圆满。人生中经历的种种，以一种特殊的方式告诉了我，怎样去触摸这美妙的世界和新奇的生命体验。

当时的上海，办公楼资源奇缺。我利用旧楼改造，节省了建设新楼的时间，于是也就在无意中抢占了高等写字楼市场的先机，再加上此处优越的地理位置，想要入租的商户纷至沓来。如果当时我按照商业标准来权衡利弊，难免患得患失，心胸和眼界也难免被面前的蝇头小利逼仄狭隘，看不到它背后蕴含的意义与商机。我不仅将错过这无意中的商业成功，更重要的是，这偶然所创造的美丽故事也就会与我擦肩而过，回眸中留下无限的怅惘与遗憾，我也却只好呆呆地站在原地，无可奈何了吧。我不禁要感慨，那来自人的知识和智慧，是何等渺小可笑，这浩大的宇宙，我们怎么可能凭自己之力去参透天机？带着爱、带着谦虚，听从缘分和顿悟的指引，人生将经历怎样的美好呵！

种善因，得善果。当一切纷扰结束，尘埃落定，回首再看时，成功简单得令人惊讶，只要你能坚持、能紧守那份内心的感动，顿悟那

偶然

感动你的善缘,不被外界那些看上去很有哲理的知识和条律所干扰,因、果之间就是那么直接、纯净,令世人赞叹。

这段经历是不是比较漂亮,是不是偶然出奇迹呢?我想,很多人,都有过来自缘分的经历,有没有听从内心的呼唤,果断去做,还是患得患失,错失良机,就要扪心自问了。

如今,这座体现着尊重历史、尊重文化、尊重文明的上海市博物馆新馆已然在人民广场建成。落成典礼那天,张灯结彩、锣鼓齐鸣、烟花灿烂、大红灯笼高高挂起,各界领导、商贾名流纷至沓来,在一派热闹的景象中,马馆长再一次用力地握着我的手,我感到那股温暖中,透着的是他无尽的谢意。我们的眼神里尽是默契,此时,已无需赘言,热烈的气氛中,我与他相视一笑后,便淡然地退出人流……

这座暗喻着天圆地方的建筑,在形态上,容易让人联想起几千年前的巨鼎。问鼎者何为?天下。苍生与社稷,天威与神权,无不透着一股肃穆和浑厚。

它采用意大利石料、现代化的工艺,无论建筑还是设计,都是世界一流水平。它和繁华的中汇大厦,静静地矗立在喧闹的市区。它传承了老馆的气质和风貌,又担载了新时代的使命和征途。它与"中汇大厦"遥想呼应,楼宇间,它们默默讲述着那段动人的故事……它们也因为这段故事而定格在永恒,在岁月的层层包裹之下,好似琥珀一样玲珑剔透,美丽隽永。黄浦江滚滚向前的波浪里,也终于有了一朵浪花讲述着我的故事。我想,这是佛陀对我"种善因"的恩赐吧。

作者置换的原上海博物馆，现为中汇大厦

偶然

灯火辉煌的中汇大厦

第八章　偶然在善良中大显：善与商再飞跃
——太阳都市花园与太阳湖大花园

偶然与善良的碰撞，会产生庞大而绚丽的火花。如果按商业的价值观去计较，我绝对不会碰"置换博物馆"，不会改造棚户区为太阳都市花园，更不会建设"环境大师作品——太阳湖大花园"。有些大的商机，是藏于大善与偶然结合之中。这是不是苍天有眼的信任呢？我想，可能吧。

而真实的实际呢？是付出无所求，而归来有缘求，正好印证了"有心栽花花不开，无心插柳柳成荫"的玄机。所以，我认为商学院的那些教材，只能解决部分问题，这个部分问题就是所谓的商业技巧，而大智大慧的问题，是难以提供解决方案的。就说苹果之父乔布斯，他创造的价值为世人认可，无人匹敌，然而究其价值的最早渊源，却是来自于十九岁那年，他去西天求法，剃度修佛。当他明白佛门甚深微妙法门——从无到有再到无的个中道理后，他从离开苹果，到又回到苹果，开始了iphone之旅，创造了这十年的辉煌。他辞世时，我为他写了首词《水调歌头·祀乔爷》。其实写词时我并不知道他十九岁去过印度剃度，而是我冥冥之中感觉到有佛的力量，词为：
　　　　苍天有泪洒，西方月失华。秋菊冥时眷穆，痛别惜天下。卿本一布衣娃，农耕大地山花。骨瘦桑如茶，梦醒几度芽。归缘平果侠，遂立乾坤塔。

　　　　披袈裟，舍身剐，修真经，梵音无暇，琵琶雀鸣声声哑。城池陷落飞撒，寨拔荒野称霸。谁来断造化？乔爷已逸马，天涯皆为家。

当商业中彰显了善良，不为财利而驱使，当辛勤耕耘硕果累累时，你惊喜的不是那财富的耀眼，而是那美好，让你快乐！那心血的回报是微笑，人们开心的微笑，太美了，我喜欢，我喜欢得不得了……

第一节　豫园女孩苦变甜

人间多少事，求不得，却无意之间扑面而来，偶然和缘分好像在生命中约好了一样，不期而至，夹杂着意外的美丽。这份美丽是需要你渐渐去品的，它像早已为你预备好，静静地等候着与你相遇，隐隐地待你去发掘，需要你去留意、去呵护、去参透、去寻求……只有在山穷水尽疑无路的那一刻，你仍然坚信它的存在，才有柳暗花明又一村的豁然开朗。到你嚼去苦味，尝到甘甜时，才能真正领会它的奥妙和丰盛祝福。

1995年，上海进行三十六点五平方公里的棚户区旧城改造，也就是后来常提到的"三六五工程"。而这个"三六五工程"，则是我人生创业生涯中又一次碰到的"偶然"机遇。像之前的"博物馆妙缘"，它同样充满了无穷无尽的"因果"玄机，甚至隐藏得更深、预备给我的祝福更大，更需要我带着大爱、大义的"大商之道"去顿悟、去坚守，去用生命体验、理解、参透……

那一年暮春时节，办公室电话铃偶然地响起，接电话的瞬间，我还不曾意识到，这就是令我经历又一个"善缘"故事的开始。

"您好。"能直线打进我座机的，一般都是挚交好友，我拿起听筒，猜想着会是哪位故人，心情放松而又喜悦。

一个清亮的男中音从电话那头传来："老李，我是卫国。"

"卫国？！"我欣然地提高了声调，"孙大区长，什么风把你吹来啦？"

"孔明赤壁借东风。"孙卫国半开玩笑似的来了一句，但他的语气里，似乎又不是那么轻松，"好久不见，老战友，震惊上海滩的'博物馆奇迹'后，我一直等你下一个大动作呢……"

"哈哈，这个需要缘分，哪能一天一个啊。"我也开怀大笑。

"缘分……"他叨念了一下，语带双关地说道，"今天，想带你去看看另外一片天地，希望能……"

"能什么？"我被他吊起了胃口，忍不住追问。

"过来你就知道了，傍晚下班，河南路棚户区，不见不散。"孙卫国的语气里还带有当兵时的干脆利落。

"呵，你还卖关子。好吧，不见不散。"从孙卫国的话里，我听出来是有什么事情需要我帮助，他一口一个"博物馆奇迹"、一个"孔明赤壁借东风"，颇是神秘，想来这事儿还挺大。

坐在办公室里，一上午，我都隐隐约约地想着这件事。孙卫国是上海市南市区区长，个子很高，很魁梧，人也总是充满激情。他是转业军人，虽然离开部队已数十载，我还是可以清晰地看到军队服役的经历在他身上留下的痕迹——刚毅的声音里，夹着江南特有的水韵，硬朗却不失真性情。

此前的初次相识，是他在报纸上看见了我置换博物馆的新闻报道，特地来看看"第一个吃螃蟹的人"，从此结下管鲍之交。他在部队多年，回来以后做了上海市南区区长，身上仍有那份抹不去的军人气质。

多年在人民子弟兵的队伍中陶冶，已然养成了他处处为民的做官原则，对老百姓特别有爱心。我也当过兵，我们自然也算是战友，虽然他在海军，我在空军，但部队给我们铸造的精气神，是源自一个军魂的！聊起来，我们都有很多感同身受的经历，一见如故。从他的笑容里，我听到了渗透在彼此生命里的军歌嘹亮，看到了徜徉在彼此生命里的军旅情结。

孙卫国区长这次找我，想必多半是邀我去"访疾问苦"的。虽然之前听起来颇有几分神秘的味道，但因着我对他的了解，细细想来，终究也能猜个八九不离十。

下班后，我如约来到见面地点——离中汇大厦不远处的河南南路、复兴东路棚户区见面。

我缓步来到这片颇为"壮观"的地方，看到的是与世人习惯中"大上海"繁华印象截然不同的图景：成片低矮的泥瓦房，淤积着生活垃圾和污水的阴沟，散发出瘆人的异味，斑驳的墙壁，靠着一两个松松垮垮的老人，他们的眼神空洞、没有色彩，摆在室外的蜂窝煤球炉，散出呛鼻的浓烟，锈迹斑斑的铁皮水槽上，挂着奄奄一息的水珠，住户搭建的临时棚房杂乱无章地插在狭窄的过道两旁，透出无助和叹息……看着这一切，我不禁心头一沉。

在上海，"棚户区"跟解放前上海底层人居住的"下只角"紧密相连。"前世不修今世苦，今世只好住棚户。"这是老上海人多少年的生活感悟，它浓缩概括了棚户区住户的所有无奈和艰辛，也充满了自嘲和悲凉。今天，我这么近距离地接触他们，对这句市井俚语的体会，才算是有了切肤之感。

解放前的棚户区是由毛竹、树棍、稻草和泥土等建造的简屋连成的，居住条件极差，没有供电、上下水等基础设施，到处是垃圾、粪便，长年臭气冲天，一到黄梅天，更是苦不堪言，宛如人间地狱。解放后，这种现象大为改观，但是仍然可以用"水深火热"、"暗无天日"这样的字眼来形容。说"水深火热"，是因为下雨天积水、炎热酷暑和冰天雪地没有空调；说"暗无天日"，是指棚户的高密度，导致采光、通风等不符合居住的基本卫生标准，而依然存在的马桶则成为棚户区生活的一大特征。

说起来，这片棚户区倒是坐落在繁华的市中心地带，穿过河南南路，便是有名的城隍庙和豫园商城。反差如此强烈的对比，令人唏嘘。

我不禁轻轻皱起了眉头，棚户区，像是粘在上海这座美丽得晶莹剔透的城市上的一块脓疮。

"老李。"前方一声轻呼，打断了我的思绪。只见在弄堂口，孙区长已经等着了。

一见面，他也不多说什么，直接就从包里拿出一封信递给我。信纸折叠得非常细致，透出寄信人的专注和寄托在上面的情感。我顿时有些好奇，伸手接过，轻轻展开信纸，整齐、清秀的字迹映入眼际。

"这是陈至立副市长转给我的，"孙区长的语气缓慢、略带沉重，"你先看看。"

只见信中的一段内容被特别圈注，刚一细读，我的心就被揪了起来。这是一个中学女学生写给陈副市长的信，一个十五岁的女孩子倾诉自己家住房逼仄的无奈和被困苦折磨的心情。很多行文而今我已然淡忘了，只有最后那行酸楚得令人至今难以释怀的哀告，依然深刻在我的脑海里："……我实在不知道该怎么办，只好来求求市长，求求市长救救我，救我出苦海……"

"我们去小女孩家看看，怎么样？"孙区长沉声说道。

我表情凝重地折好信纸，递还给他，踏着更加酸涩的脚步，按照信上的地址寻觅而去。

我们在弄堂中穿行，不多久，来到一座低矮的三层小楼。我们一眼就看到了信中小女孩说的"家"——就安在一楼的楼梯间。

我们看到了那名女孩，已经是初中生的她正端着饭碗靠墙蹲着，用右手的筷子在身前一挥，两只苍蝇嗡嗡地飞去。正午的阳光照在头上，热烘烘的，但即使这样，她也不愿意坐在屋子里吃饭。

此情此景，让人情何以堪？我和孙区长默默对视一眼，这一刻，我知道孙区长今天约我时，电话里的语气为什么带着那样的意味了。

"小妹妹，这是李叔叔，他看了你写给陈市长的信，今天专门来看你了。"孙区长弯下腰，柔声对她说道，"陈市长很关心你，特地嘱咐我们过来，尽可能地帮助你们家。"

小姑娘那双明亮清澈的眼睛无辜地望着我，泪水一下子就噙满眼眶。这泪水看得我直发颤，是一种怎样的隐忍和闷苦？积郁了多久，才让她流出这样的泪水，写下那样的信？

"叔叔好。"小姑娘怯生生地叫了我一声。

听到她的声音，我的心仿佛被融化，她的问候是那么简单纯粹、充满礼貌，不掺杂任何其他东西，越是这样，越让人怜悯心疼。

"你好。"我也柔声向她问候，"孙区长是负责这片城区的，他今天既然特地带我来，就一定会设法帮助你们家解决问题。"

小姑娘愣愣地看着我们，眼里燃起了希望的光。面对她这样的目光，我的鼻子不禁一阵发酸。

"带我们进去见见爸爸妈妈好吗？"孙区长微笑着说道。

她点了点头，端着饭碗，转身引我们走进那一阁狭隘的"楼梯间"。

我们走进她的家，扑面而来的是一股逼人的压抑感，窄狭的空间，整个"天花板"斜坡似的亘在头顶，给人一种随时要塌下来的错觉。屋里粘腻着老房子特有的潮湿，散出阵阵的霉味，小小的空间好像永远停留在梅雨时节。它被周围的房屋裹挟着，修了几次的砖墙，依旧斑斑驳驳，遮掩不住隔壁传来的噪音：电视声、广播声、吵架声此起彼伏。

偶然

房间里采光极差,即便是中午,也需要开灯。昏黄的灯光映照着小姑娘那张清秀而又令人怜惜的脸——她微咬着的嘴唇、大大的眼睛,默默诉说着无奈和辛酸。

此时,那不可以称其为房间的楼梯间,在我眼前已经一览无余,旁边昏暗的过道,挤着一张小小书桌,和我儿子小时候儿童房里的小书桌差不多大小,真不知道她是怎么在这样一张小桌子上,走过了小学、中学时代。我仿佛看到了在孤灯下,寒冷的冬夜里,她蜷缩在桌边做功课的苍凉背影。刹那间,我的心被狠狠地揪痛了,整个人都有些喘不过气来。

书桌后,别扭地挤着一张破旧窄小、简陋加宽过的双人大床,一名身材约有一米七几、还算高大的中年男子半躺在床上,与实际年龄不符的苍老皱纹,深深刻在他的脸上。他一双眼睛是闭着的,微微留着一条缝,那是典型的盲人特征;身后铺着一床叠放整齐的被子,却没有被套,里面那些陈旧的棉絮搅痛着我的视网膜。在他身旁,一名身高约一米五几左右的妇女,正给他递去盛好的饭。

"爸、妈。这是孙区长,这是李叔叔,他们看了我写的信,专门来我们家了。"小姑娘很懂事,马上向父母介绍起我们。

夫妻俩闻言,身子都是微微一颤。

"孙、区长……"小姑娘的爸爸有些不知所措地晃了晃头,推了推妻子,催促道,"快、快,给客人泡茶。"

小姑娘的母亲忙不迭地站起来,显然是太过着急,她有些没站稳,我这才留意到,她身子左侧的手和脚都是萎缩的,行动非常困难。刹那间,小女孩信中的一段文字再次戳痛了我:"我父亲是一名双目失明的盲人,母亲是一个手残脚残的残疾人……"

"您不必忙。"孙区长赶紧上前轻轻扶住她,"千万别这么客气,是我们的工作没做好。早就该来关心你们了啊!"

"这怎么行、这怎么行……这么热的天,你们赶来,连杯茶都喝不上……"夫妻俩激动得语无伦次。

"真的不用了,老哥。"我也赶紧上前劝,仅仅是走了两步,我便切身体会到了这个"房间"有多么拥挤不堪。

然而,拥挤的不仅仅是现在这看得见的狭小空间,还有一堵看不见、无法击破的"墙",硬生生地竖在这一家人面前,身体残疾的无奈、改变生活境况的无望,才是更可怕的"拥挤",深深地辖制着、触痛着他们,这样的弱势群体家庭、这样的棚户区、这样的楼梯间……我的内心莫名悸动起来,我感到那道心底里的声音,愈发清晰响亮。

好一会儿,夫妻俩终于稳定了情绪。他们静静地坐下来,向我们介绍起家里的情况。

"我的眼睛看不见,手脚还算能动弹动弹,在附近一个残疾人工厂工作,每个月大概有千把块钱的收入。孩子妈手脚都不方便,工厂也没办法要她,只能是在家里简单地洗洗衣服做做饭,唉……"小姑娘的爸爸深深地叹了口气,"眼看着孩子一天天长大,都念初三了,站起来比她妈妈还高,还和我们挤在一张床上……都怪我没本事……"

孩子的父亲哽咽了,再也说不下去。一个大男人,就这样在我们面前落起了泪。小女孩的母亲看着我们,尴尬地不知该怎么劝自己的丈夫,再次起身给我们泡茶,她挪到临时搭建的灶台边,忙乱起来。不经意间,我又看到那小小的"灶台"上,堆挤着装放油盐酱醋的瓶瓶罐罐,它们也像这房间的主人,堵得丝严缝合,没有半点"喘息"空间。

我正凝神之际,孙区长拿起书桌上小女孩的作文簿递给了我,小女孩写的一段文字,再次令人触痛:"……我更喜欢蹲在自己弄堂的墙角里,抬头仰望着不远的高处。那里是城隍庙,我觉得阳光在那里反射出条条金光,让我觉得绚丽夺目。听说公房里都有厕所。我希望自己家门口也能有一个这样的厕所,每天有人打扫,这样自己就不用窝在转身也困难的阁楼里坐马桶了……"

合上小女孩的作文簿,我闭上双眼,直感觉眼里一阵酸涩。良久,我才转过脸,对小女孩的父亲说道:"老哥,别灰心,孙区长今天带我过来,也看到了你们家的情况,我们一定想办法替你解决难题。"

孙区长也点头道:"对,党和政府,绝对不会对你们家这样的情况不闻不顾的。"

倏然间,我感觉手上一暖,是小女孩的父亲紧紧地握住了我的手。他依然低着头,眼角淌着泪,没有说话,但我能感受到他那最最

偶然

诚挚的谢意和信任！

当他那布满老茧的双手拉着我的瞬间，和平饭店的华美沧桑淡去了，南京路的耀眼绚烂遗失了，奢华开阔的外滩沉沦了，浪漫小资的外白渡桥也黯然失色……车如流水马如龙的上海，对我，对孙区长还重要吗？这位盲人父亲的手掌里，是另一个斑驳、黯淡的世界。这个世界是我之前没有留意的、忽略的，过去，我感叹上海城市格局的庞大、经济的繁华、历史的悠久、文化的多元……醉心在它的斑斓多姿里，今天，我碰触到了它的另一面，那令人唏嘘、揪心、无奈的一面……

我不忍再面对这一家人，默默转身，踱步来到屋外。再次看着这片闷热、潮湿的棚户区时，我的眉头拧得更紧了，这里居住、生活的人，他们承担的是整个城市的阵痛，忍受着灰色、僵腐的气息一点点吞噬着本该幸福甜美的生命！隐约中，我内心深处似乎又一次听到了那种声音，那种顿悟的善缘，再度召唤我，去为他们做点什么……

"这小女孩一家，太苦了，是我们工作的不足啊！"不知什么时候，孙区长来到了我的身边，顺着我的视线，他似乎读出了什么，说道，"解放前，这里曾经是华界繁华地段，但如今相对新城区而言，是拥挤不堪的老城厢了。

"老上海人全记得，豫园是上海气温最高的地方，也是人口密度最大的地方。那时上海有租界、英租界、法租界，虹口那边是日本租界，但是这里老城厢，是中国人待的地方，在上百年的历程中间，这里都是中国人赖以生存之所，所以很多都是解放前的老房子了。像那边那条中华路，是新中国成立以来全国第一条中华路。你看，老虎灶、马桶、弹格路，这些其实才是真正老上海的味道啊。过去这个地方比较贫穷，解放以后，一时没有那么多的财力来改造这里。所以这个地方比较贫苦。"

"太苦了！"我长长叹了口气，内心中，要为这个地方做点什么的想法越来越强烈。

"这小女孩一家只是一个普通家庭的缩影，还有很多这种家庭。我带你去那看看。"说着，孙区长带我钻进弄堂，在这块街区里一点点地深入，里面的街巷不过2米宽，而在石库门的里弄，穿行的巷道窄到了仅容通过一个人。门户矮小，空间压抑，一些房子里，一米六五以上的人就要低头穿行。走到屋内，楼梯就是又陡又窄了，人要侧身才能走上去。

我看到一位老太太正端着马桶艰难地从楼梯上下来，忍不住问了一句："阿婆，你们这上厕所不方便吗？"

"呵，别说上厕所了，倒马桶也要走很远的路。"老太太苦摇着头，有气无力地告诉我。

"这里相当一部分房子已经有好几十年的历史。当时设计理念陈旧，或者说根本没有设计的说法，卫生设施更是无从谈起。"望着阿婆伛偻蹒跚远去的步子，孙区长缓缓说道。

这些危棚简屋外观丑陋，布局混乱，严重影响市容，这还不是最重要的，关键是住房环境，更是差到了简直无法形容的地步，和我以前听过的滑稽戏里面叙述的七十二家房客没有什么区别。

大批老上海人蜗居在这里，一代又一代，不见希望，难启未来。低矮的棚户房，压抑了生活的所有梦想和希望。

"只要天一下雨，房屋内也同样下雨，多次叫我们这里的房管所来修房，修了一次又一次，连房管所的领导都来看过，都说这个破房子修不好了。"住在这里的一位老人连抱怨都变得心平气和，"这里连住房内的基本设施都没有，而且也配备不了，想装一个空调，连位置都没有，冬天受冻，夏天受热。没有晒衣服的地方，只能晾在马路上，而卫生间，就更不用奢望了。夏天洗澡时，只能在房间里面放一个脚桶，一不小心会把水漏到楼下居民家，冬天为了节省开支，只能减少洗澡次数。天天过着倒马桶的生活……"

"我们这里最怕的就是火。烧饭没有厨房间，只能在晒台上搭建违章建筑，存在严重的安全隐患；电线很多年没有换了，如果发生火灾，后果简直不堪设想！这一带，像这样的街区有好几块。并不是我们政府不想改造这些地方，但是，要付出的代价也是非常高昂的，实在有许多的无奈之处……"孙区长再一次地说道，他的话语里，似乎对我怀有一种希望，含蓄而内敛的。我想起自己在博物馆，与马承源馆长的那段美好经历，当时，也是伴着人和人之间的友谊，一个建筑地域的改造，一段善缘、大爱、大义的顿悟和感动；今天，孙区长、棚户区，难道不是又一段"善缘"在感动我、召唤我吗？它像一粒种子，在我的心田中种下后，开始生根发芽……

偶然

举目望去,我突然想问,这个地方,家在何处?

无心欣赏新博物馆的天圆地方,无心感受外滩的风花雪月,在棚户区,他们的世界里,是浓得化不开的灰暗,且不谈梦想,抑或明天,单单是眼前,都早已将我们在这近乎于不真实的残酷之中撞击得无语。

我无法想象发展中的上海,竟然还有如此人家、如此城区、如此被遗忘的角落,他们挣扎在绝望的深渊,抬头渴望着阳光的照耀,可是绝望如此深刻,我不知道希冀的翅膀究竟有多坚强,可以支持他们飞到多高多远。

我不敢质疑生活,上苍应当是公平地让每个人都可以看见日升月落、草木枯荣。既然这个故事闯入了我的生活,我就应该努力为他们改变,让阳光也可以从明净的窗户里射入他们的生活,让雨露可以滋润他们心田,让笑声可以响彻他们的家中,让温暖可以伴随他们进入梦乡。

"都说世界是公平的,这究竟是谁的苦难?看来我们政府要加大这里的旧区改造力度啊,早日解决他们的住房问题,让他们早日离开破旧的棚户区,早日搬进宽敞明亮的新房子。"孙区长在我边上,如此感慨道。

此时此刻,他的心也紧紧地被同情占据,沉在深深的同情和痛苦之中。他苦苦冥想着,考虑着自己的职责,考虑自己作为地方父母官的义务,想要帮助那些棚户区的住户寻找到生命中的阳光。

回去的路上,我看着车窗外的城市,琼楼高架飞快掠过,脑子里,低矮的棚户区和小女孩家的"楼梯间"却总是挥之不去,眼前总是萦绕着小姑娘最后的眼神,她渴求我们能够救她——已然没有希冀的生活里,我们大概是将她带出绝望深海唯一的翅膀。

外滩边的情人墙下写着的浪漫早已凝固这一江水,可是仅仅一条路之隔的棚户区里,还住着最底层的人们,他们还在用早已疲惫了的身躯抵御着阴冷潮湿的黑夜,他们的浪漫,他们的梦想,无处寻觅。

既然他们的苦难与我的生活相遇,机缘也好,巧合也罢,总之,是良心,也是使命,让我竭尽所能,尽力帮助这些人,带他们离开那个低矮阴沉的世界,让他们在自家的窗前可以享受一米阳光。

十里洋场,梦里寻花。已是下午两点,市政府大楼上的钟适时地响起了《东方红》,高亢有力的曲调穿透高楼林立的城市空间,直入耳膜。这激昂的音乐,让我心中的想法,愈发成形起来……

"孙区长,那个小女孩……我想出资在浦东买一套单元房,送给他们。"我静静地说出了自己的决定。

他回头凝神看着我,许久,用力地握住我的手:"老李,我今天约你来的目的,可以说,比我想象中达到的程度还要好。"

"这样你就满意了?区长先生?"我笑着道,"帮助小女孩一家解决不了根本问题,我考虑好了,我要出资,改造整个棚户区!"

孙区长顿了顿,终于,他也笑了,握着我的手抓得愈发紧了:"我没想到,最头疼的问题,一个电话,就解决了。"

"你的孔明赤壁借东风,借成了!"我释然道。

孙区长点点头:"有大爱又有能力做这件事的人,我想,在我认识的人中,也只有你了。"

我想了想,又道:"孙区长,还要麻烦您在浦东给他们家找所合适的房子,然后我来出资买下。另外,这个地方旧城改造的协议,也需要麻烦您草拟一份给我,然后我们尽快签订。"

"呵,你还真是雷厉风行啊。"

"我是军人,说一不二。"

我们相视而笑,一切尽在不言中……

从孙区长的笑容里,我看到了最深的谢意。而此刻,我更清楚地感觉到,这个决定是正确的、是在那份顿悟的"善缘"所引导的,这一次,甚至比置换博物馆更大、更有意义。我再一次感受到了上苍给我生命里安排的使命和任务。

不久以后,我帮小女孩一家在浦东买了一套四千元/平米的两室两厅房,孙区长则出资帮他们添置了各种生活用品。当我们再去看望他们的时候,他们脸上荡漾着说不完的幸福笑容。家,也终于有了温馨的味道。

"孙区长!李叔叔!"记得那天,我们刚到他们家门口,小女孩就蹦跳着迎了上来,她欢快地像只小鸟,热情地拉住我和孙区长的手,往屋里拖,"爸爸、妈妈,孙区长和李叔叔来看我们啦!"

这与我们第一次在棚户区见到她时,早已判若两人。我看到了小女孩整个生命状态的改变,看着变得如此甜美的她,一种幸福感,由衷地从我自己心底里升起。

刚一进屋，夫妻俩竟二话不说地相互搀扶着跪了下来。

"哎，老哥，这是干什么！"我和孙区长赶紧上前拉起他们。

"恩人！恩人啊！"夫妻俩泣不成声……

对我而言，力所能及的帮助，却换来如此礼遇，深感震撼，不过是一点恩惠，却得到一家人近乎虔诚的敬拜，我实在感觉受之有愧。

和孙区长扶起他们坐回这个新家的沙发，我重新打量起这里：大大的窗户，透进暖洋洋的阳光，崭新的家具，折射出幸福的光泽；卧室里，铺设着温馨的大床，再也没有不见被套的"棉絮被"，取而代之的是被阳光和新家温润得"香喷喷"的被褥。

整洁干净的厨房，井然有序的灶台，雪白的墙面，一尘不染的茶几……所有这些，都填满了这一家人新生活的丝丝甘甜芬芳。

"小姑娘，喜欢新家吗？"孙区长笑着问道。

"喜欢！孙区长、李叔叔，你们真好！"小姑娘笑颜如花，"我每天透过大窗户，能看到黄浦江，好开心啊！"

"哈哈……"我们四个大人都被她的天真无邪感染，齐声欢笑。

小姑娘拉着父亲，一步一步，小心翼翼地迈到窗户边上，窗外的阳光透进来，暖洋洋地洒在父女俩的额头上，漫出浓浓的幸福。

小女孩伸手指向窗外，朗声道："爸爸，我讲给你听。从咱们家这个窗户看出去，下面就是黄浦江。那江面可宽阔啦，上面有好多大船……"

小女孩的父亲虽然眼睛看不见，但在女儿那活灵活现的描述下，他的眼睛里仿佛都闪起了光芒和色彩，窗前的景物，他似乎也都能看见了一般。

此情此景，让我又想起第一次看到小女孩一家时的情形。当时的那种酸楚，着实让人不忍。而现在，整个房间，都散发着一种馨香。比起之前的"楼梯间"，简直有恍如隔世之感。

"人间沧桑，唯有真情无限美好……"所有的景象，汇聚成一股暖流，在我心底涌起。我不由自主地默默感叹了一声。

小女孩一家人，这时又一次地走到我面前，一个劲地道谢。他们是那么诚恳，反倒让我有些惶恐起来，赶紧说道："这是应该做的。你们不必这样……"

我顺着窗户向外望去，似乎看到了改造成功后的棚户区，所有棚户区的住户，都像这小姑娘一家人，住进新房，又宛若看到配套棚户区拓宽改造完的河南南路，宽达九、十米的双向四车道上，车水马龙、络绎不绝、井然有序……

第二节 太阳升起新起点

很快的，棚户区改造工程接踵而至。这一段故事，却没有上次博物馆置换项目那般顺利。但是，正因为经历波折，才让它显得异常美好。每当回想起来，真真要感谢上苍如此巧妙地给我安排诸般境遇，让我在这件事里经历了那么多，学会了那么多，参悟了那么多……经历风雨后见到的彩虹是那么绚烂多姿；克服困难后采摘的果实，是那么甜美。那一幕幕情景，时至今日，依旧是如此清晰——

一份《南市区复兴东路棚户区改造协议》白皮书，静静地躺在我的办公桌上，我郑重地翻开它，拧开签字笔的笔套，有力地签下了自己的名字。那一刻，我感觉自己充满了责任和力量。

一千二百户人家的动迁的确是个浩大的工程，最初，我告诉自己，要让这一千二百户人家都住上窗明几净的房子，要让他们每天早晨醒来的第一件事，不是看见斑驳潮湿的墙面，而是拉开窗帘，闭上眼睛，享受上海的晨曦。他们停留在棚户区的泥潭里太久太久了，祖祖辈辈、世世代代；这块城市的疮疤粘附得太久太久了，近乎一个世纪！我迫切而热烈地渴望着工程能如期完成，早日看到他们幸福的笑容。

总投资高达十六亿人民币，首期投资两点五亿人民币、动迁一千二百户人家的棚户区改造工程，在1995年的夏天正式拉开帷幕。我怀着彻底改造城市整体环境、提高老住户居民生活条件的美好愿景，开始全身心地投入了工作。

如果按照预定计划，一年完成拆迁，第二年修建完成，我想，那么这一次的偶然际遇，仅仅只能算是一个小品文，不可称其为"宏大叙事"的史诗故事。越大的缘果，需要种下越深的善因，需要在越多的波折中历练，才能体会到越丰盛美妙的果实。

整整一年过去了，到了第二年的夏天，动迁工程依旧停留在五分之一，这是个让所有人都绝望的数字。面对这样的进度，我有些哑然无语，当初的美好设想、巨大的信心，都变得模糊起来……

那块棚户区里，十个平方里面可能就有十个户口。人员密度特别高，这么大的动迁量、这么多的动迁居民，尤其是占极大比例的老年人，他们的思想工作，更是难做。这么复杂的情况，这么高的人口密度和居民期望值……此前我从未尝试过，也无法想象其难处。这一次，我有种真正遇到瓶颈的感觉。

90年代初，听过"宁要浦西一张床，不要浦东一套房"的说法，老上海人的地域观念根深蒂固，直到真正开始这个改造工程，我才发现这句话的威力。看着棚户区来来往往的人们，自己第一次切身体会到这种安土重迁的观念竟如此"顽固"。虽然也有一部分老百姓对改善居住条件、提高生活质量的愿望非常迫切，但很多人却坚持："这里可是老城厢的棚户区，按说地段也是寸土寸金的……"在这样的观念引导下，连拆迁的政策处理工作都是牵一发动全身，更别提实体工程的推进。

没有进展，公司的同事们都愤怒了！亲友们也着急了，我每天都会接到不同的电话，有说应该去诉诸法律的，有说应该和搬迁公司对抗的。对抗，抑或不对抗，两种不同的声音，每天交织在公司，纠缠在我的电话里，而我自己所付出的，除了启动资金之外，还有在外面候着的工程队，形象一点说，当时的情况，是每天都要往水里扔一部"桑塔纳"……

对抗吗？对抗的结果只能是走向更坏的极端，剑拔弩张之后，最终只是让老住户无法享受新的生活，而都市花园也成镜花水月……

不对抗？如此拖沓，两点五亿人民币的资金、公司近百员工的希望，我无法为大家的努力负责……

下班开车再次经过那个棚户区，它依旧顽固地盘踞在那块地方，像只怪兽，朝着我狞笑。我叹息一声，想到一年前，我曾经那样天真，总以为用我顿悟到的感动、我们大家的努力，就可以让阳光轻而易举地射入这个地方、融化这个暗礁，可如今却是……

已是晚上七点了，外滩的大钟又响起《东方红》的悠扬曲调，夏日的夕阳余晖映衬在黄浦江的波光艳影之间，亦真亦幻，令人捉摸不定，一如我现在遇到的问题，进退两难，没有定数。

我把车停在路边，一个人走下车子，踱步来到拆迁久无结果的棚户区。炊烟袅袅，却不温暖；住户攘攘，尽是漠然。我有些怀疑了，怀疑自己一直以来坚信的"偶然"，这一次是不是真的发生了？

机缘巧合，机缘何在？"巧合"难寻觅。

带着这一连串的疑问，我收拾行囊，踏上了去四川的飞机。

我需要抽身而出，走出这风口浪尖，避开在迷局中雾里看花，去一个全新的地方，让心灵得到涤荡的地方，找到答案。

峨眉青翠，深山古刹，远离尘世，洗尽喧嚣。峨眉山是佛教圣地，有着近两千年的佛教发展史，这里的寺庙原来多达一百余座。整座峨眉山，扎扎实实地透出它独有的庄严、宁静和肃穆。我想让自己静下来，听一听内心真正的声音。

飞机引擎的巨大轰鸣声响彻云霄，我已经飞入了九千米的高空平流层，看着机窗下面云卷云舒、雾霭翻腾，内心亦是随着这样的景致恍惚不定。阳光不知是在云的里面，还是更高的苍穹。觅它不着，让我觉得虚幻，它却时不时地将刺眼的光芒抛入我的眼帘，晃得我有些晕颤——想着南市区那根本看不见阳光的低矮棚户区，念着黄浦江畔暗藏汹涌的危机，还有那些棚户区的住户，我的眼睛被刺痛了。对抗还是妥协？让我听听佛的说法吧。我虔诚地渴望着，峨眉可以告诉我答案，帮我继续去完成这尚未绘出华彩的故事。

关于峨眉山，有一个十分古老的传说：从前，峨眉山只是一块方圆百余里的巨石，颜色灰白，高接蓝天，寸草不生。为了建设美好的家园，一个聪明能干的石匠同他的妻子巧手绣花女，决心用他们的双手将巨石打凿成一座青山。功夫不负有心人，天上的神仙为他们的决心和努力所感动，施法相助。在神仙的帮助下，石匠把巨石凿刻成起伏的山峦和幽深的峡谷；绣花女把精心绣制的布帕和彩帕抛向天空，飘向山顶，变成艳丽无比的七彩光环；布帕飘舞在石山上，变成苍翠的树林、飘动的彩云、飞瀑流泉、怒放的山花，变成欢唱的飞鸟、跳跃的群猴和游走的百兽。一座座青山起舞，一道道绿水欢歌；亦有鱼翔浅底、虫鸟轻鸣。因为这个美丽的传说、因为这座青山像绣花女的眉毛一样秀美，所以人们把这座青山叫做峨眉山。

披着清晨的薄雾，我独自踏上了通往峨眉的山路。空气中弥漫着

偶然

淡淡的雾的气息,看窗外,迷蒙一片,低头思,心中惆怅暂缓,不知那梦想中的峨眉,究竟是怎样秀美?

雾随着天的亮色散开,道路两旁的景物逐渐明晰,常青的行道树伸展着葱郁的枝叶,仿佛在迎接我们的到来。晨曦的光照透过婆娑的枝叶穿透下来,是一种宁静致远的美丽。穿过写有"天下名山"的大牌坊,我的心开始激动,我看见层层叠翠、祥云缭绕的大山,听见来自大山深处极具诱惑力的呼唤。

往前直走不多远,便是峨眉山山门,这里地势开阔,草木青翠。"秀甲天下"的大型石刻在瀑布的映衬下彰显着灵气,焕发着神奇的生命力。山就如一只巨大的手臂环抱着这里,更加深了我对它的向往。

深吸一口清晨的清爽,直是沁入心脾!峨眉山,我来了!

沿着盘山公路上行。植被葱茏、溪水淙淙、燕雀栖落、草蜢轻飞,空气是那么的新鲜,仿佛刚从叶中滤出,夹带着叶的芳香和淡淡雅雅的绿意。深吸一口,让人心旷神怡,浮想联翩。我迈着大步,胸中激动的情绪在身体的每一处荡漾开来。唐代大诗人李白曾有"蜀国多仙山,峨眉邈难匹"的妙句。此时吟咏,多了几分感受:抬头,青山接天,自然成画;再向深处,寺庙隐在山间,深山藏古寺,却不淡漠,不黯然,隐隐透出禅思哲意,令人不觉神往。古木参天、幽幽缓缓,沿途遇见很多灵猴在树林中嬉戏,还有几只追着我做鬼脸,好不顽皮。满山的勃勃生机,恢弘磅礴,又温润淡然。

不久就来到了报国寺,这寺宇坐西向东,朝迎旭日,晚送落霞,前对凤凰堡,后倚凤凰坪,左濒凤凰湖,右挽来凤亭,恰似一只美丽、吉祥、迎朝阳欲飞的金凤凰,雅味蕴然。

寺庙周围有许多高大的楠树,遮天蔽日,颇有直指云霄的气魄。寺庙被红墙围绕,寺门宏大雄伟,上书"报国寺"三个金碧辉煌的大字,横匾写着"普照禅林"和"普放光明"。还未进寺门,就能感受到浓厚的佛教氛围。里面,有宏伟的宫殿静静地坐在那里,显得金碧辉煌。袅袅香烟,飘飘渺渺,更有佛音不断传出,平添许多肃穆、许多庄重的气氛。山门前,一对明代雕刻的石狮,造型生动,威武雄壮,就像左右门卫,守护着这座名山宝刹。

不知不觉,我就已来到了第一殿弥勒殿,这里供奉着弥勒塑像。

"开口便笑，笑古笑今，凡事付之一笑；大肚能容，容天容地，于人无所不容。"这佛前的联语，再一次让我驻足，这是对弥勒菩萨的画像，体现了他的性格，更突出了他宽容大度的高尚品德。"如果我能像弥勒就好了，对人处世心胸开阔，有容人之量。"恍惚间，我不由如此这般感慨道。

伏虎寺，那整齐的石级曲径引我探向密林深处。好大的一片桫椤树林，覆盖着山体，遮掩着视线。时值正午，阳光透过枝叶照在我身上，斑斑点点，浮浮动动，特别美妙。密林深处传来潺潺水声，原来有一小溪迂回林中，又有"虎浴"、"虎溪"、"虎啸"三道廊桥架于其上。桥的那一端是一片高大荫郁的楠木林，向前望去，伏虎寺雄居高高的石梯之上。风过，吹干我脸上的汗水，带来一片清新之意。

进入寺内，四周高树笼罩，显得虚虚实实，隐隐现现。这里还有一个美妙的名字——"离垢园"。果然，瓦面上绝无枯枝败叶，堪为奇迹！寺里僧人告诉我："这是因山环林障，气流回旋，使得整个寺院无尘无垢，干干净净。"人世间纷尘飞浮，难得找到如此净土。融身其间，有感那一直存于身心的尘世杂念在渐渐碎去。

峨眉山最多的就是寺庙，和寺庙外连绵不绝的美景，山如世外千般寂，唯有心声伴鸟啼。就这样，我慢慢欣赏着、静心体悟着。

走走停停，在雷音寺，和寺院里的僧人一起用餐。量不小，我这才想起"吃三碗斋饭、不剩菜饭"的寺规。这时，我灵机一动，向僧人讨要辣椒来下饭。我们一起吃着辣椒，四川的辣虽与湖南不同，却也好像回到了故乡，心中淡然，听另一个世界的谈天说地，和他们一起微笑，一起感悟天地之理。

住在寺院旁边小板房里的老百姓，远道而来，烧香礼佛……看他们虔诚地拜倒，双手合十，面对高大的佛像，禅悟自己的一生，请求佛为他们指点迷津，脸上不再有都市的喧嚣，佛歌传来，点点滴滴融入弥散了的香火之中，神秘而空灵。我也被陶醉了，仰起身，抬着头，静静感悟着这份美好。

越往上走，游人越少，似在深山密林中探索。这时，从我后面走上来一位女尼，只见她袭一身朴素的长衫，背着一个大黄布包，手拿念珠，边攀着石阶，边默念着佛经。她走着之字形的攀登路线，速度快而轻巧，一眨眼就超越了我。"路漫漫其修远兮，吾将上下而求

偶然

索",也许在她心里,去体会的并不是攀登长长的山路,而是领悟高深的佛法。

　　置身于大山之腹,城市在我身心的印记逐渐褪去。看那一片片原始植被,触那一块块无尽的山道条石,闻这带有树林清香的风,我竟觉自己原本就属于这里。此时此刻,像终于寻觅到了归宿,内心,有一种无法言喻的平安。

　　静,山岭的静、心灵的静。心中涌动着清明的快乐,身体中荡漾开的是无穷的感恩之心:我竟能够触及心底最原始的色调,就如这山的清幽。这些日子以来,在社会的漩涡中沉浮,功利之心渐深,快乐渐远,也未曾询问过自己真正所需。面对此山此林,深为惭愧。这一刻,幡然醒悟。

　　心灵,渐渐轻快和释然了。就如那山与水的相融,美丽天成。在圣水阁,我掬起一捧清泉饮下,让那甘洌浸入身体的每一个角落、每一个细胞,整个人顿感清爽。水流直下,流淌在谷底,不缓不急。山水同奏出这动听的天然乐章,令人如痴如醉。聆听水声,看那明亮的山岩被水轻轻抚过。正是"何必丝与竹,山水有清音"。

　　山的高处矗立着全木、古朴的寺建筑,走近了,便听见寺内回响着雨落山涧之琴音,清微淡远、静雅悠扬。似有还无的琴音让我感到,心像被泉水洗过一样清澈。钟声清凉,仿佛松风习习,不由得沉醉其中。

　　不知走了多久,空气渐渐湿润起来,景色也越发清丽,再行,前方似乎有隐隐的水声。穿行往来的游人逐渐增多,我们感觉,著名的清音阁就要到了。转过一道小弯,向远处眺望,清音阁果真就在不远处!

　　著名的清音阁,仅有一殿,供奉着释迦牟尼佛、文殊和普贤菩萨,在这清秀山水之中参拜,实属一件乐事。殿的高处是居士们修行的地方,我下来的时候,偶遇一居士,他直称赞我面善、很有佛缘,我微微羞涩,报以一笑。

　　绕过清音阁向上行,山上云烟乍起,随风徐徐而动,望之忘俗。翠绿的山色怀抱着我,湿润的空气浸入心扉,让人忘却了烦心事、忘却了尘世的搅扰、忘却了时间,我深吸一口气,感觉心情轻松了许多。此时所经之路,似乎满山都是佛音清乐般,丝毫不觉疲惫。我甚至想，这里才是让人人都梦寐以求的"世外桃源"啊。

不知不觉，已是夕阳西下，暮色渐起，太阳从云缝中透射出道道彩霞。在天边的最后一抹霞光中，和着此时已被太阳染成黄橙色的云朵，染得峨眉山一片金黄，彩霞、夕阳映衬在碧蓝的苍穹中，峨嵋的山峦在云雾缭绕间若隐若现；暮色里，苍远而厚重的峨嵋山显得是那样雄伟、壮观。

晚上，我就住在寺里，游客散去，佛事已毕，所有的殿堂门也都掩闭起来，殿内只有点点烛光闪动。看着这星星点点的灯光，心立刻安静下来，取而代之的是一种近似于归家的踏实和宁静，所谓：尘埃落定。你会发现，清泉的声音竟然那么响亮，响彻整个山谷。抬头看那一望无垠的云海，月光洒在上面，泛起银色的光。夜深了，山静了，云静了，人世远了，心净了。"春有百花秋有月，夏有凉风冬有雪。若无闲事挂心头，便是人间好时节。"

清晨的早课，我也学着其他虔诚居士的样子，双手合十，潜心参悟佛之禅意。过了一会儿，念诵声渐渐转化成更为高亢的唱经声，住持带领僧众绕殿堂转动。经文在殿堂内回荡，包围着身心，神圣而庄严。我闭上双眼，感受这佛法的润泽。峨眉众山岭未醒，一切都很静，惟有这大雄宝殿的诵经声在名闻天下的万年寺中扩散开来，唤醒着仙山，唤醒着人世，也渐渐唤醒着我的心灵。

心，历经峨嵋早课的洗礼，变得洁静自然。心结在解开，惟有大爱在无限地扩散，直到那海天相接的极乐世界。我感受到一种前所未有的轻松和快乐，峨眉仙山，唤醒了被物欲束缚的灵魂，赐予了我一份珍贵的礼物。

  听风、雨、山

少骑石堤听风，遥遥聆幸吻隆。
观无影触无踪，袭来穿透心中。
风过不留声，无声胜有声，声声如空。

大时池塘听雨，稀稀密密朦胧。
点点滴滴湿松，无规无尽清萌。
原本就清淡，清淡而无味，无味在淡中。
到峨眉听山峰，缠绵峦叠苍松。

偶然

溪顺峭壁泻下，雄鹰掠过险重。

山藏禅而颂，任听山而聪，逝者在净空。

顺溪流向下，到光明寺不远处，盘腿坐在溪边巨石上，看着几个小孩脱下他们小小的鞋子，把裤子挽起来，在溪水里跑来跑去捉鱼；潺潺溪水和远处传来的"阿弥陀佛阿弥陀佛"的佛歌收容了他们的嬉笑声，世界轻灵宁静。我突然有所启悟：土石，就好像是自己内心不可动摇的原则；而那潺潺流下的水，是做事的方式，它柔、顺势、不对抗；有土有水，这四周的大树才能长得茂盛，人的事业，不也正是如此吗？看着这山、这水，我寻求的答案，似乎也将渐渐清晰……

"阿……弥陀佛"，"阿弥陀"即为无量寿无量光，无量无边的光明，你可以穿越宇宙，捏碎尘埃，难道真的不能给予棚户区居民这一丁点的希望吗？抑或我们的妄念，纷争扰乱了这世界？我看着溪水发呆，看着溪水倒映着自己的脸庞，摇摇荡荡，亦真亦幻。

溪边胡乱摆放的小鞋子，勾起了我关于童年的记忆。记得旧时好，无忧无愁，流年轮转，带走无知，惟愿清新留下。

那个瞬间，我的世界万籁俱寂。

突然，我听到磬"啴"地一声响。那声音很难描述，很浑厚，震着心肺，却不刺耳，相反让你觉得心静了下来。那个瞬间，禅的钟磬敲响的不是声音，而是清凉。

这时，脑中一下冒出某种灵光，我又看了看溪水，似乎明白了什么，又似乎没明白。水面微风吹过，自己的倒影也随风摇碎，慢慢地又恢复平静，变成原来模样。

像得了某种启示，我猛然惊醒：对了，这水面碎影恰如镜花水月一般，迷茫空虚，近在眼前，你又无法触及，无状无形，无实无虚。修道乃是修心，贵在天地合一，心静自然，天地万物莫是虚像，眼见一切更是镜花水月，唯有本心之正，方是天地大道！

一念清净即为菩提道场，刹那间醍醐灌顶。纷繁的烦恼也许并非世界给我，或者给拆迁公司，或者给老住户的苦难，或许只是意外的插曲，这插曲叫磨难。与其怨天尤人，毋如悲天悯人，梦中的花园其实并不遥远，这不是求不得，而是考验我的心是否坚强，足以支撑这一千二百户居民的梦想！一股暖意，一道爱流，源源不断从内心深处涌了出来。思路，亦渐渐明朗。

我又想到，什么叫做与人为善，什么才叫做善待你做的事业和善待他人？

老城厢的居民，他们想留在原来的地方，而我这边的工作人员工作也没有做到位，虽然他们每天现场接待群众达近百人，但年轻的工作人员们怎能理解"老城厢老上海"的感情？他们有没有倾听过这些老城厢的心声？

怅然间，我的眼前，幻化出一幕幕图景：在六千多年以前，上海尚是汪洋一片。随着时间的推移，长江的奔流不息，大海的潮涨潮落，渐渐淤积成了新的陆地，以打鱼为生的先民们开始来这一带活动。滩涂湿地渐长，围海造地渐移，渔民顺势东进，于是出现了叫上海浦、下海浦的两个小渔村，由此迅速发展起来。到了1267年，才在现在的十六铺岸边形成集镇，称为上海镇。1292年，才正式设置上海县，县署就在这老城厢内的旧校场路上。从此，一个新兴的中国滨海城市开始崛起，一段美丽的国人故事开始讲述。之所以称为"老城厢"，是因为它在二三十年代相对于"北市"（位于洋泾浜以北）而为"南市"，地理位置紧贴英、法租界，宛如石库门的厢房。可以这么说，老城厢，住的大部分是正宗上海本地人，他们并不认为他们住的地方算棚户区。"因为棚户区都是外地人住的"，一位上海阿姨曾经这样告诉过我。这片不算大的区域，却是老上海的雏形，培育并保持了原汁原味的、特有的老上海街镇生活习俗。

想到这里，我骤然警醒：在动迁工作中，开发商偏重动迁成本，动迁公司追求动迁进度，怎样在两者间寻求一个合理的立足点？我是不是忘了为动迁居民谋利益的初衷？！

设身处地想想，生活在老城厢，其实还是有很多优点的：消费水准较低；日常起居安然有序；左邻右舍知根知底。而动迁，去的又是他们陌生的浦东，一切旧有的生活习惯可能都要改变，看到、听到的，可能都是生疏的人、事、物……毋庸置疑，在新的住所，厨房卫生的条件比之老房子肯定会改善，但他们是回不到离人民广场几步之遥这样的位置了。那么，在新的所在，他们跟谁去交流柴米油盐？跟谁去唠叨家长里短？

每一种判断都由生活经历构成，没有好与坏、应该不应该、值得不值得之分……

偶然

　　万籁俱寂中的禅悟，一点曲径通幽，终于让我突破了来时心中的那道"障"。清净的世界里，踌躇迷惑消散了，插曲只为磨砺心性，也磨砺我们所有人在红尘中的生活。

　　本来只打算在峨眉住个三五天，可离开时竟然已经一个星期了。这里真是个适合思考的好地方。在峨眉山的这一个星期，每天就是行山路，看寺看僧，看书思考，喝茶，看风吹竹林动，听水流虫鸟唱。夜晚昏黄的灯光，或静坐沉思，或细听禅音，颇有闲敲棋子落灯花之感。许多个瞬间，我都相信自己真的回到了比久远更远的时候，听原始世界里最淳朴的声音，找到了生命的奥秘和意义。这样的夜晚，最适宜休息，上海的混乱留下的失眠不治自愈了，清晨神清气爽，将身心打开，迎接来自深山的清凉之气，出家人做法事散发的神圣气息，朝拜的老百姓献上的虔诚气息，和着天地之气，山体之气，一齐向我扑来，没有丝毫强迫，却不容疑惑，将我的身心洗涤。

　　而今想来，我依旧坚信，深山古寺是有磁场的，它静静地召唤、吸引着有缘参悟之人，我只能敞开胸怀去接受这份冲击，是他们让我心灵净化。那个瞬间，心肺、毛孔、五脏六腑都彻底敞开，把上海的混沌的迷惑清理干净，让天地之气进入我的全身。

　　世俗被放下了，于是，身轻了。

　　欲望被放下了，于是，心静了。

　　心静是福，福是静心。

　　当心气浮躁时，不妨问问自己，最近什么时间独自在河畔散了步，用双手掬起一捧清水感受了水的清凉，或者捡起薄石块在水面上打水漂？最近什么时间耐心读完了一本好书，或者心无杂念地在家听过一首音乐？

　　随着社会生活节奏的加快，竞争压力的增大，世界越来越像一架永动机，个人就像其中的一个部件，不由自主地随之不停地运行旋转，身心便皆难安定。但这只是外因。另一方面是内因：追名逐利的强烈欲望在心灵世界占了上风，有钱的想着钱能生出更多的钱，无钱的玩麻将买彩票指望一夜暴富；有权的想着花翎顶戴越来越上档次，无权的满腹牢骚抱怨世道不公。金钱、权力、荣耀、肉体的舒适，人被这些所迷惑，一刻不停地去追求，物质化的生活愈演愈烈，心静的时候自然也就少之又少了。正因为世事纷扰，诱惑太多，所以心静就成了我们梦寐以求、难以企及的一种幸福，是无数正陷于身心疲惫的困境之中的人渴望抵达的一种人生境界。

心静是一种力量。佛经上说："浮生如劫，欲念如魔。"如果能在喧嚣纷杂的红尘之中保持素心若莲，在形形色色的名利诱惑之中，荡涤心中如焚欲焰，那么，你的心将是一片开阔浩淼的水域，些微躁动和妄念只会像一些落叶或石子，投入其中，不会激起多大的波澜。心静到淡泊寡欲，自然无欲则刚，这个世界也就没有什么可以掣肘你、控制你，你就可以堂堂正正坦坦荡荡地活着。

心静也是一种智慧。常怀忧思也好，满腔怨愤也好，气冲牛斗也罢，我们周遭的情况岂会因此而有所理想的改观？实际上，个人的力量有时真的很有限。世事宛如一盘棋局，我们每个人都只是其中的一颗棋子，被不可预知的命运操纵着，在方寸之间进退盘桓。倘若怀有一颗平常心，对人生入乎其内又出乎其外，不为荣辱得失所累，这一份清醒和理性，就足以让人深味人间冷暖，领略命运的精彩，这难道不是生而为人的一种福分？

心静还是一种气度。心静者为人通达洒脱，他们实实在在地主宰了自己的心灵，不以物喜，不以己悲，懂得闹中取静，深谙平衡苦乐之道。这种人生态度是常人无法理解和实践的，但恰恰是他们的这种人们看来有些低调和迂腐的人生态度让他们拥有卓然出世的襟怀，以及傲然屹立睥睨世俗的人格高度。心灵常常保持宁静的人，宽厚仁爱，乐山乐水，心境澄澈，月朗风清，自然过得随意潇洒，了无挂碍，收获的是人人向往而不得的人间至福。

俄国大诗人普希金说过："世界上的一切幸福，都以心里宁静作为基本特征。"其实，不管你与这个缤纷世界是水乳相融还是冷眼相离，也不管你是声名显赫志得意满还是卑微渺小时运不济，我们都可以通过过滤心灵的杂质，呵护灵魂中最珍贵的东西来让心灵变得博大深邃、安详宁静，从而真实地感受和拥有属于你自己的一份幸福。

忽然，心底里有一个声音告诉我："明天可以回去了。"明天，是该回去的时候了，没有依依不舍，也没有畏惧，甚至没有愤怒，却又好像是来自心底的声音，不容动摇："不搞对抗，紧密配合，坚持原则，同舟共济。"十六个字，从心底蹦出。禅说，要善待他人，这是天地的声音。

偶然

黄浦江也好，棚户区也罢，都早已模糊了它们具体的模样，峨嵋归来，我早已忘记了利益的方圆，只是继续冥想，不曾约定，没有期许，却也毫无疑虑，山风习习，溪水淙淙，禅思若此，夫复何求？我已然突破了限制自己的那层"障"，觅到了答案！

没有欲望，没有瞻前顾后的恐惧，天地告诉我轻灵，何不让轻灵交舞，将我和太阳都市花园都带入最质朴的起点。

喜欢

世界上的花我最喜欢梅花，傲立寒冬而巍然不动。

世界上的水我最喜欢山溪，晶亮隽秀而婉转不息。

世界上的山我最喜欢峨眉山，坚韧挺拔浩矗云间不移。

世界上的人我最喜欢冬天的你，峥峥铁骨透着柔情智慧的心。

回到上海，情形未曾改变，在众人的摇摆不定中，我却早已超脱了利益抑或焦虑，佛告诉我，不可以伤害他人，宽容是前行的路。

坐在办公室里，依旧是黄浦江，依旧是最初接到孙卫国区长电话的那台电话，依旧是众人的纷争摇摆，我提起笔，在题头写下三个字："表扬信"。

下属惊诧了，这样的情形，可以感谢谁？

我告诉他们："忍"到苦尽才甘来。人生有很多事，需要忍。人生有很多气，需要忍。人生有很多苦，需要忍。人生有很多欲，需要忍。忍是一种眼光，忍是一种胸怀，忍是一种领悟，忍是一种人生的技巧，忍是一种规则的智慧。有所忍，必有所不忍。忍，其实也是不忍。

这段颇有禅意的话，要完全参透，并不是十分容易，下属们开始议论纷纷。这时，我提出了十六字方针："不搞对抗，坚持原则，紧密团结，合作共赢。"

我继续写下去："……上海安土重迁的民风让我们也深知拆迁的困难，动迁公司也实属不易，这样的情况下，他们努力动员，已经有一部分居民搬出……"我把表扬信寄给了南市区政府，让政府听到来自投资方的理解的声音……

忽然想到自己初来上海的时候骑自行车走过的那些小弄堂。

宽容，这几乎成了这之后与动迁公司合作的全部技巧。随后，我们安排巴士，邀请棚户区老住户去浦东三林堂参观新居，安土重迁的人们，看着二十六层的楼房，窗明几净，再想着自己在浦西的"一张床"，他们议论纷纷。看着他们的眼神，我忽然彻底理解了他们的安土重迁，那是他们生长的地方，有着与生命的连接，动迁，有外人想象不到的疼痛。

看着逐渐转变的老住户，我和动迁公司的总经理相视一笑，和衷共济的兄弟，一笑泯恩仇。

经理握着我的手说："我们没做好，违反了合同，难得您能充分体会我们的难处，理解我们，为我们着想。这是超乎我想象的……"

面对他的感激，我微微一笑，不做回应，继续谈工作："我建议，由我牵头，每周一、周二下午一点到五点，我们开发商、动迁公司和有关职能部门工作人员围坐一起，就动迁居民的情况一户户讨论，根据每家实际，尤其是地块内独居老人、残疾人、大病患者等困难家庭的情况，共同制定安置方案。"

"您要全程参与动迁过程？"经理不解地问道。

"居民对我们信任，我们应当全力回报。"我用真挚的目光看着他。他似乎读懂了，郑重点头。

我要求公司的工作人员勤走访，与居民逐户交流，逐家谈心，最少的一户两次，最多的前后化解二十余次。

"李总，一对年近八旬的老夫妇，原本依靠一家小杂货店为生，动迁时虽然拿到相应补偿费用，但不久后又萌生悔意。怎么办？"

"继续沟通。要让老人生活更有保障。"我斩钉截铁地说道。

"有一对中年夫妇，丈夫患有尿毒症双目失明，妻子下肢残疾行动不便，安置方案尚未制定……"

"要为他们负责：安置房一要靠近医院，二要放在底楼，方便他们进出。"

"李总，拆迁中什么人都能碰到，有哭的、闹的，还有打的、骂的……"一个年轻的工作人员向我诉苦。

"只要自己换位思考，就会有爱心、细心，就能做到打不还手，骂不还口。"我耐心地告诉他，要坚持设身处地为老住户考虑的原则。

与此同时，那位拆迁公司的总经理也把自己的动迁过程全透明、全公开，让动迁居民权益得到保证和监督。

他在拆迁基地挂出了一排阳光告示栏：每家每户的房屋拆迁费

用、拆迁评估价格告示书、动迁办的承诺书、集体奖励制度清单等一目了然。事情很快发生了转变：从"要居民动迁"到"居民强烈要求动迁"。

那个夏天，看着一批批迁走的老住户，我忽然觉得上海的梅雨天气也透着丝丝凉爽，心里始终刮着峨眉山的山风，清凉澄澈的气息将我围绕。最后一户居民签署了房屋拆迁补偿协议后，办公室外掌声雷动，守在外面的居民欢呼着放起了鞭炮，他们改善居住的梦想终于可以实现！

"我们从两代人挤在十二平方米的亭子间，到两室一厅煤卫独用的新房子，动迁对我们而言，实在是难求的机遇！"这是后来我在拆迁户中最常听到的声音。

是啊，老百姓盼动迁，又怕动迁，只是因为担心动迁过程会出现不公正现象，或是引发各种问题，让自己的利益受损。让老百姓搬得放心、迁得舒心，这难道不是我们房产商的责任吗？

仅仅三个月，动迁完成，终于可以全线开工了。

"人生就是一种境界，不同的境界造就不同的人生。"我常这样对下属说。"天行健，君子以自强不息；地势坤，君子以厚德载物。"这是我最喜欢的一句格言，这句以注重自强不息、无私奉献为内涵的格言对我的影响是深远的，正是我要追求的人生境界。因为坚信"建好房，先做好人，先做环境再建房"，我在营建太阳都市花园一期工程时，就以大手笔成就了我认为的人生境界，先是投入数亿资金改造棚户区。

记得第一期开工的时候，因为那里的路很窄，整条复兴东路，最窄的地方只有八米，后来被我修成了五十米。房子造好以后，我们在门前打出让人浮想联翩的大横幅："无敌江景，空中别墅。"我自己，也是第一次从那么高的地方看黄浦江。

太阳都市花园封顶之际，周围的一域美景也佳然天成。她位于新黄浦的中心，处于河南南路、复兴东路口，典雅的欧式风格、精心打造的质量、高贵的品质、无微不至的酒店式物业管理，使她成为浦西一颗璀璨夺目的明珠。在绿化率高达百分之四十五的小区内，名贵树种林立，红花绿草遍布。四千二百平方米的典雅艺术庭园中，花神、谷神、农神和酒神陪伴在阿波罗亭的四周。

那铸铁雕花栏杆、弧型观景大阳台,外加180度的观景窗,深深地吸引了人们的目光。大楼的外立面采用象牙白高级釉面砖,下部为增强通透感,以四倍于标准层的造价建成高达7.2米的架空屋,给人以美的享受。

她那欧式的回廊,一百座汉白玉雕塑,神牛广场、日月广场、海神广场、爱神广场、太阳神广场、施特劳斯音乐广场、维纳斯广场、丰收神广场、伊甸园广场和花神广场,每个广场都有一段传奇和历史典故,浪漫而富有诗情画意,有着浓郁的文化气息,陶冶人的情操。

太阳都市花园的道路全由花岗石与大理石铺砌,喷泉、雕塑、音乐、灯光、鸟语,勾勒出一幅人间天堂的画卷,也成为了上海城市旧区改造的风景线。

在那里,艺术与自然完美结合,人文与环境和谐共存。住在那里的人们也许并不知道,这可是我用公司一千万的利润换来的美丽自然。功夫不负苦心人,实践证明,我的选择是非常正确的。

《解放日报》的专栏记者乐缨,曾整版报道过太阳都市花园——《风景这边独好——记太阳都市花园》。她这篇文章,把太阳都市花园的美景传遍上海每个角落,许许多多的人前来观赏。

我们也趁着这样的机会,在广场放起礼花,举办了盛大的广场宴会,接待络绎不绝的来客。来过的客人都这样感慨:"上海开埠以来,棚户区这片地方一直是'下只角',过去都是无人问津的。因为'下只角'在上海的居住文化里,是不上档次、不上位的地方。但是现在,太阳都市花园的出现,彻底改变了整个格局。"

短短六个月的时间,太阳都市花园第一期780套房全部售罄,喜得上海市单项楼盘销售量第一的佳绩,并荣获了上海市白玉兰奖。回想走来的这三年时间,不能不说这是"偶然"创造的奇迹。

太阳都市花园销售的1995—1997年间,受亚洲金融危机和回归前的影响,正值香港房价低迷阶段。同为国际大都市的上海房价自然也受制约,均价只在4000元/平米,但太阳都市花园的平均售价达到了5000—6000元/平米。

种善因、得善果,再一次在我的生命中得到见证!尽管这一回,历经许多波折,却更平添了这段故事的美丽。低矮肮脏、灰色迷蒙的棚户区不见了,取而代之的是璀璨夺目的太阳都市花园。

偶然

由于公司在动迁和绿化再造环境的过程中所花费用巨大，前三年时间，平均获利不到百分之十。三年里，我几乎是日日夜夜在施工现场，每个环节、每个步骤，都倾注了心血。最后的产品，是受大众认可的，取得了巨大的社会效益。

到第二期时，住户口耳相传，口碑早已不胫而走，人们争相购买。最终的销售结果是：连同一期一起，六年的平均回报率，高达百分之十五！

这一段曲折而又美好的善缘，终于在坚持和坚守下，结出了美丽绚烂的果实！

第三节 梦回水边瓦房恋

太阳湖之水，自天目山而下，似稚龄顽童，或藏而不露，或若泉喷涌，或奔腾不羁，或叮咚作乐。清冽透彻，为养生之源，品水悟道，可得上寿。

——题记

1991年，一个偶然的机会，我有幸邂逅了"太阳湖"这一方水域。从此，一个十年梦想的种子，开始种下。

我想细细品味一番，这个织梦成真的过程——

那年，我从香港来到阔别二十三年的大上海，一个夏日周末，我与公司几位同仁驱车经三一八国道去杭州西湖重游，看荷花映月、苏堤晚霞、柳岸闻莺、满陇桂雨。

车至青浦镇，一个左弯道后直行，右岸垂柳飘飘，透过柳枝，映入眼帘的是一个浩淼的湖，碧波荡漾，几条小渔舟逐波泛游。此情此景，一下子让我的心收紧，凝视的眼球，再也不舍得离开这片动人的美景。

风微微地拂动着湖边芦苇荡，棉絮一般，轻轻摇动，如指尖轻抚琴弦，弹奏出大自然最美妙的音符；又如星空畅想，点缀寰宇间，绘出诗意。几只水鸟从浩淼如镜的湖面掠过，轻轻点了几下水，一圈圈一晕晕的，就荡漾开来了，轻盈美妙。

一帆渔舟缓缓地划来，在湖面上泛起一点白色的水纹，悠闲中透着惬意。我摇下车窗，对着湖面深吸一口气，清凉畅快。

"浴晴鸥鹭争飞,拂袂荷风荐爽"——这景致,就这样不经意闯入我的视线。那一刻,有东西感动了我,一层温暖湿润的东西裹住了我的双眸。

同行的阿张介绍道:"这就是上海天然的、最大的淀山湖,湖面65平方公里,有四个西湖那么大。只是未经什么人工开发,不像西湖被装点得那么'瘦',但她比西湖来得更朴实,更深润,更宽阔……"

说者无心,听者有意,我在想:西湖那"瘦"的功臣可是宋朝文豪、杭州知州苏东坡。他对水有一种特别的爱,留下了许多脍炙人口的著名篇章:

一叶舟轻,双桨鸿惊。水天清,影湛波平。鱼翻藻鉴,鹭点烟汀。过沙溪急,霜溪冷,月溪明。 重重似画,曲曲如屏。算当年,虚老严陵。君臣一梦,今古虚名。但远山长,云山乱,晓山青。

山与歌眉敛,波同醉眼流。游人都上十三楼。 不羡竹西歌吹古扬州。菰黍连昌歌,琼彝倒玉舟。谁家水调唱歌头。声绕碧山飞去晚云留。

这样的佳句,在苏轼的创作中,可谓不胜枚举……

这水也的确是开阔,旁边可以看见农田,青绿青绿的,为湖水平添几分生气;远处却看不到湖的尽头,好像视线的尽头还是水,水的这头便是田野,是瓦房,像我童年时代最美的梦境。

若说西子湖是一位大家闺秀、绝代佳人,那么这淀山湖更像一位朴实美丽的浣纱少女,由自然而秀,自然与健康即是她最动人的风采。

我犹如被洗礼,重获新生。

踏青石板,环睡莲池,过青石洞,登清式观湖楼,一杯绿龙井、几颗花生豆、几粒葵花籽,极目远眺,淀山湖西,一座宽二百米的大桥,气势如虹。

桥下碧水连着又一个浩淼的湖。那一片浩淼湖景更是极美,十五平方公里湖面,浩大雄浑,摄人心魄,再仔细打量,风水也是极好,坐北朝南,淀山湖和它宛如套着的姊妹连珠。

阿张见我望得入神,在一旁解说道:"这是淀山湖的姊妹湖,叫元荡湖，也有人叫太阳湖，可能是它的形状像太阳吧。"

我轻轻颔首。

阿张又说："大观园，清秀而文雅，值得一看。"

我赞同地点点头，我们立时泊车，走前细细品味。

阿张像导游似的介绍："元荡湖地处吴江东南部，是隐藏于上海之西的天然湖泊，拥有三千年悠久文化历史的吴江市，自古便是一个人杰地灵的风水宝地。"

我再度放眼望去，烟波浩渺，风光迤逦。

"在西上海，淀山湖如一颗明珠，元荡湖东与淀山湖衣带相连，会聚了京杭大运河，融汇江南水乡的灵动，承载着这一片江南的风情人貌。得其润力，贯通杭州、宁波等地。元荡湖历史上叫做伍子溪，传说吴国名臣伍子胥任宰相时，设计和建造了苏州城，曾经驻足于此，为了纪念他，这里被叫做'伍子溪'，后来才称为元荡湖。"阿张在一旁的介绍，勾起了我浓厚的兴趣。

"伍子胥？"我饶有兴致地追问，"他这样的人物，历史上怎么没有记载这一段呢？"

阿张略带得意地说道："吴越时期，淀山湖、汾湖、元荡湖一带属于边界，当时候各国形势混乱，元荡湖也小，所以也没人去记载。但这是事实，附近的百姓一直有流传，并且每年这里的民间还要吃粽子、放鸭蛋入水、赛龙舟，以纪念伍子胥。这些风俗就是很好的明证啊。"

"愿闻其详。"我看着阿张，对这未知的历史典故产生了浓厚兴趣。

阿张见状，像说书人那样，配合着眼前水景，摇头晃脑地讲起来："伍子胥父亲和兄长被楚平王杀害后，逃到吴国，因其有勇有谋，受到公子光的重用，命他重建都城。"

"这段我知道。伍子胥'相土尝水，象天法地'，在原有城邑的基础上，扩建成一座规模宏大的阖闾大城。这就是历经两千五百年至今'城域、门名循而不变'的苏州城。所以伍子胥被当做是苏州城的创始人和奠基者，而名留千史。"自幼喜爱人文地理的我，抢着接了阿张的话头。

阿张点点头："建了这苏州城以后，伍子胥在边界都驻了兵以防守都城，而元荡湖刚好属于边界，所以在这里也布了兵。伍子胥与元荡湖的关系就是从这里开始的……"

我们一边说着，一边沿着元荡湖走，微风吹拂着湖边的柳树，沙沙作吵，好像给我们的故事在伴奏……

"那时，奸臣作祟，伍子胥在几次御外敌战事中未取得理想战国，退守太湖附近练兵。一日伍子胥出来打尖，不知不觉来到一个湖边，正纳闷这是什么地方时，忽然不远处看到了一位老渔民。身穿一件破旧的衣裳，扛着一张破渔网，步履蹒跚，表情十分痛苦地朝自己走过来。

"'这位乡亲，您这是怎么了？'渔民经过身边时，伍子胥关心地问。

"渔民驻足下来，打量了一下伍子胥，见他身材魁梧、面相端正，穿着虽不是很华贵，但仍有一身风骨，绝非等闲之辈，不由敬重地问道：'这位壮士怎么称呼？'"

"阿张，你讲得就像在放电影！"我听得兴起，赞了一声。

阿张微微一笑，继续讲道："伍子胥是何等人也，见渔民的表情就知道他心里在想什么，便亲切地对渔民说：'老伯，我乃当朝宰相伍子胥，您有何苦衷不妨直接跟我道来，如有需要，我必当效劳。'

"渔民一听，是功勋卓著、百姓崇拜的伍宰相，立时像见到救星一样，当即下跪哭诉：'大人啊，您救救小女吧，您不知道，我们这湖边的村民经常受到越国渔鼓队袭扰，今日我与小女到湖边打鱼，不巧有遇到小股士兵，把小女连同我的鱼一起抢走了。'渔民说到这儿的时候，已经泣不成声。

"'还有这等事？'伍子胥闻言大怒，'附近不是有驻军吗？为何无人防守？'

"'大人有所不知，这元荡湖地势复杂，地方又小，虽然附近驻了兵，但是容易疏漏，越国的小股部队就经常钻空子骚扰我们，掠夺财产，强抢民女，我们这的百姓身受其苦啊。'

"伍子胥听到这，懊恼和自责一起袭上心头：'老乡亲，我对不起你们啊，没有保护好大家，我这就回去，派一支部队过来专门保护这里。另外，我会亲调一只有丰富作战经验的先锋部队，先行潜入越国部队腹地，不惜任何代价，也要将您女儿先行救出！'

"'大人啊,全靠您了,一定要把小女救回!'渔民激动地给伍子胥磕头。

"伍子胥赶紧扶起那位老渔民,护送他回家,一路上通过渔民了解了这湖不少事情。回去以后,他仔细研究了元荡湖的地形,发现这是通往余杭(今杭州)的必经之地,而越国在湖附近有一小支渔鼓部队,经常趁机袭击吴国百姓,侵扰边界。因湖边湖湾太多,驻军根本不能完全保障边界安全。

"伍子胥与属下商量过后,重新制定了防卫计划,挑选了一些熟悉水性及附近地形的水军隐藏在每个湖湾处,轮流站岗。附近的渔民也都主动要求参与作战,在各个湖湾以及有可以会被袭击的地方埋下各种障碍暗礁,防止渔鼓队的渔船前行。渔民与水军相辅相成,配合得天衣无缝……"

"哎呀,你就别卖关子啦。快说打战的事情吧!"我像个孩子,听得心里痒痒,忍不住打断道,"还有啊,老汉的女儿怎么样?伍子胥怎么施计援救啊?"

"看您急的,马上就来了。"阿张笑道,"花开二度,各表一枝。我们分两头说,那时候,当务之急自然是伍子胥派先锋部队救老汉女儿的事宜。"

"嗯嗯,没错!先讲这一段!"我急不可待地催促。

阿张清了下嗓子,绘声绘色地开始讲起来:"话说这伍子胥啊,还真是经天纬地、熟知各处人文地理的奇才啊!他很快就分析出,这事不能正面强攻,需要内部策应。于是就令先锋部队的百夫长联络当地渔民,通过本国百姓,又联络了越国的渔民。"

"啊?!越国的百姓?"我有些担心道,"难道要他们当内应?能行吗?"

"嘿嘿,不知道了吧?"阿张笑道,"这元荡湖的水域,连通着越国那边的汾湖水域,两国渔民合作捕鱼打捞,是常有的事,天长日久,自然生出情谊,也有成婚成亲家的。越国的百姓知道自己国家军队做出强抢民女这样的事,也是不能容忍的!"

我点头道:"此话有理。下面呢?"

"越国的渔鼓队队长抢了那女孩,猴急猴急地就要成亲,办喜酒,越国的渔民趁此机会,佯装给那队长送去喜酒。"阿张做了个手势,"其实啊,那酒里放了蒙汗药。"

我大笑道:"呵呵!好啊!一顿酒下去,渔鼓队的人不就都翻倒了?"

"可不是。"阿张也笑着道,"那天晚上,渔鼓队的士兵恭贺队长大婚,一个个都喝得烂醉如泥,那队长把女孩拖进洞房关上门,正美滋滋地想行夫妻之事,忽然间头晕目眩起来,朝着床榻走两步,还没爬到床上,就不省人事地睡过去了。"

我击掌直乐,又问:"那女孩呢?怎么出去的?"

"起先,女孩在洞房里吓得不敢动弹,到了一更天时辰,越国的渔民们摸进来了,女孩之前与他们就有所交情,听他们说明原委,顿时喜出望外,跟着他们直奔出军营,一路上,看到那么多士兵东倒西歪地呼呼大睡,差点笑出声来。"阿张的表情也随着女孩的命运变化,放松了许多,"到了汾湖边上,伍子胥派的先锋部队早就等在那里接应。"

"不战而屈人之兵,曰为上!"我赞道,"伍子胥神机妙算,不费一兵一卒完成救援,太精彩了!不过,越国渔鼓队不会这么容易善罢甘休吧?"

"可不是,那队长第二天醒过来后,恼羞成怒,没过几天,就率着部队气势汹汹地攻过来了。"阿张接着将起故事的后半段,"那是一个夏夜,没有月亮,天上只有不多的几颗星星,村民们刚吃过晚饭在家休息着,虫儿鸟儿似乎商量好了似的,一只也不出来,整个湖面安静得出奇。元荡湖边的士兵们一个个藏身暗处,用芦苇荡的天然地形做掩护,静悄悄地观察附近的一举一动。风儿在呼呼作响,好像在传达什么信号似的。突然,水面上亮起一阵火把,随即响起一阵呐喊和渔鼓声,逐渐向元荡湖边靠近。越国的渔鼓部队又来袭击了!

"元荡湖边的水军,早有准备,丝毫没有被这场面震住,他们镇定自若,等着渔鼓部队靠近。越国的渔鼓部队,自以为突然袭击会大获全胜,却没想到湖湾有埋伏,伍子胥早就算到越国的部队必将在几日内反攻,挑选了熟悉水性的士兵,做好准备,待对方接近时,士兵们立时潜入水底,埋伏好,就等战船接近,一举凿穿船底,攻他们个措手不及。"

我一愣:"在水里埋伏?这要多好的水性,屏住多长时间呼吸啊?"

"伍子胥挑的潜伏士兵,都是一等一的游泳好手,能在水里埋伏七八分钟呢!"阿张兴奋地说道,"越国部队的船接近时,那些士兵从水底往上游,粘在船底,拿出凿子凿,很快就把船底凿出个洞。这下好了,越国部队的船一艘艘都汩汩冒水,顶不了多久,就开始下沉,越国士兵慌乱了,阵形也没了,伍子胥再下令后援船队冲击过去,配合岸上和船上的炮攻、火攻,一时间,火光冲天,轰鸣阵阵!夜空都被染红了,攻势极其猛烈!不到一个时辰,整个渔鼓队都被元荡湖水军歼灭。"

"精彩!太精彩了!有勇有谋,用兵如神!"我再次击掌赞叹。

这时候,湖面的波光好像也泛动得更欢快了,似乎它也记着这一段,见我们听得高兴,它也欣喜。

"后来越国部队每次来犯,都被伍子胥布置的铜墙铁壁般的水防一次次击溃,元气大伤,再也不敢造次了。"

故事听到这里,我们大家也醉了,阿张走向湖面,背靠着栏杆,面向着我们,打断我们的遐想,继续眉飞色舞道:"后来,越国的渔鼓队也有几次骚扰,但都一一被元荡湖的水军打败,此后便再也不敢造次。伍子胥的到来,给元荡湖边的村民带去了安定的生活,保卫了他们的家园,附近的百姓十分爱戴他。他也经常给边界的水军训练,以保障边防稳固。"

这元荡湖,因为伍子胥的到来,一切都变得更美了。我看着湖面,暗暗想着。

"夫差即位以后,不到两年,伍子胥就带兵击败了越国。有勇有谋的他,遂成为诸侯一霸。但是,故事到这里,还没有结束。"阿张讲到这的时候,表情开始变化。

而我想起伍子胥的结局,情绪便也跟着凝重起来。

"夫差派伍子胥出使齐国。太宰嚭乘机进谗言,说伍子胥阴谋倚托齐国反吴。夫差听信,派人送一把宝剑给伍子胥,令其自杀。伍子胥坚决不愿走。自杀前他对门客说:'请将我的眼睛挖出置于东门之上,我要看着吴国灭亡。吴王下令把伍子胥的头颅悬挂在城门上,将其尸体用马革包裹后投入江中。"

大家都不出声了。元荡湖低沉低沉的,似乎也跟着我们在哀思。

身处元荡湖，重温这段历史，真是不一样的感受，就好像发生在身边，亲身经历。

"伍子胥本是可以逃走的，但他坚决不逃。"阿张叹息着说。

"他是想以死证明自己的清白。自古英雄都追求一种风骨。"我表明自己的观点。

阿张颔首认同道："吴国是因为伍子胥才强大的，没有了伍子胥，很快就败落了。伍子胥死后九年，吴国为越所灭。所以在吴国百姓心里，伍子胥是大英雄，是忠臣。百姓都很崇敬他。为了纪念他，后世尊伍子胥为潮神，建祠立庙，代代祭祀。并称太湖，胥江潮为伍胥潮，而元荡湖也因此又叫伍子溪。每年这里的民间还要吃粽子、赛龙舟以纪念伍子胥。"阿张呼一口气，笑着结束了他的介绍。

"原来伍子溪是这样来的。"我得知其中缘由，却道不出是喜是忧，心中情绪十分复杂，转头遥望着那元荡湖，没想到这么一片安静的湖，却承载了历史的沉浮。

屹立于岸边，静静地望着湖面。那湖面也静静地，风轻轻地吹着，仿佛在向我诉说那一段惊天动地的历史，又仿佛在向我召唤着一个新的未来。

美丽的吴江，湖泽处处，河网密布。我站在风中，浮想联翩——

在这片锦绣之地，我们吴越先民披荆斩棘，创造了灿烂的、历经千年的吴越文化。它以清雅灵秀，柔润细腻的气息为代表，是中华文化形成过程中重要的一环。在这段文明史历程中，出现过灿若群星的文人名士，它们有春秋名臣伍子胥，有将门后代陆机陆云，有千古明相范仲淹，有风流才子唐伯虎。这就是吴越文化，更有吴越名士甲天下的说法。

我感受着她的美、她的深沉、她的内涵，沉浸在她悠悠的历史和越女轻轻的笑容中。她的美不同于黄浦江的波涛汹涌，也不同于咸嘉湖的儿时顽皮，那水边浅浅的花香和水中一尾尾鱼儿都显示着她淡淡的古典和优雅。

历史上这么多名人在此留下了足迹，而今，身处此地的我又能做什么呢？我是否也能在此书写下令人传诵的故事呢？如果我能在这里有所建树，那么，不就是以吴越文化为底蕴，海纳百川，成为江南文化里一颗璀璨的明珠了吗？

偶然

"将来有一天,能在如此美好的湖畔,建一座城,一座梦里水乡,那才叫'天下幸事'。"我感慨道。

对元荡湖的第一印象,就这样深深地刻在了我的脑海里。

邂逅总是美好而短暂的,但令我没有想到的是,一次邂逅,十年梦萦,十年一觉,我的湖畔梦,从未消失。回想这筑梦的过程,几多艰辛、几多耕耘、几多回味……

十年,从浦西到浦东的过江隧道修通了,许多人放弃了大大的渡船,走起了便捷的新路线;

十年,外滩的情人墙被拆掉了,可是相爱的人们还是会在那里一年年、一代代讲述着美好与甜蜜……

十年,足以改变太多东西,足以让浦东从农田变成现代化大都市,足以让我的内心沧海变桑田。

十年一觉,几多风雨,打磨之下,梦愈闪亮。

十年后,我再一次来到淀山湖区,泛舟元荡湖上,桂棹兰桨在波光鳞影中轻轻划动,船在湖水里掀起微微波澜,轻柔的风把湖水的清凉、把湖畔的荷香,吹拂在我的身上,渗入我的肺腑、血液和思想。

儿时的咸嘉湖与眼前的元荡湖美景重叠,昔日的梦想在远处隐隐召唤:

如果可能,是不是可以在这湖边,找寻我儿时的记忆?

如果可能,是不是可以在这湖畔,建造我梦中的家园?

元荡湖啊,元荡湖啊,你承载了曾经的历史沉浮,可谓名副其实;现在,你又承载了我生长着的梦想——太阳一般灿烂的梦想,从此以后,我便称你"太阳湖"吧!

我带着满腔的梦想上岸,独自坐在湖畔的木栈板上,看着秋风吹皱一池碧水,天空中白鹭飞过,潇洒而飘逸。

秋风之下,金色夕阳里湖畔的芦花不停地摇曳,似乎在向人们招手,又好像在呐喊着什么。

一艘渔船划来,一对渔家夫妇抬着一满筐胖头鱼和一满筐鲈鱼走上岸。

我过去看向筐里,不禁赞叹:"这鱼好肥呀!"

渔夫看看我,笑了:"您是懂鱼的人,一眼就看出这鱼肥美!"

我也笑了,又酌酌有味地问:"那这鱼为什么这么肥啊?"

"因为这水活,有灵性。它来自浙江天目山,水这么好,鱼当然也好了!"

我赞同地点点头,与他们挥手告别。

夕阳中,这对渔家夫妇的背影拖得好长。透出的是令人羡慕的简朴和幸福。

初阳雨

春意渐浓树芽绿,微风吹逸初阳雨。
雀鸟欢鸣桃花瘦,暖暖小楼花伴伊。
独立木栈水无际,一片小舟渔家女。
遥摇远去鸭无影,何日君归醉花语?

我不禁想起当年和桑叔一起摸鱼的幸福时光。

那儿时的宏大梦想,这一刻,又清晰了几分。我在心中呢喃道:"桑叔,我要为你盖的梦里水乡,就要开始了!时至今日,它又岂止是红砖瓦房那么简单?我要建的,是湖畔别墅!有绝美的周边环境,有鲜活的动物植物,在那样一处地方,才是真正的美妙居所!"

我望了一眼不远处的村庄,幽幽地隐在湖畔,静霭恬淡,袅袅炊烟淡淡地飘着,透出无尽的美好生活气息。我不禁怦然心动,悠悠然地朝那里走去。

走过一条狭窄的小泥路,有路边清清的花香相伴,没多久,就来到了湖畔的小村庄。

低矮的茅草屋杂乱无章地紧挨硬挤着,伴着简陋的猪圈鸭棚,好像是被人遗忘的旷野。走近时,能看到鸡、鸭、鹅、狗随处乱跑,水沟横竖交错,和着那些家畜家禽的粪便臭味散发到空气里,闻着叫人直是皱眉。

村子里有人在聊天,有人在打牌,小孩子们就在家门口玩着泥巴,沾得满身都是。无论是大人小孩,都穿得极为朴素。

他们的家中,只有一些很简单必不可少的家具——床、桌子、椅子,还有一些自己种的玉米、红薯等。除此之外,便再也看不到其他家产。

看到我这个陌生人到来,他们都纷纷侧目,很好奇地上下打量着我。

我走进一家屋子,打起招呼:"乡亲,好啊,我是上海来做地产

偶然

生意的，路过元荡湖，觉得这风景不错，过来走走，顺便到咱们村子里看看。"

男主人赶紧拉了张椅子给我坐下，露出朴素又羞涩的笑容。也许是我的相貌和穿着让他觉得随和亲切，也许是他本质的纯朴和善良根本就不会对陌生人有防备，又或许是这里的民风本就如此。

我坐下来，与男主人拉起家常："乡亲，贵姓？"

"不敢，姓王。"男主人有些拘束地回答。

"哦，家在这里多久了？"我轻轻问道。

"也记不清了，反正祖宗就在这里。"他憨憨地笑着。

我轻声探问："在这里，大家一直都过着这种打渔、耕种的生活，住着茅草屋？"

他不尽释然地笑道："我们都是普通老百姓，不干这些，能做啥子呢？不像您，做大生意。"

"那乡亲们可想过改善生活？"我说的时候，已经有不少村民过来凑热闹了，一个个脑袋黑压压地挤满王先生家门口，估计是想看看我为何许人也。

"当然想啊，我们都想住上城里那样的新房，多干净舒适啊！"一个村民插话，其他人也跟着附和。

"住上瓦房！"多么熟悉的字眼，多么熟悉的梦啊！我可以看到他们眼睛里闪烁着的那对美好生活的向往，他们都想让自己祖祖辈辈的土地变得更加美丽，想住上新瓦房，想过上干净舒适的生活，平凡中透着幸福。

我又问道："那为什么大家不建呢？"

"我们都只是种田打渔的人，哪有钱盖瓦房啊！""想也盖不起啊！""凭我们挣的钱，猴年马月啊！"……几个村民七嘴八舌地说着。

我看着他们眼神里的巴望与失落，心里有些难过。

我想起了故乡茅屋为秋风所破的生活，我想起了大瓦房的魂魄。但这朴素的原生态景象，却保留了这片土地最为本真的色彩，就好像一张纯净的白纸，等待着妙笔丹青来为它绘上最为美丽的图画。

我为他们的勤劳所感染，我为自然的气息所折服。我感到我有必要用心为这些从历史深处中走来却似乎被改革开放新时代忘却的人们做点什么……

离开他们,我去拜访了村书记。村书记热情地接待了我,他告诉我这样一件事:"1996年,有个商人在太阳湖南岸投资了一个'富罗贝尔'游艇俱乐部,四亿多的投资,四年之后亏损倒闭,黯然离去。"

我微微一惊,问道:"这是为什么?"

书记叹了口气:"投资人太过急功近利,不懂项目又忙于推进,最后导致整个项目的质量太差,全盘崩溃。"

我看着村书记,没有说话。我知道什么话都是多余的,只有行动者才有资格发表言论。

告别了书记,我走进倒闭的"富罗贝尔",只见一片荒凉,杂草长到半人多高,各处锈迹斑斑,破败的景象让人痛心不已。这像警钟一样敲进我的脑海里,让我铭记。

太阳湖,这条巨大的水带几乎会聚了江南水乡所有的精髓,是满载生命的灵动之水,它是那么静美、那么涤荡心灵。

浩淼的太阳湖连接着淀山湖,一眼望去,水天一色,无边无际,像海一样宽阔,比海还要宁静。

偶然间,那种顿悟的感动,再次来临,如封印在心底的力量被唤醒:我要将太阳湖畔变成一个春有樱花飘落、夏有水芝绽放、秋有木樨飘香、冬有银杏守望的花园!

"野芳发而幽香,佳木秀而繁阴,风霜高洁,水落而石出!"我要造出欧阳修诗词中的景致,一年四季皆有花香扑鼻,满眼绿意;我要建造湖畔的诗意家园,将矮小破旧的茅草屋变成漂亮气派的新居,让人们过上幸福而美好的日子,既是我由来已久梦想,也是那些我所深爱的人们的梦想。

十年积聚,十年生长。我听到了磨剑霍霍的声响。是的,湖畔家园已然起航。我的梦想,就要开始书写华章……

出乎意料的是,投资太阳湖,遭到了公司论证会上专家组的集体反对——

"太阳湖区环境综合评定是不宜居的。我们首先要面对的是这些沼泽和泥潭,其次要改良土壤,让这里能种得活花草树木,另外,还要修路架线、治理湖水质量……"专家讲解之后,我得到的是几乎一致的反对意见。

"在这里投资风险太大,成本太高,周期太长,远景不见得看好……"

"简直是白日做梦,这不是异想天开吗?!"反对的声音使会场的气氛趋于白热化……

"黑沼泽、白碱地、荒芜的滩头,自己寻觅已久的地方难道就是这样?"我一遍又一遍地问着自己同一个问题,现在我太想知道问题的答案了,因为我知道,开弓没有回头箭,无论是与否,一旦有了答案就意味着什么……

在某些特殊的时候,这样的文化价值,是无法用金钱所量度的。它所能衍生出的价值,也超乎想象。

我曾经不止一次地捕捉到过这样的时刻。这一次,同样有那种相似的感动和启示。

闭上眼睛,深呼吸,让自己安静下来,再次回想起站在湖边的那一瞬间,那时,我看到的便不再是眼前的一花一草、一水一波,我看到的是历史的轮回与美丽的明天。雄鹰只有展翅云霄,才能搏击长空,一览万里,不是么?

心灵与冥冥中的那股"缘之力"再次相通,我清楚地体会到以往的那种感动。我知道,不需要犹豫了!

有了这样的感悟,有了成长中念念不忘的"水缘",渐渐的,我对太阳湖的架构,心中有了雏形:一定不能比我在加拿大看到的那些差,更要比美国乡村的那些别墅好!

依然十分清楚地记得,我当时带着这样的理念,邀请著名的美国PJAR建筑设计事务所,来为太阳湖大花园勾勒蓝图时的情景:

第一次洽谈,PJAR的设计主管就信心满满地告诉我:"只要你能想得到,我们就一定能做到!"

"这正是我想要的!我的灵感结合你们的专业设计能力,最终呈现出理想和现实唯美结合的建筑物。"听到这样的回答,我似乎发现了将心中图景变为真实的途径,兴奋地将心中所想,形象地描述给他,"我心中的太阳湖,会让我想起碧海蓝天的佛罗里达湾,在那里考察时,我就对当地住宅的建筑风格赞叹不已。她的景观设计精巧、空间布局得当,人与大自然、建筑与风光相映成趣,交融一体;它的视野极其开阔,住户能将那辽阔的海面尽收眼底,打开窗帘,扑入眼帘的是金色的沙滩、浩瀚的大海与飞翔的白鸥……我要在太阳湖大花园中为她的居民营造同样美好的生活环境。太阳湖虽然没有大西洋的辽远,但她的柔美与呵护一样让人沉醉,我要让她的魅力感染所有的居民,让大花园变成人与自然和谐共生的家园。"

描述着心中的蓝图,我有些忘情,感觉自己在朗诵一首赞美诗。也正是如此,我知道,自己的理念已经完美地传达到了设计师那里。

果不其然,那些经验丰富的设计师们纷纷竖起了拇指,由衷地称赞道:"李先生,你的设计理念十分先进!生态和自然已经成为未来建筑设计的大趋势,我们和中国的开发商有过多次合作,但是像您这样看重自然、看重生态的还十分少见!"

我微笑着答道:"伴水而居是我小时候的梦,我想做的,不过是把我童年的梦想化作现实罢了。"

"小时候的梦?"设计师们听到这样的说法,都瞪大了眼睛,面面相觑,点头不已。我知道,他们也因为我的想法,变得更加有激情。

水的灵性,在每个人内心,其实都有深深的感动。

按照我的理念构想,美国的设计师们严谨高效地做出了八套设计方案。其中一个"水岸太阳"的规划,吸引了所有人的目光:水畔升起的太阳,既有初升旭日的朝气蓬勃,又多了几分水的娇柔与妩媚。

我拍手叫绝:"这个正合我的建筑理念,能实现人和自然的相互关照。"

方案报送建设局专家审批,一次性便获得了通过。

筑梦,终于开始……

诚心十年,我的公司产品线上,只专注于做"太阳湖"这么一个项目。

如今,"太阳湖大花园"与美丽的淀山湖、汾湖风景区一道,成为了上海附近最大的旅游休闲圣地——绿树成荫、紫藤缠绕、繁花似锦,仿佛置身陶渊明笔下的桃花源。

精心设计的景观叠水、引进的珍贵鸟类、放养野生鱼以及圈养聪慧的小松鼠,既能让您在回家的路上体验盎然生机,也能坐在休闲木亭里,品清茶小果、听鸟儿啼唱、看松鼠嬉戏、享垂钓之趣、观大湖美景，美轮美奂，不亦乐乎。

尤其是进园不远处的那一潭碧波天鹅湖，更是令来过"太阳湖"的人赞不绝口——

湖面上一群群洁白的、魅黑的天鹅，或安详优雅地结伴嬉戏，或温情脉脉地交颈摩挲，或悠闲自得地以嘴梳理羽毛，或颈扎水中，翩翩跳起"水上芭蕾"，令人不知不觉被这群精灵带进自然、融入天地，流连忘返。

之所以开掘出这样一个人工天鹅湖，其实，是因为一个美丽动人的传说故事触发了我的灵感——

在我初初走近淀山湖的那一年，不经意间，抑或是机缘巧合下，我看到了淀山湖旁边，坐落着一方小庙。瞥到它时，我会心一笑，悄然朝那里走去，湖边的风轻轻伴拂着，苍松翠草，绿意盎然，红墙灰瓦的寺庙，在着自然美景中，透出别样的韵味。

轻轻叩响寺门，一位慈眉善目的老和尚出来迎接我，我们相视而笑，坐湖边品茶参禅，畅谈起来。

"你看太阳湖如此美景，其实还有一个动人的故事发生在这里，这故事赋予了整个湖灵性！"老和尚端坐湖边，微微眯着双眼，眺着水面，淡淡然说道，"很久很久以前，在太湖里，人们常常可以看见一对'伉俪'的情影。"

我宛然道："伉俪？渔夫织女吗？"

老和尚笑着摇头："这对伉俪是两只天鹅，一黑一白，相映成趣。黑天鹅是白天鹅忠实的护花使者，他每天围绕着白天鹅起舞，为她唱着情歌，日复一日，从未停歇。"

我肃然起敬："天鹅也有这样的情感，大自然的精灵，让人自叹弗如啊。"

"何尝不是？"老和尚点头道，"每当有渔夫划着船靠近时，黑天鹅会不顾一切地冲过去，极力驱赶，直到渔船远去。它对'心上人'的感情之深，令世人都会汗颜。

"它们是湖上一道最为靓丽的风景，是点缀在湖中的精灵，能赋予太湖生命的气息，天长日久，湖畔居民都视它们为朋友、家人。可是，天有不测风云，有一次，贪婪的猎人射中了美丽的白天鹅，将它掳走了。路上，白天鹅拼命挣脱，受伤的她奋力扑向水面，终于摆脱了猎人的魔爪。但是,由于体力消耗过大,白天鹅昏了过去。"

老和尚讲到这里,愁眉轻锁,我也凄然叹了口气,为白天鹅的命运揪心。

湖面的风大了,吹起我们的衣襟。几只水虫在近水出"噗通噗通"地跳过,波纹荡漾,层层叠叠,圈圈晕晕。老和尚看着水面,继续讲了起来:"顺流而下的白天鹅漂流到了元荡湖,被一个憨厚淳朴的渔夫发现了,它的美,令渔夫惊诧。渔夫心疼这不知来自何方的美丽精灵,把它抱回了家,替它养伤,喂它吃药,数月调养、悉心照料后,终于,白天鹅康复了!"

"它一定很着急想回去找自己的爱人吧?"听到这里,我终于松了口气,也忍不住插话道。

"是的。白天鹅一直都很想念黑天鹅,病好后,天天都在湖面上,望着南方发呆。有一次,渔夫看到了白天鹅发呆的神情,就过去问它:'你总是望着南方,是想家了吗?'

"那白天鹅是有灵性的,可以跟人对话,它美丽的颈项点了点:'是的,我想家了,我在家乡,有一个从小玩到大、青梅竹马的朋友——黑天鹅。它不知道我现在的情况,一定很着急、很担心,一定也是这样天天望着湖的远处,思念着我。'

"渔夫听到这里,心里有些难过,他不忍心白天鹅忍受这样的相思之苦,虽然自己很喜欢白天鹅,很想把它留在自己身边,但他更加懂得白天鹅的心情,毅然放下自己的私心,说道:'我陪你一起回家,去找黑天鹅吧!'

"白天鹅转过身,看着渔夫,眼里溢出泪水,那是感激的泪水。"

我仿佛也感受到了他们当时那种急切的心情,急忙说道:"归心似箭,爱意正浓,我也替他们着急呢。"

老和尚点头道:"都会有这种感觉的。他们沿着太湖找,逆着水流,一天天,一夜夜,风藏露宿,阻隔重重,他们完全忘记了自我。功夫不负有心人,终于,他们找到了黑天鹅!"

"好呀。"我轻轻拍了下掌,"团聚一刻,肯定是感人的。"

天空碧蓝碧蓝,一丝浮云划过,一片波心照玉湖,犹如映衬当时的情形,整个水域,都有那段美丽故事的记忆。

偶然

"世间情爱,莫过如此。"老和尚点醒道,"备受思念之苦的黑天鹅,正郁闷地梳理自己黑色的羽毛,原来他一直静守在那里,从不曾离开过。白天鹅看见爱人昔日油光闪亮的颈羽,甚至已不见光彩,没有爱情的滋润,它的状态是如此低迷……

"落日染红了半边蓝天,夕阳中,心痛不已的白天鹅向爱人飞去,一声长鸣,扑落在黑天鹅的身边。那一刻,黑天鹅的眼里突然间有了光彩,欢快地一跃而起,它们在水面上激舞飞扬、纵情欢歌。太湖的居民们看到归来的白天鹅,也是喜出望外,整个太湖,仿佛都活了!从此,两只天鹅形影不离,生死与共。每天都在一起嬉戏游玩,梳理羽毛。而那善良的渔夫后来去了寺庙当和尚,祈愿要帮助天下更多苍生……"

这个故事如此感人,也给了我创造天鹅湖的灵感。如今,那些天鹅们已经永远以"太阳湖大花园"为家,这里的居民们也非常喜爱它们。

很多小孩子欣喜地告诉我:"李爷爷,我们以前只见过白色的天鹅,这还是第一次看见黑色的,感觉很不一样。白色的天鹅像公主,而黑色的,像王子。"

面对着动人的故事和眼前的精灵们,我提笔写下了:

    黑天鹅

东风起,亭亭玉立,池塘西;

黑亮羽毛红头记,挺首穿行,玩游戏。

五姐妹来参与,分离相聚好欢喜。

拍翅娅声,泪流溪。

真情谊,好兄弟。

相拥在一起,从此不要再分离。

天鹅湖建成后不久,我发现其中的两只黑天鹅开始单独"幽会"了。为了这对爱侣终成眷属,我让饲养员特意为它俩搭起一个爱巢——天鹅屋,并在它们的爱巢旁立了一块牌子:

"请把脚步放轻一点,声音放小一点。情侣正在窃窃低语。"

很快,黑天鹅夫妻爱的结晶诞生了,天鹅湖里增添了两只可爱的小黑天鹅。不久后,又有两只毛茸茸的小家伙破壳而出。

四只小黑天鹅始终在鹅爸爸和鹅妈妈身边,寸步不离,像一个个绒毛球般，可爱无比。幸福的天鹅一家再次成为明星。蹒跚摇晃地走在湖边，小小队伍，小小家庭，引得住户们天天观赏，成了整个大花园里一道靓丽的活风景。

每次来到天鹅湖边，就会看到那四只小黑天鹅正在快乐地嬉水，毛茸茸、胖乎乎，煞是可爱。

小天鹅们一看到我来，以为是喂它们好吃的了，自动排成一排，齐刷刷地朝湖边游了过来。看着它们整齐划一的动作和那期盼里带着乖巧的眼神，真是令人欢喜得不得了。

用现在的流行语来说的话，简直是"萌翻了"！

松在，松花开，

人在，节气还，

相依相偎沧桑月，

锦绣江山千秋代。

走进太阳湖大花园，五万多棵大树在向你问好。仰头看去，满眼清新。大樟树、罗汉松、银杏树、桂花树、雪松树、紫薇树、冬青树、茶花树、香泡树，每一棵树背后都有着一段说不完的故事。

皓月当空，湖畔静思，看眼前绝美绿景，心神悠然奇旷，感动与自豪难以抑制。我不禁遐想，是什么样的"妙缘"让我能编织出这样的梦境？

我一点点去思考、一点点去回忆，自己当初是怎样建造这样一处绝美之所在的——

要完美实现太阳湖的蓝图，关键在于整个环境的改造，或者说，已经不是改造，而是整个重塑！环境建设，靠经验积累，靠知识涵养，也靠美的感觉捕捉！

有朋友曾这样问过我："是怎样，实现你心中关于太阳湖的这段蓝图？"

我看着眼前的美景，回忆良久，答道："它既没有一劳永逸的解决之道，也没有固定不变的规律法则，关键靠见多识广，不断感悟美、寻求美，以及对世界的独特感知。大量的阅读和实地调查，获得经验，练就对美的卓越敏感度。实践中学习，才能做好！"

我曾一次次去到施工现场，一边监督，一边思考：有水、有房还远远不够，我要建的是一座花园，一座和谐的天堂。似乎还缺点什么……

我凝望着清澈的湖水出神。对了，我想到了——树！

我要用森森林木涵养出钢筋混凝土的灵魂，用浓浓绿意柔化建筑的刚硬。

树像人一样，不是一时半会儿就能促就的。树需要沉淀，需要积累，需要用生命去理解大自然，慢慢地才能够长好，长茂盛。通过这种对大自然的喜欢、对植物的热爱，太阳湖筹建当初，我们就很花心思在绿化建设上。

想起1998年去美国参观拉斯维加斯Bellagio Hotel（美丽湖大酒店），在拉斯维加斯大道最繁华的地段，巍然屹立着一座三十六层高的优雅建筑，她的倒影浮现在占地近九英亩的湖面上，湖边的垂柳、湖畔的楼阁，与湖水中的倒影相映成趣，勾勒出大沙漠上的一个奇幻世界，叫人心醉神迷，不能自拔。

夜间，游人停留在湖边，欣赏湖光美色，享受微风触肤。

忽然，明亮悠扬的乐曲响彻夜空，随着轻快的节奏，湖面上瞬时喷出一排排水柱，在华灯照射之下翩然起舞，来回跳跃，高时直冲云霄，低时又如同观音坐莲，时而千军万马奔腾飞跃，时而垂柳临风摇曳飘荡。

水柱的动态和乐曲的节奏配合得天衣无缝，随着越来越高昂的乐声，排排水柱冲上凌霄，美不胜收。

导游在这样的美景中，适时向我们解说道："整个酒店装饰金碧辉煌，完全是欧陆的豪华风格，是拉斯维加斯最奢侈的几家酒店之一。但Bellagio除了豪华的住宿条件，还有好几个特殊吸引人的地方，其中一个就是室内植物园。"

我来到旅店内，确实看到了那独具匠心的设计，虽不能跟正经的植物园比，但也是相当巧妙，环境优美，情趣盎然，还有喷泉点缀其中，平添一份精致。

酒店老板本尼迪克坐在轮椅上接待了我们，他告诉大家："我年轻时，翻过一座山，走呀走呀，几乎已经走到体力不支、心生厌倦时，终于翻过了那座山，抬眼看去的瞬间，我看到了山的另一边是一片湖，湖水的周围是青草，是绿树，天做幕布，地做奇景。啊！太美丽了！那个瞬间，除了赞叹还是赞叹，如果当真要让我说出一句评价——"

本尼迪看着Bellagio Hotel著名的荷花"天花板",眼睛好像失了神,又好像因为向往而忘掉了周围的一切,许久,才喃喃地说出一句圣灵感孕似的赞叹:"最美。"

"最美",这样简单纯净的两个字,是的,也只有这两个字,才能描述出契合了心灵的那种美丽。

最美的天是湛蓝的清澈、最美的湖边一定要有绿色作映衬。绿色是生命的颜色,能给人带来喜悦、畅快和舒爽。在我梦中的画面里,"野芳发而幽香,佳木秀而繁阴",这是来自生命深处的渴望。

"建设湖畔家园,绿化一定要先行!"这是我参悟出来的建筑理念。

朋友看着眼前太阳湖满满的绿意,折服地颔首,又问道:"但是,据我所知,这太阳湖的绿化,其实是非常难做的。工程的一、二、三期,都建立在滩涂水泽地的基础上,那些地的土壤天生不适合种树,它们是一些淤泥,很滑,而且不透气。"

我笑了笑,解释说:"为了制造一个湖边的绿色家园,我必须要营造一个很好的绿化环境,有很好的氧气、负离子,即使花再大的代价。遇到水塘沼泽,我们就先引水开河;地势低洼处,我们就开通内流河,将所有沉积的水引走。再把土壤吹填上来,垫高整个地势。"

"但是在这样的土,上面依然是无法种树的,因为这些土是生土、土地内层土,还是不可以种植物啊?"朋友又追问道。

阳光透过婆娑树影,斑驳落下,湖面粼光点点,恰是在同样发出疑问,是何缘故,造就出这样的肥沃之地?

我俯下身,舀起一点水,轻轻洗了下脸:"为了实现建造湖畔森林的梦想,还要改造土壤,我选择黑龙江双鸭山附近的泥炭土进行铸基。"

"改造土壤?如何改造?"朋友的神情有些纳闷。

"北土南调!"我铿锵有力地说道,"公司斥重资从东北拉来了一专列又一专列的泥炭土,多达三十个火车车皮,我们用这些肥沃的养料滋养、调和着这片曾经贫瘠的土地,也调和着我梦里的水乡,柔化着环境和人文的边界。这项工程是艰难的,但我坚持一定要搞下去。没有富有生机的土壤,就不会有湖畔的森森林木;没有湖畔的绿

偶然

树成荫，也就不会有我梦中绿色的湖畔家园。"

朋友的神情肃穆起来，说道："看得出来，你们的努力，成功了！曾经的不毛之地，变成了一片孕育生命的沃土。"

"我想，可能不单单是努力。"我感慨道，"在做着这些看似学术化、枯燥的事时，我的心却依旧火热，我的幸福感与日俱增。因为，我清楚地感觉到，我是在一点点地'织梦'，把年幼时一次生命中偶然的感动和与水结下的不解之缘，一步步地实现，是这个梦牵引、感动着我去做这一切。"

"哦？织梦？"朋友喃喃着重复这个词语，"你这个说法，很美。"

湖畔，被花草树木过滤的空气流淌过来，沁入我们的心脾。我和朋友仰头看着蓝天绿叶，白云飘飘，静静感悟大自然的美好。

太阳湖

天目山泉太阳湖，风雨清，浪声赋，鲤鱼跃过水车瀑。

群虾竞足，客舟到芦，亲朋笑语如。

楚树越茶丹鹃杜，鹦鹉天鹅琴中步，荆秀松涛杏花墅。

柳岸暮晚，大爱一生度。

一份绿的记忆，带着我回到童年——

小时候，我住在湘江边上，那里就有很多树，有水有树，润润盈盈、丰丰泽泽。

童年家中那几只小樟木箱，也是带来无尽的温馨回忆！

那几只樟木箱，里面装满了衣服，母亲经常会在夜灯下，把一件件叠好的衣服小心地放进去。那轻轻柔柔的动作，总是温暖着我。

有时候，母亲也会把一些零碎钱币和好吃的藏在里面。母亲的这个动作引起我的好奇心，我总是偷偷地去打开箱子瞧，好像能找到宝物似的，仿佛翻着翻着就能翻出几件漂亮的新衣服，翻着翻着就能找着好吃的。寄宿学校以后，每次我回到家，就会闻到家里那几只樟木香的气味，一种熟悉的味道就会扑来，仿佛那就是妈妈的味道，就是家的味道，就是亲情的味道。

而今，再也找不着那样的樟木箱，但每次闻到太阳湖大花园里香樟树的味道，童年的快乐时光依旧会从眼前一幕幕生出。

我也喜欢花，尤其是素雅的桂花。它的花虽小，却秀而美，清香沁人心脾，入人魂魄。尤其是那红丹桂，一小丛一小丛地，抱着团开，美得让人心颤，却也让人感慨怜惜，因为其生命实在短暂，只有十五天花期。

茶花则兼具牡丹之绚丽、梅花之风骨、荷花之清纯、桂花之芳香、菊花之缤纷、月季之多姿。

关于这种树养花之道，却是一位叫欧阳春的老人给了我启发，使我明白每一株参天之木或娇艳欲滴的鲜花背后，都有一段说不完的故事——

依然清楚记得，婺州金华，蜿蜒清澈的小河边，坐落着一个小小村庄。

身在庄外，清雅的花香就扑鼻而来，让人心醉不已。这里的村民们莳花育树的经验和能力让我惊叹，一时间流连忘返。我最后来到一所花农宅院。那里的茶梅，花开得巧笑嫣然，艳丽绝伦。

棵棵树干壮实，枝条柔韧，充满了生命的活力。

我的目光一下便被吸引："就是这里！这才是我想找的花！"

轻轻敲门而入，迎接我的是位年逾花甲的老农，古铜色的皮肤，干练的眼神，让人平添几分信任之感。

惊喜之余，我连忙问他："老先生贵姓？"

"复姓欧阳，单名一个春字。"老花农看了看我，欣然答道。

他一边和我闲聊，一边认真地弄起那些花来，轻轻地给她们梳理叶子，小心地喷着水。那一棵棵茶梅树在他手里好像特别听话一样，他们好像是老朋友，又似亲密的恋人，在一起看来是那样和谐，又是那样默契。

欧阳老人见我看花时神情专注，也觉得遇到了知音，热情地问道："先生看起来也是个爱植物之人。"

"呵呵，让您老见笑了，业余时喜欢种一些，但不像您老这么专业。"

"爱植物之人，都是有灵性的。"欧阳老人欣赏地点着头道。

"那我们都是有灵性之人。"

我看看他，他看看我，两人相视一笑，那笑容里有着自然的默契。瞬间，我觉得跟欧阳老人特别有缘。

"您老为什么只种茶梅呢？"我忍不住好奇地问道，觉得这其中必有奥妙。

老人停下忙碌的双手，带着欣赏的笑意对我说："先生是个有心之人啊。我钟爱茶梅，是因为它的独特，它体态玲珑、叶形雅致、花色艳丽，具有茶花的艳丽又有梅花的风骨，但比茶花内敛低调，又比梅花花期持久清香。"

"哦，是吗？"我还是第一次了解茶梅，欧阳老人的介绍，让我对之又多了几分兴趣。

"而且关于这个茶梅还有个美好的故事呢！"老人看出我兴致正浓，笑眯眯地话锋一转。

"什么故事？"我迫不及待地追问。

一来二去，欧阳老人谈兴大发，搬了把椅子给我，自己也拿了个凳子坐下，欣欣然地给我讲起了故事：

"很早以前，有一个纯朴、善良的小伙子，名叫牛二。牛二家里很穷，父亲早年去世，母亲又久卧病床。家里世代以种茶花为生。他在祖上传下来的那块地上，每天都辛勤地种着茶花。每天，天刚蒙蒙亮，他就到地里给茶花浇水、松土、修剪……忙到天黑才回家，有时候遇到刮风下雨，电闪雷鸣，即使是半夜，他也要爬起来去帮她们遮风避雨，生怕茶花会受到伤害。"

"那他是真爱茶花。"我忍不住感慨着插话道。

"是啊，可是不爱又怎么行呢？家里没有什么别的可供他维持生计的活儿，就只有这么一块地，从小就只跟着他的爹学了种茶花的本事！"老人叹息，显得那样无可奈何，又是那样心疼。我想欧阳老人或许也过着苦日子，所以才能这么同情小伙子的处境吧。

"对他来说，茶花就是他的命根子，他要靠她们养活自己和老母。"老人家停了一下，继续说道，"有一天，天刚刚亮，他又起来了，在还有些暗的屋子里，他蹑手蹑脚地穿着衣服鞋子，生怕吵醒母亲。他那衣服和鞋子都已经破得快不能穿了，但却十分干净。屋里，只有两张小床、一张方桌、两把破椅子，还有一个小灶台和水缸，看起来都很旧。屋子是木头订起来的，木板看起来已经很多年了，好像风一吹就会垮掉一样。小伙子穿好衣服，从水缸里舀了一碗水喝下，拿了锄头就悄悄出门了。"

欧阳老人端起茶杯啜饮了一口，看着窗外，眼里有东西在闪烁。

"母亲其实早就醒了,他只是不想让儿子知道,看着儿子离开的瘦弱背影,老母亲的眼泪又情不自禁流下来。自从丈夫死后,她就跟儿子相依为命,儿子每天早出晚归,辛勤地种着茶花,可是茶花却不见好,怎么也卖不出去,家里一贫如洗,她这一身病也拖累了儿子,越想心里就越难过。

"牛二来到地里,给茶花浇水、松土、修剪……黑瘦黑瘦的他早已成为了这山地一处特殊的风景。可是,一天天过去了,一月月过去了,茶花依旧长不好。

"牛二站在地里,微风吹在他黑瘦的脸上,单薄而破旧的衣裳在风中呼呼作响。满地的茶花就像他一样瘦弱,叶子小而偏黄,树丛中只有稀稀疏疏地长着不丁点几的花骨朵儿,可怜巴巴地看着它们的主人。"

听到动容处,我也不禁叹息一声,摇了摇头,窗外蓬勃招展的树木,似乎也在为此惋惜着。

老人接着说道:"'这样的花怎么能卖得出去呢?'牛二手捧着一朵惨淡的小花,满脸愁容。放眼满地,左思右想:也许是土壤肥力不够,可是又没有钱买肥料,能怎么办?牛二边琢磨着边下山。

"走到山下时,突然眼前一亮,他看到一个泥潭,'有了,淤泥比较肥沃,如果我能把这些淤泥挑上山去,土壤就一定能够肥起来。'牛二飞奔回家,拿起担子开始挑淤泥。一担一担,一担一担……山路崎岖而狭窄,从山脚到山上就有好几里路,平常挑水就已经很累了,如今淤泥比水还要重不少,不一会儿,全身就已经湿透了,汗珠大颗大颗地从他的额头上往下掉。烈日照在牛二的身上,好像要把他烤熟了一样。"

"挑泥,可不是一般的辛苦啊,这一担一担地挑,不把人累死才怪。"不知怎么的,牛二挑泥的样子让我想起父亲挖煤时的痛苦,顿时让我一阵心疼。

欧阳老人也是有些神情肃然地点点头:"可是,还能有什么办法呢?牛二看着满山瘦弱的茶花,牙一咬,又继续开始挑,直到天黑才回家。这样一天天下来,挑了不少淤泥,可是山下的淤泥有限,不多久,淤泥就挑光了。'淤泥不够啊,怎么办?'牛二苦思冥想,依然找不到可以挽救茶花的办法,看着茶花一天天消瘦下去,牛二心痛不已，暗自落泪。

"终于，牛二病倒了。躺在病床上，牛二痛苦不已。破旧的屋子里，牛二与母亲都躺在床上，绝望地看着彼此。

"'母亲，儿子不孝，种不好茶花，拿什么养活你啊！'牛二悲痛欲绝。

"'儿啊，咱娘俩好苦啊，娘对不起你啊，连个媳妇都没帮你娶过。'母亲痛哭流涕，看着躺在床上虚弱的儿子，心疼不已。"

"好可怜的一对母子。"我看着欧阳老人，他的眼神告诉我，我俩现在心里有着同样的感受。

人生，有时候就是这样子，有些事情再怎么努力，也是无济于事，有可能是因为命运，有可能是因为一些不可抗力，也有可能是牛二本身就与茶花无缘，与天搏，自当粉身碎骨。对于如此纯朴简单的牛二来说，面对命运的考验，他又能如何？

"那他该怎么办呢？"我焦急地问，担心这对可怜的母子。

欧阳老人看着我笑了起来："这时候，重要人物就要出场了。"

"重要人物，什么重要人物？"我很兴奋。欧阳老人深谙故事之道，关键时刻吊我胃口。

"茶梅仙子。"欧阳老人调皮地看着他的茶梅，并用眼神示意我看。

"茶梅仙子？"我兴趣大增，连连追问，"那后来呢，后来呢？"

欧阳老人憨态可掬地继续跟我讲起茶梅仙子来："昏黄的夜光从破旧的窗子里照进，照在这对可怜的母子身上，照在那破得快要撕烂的被子上。仿佛一阵风就能把这对母子带走，仿佛一场雨就能把整间屋子洗劫一空。

"牛二昏昏沉沉地睡着了，迷迷糊糊地做了一个梦。梦里，突然从院子的花丛中冒出一股白雾，雾气中竟然走出一位美丽动人的仙女。仙女身着一条红白相间的裙子，裙摆是一朵漂亮的、似茶又似梅的花朵。仙女面带甜美的微笑，慢慢地向牛二走过来。走近时，牛二闻到一股清香，那香味沁人心脾，让他精神大振。

"'你是谁？'牛二吃惊地问道。

"仙女行了个礼，温柔地说：'小女子为茶梅仙子，掌管天下所

有茶梅。'

"牛二一听是茶梅仙子,想起身行礼,茶梅仙子赶紧上前阻止他:'公子有病在身,不必多礼。'

"'敢问仙子找我有何事?'看着眼前美丽的茶梅仙子,牛二又惊又喜。

"'小女一日碰巧经过公子家的茶花园,被公子种茶花的诚心所感动,而今看公子为了茶花而病倒,欲帮公子一把,以表我的崇敬之情。'仙子眼波流转,情真意切地说道。

"'仙子能帮我,那真是太好了。'牛二激动不已,一下子看到了生活的希望。

"'我给公子一些茶梅花的种子,藏于公子地里那块大石头的后面,您取来把它种上,新花就一定能长好。'

"'是真的吗?那能行吗?'牛二半信半疑。

"'公子放心,我给您的茶梅种子,只要您认真种上,就一定能有收获。'

"'谢谢仙子搭救之恩。'牛二下不了床,就连忙在床上向仙子跪拜。

"'公子不必客气,只要您好好爱护我的茶梅就好。'茶梅仙子笑意吟吟地说道。

"'仙子请放心,我一定好好种茶梅。'

"'那公子多保重。'说完,茶梅仙子徐徐退出,没等牛二反应过来,就已消失在花丛中。"

"就这样走了?"我望着欧阳老人,对茶梅仙子突然降临和短暂的留驻表示不舍。

"就这样走了。"欧阳老人的表情很淡定,看都不看我,继续说道,"第二天,牛二从梦中醒来,想起昨晚的梦境,不知是真是假,但无论如何,他要去看个究竟。于是,他不顾病魔缠身的痛苦,起身穿衣,爬起来就往地里跑。气喘吁吁地奔到地里,果真在那个大石头后面发现一包花种。他喜出望外,拿起茶种小心地放在怀里,飞也似的往家里跑,病一下子就好了。这哪是病,分明是愁出来的!

"'娘,我们有救了,茶梅仙子来救我们了。'还没等迈进家门,牛二就冲着屋里喊。

偶然

"'儿啊,怎么了?'牛二的老母亲从床上艰难地爬起来,一脸憔悴地看着兴奋的儿子。

"牛二跪在床前,抱着自己的母亲,把昨天晚上做的梦跟母亲讲了一遍。

"'我们有救了,有救了!'母子相拥,双双留下了激动的泪水。

"随后,牛二就跑上山,一股劲儿地把整块地都翻了,全种上新的种子。干起活来也比以前更起劲了,仿佛希望就在前方。

"很快,新种子发芽了,长出一棵棵碧绿的小树,不久后,小树也长大了,并开出满山遍野的花来,有红的、白色,一朵朵,一簇簇,一眼望不到边,花朵就像仙女的裙子一样漂亮。而树叶碧绿碧绿的,衬托得花朵鲜艳欲滴。这一朵朵漂亮的小花就像在欢迎他们的新主人一样,一个个花枝招展。

"牛二高兴坏了:'原来茶梅花这么漂亮!'

"他兴高采烈地把新花拿到市场,众人见到他的花,独特又漂亮,纷纷过来围观。

"'你这茶花怎么这么特别,这么漂亮?'围观者都纷纷抢着问他。

"牛二骄傲地说:'我这不是茶花,是茶梅花,是新培育的良种。'

"大家都很喜欢他的茶梅,不一会就全卖光了。而他此后每次去,花都要被抢购一空,那些富人尤其喜爱他的茶梅盆栽。"

"这下好了。"我终于松了口气。

"牛二家的生活一下子就好了起来,母亲的病也得治了,也有姑娘愿意嫁给他了。牛二娶了老婆后,与母亲一起过着快乐的种茶梅花的生活。但他始终没有忘记茶梅仙子的恩情,对茶梅更是呵护有加,并世代相传。"

故事讲完,老人还意犹未尽地沉浸在那幸福的画面中。

我也听得痴了迷,再看眼前的茶梅时,已是不一样的感觉,仿佛是一个美丽的仙子在绿叶丛中翩翩起舞,在传播一个又一个幸福的种子。

"原来茶梅还有这么一段美丽的故事。"我感慨道。

"是啊，故事深深打动了我，我因此爱上了茶梅，便决定此生只种茶梅。"老人说的时候目光已经转到他的茶梅上，而那茶梅似乎也读懂了主人的目光，深情款款地回望着主人。

我看着欧阳老人那情意深深的眼神，突然明白了老人心中的感情。或许打动老人的不仅仅是牛二种茶花的故事，还有那茶梅象征着的希望与幸福的意义吧！

一个人，越是到年老的时候，所追求的东西越是简单，而那种纯净的精神世界，却是很多人无法理解也无法读懂的。

不知怎么的，看着他简单而快乐的样子，我突然想起桑叔来。想着他们做着简单的事情，追求着这种简单的幸福。而这样的幸福却也是我所羡慕的。我当即就决定买下一百棵茶梅，为的是这茶梅所赋予的一切美好意义。

欧阳老人见我这么喜欢他的茶梅，特别高兴，一边给我打包花，一边又兴味盎然地跟我讲起种树的奥妙来："其实，种树也是很简单的。但简单的道理很多人往往不懂，或者忽视。树是生命，是生命就有他生命的规则。种树就得按照它特有的规则来。"

"那树的规则是什么呢？"我忙不迭地问。

"就是它的灵性。"老花农言之凿凿地说道，"其实所有的生命都是有感情的，树也有感情，你对她投入感情，她就会长得好。"

我打趣道："您不是树，怎么觉得它们是有感情的呢？"

"关于植物是否有感情和思想，很多人都有研究，我们姑且不管它们是否真的有感情或思想，但是世上的万事万物都是由能量组合而成的，能量就是一种振动频率，每样东西都有它不同的频率，但他们会互相影响，无形操控有形。振动频率相同的东西，会互相吸引而且引起共鸣。所以才会有人通鸟语、蛇语，等等，因为他们懂得去运用这个相互之间振动的频率。"

欧阳老人突然说出一段富含哲理的话来，令我大感惊讶。这样的说法还是头一次听到，但也觉得不无道理。

"那么，怎么去运用呢？"老人停了一小会之后接着说，"有听过'水知道答案'的故事吗？"

我定睛地看看欧阳老人，真是人不可貌相，老人说到"水"，一下子就让我产生了共鸣，顿时对他多了几分敬重，谦卑地答道："略有耳闻。"

他说:"其实树跟水道理一样,树也有感知,你怎么对他,他就以同样的情绪对你。有人用树做过实验。种两棵树,一棵欢乐树,一棵愁苦树,每天对那棵欢乐树送予关怀和赞美,结果他就长得茂盛浓密;而对那棵愁苦树不理不睬或是恶言相向,结果那棵树接近枯萎。"

"真的吗?真有此事?"我感到十分诧异。

"是的。我们的意念、思想是有能量的,它们的能量振动会影响其他的东西。"老人再次强调自己的理念。

我似有所悟,嘴里念念有词道:"能量相互影响。我们的一切思想、行为、情绪都会影响到这树的生长情况。"

"对!"老人兴奋地回答,"所以我们想要它长得好,就要对它付出正面的东西;相反,如果我们对它很负面,它就会受其影响而长得很消极。"

"原来如此!"这一原理的发现,让我茅塞顿开。

老人爱植物,爱这些茶梅,把他们当成朋友、亲人一样看待,就像他的老伴,有时候连他老伴都吃醋。他经常半夜里会醒来,想到他的茶梅,就会跑到农院里,给他们浇浇水、松松土、抓抓虫,有时候还跟他们说话,就像亲密的恋人一样。

欧阳老人就是这样照顾他的茶梅,他比别人对这些树更用心,因此他的茶梅就比别人长得好。

如果树是有灵性,那么有灵性的生命就会相互吸引和影响,所以往往喜欢树、能种好树的人都是有灵性的人。

告别欧阳老人,我带回了一批茶梅,也带回了更深层次、更高维度的种树养花之道。

从此,我在栽培植物时,更加用心了,不但用心,更有属灵层次的与花草树木的交流。我开始懂得万事万物都是有灵性的,他们就如同人需要爱一样,需要呵护、需要关怀。所以,要用心对待他们,用心与他们交流,用心跟他们交朋友。当我用心去感知它们时,我发现它们赋予我的也是超然的快乐。

太阳湖大花园绿化工作伊始,绿化队伍不能理解我的苦心,就连跟了我多年的工作人员，也产生了一些情绪。

有一次在现场，一个工人一路走来，脚下踩倒了好几棵树苗，但他好像没看见一样，依然只顾往前走。

我看了非常心痛，指责道："你刚才踩到树苗了，请把它扶起来，重新种好。"

工人忍不住小声嘟哝："苗又踩不死……"

我听到了，跟他说："是啊，但是你知道它们都是有生命的东西吗？你是人，踩你，你不也会疼吗？"

听我这么一说，他好像觉得有点过意不去了，于是倒回去，把树都一一重新种好了。

一个搞工程装潢的业主，买了房子后，不喜欢我们种下的树，就擅自把树给砍了。

我知道后非常生气，告诉他："我卖给你的，是这房子，不是这树。房子，你不喜欢，甚至可以铲平，重盖。树不行。所以，你不仅要赔这棵树，还要做检讨。"

"我就砍了一棵树……"业主嘟嘟囔囔，无法理解我的严厉。

"你要了解，树是生命。它们是一直在生长的，所有生长的东西都是有生命的，有生命的就有灵魂。虽然植物不会流淌像我们人类那样鲜红的血液，植物也没有大脑，但植物有神经。植物和人的关系是相依为命的，它们吸收的是二氧化碳，释放出的则是氧气……"

我和这位业主交流了很长时间，终于，他不是很情愿地写了检查，并把树赔了回来。我把他写的检查，张贴在全小区，还请了和尚过来，专程为这棵树做了水陆道场法事。树也是生命，生命遭摧残而横死，不做法事怎么行？！要超度树的亡魂，让它安息。

自然，砍树的业主知道了厉害，也间接起到了"杀一儆百"的作用。后来，再没人敢砍树了。

有一回，我先从上海飞广州，在那边待了一天，看了苗，确定好，然后飞回上海。第二天早上再直接飞浙江萧山，然后又坐了三个多小时的车子跑到江西。到了晚上大概十一二点，再坐车子到金华选购。连续三天都这么不停地跑，就为了采购苗木。

同行的下属连连感慨："老板，您这么大年纪了，精力真是太好了……为什么要那么辛苦，去各个城乡里选择呢？"

偶然

我看看下属年轻的脸庞，摇摇头："可能你对绿化苗木相对知道的还不够多，现在市场上好的苗木越来越少，要找到好的苗木，就要经过不停的寻找。普通的那种苗木规格到处都有。但是那种超大规格的，包括精品苗木，必须精心挑选，才可以找到好的东西。"

"像您这样的老板真是少见，买苗木的时候，可能很多人看中的是价格，但是您更多在乎的是苗木的生长情况。您追求苗木品种的精品，追求设计的精品，对现场的施工要求也很严格。很少地产商会像您这样，对绿化这块这么重视吧？他们顶多重视房子的质量……"

我笑了笑，也不做解释。

在太阳湖大花园，我会常常检查，这样种植是否合宜、施没施肥等等。

我想，不爱苗、没有爱心的人，我不喜欢。我自己很爱苗，物以类聚，我自然也希望下面所有的员工都可以像我一样爱护苗木。物以类聚，人以群分，身为带头人，我自然不会允许在自己的企业里面存在没有爱心的人。

这样的工作、生活习惯，我不知道是什么时候开始、怎么养成的，只是不知不觉就陶醉于这样的方式里，全身心深入、透彻、全面地了解探析着自己想知道的每个环节。

我很享受这种细致的工作方式，慢慢想来，可能是多年来，一直在"善缘"的感召下，因为热爱着生活、热爱着世界，才养成的良好习惯吧。

"哪棵树好，得让树去说。"就连对待供苗商也是如此，他们送苗子给我的时候，知道要送最好的苗子，要尽量缩短路上物流时间，保证树木健康。

很多员工私下议论我："为什么对人这么严厉？"

这种反应很正常，但是，绿化的标准无论如何，是必须达到的。

我给他们上课，先给予肯定："目前阶段，大家做得是不错，业界同行也一致认为，我们现在这个景观标准已经做得比较优秀了。"

大家一阵喜悦，自以为做得很好。

"然而，"我话锋一转，"它还不是最优秀的，离最优秀还有很大的空间，还不是最好。人要不断否定自己，这样才能不断提升，不断完善。"

"那要怎样才可以？"他们有些不满了。

我告诉他们："人要与大自然和谐相处，要以人为本，爱花木如爱生命，所以，最最重要的是要有爱心，爱苗之人才能把苗养好，要把植物当成自己的生命，像爱护生命一样爱护树木，才能很好地去耕作。"

还有很多人不甚理解，面面相觑着。

我干脆向他们讲起欧阳老人告诉我的茶梅仙子的故事，听得大家如痴如醉，末了，他们的口吻就变了。

"李总，植物和人，真有生命的联系？"

"李总，他们像小孩？要用爱心呵护？"

"哎呀，我们之前太随便了！没好好待它们啊！"

听着大家的纷纷议论，我笑了，我知道，我已经将对植物的爱，种入每个员工心中……

果然，后来太阳湖大花园的树，长得特别茂盛、挺拔，透出一股别处觅不到的活力。一般罗汉松，一年才开一季花，叫松花。而这里的罗汉松，却因为土壤改良得好，肥料适中，一年可以开三次花、四次花，最好的竟能开五次花！

大道悠然，种树如此，对自然的保护与装点亦应如是。后来我常常想，环境是要呵护的，要怀着一颗诚挚之心与敬畏之心，去呼吸自然的气息、体会她的神秘，凡事顺自然之道而为。既要让自然并不张扬的美丽姿容呈现在世人面前，又要细心保留其不带雕饰的纯净风韵，所谓清水出芙蓉，天然去雕饰。逸兴横素襟，无时不招寻。

人与自然，本来就该这样互生互助。自然哺育人类，人类感悟自然，同呼吸，共命运，相得益彰，浑然天成，美不胜收。

很多记者后来采访我，都会问这样一个问题："很多小区，很多别家楼盘，基本上就是几棵小树，装点一下就算。为什么你需要70%这么高的绿化率？"

我只是这样回答："纯粹是为了环境。我想要的，是森林的感觉，要让房子住在森林里面。所以我要营造出纯自然生态，来于自然，归于自然。这也是我自小就有的一个梦想。在水和绿中建造理想家园！"

偶然

　　沿湖边的小路前行，美丽的太阳湖一望无际，湖水清涌，碧波荡漾。拱形的木桥上，木板长廊，亭台楼榭，浮雕小筑，与这一池湖水相得益彰。放眼望去，一栋栋欧式风格的别墅，掩映在绿树丛中，若隐若现。石板路两旁各种名贵花木，郁郁葱葱，层层叠叠。在这里你可以尽情地享受自然的美景、天然的氧吧。

　　梭罗，这位湖畔的文豪，曾在他的名作《瓦尔登湖》中如此写道："我不必去户外吐故纳新，因为屋内的气息一点没有失去它的新鲜，坐在一扇门后，与坐在门外一样，即便在大雨倾盆的天气，亦是如此。"

　　如今，在我的太阳湖，这样惬意的生活一样可以拥有。

　　春夏秋冬，四季更迭，太阳湖大花园，都有它的绝美景致：

　　春天的脚步轻盈到来——

　　这里百花盛开、争奇斗艳。先是报春花，腊梅过后，鹅黄的迎春花开，一长排的紫荆含苞欲放，紫色的紫荆，像锦缎一样铺排开去，长长的，一整排，洋洋洒洒，缠缠绵绵。

　　紫荆花事未谢，桃花就吐蕊了，娇嫩的粉红、艳丽的深红，在680米长的景观大道上，一棵桃树一棵柳，一株鲜花一株碧草。

　　柳树刚刚冒芽，满眼新绿。闭上眼想象一下，就是在一片艳红粉红后面，还有一些紫色的流云般紫荆背景，再点缀一些嫩绿色的柳芽。

　　桃花开的时候，旁边的梨花、杏花都会开，它们是雪白的，素洁点缀在其中，将谢未谢，自有另一种特殊的美。再过一两个礼拜，樱花就一路盛开了，因为有早樱和晚樱两个品种，花期持续整整两个月。

　　在这一年四季最美的季节，家家户户的院子里、地上长满花草，二月兰、百合花，宛如花朵铺成的锦缎地毯，看得人不忍踏入一步。

　　夏天临近了——

　　紫薇从初初绽放到全盛，草本绣球、紫色的睡莲和别样红的荷花也开了。从灌木到水泽，一簇一簇。

　　香樟、罗汉松、银杏、桂花、雪松、紫薇树、冬青、杨柳……一齐释放着浓浓绿意，生生将酷暑抵挡。太阳湖的夏天里是有凉风的，仲夏之夜，微风习习，芳草萋萋，飘飘动动，听取蛙声一片，如坠绿野仙踪,奥芝国的冒险故事,俨然就是在此上演的……

等夏天过去,紫薇已谢,荷花凋落,金秋来临——

很多菊类植物开放,弯弯绕绕,别样风情。而树,则成了秋天最深刻的记忆印痕,火红色的栾树、大红的红枫、银杏树的绿叶全部变成金色,地上一层层黄色的小叶子,碎金一般,煞是养眼。

冬天的时候——

慢慢的,红梅就开了,香气浓郁的腊梅在绽放,小小的茶梅那时候已经含苞了,都是红色的,也有一些粉色的点缀其中。遇上落雪积白,婉亭小桥、湖面径道、精雕小品,都是银装素裹。在银光里看旭日东升鱼肚白,在雪夜里观上弦月爬柳梢眉,整个大花园清冷中透着雕塑般的静美。我在这里想起《御苑青瞳》的开篇序幕,那一场动静相宜的感慨,岂是别处可寻觅的?

十年树木,百年树人,沉寂的付出,只为收获幸福美妙的梦里水乡。

自然与

  青燕如盈,娇人引领。西过大观踏莎行。太阳湖畔春潮吟,万树千啼相思迎。

  悠悠清香,醉入故亭。一起一伏小舟近,几度归来桃花令?

自然与君梦中情。

站在森森树林中,每个人都赞叹着这里郁郁葱葱的苍天树木、清新怡人的新鲜空气、精巧别致的亭台楼阁、婉转秀美的曲水流觞。他们在这里一下子看到了未来幸福的生活、幸福的家园,一见倾心地签下了购房合同。

我亲临售楼处接待来访的四方朋友,微笑着、倾听着:

"你们这个地方太美妙了!城市里快节奏的生活,水泥森林的压抑和逼仄,让我感觉自己的生命都灰色而窒息的。现在看到这里的房子和环境,我感觉自己的心胸一下子豁然开朗!生活一下变得如此美好!"一位来自上海、事业上非常成功的先生,一进太阳湖,满眼的绿树翠柳让他激动得紧紧地抓住我的手,如此这般说道。

我拍拍他的肩,与他相视而笑。

一位上市集团的老总跑来告诉我:"我非常喜欢你们的房子。为什么你们能把房子造得如此符合我心里的想法?"

偶然

"您具体说说看,怎么个符合您心里的想法?"在这么问他时,其实我心里已经知道答案,因为这本就是我画了数十年的圆梦图,一切从人最深层次的需要出发而建,岂能不让人人喜爱?

"区间划分得很精细,房型和活动空间也很科学,最关键的是风景非常好。"感慨完后,他当场一口气就决定要买七套!

我笑着问他:"您为什么要买这么多套?自己家肯定住不了这么多啊。"

"我是以集团的名义买,一两套给我们高管休闲度假用;另外的会给我们员工,作为出来定点户外活动的场所,你们的游泳池很不错,这样对我们的员工身心放松、健康都很有好处。"他一边说一边赞叹,我看到他的眼神,就像找到梦里的童话王国一般。他是真真切切地爱上这里了,要知道,这里的每一套房子,占地面积都在十一亩左右。后来这位老总还自己搞了一个小型的网球场。

一些从国外回来的客人,对太阳湖也是赞不绝口:"在这里,感觉到一种真正和国外一样的放松环境,但它离市区又比较近,优点更明显。真难想象在自己的祖国,能有像在巴厘岛一样的感觉。"

更有一位同行盛赞:"'太阳湖大花园'是地道的养生城!"

所谓养生,我的理解,最大的好处就是让人心静,荡涤你的灵魂,让你净化、让你冥想。

冥想是一种悟道,人生就是感悟,人冥想的是人世间的道理,是人的快乐、幸福、价值等问题,而这些又使一个人知识、灵魂整体得到提升。冥想的最高境界就是反思,湖水能洗净我们的私心,私心没了,我们就会快乐很多,这是一种生活境界、一种精神空间的享受。它所包涵的意义已经远远超脱了别墅本身的价值。

我想,人们看重的不仅仅是此间的房子,而是得到一种心灵的归宿感,感觉自己的人生在这里有一个归宿点。而我造房子,也不是只让人来享受,而是想让大家为善做点事,因为有善心的人才会活得快乐。太阳湖大花园,有这样的功效,潜移默化、不知不觉,让都市里的人,心回自然。我从童年的梦里开始勾画,让它变成现实;而它,又用独特的灵性,将人们从现实生活里带回甜美的梦中。

一位曾经居住在太阳湖盐碱地的老太太重新回到太阳湖,惊呆了,一遍遍向陪同的儿子询问:"我们是不是走错了地方,是否停留在梦里？"

"妈，没有走错，这也不是梦，这是新建的别墅。"她儿子笑着回答她。

"是呀，曾经的低矮茅房不见了，盐碱地不见了，取而代之的是幸福的花园，洋溢着生态、和谐的气息……"我细致地向他们介绍园区的情况。

老太太的眼睛里放出了明亮的光芒："儿啊，我们搬回这里住吧。"

"妈，你要从繁华的徐家汇搬到这里吗？"她儿子向她确定道。

老太太说："这里有儿时的记忆，这里有生长的味道。"

我想，很多人都有老太太这种感觉吧！"太阳湖大花园"是一个美丽的家园，是一个让心灵拥有归属感和幸福感的家园。

"第一次看到太阳湖大花园，印象最深的即是空气，城市的污浊刹那间变得清新，那种凉爽是直入肺腑的。如果仔细在路边慢慢走，可以闻到泥土与植物的芳香。风是温润的，空气是带着爽朗凉意的。在小区里逛着，觉得那是我一个人的世界。其实有很多人，但是安静，就像是你一个人的。"吴江文联的一位散文作家如此描述他的感受。

想到这些绿色的生命在太阳湖花园里，一天天成长为参天大树，造就一片又一片绿荫，与我一起携手，共同完成理想中的梦之园，我便喜不自禁。精心培育的名贵品种源源不断地栽种到太阳湖一期的各个景点，各个幢号之中，像我的孩子，与我心灵相通，睡梦中，都能感觉到它们生根发芽的破土之声，能闻到它们花开结果的馨香之气。

又有一位文人来过太阳湖后，曾这样感慨："十五平方公里湖面的太阳湖，三千六百多米湖岸线，辽阔壮丽，美不胜收。我们的'太阳湖大花园'，就沿着太阳湖的湖岸一一展开，绿树成荫，紫藤缠绕，繁花似锦；极目之下，万顷湖景可尽收眼底，仿佛置身陶渊明笔下的桃花源。"

我们先建环境再建房的开发理念也让世人眼前一亮，绿树葱茏的大花园让所有的来访者心旷神怡、艳羡不已。

闻名而来的购房者更是络绎不绝。其中有本地的上海人，亦有远道而来的外埠客，还有回归故乡的沪上游子。他们当中的很多人一走

偶然

进大花园，就被这里"湖畔热带雨林"的生态环境所震撼。互不相识的彼此却很快在太阳湖畔找到了共同的语言——自然。

短短三个月，106幢"太阳湖花园一期佛罗里达海湾式别墅"便告罄。我们投入了三倍于建筑成本的资金搞绿化，而这美好的环境也成为了大花园取得成功的诀窍。

这是"环境先行"理念的成功，是绿色的成功，是太阳湖生态美景的成功，也是源自生命里的那个梦想被坚持，并得以实现后附加给我的祝福。

2008年的秋天，10月1日，我在太阳湖畔举办了一个冷餐晚会，请了上海市歌舞团演员来表演，邀齐了所有一期、二期的业主，也包括给我们做协调配合的政府官员。

司仪在晚会上这样介绍："各位来宾，请好好享用我们冷餐会的食物，因为这些都是太阳湖独有的：太阳湖原生态螃蟹、太阳湖独产白水鱼，完全不用饲料，只吃谷子、杂草、幼虫的鸡鸭……都是真正的纯天然有机养殖。"

"哇，纯天然，绿色！太难得了！那我可要好好吃一顿！"有食客开玩笑似的喊起来。

也有爱美的女士这样说道："听说吃绿色食品还可以美容减肥哎！"

这些有机食品，异常受欢迎，回归自然，是每个人骨子里的天性。

晚会高潮，是在我端出亲手烧制的养生汤之际。在汤里，我用的全是土特产，原汁原味，白水一煮，连味精都不放一颗，却是鲜美无比，很快就被大家抢喝个精光。

大家纷纷赞叹："和平时在上海吃到的，味道完全不一样，太鲜了！太香了！"

是的，这就是我举办这个冷餐会的目的。我想让大家自己品尝出环境的重要性。如果环境全部都被破坏了，就再也不能吃到这种原汁原味的美味了。大家也会永远忘记这么愉悦的生命体验。

试过真正的湖居岁月么？

那是一种清清淡淡的气味、悠悠远远的梦想记忆。

像空气中飘送的不知名的花香，像赞美诗里深深的感动，像仰望星空的心灵洗涤,还像追溯传说的真情流露。

日光是灿烂且寂静的,星光是清楚且明亮的,植物仿佛都会对着天空说话。静谧,优美。只有在这样的恬淡里,才能听见鸟叫虫鸣、窸窸簌簌,在脑海里营造出一幅动人的小品。

她的美,令人惊艳、令人神往、令人陶醉。

太阳湖蕴含着深沉的中国情愫,城乃欧美风情,湖与城的结合却看不出丝毫的矫揉造作,东西文明、艺术被有机地融合在一起。

走近如今的太阳湖大花园,神秘多元的欧美风情迎面扑来,在这个大庭院里囊括了西方的各类建筑文明,犹如一朵奇葩在幽谷清水边散发着全新的气息,令人豁然间耳目一新。

举目远眺,在绿荫掩映下,西班牙式、威尼斯式……一场建筑艺术的盛宴摆在眼前,让人深刻体会出海洋民族的火辣之情。

她的美,美在静,美在悟,美在行,美在无,美在天与绿相连,美在心与天相依,美在花与意之间,美在无痕无际无边浩瀚宇宙的思绪中,美在人对生命真谛的豁然开朗里。

美会让你醒悟,美会让你激动,美会让你创造,美会让你奉献,美会让你一生一世辛勤不止。

驻足这一方水土,笑看花开花落、云卷云舒,感悟"秋水共长天一色,落霞与孤鹜齐飞"的意境,让整日忙碌于都市间的人们感受到久违的回归自然的惬意。

这里将大艺术与大自然完全交融一体,人们在坐享尊贵的同时,却从未疏离过清雅的大自然。

在太阳湖大花园,戴耳机是浪费的,只要静下心来,可以听到很多细碎的音乐:风掠湖水的声音,鸟的低鸣,树叶在风中婆娑。太阳湖大花园的房子也很美,美得真实、亲切,想象得出此间生活的幸福人们,如此心怀喜悦,夜夜安然入睡。

太阳湖大花园第四期两千五百亩土地,我正在规划投资建文化产业园、教育园,也在努力争取得到北大的专家们、英才们的帮助,为我们民族的千秋伟业增砖添瓦。

当然,也在继续凝聚升华和丰满着那个童年的梦……

这儿时的梦,太过美好了!一路引领我的事业,祝福我的人生。整个太阳湖大花园,就这样构筑了我的梦,美轮美奂,真真实实。每每念及此，总有幸福微笑爬上嘴角。

我看着这水这树、这绿、这景，动心往事，浮上心头——

十四岁那年，美丽的咸嘉湖畔，翩翩少年初长成。咸嘉桥上，我帮桑叔推着装满行李的三轮车。那天，阳光很好，湖面波光点点，映着我和桑叔的眼帘。

"桑叔，你去城里，还回来吗？"我停下脚步，不舍地问道。

桑叔和蔼地笑着，摸了摸我的头，几只水鸟轻叫着掠过水面，那声音，我听着有些忧伤。

我咬了咬嘴唇："桑叔，那……我想你了怎么办？"

"你可以来城里找桑叔。"桑叔的眼里也流露出爱怜，他转过头去，看着湖畔自己住了那么多年的茅草房。

"那你不回来，这房子也不要啦？"我带着一丝好奇，追问道。

"傻孩子，那本来就是西湖厂的房子。桑叔退休了，房子自然要还给厂里。"

"桑叔，城里的房子，是不是比这还要好？"我喃喃着道。

桑叔点点头："城里是砖瓦房，比这茅草房牢固，住着也更舒服。只不过……城里没有这么好的水、这么好的湖罢了。"桑叔的声调，有一些些变化。

我灵机一动，道："那，桑叔，在这里造个那样的砖瓦房要，要多少钱？"

桑叔好奇道："你问这个干什么？"

"我长大了，在这里造个城里那样的砖瓦房，请桑叔回来住！"我下定决心般地说道，"让桑叔又有好房子住，又有漂亮的湖水看！"

桑叔微微动容，道："建房子可要好多钱。"

"到底多少嘛！"我的态度很诚恳。

一丝欣慰的笑容爬上桑叔嘴边："好几千呢。桑叔现在的工资，一个月才二十块。一年也才两三百哦。"

我心算一下，吐了下舌头："哇，盖这个房子，要十几年哦！"

桑叔哈哈大笑："那以后你还盖吗？"

我仔细地想了想，认真道："我不知道自己以后会不会有那么多钱，不过，我如果有钱，就一定在湖边盖个大砖瓦房！请桑叔回来住！桑叔，你来不来？"

少年气势，一诺千金。桑叔看到我认真的眼神，眼眶里也有晶莹的点点闪耀，和湖面上的波光映衬着。

"好，那时候，桑叔一定来住！桑叔就是老得走不动了，也要来住！"桑叔慈爱地抚着我的头……

当年，看似幼童无知稚语的承诺，这个简单的约定，历经三十年，不想今日终于成形。它始终在我心中隐藏着，一点点地成长着。犹记而立之年，我远渡加拿大游学，见到那里的海景别墅时，这童年梦想和约定，更是如被揭开封印所唤醒的蓬勃力量，一发而不可收。

"桑叔，时过境迁，我的承诺要加倍！我要建的，岂止是砖瓦房？我要觅一绝美的大湖水景所在，盖起比这北美海景别墅还要好的养生天堂！你一定会高兴来住的！"

豪言壮语依旧在耳畔，梦境也在努力和机缘祝福下成真！可如今，独独缺少的，是斯人已不在……这太阳湖与咸嘉湖，同宗同源，太阳湖比咸嘉湖大了四倍有余，我的"梦里水乡"比当年的承诺又大了岂止四倍？记忆中，咸嘉湖的水又清又透，流出一股清新、一股惬意，而我初见太阳湖时，时过境迁，已是污染颇重。

带着梦的力量，我重塑了这里整个六千亩立体生态环境！何等气势，却掩不去内心少年时对桑叔承诺的柔情——"桑叔啊桑叔，您现在在哪？"

我望着"太阳湖大花园"美轮美奂的景色，感慨万千，这人间仙境一般的地方，唯独缺少了您这个最重要的角色。如今，这已然成真的"梦"，我是因为与您的童年约定而织就的啊！是您给了我第一道推动的力量！

"太阳湖大花园的意义已经超过了别墅本身。她们不单单是混凝土的结构，承载人的形体，更重要的是，她们收留了羁旅行役的漂泊心灵，感动呼召回一个个迷失在繁华都市里的过客，她们吐气如兰的温馨里升腾起浓浓的幸福情意。"一个著名的旅游房产杂志这般报道她。

如今，我自己也常常回太阳湖大花园住上一阵，无论春夏秋冬，每当我走出户外，走进那闪亮的晨曦之中，我的心情就会变得格外明媚，感觉自己活力四射。

偶然

我或是邀请朋友来我家造访小住，或懒洋洋地躺在摇椅上倾听虫鸟乐章，或在花园里闲庭漫步享受清新绿意，或在露台上慢悠悠地享用午餐，然后睡足午觉。生活在湖畔，真是慵懒着、幸福着，重获内心的宁静与从容。

坐在自己建设完成的别墅的花园木亭中，回想一梦十年的点点滴滴，不禁心潮起伏，感慨良多。我起身眺望窗外的太阳湖，那片镜子般的湖面，开阔、内敛、静谧。

诗人喜欢在湖畔以诗抒情言志；禅人喜欢在湖畔打坐悟禅；道家喜欢在湖畔采天地之灵气养生叙道；儒家喜欢在湖畔的宁静中反省修身；渔人喜欢划着小船抬着一筐筐鲜鱼上岸。我深深地赞叹诗歌之精妙、语禅之玄机、修身之苦功、养生之怡乐、收获之欢欣。

我不是诗人，亦非禅人，不是道家，亦非儒人，也没有缘分成为太阳湖上的一位烟波钓叟。我只不过是梦中的一个孩童，岁月长途上匆匆而过的路人，时光里嬉戏的顽皮老人，什么都想什么都念的痴人，实实在在干事业的勤快人，如能干好几件事便欣慰非常的知足人。

我喜欢成为一个从有为到无为，从贫穷到富有，再到贫穷的豁达人，一个创造一座金山，把它散遍大地，赤条条而来，赤条条而去的无羁绊之人。

曾几何时，生活在繁华、忙碌、拥塞、压力与竞争中的我们，莫不对蓝天、纯净空气、明媚阳光充满了向往。在太阳湖大花园，可以找回属于自己的那份真实与笃定。慢下来，依循心的韵律与节奏。

这个时代，很多人已经忘记，闲慢二字，要怎么来写；清凉境界，又是怎样含义？

尘世遗落的闲与慢、静与寂，正是在太阳湖畔安住的最大魅力所在。

在露台小坐，远望太阳湖，沐阳、喝茶、阅读、小憩、冥想。临水的花园院子，流光清音，自然生发。

且看云起，只听心吟；臻享美意，心赏太阳湖。

当然，我最爱的仍是站在湖边，静静冥想。我太需要思考了，惟有在思考中，我似乎与周围的一切融为一体。

我站在湖边，又想起桑叔："童年时那个关于'大瓦房'的梦完成了，但桑叔您却已辞世。如果改革开放早一点开始，或许，我的梦能早点筑成，或许，桑叔您也能赶得上住到这里。太阳湖大花园建好了，桑叔您却走了，希望轮回时，您能尽快来到这里，看到我为您和天下所有有情人建的这'太阳湖大花园'"

漫步在太阳湖的码头、花园、小桥，我一边感慨，一边寄托着对桑叔的祈愿。

春·太阳湖

春雨孕芽翠，东风散花飞。待到云开时，望君载霞归。

我常常在其中盘旋着，任思绪漂浮。慢悠悠走出长廊，来到了另一方院落，扑面而来一股淡淡的清香，满眼嫩绿青葱，奇花异草，美景无双。院子右边的池塘，水色青碧，浮萍缓漂。在池子中间一口泉眼，汩汩往外喷涌，荡起层层碧波。在大湖之畔，几乎处处可见水，庭院似乎已经不是谁的庭院，而是水之庭院。这有意为之的一笔，是为了将水的智慧、水的情操带给这里的朋友们。

在重工业肆意发展的今天，新鲜的空气、天然的清泉对于常人来说也变得弥足珍贵。那些滥砍滥伐、肆意挥霍的人们，丧失了人类本有的善心。可水却还包容着他们，依然努力地哺育着人们，树砍了得以再长，花谢了得以再开，似乎可以无穷往复，是水在努力维护着自己的孩子们。水，用她自然豁达的高洁品格，洗去世俗中尘埃，忘却心境间芥蒂，用舍得之义气，维护着生命的本源和真实。

手轻抚着院子里的香樟，感受着水给我带来的感悟，感受着水善待一切的品格。水绝不怨天尤人，只怀一颗善心、平常心。人生处世当如水，善待一切，灵活，能流，能奔，能升，能降，适境而居，不妄求环境适应自己，而是使自己适应环境，这样心里就会呈现出"宁静的森林池水"。

自从与水结下不解之缘后，我也自觉是个慕水之人，想如这太阳湖水一样做个大成之人。一个人终其一生，若能在德或智的某一方面为人所称道，已属不易；若能德、智兼备，则更加难能可贵，堪称凤毛麟角。而同时拥有这两种品质的人，必能立下一番非凡功业。只有以水之智立身行事，才能在时事变幻中历经磨砺而不言放弃，在迂回中积蓄力量，在通变中寻找出路，在前进中练达智慧人生。

太阳湖的水，滋养着树木、花草，也滋养着这些慕水而居的人们。我希望尽自己一点绵薄之力,让人们更亲近这时刻时刻围绕在身边、养育着我们的"母亲"。

在这个圆梦的地方,带着对水的特殊亲密感,我写下了歌词《幸福万年长》,获得了MTV金奖。

一
手把一支划船的小桨,
满载鲜花儿去街上,
划呀划呀划呀划呀,
清清的河水,
花儿香哎!

二
手把一支划船的小桨,
卖完了鲜花买衣裳,
划呀划呀划呀划呀,
穿着新衣,
真漂亮,
手拿着桨,生活甜似糖,
似水荡漾,日子也飘香,
划呀划呀划呀划呀。

三
手把一支划船的小桨,
阿哥撒网我摇桨,
划呀划呀划呀划呀,
满船鱼儿,
条条壮!

四
手把一支划船的小桨,
阿哥抱我坐船上,
看着夕阳,望着流水,
爱像江水万年长,
哎……
手儿划着桨,生活甜似糖,

哎哎……

似水荡漾，日子也飘香，

划呀划呀划呀划呀。

因为太阳湖大花园，地产同行、媒体朋友们给我起了个别号："环境大师"。

大师，自然是万万不敢当的；环境，却是发自内心热爱、敬畏、尊重、善待的。这里有从小到大的梦和缘。

"安得广厦千万间，大庇天下寒士俱欢颜"，古人认为，家，就是遮风挡雨的房子，而在现代社会，家应该是依据环境法则建立的安居、乐业。家，不仅仅是一处瓦房，能够遮风挡雨，还要伴之生机盎然的环境，与周围的绿树、花草、虫鱼鸟兽共呼吸，这样的家，才有了生命的气息。

我想起这样一个故事：韩国普通农夫成范永，在济州岛生活了三十六年。那里是世界上最美丽的庭园，那里是世界唯一的盆栽艺术之苑；那里是一位农夫执著的信念与理想，那里的每一种树木都揭示出伟大的哲学。

一个偶然的机会，成范永听到关于济州岛的广播节目，便去到那里，从此一发不可收。他如痴如醉地爱上了济州岛的树木，三十六年来，他放弃了天伦之乐，放弃了之前经营红火的商业项目，投入毕生精力，在一片荒凉的乱石堆中建成了世界上唯一的盆栽艺术苑。即使别人说他是"疯子"，也无法阻挡他的热情。

如今，他的汗水感动了世界，赢得了世人的称赞。在那座盆栽艺术苑中，成范永和他的同事精心培育了成千上万种造型独特、具有很高欣赏和艺术价值的盆栽和树木。

"人们在享受先进的物质文明和精神文化生活的同时，需要一种心灵的安宁和精神的寄托。美丽的生态环境会使人们烦躁的心情得到净化，过度的欲望得到抑制，复杂的心绪得到整理，高尚的情操得到培养。"

成范永按着这样的梦想打造着他的"天堂"。那是世界上独一无二的美丽风景，它又不单单是风景，那里的一草一木、一石一水，都融入了这位农夫的信念与理想，盆栽艺术苑更是一座浸透着信仰与灵魂的精神之苑。

偶然

真正的园丁，就应该把庭园和园林艺术作为唤醒灵魂的资源，成范永对此作出了完美的诠释。

成范永成功了，成千上万的人们都热爱济州岛。"自然的幸福家园"令世界各地的参观学习者蜂拥而至。这就是自然法则中"风水"与生命的回响、植物生命与人类生命和谐的乐章。

今日，我在美梦成真的太阳湖大花园里，看春华秋实，听夏雨落雪；绿树成荫，虫鸟翻飞，这梦之园，延伸着我的灵魂，凝华着我的理想。从儿时对水莫名的亲密，到拥有为桑叔在水乡建家园的理想，再到太阳湖大花园的完成。这织梦的过程，从缘起到圆梦，细细品来，总是异常美好。

有位财经记者在专访我时这样问道："您当初为什么会选择在这里建设太阳湖大花园？那时候，这里到处是芦苇荡、沼泽、窑厂的废地，选择在这里建设，环境改造会提高总的建设成本，是什么让您做出这样的判断？让所有人都没有料到的回报却实现了？"

"一切都是源于一个关于承诺的梦想。"我淡然地笑了。

她好奇地睁大了眼睛："梦？承诺？"

"儿时，我住在咸嘉湖畔，和我的邻居桑叔有一个约定……"我仰起头，享受迎面吹来的微风，仿佛又忆起那段美好时光，"我和桑叔说，等长大了，要在美丽的湖畔建一个大瓦房给他住。"

记者笑了，望着我说："很好的理想。可能实现的人确实不多。"

我轻轻缓缓地说道："那是一个朴素荒凉的理想，后来我游学加拿大，见到了那里的海景别墅，眼界一下子被打开，梦也升华了。我想，我要为桑叔建的是一片美丽的大花园，有漂亮的楼房，有无数的花草树木，在那美好的梦境中，金钱和成本实在不那么重要，为了改造好环境，种树、养花、治水，用三倍于正常建设资金的投入去做，也不觉什么。"

"梦想给了您力量，也就在您建好太阳湖大花园的时候，赶上了房地产的市场热潮期，不但没让您亏钱，还让您有了很好的回报。"女记者赞叹着，"一切都源于一个梦想，看上去很简单，要坚持很难，您做到了。"

我微微点头，几只松鼠从边上跑过，吸引了我们的目光，它们哧溜一下钻进树丛，噢，我看到了，满眼的绿意，浓浓洒洒；水流攒攒，几只野鸭嘎嘎叫着游过，听着它们叫声里透出的悠闲，我再度感慨道："它不仅仅是一个住宅区，更是一个整体的生活氛围的营造，它凝聚着我的理念，凝聚着我从儿时到现在，一个大梦想的歌唱和咏叹！湖边的房子建成了，后面，商业上的销售也成功了，但这些，对我而言，真的不是重要的！"

我看着女记者的眼睛，认真地说道："很多东西，我喜欢从无到有，又从有到无的感觉。这是一种'佛'的智慧，一种最高深的哲学范畴。重要的，是我完成了一个孩童时的梦。孩童时的梦，是一个人的人生中最淳朴、最美好的梦：让湖畔的茅草房变成大瓦房，这就是我孩童时最美好的梦的简单话语呈现。后来，我成年了，学会了很多，不仅实现了这个梦想，还加入了加拿大游学归来后更升华的梦想内涵——美丽、与自然融为一体的湖畔大自然花园式别墅！"

女记者缓缓点头道："我从一个普通生活观察者来看，能感受到您这个梦的美好！如果从财经记者的身份考虑，也要祝贺您的太阳湖大花园获得今天这么大的商业成功！"

我了然道："财富真的不那么重要，重要的是梦想实现了。虽然有一些晚，桑叔已经不在，但是，这个梦实现了。真真实实地在我眼前，触手可及。"

悠然美景，柔和梦境，湖畔对话，空灵飘逸。

这个美丽的梦想，它仿佛知晓我生命中的历程，预备了一切丰盛的祝福和美好。它不期然地感动我，引导我，让我一点点地把这颗梦的种子浇灌，让它长大。

如今，它已成为参天大树，见证我美梦成真的所有过程和细节。我看到了心中蓝图编织出来后，被大自然所悦纳，被世人所接受，幸福的最高点，此刻得以彰显！

偶然

佛家圣地四川峨眉山

作者建设的上海太阳都市花园

太阳湖大花园,作者建设的梦中湖岸大瓦房

太阳湖大花园,大瓦房之美

偶然

太阳湖大花园三期A区一角

太阳湖大花园三期A区天鹅湖中快乐的天鹅

第九章　偶然与动物结缘：我的猫朋友
——与猫为伍，受益匪浅

在我小的时候，偶然相遇的第一个小动物朋友，是一只小花猫。那时正赶上邻居家的母猫生产，我看着那些小猫咪实在可爱，简直爱不释手。邻居见我这么喜欢，就送了我一只毛茸茸、像个小毛球似的小猫。我用双手轻轻地把这只小花猫捧起来，看着它那双透亮透亮的大大的蓝眼睛，它也看着我黑色的小眼睛。不知道是什么原因，可能是它喜欢我，也可能是它天生就调皮，左眼就朝我眨了一下，这一个小动作一下子就把我的心抓走了。从此，我就爱上了这一只小花猫。

从那以后，我就和小花猫一起玩乐、相伴，建立了友好的朋友关系。每一次跟小花猫的分别都让我觉得难舍难分，就像与自己的孩子短暂分离的感觉一样。在外玩耍的时候，我会常常牵挂着它，想起它那可爱的样子，我会开怀大笑；想起它那顽皮的动作，又让我惦记得忧心忡忡，生怕它会一不小心伤了这、伤了那。

我把猫比喻成小精灵，有一点风吹草动，它们第一时间会感觉到，并竖起双耳，睁大双眼审视。若无危险，它们便会继续玩耍；有危险时，它们会以迅雷不及掩耳之势钻到小窝里，或爬到树杈上，静观其变。

小花猫的灵性，古已有之。相传很古的时候，人类在外谋生，不幸死亡，山路难行，就有了赶尸人这一行。据说，赶尸人能使尸身迈出第一步就是靠猫来启动的——猫从尸身旁越过，赶尸人一声吆喝，尸身就站立起来了，猫跳到赶尸人的肩膀上，尸身就跟着赶尸人回家了。究竟是什么原理，尸身会跟着猫走，这个不得而知，虽然只是一种传说，却可见传说中猫的神奇之处。

相传，在家宅之中养山猫可防鼠患。猫是老鼠的天敌，老鼠见了猫就会亡命地奔跑，猫抓老鼠却一抓一个准，这就是猫的天性。同时，人类种植稻米啊麦子啊玉米啊等等粮食作物，到了收割的时候，田野里时常会有许多田鼠偷吃粮食，而山猫也是田鼠的天敌，养了山猫的村落和家宅，鼠害就荡然无存了。

有人说猫狡猾不忠实，我认为这话太片面。猫是很聪明的，聪明得懂得小气吃醋，跟女人小气吃醋一样；说它们不忠诚——如果猫开始吃你醋的时候，它是不忠诚的，你叫它，它是不会走近你的；而不吃醋时是忠诚的，你叫它时，它会飞快地走近你身边，让你摸它、抱它，在你怀中撒娇打滚，陪伴在你身边。

所以我说，猫是女人，人要是读懂了妩媚中带些霸气的猫，就读懂了女人，你就会少很多麻烦，多很多乐趣。

男人的另一半是女人，而猫就是女人。这个世界是男人和女人的世界，男人不懂得猫的话，可能就不懂得女人。一个男人要是养不好猫，就很难与女人相合。要读懂猫，不单要真的喜欢她，爱惜她，还要融于她们其中，与她们为伍，与她们玩耍，讲故事，帮她们抓痒痒，与她们休戚与共，对她们信任有加。只有这样，你才会真正尝到爱的滋味，体会到爱的回馈、快乐和甜蜜。你就会找到生活中真爱你和你真爱的女人，你就不会小时孤独，大了也孤独。人呀！这一辈子，工作是艰辛的、困苦的，希望生活是美好的、幸福的。

第一节　人结猫缘灵犀通

佛法讲求的是广济和普度众生。广济，就是需要人奉献出爱心。我的理解是，这种爱心，不仅要对人，也要对植物、对动物，对一切有灵性的生物。它们是人类的近邻、人类最可爱的朋友。人类应该学会和动物交流、做朋友。你只要喜欢他，它也会喜欢你；你只要对它好，它也会对你好。如果，你救了小动物的命，动物们也不会忘记你，而是用自己的方式加倍感激你，动物也是有生命的，动物也知道感恩。

我想，正是因为我与这些可爱的动物夕夕相伴，生活才更加充满乐趣。我一直坚信：爱动物的人，才能爱人。

我住的一栋独立的房子里，不大不小三百多平方米的空间，如今一共养着英格兰折耳猫、喜马拉雅长毛猫、日本花猫、美国短毛猫、安吉拉猫、孟加拉豹猫等十九只小猫，还有两只西高地梗犬。

可以说，这儿是猫的天下，屋子里、冰箱上、床上，随处可见它们的身影。走路时也不得不留点神，一不小心，也许就会一脚踩到哪只小猫身上。作为我们家庭的成员，我与它们建立了某种难以言说的微妙默契，某种相互需要、相互依赖的情感。

我住的房子是欧式建筑风格的，外观是浅浅的黄豆的颜色，四个大覆盖顶，客厅挑高，足有两层楼那么高，左边就是一个公园。从1993年住进这个地方后，我一直没搬过家。很多朋友在到我家之前，以为我的家会装修得很富丽堂皇，金灿灿的，进了门后他们往往露出惊讶的表情：我的家非常普通，简单，一点都不是他们想象中金碧辉煌的样子，只有一些简单朴素的生活必需品而已。唯一令人惊奇的就是那些自由来去、完全一副主人模样的小猫咪们了。

在穿着上，我也很随意，总体而言，对物质上没有什么要求。但我给猫猫狗狗搞了一个自动的空调房。我特别喜欢小动物，每种小动物都喜欢，早年在加拿大，就常常有小松鼠跑到我身上玩，那时我就觉得，松鼠好通人性啊，回国之后就养了很多小动物。自从我开始养鱼，家附近的花鸟市场，所有摊主都认识我。在街上要是看到流浪猫，我也会停下来，看看是不是能弄点什么东西给它们吃一点。在家里，躺在床上，可以有一圈小动物围着我。我还养过大型牧羊犬、黄山松鼠、小兔子、鹦鹉、天鹅，还有黄鹂、翠鸟、画眉，甚至还养过一群神气活现的公鸡母鸡，不过，碍于邻居投诉，它们现在全都住到了"太阳湖大花园"。

家里的猫猫狗狗，我每天都抱。早上吃饭的时候，会有小猫跑过来，在我脚上蹭。我就抱起来，然后摸摸它们，嘴里哄着，要它们乖乖的。有一次，下属到我家里，发现我又买了一张婴儿床，觉得很奇怪，就问："为什么家里有两张婴儿床？"因为我们家里没有婴儿，孩子们又都很大了，我告诉他们："是给小狗睡的。"那只小狗叫乖乖，来到我家的时候好像才两个月，很小，是一只比熊狗，我就把它放进婴儿床里，没事时就给它摇摇。

不过，我最喜欢的动物就是猫。从小到大，养猫无数，这些可爱的小朋友们给我的生活平添了无数的乐趣和美好的回忆。

也不知道是何缘故，我从小就喜欢猫。记得四五岁时，我带着小

偶然

猫睡觉,小猫很乖,就睡在我枕头旁边,不闹,也不叫。摸着它的小猫头,望着它的小眼睛,困了,上眼皮就耷下来了,很快就进入了梦乡。当然,梦是蓝色的、多彩的,也有和小猫在原野上玩耍的梦。草地上它当然没法比我快,它跑跑就被我给抓住了,但是,碰到一棵树,那就看它的了。一会它爬到树上了,我不信邪,也蹬着上了树,哎,树枝太脆太软,一不小心,树枝断了,差一点就把我给摔下来。看着它得意的样子,挤着眼,用小爪揉着那小鼻子,冲我傻笑,这个时候,我当然只好认输了,甘拜下风。

"好,算你赢了,咱们回去吧。"它悠悠得意地下到了地上,大模大样,踩着八字在我后面走,把我给气得直瞪眼。

突然我感觉有谁在舔我的鼻子,湿湿的,我伸手摸摸鼻子,睁开眼一看,小花猫睡醒了,在无聊地舔我的鼻子。原来那一幕与猫比赛的事,是梦啊。也罢,梦也好,真的也好,只要有的玩就行了。起床了,妈妈做了粥和包子。我分了一点粥给小花猫,它用舌头舔舔一会儿就吃完了,我又分了一小块包子皮给它。妈妈说,"小猫要是吃油盐的话会掉毛的",我没有喂包子里的肉给它吃。妈妈给它买了几条小鱼干,"给,拿去",我接过妈妈的小鱼干,放在猫食碟子里,小花猫嗅嗅,几下子就把小鱼干吃完了。

吃饱了,喝足了,小花猫用小爪子把个嘴洗得干干净净,然后就爬到沙发上,四脚朝天做它的猫梦去了。是不是延续我的那个梦,那就不得而知。看它的样子,仿佛在睡梦中露出了笑容一般……原来这种四脚朝天的动作,在猫的世界里,属于最威风的"老大"姿势。爬树我输了,得意的它,享受一下,又未尝不可呢?!你们说,我的小花是不是很聪明可爱呢?

人世间流传着这么一句话,"乐极生悲"。小时候,对这句话,我不懂,长大后,磨炼多了,见识也多了,慢慢懂了。"乐极生悲",老子在五千字的《道德经》里早就叙述清楚了,老子曰:"满方易折,物极必反。"这句话不知道为什么会降临到我和小花猫身上,可能是我们玩得太疯了,太开心了,开心到连老天爷都嫉妒的地步了吧……

平常我都不会允许小花猫独个跑出去玩,这一天,我出去玩了一次"弹子进洞",回家吃饭时,到处找它找不着。我问母亲,母亲说:"先头还看见它在客厅里来回走,不时还喵喵地叫,再找找,可能跑出去玩去了。"看着我没头苍蝇般的样子,母亲瞪着我,责备地加急了语气:"就许你出去打弹子,就不许它出去游逛。"我"噢"了一声,就到处找它。小花猫叫"小花",平常我只要叫一声"小花",它保准立马飞奔而至,可今天,叫了老半天,也不见奔来。我打开门,到外面转了一圈,天渐渐暗下来,水塘边、花园里、办公楼全找了,不见踪影。我的肚子咕噜叫了几下,饿了,只好先回家,等会再找。

晚饭后,我坐在床头傻傻地望着用纸箱做成的"小花"的窝,空荡荡的。在的时候,不会觉得什么,一旦不在了,我的心像缺少了什么,也空荡荡的,还有些失魂落魄的感觉。心里在想,这个该死的"小花",咋就这么不乖,我也就出去了半天,你半天在家就待不住,也非得出去玩。看,这天都黑了也不见踪影,如果你回来,看我不扁你。

窗外,天全暗下来了,雨点敲打在窗玻璃上,预示着今晚天气会蛮凉的。我披上小外衣,打开门,向黑夜风雨喊着:"小花,你这个该打的傻猫,下雨啦!快回来呀!""喵"地一声叫,只见草丛中,"小花"跌跌撞撞向我走来,就像喝醉了酒一样,东倒西歪地走着。我跑过去,一把抱起"小花",它全身湿淋淋的,不停地在颤抖。

我心痛地把小花抱在怀里,进房间用我洗澡的大浴巾,把小花包起来,不停地擦干小花身上的雨水,边擦边问它:"你到哪里去了?"小花用头蹭了一下我的手,意思就是说:"找你去了。""嗨哟!"这倒是我的罪过了,"找我哦?我早就回家了,你为啥不回呢?"小花又蹭了我一下,意思说:"没找到你,看到小蝴蝶,就去追它了。""好个花花公子,找不到我,就去招蜂引蝶了",我心里边骂,手就用劲擦,总之,小花知道自己错了,也无意反抗。经过我不停擦拭,小花终于不颤抖了,恢复了正常体温。我把它放在小鱼碗边,它嗅了嗅,没胃口,就喝了几口水,有气无力地爬到我枕头边,蜷着小身子,睡着了。我也脱下衣裤,钻进被窝里,关了灯,把小花抱在怀里,亲了亲它的小脸,进入了梦乡。

一夜的恶梦,让我翻来覆去。浅浅的梦里,有个恶魔,从头到尾都在追杀我和小花,不管我们躲在哪里,这个恶魔都会找到我们,神

偶然

了！无可奈何，情急之下，我和小花跑到悬崖边，恶魔追上来伸出利爪，马上就要抓到我们时，我们一同跳下崖顶，坠落于崖底水里。等我冒出来时，四周没有找到小花，我喊哑了嗓子，也没有看到小花。

一阵惊吓，我醒了，翻开被子，小花闭着眼睛一动不动，我抱起它来，它已经没气了。我哭得像个泪人，妈妈来安慰我。我说是我压死了小猫，妈妈说，不是，是小花昨天出去淋雨病了，又可能在外边吃了什么不干净的东西。妈妈帮我擦干眼泪，让我抱着小花，拿起一把小铲子，来到花园里一棵芭蕉树下。妈妈挖了一个小坑，摘了一张芭蕉叶，把小花包起来，让我放在小坑里。我把小花放在小坑里，填上了土，做成了一个圆圆的坟堆，妈妈找了一块小竹板，让我写上"小花之墓"，插在小花墓地上。

小花离去的那些日子里，我不吃不喝，在妈妈的劝说下，就稍微吃一点，整个人瘦了一大圈。我常常会像幽灵一样坐在芭蕉树下，一坐大半天。那段时间里，人也不去疯了，不去打架了。妈妈一找我，准能在芭蕉树下找到。一年后，爸妈把我送到省地质学校读寄宿小学去了，虽然平常不准回家，一旦爸妈接我回家，我一准跑到芭蕉树下小花坟前看看，拔掉周边的野草，送上一朵小野花，寄托我的哀思和怀念。

从那以后相当长的一段时间，我没有再养猫。在咸嘉湖时，妈妈帮我养了一条名叫"飞兔"的狗。妈妈知道我伤心，很少提养猫的事。直到转战上海，也就是在我三十九岁那一年，发生了"顿悟"后，我内心忽然了然：小花离世，是天意，不是我压死它的，是那个乐极生悲的预言。

这个时候，我内心里几十年来年对小花猫的负罪感顿时消去，又萌发了养猫的冲动，加之又购买了一幢有花园的房子，我就托上海的朋友们帮我找小猫。刚巧，有一个法国公司的主管要调回法国去，她有意把一只六个月的喜马拉雅灰白小猫交给有缘人，又刚巧我认识的朋友是她上海的语言老师……

就是这样看似偶然的机缘巧合，当朋友把我带到法国人租住的锦江酒店公寓时，首先映入我眼帘的不是那美丽的法国人，而是这只生着一双灰色眼底、金黄色眼珠的灰白色喜马拉雅小猫。

它从桌子上跳下来，飞奔到我身前，定神地望着我的模样，望着我的黑色小眼睛，好像在审视我，问我："你是谁呀？"我忙回答："你好！我是你的大朋友阿李呀！你叫什么名字呀？"法国美人操着夹生的国语代小猫回复说："它叫阿波罗，就是太阳的古希腊发音。"我"噢"了一声："好美的名字，阿波罗。"小猫听到我叫"阿波罗"，就欢喜地走到我腿边，用它那毛茸茸的大头、小嘴、小鼻子蹭我的腿。我抚摸着它的头，顺着它的背一直撸到它粗壮的尾巴头上。它感觉到一阵舒服，弓起了腰和背，顺势倒在我的双手上，像撒娇的孩子，比那还要柔，还要嗲。

我两手托起它，它就势滚到我怀里，像久别后的父子重逢、像多年不见的战友拥抱，好精彩的一幕"相逢"。我朋友，法国美人的老师，惊呆之后，感慨大发："侬看，这简直就是'千里认亲记'嘛！法文有一句'有爱才有情'，放心了吧！"密斯冯高兴地含着泪花，拍着我的肩，摸着倒在我怀里一动也不动的"阿波罗"。"好了，你们团聚了，你要好好待它，它就是你的宝贝了。"我也激动地连声用法语说："谢谢！"离开密斯冯家时，阿波罗只是偷偷地望了冯最后一眼，就一头扎在我怀里动也不动。冯倒是很伤感，我却兴高采烈，连蹦带跳地跑到了马路上，上了车，就让我的司机快点开车。司机问我："李总，为什么这么急？"我说："你不懂，万一那个法国美人冯，一阵想不通，变心了，追下来，又要把'阿波罗'要回去咋办？那我不死定了……"司机看着我怀里的猫，像是领会到了什么："哦！知道了！"加起油门，连转了几个街口，才慢下来。我朝反光镜上一看，好啊，没追过来，这个时候才大松了一口气，那颗快悬到嗓子里的心才松弛归位。

我把"阿波罗"的大头翻过来，一看，完了，一双那么美丽的大眼睛里蓄满了眼泪，那眸和眸的相遇，泪水就没有止住，流到灰白色的脸上，滚到我的手上，我简直不敢相信，这只猫真的通人性，会动情，还会哭。小时候，我听我老爷爷说起过，北方家里就说有猫仙，听得懂人话，帮家人守麦田，抓田鼠，带孩子，甚至还会给小孩喂奶……过去，我听归听，只是好奇，从来不大信，我从小信奉的是"眼见为实，耳听为虚"。

今天，让我真格见识了，老爷爷说的故事可不是假的，这人世间，可还真有猫仙了。不然，怎么会我一进屋子，它就会像老朋友一样粘着我,还倒在我怀里,出来这么老远了,它还流泪呢。它不是猫仙是什么呢?我赶忙用手帮它把泪擦干,对它说:"阿波罗,不哭了,我是你哥们,从今天起你就跟着我,我有吃,你有吃,我有睡,你有睡,谁敢欺负你,我就把它给剪啦!"我做了一个"剪"的手势,它睁大了眼睛,听得炯炯有神,还真像听懂了,金黄色的眼球张开了,又收紧了,会心地舒开了脸,似乎完全对我放心了,跟笑没啥两样。这时候,它躺在我怀里的样子,就是个四脚朝天,我知道猫做出四脚朝天的动作就是代表它最得意和神气的样子。

第二节 动静相宜电视梦

"阿波罗"来到我们家,带来了活力和乐趣。我为它在外客厅连接花园的廊台处加装了铝合金门窗,做了小木屋、小吊篮、高梯架,还给它做了小厕所、餐碗、餐盆。这个小天地让"阿波罗"格外开心,想睡了,它就爬进小木屋;想玩了,它就跳上小吊篮,让篮儿慢悠悠地摇曳,非常地惬意;想登高,极目楚天舒,就一级一级地爬上高梯架,在接近屋顶板的架板上待着,望窗外。大树上小鸟儿欢唱,小蝴蝶飞舞,小雨纷飞,夕阳洒落花园,秋风吹落罗汉松针,飘逸一地的美感。我常常看着它滚躺在这高处的板上,闲懒风趣浓于神。

"阿波罗"完全适应了这新的家,白天,我和它告别后,它会一跃上花园当中一棵十米高的巨大的罗汉松;更多的时间,它会一级一级地爬到最高处的树杈上,看围墙外马路上人来车往的街景;看累了,侧头就睡,要么从树顶下来,睡在树边草丛中。

每天我下班回家,在门口迎接我的就是它,它最喜欢我抱起它来上楼去,坐在沙发上看电视。看电视是它一大喜好,它像个大人一样,坐在我身边的沙发上,两只前爪撑着沙发,后脚和屁股坐在沙发上,两只灯笼眼睁得老大,瞪着电视看,一看还看蛮长时间的,不知道它是真看懂还是假看懂,至少是新奇吧。有时候,看久了它也会趴在沙发上,头用前爪垫着,双目闭着养神。

我吃饭了,它也会坐在椅子旁边,由我分淡水湖里的小鱼干给它吃,这是它最大的美食享受。猫天生就喜欢吃鱼,要无盐无油,最好的是像千岛湖里的新鲜小鱼的青条丝鱼干——即刻晒干或炭火烘干。

它特别喜欢的是小糊涂鱼干，嗅着就香香的，刺少肉多。"阿波罗"不贪食，吃几条就好了。如果要方便了，它会跑到门口喵喵地叫，如果我没有听到，它还会用爪子抓门。我打开门后，它就一溜烟坐上了它的小马桶，"咕噜咕噜"方便。"大号"它会用猫沙埋起来，"小号"就在楼下马桶上蹲着拉。"阿波罗"的模仿力实在少见，就像个大孩子。它和我的家人们也都相处很好，大家都宠着它，逗它，跟它玩。眼看着它一天一天长大，越长越雄壮，越长越漂亮了。

当夜幕降临时，我在楼上房间看书写东西，几乎天天这个时候，它不找其他人玩，一准会抓我的门。我放它进来，坐沙发、看电视。我躺床上，它也躺床上，关灯了，它也不声不响，睡在床上，早上常常发现它已经钻在被窝里了。它常常喜欢四脚朝天睡，挠它痒痒，也没多大反应，我就发现它首先不怕老婆；不怕也没有用，它没有老婆，因为它还是少年，猫成年要到一岁半，它还不到一岁。

有一次，一件应该是在猫的世界里还没有发生过的奇迹，在我家"阿波罗"身上发生了。故事是这样发生的：

一天晚上，十点多钟了，我在赶写第二天的发言稿，"阿波罗"像往常一样抓门，我在情急之下，没有理它，它又"喵喵"地叫了好几回，我还是没有理它，真的是我这个做朋友的做得不到位。过了一会，门外没有声音了，我轻手轻脚走到门口，把门打开，向楼下客厅一看，它趴在客厅沙发上发呆。

所以，我又回到桌前继续写我的文章。突然，我听到桌上电话铃声响了，我拿起听筒，喂了几声，没有声音。我想这是谁乱打电话，挂了电话，等了一会，电话又响了，我又拿起听筒："喂喂，是谁呀？"还是没声音。

我看看键盘，咦，怎么是内线灯在闪？我觉得很奇怪，便打开门向客厅看去，我看到了至今也不会忘记的一幕："阿波罗"正用前爪按着电话按钮，眼睛望着楼上的我，在得意地笑！竟然是他在给我打电话！"好家伙，敢骚扰我，看我怎么收拾你！"我心里想着，便跑下楼。当我跑到楼下客厅时，它已不在电话台上，我四处寻找，它爬上大衣柜顶，躲在那里"笑"。我知道它在说："看，是吧，叫你陪我玩，你不理我，嘻，我也让你搞不成，你不仁，就不要怪我不义。"唉！我那时候的感觉呀，真是酸、甜、苦、辣各种滋味一起涌

675

偶然

上心头，又气，又恨，又觉得好玩。后来，我把这个故事搬到"太阳都市花园"电视广告中，我这次让"阿波罗"做男一号，一个小男孩做男二号。

广告剧本是这样的：镜头一，太阳都市花园样板房内，"阿波罗"与小男孩一道在看电视，小男孩一看表，叫了一声"完了"，作业还没做，明天要交，又对着"阿波罗"说，你先到外边去玩一会，等哥哥写完作业再来陪你玩。"阿波罗"点点头，小男孩把"阿波罗"抱到客厅放在沙发上，打开电视让它看。

镜头二，阿波罗看一下墙上的钟，都十一点了，就跳下沙发，跑到门口喵喵叫，见门不开，就用前爪抓门，门还是没开，"阿波罗"的小嘴鼓起来了，就跳到电话桌上。

镜头三，小男孩房间书桌上电话响了，他放下手中笔接起电话："喂，喂，谁呀？咋就不说话呀？"望望电话，是谁乱打电话？他把电话挂了。等了一会，电话又响了，小男孩又拿起电话："喂，喂，喂，是谁捣蛋呀？"再一看电话盘，内线灯在闪，小男孩好像知道了点什么？

镜头四，小男孩打开门朝客厅一看，"阿波罗"正站在电话台上，用前爪按着电话键，得意的眼神望着小男孩，露出一脸嘲笑。小男孩气得跑到电话台前去抓"阿波罗"，只见"阿波罗"一个"猫儿上树"，就跳到大衣橱顶上去了，露出了个大大的圆脸，朝着小男孩扮了一个鬼脸，小男孩气得直跺脚……

字幕：太阳都市花园发生的故事。热线：××××××××。

第二天，我们的销售部从早至晚一共接到八百八十六个电话，有大部分电话是问昨天电视广告那个"'阿波罗'猫好卖不啦？""我家孩子吵死了，要买这个可爱的猫"……这个故事，让我们太阳都市花园第一期七百八十套房子三个月内销售一空。这个猫的故事一直流传了好久，成为当年上海茶余饭后的佳话。"太漂亮了，这是什么猫呀！是真的吗？怎么不真？电视都演出来了……""阿波罗"拍完电视广告后，灵气大增，它似乎听得懂我们在议论它。电视播出后，大家都在夸奖和欢喜它。它的灵气体现在许多方面，例如，它更爱漂亮了。过去吃完饭，洗脸也就一会功夫，后来不一样了，洗个脸要半个小时，不单是洗脸，还要舔爪子，舔毛发，凡是舔得到的地方全舔，连那个小鸡鸡也舔起来了。

　　我在想，人之爱美是天性，猫之爱美也是天性，特别是少女、帅哥更注重打扮吧。当小猫也长成为成年猫时，爱打扮也是自然的。看着它越来越注重外表，我想，是给我们家"阿波罗"找老婆的时候了。有时候，我会看到它蹲坐在桌子上，望着窗外发呆，看到这一幕，我也会自言自语地说："阿波罗，想老婆了吗？"它不理睬我，仍旧望着窗外，想那"春天里的梦"。

　　一个周日，我找遍了上海猫狗市场，帮"阿波罗"找新娘子，可就是没找着，不是年龄偏大，就是不够漂亮。又一个周日，我偶然走进一个小男孩的猫房，让我眼睛一亮，我看到了一只比"阿波罗"小一点，但是非常媚的"喜马拉雅"，我就追着小男孩要买这只猫，小男孩横竖就是不肯放手。他说："老先生，我看得出来，您是爱猫人，但是我家这只猫刚满岁，我还要等着它生小猫呢。"

　　"那它的老公呢？"小男孩回答："还没找着。"我说："这样，我有一只很好的公猫，很可爱，你看过最近太阳都市花园的猫广告吗？""哟，当然看过，我的朋友都在说要是找到这只猫，让他们成亲，那有多好呢！我还打过电话问过广告中的猫可否卖，听到说不卖，我的心都凉了。想不到就是您家的猫，咯，太巧了。"我们一问一答聊得很投机，最后我带着小男孩，抱着美丽的小母猫来到我家。她看到了"阿波罗"，像久别重逢的老朋友，"阿波罗"嗅嗅小母猫，小母猫也嗅了嗅"阿波罗"，看来气味相宜，他们就聊起天来了，把我们全不当一回事了。

　　看到这一幕后，小男孩拿了我给他的钱，离别时，丢了一句话给我：这真是他们的福气，如果哪天他们生了小猫，一定给我一只哟！我爽快地答应："当然，一定由你挑一只。"送别了小男孩，我难得这么开心，给小母猫取了一个与"阿波罗"相称的名字，还是古希腊故事中的月亮神——"阿芙妮"。

　　第二天，我们全家为"阿波罗"与"阿芙妮"举办了盛大的结婚典礼，给它们布置了新屋子，添置了"酒水"，点上了红烛，由我做证婚人，在那棵大罗汉松树的花园里，公司的许多同仁们前来祝贺，贺礼最多的是小鱼、鱼罐头和红色的玫瑰花。公司的一个女孩子给它们每只穿上了婚礼服，"阿波罗"是红色的小西服和红色的小礼帽；

偶然

　　"阿芙妮"是苹果绿的小裙子和绿色的小帽饰。在《蓝色多瑙河》的乐声中，我宣布婚礼开始，一拜天地，一个男员工抱着"阿波罗"，一个女员工抱着"阿芙妮"，向天地各拜了三拜；二拜高堂，它们双双向我拜了三拜；三是夫妻对拜，它们又双双对拜了三拜。当我宣布双双送入洞房，他们把"阿芙妮"先放入新屋，再把"阿波罗"放入新屋，再把小帘子放下，我们就都离开了，大家都到餐厅吃晚饭。饭后，一个小姑娘，轻手轻脚地去看"新郎新娘咋样了"，回来报告说，"静悄悄的，好像在相互倾吐恩恩爱爱、白头偕老的猫话，听不大清。"我说："乱说，你听到它们说话了？""那它们不说话，在干嘛呢？""也对，算你猜对了。"

　　过后，"阿波罗"与"阿芙妮"结婚典礼的一幕被公司员工传为佳话，大家说："这么个婚礼吗？好精彩，好美好，可以说前无古人后无来者。"几个月后，"阿芙妮"怀孕了，"阿波罗"还像个男子汉，常常帮"阿芙妮"梳妆、舔毛、献殷勤，按我们的说法来讲，应该是嘘寒问暖。

　　看着"阿芙妮"肚子一天天大起来，我赶忙到超市找了几个大纸箱。四边贴贴好，挖了一个小圆洞，里面垫上棉垫，它们俩都进去待了一会，一前一后出来的那个样子，还蛮满意的。一天早晨，小阿姨来敲我的房门，我把门打开问啥事，她兴奋地告诉我"生了"。"谁生了？""阿芙妮。""真的？"我衣服来不及穿，一路飞奔，轻轻地来到"阿芙妮"房子边，"阿波罗"早就在箱子外蹲着。我把头冲着小洞口往里一瞅，四只毛茸茸的小东西正爬在"阿芙妮"肚子上喝着奶。"阿芙妮"倒着身子，用胳膊支着头，一副满幸福的神态。

　　"真是喜事！真是大大的喜事！"我高兴地拍了拍"阿波罗"的大头，夸奖它说："好样的！"这次"阿波罗"没有像平常那样一高兴就四脚朝天，也没有忘乎所以，而是默默地守候在"产房"外，不知咋样才好。

　　我又拍了它大头一下，傻什么呀，做爹了，一边待着去……我赶紧上菜场，买了一条一肚子鱼子的鲜鱼，煮了一小锅汤，给"阿芙妮"喝，端给它，它还真挺爱喝。这下就好了，小东西们有奶喝了。

　　一个月过去了，四只小猫的眼睛全自己睁开了，扭着肥肥的小肚子，小屁股连爬带摇地出来见世面了。其中两个是公猫，像"阿波罗",两个是母猫,像"阿芙妮"。看看这活泼可爱的四个小东西,让我想起了一句俗语,"龙生龙,凤生凤,老鼠生儿打地洞",自然界的繁衍,真的很遗传,公的像爹,母的像妈,像极了,就如一个模子里浇出来的。

我打电话给"阿芙妮"原来的主人小男孩,他听了很高兴,但他意外地告诉我他已到澳洲留学,不方便现在养猫,暂时不拿了,以后回来再来看"阿芙妮"和她的孩子。我说:"那敢情好!它们四兄妹就不会与爹妈分离了。"分离是痛苦的,人如此,猫也如此。

时间久了,许多海外朋友从上海归去时,往往不再想把带来的猫儿带回去,知道我特别喜欢猫的朋友,干脆就把猫交给我来养。我先后接收了十几只猫,其中英格兰折耳猫"IP",与小老虎简直一模一样,只是小一号——老虎本就是猫科动物,所以猫有小老虎之称。"IP"应该是折耳之王,头特别的大,耳朵特别的折,尾巴特别的粗壮,一身虎毛,格外神气。因为它是只公猫,特别帅,所以特别"花心",英格兰短毛的老婆就有三个。"阿波罗"专恋"阿芙妮",对这三个英格兰的短毛母猫不屑一顾,所以它们仨只有拜倒在"IP"的雄风之下。由于IP的基因强,三个老婆生出的小猫,全跟"IP"一个样,大头、大虎皮、粗短尾巴、走八字路……

还有一只美国猫,黑白相间,腿长,毛亮,眼睛绿色,身材瘦长,特别爱爬出去看世界,我给它取名"山姆"。它有一个最好的优点,一有机会跑出去,玩个半天一定跑回来。有一天,山姆又出去了,大半天没看它回来,我有点担心,就打开门向院外喊:"山姆,快回来!"听到一声回应,"喵……"我朝着声音发来的树丛中寻找,看到山姆倒在草上面,很痛苦的表情。我把它抱起来,它"哎哟"了一下,我一摸,后腿骨头断了。我站起来,敲开了对面刘家的门,问刘先生:"我家这山姆在你家院外草地里受伤了,你可知道怎么回事吗?"刘先生回答说:"是这样的,山姆平常喜欢来我家花园转悠,我们也不赶它。但是,我们最近在院子里的水池里养了几条金鱼,今天它来玩,用爪子去捞,我们怕它伤到鱼,就赶它走,它吓得往外跑,就迎面被过路小车给撞上了。我们找了一圈没找着,估计可能没事。"我听刘先生这么一说,回应道:"哦,我知道了,是这个山姆不好,也怪我们管教不严。还好,只伤到了腿。"告别了刘先

偶然

生,我把山姆平放在餐桌上,拿出老高粱酒,给山姆的伤腿倒上,山姆一阵痛,直抽动,我安慰山姆:"没事哟!擦点酒,很快会好的哟!"听到我念念有词,山姆不抽动了,我擦好酒,找了一块纸板条,把它的伤腿夹住,用绷带把腿和纸板条固定在一起,这样,山姆可以一点一点地挪动着走路。

我把包扎好的山姆放进它的窝里,摸着它的头,说:"这下子可好了,别人家的鱼,你喜欢,回来跟我说呀!为什么去捞别人的鱼呢?这点道理都不懂。嗨!这次是你命大,下次不要了!知道吗?"山姆,虽然是说英语的,但中文的意思它猜也猜到了,眼睛看着我,深情地点了点头。

一连给山姆换了十几天的药,奇迹的是,一般人伤筋动骨最少也要一百天,而小山姆十几天就拆夹板,又活蹦乱跳了。从这以后,山姆特别粘我,不管"阿波罗"、"IP"还是其他的猫跟我玩,它是非要扑上来蹭蹭我才罢休。有人说:"动物是无情的,你给它吃,它就认可你,不给吃,它才不会与你讲感情来理你呢!"我觉得这个说法,太偏激,实际上,看悟性,动物悟性高的,是讲感情的。

猫给人的感觉时常是狡黠又高傲,但其实它们也有傻乎乎与搞笑的一面。家里的十九只猫里,有四只是公猫。其中一只叫小黑的,全身漆黑油亮,没有一根杂毛。小黑很喜欢把圆圆的小脑袋摇来晃去,一双圆溜溜、亮晶晶的大眼睛,一会儿瞧瞧这,一会儿瞧瞧那,好像对整个世界充满了好奇。

有一只是豹猫,我叫它"小豹",圆脸阔嘴,凶猛敏捷,身材瘦长。初来乍到时,这只小豹猫并没有刚到新家的不自在,迈着优雅的步子,把每个房间都仔仔细细地巡视一遍,最后,昂着头,高傲地叫着,似乎在表示对这里还挺满意。它周身遍布棕褐色的小圆点儿,颇像金钱花豹,只是体形要小得多,仅仅大于家猫,似猫非猫,似豹非豹,既机警伶俐,又凶猛胆大。豹猫野性十足,不太和人亲近,总是用一双警惕的大眼睛看着陌生人,不让人抱它。不过,因为我对它很好,摸摸它,它也很愿意和我亲热。每当我到它跟前,和它玩时,它就跑向我。一叫它名字"小豹",它就立刻出现,探头探脑地看看我。我独看到这一例愿意和人亲近的豹猫。它的弹跳力特别强,一下就能跳到冰箱上。它总想跑出家去玩,院子里有一棵五十公分粗的罗汉松，包括小黑在内的小猫们原本都上不去，但"小豹"却"噌"一下就上去了，顺畅的姿态优美无比。于是，剩下的小猫们就在院子里羡慕地看着树上的"小豹"。结果，在"小豹"的带动下，不久，所有小猫们都能上树了。不过"小豹"白天很喜欢睡懒觉，常常懒懒地趴在树下酣睡，午后温热的阳光透过树的缝隙零零落落洒在它美丽的皮毛上，摸一下，真是感觉比最高级的波斯地毯还要柔顺光滑。

"丁丁"则是一只漂亮的安吉拉白猫，身材修长，拥有一身细长如绢般有光泽的雪白毛毛。洗完澡后，就像一捧棉花球一样，像雪一样洁净。它的个性活泼、顽皮，同时又充满柔情，很讨人喜爱，据说这可是世界上最聪明的猫呢。有朋友抱着它去参加过比赛，结果在上海猫展上拿到了冠军。它特别喜欢和人玩，谁叫都过来。我走哪，它就跟哪，还"喵呜喵呜"地讨好我。我看书，它就在边上随便一个地方呼呼睡觉。看书看累了，我就用手指点它的头或鼻子，跟它玩闹。它经常仰面朝天，依我的动作调整四条腿儿的姿势，又可笑又可爱。眼睛尤其迷人，就像两块水晶一样清澈，当它盯着你看时，仿佛能一下子看到你心底里去，击中你最柔软的那一部分。它很喜欢和日本猫"小花"玩。有时两只猫在一起卧着，互相舔着，很亲热的样子。每次吃食的时候，"丁丁"都蹲在猫碗边，等"小花"吃完后才去吃。两只猫同吃同卧，"丁丁"走到哪里，"小花"就跟到哪里。

最近"小花"怀了孕，我早早地准备了猫窝，"小花"顺利地产下了三只可爱的小猫，一只是灰白色的，我叫它"白宝贝"，是只小公猫；一只是灰花色的，我叫它"灰宝贝"，是只小母猫；一只是红灰色的，我叫它"红宝贝"，也是只小母猫，非常漂亮。它们都是七分像它们的"丁丁"父亲，三分像"小花"母亲，头特别大，圆滚滚的，眼睛又大又圆，眼珠金黄色，眼白则是蓝白透亮的，浑身长长的毛，尾巴一定是翘到天上再打一个卷。

"丁丁"和"小花"一心一意地开始当爸爸妈妈了。"小花"当妈妈很负责，从来没有听到过小猫饿的叫声。小猫们所有的清理哺育工作都由"小花"自己完成。还没到猫窝，"小花"就轻轻哼几声。听到"小花"的叫声，三只小猫就在猫窝里醒了，喵喵地开始叫。"小花"轻巧地跳进猫窝，开始给小猫们喂奶，搂着它的小宝宝们。每天，"小花"都把小猫们舔得油亮油亮的。"丁丁"也会尽责守卫着自己的这一家子。有时我把小猫们从猫窝里拿出来玩,"丁丁"就着急地看着我,跳到我的身边喵喵地叫着,一直到我把小猫放回猫窝,"丁丁"才罢休。

　　对这三只宝贝,我可以负责任地说是世界上最漂亮的猫。小猫们健康地成长着,慢慢地,它们开始会自己从猫窝里爬出来,到外面耍闹。有一个特别逗的地方,就是这三个小家伙特别喜欢一起练走路,先是爬着走,接着就四脚走,要跌倒三只一定一起跌倒,不知是顽皮还是难免。小家伙们跌倒的样子特别可爱,最后它们可以稳当地走了,都走起了"八字步",是"白宝贝"带的头,"灰宝贝"、"红宝贝"跟着也学会了。看着这些小家伙迈着八字步的样子,我在一旁想,八字步不就是过去县太爷在公堂上走路的样子吗,难道小"白宝贝"的投胎基因中有县官投胎转世?不会吧?

　　但是小"白宝贝"为什么打从生下来就会这种走路的方式呢?也可能它天生顽皮吧?唔,不想它了,只要它们开心就好!

　　"小花"还是像一开始那样,天天给小猫们喂奶、舔毛,睡觉时搂着它们。一边搂着,一边哼唧着,仿佛在给它的小宝宝们唱催眠曲。小猫们有时也会打架,打得很厉害时,"小花"就对着它们"呲,呲"地发出一种气声,小猫们就会马上停下手,老老实实,乖乖的。

　　有时小猫们很淘气,躲在柜子底下不出来。"小花"看不到小宝宝们,就用一种独特的叫声,"唔喔,唔喔"的,小猫们就会陆续从自己的藏身之处出来,跑到"小花"的跟前。猫妈妈"小花"和小猫经常在院子里嬉闹,追来逐去的。有时候小猫失了分寸,也会受到妈妈的惩罚。小猫们学会自己吃食奔跑后,胆子越来越大,就开始集体行动,整天形影不离,一起在院子里狂奔乱跑,集体去"糟蹋"花草。院中的花朵可遭了殃,它们在花盆里摔跤,抱着花枝打秋千,所过之处,枝折花落,令人又爱又恨;也喜欢集体躺在客厅中间睡觉,尤其午饭后的午休时间,不过两点,一定不会起来。看来,除了淘气,它们还是"小懒虫"呢!

　　有时闹得实在太凶了,我就学着猫妈妈的样子,对它们发出那种"呲,呲"的气声,表示在教训它们。虽然我也不知道我在和它们说什么话,但是很管用,每次听到我的"猫语",它们就会敬畏地看着我，老实一会儿，逗得我哈哈大笑。小猫的撒娇和调皮，猫妈妈的慈爱和容让，像极了人类的母子。我看着它们会情不自禁地陷入深思：就感情来说，动物比起人类来，能逊色多少呢？只是人类不懂动物的感情罢了。

猫是很机敏的小动物，一点动静就惊得它们竖起耳朵，仔细探听。无聊了还会自己找乐子，一片落叶、一只爬虫，也会抱在怀里，翻来滚去地折腾半天。院子里有树有花，树影婆娑间，闪动着它们那苗条的影子。

每次回家，刚开家门，它们都会以最快的速度跑到门口我身边，用尾巴蹭蹭我的裤腿，好像在说："你可回来了，我好想你呀！"看到它们"喵喵"地叫着相迎，心里有一种满足感。当然，养猫也有可气的时候，那就是随着它们的不断成熟，到了春季交配时，会整夜在院里呼朋引伴，屋前屋后叫，那叫声不堪入耳，很凄凉，闹得人不得安宁。

虽然有两只小狗，但猫和狗并不打架。倒是猫和猫爱打，总是公猫和公猫打，它们是为了捍卫自己的老婆吗？有时候，我会这样不由自主地猜想。

有人说，喜欢动物是不需要理由的。这只是一种缘分，一种感觉，一种默契。或许我和猫前世有个约定，所以今世才这么有缘吧！

不过，养猫的人一定要懂猫。做好猫的主人，其实并不容易。任何一只猫咪，都需要得到除了爱抚以外的更多呵护和关心。猫咪需要你的奉献、时间和耐心。

猫原本是谨慎小心的动物，对素不相识的陌生人通常会采取置之不理的态度，有时还会逃走。从小猫时期开始就经常被人抱、经常和人一起玩的猫会喜欢和人亲近。所以，经常抱它、和它玩是非常重要的。猫也都是有灵性有感情的动物，而且独立性比较强，当它感觉到主人不再宠爱它时，就会离家出走。有些人以为自己爱猫，其实只是把它们当成了豢养的动物，而不知道它们也有自己的情感和喜怒。

天香·猫

水汪汪含，晶莹透篮，绒绒耳折憨。

粉巧夺满，嗅澜入湛，断魂小靥然然。 几束翘弯，虎头短、浑浑团团。

偶然

双双利奔跃攀,展探天空宽。
几回彩蝶斑尴,弓于磬,疾如箭拴。
鼠颤拨入草辗,只为戏玩。
高台摇床板,贪梦婪、四脚朝天酣。
与君相伴,可爱无憾。

猫,这种独立又敏感、孤僻又温情的动物,用它那聪明的大眼睛看着人,永远保持自己独立的性格,尊重自己的意愿行事。猫也是小老虎,老虎是猫科动物,所以说,猫的脸和形状就像老虎一样,有很大的活力,我养的猫都是虎头虎脑的。当它同呼噜呼噜地在人面前撒娇的时候,妩媚可爱,但是往往又有其桀骜不驯的一面,并不容易为人所左右,总是天生带有着展示强烈自我的傲气。正如老舍先生所说,猫的性格实在有些古怪:老实的时候很乖;贪玩的时候谁也不听;尽职的时候又是多么耐心;高兴的时候比谁都温柔可亲;若是不高兴呢,无论谁说多少好话,它一声也不出。我们家的猫猫们,不也正是如此吗?

正因为猫比较独,所以要经常和猫一起玩,给它们投球啦,或者一边逗它们一边抚摸它们。在院子里,我给它们搭了个棚,猫是不能被关养的。猫也是害怕寂寞的,因为我经常要出差,为此,我为它们找来了一个专门照顾它们的阿姨,这样能保证每天都有人和它们进行交流。

所有来过我家的客人都喜欢它们。它们懂得在人没事闲坐的时候,轻飘飘地跑过来,坐在你的腿上,用毛茸茸的小脸蹭你的手,让你抚摸,然后心满意足地发出"呼噜呼噜"的声音。也有的小猫比较喜欢社交,当来看我的朋友们围坐一圈聊天时,这时就是小猫社交的最好时刻,它们在朋友们中间一坐,晃着猫头,一会看看说话的这个,一会看看喝茶的那个,让人看着就想乐。

在我眼中,猫儿就是小孩:喜欢看电视,会接吻、按摩、开门,能用爪子踩遥控器、按电视开关……它们虽然不会说话,但跟孩子似的,啥都懂,累了,看到它们就很开心。有时它们在外面玩疯了回来,把自己搞得很脏,就像一群野小孩一样,一动也不动,像做错事的孩子在认错一样地望着我,让我看后忍俊不禁想笑,然后马上就给它们洗澡,洗完了再用抹布把它们抹干,然后用吹风机把它们的毛吹得蓬松松的，小猫就快乐地在房间里跑来跑去。

　　小猫是很机灵好动的，圆圆的大眼睛常爱紧紧盯住一个东西，然后趴在那儿做着准备跳跃的姿势。如果你扔给它一个玻璃球，它的眼珠就会随着玻璃球转来转去，小胡子翘起来，耳朵竖起来，像是看见了小老鼠，两只后腿还交替蹬着，可爱极了！有时候它们互相追逐玩耍，互相撕咬，一只四脚朝天，一只四脚朝地，我在地板上放上一个玩具，它们就像足球队员一样，抢到玩具的叼起就跑，非常快乐。

　　可爱的猫猫们"喵喵"的叫声，有时是犹抱琵琶半遮面的温柔的低唱，有时是旋律优美、曲调动人的引吭高歌。当它们温柔地发出咕噜咕噜的声音，在我脚边不停地磨蹭的时候，我的心里会不时涌动起阵阵的温情。然而看着它们圆圆的清澈的眼睛，我有时候又有些迷茫，也许我永远都不能全部弄懂它们的心思。不过，不管它们在对我说什么，猫猫的吟唱为我的生活增添了由衷的乐趣，于是我会心地微笑了……

　　爱猫的男人都比较感性。不能说好男人都爱猫，但是我却觉得，基本上，爱猫的男人都是好男人。一个懂得关爱呵护小动物的人一定不会是个坏人，而一个爱猫的男人肯定也坏不到哪儿去。一个爱猫的大男人，往往会流露出一些心底深处最柔软的东西。

　　我经常工作到深夜，常常，有小猫看到我的屋子有亮光，悄没声地进来，然后一下子从地上蹦到我腿上，再从腿上蹦到写字台上，恬静地卧在书旁，安静地睡觉，我便安心地看书。有时候工作时间很长，一忙乎就是几个小时，我家的猫就不愿意了，睡了一觉发现我还在工作，便又睡觉，反复四五次，便不耐烦了，立刻起来，在我的书旁绕着转圈，非要和它玩一会，它才肯罢休。养了猫，才能够理解季羡林、冰心、李泽厚等学者为什么会喜欢猫。猫确实能够了解读书人的性情，慰藉读书人的内心。

　　关了灯，刚在被窝里躺下，就有猫跳上床，会钻到我的腋下和脚边，把小猫脸凑到我的脸上，闻啊闻啊的，"咕噜咕噜"的，然后在我抚摸它的时候，满意地卧在我的枕头边睡去，暖暖的，像是热水袋。夜，也因为猫的陪伴而格外温馨。

　　有一句话说：你对一只猫好，猫猫会觉得自己是上帝；而你对一只狗好，狗狗会觉得你是上帝！因为在人与猫的关系中，猫是中心；

> 偶然

而人与狗的关系中，人是主导。所以，爱猫的男人一般都有自己的主见和个性，有自己的生活重心，决不会随波逐流。爱猫的男人观察事物也会更加细致。他们看上去有点散漫，实际上非常喜欢帮助别人。他们讨厌虚伪，不会撒谎。爱猫的男人都是顾家的男人，他们大都喜欢下厨，喜欢陪伴儿女和猫猫一起玩耍。不管外表有多酷，他们都保有一颗纯真的童心。

　　忘记在哪里曾经看过一句话，印象深刻：爱猫的人都有一个细腻的灵魂。有句话说得好，想学会爱人就去养猫，想感受被爱就去养狗。所以，喜欢猫的男人，是充满爱心的。他们待人亲切，感情细腻，个性温和，细心体贴，乐于助人，乐于付出，同情弱者而内心坚强。

猫王丁丁迈出花园丁步

Apple 憨厚的样子

偶然

回眸无言的小六

机灵的小豹

小花和她的孩子

偶然

英格在审视中

天香和她的孩子

两个月大的小白和小赖

两个月大的淘天

偶然

阿芙妮

猫王丁丁的小女儿小美公主

Apple 和蓝蓝

偶然

戴上玫瑰项链的丁丁威严中也有柔情

第十章　偶然缘续北大：
教育为本，天下大道公无私

偶然之幸遇，志同道合结交心里装满学生的北大校长，教育国之本；

偶然之造化，英雄家乡天人合一大美如斯在公园经济，百姓幸福家。

天下大道为公，为公之道不是天生就有的，都是后天教育才习得的；如果在"有为"之后，要放下那些身外之物，最好的方式就是教育，因为，当你教孩子们明白了"天下为公"的道理，就能够让孩子们受用一辈子，孩子们就会有感情；从少私心成长到无私心，就可以成大器，为我们苦难的民族做点什么有益的事情，让我们的广大众生精神生活、物质生活都美好起来，共同建设美好的环境、美好的家园、幸福的生活、幸福的明天！

第一节　幸遇校长教育先

与北京大学周其凤校长的结识，亦是始自于一个"偶然"，冥冥中那一份偶成的缘分，却让我真真切切地体会到何为一见如故、何为志同道合。"偶然"之妙，光靠言语表达实在难以完全描述，非得生命亲自经历才能真正体会。

回忆着我与校长第一次见面的情形，正是3月里的一天。沐浴着初春灿烂的阳光，我却忽然想起了少年时第一次去北京大学的情景。那时与我在北大的湖岸、塔边的人山人海里擦肩而过的人群当中，某一个回眸，是否就有当时长我两岁、正在北大读书的其凤兄长呢？

虽然那时我们并不能准确地彼此认出对方，但那份冥冥当中的缘

偶然

分已经在悄然滋长了吧——我对于周校长就有这样一种默契和相熟的感觉，大概是因为我们年纪相仿、经历也相仿的缘故吧？交流中，我们不自觉地会用家乡话沟通起来，太多共同的语言、太多共同的思想观念，让我们还未见面就油然而生一种相见恨晚的感觉。这种感受，也许与共和国年龄相近的人都会有，因为我们共同经历过祖国山河变色的岁月，对于个人的得失，早已不放在心上，校长心中装得满满的是他的学生，而我却想着能为家乡的老百姓做一点实事。这就是所谓的"殊途同归"吧，在不同的行业中，我们做的善事可能千差万别、不尽相同，但是，善的本身却并无区别。

志同道合的人似乎并不需要时时刻刻都在一起，有的人你和他长住一块，保持着亲密的关系，但从来不会推心置腹说心里话；而有些人，刚刚相识就一见如故，彼此像倾诉一样把所有的秘密都吐露出来。就像周校长，熟悉他的人都知道，他的每一种身份都会让你获得不同的感性认识和具体体验。作为一名教育工作者，他"爱学生爱得深，爱教师爱得深，爱教育事业爱得深"，大事小情只要与他扯得上关系的，他都舍得出力。

我十分坚信这个感觉来得深刻，初春乍暖还寒的日子里，却已然染上了温暖的阳光气息——有点令人迷醉，如酒香醇，可以沁入肌肤，香熏灵魂。在某个日子，也许是清新的夏日雨后，也许是倦鸟归林的秋日黄昏，也许是春红褪尽的春末夏初。无奈校长公务繁忙，而我也是冗务缠身，虽然一直心心念念地想着见面的事情，但是苦于一直没有机会。

古人云："居善地，心善渊。"我心中一动，何不借我"太阳湖大花园"一方水土邀请校长来考察做客，我们也能临湖对坐，把酒迎风，那岂不是人生一大快事。万物复苏，草木重生，那是多么美丽的一幅画面啊！

通过我的老朋友，也是北京大学毕业的陈才明博士的联系，在那年草长莺飞、杂花生树的人间四月天里，校长率队，带领着北京大学的考察团来到了我投资开发的位于苏州——这个"上有天堂，下有苏杭"的富丽之地的太阳湖大花园。

当我们聚首于太阳湖，一见如故，相见恨晚。北京大学，这个我少年时就一直仰慕的学术圣地，我错过了在其中度过青春岁月的机会,而今,阴差阳错,却能够与这所中国最高学府的掌门人相对而坐,弈棋论道,称兄道弟。我想,这真的是冥冥中一份偶然得之的机缘吧!

校长一见我,便快步走上来,紧紧地握住了我的手。不知怎么,我却像是见到了失散多年的兄长一般兴奋和激动。

校长动情地说:"晓东啊,我长你两岁,我就称你为兄弟了。这次我是为看望你这位好兄弟而来,也是为了学习太阳湖环境大师的作品而来!"

和我的好兄长一同立于太阳湖畔,并肩看着这湖岸风光,我说:"兄长啊,人们说熟悉的地方没有风景,我一手开发这太阳湖多年,却也时常感到'风景这边独好'。湖畔的春天,尤其让我沉醉。闲来在花园和煦的阳光里喝茶、看书,偶一抬头,见白云浮在蓝天边,一群小鸟轻快地飞过,对面窗台上,更有一团花儿姹紫嫣红般绽放——这湖畔的春天于我,竟像徐志摩之于康桥'轻轻地来'了!唉!春天总是这样,像是一位挚友,早已默默地把关爱撒向你,却从不声张,任你自己去体会。"

"去走走?"兄长遥望着远处,欣然向我提议道。

"当然!在春天,在湖畔,随便走走就是享受。"我也正有此意。我们俩人背着手,悠悠向前行去。

生机勃勃的花草树木,新鲜空气沁人心脾,更让你神清气爽。信步沿湖,"波澜不惊,上下天光,一碧万顷;沙鸥翔集,锦鳞游泳,岸芷汀兰,郁郁青青","心旷神怡,宠辱皆忘,把酒临风,其喜洋洋者矣",范公妙笔早已代为描绘,不用我赘述了。

一片片草地,有一行行绿柳,有一丛丛野花,有一阵阵暖风;那里有"关关雎鸠,在河之洲",有"留连戏蝶时时舞,自在娇莺恰恰啼",有"泥融飞燕子,沙暖睡鸳鸯"。在这湖畔春天温柔的怀抱里,浑身都充满着慵懒的舒适,似乎觉得体内老化的细胞都要获得新生,人仿佛回到了十五六岁的豆蔻年华。

我的十五十六岁往事早已成云烟,她似一个我深爱的人,在我的留恋里毫不犹豫地转身,渐行渐远,她的背影一天比一天模糊不堪。而回首往昔,那个在湖光山色中的学生时代,记忆最深刻的仍然是那几个湖畔的春天。闭上眼,似乎就可以闻到那时候的花香,也分明听

偶然

到了那时候的歌谣,而青青的水草、浩淼的湖水、蓝蓝的天空、盛开的鲜花、呢喃的燕子、纯真的笑脸、奔跑的身影——在我的脑海里鲜活起来。然而这一切都如断章,无法联成完整的影片,毕竟是谢幕已久的青春剧了。

我跟校长沿着太阳湖浩淼水岸一路漫步,一边说着各自的往事。他是湖南人,我也是湖南人;他比我大两岁,和我算是同龄人,60年代时读书,吃过不少苦头,我也吃过生活中的不少苦。他说他吃过的苦时,我眼睛红了;我说我吃过的苦时,他的眼睛也红了。

说起曾因被人误解而受冤枉十年的经历,校长笑了,看着这云蒸霞蔚的烟波美景,轻舒了一口气。

"我的兄长啊,在长达十年的时间里因为一个小小的误会,就被别人误解,十年之后,等到水落石出,误会自然解除的时候,别人终于明白了这是一场误解。"十年时间,我可以想象,这误解会令身在其中的当事人心中多么难受,可是就算是身处在别人因误解而兴起的讨伐声中,校长想的还是他的学术研究,对于那些纠缠不清的骂声,就一笑置之。

"清者自清啊,晓东。"校长接着说道,"事实胜于雄辩,出了问题,我总是先从自己身上找原因,不要先想着责怪别人。十年里我一直被外界误解着。于我而言,都是一份成长,一份经历。自己心里知道是被冤枉的,可是冤枉你的人也只是误解了你而已,你再去怨恨他,不但影响工作,而且更错上加错。只要谅解了,终究会有误会冰释的一天。这就是正者之忍道。"

校长声音不高,嗓音圆润而柔和,却自有一番沉静如水的气度。他的这一番话真是说到了我的心坎里。对照自己,那个时候,因为太阳湖大花园的建设,我也正苦于被别人诋毁、冤枉,想到我的好兄长被人冤枉十年尚能如此豁达,我还有什么不能放下呢?

我被误解五年,就已经无法按捺心头一股怨气,而校长被误解十年却能如此豁达,我从心底由衷地佩服校长这份忍耐之心、宽容之心。也许正是校长这一份发自内心的善意、肚量感染了我,被误解只是一时,只要心中有自己的一架天平,这个世界终究会有拨云见日的一天呵。

越聊下去,越觉得,我和他心气相同。把周其凤当做自己的兄弟，我是不是有些自作多情？但是与校长初见的这一份缘，让我们聊了很多很多。我忍不住问起他受命于危难之中，担任吉林大学掌门人的轶事来。因为那个时候，由六所高校合并而成的新吉林大学，师生员工近十万人，负债很多，而周校长新官刚上任，就一举摘掉了四十五位不合格教师的博导帽，引来非议无数。

回忆起当时的情景，我的好兄长也难免有些激动！

"晓东，当组织上对你说，让你去肩挑起一副担子的时候，作为一名党员，你还能犹豫吗？我说，好，那我就去。没提任何条件，只带着一心把工作做好的决心，我来了！我要把吉大办好，就是爱学生、爱教师、爱教育事业，只要大家团结了，吉大就一定能够办好。"兄长说着说着，声音慷慨激昂起来。湖湘文化中的执著、虽九死而犹未悔、九头牛拉不回的"一根筋"，在我这位好兄长的性格上体现得淋漓尽致。

"我没有任何个人的追求，我不要求什么，我只希望将来别人评价我时说，周其凤珍惜了组织上给予他的工作机会，做了对得起党的重托的事情。做事情就会得罪人，这个我懂，但如果抛弃个人的私心杂念，从国家和大家的根本利益来考虑，也就无所谓了。我只做事，自信没有因私得罪过人。"兄长恢复了平静，他凝视着远处，眼神中却充满了坚毅。

于公于私，校长都担得起一句"顶天立地"，何况是教育这一项"利在百年，功在千秋"的伟大事业。相比之下，我顿时觉得这浩淼无垠的太阳湖都渺小了起来。

虽然校长握着我的手说过："太阳湖大花园拥有无与伦比的环境，晓东，你在环境改造事业上走在了中国的前列啊！"但是，与兄长的教育事业和他对"学生、教师和教育事业"的热爱相比，这算得了什么呢？因为有了这份爱，才能兢兢业业，几十年如一日地战斗在教育战线的最前列！想着我的好兄长为了教育、为了学生操劳的一片拳拳赤子之心，我想，我能为我的兄长做些什么呢？大概就是将我自己所有的东西交给他，以助他达成善缘吧。

在太阳湖畔，我几乎是不假思索地问道："校长，您看我能为北大做点什么吗？"

我想尽我所能，为我这新识的，却又犹如老朋友一样默契的朋友献上一点点力量。

"晓东,这真是谢谢你!"校长略有停顿,接着说道,"其实我们学生的第二课堂活动非常丰富,尤其是参加社团的学生,他们需要活动,排练、开会等等。现在,这些事情只能在我们学生工作部楼上的临时教室里面进行,时间、空间都没有保证,很不方便。如果可以给这些社团的学生建一个活动中心,可能是更实用的。"校长说出了自己的考虑。

"第二课堂?"我有些疑惑,不过也恍然,的确,现在国外许多知名的学府都有学生活动中心,而燕园里似乎没有瞧见。大名鼎鼎的北大里,居然没有学生活动中心!我心中顿时诧异万分。

"对呀!国外的许多学校都是在学生活动中心进行这些活动,可是北大恰巧没有这样一个专门的场所,我们的团委办公室在老生物楼,学生工作部在艺园餐厅的二楼,社团就更没有场所保证了。你可以去三角地看宣传,我们的学生的活动都很丰富!可惜有许多不便。"

"我们的学生。"校长如此说来,微笑着,好像在讲自己的孩子。

大学校长,我从前以为,也许可以将学校学生管理得有条不紊,也许可以笔墨文章,挥斥方遒,却不曾设想过,他对学生也能有如此真切深沉的爱。周校长对学生的爱,是包容,甚至是宠溺。那笑容仿佛是在对自己的学生说:"年轻人,你们成长的路上,可还算得上快乐?"

校长向我介绍了学生社团的多样化,也给我讲了学生社团活动场地的限制,以及他们的苦恼。其实他对这事早就一清二楚,只是苦于学校的确没有更多地方为大家解决社团活动场地的问题,所以一拖再拖。但是,校长的心里,始终装着学生的苦恼和他们的向往。

兄长的那一双深情的眼睛,闪烁着真情、真爱、企盼的光芒,那么清澈,那么深邃,没有虚假,没有欺骗,只有"真实", 一望无底的黑黝黝的瞳孔中装得满满的都是对学生的爱啊!就是这双眼睛的"真实",顷刻间感动了我。就是时光逝去的十秒的时间里,我确定了,校长心里装着他真心爱护的北大学生们。校长对学生们好,就是领袖对老百姓好。这许多年来,我们共和国的干部们应该对老百姓好，老百姓哺育了我们，老百姓勤劳辛苦用鲜血换来了祖国的江山和胜利，我们不关心他们谁关心他们……多年社会的摸爬滚打，我已深深地体会到像兄长这样热爱学生如同热爱自己的孩子、热爱教师如同热爱自己的家人的校长，太少了！这不禁让我想到了许多年前在上海博物馆遇到的马馆长。如今故人已去，可是他谈到青铜器时候脸上的执著还烙印在我的脑中，好像就在昨天。

今日，我碰到了周校长，他谈到学生的时候的表情，不就和马馆长谈到青铜器时一样吗？他们的脸上，有着一样的疼爱的神色，有着温柔，有着执著，有着对自己责任的坚持。

人世间许多事，偶然来的事，比必然来得更美妙。

当年，马馆长的坚持让我感动，从此，我和上海博物馆、和房地产、和上海结缘。今日，我是不是又遇到了另一个故事？和北大结缘？为我的下一个梦想找到家园？

"你真是太爱学生了，你是校长，就是学校的领袖，你心里装着教育，你爱学生，就像党的领导心里装着老百姓一样。这是最伟大、最高尚的，我很佩服这点。你有这样的善举，我能不支持吗？那我们就盖一座学生中心，校长，你看需要多少钱？"

校长大概对我如此爽快的答应有些吃惊："盖一座学生中心，大概有个五千万左右就够了。我们还可以盖在三角地，那里见证了多少代北大人的记忆。"

我想了想，继续问道："如果要盖得好一点呢？"

"好一点的话，造价要七千万吧。"校长说。

"够吗？我们要盖就盖最好的！最好的学校，最优秀的学生，当然要有最好的活动中心。这样吧，我拿出一个亿，我们做交钥匙工程。2012年的时候，我一定让您带着您的学生走进咱们新建的学生中心。"我毅然决然地做了决定。

说话间，我们就来到了会议室，我让秘书迅速地准备了框架协议，将这一份承诺落到了实处。当天下午，我们就已经在融洽和谐的气氛当中将框架协议细化，并且将协议签订了下来。后来，我还打趣地跟兄长说起，圆一个豫园穷苦女孩的新居梦的"太阳都市花园"，我花了一个星期的时间决定；创一个环境奇迹的家园梦的"太阳湖大花园"，我也花了一个星期的时间决定；只有为了助兄长一片爱生爱

偶然

校的善缘达成的这个决定,我只花了几分钟。这偶然之中的因果机缘啊,就这样再一次成就了我生命中的故事!我是相信故事的。我和马馆长相交的故事勾勒了我在中汇大厦之后这么多年的故事的轮廓;我和周校长的相识,缘于关于浏阳道吾山的几句闲聊,起于我心中神圣的殿堂——燕园。如此背景,怎能不成故事?

就在协议签字落笔的那一刻,太阳湖畔原本阴沉沉的天气,忽然一阵东风吹来,一道阳光刺破了天际的乌云,满天乌云尽散,一轮崭新的太阳就在天边,发出一道道充满了希望的阳光,我们沐浴在满室灿烂的阳光之中。校长说:"这是一个好兆头,不如这学生中心就叫新太阳吧!"

在这一轮新太阳的照耀之下,我们紧紧拥抱在一起,举杯饮尽芳醇美酒,共同祝愿新太阳活动中心能够尽早建成,能够为北大的莘莘学子在求学、进步的道路上添一道力、尽一份心。

太阳湖畔的日子如白驹过隙,虽然心中依依不舍,还是要送走校长。临行前,校长又向我发出邀请,说:"晓东,你愿意帮助北大建学生中心,我真是太高兴,也太感谢你了。有机会,你到北大来,跟我们的学生来说说你的故事,一定对他们有很大的教育意义和帮助。"

经过一系列后期接洽,落实协议、捐建学生活动中心的事情基本有了眉目。"你是不是也可以给我们的同学们讲讲你的故事呢?"一天早晨起来,打开手机,看见这样一条短信,竟然是周校长发给我,想邀请我去为北大的同学讲讲自己的经历,与大家分享一下我的人生故事和体悟。北大的正式邀请也放到了我的办公桌之上,我立马开始着手准备起来。

"老板要去给北大的学生讲课呀!"公司的同事半开玩笑半是感慨。

"李总,您还是不要去讲了吧,北大的学生很挑剔的,有教授在上面讲课不合他们的胃口,学生是会把先生轰下台的。"

是呀,这是一群北大学子。最初,这个名字离我那么遥远,仿佛永不会有什么交集。而今,竟然因为认识了一个人,走进了一所学校,而要认识那样一群青年。

我办过许多次培训,开大会也是家常便饭,但要给北大的同学讲我的那些故事，心中多少有些忐忑。当天忙完常规事务，我就拿起笔，开始准备自己的提纲，琢磨究竟怎样才能把我这六十年的故事讲得生动有趣，又能和大家分享我关于人生的体会。

我想，最核心的是，要尽我所能把这些讲出来，不为炫耀，只为与有缘人分享。我会带着带着足够的诚意面对学生们，以诚相对地交流人生感悟。

北京大学负责接待的工作人员一早已经守候在了北京首都机场，一路飞驰在首都宽阔的路面上，我的心却早已像四十五年之前一样飞入了北大燕园。下了车，周校长早已守候在北京大学西门附近那一方著名的三角地等我。一见到兄长，仿佛时光倒流一般，好像又回到1966年，我还是那个穿着绿色军装，胸前戴着毛主席徽章，胳膊上挂着红色袖章的十六岁少年。站在北京大学西门附近，看到北大校园如此漂亮，比我看到过的所有学校都漂亮，一股敬意油然而生，对着一棵松树，我深深地鞠躬。曾几何时，我的梦想就是在北大求学啊。其实，当时的我，对北大的历史都不甚了解，唯一了解的事实就是，要考出最好的成绩才能进北大。北大的学子、教师都是精英中的精英，没有出色的学问是很难跨入北大校门的，而我，并非学生亦非教工，却戏剧性地来到了北大这个教育界的神殿，不禁有种恍如隔世的感觉。往事如烟尘拂过，一切都是那么清晰，又在遥远的记忆中变得如同残影一般，透露着模糊的美感。

1966年10月，金秋的北京，天高云淡，秋风吹落白桦树叶，这个月毛主席接见我们红卫兵代表。红的海洋，把我带入了那个年代的北大。读中学时，我做过这个梦，高中毕业一定要考北大中文系，但梦有时不容易成。"文化大革命"开始了，停课闹革命，学业开始荒废了。在北大校园里，我在未名湖畔坐了很久，感慨良多，有七百多北大学子，从校园出发，赶赴战场，为民族的大义，献出了年轻优秀的生命，真是可歌可泣。走在校园的小路上，熙熙攘攘的人群中，我仿佛见到了当年大一湖南籍学生周其凤，那一瞥而过的身影。

2010年，时光回转，四十五年后，昔日少年的意气风发仿佛前尘往事，走过四十五个春秋，走过加拿大、香港、上海……我又一次来到燕园。这是回到了起点吗？我的内心告诉我，这不是简单的故地重游，这肯定在昭示着什么。难道这就是佛家所说的轮回吗？冥冥之中

偶然

的天机真是难以揣测。

我想去找那时候的松树,来回张望,不免微微一笑,带着一丝自嘲的味道,究竟是哪棵松树又有什么关系呢?重要的是,当年,那个什么都不懂的鞠躬的少年是我;这么多年,我还记得这里;许多年后的现在,我又一次来到了这里。

我在心里告诉自己,我回到了燕园。

斗胆用了"回",是因为我曾经来过这里,更重要的是,我曾在西门的一棵松树前献上了自己对这所老校的敬意。尽管后来沧海桑田,而我常魂牵梦绕,尽是向往,是牵挂。

少年时对北大的偶然一瞥,和北大校长的偶然相识,生命真是一个又一个轮回。缘起缘灭,冥冥中自有安排。

再度来到北大,不知不觉来到北大最著名的未名湖。北大校园以"塔,湖,图"著名。北大图书馆规模大,藏书多,如知识的殿堂一样巍然厚重。而未名湖的一泓碧波,给北大陡然增添了不少灵秀之气。曲池碧波,山间溪流,月下澄江,陡崖瀑布,假如没有水,再美的风景也未免呆板枯燥,显得顿失灵气。

未名湖本身并不大,景色却很美,正所谓"水不在深,有龙则灵"。我与周校长在湖畔漫步。满目杨柳依依,扑鼻异卉奇香;湖里碧波荡漾,荷叶如钱,平铺水面,大小游鱼往来翕乎,浮光跃金,波光粼粼。

依湖有一小岛似小丘,我疑心它是用挖湖的泥土堆积而成。树木蓊郁,其旁有亭,亭内有石桌石凳,情趣盎然。湖水边有一石舫,站在上面,恍如身处广阔的大海,乘风破浪,令人心驰神往。向湖对面望去,是博雅宝塔,那是北大"德才兼备"四斋之一的备斋。

周校长告诉我,北大百年历史上,为了国家和民族的解放事业而牺牲的北大学子,仅登记在册的就有七百多人!听到这里,我也不禁鼻酸。是啊,为了国家和人民的解放,多少人舍生取义、杀身成仁,才换来我们今天的幸福生活。如果不是他们的牺牲,哪里会有眼前这样安宁祥和的一弯碧水、万里蓝天!

我们向办公楼走去,路旁高大的银杏树,偶尔见飞鸟掠过;古色古香的建筑,在无声地诉说着传承了几代的美丽。这就是北大!不同于几十年前的初遇,那时候还年轻,心里不免浮躁,浮光掠影般的惊诧，错过了许多深邃的风景。

在如此美景中度过大学时代，这是何等的美事？我不由得羡慕起北大学子。

再次来到北大，在英杰交流中心新闻发布厅里，我第一次正面北大那些青年。

那天我特意穿了一身中山装，站在英杰交流中心新闻发布厅的前面。会议室很漂亮，虽不是那么大，却给人很开阔的感觉。他们告诉我，是学校团委具体负责组织这次讲座活动。活动组织得井井有条，同学进场、就座，主持人介绍……每一个环节都相当细致。我站在一侧看着还是学生的他们负责起这些工作竟也有板有眼，心里暗想：我们的公司，大概也可以在某些细节方面继续改进，细节决定成败嘛！

看着他们细心地准备，我有些出神，忘记了自己马上要做演讲。当主持人介绍到我的时候，才忽然又回到了现实。我心头一紧，不过还有什么好紧张的呢？我只是跟一些青年人交谈，我们只是交流，交流我们的人生点滴。

我站在前面观察他们，他们的眼神是那样明亮，透着希望，像浏阳的山水那样澄澈，却比那份澄澈更复杂，更深邃，清澈见底又好像永远也看不见底，因为那里面还写着思索，写着困惑，他们有他们的灵气、梦想、朝气和迷茫。

我的开场白，简单而充满着真挚的情感："首先请允许我，一个共和国的老战士，向你们致以战士的崇高敬礼！请再允许我，一个中华民族的普通人，向你们致以老百姓的叩谢！

"我要深深地感谢周其凤校长给我这次机会与大家探讨，依我的本意，本不想说，可我数十年的人生经历却让我受益良多，想要与大家分享。"

我演讲的题目是人生的"苦"与"偶然"。我给他们讲着我的童年、少年时代的故事，我的青春记忆，以及后面的探索、迷途、失败和成功。我是在和这些同学交流，也是在和自己交流。他们聆听着我的过去，我也在回顾我的过往。他们也许有着和我当年类似的好奇或者迷惑，当然，他们也有比我那时更为智慧的选择。

演讲中，同学们最关心的是：跨出校门后怎么创业？怎么成功创业？我给他们讲了我创业历程中最经典的几件事，其实成功是偶然，

偶然

切忌不可太刻意，更不要看成是必然。财富不是偶然来的吗？偶然是无心，无心插柳柳成荫。当这个理念提出时，我看到北大学子们有"眼前一亮"的神采。我知道，我的开篇获得成功了，我已走进了他们的心中。

演讲的过程中，我的声音几次被同学们雷鸣般的掌声打断，其实那只是作为一个长者，对这些青年人的一份寄语，是富有力量而又饱含深情的肺腑之言，有对学校的热爱，有对同学的感情，也有对同学们的殷切期盼。我希望孩子们能从我的微言片语中去体会大学之精义：培养独立之思想、自由之精神，早日成为社会的栋梁之材！我喜欢称他们为孩子，他们比我的子女还要年轻，还要有朝气。他们思考自己的未来，也关心国家的未来。因为他们是北大青年人，眼底是未名湖水，胸中有关山明月。

我的演讲结束后，还有很多同学举手提问，有个女孩子问我关于大学生创业的问题，也有孩子问我怎样看待贫困生的教育公平问题。

看着他们指点江山，激扬文字，我想起了自己年轻时和父亲讨论过的对经商的看法。

"商人都唯利是图，那叫奸商。工农兵学商，毕竟是排在最后的。"

"如果我创造了财富，又回馈于更需要它们的人群，反哺社会，还是奸商吗？"

"你要记得你说过的这句话。"

许多年前的对话中，与世无争的父亲，最终以慈爱宽容的态度，接受了我年轻的雄心壮志。父亲，我说的话、你的叮嘱，我一直不敢忘记。

原定两个小时的演讲时间在英杰交流中心的会议室里被同学们的热情和激动一次次地拉长了。看着同学们踊跃的面容，周校长也像是被感染了一样，他握着我的手，说："晓东啊，我们认识以来，从来没有如此详细地听你说起过你的成长经历。我今天就像台下的学生们一样，听了一场精彩的演讲，也经历了一次心灵的洗礼。晓东，因为今天的场地所限，我们还有很多同学想听却没能听到你的演讲，你何不就把这六十年的人生经历整理成书，出版给同学们读一读，让他们都能感受这一份偶然比必然来得更精彩的人生感悟呢？"

这也算是这本名为《偶然》的一个偶然的渊源吧。

后来，仍然有许多人问我，为什么要给北京大学捐一亿人民币建"北大学生中心"？而且是交钥匙工程。

我的回答很简单，我觉得就是校长、我的好兄长一句最发自肺腑的心里话："晓东啊，全世界每所名牌大学，都有自己的学生中心，而唯独我们北京大学的学生们没有学生中心，你能帮帮我们学生们吗？"

就是这几句话，我从周其凤校长眼睛里看到了无私无妄、淳朴真诚，校长心里装着学生，就是装着老百姓呀！为什么不帮帮校长呢？

还记得我在西安当兵的时候，大雁塔的一位高僧告诉我，人和人、人和事，任何两个个体，都是讲求缘分的。缘分不全是命中注定，而是生命中的机会。它降临了，我们欣喜地迎接，努力地迎接，而绝非被动地接受，然后，顺势而为。顺着那时候自己心中的一个念想，顺着当时周边环境的要求，和着缘分，谱写相逢之后的美妙。

时间就这样无声无息地过去了，而我愈发坚信，我和周校长就是有这样的缘分的。因为我们之间的缘分，又谱写出了我和北大的缘分。

起于缘分，是我们的造化，但若是仅止于缘分，那就是我们的错过了。学生活动中心只是我们的故事中的一个小小片段，真正的起伏和高潮，应该是关于教育、关于未来的美好的梦想。

北大缘，这不是我个人和北京大学的缘分。湖光塔影为证，那些学子用青春做笔，是他们年轻的热忱、对知识的渴望、对未来的探索让一个立志回馈社会的商人和一所学校、一群有为青年结缘。我不只希望这缘分继续，更期冀这份重学兴教的义举能够从我手中继续薪火相传。我的社会责任也告诉我，这缘分必须继续，这义举也必须继续，不为我，不为学生，只为这所学校所承载的年轻人的梦想和希望，只为我与北京大学周其凤校长的一份偶然滋生的缘分。

第二节 共赴浏阳英雄勉

日子飞快地旋转着，很快就开春了。这座城市于我已无多少新鲜；在上海市区与吴江之间奔波，习惯了淡淡漂白粉味道的黄浦江水，习惯了巷里街外侬软的上海腔调，我也渐渐开始享受这样一种新

偶然

的生活方式。

　　闲来无事的周末,和我合作过"太阳都市花园"项目的老朋友孙卫国找到了我,其时已调任上海虹口区委书记,他在电话里邀请我去看看位于上海虹口区黄渡路的李白烈士故居,"这是李白在上海最后居住、工作和被捕的地方,二十多年来先后接待游客十多万人次。最近,我们派人对李白烈士故居纪念馆重新整修了一番。你有空时去转转,提提意见!"

　　我欣然答道:"好的,今天我没什么事情,等会我就去。"

　　孙书记听了很开心道:"那我马上联系一下纪念馆方面,给你指派一个资深的讲解员。"

　　我对李白并不陌生,自小听闻他的英雄往事,知道他是共产党地下发报员,是中华民族抗争路上的无数英雄之一,也是著名影星孙道临和袁霞主演的电影《永不消逝的电波》中英雄李侠的原型。我很喜欢那部经典的电影,喜欢那部革命同志加爱情、曲折惊险浪漫加上旧上海风情的电影。但凡和我一样,看过《永不消逝的电波》的人,一定不会忘记影片里李侠面对破门而入的特务时,那种镇定从容。他的手没有停下来,向延安发出了最后的声音:"同志们,永别了,我想念你们。"影片在穿越天空的美丽电波当中结束了,我们在电波中看到的是英雄刚毅俊朗的神采。这一句台词在当时也成了经典。

　　我们这代人本就成长在一个崇拜英雄的时代。于是,半是好奇,半是崇拜,我独自一人驱车前往。

　　很难想象在喧哗、浮躁和拥挤的大上海,竟然会有一条如此恬静、悠闲和雅致的小路——黄渡路。它原名叫黄陆路,是上海虹口公园对面一条略呈"S"型的小马路,是一条老建筑风格保护较为完整的幽静马路,而且也有着深厚的人文历史,氤氲出袅袅的文化味,使所有进入的漫步者萌发思古和怀旧的幽幽之情。如今走过这条的马路的人大都行色匆匆,因为这条马路两头分别连通着喧哗的四川北路和多伦路,马路两旁确实也没什么吸引人的风景,一边是近年重新建造的新楼房,底层零星开着一两家烟杂店和小点心店,另一边则是老式的花园洋房和新式里弄房。但是,每当我走过这条马路时,却觉得有一种特别的历史气息扑面而来,尤其凝视另一边成排的老式花园洋房,尖顶、斜坡、券窗、雕花铁门、拉毛水泥红砖墙……恍惚间觉得自己是行走在北欧某国的小镇上,又仿佛是进入了欧洲某国的电影画面里,人在画中走。

李白烈士的故居就在如今的黄渡路107弄15号。此处于1987年5月经修缮后对外开放,馆名"李白烈士故居"是陈云题写的。在弄堂口挂有"李白烈士故居"的铜牌,右面围墙上还有概括李白短暂一生的文字和一长串塑造了烈士浩气长存的浮雕壁刻,大气又不失细节之美,栩栩如生,从北面进入黄渡路的行人一眼就能看到它。相信画面上一圈圈的电波会成为黄渡路上永不消失的风景。

记得那是一个春天的下午,我走进弄堂,绿树森森,遮天蔽日,午后的小路,行人稀少,车辆也没有。一切都显得悠闲而懒散,安详而宁和。与繁华的四川路相比,黄渡路冷清但不寂寞,幽静但不乏张扬。窄窄的弄堂里,鳞次栉比的小洋楼掩映在绿树丛中,更显得这儿的建筑有着浓郁的欧式风格:鹅卵石墙面,家家入口处有中式雨篷,底层六边形凸出墙面,二、三层的阳台上饰铁铸的图案。后来才知道这是荷兰式联排花园别墅建筑。这里坐北朝南的连体房屋有二十二幢,屋顶为荷兰式三折坡屋顶,局部单幢建筑在转角处形成圆弧形平面,到顶部形成塔楼。难怪我一进弄堂就觉得欧陆风情鲜明,据说这样风格的建筑在上海已经是绝无仅有的了。

我一面享受沿途风景,一面仔细寻找着,忽然,就在梧桐树的后面,看见了一块木制的牌子——"李白烈士故居"。牌匾和大门融为一体,也和周围的民居融为一体;它们同样地不张扬,却又全然不同。

这是一幢坐南朝北的三层砖木结构的老式洋房,黄褐色的卵石外墙,奶黄色的大门,左右两旁镶嵌着紫铜色挂雕和烈士浮雕。我抚摸着斑驳的外墙,历史摩挲了指尖,穿过了流年,走到了我心里。

正唏嘘间,故居纪念馆的负责人热情地接待了我,特地指派了一个专业的解说员带我参观纪念馆,顺便向我详细介绍李白的革命事迹。我打量着眼前这位解说员,他姓陈,大概三十来岁年纪,在纪念馆中担任解说已经有几个年头了。一路上,小陈同我讲起了纪念馆的前世今生,我放慢了脚步,跟随着他踏进了故居纪念馆。

跨过那扇门,瞬间,我感到一种超然,超然于外界世俗的喧嚣,肃穆之气顿时弥漫胸臆。我不敢高声说话,亦不敢任意走动,言必谨

偶然

慎，目不斜视，生怕亵渎了故居的庄严。

　　故居共有三层，一、二楼是李白生平事迹陈列室，序厅放置着玻璃钢制李白烈士全身塑像。一楼的十幅珍贵的历史照片内容分别是投身革命洪流、战斗在敌人心脏、永不消逝的电波三个部分，系统地介绍了李白生平和战斗业绩。三楼有他发报用的电台、发报机、电讯器材工具等。

　　小陈带我来到了李白塑像前，叙述烈士生平。我凝视着李白的塑像，看着他那张带着书卷气的清癯的脸庞，仿佛在和这位革命烈士对话，感受着七十多年前的那段峥嵘岁月。当年，李白就是在这里，在敌人的心脏坚持战斗的。整个纪念馆的结构布局最大程度保留了李白生前老宅的面貌，我仿佛从电影中走了出来，来到了这里，烈士曾经战斗过的现场。

　　我打量着馆内的陈设，看见地上摆放着一块很大的石头，石头表面略显粗糙，呈元宝状，看起来有些年头了。我问小陈："这块石头是用来做什么的？"小陈道："这块石头叫做'砑光石'，又叫'元宝石'，是旧时棉布在印染后，平整布面用的踩布石。李白小时候家里很穷，八岁那年入学，之后母亲和祖母相继去世，家里越发穷苦了。后来，李白读了初小就辍学了，十二岁的时候在当地'干源裕'染布坊当学徒挣钱供弟妹读书。这块'砑光石'就是当年他在染坊做工时踩过的。旧社会的学徒是很苦的，起早贪黑没日没夜地干活，受着最为深重的压迫和剥削。"原来，李白也是苦出身啊，也许是早年间受欺压的经历培养了他日后的革命觉悟吧。

　　小陈指着一旁摆放着的油灯，道："这盏油灯就是李白做工时省吃俭用攒钱买给她妹妹，供她读书的。"

　　小小的一盏油灯价值能有几许？也许现在的人们对此不以为然，但在当时，小李白要做多久的工，忍多少顿饥才能买得起！我看着厅里很多李白做工时用过的物件，心想，当时全中国还有多少个受苦受难的李白？

　　我又问道："小陈呀，李白当时是如何走上革命道路的呢？"

　　小陈一边说，一边带着我上了二楼："李白少年时就有高度的革命觉悟，是当地的先锋队队长，曾带队火烧国民党团防局团部，成为轰动一时的少年英雄。1930年的时候，红三军团攻打长沙，李白参军离开了家乡,从此就再也没有回去过。一开始跟着红军到了瑞金,又参加了长征。后来,1931年初,我军决心建立自己的通信队伍,利用反围剿的时候缴获的国民党电台,开办了一个无线电学习班。李白当时二十一岁,就被调去党中央第二期电讯学习班学习。这是李白革命道路的转折点,从此,李白就走上了谍报生涯。"

我走在去二楼的楼梯上,每一步都能听得见轻微的"嘎吱"声。我想,七十年前李白每次走过楼梯的时候,也会听到同样的"嘎吱"声吧。想到我和李白烈士听见同样的声音时,我突然有种很奇妙的感觉,仿佛,我就是当时的李白,在楼下接到情报,走上楼梯去发报。楼梯是木制的,很窄,和以前老上海时的老宅子一样,仅容一人通过。台阶很高很陡,我每走一步都很小心。走的时候我放轻脚步,尽量不发出声音,不想冒犯故居的肃穆。此刻我走在楼梯上,渐渐地走进了烈士曾经的生活中。

狭长的楼梯尽头是一间很小的屋子,由于采光不好显得有点暗。二楼到了,李白烈士战斗的阵地到了!这就是李白曾经发报的地方,我推了推眼镜,心里有种恍如隔世的感觉。原来,此刻,我和李白是如此地接近!此刻,我正凝视着他曾凝视过的窗子,我正抚摸着他曾抚摸过的桌子。

二楼陈列着一些李白用过的电讯工具、亲手制作的木扶梯、一些史料照片和几封他本人写的亲笔信。小陈指着这些电讯修理工具道:"小时候,李白读了没几年书就辍学了,识字有限,外文几乎不认识,这给他的电报学习带来了很大的困难。当时从上海派来的无线电学习班的教师是一名精通收发电报、组装维修器械的专业电讯人员,但他缺乏耐心、脾气急躁,对学生动辄打骂。在刚开始学习的过程中,李白挨了不少骂。李白不畏艰难,日夜加班学习,时常盯着老师模仿。他的发报水平甚至超过了他老师,成为在全军范围内都相当出色的发报员。"

"那么,李白在这段时间内除了学习有什么故事吗?"我看着墙上的那些老照片问道。

小陈说:"当时,李白学习发报并不是在教室里面,而是随部队长征的时候,在行军、作战的间隙趁空学习的。当年他们过草地的时候,斗争环境艰苦,都吃不饱饭,经常一天就吃半顿饭,李白本来身体就不好,有时候走路都是摇摇晃晃的。当时有的战士生了病,李白腿都站不直了,还是同大家一起抬着病号走。而且李白时常省下口粮,给病号吃。有一天,几个当年跟随李白过草地的通讯班老战士就穿着老军装,挂着勋章,专程赶到这里看看烈士遗物。当时我负责接待工作,他们就跟我说起这段往事,一边抹眼泪,一边不住地感谢'李政委'的救命之德。"小陈叙述时,脸上流露出钦佩和自豪之色。我听了之后,心里大受感触。原来,李白不只是人们印象中的那个发报专家、不屈烈士,还是一个乐于助人、不图回报的简单而淳朴的人。

小陈转过身来,带我观看当年李白使用过的发报机,说道:"1937年李白来到了上海,在李克农的指示下,隐蔽了身份,在位于法租界霞飞路的一幢三层楼房中潜伏下来,成为我党设在上海这个孤岛的三个秘密电台中的一部。后来李白结识了涂作潮,他和李白一样是一位隐蔽战线的情报员。"说到这里,小陈指着那些电台零件,接着道:"涂作潮的电台装配手段高超,他用两根铅笔粗的线圈,一头勾在收报机真空管的屏极上,另一头套在振荡管的铝帽上,再把电位器改成人工控制音量,便能收到外来的信号,取走这个线圈,信号就消失,收报机变得像普通的收音机一样。这种高超的伪装术让李白受益匪浅,帮他渡过了很多危局。"

"据我之前的了解,李白后来和另一名革命进步女青年结为了夫妻,这是怎么一回事呢?"我看着墙上李白和夫人的合影问道。

小陈笑了笑,道:"当年,身任红四军电台政委的李白接受了党中央的任务,到上海准备设立秘密电台。一开始,他化名李朴住在贝勒路(现黄陂路)148号三楼的一间十四平方米的小阁楼上。当时,上海的白色恐怖气氛浓重,单身租房子容易引起敌人怀疑。为了掩护父亲的发报工作,党组织决定选派一位优秀的纺织厂女工来做李白的'妻子',负责掩护工作。裘慧英是浙江嵊州人,十二岁就被卖到上海绸厂当包身工。1936年,她参加了厂里的工人运动,次年10月,被发展为中共党员。就这样,他们一起住进了现在的长乐路蒲石村18号三楼。为了避免邻居怀疑,李白白天上班,晚上发报。

"刚开始,习惯了工人运动的裘慧英同志对这种'偷偷摸摸'的秘密工作很不习惯,还和李白表示不愿意待在家里,要回厂里去。李白便严肃地教育她说，党把电台交给我们，我们要对党负责，未经组织同意，擅离战斗岗位是会犯大错误的。从表面上看，我们的工作没有工厂那样火热，也不像战场上那样激烈，但我们发出的每个信号都关联着整个革命事业。

"李白还语重心长地告诉裘慧英同志，他十七岁跟随毛主席参加秋收起义，离开父母弟妹，离开故乡，经历二万五千里长征，到达延安。现在为了革命的需要，离开部队来到上海。说实话，刚来的时候，他也不习惯，但是，想到这里打的是没有硝烟的仗，在敌人的心脏里开展斗争，连牺牲都不怕的共产党人，能怕这点困难吗？能被这点不习惯吓倒吗？

"就这样，裘慧英同志再没有半点情绪，也渐渐地对他产生了感情。她开始用实际行动支持他的工作：晚上他发报时，她总是警觉地为他放哨；白天有时候还帮他送情报。

"他们这对革命的假夫妻，后来日久情深，暗生情愫，经党组织批准结成了风雨同舟的革命伴侣。几年后还生了个儿子，名叫李恒胜。裘慧英同志后来告诉我们，李白是一个非常爱家庭的人，尤其喜欢孩子，因为儿子出生在12月，天很冷。怕刚晾干的尿布太冷会冻着他，李白总是把尿布先放在自己身上焐热再给孩子换上。这可谓是最美丽最温馨的'假戏真做'啊，哈哈。"小陈说到这里，一脸的羡慕之色。

残酷的革命斗争中的爱情之花总是那么绚烂美丽，龙潭虎穴万重危局中的爱侣之情才显得那么惊天动地、让人陶醉啊。这不仅是他们作为一对夫妻的结合，更是价值观和信念的结合，这样的爱情才是真正的爱情吧。我看着他们夫妻的合照，心里唏嘘不已。

感叹了一会儿，我放开脚步，四处看看，站在一台电报机前，端详了良久。这就是李白当年同敌人战斗的武器啊，这台不起眼的电报机给中央传递了多少重要信息，为多少次战场的胜利做出了贡献啊。

小陈见我对电台产生兴趣，便向我介绍了它的一些不为人知的功能和秘密，道："别小看这台电报机，它可是有很多学问在里面的，是相当了不起的。当时，出于安全考虑，为了不让敌人发现，他将原本只有一百多瓦的微型电台一直改装到十多瓦。但即使如此，他仍能把电报发到千里之外的延安，而且信号清楚。后来国民党找到了这台机器，百思不得其解，不明白他是如何通过这台微功率的电台给延安发报的。解放后，苏联情报电讯专家曾采访烈士遗孀裘慧英，得知这一情况后感到不可思议，认为这是不可能完成的任务。就是这个发报机，被李白改装过了之后，上面插上弯曲的天线就能发报，一旦拉直就与收音机没什么区别。"

小陈说着说着，带我上了三楼。我走在木梯上，木梯发出"咯噔咯噔"的声音，我心里激动不已，脚步便有些颤抖了。

三楼按烈士的妻子裘慧英的回忆恢复成了当年居室的原貌，有他使用过的大橱、五斗橱、沙发和装发报机用的皮箱、竹篓等实物。我看着这些粗糙简陋的家具和物件，想象着李白夫妇当年艰苦寒酸的生活。近年来，在很多影视作品中，地下工作者往往衣食奢华、生活潇洒，但是在这里，我看见了那个年代他们真实的写照。

小陈接着介绍："之前李白在上海曾先后辗转了卢湾、静安、徐汇、虹口四个区，换了六处住所，最后，李白夫妇来到了这间屋子里，他们最后战斗过的地方，也是李白第三次被捕的地方。"

"那李白当时的生活是什么样子的呢？"我打量着面前这间四平米的小屋问。

小陈道："当时由于党组织活动经费紧缺，他们的经济状况非常糟糕，生活非常艰苦，每天只有三分钱的伙食费。李白却很乐观、很开朗，从不为此沮丧。因长期缺乏营养，头发一把一把地往下掉。裘慧英为此想要外出做工挣钱补贴家用，但李白不许，说要以革命事业为重。当时生活环境很差，经常断顿，有时连粗茶淡饭都吃不上。夏天下午的时候，肉摊上总会有些卖剩的、有味道的肉。李白就专去买这些便宜的肉，放入水中先煮几次，换水后切成丁，放上辣椒一起炒着吃。他是湖南人，这便是他最喜爱的美味。有一年中秋节，早早吃完简单的晚饭，李白叫妻子抱着孩子一起出门，走过别人家窗口，看看人家吃什么菜，感觉就像自己也一起吃过了。走到街上，看到橱窗里的月饼，他就拉着妻子的手说，今天我们的眼睛真有福气，这是豆沙月饼、这是素月饼，味道不错吧！

"抗战胜利后，在党组织的安排下，他们搬到了黄渡路这里来住。这幢小楼原来是国民党国际问题研究所的宿舍，他们住在三楼，楼下的邻居都是体面人家，为了怕露出破绽，李白总是让妻子一清早就出门买些素菜，赶在邻居起床前回来。后来他们才知道，楼下的两户人家，也是党组织安排的同志。"

说话间，小陈指着一旁的小窗户道："那段日子，国民党因内部情报屡屡泄密而调兵遣将，加强了上海无线电技术搜索的力度，还引进了美国的先进技术和装备。因此，李白的工作难度越来越大。为了和敌人较量，他白天挤时间钻研，不断改进发报机的功率，常常从早上一直忙到中午，连饭也顾不上吃，有时一直搞到晚上，事情有了眉目才随便找些食物充饥。他发报前先把一圈天线挂在由厨房改装成的密不透风的阁楼发报室里的墙根处，一头露出窗台少许。为防止声音外传从不开窗，夏天里不透气的阁楼如同火炉，每次发报都汗如雨下，裤衩都能拧出水来。冬天阁楼里不能生火，李白的指头冻得僵硬肿大，仍强忍痛楚坚持发报。每次工作完，裘慧英都给他揉搓，直到发热。就这样，他向党中央发出一份份机密情报，常常彻夜不眠。"

听着小陈的叙述，我除了吃惊之外，只感到不忍和难受。要凭借着多么大的毅力和决心才能十年如一日地固守陋室，忍受困苦？正是靠着心中对新中国的希望和拯救劳苦大众的责任，才使这对革命夫妻面对如此艰难的生活还能甘之如饴，矢志不渝！一瞬间的壮烈牺牲固然难能，但十年如一日地忍受寂寞、枯燥、贫穷的生活则显得更加可贵。

我想，李白是如此地谨慎，手法是那么地高超、隐蔽，那么他是怎么被发现，又是怎么被捕的呢？于是，我问道："小陈啊，李白后来是怎么被发现的呢？后来又经历了什么呢？"

小陈顿了顿，似是不愿回顾这段悲惨的历史，他瞧着窗外的高楼大厦，道："国民党依靠美国提供的最新设备和技术，采用分区停电的方法，经过几个月，终于在1948年12月30日凌晨，找到了屡屡让他们的军事机密泄露出去的电台方位。那时李白白天在复兴岛渔业管理所工作，专门修理渔船上的通讯工具，半夜就开始发电报。那天凌晨二时多，李白正在紧张地发一份重要情报，一大批特务悄然无声地出现在李家房间四周，妻子发现了外面的异常，李白处惊不乱，镇定地发完电报并发出紧急信号，迅速隐蔽好电台，要妻子把儿子送到楼下的一个同志那儿去藏起来，以防不测。

"本来，李白镇定地烧毁了密码本，拆下了发报设备，将电台还

偶然

原成了收音机。敌特人员检查了伪装过的电台，不认为这能发报，还以为抓错人了，差点就要离开了。李白当时松了一口气。但是，就在这个时候，北平地下电台的叛徒瞿则明出现了，他变节以后立功心切，为虎作伥，跟随着敌人搜捕电台。当时，他就指证了李白，李白这才被敌人带走。"

听到这里，我在扼腕叹息之余，心里痛恨不已。有时候，敌人并不可怕，内部叛徒的出卖才是最可怕的。地下工作并不亚于战场火线，都是朝不保夕，危机重重。

小陈伸手抚摸着五斗橱，接着说道："当晚李白就被押到了淞沪警备司令部的刑讯室，一夜之间受了许多种酷刑，坐老虎凳、竹签入指、灌辣椒水等。李白哼都没有哼一声，面对敌人的逼供更是紧咬牙关，闭口不言。一开始，敌人还怀疑是不是抓错人了，但后来叛徒清楚地说出了李白的名字和电台代号，李白就再也没像前两次被捕时那么幸运了。"

我听到这里，心凉了下来。李白这次被捕断无全身而退之希望吧。是变节偷生还是英勇就义，李白内心坚定的信念和不改的坚贞早已给出了答案，那么，等待他的会是什么样的结局，他已早有觉悟了吧。

"第二天早晨，敌人把裘慧英母子一起捉到警备司令部第二大队。进去时，看到李白的棉衣棉裤都已经被脱掉，眼镜也已被摘掉，人被绑在老虎凳上，到处是血，整个人几乎脱形，十根手指上还插着十根明晃晃的钢针。儿子开始大声喊：'爸爸！'敌人乘机对李白说：'你不讲，难道连孩子也不管了？'李白说：'现在我什么也管不了。'敌人又说：'不是管不了，只要你讲，你和老婆、孩子都可以回去，而且可以给你许多钱。'但被李白断然拒绝。李白说：'我不用那些不明不白的钱，我不用有血的钱。'敌人说：'不要钱我们给你当大官，少将、中将，只要你讲，都可以。'李白说：'我一生不做害人的事情！'

"以后的几个月中，在警备司令部，敌人不断地严刑拷打着李白，残酷的手段无所不用其极，李白受尽了惨无人道的刑罚。敌人还把很长的针戳到他手指甲中，一半插进肉里，一半露在外面，再用火烧针；针烧红了，热气直往指甲缝里钻，手背肿起来，血也呈紫色了。但这些丝毫不能撬开他紧咬的牙关。敌人对眼前这个奄奄一息、体无完肤的人居然束手无策、无可奈何！"

我也曾感受过尖锐之物不小心刺入指甲缝中的那种令人耸然心惊的痛苦，在面对那一幅幅严刑拷打之后几乎脱形的烈士遗容时，不忍、愤怒、景仰油然而生，灌满了我的整个胸腔。

"李白前后共受了三十六种刑罚，但他始终没有吐露半句口供。狡猾的敌人得不到需要的东西，又使出新花招。他们认为，一名地下工作者是不可能单独行动的，必定会有人与他联系。他们把裘慧英母子放回家，又增派几十个特务扮成房客、卖杂货的、要饭的、拉车的，把守在楼上、楼下、房间和弄堂口暗中监视，企望有人找上门来。守了一个多月，他们的阴谋落空了。特务们又把裘慧英母子关在一个亭子里，经常审问裘慧英。审问时，一个把枪口对住裘慧英的胸口，一个把枪顶住她的后背，威胁她说：'你丈夫早说了，你还不招供，他说你们都是共产党。'裘慧英说：'他说是他的事，我可不知道。'他们又到监狱里对李白说：'你老婆都讲了，你还不说！'李白没有理他们。因为穷困，1949年3月至4月，在能探监的日子里，裘慧英给狱中饱受折磨的李白送去的食物，只是咸菜和萝卜干。一次咸菜中加了点肉丝，李白还特地关照不用再放肉丝了。这些今天看起来非常廉价的食物，李白还与难友一起分享。"

"那李白烈士在他生命的最后一刻，说了什么、做了什么呢？"我带着沉重的心情问小陈道。

小陈瞧着墙上一张张泛黄的照片道："敌人拿软硬不吃的李白没有办法，1949年4月20日，将他押解到南市区蓬莱路警察局，不能探视。后来，李白找机会偷偷写了张条子，托出狱的同志带给裘慧英，说：'你站在对面老百姓家的阳台上，对着监狱的窗子，就可以看到我。'通过一些同志的帮忙，裘慧英带着儿子找到了那个地方。这家老百姓冒着风险，让他们到他家阳台，就这样偷偷'看望'了他几次。

"1949年5月的时候解放军围住了上海，攻城的炮声在监狱里都隐约可以听到，再过几天，上海就解放了。5月7日，裘慧英带着儿子又去看李白。那几天，上海的码头、车站挤满了人，棉花、粮食、盐价暴涨，大多数商店都不再营业，人们都在传：解放军要来了，上海要解放了。这天,裘慧英举着儿子,要他喊'爸爸',才四岁的孩子,还全然不知人世的悲苦,哪里知道,那一面,便是父亲与他的最后一面。

"当时,裘慧英在阳台这边轻轻地叫两声'李静安'(李白化名),对面二楼右侧的一间窗户就打开了,李白的脸从一根根铁棍子的后面露了出来。他的两条腿被敌人的老虎凳压断了,指甲也被敌人用老虎钳拔掉了,满身是血,整个人几乎脱形,是被同室难友们抬起来的。他隔着铁窗对妻子说:'以后你不要来看我了。'她问他:'为什么?是不是判决了?'他说:'不是,天快亮了,我所希望的也等于看到了。今后我回来当然更好,万一不能回来,你和孩子同全国人民一样,可以过自由幸福的生活了。'"

烈士的这句话,深深震撼了我,因为从中不难看出他的视死如归,即使在生命的最后时刻,他依旧关心着解放军的胜利进展!他早已把自己生命的融于党的事业,只要党的事业成功了,他个人的安全已不再重要。因为他已光荣地完成了他的使命,完成了党对他的托付。

"不久,国民党保密局局长毛人凤匆匆来到淞沪警备区司令部,他的专机就在飞机场等着他,在去台湾之前,他想来看看传说中那个技术高超又'顽石不肯点头'的共产党员。他当时想,这么优秀的人才如果肯归降收为己用该有多好!李白被押到了毛人凤的面前,毛人凤打量着眼前这个体无完肤、奄奄一息的人,心中大受震动。

"当时,毛人凤想,人活一世,无非为了功名利禄嘛;奋斗半生,不就求个封妻荫子嘛。于是就开始诱惑李白,说是只要肯投降,就带他到台湾去,老婆孩子也一起带去,给他上校军衔并委以重用。李白摇了摇头,毛人凤见还不能打动他,接着说,不仅这样,还给他一套别墅、一辆轿车,外加三十根金条。李白还是摇摇头,艰难地张开血肉模糊的嘴唇,说:'我想要的,你是不会懂的。'这时,底下的特务将李白的妻儿押来了,道:'你只要签了悔罪书,马上就能和老婆儿子回家。'但李白拒绝了。这是他最后的机会。蒋介石早就作了指示:'坚不吐实,处以极刑'。等待李白的是最后的处决。敌人直到最后,都没能战胜李白!当时啊,年幼的儿子张开双手说:'爸爸,抱抱我。'李白微笑着回答:'乖孩子,爸爸以后会来抱你的.'这是烈士留给人间的最后一句话。"

李白烈士那短暂而不平凡的一生,真实地为我们诠释了无私而伟大的共产党人的精神。他在上海解放前夕被敌人杀害了,再也没有机会看到他为之奋斗终生的新中国建立起来的那一天了。他就要和爱妻和爱儿永别了,可曾感到过遗憾?

想到这里,我忍不住又问小陈:"那么,烈士是如何就义的呢?"

小陈回答:"国民党见大势已去,在撤退之前决定秘密处决中共党员。那天晚上,浦东戚家庙附近的居民被反动派当局勒令关门关窗,不准外出,但是很多人从门缝中看到了事情的经过:一辆卡车押着十几个五花大绑的共产党员驶来,停在了戚家庙,共产党员们被赶下车来,之后就响起了一阵枪声,他们就这样被杀害了。烈士们直到最后就义的那一刻,仍然没有屈服。后来敌人在菜园里掘坑草草掩埋烈士遗体,妄图掩盖血案。"

我接着问道:"那么,李白同志的遗体是如何被发现的呢?"

小陈道:"后来没过多久,上海就解放了。当地居民们向新政府报告此事。我们根据这些居民提供的线索,在菜园子里经过一番挖掘,发现了十二名烈士的遗体。他们被挖出来的时候还是被五花大绑的,可见死前的惨状。"说到这里,小陈握紧了拳,满脸愤懑。

李白用生命换得黎明前的曙光,而自己却静静地离去了,走得悄无声息。但是国家与人民绝不会忘记他,并且永远不会忘记他。

"李白烈士的遗体被发现以后,经检查,双腿骨骼节节寸断,手指上没有指甲,一片模糊,都露出了白生生的骨头。他全身多处骨折,整个身体伤痕累累,很多肉都碎了,简直是体无完肤,就像是一堆散了架的零件,当真是惨不忍睹!当时,在场人人掩面,都痛心不已。后来他们将李白烈士的遗体重新入殓,举行了隆重的葬礼,以慰烈士在天英灵。"小陈说完,长出了一口气。但是我的思绪却丝毫没有停止。

每个时代都有属于那个时代的英雄。为了迎接一个崭新时代的来临,总要有一批人为此而付出。在那个风雨飘摇、战火纷飞的年代,有许许多多默默付出、甘心舍己为国的英雄。我想起了李白夫人裘慧英说过的话来:"他们活着的时候,只知道勤恳地工作,唯恐给人民

偶然

太少,自己享受太多。当他们从容就义时,只希望别人能过上自由幸福的生活。"他们以生命为代价换来了我们现在的幸福生活。所以,这些人都需要我们世世代代牢记,而李白就是其中一位。他是以一种怎样坚强的意志,在支撑着自己的牢狱生活?佛说,人生有八苦,生、老、病、死、爱别离、怨长久、求不得、五阴盛。

《大涅槃经》云:"何等为爱别离苦?所爱之物破坏离散。"如果说身不由己与所爱之人之事离别是人间痛苦,那么像李白那样,在理智的境地里选择分离,又是怎样的苦痛?

一个人如何变得伟大?那就是为了守护心中的理想,为了守护正义和公平,为了守护天下需要保护和帮助的人,无私奉献,默默付出,至死而已。李白没有高大而光辉的外表,也没有魁梧而健壮的身躯,甚至没有豪言壮志,此刻他只是躺在老虎凳上的一具奄奄一息却毫不示弱的虚弱肉身;这具虚弱无力的肉身却在保护着天下人的利益,保护着天下千千万万受苦受难的同胞,全副武装张牙舞爪的敌人面对这具虚弱无力的肉身时,却显得那么苍白无力,那么可笑可鄙!

英雄的一生何其短暂,只有匆匆三十九个岁月。在这短暂的一生中,李白经历了太多我们这辈所无法想象的艰难困苦。我不懂得,一个民族英雄是以怎样的勇气在那个时代付出着、牺牲着;我不懂得,他是如何熬过一个又一个独自担惊受怕的夜晚。我不禁问自己,究竟是怎样的决心和毅力、怎样的一种精神支撑着李白捱过一次又一次常人难以想象的严刑拷打,依旧坚定着自己的信念,直至连敌人见了他都哑口无言;究竟是怎样的一种境界才能体现李白这种置身于肉体创痛之外的大无畏精神?孟子说:"生,我所欲也;义,亦我所欲也,二者不可得兼,舍身而取义者也。"

正如李白给其父的一封家书中所写:"我生平是大人志向,不贪无义之财,不取无来路之物,一身傲骨,两袖清风。"此言道尽烈士生平!

随后我辞别了小陈,离开了李白故居纪念馆。走在多伦路上,感受着浓浓的历史气息,耳边回荡着的是之前小陈细细诉说的英雄事迹,眼前浮现的是一组组泛黄的老照片和李白生前使用过的对象、家具,直有一种恍如隔世的感觉,心中的感动久久不能平息。即使他逝去了,我依然能感受到来自他身上的力量,那是中华民族的魂啊,因为流淌在我们身体里的是同样的华夏子孙的血!

李白究竟是凭借着什么样的精神,使他熬过严刑,熬过利诱,这种精神又是如何形成的呢?李白是浏阳人,从小在浏阳长大,这会不会和浏阳这个地方有关系呢?

第一次与浏阳这一方山水结缘,还是在1965年。

当时尚未到弱冠之年的我跟着父亲的同事去浏阳买炭。从长沙到浏阳,只有不到六十公里的距离,然而在当时无法像唐诗当中所说"千里江陵一日还"的情况下,我们坐着吉普车沿着崎岖山路,一路颠簸着进入浏阳市时,天已擦黑了。在渐渐涌起的暮色中,我远远地看到一座若远若近、连绵起伏、源源不绝的大山,仿佛月光下静静涌动的波涛,悄无声息却震撼人心。在浏阳市招待所住了一夜之后,天色刚刚破晓,我就起身,跟父亲的同事说了一声,迫不及待地想要去近距离地好好看一看这一座"十万大山"——大围山。

大围山,就在浏阳市的东北角上,巍峨高耸,雄奇壮观,风云际会,山雨飘飘洒洒,滋润了山上的山林草木,养育了一方水土。汩汩山泉水由大围山之外满溢而出,成为了浏阳河的源头。

浏阳河是湘江的一级支流,发源于罗霄山脉的大围山北麓,河道十曲九弯,清波荡漾,就像挂满了珠宝的彩带,特别是用浏阳河水漂洗的两岸青山翠枝、紫霞丹花,不仅滋养了毛泽东和他率领的秋收起义红军队伍,还哺育了许光达、黄兴、徐特立、谭嗣同等众多的革命志士,使这条河水充满灵气并熠熠生辉。那挺拔秀丽的群山,那茂密的山林和蜿蜒而清澈的小河,让我感受到一股浓浓的淳朴之气。那一条条田埂、一方方池塘都显得生机盎然。当地人的生活仍不富裕,却安贫乐道,日出而作日入而息,在他们身上,我看到了久违的天然平和的气息;这些气息,写在他们的脸上,写在他们的话语中,写在乡间的阡陌小路里。这份无欲无求的平和气息背后,包含着浏阳人知天达命的天性。

第一次在晨光当中细细打量大围山,大山也仿佛刚刚睁开惺忪的睡眼,亘古不变的郁郁葱葱当中,偶尔会飞出几只雏鸟,冒出几声莺啼。我不忍放过这如诗如画的美景,找了一条小路准备进山。沿路上的各种奇花异草在穿透林间的阳光照耀下开得热热闹闹,扑鼻的草木花香当中,鸟语婉转,蝉鸣逾静,一首自然之手弹奏的天籁之音就这

偶然

样回响在我的耳畔。在我几欲陶醉的时候,一首气韵横生的山歌又忽然从远远的山头破空而来,在崇山峻岭之间盘旋环绕,那种无拘无束的凝聚着原始的生命活力的歌声,像清水出芙蓉,不加任何雕饰的美感瞬间就击中了我的心灵。尽管当时年幼的我还听得不是很清楚,不明白他们在歌声当中要表达的内容。后来我知道那是一种客家的方言山歌。这些山歌长期口头流传,每一位客家人都是歌手,大家在劳动中传唱,在生活中传唱,没有阶级性、地域性、时间性,唱词长短灵活,不受拘束。

自古以来,浏阳人就是在崇山峻岭之间讨生活,形成了与平原文化迥异其趣的山水文化:他们一代代与秀丽的山水做伴,对于生活从来没有奢华的追求,却从纯朴当中生出一种坚硬的力量。大围山山川秀丽的同时又地势险峻,以1608米的海拔将浏阳与省会长沙阻断,生活于其间的人们无疑要比平地的居民更多一些艰辛。所谓"靠山吃山",大围山丰富的木材资源与腐殖质成为了生产木炭的绝佳条件,在当时艰苦的物质条件下,大多数山民的生活就是依靠烧炭谋生,生活的艰辛可想而知。然而即便是在如此的困境之中,山民们还是没有放弃自身乐观、坚韧的精神。生活在大山之间的浏阳人,自小看惯了绿林成荫、山花烂漫,但大山却不像平原那样给予浏阳人唾手可得的收获。生存的艰难磨炼了浏阳人的意志,让浏阳人习惯于一种质朴的生活,让浏阳人习惯了不去追问自己能够得到什么。而不在乎得到的人,也就不会害怕失去,不会卑微地顾惜生命。唱山歌、划龙船、抓河鱼、蒸野菜、烧木炭组成了浏阳人生活最主要的部分,这种对于生命的洒脱姿态,自然养成了坚忍不拔的性格。《易经》描述山的时候说,"壁立千仞,无欲则刚",或许正适合描述浏阳人的这种坚忍不拔。

想到这里,我突然明白了,李白烈士为什么会有那种坚定和决绝,那种舍生取义的精神,原来,这是浏阳人特有的精神。当年,毛人凤百思不得其解,因为他根本不懂浏阳人,根本不懂浏阳,那片生养过谭嗣同、生养过千千万万为了信念抛头颅洒热血的烈士的热土。

2010年,恰是李白烈士诞辰一百周年,湖南省浏阳市委宣传部门想修缮其于浏阳的故居作为陈列馆,无奈烈士故居在张坊镇山区内,路途遥远,早已破旧不堪。纪念馆预计修缮故居需要五十万,我说,一百万吧，修咱们就修得好一点，与山水映衬，咱们把故居做成陈列馆，还可以让烈士的父老乡亲更多地了解故人。

于是就有了现在张坊的那个四合院作为烈士故居。几十年前的茅草房自然不可能完全复原，不过新建的四合院落倒也简洁明快，里面作简单的展览，帮助人们回顾烈士一生的奉献，回顾那峥嵘的岁月里特有的信仰。

烈士故居于当年6月份修复完毕对外开放，后被定为浏阳市文物保护单位、革命教育基地。得知这一消息后，我心中深感快慰，但是英雄的事迹还是牵动着我，这到底是怎样的一个年代，怎样的一个英雄，怎样的一片生养他的土地呢？李白的童年究竟是什么样的呢？是什么使他一步步地走上了革命的道路呢？我带着这片敬仰和疑惑专程去了一次浏阳，那片李白从小生长的地方，那片记录着李白童年的地方。我想看看新修的李白故居老宅，我想近距离地看看那片山，看看那片水，看看那些人，听听那些久远的故事。

正好，6月份的时候，孙卫国给我打电话，说浏阳张坊镇政府盛情邀请我前去参加烈士故居的纪念活动，问我是不是要去。我欣然答应了，说我正打算过去看看呢！我们一起去吧。

在我第一次与浏阳结缘近半个世纪以后，2010年我再次来到了浏阳。浏阳已然是另一番景象。"草经冬而不枯，花非春而绽放，青山青翠欲滴，碧水碧波荡漾。"无论是行驶在浏阳市区宽阔的马路上，还是徜徉于乡村的街头巷尾，绿色是永远的主色调。而浏阳河则像一条柔滑的丝带，缠绕、装扮着浏阳。"水作青罗带，山如碧玉簪。"也许唐代大诗人韩愈的诗句最能形容我对浏阳的感受。当然，改革开放也使得这座城市繁华不少，大马路纵横交错。这里是美丽的，山水是清新的、绿色的，小溪是清澈的，风是清爽的；这里也是简单的，没有豪华的外表，没有浓郁的现代气息，只有极为自然的山水，只有极为质朴的农家老屋。但是这些都不重要，重要的是这里有许多我们应当寻觅的东西，有我们可以寻觅到的东西，这样，我们心里就比那绿色的山更清新，比那小小的溪流更清澈，比那自然的风更清爽。

　　　　浏阳河·母亲河
我站在浏阳河源头上，
看大围山泉泻，

偶然

千呼万唤,
千山万水,
汇成河,
浏阳河,
母亲河。
山缠绵,水湾多,青松不老,松花火。
清泉流,流到湘江,浩瀚大河。

我站在浏阳河源头上,
看大围山泉泻,
千呼万唤,
千山万水,
汇成河,
浏阳河,
母亲河。
老乡纯朴,英雄多,赴刑场,莫难过。
大无畏精神,气贯长空,血染的浏阳河。

我站在浏阳河源头上,
看大围山泉泻,
千呼万唤,
千山万水,
汇成河,
浏阳河,
母亲河。
山依旧,情义多,石柱峰连天,道吾山颂歌。
多少豪情,壮志凌云,母亲哺育我。

我为母亲讴歌,浏阳河。
伟大的母亲河!
世世代代母亲河!
从浏阳市区去李白故居张坊的路上,一路绿树丛丛、流水潺潺。

初秋时分，空气中还带着暑气，我坐在车上，目不转睛地看着周围的景色。浏阳的山，延续着南方山脉一贯的绵延，却又显出几分不同——多的是英气，也是刚强。而张坊山间的梯田，则又与山的英气相映相和，水在山间绕，又恰止于梯田内。刚与柔，在山与水间完美结合。

　　张坊栖在罗霄山脉之下，在浏阳最东边，也是湖南最为偏远的一个镇子，再过去，就是江西省万载县了。被高高的大桐岭一隔，张坊就仿佛世外桃源。张坊的云，不是单一的白，却也没有杂质。水或深，或浅，都是一幅美到极致的图画。

　　车子随着山路一同蜿蜒着，两面青山相对而出，一脉溪水也就顺势偎着山脚蜿蜒而来。溪水是后山寻不到源的清泉汇集而成，甘甜清洌，不深，清可见底。有主妇在水边浣洗衣服，她们手中的木槌极富节奏感地捶打在衣服上，俨然一曲古朴的歌谣。小溪顺着蜿蜒的山势默默涌动，到杨潭铺就与大溪汇成了著名的浏河。而村民们也就顺势开垦出层层的梯田，稍低的，用木或竹作凹槽，稍高的，则设有小筒车；又在溪边宽阔处建造起土房和木屋，房屋前大都坐着一条壮狗——山里早出晚归不兴锁门，就派它看家了。溪上有桥，有飞檐，有长廊，似一个不失雍容的小家碧玉。

　　这里的屋子、这里的人、这里的生活和山林溪水似已融为一体，要不是司机提醒我，我还真没意识到已经到了张坊镇。

　　我下了车，一股清新自在的感觉充满全身。我一路上走走停停，这里看看，那里问问，觉得这里的一切都是那么地生机盎然，这里的一切都是那么地有趣。

　　张坊的石板街全是青石板，据说形成于清朝乾隆年间，当时的张坊，商贾云集，来自江西铜古的客商在此开店设号。一时间，这座小城中汇集了湘赣的文化精华。一代代的张坊人从这一条条石板街走过，或轻或重的脚印永远地重叠在了一块块或红或青、或宽或窄、或方或圆的石板上。这一块块的石板，便记载了张坊镇的历史，每一块石板都有一个或雅或俗的传说。

　　我信步于石板街，听到的是街边艺人用葫芦丝吹出的小调和沿街店铺老板娘的招呼声，闻到的是各种菜肴的香味和只有张坊才有的姜糖香，看到的是古香古色的各类招牌。饭店也罢，旅馆也罢，卖银

偶然

饰、蜡染等各工艺品的也罢，一切皆是风景，一切皆有韵味。

走了一会，我便上了车，因为我心里始终牵挂着李白的故居，时间也不早了。

从浏阳市区驱车近两小时，绕过大围山，驶过蜿蜒的盘山路，才到达李白烈士的故乡——张坊镇板溪村。

村子很偏僻，路也不是很好，汽车驶到村里时，路越发难走了。我们便下了车，和一同来参加仪式的梁市长等人步行进村。路上恰逢一队放学归家的孩童。走在队伍最后的小孩子约摸七八岁的样子，穿着一件蓝色上衣，背着不太新的书包，嬉笑着向一座表皮斑驳、垣墙倾圮的土坯房走去。看着他，我忽然想到自己上小学的年代。周末偶尔回家，也像这样和一帮同伴走走玩玩。那个时候，总觉得回家的路好像是童年一样，永远也走不完。

我看小男孩快走到家了，便快步上前，拉住他问道："小朋友，这是你家吗？"他点点头，礼貌地问了声"爷爷好"。小男孩眼神天真，淳朴的笑容清澈得好似山间的溪水，让人在盛夏里感到的也全然都是清凉。

"你现在读几年级啊？学习累吗？成绩好不好啊？"不知道那时候的自己是怎样想的，总是忍不住多问几句，是好奇，也是亲切。

"三年级，我每天要翻过这个山去学校，下午放学早，再和同学一起走回来。"听着他略带着湘音的普通话，好像真的回到了自己的儿时，也是这样的方言，这样清澈纯粹的声音，这样无忧无虑的童年。小男孩又略带羞赧地摸了摸头，说："学习不累的，我喜欢学习！"

在交谈中，我大概了解了他家里的情况，男孩的父亲病逝已久，家中老小全靠一亩半农田过活，虽有政府补贴，毕竟杯水车薪，只能勉强维持生计。

小男孩邀我去他家里，因为要赶时间，我只是站在门口向里面望了一下。低矮的房子，在盛夏里也有一种潮潮的粘腻，家具已然破旧。

我动情地问他："你有什么愿望呀？"

"我想让妈妈、奶奶和我一起住到大瓦房里去。"在他看来，几间瓦房就已经是极其遥远的目标，可望而不可即。谁能知道，这个幼小的心灵，曾几次三番为自己的羽翼未丰，为自己面对困穷时的无能为力而暗自悲伤？

我们匆匆告别了小男孩，便赶向修葺一新的李白烈士故居。一路上，乡民们越聚越多，他们听说今天烈士故居开放，有一个纪念会，便从四面八方赶来，想要一睹故居新貌。

树木掩映中，我看见一座正方形小水塘，一泓清水，与青山相融，平添几分温柔的气息。那里坐落着重新整修完毕的李白烈士故居。1910年6月12日，李白就出生在这里。他的故居，原本已经倒塌，不复存在，只剩一片洼地。正是在这片洼地上面，我们重新按原样修建了他的故居，还建了一个展览馆。

我和参加纪念活动的领导一同站在李白烈士故居门前，四周站满了李白家乡的父老乡亲，他们从村里、乡里赶来，足有六七百人。他们听说李白故居重新整修，都从家里跑过来瞧新鲜。他们衣着简单，是典型的湖南农民的打扮。盛夏天气，他们没有任何遮阳措施，任汗水在阳光下流淌，倒也愈显出几分自然的滋味；被阳光挥洒过的脸，透着播种劳作的辛勤。他们背后，青山隐隐，天地一色，了无纤尘。

我看着他们，我看着这些浏阳最普通的农民。他们的表情是那么的天然，完全看不到一点点的虚伪和做作；他们的眼神是那么的纯净透亮，看不到一点点的狡黠；他们的身板是那么的敦实厚重，看不到一点点的虚浮轻佻。这就是浏阳人！他们的生活仍不富裕，却甘于宁静，日出而作日入而息。纪念会开始了，我看着这些乡民，发表了一段不很长的讲话，这些话都是我想到了就说出口的，没有事先的准备，也没有稿子，没有官样的文章，也没有华丽的辞藻，说的都是大白话，因为这并不是复杂的演讲，而是实诚的、简单的交流。面对这些热忱敦厚的乡民，我感到了温暖和自然，没有一点烦躁，没有一点顾忌，仿佛此刻，我的心也变得纯粹而亮堂起来。

我望着他们，他们的目光中除了自然的淳朴，只有对英雄的崇敬与自豪。这些老乡们，他们的眼神是透亮的，清澈如我幼年时代玩耍的湘江，游鱼细石，直视无碍。从他们的眼睛里，能看见青山，看见绿水，看见纯粹的世外桃源生长在他们心中。他们的脸上，只有良田美池桑竹之属，阡陌交通，而没有外面世界的一切。

淳朴，是我能够想到的唯一的形容词。记得有一次，有人问起过

偶然

我,说浏阳人怎么样,我不假思索,脱口而出道:"淳朴。"除此之外,我实在想不起还有其他能够概括浏阳人特性的词汇了,也许,简简单单的"淳朴"二字,就体现了一切的美德,就表达了一切赞美之情。

他们祖祖辈辈,在山水里成长,接受的是浏阳的山水文化。几千年来,浏阳培育出了那么多英雄,都是从这片天、这片纯朴的地里走出来的。英雄出浏阳,是因为这个地方就是纯朴之乡,这种质朴就像大地和天空,像整个江河和湖海,他们是如此憨厚,其实,是他们抚育了英雄,他们才是真正的英雄。一个商人,即便赚了几十亿、上百亿、上千亿,这些资产又如何和他们的纯朴、高尚相比呢?这种憨厚的精神才具有无法比拟的精神价值。我感觉到,自己应该为他们做更多贡献,多做一些实事帮助他们。

纪念活动结束之后,我走到这群乡民当中,想近距离地看看他们,和他们说说话。

他们热情地围着我,向我表达谢意。"李白家里可都是好人,他爷爷、他爸爸都是好人啊。""这次修得真漂亮,听说他儿子也退休了,搬回来住。""这真是李白家里修来的福气。"他们纷纷邀请我去家里坐坐,聊个天,吃个饭,把我当做最尊贵的客人来招待。我突然有一种回到家的感觉,特别温馨,整个心灵顿时沐浴在暖洋洋的春意中。

我看着这些浏阳当地的农人,他们想说就说,想笑就笑,全没一点做作。"一方水土养一方人",我真切地体味到了这句话的真正含义。

在浏阳,在李白烈士生长的小山村,我看到了一群最质朴的人。我随意去了一户农家做客:新收稻谷米汤煮山芋、在米桶已过了一个夏的腊味、焖了三遍的糯米酒……那种饱,那番醉,这辈子也忘不了。

那家的小竹楼有得天独厚的优势,地势较高,推窗眺望,眼界开阔得很:两座山矗立如两扇屏风,而两山根底又错落相交,其间似故意留出一条窄窄的缝隙。小溪到此拥挤而下,中途却又偏碰一突兀麻石,便四溅开来,村里戏称为"雨花石"——有雨有石有花,倒也名副其实。溪流再往下,村子里修了一座古朴小拱桥横卧其上,构成一幅"小桥流水人家"的风景画。

吃完了饭，热情的主人给我端来了一碗热热的豆子茶。他姓王，四十多岁的年纪。我端过茶碗，便闻到一股温暖的清香。这是浏阳农家最普通的茶，是用黄豆、芝麻、姜末炒了，加上茶叶和盐冲泡而成的。此时，我喝着浏阳农人常喝的茶，突然想到，这样的茶，当年李白也喝过的吧。

他们和我说起了很多村里的事情。我问道："你们平日里，都做些什么过活呢？现在的生活好些了吗？"

"就是种种地，养养鱼，日子还是不富裕。以前小的时候，听老人们说，旧社会才是真的苦，地还不是自己的，要替地主干活，一天累到晚，每年交完了租子，就剩不下多少粮食了。浏阳自古就是苦地方，山林多，地不肥，但是我们祖祖辈辈都很硬气！清末出了个谭嗣同，他可是我们浏阳人啊！"说到这里，姓王的主人面露自豪之色，没有掩饰也没有做作，很自然很纯粹。

他接着道："以前，毛主席闹革命，有一次失败了，一路躲避国民党的追捕，后来就藏在浏阳。当时，敌人追来了，四处抓人，搜寻毛主席的下落。当时，我们这边很多老乡就冒着危险，勇敢地把他藏了起来，一藏就是很多天，最后终于躲过了敌人的追捕。我小的时候，老人们经常和我说这件事，说我们浏阳人从来都是敢作敢为！"

我喝着茶，听着由浏阳古朴的乡音叙述的一个又一个故事。渐渐地，天一点一点地黑了，浏阳的夏夜有些闷热，但我此刻全无烦躁之感。

这时来了一个老人，他就住在离着不远的一座小院里。老人已年近九十，依然身子骨硬朗。当他得知是我出资重修了李白故居时，很高兴，特地过来看看我。

老人与我谈起了浏阳这个地方，我问道："为什么浏阳总是英雄辈出呢？"

老人笑了，道："浏阳自古就是个苦地方，山林多，地不肥，人们都不富裕，都是苦出身。但是老人们从小教导我们，做人要有骨气，要有一股劲，受穷受苦没什么，骨头要硬。当年，元朝末年，朱元璋打了过来。当时，敌人要我们浏阳投降，但是我们拒绝了，和敌人血战到底，最后，二十多万浏阳人被敌人屠杀了，浏阳人几乎都死

偶然

光了，他们临死时吭都不吭一声。这件事，祖祖辈辈的浏阳人没有不知道的。"说到这里，老人表情变得严肃了起来。

顿了顿，他又说："清朝末年的时候，我们浏阳出了个谭嗣同，这个人可了不得，是个大英雄。他为了心里的主义，到死了也不低头，硬气！我们村没有不知道他的。老一辈的人从小就和我们说谭嗣同，我们从小就学谭嗣同，他的那句话，很有名的，'我自横刀向天笑，去留肝胆两昆仑'，谁都会背！当年，戊戌变法失败了，很多人都逃走了，但是谭嗣同不逃，说：'哪有不流血的革命！'后来敌人来抓他的时候，他也很镇定，只是说：'吾知之矣。'后来菜市口开刀问斩的时候，他当时大喊：'有心杀贼，无力回天；死得其所，快哉快哉。'我们浏阳为中国的革命流了第一滴血！浏阳虽是个苦地方，但人穷志不短，谭嗣同以后，很多人从小听着他的故事，都出了头，有当英雄的，有当烈士的，有当将军的。"

老人这番话给我的感触颇深。正是有了谭嗣同这样的人做榜样，才有了后来千千万万的革命志士走出浏阳，转战四方，为共和国的诞生做贡献。也许，正是因为有了浏阳，才有了谭嗣同，才有了谭嗣同的铮铮铁骨。这份舍生取义视死如归的精神是扎根在浏阳人祖祖辈辈血液中的。

他们没有富足的生活，没有奢侈的享受，没有遮天的野心。他们甚至不知道大山的外面究竟是什么。他们只是有一个念想，一个自小就扎根心中的念想——或许是母亲，亦或许是老师告诉他们的，要拥有一颗淳朴的爱心，爱家人，爱家乡。只因为家乡这一片山水收留了他们，养育了他们，也见证了家中的亲情。

这份爱心，在成年后的日子里，被他们放大，却不曾为世俗迷了双眼。于是，放大后的爱心便成就了一种属于这一方人民的文化——无欲文化。因为无所欲求，所以不害怕失去；因为这一方山水胜过尘世间的一切，所以为了捍卫，他们甚至不惜牺牲自己的生命。

李白少年从浏阳走出来时，必定也带着这份无欲与捍卫之心吧。

后来，我辞别了老人和姓王的主人家，离开了这户农舍，一路上，走走看看。我们一行人边走边聊，看见几名妇女坐在大树底下乘凉。她们手里拿着很普通的大蒲扇，大声地说，爽朗地笑，谈论着自己在外求学的孩子，谈论着孩子们的未来……看着她们的笑容，那一瞬间，我忽然觉得，在这个世界，也许真的可以不为了欲望而活着。这并非无欲无求，而是不贪婪，不强求。

"一方山水养一方人嘛！"我再次发出这样的感慨，"你看这山，接着天，多清澈；这样的景致里走出的年轻人，且不谈欲望或者邪念，他们根本就不会有太多杂念。"我坚定地告诉身边朋友自己这样的想法，中华民族抗争道路上的那无数英魂，他们的灵魂，无论经历过怎样的战火纷飞、悲欢离合，他们的生命始终保持着人类最原始、最纯洁的品格。这品格只有一个名字，就是英雄！

正是清山秀水养育了浏阳淳朴的百姓，淳朴的性格中孕育着英雄无私的大爱。浏阳的每一条溪流、每一块山石，都仿佛浸润在这种博大的胸怀当中，焕发出一种独特的灵气。浏阳，这个孕育出无数个英雄人物的神奇地方，就是在这里，日出而作日落而息的浏阳人民在农耕经济中成就了朴实无华的无欲文化，而这份独特的无欲文化又孕育出一代又一代英雄豪杰。所谓无欲，就是生存基本需求之外的欲望都不存在，更不奢望，养家糊口之外，乐天知命，攀山乐水，俯仰之间皆是对生命本真意趣的挥洒。在无欲文化的熏陶与浸染之下，浏阳民间，祖祖辈辈勤学苦读、举贤孝亲、敬老爱幼蔚然成风。这种根深蒂固的优良传统萦绕在这钟毓灵秀的青山绿水之间，如同两座山峰上的歌声相互唱和、相映成趣。所以，没有人会比浏阳人民更清楚这份饱满与安定的幸福生活的珍贵，一旦国家与人民的安宁生活遭遇侵犯与掠夺，最先揭竿而起、奋起反抗的也必定是勇敢的浏阳人民。祖祖辈辈生活在这片土地上的浏阳人拥有纯朴善良和向往美好的性格，在不得不有所捍卫的时刻，就会爆发出来，表现为一种血性的侠义精神。而在这暴烈的血性底下，是由善良美好的心性长久地蕴涵、培育而成的一种神圣而温暖的宗教情怀。

无欲与捍卫，就好像在浏阳人引以为豪的特产当中，既有质朴无华，将灿烂深埋在心里的菊花石，又有轰然炸裂，在夜空中绽放出灿烂光华的烟花。如果说浏阳的花炮，是将花开到了天上，粉身碎骨，猛然绽放，就像浏阳那些轰轰烈烈慷慨赴死的豪杰和承受莫大痛苦而终不屈服的硬汉，那么菊花石就是把花深埋在了土里，是扎根泥土的千千万万个李白，是那些前赴后继投入战斗的浏阳人民，或许他们未必像李白烈士一样搞得清楚马克思主义是什么，也未曾把自己的行为

偶然

和为国为民的气节联系在一起，但是他们就是凭着一种已经融进浏阳人血液的本能，把所有这些复杂的想法都化成一种纯朴而直接的力量。牺牲的行动本身就是他们的主义和宣言，那出自于山民最简单的本能。这里的每一寸土地、每一条河流，都是他们赖以生存的故乡，也是他们仅有的珍宝，任何一点点侵犯与损伤，都值得他们用生命去对抗、去捍卫。而秋收起义的队伍带着多少浏阳子弟东进江西，上井冈山，而后又走向全国。浏阳人从此不再仅仅是捍卫自己的家园，而且捍卫更加广阔的远方。

无欲方能捍卫！这种捍卫是最纯粹的，它不图什么，只是一种血性，一种本能，一种浏阳人埋在骨子里的本能。

我终于明白了，李白烈士为何面对无止境的酷刑毫不动容，面对高官厚禄的诱惑毫不动心，甚至抛下他深爱着的娇妻幼子。我终于明白了，为什么当年毛人凤对李白束手无策，又百思不得其解。因为，他不懂，他不懂李白，他不懂浏阳人，他不懂浏阳！他不懂得无私无欲的捍卫精神有多么的刚强和伟大！

李白和其他浏阳人一样，骨子里只是一个最普通最质朴的农民，他们安静平和，他们知足常乐，他们不求什么。但是，他们骨子里的血性就注定了，当他们决定要捍卫的时候，就变得如此坚定，如此执著。他们的质朴和无欲是荣华富贵不能打动的，他们的坚定和执著是任何严刑酷法都不能动摇的。

是浏阳造就了李白。要读懂李白，就必须要读懂浏阳。因此，我来到了浏阳，一路上看着、听着、感受着，每一次小小的触动都会在我心里留下一段不可磨灭的记忆。我读懂了浏阳吗？很多次，我这样问自己。

而现在，我找到了我的答案。

听老人说起过谭嗣同后，我便萌生了参观谭嗣同故居的想法，于是我又从板溪村折返至浏阳市，第二天上午启程去了谭嗣同故居。

1965年的浏阳，还是县镇一级的行政区划，虽有百年历史，但整座城中只有一条街道，就是那条窄窄的麻石路。那时候，我坐在买炭的吉普车上，后面还挂着装满了木炭的拖车，这样摇摇晃晃地走在浏阳的麻石路上，总有一种摇摇欲坠的感觉。就在这样摇摇晃晃的状态里，我路过了当时因为年久失修而显得破旧的谭嗣同故居。当时很想进去看看，只是没有空闲，缘悭一面，后来想想很是遗憾。

而现在，我正步行前往谭嗣同故居，掐指一算，时隔四十五年了，我再次来到了浏阳，将要弥补少时的遗憾。

我走在浏阳的街上，到处走走看看。"李总，我开车载你去吧。"早上的时候，司机对我说。我答道："不用了，我走过去吧，浏阳市也不大，顺便看看街市。"

四十五年之前的浏阳很小，只有一条麻石路；四十五年之后的浏阳已经发展起来了，有很多条马路、很多整齐的街道。街上开着饭店，门面都很小，但却很古朴，里面全是湖南特色的美味，我仿佛闻到了蒸鱼和蒸肉的香味。转过街角，只见一家点心铺门口排着队，都是些买早点的人们，买上一两块刚出炉的茴饼，美滋滋地边走边吃。三两个老人穿着宽松的衣服，显然是晨练归来，一群小孩子背着书包追逐嬉笑着，走在上学的路上。暖暖的阳光下，我看到的都是一派生机盎然的景象。

浏阳依旧很小，依旧不富裕，但是浏阳人却是欢快乐观的。

"你要找谭嗣同故居啊？"在浏阳街头，一个挑着担子的老人挥着手，热情地说，"顺着嗣同路，往北到北正路，就是'大夫第'。"

果然，走不多久便看见了一座古色古香、精美绝伦的明清古建筑，终于到了！这就是谭嗣同的故居"大夫第"。谭嗣同故居始建于明末清初，黑砖青瓦、古朴典雅，大门上还悬着极有分量的匾额："谭嗣同故居"。我抬头仰视着这块牌匾，脚步停住了，当传说中的大英雄的故居展现在我面前的时候，我突然感到有些茫然和恍惚。眼前，有些突然地出现的那座老宅院，就是谭嗣同的故居——"大夫第"，一看就已经历了无数沧桑世事。我已经站在它的门口，就像站在了时光隧道的入口，每一扇向我打开的门，都让我感到神秘的兴奋，感觉历史已经向我敞开了胸怀，正等待着一个陌生人深入其中。而我，却犹豫着，仿佛不敢走进一百多年前的中国。

故居的讲解员见我站立良久，便走了过来，道："老先生，你是来参观故居的么？"

我转过头，看着眼前这个二十多岁的女孩子，道："是啊，1965年的时候，我来过浏阳，当时忙，没顾得上来参观，现在我来了，想进去看看。"我说话时带着几分湖南口音。

讲解员问我道:"听你口音,是湖南人吧?"

"是啊,我从小长在长沙,青年时就离开湖南了。现在故地重游,又是游子归乡。"说话间,我心里五味杂陈,唏嘘着时光流逝。我第一次来浏阳时只有十六岁啊,那时候少年意气风华正茂,弹指间四十多年过去了,我再次来到浏阳,已是个须发皆白的老人了。浏阳变了,我也变了。

讲解员也说起了湖南话,道:"'少年离家老大回,乡音无改鬓毛衰'啊,现在的湖南和几十年前有很大的变化了吧?"

我感叹道:"是啊,这次回来,看到湖南变了个样,大不一样咯。"

之后,讲解员开始带着我参观故居,和我说起了谭嗣同的生平过往。我静静地听着,很少说话,可能是被故居庄严肃穆的气氛笼罩住了。那不是压抑,而是心灵的释放。

从悬着赵朴初题写的"谭嗣同故居"的匾额下跨过门槛,都市的喧嚣,被八米高宅轻轻地隔开。天窗上漏下的阳光,像一百多年前那样,静静地洒在墙角的青苔和门环的兽头上。据讲解员介绍,谭嗣同故居为三栋二院一亭结构建筑,整个故居为全木结构,具有典型的江南庭院式民宅建筑风格,又结合湖南的地理特色,作了一定的调整和改进,历经数百年,通风采光效果依然很好。

讲解员指着故居大门口"大夫第"的匾额,对我说:"'大夫第'是浏阳人对谭嗣同故居的称呼。'大夫第'可不是谁想叫就可以叫的,是皇上赦封的。谭家在浏阳城里算得是很久远的书香门第和名门望族,但这块匾额中所提到的'大夫',并不是指谭嗣同,而是指谭嗣同的父亲谭继洵。这位咸丰九年的进士,累迁至湖北巡抚,诰授'光禄大夫'。这房子是由谭嗣同的祖父谭学琴买下作为私邸的,但却是在谭继洵当官的时候,得以大规模扩建。因为他的地位显赫,所以当地人称之为'大夫第'。现存的建筑仅仅是原来的一小部分,但也有近八百平方米。整座建筑坐南朝北,有大小房屋二十四间。"

房子是硬山顶结构,从屋顶盖的小青瓦,到厅堂和过道铺设的青砖和卵石,还有两边砌的风火山墙,都能看出,这是典型的湘中富贵人家的宅院。整个房子,门脸不算宽,但进深很长,中堂、后堂、过亭，深三进，广五间。

虽然经过了百年风霜的洗礼，"大夫第"的精美与讲究依然让人叹为观止。梁架、斗拱、雀替，都被当年的工匠一刀一刀地雕刻过，每一扇门窗上面都有细腻的木雕，鱼儿像在水里游动，鸟儿像在空中飞翔。遥想当年的街道上，除去这家豪宅之外，大概一般都是低矮、阴暗、破败的民房。"大夫第"内的主人，谭嗣同的父亲谭继洵位居一品，府第冠冕堂皇；"大夫第"外的世界，民不聊生，饥寒交迫。作为谭家公子的谭嗣同，为什么不安安稳稳地享受"大夫第"里的醇酒美人，而毅然选择"叛徒"的身份，走上了一条不归路呢？

今天，外面的街道已经是现代化的闹市，而一走进"大夫第"的大门，就如同走进了一个迥然不同的历史时空。在雕梁画栋之中，在从天井射进来的丝丝柔和的阳光之中，还能不能寻觅到谭嗣同矫健的身影呢？

一边思绪万千，一边跟随着讲解员走进大堂，我看见大堂正中央摆放着谭嗣同的肖像，只见他眉宇不凡，神色凝重，一双英气逼人的眼睛从微微凹陷的眼窝中放射出严峻如炬的目光，这深邃的目光燃烧了整整一百年啊！——从19世纪末一直穿越到20世纪末，穿透了历史，也穿越了时空，而且还将继续穿越下去，注视着当代和未来的中国，也永远注视着今天和明天的每一个中国人。看着那张英气勃发的面容，听着讲解员的叙述，心中满是敬仰之情。故居里面每一间屋子都显得空旷而高远，空旷得令人感到寂寞，高远得使人想到"伟大"这个词。是的，虽然这里几乎没有什么物品陈列，但我感到里面的每一个空间都飞扬着飘荡着弥漫着一个寂寞而伟大的灵魂，谭嗣同的灵魂。

我来到了谭嗣同的起居室，里面的陈设很是简单，讲解员道："谭嗣同虽然是浏阳人，但出生长大却是在北京。他父亲谭继洵当时在北京当官，谭嗣同就长在了北京，居住的地方就是谭嗣同后来被捕的浏阳会馆。小谭嗣同很早的时候就读书了，当时谭继洵并没有请京城的老师来教育儿子，而是千里迢迢请来了浏阳的几位学者担任谭嗣同的家庭教师。别看当时浏阳虽然又小又穷，但文教之风相当发达，培养了不少饱学之士。"

我点了点头，心想：没错，正因文教之风旺盛，使得浏阳这块贫

偶然

瘠的土地上孕育着丰富而淳朴的烈士气息。书本中的"仁、义、礼、智、信"和当地人天性中特有的无私无欲,才交织出了浓郁的英雄血脉。无私无欲的天性造就了他们铁一样的信念,书本中的知识和教诲则给他们指明了前进的道路。

我看见,在他的床头放着一本线装的《仁学》。阳光透过屋顶的瓦,洒在发黄的纸页上,把每一个字照得闪闪烁烁。从这些粗砺的、坚实的文字里,又可以窥见那个离我们已经十分遥远的时代。你能在每一个墨字上触摸到那滚烫血肉的温度。我看着起居室的窗棂,想象着谭嗣同少时在窗下聆听着老师的循循教导努力学习的样子,说:"我从小就听说浏阳自古就有好学之风,是个出才子的地方。听当地的老人说,他们小时候,村里的孩子很多都是一边干农活,一边读书的。"

说话间,讲解员带着我走出了起居室,跨过门槛。她听了我这番话,一脸自豪地道:"是的。浏阳人不管日子过得多苦,只要有一点可能,都不遗余力地供孩子读书。以前是这样,现在也是这样。再穷都不能穷教育,这个道理浏阳人很早就懂得了。学生要是成绩优异,还能得到村子里和家族的资助。在浏阳境内的每一座乡村,几乎都有自己的私塾,甚至还建起了几座书院。出于对浏阳文教传承的信任,谭继洵虽然定居人才荟萃的京城,却还是希望自己的儿子能够接受家乡的教育。当时浏阳有三位最为著名的大学者——欧阳中鹄、涂启先和刘人熙,人称'浏阳三先生',都先后被谭继洵聘请,来到北京担任谭嗣同的家庭教师。也正是因为师从于这三位著名的浏阳学者,谭嗣同虽然不常在家乡,却深受浏阳文化的影响。"

我们走进了一间小屋子里,据说是当年谭嗣同在家读书学习的地方。

小屋子里有一张不大的桌子,桌上摆放着砚台和笔筒、笔架、镇纸等文房之物。讲解员指着这张桌子道:"这张桌子就是当年谭嗣同用过的书桌。谭嗣同十三岁那年,他父亲已由户部员外官升四品,外放甘肃天水。考虑到那里荒僻闭塞,父亲便把他送回浏阳老家,他才第一次回到祖居地,住进了这座'大夫第'。谭嗣同回到这里以后,就在这间房间里读书。他读书很刻苦,往往读到三更半夜。三位浏阳老师当中对谭嗣同影响最大的,是欧阳中鹄。这位欧阳老先生是后来的著名戏剧家欧阳予倩的爷爷。他虽然是中国传统知识分子，但对西学也很有研究。光绪二十年的甲午惨败，对当时的知识分子产生了强烈的刺激。在巨大创痛之下，欧阳中鹄弃官回家，致力于寻找失败的原因。也就是在这个时候，他知道了华盛顿，深感西方政治制度和经济军事的先进，在浏阳知识分子当中，第一个提出了变法的主张。很多人都以为变法是康有为和梁启超提出的，其实啊，提出变法最早的是我们浏阳人啊，很多人都不知道。谭嗣同正是在老师欧阳中鹄的影响下，受到了启发，从而走上了维新变法的道路。"

我心想，中国近代的历史处处都有浏阳人的足迹啊。无论是维新、变法还是革命，浏阳人都是先驱。我想象着谭嗣同当年为了变法奔走忙碌、昂扬激越的样子，神往不已。"那么，这个大英雄少年时是什么样子的呢，还有哪些原因使他一步步地走向变法之路呢？"我带着好奇问道。

讲解员带我出了书房，来到庭前的院子里，说："青年时代，谭嗣同曾仗剑游历全国，广为结交江湖侠客，他本人在当时的江湖上，也颇有名望。"

我感到不解，一个读书人怎么会与江湖人为伍，毕竟这不是武侠小说，于是我问道："谭嗣同不是一个文弱书生么，怎么仗剑游江湖呢，还结交那么多侠客？"

讲解员道："浏阳人自古尚武，谭嗣同十三岁时就师从王五等几位当时著名的豪侠学习武艺，在武术方面颇有造诣，寻常三五人近不得身。大刀王五你知道吗？清末赫赫有名的大侠，武功是相当了得的。谭嗣同虽出身于书香门第，但却是个有血气的豪杰，并非文弱书生。一次，他在后花园那棵梧桐树下正练着呢，被好友唐才常瞅见了，唐才常早听说谭嗣同的辫子功了得，想试试他的功夫，趁谭嗣同没提防一把抓住他的辫子，谭嗣同只轻轻一摆头，人与辫便一起轻盈地飞出。唐才常看得眼红，自此便跟谭嗣同一起练把式了。这哥俩后来成了志同道合的维新派志士，也都成了大清国的刀下鬼。"说话间，她指着庭院的石砖地，"谭嗣同年少时就是在这个院子里勤练武艺的，他白天练武，晚上在书房里读书，文武双全，很不容易的。"

谭嗣同还是个侠客！也许是浏阳人血液中天生的尚武和豪气使然吧。当年那个好气任侠的谭嗣同是如何一副飒爽的英姿呢？也许是因为这份豪情侠气，谭嗣同和其他读书人相比，少了几分酸腐，多了几分洒脱和果敢；也许正是因为这份豪气，才有了后来他在狱中的那句"我自横刀向天笑，去留肝胆两昆仑"的绝唱，如此顶天立地的气魄，当真是震古烁今！

"在谭嗣同十九岁到二十九岁这十年的时间里，遍访名山大川，看尽风土人情，他亲眼目睹了清朝的腐败无能和民间的水深火热，深深地了解民族的灾难和人民的贫苦，从而坚定了改革的意念。他以死捍卫的变法，包含着他深切的痛楚和长久的思索。当然，老师的开导只是一方面，毕竟，他长在官宦人家，如果不外出游历，无法知道深院高墙之外竟有那么多受苦的人。谭嗣同曾经跟随父亲在陕西赈济灾民，在给老师欧阳中鹄的一封信中，他这样写道：'见难民作种种状，悚然忆及去年家乡之灾。幸有人焉以维持之，不然，大乱一作，惨毒当不止此。版赈者真公德无量哉！又自念幸生丰厚，不被此苦，有何优劣，致尔悬绝？犹曰优游，颜之厚矣！遂复发大心：誓拯同类，极于力所可至。'"

有关心灵的奥秘，真是难于言说。这里，谭嗣同隐然具有基督教的"原罪意识"，在自己的幸福与他人的苦难对比中产生严重的"不安"心理，从而开始反思自我与世界的关系：我享有的一切是理所当然的吗？我应该承担的责任究竟有哪些？这时候，一扇一扇的门次第打开了，光芒射得人睁不开眼睛。这也是一种"觉"和"悟"，与当年佛祖在菩提树下的顿悟相似。谭嗣同推开了"大夫第"的窗户，也推开了自己心灵的窗户啊。

我看着纪念堂中墙上挂着的晚清时的老照片出了神，照片多是外国友人拍摄的，反映的都是当时城市里、村庄里底层劳动人民潦倒而艰辛的生活。看着照片中一张张愁眉不展写满了苦楚的脸，看着他们由于长期营养不良而导致的过于消瘦的身躯，我感叹道："据说晚清的时候贫富差距特别大，'富者甲第连云，贫者无立锥之地'，老百姓生活在水深火热之中啊。不变法不足以救国，不变法不足以促进民生，我是真心佩服谭嗣同。但是他就义之后，当时的百姓由于愚昧，不能理解他，实在是一件令人遗憾的事。"

讲解员说："谭嗣同是官宦子弟出身，生活富裕，却为了人民疾苦奔走，他要变法要革命，所以啊，他根本不是为了自己，他不求什么，他不求人们能理解他，他只是很单纯地要救国救民，赴汤蹈火死不旋踵，他是真正的烈士！"是啊，普通人都是"有求"的，自然不能理解那些"无求"的人。

听了这番话，我又想起了李白烈士，他们都是浏阳人，他们都不求什么，正所谓极公无二虑，尽公不顾私，以天下事为己任，这是何等的胸襟、何等的气度！李白在就义前受了几个月的酷刑，谭嗣同被捕后可有像李白那样吃那么多苦吗？于是我问道："后来戊戌变法失败了以后，谭嗣同在被捕前后，都发生了些什么故事呢？"

讲解员带我来到一张老照片前，指着照片中的那栋房子说："这是当年北京的浏阳会馆，谭嗣同就在里面被捕的。戊戌政变后，光绪帝被软禁。官兵包围南海会馆捉拿康有为，康广仁被捕。梁启超躲进日本使馆。当时，谭嗣同进日本使馆劝梁启超去日本避难，同时将自己的诗文书稿托付给梁启超。梁启超劝他一起走，谭嗣同说：'不有行者，无以图将来；不有死者，无以召后起。'他坚决不走，很清楚等待自己的是什么样的命运。这时，离他被捕只剩下几个时辰而已。而就在这几个时辰里，谭嗣同还在和江湖侠客们商议营救光绪皇帝的事，他们都劝他赶紧逃跑，以图后事，谭嗣同说：'各国变法无不从流血而成，今中国未闻有因变法而流血者，此国之所以不昌也。有之，请自嗣同始！'就这样，他放弃了逃跑的机会，毅然被捕。"

说到这里讲解员顿了顿，带我看了一张拓片，拓片上是当年谭嗣同在狱中的墙上题的诗句，正是那句著名的"我自横刀向天笑，去留肝胆两昆仑"，笔划遒健有力，飞扬激越。讲解员指着这张拓片道："这是他被捕之后在牢中写下的豪迈诗句。他视死如归的决心在清廷引起了很大的震动，就连慈禧太后也动容，对他钦佩不已。当时，他所在的监狱里，上到典狱官，下到小小狱卒，都敬佩他的为人，没让他吃多少的苦。后来9月28号，谭嗣同与其他五人，史称'六君子'，就义于菜市口。直至临刑之时，谭嗣同大呼：'有心杀贼，无力回天；死得其所，快哉快哉！'围观百姓人人掩面叹息。"

"维新派中很多人都逃走了，为何谭嗣同还留下来呢？"我问道。

讲解员想了想，道："对于谭嗣同不走的原因，历来的学者多有解释，最主要的还是他奉行孝道，因为他如果一走，那肯定要牵连到父亲和家属。但是他又担心即便如此父亲还是有麻烦,便模仿父亲的笔迹、口吻写了三封信,藏在书里,借以让朝廷日后在清查家属时,不至于连累父亲。信里,他被父亲痛骂不忠不孝不仁不义,并且要断绝父子关系。慈禧看到信后,真以为是谭继洵写的,就放谭继洵归乡养老,并没有牵连怪罪。而一般人们认为谭嗣同希望用自己的死来唤醒国人的觉醒和血性。各有各的说法,此事还尚无定论。"

我想,无论是出于孝道,还是出于民族大义,这二者都不矛盾。谭嗣同虽然拒绝了父亲给他安排的平坦的仕途,却依然对父亲拥有那一份天生的血缘之爱。在他决定为失败的变法事业献身的时候,并没有忘记父亲。这真是"怜父如何不丈夫"。朴实的浏阳人,能够用一种直接得让人惊讶的逻辑,把最朴素的感情、最简单的爱,升华为一种最为宏大的关怀,融进自己的血性里。

"这座大宅子既然藏纳了一段历史,也有着它的主人难以诉说的幽怨。谭嗣同死后,谭继洵见媳妇李闰因为想念死去的丈夫昼夜啼哭,自己本也悲痛无法,只好站在窗外安慰:'媳妇不必悲伤,别看我是朝廷的一品大员,但我儿日后在青史上的地位,不知道比我要高多少倍呢!'"

讲解员补充的这个小小的生活细节让我格外感慨唏嘘,看来,谭嗣同与他父亲的关系是微妙的,谭继洵官至湖北巡抚,一生熟读《老子》,恪守"不敢为天下先"的宝训,忠于传统,忠于僵硬的专制秩序,却原来,仍旧是父亲才懂得儿子,清楚地知道儿子惊世骇俗的才华和冰清玉洁的人格。

谭嗣同的选择即使在百年之后的今天,可能也是常人所不能理解的,但是在浏阳人看来,却是情理之中的事。是啊,"各国变法无不从流血而成,今中国未闻有因变法而流血者,此国之所以不昌也。有之,请自嗣同始!"这是谭嗣同留给多灾多难的中华民族最悲壮的诗句!不难看出,谭嗣同早已做好了为事业献身的精神准备,他不怕失败,也不怕牺牲,失败和牺牲会教育人们寻找新的救国之路,谭嗣同要用自己的鲜血唤醒国人,不能再幻想通过改良变革中国的命运。

这是何等开阔的胸怀,多么无畏的气概!真乃中华民族的伟丈夫!谭嗣同的英雄主义并不是天意应然,而是一种偶然之下成就的历史因缘,在某种程度上,他与晚他半个多世纪的李白一样,为一种历史的机缘所牵引而成就了一番伟大的革命事业,在生与死之间,他们做出了自己的抉择,不惜殒命,以利民众。

我看着谭嗣同的卧室,家具很简单,并没有什么装饰,可见他生活很简朴。走出卧室,环顾谭家的庭院,我看见了一棵撑天梧桐树,老是极老了,一叠叠的年轮堆积,一层层老皮上绽开了一条条裂缝,但那古老的树干却依旧劲直而倔强。

"听说,早先,不是一棵,是两棵,其中一棵在某个风雨夜突然被一个炸雷击倒,这是一个不祥的预兆,或许冥冥中已暗示了一个少年未来的宿命?但少年谭嗣同却没当一回事,还用古树的残枝精心制作了两把七弦琴,一名'雷残',一名'崩霆'。"讲解员也跟到了我的身边,一起仰头看那树。

"这是传说吗?"我疑惑地问道。

"不是传说而是事实,那把'雷残'虽已失踪,但'崩霆'现今还保存于湖南省博物馆,琴上有泥金楷书的琴铭,今天弹来,音色依然纯真悦耳余音绕梁呢。"

难怪,浏阳人迄今还在感叹,像这样琴棋书画样样精通的文武全才,一百年了,再也没出一个。遥想当年,每当夜深人静,谭家的七公子便在这"大夫第",不是弹琴,就是舞剑。

感慨多时,我辞别了讲解员,独自走走看看。看着往来的拜谒者,心想,谭嗣同要是泉下有知,也当欣慰了吧。希望他能看到21世纪的中国,看到现在这个世界里人们的幸福生活。他应该感到骄傲了。我们每个人最终都会化做泥土,成为后人的历史,但鲜有像谭嗣同那样能为国家视死如归的民族英雄,而他也会因此而个性鲜明地永驻在每一个中国人的心中。

在谭嗣同故居中进出走得几圈,忽然有了遥想。谭嗣同文武并进,若是三五之夜,月华在壁,天井中一人肃立,凝剑不发,夜风中但闻蛩声远近,拂面生凉。忽然人影一动,满空剑光缭乱,开招吐势,进退腾挪,似当风之鹤,如出岫之云。个中气概,又岂是清纵二字了得!却原来祖逖的闻鸡起舞,宁不是惜时的奋发有为,而首先是生命本身的奇情壮彩。谭嗣同十二岁那年的除夕,曾自撰一联,道是:"除夕月无光,点一盏灯替乾坤生色;今朝雷未动,击三通鼓代天地扬威。"这种豪情慷慨,竟是自小就种下了根苗。举头再看"大夫第"的屋瓦窗棂，处处耿介，似乎正如正堂中谭嗣同那棱棱生威的容貌。

漫步在"大夫第"内，徘徊在石菊影庐前，寝具、书桌和笔墨犹在，而主人早已离去。杜甫说"朱门酒肉臭，路有冻死骨"，谭嗣同不属于"朱门"，只有路上行人的饥寒，才让他感同身受。对我来说，谭嗣同不是一个可以品味把玩的历史人物，他的壮烈并不单在于菜市口刑场里的仰天呼啸，若是走近他，会发现他那三十三年短暂生涯的每一步里都是血。"为国为民，侠之大者"，谭嗣同的侠义，乃是在精神上荷担了四万万人心中的幽暗与愚昧，他唯有动用生命的全部来应付。谭嗣同钻研佛学，认为对待自己时当抱着佛家舍身喂虎的弃绝态度，而对于百姓万民，则应该将自己当成禹舜，当仁不让地承担起天下。故此，他在戊戌变法中意图震醒国人的舍身就义，以及那些呼喊才如此深远地打动了人心。

阳光透过窗框，投射到青石板铺就的光滑的地面上，宛如顽童涂抹的小方格。多少人的脚步，沉重或者轻盈，在这块地板上走过。1898年，三十三岁的谭嗣同，从"大夫第"走出，这个坚定的叛逆者，走过长长的天井，鞋底带着天井里的青苔，踏上云谲波诡的变法之路。从此他再也没有回来过——从前往京师、以四品军机章京参与新政，到身为"戊戌六君子"之一在菜市口喋血，前后仅二十三日……

一百多年后的和平年代里，打着小旗、戴着太阳帽的游客，一拨接一拨地来到浏阳，徜徉在"大夫第"里——从他的书房"菊石影庐"走到卧室、客厅，又从其父谭继洵、其夫人李闰的居室走到前厅和后厅，追寻着谭嗣同的身影。从一百多年前的那天起，谭嗣同的身影就已经渐行渐远；但作为湖湘文化"敢为天下先"的精神化身，随着时间的推移，谭嗣同的身影却离我们越来越近……

唏嘘了良久，我告别了讲解员，离开了谭嗣同故居。

已快到中午了，肚中也觉饥饿，便找了一家小饭馆吃午饭。小饭馆在一条巷子里，不起眼，门面也有些陈旧了。饭馆里还是老式装潢，黑面木桌子，黑面木长凳，桌上的木筷笼看起来都古色古香。我问了老板，才知道这家饭馆是十多年前才开的。

不多时，菜便上来了，一碗剁椒蒸鱼，一碗蒸豆腐，一碟咸豆干,一杯谷酒,那种香味很纯正,是我小时候常闻到的菜香味,是我这几十年魂萦梦绕的香味。全国各地的湖南饭店很多,每次我都是乘兴而去,败兴而归,吃不出正宗的湖南味。我不禁想起了我十六岁那年第一次来浏阳的时候,在炭厂的食堂里吃的饭,至今我还记得那碗蒸腊鱼的香味。

吃着故乡的菜,想着小时候的事,不知不觉,平时胃口不大的我将这几大碗都吃了下去,肚子里的那种满足感太令人幸福了。想到为我们带来这平凡而又真实的幸福的英雄们,在这目力可及的山山水水之间,一路上,我感叹万千,一个是谭嗣同,一个是李白,他们的精神何其相似!同样都是对祖国、人们的大爱,同样都是慷慨就义。正是浏阳的一方山水养育了他们,浏阳的英雄血气奔腾在他们的血管中,"宁为玉碎,不为瓦全"是他们共同的写照。

第三节 伟人风范真情在

处理完浏阳李白纪念馆开幕的很多事情,我想着在浏阳这几天里的所见所闻,不禁为这片湖湘英雄地感怀不已。这里,走出了中国第一个为戊戌变法而流血牺牲的志士谭嗣同,走出了民国先驱唐才常、焦达峰;这里,走出了数十位挽民族之危亡、救生灵于水火的铁血将军和数万名革命烈士;这里,走出了一大批党和国家的卓越领导人:国家副主席王震、全国人大副委员长彭珮云、中顾委副主任王首道等;正是这些浏阳河畔的俊彦人杰,磅礴着一股历史的风云之气,真实而强劲地改变着中国历史的进程,铸就了一个民族的脊梁和灵魂。世界上没有一个地方能像浏阳这样,让美丽的鲜花,从地底的石头内一直开到缥缈的夜空中,从湘中一隅一直开到北京、上海、香港、摩洛哥、巴黎等国际大都市的夜空。

记得我刚到浏阳的时候,梁市长就对我说:"李总啊,有一位英雄的故居你要去看一看。他叫寻淮洲,二十一岁时就当了军长,当时可是一个了不起的人物,可惜英年早逝。他和李白一样,是去年评选出的新中国一百名烈士中的一员。他的故居就在浏阳北面的社港镇淮洲村,值得一去。"

我想,开车过去也没多远,顺道一看也未尝不可,便欣然答应了。梁市长特意为我派了一个当地的向导，向导姓王，是一个三十多岁的小年轻，长相敦厚老实。

社港镇在浏阳市以东，距离也不远，但是汽车却开了三个多小时。一开始还有像样点的公路，到后面只有土路了，而且越来越窄。

一路上很是颠簸，土坡路凹凸不平，汽车绕过一个个沟、一座座小丘陵，经过沟边上、丘陵旁的一个个小村庄。浏阳山水间翠绿灵秀，就像一个极好的公园，但是我从没见过如此艰苦简陋的公园。

浏阳自古就是这样，村落都在山沟子里，村落之间直线距离很近，却又要走很远的山路，翻过几座丘陵，越过几条溪水，绕过几条沟壑，交通实在是很不便利。

我的视线透过郁郁葱葱的树木，丘陵的背后处，只见一片片农居的破砖烂瓦；穿过潺潺叮咚的小溪，土坡的转角下，只见一面面斑驳残缺的土坯墙。直到我看见有归家的农人和出门的主妇在村坊间出入时，我才知道，原来，眼前的村子不是遗址也不是废墟，它是人们一辈辈居住的地方！

我的心一下子紧了，这里的人仿佛生活在荒丘中，过着近乎原始的生活！如此山清水秀、诗情画意的地方，应该住着像仙人般的隐士，应该建着精致典雅的精舍，但是，我在这里，看到的是挣扎在社会最底层苦苦熬日子的人们。

前两天我去李白故居张坊时，也看到过这样的村子，当时只觉得，这是个别现象吧。但是，现在我发现，浏阳的村子大都是这么破旧贫苦的。

我问小王："浏阳的山村怎么这么苦啊。"

小王说："建国六十多年来，这里人的生活还是没什么变化，路不好，山多，都是沟沟壑壑，交通不便，经济就上不去。这一带都是出了名的穷困村，人们的日子过得很苦。"

我只是点了点头，没有说话，仿佛喉咙被堵住了。

颠簸了多时，好不容易到了淮洲村，我便下了车，在小王的指引下，走着土路来到了寻淮洲烈士的故居。

这条土路我走了很久，因为实在是很难走。路不平，很窄，路旁都是荒草、碎砖、破墙，燃烧过的秸秆堆冒着闷闷的青烟，呛得我眼睛辣辣的。刚下过雨，土路又湿又滑，我差点滑了一跤。我想，这大概是我这几年走过的最难走的路吧。

小王一路搀着我,道:"李总,你一直在上海生活,很少走这种路吧。"

我点了点头,道:"这几年很少走。"

小王道:"浏阳的农村是出了名的贫苦,但是社港镇周边的村子却更为艰苦。村子里的路都是这样的,汽车很难开进来,连人都难走。村民们每天就是走着这条路进山劳作的。"

这边的农田大都是在土坡上的,零零碎碎的,种不了多少庄稼。

小王道:"这里山多沟多,没有什么平地,农民们只能在山坡上耕种,土质很不好,收成也很差,但是也没办法。古时候,浏阳就是这个样子。"

走了多时,终于来到了寻淮洲的故居,故居建在一个小土丘边上。这是一栋很大的平房,屋顶很高,覆盖着黑色的瓦片。土墙已经重新粉刷过了,却难言沧桑斑驳。和故居的负责人打过招呼后,小王便带着我走进了屋子。

打开一扇扇脱落了油漆的木门,迈过一道道门槛,从正厅堂走到杂屋、厨房,又穿过门前空地走到横堂屋参观寻淮洲的住房,小王指着一件件寻淮洲曾用过的课本、文具向我诉说着烈士幼年读书时的刻苦,抚摸着几十年历史的老式木家具向我讲述着烈士幼年生活的点点滴滴。

"1912年农历八月二十九日,寻淮洲在一个普通农村家庭出生了。那年三月至四月,浏阳全县大雨连绵,河水暴涨,庄稼大部分被淹死;转眼八月又骄阳似火,久晴不雨,许多地方庄稼被晒焦。而当时的县府不仅不开仓救济,反而巧立名目,大收苛捐杂税;豪绅地主催租逼粮,个个如狼似虎;地痞流氓趁机敲诈勒索,闹得鸡犬不宁。广大百姓在生存线上痛苦挣扎,或以野菜、草根、树皮和观音土充饥度日,或典衣当物,买儿卖女,或拖儿带女,背井离乡,逃荒要饭。老百姓饿死、肿胀而死的不计其数。

"寻淮洲出世后,营养不良使他严重发育不善,瘦得皮包骨头,弱不禁风。寻淮洲祖父寻开义,一辈子给地主打长工。父亲寻余盛,也是一个老实巴交的农民;母亲胡聘秀,操持家务。在那样的年代,家中贫困至极,肚子都填不饱,当然更无钱为小小年纪的寻淮洲医治。

"转眼，寻淮洲九岁了，望着同伴们都进入学校读书，他羡慕极了。他知道自己不但身体瘦弱，更因为家境贫穷，家里无能力供他入学读书。做父母的看在眼里，急在心里。经过商量，最后找到族长哀求族里借贷供寻淮洲读书。原来，族里有十几亩公田，所得收入通常用于家族祭祖上坟扫墓之用，同时还借贷给族里认为有出息的人读书，以光宗耀祖。在寻余盛夫妻的苦苦哀求和一再保证下，族里终于同意借钱供淮洲上学。他背着母亲用旧布缝制的书包进入离家不远的左家湾小学（即现在的淮洲小学）就读。那个时候私塾大都不受欢迎，淮洲就读的是新兴学堂，课程主要有国文、算术、音乐、图画、体育等。

"淮洲十分珍惜来之不易的学习机会。他刻苦认真，注重方式方法，学习成绩在全班一直名列第一，尤其是作文，更是意深文茂，备受老师赞赏。"

小王说着，指着桌上摆着的作文本，道："这是烈士读高小时使用的作文本。"他打开了作文本，"里面有他写的一篇很出名的文章，《个人革命的可贵》，他小小年纪，便有那么高的志向，那么高的革命觉悟，是很难得的。"

烈士一手唐颜柳体的毛笔字，字迹挺拔有力，笔画清楚，字里行间方方正正，一股昂然正直之气直透纸背。

"随着知识的增加，眼界的开阔，他开始接受新思想，萌发了参加革命的念头，逐渐树立起崇高的志向。在题为《现在的我》的作文中，他这样写道：'我们生存在世界上，假使和那寄生虫一样，春来也好，秋去也好，一味甘食美衣，玩日曷岁，徒然食息于天地之间，由幼而壮，由壮而老，由老而死，空空过此一生，岂不是太无意义吗？但是我们既想做些事业，在生时，当着这做学生的时候，对于以前怎样是小孩子，将来怎样为大国民，这些事业，也不可以不酌量一下。我们现在的年纪，虽不是当大国民的时候，也不是当小孩子的时候了。所以，我在这个学期内，对于学业上，应该竭力锻炼，求一个强健的身体；对于办事方面，更应该随时练习，养成很好的才干，预备将来与国家做些大事业。'

"淮洲是这样想的、说的、写的，更是这样做的。经过几年的学习和锻炼，淮洲掌握了不少知识，身体素质大大增强，组织能力和口才更是大大提高，为他后来'干大事业'驰骋疆场，进行革命斗争打下了坚实的基础。"

"烈士十五岁的时候参加了秋收起义，后跟随红军南征北战，十八岁便担任红三十五师师长，从一名普通的士兵，一直积功升为红七军团军团长，时年他只有二十一岁，是红军当时出了名能打的青年将领，在五次反围剿战斗中战功彪炳。他指挥的七军团，在两年之间，打了许多有名的胜仗，缴获敌枪六千余支、轻重机枪三百余架，并缴到大炮几十门。他很细心学习军事学，曾负伤五次。后来在掩护党中央转移的战斗中，孤军牵制敌人主力，最后寡不敌众战死沙场，牺牲时年仅二十二岁。"小王言及于此，神情慨然。

我不禁神往，十五岁就参加起义，那时他的身高怕还没一杆步枪高吧，这个湖南伢子，他的人生如流星般短暂，但却熠熠生辉。他具有奇异的军事奇才，原本可以走进共和国高级将领的行列，却赤条条地来，赤条条地去，把自己所有一切都奉献给了党和人民，达到理想的最高境界。

二十一岁的军团长啊，我不禁想到烈士当年的飒爽英姿，此时，在我的脑海里，又呈现英雄及所率部队那最后的激战岁月：前有重兵堵截，后有万兵追击，上有飞机侦察，腹无粒米充饥，谭家桥一战，他身先士卒，冲锋陷阵，热血洒疆场。以致所有身边的战友都疯了般扑上去抢救他，把枪林弹雨抛至脑后，那场面、那情意，真是感天地而泣鬼神。而英雄的功德不但在于他的英勇、善战、屡建奇功，更难能可贵的是，在"左"倾错误领导者的指责下，面对降职，他不计个人得失，忍辱负重，率部继续英勇作战，直至贡献出自己的一切。

这样的革命者实在太神圣、太伟大了。如此功昭史册的英雄人物的家属，在建国后生活应该得到改善了吧。我便问道："那么烈士后人住在哪里呢？我想去看一看。"

小王欲言又止，有些犹豫，但还是带我去了。

烈士后人的家便在故居横屋背后建的两间平房里。我观察着这两间被荒草包围的破房子，墙上的砖已破损不堪，墙体出现了一道道深

偶然

深的裂纹,屋顶的瓦片早就残缺不全了,整个屋子看起来就像是废墟。我暗自怀疑,这里还能住人吗?这莫非就是烈士后人的家吗?我震惊了,以为自己花了眼。

烈士的后人出门迎接了我。站在我眼前的老伯是寻淮洲堂弟的儿子,看起来六十来岁了,脸上都布满了皱纹,得知我来拜谒烈士故居时,他热情地伸出双手,握住了我,将我拉到屋里坐。老人的双手很大,都是老茧,这是劳苦农民的双手啊。

直到这时,我才意识到,这确实是烈士后人的住宅,鼻子有些发酸。

进了屋子之后,简陋的小板凳和破桌子不知用了多少年了,全家人做饭用的还是土灶台,烧的还是秸秆。屋内没有什么像样的家具,墙面也没有怎么粉刷过,刚下过雨,屋子里还有接雨水的木盆,木盆也已经很旧了,边缘尽是缺口。

老人说:"屋顶年年都漏雨,到了下雨天,只好用木盆接着。日子过得很紧,没有闲钱修整屋子。"

"现在的生活怎么样呢?"我问道。

"日子还是很苦,家里种田养鱼度日,一年挣不了几个钱。老宅子盖了很多年,实在没钱整修。"老人无奈地说。

我想起我曾经读过的那些和湘军有关的故事,乃至后来的那些革命先烈们,他们都不顾自己的生死,去为了更多人的幸福而征战,不怕牺牲,无私奉献。而他们的子孙后代,却仍在深山里,住着破旧的房子,过着贫穷的生活。

我问道:"你们是烈士的后人,应该得到一些照顾,比一般人家过得好一点啊,怎么还是这么困难呢?"

老人说:"哎,这里家家户户都穷,村里镇子里都穷,哪里有条件照顾我们呢?自从淮洲走了以后,我们老寻家又都是病秧子,常年生病,干不了什么活,没有壮劳力,越来越穷了。"

他又说:"其实,我也不想因为淮洲伯伯是烈士而得到什么特殊的照顾。小时候经常听我老子提起寻淮洲伯伯,说他十五六岁的时候跟着红军闹革命,他走的那一天,还在地里干活,把活都干完了才走,因为我们家以前身体都不太好。他走的时候,说:'我是为了革命，为了让天底下的老百姓都过上好日子，并不是为了自己的显贵，也不是为了要改善家里的情况。因为革命成功了，老百姓都过上了好日子，我们家自然地就过上好日子了。以后，我要是牺牲了，你们也不要国家来特地照顾我们。我干革命，不求那么多！'后来淮洲伯伯牺牲了，我们记住他的话，没找政府要过什么照顾。"

我想，好一个无所求的寻淮洲啊，好一个无所求的老寻家，这就是普通的浏阳农民，他们和李白、谭嗣同一样，都是无欲而刚的！

说话间，老人给我端了一碗热水，歉然道："家里很久不喝茶叶了。"

我说："没关系，白水也挺好。"我心想，这户人家真的是太困难了。我接过了碗，触手很粗糙。我喝着水，心里很不是滋味。

我问老人道："你们村为什么生活那么苦啊？"

老人叹了口气，道："这里世世代代都苦，条件不好。没有平地，种粮食都在坡地上，土也不好，家家户户都只有几分田，打不了多少粮食，一年到头就挣个千把块钱。村里人得了病都没钱看，老人得了病就只能在家里等死了。孩子上学要翻半天的山路，苦啊。"

"那么，有什么办法能够改善你们家的生活呢？"我放下了碗，若有所思地问。

"等这个村子都改善了，我们家也就改善了吧。"老人叹息道。

又聊了一会儿，我便辞别了老人。

之后，我又拜访了周围的几户人家，也是差不多的情况。居住环境相当恶劣，宅子老化年久失修，生活物资严重匮乏，很多人家里都没有电视，更别说是其他电子产品了。村里人喝不上自来水，只能喝不卫生的井水和溪水。他们洗衣、洗澡、淘米、洗菜、杀鸡都在旁边的河里，很不卫生。宅子两边都长满了荒草，垃圾到处都是，屋旁就是散发着恶臭的简陋猪圈、鸡窝，满地都是排泄物。在他们村子旁就有一个土沟，土沟后就是如画的青山绿水，飘渺的化境。我想，在这么清秀美丽的地方生活的农民为何生活还是这么苦？

太阳渐渐西下了，很多从地里劳作的村民们陆续地回来了，他们手里拿着锄头镐头，一身的泥。看到他们我直有一种错觉，这哪里像新世纪的新农村，分明就是七十年前的旧社会农村！

偶然

寻淮洲可是军长级别的烈士啊,他的后人的生活却是如此困难!寻淮洲只是千千万万名浏阳烈士的一个缩影。当年闹革命,有多少浏阳农民走出深山,为了新中国流尽了鲜血,做了那么大的贡献,但是他们的后人,当地的农民还是在浏阳的山沟里过着清贫的日子。并不是说当地政府不照顾他们,而是没有钱来照顾,再说了,就算是照顾了,给他们建两栋屋子又能如何,他们还是在山沟里继续清贫下去。

我看着山坡上零零散散种着的菜、地里种的水稻、小池塘里养的鱼,心想,这些作物能值几个钱?本来就不值钱,加上平地少,土地不肥,产量就上不去,难怪这里一年到头一户人家就只挣几百块钱。

他们是那么地勤劳,早出晚归,什么活都干,但还是那么穷,看来劳动致富是走不通的;他们已经那么穷了,没有什么钱,那么资本致富也是行不通的!他们要改善生活,还是只能靠劳动致富,但是劳动的结果很差,产值很低,这是为什么呢?

为什么这里这么穷呢?这样的苦日子什么时候到头呢?他们的出路在哪里呢?我能做什么来改善这里的生活呢?我带着沉重的心情走在乡间的土坡上。

之后,我离开了淮洲村,上了车,启程回浏阳。一路上放眼望去,土围子里、沟壑里一户户残破的农舍压得我心头沉甸甸的。我一直在想,他们的贫苦是因为他们不勤劳吗?显然不是,但是为什么他们还是那么穷?

小王道:"改革开放以后,有些头脑灵活的人就做起了生意,建厂造花炮,挣了不少钱,而更多的人还是生活在山沟里。毕竟,做生意的还是少部分人,大部分人的生活还是没什么改善。山外头,平地里都建了高楼,建了大城市;山里头,几十年了,还是没办法发展起来。一座大山,就是贫富的分水岭啊。"

我听了小王的话,心里突然受到了启发:这里艰苦的生活,是恶劣的地理条件和匮乏的资源导致的,如果帮助他们改造一下这边的环境,兴许这就是一条路!

但是如何改造环境呢?又如何能让农民们过上小康生活呢?我一路上都在思考这个问题。

我拿出手机,拨通了同样是从这片土地上走出去的我的好兄长、身为北京大学校长的周其凤的电话,想把我这些天来对这片英雄故里、伟人家乡的一腔热爱倾吐给他听,因为,我相信,只有同样在这片土地上成长起来的我的好兄长,才能够跟我一样对这片土地爱得深沉、懂得深刻。

电话拨通了,另一端传来的是兄长那熟悉的乡音,我心头一热,想起"少小离家老大回,乡音无改鬓毛衰。儿童相见不相识,笑问客从何处来"的诗句,久违的乡音也情不自禁地脱口而出,像风吹土地般自然。我原以为,十多年不说家乡话,乍说起来肯定生涩、拗口,却想不到会如此流畅,竟如顺山而下的溪水,又如随风飘舞的柳絮,自然而然地脱口而出,一股脑地将这两天在浏阳的见闻说给校长听了。

那头传来校长爽朗的声音,听我说到谭嗣同、说到李白烈士、说到寻淮洲军长,校长也不禁长吁短叹,声音也变得沉重起来。不知不觉,我们就聊了很久。我担心兄长学校事务繁忙,也不敢再多耽误,放下电话之前,说起后面几天的安排:"这边的事情处理完,我就赶往长沙,转机回上海。"

没想到电话那端传来校长一声朗笑:"晓东啊,我现在人就在长沙参加一个高校教育工作会议,真是人生何处不相逢啊。你到长沙之后,我们见面好好聊一聊!之后我还要抽个空,回趟老家,看看我的老母亲咧!"

我先是惊讶地张大了嘴,转而又微笑了起来,这惊讶,是对这份不约而同的又惊又喜;这微笑,是对这偶然中的一份因缘际会的会心一笑。因为,自从有幸结识校长之后,这偶然已经充溢我整个生活,让我对这段缘分早已了然于胸、感恩于心了。

我说:"兄长,我马上赶到长沙,等你长沙会议的事情结束,我跟你一同回家,去看看我们的老母亲!"

校长沉默了一会,说:"晓东,你有这个心,我非常感谢你。好,我们就一起回去。"

在长沙会合后,跟校长一同回到浏阳,一路上,我都在想着跟这块土地的神奇的缘分,也许这也是一份偶然吧。1947年农历十月,周

偶然

其凤校长出生在浏阳龙伏镇的尚埠村，其凤，人如其名，他是真正的"山沟沟里飞出去的金凤凰"。

下了车，我跟着校长直奔家中，拜见了八十五岁高龄的母亲。校长挑水、扫地、杀猪、做饭，样样来得，我也是苦出身，生火做饭，还能帮上点忙；就这样，我和校长两个都年过半百的大男人在满头白发的老母亲面前，仿佛重新回到了少年时那在母亲膝头围绕共叙天伦的美好时光。从回到家，除了陪伴母亲，校长没有参与任何社会事务。他对母亲非常尊敬和孝顺。父亲走得早，母亲撑一个家，受了很多苦，他感恩不尽。这次，他从东北带回人参和红蚂蚁，为母亲补养身体，御御寒；他带回北京朋友送的剪纸"千手观音"，因为知道母亲信佛；他携贤惠的夫人一同回来，让老人倍感欣慰。

我在校长家的这几天里，常常有邻居的乡亲们来家里坐一会，有时候，校长在一边忙里忙外，乡亲们就跟我聊聊天。乡亲们都说，其凤回来，硬是一点都不像在外面做了大角色的人。有个年纪大的老人，校长见到他都要恭恭敬敬地叫一声周三叔，据说他是看着校长长大的，一绺银白色的胡子几乎垂到胸前，可是跟我说起小时候的校长，还是乐得胡子一翘一翘的。

周三叔常常拿着一支长长的旱烟袋，在门槛上"可托可托"地敲一敲，再装上一袋烟，慢悠悠地跟我说："说起其凤这伢子，首先从名字说起，由于当时家里非常穷，请先生取名字要花很多钱，所以他的名字啊，其实是他娘老子取的，'其'字是按家里的辈分排下来的，取的时候，他娘老子也说不清是哪个'qí'字。上了小学了，老师在黑板上写名字，写的是'周奇凤'，这伢子回来就跟我说了，我看着也觉得不对劲，奇怪的凤凰不就是鸡吗？所以呀，这伢子就自己做主，把'奇'改成了'其'。

"1953年，他不到六岁时就主动申请上学，而他的努力和一个'谎言'换来的早上学一年，被他称为决定一生命运的一年。由于年龄不够，他不得不硬着头皮虚报自己是七岁，这种执著使他比别人家的小孩早一年多踏入学堂。"

我和校长在一边都听得哈哈大笑。虽然早已经是陈年旧事，但是提及童年，还是有那么一丝苦涩的滋味，而校长却用穷苦和不屈来形容。

"当时的尚埠村,是隐在大山里的穷沟沟。父亲去世得早,母亲把我们兄弟四个拉扯大,生活的艰难可想而知。"回忆年轻时在家乡走过的路程,周校长至今仍唏嘘不已。但他骨子里有着湖南人不向困难低头、不懈进取的精神。

"小时候,家里穷得常吃不饱饭,有上顿没下顿的,上学的学费更是常常付不出。"联想到自己读书的时候,因为家里父母亲是干部,能用粮票,但都还吃不饱,何况他呢?!

"我报名时,老师说我那么瘦小,年龄一定不够。第二天我又去了,谎报说我七岁,老师说,'我问你妈妈了,说你不到七岁',我当时心里想,不会吧?我跟妈妈商量好了的,所以咬定说自己七岁,老师就帮我办理入学了。当然就是因为早上这一年学,在1965年我得以考入北大,而在1966年,大学停止招生了。

"因为穷,我小学时每一年都要欠学费。好心的学校老师常常宽容我拖欠学费。有一年,实在不好再拖,但家里实在凑不出钱,我就哭着跑回家里,妈妈说没有钱。当时我们家最值钱的是个烧水的铜壶,我就拿着跑出去,跑到一个池塘边上,我就把铜壶扔到水塘里。后来妈妈不知想了什么办法帮我把学费交上了,甚至现在都不知道……"校长说着,眼圈有点泛红。

周三叔说:"还能有啥子其他办法,借呗,为了能交得起你的学费,你娘老子把九村十八寨都翻了个遍,能借的全都借了,你娘老子苦啊。"三叔说着,也叹了一口气。

是啊,苦啊,但是对于校长来说,苦难的日子却尚未终结。"1962年,我考上高中,但回家发现妈妈病得起不来床,两个弟弟跑来告诉我,'妈妈是急的,因为她不想让你念书'。我当时很不懂事,一边哭一边跑到后山,山上有很多坟墓,全村人举着火把一整夜才把我从山里寻出来,此后家人再不敢提退学的事了。

"但是,虽然家里人不说,我的心里却暗暗下了一个决心:我上了高一,我觉得自己是个大孩子了,该懂事了,应该为家里承担责任,提出退学。后来,我也可以退出高中回到乡里做乡村教师。那时候,我也曾经盼望着有机会成为村里的汽车司机。

偶然

"学校领导问明原因,做工作,我才决定继续坚持读下去。"

最终,1965年,他以优异成绩考入北京大学化学系。"那一年,从老家到长沙去坐火车,我打着赤脚走了两天两夜。那时候的路真难走。"也许是对脚下的"路"早就有深刻的认识,以后的日子里,人生的路再难,他也走得扎实稳健。

我说:"多亏了咱家乡民风淳朴,乡亲仗义相助啊。"校长是湖南人,我也是。听他说起这些童年往事,我深有感触。我和校长,都是在许多好心人的帮助下,走完了那些艰难时世、困顿日子。而校长与母亲之间的母子亲情也深深地感染了我。握着校长的老母亲的手,我一遍一遍地抚着这双因为常年操劳而粗糙皲裂的手,一股热泪涌上眼眶,禁不住脱口而出:"娘,以后除了其凤兄长,我也是您的儿子。"

　　感恩母亲
山梅花开的时候
我想起母亲
想起那年的山雨绵绵
你等我回家

秋风起　黄叶落
告诉我　　母亲
我是怎样从咿咿呀呀
慢慢地长大
感恩母亲
漫天的雪是您的白发

感恩母亲
走遍天涯
我牵着你的牵挂
捧一束　　金色花
我启程　　回家
我要像那梦里一样

唤一声　　妈妈

我最亲爱的妈妈
我要献上一颗火热的心
永远温暖母亲的怀抱
感恩母亲
走遍天涯海角
我梦着您的牵挂
永远的牵挂

不过，最最让我反思的，却是周校长在"文革"时的大学生活。当大部分学生像我一样，热衷于闹革命时，他却借了一本英文版的《普通化学》，没事就拿出来读。而那个年代，明目张胆地读原版书，除非吃了豹子胆。"我偷偷躲到蚊帐里、被子里读。自己能读懂的地方自己看，读不懂的，就整段整段地背下来，然后利用劳动工余时间请教外籍教师。"就这样，他不仅重新梳理巩固了基础化学知识，也增强了英文。

对于我，校长从来都是知无不言，言无不尽。说来好笑，校长说："我坦白，初中毕业的时候，我的作文分数不及格；从上初中起，我就有了个愿望，要成为一名汽车司机。

"当时我背了个背包，带着母亲花一块钱买的木箱，光着脚从浏阳走了两天两夜到长沙。其实，当时母亲给我买了一双鞋，是布鞋，但我实在不舍得穿，所以一直背着。"周其凤说。走到长沙后，周其凤拿着介绍信找到湖南省招生办，信上证明说这个学生考入了北大，经济很困难。招生办为周其凤发了一些补助。周其凤正是用这些钱买了去往北京的车票。到京后，身上仅剩四块钱。

"在北大，我得到最高助学金，十九元，相当于当时一个城里人的月工资。开学第一件事，每个同学都要说说自己的经济条件，钱够不够，我当然是不够的那个。学校就给我发了十九块五，我还省下了四块钱的零花钱。当时心里就感觉：'我怎么这么有钱？！'"校长诙谐地说。

跟校长聊天时，我会常常想着：在匆匆忙忙的都市，生活中的很多细节好像都被忽略了。有些人归结于，是因为整个城市充满浮躁的气息;有些人认为,是被生活磨平了棱角;又有些人以为,自己早被这样一种快节奏的生活所麻木。是因为浮躁吗?是因为没有棱角吗?还是因为真的麻木了?也许都有点,也许又都没有,只是在这样的城市,人们越来越缺乏的,是一颗感知的心。

也许是因为看淡了生离死别,也许是觉得人生再感慨也不过是人世沧桑,终将渺小地画完句点,成为彼此的过客。可就在一瞬间,让我明白,生活是需要感动去支撑、去维持的。只有那样,心才不会孤寂,只有这样才能感觉到被爱。只有伸出自己的双手,才给了自己和别人握手的机会。回忆起我和校长的交往之初,就是在握手的那一瞬间,我就强烈地感到:这就是我的兄弟啊!他值得我信任,值得我交往,甚至值得我去托付。

我们要走了,家乡的朋友为他送行。那天他喝了很多酒。"这次回老家真愉快,好几次喝酒喝醉了,胃痛,但值得!家乡变化日新月异,让人高兴!"他这么总结着他的故乡之行。望着他红扑扑的脸,感受到他内心的喜悦是那么真诚与由衷。作为一名化学家,他无疑很注重理论与实践的结合和统一,他曾对我说:"酒精这种化学物质,在进入人的胃后,若能通过一种酶的作用,不被吸收,或直接分解为二氧化碳与水,对于饮酒伤身的国人,将是一个伟大的拯救呀……"

火热、率真、平易、激扬,周校长呈现出不同的侧面,也呈现着一份求索的战斗不息、一份执著的雷厉风行、一份深厚的拳拳真情。当然,还有一份天生的幽默和一份湖南人特有的霸蛮与灵泛。

与周校长一路细谈,常常会被他对家乡的炽热深情所打动,那是骨子深处的一种自然流露,那是融入毛细血管的一份浑厚表达。

兄长说:"真庆幸自己是个浏阳人,一提到这,走起路来头都抬得比别人高一些。"

第四节 公园经济幸福年

回到了浏阳市,梁市长热情地对我和校长说:"周校长、李总,你们一定要去道吾山看看!"

道吾山?之前也没有听说过这样一个名字。这完全在计划之外,何况行程本就已经有些紧张。我在心里略有些迟疑，正想着要不要婉言谢绝市长的好意，便听到了他对道吾山的介绍。

"这道吾山，确是我们湘东的一座名山。唐朝诗人刘禹锡《陋室铭》中有句名言：'山不在高，有仙则名；水不在深，有龙则灵。'道吾山虽不因仙为人所知，却因佛而得缘。"

那是一个远在唐朝大和年间的故事。有一个叫宗智的和尚走到一座山上，遇到巨石挡路，跌落到石洞当中，遇到一个白衣老者，自称在此等待开山祖师已经很久了。宗智答道："吾志唯此，道成吾矣。"语毕片刻之间，天地变色，风雷大作，一个霹雳劈开了巨石。宗智从此割茅斩棘，辟地开山。这传说中宗智的得道之山，便是"道吾山"。

"传说虽然有虚构不经的成分，但是兴华禅寺确实历史悠久，距今已有一千一百多年历史，宗风畅盛，历代高僧辈出，其影响不仅遍及我国南方数省，而且远至东瀛，是日本中严宗和临济宗教派的发源地，至今仍有僧团前来朝祖。道吾山也因此成为佛教圣地，历史地位很重要啊。"

我在心里默念这几个字，转头又询问校长的意见，兄长说："刚好还有半天空闲，晓东，我们就一道去看看吧。"

看到兄长点头，我便对梁市长说："好，那我们就过去看看这个'道成吾矣'的道吾山！"

那时的我还不知道，我将与此山有缘，也是要来做一番事业的。

第二天，我们一行启程从浏阳市出发，驱车驶向东边的道吾山。

一路上，我说起了昨天我在社港镇淮洲村的所见所闻。

梁市长闻言，神情也有些黯然，道："浏阳农村自古就很苦，经济一直上不去，是个老大难问题。都是丘陵地，实在没办法改造，很多都是烈士后人，我们都知道，但是穷啊，都没顾得上。"

我说："我昨晚想了一夜，也没有想出什么好的办法来改造这里。当地的农民就是种种粮食养养鱼，这是挣不了钱的，他们致富还是要通过劳动，但是如何才能提高劳动的产值呢？"

梁市长指着窗外的一间间农舍道："李总，你看，这么多农舍随意搭建，东一块西一块，占了很多的田地，要是能把他们的住宅集

偶然

中起来，那么就能腾出很多田地了，而且腾出的都是适合耕作的平地。"

我闻言，看着窗外这些农舍，突然大受启发，是啊，现在浏阳家家户户只有几分地，零零散散地不成规模，难怪会那么穷！我想到了美国的农庄，一户人家就有几百亩土地，采用大规模的机械化生产，经济收益就很高。

他又接着说："你出钱修复李白故居，投了很多钱，大家都说你很热心。其实呢，我早就想过要在浏阳农村搞产业结构调整，就是没钱，也没有人到我们这块穷地方来投资，所以说，目前为止产业调整升级的想法只是空中楼阁啊。"

我闻言慨然道："其实，有机会的话，我真想出资改造社港镇一带的环境，那里实在是太困难了。当年要不是那么多浏阳烈士的流血牺牲，哪里有现在和平发展的年代？"

梁市长道："李总啊，其实社港镇并不是最苦的。道吾山山脚下的农村才是真的苦，既然我们要去道吾山，正好路过这些村子，我就带你去实地考察考察吧。"

我说："好，一同去看看吧。"

汽车在山脚下的一个村子里停了下来，我们一行便走进了这个不知名的小村子。

小村子在山坡下，旁边是一条大土沟，我们沿着窄窄的碎石土路艰难地前行着。

当地山民生活之艰苦实在令人触目惊心，比淮洲村的情况更为糟糕。我不曾想到，建国已经六十余年，这里还有一部分农民的栖身之所，竟仍然是散落在山麓林间的泥坯土房，下雨流浆，刮风掉渣；房顶虽不是用最原始的茅草覆盖，但那些经年历久的黑瓦早已破败不堪，破洞连连，举头见天，一到阴雨时节，就床头屋漏、雨渍如麻。

当年的抗日战争，是千百万农民走出农村，披坚执锐，前赴后继，抛头颅洒热血才扛起将倾之厦，挽狂澜于即倒；当年的解放战争，又是那千百万的农民，为了共产主义，舍生忘死，肝脑涂地，用鲜血染红了新中国的朝阳；仍是这些农民，在和平年代，承受着最重的负担，用大量的物力和财力贴补城市的建设才有了今天的现代化局面。几十年过去了，农民们是中国付出了最多、牺牲了最多、功劳最大的一群人,但是,他们的生活还是那么贫困,就像他们住的破宅子,就像他们家里漏水的屋顶一样。他们正挣扎在贫困线之下,幼无所养,老无所依。

全国有不少农村或是交通便利、或是土壤肥沃,都脱贫致富了,但是浏阳依然很穷。这是地理环境导致的贫困。"一座座大山阻挡了经济发展的春风,山的外头热火朝天,山的里头还是一贫如洗啊。"校长感叹道。

我们走在乡间的田埂上,心里都有些沉重。此时,我看见一个小男孩背着书包走来,一下子让我想起了小时候放学回家的样子。

我上前问那孩子道:"小朋友,你怎么不上课啊?"

小男孩很懂事地在我面前站好,道:"爷爷好,班上的老师生病了没有来,我就回家帮妈妈干些活。"说话间,他看着我这一身装扮,小眼睛里透着好奇。也许,我这身普通的着装在这里很稀罕,也很抢眼吧。

我问道:"你功课好吗?"

小男孩挺起了腰,自豪地道:"我功课很好,班里考第二名,老师说我很聪明,要我多用功,以后考上大学。"

我问道:"考上大学了干什么呀?"

小男孩道:"考上了大学,我就能走出村子,到城里挣钱,挣很多的钱,在村里建一栋大房子,让爸妈过上好日子。"小小年纪就这般懂事了啊,我心想。

"那么,家里生活怎么样?"我又问道。

"家里很穷。爸爸进城打工了,一年回来两次。妈妈腿脚不好,平日里种田养鱼,照顾生病的爷爷;奶奶没钱看病,前年死了。上个星期,家里的房子又漏雨了,爸爸不在,没人修。"小男孩低下了头,夕阳照在他消瘦的脸上。

"想不想住上大房子呀?想不想现在就住上啊?"我心里突然想到一个念头,脱口而出问他道。

"想啊,做着梦都想!爷爷,你能让我家住上大房子吗?"小男孩抬起头,一脸天真地望着我。建一栋房子,便是他生平最大的心愿了吧,我想到这里心里很酸。

我答道:"爷爷答应你,明年年底就让你们住上大房子好吗?"

偶然

小男孩眼睛里闪着喜悦的光亮,道:"真的吗,太谢谢爷爷了,我告诉妈妈去。爷爷,你到我家坐一会儿吧。"

看着阳光下孩子淳朴的表情,我的心也变得暖洋洋了。小男孩牵着我的手一蹦一跳地走过泥地,向他家走去。

我看着他消瘦的影子,心里萌生了一个念头。没有那些农民当年的流血,就没有现在中国的和平局面;没有那些农民几十年的贡献,现在的繁荣就不会出现。没有那些农民,就没有我们的今天,也就没有我的今天。现在,我的事业成功了,我富裕了,我有责任和力量来反哺农村!

走了一会儿,绕过两个土坡,转过一面破墙,我到了小男孩的家中。他家里的贫苦超出了我的想象。在他家里,我几乎看不到一件完整的物件。木桌上尽是裂缝,简陋的碗橱里放着六七只碗,其中三只都是有缺口的破碗。四面墙壁空空的,几乎没有粉刷过,都是黑泥污垢,破损不堪。这当真是家徒四壁!

小男孩的母亲看起来有四五十岁了,后来我才知道,她只有三十多岁。她右腿有腿疾,走路一拐一拐的,为我找了一张最好的板凳让我坐下。我们就坐在院子里,聊起了家常。

我从她的眼神里看到了一丝绝望,这种绝望似是长期镶嵌在眼眶中的。她朝我絮絮叨叨地诉说着村里生活的艰苦,说到难过处,长叹一口气,"苦日子什么时候才能到头?"

我沉默了,无言以对。这时小男孩道:"妈妈,等我考上了大学,毕了业,就能赚大钱了。"

他母亲闻言很是高兴,目光中也带着憧憬。在贫苦农村,孩子的学习成绩往往关系到一家一户的幸福,他们只盼着自己孩子能走出山里,摆脱穷困的境地。

但是,目光中的憧憬很快就被愁云笼罩了,她轻声道:"傻孩子,考上了大学,你的学费怎么办啊?"

我问她道:"妹子,你想不想搬到大房子里住呢?"

"当然想啊,只是家里穷,盖不起房。"

"不用你盖,我来帮你盖!"我看着她的眼睛道。

"怎么可能?哪有那么好的事?"她眼神里充满着怀疑。乡里人都是很实际的,他们安分守己,而且早已不相信承诺了。

"我不用你出一分钱。"我笑了,她疑惑地瞧着我。

我见她没说话,便接着说:"是这样的,我建一栋楼,把村里的人都搬过去,原来你们住多大的地方我就给你们多大的地方。搬走之后,原来的地就腾出来了,你们可以种,也可以雇别人打理,你觉得这怎么样?"

听我这样说,她有些激动了,道:"和城里人一样住楼房吗?下雨天不漏水吗?"

我哈哈一笑,道:"当然是楼房,当然不漏水啦。这楼就像城里人住的楼一样。"

"真的吗?就是别住得太高就好了。"

"那你觉得住几层楼好呢?"我问道。

"不超过五层吧,楼太高了住不惯。"她天真地说。

一旁的小男孩听了很兴奋,高兴地说:"太好咯,有楼房住咯。谢谢爷爷。"

他母亲问道:"原来的地还是我们的吗?"一亩三分地永远是农民的根。

我回答道:"是你的,原来有多少,你还有多少,我不会拿走的。"

"这样就好,这样就好……"她自言自语道。

"那么,盖房用的地在哪里呢,不会盖在良田上吧?那样就太可惜了。"她又问道。

我说:"不会用良田的。我建在荒地上,建在坡上,建在那些种不出庄稼的地上。"

听我这般说,小男孩的母亲可算松了一口气,心里也有几分相信我了。

她又想了想,道:"就算你让我们都住上楼房,我们的生活还是会很穷,还不是和以前一样,在地里刨粮食,挣不了几个钱。我知道你要帮助我们,我先谢谢你了。"

是啊,替他们盖楼房只是改善了他们的居住环境而已,但是对于他们的经济、生活却没有什么帮助。那么有什么方法能兼顾居住环境和经济效益?我在心里苦思对策。

又聊了一会儿,我起身告辞。临走时,小男孩的母亲有点疑虑

偶然

地问我:"老人家,你说的是真的吗?你什么时候给我们造这栋楼呢?"

"过一阵子,我还会来的。楼是肯定会建的,最多两年就建好了。到时候,你们搬进去就是啦。"

说罢,我转身离开了老宅子。他们一路送我出了村子,不时地问这问那。我感觉小男孩的母亲始终对我的说法半信半疑,毕竟,这件事情对他们来说是天上掉馅饼。通过这番对话,我心中有了底,这件事是顺乎民心的,是对他们有帮助的。基于这点,我做这件事情就做对了!

我上了车,汽车上了盘山公路,向道吾山腰驶去。一路上,我脑海里始终萦绕着这个疯狂的想法。我想,只按照刚才说的那些去做是肯定不行的。

看着山路两旁郁郁葱葱的树林和潺潺蜿蜒的溪水,我心想,这里要是一座公园该多好啊。周末,忙了一星期的人们来这里休闲游玩;每年,那些城里人来此度假。

公园,对了,就是公园!

我脑海中电光火石间闪过一个概念,一个从来都没有人提出的概念——"公园经济"。我将原来零散在农田中的农民们集中起来居住,可以整合原来的农田,同时腾出了大量的土地,造医院,造学校,造商业区,把这里建设成一个"风情小镇",利用当地的秀丽风景发展旅游业,可以增加我作为投资方的收益。同时,建成楼房的民居底层可以改成店铺、饭店等,农民们的增收就在眼前!同时,改成风景区的农村,周围土地价格、租金将会倍增,对我、对农民都是一件好事!

我不仅要把它建成风情小镇,我还要把它建成公园。这样,农民们的生活水平也会直线上升!

这或许是农村唯一的出路吧,整合土地,集中管理,发展产业,提高效率和产值,一改农民家家有田,家家守着田,家家穷苦的现状。外国是一户人家种上百亩的田,而在中国,上百亩田要上百户人家来耕种,效益之差便是上百倍。我要改变这个情况。

我闭上双眼,想象着刚才的那个小男孩徜徉在这样的风情小镇里,放了学就在公园里嬉戏玩耍的样子;想象着刚才那群辛劳的农人住在舒适的楼房里,不用每天为了生计而担忧。

安得广厦千万间，大庇天下寒士俱欢颜！

我就像个挖到宝藏的寻宝人一样，越想越多，越想越高兴。这是一条通往美丽和成功的康庄大道。如果这样的公园建成了，那不仅能改善当地农民的生活，还能极大地改变当地的产业模式。

原来的产业模式是很简单的。要么是极其原始的农耕经济，人多地少，土地使用效率低；要么就是在村里建设大量的工厂，严重地污染了环境，不利于可持续发展，降低当地居民的生活质量。我们要走出这道只有两个选项的选择题，构建第三个选项！

我要让生态和美重回人们的生活之中，使分散的农耕经济走向城镇化，使传统的生产方式能够以一种崭新的面貌重新出现在人们的生产生活中，在生态平衡的基础上回归天然、健康、无公害的生产方法，让"白粒圆"、"米粉"这样常常萦绕在我儿时梦中的健康美食能够重回人们的餐桌，让散养的家禽家畜河鲜都能够实现生态化的养殖方式，使原本分散化、粗放型的经济生产方式能够转变成集约型的生态经济生产模式，继承和优化原本存在于农耕经济中的原始的生态生产方式，并且让它能够成为大工业生产方式下的一种生产常态、一个不可或缺的生产环节。

这个城镇将包括衣、食、住、行、教、文、旅等环节的完整产业链，涵盖人们生活的一切需求，具有研发、生产、仓储、物流、会展、批发、零售、出口、电子商务等多种功能，同时兼顾教育文化、人才培育，使经济生态化，生态商品化、国际化。说穿了，这就是一个建在公园里的微型城市！

我要在浏阳搞一个试点，要是成功了，推广开来，那么这是何等的伟业，何等的功德！

想到兴奋处，我不禁笑出声来，一扫之前心中的阴霾。校长问我："李总，您乐什么呢？"

我微笑道："我决定了，我要出资改造道吾山脚下的农村环境，让他们都住上楼房！我要建造一个商业小镇，让他们都住进去，整合原来的农田，发展机械化农业和旅游业，让农民们都得到经济发展带来的好处。"

校长听了又惊又喜，问道："真的吗，你打算怎么改造呢？"

我想了一想，说："我脑子里只是有一个大概的想法，具体计划还没有定下来。这次回到上海以后,我马上就会着手做这件事情!"

他笑道:"李总,只要是对农民做好事,我都支持你!"

这只是我脑海中的一个蓝图,连图纸都不算,离实施还有很遥远的距离。但是,我相信,我有决心、有能力将这件事情做好。

首先进行环境改造,发展旅游业,增加农民收益;整合土地,提高农业生产效率,增加农作物产量和附加值;发展商业,让浏阳的特产走出去,适销对路,增创增收;注重生态环保,退耕还林,搞可持续发展。这就是公园经济了。

人生中充满了偶然,偶然出现在我的人生中,何尝又不是出现在寻常浏阳农人百姓的人生中呢?

我突然想到,会不会是这充满灵气的道吾山给了我灵感呢?正是这个偶然中的灵感,后来成就了另一番伟业,当真是"道成吾矣"!

我闭上双眼,脑子里想象着这样一幅画面:湘江北去,千丈见底。上行环保船只,边栽葱郁植被;近闻号声嘹亮,远望岳麓攀天。蓝天白云,雾霭流岚。春夏秋冬,四季轮转。

这是我童年的公园,也是我梦中的公园。

怎样的环境可以承载如此美景,怎样的人才可以经营如此盛况?

站在湘江边,溯流而视,我仿佛看到了它的源头,看到了从浏阳流出的江水,蜿蜒环绕。美丽的湘江啊!愿你也能够环绕起我公园经济的梦想,以及教育家园的蓝图。

是的!这就是我六十岁以后应当做的事情!忽然,一颗心变得安定,不再动荡,不再摇摆,甚至没有了先前时常涌现心头的迷茫。

在我的故乡,我为心灵和梦想再一次找到了归宿。

第五节 再临道吾正义天

那一次的浏阳之行,一幅公园经济的蓝图已经在我胸中勾勒出了个大概,但是要让它进一步跃然纸上,还需要许多细节方面的考虑。想到在谭嗣同、李白、寻淮洲这样英雄辈出的故地上,祖祖辈辈还在面朝黄土背朝天生活着的乡亲,想到那个我在路上偶遇的有着一双忽闪忽闪清澈大眼睛的小男孩,要改变他们的命运,要使国家和政府提倡的"幸福家园"的梦想成为一个实实在在发生着的"奇迹","公园经济"诚然是一个最优的途径,但是应该从哪里入手呢?

一连很多天,不管工作还是休息,我都在考虑着这个问题。正好,浏阳的梁市长又打来电话,我们在电话当中又不期然地谈起这个话题。

我说:"梁市长,您觉得一座城市要发展,什么最重要?"

"教育。"在电话那一端,他不假思索地说道。

仿佛一道灵光闪过我的脑海,没错,教育,百年大计,教育为本。要改变英雄家乡千千万万被绑在农耕经济模式下的一代又一代人的命运,从教育入手真是再好不过了。回想之前,我一心扑在房地产事业的开拓发展之上,对于很多建议、鼓励我把事业版图拓展到文化和教育产业上的声音,我只是一笑置之。然而这一切却因为偶然结识的一个人改变了,他就是周其凤。

早在我第一次登临道吾山之时,与当时浏阳市梁市长的交谈中,就曾听他提起浏阳山沟里飞出的这只金凤凰,等到我"公园经济"、"教育家园"的思路逐渐成型,我第一个想到的人也是他。

在坚定了要做教育家园的决心之后,结束了北大之行,我又邀请周校长与我一同上了道吾山,还是梁市长陪同随行。行不多时,我们一行便驶到了道吾山山腰。

"山中有二湖、三洞、六泉、十潭、十三溪、二十八岩、七十一峰,主峰为五老峰,山上古迹甚多,据说前人记载有二十四景。"梁市长介绍道,"你看,从山下至山上的盘山公路上,有连绵不断的古松树,这叫做引路松,这一景就叫做'盘路古松群'。相传这些松树是明代兴华寺住持僧种下的。原来有三百六十五棵,至今幸存下来的有108株,恰好与梁山英雄好汉同数,所以又称'好汉松'。"

确实,山上松柏苍劲挺拔,那些松树很特别,树的年代长了以后,树皮老了,就像铜钱一样,一圈一圈地结在松树树干上,结成一块一块的。有一棵引路松,估计须得四个人才能合抱,而且足有二十多米高,高得抬头望不到顶。还有一棵,看起来曾经被雷劈开过,又合起来长好了,很是奇妙。

一路上去,都可以闻到清新的松树的味道,让我不禁深深呼吸,把夹杂着松香的空气一股脑地吸进了我久居城市的身体之内,用眼睛、用鼻子甚至用整个身心去探寻这一片连绵不断的绿色。

偶然

沿着蜿蜒曲折的盘山公路行车半小时,司机说,前面可以步行走过去,不用几步,便可到山顶。暮春初夏时间的浏阳,不暴晒,不寒冷。在这山中漫步,自应是一番惬意逍遥。于是,我们一行人下车,一路向山顶走去。

越往上走,道吾山犹如蒙着面目的侠士,渐渐露出伟岸挺拔的身影。站在山顶,眼前豁然开朗,绵延的群山重重叠叠,这山望着那山高,已不知哪是最高峰了。在梁市长的介绍之下,其中一座看起来并不算高的小山峰却引起了我的兴趣。这座位于浏阳城区东边、北仰道吾山的绵伏小山,人称孙隐山,因孙思邈隐居而成名。

梁市长道:"大唐贞观年间,孙思邈离乡别祖,不远千里来浏阳结庐为观,采药炼丹,不仅跋山涉水搜集单方,炼制丹药,而且对李畋成功发明爆竹烟花颇有裨益,使浏阳成为世界花炮发源地。2001年,浏阳人民把孙隐山改建命名为'思邈公园',用以纪念孙思邈。"

我想,浏阳与花炮结缘,原来是出于孙思邈啊。

孙隐山有洗药桥,乃孙思邈洗涤草药之处,为"药桥泉石"之胜境。山东北脚下,有冲观傍山矗立,是近城古寺观之一。梁市长道:"古观右边内有洗药井,井水清澈而微苦。传说泉水从老树穴中出,孙思邈用它洗药,因此井水有了苦味。"他又指着孙隐山半山腰的荒坪,说:"相传孙思邈在此炼丹,有丹灶。"

孙思邈与浏阳、与道吾山的不解之缘并不止于此。我俯瞰着孙思邈当年隐居之地,遥想当年他在山下行医问药、救死扶伤、愈人无数的功德。孙思邈认为,人命重如千金,不应草菅人命,他把医德看得重于医术,对于清苦百姓经常是布医施药,不取分文。这一点与浏阳人民无欲无求的文化根基一脉相承,难怪注重医德医风的他,会成为后世行医的楷模。

一路攀援而上,我直觉腿脚发酸。道吾山虽不比泰山之高,但高度也不容小觑。好在山上风景极佳,看看花,看看草,看看泉,不知不觉就到了山顶。

梁市长笑着道:"李总六十岁了,身板还是很好啊。"

我笑着说:"这不是沾上了道吾山的灵气么,赛过年轻二十岁!"

站在山顶,极目远眺,连绵的山峰在翻滚的云海中若隐若现,我们仿佛置身人间仙境一般。站在一大片碧绿的草甸上，紫杜鹃灿然开放，红杜鹃含苞欲放，星星般闪烁其间，粉白的野山梨花如白云飘浮于蔚蓝的天空中，一时间花海、蓝天一体。饱吸了神水仙雾的绿草甸，花团锦簇着、被绿荫拥笼着，显得更加生动而富有灵气。山顶的奇松异石守望着远方不绝的龙脉，守住一个永恒不变的绿色的魂。

俯览整个浏阳的风光，一句"一览众山小"并不足以描述我们彼时的感受。尽管现代化的高楼如雨后春笋般在山的怀抱和江水的亲抚下争相冒出，然而在青山绿水之间，一条九曲十八弯的浏阳河，在阳光下有如彩练当空舞动。这里山水相依，城江相连，半城山色，半城碧波，顶峰的天气更是诡异，一阵风过来，带来一片云雾，远近的山峰有如披着薄纱的美女若隐若现，在雾中犹抱琵琶半遮面，仿佛又入了仙境一般。又是一阵风，拨开云雾见日月，蓝蓝的天上白云飘，又变得空旷明朗了。看着这样的美景，心灵像是被漂洗过一样，没有一丝的杂念，说不出一句话。

    观云

登山观云雾中绕，如仙人飘遥。

心灵横空出窍，几声雁鸣。

几阵西风啸，乘舟观云水上漂。

雨打荷花笑，东风有情送君去。

夕阳藏云霄，几束晚霞报晓。

驰骋观云蓝天高，悬似蘑菇草。

长长丝带织成条，叠叠蝶蝶。

柔润如天鸟，情变太年少。

待到秋风席卷时，无音无影无踪渺。

然而细细观察，预想的美好似乎出了点小问题——

山顶路边有一座小小的旅馆。瓷砖砌成的墙面，三层的平顶方屋，那房屋的建筑、格局，却与这清爽淡怡的道吾山有几分不谐；天湖的规模据说本不逊于新疆天池，只是没有维持保育，湖边居然还停放着几个废弃了的脚踏船。不知道当年谭嗣同黄昏时在此处写下"古寺云依鹤，空潭月照龙"的诗句时是怎样的一种心情。此外还有一只巨大的石狮子。几处不甚搭调的景致，便构成了道吾山的山顶景观，我不免有几分失望。

偶然

从山顶下来，心里记挂着开发的事情，我们一路走走停停，四处张望着。越过天湖，我看到了一条弯弯折折的石板小径：转弯，再转弯，穿过一片片的树丛，一直通向山脚下。

我忽而兴起，对市长和兄长说："我们走下去吧！"

于是，我们一行人临时决定步行下山。殊不知，这偶然的决定酿就了美丽的际遇。

小径已有些年头。石阶都还在，但显出斑驳；深深浅浅，是苔藓的颜色，也是岁月的印迹。蓝蓝的天空飘着朵朵白云，苍翠的山峰也因夏日的到来平添几分绿意。沿着山麓曲折的小径拾阶而下，两侧是郁郁葱葱的树，时不时有一两棵大松树陪伴，松树虽已年岁久远，但仍不失苍劲挺拔之美、枝繁叶茂之势，枝杈蔓延着，在头顶为我们搭了一座庞大的青绿色的凉棚，也让细碎的光线从叶片的缝隙漏照下来。不时吹过的山风带着树叶和泥土的清香迎面而来，让我感觉风也是带着绿色的，原来所谓晴日无云，便是这样的一种境界。山野的植物也都像是穿上了嫩绿的新装，青翠的颜色直逼人眼。树丛之中偶尔夹杂着几根碧绿的竹子。还有几株杨梅树已经结上了不少鲜红的杨梅。飒爽的清风吹动树梢，山谷里几只不知名的鸟儿在对歌，声音清脆婉转，更显出山谷的宁静。在空旷的山野传得那么远，那么悦耳。早开的花儿袅娜地绽放着，悄悄地红着，羞涩地摇曳着，团团簇簇姹紫嫣红。

细细聆听所有的声音，细细品味所有的味道，伴随着一阵山风，都鲜活了起来。一切都嫩嫩的，嫩得五颜六色，嫩得郁郁青青。

有淙淙流水为伴，一路溯溪而下，一阵阵凉风扑面而来，流水的声音在这山岭之间显得格外清新和响亮，顿时也滤去了我的炎热，忍不住俯下身来，掬一掌清水扑在脸上，山泉顿时便化做了一个个的小精灵，穿过我的心脾将清凉浸透全身，让我有了与这山泉融为一体的冲动，而山泉一时间似乎也读懂了我的心意，欢快地流淌着，还不时调皮地溅起了水花。水真是道吾山的灵魂，清澈明净，合着初夏的节拍潺潺地唱着，让整个道吾山跳跃着。明媚的阳光照在水面上，反射出华丽多彩的光芒。波光粼粼，轻轻飘拂，美得让人心醉，用尽所有的辞藻都不能描述其万一。真想就这样永远生活在这美丽如画的山水中，远离一切烦恼和喧嚣，一直到永恒。

我仰头,透过那些缝隙看着天空。那个瞬间,树和天仿佛连在了一起。蓝天白云,真实而清晰。

一路上沟谷纵横、鸟鸣花香,峰回路转时总有惊喜接踵而来,失马桥、飞来石、五叠泉……我已不在乎有没有很多传说和历史,只觉得在这山中也别有一番质朴的原味。我一直认为,原味才是世界上最悦人的味道。

深山藏古寺,我们一路走走停停,但经过那座传说中有名的千年古刹兴华禅寺的时候,我却没有看到想象中的宏伟壮观,而只是在道吾山的绿荫中,依稀可见红柱飞檐。

校长看出了我的疑惑,解释道,"这兴华禅寺始建于唐朝大和年间唐文宗时期,坐落在二十四景之一莲花峰的平坦幽谷之中,当年称为兴华大禅院。唐宋时期香火最盛,50年代中期,道吾山兴建水库,兴华寺正在水中,因此被全部拆毁。直到90年代才得以部分重建。这条游道,就是唐朝的佛家弟子为了上山下山修的道。兴华寺也是在等待有缘人,重现昔日辉煌啊。"

许久以前,也许会有一路僧人,上过早课,走出山顶的寺庙,顺着游道走下,一路无言。远处的钟磬音悠悠荡荡地传来,阳光也许和我看见的一样,斑驳细小的温暖展现着无限的美好。

我在想:那时候的他们,是否想过要走出大山,用他们心中的"道"去点化芸芸众生,帮他们解脱尘世的困扰?那时候的他们,能否亲眼看到道吾山游道边被雷劈成两半的巨松自己又恢复生长?那时候的他们,会不会也和今日的我一样,为这青山感动,也想种下开花的树,让灿烂的花朵漫山遍野……

我突然想到:佛家最高的追求不正是获得不朽的精神、灵魂的永生吗?兴华寺的兴起、毁灭、再生,正像得道的高僧,一生清修,寂然归去。也像火中涅槃的凤凰,即将再次获得新生。而禅院也罢、禅寺也好,总之真的能让现代人复杂的身心多一些放下,多一些简单的快乐。而这道吾山,也因此有了禅家悟道的灵气。

走到游道转弯处,寺庙前,我与校长眺望远方。站在那里,一览无余,迎着风站在高处,但见一片天朗气清,苍穹做幕,青山为画。放眼望去,近处起伏的山岭,美丽的农田、公路、河流,星罗棋布的村庄,远处高楼耸立的大半个浏阳城尽收眼底,整个浏阳看起来就像

偶然

沙盘上的微缩景观。虽然没有"会当凌绝顶，一览众山小"的感觉，却也能觉得整个城市就在自己脚下。旁边的一棵最大、最高、也是最后一棵引路松纹丝不动地屹立在山顶，有一种十分挺拔的气度。这巨幅自然之画的下面，是磅礴奔流的浏阳河，九曲回旋之间，在雄壮与硬朗之中又添了几分娇媚。河水滚滚，从东到西，奔向长沙，曲折之间尽显雄浑力度。

一起奔向长沙的，还有浏阳的英气，以及我与校长共同的向往。

"真是好山好水呀！"我们感慨着，"只可惜，山上的建筑不好，也不美。"

"哦？建筑的确是不够美，还有这游道，也是年久失修，不知您有没有心思在这里再建造绘制一幅太阳湖大花园的美景呢？"梁市长是知道我在上海的太阳湖大花园的，他携带着一幅美好蓝图，向我发出了友善的邀请。

听到这样的话语，站在游道边上的我忽然感觉到阳光透过树荫，照到了我的心里。

我心里思量道：道吾山确实是个很好的周末旅游休闲经济发展平台，做得好，能让浏阳成为大长沙的后花园。但这里却缺少了旅游产品设计和相关的休闲产品。道吾山风景优美，地理条件优越，但山势陡峭，人的视野很狭窄，最主要的是，如果不是为了避暑，在那里待上半天就想离开。怎样才能给忙碌的人们一个可以发呆的地方？我的脑海中飞快掠过其他地方和国家成功的旅游产品设计概念，怎样设计，才能使道吾山具备未来占领旅游产业高端利益链的核心竞争力呢？我沉思了起来。

"如果当真要开发，我们也绝对不可以破坏了山体。不过这样的好地方，这样的好山好水，如果只是开发旅游，不是辱没了它的名字吗？"我好像是在和他商讨，其实也是在问自己。

看着这天湖美景被白白浪费，我不禁有些惋惜，这样比起长白天池都毫不逊色的美景为何迟迟没有在世人面前揭开面纱呢？我着急起来，我想让更多的人领略这番美景，在大自然中吸收质朴之气，让人间多一点美和善，让沾满泥尘的心灵得到洗涤和冲刷，从而为社会做出贡献，哪怕只是一点点。

还是我的兄长一语中的，校长说："你看我们刚刚路过的小旅馆，根本接待不了几个游客，就算是游客有心来此游玩，看到这条件和设施，也被吓回去了。归根到底，就是基础设施和配套设施跟不上。这个跟我们学校的管理和建设是一个道理啊。"

兄长一番话，说得我频频点头。

梁市长接着校长的话说道："就是缺了一个投资开发的渠道，白白浪费了这大好河山啊！"

我心中原本充溢着惋惜之情，听到他们这样说起来，不禁心中一动，一个大胆的想法突然像种子一样破土而出，茁壮成长起来了。

我对他们说："不如把这大山交给我来开发吧，把这美景保护好、建设好，还能给祖祖辈辈穷困地生活在这里的山民们开一条通向幸福生活的出路。你们说可好？"

我说着说着，言语虽然平静，但是内心却像点燃了三把火一样熊熊燃烧起来。梁市长也被我这热情感染，不禁紧紧握住了我的手，说："李总，要是你能来投资开发这里，那真是做成了一件大好事啊。"

而校长——我的兄长则静静地站在我的身边，和我一同眺望着这平静无波的天湖，辽阔无垠，烟波浩淼，水质纯美甘洌，似一件孔雀蓝色的战袍，把道吾山环绕、装扮得分外威武雄壮；偶尔山风浩荡，犁起的白浪似蛟龙翻腾；鱼儿在水中自由自在地欢跃，让人忘却了喧嚣的尘世，犹如置身瑶池仙境。许久，校长才开口，动情地说："晓东，我代表我的家乡人民，谢谢你。"

我像是得到了巨大的保证和支持一样，郑重地对他们说："我一定会把道吾山的保护和开发做好，请市长和兄长放心。"

而今，山上的酒店改造工程已然开始，天湖边很快就要矗立起一座宏伟的大酒店，同时又能与周围的自然景观融为一体，想起在太阳湖大花园，兄长握着我的手说："晓东，你在建筑的环境建设上走在了世界的前列呀。"我下定决心，等到天湖边的酒店和产权式的酒店公寓落成，一定要再邀我的兄长来道吾山看一看，看一看当时的自然美景，看一看现在的人居胜境。

当年道吾山上的巨石，挡住了宗智的路，又为宗智开辟了一座山，悟道在此，道成吾矣。脑海中浮现着的，还是李白故乡的那个小男孩，他有着崭新的人生，和一尘不染的梦想，却背着一个破旧的书包，住在破败的土坯房里。浏阳世世代代英魂的"道"是什么？小男孩的"道"是什么？而我的"道"又是什么？

突然，我想起了念中学时爱去的岳麓书院。区别只是，岳麓书院在山腰中间，而我想建的教育新城，则会盖在山脚下，山上仍然开发旅游休闲。

"我们的'道'应当是教育！"

我对他们说出这句话的瞬间，我自己好像看到了千年前的宗智和尚，那个瞬间，他之所以决定不走了，是因为他也看到了自己的"道"，看到了"道"的未来。这里的山清水秀，也养育了浏阳纯朴的百姓，纯朴的性格中孕育出英雄无私的大爱。浏阳的每一条溪流、每一块山石，都仿佛浸润在这种博大的胸怀当中，焕发出一种独特的灵气。于是乎，这无疑更坚定了我要建设"公园经济"的决心，同时我大受启发，我的"风情小镇"不光只是包含住宅和商业，还要在产业升级的同时发展教育事业，建设真正的'幸福家园'！"在浏阳，哪里有不发展教育的道理？你想刚才我们在李白家乡见到的乡民，多淳朴，那些小孩子，背着书包的时候，又是多天真纯洁。他们不像北边的村镇可以发展烟花，他们只有教育、知识、孝道、礼仪，就是他们的未来。我们为了他们，是不是可以在这里开发教育家园，保护山上的美景，加固山体，修复游道，山上开发旅游，山脚开发一些住房，在这里发展教育，这就是浏阳，乃至湖南人的教育家园了！"

游玩了一遭之后，我们一行下了山，回到了浏阳市。之后，我辞别了梁市长，和周校长一同启程回上海。途中，我在长沙作了短暂停留：走亲访友，重游故地，回想着我童年往事的一幕一幕。

长沙与浏阳完全不同。幼年时代的记忆，还停留在木格子窗户、青砖房子、街边的小吃、清澈的湘江水上；重逢的长沙，则是车辚辚、马萧萧，霓虹闪耀，恍惚宛若曾经的夜上海。

浏阳给我的感动仍在心中回温，再次站在幼时玩耍的橘子洲头，看着今日略显浑浊的湘江水，我告诉自己，寄冰心于玉壶，让我自己也随着浏阳河水一同流入长沙，让浏阳的梦想在故乡继续。

故乡是一群人想象的共同体。她如此熟悉而又那么陌生，是模糊的昨日之影和明亮的今日之光间的矛盾。再次回到湘江，我几经周折才找到八中——我那废弃了的母校。杂草横生处，便是当年的操场，往昔儿时争竞戏耍之地、跑跳嬉戏之所，化作今日的荒芜场。沧海改桑田，物是而人非。今日的长沙，早已不似从前，木窗成了小吃店的摆设，寻常茶幌酒旗竟成噱头摆设，橘子洲头的橘子树也不知去向。"漫江碧透，百舸争流"，只是诗意化境，梦幻泡影。

高楼平地起，繁华逐日竞；当年淳朴风，何处堪寻觅？

和许多阅尽繁华，也曾历经淳朴的人一样，我为这沉重的代价叹息不已。再次走在橘子洲头，看着修建整齐的花草，咀嚼着统一之美，却品出一丝刻意的生硬。人工之美终究难以企及自然的鬼斧神工。整齐和规范是人类强加于自然头上，竭力弥补自身的审美不足而设的。

当时，我瞧着一江逝水，对站在身边的司机说："现在的长沙一点也不好看，哪有儿时的风味？如今的城市，一百座城市都是一张脸，没有什么特色，不足看了。"

我的童年就这样永远留给了记忆吗？幼年时候游泳戏水的地方，邻家的小狗，以及那些青石板路上的时光，你们都丢失在了上一个年轮吧？……

我上了车，对司机说，随便转转吧。汽车载着一个游子的心，在长沙的大街小巷穿行。若说我是寻梦，便有些自欺欺人了，也许这就是一种矛盾吧，也是一种无奈。儿时景象一去不复返，道路上唯一相同的，可能只有路名了吧。突然有一种遗憾继而心痛的感觉。

行驶途中，司机没说话，他知道我现在只想静静地看，静静地发呆。

两边的楼越来越高了，很多楼外墙都装上了整体玻璃，折射着刺眼炫目的光；看起来很是繁华。车在一个路口停下了，等红灯，六车道的马路很是平整。这时，走来了一群农民工，穿得破破烂烂，上面沾满了泥污油漆，带着肮脏的安全帽。他们是一群农民，本该是一群最淳朴的人，在乡里的时候，他们的步子应该是自在昂扬的，而现在，他们却是束手束脚，似乎觉得自己和现代化的城市如此格格不入。

我看着这些农民工，想起了浏阳的寻常农村。那里的脏乱差、那里条件的艰苦远非城市人所能想象。发展了几十年，城市越建越大，楼层越建越高，但是农村却没什么变化。这越发坚定了我建设"公园经济"的决心。

我回到上海之后,立即回到公司,召集有关部门说这件事情,指示他们要尽快拿出评估报告和实施方案。

两天之后,房产部的负责人找到了我,道:"李总,这个投资风险很大,利润空间微乎其微,我看这个项目不可取。"

我也知道,作为一个商人来说,我比谁都清楚,如果一个项目风险很高,几乎没有利润,那么这就是一个不合格的项目,根本不能去做的。但是,我现在想的,根本就不是赚钱。

我回答道:"你说的我很清楚,但是这件事情必须要去做。我赚了那么多的钱,是时候回报一些给社会了。"

我反复强调着,这不是建一个小区,也不是造别墅区,而是造一个"公园"。

我说:"公园就要有公园的样子,绿化率达到百分之七十,建筑密度小于等于百分之三十,同时要对薄田和不适宜耕种的地方作退耕还林处理。水质要达到国际一级标准,要做到低碳低排放。记住,这既是一个美丽的公园,又是一个商业小镇。医院、学校、商店等配套设施也要放在里面,我们做的是整个镇子。"

他说:"那么,成本和风险就往上走了。"

我摆了摆手,道:"你别管,放开手脚给我去做!这件事,由我负责,成了败了都算我的,你只管去做!"

我又补充了一句:"把它当成一件事业来做,要做好!"

于是在我的坚持和努力下,"风情小镇"从一个脑海中的印象变成了规划草案,变成了一张张图纸。

它开始慢慢地成型,一步一步地到位了。

不久,图纸有了,规划有了,我带着一个团队去了浏阳。

此番前往,和上次去浏阳时的心态完全不同了。

一路上,公司员工们有说有笑的,但是我却在想,这个项目的切入点在哪里?这块蛋糕很大,第一刀切准了,后续工作就会轻松。

怎样建设好道吾山地区呢?怎么来实施"风情小镇"呢?首先,恢复道吾山旅游区,维护好已经出现滑坡的山体,包括对天湖的维护。本来,天湖的四周都是黄土。只要一下雨,冲入池中的水就是黄的。我打算建一个石头围栏,这样水就不会变浑,再种上花花草草。

湖中保护性地有限养殖一些观赏鱼类。修复原本已损坏的道路，然后整修上下山游道，恢复水体。水，是山的精灵。山的神魂。山可高、可低、可刚、可柔、可独立、可连绵，却不能没有水。水是灵气，是画龙点睛中淡淡的一笔，是勾勒造化奥妙的妙手。因为有水，山显得精神，人也显得滋润。

通往道吾山的路况也不太好，需要重新修整。山上那些"煞风景"建筑物也要全部拆了重来，不扩大，但外观要做成跟山体一样的。同时开始动迁山脚下的农民。由于道吾山沿途山脉两侧拥有非常壮观的景色，联想到迪拜的地标建筑物叫迪拜场，我准备在山前做一个名为英雄场的建筑物，成为浏阳的地标高层。

凡是有树的地方、有草的地方，则全部恢复，不仅做到不伤一棵树，还打算增加大量植栽，让满山全是树。当时山上树种单一，几无开花的树，我要用桂花、茶花、杜鹃花、桃花、茶梅花、紫薇花，还要用大银杏树、大香樟树、大香泡树……为道吾山锦上添花。我还要在游道两旁修上很多的亭子，让人可以坐一坐，观潺潺山溪流下，静思一番。

启动这个项目以后，我担心村民们不适应从过去的状态变成城镇的生活方式，也许他们不想离开故土？还记得前些年，一个台湾来的商人在上海淀山湖区开发旅游休闲度假村：威尼斯水世界。当时休闲度假村的主要预设顾客是高消费人群，因为景区离市区路途较远，再加上宣传不力，鲜有游客。道吾山之于周边二线城市，恰如淀山湖之于上海，虽然环境优美，可毕竟要经过一番山路迂回。

我们在道吾山景区建设风情小镇，背靠青山，环绕绿水，周围是环保小火车，平坦的高速公路直通长沙市区……后面还有万顷良田。这就是我们的风情小镇，可是与淀山湖区的威尼斯水世界休闲度假村不同的是，我们的风情小镇一定要有人气！山区的休闲度假村，哪里来的人气呢？也有不少同僚产生了如此怀疑。怎样才能让这里有人气，可发展，这是我们开发道吾山面对的重要问题。

为此我走访了当地许多普通的农民。有些农民就居住在道吾山半山腰处，一个山窝窝里面，有几处人家，一个小水潭。往往一户人家耕有几分山地，最多的一家有一亩地，我问："你们一年能有多少收入？"

偶然

他们告诉我，"都是靠地里这点收益。一年能挣一千来块钱，一个月一百多块钱过日子。"这已经算是很不错了。他们住的房子也马马虎虎，只是过得去的旧房子而已。砖房，黑瓦，养鸡养鱼、种点小菜过日子。

我问他们："如果搬到镇上去住，有自己的房子，当然你们还可以来山里种地，觉得怎么样？"他们异口同声说，太好了。

这时，其中有一个老伯问道："李老板，你真的不会像别的地方的开发商那样把我们的地都圈走吧。"他眼神里的担忧我能理解，农民最怕没有土地，对他们而言，那是失去根本。

我笑了，说："怎么会，我不会圈你们的地。原来啊，你们手里的田地都是分散的，家家户户都有几分地，一年下来挣不了几个钱。现在啊，你们都集中在一起住，把田都腾出来，联成整体，效益就高了。想种田的呢，我们给你们培训，给你们设备，到时候就可以搞机械化生产，交一点租就可以了，这样的话一户能分到十亩以上的田，比现在不强多了？"

老伯道："这样就好，这样就好。那么，要是我们不想种田了呢？"

我答道："你可以雇人来经营你的田地啊，每年都有收益。我们可以提供培训，让你们学习技术，等这里建成了大公园，就请你们去做园林养护、维护、安全保障之类的工作，给你们发工资，一年下来，也有固定的收入。"

老伯抽着旱烟，点了点头，道："这样就好，我放下心了。乡里人，就怕没田没地。"

我笑了，和乡民沟通实在是一件很愉快的事情，他们很实际，不虚伪，想到什么就说什么，淳朴得很。

有一户农家，因为男人去世了，孩子还比较小，才十几岁，还在读书，家里就比较困难，她自己靠种田过活。她问我："要是搬到'镇上'去住，上学啊、看病啊、买东西方便吗？以前，我们要买点东西，都要翻过几个沟，走上半天的路去集市上买东西。"

我回答道："我建的这个'小镇'都是配套的，有学校，有医院，有商店，有饭店，什么都是现成配套的，和城里一样。等这个'小镇'建好了，就会出现很多工作岗位，到时候你们就可以有工作了。"

她兴奋地说："那到时候我们就变成城镇人了？"

我答道："是的，到时候你们就是真正的城镇居民了，有养老金、医疗保险、失业保险、公积金等各种福利。这件事情政府是支持的，到时候会有政策支持的。"

我说到这里，心里特别舒坦，因为我搞"公园经济"不仅是为了盈利，还秉承着"对农民好一点"的理念，这样才能双赢，农民的生活条件得到极大改善是我投资的初衷。

旁边的一个中年人问我道："那么，我们要是搬过去了，住多高啊？能分多大的地方啊？"

我答道："每户人家一人分60平米，一家子四口人的话，就是240平米了。因为到时候是住在镇子里，底楼的60平米可以开个门面，做做生意，开个商铺，开个饭店，或者租出去也可以。这样，一年又有了上万块的收入了。我这个楼啊，不会建得太高，老乡们不愿住高楼，我明白的。一栋楼就五层，怎么样啊？"

中年人掐着手指算了算，道："好，这样太好了，我马上就去搬！我就要变成城镇人啦，太好了，太好了！李老板，太谢谢你啦。"说着，他咧开嘴，憨厚地笑了，周围的老乡们也笑了。

有住宅，有商铺，有农田，有教育，有医疗，有保障，有工作，这才是生活。

在场的农民们听了我的计划后，掰指头算一算：房子比原来的好了；收益比原来的高了；生活水平比原来的好了……挺好，是多赢的局面，于是大家都踊跃搬迁。消息传开了，越来越多的农民们都愿意搬迁，于是搬迁工作相当地顺利，当月，就有几百户人家同意搬迁。同僚们见此，之前的疑虑和担忧都打消了。

新上任的浏阳市委书记钟钢非常关心风情小镇和道吾山的建设，他多次吩咐相关部门抓紧落实政策，给了项目很大的支持。有了政府和百姓的支持，就等于有了地利人和，项目还未开工，就已经成功了一半了。

等准备工作纷纷就绪之后，我们在道吾山脚下举行了盛大的动工典礼。我盛情邀请钟书记来参加开工典礼，他欣然接受了。那天晴空万里，和煦的阳光扫尽阴霾，光芒照在台下乡亲们淳朴的脸上，慢慢

偶然

地将悲伤和苦难融化，镀上了一层幸福和美满的甜蜜。他们可都是烈士的后人和家属啊。人群中，有我之前考察时遇见的老伯、大姊，我看着他们，他们也看着我，无声的目光中仿佛包含了千言万语。终于，他们可以摆脱那些漏风漏雨的破屋宅了，可以像城里人一样住在房屋里了，我心里由衷替他们高兴。

钟书记在典礼上发表重要讲话，他指出，当前和今后一个时期，是全市率先实现统筹城乡发展、促进经济结构调整转型的关键时期。风情小镇和道吾山景区的建设，对于加快城镇体系建设、推进城乡一体化进程具有十分重要的意义，同时作为一项民生工程，能让当地世代居住在破矮房里的百姓过上好日子，享受经济增长带来的幸福和利益。市委、市政府已将风情小镇和道吾山景点项目列入全市重点项目计划，务必要做好、做精。随后，钟书记阐述了风情小镇和道吾山景区的建设对浏阳经济、人文、社会发展的重要性，并表达了衷心的祝愿。

在随后的奠基仪式中，我和他拿着铲子，共同将希望的种子埋在浏阳的土地上，心中默默地期盼它早日发芽、成长。钟书记情深意切地说："李总，我会尽一切努力支持这个项目的。你要把它做好，浏阳的老百姓在看着我们呢！"

我点点头，觉得肩上的责任沉甸甸的。我对钟书记说："钟书记，你和浏阳的百姓们就放心吧。我对我的项目和团队抱有很大的信心，一定会让百姓和环境感受到大爱与幸福的。"

此时，彩烟飞舞、鞭炮齐鸣，当地的老百姓们大声欢呼着，脸上洋溢着喜悦。在一片雷动的欢声之中，会场气氛达到最高潮。我望着台下的那些淳朴的乡民们，看着激动的泪水在他们黝黑的脸上流淌，那一瞬间，我感觉，这段时间的辛劳没有白费！毕竟，用自己的力量为众生谋福利，才最能体现个人价值。

开工典礼的举行标志着浏阳风情小镇和道吾山景区的项目正式启动。后续工程紧锣密鼓地展开了。施工队纷纷进来，一辆辆载着大树木的卡车开了进来。路开始修了，树开始栽了，景观开始布置了，楼房商铺开始造起来了。我看着热火朝天的施工现场，心里很是快慰。

人生中充满了偶然，从一开始拜谒英烈故居，到后来拜访烈士后人而萌生改善民生之念，再到后来"公园经济"概念在脑海中的形成,直到最后,停留在脑海中的想象变成了图纸,变成了施工地。人生幻如梦,世事皆泡影,有时回头想想,颇有感触。

施工顺利地开展之后,我就回到了上海,一边工作,一边时常留意"风情小镇"的进展情况。工程进行得很是顺利,预计在今年,也就是2012年年底,第一批居民就能入住了。

几个月之后,我接到了当地一个中学生给我写的感谢信:

道吾山正在经历着一番改造,在原本茂盛的树木植被的基础上,又增种和补种了很多树木,大香樟树、大银杏树和大香泡树鳞次栉比,还有春风拂过就花朵绽放满枝头的木莲、女贞、紫玉兰;改造过之后的道吾山变得更美了,远远望去犹如一片树的海洋,遮天蔽日,为鸟儿们撑起了一把巨大的遮阳伞,难怪这里栖息着白琵鹭、黑脸琵鹭、鸦、黄嘴白鹭等等二十四种国家重点保护的鸟类。望着一只只展翅高飞的鸟儿,我的心好像也随着鸟儿飞了起来。

举目天湖的近处,湖水在阳光的照耀下波光荡漾,泛起阵阵白光,犹如无数碎银在湖面上飘荡,宛如明镜一般,清晰地映出蓝天、白云、红的花、绿的树、飞翔的鸟儿。这是一幅多美的画面!远眺天湖的边际,蔚蓝的天空、苍茫的湖面连成了一片,简直是海天一线。

再过几个月,小镇里的房屋也造得差不多了,爸爸妈妈跟我说,再过不久就能搬进去,从此就能告别原来漏雨的土坯房了。过年的时候,村里很多乡亲们都自发在门口贴起了大红对联,村里还张灯结彩的,洋溢着浓郁的节日气息,书写着感谢您、感谢党、感谢政府的心声。

看到了这封信,我就萌生了去道吾山实地考察工程进度的想法,于是,我又一次带着团队出发了。

历时整整一年多,道吾山已整修一新。从浏阳城区向北驱车十来分钟,两面青山夹着平坦的水泥路,还未进山就已感觉到山的气息。沿路的农家小院或依山而建,或临水而搭,灯笼高挂,彩旗飘扬,是错落有致的特色农家乐,颇有"水村山郭酒旗风"的意境。原本道吾山脚下一片落后而驳杂的村落不见了,一座座充满欧陆风情的别墅拔地而起,一棵棵银杏树、香樟树整齐地排列在别墅之间,宛如一个风

偶然

景如画的大公园。那感受真是今非昔比：山门整修好了，入口处的牌楼气派宏伟大方；道路修整好了，铺上了柏油马路；花坛砌好了，种上了开花的紫薇树、桂花树、茶花树……种上了大香樟树、大银杏树，还有结果的大香泡树；废弃的水道修通了，引来了清亮清亮的道吾山的山泉水，源源不断的泉水从两千米海拔潺潺流下，形成了一条小河，顺山坡而下，不但养育着四周的山民，而且也是一道美丽的风景。正所谓：

飞流曲荡两千尺，
幕布直潜吾山池。
白衣仙人迎风来，
指点春神写福字。

一阵清风拂过，将泥土的气息和树木的芳香吹入我的胸臆，我欣喜地感受着原来破旧的道吾山地区正焕发出的活力。很难想象一年之前，这些死气沉沉的山坳里还尽是些由破砖烂瓦的泥坯房构成的简陋村落。

这些天，钟钢书记经常到施工现场，他非常关心风情小镇的建设，在很多方面都给予了我们很多政策性的帮助，使得建设工作能够更加顺利地展开。我陪同他一道在工地视察工作，了解施工进度，验收了初步成果。钟书记召集了几个工程的负责人，繁复强调说："绿化一定要搞好。绿化搞好了，才会带来可持续的发展，才会提高老百姓的生活水平。"

钟书记对我说："风情小镇的建设会对浏阳的经济带来极大的发展，同时能够切实改善民生。像这样为国为民的事业，我会竭尽所能来帮助您的。毕竟，让老百姓过上好日子是我们一切工作的初衷。李总，感谢您给予浏阳人民的实实在在的帮助。"

我望着一辆辆满载建材的大卡车，心中充满了信心，道："看来，两三年内，风情小镇就能全面建成了，就能为浏阳的经济发展做出贡献。在这里，我还要多多感谢钟书记您对我们工作的支持和帮助，如果没有您这段时间来的奔波和忙碌，我们的工作不会如此顺利地开展呢。"

钟书记哈哈一笑，道："只要让老百姓过上好日子，这点辛苦又何足挂齿！"

此时,很多动迁出来的农民们都赶来施工现场观看。一个六七岁的小姑娘指着远处一栋刚建成的别墅,激动地对她的母亲说:"妈,快看那幢房子,这是我们以后的家吗?"她母亲点了点头,说:"孩子啊,我们以后家家户户都住这样的房子。听村东的王婶婶说,以后还会修路,建医院和学校呢!我们祖祖辈辈哪里住过这样的好地方!"小姑娘说:"那我以后上学就不用走那么远的山路了,下雨天屋顶也不会滴水了,真好!"我默默地听着母女之间的对话,瞧着小女孩眼中溢出的泪花,心中不由感叹万千。

在指导施工工作之余,我陪同钟书记走访了当地的很多农户。我们穿过一条条田埂,望着一大片绿油油的菜地,不仅感叹:"这片菜地种得真不错,看来能有个好收成。"

一旁正在施肥的刘老汉道:"是啊,多亏了浏阳新上任的钟钢钟书记的照顾,才种上了这么多菜。原来啊,这片地是季节性的荒地,往年这个季节里,没有菜种,也没有好的设施,都荒着,很可惜。"

我弯下腰,摸着挺拔结实的菜叶,问道:"那么,现在是如何种上的呢?"

刘老汉道:"前阵子,钟书记来我们这儿视察,看到这块荒地,问起荒置的原因,觉得很可惜,就指示下属,运了一大批菜种给我们种。菜种是免费的,灌溉也是免费的,连农药肥料都给我准备好了。有了钟书记的帮助,今年能有个不错的收成啊。"

我想起了我孩提读书时学农的经历,那时,我插过秧、种过瓜果蔬菜,对于农作物丝毫不陌生。我瞧着眼前的菜地,抚摸着挺拔的菜株,问刘老汉道:"这些菜快成熟了吧?收完了菜,还种些什么呢?"

刘老汉倚着锄头,道:"李总啊,您是从上海来的大老板,没想到对农活还这么熟悉。这些菜啊,过两天就要收了;收完之后,就可以种上油菜了,这是种植油菜的季节啊。"

谈起了油菜,刘老汉又打开了话匣,道:"这油菜籽啊,还是钟书记上次连同其他菜种和肥料农药一起给我的。记得当时他说,这块地不能荒着,要一直都能种上菜,恰好不久以后就是种油菜的季节了,我给你们运一些油菜籽来,让老百姓吃上新鲜油。钟书记真是一个为我们老百姓着想的好书记啊,时刻惦记着我们的生计。这油菜种好了,菜籽收获了,咱乡里的人就有新鲜的菜油吃了。"

偶然

听了这句话,我不禁想到小时候,改革开放之前,湖南的乡里人都只能吃没有油的"红锅菜",而如今,家家户户都不愁吃不到油了,真好!我不禁想到,油菜籽撒上之后,只要一个多月的时间,地里就能长出大片大片绿油油的油菜了;再要一个月的时间,油菜就能开花了,那可是漫山遍野鲜黄色的油菜地啊,一朵朵金灿灿的油菜花仿佛一张张惹人喜欢的笑脸,混合着泥土和青草的芳香,交织出一股幸福的味道。那一望无际的金黄色,好似金秋的收获季节,又好似充满了温馨和希望的金色国度。那一朵朵亮黄色的油菜花,是农民们生活越来越好的昭示;那一颗颗沉甸甸的油菜籽,是农民们增产增收走向富裕的象征。

在之后的闲聊中,我从刘老汉等乡亲们的口中得知,这位钟书记自从去年上任开始,就为当地的老百姓做了很多切切实实的好事。他到很多乡镇里进行视察、调研,对周围的荒山做了很多绿化工作,原本光秃秃的山丘上种上了不少灌木和树木。此外,钟书记在建新拆旧、养殖治污、河流治理、全面绿化等方面做了很多切实的工作。同时,工业经济也得到了很大的发展,全市共组建工作组60个,帮扶30个重大工程项目、30家重点企业。截至目前,30个重大工程项目累计完成投资95.8亿元,开工率达80%。浏阳的用电量增幅在44%以上,远远高于长沙地区的平均水平。电力数据是工业经济的晴雨表,说明浏阳今年的工业经济发展形势一片大好。

刘老汉指着一座座青翠的小山对我说:"在钟书记的带领下,干部们带头搞环境建设,荒山、秃山都有了绿色,河水也便清澈了。天更蓝了,树更绿了。一开始,咱农民们不懂,这改造环境、退耕还林有什么好处。钟书记就耐心地对我们说,人靠自然吃饭、生活,所以就要对自然好一点,你对它好一点,它就会对你好;要爱护环境,对环境要有大爱一般的关怀,环境好了,生态好了,经济才能可持续发展。他说的一点没错,自从荒山变成了绿山,下雨天流下来的泥浆就少得多了,种的粮、种的菜都有保障了。"

我临走时,刘老汉由衷地感叹道:"有钟书记这样的好领导,浏阳的环境会越来越好,经济也会越来越好,我们的生活也会越来越好!"

是啊,有了钟书记这样的好领导,道吾山下风情小镇的建设会更加顺利吧,这样就能让更多的老百姓享受到经济发展带来的好处。看着浏阳目前一派欣欣向荣的景象,我更加坚定了心中要造福苍生百姓的信念。我见过很多官员,如钟书记这样一心为了百姓和环境的干部可不多。很多干部,都是为了眼前短浅的政绩,过度开发环境,用浪费资源和毁坏环境为代价发展不可持续的经济,这样是不对的。而钟书记的做法和他们恰恰相反,他在带头抓经济的同时,还兼顾环境改造和保养,在绿化、退耕还林、疏浚治理河道方面做了大量工作。这些看似是"吃力不讨好"、似乎与发展经济无关的做法不追求短期效益,而是功在千秋、利在当代的好事。在这样一个好领导的带领下,环境变得更好了,老百姓的收益更好了,生活也更加幸福了,环境和人之间的关系也更加融洽和谐了。这就是大爱吧,如果说我追求的是做生意和做人的大爱,那么,钟书记追求的则是从政为民的大爱。二者方式或有差别,但是为他人和环境着想的信念却无差别,正所谓殊途而同归。

记得钟书记曾问过我:"李总,我一直不太明白,是什么信念让你如此热爱这片山水、这方人民?又是什么动力促使你这般不辞辛劳地做风景小镇和道吾山景区项目的建设呢?我见过不少商人,很多人只知道追求利益,很少有人如你这般热心民生和环境的。"

我看着远处的山峦在淡云薄雾中若隐若现的影子,突然想到,这景象多像人的梦想啊,从远处看是那么的模糊,只有一步一步坚实地前进,走近了,才能触及那片藏在雨雾中的风景。我回答道:"钟书记啊,我从小就有一个梦想,就是通过自己的努力奋斗,使尽可能多的人感受到幸福和大爱。"

是啊,我人生中走的每一步,都是朝着梦想而一步步迈进的。太阳都市花园圆了小女孩的住房梦;太阳湖大花园圆了儿时与桑叔在咸嘉湖时的梦;浏阳风景小镇和道吾山景区的建设圆了烈士故乡人民的幸福梦。可以说,人生是一场逐梦的旅行。我实现了一个又一个梦想,又帮助了他人的一个又一个梦想,就这点而言,我的人生是成功的,我实现和创造了我的价值。

在感慨和唏嘘中,我凝视着眼前的美景。整座道吾山,峰峦叠嶂,怪石深壑,山泉涓涓。山中树木抽吐嫩芽,颇有几分天地近人的味道。从喧嚣的城市来到大自然的深处,这里的自然风光和无人打扰的安静,实在难得。一下置身于这纯自然的环境中,有种静谧的感觉涌上心头,那种安静、和谐、与大自然合而为一的感觉想必能让每一颗饱受纷扰的心顿时轻松下来。

而那兴华古刹,就在高山丛林之中,更像是一颗璀璨的明珠,映照着四围山色,延续着香火。峰峦叠嶂之间缭绕着飘渺朦胧的云烟,如同仙境一般。如此景致,更是增添了一种神秘感。

晚上,可以入住天湖宾馆,一个人出来散散步,望望夜空,同样的夜,为什么这里的夜空如此深邃?周围安静至极,星星离你很近,比平时透亮些,仿佛可以对话,你的心也会安静下来,然后不妨对夜空说再见,做好准备,迎来一个香甜的梦。

道吾山的景点也许不像四大名山那样多,但这并不重要,不像在其他地方要赶场一样,来这里的目的就是放松自己,你可以尽情徜徉在湖光山色之中,尽享心灵的放松。登山,尽可以登得不急不忙,悠闲穿行于林间小石阶,边走边聊。路边原木做的秋千,走累了,可以在上面荡漾。游玩项目中的高空骑车,惊险有趣。所谓高空骑车就是要骑上自行车在两山之间的铁绳上来回骑一次,脚下就是深渊,但安全是可以保证的,只是还是要有技巧。这个项目深得城中白领的喜爱。

为了让农民们知道即将面临的生活变化,我对媒体发表了一个讲话:"我想弘扬的是当地文化。道吾山的文化是什么?是山文化、水文化和几千年的医文化。惟有先把农村经济发展起来,外来人口才会增加,老百姓才会富。这是我的基本定位,所以,我要做的是实事。我想做医院、做酒店、做会所、做风情小镇、小街,发展药材加工,发展农家菜肴。只要大家都好了以后,自然而然就会赚钱了。因为一个投资、改造的过程,是要有差异性发展的。我们要发展的项目是要有差异性的、别人没有的。如果只想急功近利,只想赚钱,就会忽视保护自然、呵护自然这方面的工作,也就没法使老百姓真正过上好日子了。"讲话在网上、报纸上、电视台都播了,很受欢迎。我说了一个理念,就是城乡一体化建设过程中,应该怎样面对我们的自然环境保护,怎样提高老百姓的生活水平,怎样走向小康。我告诉大家:"山脉是万物灵性的来源,而山脉的青绿则是万物灵性的基础;山脉是我们灵魂生命的皈依,而我们灵魂生命的飞扬需要立足于高峰的腾跃。我在这里,首先是要呵护好环境。"

是啊,我们城乡一体化的任务,不是让农村重蹈城市的覆辙,而是让他们在享受现有的自然环境的同时,享受到和城市人相同的人文环境。这才是我心中的城乡一体化的真谛。这是我的任务，也是我之后奋斗的方向。

  道吾山·天下荣

路漫漫道吾山空，石柱青峰，苍松树花浓。

满地杜鹃血啼红，一池清泉听疏钟。

晨风玉竹闻声过，修远朦胧。

千古离骚正气弘，屈魂求索天下荣。

  纵观五千年中国历史，我们的社会一共经历了五种经济模式：第一种为部落之间的集市模式，第二种是街市模式，第三种是城镇模式，第四种是大楼模式，第五种是连锁模式。我现在要做的就是第六种模式——"公园经济"模式。"公园经济"就是在城乡结合部打造一个以绿色公园为平台，实施多元化经营的新型城镇。以往人类几乎是踩在自己同伴的尸体和废墟之上，将自然的画一点点揉碎，然后在自然流血的伤口上构筑起了灰色的水泥森林。最初，我们只是让自然的画布略起褶皱，但随着我们发展的脚步焦急地前进，画布一点点地毁灭；最初，我们只是撕去小小的一块，但随着我们贪婪之心不断地膨胀，破口逐渐连成了片，上苍赋予我们的财富一步步走向消散。

  近代著名实业家张謇有著名的南通实验。张謇1894年金榜题名高中状元，却不恋似锦前程，在风雨飘摇的晚清时局里夙兴夜寐地寻找救国之术。中日《马关条约》签订后，激于义愤，他主张兴实业、办教育，以挽救危亡的中国；后来父病南归，脱离政界，他便把主要精力放在实业、教育、文化、水利、交通、城市自治和建设以及慈善事业上。他回到自己的家乡南通，以"父教育，母实业"为思路，开始了他的城市实验：建学校，办企业，兴建市政设施。一番呕心沥血，殚精竭虑，他终将曾经破旧不堪的南通旧城建造成为了企业兴旺、公共设施发达、教育文化鼎盛的"近代第一城"。

  "父教育，母实业"，我们的风情小镇，有了住户，有了商业，有了和北大合办的教育，自然就有了人气，何愁它难发展？

  很喜欢张謇的那句话："天之生人也，与草木无异。若遗留一二有用事业，与草木同生，即不与草木同腐。故踊跃从公者，做一分便是一分，做一寸便是一寸。"

  穿越百年的风云变幻，这句简单的话让我深受震动。竭心尽力谋

偶然

公益,不于私心费周章,做一分便是一分,做一寸便是一寸,这才是我心中的大商境界。在那样的国难乱世里,他展现出的这种超越常人甚至难以理解的勇气和理性令人动容。只可惜,在那个动荡的乱世,积贫积弱的国家无法为他提供梦想延续的舞台。南通实验折戟中途,令人扼腕叹息,但张謇精神的血脉延续了下来。而如今国运昌盛,我能够有机会在自己的家乡,实现状元公当年未竟的强国富民之梦,幸之甚矣。

如此小镇,十年可以初具规模。想象一下那时候的情景:在最美的自然环境里,人文环境也不断发展,有了欧洲风情的住宅,有了扶持的第三产业,还有青山绿水,还有发达的交通沟通小镇和城市,也有完善的教育沟通乡村和文明。这不就是城乡一体化的最终目标!

浏阳河绕着我们的风情小镇、教育家园,流过了一座座山,再向远处奔涌而去。清澈见底的一江水,你勾连了我的故乡和我六十岁之后的第二个梦想奋斗的故乡。

我的家园,我的湘水,载着游子,回家吧。我想带去我公园经济的梦想,开始下一段旅程。这旅程,从浏阳开始,随着浏阳河,一同流向长沙,山环绕,水婉转,让浏阳河的秀美与湘江的壮阔相交汇。那交汇瞬间的美丽,定会在长株潭三角区绽放光芒,像波光一样柔和,像梦想一样绚烂。

《易经·序卦传》云:"有天地,然后万物生焉,盈天地之间者唯万物。"而今在"公园经济"发展思路指导下建设的道吾山,俨然已成为庄子所说的"天地有大美而不言,四时有明法而不议,万物有成理而不说"的一个小宇宙,万物充盈其间,各运其自然之道。更为奇妙的是,在这里,天之喜怒哀乐与人之春夏秋冬竟能奇妙地相互呼应,渐入天人合一的境地。古人有云:"天亦有喜怒之气,哀乐之心,与人相副,以类合人,天人一也。"徜徉在道吾山中,暮春之初,在蜿蜒的河岸边可以饱览灿黄的油菜花,随着舟进河退,时时会呈现桥重水复、柳暗花明的跌宕情景。初夏时节,漫步在绿柳烟波的繁华之中,聆听"黄梅时节家家雨,青草池塘处处蛙"的乐章,欣赏"梅子金黄杏子肥,麦花雪白菜花稀"的美景。立秋之分,在天高云淡、北雁南归时,沉寂于"落霞与孤鹜齐飞,秋水共长天一色"的壮阔与秀美,分享"绿树村边合,青山郭外斜"的收获与喜悦。冬藏节至,在寒梅俏立、雪漫长空里,喜看"江山不夜月千里,天地无私玉万家"的精灵独舞,围炉烤火,畅叙幽情,此时,庄子所说"天人合一"的逍遥境界不远矣。

有一个朋友常常爬山,他有一件事情令我听了很感动。在爬山过程中,遇到一个蜘蛛网结到人行道上了,他告诉自己的儿子:"我们来爬山,我们是客人,这些动物是主人,这又是蜘蛛的家,我们不应该破坏'人家'的家庭,所以我们要绕道而行。"同时,还告诉小男孩,"今天爬山,谁是主人?山是主人,你是客人,客人到主人家大吼大叫,那也是错误的。更不能折断花、草、树木的枝叶。"

我们常讲"地球是我家"。我们每一个企业人,也应该自觉爱护大自然,不破坏大自然的生态平衡。今天世界上频繁地发生自然灾难,原因就是我们不懂得爱护保护和这个家,随意地去破坏它,造成了严重的后果。

爱惜物命,培养善心,是人之根本。

从英雄之乡山山水水中的无数英魂中,从道吾山下英雄后裔乐天知命的目光中,从公园经济的发展理念中,从周其凤校长对北大学子深沉的爱当中,我看到的是无私、忘我。

无私才能忘我,忘我才得无畏。

浏阳的英雄文化本身就是一部壮丽的史诗。每一寸土地上,都刻写着闪光的诗句,正是那千千万万的英雄烈士,他们用自己的生命,镌刻了一部无私无畏的史诗。艰苦卓绝的斗争生活铸造了他们刚毅顽强、百折不挠的浏阳人性格;清贫寒苦的生活条件又培养他们安贫乐道、乐天知命的浏阳人气质;人生道路坎坷、重重的磨难又练就了他们自强不息、勇于开拓的浏阳人品格。他们说,是浏阳无数先烈无私无畏的精神哺育了他们。当年的风和雨、悲和壮、泪和血、思与情都将是浏阳人说不完、道不尽的话题。

无私就不会记取个人得失,不会计较收益,所做的一切只是出于一片赤子之心,无论是提出"公园经济"的发展理念,为道吾山民打造"风情小镇",还是投入一个亿来为北大莘莘学子们建设一个更加美好的校园,这其中都并不是"我"在决定,而是一个超乎于我的精神,是忘我,是善,是爱人。

爱人,是因为人是一切物质财富和精神财富的创造者。"爱人"

即《大学》里面的"亲民",也就是现代所说的"以人为本"之意。它是指在方方面面都要尊重人、理解人、关心人、启发人、成就人。我们做商人的,就要经常扪心自问这样的问题:为谁发展、靠谁发展?发展成果如何分配?

孟子说:"亲亲而仁民,仁民而爱物。"只有当你能够爱亲人时,才有可能推己及人地去仁爱百姓;只有当你能够仁爱百姓时,才有可能爱惜万物。不然的话,就会成了无源之水、无本之木,是不可能维系下去的。

风光无限好的道吾山

整修一新、气势恢宏的道吾山山门

偶然

北京大学学生活动中心的奠基仪式
（中左一为北京大学校长周其凤，中左二为作者李晓东）

浏阳道吾山风情小镇的开工奠基仪式
（中左一为作者李晓东，中左二为北大周其凤校长，中左三为浏阳市委钟钢书记）

附　录

毛泽东诗词

偶然

1. 醉不醒[1]

雨浸翠园山野青，凄凉长街谁人行？
云低雾漫急急去，伊人浓浓云雾西。
思念肠断纯纯情，难舍魂留十里亭[2]。

写于 2003 年 4 月

① 作者徜徉在苏州虎丘一条街和翠园，细雨丝丝蔓蔓地下个不停，踽踽独行之间不禁想起了同学少年之时，毕业前分别的情形。那时候从学校到天心阁不足十里路，这对于青春年少的学生来说根本不算是漫途，大家说说笑笑一路放歌，在酒家里喝着米酒、讲着故事，一派天真烂漫无忧无虑的景象。想到那时的美好，不禁激起了作者心中的思念，思念着故人和故乡，遥忆当时分离时长亭惜别，愁云如漫。只愿他日雨过天晴，离人也能再相聚，那时便可举杯同饮，共话别时。

② "十里亭"一般是指乡间古道供行人避风雨、纳凉御寒及歇息的凉亭。中国古代诗歌中的十里亭成为了送别的象征，被赋予了依依惜别的意象。

2. 新吴江[1]

春风吹拂暮吴江，明珠度夕阳。
谁说花开花落[2]黄？碧水载留香。
桃花红，人儿忙，梦思乡。
小舟湖上，别样风景，一城流光。

写于 2005 年 5 月

① 作者来到了太阳湖二期建成后的吴江，此时春风吹拂、杨柳飘荡，吴江已是黄昏时分，它就像一颗明珠一样，在夕阳之下闪闪发光。谁说花开花落，春去秋来，世事无常，这碧水却可以载着花的余香。桃花红艳，人们匆忙，梦中又思念起故乡，想起了许多小时候的往事，渔民这时候该忙着织网捕鱼了，在故乡的湖上泛舟而行，又是怎样一番风景呢？夜晚的水面在灯火的映衬下波光粼粼，水面上漂着被春风抖落的花瓣，随着逝水流向远方。

② "花开花落"是自然界的一种最平常不过的现象。人生如同花开花落，有花开时的灿烂，就会有花落时的凄惨，没有谁能够跃过其中的某一个过程。

3. 夕阳度①

小河弯弯西行路,芦絮飞,漫天舞。冷风拂面夕阳度,
离情②难舍,相知姑苏。只留残香露,渔舟悠悠慢摇橹。
喝不尽满园杏花酒,梦不断牵纤兰花袖。
一声鹭吟,小鱼跃碧水,何方是归处?

写于 2005 年 10 月

① 这首诗是为怀念伍子胥而作。传说有一位浣纱女在伍子胥逃亡吴国的时候,将竹筒里的饭救济子胥,伍子胥饱餐之后,出于安全原因,要求对方为他的行为保密。但姑娘猛然想起,男女接触为礼教和舆论所不容。她随即抱起一石,投水而死。伍子胥见状,伤感不已。作者用芦絮、渔舟的意象,勾勒出浣纱女对伍子胥的脉脉深情,最后思念如同鱼跃碧水,不知归处,留下千种愁思让后人唏嘘不已。

② "离情"指分离前后惜别、相思的愁苦情绪。如宋李清照《行香子》词:"星桥鹊驾,经年才见,想离情别恨难穷。"

4. 梦①

燕城②秀影梦翠公,夏辞荷香叹秋枫。
嫩水洒落玉溶溶,一片轻舟③渡彩虹。

写于 2006 年 8 月 13 日

① 作者在福建永安的时候做了一个梦,梦见夏荷与秋枫,夏天远去,秋天到来,它们虽生长在不同的地方,可命运却相同,都要枯萎凋零。梦中彩虹划空,倒映在水中,轻舟湖上泛,彩虹仿若就在船侧。作者希望来日它们能相聚一道,共同游历这秀美的江山。在作者写意的笔下,山水都被赋予了生命,就连彩虹都化无形为有形,共同点缀着作者的梦境,而梦乡里的一叶扁舟从梦境中驶来,向着夏秋交替的未来驶去,营造出了如梦似幻的情境。

② "燕城",福建省永安市区的别称。地处江畔,江似燕形,故名燕城,是一座依山傍水、绿意盎然的城市。

③ "轻舟"是指轻便快行的小舟,这里引申为作者豁达悠闲的心情。

偶然

5. 香车[①]

君送香车万里红[②],把酒邀月[③]迎秋风。
莫道天地羞无语,燕秀归经再相逢。

写于 2006 年 10 月

[①] 这首诗是作者送别妻子时所作。作者要送妻子去远方,相送时他们在明月秋风里把酒话别离。但这里并没有一味渲染离愁别绪,而是话锋一转,诉说作者深切盼望他日妻子归来,想象着两人重聚的场面。时空的流动转化衬托出了作者送别的深情,调用辛弃疾词中的意象,隐含了"众里寻他千百度,蓦然回首,那人却在灯火阑珊处"的祈愿,就像眼前的这次别离,不会消磨掉那蓦然回首时款款的深情。
[②] "万里红"指鲜花铺路,是作者脑海中浮现的美丽情景。
[③] "邀月"化用李白《月下独酌》:"举杯邀明月,对饮成三人。"

6. 泪流弃[①]

秋风凄冽雨泣滴,梦醒神逝泪流弃。
莫道绝情落水去,何须牵肠[②]碎心机。
残阳西斜悬崖底,长夜寂漫无声息。
枝绿花开待何时?春风送君香万里。

写于 2006 年 10 月

[①] 这首诗同样也是作者送别妻子时有感而作。作者与妻子分别后,感叹秋风寒凉,秋雨如泣。但一切都如梦一般,终有醒来的时候,所以无需伤心泪流。不要说流水无情自己远去,这些感情之事又何须时常记挂于心,化作断肠之伤。残阳渐落到悬崖之底,长夜幽寂。枝生新绿,花开满庭又要等到什么时候呢?只等春风吹过,万物复苏,自有花香送离人远行万里。
[②] "牵肠"是牵肠挂肚的简称,指心中十分惦念,放心不下。

7. 怀念[①]

破晓枝头绿翘,回首梨花落了。
瘦果满目泪少,素装[②]惨淡含笑。

魂逝平阳晨早，鬼泣长于天高。
同落天涯难找，一路君去走好！

写于2006年秋，读唐鱼玄机词有感

① 这首诗是作者因读鱼玄机的词有感而作。鱼玄机，晚唐著名的女作者。初名鱼幼微，字蕙兰。咸通中为补阙李亿妾，以李妻不能容，进长安咸宜观出家为女道士。与著名作者温庭筠为忘年交，唱和甚多。后为京兆尹温璋以打死婢女的罪名处死。鱼玄机性聪慧，有才思，好读书，尤工诗歌，与李冶、薛涛、刘采春并称唐代四大女作者。作者在这里不仅为悲愤离世的才女玄机扼腕，同样沉湎于字字血泪的玄机词，这是一种诗与诗的对话，时空遥望的感慨。

② "素装"指白色的服装、淡雅的装束，即普通的衣服。这里形容秋日梨树凋零，朴素无华的样子。

8. 桃花水①

春风吹拂云苍茫，雨诉夕阳长。
无奈泪打残花落，流水去何方？
桃花瘦，人行忙，梦断肠②。
小舟远航，一片汪洋，何时归乡？

写于2007年五一之夕

① 略带凉意的春风吹过，云海苍茫，夕阳时分，细雨如诉，叹息着日尽夜凉。作者怀念故乡，独泣悲泪，看着落红随水而逝，不知要去往何方。桃花稀，行人匆匆而过，连在梦中也有断肠般的悲伤之感。作者正如远航的小舟，在汪洋大海中漂泊，星陨月落，不知何时才能回到故乡。母亲在故乡做好了烙饼和小米粥等待着作者，脸上挂着慈祥的笑容，这是游子梦中也会见到的景象，同时也寄托了作者对故乡和母亲的牵念。

② "断肠"指悲痛到极点，如元马致远《天净沙·秋思》："夕阳西下,断肠人在天涯。"

9. 端午①

洞庭绿水载轻舟，屈原苍天诉，浩然正气无所求，生死何惧有？

铮铮日月明心头，黑夜几时休？敢问天下何日白？无冤魂，无忧愁，送春秋！

写于2007年端午

① 作者泛舟洞庭湖上，碧水青天，想到屈子当年悲愤之情，空有一身的浩然之气，无所欲、无所畏。刚正的日月如此光明，正如作者心中的宏大之气。黑夜不知何时才会过去，天下不知何时才能公正。只愿浩然正气照亮人间，到那时世间便不会再有冤屈和忧愁，作者为此也是"甘洒热血写春秋"。

10. 香花弃①

雨打霜落催残曦，窗前梳发鬓。
几声鹊鸣，几片香花弃。
触景神伤泪儿滴，谁说独寂可怜惜？
小屋藏在小心里，相依相伴度风雨。
碧水清溪，潺潺流去。
摇船还在河湾里，等待归期，载君远去。

写于2007年仲夏夜

① 在仲夏的夜晚，突如其来的阵雨带来了一丝凉意，作者在这个时候做了一个梦。梦中雨落霜寒，日近黄昏，伊人在窗前独自梳发。听到窗外鹊鸟的几声哀鸣，看见残花也被打落入泥，不禁触景伤情，黯然泪下。谁说孤独寂寞值得怜爱呢？只有把那梦中与恋人同住的小屋放在自己的心中，想象着一起度过风风雨雨的日子。摇橹船还在小河港中，等待着离人的归期，可最终它却载着恋人越行越远了。

11. 残香①

秋雨潇潇大地凉，鸿雁②南飞去成行。
寄语一句无恙否？西园花开花落黄。
今日拨云邀明月，把酒③痛饮情义长。
一湖碧水载残香，祈福好人永吉祥。

写于2008年中秋

① 这首诗写于中秋时节，作者与朋友在太阳湖共赏中秋美景，无奈秋雨落下，天气渐凉，鸿雁也南方而去，只愿这大雁能带去问候，问问远方的友人是否平安。这时西园的花已经开败，花落叶黄。今日拨开云雾，邀请明月与人共饮，有好友相聚，便要开怀痛饮，共话情深意长。一湖的碧水拖着残秋飞花的余香，隐隐可寻，只愿世间的好人都能永远幸福安康。
② "鸿雁"即大雁，这里又有"鸿雁传书"的意思。作者思念友人，只盼这南飞之雁能带去消息，问一句平安。
③ "把酒"，手执酒杯，谓饮酒。如唐孟浩然《过故人庄》诗："开轩面场圃，把酒话桑麻。待到重阳日，还来就菊花。"

12. 寻禅相①

一园绿，满庭香，草廊秀碧江。
曲径②深，屋檐上，夜莺轻语唱。
月色浓，清风凉，新人入梦乡。
行千里，寻禅相③，情深万年长。

写于 2008 年 10 月

① 这首诗是作者参禅偶得，作者被诗意盎然的景色所吸引，从中领悟到了禅意，于是就写下了这首生机勃勃的诗歌。满园翠绿，一庭芳香，草廊秀美，碧江幽荡。弯曲的小路深深，通向幽静的地方。屋檐上，夜莺轻声歌唱。月光朦胧，月色迷人，清风微凉，新嫁娶的佳偶也进入了梦乡。作者行了千里路，只为寻找禅机，他的情深似海，长延万年。最后作者悟出了人生的真谛，那就是人与人之间相处的那一份真情。
② "曲径"即弯曲的小路。化自唐常建《题破山寺后禅院》："清晨入古寺，初日照高林。曲径通幽处，禅房花木深。山光悦鸟性，潭影空人心。万籁此俱寂，但余钟磬音。"
③ "禅"表示与佛教有关的事物，这里指禅思、禅机。

13. 禅阑①

冬晚，九还②，寒风乍暖。
情深义感，苍天泪洒。
任尔羞君不烦，正气宇中憨。

行万里，轻步湖岸。
寻侠义③，相见一身胆。
四臂宏肩，携手共挽。
春花满，昂首禅阑。

写于 2009 年元旦

① 这首诗写于暮冬时节的太阳湖。冬天将尽未尽，寒风一时吹去，又似乎有了些暖意。作者的情深意重，连苍天也为之动容。不管他人如何羞恼，自有一腔正气在心中。行过万里路，今日走到湖岸边，只想寻找和自己志同道合的侠义之人，必能英雄相惜。他们臂膀结实，肩宽体壮，携手共同踏上征程。到那时，春花也开满了树梢，作者高抬着头，走入禅门，领悟人生的真谛。
② "九还"的意思是九转。如唐吕岩《七言诗》之二四："九转九还功若就，定将衰老返长春。"这里指冬天将尽未尽，乍暖还寒。
③ "侠义"谓见义勇为，舍己为人。这里指见义勇为、舍己助人之士。如清刘城《古意寄答友人》诗："平陵古荒郊，自昔多侠义。"

14. 冬梅①

朵朵冬梅，含苞醉。
千红万绿羞愧，满园苍色。
碧水残荷②睡，东风祥瑞。
细雨惆怅相思谁？倚窗低吟嫣然魅。
眺望江岸船儿归，几时携手梦中回？
留忆昔日，峨眉碎香火飞。
红楼来客催，情郎薄义，白帆远去魂魄随。
怕只怕今世戏帘垂，倾国倾城美。

写于 2009 牛年初

① 这首诗源自一个动人的故事。有一对青梅竹马的男女，男孩外出求学，后来去了峨眉山出家。女孩痴心苦等却换来一个爱侣出家的结局，她去山寺询问出家的男孩。男孩讲述了他求学的时候偶然与朋友去寺庙烧香，听见和尚在诵读《涅槃经》，顿时将他带入了虚幻无欲的世界，从此他求取功名之心顿息，心中再无功名世俗。女孩听了他的一番话也有所开悟，就在寺庙对面的尼姑庵里出家。两人隔着峨眉山，共领佛旨，再无相见。

② "残荷"一句,典出唐李商隐《宿骆氏亭寄怀崔雍崔衮》:"秋阴不散霜飞晚,留得枯荷听雨声。"

15. 潇湘秀①

北国又梦潇湘②秀,南岳③印山山依旧。
芙蓉风雨度九州,碧水载君浩然流。

写于2009新年

① 这是一首表达思念之情的诗歌。作者身在北国怀念故乡湖南,梦中依稀又看到湘江秀美怡人,衡山巍峨依旧。巧遇一位来自家乡的书法家,书法家与作者共话家乡事、家乡情,并题"澄雨观海,沉霞悟道"八个字馈赠作者,浓浓的笔墨承载着作者与书法家的乡情。在这首七言绝句中,作者借景抒情、融情于景,从眼前事物联想到了遥远的家乡的风土人情,情感真挚动人,与读者引起共鸣。
② "潇湘"在这里是湘江与潇水的并称,多借指今湖南地区。唐杜甫《去蜀》诗:"五载客蜀鄙,一年居梓州;如何关塞阻,转作潇湘游?"
③ "南岳"指衡山,是我国五岳之一,位于湖南省衡阳市南岳区。由于气候条件较其他四岳为好,处处是茂林修竹,终年翠绿,奇花异草,四时飘香,自然景色十分秀丽,因而又有"南岳独秀"的美称。清魏源《衡岳吟》中说:"恒山如行,岱山如坐,华山如立,嵩山如卧,惟有南岳独如飞。"

16. 元宵①

千层雾渺,东风也飘摇。
待到初阳洒落时,迎春花蕾含笑。
漫步湖畔小桥,池塘鸳鹅娇娆。
垂柳翠芽还少,犹寒未暖元宵。
皓月②映水醉了,天灯③无际君好!

写于2009年元宵前夜

① 作者漫步湖畔小桥边,看见湖中鸳鸯与天鹅美丽多姿。岸边垂柳新芽还很少,这时天气乍暖还寒,正要到元宵佳节。词中描绘了迷雾漫漫,远景飘渺的景

象。皓月当空，映照在水中，池塘里的鸳鸯和天鹅都抖擞着羽毛，好像也在盼望着佳节的到来。如此美景让人不禁沉醉，虽然寒意未消，但暖融融的节日气息让元宵节显得格外喜庆。作者放飞孔明灯为友人祝福，祝愿远方的亲友也能平安喜乐。

② "皓月"指指明亮的月亮。如范仲淹《岳阳楼记》："而或长烟一空，皓月千里，浮光跃金，静影沉璧，渔歌互答，此乐何极！"

③ "天灯"即孔明灯，起初是为了传递信息之用，后来则通常被当成节庆祈福许愿的工具。许多南方地区在元宵节放天灯祈求平安。

17. 忆屈原①

己丑遥忆屈子愁，恨江水淹没白头②。
坦荡人生无所有，一腔热血何所求？
夏雨潇潇泣冤仇，沧桑艰辛何时休？
天下为公③神魂在，浩浩正气祭九州。

写于2009年端午

① 作者在端午佳节再忆屈原，只恨江水无情掩忠魂，流年如梦，年少不复，白发空悲切。"恨江水"一句道出作者对屈原自沉的无限唏嘘和怀念。作者为屈原上下求索的精神所折服，也为他不屈的爱国之魂所震荡。屈原一生忧国忧民，一腔热血只为报效祖国。作者用写实的笔触想象屈原的身前身后，伟大的爱国作者虽然投汨罗江身死，但在他的身后，却留下了千年的美名。

② "白头"，犹白发，形容年老。南唐李煜词《乌夜啼》中名句"自是人生长恨水长东"一句中的"恨"字，似乎不仅仅是抒写一己的失意情怀，而涵盖了整个人类所共有的生命的缺憾，是一种融汇和浓缩了无数痛苦的人生体验的浩叹。

③ 出自西汉戴圣《礼记·礼运》："大道之行也，天下为公。"原意是天下是公众的，天子之位，传贤而不传子。天下为公，是中华民族传统美德的重要规范，既是个人修养之要，也是社会公德的最高原则。

18. 夏雨①

夏雨遥寄观浦江，沉霞悟道②奇人想。

尘世花开花落黄，只留碧水载残香。

写于 2009 年夏

① 这首诗描写的是夏天落雨的情形。身在上海的作者在夏日雨中遥寄思绪，远观黄浦江的景致，夏天的阵雨刚过，作者看着沉落的晚霞不禁领悟到了很多佛家的道理。人世间花开花落，有盛有衰，只留得碧绿的江水还载着花残留的香气，不仅让人感叹流华如水，繁华落尽，万事皆空。

② 悟道指领悟佛理。唐王维《与胡居士皆病寄此诗兼示学人》："洗心讵悬解，悟道正迷津。"

19. 冬日①

冬日小雪花园中，陌上溪岸绿荫陇。
忽逢幽香扑面来，锦上杜鹃火样红。
眺看远影雾追风，鸟鸣间关②啼朦胧。
银泉环绕石桥秀，鲤鱼欢跃嗅清风。
又见涛翠罗汉松，夕阳洒落分外空。
游鹅对影梳妆去，海上来客诗意浓。
谁问此处不见冬，东风化雨春几重？
十年独酿桂花酒，尽饮挥洒画长虹。

写于 2009 年 11 月 22 日

① 东风吹拂，霜雪化为春雨，已是一派春景。作者拿出酿了多年的桂花酒，畅饮美景，挥洒笔墨，好不酣畅。虽还是冬天，可这郁郁葱葱的景象哪里还能找到冬天的踪影呢？漫步田间，美景如画，突然又闻道扑鼻的幽香，原来是火样的杜鹃花正在盛开。这花香如同锦上添花一般，让美景更美，人也沉醉其间了。作者眺望远方的景象，只能看见大雾蒙蒙，随着风流动，把一切都变得模糊。此时只能隐约听到宛转的鸟鸣声，而不能见到鸟儿，也不能听得确切。一切都若隐若现，别有一种朦胧之美。见到银色的泉水潺潺流淌，环绕在石桥旁边；鲤鱼也欢腾地跃出水面，似乎想来呼吸一下这清新的空气。远望山涧，看到罗汉松翠绿一片如波涛碧海，夕阳余晖照在其间，别有空明意境。

② "间关"形容宛转的鸟鸣声。如唐白居易《琵琶行》："间关莺语花底滑，幽咽泉流冰下难。"

20. 黑天鹅[①]

东风[②]起，亭亭玉立。
池塘西，黑亮羽毛红额记。
挺首穿行，游水戏。
五姐妹来参与，离散重聚道欢喜。
拍翅哑声，泪流溪。
真情谊，好兄弟。
相拥在一起，从此莫分离。

写于2009年12月观太阳湖黑天鹅有感

[①] 这首诗描写了天鹅们一同游戏，一同嬉水的场景，作者不禁为之感动，想到以前听到的关于天鹅的一个故事：一个渔夫在风雨交加的日子里看到一只受了伤的白天鹅。他便带回去悉心照顾，包扎上药，后来天鹅终于康复了。有一天，天鹅孤单地望着远方，渔夫问它为什么这么忧愁，天鹅说它想念远方的朋友。渔夫便带着天鹅一同去寻找，寻了好久好久，终于在宁波找到了一只黑天鹅，那正是它的朋友。它们重聚，欢喜不已，一同住了好些日子。作者有感于大自然最纯洁的友谊，天鹅如此，人更应如此。东风吹过，黑天鹅在池塘中的倩影如亭亭玉立的美人，羽毛黑亮，头顶上有红色的羽毛，昂首穿行，在水中嬉戏。其他天鹅也来一起与它游玩，正如此刻作者的友人也能重新相聚，无限欢喜。天鹅拍着翅膀，低声啼叫，高兴的泪水像溪流一样。感叹兄弟间真挚的情谊，只希望能相拥在一起，再也不用分离。

[②] "东风"指春风。《礼记·月令》："东风解冻，蛰虫始振，鱼上冰。"唐李白《春日独酌》诗之一："东风扇淑气，水木荣春晖。"

21. 虎喜[①]

少时猫伍梦中骑，大时虎临喜。
坎坷岁月，惆怅满心，点滴诗忆。
春光催雨江南绿，小楼深处残阳西。
人亦何物？铮铮情意，悠悠天理。

写于2010年迎虎喜

[①] 作者非常喜欢猫，小时候与猫为伴，一同游戏。梦中的小猫变成了大老虎，

作者便骑着老虎四处游玩。如今又到了虎年，作者的人生一路走来，也充满了艰辛与无奈，如今回顾往昔，不禁感到满心的怅惘。作者看到春雨滋润万物，江南迎来新绿，夕阳照着小楼的深处，不禁想要问，人到底是什么呢？也许一切都归于真挚的情谊和永恒不变的自然法则吧。

② "坎坷"比喻人生道路很艰难。如清钱泳《履园丛话·谭诗·纪存》："余一生坎坷不遇，岂能自立耶？"

22. 观云①

登山观云雾中绕，若仙人飘遥。神思远游离窍，几声雁鸣。
几阵西风啸，乘舟观云水上漂。雨染荷花笑，东风有情送君去。
夕阳藏云霄，几束晚霞报晓。
驰骋云海昊②天高，悬似飞菇草。长长丝带织成条，重重叠叠。
柔润如天鸟，情变太年少。
待到秋风席卷时，无音无影无踪渺。

写于 2009 年 10 月

① 作者登山观云，看见雨雾缭绕，似仙人在其中。作者的思绪不禁飘向远方，神思仿佛已经离开了肉体，这时传来几声大雁的啼鸣，又可以听到西方的啸叫。作者乘着小舟在水上观看云景。雨后荷花娇艳，东风多情，似乎相送客人。夕阳藏着远远的天际之上，只洒下几束晚霞。景色悠然高远，让人沉醉其间。作者观九天上的飞云流转，仿佛悬在空中的蘑菇，忽而有风吹过，又变成长长的丝带状，重重叠叠，变化万千。云朵柔美像天空中的飞鸟，却又变化无常，像年少时的感情，等到秋风席卷，这些云便消散远去，再难寻得踪影。
② "昊"，元气博大貌。昊天即是苍天。

23. 再上井冈山①

井冈暮留明月，五指峰黄洋界。
万顷碧泉飞瀑泻，杜鹃②尽染战士血。
山峦叠苍松越，风啸竹海人杰。
星火横空祭英烈，九州大地叩谢！

写于 2010 年 2 月

偶然

① 作者十六岁时曾到过井冈山，如今故地重游，感慨万千。少时只见这景色壮美，浩瀚无边，今天再看便想起为国牺牲的英烈，感念他们的胸怀。颔联中"杜鹃尽染战士血"一句，带有浓浓悲壮之意。颈联赋予了山峦、苍松以人格的力量，用这些意象来比喻为革命而壮烈牺牲的烈士。最后写革命烈士为国捐躯，他们的生命如流星般短暂，却有无尽的辉煌，天上的星斗也来祭奠他们，中华儿女永远都会感激他们。

② "杜鹃"，又名子规、杜宇等。在古代神话中，蜀王杜宇（即望帝）在让位于他的臣子后隐居山林，死后灵魂化为杜鹃，又说杜鹃叫声如"不如归去"，于是古诗中的杜鹃就成为了凄凉、哀伤的象征。

24. 盼早春①

湖畔芦草，翠绿新芽小。
沐阳饮泉青纱帐②，秋风花絮飘摇。
邀来青燕嬉笑，惹得寒露降了。
茫茫雪白压垂腰，面消枯黄苍老，盼只盼来年春早。

写于2010年2月

① 这首词描写的是太阳湖畔芦苇新绿，翠芽初生。高粱地沐浴着阳光，饮着清泉生长，秋风吹过时，便会有花絮随风飘摇。秋天寒凉露气降下，冬天白雪压下，高粱也弯了腰，面容消瘦，干枯苍老。冬日里百草凋零，满眼荒凉，作者触景伤情，只盼着春天早些到，早些再见到那一片青纱帐般的美景。那时便不会再有忧愁与伤感。

② "青纱帐"指长得高密的大面积的高粱、玉米等。

25. 春花①

花开何为谁？不留痕，且无声，只留香芬悦。
引得蜜蜂追，羞愧面红醉。
慈心蝶儿扇风舞，映得晚霞徐徐坠。
云雀飞，黄鸭睡，夜幕秀静披银辉。

写于2010年3月

① 作者赏春花而发深思，想问这花到底为谁而开，花谢后也不留一点痕迹，连

声音也没有，只留下让人欢悦的芬芳。倒引来蜜蜂的追逐，娇羞的脸也红了，像是醉了一般。蝴蝶在风中飞舞，它们不像蜜蜂要采集花蜜，只是在嬉戏中帮助花儿传粉，在它们翩翩戏舞的映照下，只见晚霞慢慢地落下了。云雀飞去，黄鸭也睡着了。夜幕下一切都祥和静美，银色的月光照下，它们也仿佛披上了光华，无比美丽。

26. 闻香①

花开花落黄，碧水载残香。蝴蝶相随去，谁道情无双。

写于 2010 年 3 月

① 作者在闲步时忽然闻到幽幽的香气，远望过去，看见花已经开败凋谢了，可是碧绿的水却仍载着残余的幽香四处流淌。看见成对的蝴蝶相随而飞，谁又能说它们的情是独一无二的呢？作者感叹花落留香，蝴蝶情深，不禁想到这世上有那么多美好的感情，哪个是独一无二的呢？整首诗歌虽然都表现的是寻常的自然景物，但花开花落、蝴蝶成双的自然景象在作者眼中产生了奇妙的意境，读来清新脱俗、质朴可爱。

27. 听风、雨、山①

少骑石堤听风，遥遥聆幸吻隆。
观无影触无踪，袭来刺透心中。
风过不留声，无声胜有声②，声声如空。

大时池塘听雨，稀稀密密朦胧。
点点滴滴染松，无规无尽清萌。
原本亦清淡，清淡归无味，无味在淡中。

步峨眉听山峰，缠绵叠峦宛游龙。
溪落峭壁飞流，苍鹰溯风掠险。
山藏禅而颂，任听山而聪，逝者在净空。

写于 2010 年 3 月 23 日

① 作者听雨落池塘，淅淅沥沥，又看见雨把松树洗得更加鲜绿，更是无尽的清澈美丽。这雨原本就清高淡泊，淡泊归于平淡无奇，一切都在平常平淡中。

末句"山藏禅而颂,任听山而聪,逝者在净空"将大自然的万籁合鸣与参禅礼佛结合起来,山会禅意,所以风过山林呼啸之声仿佛梵呗,意境幽远。听风听雨,正是作者寻古意,听天籁之音,寻觅自然之音,感悟宇宙哲理。山本无奇,是因有了禅意而显得幽然迷醉。人生本无所有,人死去便会失去了一切。万物皆空,人生如梦,不必执著红尘烦扰,不如回归自然,感悟禅理,笑看人生。

② "无声胜有声"一句典出自唐白居易名篇《琵琶行》:"别有幽愁暗恨生,此时无声胜有声。"

28. 云雀①

春雨初阳青石道,君行早,山含笑。
朵朵无瑕白玉娇,一层纱曦,渗透幽少,风落肌销。
几只羞愧呼哀号②,蚜虫咬肤伤残了。
临危冰逝销魂时,云雀一啄肥犯天。
几番囫囵③吞肠去,几声啼喜,几声惨叫。
猎者不知花已销,憾者一惊叹微妙。
世间几多欺凌事,但愿雀仙普天耀。

写于2010年3月28日

① 诗中写春雨过后,初阳新升,漫步在青石道上,看山似乎也含着笑意。花朵洁白如无瑕的美玉,那样的娇美像有薄纱在上,渗透出幽幽的美。只可惜一阵风吹过,花谢花飞,玉肌销殒,只能痛苦哀号,任由蚜虫侵食。雀鸟如猎人捕食小虫,但它们并不知道花已经被小虫残害销殒,看的人会感到惊讶,感叹世事的玄妙。世间有那么多欺凌弱小的事情,就如同小虫残害花朵,蚜虫啃食树木。只愿像云雀这样除恶惩奸的人更多一些,如此才能给人间带来光辉,让世间更加公正。

② "哀号"指因悲伤而呼号痛哭。如清沈复《浮生六记·坎坷记愁》:"触首灵前,哀号流血。"

③ "囫囵"即整个,完整的。这里指云雀把小虫整个吞下,这一刻,仿佛能听到雀鸟的欢啼和小虫的惨叫。

29. 清明[1]
——缅怀亲人故，同祭前辈魂

清风雾雨陌岸道，垂默海棠，翠柳静萧。
垅上田绿菜花摇，几束菊悼，几行泪浇。
俯地祭忆魂出窍，一颗丹心，苦海含笑。
育子催尽末滴血，孑然而去，九泉瞑早。
孩儿怀娇闻心跳，禅香梦绕，再尽尊孝。

写于2010年清明

[1] 作者在清明节去为母亲扫墓，看见细雨如雾弥漫在道边，海棠花低首像是在默哀，翠绿的柳树也显得静穆。田间的菜花随风摇摆，作者带着几束菊花来哀悼逝者，不禁流下了伤心的泪水。他俯下身子来祭拜亡故的亲人，纪念他们为家庭而付出艰辛，如今他们也能含笑九泉了。作者想到母亲为养育子女耗尽心血，如今却一人独自逝去，心中涌起了对母亲的深深怀念，焚香祷告，香烟环绕，梦回往昔。可是母亲已经逝去，不知何时才能再尽孝道了。

30. 禅庙[1]

一柱香烟袅绕[2]，几绪愁思颤烧。
跪伏心惊惶恐，寒泪泣滴澜消。
祀天慈母逝早，孤子失落怀抱。
茹辛似苦苍老，风雨雪晚冻宵。
送一程泥泞道，天涯远漫山高。
叮咛祝福走好，战战兢兢寻找？
剩一口气含笑，看一线光残照。
满心踌躇堪桑，行万里至禅庙。

写于2010年清明

[1] 清明那天，作者为已故的母亲上香。看着袅袅环绕的轻烟，他的忧愁也如这烟一样弥漫开来。作者跪倒在地，母亲的离去让他伤心欲绝，惶恐不安，凄寒的泪水一滴滴落下。慈爱的母亲过早逝去，留下可怜的孤儿失去了温暖的怀抱。作者回想母亲为自己操劳一生，含辛茹苦，经历了无数风风雨雨，度

过了多少个寒冷的夜晚。作者多想送母亲一程，她走过那么多艰辛的道路。天涯虽远，高山虽高，可母亲却已经比这些更遥远了，只能殷切祝福她，但愿她在九泉之下也能感到欣慰，在黑暗中也能看到一缕光芒。作者满心忧愁，内心沉郁，漫无目的地走着走着。不知走了多久，他再抬头看时，竟到了禅庙。这里的"禅庙"又暗含一种释然和超脱的意思。

② "袅绕"，形容烟气缭绕上腾的样子，有细长柔美的含义。

31. 清明苦雨[①]

清明苦雨岁岁有，不须过忧，权且当酒。
逝者有如章台柳，昔日青幽，今夕在否？
六道轮回终归休，稚音满口，转眼皓首。
先辈总望子孙秀，泪眼切收，锦途无忧。
追思考妣[②]勿太愁，忧思尽吐，夫复何求！

写于2010年4月

① 清明时节，凄苦的大雨年年多有，无须为此而感到烦忧。不如把它当做酒，饮之品之。逝去的人就像章台的柳树，昔日的青葱今天还在吗？生死轮回都归于休止和虚无，仿佛昨天还说满口的童言稚语，今天却已经白发满头。前辈总希望子孙能够优秀，收起眼泪，拥有锦绣的前途，没有烦忧。如今追忆已亡故的父母，却也不必过于伤感。忧愁的思绪已经尽情发泄、吐出，又有什么要追求的呢？作者感叹时光飞逝，转瞬白头。想起往日父母对自己充满了期望和祝福，今天却已经不在了。但作者并没有因此而过分忧愁伤感，他吐尽忧思后，也能释然放下，再无他求。

② "考妣"，古代称已死的父母。父死后称"考"，母死后称"妣"。

32. 弋阳龟峰秀[①]

雨过夕照洒龟峰，青山湛[②]水沐晚虹。
仰首凝去千叠翠，低头思逝万里风。
谁说弋阳天石工[③]，谦卑弱怀情泪浓。
汇入西江沧澜去，留下豪气慰方公。

写于2010年四月弋阳

① 这首诗描写的是作者在虎年的春天里游历弋阳名胜的情形。春雨过后夕阳透出了云层，斑斓地映照在龟峰上，青山碧水沐浴在傍晚的虹霞中。作者仰望着层峦叠嶂的山岳，忽而又低头冥想，耳际的微风吹拂着。鬼斧神工的弋阳山石，让作者心中充满了谦卑和感动，就像这山上的溪流静静地汇入了江河而去，却留下豪气干云霄的气魄告慰天地。
② "湛"，这里形容水的清澈。
③ 这里指弋阳龟峰的风景鬼斧神工，造化神秀。

33. 北大①

昨夜清风，吹翠了，燕南北松。
未名湖，尽洒晨虹，玉阶引古。
斑斓痕，忆君梦。
他年旌旗豪勇。
且归重。
谈笑国兴同，肩与共。
今又逢，情义浓。
邀天地，颂无穷。
看江山蛟龙，禅指虚空。
心中但留天下公，学子优，慈父笑容。
励精图治，玄妙千千万，喜相送。

写于2010年五月

① 昨天夜里的清风把北岸的松树都吹绿了。未名湖上，清晨的彩虹高挂，作者来到如玉般的石阶上找寻古老的印记。色彩绚丽的记忆，一直陪伴着北大的梦。等到旗开得胜三时，豪义的学子们就会归来，他们会热烈地讨论着以国家昌盛和民族复兴作为己任。今天与老同学再次相逢，情深义重，作者愿意共邀天地，一起歌颂这深厚的情谊。远望江山如蛟龙般在大地上蜿蜒盘转，禅思却指向天空。只愿天下之事能更加公正、公平。学子成绩优异，慈爱的父母也会会心地微笑。北大的学子们振奋精神，一心想治理好国家。这其间的道理，有千千万万，欲说还休。

偶然

34. 送别①

送君去，木栈西。满园桃花谢，举杯长忆痛饮泣。
一望弥②千里，回首觅。捕残影，驰骋乱马蹄。
诵读古文激豪气，弹指风雨急。
声声叹，句句语，暮色皱云起。
一片小舟逆水行，泪洒江无情。

写于 2010 年 5 月

① 作者送友人远去，去了栈道的西面。园子里的桃花也都凋谢了，只能独自举杯痛饮，怀念往昔而不禁泪流。作者远望千里，又回过头来寻觅故人的踪影，可见作者对友人恋恋不舍，情深义重。诗中写到回忆往昔的景象，与友人一起纵马奔驰，马蹄声零乱；一起诵读古文，激起了豪侠之气。可弹指间离别已在眼前，风雨交加，正如人的心情。作者的声声叹息，句句不舍，连暮色也似乎把云染得忧愁，像是皱起了眉头。友人乘着一片小舟逆水而行，作者洒下惜别的泪水，可江水无情，带着朋友越走越远了。
② "弥"这里是久、远的意思。如汉张衡《西京赋》："弥望广潒"。

35. 梦江南①

小桥秀，垂柳飘透疏。
荷翠红白花蕊鼓，清风一阵燕儿舞，稻花金黄酥。
摇船橹，碧水荡幽湖。
廊凳小妹伴娘梳，远处不见楚汉图，锅里粽子熟。

写于 2010 年端午

① 这首诗写了端午佳节，作者与家人共同欢聚的场面。江南人家，水清桥幽，岸边的垂柳随风而动，忽密忽疏。水中荷叶翠绿，荷花洁白，花蕊娇嫩。一阵清风吹过，燕子随风飞舞，金黄的稻花也摇摆飘摇。作者乘着摇橹船在湖中，看着碧绿的水在幽幽的湖中荡起阵阵涟漪。庭院中小姑娘与母亲一起坐在板凳上梳头发，遥远的楚地汉水也没有了屈原昔日的身影，倒是锅中的粽子正好熟了。词的前半部分描写了江南水乡的幽静淡雅，之后又写了家人在庭院中过端午节的温馨场面。没有了昔时的烽烟战火，屈原早已逝去，只留下如今人们纪念他时一起团聚吃粽子的和乐温暖。

36. 琴诉①

古琴卧残舟,唤倩女十指秀。
拨风吹凉好个秋,拢水山涧倾流。
抹苍松拉朽②,搓岁月堪忧。
捻心颤无求,梦啼撕裂喉鸣休。
凄凄悲泣谁人救,唯有杜鹃喋血③留。

写于 2010 年 9 月

① 作者乘着小船在湖上漂游,船上放着瑶琴,他唤来美丽的女子弹奏。琴音清澈如秋风般给人凉爽、明朗之感,又似山谷中溪流的潺潺之音,沁人心脾。松树破土而出,傲然挺立,却正是折断了原本在地上的枯枝才生长起来的。岁月匆匆而过,新松替旧枝,人生易蹉跎,怎能不让人感到忧愁。作者由实入虚,转而描述梦中的情景,他心惊而呐喊,嗓子撕裂,已难成声。凄凉悲伤只能独自哭泣,无人来相救,只看见遍地的杜鹃花如鲜血一样让人胆寒、害怕。

② "拉",折断;"朽",朽烂的木头。这里指摧枯拉朽。

③ "喋血",血流遍地,这里形容杜鹃花开遍地,红得像血,远远看去,恰似满地的鲜血,让人惊心。

37. 母亲①

冬日冰封寒夜雨,孩儿初临。
一唱山河明,母亲闻啼开怀喜。
长空青燕博云击,木碗热粥填肚饥。
小脸甜蜜,声声梦缠已。
可怜咱家贫如洗,唯有孤凄我与你。
赤日皓夏背朝西,苍茫大地。
稻花育谷粒,晨早陪伴上学去。
艰辛泥泞不离弃,月光照母夜缝衣。
憔悴无力,银发肩头披。
一针一线慈心聚,一点一滴痛心里。
秋风茅屋残阳西,傲霜白菊。

偶然

一襟清泪洗，远眺天涯望无际。
冥冥苦志心中记，荷花出污花无泥②。
苍松不移，菩提③祭娘亲。
琵琶有情悲不已，孩儿魂魄随娘去。

写于2010年端午

① 作者与北大校长周其凤一起到浏阳看望他母亲，周校长是个孝子，很感念母亲的养育之恩，让作者联想起自己的母亲。他以冬、夏、秋三季表现母亲对孩儿的疼爱，"冬"代表幼时的孩儿，"夏"代表青少年时的孩儿，"秋"代表中年的孩儿。"冬"，母亲艰难地抚养孩儿长大，"夏"，母亲辛苦地送孩儿上学，"秋"时，母亲却已不在，表达对母亲的思念。
② "荷花出污花无泥"一句表面看来是以十分形象的笔法描写了荷花"出淤泥而不染，濯清涟而不妖"的高洁品质，实则作者更进一步，以出污泥而不染的荷花暗喻自己的母亲心地纯净有如荷花高洁，不为凡尘俗事所污，对作者有很大的言传身教的影响，因而他才会在心内牢记母亲的"冥冥苦志"。
③ 此句中"苍松"、"菩提"等意象既可以理解为实指，是作者在祭奠母亲时的实物，也可理解为虚指，如同上句中"荷花"一样，是作者对母亲的高贵品质的一些具象化的指代。"苍松"自古以来就是岁寒三友——松梅竹之一，是品行高洁、不畏邪恶的形象化身，古人常以此形象表现高洁的情操。唐刘桢《赠从弟》中有云："岂不罹凝寒，松柏有本性。"而"菩提"的意象则更有佛家和禅学的意味。

38. 英雄浏阳①

翠绿的道吾山，清凉的浏阳河。
淳朴千万万老乡，哺育英雄浏阳。
清风初阳，红日独照烈士②故乡。
英雄血，洒满北湘江。
民族仇，人民恨。
豪情义，莫悲伤。死何妨？
浩然③正气昂。心坚强，苍天泪，泣四方。
我不赴刑场，东方不亮！
大无畏男人在浏阳。

孩子娘，含辛哺养。
青山茫，稻花香，水流长。

　　　　　　　　　　　写于 2010 年 端午

① 此词是为纪念浏阳英雄李白而作。李白出生在浏阳，后来去当兵，又参加了长征，负责谍报工作。被国民党抓住后，虽受严刑拷打，但始终未出卖党，未出卖国家，因此英勇牺牲了。李白为革命壮烈牺牲的精神深深感染了浏阳的百姓，成为浏阳人民心中的英雄。浏阳人民纪念他，怀念他。作者纪念李白，歌颂李白的英雄事迹，又歌颂浏阳的英雄文化。
② 烈士，指李白。
③ "浩然气"，是用来形容一种刚正宏大的精神。最早见于《孟子》："吾善养吾浩然之气"。孟子在阐述时，说这种气"至大至刚"，"塞于天地之间"。《词源》上说，浩然：盛大的样子；正气：刚正之气；浩然正气就是正大刚直的精神。作者以"浩然之气"形容浏阳英雄辈出，说的正是英雄身上的这种精神，与宋文天祥"人生自古谁无死，留取丹心照汗青"的千古绝唱不谋而合。

39. 梦长沙①

五峰山泉，霍然下，汇流湘江。
缠山峦，奔八百里，浩瀚奇观。
千呼万唤渡船去，唯留涛声忆人还。
麓枫红，坐亭清风晚②，杜鹃开。
月疏柳③，渔火猜。
残荷在，冉冉香。
花燕未归窝，横笛戏水波。
人生几度东风雨，遥看岸翘醉无语。
浪尖花，倩影水无涯，童年雅。
梦长沙，杜鹃花，
麻石街，古中华，
白鹤泉，看晚霞，
湘江去，美如画，
楚国人，不怕辣，

偶然

好儿女，盼回家。

写于长沙 2010 年 5 月

① 此词表达了作者对长沙的思念。湖南五峰的泉水汇入湘江，再奔入洞庭湖，十分浩瀚壮观。作者想起中学时代在江边摆渡的情景，坐在爱晚亭，杜鹃花都开了，月光下柳树影疏，伙伴们在猜谜语。一个吹着笛的牧童经过，看到岸边一位漂亮的小姑娘，这样的情景人生能有几回呢？童年的梦就像一幅美丽的画卷，在心里一一勾起对长沙的回忆。

② "麓枫红，坐亭清风晚"一句描写岳麓山上枫叶晚来红透，坐在山上亭中赏枫，只有晚来清风徐徐的动人意境，与唐杜牧《山行》一诗中"停车坐爱枫林晚，霜叶红于二月花"一句所描绘的动人情致相类。

③ "月疏柳"一句化用北宋林逋的七律《山园小梅》中"疏影横斜水清浅，暗香浮动月黄昏"一句的意境。作者仅用三个字极为传神地描绘了月光下柳树影疏的神态意象，后句中"渔火猜"，描绘江边渔船停泊，江水映照出柳枝的疏秀清瘦，朦胧月色烘托出柳影的清幽淡远，柳枝与柳影相映，与朦胧的月色相衬，动静结合，共同营造了一个迷人的意境。

40. 别离①

别离酒浓催人瘦②，送君远行楼上楼。
此情羞愧东墙柳，春色依旧碧水流。
梦中伊来泪难收，无心芳草处处有。
哪得雪花落绣球，谁知漠然扶倩手？
空惹群蜂采蜜走，芭蕉夜雨风来愁。

写于 2010 年冬寒雨夜

① 词作者做了一个梦，梦见一位千金小姐，抛绣球，被一位男子捡到了，男子因此进了小姐家门。但男子后来却走了，小姐恨男子的无情，为什么要离她而去。而男子则恨小姐为何心里有别人还要抛绣球给他。其实这位千金小姐，心里一直喜欢着她的表哥，只因父亲逼迫，才不得不抛绣球，有了这么一段错误的姻缘。

② "酒浓"与"人瘦"形成鲜明对比，表示情感折磨人。

41. 天心阁①

雨洗天心清醉烟，风过石墙古斑颜。
同是潇湘楚国人，夜温故书朗无眠。
孩童当把英雄恋，宛若苍松不等闲。
待到祖国召唤时，好儿女敢为人先。

写于 2011 年 2 月

① 小时候作者在天心阁旁边读书，经常跑到天心阁听故事。天心阁有很多动人的故事，对作者影响非常大。这处诗是作者写记忆中的天心阁，以"雨洗天心清醉烟，风过石墙古斑颜"两句描绘出一个风雨过后，古墙斑驳，颇负历史之感的天心阁。

42. 卖花声①

枝上桃花密②，春雨沥沥。
更声小舟卖花女，寂静长街红灯稀③。
推窗探晨曦，初霞透香里。
清风拂闻，沁入心带汝远去。
花开花落谁在意？几家欢喜？

写于 2011 年 3 月

① 这是写了一个卖花女的故事。现在上海大多是老太婆卖玉兰花，以前却是小女孩。桃花开得很密，春雨沥沥，小女孩乘舟去卖花，寂静的长街人很少，已经很晚了。卖不完花，家中母亲生病了就没钱买药。到了早晨，花都谢了，可是花开花落，除了她，又有谁在意呢？这首诗表达了人间的孤苦。
② 密，茂盛。桃花正开得艳丽，象征着小女孩，正年轻貌美，却要去卖花养母，显示其可怜。
③ 表示灯少，夜已经晚了。

43. 寒夜①

寒夜风霜几度？昔日欢楚。

815

偶然

别离黯若无，山缺路断残光暮。
一腔苦叹难倾诉，只当狂饮醉迷途。
失心成奴②，强掩泪哭。
待到何时方堪悟，伊人早已无言赋。

写于 2011 年 3 月

① 倒春寒时，作者想起昔日的欢乐，而短暂的缘分很快就消逝，别离以后，情义渐渐不在，开始变得淡泊。
② 这里指沦为爱情、思念的奴隶，无法控制自己。一个"奴"字非常形象地表达了爱之深。

44. 无求①

无语马上独愁，月残留。
凄凉原野游走，风悠悠。
是时候，刀断忧，泪不流。
山花遍地何求，痛心头。

写于 2011 年 3 月

① 这首词写了分离以后的愁绪。男主人公独自骑在马上，在原野上游走，残月挂在天空，风也悠悠，遍地找不到恋人的踪迹，烦忧，泪不止地流，痛在心头。"独愁"、"残月"、"凄凉"、"原野"等意象，非常形象地突出了男主人公心中的愁绪。

45. 惹春秋①

坐也是离愁，立也是悲忧。
看苍松年年瘦，杜鹃滴血流。
我欲驱云化雨，月圆十五难守。
直追倩影去，幻梦不长久。空对独醉酒。
昨日笑，今离走。谁能留。
泪湿罗衣②，潇潇飞泣禅尽收。
顿醒语悟善厚，离人旧道知否？

有时当无有，去时方无休，何必惹春秋。

写于 2011 年 4 月

① 这首词写一对恋人，女主人离去之后，男主人公痛苦郁闷中开始悟道，得以解脱。刚开始很忧愁，总是思念离去的恋人，日渐消瘦，借酒消愁，泪长流。后来开始明白，"有时当无有，去时方无休，何必惹春秋"，既如此，何当初？何苦纠葛？有情当是无情。

② "罗衣"指轻软丝织品制成的衣服。汉边让《章华赋》："罗衣飘飘，组绮缤纷。"这里指轻薄的衣服。

46. 琴①

玉纤②抚琴，颤发意念。
柔水似源，咒如哀雁。
哽于喉绵，心碎穿帘。
飘入云天，衰如残怜。
葬入冥海③，猝如底潜。
涌于泉，混如烟。
声声藏于咽，滑落黑渊。
霜萧冷夜难眠，拭不干黯然垂泪眼。
怎熬情火煎，相恨不已。
痴狂苦恋，花枯瓣连。
髻白忧面，悲缠挽免。
吻不热冰清秀颜，握不暖凉寒十指尖，魂飞邈远。

写于 2011 年 2 月

① 这首词是写一位古琴女被离弃后的悲伤。一位哀婉动人的古琴女，手抚古琴，一边弹琴一边思念情人，那忧伤让人心疼。"哀雁"、"穿帘"、"残月"、"黑渊"等等意象，形象地表现出了古琴女爱情的悲伤，让人产生同情并心疼不已。意境表达得非常充分，画面感很强。

② "玉纤"：纤细如玉的手指，多指美人的手。唐温庭筠《菩萨蛮》词："玉纤弹处珍珠落，流多暗湿铅华薄。"

③ "冥海"，即溟海，传说中的大海。《庄子·逍遥游》："穷发之北，有冥海者，天池也。"

47. 冷香①

又临浦江，几近闻冷香。
日丽风空，暮色斜阳。
玉手攀摘红梅娘，牧笛响，一声苍茫②。
春燕回，天地透冰凉，唯徒留残想。
泽地鹭鸟忙，雁翔落枝上。
小楼烛光，除衫又添丝丝香。
弄得长发散芳，千千树，黯然③幽伤。
凭冷窗，寄语长，几时归乡？

写于2011年2月

① 初春傍晚，夕阳西下，暮色笼罩江畔，阳光中带着料峭春寒。女子闻到冷冷花香，听见牧童吹笛，笛声苍茫，看见春燕鹭鸟飞过枝头，不由觉得孤单寂寞。她回到梅园小楼中，形单影只，不胜寂寞，凭窗而望，独自神伤，因此萌生了思乡之情。
② "苍茫"：指辽阔无边，没有边际的意思，表达一种慷慨悲凉之情。杜甫《北征》诗："杜子将北征，苍茫问家室。"
③ "黯然"：指阴暗的样子，又指情绪低落、心情沮丧的样子，在本文中表达作者触景生情的凄凉情绪。

48. 阴阳①

一缕香隔断阴阳，天与地，空茫茫。
江中船上，泪洒水波光。
逆风破浪独摇桨，雨潇潇，碎寸肠②。
单打渔鼓赋家乡，琴瑟伤，歌也僵。
魂归故里，岸阶诉冥想。
唯叹伊人乘鹤去，杜鹃血，滴滴苍。

写于2011年春

① 这首词是作者悼念中学同学所作。2011年5月，中学班上的一个老同学去世了，作者和当年的同学们到长沙参加她的追悼会。中学的时候，她是班上的班花，当时称"湘女"，家里开了一家店，卖"白粒圆"，一种湖南特色

的小吃点心。作者小时候经常去她家的店里吃白粒圆，大家欢闹一片，多年以来同窗情深。不想如今伊人逝去，阴阳永隔。开完了追悼会，他们就坐上了船游湘江，这是他们小时候经常一起去的地方，数十年后的今天，物是人非，当初的那些人又剩下了几个呢？

② "寸肠"：泛指胸臆，心间，多用作伤心时感伤的意象。出自唐韩偓《感旧》诗："省趋弘阁侍貂珰，指痤恩深刻寸肠。"

49. 望江楼序[①]

依峰，临空，江中，跨弯穹[②]，舟横。
万株苍松推晨虹，溪清泉缠逗山凤。
雾蒙蒙，展翅携东风。楼栏痕，斑斓古重。
忆往事荣，断臂湘情浓。云宵天公，涛声涌洞庭鸿。
帆满破浪君行送，唱神州大同，经年又相逢。
多少人慕英雄，魂系岳麓官，杜鹃喋血滴滴红。

写于2011年春

① 这首词是2011年春作者去浏阳在岳麓山半山腰的望江楼游玩所作。望江楼在岳麓山半山腰上，依山而建，地势很高。作者遥望浏阳河，河面波光粼粼，上有小舟横渡。山间万株苍松翠绿，映照着潺潺山溪，雅致有趣。凭窗而望，抚摸着斑驳的栏杆，感受着栏杆上百年间留下的痕迹，那种古朴的厚重感将作者带入了记忆中，想起了少时上学时的那段峥嵘岁月，多少烟云，多少尘土，多少感慨。

② "穹"：即苍穹，指天空。出自《诗·大雅·桑柔》："以念穹苍"，《尔雅·释天》："穹苍，苍天也。"

50. 秋雨[①]

谁吹横笛唤秋雨？云暗风凄潇潇天地。
孤舟小河过断壁，忽闻禅歌虚空序。
铭于肺腑，魂离颜迷，何来愁苦话无欲。

写于2011年春

① 这首词是作者一个梦境的描绘。他来到江边，听见牧童吹笛，呜呜咽咽很是

偶然

苍茫。天暗了，下起了小雨，冷风凄然而过，吹得人心生寂寥。小河中孤舟驶过断崖，忽然听到了禅歌响彻，如醍醐灌顶一般，让人顿悟。那么多的痛苦原来都是因为欲望太多吧？人生中有太多的时间都在忧愁中度过，而这些忧愁都来源于欲望，正是这些欲望，占用了太多的人生空间，夺走了太多的美好。梦醒之后，作者便感悟到这个哲理，有感而发，写了这首词。

51. 相思雨[①]

续不断雨，凄凄沥沥。
街头青石独立，黄伞斜风难遮泣。
又被疾车溅洗，苍容忧涕。
年夜才说不分离，春去矣。
茫茫大地，杳无音[②]，怎盼归期，忽闻叩声起。
疲惫寻觅踪影，谁相似？
行人脚步急，没有痕迹，只留梦稀。
但恨足跟低，欲目千里眼无力[③]。
已离去，寻遍天际，唯有愁溢，何时重聚？

写于 2011 年 4 月

① 这首词中叙述的是一个故事：天下着雨，一个女孩举着伞，伞很大，却遮不住脸上的泪水，她凄惶地走在拥挤的街上，苦苦寻觅，举目四顾，他在哪里呢？当年他说会回来的，但现在却杳无音信。她回到家里，听到了敲门声，急忙打开门，什么都没有。她以为他来了，又跑到街上，寻觅了多时，仍然没有他的踪迹。她看着拥挤的人群，哪里有他的影子呢？她满心愁苦，双腿酸软，仿佛支撑不住身体的重量，心想，何时才能相聚呢？

② "杳无音"：杳无音信之意。出自宋黄孝迈《水龙吟·自侧金厄》词："惊鸿去后，轻抛素袜，杳无音信。"

③ "但恨足跟低，欲目千里眼无力"：恨自己长得不够高，恨自己眼睛不够好，看不到远在千里的那个人。

52. 红袖[①]

雪雨歇，夕阳斜，石阶斑斑腊梅血。
疏竹稀，倩影离，晚风摇曳残流滴。

红袖拭泪咽语②，不见春艳草翠相思迷。
多少苍凉谁堪理？
暮色漫茫冷凄，何人眷怜孤身惜。
盼只盼，寒夜送君一暖衣？

　　　　　　　　　　　　　写于2011年春

① 这首词是作者描绘梦境之作。冬日傍晚，雨雪初停，夕阳斜下，斑斑驳驳的尽是腊梅花瓣，殷红如血。竹林稀疏，难掩凄凉之气。天黑了，晚风吹过，枝杈摇摆，积雪化作雪水低落。一个女子想念她远在外国深造的情人，相思情深，天气很冷，多少苍凉独自忍受。月光照在身上，地上只留下一个孤单的影子，他在哪里？想起寒冬，女子怕他冬日寒冷，就不顾夜间寒气，在孤灯下，为情人编织衣服，做完之后寄过去，让他在千里之外感受自己温暖的关怀之心。

② "红袖拭泪咽语"：红袖，指女子，'拭泪咽语'在文中描写伤情悲苦之景。

53. 未名湖水①

未名湖水，滴滴晶瑞，映天润北。
纳朗声迴悦，闻脚步碎。
多少年岁？挥毫激碑，共荣风雷②。
墨香③不褪，晨曦柔波纹美。
谁争辉？难忘同学会，情深无愧。
红楼烛光独对，雨打苍松④幼燕南飞。
送一程梦回，琵琶序归。
峥峥眼泪，蒙蒙萧，湖亭双跪。
满腔热血，一幅泼洒写天瘁。
托书卷，伴水壮语醉，一生无悔。

　　　　　　　　　　　　　写于2011年初夏

① 这首词描述了发生在北大的一个故事，讲的是北大百年历史上无数为了国家和民族的解放事业而牺牲的北大学子当中平凡的一对。他们是携手从北大的校园当中走出的伉俪，广州起义发生时，在革命的感召下，他们放下了笔杆，拿起了枪杆，一同投身到了革命的滚滚洪流当中。他们舍弃了近在眼前的优渥生活，加入了保家卫国的斗争行列，明知等待他们的可能是布满荆棘的险

途,还是毅然决然地投笔从戎!在他们被捕、就义的时候,他们的女儿还是嗷嗷待哺的婴儿。几十年后,这对烈士夫妇的女儿已经长大成人,从父母当年的日记当中,她了解了父母的事迹,懂得了父母的选择,她带着父母当年的日记来到北大,来到未名湖畔,跪倒在湖畔的石亭内,失声痛哭不止。

② "风雷"一句典出自清龚自珍《己亥杂诗》,全文是:"九州生气恃风雷,万马齐喑究可哀。我劝天公重抖擞,不拘一格降人才。"作者原意是只有风雪激荡般的巨大力量才能使中国大地散发出勃勃生气,在这里借用"风雷"来指代未名湖畔生机勃勃、志向高远的年轻一代。

③ "墨香"一句指翰墨留香,文辞。魏曹丕《典论·论文》:"古之作者,寄身于翰墨,见意于篇籍。"

④ 此句中,作者以"苍松"坚挺、傲岸作为坚强和生命力的象征,来比喻北大学子的铮铮傲骨。唐李白《赠书侍御黄裳》:"愿君学长松,慎勿作桃李。"勉励众人为人处世要像松柏那样坚贞正直,在任何情况下都要保持高洁的品质。

54. 姐妹情①

谁在君山②煮茶峰?洞庭水溶。
唤醒悄佳话,邀杯彻饮苦味中。
断崖杜娟似血红。
青梅牵出竹马童,琵琶声声,春雨写濛濛。
扁舟载伊白沙去,一别相送江河重。
楚岳湘松书院萌,细语过石垅。
对眸移远不相近,唯留麓涧孤燕同③。
人世情为空?意切惶恐。
漂泊盼东风,如若化蝶花为容④,闻香鹤云梦相逢。

写于2011年初夏

① 这首词描绘了这样的一个故事:从前有一对姐妹,从小一起长大,一同煮茶,一同弹琵琶,青梅竹马,感情很深。后来,姐姐去长沙读书了,妹妹送她登舟,约定五年之后再相见。五年之后,姐姐回到了君山,来到老宅子里,但是妹妹早已身染重病,不治去世了。她去世前,留给姐姐一句词:"漂泊盼东风,如若化蝶花为容,闻香鹤云梦相逢。"究竟还是没有等到她,一个小小的分别,满以为还有相见之时,但是有时却再也等不到相逢之际了,人生便是这般无常吧。

② "君山",古称洞庭山、湘山、有缘山,是八百里洞庭湖中的一个小岛,与千古名楼岳阳楼遥遥相对。

③ "对眸移远不相近,唯留麓涧孤燕同"一句,托物言志,借物抒情,四目相对却无法执手偕同,只好将目光转向别处,与山间燕子倾诉衷肠。燕子的这种成双成对,才引起了有情人寄情于燕,渴望比翼双飞的思念。如宋晏几道《临江仙》:"落花人独立,微雨燕双飞。"

④ "花为容"一句,作者化用唐李白《清平调》词的首句:"云想衣裳花想容"。

55. 小楼窗下①

昨夜风卷②碎雨花,江岸浪打。
小楼窗下,琵琶声泣眷恋话。
泪痕脸颊,橙色袈裟。
一朝离去望断崖,愁如缠水,忧似残霞。
看夕阳暗,暮云压。
瞑烛泣蜡③,谁付牵挂。
独立小楼寒窗下,雨谢梅花。
香魂江河洒,禅歌焚断声声哑。
离别亭上,孤舟天涯。
煮酒朦胧,千千鸦,杯杯祭黄沙。
谁开西风匣,小楼窗下门敲打。
君临楼下,雪如白发④。

写于2011年梅雨夜

① 这首词是作者在梅雨夜描绘梦境之作。雨下不止,本就压抑凄冷,此时引动作者心事,更觉悲凉无限。夕阳不知何处,铅云压顶,说不出的压抑,风吹进窗,摇曳了残烛,火苗晃动,烛泪滴下,不知不觉已经很晚了,还在思念着她吧。西风敲打着窗下的门,如同敲打在心上,不胜寂寞。夜间独酌,想起当时送别之景,不觉伤感,看镜中人白发如雪,心中纵有万语,都付诸一叹。

② "风卷碎雨花":此句描绘了狂风摧折花枝,将花瓣伴随雨滴席卷而去的场景,让人产生凄寒悲凉之感,感叹繁华易逝,枯荣无常。

③ "瞑烛泣蜡":幽暗的烛光跳跃着,烛泪底下,夜已深,人不寐。句中"瞑"指幽暗、昏暗之意。

④ "雪如白发":白发如雪,还是雪如白发,这个时候大概已经分不清了吧。

偶然

作者感叹韶光易逝,岁月难留。

56. 荷花[①]

微云红霞,满池荷花,冰玉骨绿袈裟。
风轻若透,阵阵香溢洒。
雨打叶盘珠滑[②],多少墨、书写风华。
红颜忆,装点闺嫁。
朱泪[③]染天涯。
销魂,焚香尽,不惹泥沙。
凉夏佳话,月移流光下。
映雪还眠,天降寒露伤塌。
斑斓处,谁惜残花?
吟声哑,轮回飞转,来年何处家。

写于2011年初夏

① 这首词是作者在初夏听了"荷花淀"的爱情故事,有感而作。已是傍晚时分,天空清澈,寥寥几朵白云映上了霞光,景色美妙。走到池塘边,看看满池的荷花,花枝翠嫩,像是披上了绿色的袈裟,显得端庄清雅。下雨了,清风透过,荷香四溢,雨点打在宽大的荷叶上,如同珍珠落入玉盘,发出清脆而充满节奏感的滴滴声,雨花四溅,这是欢快美妙的场景啊。不知道这些花何时凋谢呢,他们总是要凋谢的,到时候,又有谁怜花葬花呢?花死了之后,花魂将往何处呢,明年的今天,它们又在哪里呢?

② "雨打叶盘珠滑":叶如盘,雨如珠,此句生动形象地描绘了雨打树叶之景,显得生机盎然,富有情趣,还让人联想到雨滴落叶的清脆之声,如唐白居易《琵琶行》:"大珠小珠落玉盘。"

③ "朱泪":红色的泪水。指嫁妇流泪,泪水浸湿脸上红妆,化作红泪。出自唐杜甫《冬深》:"易下杨朱泪,难招楚客魂。风涛暮不稳,舍棹宿谁门。"

57. 苦恋西天[①]

走过西山西草地洒落下缠绵,夕阳西落残辉带领你见佛面。
菩萨端坐殿堂袅雾中的经典,倾听盘脚和尚诵经中的真言。

摇动着转经筒不为轮回明天，邂逅的你沾贴着烟闭眸佛缘。
山不转水转看不见佛塔山眠，拥抱过尘泥只为读懂你一点。
十万匍匐磕头仅为一睹真颜，哪怕触到袈裟感悟一刻温怜。
甘做焚灰残尘只为在佛旁边，像枯木逢春雨露翠芽如少年。
不理会飞沙落颠寻求那灯眼，行书知多少梵文临摹千千卷。
皈依在大火中只是忽近忽远，虽然我爱你但惆怅仍留心间。
莲花座上清澈的观音水滴源，洗不去那人世红尘中的眷恋。
日日夜夜年复一年寻觅梦殿，菩萨何时让我脱离苦海深渊？
不论是雪域还是草原在西天，清凉凉的水沁于滚热的心田。
稀薄的神风包裹冷冷的厌倦，让佛塔山上那盏不灭的烛焰，
点亮千万黑暗中挣扎的苦恋。

写于2011年5月

① 这首歌词用以纪念缅怀玄奘法师。玄奘西出阳关，在佛的指引下去西天取经。那些佛的教诲，那些写满真理的经典就在万里之外的天竺，玄奘走过沙漠瀚海，穿过高山沼泽，多少风沙都不能阻止他的脚步，多少凶险都不能蒙蔽他向佛之心。他每天每刻口中诵经，看着苍茫辽阔的原野，忍受着大自然最恶劣的环境。有人说他痴，为了这几卷经书翻山越岭，险葬身于虎狼之口，他只是笑笑，就算千万匍匐，纵然换得那一刻的感悟也是值得的。他的心好比是一盏明灯，照亮了一个又一个漆黑的夜晚，慢慢地，他翻过了一座有一座山，渐渐接近了隐约的佛光。

58. 原园缘①

尔玉指尖，拨开眸帘。
参悟那无底迷渊，抚慰沧桑颜哀怜。
但披薄纱挡夜寒，东风唤不回。
一世怀念，唇依相近何必远。
痴情无常独无眠，愿消凄忧温柔牵，除却烦恼原园缘。

写于2011年仲夏

① 这首词是作者感怀之作。六十年甲子一晃而过，数十年的沧桑里，有多少哀愁和幽思呢；弹指而过的漫漫人生中，又有多少痴情与等待呢？打开佛卷，轻诵梵经，长夜一人度过，青灯古佛前，只为参悟那些至理，只为渡过那无

偶然

底的深渊。夜寒了,一件薄衣难挡寂寞。明知痴情原是无常物,却因此夜夜无眠,长相忆,静相思。是什么,牵动心中的无限思念,是什么,扰得一生一世怀念,但愿烦恼消除,心田澄净。

59. 清凉山[①]

步近清凉北,风铃遥唤谁?
间间黄粱[②]玉翘,沉香袅袅飞。
弦音源起菩翠,梵文玄奘西蜕,僧人不觉晓。
冥想魂不离,但愿重还归。
山如醉,鱼入水,沧桑昧。
红尘无悔,花不凋谢恨已没。
月无圆残钩亏,人有散断缘碎。
恩是恩可为,情是情惜贵,清凉山慈悲。

写于 2011 年冬

① 这是作者 2011 年 12 月游五台山清凉寺后有感而发所作之词。走在清凉山上,迈过一层层青石台阶,踏入山寺,耳边听到阵阵风铃声,它在唤谁呢。山寺雕梁画栋间,烟雾缭绕,袅袅不绝。山色青翠,似有禅意,是谁在弹奏禅曲,是谁在诵咏那历经千年的梵经,玄奘东归,满载佛经而回,可曾想到千年之后,有那么多人诵读。人生茫茫数十载过去了,见惯月满月缺,多少悲欢离合,聚散无常。红尘本就是无常之物,譬如花开花落,到头来都付诸一叹。
② "黄粱":原指小米。比喻虚幻不能实现的梦想。如明张煌言《卜天种昼寝戏成》:"新秋萧飒北窗凉,一枕羲皇梦亦长。试问漆园蝴蝶影,可曾逆旅闹黄粱。"

60. 涅华[①]

春潮推沙,海天连晚霞,皎白明月尽流洒,美人独立峭崖。
昨夜梦柯[②]仙话。玉兔化作驿马。载伊西去袈裟,慈悲轮回佛法。
夏暑莲花,如来殿观音塔,净心苦度空难忘。禅歌咽说悄话。
超然情为苦刹,皓月寄语牵挂。皈依忘我救咒,放下方可涅华[③]。

写于 2011 年 12 月

① 这首词是作者怀念玄奘有感而作，写于2011年12月。春潮汹汹，拍打着岸边，纵目而望，但见随天一色，明月皎皎如玉盘，明亮洁白的月光洒在江岸上，冷艳中透着幽静，伴随着阵阵潮声，心里静极了。想起当年的玄奘，披着洒着月光的袈裟，峭立山崖，但愿玉兔化作驿马，载着他西去，迢迢万里苦求佛法。当年的玄奘在一片无人的苍茫戈壁上，望着广阔天空中的月亮，看着它圆了，又缺了，是不是也有思乡之情呢？但是，他没有往后看，而是坚定地前行，他想象着如来宝殿，想象着禅歌响彻，心中一片空明超然，哪还有半点俗世的烦恼愁绪呢？

② "梦柯"：此处借代南柯一梦，出自《南柯太守传》，形容虚幻的梦境。

③ "涅华"：指涅槃灭度，飞身极乐。形容求佛终得正果，脱离六道轮回，步入不生不死永生之境。

61. 秋别①

一阵秋雷催风雨，薄蝉②难挡寒气。
小床不眠夜，碧月霜凝雪。
瘦溪追遥期，一如琴音续。
何相遇，离情别忆。
话无语，天意禅修记。万种思绪，谁道玄机？
茫茫云际孤帆③起，行舟一生觅，沧海④空无遗。

写于2011年中秋

① 这首词写于2011年中秋，描绘的是作者的一个梦境。当晚观月之后，作者做了一个梦：秋雷阵阵，伴随着疾风骤雨打来，寒气逼人，身上单薄的衣物遮挡不住。有一和尚，走在原野之上，被凄寒秋雨打湿了袈裟，他想起了出家之前的那些难忘的往事。年轻时送别爱侣，是什么原因分离的呢？他记不得了，只知道她走了，再也没有回来。为了消解心中情思之苦，他出家了，将一颗心完全地奉献给了佛法。他在无人的荒野上走着，荒野广袤，似是无边的苦海。他走到岸边，踏上了一艘小船，驾船而去。不多时，天际一片孤帆只留下隐约的残影。他是解脱了吗，还是踏上了另一个思绪呢？何时才能完全摆脱苦海呢？

② "薄蝉"：引申自成语"薄如蝉翼"，形容单薄的衣物。在文中形象地描写作者此刻梦境中那种凄冷而悄怆幽邃的感受。

③ "孤帆"：此处为意向，形容寂寞孤独之感，如唐李白《黄鹤楼送孟浩然之

偶然

　　广陵》诗:"孤帆远影碧空尽,唯见长江天际流。"
　④ "行舟一生觅,沧海空无遗":沧海原指大海,典出汉董仲舒《春秋繁露·观
　　德》:"故受命而海内顺之,犹众星之共北辰,流之宗沧海也。"此句中的
　　沧海、行舟皆是意象,形容作者以佛念作舟以渡茫茫人生。

62. 牛头山月①

　　风乱紫烟暮,彩蝶西墙驻。杜鹃啼红处,山花残香故。
　　潭上溪流舞,碧水照翠竹。栗果黄橙簇,赤枫画天树。
　　信步登凝路,迴峰峦迷途。月泻洒银土,攀崖邀玉兔。
　　莫道仙境孤,人间何言苦。牛岭遂江去,涛声忆越楚。

写于2011年中秋牛头山

① 本词记叙作者在牛头山游览时,由所见美景而生的一段遐想:牛头山上,暮色将临,雾气紫烟弥漫,农舍白墙,山间彩蝶停伫在上,斑斑驳驳夕阳映照,别样美丽;山花留香,深潭溪谷水流舞动,有翠竹黄橙和赤红的枫叶树,多种层次的色彩造成视觉上的丰富映像。到了夜晚,需要问路才不至于迷失。住在山里,看到通往天际的山峰,月亮上的玉兔,从此处而上。天界不会孤单,人间却有愁苦。在牛头山,看钱塘江,听涛声,想起过去的吴越国,湖北湖南的荆楚文化,感慨万千。

63. 白露①

　　昨夜白露送夏雷,别样天凉爽味。
　　山泉沁谁醉?蒙蒙袅烟魅。
　　只闻木琴声,遥知倩女归。
　　晨雾追,密林池水,
　　斑鸠回,竹鸡成对。
　　乌青迥②退,四眼犬睡,
　　马尾松风中伟。
　　抛八尺线垂,阅金色鱼飞。

写于2011年白露

① 词中讲述作者在浙江金华一处山间景点垂钓的趣闻。仲夏刚去,白露节气送

凉爽。山泉醉心，雾霭袅袅，这样的景致里，传说故事中的倩女离开情郎不知已经多久，男子弹着木琴，琴声悠扬，等着心上人归来。作者畅想着这段故事，在密林池水中垂钓，乌青鱼在水中退去，黄色白斑犬安静地在一旁睡着，好一副悠闲景象。忽然垂钓之手一扬，金色的鲤鱼飞出水面，动静皆宜的画面定格在晨光里。本词通过对景物、动物的精炼描绘，将一个凉爽节气的景象栩栩如生地展现在读者眼前。

② 迥：本义为遥远。这里形容名为"乌青"的一种鱼群聚时突然散开的情形，生动形象。

64. 桂花谣①

精致晓晓翘满梢②，晚风惜早，暗袭随园绕。
月洒银光携金跳，寒秋独树风华少。
闻知方顿珍珍老，浓郁千年无人恼。
梦醒别了，含语残香笑。
雨稍枯黄小河漂，涌入波澜唱童谣。

写于 2011 年深秋

① 本词抒发对桂花的歌颂之情。作者看到挂满金色花骨朵的桂花树，在月夜的衬托下，直到花熟蒂落，如下桂花雨。寒秋中，闻到桂花香，知晓它已开老落花，犹自畅想：金色的桂花像睡醒过来，对着人发笑。踱步河边，见有花落水中顺流漂去，波澜声像一首童谣，美妙动听。

② "晓晓"：这里指桂花含着小花骨朵的可爱样子。

65. 祀乔爷①

苍天有泪洒，西方月失华。秋菊冥时眷穆，痛别惜天下。
卿本布衣贫家，农耕大地山花。骨瘦桑如茶，梦醒浇春芽。
归缘苹果侠，遂立乾坤塔。披袈裟，修真经，舍身剐。
梵音无瑕，琵琶雀鸣声声哑。城池陷落飞撒，寨拔荒野称霸。
谁来断造化？乔爷已逸马，天涯皆为家。

写于 2011 年寒露秋

① 本词意在歌颂"乔爷"——苹果公司创始人史蒂夫·乔布斯。乔布斯出身贫

寒，为求真经、真理，舍生吃苦，抛弃荣华富贵，十九岁遁入佛门，却得顿悟，回到世界，为世人创造出革命性的科技产品。他拿得起放得下，听梵音，知道自己先要有为，苹果的一系列产品做到举世无双，之后又撒手放开一切，从有为到无为。作者表达了对他惺惺相惜、遥遥神交的感情。

66. 辛亥百年[①]

煮酒黄鹤，大江狂波，清浊欲落。
旌旗山河，川蜀兵破，武起天阙，辛亥烽火。
沪宁颂歌，同盟兄默，血染潇潇万里国。
太后过，幼帝索奈何，中山民国。
吐气扬眉穷哥，恨之恨，四万万同胞，水深火热锁。
谁问苦累？岂管死活，长夜蹉跎[②]，饥寒薄卧。
天佑黎明，引领苍凉度共和。
明大义，只教人为善，丹心[③]若魄。

写于2011年秋

① 这首词是作者纪念辛亥革命百年的豪情之作。在黄鹤楼煮酒畅想回忆，辛亥革命第一枪打响，清王朝走向灭亡，上海、南京，这两座中国近代史上承载无数精彩的城市再度上演革命洪流。革命带来的流血牺牲，染红了整个国家的斗志。词的后半段，描述了水深火热中的百姓奋起抗争、争夺主权的景象。至最后两句，画龙点睛地提到了革命之父孙中山兴建共和国的时机，深明大义，与人为善，一代伟人的形象昂立在我们眼前。
② "蹉跎"：时间白白地逝去，虚度光阴。
③ "丹心"：又叫"丹寸"、"丹魄"。一般用于表示对国家和民族的忠诚。

67. 浏阳[①]

溪水缠浏阳西去，秋日映山喜。
清风吹醒千年梦，回探人间牧笛迷。
道吾遇仙翁博弈，攀石峰观雨。
西落晚霞烟花起，天际垂红江河碧。

写于2011年浏阳烟花节

① 词中描述了一个美丽的传说。浏阳河向西潺潺流去，秋日的阳光映衬在山上，微光闪闪，山风吹来，亘古千年的传说再次被唤醒：登山的樵夫，路遇白衣仙人，邀请他对弈下起围棋。那作为背景的石柱峰，海拔一千多米，远望似与天相连。登临俯视，雨景异常美丽。词的最后两句，描写的是湖南浏阳这个烟花产地的独有景致，夕阳西下，烟花绽放，被染红的晚霞和碧透的江水交相辉映，美不胜收。

68. 荷①

阁东荷花盛斗艳。红日错，香如悬。
渔舟笑语落满田，皓阳暑风，绿裙幽帘，籽盘饱甘甜。
玉纤摘得胖睡莲，悠悠咏唱如飞仙，千年沉酣泥潭间。
一朝绽放，清新透涟，谁能比虔妍？

写于2011年天心阁夜

① 这是一首关于天心阁的词，写的是作者小时候听到的一个故事。天心阁的东面，有一座荷花池，池水中荷花斗艳。红日当空，禅香悬浮。渔舟划来，孩童的笑声落满整个荷花田。骄阳似火，莲花荷叶像裙帘一样挡在河边。莲子的果实粒粒饱满，食之甘甜。采荷少女伸出纤纤玉手，摘得一颗，唱起采花歌曲，赞美荷花生长于泥潭间却出淤泥而不染的高贵品格。

69. 冬鱼①

潇潇雨牵暮色临，咸嘉湖茅屋灯明。
千年麓山云泉下，小舟独行沧桑隐。
可教潜鱼孤身近，喜得冬轩迎鲤亲。
无华惜珍三尺远，西峰越过湘水滨。

写于2011年冬

① 作者描述了少年时桑叔教他捕鱼的情景。潇潇雨，暮色临，刻画大自然的景物；咸嘉湖茅屋，写出带有人物生活气息的景观。之后又放大视角，把岳麓山和小舟一大一小放在同一个景别里对比，衬托出一种大而空灵的水墨画写意之感，静如处子，动如脱兔。在这样的大静处，一老一少潜水捕鱼，深远中见活泼，安然处有动容。

偶然

70. 玄奘目[1]

黄河秋暮，千年滩树，斑斓曲古。
苍然依疏，浩若奔颅，风沐红枣熟。
远闻兵鼓，近睹登兔，双携手叹涛声故。
谁独橹？秦皇汉武，萧萧雨哭两处。
陕川山伏，幽幽大明宫，唐皇唤玄奘目，英魂兴教度。
泽梵文书，普众生度。
茫茫西路，唐僧铮骨，死已数，何言苦？
空无物，霜天菩提[2]穆，人间丰谷。

写于2011年冬日长安

[1] 这首词是写作者对高僧玄奘当年参道悟禅的体验和畅想。黄河暮秋、千年滩树，都是有深意附加的场景，体现出一种沧桑感。玄奘在大雁塔下参悟，无论是在风景优美处，还是战鼓雷雷声中，都是淡定的。秦皇汉武、唐宗宋祖，虽有文韬武略，但玄奘高僧的境界超越了他们，大慈大悲，成就人间富足。

[2] 菩提：菩提是大彻大悟，明心见性，证得了最后的光明的自性，也就是达到了涅槃的程度。涅槃对凡夫来讲是人死了，实际上就是达到了无上菩提。广义而言，乃断绝世间烦恼而成就涅槃之智慧，即佛、缘觉、声闻各于其果所得之觉智。此三种菩提中，以佛之菩提为无上究竟，故称阿耨多罗三藐三菩提，译作无上正等正觉、无上正遍智、无上正真道、无上菩提。

71. 梦洛河[1]

莲花座[2]，山石涧涌泉落。
洛水堤，烟雨幕幕，轻逸飘洒多姿娜。
登峰探周国。谁说佛陀度化，多少错？
弥勒[3]入果，罪过忏悔钵。
菩提达摩[4]，人间沧海千千河。
寻踪迹廓，争游竞百舸。
元灯初上，古琴幽声指掘，禅歌逐波，两岸肃穆。
回望遥兮灯火阁，玄奘挥墨。
梦哆，荷花茁。亭立洛河，凭栏观无索。

泥注清香香如昨，风卷絮花花朵朵。

写于 2011 年冬日

① 这首词是作者寻觅玄奘出生地的记录。洛阳城边是高僧玄奘的出生地。作者寻觅到此，见那洛阳河堤坝，烟雨蒙蒙，婀娜多姿，似乎在讲述玄奘的故事。在这样的景色前，浮想联翩，佛陀的超度、弥勒的因果说，忏悔是参悟必经的一步。感悟菩提达摩祖师的意念，眼前的景色也变成百舟竞游，岸边花灯初上，古琴声悠远传来，禅歌伴随波涛滚滚，所见一切，仿佛都有玄奘的精神融汇在里面。
② "莲花座"：据传释迦牟尼和观世音菩萨颇爱莲花，用莲花为座，自此所有寺院里的佛像都是以莲花为宝座，称为莲花座。莲瓣座分为四层，每瓣边缘处，绘制白、红、白三条曲线勾边。每个莲瓣的外表还绘制图案。有的莲座在仰莲处不绘制花朵，而只渲饰色彩，勾边图案。
③ "弥勒"：菩萨名，译为慈氏，住在兜率天内院。
④ "达摩"：全称"菩提达摩"，意译为觉法。自称佛传禅宗第二十八祖，为中国禅宗的始祖，故中国的禅宗又称达摩宗，尊称达摩"东土第一代祖师"、"达摩祖师"，与宝志禅师、傅大士合称梁代三大士。达摩至南朝都城建业会梁武帝，面谈不契，遂一苇渡江，北上北魏都城洛阳，后驻锡嵩山少林寺，面壁九年，传衣钵于慧可，出禹门游化终身。

72. 走近佛①

看山寺菩提禅歌，飞去黄鹤②。
檀幽香袅袅飘过，谁之魂魄。
木鱼响声震玉荷，痴花朵朵。
杏墙怡烛红经墨，挥妄不惑。
秋风雁霜寒遗落，岁月蹉跎。
茫茫路西天佛国，见过群魔。
问何事沙漠干渴，滚滚恒河。
寻大乘沧海一出，峻岭山坡。
面达摩，般若③金索，欲望已破。
振天窗，慈悲渡河，千千善果。
击法鼓，顿悟惊霍，弹指衣钵。

袈裟壳，忘却苦乐，涅槃如若。

写于2011年冬

① 佛是很高的智慧、很深的哲学，走近佛是一种超然的状态。禅歌声起，黄鹤飞去，檀香木伴随荷花、木鱼，连串的画面景物叙事，却在不经意间透露出思考的佛禅意，开篇引人入胜。细化的物象处理后，秋风、佛国的图景想象，还有恒河的佛家圣地描述，把主题升华到非小我的大我境界。顿悟的收尾，是诗文故事中的点睛妙笔，袈裟涅槃，将人物走近佛的感觉烘托到极致。

② "黄鹤"：原指传说中仙人骑着黄鹤飞去，从此不再回来，现比喻无影无踪或下落不明。南朝梁任昉《述异记》："荀瓌憩江夏黄鹤楼上，望西南有物飘然降自云汉，乃驾鹤之宾也。宾主欢对辞去，跨鹤腾空，眇然烟灭。"唐崔颢《黄鹤楼》："黄鹤一去不复返，白云千载空悠悠。"

③ "般若"：音 bō rě，梵语的译音。或译为"波若"，意译"智慧"。佛教用以指如实理解一切事物的智慧，为表示有别于一般所指的智慧，故用音译。大乘佛教称之为"诸佛之母"。般若智慧不是普通的智慧，是指能够了解道、悟道、修证、了脱生死、超凡入圣的智慧。这不是普通的聪明，是属于道体之根本的智慧。

73. 秋别①

　　枫至秋，踏残红如朽，霜寒凉入昼。
　　曲道恒古秀，声声琵琶友，别意悠悠。
　　月色惹邂逅，春藤缠柳，云若休，难忘江中游。
　　举杯痛饮酒，祈天叩，莫回首。
　　展丝绣，挥墨点荷幽，洁玉何所求？
　　待到白露时，相辞悼②离忧，苍然泪流。
　　待到春花笑，谁叹途久，情断否？来世长相守。
　　任伊风尘留，盼归愁，暴雨骤。

写于2011年冬

① 在秋天的景致里，作者述说离别，是对玄奘的一种深情刻画。角度颇为新颖，寒霜和枫树，都是一种意境，曲道中的琵琶调，韵味深远。后面的景致都不失禅意，柳树和月色的组合本身就很美，在这样的情状里举杯饮酒，带出一番豪情。一种离别的凉意，结合白露的节气，令人徒生感触。最后收官，以

雨景来戛然而止，对离别的主题给出了独特的体验和答案。

② 悼：悲伤的怀念。

74. 暮①

霞燃海云暮，风声呼鹤。
白华雷鸣雨磅礴，峡涧泻涌驳岸泊，千千渔歌。
客船琵琶落，琴动青罗。
旧年书郎辞别去，今夕无意渡楚河，大浪淘过。

写于 2012 年春

① 词作于湖北荆州码头旁，天皇庙是玄奘入定之处。作者于千年后寻觅到这里，依然捕捉到玄奘的精神在这里流淌，高僧的气场依稀仍在。暮色已朦胧，鹤鸣渔歌起，好一派浩渺空灵图景。客船靠近，琵琶琴声落下，感悟者无意再过楚河，只看大浪淘沙飘过，已然心旷神怡。

75. 禅修①

寂静闭目修，菩提问谁求？
有心无心禅定②，念想方释秋。
袅烟尘云逝去，清风荷香依留。
夕暮叹残柳，江河一孤舟，
山雨沧海流。
高叩首，鱼木头，声声授。
叙别化旧，
妙语横趣话瑜伽，苦难相识不朽。
遥看隐若空有，
闻一阵幽远。
玄留圆月中，谁识嫦娥袖？

写于 2012 年春日

① 这首词描绘了玄奘禅修的深奥境界。前半阕从人的精神入定开始入篇，到后来已神游河海外，境界阔远。后半阕收回，木鱼和授业把禅修最具代表性的动作凝练出来。

② 禅定：指让混乱的思绪平静下来，外禅内定，专注一境。禅定必须先由入静开始，而到至静，才能达到寂静，此时已经是忘我的境界，从身空、心空而进入到虚空法界。然而坐禅要进入禅定的境界，也必须要具备超越的精神，才能突破一切生理、心理及潜意识的障碍。

76. 袈裟行①

春黎明整袈裟行，空无云孤雁同吟。
草亭倩女琴，弦音沁入心。
笑声牵风铃，禅语伴僧影。
苦度菩提镜，慈悲菩萨经。

写于 2012 年元月

① 这首词描写出家人披袈裟而行的一段畅想。原本简单的行记，却带出了丰富的视听感受。首先是黎明晨光里的出发，给人一种暖洋洋的意味，随着行者的前进，景物空旷起来，孤雁同吟的描写，非常契合佛家的意境。后文的五律，又细化到一个场景：草亭倩女，弦音飘荡，出家人目睹佳景，巍然自守。禅意从生命里发出来，主题以最后两句带出。

77. 回首①

问君生几何②？苍茫吟楚歌③。
千年艰辛叹蹉跎，谁纤渔舟逐浅波？
挥洒白鹤泉水墨，击碑爱晚醉知客。
唤来孤雁托卷去，追梦携手悄话说。
爽朗朗声万重洗，倾城狂雨阶石记。
漫山枫红秋夜起，斑斑滴滴杜鹃遗。
恰似路迥巧相遇，天寻缝，眼迷离。
少时飞马失蹄，忆别后诸事。
浮云般远稀，回首不已，铭心秉。
玄语梵文童游戏，笑看山河风无迹。

写于 2012 年初春

① 这首词是作者和几个少年时结识的知音好友相聚，谈起少时往事，有感而发

所作。悠悠数十年过去了,想起小时后湖南的劳苦大众在水上讨生活的艰辛生活,想起当时和小伙伴们一起在岳麓山玩耍的情形,山上的白鹤泉、爱晚亭都留下了他们的欢声笑语,秋天了,漫山的枫都红了,石阶上一片残花落红。忆往昔峥嵘岁月稠,想起当时那段读书、成长的经历,那一幕幕或喜或悲的往事,不由心生唏嘘。数十年弹指而过,犹如梦幻中的一个回首,原来,这就是人生吧。

② "问君生几何":感叹人生岁月流逝,回首时已沧桑茫茫。"几何"出自曹操《短歌行》:"对酒当歌,人生几何。"

③ "楚歌":原指中国古代楚地的土风歌谣,带有鲜明的楚文化色彩,秦末汉初最为盛行。这里指的是湖南当地的歌谣。

78. 疏影①

山寺殿冥,檀香飞雾引,慧空抚琴,唤回童音。
两鬓雪发印,爽朗如咽苦行。蹉跎故事如云。
嶙峋②尽,梵文墨笔。竹梅稀,罗汉顶立,兰花翘如西。
北风,古道遗。涯岭岭无际,浮萍荷荫。
秋风残馨,苦恋漂沥如渊滨,浑魂葬入波粼。
黑云低,千山面壁,菩提记,春雨密,磐若皈依③。

写于 2012 年元月

① 这首词讲述佛家"皈依"的主题。作者用极具代表性的佛家典型景物,浓墨重彩地渲染出山寺中的皈依点化过程。先是直接的一组殿、檀香、抚琴镜头刻画,有韵味的景、有禅意的音,在头一句中已表现出来,将读者引入作者营造的环境中。紧接着,一个老者的形象在第二句里非常完美地表现了出来,不但有外形上发如雪的描绘,也有蹉跎岁月的感怀,一生浓缩为一句话。最后,点出皈依的主题,回头再看,所有的描写,伏笔自明,同时也将深奥的主题做了很好的表达。

② "嶙峋":突兀,边角不平整,凹凸不平。通常指石头,也形容人刚正有骨气。

③ 皈依:皈依乃佛教徒之基础入门。所谓内道、外道之差别在于有无皈依三宝。皈依为皈投或依靠之意,也就是希望投靠三宝的力量而得到保护与解脱。三宝指佛、法、僧:佛为觉悟者,法为教义,僧为延续佛的慧命者。

偶然

79. 龙①

纷纷扰扰胳②龙笑，牵万水，千舟漂。洒迷雾茫阵阵渺。
溶溶③聚首，遗点点小，拨云度暖阳皓。
滑冬风田野春晓，一目僧人行山道。一路禅歌鸦声少，
唯留下捎，祈福天下，五谷丰登谣。

写于2012年

① 作者在辛卯兔年年尾，翘首企盼壬辰龙年的到来时写下了这首词。一年的纷扰过去，兔年终于走到尽头，仿佛可以听到祥龙来临时清楚的笑声，祥龙越过千山万水，重重雾霭，带着水云天长，身上金光破开云雾，一道阳光照亮了人世间，田野已经春意融融，一行僧人在为新年来临行走祈福，沿途的禅歌梵唱，压过了路旁的鸦声，传递了祈福天下五谷丰登、繁荣富强的祝愿。
② 胳：词中为胳肢的意思，以一年纷纷扰扰过去，世间一片清朗天地，人们喜迎龙年，仿佛在以手搔龙的胳肢窝，听到了祥龙清晰的笑声一般。
③ 溶溶：在词中是指祥龙腾云驾雾时带起的水汽蒸腾，一片云蒸霞蔚的情形。

80. 岁月①

初识黄鸭②闻空叫，又得鲈鱼四腮烧。
邀得旧友酒浇，一曲别歌古琴绕。
坐晚渔火岸③，夜啼秀发飘。
粉衫逸过柳腰，皎洁仙迷已醉晓。
剪下香丝方寸少，一有一无到梦遥。
白裙手绣小袄，秋寒碧荷枯黄了。
云雀报春早，宿鸟远归侨。
乡思依人焦，岁月催人老。

写于2012年春

① 这首词写小时候在咸嘉湖畔摸鱼的经历。有种唤作"黄鸭叫"的鱼儿，背上生长着一根独刺，若不慎刺碰到手，会非常痛。长大来到香港后，去"黄大仙"处求签，第一支签便是苏东坡嘉陵江边垂钓的故事。苏翁晚间垂钓，得一尾四腮鲈鱼，以小火炉烹之，又得陈年佳酿，同食共饮，并与友人谈诗论画，山河景象尽入眼中，真真美好。如今，作者也邀友举杯共叙，邻船又传

来古琴声声,想起少年时,也是如此,湘江边渔火岸生,看江上渔船点点渔灯,在夜色中交相辉映,又传来鸟鸣蛙叫,如笛声般动听。此情此景,仿佛又让人回到当初,想起那时候,在江边远远望见女同学洗漱完毕,着粉色长衫,洗净的秀发在夜色中闪闪发亮……如此美景,令人陶醉。过去初恋之事,经过多年,已然枯萎。入冬时节,只有云雀还在吵闹,常于园中飞绕嬉戏的小鸟——喜鹊、黄莺、春燕,却已不在园中了。想到这些,兴起相思的情怀,几十年过去,人都已老去,岁月不饶人,一年复一年。

② 据《湖南鱼类志》载,"黄鸭叫"学名黄颡鱼,地方又称黄辣丁、黄骨头等。在湖南湘江流域产出的最为精华,以此为食材做出的菜系是长沙人最爱的菜肴之一,深受全国各地美食家好评。

③ 指渔船上的灯光、火把和炊烟。唐钱起《送元评事归山居》诗:"水宿随渔火,山行到竹扉。"

81. 伊人①

春激雪,溪畔寒梅谢。三月暮色夕阳血,江上静面一孤月②,伊人片纸写?

写于2012年

① 作者将梅花拟人化,将梅比作美人。春天雪化,暖风吹拂。花都要谢了,已经无人去写、去描述梅花之美。世态炎凉,仿佛是美人迟暮般,无人理睬,令人感叹唏嘘。梅花是中华民族的精神象征,具有强大而普遍的感染力和推动力。梅花象征坚韧不拔、百折不挠、奋勇当先、自强不息的精神品质。作者对梅花又添一层新的思考,暮色中残阳如血的景象,加上江面上一轮孤月的清幽,反过来笼罩梅花独开一枝时的冷艳之美,令人印象深刻。

② "孤月":因明月独悬天空,无星相伴,故称孤月。唐王昌龄《送人归江夏》诗:"晓夕双帆归鄂渚,愁将孤月梦中寻。"

82. 锦瑟·禅灯①

清风夜下舒明月,春水荡波宝塔斜。
古琴梅褪随冬去,杜鹃情深喋恨血。
暑盛荷香花贞节,秋暮海棠霜天岳。

偶然

红尘原本炎凉多；唯留杏墙禅灯夜。

写于 2012 年

① 作者写到自己的一段禅游经历：冬天去，春日来。夜下明月的深霭景物中，作者来到了苏州寒山寺。在这里，宝塔的影像在夜色的水中荡漾，摇摇曳曳，跳脱中又不失沉稳，古琴声随着梅花被风吹而去，馨香悦耳，令人心旷神怡。春风吹开了杜鹃花，满山开放。这红，犹如啼血杜鹃所染，杜鹃彻夜不停啼鸣，啼声清脆而短促，唤起人们多种情思。文人墨客，已经把杜鹃当做一种悲鸟，当做悲愁的象征物了。这杜鹃花煞是美丽，可作者还是想到另一层深意，随着时间推移，世态炎凉会尽数展现，一如这大自然的万物，莫不是如此，但见风云变，风雨一来，花就落败，令人遗恨。夏荷、海棠皆是如此，时节一到便开，时节一去便败。红尘中皆是如此，只有寺庙之内，禅灯之下，悟道的生活中，才不管世态炎凉。禅即慈悲，放下，才是永恒。

83. 湘江①

月照湘江，千里静，麓山冥，梦不醒。
芙蓉翘首，故国情，白鹤泉水中镜。
望江波涛，拍声唤起，伊人未离岸。
红尘沧桑独吟？春风吹艳桃馨，谁在抚古琴？一叶孤舟到洞庭。
谈笑中，窈窕②避君远去？
吾当追随倩影，莺转纵林，难寻足迹印，当真无觅？
北斗七星，天涯无一遮云。

写于 2012 年

① 作者站在千里湘江之滨，远观两岸夜深的景色，极其安静。远处影影绰绰中，岳麓山肃穆静立，仿佛安详梦中。近处芙蓉花开，艳丽饱满，故国的情怀悠然升起。白鹤泉雨后奔流，如明镜一般。回首望着湘江，那惊涛骇浪拍岸之声，仿佛生生在呼唤着离岸而去的美人。念及恰同学少年时，大家在岳麓山下、湘江边激扬文字、吟诗作对、论谈国事、好不欢快。眼见山下的桃花开得正红，闻见一阵桃香扑鼻。如今的大学内，传来琴声阵阵，作者上船，一夜便到了八百里洞庭。在谈笑声中抵岸，虽然如此，但那时的美人却走了。我本应当追寻她而去，她的身影闪入岸边山村，踪迹难觅。万里无云，只有北斗星兀自闪耀。仿佛湘江仙女，经常出现，却又倏忽不见。湘江不也是这

样一位美人？我追随她而去，一会儿在开阔的大地，一会儿又在山上林中，芳踪不定，犹自令人遐想万千。

② "窈窕"："窈"指深邃，喻女子心灵美；"窕"指幽美，喻女子仪表美。窈窕形容女子心灵仪表兼美、美丽娴静的样子。《楚辞·九歌·山鬼》："既含睇兮又宜笑，子慕予兮善窈窕。"《汉书·杜钦传》："必乡举求窈窕，不问华色，所以助德理内也。"作者在这里以此指代伊人。

84. 元宵①

　　登楼阁观城皇眺，翘檐悬挑灯笼摇。满树星光绕②，人潮欢喜笑。

　　谁在寻奇妙？但见沉香袅。冰清玉洁手，携君上九霄。

　　滚滚白圆③江河跳，二指禅功红尘冒。豆沙米粉包，龙又闹元宵。

　　明月暮云罩，挥洒千语少。回望孤灯处④，倩女一碗邀。

写于2012年元宵

① 又是一年元宵日，作者登上上海城隍庙最高处的楼阁，观赏一年一度的元宵庙会。在噼里啪啦的鞭炮声中，金碧辉煌的楼阁在各色灯笼的装饰下更显雄伟庄严，这座魅力都市在夜晚灯光的照耀下恍如白昼，一种说不出的气派。望着楼阁之下满街的游人，街道上人潮涌动，比煮元宵的锅子还要鼎沸，满街火树银花，在夜幕黑色背景下星星点点地闪动，还有沉香阁上有人燃起檀香，一缕馨香就如焰火一般悠悠腾起，香烟缭绕中，但见一双纤纤玉手，盛起一碗元宵，热情地邀请过往行人品尝。本是元宵佳节，游人如织，灯火如海，就在这样的情景中寻觅心里的理想佳人，当然难找，因此虽然千百度地寻寻觅觅，可怎么也找不到。然而最后在蓦然的一次回首时候，却发现那人就在灯火阑珊处，佳人在冷落的灯火处。这是何等的欢欣鼓舞！何等的喜出望外！

② "满树星光"：形容元宵节火树银花不夜天的胜景。

③ "滚滚白圆"一句，作者以拟人手法将元宵下入锅中滚水里的情景形象化地写了出来。

④ "回望孤灯处"，是作者化用宋辛弃疾的名句："众里寻她千百度，蓦然回首，那人却在灯火阑珊处。"作者不经意地突然回想起，也引申为忽然发现，忽然明白，顿时悟透。

偶然

85. 长相思·梦醒①

梦一更,醒一更,江岸小楼哭泣声,夜寂叹孤灯,
相识辰,离别辰,时时辰辰如梦生,双影落满尘。

写于2012年春

① 入夜已深,天空墨蓝,作者半梦半醒之间,独坐于孤灯之下,思绪凌乱,只与这昏黄的灯光为伴。这样的夜,江岸边的小楼之上,为相思而落泪的大有人在,作者感叹,此时应有斗酒相伴,然而没有酒,却有茶,一杯酽酽的花茶,使灵魂归于沉静。对灯凝眸,眩眩的黄光,于是在这黄光中轻笑,却无法纾解忧心满怀,有关离人的一切充满头脑,往昔的一幅幅画面,仿佛只能在梦中才能相会,然而现在这种时候,独坐孤灯,独自驾驭孤独,曾与离人共赴的地方留下的身影、那些踩下的足迹,早已落满了尘埃。

86. 海上①

长江浩荡青草湾②,入海晚,甜语澜。
桃园柳小③,眉黛眸秀了。
纤纤玉手春雾缠挽,和谁笑?江东乔④。

写于2012年春

① 作者在位于长江入海口的崇明岛一侧的青草湾处游玩,奔腾不息的长江和气势磅礴的浩瀚海洋在这里交融,打造出了一幅自然天成的美妙画卷。偶然见到平静无波的江上一只小舟悠然而来,其上还有面庞明艳的少女轻声而歌,歌声甜美,和着长江入海奔涌滂沱的声响,仿佛一曲波澜壮阔的讴歌。此情此景,令作者陶醉而有感而发,听着天籁之音,看着满眼嫣红,似乎进入仙境。在江上腾起的水雾之中,少女伸出手来,那袅袅的雾气仿佛是有灵气的绅士一般,轻轻托起了少女的纤纤玉手,偶一回眸,那一番美丽动人的情景,只有当时远嫁江东的美人小乔才能与之相媲美啊!
② "青草湾":长江河口的一个冲积沙洲,位于长兴岛的西北方,属上海崇明县管辖。
③ "桃园柳":作者以"桃花"和"柳枝"来形容面前少女尚未脱稚气却清丽柔美的面庞。人们常用"面若桃花"比喻女子的脸庞像桃花一样烂漫芳菲,色如凝霞,鲜艳明媚。

④ "江东乔",是指三国时吴国都督周瑜的妻子小乔,与姐姐大乔并称"二乔",是三国时期世人皆知的美女。作者在这里是以小乔的绝世美丽来况喻面前江上舟子中的美丽少女。

87. 远梅①

寒冰凛冻生孤烟,傲梅晶莹独盛妍,琼枝点缀瑶英晓。 梦已圆,隔着小窗听花纤。 清逸旖旎②玲珑女,红绸腊娟谁俏丽? 轻盈雨水醉君泉,北风起,扁舟载得冷香延。

写于 2012 年 4 月

① 隆冬时节,雪花漫天、百花肃杀,梅花却一枝独俏。东风夜来,雪下梅香,作者雪中赏梅,梅下听雪,觉得"梅须逊雪三分白,雪却输梅一段香",雪因梅,才透露出春天的气息;梅因雪,才显现出高洁的品质。梅花是冬天的精灵,莹莹冰心,铁骨铮铮,凌寒飘香,坚贞不屈。作者也曾千百次做过有窗前那株梅花树的梦。在那香海醉梦中,一朵朵梅花静静地缀满枝头,敛着弯弯的黛眉,垂着粉白的颈子,轻抿着嘴唇,串串黄茸茸的粉蕊点缀其中,呈现出一派欣欣向荣的生机。那红白相合如云如霞的颜色、馥郁的香气和楚楚动人的姿态都洋溢着生命的朝气,给人一种蓬勃向上的活力。
② "旖旎":本为旌旗随风飘扬的样子,引申为柔和美丽,多用来描写景物。柔美、婀娜多姿的样子,或用来比喻女子美丽。

88. 张家界①

再赴武陵玉界②尽,朦胧雾将临,倩女隐醉群山雨,欲哭留声应。
青石悬挂半天壁,溯溪泛舟离。陶公归近东篱菊③,一岭桃红送春喜。

写于 2012 年 4 月

① 作者又一次登临了被誉为"张家界之魂"的高山,留恋这山间的清风和浮云,贪婪呼吸林木的清香,随意地停留在林间。云山雾罩之中,每一个角度望过去都是一个天然的盆景,走在这如梦似幻的石头花园中,发现一棵树竟然是长在一个大石头上,而它有个很浪漫的名字叫"木石之恋"。一个修炼千年

的狐仙爱上了一个贫穷的樵夫,两人冲破各种束缚只为能在一起。狐仙撕心裂肺地向天哭诉,此情此景,如此的美,如此的真。恰逢雨雾天气,青石之上便成为一片云海,人在其中,仿佛纵身入海,抱一抱这一个个如真如幻充满灵气的山峰。柔软的水与层叠的岩石轻拥着彼此安静地相伴,幽谧的蓝和灵雅的绿在透明的水里神秘交融,水下偶尔有一串串奇异的小水泡轻灵地浮升——缓缓地向上、消散,仿佛采菊东篱的悠然陶公也为了这眼前美景而来践约了。

② "玉界":指纯净洁白之境界,比喻下文雾气朦胧,烟波浩渺之景。出自宋张孝祥《念奴娇》:"玉界琼田三万顷,著我扁舟一叶。"

③ "归近东篱菊"句引申自晋陶渊明《饮酒》:"采菊东篱下,悠然见南山。""东篱"在古诗词中多有表达隐居、安逸之用,如宋陆游《读吕舍人诗追次其韵》:"言归镜湖上,日日醉东篱。"在本词中,体现了作者回归自然的心态,表达了一种豁达恬静的淡然之气。

89. 岩①

崖高云化雨,山青玉泉滴。
但求西风去②,不做香如泥。

写于 2012 年 4 月

① 作者登临高山,满目山岩,心有所感,写下这一首岩石精神的赞歌。凹凸不平满是疙瘩的岩面,像一种历尽沧桑的表情,在沉静的黄昏,在一座山腰的道路旁,以一种震慑击中作者的心灵。脚底下的坚硬告诉作者:岩石有的只是一种坚忍到极处的平静。它该有千万岁了吧,还有什么看不穿的?还有什么受不了的?触摸岩石,作者感到惭愧:这么坚硬有力的东西,即使石老了,碎了,石的精神不会消亡。坐在岩石上,希望能长成一棵树,就长在石上,这样一定能尽显岩石的精神。

② "西风":西面吹来的风,多指秋风。在本词中表达了一种萧瑟的感觉,折射出此时作者的心境。作为凄凉冷清的意象,多为古诗词所用,如元马致远《天净沙·秋思》:"枯藤老树昏鸦,小桥流水人家。古道西风瘦马,夕阳西下,断肠人在天涯。"

90. 禅语[1]

春润茫天山泉溪,江上横渡渔舟急。群鲤争上雨,垂钓任博弈[2]。
骑驴踏草地,杏花枝外壁。欲问禅中语?梦醒去天西。

写于 2012 年 4 月

[1] 春日落雨,涨了山中的溪水,也荡漾着江上的渔舟,雨珠打落在江中的鲤鱼身上,催动着他们快些跃过龙门去。作者也在这雨中的江边钓鱼兴起,要与这江中鱼儿斗智,今夕何夕,作者自问,这天地间的空濛之气,仿佛像是一个禅宗的公案一般引人深思。那绿意盈盈的草地,一枝杏花正在墙头外开得热闹,这就是自然的本性啊。水从上往下流,只是顺应自己的本性;白云飘来飘去,也不是有心为之。人的生活如果能如云、水一样遵循本性,那么所有的道路都可以成佛,又何必刻意修炼呢?

[2] "博弈":指局戏、围棋等。此处用来借指钓鱼时与鱼斗智之乐。

91. 苍江流·等白头[1]

斟满酒,苍江流,麓山枫叶红早秋。
爱晚亭,路曲幽,书院漆门,痕迹残旧,莫分手。
邂逅走,孤影留,寂静码头佳人忧。
千语休,北去舟,霜降唇冷。痴情还有?等白头。

写于 2012 年 4 月

[1] 作者在寂静的夜里,温酒回忆,遥想那些曾爱过的氤氲气息。岳麓山上枫叶早红,一座小楼窗已关闭,灯已入眠,静想远方的知己,魂何所依?缓缓把自己的手掌摊开,等待着无尽缠绵的思念,缭绕而来。在冬天的萧条中守候春燕的啁啾,苍茫的夜色中,一个人的身影漂浮得有些悲凉,孤独挑灯守候,守望南方的痴情北方的想念,那个梅雨时节,形单影只眼飘雪,心里,默默沉痛着那亿万斯年的花开花谢,而人已白头。

92. 桃花缘[1]

(一)

桃花雾雨朦胧间,滴滴跌落苍凉远,潇潇[2]满园忘旧年。

偶然

牵来东风还娇艳,风沐巧雅盛欢颜,千年窦得春无闲。
(二)
溪水亭上古琴演,一曲桃瘦谁来怜,无奈扁舟浪缠绵,
茫茫痴路觅失缘,江河西下归暮天,待到空无心方眠。

写于2012年4月

① 时值雨季,雨珠也仿若扯不断的丝线般绵延零乱。凝眸于窗外盛开的桃花,雨水的色泽有些似淡淡的茗烟,漫过细柳、楼台,趴在窗玻璃上,渐渐便把窗外的景色也涂抹成了朦胧的轮廓。道上有些支着伞的行人,步履或闲或急。雨也仿如这些择路而行的路人一般,无规律的行走脚步扬起的水湄之色迷离了天地清晰的眸子。人和花一样,只有一个春天,只有一次花期,错过了,就不再会回来,这些并不是季节的无奈,而是季节被无情的过往所伤害的无奈。曾经的花开是多么的美丽,手里捧着书,总觉得只有儒雅的书,才能配上着满园的春色,满树的桃花;也只有这样,才能配得上这清静幽雅的春风,徐徐地吹来;也只有这样,才能让人在这沉静的诗里想起曾经的故事,却再也无心入眠。

② "潇潇":形容风雨急,也可指水清而明净。《诗·郑风·风雨》:"风雨潇潇",宋李清照《蝶恋花》词:"潇潇微雨闻孤馆。"

93. 荷花雨①

荷池独钓②闲得趣,微风携来濛濛雨,洁白溢出清香绵。
绿裙滚落晶珠玉,青功飞扑浮标去,惊醒贪吃小鱼前。

写于2012年初夏

① 在一个雨天,作者漫步到了荷园,别一番美景在眼前。雨不大,但急密,如落下蝉翼般的轻纱。而荷园在这轻纱里,铺陈了诗一样的绿意。那如灵玉般的绿伞,掩着朵朵荷花幽现,于"大珠小珠落玉盘"的和弦里,跳出了"出淤泥而不染"的高洁自守,串起了"濯清涟而不妖"的绝世风韵。雨间听荷,荷间听雨,盈盈水色托起一片荷园,纤姿袅娜。有荷在雨,有雨在池,感受一份空灵,领悟生命的清纯。花叶摇曳生姿,雨珠跳荷不止,着实又叫人感受一回"初荷未聚尘"的圣洁。那荷叶在雨中是翠绿的清新,任雨珠滚动与跳跃着。那花朵在雨中则是娟娟净白,冉冉红润,娇美而灵动着,一只小青蛙飞扑鱼儿而去,却惊动了花间嬉戏的那群小鱼。因雨顿生的楚楚之态,若

隐若现，泛起诗情的涟漪。
② "独钓"一词，展现了作者在江上垂钓的情形，一叶轻舟，一枝钓竿，逍遥中却又深藏着几许萧瑟、孤寂，默默地欣赏江上淡淡的秋色。赏一江秋景，感一江秋色，一种感怀油然而生。

94. 桃花①

红妆梳就，春雨溪流。又见暖阳，清风姗姗悠。
荡起小桨，波声迎垂柳。一点愁，几点幽，痴人醉也休。
倾尽浑泉有，盛开天下朽，霍然艳压芳，香如百花羞。

写于 2012 年 4 月

① 春暖花开，春天一如既往的微笑；阳光，一如既往的灿烂；风徐来，春风得意。站在满园的桃花中，邂逅在这花海的世界里，站在阳光的雨季里，桃花扑鼻，香气袭袭，静静地感受春天的烂漫和惊喜。

95. 家乡①

水岸碧园芳，清风携香，一枝桃红青瓶上。一眼春梦还家乡，牧笛畅想。
踏溪小桥廊。笑语爽朗，夕光跃过橘黄墙。水田立起翠绿秧，丰收景象。

写于 2012 年 4 月

① 作者立于水岸，清风吹拂，一枝桃花在青色花瓶当中开得红艳动人。此情此景，不禁令作者遐想，在南方的家乡，初春清晨的阳光是温清而耀眼的。清泉沁入土中，小草吐出绿意。牧童悠悠地吹起牧笛，春阳中的水稻田，比起小草与溪水来说，更显沉稳与内敛。夕阳西下之时，照耀着山坡上那一座小寺庙的杏黄墙壁，凝聚着深深的苍郁与静穆。对于曾经慷慨给予过自己的稻田，有了无限的感激与牵念。不远的将来，那一幅丰收的图景，令人欢欣鼓舞。

96. 武夷山①

（一）

澄雾飞雨武夷峰，越王玉女②温情浓，无需慢亭③剑横空？

偶然

九曲瑶池溪水涌,清风洗尽尘埃容,回首倩女愧匆匆。

(二)

逶迤深谷戏天龙,嶙峋拔起秀蕴壑,多少风流轶事中。
两峡涧润岩石重,仙娇梳妆红袍隆④。碧香摘魂梦相逢。

(三)

柔绕苍树翠叶枫,千丈泉瀑湾隐鸿。数对喜鹊凤尾绒。
缠缠绵绵啼声诵,渔夕点燃暮色红,止止庵⑤幽听晚钟。

写于2012年初夏武夷山

① 这首词是作者踏足武夷山,正逢云雾缠绕,武夷山若隐若现之时写下的。山是巨大的水墨画,泛黄的宣纸上任意几笔,有的是大笔挥毫,有的是小处着色,也有随性大方的泼墨渲染。那站立了千年的大王和玉女,就算在晨雾中也氤氲着一片化不开的浓情。绕着山的,是水,碧水靛青,如丝绸般泛着光亮的水,如此温柔地将这个很刚强的地方稍作点缀。若这是一幅画面,那就还有一种颜色,是天空的蓝,纯粹的蓝,柔和的蓝,毫无杂质的蓝,与山峰一道,便是一幅蓝天奇岳的景象。如此一个世外桃源是永恒的,所谓海枯石烂,这些山石的变化总被视作是永远的永远,作者参不透其中奥秘,但却可以从中寻找,汲取到有益的点滴,就像是大王峰下的止止庵内悠然传来的晚钟之声。

② 玉女峰位于九曲溪二曲溪南,因其酷似亭亭玉立的少女而得名。

③ 幔亭峰横欹在大王峰北侧,其麓相连,高不及大王峰。峰顶地势平坦,有一片巨石,状如香鼎,叫做宴仙坛。相传当年武夷君曾在此设幔亭宴会乡人,"幔亭"之名即由此而来。

④ "仙娇梳妆红袍隆"一句所写的是作者游览武夷山时听闻大红袍的传说:一位秀才进京赶考,行经武夷山时,突患腹疾,痛不可忍。刚好被一貌美女子碰上,问清秀才病况,随即从室中一小陶罐中,取出一把黑糊糊的干树叶,用滚开山泉水冲泡一大碗。秀才闻得此汤香气,人就舒服了一点,再喝下肚去,稍过片刻,便觉咕噜大响,回肠荡气,四肢百骸,毛孔贲张,很快就恢复了精神。秀才病好后,千恩万谢,辞别女子继续前行。不久后,魁星高照,中了状元。皇帝见他才华出众,相貌英俊,满心欢喜,又招他做了驸马。秀才功成名就,荣归故里。途经武夷山,想起女子救命之恩,停轿上山拜见。问起当年所饮之物,女子便带他到九龙窠,指着半壁上那一丛茶树说,就是他。秀才大喜,当即脱下所穿状元大红袍,亲手盖在茶树上。从此,那茶就被寺僧称为"大红袍",而女子却化为云烟,袅袅而去,原来竟是一位茶仙子。

⑤ 武夷山止止庵建于晋代,位于大王峰下水光石后。晋、唐、宋都有名道在此修炼。南宋名道白玉蟾曾任止止庵住持。

97. 孤鸟①

和风吹去回春寒②,数鸟叽喳,谁唱谁比欢。
犹如船歌痴情缠,又遇山头邀君难。
偶见知音双双还,洞房草舍,透风也温暖。
凄惨剩音无问挽,独守空居叹孤单。

写于2012年初夏

① 冬去春来,沐浴在日渐温暖的阳光中,作者却愁肠百结,是因为春夏秋冬都有逃不开如花三月逝去的感觉吗?还是当残红满地时,却不能视而不见?帘外百花争艳,群莺乱飞,鹊鸟叽喳,是在比赛谁更快乐,那一递一声的呼唤,是爱情的声音,就像那江上渔歌互答般温暖缠绵,然而又有谁能懂得那离别之后再也不能相见的思念之情呢?小心翼翼地翻开一片片泛黄的叶子,飘出一阵又一阵春天的气息,偶然遇到的知音伴侣那甜甜的笑,淡淡的青草香,像是过了几个世纪,又像是昨天的回忆。因为太脆弱太易凋零,愿望的花迟迟未开,大概永远不会开放,只剩自己孤身一人在空荡荡的居处独自叹息了。
② "回春寒"指初春气温回升,长期阴雨天气或频繁的冷空气侵袭,抑或持续冷高压控制下易造成倒春寒。经常是白天阳光和煦,让人有一种"暖风熏得游人醉"的感觉,早晚却寒气袭人,让人倍觉"春寒料峭"。

98. 天香·猫①

水汪汪含,晶莹透篮,茸茸耳折憨。
粉巧夺满,嗅澜入湛②,断魂小唇然然。
几束翘弯,虎头短,浑浑团团。
双双利,奔跃攀,展探天空宽。
几回彩蝶斑斓③,弓于磬,疾如箭拴。
鼠颤拨入草辗④,只为戏玩。
高台摇床板,贪梦婪,四脚朝天酣⑤。
与君相伴,可爱无憾。

写于2012年春

偶然

① 作者爱猫,尤其是面对着小猫那清澈见底的双眸,犹如凝着一泓碧水一般透明深邃,更是疼爱不已。猫儿眼睛圆溜溜、水灵灵的,像两颗宝石,是个骄傲又慵懒的家伙,喜欢把自己弄在高高的地方,俯视周围的一切,而且那表情,淡定得好像外面天塌了也不干它事儿。它的脑袋圆溜溜的,脑袋上还有一对三角形的耳朵,灵敏地一下就能听见老鼠的声音,可是抓到了老鼠它也不会吃掉,只是在草丛里辗转逗弄着。更多的时候,小猫就静静地蹲在主人脚边——这就是猫的性格,不像狗热情四射,但安安静静、慢条斯理的它们却能在很多小细节上让人感到温馨。对猫咪们小小的善行,大过大大的善念。真心祈愿,每一只小猫都能幸运地碰到一个爱猫的人,和主人在温暖的家里相伴一生。

② "嗅澜入湛"一句是说猫咪嗅觉灵敏,能感知很多人类无法感知的味道,"湛"字本义为清澈透明。

③ "几回彩蝶斑斓":描写猫咪扑到彩蝶,与彩蝶戏耍的情景。

④ "鼠颤拨入草辗":猫咪捕鼠之后并不急于吞入肚中,而是不时逗弄,在草丛间辗转戏耍,看着老鼠两股战战,不禁令人忍俊不禁。

⑤ "贪梦婪、四脚朝天酣":生动地描绘了猫咪贪睡,又在沉入梦乡的时候四脚朝天酣睡,向世人展现了一副活泼动人、意趣盎然的模样。

后 记

六十年甲子轮回，人生六十再开始。

洋洋洒洒地说完了我人生再度开始之前的这六十年，才刚搁笔，又要和我的团队一起启程，马不停蹄地奔向天南海北，为了我的童年情怀，去打造属于我梦中的"大瓦房"。每一天，都有经过精心挑选的珍贵树木入驻到太阳湖畔的那一方家园之中；每一天，都可以看见大花园里一处新的人居典范在逐渐成型。

而我远在千里之外的家乡，那一片由无数先烈热血浇灌的红色土地上，旅游风情小镇的开发建设也正进行地有条不紊，我要让祖祖辈辈面朝黄土背朝天的家乡父老，也可以过上和谐美满的生活，这是我提出"公园经济"的理想的落实，也是为和谐社会的建设尽一份心力——只有这样，才可以告慰这片湖湘土地上为幸福美好的家园而抛头颅洒热血的先辈英烈们。

六十年，阅尽世间百态、社会万象，我更加清楚地体会到"正义必胜"的真理，正义带来和谐的天下，只要正义的力量一天一天在壮大，幸福美好的家园就离我们不远了。如今，站在人生新的起点上，我更加深刻地领悟到中国老百姓"勤劳致富"的经典哲学，这才是实现我们最美好的生活愿景的唯一途径。

"旧岁有枝皆硕果，新春无树不繁花"，旧岁的大树我们已经看到，新春的丰硕却还需我们用双手辛勤耕耘、精心呵护。培土、施肥、驱虫、浇水，待到秋收时节，金黄遍野，硕果满枝，那时再让我们庆祝劳动创造的喜悦！

我的生命中充满着因缘际会的奇妙偶然，我也在这偶然中寻找着生命的真谛。从英雄之乡山山水水中的无数英魂中；从道吾山下英雄后裔乐天知命的目光中；从公园经济的发展理念中；从周其凤校长对北大学子深沉的爱当中，我明白了我真正要做的事情——是教育。

无论是提出"公园经济"的发展理念来为道吾山民打造"风情小镇"，还是投入一个亿为北大莘莘学子建设一个更加美好的校园，这

偶然

些代表着"有"的作品背后,是教育点亮人生,是知识改变命运,是"偶然"在我的生命中开启的一扇"必然"之门。

回首我这六十年,人生不过就是"无—有—无"这样简单的三个字,在这三个字中间,也蕴含了无数坎坷、无数浪花;无数激情、无数故事。溯生命之溪而上,不虚度年华,不碌碌无为,对自己、对亲人、对国家、对社会,我尽了自己一点绵薄之力,那就值得了!虽然人生经历不可复制,但我却希望每一位有缘读到此书的人,能够静心思索,继而得到一份启示,得到一丝感悟。藉此不但能够鼓励青少年上进,更希望有更多的人为国家创造更多优秀的作品,为祖国的繁荣富强贡献更大的力量。

让我们高举双手欢呼:

"勤劳万岁!"

"丰收万岁!"

"正义万岁!"

"和谐万岁!"

"幸福万岁!"

李晓东(晓空居士)顿首叩恩

于壬辰年四月十九